東大の英語

25ヵ年［第11版］

竹岡広信 編著

教学社

東大の英語

25ヵ年[第11版]

はしがき

1. 東京大学は「英語力」のみならず「学力」を問う

　「学力」と「英語力」を混同してはいけません。両者はまったく異なるものです。「学力」とは，それまでの「読書経験」「思考経験」「実体験」「語彙力」「漢字力」「数学的論理思考力」などの総体です。東京大学の英語の試験は，そうした「学力」を測るように慎重に作られています。それは，将来日本を背負っていくべき若者が，東京大学でハイレベルな授業を受け，ハイレベルな論文を書き，知的フィールドで世界と戦っていくためのポテンシャルを測るものなのです。このような「学力」を伸ばす特効薬など存在しないし，短期間で大幅に伸びるものでもありません。幼い頃からの日々の様々な知的積み重ねが「学力」につながっていくのです。東大はこうした「学力」を測るための試験を，長年にわたり真摯に作成してきたのです。その試験は，「短期攻略東大対策」などでは点数が伸びにくいよう作られています。

　一方，「英語力」は「英語を運用する力」ですが，これはテレビゲームと同じで，短期間で，また「学力」の有無とは無関係に，ある程度伸ばすことができます。各種検定試験が「英語力」を示すかどうかの断定はできませんが，「学力」を測るものだとは言えないでしょう。たとえば「○×で TOEIC の点数が 3 カ月で 500 から 820 になりました」「2 週間の特訓で英検の 2 次を突破しました」なんて広告文を見かけることがありますが，これはそうした検定試験が「学力」を測る尺度ではないことを示唆しています。もし，そのような検定試験で高得点を取れれば東大に受かるとするならば，英語を母語とする者，英語圏からの帰国子女，あるいはそのような試験のために特訓した人であるなら，東大に受かる可能性が高くなるでしょう。しかし，そのような手段で東大に合格した者のうちの何パーセントが東大の要求する学力水準に達しているのでしょうか。したがって，「英語力」だけを基準として入試問題を作成することは，東大においては適していないことがわかります。ましてや，各種検定試験が東大の入試問題の代わりを務めることなど到底あり得ないでしょう。

2. 謝辞

　『東大の英語』を執筆することで，私自身新たな発見が数多くあり，純粋に楽しむことができました。このような機会を与えていただいた世界思想社教学社の編集の皆さん，知恵を絞って解説を書かれた歴代の赤本の造詣深い執筆者の皆さん，校正にあたっていただき，また貴重なアドバイスをいただいた灘中学校・高等学校の川原正敏先生，駿台予備学校の吉村聡宏先生，高槻中学校・高等学校の岡﨑友泰先生，英文校閲・採点でお世話になったジェームズ・ウッドハム先生，ディビッド・ジェームズ先生，ステファン・リッチモンド先生には本当に感謝しております。

編著者しるす

CONTENTS

※赤本ウェブサイトの下記アドレスより，一部の問題の音声（MP3）をダウンロードできます。ファイルは ZIP 形式で圧縮しています。 http://akahon.net/sound/tokyo11/
音声の配信は予告なく終了することがあります。

問題編 —— 別冊

●掲載内容についてのお断り

- 本書は，1997〜2021 年度東京大学の英語入試問題を収載しています。ただし，リスニング問題は，姉妹品『東大の英語リスニング 20 カ年』（2002〜2021 年度）に収載しています。

- 編集の都合上，以下の問題を省略しています。
  2005 年度　大問 5，1998 年度　大問 5，1997 年度　大問 5

下記の問題に使用されている著作物は，2022 年 2 月 9 日に著作権法第 67 条の 2 第 1 項の規定に基づく申請を行い，同条同項の規定の適用を受けて掲載しているものです。
　　第 1 章　5・15・17・21・24
　　第 2 章　35・39・42・44・46
　　第 3 章　55・56・57・59・60・64・66・69・73・75・77・80・82・84・85・86・87・88・89・
　　　　　　90・92・94・96・97
　　第 4 章　124・125
　　第 5 章　139・149・150
　　第 6 章　165・172

---- Column 一覧 ----

東大英語の傾向と対策

（注）②〜⑦の大問番号は 2021 年度のもの。

❶ 全体を通して言えること

　読解力の大切な側面の一つに「言葉の多義性を意識して，その語の適切な意味を文脈から推測する力」がある。日本語でも「けいかん」が「警官」か「景観」か「桂冠」かを特定するのは語彙力と文脈によるものであり，この力は「学力」を測るのに適している。そのため東大は問題形式によらず「言葉の多義性」を問う問題が多い。「1 単語に対して 1 つの訳で暗記する」とか「1 単語に対して 1 つのコロケーションだけで暗記する」といったような学習では，東大の求める学力に到達することはできないであろう。どんな単語でも多義語になりうるという意識をもち，たとえば commit は「送る」が原義で，commit *oneself* to 〜「〜に専念する（←自らを〜に送る）」，commit time「時間をかける（←時間を〈何かに〉送る）」，commit 〜 to memory「〜を記憶する（←〜を記憶に送る）」，commit a crime「犯罪を犯す（←犯罪を〈自らに〉送る）」など，常に文脈に適正な意味を考えることが重要である。こうしたことを念頭においた上で，普段から，①全体の言いたいことをサッとつかむ力，②1 文 1 文を丁寧に読みとく力，の 2 つをバランスよく鍛えていくことが重要である。

　過去問題は最高の教科書である。まずは時間無制限でやってみること。「時間をかければ満点がとれる」ようにならない者が，時間を計ってやっても無意味である。

❷ 大問1(A)　要旨要約　目標解答時間　12分

　「英文要旨要約問題」を，「英語の試験に日本語など不要だ」と批判する人がいるが，それは的外れである。普通に要約すれば 200 字ぐらいになる要約を短時間で 80 字ぐらいにまとめるには，簡潔に言い換える力，漢字力など様々な「学力」が必要となるからである。

▶ポイント

①問題文に「要旨」「主旨」とあれば，文章全体で筆者が最も言いたいことを示すことが求められるので，譲歩の部分や具体例を含める必要はないが，「要約」は各段落の要点を満遍なく含めることが求められると思われる。

②最初から密度の濃い日本語を書ける人は別として，そうでない場合は，「指定文字数よりも多めに書いて，情報は削らず，日本語を削る」という方が，情報量の多い要約文が書けるだろう。

❸ 大問1(B)　読解　［目標解答時間］12分

　「英文の理解力を測るために，下線部訳以外の方法もある」ことを示す問題。マクロ的な読み方とミクロ的な読み方の両方が問われる。比較的硬い英文であることが多いが，そこまで難解な文ではないし，内容も興味深い。

▶ポイント

①全体の意味をマクロ的に捉えた後は，設問に関わる部分をミクロ的に捉える。

②「抽象的表現から具体的表現への移行に着目する力」「but/however などによる論理の逆転に着目する力」「such などの指示詞や代名詞が指すものを正確に追う力」などが問われることを意識して問題に臨めばよい。

❹ 大問2　英作文　［目標解答時間］20分

　「傾向」を一定にしないように努める「傾向」がある。「自由」英作文は，解答にあまり幅が出ないようにするためか，適度な制限があることが多い。

▶ポイント

①自由英作文でも頭の中で「和文→英文」にするわけだから，和文英訳が出題されようとされまいと，和文英訳の訓練を怠ってはいけない。

②確実に使える語彙，表現を使う。「表現に自信がなくて添削して欲しい」ような英文は書かないこと。一歩上の語彙は学術論文の執筆などでは確実に必要となろうが，今はミスをゼロにすることを優先するのが得策である。

③自由英作文は条件文の意味すること，イラスト・写真はそれらが表していることを，自分にできる範囲で的確に英語にすること。

④書くべき英文を考慮して，口語体か文語体のいずれを使うべきかを判断すること。

❺ 大問4(A)　文法・語法　［目標解答時間］12分

　ここ数年は「読解問題」の位置づけだと考えた方がよい。特殊な文法事項や難解な語法問題は出ていない。

▶ポイント

　「どこが間違っているのだろう」とか「どの単語とどの単語をつなげればいいのだろう」などという姿勢ではなく，「何についての文章だろう」と知的好奇心をもって読んだり，「この英文面白いな」としっかり読み，楽しんだりすることが重要である。そうすることで辻褄の合わないところが発見できる。気がつけば読み終わるのに10分もかからないかもしれない。テクニックに走るとかえって遠回りすることになるだろう。

❻ 大問 4 ⒝　英文和訳 　　　　　　目標解答時間　12 分

　英文全体の「言いたいこと」を捉えた上で，下線部の文構造をしっかり考え，的確な和文にすることが要求されている。特殊な勉強が必要となる，悪文のような複雑な文構造や，一部の私立大学が出すような難解な単語は出題されていない。よって，やたらと分厚い難解な単語を売りにした単語集は，東大には適していない。あくまで適正な「学力」を見るための試験だと言ってよいだろう。

▶ポイント

①常日頃から適切な訳語を思い浮かべる訓練をしておかないといけない。

②意味がわからないのに「直訳」と称して意味不明な訳文を作らないこと。

③意味がしっかりわからないのに「意訳」と称して英文を無視したような適当な訳文を作らないこと。

④基本語でも率先して辞書を引くこと。

❼ 大問 5　総合読解 　　　　　　　　目標解答時間　22 分

　複雑な人間関係を扱う小説・エッセイ，コミカルな話など多岐にわたる。いずれも評論文読解では測れない「学力」を見るために練りにねられた良問である。余談だが，私が文学部（米文学専攻）に在籍していた時，講読の授業はすべて詩か小説だった。ウィリアム・フォークナーの小説，ロバート・フロストの詩などをひたすら精読した。その当時は「詩や小説なんて」と思ったが，今はそれが読解力を伸ばすための最高の教育であったと確信する。

▶ポイント

①まずは過去の問題を，辞書を引き時間をかけてしっかりと読み込むこと。「時間をかければ満点がとれる」者だけが，時間を計って解く意味がある。登場人物の発言・行動の意味すること，描出話法など特有の技巧も，慣れてくれば見えてくるだろう。

②普段から本屋に行って，面白そうで難解すぎない英語の小説を買って，丁寧に読む癖をつけること。

〔正答率および生徒答案例について〕

　本書に掲載の正答率は，著者が独自に調査集計したものです。生徒答案例についても，著者が指導してきた生徒をモニターとし，その解答を独自に採点しております。自身の達成度を確認する際の参考にしてください。

第１章　要旨要約

1　10 代の若者が見せる一時的な気質の変化

全訳

第1段落

　オランダの，何千人もの 10 代の若者を対象とした研究について考察してみよう。その研究に参加した最年少の子どもは，研究開始時に 12 歳であり，彼らは 2005 年から 6，7 年の間，毎年性格診断テストを受けてきた。その調査結果は，我々が 10 代の若者に対して抱いている固定観念の一部 ―― 寝室はちらかっていて，感情の起伏が激しい ―― を裏付けているように思えた。有り難いことに，このような 10 代の若者の性格における負の変化は短期間で終わる。オランダのデータが示すところによると，10 代の若者のもともと持っていたプラスの面は，思春期後期に再び現れるということであった。

- ☐ *l.*1　Dutch teenagers「オランダ人の 10 代の若者たち」　※teenager は「13 歳（thirteen）から 19 歳（nineteen）までの若者」を指すので「10 代の若者」とは若干ずれるが，設問文に「10 代の若者」とあるので，訳はそれに従った。
- ☐ *l.*2　complete personality tests「性格診断テストに記入する，答える」
- ☐ *l.*3　back 〜 up / back up 〜「〜を裏付ける」
- ☐ *l.*4　stereotype「固定観念」　※直後に関係代名詞 which が省略されている。
- ☐ *l.*4　messy「ちらかった」
- ☐ *l.*4　mood swings「感情の起伏」
- ☐ *l.*5　with the Dutch data showing …　※いわゆる「付帯状況の with」のついた分詞構文。

第2段落

　親も 10 代の子どもたちも，変化が起きていることに関しては意見が一致している。しかし，2700 人以上のドイツ人の 10 代の若者を対象とした 2017 年の研究によると，驚いたことに，変化の認識の仕方は，誰がそれを評価しているかで決まる可能性があるということである。実験に参加した若者は，自分自身の性格を 11 歳の時と 14 歳の時の 2 回にわたり評価した。そして，その親たちもまた，自分たちの子どもの性格を同じ時に評価した。明らかな違いがいくつか表れた。たとえば 10 代の若者は，自分たちのことを，大人と上手くやっていく力が衰えていると評価したが，親たちはこの力の後退は 10 代の若者が考えているより遙かに大きいと思った。また，10 代の若者は，若者同士に対しての親密度は高まっていると考えていたが，親たちは子どもたちがますます引きこもる傾向にあると考えた。「親は全般に，自らの子どもたちが良い子でなくなっていっていると思っている」というのがその研究者たちの解釈であった。もっとプラスの面を見てみると，親たちは子どもの誠実さの減少を，子ども自身が思っているほどには驚くべきものではないと思っていた，ということだ。

- ☐ *l.*10　rate 〜「〜を評価する」
- ☐ *l.*16　withdrawn「引きこもった」

1

要
旨
要
約

　□ *l.*17　on a more positive note「もっとプラスの側面を見ると」

第3段落

　親と子どもとのこのような意見の相違は，最初は矛盾しているように思えるかも
しれない。しかし，ひょっとしたら，それは親子関係の中に進行する大きな変化
── 自律やプライバシーに対する10代の若者の欲求の増大によってもたらされる
変化 ── によって説明できるかもしれない。親と10代の若者はまた，評価を考え
る際に異なるポイントを参照しているのかもしれない ── 親は典型的な大人を念
頭に置いて10代の若者の特徴を測っているが，10代の若者は自身の特徴を同年代
の若者が示す特徴と比べている，と研究者たちは指摘している。

　□ *l.*20　contradictory「矛盾した」
　□ *l.*21　underway「進行中の」
　□ *l.*22　bring 〜 on / bring on 〜「(病気，戦争，熱など) を引き起こす」
　□ *l.*22　autonomy「自律」
　□ *l.*24　reference point「参照点」
　□ *l.*24　measure *A* against *B*「*B* に照らして *A* を測定する」
　□ *l.*26　those displayed by their peers＝the features displayed by their
　　　　　peers

第4段落

　これは，いくつかのさらなる研究とも一致している。そうした研究でも，人の有
益な特徴，とりわけ人の良さや自律というものが思春期の前半において一時的に減
衰するという型が明らかになっている。それゆえ10代の若者の年代のことを，一
時的に相反する性格が生まれるものであるとする一般的な見方は正しいもののよう
に思える。

　□ *l.*27　be in line with 〜「〜と一致している」
　□ *l.*29　self-discipline「自己訓練」
　□ *l.*29　the general picture of *A* as *B*「*A* を *B* とする一般的な見方」
　□ *l.*30　personality conflict「性格の不一致，性格の食い違い」

　文章の流れを確認する

第1段落：オランダで10代の若者を対象として行われた性格診断テストの結果は，
　　　　　大人たちが10代の若者に抱いているマイナスのイメージの一部と一致し
　　　　　ていた。これらの負の気質は短期間で消える。また，若者がもともと持っ
　　　　　ていた正の気質は思春期後期に回復するということだ。

第2段落：ドイツで行われた同様の診断テストの結果，親も子も10代の若者の変化
　　　　　を認識してはいるが，その変化をどのように見るかは両者で異なる，とい
　　　　　うことがわかった。

第3段落：このような親子に見られる差は，10代の若者に見られる自律やプライバ
　　　　　シーなどの欲求の増大によってもたらされる親子関係の変化に起因するの
　　　　　かもしれない。また，それぞれが評価の際に参照しているのが，親が典型

的な大人であり，子は同年代の子どもであることも差の原因かもしれない。

第4段落：他の研究でも，思春期は正の気質が一時的に減衰するということが明らか
になっている。

答案を作成する

　設問文の「10代の若者の気質の変化について」という指示に注目しなければならない。「10代の若者の気質がどのように変化するか」を答えに含める必要がある。字数を考えると，「オランダ」「ドイツ」という固有名詞や，「性格診断テスト」についての言及は難しいであろう。その結果だけを示すことになる。

　第1段落の内容「思春期はマイナスの気質が目立つが，それは短期間で終わり，思春期後期にはプラスの気質が再び現れる」は，最終段落の内容「思春期はプラスの気質が一時的に減衰する」と同じなので1つにまとめる。「負の気質が増える」のではなく，「正の気質の減少により，負の気質が目立つ」という点に注意する。これを要約の中心として書き，その他の部分を肉付けしていく。

　第2段落第2文以降の内容「思春期の変化に対する捉え方は親子では異なる」および「なぜ異なるのか」について述べられた第3段落の2つの理由

　①子どもの自律やプライバシーなどの欲求の増大によってもたらされる親子関係の
　　変化

　②親子が評価の際に参照しているのが，親が典型的な大人であり，子は同年代の子
　　どもであることによる差

は「譲歩」と言える部分である。しかし，この問題では「要約」を求めていることから，2段落を使って展開されている箇所を無視はできない。「子どもの自律やプライバシーなどの欲求の増大によってもたらされる親子関係の変化」は，あっさりと「（子どもの自律に伴う）親子関係の変化」ぐらいでよいであろう。

　全体の流れをまとめてみると「思春期の子どもは，一時的に正の気質が減衰して負の気質が目立つが，いずれ正の気質は回復する。この変化の程度に対する認識は，子どもの自律に伴う親子関係の変化と両者の評価基準の差により，親と子で異なるものの，気質の変化は確かに存在すると言える。（119字）」となる。ここから情報を削らずに制限字数（70〜80字）に収める。

　「いずれ正の気質は回復する」の部分は，「減衰」が「一時的」であるということを書けば「いずれ回復する」ことは含意できているので，割愛できる。譲歩の部分は，字数を考えると「思春期の子どもの変化の程度に対する認識は，親と子で異なるが」くらいでもよいかもしれないが，第3段落の2つの理由をなるべく含めるよう工夫したい。

　なお，英語で書かれた順に解答を作れば，「思春期の子どもは一時的に正の気質が減衰し，負の気質が顕在化する。その変化の程度に対する認識は親子関係の変化や評

価基準の違いといったものによって親と子で異なる。(79字)」のようになる。これを答案としても問題はないと思われるが、「10代の若者の気質がどのように変化するか」を軸にまとめると、下記の〔解答〕のようになる。

解答作成上の注意点

筆者の言いたいこと＝「思春期の子どもの正の気質が一時的に減衰し、負の気質が目立つ」を捉える必要がある。

生徒答案例1 ▶ 親と子はそれぞれ異なる側面を判断基準としているので10代の子供の気質の変化に対する認識が異なる。思春期の若者の気質はある一定の経路をたどることも明らかになっている。[3／10点]

前半の「親と子の認識が異なる」という内容はOKだが、後半の気質の変化を中心に書くべき。後半の「ある一定の経路をたどる」は曖昧。「一時期に負の気質を見せる」など具体的に変化を書くこと。

生徒答案例2 ▶ 10代の若者の気質について親子の間で認識の差があるのは、子の持つ自立とプライバシーへの願望による親子関係の変化と、親子間で比較対象が異なることに起因する。[0／10点]

「若者の気質がどう変化するか」が書かれていないので0点となる。

若者の気質の変化の程度への認識は、恐らく親子関係の変化や評価基準の差により、親と子で異なるが、思春期の子どもは、確かに一時的に正の気質が減衰し負の気質が目立つ。(80字)

2　高齢者にやさしい社会を目指す運動

全訳

第1段落

　高齢者にやさしい社会を目指す運動は，高齢者人口の急増に強く反応して生まれた。「高齢者にやさしい社会」の定義は，それが数多くの取り組みや手法を反映しているため多様であるが，多くのモデルでは，社会的な絆を強化することの重要性を強調し，すべての年齢層を考慮する見方を奨励している。たとえば，第7代国連事務総長であるコフィー=アナンは，1999 年の国連世界高齢者会議での開会演説において，「すべての年齢層のための社会こそがあらゆる世代を受け入れる。そうした社会は，若者，大人，年輩の人々がそれぞれ別々の道を歩むといった分断されたものではない。そうではなく，すべての年齢層を包括し，様々な世代が共通の利益を認識し，それに基づいて行動するものである」と宣言した。

- □ *l*.1　emerge「出現する」
- □ *l*.2　aging population「人口の老齢化」
- □ *l*.3　reflecting 〜「〜を反映して」　※分詞構文。
- □ *l*.4　social ties「社会的絆」
- □ *l*.5　take into account 〜「〜を考慮する」
- □ *l*.5　the seventh Secretary-General of the United Nations「第7代国連事務総長」
- □ *l*.6　declare 〜「〜と宣言する」
- □ *l*.6　opening speech「開会演説」
- □ *l*.6　the UN International Conference on Aging「国連世界高齢者会議」
- □ *l*.7　embrace 〜「〜を受容する」
- □ *l*.8　fragment 〜「〜を分断する，細分化する」
- □ *l*.8　with 〜 going … の with は〈付帯状況〉の with。
- □ *l*.9　age-inclusive「すべての年齢を包括するような」
- □ *l*.10　recognizing and acting upon 〜「〜を認識し，それに基づいて行動する」
- □ *l*.10　their common interests「彼らの共通の利益」

第2段落

　世界保健機関（WHO）やそれ以外の国際組織は，歳をとることを人生全体におよぶ過程と定義することにより，この前提をさらに明確にしている。「私たちは皆，人生のいかなる瞬間にも歳をとっています。ですから誰もが健康的で活動的に歳を重ねる機会を得るようにしなければなりません。WHO は，高齢者の生活が可能な限り質の高いものであることを保障するため，生涯を通じて健康に影響する要因に投資する取り組み方を推奨しています」

- □ *l*.11　the World Health Organization「世界保健機関」
- □ *l*.12　articulate 〜「〜を明瞭に述べる」
- □ *l*.12　premise「前提」　※pre-［予め］+-mise［送る］　this premise とは「高齢者にやさしい町づくりは全世代を考慮したものであるこ

と」の意味。

- □ *l*. 12 define A as B「A を B と定義する」
- □ *l*. 12 a lifelong process「生涯にわたる過程」
- □ *l*. 14 safeguard ～「～を保護する」
- □ *l*. 14 the highest possible quality「可能な限り高い質」
- □ *l*. 15 endorse ～「(計画・提案など) を推奨する，支持する」
- □ *l*. 15 invest in ～「～に支出する，投資する」

第3段落

しかし，現実には，こうした高齢者にやさしい社会運動が主に焦点を当ててきたのは，高齢者，その介護者，サービス提供者の必要や利益である。その際に，都会での優れた住環境を生み出すものについて，また高齢者とともに働くための機会やそれを妨げる障害について，若者や家族から十分なデータを集めることができていないのである。

- □ *l*. 17 focus primarily upon ～「主に～に焦点を当てる」
- □ *l*. 18 their caregivers and service providers「彼らの介護者やサービス提供者」
- □ *l*. 19 in doing so「高齢者にやさしい社会をつくる運動が，高齢者側の必要や利益に主に焦点を当てるとき」
- □ *l*. 19 fail to *do*「～できない」
- □ *l*. 21 opportunities for and barriers against ～「～のための機会と～に対する障害」

第4段落

いったいなぜ，構想と現実の間にこのようなギャップがあるのか。1つの答えは，高齢者にやさしい社会運動がもつ，年配者にとって良いことはすべての者にとって良いという共通の仮定にあるかもしれない。言い換えれば，もし高齢者にとってやさしい運動が，地域社会を年配者にとって適したものにすることに成功するとすれば，その社会はすべての世代にとって適したものになるだろう，というものだ。様々な世代の間には多くの共有される利益があるが，欧米での最近の研究が示すところによれば，1970 年代以来のどの時代より，若い成人と年配者とではその投票パターンや姿勢において差が見られるということだ。こうした研究は，歳をとる過程の様々な段階にいる人々にとってやさしい都市とはいったいどのようなものかを十分に理解するためには，都市が何によって，若い成人と年配者の双方にとって良いものになるかについて複数の世代からデータを集めることが極めて重要であることを示唆している。

- □ *l*. 22 account for ～「～の理由を説明する」
- □ *l*. 22 lie in ～「～にある」
- □ *l*. 23 assumption … that ～「～という仮定」 ※assumption と that ～ は同格の関係にある。
- □ *l*. 25 suitable for ～「～に適した」
- □ *l*. 28 voting pattern「投票パターン」
- □ *l*. 30 constitute ～「～を構成する，～である」
- □ *l*. 31 critical「極めて重要な」

文章の流れを確認する

第1段落：高齢者にやさしい社会を目指す運動とは，社会の絆を強化する重要性を強調し，すべての年齢層を考慮する見方を促進するものである。

第2段落：世界保健機関などの組織は，老齢化は生涯全体にわたる過程だと定義することで，この見方をさらに明確にしている。

第3段落：実際の「高齢者にやさしい社会運動」は，高齢者やその関係者の必要や利益にだけ焦点を当てており，若者や家族から十分にデータを集めていない。

第4段落：高齢者にやさしい社会づくりにおける理想と現実との隔たりの原因の1つは，年配者にとって良いことはすべての者にとって良いという仮定であるが，これは現実に反する。それぞれの年代にとってやさしい社会とは何なのかを十分に理解するためには，複数の世代からデータを集めることが不可欠なのだ。

答案を作成する

　第1・2段落で「理想」，第3段落で「現実」，第4段落で「考察」，そして第4段落の最後で「解決策」が述べられていることをつかむこと。

　第1・2段落は「高齢者にやさしい町づくりは社会の絆を強化し，すべての年齢層の利益を考慮することを目指している」とまとめる。「利益」という言葉は，第1段落のコフィー=アナンの発言，および第3段落の記述に鑑みて加えた。

　第3段落は，データに関わる記述は第4段落にあるので，ここでは「高齢者とその関係者の必要や利益が優先されている」ということを書く。

　第4段落では，

● まず「高齢者とその関係者が優先されている」理由として「年配者にとって良いことはすべての者にとって良いという仮定がある」と述べている。

● さらに「若者と高齢者との差は随分と大きいから，理想的社会の実現には，様々な世代からデータを集めることが不可欠なのだ」ということが述べられている。

以上から「これは，高齢者に良い社会は万人に良いという考えが原因だが，各世代の考え方は異なるので，理想的な町づくりに関わるデータを各世代から集めるべきだ」となる。

　上記を，字数を気にせずにまとめると，「高齢者にやさしい町づくりは社会の絆を強化し，すべての年齢層の利益を考慮することを目指しているが，実際には高齢者が優先されている。これは，高齢者に良い社会は万人に良いという考えが原因だが，各世代の考え方は異なるので，理想的な町づくりに関わるデータを各世代から集めるべきだ。(135字)」となる。これを指定字数(70〜80字)に収める。

解答作成上の注意点

　書くべきポイントは次の5点。

(1)　高齢者にやさしい町づくりは社会の絆を強化し全世代の利益を目指している

(2)　実際には高齢者が優先されている

(3)　(2)の根拠は「高齢者に良い社会は万人に良いという考え」だ

(4)　各世代の考え方は異なる

(5)　幅広い世代から理想的な町づくりに関わるデータを集めるべきだ

　指定字数を考慮すると，(1)は，第1段落以降，年齢層に焦点が当てられていることから「社会の絆を強化し」を省略し，「全世代の利益を目指している」という部分が書けていればOKとする。また，(3)の「高齢者側にばかり目を向けている」理由は，解答に含まれていなくても可とする。

　生徒答案例1 ▶ 高齢者にやさしい町づくりが声高に叫ばれているが，高齢者への考慮に留まっているのが実態で，その目的は全世代にとって住みやすい社会であり幅広く意見を集めるべきだ。［7／10点］

　大体のことは書けているが，「各世代の考え方は異なる」が抜けている。

　生徒答案例2 ▶ 高齢者にやさしい町づくりでは社会的絆や全世代への視点を重視している。高齢化は長寿の過程だが対象やサービスに注目しすぎで，全世代から良い方法を調査すべきだ。［2／10点］

　前半は，「高齢者を優先しがち」という点が抜けている。後半の「高齢化は…しすぎで」も不要である。「各世代の考え方は異なる」も抜けているし，「良い方法」という書き方も曖昧。これでは評価は低くなってしまう。

高齢者にやさしい町づくりは全世代の利益を目指すが，高齢者に良い社会は万人にも良いと考え高齢者を優先しがちだ。世代間の差を考慮し各世代から意見を集めるべきだ。(78字)

3 欧州における子どもの権利という概念の誕生

全訳

第1段落

　大規模産業が始まる以前のヨーロッパでは，児童労働は広範囲に見られる現象であり，経済体制の中の重要な要素であった。19 世紀までの期間と 19 世紀には，6 歳を過ぎた子どもたちはその能力に応じて社会に貢献することが求められた。およそ 7 歳ぐらいから，ゆっくりと労働の世界——大人も子どもも住んでいた世界——に参入し始めた。子どもの教育，学校教育，危険からの保護という概念は稀であるか，まったく存在しなかった。19 世紀の初期には，子どもはまた，多くの場合，親の個人的な所有物と考えられており，法的な権利はほとんど，あるいはまったくなかった。親，主に父親は，子どもに対する権力と支配力が際限なく与えられており，子どもを好きなように扱うことが許されていた。体罰はほとんどどこでも見られ，社会的にも容認されていたのだ。

- ☐ *l.*1　pre-industrial「大規模産業が始まる前の」
- ☐ *l.*1　phenomenon「現象」
- ☐ *l.*3　beyond six years of age「6 歳を超えた」
- ☐ *l.*3　contribute to society「社会に貢献する」
- ☐ *l.*4　a slow entry into ～「ゆっくりと～に参入すること」
- ☐ *l.*5　inhabit ～「～に住む」
- ☐ *l.*6　schooling「学校教育」
- ☐ *l.*6　protection against ～「～からの保護」
- ☐ *l.*6　hazard「（偶発的な）危険，危険になり得るもの」
- ☐ *l.*6　rare or entirely absent「稀か，まったく存在しない」
- ☐ *l.*7　view O as C「O を C と見る」
- ☐ *l.*7　personal property「個人の所有物」
- ☐ *l.*9　power and control over ～「～に対する権力と支配力」
- ☐ *l.*9　treat ～ as they wish「～を好きなように扱う」
- ☐ *l.*10　physical punishment「体罰」
- ☐ *l.*10　universal「普遍的な」　※ここでは「ヨーロッパの家庭ではよくあること」という意味。

第2段落

　この状況は，19 世紀が終わりに近づくにつれ変化し始めた。特に 1870 年から 1920 年の 50 年間，親や雇用主などに対する子どもの権利は，法的保護という形態で拡大した。徐々に子どもは，独立した範疇の存在として認識され，単に大人の所有物とは認識されなくなり始めた。子どもは経済的価値しかもたないという見方は変化し始め，子どもは独自の集団であり，社会が子どもを支え，また子どもが直面する様々な危険から守る責任を有しているという認識にとって代わられ始めた。

- ☐ *l.*11　progress「進む」
- ☐ *l.*12　in relation to ～「～との関連における」
- ☐ *l.*13　expand「拡張する」
- ☐ *l.*13　in the form of ～「～という形態で」

□ *l.*13　legal protection「法的保護」
□ *l.*14　perceive O as C「OをCと認識する」
□ *l.*14　not simply ～ は「～だけでなく」という意味にもなるが，ここでは「単なる～ではなく」という訳が適切。
□ *l.*15　no more than ～「～にすぎない」
□ *l.*16　be replaced by ～「～にとって代わられる」
□ *l.*16　perception that SV「SV という認識」
□ *l.*16　unique「独自の」

第3段落

　この期間のもう一つの変化は，子どもを親の虐待や放置から保護することであり，そうした行為は政府当局に厳しく監視され，ますます問題視されるようになった。1889 年に，フランスと英国は両国とも，子どもに対する残虐行為を，親からの残虐行為も含め，禁じる法律を可決させた。国家は子どもの権利を擁護する存在になった。その後，子どもが保護される権利に端を発し，様々なものを援助してもらう権利が生まれ，サービスの提供は中央政府がその責任を負うことになった。医療，最低限の住居，遊び場が，労働からの解放と公教育を受けられる権利と共に，子どもの権利を構成する要素として現れたのである。

□ *l.*19　the protection of *A* from *B*「*A* を *B* から守ること」
□ *l.*20　abuse and neglect「虐待と育児放棄」
□ *l.*20　be subjected to ～「～を受ける」
□ *l.*20　intense scrutiny「厳しい監視」
□ *l.*20　challenge ～「～に異議を唱える，～を問題視する」
□ *l.*21　government authorities「政府当局」
□ *l.*22　pass a law against ～「～を禁じる法律を可決する」
□ *l.*22　that caused by their parents＝cruelty caused by their parents
□ *l.*23　defender「擁護者」
□ *l.*24　provision of various sorts「様々なものの提供」
□ *l.*25　acceptable housing「一定水準を満たした，問題のない住居」
□ *l.*26　together with ～「～に加えて」
□ *l.*26　access to ～「～を得る権利」
□ *l.*27　elements「基本的要素」

文章の流れを確認する

第1段落：大規模産業が始まる 19 世紀前半までのヨーロッパでは，子どもは労働力の一部であり，教育を受ける権利などを有さず，親が自由にできる存在だった。

第2段落：19 世紀後半から 20 世紀前半にかけて，子どもは社会が擁護すべき独自の集団であるという認識が生まれた。

第3段落：この時期，英仏では親からの虐待や育児放棄も法律により禁じられた。こうした子どもが保護される権利から始まり国が様々な支援を与えるようになった。

答案を作成する

　上記の各段落の要約をすべて書くと「大規模産業が始まる19世紀前半までのヨーロッパでは，子どもは労働力の一部であり，教育を受ける権利などを有さず，親が自由にできる存在だった。19世紀後半から20世紀前半にかけて，子どもは社会が擁護すべき独自の集団であるという認識が生まれた。この時期，英仏では親からの虐待や育児放棄も法律により禁じられた。こうした子どもが保護される権利から始まり国が様々な支援を与えるようになった。(186字)」となる。これを半分以下にする。

　まず，問題文に「ヨーロッパで生じたとされる変化の内容を…要約せよ」とあるので，要約文では「ヨーロッパにおいて」という部分は省いてもよいだろう。

　第1段落は，「大規模産業化以前，児童は労働力で親の私有財産とみなされた」で十分。「権利が無いに等しかった」ことは第2段落の「のちに権利が認められた」ということから読み取れるので，第1段落の内容としてあえて述べる必要はないだろう。

　第2段落は，「19世紀後半以降，子どもは（親の私有財産ではなく）社会が擁護すべき独自の存在という認識が生まれた」とする。この段落では「人々の子どもに対する認識の変化」と「法的保護への動き」が述べられているが，後者は第3段落にもあるので，ここでは人々の子どもに対する認識の変化を中心に述べればよいだろう。

　第3段落は「国家が法的に保護する対象となり国が様々な支援を与えるようになった」でよしとする。「虐待は禁止され」の部分は「国家が法的に保護する」に含めればよいだろう。

解答作成上の注意点

　英文自体は決して難しいものではなく，その流れも明快である。ただ，書くべきことを字数を削って限られた時間の中（10分程度）で書くのは，相当困難であろう。普段から「だらだらと書く」のはやめ「簡潔」に書くという姿勢が大切である。

> **生徒答案例▶** 19世紀前半まで，子供は働き親の人的財産と見なされていたが徐々に法的保護として子供の権利が生じ，政府が様々なサービスを彼らに提供するようになった。[6／10点]

「子どもは社会が守るべき独自の集団とみなされるようになった」という認識の変化が抜けている。また，「人的財産」は「私有財産」とする。「徐々に」も不十分。

Column　複数形になると意味が変化する名詞

1□ authority	権威	authorities	当局
2□ communication	意思疎通	communications	通信
3□ custom	慣習	*customs	税関
4□ height	高さ	*heights	高い所
5□ interest	興味	*interests	利益
6□ glass	ガラス	glasses	眼鏡
7□ manner	流儀	manners	礼儀作法
8□ ruin	破滅	ruins	廃墟，遺跡
9□ humanity	人類，人間性	the humanities	人文学
10□ value	価値	values	価値観
11□ price	価格	*prices	物価
12□ pain	痛み	*pains	苦労，骨折り
13□ air	空気	airs	気取った態度
14□ arm	腕	*arms	兵器，武器
15□ people	人々	peoples	民族
16□ color	色	*colors	（国やクラブの）旗
17□ work	仕事，作業	works	作品
18□ spirit	精神	in good spirits	上機嫌で
19□ fund	基金，資金	*funds	財源
20□ element	要素	*the elements	自然の力，悪天候
21□ cloth	布	clothes	服
22□ damage	被害	damages	損害賠償金
23□ green	緑	*greens	青物，野菜
24□ quarter	4 分の 1	*quarters	場所，地区
25□ wood	材木	woods	森

＊複数形でも左に書いた意味のままの場合もあるので文脈で判断すること。

大規模産業化以前，児童は，労働力であり親の私有財産だったが，19 世紀後半以降社会が守るべき独自の存在とみなされ，国家によって法的に保護され様々な権利が与えられた。（80 字）

4　噂の広がり方とデマを止めることの難しさ

全訳

第1段落

　噂は，2つの異なっているが，互いに重なり合う過程を経て拡散していく。その過程とは，大衆の間での同調（ポピュラー・コンファメーション）と，集団内での激化（イングループ・モーメンタム）である。最初の過程が生じるのは，私たち一人一人が，他者が考えたり行ったりしていることに依存する傾向にあるためである。いったん一定数の集団が，ある噂を信じているようだということになると，それが虚偽であると思う十分な理由がない限り，他の人たちもその噂を信じるようになる。たいていの噂は，人々が直接的にあるいは個人的に知らない話題に関わるものである。だから私たちの大半は，多くの場合，ただ多数の人の言い分をあっさり信頼してしまうのである。そうした多数派の言い分を受け入れる人の数が多くなれば，その集団も大きくなり，たとえその噂が完全に虚偽であったとしても，大きな集団がそうした噂を信じてしまうという本当に危険な状態を引き起こすのである。

- □　*l*.1　by ～ process「～な過程で」
- □　*l*.1　popular「一般大衆の，世間一般の」
- □　*l*.2　confirmation「裏付け」　※ここでは「同調」と訳している。
- □　*l*.2　momentum「はずみ」　※ここでは「激化」と訳している。
- □　*l*.3　once SV「いったん SV すれば」
- □　*l*.4　believe a rumour「噂を信じる」　※「話」の場合には in は不要。
- □　*l*.4　unless SV「SV という場合を除いては」
- □　*l*.4　have good reason to *do*「～するだけの十分な理由がある」
- □　*l*.5　false「偽の」
- □　*l*.7　creating … は文末に置かれた分詞構文で，and the crowd creates a real risk … に書き換えられる。
- □　*l*.7　a real risk that SV「SV という本当の危険」

第2段落

　集団内での激化とは，似た考え方の人々が集まったとき，彼らが以前に考えていたものを一層極端にしたものを信じるという結果になることが多いというものである。ある特定の集団に属する人が，たとえば，ある国が試みようとしている悪事についての噂を受け入れる傾向にあるという場合を考えてみよう。十中八九，そうした人々はお互いに話し合った後，以前よりその噂に傾倒してしまうだろう。実際，彼らは最初，その噂をためらいがちに信じていたにすぎなかったのだが，それが絶対的な確信へと変わってしまうかもしれないのだ。たとえ，彼らの得た新たな証拠が，その集団の他の人たちが信じているということでしかないとしても，である。ここでインターネットの役割を考えてみよう。似た考えの人からの多くのツイートや投稿を見ると，人々は噂を本当であるとして受け入れる傾向が強まっていくのだ。

- □　*l*.9　refer to ～「～を指す」　※「物」が主語。
- □　*l*.9　like-minded「似た考え方の」
- □　*l*.10　end up *doing*「結局～に終わる」

□ *l*. 10　version「～版」
□ *l*. 11　Suppose that SV.「SV と考えてみよう」
□ *l*. 11　be inclined to *do*「～しがちである」
□ *l*. 12　say「たとえば」　※前後にコンマを打ち，挿入して用いる。
□ *l*. 12　evil intention「悪意のある意図」
□ *l*. 12　in all likelihood「十中八九」　※all は強調の形容詞。
□ *l*. 13　become committed to ～「～に傾倒する」
□ *l*. 14　move from *A* to *B*「*A* から *B* へと移行する」
□ *l*. 14　tentative「ためらいがちな」
□ *l*. 16　the internet「インターネット」　※小文字でも可。
□ *l*. 16　post「(インターネットサイトへの) 投稿，書き込み」
□ *l*. 17　accept O as C「O を C として受け入れる」

第3段落

　こうした2つの過程によって間違った噂を正しいと思ってしまうという危険を減らすには，何ができるのであろうか。最も明白な答えであり通常の答えは，自由に表現できるような体制を構築することだ。人々に必要なのは，常に公平な情報を手に入れ，真実を知る者による修正に触れることなのである。たいてい，自由であることで，ことはうまく運ぶが，状況によっては，それが十分な解決策ではないこともある。人が情報を処理する方法は中立ではなく，多くの場合，真実にたどり着くのを感情が邪魔する。人が新たな情報を取り入れるやり方は，とてもバランスが悪く，虚偽の噂を受け入れた人は，それに対する感情的な入れ込みが強い場合には特に，自分の考えを簡単には捨てない。たとえ事実を提示したとしても，人々が自分の考えを変えることが極めて困難なこともある。

□ *l*. 18　reduce the risk that SV「SV という危険を減らす」
□ *l*. 19　obvious「明らかな」　※しばしば「譲歩」を表す。ここでも「危険を減らすために『明らか』なのは，様々な情報を吸収することだが，実際にはそれでも難しい場合がある」と書かれている。
□ *l*. 19　involve ～「～と関わっている」
□ *l*. 20　the system of free expression「自由に表現する体制」
□ *l*. 20　be exposed to balanced information and to corrections from ～「公平な情報と～からの修正に触れる」
□ *l*. 21　work「(物事，計画が) 効果を発揮する，うまくいく」
□ *l*. 22　an incomplete remedy「不完全な治療法」
□ *l*. 23　get in the way of ～「～の邪魔をする」
□ *l*. 25　emotional commitments「感情的な入れ込み」
□ *l*. 27　present *A* with *B*「*A* に *B* を提示する」

文章の流れを確認する

第1段落：噂が広がる過程には2つある。

　　　　　①「同調」と呼ばれるもので，多数派の意見を鵜呑みにすること。

第2段落：②「激化」と呼ばれるもので，ある噂話について同じ考え方の人と話すと，

　　　　　それが裏付けられたと感じ，その噂にますます傾倒してしまうこと。

第3段落：デマ（＝虚偽の噂）の流布を阻止する方法

　　　　　自由に表現できる体制を作り，公正な情報を取得し，真実を知る者に修正

　　　　　してもらうこと。

　　　　　しかし，人々は，感情に影響されるため，その考えを変えるのは非常に困

　　　　　難であることもある。

答案を作成する

　書くべきことは次の3点。

(1)　噂が広まる際の2つの過程は，①多勢への追従，②集団内の見解の激化，であ
　　る。

(2)　デマ（＝虚偽の噂）を信じないためには，自由に表現できる体制内で，公正な
　　情報と，真実を知る者の修正に触れることだ。

(3)　感情や情報摂取の偏りにより，信じたことを変えることは容易ではないことが
　　ある。

以上をまとめると

「噂は，虚偽であっても，多勢への追従と集団内の見解の激化により流布する。これ
を阻止するには，自由に表現できる体制を整え，公正な情報と，真実を知る者の修正
に触れることが必要だ。感情が影響することによる情報摂取の偏りにより，人が信じ
たことを変えることは容易ではないことがある。（136字）」

となる。まず，比較的重要度の低い「自由に表現できる体制を整え」「情報摂取の偏
り」は消すことになる。

「デマは，多勢への追従と集団内の見解の激化により流布する。これを阻止するには，
公正な情報と，真実を知る者の修正に触れることが必要だ。感情に影響され，人が信
じたことを変えることは容易ではない。（94字）」

あとは，それぞれの表現を圧縮することで答えを得る。なお，第1・2段落は「噂」
について述べているが，第3段落では「デマ（＝虚偽の噂）」に話が絞られているこ
とに注意。字数を考えれば，「デマ」に統一してもよいかもしれない。

　英文に書かれている情報の順序を無視して「原因→譲歩→主節」の順に書くと，

「人は情報を中立に受信せず，感情的に捉えることがあるため，たとえ公正で正しい
情報に触れたとしても，多数派への同調や集団内での増幅を通して広まる噂の阻止は
難しい。（79字）」となるが，このような答えでも OK だろう。

解答作成上の注意点

　解答作成にかけられる時間が 10 分程度ということを考えると，なかなか十分な解答を作成するのは難しいかもしれない（モニターの出来は 3 割程度）。しかし，必要な情報はできるだけ入れること。

　　生徒答案例▶ 人はたとえ間違っていても大衆や同じ考えをもつ人の見解を受け入れがちでそれによりうわさは広まる。そして誤ったうわさを信じた人はなかなか考えを変えようとしない。[3／10 点]

　この答案は，方向性は合っているが，前半は「集団内の見解の激化」が欠落している。また，後半に「どうすれば正せるのか」，「なぜ考えを変えようとしないのか」に対する記述がないので評価は低くなる。

Column　commit に関わる四方山話

　昔，『スパイ大作戦』という TV ドラマがあった。主題曲と共に爆弾の導火線に火をつける映像が流され，「おはようフェルプス君。…今回の君の使命だが」というテープレコーダーの再生シーンからドラマが始まると，テレビの前に釘付けになった。トム・クルーズ主演の映画にもなったので知っている人もいるかもしれない。このドラマの原題 *Mission: Impossible*「不可能な使命」の mission に出てくる miss- ／ -mit は「送る」の意味。mission とは本来，「本国から海外に送られた宣教師たちのもつ使命」の意味だったが，現在では「使命」となった。mission school とは「宣教師たちによって開かれた学校」の意味。

　なお，a missile「ミサイル」も「送られるもの」が原義。他にも emit「～を放出する（←外に送る）」，commit「～を送る（←～をしっかり送る）」，admit「～を認める（←自分の中に送る）」，transmit「～を伝える（←何かを超えて～を送る）」，dismiss「～を退ける（←～をバラバラにして送る）」などがある。commit は硬い文では，commit *oneself* to ～「～に専念する（←自らを～にしっかり送る）」の意味で出てくるが，新聞などでは commit a crime「犯罪を犯す（←犯罪を自らに送る）」で登場する。commit ～ to memory なら「～を暗記する」の意味。

多数派への同調や集団内での見解の激化で噂は広まる。デマを阻止するには，公平で正しい情報に触れる必要があるが，人は感情に影響されるため，その誤信を正すのは難しい。(80 字)

5 ビジネスの交渉において考慮すべきこと

全訳

第1段落

　広く受け入れられているある見解によると，文化と国はほぼ交換可能であるということである。たとえば，「日本式」のビジネス作法（遠回しで礼儀正しい）なるものがあり，それは「アメリカ式（率直で押しが強い）」あるいは「ドイツ式（生真面目で能率的）」などとは異なるものであるというのが定説だ。そして，成功するためには，取引をしている相手国のビジネスの文化に合わせなくてはならないということだ。

- [ ] *l.*1　culture and country「文化と土地」　※country は「国」の意味では可算名詞で，「（ある特徴を有した）地域」の意味では不可算名詞の扱いとなる。ここでは後半の記述に鑑みて「国」と訳している。
- [ ] *l.*1　more or less＝almost
- [ ] *l.*2　be supposed to *do*「～ということだと思われている」
- [ ] *l.*4　no-nonsense「生真面目」　※「無意味なものがゼロ」が直訳。

第2段落

　しかし，最近の研究で，このような仕事の手法に疑問が投げかけられた。この新たな研究は，これまで35年間にわたって行われてきた558の先行研究のデータを用いて，仕事に関連する4つの姿勢を分析した。すなわち，個人と集団とどちらを重んじるか，序列制度や地位を重んじるかどうか，危険や不確実性は避けるかどうか，そして競争と集団の和とどちらを重んじるか，の4つである。もし従来の見解が正しければ，国と国の違いは同じ国の中の違いよりはるかに大きいはずである。しかし，実際には，こうした4つの姿勢の違いの80％以上が同じ国の中で見いだされ，国と国とで異なるケースは20％未満にすぎなかった。

- [ ] *l.*7　challenge ～「～に異議を唱える」
- [ ] *l.*8　previous studies「先行研究」
- [ ] *l.*9　hierarchy「序列」
- [ ] *l.*14　*A* correlate with *B*「*A* は *B* と相互に関連している」

第3段落

　それゆえ，少なくともビジネスの舞台においては，ブラジル文化とかロシア文化などと単純化して語るのは危険である。もちろん，各国には共通の歴史や言語，共通の食べ物や風習，さらにそれ以外の，国特有の多くの共通の習慣や価値観があるのは否めない。しかし，人の移動だけでなく科学技術，考えのやり取りにおけるグローバル化が及ぼす多くの影響のために，この国ならこのビジネス文化だと一般化して考えることはもはや受け入れられるものではない。タイ在住のフランス人の実業家は，本国のフランスにいる人より，タイ人の実業家との共通点の方が多いということも十分にあり得ることなのだ。

- [ ] *l.*15　simplistically「単純に」
- [ ] *l.*16　a business context「ビジネスという環境」

□ *l*.17　country-specific「国独自の」
□ *l*.18　globalization「グローバル化」
□ *l*.20　generalize from A to B「一般的に A と B に結びつきがあると考える」
□ *l*.21　have ～ in common with …「…と～の共通点をもっている」
□ *l*.21　his or her Thai counterparts＝Thai businesspersons
□ *l*.22　back in France「祖国であるフランスにおいて」

第4段落

　事実，仕事に関わる相手側の価値観を予測するには，その人の出身国よりもその人の職業や社会経済的な地位を考慮する方がはるかに参考になる。たとえば，職業の異なる100人のイギリス人よりも，様々な国籍の100人の医者の方が，考え方を共有している可能性がずっと高い。オーストラリア人のトラックの運転手は，言語は別とすれば，同じオーストラリア人の弁護士よりインドネシア人のトラックの運転手との方がより馬が合う可能性が高いであろう。

□ *l*.24　country of origin 「出身国」
□ *l*.25　Briton「イギリス人」 ※formal な語。
□ *l*.26　different walks of life「様々な職業」 ※「人生の様々な歩み方」から。
□ *l*.26　language aside＝apart from language
□ *l*.27　familiar company「馴染みのある仲間」

第5段落

　交渉が成功するかどうかは，相手側の出方を予測することができるかどうかで決まる。国際的な舞台で，国民性に関わる考えから判断を下すならば，予測を誤り不適切な反応をしかねない。ある人の文化背景を，その人の国を基準として決めつけるのはビジネスではとても得策とは言えないのだ。

□ *l*.28　the other party「(交渉の) 相手」
□ *l*.29　to the extent that SV「SV の程度まで」→「SV の限りにおいては」
□ *l*.31　cultural stereotyping「文化に関わる固定的な見方」

文章の流れを確認する

第1段落：「国際ビジネスの世界で成功するためには，相手国の文化に適応することが必要である」が通説。

第2段落：最近の調査でこの考え方は間違いであるかもしれないことが判明した。「ビジネスに対する姿勢の違いは異国人同士より，同じ国民同士の方が大きい」とわかった。

第3段落：ある国に特有の言語や習慣，価値観は確かにあるが，ビジネス文化を国ごとに一般化することはもはや正しくない。

第4段落：ビジネスの相手側のもつ価値観は，その出身国ではなく，職業や社会経済的な地位を考慮して予測することが望ましい。

第5段落：ビジネスの交渉において，相手の出方を探る材料としてその人の出身地に

関わる特徴を用いるのは得策ではない。

答案を作成する

　まず「国際舞台におけるビジネスでの交渉相手の出方を探る材料として何を用いるのか」についての文であることを理解して，全体の方向性を定める。そして従来は，その根拠として，「国別の文化」が用いられてきたが，そうではなく「その相手本人の職業や社会経済的地位」に依拠すべきだ，と続ければよい。「職業や社会経済的な地位」という文言は必ず入れること。

解答作成上の注意点

> **生徒答案例▶**今日の国際化した社会のビジネスにおいて，<u>取引相手国を固定観念で</u>判断するのではなく，職業や社会経済的地位を判断材料に使い予測し行動しなければ失敗する。[8／10点]

　非常によくできているが，「取引相手国を固定観念で」が不十分。「取引相手国の文化的固定観念で」，あるいは「取引相手国の国民性に関する固定観念で」とする。

　また，上記も含めて「ビジネスの<u>交渉</u>」ということにまで踏み込んで書いた答案が少ない。この文は，「世界を舞台としたビジネスの交渉時に，相手の出方を探る際の材料としては何が適切か」ということが主題。よって「交渉」という文言も入れておきたい。

> 国際ビジネスの世界では，交渉相手の出方を探る判断材料として，その人の出身国特有の文化ではなく，その人本人の職業や社会経済的な地位を考慮し予測するほうがよい。(78字)

6 集団を「仮想親族」と捉えることの限界

全訳

第1段落

「仮想親族」という概念は，集団意識が実際の親族を超えてどのように広がり得るかを理解するのに役立つ。人類は成員が近親者である小規模な集団の中で進化してきたので，近い親族の成員を手助けしようとするように設定された心理が進化の上で有利に働いた。しかし，人間社会が発展するにつれて，異なる集団間の協力がそれまで以上に重要となった。親族内の言葉や感情を，親族以外の者にまで広く適用することによって，人類は「仮想親族」，つまり交易や自治，防衛などの規模の大きな事業に着手できる政治的，社会的共同体を生み出すことができたのである。

- ☐ *l.*1　notion　※学術論文では「概念，観念」という意味で用いられるが，普通は，筆者が「怪しい」と考えている「考え」を表す。ここでは，「仮想親族」という考え方では不十分であることを示唆している。
- ☐ *l.*2　be extended beyond real family「現実の親族を超えて広げられる」
- ☐ *l.*3　be closely related「近い親戚関係にある，密接に関連している」

第2段落

しかし，このような考え方だけでは，なぜ私たちはそのような共同体のすべての成員を対等であるとみなすのか説明できない。仮想親族が本当の親族と異なるのは，遺伝上の結びつきがないという点だけではなく，近い親戚と遠い親戚の区別がないという点でもある。一般的には，ある同胞や母国の全成員は，少なくともその集団の成員という観点からは対等な地位を有しているが，一方，現実の親族の成員は，結びつきの強さも様々で，親族の成員であることやその境界を規定するための一定不変の方法も存在しない。私たちは，人間同士を結びつけ，その人たちの間に強い絆を生み出す，もっと根本的な要因を究明する必要がある。

- ☐ *l.*9　by itself「それだけでは」
- ☐ *l.*9　this concept とは「人間の属する集団を『仮想親族』と捉える考え方」という第1段落の内容を指す。
- ☐ *l.*12　members of a brotherhood or motherland は members of imagined family と同意。
- ☐ *l.*12　a brotherhood「友愛，連帯」　※ある特定の目的，とりわけ宗教上の目的のために形成される組織。
- ☐ *l.*12　SV, whereas S'V'「SV だが一方 S'V'」
- ☐ *l.*14　define 〜「〜を規定する」

第3段落

もっと深いレベルで，人間の共同体は，普遍的なものと考えられている，よく知られた心理的バイアスで結びつけられている。様々な文化にまたがる児童の成長に関わる研究でわかったことは，どの文化に属する人も，人種や民族性や服装といった人間の社会的範疇に，何らかの本質的な性質があると考える傾向が存在しているということだ。このような心的態度によって，「集団の内」と「集団の外」という

概念が生じ，もともとは結束性などなかった集団に結束性が生まれ，その集団が生き延びる可能性が劇的に高まった。ところが，このことはまた私たちが「集団の外」を自分たちとは異なる生物種とみなすことにつながり，その結果敵意を抱き，対立する危険性を高め得る。有史時代を通じて，そしておそらくは人間の先史時代でも，人々は常に，他者を異なる種に属するものと見ることによって団結し，他者と戦いあるいは他者を支配しようとしてきたのである。

- [ ] *l.* 18　universal とは「時間・空間と無関係に成立する」ということ。
- [ ] *l.* 19　attribute *A* to *B*「*A*（という性質）が *B* にあると考える」
  e.g. No fault can be attributed to her.「彼女に欠点があるとも考えられない」
- [ ] *l.* 20　this mental attitude｜人間の社会的区分には何か本質的な特性があると考える傾向」
- [ ] *l.* 22　give coherence to ～「～に一体感を与える」
- [ ] *l.* 22　where initially there was none＝where initially there was none of coherence
- [ ] *l.* 22　enhance the group's chance of ～「集団の～の可能性を高める」
  ※文末に置かれた分詞構文で前の内容を補足説明する働き。
- [ ] *l.* 25　routinely「いつものように」

文章の流れを確認する

第1段落：社会の発展と共に異なる集団間の協力が必要となった。集団感情を親族以外の者に広げることによって，より大きな事業をすることが可能になった。

第2段落：親族の成員は親族以外との境界が曖昧で各成員は対等ではないが，集団の成員は対等である。よって，集団を親族にたとえても，集団の結束性は説明できないので，集団が強い絆を生む根本的な要素の究明が必要である。

第3段落：社会では，その人種などの社会的範疇により「集団の内」と「集団の外」という区別が生じ，それによって結束性を高めた。この区別はまた，他者との対立の危険を高める。

答案を作成する

　この文章の内容を簡単に言えば「社会（＝人間集団）は親族と違い，独自の要因で結束を高めている」ということ。それを具体化すれば「社会が結束する根拠が，自らの集団を特異なものと考え，外と内を区別し，集団内部の成員は対等であるとみなすことにある」というもの。「集団を親族のように考えれば，その結束性が理解できる」とする考えが不十分である根拠として「親族は，成員の結びつきの強さも様々で親族以外との境界線が明確ではなく，それゆえその成員が対等ではない」ことを挙げている。以上をまとめればよい。なお「外部集団と対立する危険性」については「外部集団を異種とみなし」ぐらいの記述でも十分である。

「親族」と「社会」の差を表にしてみよう。（　　）は本文より推測できる内容（記載はない）である。

	親　族	社　会
外との境界線	曖昧	（明確）
成員間の関係	近い親戚と遠い親戚があるので対等ではない	対等
結束を高める要因	血のつながり	人種，民族性，服装などの共通点
結束性	（弱い場合もある）	強い

解答作成上の注意点

> **生徒答案例▶**社会の発展に伴い人間は家族の概念を拡大して想像家族と称すべき共同体を生み出した。血縁で結ばれる家族とは異なり，共同体は成員が特定の心的態度を共有することで，結束を強め集団存続の可能性を高めるが，その心的態度ゆえに外集団との対立の危険を高める。[4 / 10 点]

「集団の絆を家族（≒親族）の絆で表現するのは不十分である」ということへの言及がない。また「家族は境界が曖昧であること」さらには「成員が対等でないこと」，「内と外の概念」にも触れておきたい。

> 社会を親族で喩えても，その結束性が説明できない。親族は，親族以外との境界が曖昧で成員が対等でないが，社会では人種などの社会的範疇に本質的な意味を見出すことで，集団の内と外の概念が生じ，成員は対等となり，外部集団を異種とみなして結束性を生む。(120 字)

7 危険認知における人間の反応

全訳

第1段落

　私たちは，人間がこの上なく論理的であり，衝動ではなく確固たるデータを基に判断を下すものだと考えることを好む。しかし，このような「ホモ・エコノミクス（正確な情報を与えられると，何よりもまず自己の利得のために行動する人）」という人間観は，とりわけ危険認知という新興の分野での発見によって，揺らいできている。人間は危険度を正確に測ることが非常に苦手であるということがわかってきたのである。人間には，論理と本能（つまり，理性と直感）という2つの強力な発信源から，相反する助言を出す仕組みが備わっているのである。

- ☐ *l.*1　supremely logical「この上なく論理的な」
- ☐ *l.*1　on the basis of ～「～に基づいて」
- ☐ *l.*2　hard「(事実，証拠などが) 否定できない」
- ☐ *l.*3　act in *one's* best interest(s)「～の利益のために行動する」　※ interest は「利益，利得」の意味では通例複数形で用いるが，この熟語では単数形でも用いられる。
- ☐ *l.*4　shake ～「～を揺さぶる，～をぐらつかせる」　※本文は「(ホモ・エコノミクスという人間観) の是非が問われるようになった」の意味。
- ☐ *l.*4　emerging「台頭してきている」　*e.g.* an emerging nation「新興国」
- ☐ *l.*4　perception「認識」
- ☐ *l.*5　accurately gauge ～「正確に～を測る」
- ☐ *l.*6　conflicting「相反する」
- ☐ *l.*7　the head and the gut「理性と直感」

第2段落

　人間の本能的な直感的反応は，腹を空かせた野生動物や敵対する部族に満ちあふれた世界の中で発達したものであり，そこではこのような反応が重要な役割を果たしていた。最初に何かの危険な兆候が顕れたとき，(脳の感情を支配する部分にある) 扁桃体に主導権を握らせたことは，おそらく非常に有効な適応であった。なぜなら，(脳の思考する部分である) 新皮質が，槍が胸めがけて飛んできていることに気づくのは，扁桃体の反応よりほんの一瞬だけ遅れるからである。今日でも，このような直感的反応があるから，バスに轢かれたり，つま先にレンガを落としたりしなくて済むのだ。しかし，人間の扁桃体は，放射線検知器の警告音で危険が測定されるような世界には不向きなのである。

- ☐ *l.*8　instinctive「本能的な」
- ☐ *l.*9　warring tribe「対立状態にある部族」
- ☐ *l.*9　amygdala「扁桃体」　※almond「アーモンド」が原義。
- ☐ *l.*10　take over「(前のものにかわって) 優勢になる」
- ☐ *l.*10　milliseconds before ～「～のほんのわずか前に」
- ☐ *l.*11　neo-cortex「新皮質」

□ *l*. 11　spear「槍」
□ *l*. 13　save *A* from *doing*「*A* が〜しないで済む」
□ *l*. 13　brick「レンガ」　※brick-layer「レンガ工」
□ *l*. 14　click「カチッという音」
□ *l*. 15　radiation detector「放射線検知器」　※「放射能」は，日常では
　　　　　「放射線」と同じ意味で使われる場合があるが，「放射能」は厳密
　　　　　には「放射線を出す能力」の意味。

第3段落

　野生動物を避けるように設計された危険認知器官のために，私たち現代人は脂肪
分がたっぷり入った食品から悲鳴をあげながら逃げることなどできそうにない。あ
る研究者は「たとえばハンバーガーとか自動車，そして喫煙など，人間が進化によ
って備えができていないような，ある種の客観的に見れば危険な要因に対して，人
間は，たとえ意識レベルでそうした脅威を認識しているときでさえ，ほとんど恐怖
心をもたずに反応する可能性が高い」と述べている。チャールズ=ダーウィンです
ら，危険認知に対する扁桃体の強い支配力を打ち破ることができなかった。試しに，
彼はロンドン動物園でガラガラヘビの檻に顔をつけて，ヘビが板ガラスに飛びかか
ってきたときに冷静さを保ちその場から動かないようにしようとした。それは失敗
に終わった。

□ *l*. 16　apparatus「器官，器具」　*e.g.* a health apparatus「健康器具」
□ *l*. 16　be designed for 〜「〜のために設計されている」
□ *l*. 17　run screaming from 〜「悲鳴をあげて〜から走り去る」
□ *l*. 17　fatty food「脂っこい食品」
□ *l*. 18　react to 〜「〜に反応する」
□ *l*. 19　prepare *A* for *B*「*A* に *B* のための準備をさせる」
□ *l*. 20　threat「脅威」
□ *l*. 20　conscious「意識のある」
□ *l*. 21　iron grip on 〜「〜に対する強い支配力」
□ *l*. 22　rattlesnake「ガラガラヘビ」
□ *l*. 23　unmoved「（位置が）変わっていない」

第4段落

　空を飛ぶ恐怖の克服を基盤として1つの業界全体が発達してきた。しかし私たち
は世界で毎年約 500 人いる航空事故の犠牲者の1人に自分がならないようにと祈る
ものだが，その一方で，毎年自動車事故で亡くなる人が 100 万人を超えているとい
うのに，食料品店に車で行くことに関しては，ほとんど何も考えないのである。

□ *l*. 25　develop around 〜「〜を中心として発達する」
□ *l*. 26　pray not to *do*「〜しないようにと祈る」
□ *l*. 26　casualty「犠牲者」
□ *l*. 27　give little thought to 〜「〜に関してほとんど考えない」

文章の流れを確認する

第1段落：危険認知においては，論理と本能が競合するため，人間は物事の危険性を正確に判断できない。

第2段落：進化の過程で重要な役割を果たしたのは，論理的判断ではなく，目に見えるものに対する直感的反応である。

第3段落：〈第2段落の具体例〉目に見える野生動物に対しては危険認知は働くが，食べ物の中にある目に見えない脂肪分に対しては危険認知が働かない。本能で危険を察知するように進化してきたことの裏付けとして，ガラガラヘビの例（本能が危険を察知すると，たとえ頭で安全とわかっていても動揺してしまう例）が挙げられている。

第4段落：〈第2段落の具体例〉飛行機は怖いと思うが，犠牲者がはるかに多い自動車は怖いと思わない。

答案を作成する

　本文の趣旨は「人間は論理的な動物と言われているが，こと危険認知においてはそうとも言えない。人間の危険の察知の方法は，①論理的に認識する，②本能で察知する，の2つがあり，人間は進化の過程で②を発達させてきた。よって，脂肪分の多い食品や自動車など，たとえ頭で危険だとわかっていても本能的に察知できない危険は，危険だと認識することが難しくなっている」となる。この内容を制限字数以内に収めればよい。

解答作成上の注意点

　概ね出来はよいが，主張を明確に書けていない答案が散見される。

　　生徒答案例▶人間は論理的であると考えられがちだが，危険を認識するときは本能的である。なぜなら，人間は進化の中で体験したことのない危険には対応しにくいからである。[6/10点]

　前半はできているが，後半の「対応しにくい」は不十分である。「（論理的には）認識できても，本能ではその恐怖を感じとれない」という内容を補うべき。「なぜなら…からである」は「だから…なのである」とする。

　人間は論理的とされるが，危険察知は原始的本能が優先され，現在の生活にあるような論理的には認識できても本能では感じ取れない危険を正確に判断することは難しい。(77字)

8　地球が疲弊している理由

全訳

第1段落

　私が住んでいるのは，エディンバラにある洒落た古いアパートである。いくつかの独立した部屋がある各階はすべて，砂岩でできた内階段でつながっている。この建物は少なくとも築 100 年ぐらいで，今ではこの砂岩の階段の一段一段が少しずつすり減っているように見える。

- □　*l.* 2　flat「アパートの一室」　※同一階の数室を一家族が住めるように設備した住居。
- □　*l.* 2　all connected ＝ and they are all connected を分詞構文にした形。
- □　*l.* 2　staircase「階段全体」　※手すりや階段などをあわせた構造全体。

第2段落

　この摩耗は，100 年にわたって住人たちが自分たちの部屋から歩いて上り下りした結果である。出勤したり帰宅したり，買い物に出かけたり，食事に出かけたりして，1 日に何回も住人の足が一段一段の上に下ろされてきた。

第3段落

　地質学者なら誰でも知っていることだが，ほんの小さな力でも，長い期間にわたって繰り返されれば，それらが足し合わされ，実に大きな何らかの影響をもつようになり得る。1 世紀に及ぶ歩数はかなりのものだ。もし 35 人の住人の各々が，1 日に平均 4 回その階段を上り下りしたとすると，階段のそれぞれの段は，それが造られてから，少なくとも 1000 万回足で踏まれてきたことになる。

- □　*l.* 9　over a large enough stretch of time「十分な時間の広がりにわたり」

第4段落

　私がこの階段を上がって自分の部屋へ向かうとき，毎日決まって思い出し楽しんでいるのは，人間は地質学的な力なのだということだ。仮に，1000 万人の人が 1 人ずつみんなこの階段を上がって行くことになったとすると，彼らの足によって砂岩が 1 センチ摩耗するのに 8 カ月もかからないだろう。

- □　*l.* 14　reminder that SV「SV ということを思い出させてくれるもの」
  ※ここでは筆者のアパートの階段を指す。
- □　*l.* 16　wear away ～ / wear ～ away「～をすり減らす」

第5段落

　そして次に，1000 万人の人間というのは，現在世界にいる 70 億人の中のほんの一握りにすぎないということを考えてみよう。もし何らかの方法でこれらの 70 億人全員の足を一度に使えるとしたら，ごく短時間で岩を何メートルもすり減らすことができるかもしれない。さらにそれを何度か繰り返せば，かなり大きな穴があくことだろう。数時間続ければ，新しい谷をつくることもできるだろう。

- □　*l.* 18　but a small fraction of ～「～の一部にすぎない」　※but ＝ only
- □　*l.* 20　grind ～ away「～を摩耗させる」
- □　*l.* 21　〈命令文, and SV〉「～すれば SV となる」※命令文の部分は名詞でも可。
  e.g. Another step forward, you will fall.「もう一歩前に出ると落ちるよ」

第6段落

　これは，かなり現実離れした思考実験のように思えるかもしれないが，人間の行動が環境に及ぼす影響を計る1つの尺度であるカーボン・フットプリント（二酸化炭素の足跡）という考え方を，まさに文字通りに際立たせてくれる。人間のカーボン・フットプリントに関して言えば，この惑星全体が階段に相当する。私たち1人1人の関与，つまり，私たちが消費するエネルギーや私たちが生み出す廃棄物は，取るに足らないもので，地球に影響を及ぼすものではないように思えるかもしれない。しかし，それを70億倍してみれば，誰であれ1人の人間が環境に及ぼす小さな影響も，実は重大な足跡となる。地球が，私のアパートの古い階段同様，すり減っているのも不思議ではない。

- □ *l.* 23　does highlight 〜「実際に〜を目立たせる」　※does は強調の助動詞。
- □ *l.* 24　in a rather literal way「まさに文字通りに」※highlight を修飾する副詞句。carbon footprint の概念を「私たちの足」を用いて説明しているから。
- □ *l.* 24　carbon footprint「カーボン・フットプリント：（二酸化）炭素排出量」　※「商品の生産から流通，廃棄までの過程で，その商品が排出する温室効果ガスの総量を，二酸化炭素に換算した指標」が定義。本文では「人間の生活全般での二酸化炭素排出量」の意味。
- □ *l.* 30　Earth「地球」　※惑星としての「地球」は通例頭文字を大文字にする。

文章の流れを確認する

第1段落：私の住むアパートの砂岩でできた階段が摩耗しつつある。
第2段落：摩耗の原因は，多くの人間の長期にわたる使用である。
第3段落：小さな力でも「期間」と「数」によって大きな影響をもつ可能性がある。
第4段落：〈筆者の想像〉人数が増えれば摩耗も速いだろう。
第5段落：地球の全人口でやれば，もっと短時間に摩耗し規模も大きくなる。
第6段落：人間1人の二酸化炭素排出量が地球環境に及ぼす影響は微々たるものかもしれないが，地球上の全人口による影響は大きなものになるので，地球が疲弊しているのは当然だ。これが地球環境に起きていることなのだ。

答案を作成する

　筆者の主張は「小さな力でも数が集まれば大きな影響を及ぼし得る」である。

第3段落	35人が100年で1000万回踏む	→階段が摩耗
第4段落	1000万人が踏む	→8カ月で1センチ摩耗
第5段落	70億人が踏む	→ごく短時間で何メートルも摩耗
	さらに反復	→数時間で谷ができるほど摩耗
	（70億人を2倍，3倍，…）	
第6段落	70億人がCO$_2$を排出	→大きな影響

　　　　　　　　　↓　　　　　　　　　　　　　　　　↓
　　　膨大な数の小さな力　　　　　　（短期間で）大きな影響

　このように，第3～6段落の内容を並べてみると，筆者は，（「数」が集まったことによる）短期間での大きな影響に注目している。本文中で短期間であることに3度にわたって触れているのは，「数」が及ぼす影響の大きさをイメージしやすくするためだと思われる。

　以上のことを考慮した上で，第3段落に戻ってみる。筆者が「100年」という期間を持ち出したのは，「1000万回踏む」という膨大な「数」を算出するためであったと考えられる。つまり，1回踏む力は小さいが，（100年かけて）1000万回踏んだ結果，砂岩の階段が摩耗するほどの大きな影響が出たことに，筆者の問題意識が置かれていると思われる。よって，「長期にわたり」という記述を要約文に入れるべきではないことがわかる。さらに，最終段落で When it comes to our carbon footprints, the entire planet is the staircase.と述べて，階段の例から二酸化炭素排出の問題に話をつなげる意図が明言されている。

　以上のことを考慮し，第6段落をまとめると「人間1人が排出する二酸化炭素が地球環境に及ぼす影響力は微々たるものかもしれないが，排出が地球の全人口によってなされれば，大きなものになる」となる。この問題は「要旨をまとめよ」ではなく「要約せよ」なので「砂岩でできた階段」の例は，第6段落の主張を，読者が納得できる形で導くために不可欠な要素であると判断して，答えに織り込んだ方がよいだろう。

　最終段落最終文の「地球がすり減っているのも不思議ではない」は，「話のオチ」としては秀逸だが，特に必要な情報ではないだろう。

解答作成上の注意点

生徒答案例▶小さな力でもそれを合わせると大きな影響が生まれる。1人の人間が消費するエネルギーや生み出すごみは環境への影響はほとんどないように思えるが，70億人となるとその力は莫大となり環境に大きな影響を与えうるのだ。[4/10点]

砂岩の例は必要。また，間違いの多くは「地球をすり減らす可能性がある」といった，未来の可能性としてしまったものである。本文には Earth is as worn down as my old staircase と現在時制が使われていることに注意する。本文は「環境全般」ではなく「二酸化炭素排出量」を問題にしていることに注意。

アパートの砂岩の階段が，多くの人が歩くことにより摩耗しているのと同様に，二酸化炭素排出の問題でも，個々人の影響は小さくても，地球の全人口による影響となるとそれは大きなものになる。(89字)

9　クモの巣の強靱性とその応用可能性

全訳

第1段落

　クモが巣を張り，獲物を捕らえ，天井からぶら下がるために使う糸は，現在知られている中で最も丈夫な素材の１つである。しかし，実際には，クモの巣にそれほどの耐久性をもたらしているのは，この素材の並外れた強靱さだけではないことがわかっている。

- □ *l*. 1　build their web「巣を張る」　※build は「一層一層作る」イメージ。
- □ *l*. 1　trap their prey「獲物をワナにはめて捕らえる」
- □ *l*. 2　the ＋ 最上級 ＋ 名詞 ＋ known「今まで知られている中で一番～なもの」
- □ *l*. 2　it turns out (that) SV「SV と判明する」
- □ *l*. 2　it's not just … that makes …　※強調構文で書かれている。
- □ *l*. 3　exceptional「例外的な，並外れた」　※ここではプラスイメージ。
- □ *l*. 3　durable「耐久性のある」

第2段落

　土木・環境工学の准教授，マーカス゠ビューラーは以前，段階ごとに変化する分子間の相互作用で強度を得ているクモの糸の複合構造を分析した。巣を強靱にする鍵となる素材の特性は，引っ張られると，最初は柔らかくなり，その力が強まると再び硬くなるというところにある，と現在彼は述べている。力がかかると柔らかくなる特性は，以前には弱点だと考えられていたのである。

- □ *l*. 4　an associate professor「准教授」
- □ *l*. 6　molecular interactions「分子間の相互作用」
- □ *l*. 7　key property「鍵となる特性」
- □ *l*. 7　soften「柔らかくなる」
- □ *l*. 8　stiffen「硬くなる」

第3段落

　ビューラーと彼の率いる研究チームは，異なる特性を持つ素材が，（クモの）巣と同じ模様に編み込まれた場合，局所化された力にどのように反応するのかを分析した。彼らは，単純な反応しかしない素材の方が，はるかに働きが悪いことを発見した。

- □ *l*. 11　arranged …「配置されれば」　※受動態の分詞構文。「異なる素材を（クモの）巣と同じ模様に配置する」とは，「それぞれの素材で（クモの）巣と同じ模様を作って比較実験した」ということ。
- □ *l*. 11　localized「局所化された」

第4段落

　クモの巣には，加えられる損傷が局所化されるという性質があり，影響がほんの数本の糸（たとえば虫が引っかかって，もがき回った部分）にしか及ばない。このように局所化された損傷は，簡単に修繕できるし，クモの巣が十分な機能を維持しているのであればそのまま放っておいてもかまわない。「たとえ損傷箇所がたくさ

んあっても，クモの巣は機能の面では事実上変わりない働きをします」とビューラーは言う。

- ☐ *l.*13　affecting ～「そして～に影響を及ぼす」　※文末に置かれた分詞構文。
- ☐ *l.*14　struggle around「もがき回る」　※around は「あちこち」の意味の副詞。
- ☐ *l.*15　or は repaired easily と just left alone if … をつないでいる。
- ☐ *l.*16　even if …, still「たとえ…でも，それでもなお」は相関表現。
- ☐ *l.*16　defects「欠陥」　※しばしば放置されていることを示唆する語。
- ☐ *l.*16　mechanically「機械的には，力学的には」が直訳。

第5段落

　これらの発見を検証するために，ビューラーとそのチームは文字どおり野原に出て，クモの巣を押したり引っ張ったりしてみた。どの場合でも，損傷は彼らが直接触った部分以上には広がらなかった。

- ☐ *l.*18　literally go into the field「文字どおり野原に出る」
　※「フィールドワーク」とは，「野外あるいは実験室外の作業，仕事，研究」のことだが，彼らは，文字どおり「フィールド＝野原」に出たということ。
- ☐ *l.*19　immediate area「すぐ近くの範囲」
- ☐ *l.*20　disturb「乱す」　※ここでは配置や形状などを変えることを意味する。

第6段落

　このことが示唆しているのは，反応が複合的な素材には重要な利点があり得るということである。ビューラーによると，構造全体を維持できるようにするために，局所的な損傷に目をつぶるという原理は，ゆくゆくは構造工学の専門家に示唆を与え得るということだ。たとえば耐震建造物も，ある程度まではしなるが，揺れが続くか強くなった場合には，損傷が広がるのを抑えるために，まず特定の構造部材が壊れるようにするということもあり得るだろう。

- ☐ *l.*21　could「～かもしれない」
- ☐ *l.*22　complex「複合的な」
- ☐ *l.*22　permit localized damage「局所的な損傷を許す」
- ☐ *l.*23　end up *doing*「最終的には～する」→「ゆくゆくは～する」
- ☐ *l.*24　earthquake-resistant「耐震の」
- ☐ *l.*24　bend up to a point「ある程度まではしなる」
- ☐ *l.*26　contain ～「(災害の広がり，病気の蔓延など) を防ぐ」

第7段落

　そうした原理は，もしかしたら情報通信網の設計にも使用できるかもしれない。たとえば，ウイルスの攻撃を受けたコンピューターが，問題が広がらないうちに即座にシャットダウンするといったことである。したがって，その名を生むきっかけとなったクモの巣状の構造から得た教訓のおかげで，いつか，ワールド・ワイド・ウェブの安全性も高まっていくかもしれない。

- ☐ *l.*27　design「設計」

☐ *l.* 29　grow more secure「より安全になる」
☐ *l.* 30　inspire *one's* name「名前のヒントになる」

文章の流れを確認する

第1段落：クモの巣の強靱さは素材の強さだけによるのではない。
第2段落：クモの巣の強靱さは，糸が外部からの力に対して柔軟な反応をすることに
　　　　　よって得られる。
第3段落：〈クモの巣の分析〉単純な反応を示す素材では働きが悪い。
第4段落：クモの巣は損傷を局所化する。
第5段落：「損傷の局所化」のフィールドワークでの検証。
第6段落：クモの巣の特性は応用できる。*e.g.* 構造工学
第7段落：クモの巣の特性は応用できる。*e.g.* 情報通信網の安全性向上

答案を作成する

　　第1～3段落のポイントは「クモの巣は複雑で，糸が柔軟な反応を示すことによっ
て強度を得る」ということ。第4・5段落のポイントは「損傷を局所化できる」とい
うこと。この2つの事柄を入れる。第6・7段落では，クモの巣の特性の応用の可能
性について述べている。それぞれの段落にある構造工学と情報通信網もまとめに入れ
ておくこと。

解答作成上の注意点

　　生徒答案例▶クモの巣は力を受けると最初は弱くなるが力が増加するにつれて固
　　くなるという構造によって耐久力に優れており，この構造は建物やネットワー
　　クの構造に応用されている。[5 / 10 点]

　これは肝心な「損傷を局所化できる」という点が抜けている。また，本文第6段落
では there could be important advantages とあるので，クモの巣の特性が現実に応用
されているという事実はない。よって「応用されている」というのが不可。多くの答
案がこのポイントを見逃していた。

> クモの巣は，その糸が外部からの力に強度を変えて反応するため，損傷を局所化
> できる。この特性は構造工学や，情報通信網の安全性向上にも応用できるかもし
> れない。(76字)

10 地理的近接性によらない新たな移民社会の出現

全 訳

第1段落

　多くの先進諸国が移民（より良い機会を求めて外国からやってくる人々）の目指す目的地となり，民族の構成比率が変化しつつあるが，これに伴って，共有される国語と共通の価値観に象徴されるような国民のアイデンティティの喪失に対する懸念が生じている。民族集団の中には分離孤立の傾向を強めているように思われるものもあり，その傾向に対する懸念が高まっている。たとえば，アメリカ合衆国でのいくつかの調査によると，英語力がほとんど，あるいは全然ないために，家庭でも仕事場でも主にスペイン語に頼っている移民は，離婚や同性愛など論争の的となっている社会問題に関して，英語話者とかなり異なった意見をもっていることが明らかになった。

□ *l*.3 with this has come the fear of 〜 は，副詞句＋V＋Sの倒置形。一般に英語では旧情報（すでに述べた情報）から新情報（新たに提示する情報）へと流れる傾向が強く，この文も旧情報の with this を前に置き，the fear of 〜 の新情報が後置されている。

□ *l*.3 national identity as represented in 〜「〜に象徴されるような国民の一体感」　※as は〈名詞＋as＋過去分詞形〉の形で使われる「曖昧なつなぎ語」で前の名詞を制限する働きをしている。本来は「〜のような」という訳になるが，as を無視した訳をして「〜に象徴される国民の一体感」としても構わない。なお，national identity は，訳例以外にも「国民性，国民意識，国家のアイデンティティ」などの訳語が考えられる。

□ *l*.3 identity「アイデンティティ」　※日本語化している。

□ *l*.4 Anxiety is growing about 〜.「〜に関する懸念が高まっている」　※about 〜 は Anxiety を修飾している。

□ *l*.5 what appears to be 〜 は「〜と思われるもの」。

□ *l*.7 have little or no mastery of 〜「〜をほとんどあるいはまったく習得していない」

□ *l*.9 controversial social issues「論争を引き起こしている社会問題」

第2段落

　しかしながら，このような隔絶されて併存している生活には，別の側面もある。現在私たちが生きている世界では，移民が，新たなアイデンティティを獲得していく何世代にもわたる過程の第一歩を踏み出すために，友人や親族との繋がりを断つ必要はないのである。電子メールや電話で「祖国」との密な連絡を日常的にとることができるだけでなく，出身国で読まれているものと同じ新聞を読んだり，衛星放送で同じテレビ番組を見たり，同じ映画をレンタル DVD で見ることもできるのだ。

□ *l*.10 such separate, parallel lives「受け入れ先の国から孤立した，平行して行われているそのような生活」

□ *l*.12 generations-long「何世代にもわたる」

□ *l*. 12　Not only is it ～ は，not only という否定的な副詞句が文頭に置かれたために，後ろが疑問文の語順になったもの。

□ *l*. 13　retain ～「～を保持する」 ※「すぐに失われそうなものを保持する」こと。

□ *l*. 13　on a daily basis「日常的に」 ※on a ～ basis は直訳すると，「～という基礎に準じて」などになるが，on a と basis を訳さない方が自然な日本語になることが多い。*e.g.* on a regular basis「定期的に」

□ *l*. 15　those being read は，the newspapers being read「読まれている新聞」のこと。この those は名詞の反復を避けるために使われた代名詞。

□ *l*. 15　the community (which) they have left「彼らが離れた社会」 ※「彼らの母国」のことを指す。

第3段落

　昔の世代では途絶えてしまった人間同士の結びつきの輪が，あらゆる所で再びつながりつつある。数世代前には切り離されていた親族や共同体が，互いを再び見いだしつつある。人の絆が再び結ばれ，今までとは異なる社会の創出に役立っている。その社会は，以前よりも大きな広がりをもち，地理的な近接性に依存することが少ない社会なのである。

□ *l*. 19　finding each other「（かつては切り離されていた）互いを見つけつつある」

□ *l*. 20　helping …「そしてそのことが…に役立つ」 ※主節の補足をする分詞構文。

□ *l*. 21　geographic closeness「地理的近接性」

文章の流れを確認する

第1段落：移民の増加に伴い，小規模社会に分断され，国家のアイデンティティ喪失が懸念されている。

第2段落：通信技術の発達により，移民は祖国の人との関係を維持できるため，かつてのように，そのつながりを切る必要はない。

第3段落：地理的近接性に依拠しない新たな社会が構築されつつある。

答案を作成する

　第1段落では移民流入による問題点「移民増加により国家のアイデンティティ喪失が懸念されている」が述べられていて，第2段落では，新たな移民の形態「現代の通信技術を通じて，移民は祖国との旧来の関係を維持できる」が述べられている。第3段落では，第2段落を言い換えて「地理的近接性に依拠しない新たな社会を構築しつつある」とある。以上から，第1段落と第2・3段落を対比的に書けばよい。なお，「地理的近接性に依拠しない」は抽象的なので，「地理的制約を受けない」「地理的に広範囲にわたる」などと言い換えた方がよい。

解答作成上の注意点

　第 1 段落は，受け入れ側の視点から「移民の流入による国家のアンデンティティ喪失の懸念」が書かれている。ただ，この文全体が「移民による新たな社会の構築」を主題とすると捉えれば，移民の視点から書くこともできる。第 1 段落第 2 文（Anxiety is growing …）に「民族集団の中には分離孤立の傾向を強めているように思われるものもあり」とある。「移民が疎外感を強めている」という移民の主観を勝手に書くのはまずいが，「移民が移住先の社会から分離する傾向を強めていると思われている」のように移民の視点から客観的に書くのは OK だろう。

　■ 生徒答案例 1 ▶ 移民が増えると，その国の固有の文化が失われる恐れがある。だが一方，ソーシャルネットワークを通じて，地理的な近さに頼らなくてもよい新しい社会を作ることができる。［6 / 10 点］

後半の主語「移民」と「祖国との関係を保つ」の部分がない。

　■ 生徒答案例 2 ▶ 移民は現地の社会に溶け込めないため，連絡手段を使って母国とのつながりを深めている。それは地理的な場所に限らないので新しい共同体を生み出している。［2 / 10 点］

「溶け込めない」のではなく「分離孤立の傾向を強めているように思われる」にすぎない。「〜のため」もおかしい。「連絡手段」ではなく「現代の通信技術」。「深めている」は言いすぎ。「限らないので」ではなく「限られない」。

Column　地理的制約を受けない社会

　私が 20 歳の頃アメリカに行った時，ようやくパソコンが登場した時代だった。パソコンといってもハードディスクの容量が少なく，毎回 5 インチ・フロッピーディスクでソフトを読み込ませなければいけない不便なものであった。当然のことだが，インターネットとかスマホとか携帯電話なんかなかった。よって本国との連絡は電話しかなかったが，国際電話は異常に高かったので使うことはまずなかった。アメリカの新聞に日本の阪神・巨人戦の結果なんて載っているわけもなかった。つまり海外に行けば本国との連絡は諦めるしかなかったのだ。本文の内容は digital native の君たちには「アタリマエ」のことかもしれない。しかし「地理的制約を受けない社会」というのは昔の人間からすれば奇跡に近いことなのである。この英文の筆者の感慨がつかめただろうか。

移民の増加による受け入れ国のアイデンティティ喪失が懸念される一方，移民は現代の通信技術により祖国との関係を保ち，地理的制約を受けない新たな社会を築きつつある。（79 字）

11 基礎科学における学際的教育の重要性

全訳

第1段落

　基礎科学になじんでおくことが，これまで以上に重要になっている。しかし，従来の科学の基礎課程では，必要となる理解を得られるとは限らない。知識そのものは，様々な分野の境界の垣根を越えるようになっているが，教授たちが展開している授業は，世の中で話題になっていることよりも，自分たちの専門科目の方法論や歴史を中心としたものになりがちだ。科学の授業はそうしたことを止め，学問領域ではなく内容を中心に構成されたものにすべきである。物理学や天文学や化学ではなく物理的宇宙を，生物学ではなくて生き物を中心に扱うべきなのである。

- ☐ *l*.1　比較級＋than ever「従来よりも～」
- ☐ *l*.1　conventional introductory courses in science「従来の科学の基礎課程」
- ☐ *l*.3　ignore boundaries「境界を無視する」　※「体系的で実証的な学問」を英語では science と言う。science の分け方はいくつかあるが，1つの分け方として human science「人間科学（人間を扱う学問）」，social science「社会科学（社会を扱う学問）」，natural science「自然科学（自然現象を扱う学問）」がある。学問が専門分化するにつれて，それぞれの学問領域が扱う対象が非常に狭くなってしまった。工学と一口に言っても，「ワイヤーロープの非破壊検査」だけを専門にする者もいるぐらいだ。しかし，たとえば「人間」を研究する場合，従来の学問領域のどれか1つではとても対処できない。医学のみならず，心理学，生物学，社会学，場合によっては工学などが必要となるはずである。よって，様々な学問領域が協力して対処するしかない。これを「学際的な研究」という。
- ☐ *l*.4　organize *A* around *B*「*B* を中心に *A* を構成する」　※「*B* のまわりに *A* を構成する」が直訳。
- ☐ *l*.5　*A* rather than *B*「*B* ではなくて（むしろ）*A*」
- ☐ *l*.6　content「内容」　※コロンの後の内容から「現実に生じた具体例」の意味合い。

第2段落

　心理学が示すところでは，人間の頭脳が事実を最もよく理解できるのは，その事実が物語とか心象地図とか，もしくは何らかの理論といった，概念上の1つの織物に織り込まれた場合であるということだ。頭の中で相互に関連づけられていない諸事実は，リンクされていないウェブ上のページのようなもので，存在しないのと同じなのである。科学は学生たちの頭の中で知識が，できれば永久に，体系化されるような方法で教えられるべきなのである。

- ☐ *l*.9　the mind「（人間の）頭脳」
- ☐ *l*.9　be woven together into ～「織りなして～にされる」　※weave；wove；woven
- ☐ *l*.10　a conceptual fabric「概念上の1つの織物」　※「個々バラバラの情

報ではなく，その情報が互いに密接に結びついたカタマリ」の意味。
- ☐ *l*.12　might as well not exist「存在しないのと同様である」
- ☐ *l*.13　one hopes permanently は one hopes that knowledge is organized permanently in the minds of students を簡潔に表現したもの。

第3段落

　授業を組み立てる枠組みとして，時間を利用してみるというのも1つの手である。宇宙の始まりであるビッグ・バンは物理学の主題の起源と言えるものである。太陽系と地球の形成は，地質学などの様々な地球科学の始まりであった。生物学は生命の出現と共に生まれた。そして，もしこのように教えるようにすれば，時間という観点から組み立てられた科学の教育課程は，自ずと，世界史や文明史，思想史を教えることへとつながり，それによって，一般教養課程全体を統合する可能性も秘めているのだ。

- ☐ *l*.14　use time as a framework for organizing teaching　※「時間をその枠組みとした授業」とは，たとえば1時間目は「2万年前の地球」，2時間目は「1万年前の地球」などということになる。その場合には，様々な学問分野を横断して授業が進むことになる。
- ☐ *l*.15　subject matter「主題，中心的テーマ」
- ☐ *l*.17　come into being「生じる，現れる」
- ☐ *l*.18　in terms of ～「～の観点から」　※terms「終わり，限界→枠」から「～の枠内で」が直訳。
- ☐ *l*.20　a general education curriculum「一般教養課程」

文章の流れを確認する

第1段落：知識が従来の学問分野の区切りに収まらなくなってきているので，大学の科学の基礎課程の授業は従来の学問分野でなく，内容に即したものにすべきだ。

第2段落：科学の基礎教育においては，知識が学生の頭の中で結びつけられ，体系化されるような方法が採られるべきだ。

第3段落：たとえば，従来の学問領域の区分ではなく，時間の観点から授業を組み立てる。これによって，一般教養課程全体を統合することも可能となる。

答案を作成する

	分野	内容	学習能率	教育課程	授業の枠組み
従来の教育	専門のみ	学術的	（低い）	バラバラ	専門分野
新たな教育	学際的	現実的	高い	統一される	時間など

要約草案：「従来の学問領域の区分に収まらない知識が増えている現在，基礎科学の授業は既成の領域を越えて，たとえば時間を軸に展開するなど，実質的な内容に即したものにし，科目横断的に教えるべきである。その方が能率がいいし，一般教養課程

全体の統合にもつながる。（120字）」

　これを何とか80字以内に収める。

解答作成上の注意点

　通例，具体例は問題文に指示がない限り要約に入れることはない。ただ，この問題の第3段落で取り上げられている，教授法の一案である「時間の枠組み」に関しては，筆者の提示する解決策の核となるべきものなので，必ず入れておくこと。なお，筆者の主張の背景となっている「既存の学問領域を越えた知識の増加に伴い」の部分はそれほど重要性は高くないので，字数制限を考えると省略するしかない。

> **生徒答案例▶** 科学を教えるにあたって，従来のように学術分野ごとに分けるのではなく内容を重視し時間を枠組にすると全ての一般教養課程を包括的に学べる可能性が出てくること。[5／10点]

　概ねよいが「時間を枠組にする」は筆者が示した一例にすぎないので，そのことがわかるように「など」や「たとえば」などの語を補うとよいだろう。また「学生の理解が深まる」の部分は入れること。なお，本文は「基礎科学教育」についての言及であり，「（専門的な）科学教育」についてではない。よって，「科学」は「基礎科学」とすべきだろう。

基礎科学教育は既成の学問領域ではなく，時間を枠組みに展開するなど内容別に体系化し科目横断的に教えれば，学生が能率よく学べ，一般教養課程全体の統合も促すであろう。（80字）

12 SF と科学の相互の影響

全 訳

第1段落

　SF は大変楽しいものだが，それだけではなく人間の想像力を広げるという真摯な目的にも役立つ。人間の精神が科学の将来の発展にどのように反応するのかを探ることができるし，そうした発展がどのようなものなのかを想像することもできるのだ。

- ☐ *l.*1　that of ～ ＝ the purpose of ～
- ☐ *l.*2　explore ～「～を探る」

第2段落

　SF と科学の間には双方向のやりとりがある。SF は，科学者たちが自らの理論に取り込むような発想を示唆することがあるが，ときには科学がどんな SF よりも奇抜な概念を提示することがある。ブラックホールがその一例で，それは物理学者ジョン=アーチボールド=ウィーラーが付けた魅力溢れる名前が，その発想を大いに後押しすることになった。仮にもし「凍結した恒星」とか「重力によって完全に押しつぶされた天体」といったもともとの呼び名のままだったとしたら，ブラックホール関連の書籍の数は実際の半分にも満たなかったことだろう。

- ☐ *l.*5　a two-way trade「双方向のやりとり」
- ☐ *l.*6　include *A* in *B*「*A* を *B* の中に含める」
- ☐ *l.*7　turn ～ up / turn up ～「(徹底的に調べて) ～を見つけ出す」
- ☐ *l.*7　notion「概念」　※普通は「(あやしげな) 考え」を指すことが多いが，学術的な文では「概念，観念」の意味。
- ☐ *l.*8　inspired「傑出した」
- ☐ *l.*9　Had they continued … ＝ If they had continued …　※言葉を縮めるための変形。
- ☐ *l.*10　gravitationally「重力で」
- ☐ *l.*10　collapse ～「～を崩壊させる」
- ☐ *l.*11　half so much written about them は「それら (＝ブラックホール) について書かれたあれほどの量の半分」が直訳。「ネーミングが悪ければ，実際の『半分』も書かれなかっただろう」＝「実際にはネーミングがよく，多くのことが書かれてきた」ということ。

第3段落

　SF が着目してきたことの1つが，光よりも速く移動することである。仮に宇宙船を亜光速 (＝光速をちょっと下回る速度) でしか飛べないとすると，銀河の中心まで往復するのに，乗組員にはほんの数年しかかからないように思えるが，地球上では宇宙船の帰還まで8万年が経っていることになる。これでは帰還して家族の顔を見るなど不可能だ！

- ☐ *l.*12　focus attention on ～「～に注目する」
- ☐ *l.*13　be restricted to ～「～に制限されている」
- ☐ *l.*14　crew「(集合的に) 乗組員」

　　□ *l*. 14　the round trip to ～「～への往復の旅」
　　□ *l*. 14　the galaxy「銀河」
　　□ *l*. 15　so much for ～「～はこれまでだ，～はおしまいだ」

第4段落

　幸いにも，アインシュタインの一般相対性理論では，こうした問題を回避できる可能性が示されている。空間と時間を曲げる，つまり，歪ませることで，行きたい場所への近道を作れるかもしれないのだ。このように時空を歪ませることが，将来私たちの能力の範囲内に入るかもしれない。しかし，こうした方面での本格的な科学研究は，これまであまり行われてこなかった。それは1つには，そのような考え方があまりにも SF 的に聞こえるからだと私は思う。高速宇宙移動が可能になれば，その帰結の1つとして，時間を過去に遡ることができるということになるかもしれない。政府が時間旅行に関する研究に資金援助をしていることが公になった場合，税金の無駄遣いだとして出てくる不平不満を想像してみるとよい。こうした理由で，この分野で研究している科学者たちは，実際には時間旅行を意味する「時間的閉曲線」といった専門用語を使って，自分たちの真の関心を隠さざるを得ないのだ。しかしそれでも，今日の SF が明日の科学的事実になるということはよくある。SFの背後にある科学は間違いなく研究に値するものなのである。

　　□ *l*. 17　theory of relativity「相対性理論」
　　□ *l*. 17　a way around ～「～を回避する方法」
　　□ *l*. 18　one　※人間一般を示す代名詞。you より硬い言い方。
　　□ *l*. 18　bend ～「～を曲げる」
　　□ *l*. 18　warp ～「～を歪める，ワープする」
　　□ *l*. 19　a shortcut「近道」　※a shortcut between the places one wanted to visit は，本来ならば a shortcut between the places one wanted to visit and the places one was in「行きたい場所と今いる場所との間の近道」とすべきところが，and 以降は自明であると判断した結果，表現そのものが shortcut されていると考えられる。なお，wanted が過去形になっているのは仮定法の影響である。
　　□ *l*. 21　along these lines「このような線に沿った」→「こうした方面での」
　　□ *l*. 22　consequence「結論，帰結」
　　□ *l*. 25　research on ～「～に関する研究」
　　□ *l*. 26　technical terms「専門用語」
　　□ *l*. 27　nevertheless「にもかかわらず」
　　□ *l*. 28　investigate ～「～を調査する」

文の流れを確認する

第1段落：SF には人間の想像力を広げるという真摯な役割がある。
第2段落：SF と科学の間には双方向のやりとりがある。
　　　　　〈科学→SF の例〉ブラックホール
第3段落：〈SF→科学の例〉超光速移動
第4段落：〈SF→科学の例〉時間旅行

実現の可能性があるため，SF で取り上げられるこれらのテーマには研究の価値がある。

答案を作成する

　第2段落の第1文「SF と科学は相互に影響する」がこの文章の主張。「挙げられた例にも触れながら」という指示がなければ，「SF と科学は互いに影響する。(14字)」で終わってしまう。この主張に「科学→SF」「SF→科学」の例を加えればよい。第1段落の「SF は単なる娯楽ではなく，人間の想像力を広げる」という内容は，特に必要だとは思われないが，字数に余裕があれば書き加えてもよい。

「科学→SF」の例	「SF→科学」の例
ブラックホール	超光速移動，時間旅行

　この文が「SF の意義」について述べられていることを考慮して，最終段落の最後の2文，Nevertheless 以下の「今日の SF が明日の科学的事実になるということはよくある。SF の背後にある科学は間違いなく研究に値するものなのである」は解答に盛り込むべきであろう。

解答作成上の注意点

　生徒答案例▶ SF は人間の想像力を広げるという重大な役割がある。SF 的でありすぎる内容はそれほど研究が行われていないが，最近の SF はしばしば未来の科学的事実であるため，SF の裏側にある科学は研究する価値がある。[0／10点]

　この例のように「SF と科学は相互に影響する」というこの文章の主張をつかめていない答案が多い。「主張は第1段落にある」の類いの「ステレオタイプ」は東京大学が最も嫌う類いだと思われる。とにかく「最後まで文を読む」→「筆者の言いたいことを表現してみる」→「字数制限内に収める」ということ以外に要約の方法はない。

SF は人間の想像力を広げ科学と相互に影響する。元は科学の概念であるブラックホールは SF で取り上げられた。一方，SF に端を発する超光速移動や時間旅行は将来実現する可能性があり，科学で研究する価値がある。（100字）

13 小さな発見に感動できる精神の重要性

全訳

第1段落

6，7歳の頃，私はよく自分の小額硬貨1枚——たいてい1ペニー硬貨だったが——を持って出かけ，それを誰かが見つけるように隠した。どういうわけか，私は決まってそのペニー硬貨を同じ歩道の一区画に「隠した」。たとえば大きな木の根元とか，歩道に開いた穴に置いたものだった。それから私はチョークを取り出して，その区画のいずれかの端から描き始め，ペニー硬貨に向けて大きな矢印を両方向から描いた。文字を覚えてからは，その矢印に「この先にビックリするものあり」とか「この先にお金あり」などという説明書きを添えた。そうやって矢印を描いている間ずっと，最初に通りかかった幸運な人が，その人が得をしたかどうかはともかくとして，天からの無償の贈り物をこのように受け取ることになる様子を思い浮かべ，とてもわくわくした。

- ☐ *l.*1　～ of *one's* own「自分自身の～」
- ☐ *l.*2　for some reason「何らかの理由で」→「どういうわけか」
- ☐ *l.*2　"hid"　これは，本当に隠す意図はなく，見つけてもらうことを意図していることを示唆するため "hid" となっている。
- ☐ *l.*3　the same stretch of sidewalk「歩道の同じ範囲」
- ☐ *l.*3　would place「置いたものであった」　※過去の習慣的行為を示すwould。
- ☐ *l.*4　say「たとえば」　※前後にコンマを打ち，挿入して用いる。
- ☐ *l.*5　either end「両側」　※either side / end の場合の either の特殊用法。本文では，いずれか一方の端から描き，次にもう一方の端から描いたために，最終的には両方向から2本の矢印を描いたことになる，ということ。
- ☐ *l.*5　arrow leading up to ～「～に向けた矢印」
- ☐ *l.*7　at the thought of ～「～を考えて」
- ☐ *l.*8　the first lucky passer-by who would ～「～することになる最初の幸運な通行人」が直訳。
- ☐ *l.*8　regardless of merit「その人にとっての利点となるかどうかは別にして」
- ☐ *l.*9　a free gift from the universe「宇宙からの無償の贈り物」が直訳。

第2段落

さて，大人になってこんな思い出を語るのは，私がここのところずっと，見るということについて考えているからだ。見るべきもの，無償の驚きがたくさんある。世界は気前のよい人の手によってあちらこちらにばら撒かれたペニー硬貨で満ちているのだから。しかし，ここが大事なところだが，ただのペニー硬貨1枚にどんな大人が興奮するというのだろうか。もし1本の矢印に従って進み，道端にじっとしゃがんで揺れる枝を見ようとすると，そこにはおずおずと顔を覗かせているシカがいて，その姿を幸運にも見ることができたとしたら，その光景をなんだか安っぽい

ものとみなして，先を急ぐだろうか。疲労や多忙のあまり立ち止まってペニー硬貨を拾うことができないのであれば，それは本当にひどく貧しいことだ。しかし，もし心の健全な貧しさと純真さを育み，1 ペニー硬貨の発見が自分にとって本当に意味のあることとなるなら，この世界には実際いくつものペニー硬貨が忍ばせてあるのだから，自らの清貧によって生涯にわたる発見を得たことになるのだ。

- □ *l*. 10　as an adult「大人のときに」
- □ *l*. 12　generous「気前のよい，物惜しみしない」　※多くの場合「寛容な」よりこの意味で使われる。
- □ *l*. 13　what grown-up … mere penny？の直訳は「どのような大人がただのペニー硬貨 1 枚で興奮するのか」となる。
- □ *l*. 14　crouch「しゃがむ」
- □ *l*. 14　be rewarded by 〜「〜によって報われる」
- □ *l*. 15　a deer「シカ」　※複数形は獲物の対象としては deer が普通だが，それ以外では deers も使われる。
- □ *l*. 15　count O C「O を C とみなす」
- □ *l*. 16　dreadful「恐ろしい」
- □ *l*. 17　cultivate 〜「〜を育む」
- □ *l*. 17　healthy「健全な，（精神的に）有益な」

文章の流れを確認する

第 1 段落：子ども時代の思い出。1 ペニーを道端に隠して，発見の喜びを，それを見つけた人に与えた。

第 2 段落：世の中は無償の驚きで満ちている。それを見て感動できるだけの健全な貧しさと素朴さを心に育めば，生涯にわたり発見を続けることができる。

答案を作成する

　書くべきことは次の 2 点。①世界にある些細だが驚くべきものに対して注目することができるだけの健全な貧しさと素朴さを心に育むことが大切。②そうすれば生涯にわたり発見を続けることができる。ペニー硬貨（1 ペニーは日本円に換算して約 1 円の価値）の例を入れると，字数がオーバーする可能性がある。よって，この例は省略しても問題ないと思われる。

　英語の「二項対立」では，対立するものが具体的に書かれていない場合がある。そのような場合でも，対比関係を考えてみるとよい。ここでは次の表の「望ましくない姿」は本文には書かれていないが，筆者の頭の中にはあるはず。

	望ましい姿	望ましくない姿
どのような人	健全な貧しさと精神の素朴さを備えた人	（豊かになりすぎ精神がすさんだ人）
感動の対象	日常の中に遍在する些細だが驚くべきもの	（貴重品や高価な品）
結果	一生発見ができる	（感動が失われていく）

　筆者は第2段落第1文で「見るということについて考えている」と書いているので，解答には「見る」「発見する」などの文言を盛り込んでおいた方がよいだろう。

　「健全な貧しさ」は抽象的な表現なので，もう少し具体的に説明した方がよい。ここでは，ペニー硬貨を求める状態を貧困に喩えて，このようなささいなものごとにも感動する「素朴な心，好奇心」のことを，プラスの意味を込めて象徴的に表現したものである。また，これは「急いで通りすぎる（忙しい）大人」が失ってしまっているものだとあるので，たとえば「子どものような好奇心」「子どものようなあどけない心」などとすればよいだろう。

解答作成上の注意点

生徒答案例▶世界にはお金のかからない驚くことがたくさんあるが大人は興奮することはない。健全な貪欲さと素直さがあれば，生涯にわたり，新しい発見ができるだろう。[8／10点]

　概ねできているが「大人は興奮することはない」という部分が不適切。「大人はそうしたものを見逃しがちだが」ぐらいの表現にしたい。

日常の中に遍在する些細なものが，自分にとって驚くべきものに見えるだけの子どものような好奇心と素朴さを心に育んでいれば，生涯にわたり発見を続けることになる。（77字）

14　人の外見の判断と内面の評価

全訳　|第1段落|

　顔に関する重要な問題の１つは，好ましく思えない人物を魅力的だとか，せめて感じがよさそうな人だと思えるかどうかということである。私たちは概して，人がどのように見えるかに関する見解よりも，道徳的な見解の方を重視するものだ。少なくとも，ほとんどの人がたいていの場合そのようにしていると言えるだろう。したがって，道徳的に低い評価をしている人を前にすると，おそらく私たちに言えるのは，せいぜいその人は整った顔立ちをしているということくらいだろう。そして，それは単なる表面的な印象にすぎないと付け加えたくなるだろう。そのときに私たちが実際に行っているのは，いわば逆さ読みなのである。つまり，その人物の過去のふるまいを知っており，そこからそのふるまいの証をその人の顔の中に見て取っているのである。

- [ ] *l.*1　find（V）attractive（C1）or pleasant-looking（C2）someone … （O）「…の人を魅力的だとか，感じがよさそうだと思う」※find の目的語が文末に置かれている。これは「聞き手（読み手）にとって未知の情報は文末に置く」という英語の原則に従ったもの。
- [ ] *l.*2　pleasant-looking「感じのよさそうな」
- [ ] *l.*2　approve of ～「～を承認する」
- [ ] *l.*2　give more weight to ～「～の方を重んじる」
- [ ] *l.*3　judgment「見解，意見」
- [ ] *l.*3　, or at least ～「いや少なくとも～」
- [ ] *l.*4　be confronted by ～「～と向き合う」
- [ ] *l.*4　have a low moral opinion of ～「～を道徳的に低く評価している」
- [ ] *l.*5　the best that one can say is ～「言えることはせいぜい～」
- [ ] *l.*7　read backward「逆さ読みをする」
- [ ] *l.*8　evidence of that behavior「その品行の形跡，しるし」

|第2段落|

　外面と内面が互いに何らかの直接的な関係をもつと考えるのには注意が必要だ。実際，人の外見についての見解だけから信頼に足る何らかの結論を出すのはきわめて難しく，その人のことがもっとわかってくると，私たちの最初の見解がいかに誤っていたかに気づくことも多い。ヒトラーが台頭し，権力の座についた最初の頃に，今なら彼の顔にありありと見て取れる残虐さに気づいた人はほとんどいなかった。口髭をたくわえ，おおげさな身振りをする小男の外見には，必ずしも邪悪なところがあるわけではない。そうした特徴は，有名な喜劇役者チャーリー=チャップリンにもそっくりそのまま当てはまるが，彼の身振りと口髭は笑いと共感を呼び起こす。実際，よく知られたある映画の中で，チャップリンは普通の男と邪悪な政治指導者の二役を演じたが，区別ができないほど両者の演じ方は似ていたのだ。

- [ ] *l.*9　be cautious in ～「～において用心する」
- [ ] *l.*9　assume that SV「SV と仮定する」

□ *l.* 9　outer appearance「外見」
□ *l.* 10　immediate relation「直接的な関係」
□ *l.* 10　draw a conclusion「結論を出す」
□ *l.* 11　～ alone「～だけ」
□ *l.* 13　initial「最初の」
□ *l.* 13　rise「出現」
□ *l.* 13　early years in power「権力の座にいた最初の数年間」
□ *l.* 14　detect ～「（見つかりにくいもの）に気がつく」
□ *l.* 14　inhumanity「非人道性」
□ *l.* 14　There is *A* about …「…には *A* なところがある」
□ *l.* 15　mustache「口髭」
□ *l.* 16　exaggerate ～「～を誇張する」
□ *l.* 16　bodily movements「身体の動き」
□ *l.* 16　apply to ～「～に当てはまる」
□ *l.* 17　provoke laughter and sympathy「笑いと共感を呼び起こす」
□ *l.* 20　tell ～ apart「～を区別する」

文章の流れを確認する

第1段落：人の外見の善し悪しは，その人の過去の行動を基準に判断しがちである。
第2段落：外見と内面に直接的な関係があると思うのは危険だ。顔を見て，その内面
　　　　を推し量ることはきわめて困難である。ヒトラーとそれに想を得たチャッ
　　　　プリンの映画が好例。

答案を作成する

　筆者の主張は「外見と内面には直接関係がないから，外見と内面を結びつけるのは
危険だ」ということ。第1段落では，人の顔の評価は「過去の行動→外見」で決まる
ということ。第1段落第1文では「嫌いな人」に特定されているが，第2文では
generally「一般的に」とあるので，一般化して「人の外見は…」とする。第2段落
では，人は「外見→内面」の評価をしようとするが，外見と内面には直接的な関係が
ないため，どちらの評価の仕方も危険だということ。以上をまとめればよい。
　第2段落の約6割を占める「ヒトラーとそれに想を得たチャップリンの映画が好
例」は字数が許すなら要約に入れてもよい。その場合の解答は以下の通り。
　「人の外見を過去の行動で判断したり，外見だけで内面を判断しがちだが，両者に
直接的関係を見出すのは危険。ヒトラーとそれに想を得たチャップリンの映画が好例。
（75字）」

解答作成上の注意点

生徒答案例▶ 私たちは相手の過去を知って，そこから相手の顔に証拠を後づけしている。よって外見と中身に何かしら近い関係があるのが当然だと思うのは注意がいることである。[5／10点]

間違いの多くの答案は，第1段落の例と第2段落の例が同じ方向の例だととらえ，片方を省いてしまったもの。第1段落では「過去の行動→外見」，第2段落では「外見→内面」というように，それぞれ矢印の向きが逆になっていることに気がつく必要がある。

Column **about について**

〈A is about B.〉は A が周辺で，B がその中心に位置するという関係である。桃にたとえれば B が種で，A が果肉というイメージだろうか。3.14 is about 3.「3.14 は約3だ」というのは，3が中心にあり，その周りに 3.14 があるということである。よって一般に〈A is about B.〉は「A の本質は B」「A の中核には B がある」などという訳が可能になる。

これを what を用いて変形して，about の前に強調の副詞 all を足せば，〈B is what A is all about.〉「B こそ A の本質である」となる。*e.g.* Thinking is what philosophy is all about.「思考こそが哲学の本質である」

昔，東大の問題で「子どもには遊びが必要だ」という内容の英文があり，そのトピックセンテンスが，Playing is what (　　) is all about.「遊びこそが (　　) の本質である」となっていた。本文全体の意味を捉えた上で，この文の構造をつかむことが最低条件。ところがその条件をクリアしてもなかなかの難問である。空所に何を入れるかは実に悩ましい。child だと冠詞が必要だし，children では複数形となる。結局は childhood が正解になるのだが，相当な難問である。京大では Keeping all this under control is what a good mental attitude is all about.「これらすべてを制御することこそが，優れた心構えの本質なのである」という文で出題されたことがある。本文14行目の There is ～ about … は，「…の周りには～がある」→「…には～なところがある」となるわけだ。

私たちは，過去の行動を基準に人の外見を評価したり，また外見だけでその内面までも判断しがちだが，外見と内面に直接的な関係を見出すのは危険である。
（71字）

15　詩などの文学作品の意味を決めるのは誰か

全 訳

第1段落

　私たちは普通，詩の意味とは，（その他どんな文学作品の意味でも言えることだが，）その作家によって創造され決められたものと考えている。私たち読み手の側がしなければならないことといえば，作者が何を言おうとしたのかを探り出すことだけである，というわけだ。しかし，自らの考えやものの見方に言葉という形を与えるのは確かに詩人ではあるが，この言葉の形をとったものを意味に移し替え，個人としての反応に置き換えているのは読み手なのである。ものを読むという行為は，実際には一人一人の読み手の物事に対する姿勢や記憶，過去の読書経験に左右される，創造的な過程である。読むという行為にこのような特性があるからこそ，どんな詩でも複数の解釈ができる可能性が生まれるのだ。

- □　*l*.1　think of *A* as *B*「*A* を *B* だと考える」
- □　*l*.1　literary work「文学作品」
- □　*l*.2　all (that) we readers have to do is *do*「私たち読者がしなければいけないのは～だけだ」
- □　*l*.3　intend to *do*「～しようと考える」
- □　*l*.3　it is indeed the poet who …「…するのは確かに詩人である」　※強調構文。the poet の the は「総称」を示す。
- □　*l*.4　give verbal form to ～「～に言葉という形を与える」
- □　*l*.4　vision「視野，ものの見方」
- □　*l*.4　it is the reader who …「…するのは読み手である」　※強調構文。the reader の the は「総称」を示す。
- □　*l*.4　translate *A* into *B*「*A* を *B* に変換する」
- □　*l*.7　It is this feature of reading which …「読むという行為はこのような特徴があるからこそ…」　※強調構文。
- □　*l*.7　allow for ～「～を許す，～を可能にする」　※allow *oneself* to go for ～ と考えるとよい。
- □　*l*.7　the possibility of any poem having …「いかなる詩も…をもつという可能性」　※any poem は，動名詞 having … の意味上の主語。
- □　*l*.8　more than one ～「複数の～」　※more than は＞であって≧ではない。
- □　*l*.8　interpretation「解釈」

第2段落

　しかしながら，このように意味を生み出す源として読み手の側に重きを置くのは問題をはらむこともある。なぜなら，理にかなっていると皆が同意できる解釈と，的外れで道理に合わないと思える解釈との間に境界線を引くのが難しいことがあるからだ。読み手は往々にして，出会った詩から自分独自の意味を導き出したいと切に願うようなところもあるようだが，そのような意味は，読み手自身にとってどれほど理にかなっている，あるいは納得のいくものであっても，詩人が意図したものではなく，他の読み手の共感も得られないかもしれないのである。

- □ *l.* 9 emphasis on *A* as *B*「*B* として *A* に重きを置くこと」
- □ *l.* 10 problematic「問題をはらんでいる」
- □ *l.* 10 draw the line between *A* and *B*「*A* と *B* の境界線を引く，*A* と *B* をはっきり区別する」
- □ *l.* 10 what we can all agree is a reasonable interpretation は「理にかなった解釈であると皆が同意できるもの」が直訳。we can all agree が挿入されていると考えればよい。
- □ *l.* 11 wild「的外れで，荒っぽい」 ※深く考えずに行動・発言するさまを示す。
- □ *l.* 11 unjustifiable「道理に合わない，正当化できない」
- □ *l.* 12 produce *A* out of *B*「*B* から *A* を生み出す」
- □ *l.* 12 encounter with ～「～との出会い」
- □ *l.* 13 meanings which … は，同文の their own meanings と同格の関係にあり，意味の補足をしている。

第3段落

　それならば，意味を決定する権限を握っているのは，実際のところ誰なのだろうか。意味の源泉として読み手と書き手との間に，どんな厳密な区別を設けたところで，それは役に立たない。もちろん，読み手と書き手の寄与の仕方の違いを考えたり議論したりすることは，有益な面もあるが，だからといって読むという行為がある種の相互作用であるという根本的な事実が変わるわけではない。詩のもつ意味や価値を，どちらか一方が独占的に掌握しているものだと考えるのは誤解を招くことになるだろう。

- □ *l.* 18 in some ways「何らかの点で」
- □ *l.* 20 interaction「相互作用」
- □ *l.* 20 misleading「誤解を招く」
- □ *l.* 21 under the exclusive control of ～「～が独占的に掌握している」

文章の流れを確認する

第1段落：一般に詩などの文学作品は作者がその意味を決めると思われがちだが，それらを解釈するのは読み手である。また，読むという行為は読み手に影響される創造的過程であるため，詩には複数の解釈が可能になる。

第2段落：読み手の解釈が妥当かどうかの判断は難しいため，読み手を重視しすぎても問題である。

第3段落：読むという行為が読み手と書き手の一種の相互作用である以上，詩などの文学作品の意味は書き手か読み手いずれか一方に決められるものではない。

答案を作成する

　要するに「読むという行為が読み手と書き手の一種の相互作用である以上，詩など
の文学作品の意味は書き手か読み手いずれか一方に決められるものではない」というこ
と。

　本文では一貫して「詩」について論じられている。第1段落に「——あるいはそ
の他どんな文学作品であれ——」という但し書きが添えられてはいるが，それ以外
の箇所が全て「詩」について論じられている以上，「詩」がメインテーマであること
に変わりはない。

　では，この但し書きには何の意味があるのか。一つには，「筆者が言っていること
は他のことにも言えるじゃないか」という，予想される反論について本文中で触れて
おくことによって，後から反論が湧くのを事前に阻止する意図があると言えるだろう。
また，ある特殊な事例だけに注目しているのではなく，他の関連する事例にも考えを
巡らせたうえで発言していることをさりげなくアピールすることによって，筆者の見
識の広さと偏りのなさを印象づける意図があるのかもしれない。あるいは，本文で扱
うテーマが決して特殊（でマイナーで些末）なテーマではないことを読み手に印象づ
ける意図があるのかもしれない。いずれにしても本文のメインテーマは「詩」に限定
するのが適切。

　「書き手と読み手の相互作用」という象徴的な表現を，文中の説明を踏まえて具体
化して，「詩人が自らの考えや視点を表すために書いた言葉を，読み手が自身の視点
や記憶や読書経験に基づいて解釈する。このように，それぞれにとっての意味や価値
が詩に付与されるのであり，一方がそれを決めるのではない。（99字）」とすること
もできる。

解答作成上の注意点

> **生徒答案例▶**詩の意味は作者が創造すると思われているが解釈するのは読者で，
> 意味を創造する。その意味は人によって違うので判断は難しい。読書は相互作
> 用であるから，作者と読者の一方が意味を決めるわけではない。[6／10点]

「何の判断が難しい」のかがはっきりしない。「解釈するのは読者で，…難しい」と
いう部分のつながりがよくわからない。「…と思われているが，読者の解釈により決
まるという意見もある。ただ妥当な解釈の判断は難しい」などとすること。

> 詩の意味を決めるのは書き手だと思われがちだが，それを解釈するのは読み手で
> ある。ただ妥当な解釈かの判定は困難で，読む行為が書き手と読み手の相互作用
> である以上，詩の意味はいずれかに決められるものではない。（100字）

16 民主主義の理想と現実

全訳

第1段落

　民主主義は，市民が自由に統治過程に参加できることを抜きにしては考えられない。民主主義社会の市民は，その活動を通じて，誰が公職に就くのかを決め，政府が何を行うかに影響を与えようと努める。政治参加によって，市民が自らの利益や目的や必要についての情報を伝え，かつ対応を強く求めることができるような仕組みが生まれるのである。

- □ *l.*1　*A* is unthinkable without ～「*A* は～がなければ考えられない」
　※「*A* の成立には～が不可欠である」とも訳せる。
- □ *l.*1　the ability of *A* to *do*「*A* が～できること」　※*A* is able to *do* をもとにした表現。
- □ *l.*2　a democracy「1つの民主主義社会，民主主義体制」
- □ *l.*2　seek to *do*「～しようとする」　※seek の目的語は to control ～ と to influence ～。
- □ *l.*3　hold public office「公職に就く」　※office「事務所」が抽象化して「重要な地位」となった。ここでは，「政治家が選挙で当選して議員になる」などの意味。
- □ *l.*5　*one's* interests「～の利益」　※「お金」のことではない利益。

第2段落

　民主主義における政治参加の要となるのは，人々の声と平等である。意義のある民主主義社会では，人々の発言は明確で，かつよく通る声でしなくてはならない。明確というのは，政策立案者が市民の関心を理解するためであり，よく通るというのは，政策立案者が人々の主張に注意を払わざるを得なくするためである。民主主義には，市民の利益に応じて政府が動くことのみならず，市民一人一人の利益を平等に考慮することが含まれる以上，民主的な政治参加はまた，平等でなければならない。

- □ *l.*7　voice「発言，意見，声」
- □ *l.*7　democratic participation「民主主義国家で政治に参加すること」
- □ *l.*8　so that SV「SV するために」　※〈目的〉の意味を示す接続詞。
- □ *l.*10　imply ～「（必然的な条件として）～を含む」
- □ *l.*10　citizen interests「市民の利益」

第3段落

　平等に参加できるという理想に達している民主国家は（もちろん合衆国も含めてのことだが）存在しない。選挙で投票する，あるいはもっと積極的な形で参加している市民もいるし，そうでない市民もいる。事実，アメリカ人の大半は投票を除けば，政治的な活動を何も行っていない。さらに，実際参加している者も，いくつかの重要な点で一般市民全体の代表とはいえない。彼らは社会的特徴も異なるし，要求や目標も異なっている。市民活動家は，比較的恵まれた立場にある集団から集められる傾向にある。すなわち，彼らは，教養があり裕福で，そして白人であり男性

ということになりがちなのである。したがって，政治参加を通じて表に出てくる人々の声は，市民の中でも一部の限られた，市民全体を代表しているとはいえないところから寄せられることになる。

- □ *l.* 13　live up to the ideal of ～「～という理想に従って生活する，～という理想を実現する」
- □ *l.* 16　do take part の do は，肯定の意味を強調する助動詞。
- □ *l.* 17　the citizenry as a whole「一般市民全体」
- □ *l.* 20　as expressed「表現されているような」　※as はいわゆる〈名詞限定〉の as。
- □ *l.* 21　set「仲間，族」　※ここでは group と同意。

文の流れを確認する

第1段落：民主主義には市民の政治参加が不可欠だ。

第2段落：民主主義における政治参加の中核をなすのは，市民の声が確実に為政者に伝わることと，市民の参加が平等であることである。

第3段落：参加の平等を実現している国はアメリカも含め存在せず，政治参加は一部の人に偏っている。

答案を作成する

　本文第1・2段落で「理想的な民主主義のあり方」が，第3段落で「現実」が述べられている。よってこの2つを必ず書かねばならない。

　まず「理想的な民主主義の条件」として「市民が声をあげる」「その声が平等に扱われる」とある。さらに，「理想的な民主主義を実現している国はない」→「政治参加しているのは一部の人に偏っている」と続く。第3段落には「民主主義を標榜するアメリカ合衆国でさえ，その理想を実現していない」とあるが，「アメリカ」は具体例の一部なので要約には含めなくてもよいだろう。

解答作成上の注意点

生徒答案例▶民主主義は全ての人が平等に政治に参加することが必要であるが，実際には一部の特別な人々しか政治に参加することができていない。[8／10点]

　内容はほぼつかんでいるが，「民主主義は市民の政治参加が不可欠だ」の具体的内容として「市民があげた声が為政者に伝わる必要がある」ということを明確にすべき。

民主主義には市民の政治参加が不可欠で，市民の声が為政者に伝わり，参加が平等である必要がある。しかし，その平等を実現している民主主義国家は存在しない。(74字)

17 2005 年度 1－(A)

リズム感と調和力の維持の方法

全訳

第1段落

　私たちが生まれもったリズム感と調和力は限られたものなので，その両者を維持する方法を探求し開発しなければならない。一流のスポーツ選手を教え励ましてきた私の50年の経験でわかったことは，全体的に調和のとれた動きは，水中の魚に似ているということである。魚は尾をひと振りしてさっと動き，進みながら速度と方向を容易に変える。使う労力は最小だが，得られる結果は最大なのである。

□ *l*.1　We are only born with so much ～「生まれたときにはある一定量の〜しかない」　※so much 〜 は「（読者も知っている）それほどの量の〜」の意味。よって「それほどの量の〜しかない」→「〜は限られている」となる。so much を「かくも多くの」とするのは間違い。*e.g.* One brain can only digest so much information. 「1人の脳では1人分の情報しか消化できない」

□ *l*.4　one shake of its tail and off it goes「尾をひと振りすれば，さっと動く」　※〈名詞 and SV〉は〈命令文 and SV〉の変形で，前半の名詞が条件となっていることに注意。off は「さっと離れて」という動きが機敏であることを示唆する副詞。強調のため主語の前に置かれていると考えればよい。

□ *l*.5　apply ～「～を適用する」

第2段落

　ペレ，モハメド゠アリ，ビヨン゠ボルグといった，スポーツ史に残る偉大な英雄たちは例外なく，身体を始動するときにはリズム感のあるなめらかな動きをしていた。これらの選手は，完全に静止した状態からいきなり動き出すなどということはなかった。いきなり動いて走り出すのではなく，ゆらゆらと身体を揺らし流れるように動きながら考えていたのである。こうした選手が身につけていたのは，いわば高次の意識とでもいえるものであったが，これこそ，その世界で頂点を目指すスポーツ選手ならどんな選手でも絶対に必要なものなのだ。

□ *l*.7　Pele　※本名 Edson Arantes do Nascimento。Pele は幼い頃からの愛称。ブラジルの元サッカー選手。3度の FIFA ワールドカップ優勝を経験。通算 1281 得点を挙げ「サッカーの王様」と呼ばれている。

□ *l*.7　Muhammad Ali　※1960 年ローマオリンピックボクシングライトヘビー級で金メダルに輝いた後プロに転向し，ヘビー級王座を獲得。プロボクシング戦績は 61 戦 56 勝（37KO）。

□ *l*.7　Bjorn Borg　※スウェーデン出身の男子テニスの黄金時代を築いた選手の一人。全仏オープンは4連覇を含む6勝，ウィンブルドン選手権では5連覇を成し遂げた。

□ *l*.9　a dead stop「完全な停止状態」

□ *l*.9　sway-and-flow「揺れて流れる」

第3段落

　不安や緊張が原因となって動きが悪くなりミスをしてしまうというのは誰もが知っていることだが，この高次の意識を中心に据えた生活をすれば，それらのミスを最小限に抑えることができる。何かをつまみ上げようとする指に意識を向けて感覚を呼び起こすときと同様に，自らの身体に意識を集中して感覚を呼び起こさなくてはならない。身体全体が，指と同じように，空間におけるその位置に対して敏感でなければならないのだ。徐々に，自分なりのリズム感を培えるようになり，その結果，より優れた，より安定した動きとなって現れてくるようになるのである。

- □ *l.* 12　nerves「神経過敏，不安」
- □ *l.* 12　bad movements and errors「動きが悪くなりミスをすること」
- □ *l.* 13　around ～「～を中心として」　※「～の周りに」が直訳。
- □ *l.* 14　as you would your fingers は，as you would focus your fingers and make them aware を省略した形。ここで使われているのは「同時期，同条件の仮定法」。2つのものを厳密に比べるときには，同一条件，同時間で比べる必要がある。よって，どちらか一方を実行しているときには，もう一方を同一条件，同時間で実行することは不可能になるため，仮定法が使われることになる。
  e.g. When I was in the hospital, I met people I would not have run into in daily life.「入院中，普段なら知り合いになれない人と知り合いになった」
- □ *l.* 17　consistent「安定した，一貫した」

文章の流れを確認する

第1段落：生まれもったリズム感や調和力には限りがあるので，それらを維持する方法を探し開発しなければならない。

第2段落：優れたスポーツ選手のように，自らの身体に対して高次の意識を向けることが大切。

第3段落：高次の意識（空間における位置に対して敏感になること）を中心に据えた生活をすることが，動きの悪さや失敗を防ぐ。

答案を作成する

立場①：一般の人向けとする立場

　文章の冒頭で，人間一般の話として「生まれもった rhythm と harmony は限られたものであるので，維持する方法を探し開発するべき」と述べている。また第3段落では，日常生活の中で誰でも実践できる鍛錬法が紹介されている。このことから，筆者は広く一般の人に向けて rhythm と harmony を維持開発する方法を提案していると解釈できる。この立場に立てば，第2段落で紹介されている一流スポーツ選手の例は，rhythm と harmony を極限まで開発してきた「極端な例」として紹介されていると捉えることができる。

立場②:「プロスポーツ選手」向けとする立場

筆者は一流のスポーツ選手を 50 年にわたって育ててきた,プロスポーツ選手専門の指導者である。また,第 2 段落で挙がっている例は,すべて世界レベルの超一流の選手ばかりである。さらに,第 3 段落で提案されている鍛錬法は,確かに日常生活の中でも実践できるものだが,身体の一つ一つの部位の空間上の位置を常時意識する鍛錬など,一般の人にはそもそも必要ない(そんなことを意識すると,日常生活にも少なからず支障をきたす可能性があり,こんなことを真顔で一般の人に提案したところで,広く受け入れられる可能性は非常に低いと思われる)。

したがって,文章の冒頭での人間一般の話を受けて「だからこそ,一流のプロスポーツ選手になるためには,一般の人々がわずかしか備えていないような rhythm と harmony を維持開発しよう。一般の人がやらないような厳しく極端な精神的鍛錬を,プロスポーツ選手を目指す人たちはやるべきだ」という解釈も可能。

解答は上記の 2 つの立場をそれぞれ用意している。いずれの場合も,第 1 段落第 1 文の読解が鍵となる。ここで読み間違えると悲惨。筆者の主張は「生まれもったリズム感や調和力には限りがある」「それらを維持する方法は,自らの身体に対して高次の意識を日頃から向けることだ」ということ。また,このままでは抽象度が高く,よくわからないので,「空間における身体全体の位置に対して敏感でなければならない」ぐらいに具体化しておきたい。

解答作成上の注意点

生徒答案例▶一流の運動選手にとって身体の動きのリズムやなめらかさは必須条件である。体が空間で占める位置の認識を高めることが大切である。[4 / 10 点]

第 1 段落第 1 文の内容が抜け落ちているので評価は低くなるだろう。

立場①
人間が生まれもつリズム感や調和力には限りがある。日頃から全身の空間上の位置を意識することで両者を維持し優れた運動能力を発揮することができる。(70字)

立場②
人間が生まれもつ,躍動的で滑らかに動く能力はわずかなので,一流の運動選手になるには,日頃から全身の空間上の位置を意識する鍛錬が必要である。(69字)

18　専門分野における記憶の自動化の仕組み

全訳

第1段落

　チェスの名人はチェスの駒が盤上のどこにあるかを驚くほどよく覚えている。ある調査では，世界的な名人たちは，実際に行われている試合のチェス盤をほんの1回5秒見るだけで25個の駒のほぼすべてがどこにあったか思い出すことができた。一方初心者はだいたい4つほどしか思い出せなかった。しかも，チェス盤の駒を覚えているかどうかが後で試されることを，名人にあらかじめ知らされているかどうかなど無関係であった。つまり，名人は記憶しようという意図がなくても，チェス盤を一瞥しただけでまったく同じ結果を得たのである。しかし，対局場面としての意味をなさない，駒がでたらめに置かれた盤を見せられると，名人でも初心者と同じ程度しか思い出せなかった。

- □ *l*. 1　exhibit ~「~を（感情・行動などに）表す」
- □ *l*. 1　memory for ~「~に対する記憶力」
- □ *l*. 1　the location of ~「~の位置」
- □ *l*. 1　chess pieces「チェスの駒」
- □ *l*. 2　a single five-second exposure to ~「1回たった5秒間~にさらされること」
- □ *l*. 3　nearly all twenty-five pieces「25個の駒ほとんどすべて」　※チェスの駒は，全部で32個だが，相手に取られると盤上から消えるので，この場面では7個の駒が取られていたということ。
- □ *l*. 4　…, whereas ~「…。一方で~」
- □ *l*. 6　just as well ~「（覚えようとする意図がある場合と）まったく同じぐらい（覚えていた）」
- □ *l*. 7　glance at ~「~をちらっと見る」
- □ *l*. 8　randomly arranged「無作為に配列された」
- □ *l*. 9　could remember no more than the beginners「初心者と同じ程度しか思い出せなかった」

第2段落

　ベテランの役者も，自分の専門知識の分野においては並外れた記憶力を発揮する。長い台本でも比較的容易に覚えることができるが，それはチェスの名人の場合と大体同じような理屈によるものだ。最近の研究が示したことによると，役者は，台詞を一語一語覚えようとしているのではなくて，自分が役を演じる人物の動機や目的を見つけるための手がかりを求めて，その台本の中の台詞を分析し，台詞の中のそれぞれの言葉を，長年かけて蓄えてきた自分の知識全体と無意識に結びつけている。つまり，暗記とは，意味を探し求めるというこの過程から自然に生まれた副産物だということなのだ。ある役者の言葉を借りれば，「実際には暗記しているわけではありません。何の努力も要りませんよ…ただ，そうなってしまうのです。ある日，はじめて間もないうちに台詞が頭に入っているのです」　役者がある台本の意味をとろうとする場合，登場人物が使う正確な言葉を幅広く専門的に分析することがし

ばしば必要となる。そして，そのことが今度は，単にその大まかな意味だけではなく，何が述べられていたかを正確に思い出すことの手助けになるのである。

- ☐ *l.*11　extraordinary memory「並外れた記憶力」
- ☐ *l.*12　lengthy script「（細々したことを含む）長い台本」
- ☐ *l.*12　with relative ease「比較的簡単に」
- ☐ *l.*13　much the same「だいたい同じ」（＝almost the same）
- ☐ *l.*14　word-by-word「一語一語の，逐語的な」
- ☐ *l.*15　clue to 〜「〜への手がかり，（発見の）糸口」
- ☐ *l.*16　relate *A* to *B*「*A* を *B* に関連づける」
- ☐ *l.*17　by-product「副産物」
- ☐ *l.*18　as S put it「S が言うように」
- ☐ *l.*19　early on「早い段階に，（進行・計画・試合などの）初期に」
- ☐ *l.*20　make sense of 〜「〜の意味を理解する」
- ☐ *l.*20　extended technical analyses「幅広い専門的な分析」
- ☐ *l.*21　in turn「その結果，次に」
- ☐ *l.*22　general sense「大まかな意味，漠然とした意味」

文章の流れを確認する

第1段落：チェスの名人は，無意識のうちにチェス盤上の駒の位置を覚えている。ただし，意味のない駒の位置は暗記できない。

第2段落：ベテランの役者も長い台詞を無意識に暗記してしまう。それは台本全体の中の台詞の意味を分析しているからだ。またその際，長年の経験を無意識に結びつけている。

答案を作成する

設問文に「一般的にどのようなことが言えるか」とあるから，本文を抽象化する必要がある。書くべきことは「自分の専門分野に限り無意識のうちに非凡な記憶力を発揮する」「それが可能になるのは記憶の対象を過去の豊富な経験と結びつけ全体像を考え，そこに意味を見いだすから」だ。さらに第2段落第2文にある「暗記とは，意味を探し求めるというこの過程から自然に生まれた副産物なのである」にも触れておきたい。

	ベテランの専門家	素人
記憶力	専門分野の有意味なことに対しては非凡	普通
記憶する意図	なし	あり
過去の経験	専門分野に限り豊富	乏しい
見方	全体	部分

　解答では，本文の「チェスの名人」と「ベテランの役者」を一般化して「専門家」としたが，さらに一般化し「記憶力の優れた人」とすると，やや一般化が過ぎるようにも思える。いずれにしても「記憶は対象を過去の豊富な経験と結びつけて意味を探す過程で生じる副産物だ」という部分は必要である。

解答作成上の注意点

▎**生徒答案例▶**私たちは物事を記憶するとき，無意識にそれに何らかの意味を持たせる。その過程は長年の経験による知識を元に各々が考え出すものである。［4 / 10 点］

　本文は「専門家がその専門分野に限って，長年の経験から意味を探る過程で記憶が可能になる」という話である。「専門家」や「非凡な記憶力」は欠かせない。

Column　比較対象の省略について

　比較対象となる部分は自明の場合，省かれることがある。

（例1）Japanese students watch TV twice as long as their counterparts in any other developed countries. However, they spend less than half as much time reading.
　「日本の学生は，ほかの先進国の学生より2倍長くテレビを見るが，読書時間は半分以下である」

　上記の例では最後に as their counterparts in any other developed countries が省かれている。このように〈as ～ as …〉の〈as …〉が省かれると，見抜けないことも多い。

（例2）I have never been as happy.「私は今ほど幸せなことはない」

　この例では文末に as now が省かれている。I have never been happy.「幸せだったことが一度もない」とは正反対の意味になることに注意したい。

（例3）I could not agree more.「大賛成です」

　この例では than I do が省かれていて，「（今でも十分賛成なので）これ以上賛成せよと言われても無理です」から，上の意味になる。

専門家がその専門分野に限り無意識に発揮する非凡な記憶力は，対象を過去の豊富な経験と結びつけ，全体的な意味を見いだす過程で生じる副産物である。（70字）

19 言語の消失と誕生

全訳

|第1段落|

　今日の世界で現在話されている言語は，どれを方言と数え，またどれを個別言語と数えるかにもよるが，その数は約 5,000 であると推定されている。これらに，（古代ギリシャ語やラテン語のように）今も学校で教えられていたり，（サンスクリット語やゲーズ語のように）宗教儀式で用いられている，一握りの「死語」を加えることもできるかもしれない。言語学者は，これらすべての言語のゆうに半数を上回る言語が，次の半世紀以内に，母語としての話者がいなくなるという意味で，消滅するだろうと予想している。それらの大部分が，現在母語として話す人が 1,000 人を下回り，しかも，その話者の大半がすでに高齢者となっているのである。世界がわずか 2 つの言語に支配される日が来るかもしれないとさえ示唆されている。現在の使用状況からすると，この 2 つというのは，ほぼ間違いなく英語と中国語になるであろう。もちろん，これほど多数の言語が失われるのは残念なことだろう。言語を失えば過去の断片を失うことになるからだ。というのは，言語は諸民族の歴史，その民族の経験の集積，彼らが行った移動，そして彼らが今までに受けた侵略を象徴するからである。

- [ ] *l*.1　There are estimated to be 〜「〜があると見積もられている」
- [ ] *l*.2　count O as C「O を C とみなす」
- [ ] *l*.2　dialect「方言」　※言語学では差別的響きを避けるため「変種」と訳すことが多い。
- [ ] *l*.3　add *A* to *B*「*B* に *A* を加える」　※本文では to *B* が前に置かれている。
- [ ] *l*.3　a handful of 〜「一握りの〜」
- [ ] *l*.3　'dead' に ' ' がついているのは，完全に「死語」ということではなく，実際には学校などで教えられていることがあるということを示唆している。
- [ ] *l*.4　religious services「宗教儀式」
- [ ] *l*.5　linguist「言語学者」
- [ ] *l*.5　well over 〜「ゆうに〜を超える」　※well は強調の副詞。
- [ ] *l*.6　in the sense of 〜「〜の意味で」
- [ ] *l*.8　The time may come, …, when … の when … は time を説明する関係副詞節。
- [ ] *l*.9　on present performance の performance は「言語運用（＝言語の現実的使用）」の意味。言語学において competence「言語能力」と対になる概念。
- [ ] *l*.11　fragment「断片」
- [ ] *l*.12　for SV「というのも SV だからだ」　※この for は等位接続詞。
- [ ] *l*.12　peoples「諸民族」
- [ ] *l*.12　accumulation「蓄積」
- [ ] *l*.13　suffer 〜「（苦痛・損害など）を被る」

第2段落

　しかし，この見方は人間行動に関する1つの興味深い特徴を見落としている。すなわち，方言を失うのと同じ速さで新しい方言を生み出すという傾向である。英語は地球全体に広がって，どの大陸にも英語を公用語とする国が存在するだけでなく，貿易や政治，科学の共通語にもなった。しかし同時に，話者同士が互いにほとんど理解しあえないような地域特有の方言が多数発達してきた。ほとんどの言語学者はピジン語（ニューギニアの「ピジン英語」）や黒人俗英語（米国の主要都市で黒人たちによって主に話されている英語の形態），カリブ・クレオール語（多様なカリブ諸島の英語），クリオ語（西アフリカのシエラレオネのクレオール語），そしてスコットランド語（スコットランド低地地方で話されている英語）さえも，個別言語であると認めているのである。

- □ *l*.14　this observation は「現存する言語の半数以上が死滅し，ゆくゆくは英語と中国語だけになってしまうかもしれないという見方」の意味。observation は「観察結果」の意味。
- □ *l*.15　English has spread … to become ～ の to become ～ は「結果」を示す to 不定詞。よって「英語は広がって行って，その結果～になる」ということ。
- □ *l*.17　文頭の yet は「（意外なことに）しかし」の意味。
- □ *l*.19　recognize O as C は「OをCと認識する」　※本文では recognize と as ～ が離れているので注意が必要。
- □ *l*.19　pidgin English「ピジン英語（東南アジア・西アフリカ・西インドなどで主として通商のために用いられる混合英語）」
- □ *l*.20　vernacular「土地言葉，地方語，専門語，仲間言葉」
- □ *l*.21　Creole「クレオール語（主にヨーロッパ（植民者）の言語と非ヨーロッパ系（先住民）の言語との接触による混成語で母語として話されるようになったもの）」

文章の流れを確認する

第1段落：世界の言語が減少傾向にあり，英語と中国語を除いてすべての言語が消滅するかもしれないと予想されているが，これは民族の歴史の消失を意味し残念だ。

第2段落：こうした見方は，言語の消滅と同じ速さで，個別言語とみなせるような方言が生じていることを見落としている。

答案を作成する

　第 1 段落では「言語の減少と，それに伴う文化の消失」について述べられている。第 2 段落では第 1 文が主張で，「こうした見方は 1 つの興味深い特徴を見落としている」とあり，「1 つの興味深い特徴とは何か？」と考えながら読み進めることになる。すると「方言が多数生まれ，それらが個別言語として認識されている」ことだとわかる。大切なことは，「だから，どうした？」ということは一切書かれていないということ。つまり，「言語の減少」と「個別言語とみなされ得る方言の増加」の関係性には筆者は一切触れていないということ。たとえ地球全体の言語の絶対数が同じであっても，言語の消滅という悲しい事実には変わりない。

解答作成上の注意点

　　生徒答案例▶現在世界にある言語は消滅し英語と中国語しか残らないという人もいる。しかし人間は言語を失ってもまた新しい方言を生み出し自らの言語にしていく。[2 / 10 点]

　この答案のように第 2 段落第 1 文の「～ということを見落としている」という内容がない答えが多い。また「方言が生まれている」だけでは不可で，「個別言語と認識できるような方言が生まれている」としなければならないことにも注意。

Column　イギリスの英語について

　社会言語学では「方言」ではなく variety of language「言語変種」という用語が使われている。そこには「標準変種（standard variety）」と「非標準変種（non-standard variety）」が存在する。イギリス英語における「標準変種」の代表格が「容認発音〔RP（Received Pronunciation）〕」である。この使用者は全人口の 5％ぐらいにすぎない。BBC や王室で使われており Queen's English と呼ばれることもある。

　一方，ロンドンの下町で使われている Cockney English は「非標準変種」の代表であろう。day を [dai]，take を [taik] と発音したり，my house を me house, you were を you was と言ったりすることで知られている。映画『マイ・フェア・レディ』では，上流階級に入るためコックニー訛りを矯正していく女性の姿が描かれている。英語音声学の教材としてもよく使用されるので，是非とも一度見ていただきたい。

　今の言語が将来大幅に減少するという見方は，減少と同じ速さで方言が多数生まれ，そこから個別言語が誕生しているという事実を見落としている。(67 字)

20 日本のニュース番組の女性アシスタントの役割

全訳

第1段落

　日本のテレビ番組では，小さな画面の一方にニュース解説者がいて，もう一方にアシスタントがいる。解説者はふつう男性で中年である。アシスタントの方はふつう，若い女性で，かわいいことが多い。男性の方は様々な話題について論評し，女性が補佐をする。ところが，女性が補佐をするといってもほとんど何もしないので，私たちの目には，彼女はまったくそこにいなくてもいいように感じられる。男性が様々なことを述べているとき，彼女はただカメラに向かって頷き，男性が大切なことを述べると「そうですね」と言うだけだ。彼女は自分自身の意見を言うことは決してないのである。このような2人をテレビで見ている多くのアメリカ人にとって，その状況は実に奇妙なものに思われるかもしれない。確かに解説者が2人いることにはアメリカ人でも慣れているが，ふつうはそれぞれの解説者が実際に論評し，両者は対等の関係である。日本のテレビにありがちなこのような番組形式では，そのかわいい女性はまったく不要であるように思われる。私たちには彼女の役割が理解できない。しかし，彼女には非常に重要な役割があるのだ。

- □ *l.*1　commentator「時事解説者，コメンテーター」
- □ *l.*3　comment on ～「～に関して意見を述べる」
- □ *l.*5　might as well *do*「～するのも同然である」
- □ *l.*5　nod「頷く」
- □ *l.*6　statement「意見」
- □ *l.*6　make an important point「大切な主張をする」
- □ *l.*7　present ～「～を提示する」
- □ *l.*8　be used to ～「～に慣れている」
- □ *l.*11　absolutely「絶対的に」　※very で修飾できない形容詞を修飾。
- □ *l.*11　fail to *do*「～できない」

第2段落

　解説者は，当然のこととして，自分の意見を述べている。西洋ではこれでまったくもって十分なのである。ところが日本では，人前で意見を述べるということは，あまりに自己中心的に見えることなのだ。意見の一致が大切な価値観である社会にあっては，これはまずいことである。魅力的で，ほとんど何も話さない，若いアシスタントはこの価値観を強調するのである。彼女が頷きと同意の表情を示すことで，その意見がその男性1人のものではなく，したがって，彼がただ自己中心的になってその意見を述べているのではない，ということになるのだ。それどころか，少なくとも1人の人間が彼が言っていることに同意しているのだから，彼は真実を述べていることになるというわけだ。同時に，何といっても結局のところ彼女が頷いている相手は私たちなのだから，私たちみんなが同意していて，望ましい意見の一致がすでに達成されたということを示すことによって，彼女は調和をもたらしているのである。

□ *l.* 13　by definition「当然のこととして，原則的に」
□ *l.* 13　in the West「西洋では」
□ *l.* 14　To *do*₁ is to *do*₂「*do*₁ することは *do*₂ することになる」
□ *l.* 14　self-centered「自己中心的な」
□ *l.* 15　fault「欠点」
□ *l.* 15　a value「価値観」　※単数形の場合でもこの意味になり得る。
□ *l.* 17　S be not alone in ～「～なのは S だけではない」
□ *l.* 18　since ～「（常識的な理由を示して）～なので」
□ *l.* 20　after all「（補足理由を示して）そもそも，何といっても～なのだから」

文章の流れを確認する

第 1 段落：日本のニュース番組では，中年男性の解説者と若い女性がいるが，女性の方は頷くだけで何も話さないので，アメリカ人からすると不要に見える。

第 2 段落：意見の一致に重きを置く日本では，人前で自分の意見を述べるのは自己中心的に思われる。女性はそのように思われるのを避けようと，その意見をもつのがその男性だけではないことを強調するために存在する。

答案を作成する

(1)「そのかわいい女性はまったく不要であるように思われる」理由は，5 行目の She only nods at the camera when he makes his various statements, and says *So desu ne* when he makes an important point. She never presents an idea of her own. の部分を 5 ～15 字でまとめる。字数制限に幅があるのは，答えに幅をもたせるためであろう。「同意するだけだから」「自分の意見を述べないから」ぐらいでも点は与えられるだろう。

(2)第 2 段落をまとめることになる。この文における「日本の文化の特質」とは，「意見の一致が重要視され，自分の意見を主張することは自己中心的とみなされる」ということ。「役割」はざっくり言うと「意見に共感して発言者の意見が独りよがりなものではないことを示す」だが，最終文（At the same time …）をまとめ，「解説者の意見に共感し，視聴者を含めた合意の形成を演出すること」とすればなおよい。

解答作成上の注意点

(1)　　■　**生徒答案例▶** 何もしていないように見えるから。[0 / 2 点]

　これでは点は与えられない。まず字数オーバーである。さらに女性は何もしていないのではなく，第 2 段落にあるように「男性が意見を自己中心的に述べているのではないことを確認するため，頷く」という仕事をしているのである。

(2)日本文化の特徴について述べておく必要がある。たとえば「意見の統一が重要な日本社会では」「日本では人前で意見を言うのは自己中心的であり」など。その上で，彼女の役割を述べること。

　　生徒答案例▶意見の統一が重要な社会で少なくとも一人はコメンテーターに同意し<u>自己中心的でないこと</u>を強調する役割。[7/8点]

「彼が」が抜けている。「社会」は「日本社会」としたいが減点はなし。

Column　形容詞を強調する副詞

　下線部(1)の absolutely について，全訳中で「very で修飾できない形容詞を修飾」と説明したが，もう少し詳しく触れておこう。

　形容詞は，①**非段階的形容詞**と②**段階的形容詞**の2つに分類される。①は necessary, perfect, wrong などで，「完全，絶対」といった（もしくはそれに近い）概念を表す形容詞のことであり，基本的に比較級，最上級をもたない。また，②は happy, rich, cold など，〈程度〉を表す語で，しばしば比較級，最上級をもつ形容詞のことである。

　②は very で修飾することが可能だが①は**不可能**。よって，①を強調するときは absolutely, completely などの副詞を使うのが普通。

　なお，quite は①の前では「まったく，完全に」の意味となる。*e.g.* quite empty「完全にからだ」　一方，②の前では「まあまあ，多少」の意味になる（quite に強勢が置かれる；*e.g.* His cooking was quite good.「彼の料理はまあまあ良かった」）か，「とても」の意味になる（quite の次にくる語に強勢が置かれる）。

---

(1)頷くだけで意見を言わないから。（15字）
(2)意見の一致を重視する日本文化において，解説者の意見に共感し，視聴者を含めた合意の形成を演出する役割。（50字）

解答

21 日常的なものに存在する美的価値

全訳　先日私は，自分の電動歯ブラシが白色で，手に持つ部分には2本の青いゴムの縦縞が入っていることに，偶然にも初めて気がついた。歯ブラシの電源を入れたり切ったりするボタンも，同じ青色のゴムでできていた。ブラシ自体にも，本体とよく調和した青い部分があって，ブラシの持ち手の底部には色付きの輪状のゴムが取り付けてあった。これは私が今まで想像したことがないほど周到に考え抜かれたデザインであった。これと同じことは，私のプラスチック製の使い捨て剃刀についても言えた。それは優雅な曲線を描いて，まるで先端部分が早く自分の仕事がしたくて身を乗り出さんばかりにしているように思えるものだった。こうした歯ブラシも剃刀も，台座の上に乗せれば，おそらく造形芸術として十分に通用したかもしれないほどのものである。もしそれらが芸術作品として提示されていたら，私は何か，物というだけではないもの，形が独自の生命を帯びて，永続的な価値を創り出している点に，何かもっと深いものを見いだしたことであろう。トマス=カーライルは，その著書『衣裳哲学』の中で次のように書いている。「正しい見方をすれば，どんなみすぼらしい物でも，無意味なものはない。すべての物は窓のようなもので，その窓を通じて，哲学する目からは，無限そのものがのぞけるのである」と。

- [ ] *l.*1　become aware for the first time that SV「（生まれて）初めて SV に気がついた」
- [ ] *l.*2　upright「直立した」
- [ ] *l.*3　be made of 〜「〜でできている」
- [ ] *l.*4　a matching blue section「本体の青色と似合う青い部分」
- [ ] *l.*5　比較級＋than S had ever imagined は，「想像していた以上に〜」が直訳だが，〔全訳〕のように否定語を用いて訳すこともできる。
- [ ] *l.*6　be true of 〜「〜にも当てはまる」　※「〜についても正しい」が直訳。
- [ ] *l.*7　bend「曲がったもの，湾曲部」
- [ ] *l.*7　reach out to *do*「〜しようと手を伸ばす」→「必死に〜しようとする」
- [ ] *l.*8　be mounted on 〜「〜の上に乗せられる」
- [ ] *l.*9　might well have *done*「おそらく〜したかもしれない」
- [ ] *l.*9　qualify as 〜「〜としての資格を得る」
- [ ] *l.*9　Had they been presented は，仮定法の if の省略による倒置。
- [ ] *l.*10　something more than an object と something deeper … が同格の関係。
- [ ] *l.*10　in the way の後に関係副詞 that が省略されている。
- [ ] *l.*11　take on 〜「〜を帯びる」
- [ ] *l.*11　rightly viewed「正しく見れば」　※受動態の分詞構文。
- [ ] *l.*12　Thomas Carlyle（1795〜1881）：イギリスの著述家，歴史家。ドイツ哲学の影響により，超越論的観念論の立場をとった。
- [ ] *l.*12　*Sartor Resartus*（ラテン語）「（＝the tailor patched）衣裳哲学」
- [ ] *l.*12　mean は形容詞で looking poor「みすぼらしく見える」の意味。
- [ ] *l.*13　philosophic「哲学（者）の，哲学に通じた」

文章の流れを確認する

　日常品をよく見れば芸術性が見える。

　正しく見ればどんなものでも深い意味を見いだせる。

答案を作成する

　結局，カーライルの引用をまとめれば答えになる。最初の電動歯ブラシと剃刀の例は，筆者の主張をよりわかりやすくするためのもの。「普段は気がつかなかった」＝「正しく見れば」とつながる。「哲学的な目で見る」では意味がはっきりしないことに注意すること。「日常品のすべてに不朽の芸術的価値がある」と断定するのは，少々気が引けるが，筆者の主張なので尊重するしかない。

	芸術品	日常品
芸術的価値	ある	ある
芸術的価値の発見	見たらわかる	正しく見ないとわからない

　抽象的な「正しく見れば」を具体化すると，「（日常品だから芸術性などないだろうといった先入観を捨て）意識的に客観視すれば」となる。

解答作成上の注意点

　生徒答案例▶どんな<u>物</u>でも，ただ「物」としてではなく<u>哲学的な目で見る</u>ことで無限の価値がわかる。［5/10点］

　間違いの多くは「哲学的な目」としてしまったもの。この文では，「哲学的な目で見る」は「（偏見を捨て）意識的に客観視する」と具体化すること。また，「物」は「どんな平凡な物でも」とすること。

　どんな平凡な物でも，意識的に客観視すれば，不朽の価値を見いだすことができる。（38字）

22 人間を動物と隔てる相違点

全 訳

　人間をとりわけ人間たらしめているものは何であろうか。私たちのもつ言語の複雑性だろうか。私たちが行使する問題解決の戦略だろうか。ある非常に深い意味において，言語も，人間の問題解決能力の一部の側面も，その複雑さの度合いは他の種の行動と何ら変わるところはない，という私の提言を聞けば読者の皆さんは驚くかもしれない。複雑さそれ自体は問題ではないのである。人間が複雑な言語を操れるのと同様に，クモは複雑なクモの巣を編み上げるし，ミツバチは蜜のありかとその質に関する複雑な情報を伝達するし，アリは複雑な巣の中で相互に交流し，ビーバーは複雑なダムを作り，チンパンジーは複雑な問題解決手段を用いる。また，私たちのもつ問題解決技術もそれほど注目に値するものではない。まったく正常な人間としての知的能力をもっていながら，チンパンジーでも解決できるようなある種の問題を解決することができない人間もいるのである。しかしながら，人間の知能と人間以外の知能との間には 1 つの極めて重大な違い，すなわち私たちを他のすべての種と区別する違いがある。クモは，巣を張ってしまえば，それ以上何もしないが，そうしたクモと違って，人間の子どもは——人間の子どもだけだと言うことができるが——自分が表現したものを認知し関心の対象とする潜在能力を有しているのである。通常，人間の子どもは言語を能率的に使用するだけにとどまらない。幼い文法学者になる能力ももっているのだ。これとは対照的に，クモやアリやビーバーは，そしておそらくチンパンジーでさえも，自分自身の知識を分析する潜在能力をもち合わせてはいない。

- □ *l.*2 problem-solving「問題解決」　※bird watching と同様に O + *doing* の構造。*l.*13 の web weaving も同じ。
- □ *l.*2 my suggestion that SV は，I suggest that SV の名詞構文。
- □ *l.*3 no more or less complex「複雑さの点で上でも下でもない」　※no + 比較級では，no が「両者の差がゼロ」であることを示す。no more が「プラスアルファーがゼロ」，no less が「マイナスアルファーがゼロ」であることを示している。
- □ *l.*4 ～ as such「～そのもの」
- □ *l.*8 nor are S ～「また S も～ではない」
- □ *l.*10 certain ～「ある～」
- □ *l.*11 one … intelligence と a difference which … が同格の関係となっている。
- □ *l.*13 stop at ～「～の段階でやめてしまう」
- □ *l.*14 maintain that SV「SV だと主張する」
- □ *l.*15 representation「①表現すること，②表現したもの」　※ここでは②の意味。
- □ *l.*15 objects of cognitive attention「認知の注意を向ける対象」

文章の流れを確認する

11 行目の however 以降が主張。主張は「人間だけが，自分の表現したものを分析する潜在能力をもっている」ということ。

答案を作成する

クモは stop at web weaving「巣を織りなす段階で止まってしまう」のに対し，人間は「作った後に，その作品を分析できる」ということがポイントだとわかればよい。15 行目以降（Normally, … knowledge.）の言語に関する記述は一つの具体例にすぎないので，解答に含めてはいけない。

なお，「自分の作ったもの」は「自分の知識に基づくもの」であるから「作ったものを分析する」＝「知識の分析」と考えてもよい。また，本文にある「認知し関心を向ける」とは「分析する」の言い換えなので解答に含める必要はない。

	人間	他の生き物
何か作った後の反応	分析する	作りっぱなし

この問題は「要約せよ」と指示されており，「人間と他の生き物を区別するものは言語の複雑さや問題解決能力ではない」が文章全体の 50％以上を占めていることを考慮すれば，この部分を解答に入れる方がよいだろう。

解答作成上の注意点

▌ **生徒答案例▶** 人間の<u>子供</u>の特異性は，言語の複雑性でも，問題解決の戦略でもなく，自分の知識を分析する潜在能力である。[9 / 10 点]

本文には確かに「人間の子どもだけが」という箇所がある。これは，この文を含むエッセー全体が「様々な生き物の子どもの能力の比較」について述べた文の可能性を示唆している。ただし，この問題文の範囲だけでそのことを断定することはできないので，「子ども」ということは触れない方がよいだろう。

人間固有の特徴は，言語の複雑さや問題解決能力ではなく，自分の作ったものを分析する能力である。（46 字）　**解答**

23 オーラル・ヒストリーの特徴と影響

全 訳

第1段落

　20 世紀後半，オーラル・ヒストリーは，多くの国で実践されているような現代史学に重要な影響を及ぼすようになった。社会的，政治的なエリートに属する人たちへの面接取材によって，既存の文書による情報源の幅が広がったが，オーラル・ヒストリーが最も際立って貢献した点とは，これがなければ「歴史の中に埋もれた」ままであった人たちの経験や視点が，歴史記録の中に含まれることになったということである。このような人々については，過去には社会評論家によって，あるいは公式な文書の中で書き記されたことがあるかもしれないが，その人たち自身の生の声が保存されることは極めて稀であり，通例は個人的な記録や自伝風の記述という形態で残るにすぎない。オーラル・ヒストリーの面接取材を通して，労働者階級の男女，とりわけ文化的マイノリティに属する人たちが，歴史的な記録に自分たちの経験を加えて，独自の歴史解釈を提示してきたのである。さらに，面接取材によって，歴史的な経験のうちでも特に他の情報源からだと抜け落ちてしまいがちな，個人同士の関係や家庭内での仕事，家庭生活といったものが記録され，そしてそれらは，実体験がもつ，主観的なあるいは個人的な意義に満ちあふれていたのである。

- ☐ *l.*1　have a ～ impact upon …「…に～な影響を及ぼす」
- ☐ *l.*2　～ as practised in many countries「多くの国で実践されているような～」　※as it（＝oral history）has been practised … の省略された形。
- ☐ *l.*4　existing documentary sources「既存の文書による情報源」
- ☐ *l.*5　includes within the historical record the experiences and perspectives「歴史の記録の中に経験や視点を含める」　※動詞（includes）の直後の副詞句（within the historical record）の挿入に注意。
- ☐ *l.*6　otherwise「もしそうでなければ」＝「オーラル・ヒストリーがなければ」
- ☐ *l.*9　autobiographical writing「自伝風の読み物」
- ☐ *l.*11　among others「とりわけ」
- ☐ *l.*13　document ～「～を文書として残す」
- ☐ *l.*13　particular aspects of ～ which …「～の中でも，特に…な側面」　※which … の先行詞は aspects。
- ☐ *l.*15　resonate with ～「～で満ちあふれている」　※原義は「～と共鳴する，～に大きな意味をもつ」である。『ロングマン現代英英辞典』の定義：to be full of a particular meaning or quality

第2段落

　オーラル・ヒストリーは，歴史という大事業に他の面でも一石を投じてきた。オーラル・ヒストリーの歴史家は，面接取材の記録作成に必要となる技術を身につけねばならなかったし，また，社会学，文化人類学，心理学，言語学といった他の様々な学問分野からも学び，取材相手が自らの記憶を語った場合にそれをよりよく理解できるようにする必要もあった。最も意義深いのは，オーラル・ヒストリーは歴史家と情報提供者との間の活発な人間関係に基づいており，このことは，歴史学

で行われてきたことをいくつかの点で変革し得るものである。語り手は過去を回想するだけにとどまらず，その過去に対する自分なりの解釈をも主張する。そして，このため，参加型のオーラル・ヒストリー研究企画の中では，面接取材を受ける側が情報源であると同時に歴史家にもなり得るのである。さらに，オーラル・ヒストリーを実践する人の中には，それがただ歴史を作るだけにとどまらないという人もいた。ある種の研究企画では，その主要な目的が，過去を思い出して解釈をし直すという作業を通じて，個人や社会集団に力を与えるということであったのだ。

- [ ] l.16　challenge 〜「〜に異議を唱える」
- [ ] l.16　enterprise「事業，企て」
- [ ] l.19　anthropology「人類学」　※ここでは cultural anthropology「文化人類学」のこと。
- [ ] l.19　narrative「語り」
- [ ] l.21　transform 〜「〜を変革する」
- [ ] l.21　practice「現実に行われていること」
- [ ] l.22　assert 〜「〜を主張する」
- [ ] l.23　participatory「参加型の」
- [ ] l.25　go beyond 〜「〜にとどまらない」
- [ ] l.26　empowerment「力を与えること」

文章の流れを確認する

第1段落：オーラル・ヒストリーでは，社会的政治的エリートのみならず従来の歴史では記録されなかった庶民やその生活などが記録される。

第2段落：オーラル・ヒストリーでは，歴史家に，面接取材のために必要な新たな知識や能力が要求される。また語る側は自らが歴史解釈を加え，また語ることによって力を得る。

答案を作成する

求められている内容は「『オーラル・ヒストリー』の特徴と影響」である。対比に注意して表を作ってみる（従来の歴史については第1段落に断片的に書かれている内容から推測すること）。

	従来の歴史	オーラル・ヒストリー
情報源となる人	一部のエリート	一部のエリート＋一般庶民
対象となる内容	大事件や政治	従来の歴史＋庶民の日常生活
歴史家に必要なもの	歴史的考察力	歴史的考察力＋技術＋他の学問分野
情報源	過去の記録	過去の記録＋語る側の歴史解釈
付加的事項		語る側に力を与える

解答作成上の注意点

多くの生徒答案に抜けていたポイントは次の4点。①日常経験の記録，②歴史家が新たな技術や知識を求められる，③語る方も自らの歴史解釈を加え歴史家となる，④語る方に力を与えることもある。特に②③の両方を書いた答案は採点した中では皆無であった。

生徒答案例▶オーラル・ヒストリーとは，政治的・社会的弱者を含むあらゆる階層の人に個人的体験まで直接聞き取り，資料を収集する20世紀後半以降の歴史手法である。それは他の学問との連携を生み出し，語り手が自らの歴史を考えるきっかけにもなる。[6 / 10点]

かなりよくできているが，この中の「それは他の学問との連携」では不十分なので「歴史家には新たな能力や知識が必要となり」とする。また「(語り手が) 力を得る」も抜けている。上記のような「対比の表」を使えば，書きもれが防げる。

オーラル・ヒストリーとは，一部のエリートのみならず，従来歴史に残らなかった一般庶民への面接取材を通してその日常体験をも歴史に残す試みである。歴史家は新たな技術や知識を求められ，語る方は自らの歴史解釈を加え，それによって力を得ることもある。(119字)

24　環境保護の2つの立場とその考え方

全訳

第1段落

　環境保護の最善の方法とは何か。基本的には，この問いに対してそれぞれ相異なる答えを出している2つの集団がある。その2つの集団の答えは，自然の価値をどのように定め得ると考えるかによって決まる。一方の集団の主張は，たとえば，未開の熱帯雨林とか，汚染されていない河川の価値は，金銭では決して測ることができないというものである。したがって，その主張によれば，そのようなものは工業的にであれ経済的にであれ，いかなる使用からも保護しなければならないというのだ。それゆえ，環境を保護する最善の方法は，環境汚染を防ぎ，愚かな自然利用を禁ずる厳しい法律を成立させることであると，彼らは考えるのである。

- ☐ *l*.1　basically「基本的には，大枠では」　※文修飾語。
- ☐ *l*.5　simply not ～「決して～ない」　※simply は否定の強調。
- ☐ *l*.5　in terms of ～「～の観点から」　※terms「枠」より「～の枠内で」が原義。
- ☐ *l*.5　they therefore argue は，SV が主語の直後に挿入された形。
- ☐ *l*.7　laws against ～「～を禁止する法律」

第2段落

　しかしながら，もう一方の集団によれば，この同じ目的を達成するには市場原理に任せる方がよいということだ。彼らは，環境がどのくらいの価値をもっているのかを算出することは可能だと思っている。たとえば，彼らの計算によれば，汚染により，ヨーロッパには GNP（国民総生産）の5パーセントに相当する分の負担がかかる。この費用は汚染を引き起こしている当事者が支払うべきだと，彼らは考える。換言すれば，企業がどれほどの汚染を引き起こしているかに応じて，その企業に課税すべきだというのである。そうすれば企業側は，より汚染の少ない工業技術を使ってより汚染の少ない製品を作ることを促されるであろう。そのような対応をしなければ，企業は事業を続けていけなくなる。というのは，もし環境汚染につながる製品の方が高くつけば，人々はこれを買い控えるようになるからである。この種の汚染税は，企業経営者と消費者に対して，汚染は経済的に得策ではなく，汚染を予防することこそが得策だということを知らせることとなるであろう。

- ☐ *l*.9　market forces「市場原理，市場の圧力」　※この段落の中で具体的に説明されている。
- ☐ *l*.10　the same goal「同じ目標」＝「環境を救済するという目標」
- ☐ *l*.10　it *is* possible　※is がイタリックになっているのは強調のため。
- ☐ *l*.11　their figures「彼らの数字」＝「彼らの計算した数字」
- ☐ *l*.12　GNP（＝Gross National Product）「国民総生産」
- ☐ *l*.12　those who ～「～する者」　※ここでは「～する企業」の意味合い。
- ☐ *l*.14　so that S will V「S が V するために，そうすれば S は V するだろう」
- ☐ *l*.15　do this＝use cleaner technologies and make cleaner products
- ☐ *l*.15　go out of business「事業を続けていけない，倒産する」

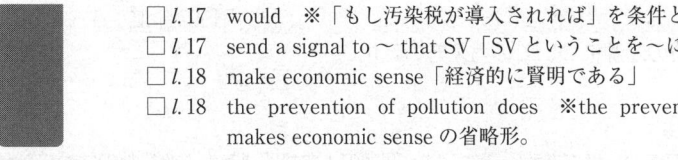

□ *l*.17　would　※「もし汚染税が導入されれば」を条件とする仮定法。
□ *l*.17　send a signal to 〜 that SV「SV ということを〜に知らせる」
□ *l*.18　make economic sense「経済的に賢明である」
□ *l*.18　the prevention of pollution does　※the prevention of pollution makes economic sense の省略形。

文章の流れを確認する

第1段落：環境保護の立場には，環境を金銭換算可能かどうかに応じて2つの異なる
　　　　　立場がある。1つの立場は，自然は金銭換算はできないとし，自然を汚染
　　　　　させないような厳しい法律を成立させるというものだ。

第2段落：もう1つの立場は，自然は金銭換算はできるとし，企業にその汚染に応じ
　　　　　て，汚染税を払わせ，市場原理に委ねるというものである。

答案を作成する

　明確な二項対立の文だから，かえって採点基準は厳しいはず。「自然を金銭に換算
できるかどうかに応じて」という箇所を抜かしてはいけない。また後半の部分は「汚
染に応じて税を課す」だけでは不十分で，「市場原理に委ねる」あるいは「市場の力
により企業を淘汰する」までを含めることが必要。

	1つのグループ	もう1つのグループ
自然を金銭換算	できない	できる
手段	自然の使用を全面禁止する法律を通す	企業に汚染に応じて課税し，市場原理に委ねる

解答作成上の注意点

　生徒答案例▶環境保護のための最善策は，自然を値段のつけられないものとし，
　あさはかな利用と汚染を法で厳しく禁止することと，値段をつけられるものと
　し，環境汚染の度合いによって金を払う税を導入することの2つに分かれる。
　[7 / 10 点]

概ねできているが，「企業」「市場原理に委ねる」という文言が抜けている。

環境保護の立場は2つあり，1つは自然は金銭換算が不可能とし，その使用を禁
止する法律を通すべきだとするもので，もう1つは金銭換算が可能とし，汚染に
応じて企業に税を課し，市場原理に委ねるというものである。（100字）

25 農耕の起源についての考え方の変化

全訳

第1段落

　数年前まで，考古学者の通説では，初期の人類が農耕を営み始めたのはやむを得ない事情によるものだったというものであった。専門家の主張するところでは，人口が増えたことで，集団内の一部の者が，最も豊かな地域——狩猟をしたり，大地から多量の食物を採取したりすることが容易な地域——から排除されたということだ。

- □ *l*.1　an archaeologist「考古学者」
- □ *l*.2　practice farming「農耕を行う」　*cf*. practice medicine「開業医をしている」　※この practice は「～を実際に行う」の意。
- □ *l*.2　had no choice「選択肢がなかった」→「やむを得なかった」
- □ *l*.3　S lead O to *do*「SのためOは～する」
- □ *l*.3　push ～ out of …「～を…から外へ追いやる」
- □ *l*.5　the wild「(自然の) 大地，大自然」

第2段落

　その旧来の考え方によると，こうして追いやられた人々は，豊かな環境の外れにある恵みの少ない所で暮らしているうちに，採集された野生植物の種子が，捨てられたり偶然落ちたりすると，その場所で育ち始めることがよくあることに気づいた。そうして，彼らは，そのような痩せた土地であっても農作物を意図的に栽培した方が，狩猟したり食用の野生の植物を採取したりするよりも，もっと豊富で確実な食糧源が得られることを知った。伝統的な考え方によると，その結果，不毛な土地にあった仮の住み家が恒久的な居住地へと発展していったというわけである。ところが，最近の研究によると，どうもそうではなかったとのことである。

- □ *l*.6　Living …　※文頭に置かれた分詞構文。
- □ *l*.6　the rich environments は the most productive areas の言い換え。
- □ *l*.8　accidentally「偶然に」
- □ *l*.9　intentionally「意図的に」
- □ *l*.12　develop into ～「発展して～になる」
- □ *l*.13　it didn't happen　※it は，農業の始まりに関わる状況を指す。
- □ *l*.13　quite that way = in quite that way

第3段落

　現在の考古学者たちの考えでは，農耕はまったくの偶然により始まったわけではないかもしれないということだ。農業が始まったのは偶然ではなくて，初期の人類が何らかの科学的な調査を行ったためである可能性があるというのだ。彼らの意見では，野生の食物が簡単には手に入らない不運の年に時折見舞われたため，古代の諸民族は十分な食糧を常に確実に手に入れる方法を見つけなくてはならないと考えたのだという。そこで，古代人たちはある特定の野生植物で実験を行い，最終的に最適と思われるものを選んで栽培するようになったのである。今では考古学者たち

は，農耕において，必要性は必ずしも発明の母ではなかったと言い，それどころか，人間の創造的能力こそが農業を生み出した，と考えている。

- [ ] *l.*14　might not have *done*「〜しなかったかもしれない」
- [ ] *l.*15　do some scientific research「何らかの科学的研究を行う」
- [ ] *l.*18　make sure (that) SV「必ず SV するようにする」　※that 節には未来のことでも will は入れない。
- [ ] *l.*18　experiment with 〜「〜で実験する」
- [ ] *l.*20　necessity was not … of the invention　※Necessity is the mother of invention.「必要は発明の母」が元の諺。

文章の流れを確認する

第1段落：従来の説では，農耕の営みの始まりは，痩せた土地に追いやられた狩猟採集の人々がやむなく始めたというものであった。

第2段落：その説では痩せた土地で偶然に農耕が始まったとされていたが，最近の研究はそれは違うと示唆している。

第3段落：現在の考古学では，農耕は偶然ではなく，食糧難を経験した人間が食糧の安定確保を目指して創造性を駆使し最適な植物を探すための科学的実験を通して始まったと考えられている。

答案を作成する

　従来の考古学の説は「農耕は偶然に始まった」というもの。現在の説は「農耕は人間が積極的に始めた」というもの。これに肉付けをすればよい。「創造性」「実験」という単語を入れることが望ましい。

	従来の説	新たな説
誰が行ったか	痩せた土地に追いやられた狩猟採集の古代人	食糧難を経験した古代人
始まった原因	偶然発見	人間の創造性：食糧の安定確保を目指して開始
始まるまでの過程	偶然	最適な植物を探すための科学的実験

解答作成上の注意点

　概ねできている答案が多いが，不要なことを書いて減点されている人が多かった。

生徒答案例▶人口増加により資源が乏しい土地へ追いやられた人々により偶然始められたものが農業だとされていたが，最近の研究では食糧が得にくかった年に意図的に考えられ始まったとされている。<u>重要なのは農業の起源ではなく当時の人々の創造力である。</u>[6/10 点]

　最終文で，本文中に書かれていないことを勝手に付け加えたために，全体をぶち壊してしまっている。この最終文を削除し，「意図的に」の部分を「創造力を駆使し科学的調査や実験を通して」と変更するとよい。

農耕は，人口増加により狩猟採集に不適な土地に追いやられた古代人が種子の成長に偶然気づいて始まったとされていたが，今では食糧難を経験する中で食糧の安定確保を目指し，特定の植物を実験して最適なものを選ぶという人間の創造力に富む科学的研究から始まった，とされている。(130字)

第2章　読　　解

26　芸術における人工知能の役割

全訳

第1段落

　多くの芸術家は人工知能に辟易している。彼らは，人工知能がその効率性によって人々の仕事を取ってしまう恐怖によって落胆しているかもしれない。芸術家は，機械が創造的になる能力を疑問視するかもしれない。あるいは，人工知能を試しに使ってみたいという願望をもっているかもしれないが，その専門用語が理解できないのである。

- □ *l*.1　turn 〜 off「〜を辟易させる，うんざりさせる」
- □ *l*.3　the ability of *A* to *do*「*A* が〜する能力，*A* が〜できること」
- □ *l*.4　explore A.I.'s uses「試しに人工知能を使用する」
- □ *l*.5　technical terms「専門用語」

第2段落

　こうしたことすべてから私が思い出すのは，人々が，これと同様に，もう1つの技術 —— カメラ —— に対して疑念を向けていた時のことだ。19世紀に，現代の写真術が発明されるとともに，カメラは難題と同時に恩恵をもたらした。(1)g）一部の芸術家はその技術を受け入れ，また一部の芸術家は，それらの操作には専門的知識が必要な，異質な装置とみなした。一部の芸術家はこれは自らの仕事に対して脅威となると感じた。

- □ *l*.6　similarly「（人工知能の場合と）同様に」
- □ *l*.8　challenge「難題」
- □ *l*.9　pose a threat to 〜「〜に脅威を与える」

第3段落

　しかし，仕事の中でカメラを道具として臆せず使い始めた芸術家にとって，写真のもつ可能性は人を触発するものであるとわかった。実際，カメラは，技術の進歩とともに，平均的な使用者にとって使いやすいものとなり，肖像画の作成のような芸術的な試みに，新たな技術と形態を提供した。

- □ *l*.10　those artists willing to *do*「〜するのを嫌がらない芸術家」
  　　　　※those＋名詞の those は，名詞の後ろにその名詞を説明する語句がくることを予告する働きで，訳さない。
- □ *l*.11　prove 〜「〜と判明する」
- □ *l*.13　artistic endeavors「芸術的な企て」
- □ *l*.14　portrait-making「肖像画の作成」

第4段落

　芸術が重要なのは，我々の誰もが人間として，創造性を発揮するだけの能力を有しているからである。(2)h）我々が創り出す芸術は，時とともに進化し，その過程で技術は極めて重要な役割を果たすのである。歴史の示すところによれば，写真は，斬新な道具かつ表現手段として，芸術とみなせる範囲に関わる考えを拡大することによって，現代の芸術家が作品を創造するやり方を大きく変革するのに役立った。

最終的に写真は，美術館に登場するまでになった。今日では，カメラが，芸術を抹殺することなく，ただ，人々に視覚的に自らを表現するもう1つのやり方を提供したにすぎないということを我々は知っている。

- ☐ *l.* 15 matter「重要である」
- ☐ *l.* 16 novel「斬新な」
- ☐ *l.* 17 help … by *doing*「〜することによって…に役立つ」
- ☐ *l.* 18 what could be considered art「芸術とみなすことができるもの」
- ☐ *l.* 19 find *one's* way into 〜「〜に入る，到達する」

第5段落

　このような（人工知能とカメラとの）比較は，人工知能が今世紀，芸術に影響を及ぼす潜在的可能性を理解するためには重要である。

第6段落

　機械学習が，我々の日常生活のますます大きな部分を占めるようになり，我々がテキストメッセージを送るのに使う電話から，我々が運転する車に至るまでのありとあらゆるものに取り込まれるにつれて，₍₃₎C）このように人工知能が支配する社会において，芸術の未来はどのようなものになるのか，という問いかけをすることはごく当然のこととなった。この問いかけは，機械が芸術の「創造者」として芸術的な領域に踏み込んでくるにつれ，さらに関連性が深まっている。2019年の夏，ロンドンのバービカンセンターで「AI：人間以上のもの」と呼ばれる催し物が開かれ，そこでAIで作られた作品が展示された。そしてその年の11月に，中国国家博物館では芸術と科学を探る展覧会が100万人以上の入場者を集めたが，そこでは，多くの作品がコンピュータプログラムを用いて制作されていた。

- ☐ *l.* 24 machine learning「機械学習」
- ☐ *l.* 25 incorporate *A* into *B*「*A* を *B* に組み込む」
- ☐ *l.* 25 text「テキストメッセージを送る」
- ☐ *l.* 26 even more relevant「さらに一層関連して」
- ☐ *l.* 28 A.I.-produced pieces「AIで作られた作品」

第7段落

　私は2012年に，ラトガース大学で芸術・人工知能研究所を創設した。人工知能の研究者として，私の主な目的はその技術を先に進めることだ。私にとって，このために必要となることは，人間の創造性に目を向け，それによって，視覚芸術，音楽，そして文学における人間の業績を理解するのみならず，そうした分野の作品を制作，もしくは共同制作するようなプログラムを開発することである。そもそも，我々を人間として比類なき存在にしているのは，我々の創造的な技術を，基礎的な問題解決能力にとどまらず，芸術的な表現にまで高めることのできる我々の能力であるからだ。

- ☐ *l.* 33 Rutgers University「ラトガース大学」　※アメリカ・ニュージャージー州にある学生総数約6万人の州立大学。
- ☐ *l.* 37 produce or co-produce works「作品を作り出す，あるいは（人間と）共同して作品を作る」
- ☐ *l.* 37 after all「（しばしば文頭で，補足理由を示して）そもそも」

☐ *l.* 37　it is our capacity … that uniquely …　※強調構文。

☐ *l.* 38　expand ～ beyond *A* into *B*「*A* を越えて *B* にまで～を広げる」

第8段落

　人間の創造性は人工知能の発明につながり，今では機械そのものが創造的な力となりうる。当然ながら，我々が知りたいのは人工知能に何ができて，またそれがどのように発展しうるのかということである。研究室で過ごしたこの8年間で，我々研究者にわかったことは，人工知能は芸術に関わる問題を解決するための非常に大きな可能性をもっているということである。たとえば，機械知能は，道具として，本物の絵画と偽の絵画を，個々の筆遣いを分析することによって見分けることに役立ちうるのである。

☐ *l.* 41　machines themselves「機械そのもの」

　　　　　※machines と themselves が同格の関係。

☐ *l.* 45　distinguish *A* from *B*「*A* を *B* と区別する」

☐ *l.* 46　brush strokes「筆遣い」

第9段落

　人工知能はまた，異なる時代に作られた様々な芸術作品の間にある潜在的に似た影響を明らかにする手助けをすることによって，芸術を理解することもできる。ある検証において，機械学習は，芸術の歴史の流れを変えた芸術作品を特定し，その歴史がいかにして進展してきたかについての新たな側面を際立たせることができた。

☐ *l.* 47　make sense of ～「～を理解する」

☐ *l.* 49　identify ～「～を特定する」

☐ *l.* 50　highlight ～「～を目立たせる，強調する」

第10段落

　(4)a）機械は，情報を消化するだけにとどまらず，100％近く自分の力だけで，見る人に人間の芸術家による作品と区別することができないような斬新な像を創り出すこともできた。人工知能は，携帯電話で聴くことができる音楽を作曲することもできる。

第11段落

　芸術家は古くから新たな技術を自らの活動にうまく取り込んできた。人工知能も例外ではないが，根本的な違いがある。今回は，機械がそれ自身の創造性の源になるのである。人工知能は，膨大な量の歴史的社会的データを検索する能力を用いて，我々の想像を越えた像を生み出すことができる。このような驚くべき要素が，芸術における表現手段を新たな方向へと前進させることを可能にする力であり，機械は芸術家にとっての単なる道具としてだけではなく，そのパートナーとしても機能するのである。

☐ *l.* 54　integrate *A* into *B*「*A* を *B* に組み込む」

☐ *l.* 54　～ is no exception「～は例外ではない」

☐ *l.* 59　with the machines functioning as ～「機械は～として機能している」　※付帯状況の with。

第12段落

　しかし，人工知能を搭載した機械は，それ自体で芸術家になり得るのであろうか。

私の答えはノーである。

□ *l.* 61　in its own right「それ自体で」

第13段落

　芸術の定義は常に進化しているが，核心部分では人間同士の意思疎通の一形態である。機械の背後に人間の芸術家がいなければ，人工知能は_(d)形態とじゃれ合うことしかできない（do little more than play with form）。それが画面上の画素を操作することを意味しようが，五線譜上の音符を操作することを意味しようが，である。こうした活動は人間の五感にとって興味深く面白いが，芸術家と鑑賞する者との間の相互作用がなければ，そうした活動は意味をもたないものとなる。

□ *l.* 63　ever-evolving「常に進化している」
□ *l.* 66　engaging「興味深い」※「人の興味などをつかんで離さない」が直訳。

第14段落

　新たな技術は，最終的に取り入れられる前に，まず疑いをもって迎えられることが多いことに，私は気がついている。人工知能にも同じような道筋が生まれているのを私は目にしている。人工知能は，カメラと同様に，芸術家にも芸術家以外の人にも同様に，自らを表現する手段を提供してくれる。だから私は，₍₅₎賢い機械は人間の創造性を損なうのではなく，ただ助けてくれるのであると確信できるのである。芸術の未来は有望に思えるのである。

□ *l.* 69　be met with ～「～をもって迎えられる」
□ *l.* 71　offers a means … to express themselves　※ この to 不定詞は offers を修飾する副詞的用法ではなく，a means を修飾する形容詞的用法である。

各段落の要旨と全体の流れ

第1段落：芸術家の人工知能に対する恐怖と疑念。
第2段落：過去の類例：写真
第3段落：一部の芸術家にとって写真は素晴らしいものとなった。
第4段落：写真は芸術を抹殺することなく，その範囲を広げた。
第5段落：写真と人工知能との比較は，人工知能の芸術への影響を考慮する際に重要である。
第6段落：人工知能が「創造者」として支配する芸術の未来像はどうなるのか。
第7段落：創造性は人間が有する力である。
第8段落：人工知能は絵画の真贋を判断するのに役立つ。
第9段落：人工知能は時代に影響を与えた絵画を特定できる。
第10段落：機械は人間の芸術家による作品と見間違うような作品を創造できる。
第11段落：機械は人間の想像を越えた像を生み出す可能性があり，ただの道具としてではなく人間のパートナーとして機能する可能性がある。
第12段落：人工知能は単独では芸術家になり得ない。
第13段落：機械の背後に人間の存在がなければ意味をなさない。

第14段落：賢い機械は人間の創造性を損なうのではなく，ただ助けてくれる。

(ア) ──

各選択肢の訳は以下の通り。

a）機械は，情報を消化するだけにとどまらず，斬新な像を創り出すこともできた

b）しかし，現在は人文科学と科学技術が調和する時代である

c）このように人工知能が支配する社会において，芸術の未来はどのようなものになるのか，という問いかけをすることはごく当然のこととなった

d）賢い機械は人間の創造性を損なうのではなく，ただ助けてくれるのである

e）機械は人間の創造性に貢献することはないだろう

f）問題は，芸術が写真の限界を克服するかどうかである

g）一部の芸術家はその技術を受け入れ，また一部の芸術家は，それらの操作には専門的知識が必要な，異質な装置とみなした

h）我々が創り出す芸術は，時とともに進化し，その過程で技術は極めて重要な役割を果たすのである

(1) ─────────────────────────────────── 正答率 57.1%

第1段落では「芸術家が人工知能に対して恐怖や疑念を抱いている」ことが述べられている。続く第2段落では，人工知能に似た存在としての写真の話が取り上げられている。そして空所の直前の文では「19世紀に，現代の写真術が発明されるとともに，カメラは①難題と同時に②恩恵をもたらした」とあり，また空所の直後の文では「一部の芸術家はこれは自らの仕事に対して脅威となると感じた」（①難題）とある。さらに第3段落では，カメラが一部の芸術家にもたらした②恩恵が説明されている。①と②→（　　　　）→①の具体説明→②の具体説明という流れを踏まえ，かつ，空所直後の「これは…脅威となる」より，空所の後半にはマイナス面があるのではという予想から，空所には，カメラがもたらした「②プラス面と①マイナス面」の両方か「①マイナス面」について述べられていると推測できる。g）「一部の芸術家はその技術を受け入れ，また一部の芸術家は，それらの操作には専門知識が必要な，異質な装置とみなした」は，「受け入れた人（プラスにとらえた人）」と「異質とみなした（マイナスにとらえた人）」がいるという，「②と①」に関連する文であり，直前の文「カメラは難題と同時に恩恵をもたらした」の言い換えと考えられる。g）を選択する。なお，間違えた人のおよそ20％がf）を選択している。f）には the problem is「問題は」とあるので，「難題」の具体説明と考えた人が多かったのだろうが，第2・3段落で述べられているのは，「カメラや写真が芸術にどんな影響を与えるか」であり，「芸術が写真の限界を克服するかどうか」が論点ではない。

(2) ———————————————————————————— 正答率 26.5%

空所の直前には「芸術が重要なのは，我々の誰もが人間として，<u>創造性を発揮する</u><u>だけの能力を有しているからである</u>」とある。また，空所の後の文では，写真は芸術のあり方を大きく変革するのに役立ち，芸術を抹殺することなく<u>新たなやり方を</u><u>提供した</u>，という内容が書かれている。以上から，空所には，技術は人間がその創造性を発揮する新たな可能性を開く，というような内容を予想すればよいことがわかる。この内容に近い選択肢は d)，h) であるので，それぞれを検討すると，h) は，冒頭の「我々が創り出す芸術は」が直前の第1文の内容を受けており，「(芸術は) 時とともに進化し，その過程で技術は極めて重要な役割を果たす」は直後の第3文に対応することがわかる。空所〔抽象〕→第3文〔具体説明〕という流れである。一方で，d) は「損なうのではなく」が唐突な感じがするが，それだけでは自信をもって h) を選択することは困難だろう。(5)も d) か h) かで迷うが，後述するように，(5)は d) の方が適していることから，(2)は消去法で h) を選ぶことができる。d) を選んだ人が約25%であった。

(3) ———————————————————————————— 正答率 63.3%

空所の直前の文には，機械学習が日常生活のごく一部になった，という趣旨のことが書かれている。また空所の後ろには This question「この問いかけ」とあるので，空所には，機械学習が日常生活の一部になったことを背景とするある疑問が入ることが予想できる。選択肢の中で疑問の内容になっているのは，c) と f) だが，f) は写真の話なので不適切である。写真の話は第4段落で終わっている。以上から c) が正解となる。f) を選択した人が約14%であった。

(4) ———————————————————————————— 正答率 65.3%

空所を含む段落は「…自分の力だけで，見る人に人間の芸術家による作品と区別することができないような (　　　)。人工知能は，携帯電話で人間が聴くことができる音楽を作曲することもできる」である。空所の後ろの that viewers are unable to distinguish from works made by human artists には，distinguish *A* from *B*「*A* を *B* と区別する」の *A* が欠けている。よって，that は目的格の関係代名詞であり，この前には works made by human artists と対比されるべき名詞が置かれていることが予想できる。この条件を満たすのは a) しかない。a) の末尾にある novel images が works made by human artists と対比されているのである。b)，h) を選んだ人がそれぞれ約10%いた。

(5) ———————————————————————————— 正答率 44.9%

空所の直前および空所を含む文には「人工知能は，カメラと同様に，芸術家にも芸術家以外の人にも同様に，自らを表現する手段を提供してくれる。だから私は，(　　　) と確信できるのである」とある。また空所の後には「芸術の未来は有望に思えるのである」とある。以上から人工知能に関してそれが有望である，という

内容が入ると予測できる。さらに，空所直前のthatはおそらく接続詞で，空所には1つの完全な文が入ることも予想できる。選択肢の中で，この2点に合致するのはd），h）だが，空所の直前の「カメラと同様に」に注目すれば「カメラと同様に，危惧されたことは実現せず，人間に有用なものだと判明した」という内容が予想され，これに合致するのはd）の方である。h）を選んだ人は30.6％もいた。

(イ) ──────────────────────────────── 正答率 24.5％

空所(イ)を含む段落には，「芸術の定義は常に進化しているが，核心部分では人間同士の意思疎通の一形態である。機械の背後に人間の芸術家がいなければ，人工知能は（　　　　）。それが画面上の画素を操作することを意味しようが，五線譜上の音符を操作することを意味しようが，である。こうした活動は人間の五感にとって興味深く面白いが，芸術家と鑑賞する者との間の相互作用がなければ，そうした活動は意味をもたないものとなる」とある。これから(イ)に入る内容は，「（人工知能は）ある種の操作はできるが，芸術など作れないこと」だと予想できる。与えられた語を見ると，do / little / more / than とあるので do little more than～「～以上のことはしない」が使えそうである。残りは play with form「形態とじゃれ合う」で，これを little more than の直後に置けば「形態とじゃれ合う以上のことはほとんどできない」となり，予想された文意に合致する。2番目に little を入れることができた人は約50％いるが，その後を意味のある文にできなかったようである。

(ア)　(1)─g）　(2)─h）　(3)─c）　(4)─a）　(5)─d）
(イ)　do little more than play with form

27 都市における生態系の進化

全訳

第1段落

　　チカイエカ（Culex molestus）は，ロンドンチカイエカとして知られている蚊の亜種である。この蚊がそのような名前をつけられたのは，その存在が初めて報告されたのが，1940 年のドイツによるロンドン空爆の期間，地下鉄のトンネルが夜間防空壕として使われていた時だったからである。イエカ（Culex）というのはごく普通に見られる種類の蚊で，多くの種類がいる。チカイエカは，地上にいる近縁種のアカイエカ（Culex pipiens）と見かけは同じだが，その生態はかなり異なっている。アカイエカは，地上にあるロンドンの通りで，人間の血ではなく鳥の血を吸って生きている。こうした血を必要とするのは産卵の前であり，冬には活動を止める。チカイエカは，地下で，地下鉄の中で乗客の血を吸い，摂餌の前に産卵する。また一年中活動している。

- ☐ *l.*1　subspecies「亜種」　※sub-「下」＋species「種」
- ☐ *l.*3　bombing raid「爆撃，空襲」
- ☐ *l.*4　bomb shelter「防空壕」
- ☐ *l.*5　form「種類」　※kind や sort より硬い語。
- ☐ *l.*7　the mosquitoes＝Culex pipiens
- ☐ *l.*8　lay *one's* eggs「（自分の）卵を産む」
- ☐ *l.*9　the mosquitoes＝Culex molestus
- ☐ *l.*10　the whole year round「一年中」

第2段落

　　ロンドンチカイエカ（the Underground mosquito）は，そのような名前にもかかわらず，ロンドンだけに生息するわけではないことが，最近の研究で明らかになった。その蚊は世界中の地下室や地下鉄に生息しており，人間が作った環境に自らの生活のやり方を合わせてきたのだ。(ア)自動車や飛行機の中に迷い込んだ蚊のおかげで，その遺伝子は都市から都市へと伝播するが，同時に現地の地上の蚊とも異種交配し，その個体からも遺伝子を取り込む。(1)a）そして，こうしたことのすべては，ごく最近起きたものであることもまた明らかになっている。おそらく人間が地下建築物を造り始めて初めて，チカイエカは進化したのであろう。

- ☐ *l.*11　despite ～「～にもかかわらず」
- ☐ *l.*11　as recent studies have revealed は，「最近の研究が明らかにしたことだが」が直訳。
- ☐ *l.*13　adapt *one's* ways to ～「自分たちの（生活の）やり方を～に合わせる」
- ☐ *l.*14　gene「遺伝子」
- ☐ *l.*14　cross-breed「異種交配する」
- ☐ *l.*16　only since ～, did S evolve「～して初めて S は進化した」
　　※文が only＋副詞節で始まったため，疑問文の形式の倒置になっていることに注意。
- ☐ *l.*17　evolve「進化する，～を進化させる」

第3段落

　ロンドンチカイエカ（the London Underground mosquito）の進化が私を魅了するのは，特にその進化が，進化の標準的な代表選集に加えられる非常に興味深い事例であると思われるからである。遠く離れたジャングルにいる極楽鳥の羽根や，高山の山頂に咲く珍しい花の形は，進化によってそのような完璧な姿になったことを私たちは誰でも知っている。しかし，この蚊の進化の過程はどうやら，ごく日常的なものであり，文字通り私たちの足の下で，つまり都会の地下鉄網の薄汚れた電力ケーブルの間で生じているのである。なんと素晴らしく，他に類がなく，身近な見本であることか。生物の教科書に載ってもいいような類のものなのだ。

- □ *l*. 18　evolution「進化」
- □ *l*. 18　fascinate ~「~を魅了する」
- □ *l*. 18　not least「とりわけ」
- □ *l*. 19　an interesting addition to ~「~に加えられる興味深いもの，~に対する興味深い追加事項」
- □ *l*. 19　portfolio「代表選集」
- □ *l*. 20　perféct ~「~を完璧なものとする」　※アクセント注意。なお，perfecting は evolution を意味上の主語とする動名詞。
- □ *l*. 20　a bird of paradise「極楽鳥」
- □ *l*. 21　apparently「どうやら，~に思われる」
- □ *l*. 22　literally below our feet「文字通り，私たちの足の下で」
- □ *l*. 23　Such… / The sort of …　※それぞれ直前に It is を補う。

第4段落

　しかし，それがもはや例外的なものではないとしたらどうなるだろう。ロンドンチカイエカが，人間や人間の作った環境に接したすべての動植物の典型であるとしたらどうなるであろう。地球の生態系への私たちの支配力が強固になったため，地球上の生命が，完全に都市化した惑星に適応する術を進化させている過程にあるとしたらどうなるだろう。

- □ *l*. 25　What if ~?「もし~ならどうなるであろう」　※What will happen if ~? から will happen が省かれたと考えればよい。
- □ *l*. 26　be representative of ~「~を代表している，~の典型である」
- □ *l*. 27　our grip on ~「私たちの~への支配力」
- □ *l*. 28　in the process of ~「~の過程にある，~しつつある」
- □ *l*. 28　adapt to ~「~へ適応する」
- □ *l*. 29　thoroughly「完全に」

第5段落

　2007年に，歴史上初めて，都市部で暮らす人間の数が田舎で暮らす人間の数を上回った。(2) d）それ以来，その統計値は急速に増加している。21世紀半ばまでには，推定93億人になる世界人口の3分の2が都市部に住むことになるであろう。もっとも，これは世界全体の話なのだ。西ヨーロッパでは1870年から都会で暮らす人の数が田舎で暮らす人より多くなっている。合衆国では，1915年にその転換期に達した。ヨーロッパや北米のような地域は，1世紀以上も前から変わることな

く，都市大陸への道を歩んできたのである。合衆国での最近の研究が示すところでは，地図上のある特定の地点から，そこから最も近いところにある森林までの平均的距離は，毎年およそ 1.5 パーセント延びているということだ。

- ☐ *l.* 31　two-thirds of ～「～の 3 分の 2」　※分子が複数形なら s がつく。
- ☐ *l.* 32　estimated ～「推定～」
- ☐ *l.* 32　mind you「（注意を促して）いいですか，もっとも～だが」
- ☐ *l.* 35　firmly「しっかりと，変わることなく」
- ☐ *l.* 35　be on the way to *doing*「～する途上にある」
- ☐ *l.* 37　a given ～「（任意の）ある特定の」
- ☐ *l.* 37　increase by ～「～増える」　※by は「差」を示す働き。
- ☐ *l.* 38　per cent「パーセント」　※イギリス英語では 2 語で綴る。

第 6 段落

　生態学的な観点から見れば，世界は今日私たちが置かれているような状況 —— つまり，単一の大型動物種がこの惑星を完全に占拠し，それを自分に都合のいいように変えている状況 —— を経験したことが一度もない。現在，私たち人間は，世界の植物のすべてが生み出す食べ物の優に 4 分の 1 の量と，世界の真水全体の多くを自分たちのために使っている。これもまた，かつてなかったことなのである。進化が生み出した種の中で，これほどの地球規模で，生態面においてこれほど中心的な役割を演じることができたものなど人間以外にはなかったのである。

- ☐ *l.* 39　in ecological terms「生態学的観点から」
- ☐ *l.* 39　that we find ourselves in　※that は in の目的語となる関係代名詞。
- ☐ *l.* 41　turn ～ to *one's* advantage「～を…に有利なものに変える」
- ☐ *l.* 41　at the moment「現在，目下」
- ☐ *l.* 41　our species「私たち人間，人類」
- ☐ *l.* 41　appropriate ～「～を（不当に）占有する」
- ☐ *l.* 45　on such a global scale「これほどの地球規模で」

第 7 段落

　(3) e）こうして，私たちの世界は，完全に人間に支配されつつある。2030 年までに，地球の土地の 10 パーセント近くが人口稠密となり，残りの多くの土地は人間が作り出した農場，田畑，農園で覆われることになるであろう。全体的に見て，これは完全に新たな生息地であり，自然がこれまで経験したことがないようなものなのである。それでも，生態や進化，生態系や自然について話す時，私たちは頑ななまでに，人間という要素を無視し，そのかわり，その注意を，生息地の中でもまだ人間の影響が非常に小さい，限定的な場所の減少に向けているのである。

- ☐ *l.* 46　be densely populated「人口稠密である」
- ☐ *l.* 47　much of the rest covered ＝ much of the rest will be covered
- ☐ *l.* 48　altogether「（文頭で文飾語として）全体的に見て，総じて」
- ☐ *l.* 48　a set of … ＝ the earth will be a set of …
- ☐ *l.* 48　the likes of which「それに匹敵するもの，同等のもの」
- ☐ *l.* 50　stubbornly「頑なに」
- ☐ *l.* 51　focusing our attention on ～「そして自分たちの注意を～に向ける」
　　　　※前文を補足する，文末に置かれた分詞構文。

□ *l.* 51　that 〜 where　※that は先行詞を示す役割で，訳さない。

□ *l.* 51　diminishing fraction of habitats「減少しつつある生息地の中のわずかな部分」

第8段落

　そのような姿勢をこれ以上維持することは不可能である。人間の活動が，単一で世界に最大の影響を及ぼす生態学的要因であるという事実を認める時である。好むと好まざるとにかかわらず，この惑星上で生じているあらゆることに私たちは深く関わっているのである。(4) c) 私たちの想像の中では，ひょっとすると，私たちはいまだに，自然を人間の環境から切り離したままにできるのかもしれない。しかし，外に広がる現実世界では，人間の活動という糸は，自然という織物の中にしっかりと織り込まれているのである。私たちはガラスと鋼鉄でできた斬新な建造物で溢れた街を造る。私たちは，気候を変えてしまう温室効果ガスを大気中に放出している。私たちは，その土地のものではない動植物を放ち，人間以外の種を収穫や捕獲し，様々な天然資源を自分自身の必要を満たすために使っている。地球上の人間以外の生命体はどれも，直接的あるいは間接的に人間と遭遇する。そして，たいてい，そのような遭遇は当該の生命体に必ずや重要な影響を及ぼす。そのような遭遇は，その生存や生き方を脅かすものになるかもしれないのだ。しかし，そうした遭遇は，チカイエカの祖先に対してそうしたように，新たな機会を創生する可能性もあるのだ。

□ *l.* 53　acknowledge 〜「〜を認める」

□ *l.* 55　become fully integrated with 〜「〜と完全に一体化する」

□ *l.* 57　be tightly woven into 〜「〜にしっかりと織り込まれる」

□ *l.* 57　novel「斬新な」

□ *l.* 59　harvest 〜「（作物）を収穫する，（動物など）を捕獲する」

□ *l.* 62　not without consequence「何か重大な結果をもたらさないことはない」

第9段落

　さて，自然が難題と好機に直面する時に自然は何をするのだろうか。進化するのである。少しでも可能であるならば，自然は変化し適応する。圧力が大きければ大きいほど，この過程は速く広範囲なものになる。地下鉄の乗客なら痛いほど知っているように，都会には大きな好機があるが競争も激しい。生き残りたければ一秒一秒が重要となる。そして自然はまさにそれをやっているのである。(5) f) 私たちは皆，手つかずの自然が大量に消滅していることに焦点を当てているが，都会の生態系は私たちの知らないところで急速に進化してきたのである。

□ *l.* 66　if at all 〜「いやしくも〜なら，少なくとも〜なら」

□ *l.* 67　all too 〜「（残念なほど）〜しすぎる」

□ *l.* 69　matter「重要である」

□ *l.* 69　just that　※本文では「変化し適応すること」の意味。

各段落の要旨と全体の流れ

第1段落：ロンドンチカイエカの生態。蚊の亜種で，ロンドンの地下鉄で一年中生息。

第2段落：ロンドンチカイエカの進化。人間が作った環境に自らを適応させ，各地の
　　　　　蚊とも異種交配している。

第3段落：ロンドンチカイエカの進化は，都会で起こる。

第4段落：地球上のすべての生命が，完全に都市化した惑星に適応する術を進化させ
　　　　　ている過程にあるとしたら？

第5段落：地球が都市化していることを示す実例。

第6段落：人間が，地球規模で，生態面において中心的な役割を演じている。

第7段落：地球は完全に人間に支配されつつあるが，私たちは生態や進化，生態系や
　　　　　自然について話す時，人間という要素を無視している。

第8段落：人間以外の生命体は必ず人間と遭遇することになる。それにより生存や生
　　　　　き方を脅かされるかもしれないし，進化につながるかもしれない。

第9段落：都会では，自然は生き残るために常に進化を要する。

⑦ ────────────────────────────── 正答率 32.5%

　空所⑦を含む文の意味は，「（　　　）や飛行機，その遺伝子は都市から都市へと伝
播するが，同時に現地の地上の蚊とも異種交配し，その個体からも遺伝子を取り込
む」である。its genes から後ろは1つの完全な文が置かれているので，（　ア　）
and planes の部分は副詞句または副詞節を形成していることがわかる。空所の後
ろの and planes と与えられた語の cars から「自動車や飛行機を媒体にして（遺伝
子が広がる）」というような意味であろうと予測する。よってまず一番後ろは cars
であろう。さらに文頭は副詞句を作る thanks to 〜「〜のおかげで」とするのが適
切であろう。この to は前置詞なので後ろには名詞がくるが，与えられた語の中の
名詞は，cars と mosquitoes しかなく，cars はすでに使っているので to の後ろは
mosquitoes だとわかる。さらに thanks to mosquitoes 〜 planes の部分が副詞句と
なるためには，mosquitoes の後ろには関係代名詞節が置かれていると考えるのが
適切。残りは get trapped in 〜「〜につかまり動きがとれなくなる」に注目して，
that を関係代名詞として用いて mosquitoes that get trapped in cars (and
planes) とすれば完成する。**Thanks to mosquitoes that get trapped in cars (and
planes)**「自動車（や飛行機）の中に迷い込んだ蚊のおかげで」が正解。

⑦ ──────────────────────────────────────

各選択肢の訳は以下の通り。

a）そして，こうしたことのすべては，ごく最近起きたものであることもまた明ら
　かになっている

b）もしそうでなければ，私たちが地球に及ぼしている変化の一部を逆転させるこ

　　とは可能ではないかもしれない

c）私たちの想像の中では，ひょっとすると，私たちはいまだに，自然を人間の環
　　境から切り離したままにできるのかもしれない

d）それ以来，その統計値は急速に増加している

e）だから私たちの世界はますます人間が完全に支配しつつある

f）私たちは皆，手つかずの自然が大量に消滅していることに焦点を当てているが，
　　都会の生態系は私たちの知らないところで急速に進化してきたのである

g）しかし都会の進化の法則は私たちが自然界の中に見る法則とはますます異なり
　　始めている

(1) ──────────────────────────── 正答率 75.0%

空所直後に「おそらく人間が地下建築物を造り始めて初めて，チカイエカは進化し
たのであろう」(only since … という否定的副詞節で始まっているので，did *Culex
molestus* evolve の部分が倒置形になっていることに注意) とあるので，空所には，
この内容を簡潔に表現したものが入ると考えられる。よって a）And it has also
become clear that all this has happened very recently「そして，こうしたことの
すべては，ごく最近起きたものであることもまた明らかになっている」が適切。本
文の only since …の部分を簡潔に表現したのが a）の中にある very recently であ
る。さらに，選択肢の中の all this「こうしたことのすべて」は，直前の文の「世
界中の地下室や地下鉄で環境に合わせて暮らしている」，「車や飛行機を媒体にして
蚊の遺伝子が世界中へと伝播していく」ことを指していると考えられる。さらに同
段落第1文に「ロンドンチカイエカは，そのような名前にもかかわらず，ロンドン
だけに生息するわけではないことが，最近の研究で明らかになった」とあることも，
a）の「～は，ごく最近起きたものであることもまた明らかになっている」がうま
く続くことの根拠になる。

(2) ──────────────────────────── 正答率 85.0%

空所の直前には「2007年に，歴史上初めて，都市部で暮らす人間の数が田舎で暮
らす人間の数を上回った」とあり，直後には「21世紀半ばまでには，推定93億人
になる世界人口の3分の2が都市部に住むことになるであろう」とある。よって，
都会に住む人の数の増加を述べた箇所であることがわかる。これに適しているのは
d）Since then, that statistic has been rising rapidly「それ以来，その統計値は急
速に増加している」。「それ以来」とは「2007年以来」の意味である。選択肢にあ
る statistic は可算名詞で「統計値，統計的数字」の意味。複数形は statistics であ
る。学問としての statistics「統計学」は -s がつくが不可算名詞であることに注意。

(3) ──────────────────────────── 正答率 67.5%

空所を含む段落の前の段落の主張は「現在，人間が行っているような1つの種によ
る地球支配は歴史上かつてないことである」である。そして空所の直後の文には

「2030 年までに、地球の土地の 10 パーセント近くが人口稠密となり、残りの多くの土地は人間が作り出した農場、田畑、農園で覆われることになるであろう」とある。以上から空所に入るのは「歴史上かつてない人間の地球支配」に関わることであると予想できる。それに適合する選択肢は e) So, our world is becoming thoroughly human-dominated「だから私たちの世界はますます人間が完全に支配しつつある」である。

(4) ──────────────────────────────── 正答率 70.0%

空所の直前には「そのような姿勢をこれ以上維持することは不可能である。人間の活動が、単一で世界に最大の影響を及ぼす生態学的要因であるという事実を認める時である。好むと好まざるとにかかわらず、この惑星上で生じているあらゆることに私たちは深く関わっているのである」とある。また空所の直後には「しかし、外の現実世界では、人間の活動という糸は、自然という織物の中にしっかりと織り込まれているのである」とある。空所の前と後では「人間の環境への影響の大きさ」が論じられていることと、さらに「しかし」という逆接のディスコースマーカーに注目すると、第 8 段落（Such an attitude…）の文の流れは第 1 〜 3 文が〔主張〕、空所が〔譲歩〕、第 5 文が〔（しかし）主張の再現〕であるとわかる。よって、空所には「人間が環境へ与える影響の大きさがわかっていない」という内容の文が入ると予測できる。さらに空所の直後に Out in the real world「外の現実世界では」とあることから、空所には「頭の中では、空想世界では」という文言が含まれていることが予想できる。以上から、 c) Perhaps in our imaginations we can still keep nature divorced from the human environment「私たちの想像の中では、ひょっとすると、私たちはいまだに、自然を人間の環境から切り離したままにできるのかもしれない」が適切である。

(5) ──────────────────────────────── 正答率 35.0%

空所を含む文の段落は、「都会で自然は常に進化している」という内容であり、これと合致するのは f) While we have all been focusing on the vanishing quantity of untouched nature, urban ecosystems have been rapidly evolving behind our backs「私たちは皆、手つかずの自然が大量に消滅していることに焦点を当てているが、都会の生態系は私たちの知らないところで急速に進化してきたのである」である。間違った人の 50.0% が b) を選択している。 b) は、may を might, reverse を adapt to とすれば正解になり得る。

───

(ア) Thanks to mosquitoes that get trapped in cars
(イ) (1)— a) (2)— d) (3)— e) (4)— c) (5)— f)

28　音楽は世界共通言語か

全訳

第1段落

　音楽は世界共通言語である。少なくとも音楽家はそう主張したがる。「音楽でなら，英語やフランス語といった普通の言語ではできないような仕方で，文化や言語の壁を越えて意思を伝えることができる」と彼らは言うだろう。ある面では，この言い分が正しいことは明らかだ。フランス人作曲家のクロード・ドビュッシーによって書かれた曲を楽しむのに，フランス語が話せる必要などない。(1) a) しかし，音楽は本当に世界共通言語なのだろうか。それは，「universal（世界共通の，普遍的な）」という語によって何を意味するのか，そして「language（言語）」という語によって何を意味するかによって決まるのだ。

- [ ] *l.*1　Or so musicians like to claim.　※or は「前言を換言・訂正」する働き。
- [ ] *l.*2　cultural and linguistic boundaries「文化や言語の壁，境界」
- [ ] *l.*3　On one level「ある面では」
- [ ] *l.*4　obviously「〜なのは明らかだ」　※文修飾語。
- [ ] *l.*5　Claude Debussy（1862-1918）　フランスの作曲家。代表作は『海』，『夜想曲』。
- [ ] *l.*6　what you mean by 〜「〜によって何を意味するのか」

第2段落

　人間の文化がどれも言語をもっているのとちょうど同じように，それぞれの文化は音楽をもっている。したがって，音楽が人間の経験の普遍的な特徴の1つだと言えるのは本当だ。同時に，音楽の体系も言語の体系も文化によってかなり異なる。にもかかわらず，人は外国の音楽体系がどれほどなじみのないものに思えても，なじみのない音楽の形態で伝えられる感情——すなわち，幸福と悲しみという少なくとも2つの基本的な感情——を見抜くのがかなりうまいことが，様々な研究によって示されている。(2) e) 音楽の一定の特徴が，こうした感情の表現に寄与する。たとえば，音調がより高く，音調の高さとリズムの変化がより多く，テンポがより速いものは幸福を伝え，一方，その逆は悲しみを伝える。

- [ ] *l.*9　〜 vary widely from culture to culture「〜は文化によって大きく異なる」
- [ ] *l.*11　detect 〜「（隠れたものなど）を見抜く，特定する」
- [ ] *l.*11　in unfamiliar forms of music「なじみのない音楽の形態で」

第3段落

　したがって，ひょっとすると私たちの音楽的感覚は生まれもったものということなのかもしれない。しかし，言語もまた，言語学者が韻律と呼ぶ旋律を備えているのだ。音調，リズム，テンポというまさにこうした音楽と同じ特徴が，どの言語においても普遍的に見られると思えるような仕方で，発話中の感情を伝えるのに使われている。フランス語か日本語あるいは何か他の自分が話さない言語の会話に，聞

き耳を立てるとしよう。その内容はわからないだろうが，話し手の感情の状態の移り変わりはわかるだろう。女性は気持ちが乱れているし，男性は守りに入っている。それから今度は彼女は本当に怒り，彼は引き下がっている。彼は彼女に懇願するが，彼女は納得していない…。私たちが外国語で行われるこうしたやりとりを理解できるのは，それが私たち自身の言語ならどのように聞こえるかを知っているからである。同様に，私たちがある音楽を聞くとき，それが自分の文化のものであれ他の文化のものであれ，普遍的な韻律の特徴を反映する旋律の特徴に基づいて感情を認識する。(3)ｄ）この意味では，音楽は実際，感情を伝達する普遍的な仕組みである。

- □ *l*.16　prosody「韻律」　※強勢と抑揚の型。
- □ *l*.17　be used to *do*「〜するために使われる」
- □ *l*.17　appear to be 〜「〜に見える」
- □ *l*.18　listen in on「(他人の会話など) に聞き耳を立てる」
- □ *l*.20　shifting emotional states「移り変わる感情の状態」
- □ *l*.21　defensive「守りに入る」
- □ *l*.21　back off「引き下がる」
- □ *l*.21　plead with 〜「〜に懇願する」
- □ *l*.23　likewise「同様に」
- □ *l*.25　universal prosodic features「普遍的な韻律の特徴」

第4段落

　しかし，音楽は言語の一種なのだろうか。再び，私たちが使う用語の定義をしなくてはならない。(4)ｆ）科学者も含めて，私たちは「伝達システム」という意味で「言語」という言葉を使うことが多い。生物学者は「ハチの言語」について語るが，これは仲間のハチたちに新しい食料源の位置を伝える方法である。人々は「花言葉」を話題にする。それを使って自分の意図を示すことができるのである。「赤いバラは…を意味する。ピンクのカーネーションは…を意味する。白いユリは…を意味する」というわけだ。それから「身体言語」がある。これは，感情や社会的地位などを伝えるために使う仕草，身振り，顔の表情のことを意味する。私たちは話すときに身体言語をよく使うが，言語学者はそれを真の言語形態とは見なしていない。そうではなく，それはいわゆるハチの言語や花言葉とちょうど同じように，伝達システムなのである。

- □ *l*.27　define our terms「私たちが使う用語を定義する」
- □ *l*.29　the location of 〜「〜の場所」
- □ *l*.32　By this we mean 〜「これによって〜を意味する」
- □ *l*.34　a true form of language「真の言語形態」

第5段落

　定義上，言語とは，有意味な一組の記号（単語）とその記号を組み合わせてより大きな有意味な単位（文）にするための一連の規則（統語法）から成る伝達システムである。多くの生物種が伝達システムをもっているものの，これらのうちのどれも言語と見なされないのは，それらがどちらか一方の構成要素を欠いているからである。多くの生物種の警告の声やエサがあることを知らせる声は，一連の有意味な記号から成ってはいるが，彼らはこうした記号を，規則にしたがって生産的に組み

合わせたりはしない。同様に，鳥のさえずりやクジラの歌は要素を組み合わせる規則はもっているが，これらの要素は有意味な記号ではない。1つのまとまりとしての歌のみが(7)意味をもつにすぎない。

- ☐ *l.* 36　by definition「定義上，本質的に」
- ☐ *l.* 36　consist of a set of ～「一連の～から成る」
- ☐ *l.* 37　syntax「統語法」
- ☐ *l.* 37　combine *A* into *B*「*A* を組み合わせて *B* にする」
- ☐ *l.* 39　count as ～「～と見なされる」
- ☐ *l.* 40　the alarm and food calls of ～「～の警告の声やエサがあることを知らせる声」

第6段落

　言語と同じように，音楽にも統語法，つまり音，和音，音程といった要素を配列して複雑な構造にする規則がある。(5)h）それでも，これらの要素のどれも，それだけでは意味をもたない。むしろ，感情的な意味を伝えるのは，もっと大きな構造，すなわち旋律である。そして，それは言語の韻律を反映することで，感情的な意味を伝えているのである。

- ☐ *l.* 45　order *A* into *B*「*A* を配列して *B* にする」
- ☐ *l.* 46　interval「音程（音階中の2音間の高さの隔たり）」
- ☐ *l.* 46　it's the larger structure … that ～「～なのはもっと大きな構造である」　※強調構文で書かれている。
- ☐ *l.* 48　mirror the prosody of speech「言語の韻律を反映する」

第7段落

　音楽と言語は特徴が共通しているので，言語を処理する脳の領域の多くが音楽も処理していることは驚くにはあたらない。(6)c）しかし，だからといって音楽は言語だということではない。私たちは，脳の特定の領域が専ら特定の機能と結びついていると考えがちだが，言語だろうと音楽だろうと車の運転だろうと，複雑な行動は何でも，脳の多くの異なる領域からの助力を受けるのである。

- ☐ *l.* 49　share ～ in common「～を共有している」
- ☐ *l.* 50　process ～「～を加工する，～を処理する」
- ☐ *l.* 51　be tied to ～「～と結びついている」
- ☐ *l.* 51　exclusively「専ら」
- ☐ *l.* 52　recruit ～「～を新しく入れる，補充する」
- ☐ *l.* 53　contributions from ～「～からの助力，寄与」

第8段落

　音楽は，地球上のどんな人にもどんな考えをも表現するために使えるという意味での世界共通言語ではないことは確かだ。しかし音楽は，人間に共通の経験の核心にある基本的な感情を呼び起こす力は間違いなくもっている。それは文化を越えるだけではなく，私たちが進化してきた過去に深く及んでいる。そしてその意味では，音楽はまさに世界共通言語なのである。

- ☐ *l.* 56　evoke ～「～を呼び起こす」
- ☐ *l.* 56　basic feelings at the core of ～「～の核心にある基本的な感情」

各段落の要旨と全体の流れ

第1段落：音楽は本当に世界共通言語なのだろうか？ また「普遍的な」や「言語」
　　　　　の意味とは何だろう？

第2段落：音楽は人間の経験の普遍的な特徴だと言える。音楽が伝える感情は文化を
　　　　　越えて伝わるものだ。

第3段落：音楽は感情を伝える普遍的な仕組みだ。言語が韻律を用いるように音楽は
　　　　　旋律を用いる。

第4段落：しかし，音楽は言語と言えるだろうか？ 伝達システムである「ハチの言
　　　　　語」「花言葉」「身体言語」は，真の言語形態とは見なされていない。

第5段落：言語とは有意味な記号と，その記号を組み合わせて文にするための統語法
　　　　　を有したものを言う。動物の鳴き声などは記号はもつが統語法をもたず，
　　　　　鳥のさえずりは統語法はもつが記号をもたないので言語とは言えない。

第6段落：音楽も統語法はもつが，個別要素ではなく旋律で意味を伝える。

第7段落：言語処理と音楽処理の脳の領域が共通しているからといって，音楽が言語
　　　　　であるということにはならない。

第8段落：音楽は「どんな考えも伝える」という意味での世界共通言語とは見なせな
　　　　　いが，「基本的感情を伝える」という点では世界共通言語だと言える。

(ア)　　　　　　　　　　　　　　　　　　　　　　　　　　　　　　正答率 20.6%

　第1〜4段落までの流れを踏まえた上で，空所を含む第5段落の論理を考える。ま
ず第1〜3段落では，言語にも音楽にも旋律があるので，たとえなじみのない言語
や音楽であっても，感情をある程度伝達することが可能であると述べている。つま
り「感情伝達という点では音楽は言語と類似していると言える」。ところが，次の
第4段落では，「音楽は言語と言えるだろうか」と問題提起した上で，「意思伝達の
手段である『ハチの言語』『花言葉』『身体言語』は，真の言語形態とは見なされて
いない」とある。つまり，何かを伝達できるというだけでは言語とは見なせないと
いうこと，音楽は感情を伝えられるとしても，それだけでは言語と見なすことはで
きないということ，が論じられている。

　そこで第5段落第1文（By definition, language …）では，言語を明確に定義して
「『有意味な記号』と，その記号を組み合わせて意味のある文にする『統語法』の
2つの要素を備えたものである」としている。そして，第2文（While many spe-
cies …）では，多くの生物種がもつ意思伝達の手段には，これらの要素の，いずれ
か一方が欠けていると指摘している。次の第3文（The alarm and …）では，「統
語法」はもたないが，「有意味な記号」を使って意思伝達をする例が挙がっている。
そして，第4文（Likewise, bird song …）で挙がっている鳥のさえずりやクジラの
歌は，「有意味な記号」はもたないが「統語法」をもつ例であると考えられる。つ

まり，各要素には意味はないが，要素を組み合わせた結果，<u>意味のあるさえずりや歌になっているのである</u>。よって，第6段落第3文（Rather, it's the …）にある meaning「意味」を補うのが適切。

(イ)

各選択肢の訳は以下の通り。

a ）しかし，音楽は本当に世界共通言語なのだろうか。

b ）しかし，逆も真実だろうか，つまり，言語は世界共通音楽であろうか。

c ）しかし，だからといって音楽は言語だということではない。

d ）この意味では，音楽は実際，感情を伝達する普遍的な仕組みである。

e ）音楽の一定の特徴が，こうした感情の表現に寄与する。

f ）科学者も含めて，私たちは「伝達システム」という意味で「言語」という言葉を使うことが多い。

g ）我々はたいてい「言語」を「コミュニケーション」と定義しない。

h ）それでも，これらの要素のどれも，それだけでは意味をもたない。

(1) ────────────────────────────── 正答率 67.6%

空所の直後に「それは，universal という言葉で…そして language という言葉で何を意味するかによる」とある。空所には「それ」が指すもので universal と language という語を含む文が入ると判断できる。同段落冒頭で「音楽は世界共通言語（a universal language）である」と述べられており，a ）の But is music really a universal language?「しかし，音楽は本当に世界共通言語なのだろうか」あるいは b ）But is the opposite true, that is, is language a universal music?「しかし，逆も真実だろうか，つまり，言語は世界共通音楽であろうか」に絞られる。a ）の主題は音楽であり，b ）の主題は言語だが，続く第2段落の主題は音楽なので，a ）が適切だとわかる。

(2) ────────────────────────────── 正答率 79.4%

空所のあとに「たとえば」として，幸福や悲しみを表す音楽の特徴が述べられている。e ）の Specific features of music contribute to the expression of these emotions.「音楽の一定の特徴が，こうした感情の表現に寄与する」が適切。なお選択肢にある「音楽の一定の特徴（Specific features of music）」が，空所の直後で pitch「音調」，rhythm「リズム」，tempo「テンポ」で具体化されていることも手がかりとなろう。

(3) ────────────────────────────── 正答率 76.5%

同段落第2文（But language also …）で，言語が音楽と同じ特徴をもつと述べられ，第3～9文（Exactly these same …）では，知らない言語でも，話し手の口調でその感情を判断できることが説明されている。空所直前の第10文（Likewise, when we …）は「同様に」で始まり，「私たちはある音楽を聞くとき，…普遍的な

韻律の特徴を反映する旋律の特徴に基づいて感情を認識する」と述べている。つまり，音楽は，言語と同じように感情を伝えることができるといっていることになる。以上より， d ）の In this sense, music really is a universal system for communicating emotion.「この意味では，音楽は実際，感情を伝達する普遍的な仕組みである」が適切。

(4) ── 正答率 69.1%

空所の直前に「私たちが用いる用語の定義をしなくてはならない」，直後に「生物学者は，『ハチの言語』について語る」とあり，「言語」という言葉の定義をしようとしていると考えられる。 f ）の We, including scientists, often use "language" to mean "communication system."「科学者も含めて，私たちは『伝達システム』という意味で『言語』という言葉を使うことが多い」が適切。さらに選択肢の中の「科学者」の具体例として空所の直後に「生物学者」が挙げられていると考えれば納得できる。

(5) ── 正答率 41.2%

直前の段落では，「言語は①有意味な記号と，②その記号を組み合わせて文にするための統語法を有する」とあり，それを受けて，この段落は音楽にも①と②があるのかどうかを述べていると考えられる。空所の直前で「音楽にも…要素を配列して複雑な構造にする規則＝統語法がある」と，言語同様に音楽も②を有すると述べている。では①についてはどうかという疑問がわくが空所のあとでも述べられていない。よって，記号（＝音や和音や音程といった要素）には意味があるのかという疑問に答えてくれる h ）の Yet none of these elements has significance on its own.「それでも，これらの要素のどれも，それだけでは意味をもたない」が適切。空所直後は，「音楽は（その要素ではなく，）むしろ要素を配列した旋律に意味がある」となり，うまくつながる。

(6) ── 正答率 42.6%

空所の直前には，言語を処理する脳の領域が音楽も処理していることが述べられている。空所のあとでは「言語であろうと音楽であろうと…複雑な行動は何でも，脳の多くの異なる領域からの助力を受ける」とあり，言語を処理する領域と音楽を処理する領域が重なっていても，それだけで言語と音楽が同じだというわけではないことが示唆されている。 c ）の But this doesn't mean that music is language.「しかし，だからといって音楽は言語だということではない」が適切。

---

⑦ meaning
⑦ (1)— a ） (2)— e ） (3)— d ） (4)— f ） (5)— h ） (6)— c ）

29 言語化による記憶の劣化

全訳

第1段落

　過去の情緒的な出来事を振り返って考えるとき，私たちの記憶は心のうちのさまざまな影響によって歪められがちである。これが起こりうるしくみの一つは，記憶を他の人と共有することによるものであり，これはたいていの人が重要な人生の出来事のあとによく行うことである。それは家族に電話をかけて心躍るようなことを伝えることも，仕事上の大問題を上司に報告することも，また警察に何らかの供述をする場合さえもあてはまる。このような状況では，もともと視覚的に（あるいは他の感覚を通じてということも実際にはあるが）受け取った情報を言語情報へと移行させている。五感から得た情報を言葉に変換しているということだ。(1) b) しかしこの過程は不完全なものだ。視覚像や音やにおいを取り込み，それを言語化するたびに，情報を変化させたり喪失したりしている可能性がある。言語を通じて伝達できる細部の量には限界があるため，端折らざるをえないのだ。つまり簡略化するのである。これは「言語隠蔽効果」として知られている過程であり，この用語は心理学者のジョナサン・スクーラーが作り出したものである。

- ☐ *l.*1 think back on 〜「〜を振り返る」
- ☐ *l.*2 distort 〜「〜を歪める」　※dis-「ばらばら」＋-tort-「ねじる」
- ☐ *l.*2 One way (that) this can happen「これが起こりうるしくみの一つ」
- ☐ *l.*3 something 以下は sharing … others と同格の関係。
- ☐ *l.*4 life events「大切な人生の出来事，ライフイベント」　※生活を営む際のさまざまな出来事。特に，その後の人生に影響を及ぼすような大きな出来事（結婚，就職，出産，大病など）のこと。
- ☐ *l.*5 report back to 〜「（本社など）に報告する」
- ☐ *l.*5 give a statement「供述する，陳述する」
- ☐ *l.*6 transfer *A* into *B*「*A* を *B* に移行させる」
- ☐ *l.*8 turn *A* into *B*「*A* を *B* に変換させる」
- ☐ *l.*8 every time S V「SがVするたびに」　※every time は接続詞。
- ☐ *l.*9 verbalise 〜「〜を言語化する」
- ☐ *l.*9 potentially「潜在的に」
- ☐ *l.*11 cut corners「手抜きをする，端折る」
- ☐ *l.*12 verbal overshadowing「言語隠蔽効果」　※非言語的記憶（感覚的記憶）が，言語的記憶を使うことで妨害される現象。文字通りの訳は「言語によって影ができること」。
- ☐ *l.*12 a term invented … は "verbal overshadowing" と同格の関係。

第2段落

　スクーラーはピッツバーグ大学の研究者で，言語隠蔽効果に関する最初の一連の研究を，共同研究者のトーニャ・エングストラー・スクーラーとともに，1990年に発表した。彼らの主たる研究のために，実験参加者たちに銀行強盗のビデオを30秒間見てもらった。それから無関係な作業を20分間行い，さらにその後，参加

者の半分は銀行強盗の顔の説明を 5 分間書きとめ，もう半分はさまざまな国とその首都の名前を挙げるという課題をこなした。このあと，参加者全員に，研究者たちの言うところでは「言語的に類似した」8 つの顔の一覧が示された。「言語的に類似した」とは，そうした顔が「金髪，緑の目，中くらいの鼻，小さな耳，薄い唇」といった，同じ種類の（言葉による）描写と一致することを意味する。これは，純粋に視覚的な類似性に基づいて一致する写真を選ぶのとは違う。なぜなら，そうした視覚的なものに基づいて作業すると，顔の各部分の間の数学的距離といった，言葉で表すことがより困難なものに意識が向くかもしれないからである。

- ☐ *l*. 16　S involve 〜「S に〜が必要だ」
- ☐ *l*. 16　participants watching … は動名詞で participants が意味上の主語。
- ☐ *l*. 19　a task naming 〜「〜を挙げる作業」
- ☐ *l*. 20　be presented with 〜「〜が提示される」
- ☐ *l*. 21　as S put it「S の言葉を借りれば」
- ☐ *l*. 23　on visual similarity「視覚的類似に基づいて」
- ☐ *l*. 24　which は matching … similarity を先行詞とする関係代名詞。

第 3 段落

　ある顔の外見を言語で表現してそれを補強する回数が増えれば増えるほど，記憶の中の顔のイメージをいっそう忘れなくなるはずだと思うだろう。(2)(d) ところが，その逆が正しいようだ。強盗の顔の説明を書きとめた人たちの方が，そうしなかった人たちと比べて，一覧から正しい人物を特定する成績が実際かなり悪いことを研究者たちは発見した。たとえば，ある実験では，犯人の説明を書きとめた人たちのうち，一覧から正しい人物を選んだのは 27 パーセントしかいなかったのに対し，説明を書きとめなかった人たちでは 61 パーセントが正しく選べた。この違いは極めて大きい。言葉で描写した方の参加者たちは，簡単に言葉で表現できる詳細だけを述べることによって，もとの視覚的な記憶の細部のいくつかを見落としてしまったのである。

- ☐ *l*. 26　the more often … memory はいわゆる〈the ＋比較級, the ＋比較級〉の構文。元の 2 文は we *more often* verbally describe and reinforce the appearance of a face / we should retain the image of it in our memory *the better* である。なお and がつないでいるのは describe と reinforce で，the appearance of a face は両者の目的語と考えるのが適切。
- ☐ *l*. 29　significantly worse「かなり悪く」　※worse は badly の比較級。
- ☐ *l*. 29　identify 〜 out of the line-up「その一覧から〜を特定する」
- ☐ *l*. 30　of those participants …, only 27 percent 〜「…な参加者のうちで，〜だったのは 27 パーセントだけであった」
- ☐ *l*. 34　readily「容易に，たやすく」
- ☐ *l*. 35　overlook 〜「〜を見過ごす」

第 4 段落

　(3)(c) この効果は信じがたいほど強い。そのことは，一つの心理学の実験結果を再現しようとしたものの中では，ひょっとするとこれまでで最大の取り組みであっ

たものの結果にも示されているとおりである。これは，33 の研究所と，ジョナサン・スクーラーとダニエル・サイモンズをはじめとする，100 人近い学者による大規模なプロジェクトで，2014 年に発表されたものである。研究者全員が同じ方法に倣い，異なる研究者が，異なる国で，異なる実験参加者で実験を行ったときでも，言語隠蔽効果が常に見られるということを発見した。画像を言葉で表すと，その画像に関する記憶は常に劣化するのである。

　　□ *l.* 36　as indicated by 〜「〜によって示されているように」
　　□ *l.* 36　the biggest effort ever「今までで最大の努力」
　　□ *l.* 37　reproduce 〜「〜を再現する」

第5段落

　スクーラーとその他の研究者によるさらなる調査は，この効果が他の状況や感覚にも当てはまるかもしれないことを示唆している。何か，言葉にするのが難しいものと遭遇するときは常に，それを言語化すると，概して記憶の呼び起こしを低下させるようなのだ。色や味や旋律を描写しようとすれば，その記憶を劣化させることになる。試しに地図や何らかの決意，あるいは感情のからむ判断を描写してみれば，もともとの状況の詳細のすべてを思い出すのはよけいに難しくなる。(4) f) このことは，他の人が私たちの代わりに物事を言語化するときにも当てはまる。私たちが見たことを他のだれかが描写するのを聞くと，その場合でもその事柄に関する私たちの記憶は弱まるのである。友人たちは，起こったことを口述するとき，私たちを手助けしようとしているかもしれないが，逆に私たち自身のもともとの記憶を陰らせていることになるかもしれないのだ。

　　□ *l.* 45　transfer to 〜「〜に移転する」
　　□ *l.* 46　diminish recall「思い出すことを衰退させる」
　　□ *l.* 46　Try …, and you 〜.「試しに…してみれば〜することになる」
　　□ *l.* 51　give *one's* verbal account of 〜「〜を言葉で説明する」
　　□ *l.* 52　overshadow 〜「〜を陰らせる」

第6段落

　スクーラーによれば，非言語的な事柄を言語化することで，詳細を失うことに加えて，私たちは相容れない記憶を生み出すことになるということだ。私たちは，その出来事を描写したときの記憶と，実際にその出来事を経験したときの記憶の両方を持つという状況に置かれてしまうのだ。言語化したこの記憶は，もともとの記憶の断片を圧倒するらしく，その後は言語化したものの方を，起こったことの最善の説明として思い出すのかもしれない。写真の一覧のように，もともとの詳細のすべてを思い出す必要がある同一性確認の作業に直面すると，言語化した描写を無視して考えることが難しくなる。要するに，記憶をよりはっきりさせようとする私たち自身の試みによって，記憶は悪影響を受ける場合があるらしいということである。

　　□ *l.* 54　besides 〜「〜に加えて」
　　□ *l.* 55　competing memories「相容れない記憶」　※「競合する記憶」が直訳。
　　□ *l.* 58　overwhelm 〜「〜を圧倒する」
　　□ *l.* 58　subsequently「その後」

　　□ *l*. 59　When faced with ～ ＝ When we are faced with ～
　　□ *l*. 60　an identification task「同一性確認作業」
　　□ *l*. 61　think past ～「～を無視して考える」
　　□ *l*. 62　it appears (that) S V「SがVすると思われる」

第7段落

　(5)（h）これは，言語化するのがいつも悪い考えだということではない。スクーラーの調査は，記憶を言語化することで，もともと言葉の形で示された情報，たとえば，単語のリスト，口頭での陳述，あるいは事実，といったものに関しては，記憶の呼び起こしは低下しない，あるいは向上させさえするかもしれないということも示している。

　　□ *l*. 65　diminish performance「遂行（＝記憶の呼び起こし）を低下させる」
　　□ *l*. 66　in word form「言葉の形態で」

各段落の要旨と全体の流れ

第1段落：人間は五感で捉えた情報を言語を通して記憶するとき，細部までは記憶できないため「言語隠蔽効果」と呼ばれる情報の劣化が起こる。

第2段落：「言語隠蔽効果」の検証実験の概要。「言語的に類似した」8つの顔を提示して，その記憶を，言語を用いて記憶した集団とそうでない集団で検証。

第3段落：実験の結果。言語を用いて記憶した集団は，そうでない集団の半数以下しか写真の特定ができなかった。

第4段落：100 人近い学者たちが似た実験を行ったが同じ結果だった。

第5段落：他人が言語化したものを聞いても記憶は低下する。

第6段落：出来事を言語で描写したときの記憶と，実際の経験としての記憶では前者が後者に打ち勝つため記憶に悪影響を及ぼす。

第7段落：もともと言語の形で提示された情報では，記憶は低下しないどころか向上することもある。

㋐ ────────────────────────────

各選択肢の訳は以下の通り。

a）これらすべては驚くことではない

b）しかし，この過程は不完全だ

c）この効果は信じがたいほど強い

d）しかしながら，逆が真であるように思われる

e）これは疑いなく非常に繊細な分野だ

f）このことは，他の人が私たちの代わりに物事を言語化するときにも当てはまる

g）この効果はもっと複雑な記憶にも適応される

h）これは，言語化するのがいつも悪い考えだということではない

(1) ── 正答率 85.4%

空所の直前には「（過去に起きたことを人に伝えるとき）私たちは五感から得た情報を言葉に変換している」とあり，直後には「視覚像や音やにおいを取り込み，それを言語化するたびに，情報を変化させたり喪失したりしている可能性がある」とある。つまり，空所の直前では「人間の一般的特性として五感からの情報を言語に変換すること」が挙げられていて，空所の直後では「その欠点」が挙げられていることがわかる。よって，空所には逆接のディスコースマーカーを含んだものが入ると予想できる。それに該当するのは b) But this process is imperfect「しかし，この過程は不完全だ」あるいは d) However, it seems that the opposite is true「しかしながら，逆が真であるように思われる」となる。b) は空所の直後の言語化の欠点を述べていて適切だが， d) では文意が通らない。以上から b) を選ぶ。

(2) ── 正答率 85.4%

空所の直前には「ある顔の外観を言語で表現してそれを（言語で）補強する回数が増えれば増えるほど，記憶の中の顔のイメージをいっそう忘れなくなるはずだと思う」とあり，直後には「強盗の顔の説明を書きとめた人たちの方が，そうしなかった人たちと比べて，一覧から正しい人物を特定する成績が実際かなり悪かった」とある。一般的に想像されることと，実際の調査結果が逆だったことがわかる。よって d) の However, it seems that the opposite is true「ところが，その逆が正しいようだ」が適切。

(3) ── 正答率 29.2%

第1段落は「言語隠蔽効果の説明」，第2・3段落は「言語隠蔽効果の実証実験の概要と結果」である。第4段落の，空所の直後に「心理学の実験結果を再現しようとする，おそらくこれまでで最大の取り組みの結果に示されているように」とあり，「取り組みの結果」は同段落の第3文（All researchers followed …）に示されている。すなわち「（100人近い）研究者全員が同じ方法に倣い，異なる研究者が，異なる国で，異なる実験参加者で実験を行ったときでも，言語隠蔽効果が常に見られるということを発見した」となっており，「言語隠蔽効果」が人間に広く見られる現象であることがわかる。よって，空所には「言語隠蔽効果が普遍的なもの，強烈なもの」であることを意味する文を入れればよいとわかる。a) All this is not surprising「これらすべては驚くことではない」なら，このあとには「驚くことではない理由」が置かれるはずだが，同段落にはそのようなことは書かれていないので不適。e) This is without doubt a highly sensitive area「これは疑いなく非常に繊細な分野だ」が正解なら，同段落で「何がどう繊細か」が書かれているはずなので不適。g) This effect extends to more complex memories as well「この効果はもっと複雑な記憶にも適応される」が正解なら，同段落で「もっと複雑な記憶に適応される例」が挙げられるはずなので不適。以上から， c) の This effect is incredibly robust「この効果は信じがたいほど強い」を選ぶことになる。robust「強健な（語源はオークの木のように強い）」は難語であるが，以上のような消去法を用いれば正解にいたるはず。

(4) ──────────────────────────── 正答率 85.4%

同段落の第1文（Further research by …）には「さらなる調査は，この（言語隠蔽）効果は他の状況や感覚にも当てはまるかもしれないことを示唆している」とあり，第2～4文（It seems that …）で「他の感覚」，つまり視覚的記憶以外の記憶にもこの効果が及ぶことが述べられている。空所のあとには「私たちが見たことを他のだれかが描写するのを聞くと，その場合でもその事柄に関する私たちの記憶は弱まる」とあり，「自分で言語化したのではなく，他人が言語化したものを聞くという状況」での言語隠蔽効果に話が転じたことがわかる。よって f ）の This is also true when others verbalise things for us「このことは，他の人が私たちの代わりに物事を言語化するときにも当てはまる」が適切。

(5) ──────────────────────────── 正答率 77.1%

空所で始まる最終段落の前までは，記憶の言語化は記憶を劣化させるという言語隠蔽効果のことが述べられている。空所の直後には「スクーラーの調査は，記憶を言語化することで，もともと言葉の形で示された情報…に関しては，記憶の呼び起こしは低下しない，あるいは向上させさえするかもしれないということも示している」とあり，言語化のよい面が述べられている。よって h ）の This does not mean that verbalising is always a bad idea「これは，言語化するのがいつも悪い考えだということではない」が適切。

(イ) ──────────────────────────── 正答率 15.7%

スクーラーの名前は第1段落最終文（This is a …）で初めて登場し，「言語隠蔽効果」という言葉を作った人であると紹介されている。空所(1)で始まる第1段落第5文で，すでにこの効果のことが「視覚像や音やにおいを取り込み，それを言語化するたびに，情報を変化させたり喪失したりしている可能性がある」と述べられている。第2～6段落では，彼と共同研究者，その他の研究者が行った実験と実験結果，こうした効果が視覚以外の知覚記憶や他の人が言語化するのを聞いた場合でも現れるというさらなる調査の結果を示して，言語隠蔽効果がどのようなものかを詳しく伝えた上で，そのような現象が現れる理由がまとめられている。理由は厳密には，「言語化することで情報の細部が失われること」（第1～5段落）と，「言語化した記憶が，元の記憶に悪影響を与えること」（第6段落）だが，両方をまとめて，「情報が歪められたり，失われたりする」，「情報が損なわれる」と言えれば十分だろう。また，「（情報の）詳細を思い出すのが難しい」，「すべてを伝え切れない」，「情報の記憶が弱まる」，「情報の正確さが下がる」などでも言いたいことは伝わるだろう。最終段落には，もともとの情報が言葉によるものなら言語隠蔽効果は現れないこと

が付け加えられている。つまり，スクーラーらの発見は「非言語的に経験したことを言語で表現すると，もとの記憶（の詳細）が歪められたり，失われたりする」ということである。

「文章から答えを抜き出すのではなく，できるだけ自分の英語で」という条件なので，本文を参照する場合は，単語レベルでの参照にとどめるべきだろう。たとえば non-verbally を使用するのは容認されるだろうが，verbalising non-verbal things などを抜き出すのは不適切だろう。

生徒答案例1 ▶ If you describe what you have experienced <u>in words</u> [→describe の直後に移動：減点なし], you are losing some information about it. [5/5点]

うまく書けている。「記憶が歪められたり，失われたりする」の部分はこれくらい書けていれば十分だろう。修飾語と被修飾語は近い場所に置くこと。

生徒答案例2 ▶ When we write down or tell someone about what we saw, our memory of it becomes weakened. [5/5点]

よく書けている。

生徒答案例3 ▶ Whenever we try to _×tell [→remember] information _×[ヌケ →about something] in _×our [→トル] words, the accuracy of the information goes down. [1/5点]

基本語 tell の用法のミスは痛い。

(ア) (1)—b) (2)—d) (3)—c) (4)—f) (5)—h)

(イ) 〈解答例1〉 When we try to describe what we have experienced non-verbally, the original memory of it is distorted or even lost in part. （22語）

〈解答例2〉 By putting what has been perceived non-verbally into words, we make it harder to recall its details as they were. （20語）

〈解答例3〉 If we try to put memories of things other than words into words, we usually fail to convey everything. （19語）

30　裕福さと身勝手さの関連性

2017 年度　1 -（B）

全 訳

第1段落

　ダッカー・ケルトナー教授は，ある朝自転車に乗っていて，もう少しで命を落としたかもしれないような経験をした。「私は自転車でキャンパスに向かっているところでした」と彼はふり返る。「そして，ある交差点のところに来ました。優先権は私の方にあったのですが，ある一台の大きな高級車がまったく速度を落とさずに走ってきました」　衝突するまでほんの1メートルしかないところで，ドライバーはようやく車を止めた。「彼は驚き，同時にこちらを軽蔑しているようでもありました。まるで，彼の方に優先権があって私が彼の行く手を邪魔しているとでも言いたげにね」　ケルトナーの最初の反応は，怒りと安堵の混じり合ったものだった。彼の大学はその日，心理学教授をひとり失わずにすんだわけである。次の反応はもっと学問的なものだった。高級車の所有者とその他のドライバーの行動には，何か測定できる違いがあるのだろうかと，彼は思ったのだ。

- ☐ *l.*1　have a near-death experience「もう少しのところで命を落としそうになる」
- ☐ *l.*2　a crossing「交差点」
- ☐ *l.*2　have the right of way「通行優先権がある」
- ☐ *l.*3　this big luxury car「ある一台の大型高級車」　※この this は不定冠詞 a の強調であり，体験や物語などで話者の念頭にある初出の事項を指している。しばしば聞き手，読者を話に引き込むことを狙いにして使用される。*e.g.* I met this really odd woman yesterday.「昨日あるとても奇妙な女性に会った」
- ☐ *l.*3　with only about one metre to spare before impact「衝突するまでほんの1メートルほどの余地しかないところで」
- ☐ *l.*5　contemptuous「軽蔑している」
- ☐ *l.*5　as if I was in his more important way「彼に優先権があって私が彼の行く手を邪魔しているかのように」
- ☐ *l.*7　measurable「測定可能な」
- ☐ *l.*8　that of other drivers＝the behaviour of other drivers

第2段落

　教授は，心理学の学生たちを何人かのグループにして，運転マナーのチェックを行い，さらに車の型のメモを取りに行かせた。学生たちは，どのドライバーが交差点で歩行者を優先させるか，またどのドライバーが歩行者に気づかぬふりをして，スピードを落とさず走り抜けるかを書き留めた。結果はこの上なく明らかだった。高級車を運転している人は，それほど値段の高くない車のドライバーと比べると，交差点で止まる可能性は4分の1，他の車の前に割り込む可能性は4倍だった。車が高級であればあるほど，その所有者は交通法規を破る権利があると感じていたということだ。

- ☐ *l.*10　monitor ～「～を監視する」

- ☐ *l.* 11　keep notes on ～「～をメモする」
- ☐ *l.* 13　(speed) straight past ～「～の前を素通りして（疾走する）」
- ☐ *l.* 13　couldn't have been clearer「この上なく明らかだった」※仮定法過去完了で「～（実際の結果）より明らかなものは，（どう考えても）ありえなかっただろう」が直訳。*cf.* Nothing could be better.「（これが）最高だ」
- ☐ *l.* 14　cut in front of ～「～の前に割り込む」
- ☐ *l.* 15　The more luxurious the vehicle (was), the more …　※〈the ＋ 比較級, the ＋ 比較級〉では自明の be 動詞は省略されることがある。
- ☐ *l.* 16　feel entitled to *do*「～する権利があると感じる」

第3段落

(1) b）道路で起きたことは，実験室でも起きた。いくつかの実験で，ケルトナーと彼の共同研究者たちは，所得水準がさまざまな参加者をテストした。また別の実験では，被験者に自分よりも力のある人，あるいはない人について考えてもらったり，また，自分が強い，弱いと感じたときのことについて考えてもらった。そしてそれにより，被験者に自分たちの力が弱くなった，あるいは強くなったと感じさせようと試みた。その結果はすべて，同じ方向を示していた。自分には力があると感じた人は，思いやりがある可能性が低かった。裕福な被験者は，少額の現金の報酬があるゲームでずるをしたり，子どもの訪問者のためのものだと書かれているキャンディーのびんに手を突っ込んだりする可能性が高かった。小児がんに関するビデオを見ているとき，彼らの顔には，同情の様子が他の人ほど現れなかった。

- ☐ *l.* 17　put ～ to the test「～を試してみる」
- ☐ *l.* 20　more or less powerful than *oneself*「自分自身より強いあるいは弱い」
- ☐ *l.* 21　The results all pointed in the same direction.「結果はすべて同じ方向を指した」※point は通例 to ～ を伴うが，direction の前では in になる。*cf.* go in her direction「彼女の方へ行く」
- ☐ *l.* 22　considerate「思いやりのある」
- ☐ *l.* 23　cheat「ずるをする」
- ☐ *l.* 23　cash rewards「現金の報酬」
- ☐ *l.* 23　dip *A* into *B*「*A* を *B* に（一瞬だけ）突っ込む」
- ☐ *l.* 24　marked for ～「～と書かれた」

第4段落

(2) a）しかし，すべての人がこの結論を受け入れているわけではない。ケルトナーと共同研究者たちが，2010 年にこのテーマに関する有力な論文を発表したとき，マルティン・コルンデルファー，シュテファン・シュムクレ，ボリス・エグロフという3人のヨーロッパの学者たちは，ドイツ政府が行った調査によるもっと大量のデータを使って，小規模の研究室内の実験結果を再現できるのだろうかと考えた。その目論見は，日常生活の中で人々が行ったと述べたことを記録したこの情報が，実験室で得られた結果と同じ，人間の行動の全体像を示してくれるだろうか，というものである。「私たちは単純に彼らが出した結果を再現したかったのです。彼らの結果は私たちには非常に信用できるものだと思えましたので」と，ボリス・エグ

ロフは言う。ところが，彼らが得た数値は，予測されたパターンには合わなかった。全体的に見ると，正反対のことを示唆していたのである。データの示すところでは，特権的な人たちは，裕福さに比例して，彼らより貧しい市民よりも慈善事業に気前よく寄付をし，奉仕活動をする可能性も高く，スーツケースを運ぶのに苦労している旅行者の手助けや，近所の人の猫の世話をする可能性が高かった。

- □ *l.* 26　an influential paper「影響力のある論文」
- □ *l.* 27　academic「大学人，学者」
- □ *l.* 28　reproduce ～「～を再現する」
- □ *l.* 30　the German state「ドイツ政府」
- □ *l.* 31　document ～「～を記録する」
- □ *l.* 31　the same ～ as …「…と同じ～」
- □ *l.* 32　picture of ～「～の全体像」
- □ *l.* 36　proportionally「比例して」　※本文では「裕福さに比例して」の意味。
- □ *l.* 36　be generous to ～「～に対して気前がよい」
- □ *l.* 37　struggle with ～「～で苦労する」

第5段落

　では，だれが正しいのだろうか。力を持つ者は，無力な者よりも親切なのか，卑劣なのか。この2つのデータから導かれた，相反する答えをどのように説明できるだろうか。(3)（d）裕福な人たちは，貧しい人よりも，自分の身勝手さを隠すのがうまいということなのかもしれない。もし人前で寛大にふるまうことで見返りがあるなら，裕福な人は，お年寄りの女性が道を渡るのを手助けする傾向が高くなるかもしれない。ドライバーは，車の中にいて姿が見えないため，強引な運転が彼らの評判を傷つけることを気にする必要がない。そして，ケルトナーは，そのデータが，実際に善行を観察して得られたものではなく，自分自身の鷹揚さについて本人が語ったことを基にしていることを指摘している。「裕福な人たちが，倫理的な事柄について嘘をついたり，誇張したりする傾向が高いことは，他の研究からわかっています」と，彼は言う。「経済学での自己申告のデータと，心理学での人間を直接観察して得られたデータでは，とらえる過程が違います。社会の中で自分がしていると本人が言うことは，現実の人間を相手にしたふるまい方とは違うかもしれません」

- □ *l.* 39　nasty「卑劣な」
- □ *l.* 40　conflicting answers「相反する答え」
- □ *l.* 40　yield ～「（秘密など）を明らかにする」
- □ *l.* 41　bring rewards「報酬をもたらす，見返りがある」
- □ *l.* 42　help ～ across roads「～が道路を横断するのを手助けする」
- □ *l.* 42　invisible in their cars「車の中では姿が見えないので」　※分詞構文。
- □ *l.* 43　about aggressive driving damaging their reputations「強引な運転が彼らの評判を傷つけることについて」　※about の目的語は動名詞 damaging their reputations であり，aggressive driving はその意味上の主語。
- □ *l.* 44　accounts of ～「～の説明」　※a written or spoken description that

　　　says what happens in an event or process（『ロングマン現代英英辞典』）

□ *l*. 46　the wealthy「裕福な人たち」

□ *l*. 46　ethical matters「倫理的な事柄」

□ *l*. 47　face-to-face data「（ケルトナーが行ったような）人間を直接観察して得られたデータ」

第6段落

　(4) f) しかし，問題は調査で得られたデータではなく，心理学の実験にある可能性もある。2015年8月，『サイエンス』誌は，バージニア大学の評判の高い心理学教授であるブライアン・ノセックが代表を務める270人の学者集団が，類似した100の心理学研究の結果を再現することを試みたと報告した。元の研究では，そのうちの97の研究において，検証された仮説と一致する結果が得られていた。ノセックのグループの実験のうち，これらと同じ結果だったのはわずかに36だった。そうした数字は，実験心理学の学問分野全体を揺るがす恐れがあった。というのも，もしある結果が再現できないのであれば，それは不確かなものに違いないからである。(5) c) したがって，特権と自己本位との関連性はまだ立証されていないのである。

□ *l*. 51　respected「評判の高い」

□ *l*. 54　consistent with 〜「〜と一致している」

□ *l*. 54　the hypotheses being tested「検証された仮説」

□ *l*. 55　threaten to *do*「〜する恐れがある」

□ *l*. 55　undermine 〜「〜を揺るがす」

□ *l*. 55　the entire discipline of 〜「〜の学問分野全体」

各段落の要旨と全体の流れ

第1段落：ある学者の疑問「高級車の所有者とその他のドライバーの行動には，何か測定できる違いがあるのだろうか」

第2段落：実地の検証結果。高級車の所有者の方が交通法規を破る率が高かった。

第3段落：実験室での検証結果も同じだった。

第4段落：ドイツのデータでは正反対の結果。裕福な人の方が道徳的だった。

第5段落：ドイツの結果は自己申告だったので信じがたい。裕福な人の方が世間体を気にするので嘘をつくことも多い。

第6段落：心理学の実験には再現性の問題がある。よって，「特権と自己本位との関連性」はまだ立証されていない。

各選択肢の訳

a）しかし，すべての人がこの結論を受け入れているわけではない。

b）道路で起きたことは，実験室でも起きた。

c）したがって，特権と自己本位との関連性はまだ立証されていないのである。

d）裕福な人たちは，貧しい人よりも，自分の身勝手さを隠すのがうまいということ
なのかもしれない。

e）しかし，この考えは，学界の外部でかなりのセンセーションを巻き起こした。

f）しかし，問題は調査で得られたデータではなく，心理学の実験にある可能性もあ
る。

(1) ─────────────────────────────── 正答率 60.0%

同段落では，ケルトナーたちがさまざまな収入レベルの人たちに対して実験を行い，
自分には力があると感じている人や裕福な人の方が，人に対する思いやりに欠け，
ルールを守らない傾向にあることがわかったと述べられている。第1段落の，高級
車のドライバー，つまり裕福でおそらく社会的地位が高く力のある人たちの道路上
のマナーや交通規則の順守に問題があることと，同じ結果が出たことになる。b）
の What happened on the road also happened in the lab.「道路で起きたことは，実
験室でも起きた」を補うのが適切。

(2) ─────────────────────────────── 正答率 51.4%

同段落では，ケルトナーたちの実験結果を受けた，もっと大規模なデータを使った
分析のことが述べられている。そこから見えてきた結果は，予想に反して，ケルト
ナーたちが出した答えとは正反対のものだった。したがって，a）の Not every-
one accepts this conclusion, however.「しかし，すべての人がこの結論を受け入れ
ているわけではない」を補うのが適切。

(3) ─────────────────────────────── 正答率 60.0%

同段落冒頭では，第3・4段落それぞれで出された結果が正反対であることを受け
て，「どちらが正しいのか，その違いをどのように説明できるか」と，同段落での
テーマを示している。空所の直後には「もし人前で寛大にふるまうことで見返りが
あるなら，裕福な人は，お年寄りの女性が道を渡るのを手助けする傾向が高くなる
かもしれない」とあり，それに続いて，ドライバーは車の中にいて姿が見えないた
め，人に気をつかわないことが述べられている。つまり，人が見ているか見ていな
いかによって，態度を変える可能性があることが示されている。d）の It may be
that rich people are better at disguising their selfishness than poor people.「裕福な
人たちは，貧しい人よりも，自分の身勝手さを隠すのがうまいということなのかも
しれない」が，文脈に合う。

(4) ——————————————————————————————— 正答率 40.0%

直前の段落最終2文（"Self-reported data in …）で，ケルトナー自身の実験結果と3人のヨーロッパの学者たちの調査結果が異なる理由について述べたケルトナーの言葉が取り上げられている。ケルトナーの主張は，「自己申告のデータ」と「人間を直接観察して得られたデータ」ではその質に差が出るというものである。つまり，3人の学者の調査のデータに問題があるという主張である。一方，空所を含む段落では，さらに別の大規模な心理学データの再現実験について述べられており，そこでの再現性の低さが明らかにされている。そしてそのことは，「実験心理学の学問分野全体を揺るがす恐れがあった」と第5文（Those numbers threatened …）に述べられていることから，実験そのものに問題があった可能性を示唆するものである。よって，ｆ）の But it is also possible that the problem lies not with the survey data but with the psychological experiments.「しかし，問題は調査で得られたデータではなく，心理学の実験にある可能性もある」を補うのが適切。

(5) ——————————————————————————————— 正答率 51.4%

ケルトナーたちが得た結果とコルンデルファーたちが得た結果は相反するものとなり，さらに，ノセックたちの再検証結果は，これまでの研究に異議を唱えるものであった。つまり，最終的に，裕福な人がより身勝手なのか，鷹揚なのかについては，結論が出ていない。ｃ）の The connection between privilege and selfishness, then, is still unproved.「したがって，特権と自己本位との関連性はまだ立証されていないのである」を補うのが適切。

(ア) ——————————————————————————————— 正答率 42.9%

当該文は〈the＋比較級〜, the＋比較級…〉の構文で，「車が高級であればあるほど，その所有者は交通規則を（　　）権利があると感じていた」となっている。直前の文で「高級車を運転している人は，それほど値段の高くない車のドライバーと比べると，交差点で止まる可能性は4分の1，他の車の前に割り込む可能性は4倍だった」と，高級車のドライバーは，交通規則を破る可能性が高いことが述べられている。「ｖで始まる単語」という条件なので violate「〜に違反する」が適切。

---

(1)—ｂ）　(2)—ａ）　(3)—ｄ）　(4)—ｆ）　(5)—ｃ）
(ア) violate

31　言論の自由の重要性

全訳

2 読解

第1段落

　言論の自由は，国旗やモットーのように，単なる象徴的なものにすぎないのだろうか。それは，私たちが重要性の高低を定める多くの価値基準の一つにすぎないのだろうか。それとも，言論の自由は基本的なもの，つまり，絶対的とは言わないまでも，慎重に限定された場合を除き放棄することができない権利なのだろうか。

- ☐ *l.*1　free speech「言論の自由，自由に話せること」
- ☐ *l.*2　balance ～ against each other「～（の重要性）を互いに比較する」
　　e.g. balance one method against the other「2 つの方法を比較検討する」
- ☐ *l.*3　if not absolute「絶対的なとは言わないまでも」
- ☐ *l.*4　defined「（通例副詞と共に）（考えなどが）明確な，定められた」

第2段落

　その答えは，言論の自由はまさに基本的なものだということだ。重要なのは，それがなぜ基本的なものかということを思い出し，その権利が疑問視されるときには，その理由を持ち出せるよう準備しておくことである。

- ☐ *l.*5　It's important to remind ourselves why, … は，why のあとに，前文の free speech is indeed fundamental が省略されていると考える。
- ☐ *l.*6　have the reasons ready「その理由を準備しておく」
- ☐ *l.*6　call ～ into question「～を疑問視する」

第3段落

　第一の理由は，言論の自由が基本的なものなのかどうかを問うときにまさに行っていること——すなわち意見を交換し評価すること——は，意見を交換し評価する権利を私たちが有することを，前提にしているということだ。言論の自由（あるいは他のどんなことであれ）について話しているとき，私たちは「話し合っている」のである。私たちは，意見の不一致を武力によって解決しようとしているのでもなければ，コインを投げて決めようとしているのでもない。ナット・ヘントフの言葉を借りて「言論の自由は私のためのものだが，あなたのためのものではない」と臆せず表明しないかぎり，言論の自由に反対の論を張るために議論の場に姿を現したとたん，あなたは負けたことになる。言論の自由に反対するために言論の自由を使うのは，理屈に合わない。

- ☐ *l.*8　the very thing（that）we're doing　※省略されている that は目的格の関係代名詞。この部分と，後続の exchanging and evaluating ideas が同格の関係にある。
- ☐ *l.*9　evaluate ～「～の価値を見極める」　※「良いものは良い，悪いものは悪い，と正しく評価する」という意味。
- ☐ *l.*9　have the right to *do*「～する権利を有する」
- ☐ *l.*11　settle our disagreement「意見の不一致を解決する」
- ☐ *l.*12　toss a coin「コインを投げる」
- ☐ *l.*12　Unless …, then ～「…の場合を除けば，（その時には）～」　※then

は主節の始まりを明示する働き。

□ *l.* 12　in the words of ～「～の言葉を借りれば」

□ *l.* 13　show up to a debate「議論の場に姿を現す」

□ *l.* 14　make sense「意味をなす，理屈に合う」

第4段落：(1)― b)

　この純粋に論理的な推論に納得しない人は，人間の歴史に見られるある主張を参照することができる。歴史の教えるところでは，宗教的・政治的理由で真理の独占的な所有を主張する人たちがたいてい間違っていたこと，それもしばしば滑稽なほどに間違っていたことが示されてきた。

□　be unconvinced by ～「～に納得しない」

□　purely「（修飾する語句の前で）完全に，まったく」

□　logical reasoning「論理的な推論」

□　claim ～「～を（自分のものであると）主張する」

□　exclusive possession of ～「～の独占的な所有」

□　on ～ grounds「～な理由で，～な根拠で」

□　comically so = comically mistaken

第5段落

　ひょっとすると，近代史における最大の発見――それは，その後のあらゆる発見にとって必要なものだった――は，科学が世に現れる前に信念の源泉となっていたものは信用できないということだ。信仰，奇跡，権威，占い，第六感，通念，主観的確信は，誤謬の元であり，退けられるべきなのだ。

□ *l.* 18　the pre-scientific sources of belief「科学が現れる前に信念の源になったもの」

□ *l.* 19　fortune-telling「占い」

□ *l.* 19　conventional wisdom「（社会）通念」　※「従来からある知恵」が直訳。

□ *l.* 20　generators of ～「～を生み出すもの」

□ *l.* 20　dismiss ～「～を退ける」

第6段落：(2)― c)

　それではどのようにして，私たちは知識を獲得できるのだろうか。答えは，仮説と検証という過程である。ある現実の本質について何らかの着想を得て，その現実と照らし合わせて自らの考えを検証する。そうすることで，それが誤った考えであった場合，世界がその誤りを立証することができる。この手順の仮説の部分は言うまでもなく，言論の自由の行使にかかっている。どの考えが検証の試みに耐えられるかを確認することによってのみ，私たちは誤った信念を避けることができるのである。

□　hypothesis and testing「仮説と検証」

□　the nature of reality「（ある）現実の本質」

□　test A against B「A を B に照らし合わせて検証する」

□　allowing … は分詞構文。

□　falsify ～「（誤り）を立証する，論破する」

□　the exercise of free speech「言論の自由の行使」

□ It is only by 〜 that we avoid … 「〜によってはじめて…を避けられる」
※it is 〜 that … の強調構文。
□ survive attempts to test them「それらを検証しようとする試みを乗り越えて生き残る」が直訳。

第7段落

ひとたび，この科学的な取り組みが近代初期に定着すると，世界に関する古典的な理解は覆されることとなった。実験と議論が，真実の根拠として，権威に取って代わり始めたのである。

□ *l.* 22　take hold「定着する，明確な影響をもち始める」
□ *l.* 23　turn 〜 upside down「〜を覆す」
□ *l.* 24　replace *A* as *B*「*B* として *A* に取って代わる」

第8段落：(3)—e)

この道筋をたどる重要な段階の一つは，地球は太陽の周りを回っているというガリレオの実証だったが，この主張は，猛烈な抵抗を克服しなくてはならなかった。しかし，コペルニクス的転回は，世界に関する私たちの現在の理解を，私たちの祖先には認識できないものにすることとなった一連の出来事のほんの第一歩にすぎなかった。私たちは今では，どの時代や文化のものでも，広く抱かれている信念は，間違いなく今日私たちが抱いているものの一部も含めて，その誤りがはっきりと立証されるかもしれないということを理解しており，そしてこの理由のために，私たちは新しい考えの自由な交換を頼りにしているのである。

□ Galileo's demonstration that S V「ガリレオが S が V すると実証したこと」
□ a claim「主張」は，直前の that the Earth … sun と同格の関係。
□ fierce resistance「猛烈な抵抗」
□ a series of 〜「一連の〜」
□ make *A* unrecognizable to *B*「*A* を *B* にとって認識できないものにする」
□ widely held convictions of 〜「〜の広く抱かれている信念」
□ decisively「決定的に，きっぱりと」
□ doubtless「間違いなく」
□ some we hold today＝some (of the convictions which) we hold today

第9段落

言論の自由が人間の繁栄にとって基本的なものだという3番目の理由は，それが民主主義に欠かせないもので，独裁政権に対する守りであるということだ。20世紀の非道な政権は，どのように権力を獲得し，保持しただろうか。答えは，暴力的な集団が，彼らを批判する人や反対派を黙らせたということだ。そして，いったん権力の座に就くと，独裁政権はその政権に対するどんな批判をも罰した。このことは，大量殺戮やその他の残虐行為で知られている今日の政権にもなお当てはまる。

□ *l.* 26　be fundamental to 〜「〜にとって基本的である」
□ *l.* 26　human flourishing「人間が繁栄すること」
□ *l.* 27　a guard against dictatorship「独裁政権に対する守り，独裁政権を阻む監視役」
□ *l.* 28　regime「支配体制」

□ *l.* 29　silence ～「～を黙らせる」
□ *l.* 29　their critics and opponents「彼らを批判する人々や反対する人々」
□ *l.* 29　once in power＝once it was in power「いったんそれが権力の座に就くと」
□ *l.* 30　be true of ～「～に当てはまる」
□ *l.* 31　mass killing「大量殺戮」

第10段落：⑷－d⟩

　なぜこうした政権は，批判の表明を一切許さないのだろうか。実際，苦しんでいる大勢の人たちがともに行動すれば，どんな政権も彼らに抵抗する力を持たない。国民が団結して独裁者に立ち向かわない理由は，彼らが共有知識，つまり，皆が知識を共有しており，しかも，知識を共有しているということを皆が知っているという意識を欠いていることである。人々は，自分と同時に，他の人たちが自らを同じ危険にさらしているとわかっているときにしか，自らを危険にさらそうとしない。

□ absolutely no ～「まったく～ない」
□ tens of millions of ～「数千万の～，大勢の～」
□ unite against ～「～に対して団結する，団結して～に立ち向かう」
□ the awareness that … は，直前の common knowledge と同格の関係にある。
□ expose *oneself* to ～「自らを～にさらす」

第11段落

　共有知識は，情報を公開することによって生み出される。『裸の王様』の物語は，この論理を実証している。幼い男の子が王様は裸だと叫んだとき，その子は他の人たちがまだ知らなかったこと，つまり，彼ら自身の目では見えなかったことを伝えていたのではない。ところが，それでもやはり，その子は人々の知識を変えることになったのだ。なぜなら，そのとき誰もが，王様は裸だということを他のみんなが知っていることを知ったからである。そして，その共有知識は，彼らが笑いによって王様の権威に異議を唱えるように促したのである。

□ *l.* 35　anything …, が後ろの anything … と同格の関係にある。
□ *l.* 39　challenge ～ with …「…を用いて～に挑む」

第12段落：⑸－a⟩

　私たちはまた，権力を握っている者だけでなく，日常生活の中で弱い者いじめをする者，たとえば，要求のきつい上司，自分のことを鼻にかける教師，つまらない規則を強硬に押し付ける隣人などをくじくための武器としても言論を使う。

□ undermine ～「～の根本を削り取る，～を徐々に害する」
□ bully「弱い者いじめをする人」
□ demanding「要求のきつい」
□ boastful「得意げな，自慢たらしい」
□ enforce ～「(法律など) を守らせる」

第13段落

　確かに，言論の自由にはさまざまな限界がある。私たちは，人々が不正に個人攻撃をしたり，軍事機密を漏らしたり，他の人に暴力を促したりするのを防ぐための

法を可決するかもしれない。しかし，こうした例外は，厳格に定義し，個々に法的
な根拠を示さなくてはならない。これらの例外があるからといって，言論の自由が，
数多くの取り換え可能な善のうちの一つだということにはならないのである。

- □ *l.* 41　prevent *A* from *doing*「*A* が～するのを妨げる」
- □ *l.* 42　leak ～「～を漏らす」
- □ *l.* 43　strictly define ～「～を厳密に定義する」
- □ *l.* 43　individually justify ～「個々に～を正当化する」
- □ *l.* 44　one replaceable good among many（replaceable goods）「多くの取り換え可能な善のうちの一つ」

第14段落

　そして，もしこうした議論に反対するのなら，つまり，私の論理の不備や私の考
えの誤りを暴きたいなら，それができるようにしてくれるのも，言論の自由という
権利なのである。

- □ *l.* 46　flaw「（すべてをぶち壊すような）欠点，不備」
- □ *l.* 47　it's the ～ that allows …　※強調構文。

各段落の要旨と全体の流れ　　　　　＝補充した段落（以下同）

第 1 段落：言論の自由は象徴的なものか，それとも人間に基本的なものか？
第 2 段落：基本的なものだ。その理由を準備しておくことが大切だ。
第 3 段落：（理由 1 ）言論の自由の是非を話し合った段階で言論の自由を認めたことになる。
第 4 段落：（理由 2 ）過去，真理を独占し言論の自由を封じようとした人は，たいてい間違っていた。
第 5 段落：科学以前の信念の源泉はどれも信用できない。
第 6 段落：信頼できる知識は「仮説と検証」で得られるが，仮説の部分には間違いなく言論の自由が必要となる。
第 7 段落：「仮説と検証」という科学的な取り組みが過去の権威に取って代わった。
第 8 段落：その過程にはガリレオの実証があった。そして現在広く抱かれている信念は，考えの自由な交換により，その誤りが立証される可能性がある。
第 9 段落：（理由 3 ）言論の自由が独裁政権に対する守りとなる。
第 10 段落：独裁者は批判を認めない。これは，民衆が独裁者に対して立ち向かうためには民衆の間の共通意識が必要であるからだ。
第 11 段落：共通意識は情報を公開することによって生み出される。*e.g.* 裸の王様
第 12 段落：権力者だけではなく，日常における理不尽さに対しても言論を使用する。
第 13 段落：言論の自由にも例外があるが，基本的なものであることに変わりはない。
第 14 段落：「私」の意見に反対するのも言論の自由だ。

各選択肢の要旨

a）権力者に対してだけではなく，日常生活の中の理不尽さに対しても言論を使用する。

b）過去，真理を独占し言論の自由を封じようとした人は，たいてい間違っていた。

c）正しい知識の獲得には仮説と検証が必要だが，仮説には言論の自由が必要となる。

d）独裁者は批判を認めない。これは，民衆が独裁者に対して立ち向かうためには民衆の間の共通意識が必要であるからだ。

e）ガリレオ，コペルニクスなどの立証が物語るように，現在広く抱かれている信念は，考えの自由な交換により，その誤りが立証される可能性がある。

(1) ──────────────────────────── 正答率 49.0%

空所の直前の段落（第3段落）では，その第1文（The first reason …）にあるように，言論の自由が基本的なものである第1の理由が述べられている。空所の後ろの第5段落には「言論の自由が基本的なものであるとする」別の理由が述べられている。よって空所には，第1の理由の補足，具体化もしくは第2の理由が置かれると予測できる。第3段落の趣旨（理由1）は，「言論の自由を問題にするときには，言論を戦わせているのであり，言論の自由が土台になければ，論じることはできないということだ」というものである。同段落最終文（It doesn't make sense to use free speech to argue against it.）は「言論の自由に反対するために言論の自由を使うのは，理屈に合わない」とし，言論の自由に反対するため言論の自由を行使することの論理的矛盾を指摘している。そこで空所にｂ）を置くと，その第1文に「この完全に論理的な推論（this purely logical reasoning）」という言葉があり，これが上に述べた最終文の内容に合致する。ｂ）は，第1の理由を受けて，話題を歴史に変えて新たに第2の理由を導入しようとしたもの。

(2) ──────────────────────────── 正答率 38.8%

ここには第4段落から始まる「言論の自由を基本的なものだとする」ことの第2の理由の続きが入ることが予想される。第5段落には「信仰，奇跡，権威，占い，第六感，通念，主観的確信といった非科学的な信念は信頼できないので，そうしたものを退けるべきだ」ということが述べられている。これを簡潔に言えば「かつての知識の獲得の怪しげな出どころは否定すべきだ」ということを意味する。よって(2)は「正しい知識の獲得のためには言論の自由が不可欠である」という内容であると推察できる。この観点から選択肢を見ると，ｃ）の第1文（How, then, can …）の「それではどのようにして，私たちは知識を獲得できるのだろうか」が適切だと思われる。さらに，空所の直後の段落（第7段落）第1文には this scientific approach「この科学の取り組み」とあり，まず「この」が指すものを探すことになる。ｃ）の第2文（The answer is …）に「仮説と検証」という言葉が見られ，あとの文では，仮説を立て，現実と照らし合わせて誤った仮説の間違いを立証して

いく過程が述べられている。これが第7段落第1文の this scientific approach にあたると考えられる。以上から(2)には **c)** が適切だとわかる。

(3) ——————————————————————— 正答率 38.8%

この段落の直後の第9段落には「言論の自由を基本的なものとする」第3の理由が挙げられている。よって，この段落は第2の理由「正しい知識は仮説と検証によって獲得すべきだが，仮説には言論の自由が必要である」の続きであると推測できる。具体的に見ていくと，空所の直前の段落（第7段落）に，「科学的な取り組みが近代初期に定着すると，世界に関する古典的な理解は覆され」，「実験と議論が，真実の根拠として，権威に取って代わり始めた」とある。よって，このような「変化の道筋」を具体化したものを探すことになる。すると，選択肢 e ）の第1文 (One important step along this path …)「この道筋をたどる重要な段階の一つ」を入れるとうまくつながることがわかる。さらに，それがガリレオやコペルニクスの地動説であることが述べられている。これは天動説からの転換であり，信仰から近代的科学への移行の「道筋」ということである。(3)には **e)** を補うのが適切。

(4) ——————————————————————— 正答率 77.6%

この段落の直前の第9段落には「言論の自由を基本的なものとする」第3の理由として，「言論の自由が独裁政権に対する守りとなる」と述べられている。よって，この段落にはそれを具体化したものが入ると予想できる。d ）の第1文 (Why do these …) には「なぜこうした政権 (regimes) は，批判の表明をまったく許さないのか」とある。第9段落は，最終文 (This is still …) に「このことは，大量殺戮やその他の残虐行為で知られている今日の政権 (governments) にもなお当てはまる」とあるように，独裁政権に触れており，d ）の冒頭の「こうした政権」がこれを受けると考えると，うまくつながる。(4)には **d)** を補うのが適切。

(5) ——————————————————————— 正答率 40.8%

(5)に何が入るかは前後の段落だけでは見当がつかない。しかしこの時点で唯一残っている選択肢 a ）の冒頭 (We also use speech as a weapon to undermine not just those who are in power but bullies in everyday life) には「私たちは…権力を握っている者だけでなく…をくじくための武器としても言論を使う」とあるため，この段落の前で「権力を握っている者」を言論でくじくことが述べられていると考えられる。空所の直前の段落（第11段落）では，『裸の王様』を例にとり，権力者が子どもの「自由な発言」で権威を失墜させられたことが示されている。したがって，(5)には **a)** を補うのが適切。

---

(1)— b) (2)— c) (3)— e) (4)— d) (5)— a)

32　決断がもたらす疲労

全訳

第1段落

　「決断疲労」は，普通の分別ある人たちが，同僚や家族に腹を立て，お金を無駄遣いし，いつもならしないであろう決定をしてしまう理由を説明するのに役立つかもしれない。どれほど理性的であろうとしても，決断に次ぐ決断をずっとしていれば，必ず生物学的な代償を払うことになる。それは通常の肉体的な疲労とは異なる。つまり，精神的な活動能力は低下しているが，本人は疲れていることを意識的に自覚することはない。そして，1日を通して多くの選択をすればするほど，その一つ一つの選択が頭脳にとってはますます負担になっていくようである。

- [ ] *l.*1　decision fatigue「決断疲労」
- [ ] *l.*1　sensible「分別のある」
- [ ] *l.*2　decisions they would not normally make「普段ならしないであろう決断」　※同じ決断をする場合に，「精神疲労時の決断」と「精神疲労を起こしていない時の決断」を比較するなら，両者を同時にはできないので，一方を仮定法で表すことになる。本文では前者を直説法で表し，後者を仮定法で表している。
- [ ] *l.*4　pay a biological price「生物学的な代償を払う」
- [ ] *l.*7　each one = each one of the choices

第2段落

　(1)h）フロリダ州立大学の研究者たちは，この理論を検証するためにある実験を行った。あるグループの学生たちは，一連の選択をするように求められた。ペンとロウソクのどちらが好きですか？　ロウソクとTシャツでは？　彼らは実際に選んだ品物をもらえるわけではない。ただどちらが好きか決めるだけであった。一方で，別のグループは――彼らを非決定者と呼ぶことにしよう――選択はまったくしなくてよい状態で，同じこうした品物すべてについて考えるのに，（前者のグループと）同じだけの時間を費やした。その後，参加者は全員，古典的な自制力のテストの一つを受けた。つまり，氷水にできるだけ長く片手をつけておくというものである。すぐに湧いてくる欲求は手を水から出したいというものであり，決定者のほうがずっと早く降参した。

- [ ] conduct an experiment「実験を行う」
- [ ] meanwhile「一方で」
- [ ] nondecider「非決定者，決定しない人」
- [ ] contemplate ～「～を考える」

第3段落

　(2)c）研究者たちは，彼らの理論についてもっと現実的な検証をするために，現代における意思決定の大舞台，郊外のショッピングセンターへと赴いた。研究者たちは，買い物をしたあとの客に聞き取り調査をし，できるだけ多くの計算問題を解くように依頼した。ただし，いつやめてもらってもかまわないと告げた。案の定，

数々の店ですでに最多の決定をした買い物客が，算数の問題で最も早く音を上げた。

- □ c）*l.*1　that「例の」　※訳出する必要はない。
- □ c）*l.*2　suburban「郊外の」
- □ *l.*12　solve as many arithmetic problems as possible「できるだけ多くの算数の問題を解く」　※arithmetic は計算などの算術のこと。「算数」は mathematics と言う。
- □ *l.*13　sure enough「案の定」
- □ *l.*14　give up on ～「～に見切りをつける」
- □ *l.*14　the quickest　※副詞でも最上級の場合 the をつけることがある。

[第4段落]

　どんな意思決定でも，いわゆる「行動局面に関するルビコンモデル」に分解することができる。この名は，イタリアとローマ属州のガリア地方とを分けるルビコン川にちなんで名付けられたものである。紀元前49年，カエサルがガリア人たちを征服したあと，帰路の途中でこの川のところまでたどり着いた。その時彼は，ローマへ帰還する将軍は，ローマへの侵略と見なされないように，自らの軍隊を率いてその川を渡ることを禁じられていることを知っていた。川のガリア側で待ちながら，彼は「意思決定前の局面」で，内戦を起こすことの危険と利益とをじっくり考えた。それから彼は計算することを止め，決断をして自らの軍とともにルビコン川を渡り，「意思決定後の局面」に達した。

- □ *l.*15　break down *A* into *B*「*A* を *B* に分解する，細分化する」
- □ *l.*15　the Rubicon model of action phases「行動局面に関するルビコンモデル」
    ※人間の行動は4つの局面に分類できるという心理学の理論で
    ①「どの行動をするかのいくつかの選択肢を熟考する局面」
    ②「決めた選択肢の行動を実行することに関して計画を練る局面」
    ③「その選択肢を実際に行動に移す局面」
    ④「自分がなした行為を評価する局面」
    がある。本文の筆者はこの4つの局面に分類することをせず，「意思決定前の局面」（上記①）と「意思決定後の局面」（上記②～④）としていることに注意。カエサルが実際に川を渡った段階（⑴ガリア側で熟考→⑵ルビコン川を渡る→⑶イタリア側の岸に到着しローマに向かう）とルビコンモデルの局面（①熟考→②計画→③実行→④評価）が一対一対応しているわけではないことに注意する。「ルビコン川を渡る」行為はルビコンモデルの局面の③（実行）に該当するように思えるかもしれないが，実際のルビコンモデルでは①（熟考）と②（計画）の間をつなぐものであると定義されている。よって本文における「ルビコン川を渡った」とは，「いくつかの選択肢の中から1つを選んだ」という意味で使われている。
- □ *l.*16　in honor of ～「～に敬意を表して」　*e.g.* in honor of the Nobel Prize winners「ノーベル賞受賞者に敬意を表して」
- □ *l.*18　a general returning to Rome「ローマへ引き返す将軍」
- □ *l.*18　be forbidden to *do*「～することを禁じられる」
- □ *l.*19　lest it be considered …「それが…と見なされないように」　※lest

に続く動詞は should *do* または *do*（仮定法現在）になる。

□ *l.* 21　contemplate ～「～を熟考する」

□ *l.* 21　civil war「内戦」

□ *l.* 22　reaching ～「～に到達した」　※分詞構文。原文では reaching the "postdecisional phase," which Caesar defined much more felicitously : "The die is cast."「『意思決定後の局面』に達したが，カエサルはその局面を，（その用語より）はるかに巧みに『賽は投げられた』と定義した」とある。

第5段落

(3)b）この過程全体はどんな人であれその意志力を疲弊させるが，意思決定の過程のどの段階が最も人を疲れさせるだろうか。ガリア側にとどまって選択肢を検討するのであれ，ローマに向かって進むのであれ，それぞれの側の岸で起こることよりも，ルビコン川を渡ることのほうが人を疲れさせるということを研究者たちは明らかにしている。

□ *l.* 24　crossing the Rubicon is more tiring than anything that happens on either bank「それぞれの側の岸で起こることよりもルビコン川を渡ることのほうが人を疲れさせる」　※on either bank は「どちらの岸でも」の意味。either + (side / end) の場合には either には「それぞれどちらでも」の意味がある。「それぞれの側の岸で起こること」とは「決断前」（ルビコンモデルの局面①）と「決断後」（ルビコンモデルの局面②～④）である。ルビコンモデルの局面①（どの行動をするのか選択肢をよく考える局面）は疲れる過程であるように思えるかもしれないが，第2段落にあった実験結果（非決断者は同じ長さを費やして品物について考えたが，決断者よりも自制心のテスト結果はよかった）より，考えることは決断そのものほど疲れないことがわかる。

第6段落

いったん精神的に疲れ切ってしまうと，とりわけ努力を要する決定をするのが億劫になる。この決断疲労のせいで，人は，商品を勧めるタイミングを心得ている販売員のいいカモにされてしまう。ドイツの自動車販売店である実験が行われたが，その店で客が新たに購入した車のオプションを注文することになった。彼らは，たとえば，13 種類のホイールリム，25 通りのエンジン設定，56 色の内装から選択をしなければならなかった。

□ *l.* 27　once S V「いったん S が V すると」

□ *l.* 27　become reluctant to *do*「～するのが億劫になる」

□ *l.* 28　demanding「努力を要する」　※「様々なことを要求する」から。

□ *l.* 28　easy prey for ～「～にとってのいいカモ，すぐにかかる餌食」

□ *l.* 31　choose among ～「～の中から選ぶ」

□ *l.* 31　wheel rim「ホイールリム（タイヤで覆われるホイールの外周部分）」

第7段落

初めのうちは，客は選択肢を注意深く比較検討したが，決断疲労が始まると，勧

められたものを何でも受け入れ始めた。(4)e）そして，その過程の早い段階で困難な選択に直面するほど疲れるのはいっそう早く，提案された選択肢を受け入れることによって，もっとも負担の少ないやり方で済ませてしまったのである。車の購入者が行う選択の順序を操作することで，その客が最終的には様々な選択で妥協し，平均の差額は合計で，車1台につき1,500ユーロ（当時でおよそ2,000ドル）以上になることを研究者たちは発見した。客が余分のお金を少し払うか多く払うかは，いつ選択肢が示され，客にどれだけ意志力が残っているかに左右されたのだ。

- □ *l*. 33　would *do*「（習慣的行為を示して）〜したものであった」
- □ *l*. 33　weigh 〜「〜を比較検討する」
- □ *l*. 33　set in「（よくないことが）始まる，（ある時期，状態に）入る」
- □ *l*. 34　manipulate 〜「〜を操作する」
- □ *l*. 35　the order of 〜「〜の順序」
- □ *l*. 36　end up *doing*「結局〜することになる」
- □ *l*. 36　settle for 〜「（不本意だが）〜で手を打つ，妥協する」
- □ *l*. 39　willpower「意志力」

第8段落

　買い物は，貧しい人たちにとってはとりわけ疲れるものになりうる。決断疲労が，人々を貧困に陥れる主な，そして多くの場合無視されている要因になりうると主張する研究者もいる。彼らはその財政状況のせいで多くの困難な決定をしなければならないため，彼らを中流階級に引き上げてくれるかもしれない学校や仕事，その他の活動に注ぐ意志力が少なくなるのだ。(5)g）これは重大なことだ。研究に次ぐ研究が，自制力が弱いことは，学校での成績不振，離婚，犯罪，アルコール依存や不健康といった数多くの他の問題とともに，低収入とも関連することを示しているからである。

- □ *l*. 40　the poor「貧しい人たち」
- □ *l*. 41　a major—and often ignored—factor「主な，そしてしばしば無視されている要因」
- □ *l*. 41　trap people in poverty「人々を貧困へと陥れる」
- □ *l*. 43　have less willpower to devote to 〜「〜に注ぐ意志力が低下する」
- □ *l*. 44　get them into the middle class「彼らを中流階級へと入れる」

第9段落

　貧しい人と裕福な人が買い物に行くと，貧しい人の方が買い物をしている最中に(ア)ものを食べる可能性がずっと高いことも知られている。このことは，彼らの性格の弱さを裏付けているようにも思える。そもそも，彼らが抱える健康問題の発症率を上げる一因となっている出来合いの軽食を食べる代わりに，自宅で食事を調理すれば，おそらく彼らは栄養状態を改善できるだろうからだ。しかし，スーパーマーケットに行くことが，裕福な人たちよりも貧しい人たちにいっそうの決断疲労を引き起こすなら，貧しい人は，チョコレートバーに手を出さずにいるだけの意志力が，レジにたどり着くまでには残り少なくなっているだろう。こうした品物が衝動買いアイテムと呼ばれるのにはそれなりの訳があるのだ。

□ *l.*47　confirmation of 〜「〜を裏付けるもの」
□ *l.*47　after all「（補足理由を示して）そもそも」
□ *l.*47　presumably「おそらく」
□ *l.*49　contribute to 〜「〜の一因となる」
□ *l.*52　not for nothing「明確な理由があって」　※この後が疑問文の形の倒置形になっている。
□ *l.*52　impulse purchases「非計画購買商品，衝動買いアイテム」

各段落の要旨と全体の流れ

第1段落：決断を続けることで精神活動能力が低下し，選択が困難になる。
第2段落：（検証実験）選択を多くした者の自制心が低下した。
第3段落：（検証実験）ショッピングセンターで多くの選択をした者は算数の問題で最も早く音を上げた。
第4段落：どんな意思決定も「行動局面に関するルビコンモデル」で分割できる。
第5段落：最も疲労する局面は「意思決定の局面」である。
第6段落：決断疲労をした後は店員のカモになる。
第7段落：最初に困難な選択をすると後で妥協した選択をして損をすることもある。
第8段落：貧しい者は財政状況のため多くの困難な決定をせねばならず，他の大事な決定をするだけの意志力が乏しくなることもある。
第9段落：貧しい者は買い物で決断疲労を起こしやすく衝動買いをしやすい。

各選択肢の訳

a）しかし，なぜルビコン川を渡ることがそれほど危険なのだろうか。
b）この過程全体はどんな人であれその意志力を疲弊させるが，意思決定の過程のどの段階が最も人を疲れさせるだろうか。
c）研究者たちは，彼らの理論についてもっと現実的な検証をするために，現代における意思決定の大舞台，郊外のショッピングセンターへと赴いた。
d）言い換えると，財政上貧しい人たちは非常に意志力が少ないので，自分たちの生活が困難であることを社会のせいにすることさえできない。
e）そして，その過程の早い段階で困難な選択に直面するほど疲れるのはいっそう早く，提案された選択肢を受け入れることによって，もっとも負担の少ないやり方で手を打ってしまった。
f）フロリダ州立大学の研究者たちが行ったある実験では，計算能力の簡単な試験によって，買い物客が自分の精神的な疲労を意識していることが確証された。
g）これは重大なことだ。研究に次ぐ研究が，自制力が弱いことは，低学力，離婚，犯罪，アルコール依存，不健康などの多くの他の問題とともに，低収入とも関連することを示しているからである。

h）フロリダ州立大学の研究者たちは，この理論を検証するためにある実験を行った。あるグループの学生たちは，一連の選択をするように求められた。ペンとロウソクのどちらが好きですか？ ロウソクとTシャツでは？ 彼らは実際に選んだ品物をもらえるわけではない。ただどちらが好きか決めるだけであった。一方で，別のグループは——彼らを非決定者と呼ぶことにしよう——選択は一切しなくてよい状態で，同じこうした品物すべてについて考えるのに，同じだけの時間を費やした。

(1) ──────────────────────── 正答率 71.4%

空所の直後に「その後，参加者は全員，古典的な自制のテストの一つを受けた」とある。何らかの実験や調査が行われていると考えられる。選択肢中，実験や調査のことが述べられているのは，c）・f）・h）だが，h）の最終文のダッシュで挿入された部分に let's call them the nondeciders「彼らを非決定者と呼ぼう」とあることに注目すれば，第2段落最終文（The impulse is …）の the deciders「決定者」が対照群であることがわかる。またh）の第1文（Researchers at …）にある this theory「この理論」が第1段落で説明されている「決断疲労」を受けると考えれば，辻褄が合う。

(2) ──────────────────────── 正答率 53.1%

空所の直後に「研究者たちは，買い物をしたあとの客に聞き取り調査をした」とある。買い物に関わる実験や調査のことを述べていると思われるのはc）とf）だが，f）の第1文（In one experiment …）には(1)で補った選択肢h）の冒頭の「フロリダ州立大学の研究者たち」と重複する researchers at Florida State University が記されている。「フロリダ州立大学の研究者」という文言を2回も言う必要はないはずである。またこの選択肢では「計算能力の簡単な試験によって買い物客が自分の精神的疲労を意識していることが確証された」とあるが，続く具体的実験内容から，調べられているのは精神的疲労の意識ではなく程度であることがわかる。したがって，c）を補うのが適切。

(3) ──────────────────────── 正答率 26.5%

空所の後には「研究者たちは，それぞれの側の岸で起こることよりも，ルビコン川を渡ることのほうが人を疲れさせるということを明らかにしている」とあり，一連の意思決定のそれぞれの段階において人を疲れさせる度合いを比較しているとわかる。b）の後半に「意思決定の過程のどの段階が最も人を疲れさせるだろうか」とあり，これを補うと適切につながる。間違えた人の大半がa）を選んでいる（ちなみにモニター全体の67.3%）。a）But why is crossing the Rubicon so risky?「しかしルビコン川を渡るのがこれほど危険なのはなぜか？」では直前に，ルビコン川を渡ることが危険であることの描写が必要となる。

(4) ──────────────────────────────── 正答率 79.6%

空所の直前の文に「初めのうちは，客は選択肢を注意深く比較検討したが，決断疲労が始まると，勧められたものを何でも受け入れ始めた」とある。e）の「その過程の早い段階で困難な選択に直面するほど疲れるのはいっそう早く，提案された選択肢を受け入れることによって，もっとも負担の少ないやり方で手を打ってしまった」を補うと，決断疲労で人が提案を受け入れやすくなるという実験結果の報告として，適切につながる。

(5) ──────────────────────────────── 正答率 28.6%

同段落では，貧しい人たちと決断の関係が述べられており，空所の直前では「彼ら（＝貧困者）の財政状況が彼らに多くの困難な決定を強いるので，彼らを中流階級に入れてくれるかもしれない…活動にあてる意志力が少なくなる」とある。g）の「これは重大なことだ。研究に次ぐ研究が，自制力が弱いことは，…数多くの他の問題とともに，低収入とも関連することを示しているからである」を補うと，冒頭の「これ」が直前の内容を受け，貧困のせいで意志力・自制力が弱く，収入以外の面でも問題が生まれるという流れに合う。間違えた人の大半が d）In other words, because the financially poor have so little willpower, they cannot even decide to blame society for making their life difficult.「言い換えると，財政上貧しい人たちは非常に意志力が少ないので，自分たちの生活が困難であることを社会のせいにすることさえできない」を選んでいる（ちなみにモニター全体の59.2%）。d）は冒頭に「言い換えると」とあるので，前文の言い換えになっている必要がある。直前の文は「生活が困窮することで，多くの選択を迫られ，意志力が弱くなる」とあるだけで，「社会のせいにすることができない」とは書かれていない。

(ア) ──────────────────────────────── 正答率 28.6%

当該文は「貧しい人は買い物をしている最中に（　　）可能性がずっと高いことも知られている」となっている。(be) likely to に続く部分なので，動詞の原形が入る。直後の文の後半で「出来合いの軽食を食べる代わりに，自宅で食事を調理すれば，おそらく彼らは栄養摂取を改善できるだろう」とあることから，貧しい人が買い物のときに「軽食を食べる」ことがわかる。補えるのは1語なので，eat「食べる」か snack「軽食をとる」が適切。

(1)─h）　(2)─c）　(3)─b）　(4)─e）　(5)─g）
(ア) eat（または snack）

33 機械化がさまざまな職種に及ぼす影響

全訳

第1段落

　ある仕事の真の複雑さを判断する最善の基準の一つは，それがどれほど容易に機械で置き換えられるかということである。オートメーション革命の初期には，たいていの人が技術のせいで仕事は(1)ア：下から順に消えることになるだろうと思っていた。工場はこうした削減が最初に起こる場所であるように思われた。同じ数本のボルトを締めている組み立てラインの労働者たちは，もっと速く効率よく，文句も言わずにその仕事をする機械に一掃されてしまうことだろう。中間管理職は，もう少しうまくやっていくだろう。というのも，残る労働者を管理することができるようなロボットはなさそうだからだ。しかし，肉体労働者が少なくなれば，少なくとも一部の管理職は失われることになるだろう。機械に脅かされない仕事は，組織の一番上の地位だけだろう，と思われていたのである。

- ☐ *l*.1　the best measures for ～「～の最善の手段」
- ☐ *l*.4　assembly-line「組み立てライン」
- ☐ *l*.4　この段落の第4文（Assembly-line workers …）以降は，it seemed が省かれていることに注意。
- ☐ *l*.5　tighten bolts「ボルトを締める」
- ☐ *l*.5　sweep ～ away / sweep away ～「～を一掃する」
- ☐ *l*.6　mid-level supervisor「中間管理職」
- ☐ *l*.7　fare「暮らす，やっていく」
- ☐ *l*.8　manual laborer「肉体労働者」
- ☐ *l*.9　It would only be … that jobs ～　※強調構文で書かれている。

第2段落

　そのような事態はある程度起きた。確かにボルトを締める仕事をする多くの人たちにロボットが取って代わった。しかし，失われたのはその程度にすぎなかった。人間ならば複合的な感覚を仕事に投入し，どうも自動車のドアがちょうどカチリとフレームに納まらないと感じたり，仕上げ途中の製品の小さな傷に気がついたりといったことができるが，そのようなことができる機械はなかったのである。ロボットは，本当に自動的な反復的作業はするかもしれないが，複雑な人間的技能や自ら考える能力を必要とする仕事が，ロボットによって奪われることはなかった。

- ☐ *l*.11　to a degree「ある程度」
- ☐ *l*.11　did replace ～「実際～に取って代わった」
  ※did は強調の働きの助動詞。
- ☐ *l*.12　went only so far「その程度までしか及ばなかった」
- ☐ *l*.12　bring the multiple senses to the job that a human can「人間には可能な複合的な感覚を仕事に持ち込む」　※that は the multiple senses を先行詞とする関係代名詞で，can の後ろには bring to their job が省かれている。
- ☐ *l*.13　feeling … と noticing … は分詞構文。

□ *l*.13 click properly in ～「～にカチッとはまる」
□ *l*.14 flaw「（すべてを台無しにしてしまうような）欠点」
□ *l*.16 safe（from robots）「（ロボットに）脅かされない」

[第3段落]

　一方で，肉体労働の一つ上のレベルにある仕事，つまり中間管理職は，(2)オ：従業員が直接指示を受ける必要が減るにつれて消滅し始めた。しかし，階級の一番上，つまり社長や重役といった，市場の動きの微妙な予想や，常に変化する需要や動向に対する専門的な対応をたびたび必要とする仕事に就いている人たちは，たいていの場合，自分たちの地位を保った。

□ *l*.17 meanwhile「その一方で」
□ *l*.18 at the top of the ladder「はしごの一番上に」
□ *l*.19 call for ～「～を要求する」
□ *l*.19 subtle anticipation of markets「市場の細かい予測」
□ *l*.19 expert reactions to ～「～に対する巧みな対応」
□ *l*.20 keep their positions「地位を失うことはない」

[第4段落]

　コンピュータ革命は，情報処理を自動化することによって，労働力にさらに大きな影響を及ぼした。これで，工場で始まった中間職の消滅は(3)カ：借入申請の審査のような事務仕事にも広がることになった。そうした展開は多くの勤勉な従業員を驚かせたかもしれないが，実際は十分に予測できた結果だった。

□ *l*.22 have even greater impact on ～「～にさらに大きな影響を与える」
□ *l*.23 the handling of information「情報の操作」
□ *l*.24 catch ～ by surprise「～をびっくりさせる，面食らわせる」

[第5段落]

　非常に幅広い仕事や専門職は，複雑さを縦軸とするU字型の曲線を描く。その左側の頂点には肉体労働の中でもその程度が最も高いものがくるが，それらは多くの場合最も軽んじられ，通常は支払われる給与も最も少ないものである。右側の頂点には，事務系の仕事の中でもその程度が最も高いものがくる。それらは非常に高く評価され，同様に給与も高い。しかし，ほとんどの人はその中間，つまりU字の谷に位置しており，一番単純な仕事に就いている。

□ *l*.26 follow a U-shaped complexity curve「複雑さを縦軸とするU字型の曲線を描く」
□ *l*.26 At its left peak are …　※〈副詞句＋動詞＋主語〉の倒置形。
□ *l*.27 blue-collar「肉体労働の」
□ *l*.27 in the least esteem「最も尊敬されない」
□ *l*.28 At the right peak are …　※〈副詞句＋動詞＋主語〉の倒置形。
□ *l*.29 white-collar「事務労働の」
□ *l*.29 highly regard ～「～を高く評価する」

[第6段落]

　この複雑さのU字曲線が表していることを証明するのに，航空機チケットの係員ほど適したものはない。彼らは，自動化された発券機に取って代わられる可能性が

高いとかつては思われていた，地位の低い労働者である。今度空港に行けば，以前とまったく同じ数のそういう係員がいるのがわかるだろう。スーツケースを一つしか持たない一人旅の人には自動発券機でもよいだろうが，飛行機に搭乗するのに手助けが必要な障害を抱えた乗客や，一人で空の旅をする幼い子どもの世話を頼もうと気をもんでいる両親にとっては，自動発券機はまったく不都合なものだ。多くの場合，人が手助けすることが，問題解決の唯一の方法であり，それがちょっとした創造性を必要とするものだったり，人の温もりを必要とする情緒的な側面を伴っていたりする場合にはとりわけそうである。

- □ *l*.32 airline ticketing clerks と low-status workers … は同格の関係にある。
- □ *l*.34 automated kiosk「自動発券機（←自動化されたキオスク）」
- □ *l*.36 it's no good at all to ～「～にとってはまったく役立たない，不都合だ」
- □ *l*.36 disabled passenger「障害を抱えた乗客」
- □ *l*.37 arrange care for ～「～の世話を手配する」
- □ *l*.39 an emotional aspect that calls for ～「～の要る情緒的な側面」
- □ *l*.40 a personal touch「（各自がその場で添える）人の温もり」

第7段落

Ｕ字曲線のもう一方の端にある仕事は，(4)ク：知的で直観的な技能にさらにいっそう依拠したものだ。法的な議論を組み立てるために書類を読んでいる弁護士，検証結果を集め，新しい治療法につながる直観的な飛躍を遂げる生化学者，言葉よりも多くを物語る，顔や声や身体のしぐさに反応する心理学者がいるのはこちらである。

- □ *l*.41 It's here that …　※強調構文。
- □ *l*.42 construct a legal argument「法的議論を組み立てる」
- □ *l*.42 biochemist「生化学者」
- □ *l*.43 make an intuitive leap「直観的飛躍を遂げる」

第8段落

事がもう少し単純なのは，複雑さのＵ字曲線のより低くなっている部分だけである。そこでは，仕事は(5)ウ：情報を集めたり，送ったりすることに関係している場合が非常に多い。世界の工業化されている地域では，コンピュータがこうした類の仕事をする能力が高まっているため，労働力の空洞化状態が起こり，多くの事務員や簿記係が仕事を失いつつある。

- □ *l*.46 It's only in … that ～　※強調構文。
- □ *l*.48 a hollowing-out of ～「～の空洞化」
- □ *l*.49 with many office clerks and bookkeepers losing their jobs　※「多くの事務員や簿記係が仕事を失っている状態で」が直訳。with Ｏ Ｃ「ＯがＣの状態で」の意で付帯状況を表す。現在分詞 losing 以下がＣにあたる。

2

読

解

各段落の要旨と全体の流れ

第1段落：機械化の影響を受けるのは，工員→中間管理職→管理職であり，影響を受けずに残るのはトップだけだと思われていた。

第2段落：実際には，複雑な作業を行う技能を持つ工員は影響を受けなかった。

第3段落：中間管理職は職を失い，専門的対応が必要な社長や重役は影響を受けなかった。

第4段落：中間管理職のみならず事務仕事従事者も影響を受けた。

第5段落：さまざまな仕事は複雑さを縦軸とするU字曲線を描く。ブルーカラー（工員）とホワイトカラーのエリートの間の労働者はU字の底辺に位置している（＝仕事が単純である）。

第6段落：U字曲線の一方の端にいる航空機チケットの販売員は創造性や情緒的な持ち味を必要とされるため，機械に取って代わられることはない。

第7段落：もう一方の端にいる弁護士，生化学者，心理学者などの専門職従事者も機械化に影響されない。

第8段落：中間に位置する事務員や簿記係は仕事を失う可能性が高い。

各選択肢の訳

ア．下から順に消える

イ．労働者に大きな個人的満足を与える

ウ．情報を集めたり，送ったりすることに関係している

エ．将来の繁栄のための確かな基礎を与えてくれる

オ．従業員が直接指示を受ける必要が減るにつれ，消滅し（始めた）

カ．借入申請の審査のような事務仕事にも広がる

キ．自分の経験からどのような価値のあるものを得られるかを決定する

ク．知的で直観的な技能にさらにいっそう依拠している

(1) ──────────────────────────── 正答率 42.4%

当該文は「オートメーション革命の初期には，技術は仕事が…する原因となるだろうと思われていた」となっている。直後の文に「工場はこうした削減が最初に起こる場所であるように思われた」とあり，this reduction「こうした削減」が指すものが当該文になければならない。さらに，この後の文で「消える者」として，assembly-line workers「組み立てラインの労働者」，mid-level supervisors「中間管理職」，managers「管理職」が挙げられているので，アの disappear from the bottom up「下から順に消える」を補うと流れに合う。

(2) ——————————————————————— 正答率 39.0%

当該箇所は「中間管理職は…し始めた」となっている。直後に「しかし，階級の一
番上，つまり社長や重役…は，たいてい，自分たちの地位を保った」とある。当該
箇所は「地位を保てなかった」という内容でなければならない。**オ**の vanish, as
employees required less direct instruction「従業員が直接指示を受ける必要が減る
につれ，消滅し（始めた）」を補うと，文脈に合う。

(3) ——————————————————————— 正答率 27.1%

当該文は「このこと（＝情報処理の自動化によるコンピュータ革命の影響）は，工
場で始まった中間職の消滅が…する原因となった」となっている。This caused O
to *do*「このことは O が〜する原因となった」という文構造に注意すること。空所
の後には「そのような発展が多くの勤勉な労働者を驚かせることになった」とあり，
「仕事の消滅が，中間職から一般労働者へ広がっていっていること」を示唆してい
る。よって，**カ**の spread to office tasks like evaluating loan applications「借入申請
の審査のような事務仕事にも広がる」を補えば，コンピュータを含めた機械の導入
のせいで，人間の仕事の減少が広範囲に及ぶ様子がうまく表せる。

(4) ——————————————————————— 正答率 50.8%

当該文は「U字曲線のもう一方の端にある仕事は…」となっており，この「端」は
第5段落第3文（At the right …）の「ホワイトカラー中のホワイトカラー」のこ
とである。空所の後に続く例も弁護士，生化学者，心理学者であり，こうした職業
を表すのにふさわしいのは，**ク**の rely even more heavily on intellectual and
instinctive skills「知的で直観的な技能によりいっそう依存している」である。

(5) ——————————————————————— 正答率 23.7%

空所に続く文では，「コンピュータがこの種の仕事をする能力が高まっており，事
務員や簿記係が仕事を失っている」と述べられている。事務員や簿記係が担当して
いる仕事の内容を考えると，**ウ**の involve collecting and transmitting information
「情報を集めたり，送ったりすることに関係している」が適切。なお，空所を含む
段落の第1文にある "the lower parts of the complexity U-curve" とは，中間職や中
間管理職における仕事を指していると考えられる。これもヒントになるだろう。

解答

(1)—ア　(2)—オ　(3)—カ　(4)—ク　(5)—ウ

34　子どもの時間感覚の発達

全訳

第1段落

　人間は2つの人生を生きると言われることがある。ひとつは5歳以前の人生，そしてもうひとつはそのあとの人生であり，おそらくこの考え方は，私たちの人生の最初の5年が膨大な時間を含んでいることから生まれているのであろう。この5年間で，その後の70年か，それ以上の間に味わうのに負けないぐらい多くの時間を経験するとも言えるのである。

- □　*l*. 2　stem from ～「～が原因となっている」
- □　*l*. 3　we experience as much time during those years as we do during …
  ※「その後の70年か，それ以上の間に経験する時間の量に負けないぐらいの多くの時間を経験する」が直訳。as ～ as … は「…に負けないぐらい～」の意味。

第2段落

　生後数カ月の間，私たちはまったく時間というものを経験しないようである。心理学者ジャン・ピアジェの研究によると，人生の最初の数カ月，私たちは「空間のない」状態，つまり，異なるモノ同士の区別もモノと自分との区別もできない状態で生きている。私たちは世界と渾然一体であり，どこまでが自分で，どこからが世界なのかわからない。私たちはまた時間のない状態も経験する。モノ同士の区別ができないのと同じように，ある瞬間と次の瞬間の区別ができないからである。私たちは(1)エ：ある出来事がいつ始まり，いつ終わるのかわからないのだ。

- □　*l*. 7　Jean Piaget（1896-1980）　スイス生まれの心理学者で，20世紀において最も影響力のある心理学者であるとされている。入試問題でもしばしば登場する。
- □　*l*. 8　a state of spacelessness「空間のない状態」
- □　*l*. 8　unable to distinguish between ～「～が区別できない状態である」
  ※分詞構文。
- □　*l*. 9　be fused together with ～「～に溶け込む，～と渾然一体である」

第3段落

　こうした時間のない世界から抜け出し始めるのは，区別の感覚が発達しだしてようやくのことである。ピアジェによると，これは生後7カ月くらいから始まる。私たちは，自分が周りの世界とは別の，独立した実体であることに気づき始め，異なるモノ同士の区別も認識し始める。これとともに，異なる出来事の区別にも気づき始める。私たちは，(2)カ：連続する時間の感覚，つまり過去と未来の感覚を発達させるが，これは過去・現在・未来の時制を持つ言語の発達によって促される。ピアジェによれば，この過程は4つの段階をたどる。第一に，人がやって来て出来事が始まることを認識する。第二に，人が去り出来事が終わることを認識する。第三に，人やモノが動くとき，ある距離を移動することを認識する。第四に，移動している異なるモノとモノや人と人の間の距離を測れるようになる。そしてこの時点で，連

2 読解

続する時間の感覚が発達したことになる。

- ☐ *l.*14 We only begin … as S′ V′「S′ が V′ してようやく私たちは…を始める」 ※only は as S′ V′ を修飾しているが,「否定語はできるだけ前に置く」という原則のため,not と同じ位置に置かれている。
- ☐ *l.*14 emerge from ～「～から抜け出す」
- ☐ *l.*16 separate entity「独立した存在」 ※ entity は,本来何かの一部あるいは何かと統合しているものが,独立した存在になっていることを示唆する語。
- ☐ *l.*17 along with ～「～と共に」
- ☐ *l.*20 tense「時制」
- ☐ *l.*24 a sense of sequential time「連続する時間の感覚」

第4段落

この,時間に「属するようになった」時点のあと,私たちは(3)**イ:その影響をますます受けるようになる**。連続の感覚が,自分という独立した存在の感覚が発達した結果であるなら,自己の感覚が発達すればするほど,連続の感覚もますます発達すると考えることができるだろう。その結果,時間はいっそう速く過ぎるように思えるようになる。時間の流れる速度が増すというこの感覚は,大人になったときだけ味わうものではない。これは,おそらく子ども時代の初期からずっと起こっていることなのだ。2歳児にとっても時間は流れているだろうが,おそらく信じられないほど遅い速度でしか流れていないだろう。しかし,子どもの自己の感覚が発達するにつれて,時間の速度も増す。たぶん,3歳児よりも4歳児にとって,6歳児よりも7歳児にとって,時間は速く流れるのである。

- ☐ *l.*29 as adults「大人になった時に」
- ☐ *l.*30 from ～ onwards「～からずっと」

第5段落

だが,たとえこの年齢でも,大人に比べると時間は何倍もゆっくりと過ぎる。そのため,親ならだれでも知っているとおり,幼い子どもは(4)**ク:いつも実際よりも多くの時間がたったと思い,物事に時間がかかりすぎているとしばしば不平を言う**のである。小学校の教師は,生徒たちの注意が散漫になり始めたら,このことに気を配るべきである。教師には40分というかなり短い授業に思えるものが,子どもたちにはその何倍もの長さになるのである。

- ☐ *l.*37 be mindful of ～「～に気を配る」
- ☐ *l.*37 attention starts to wander ※「注意がさまよい始める」が直訳。
- ☐ *l.*38 what seems to be a fairly short 40-minute lesson to them ※「彼ら（＝教師）にとってかなり短い40分の授業と思えるもの」が直訳。

第6段落

幼い子どもの時間感覚は,その他の点でもまだ十分に発達していない。幼い子どもは,出来事がどのくらいの時間続くのか正確に推測することはできない。実際,6歳か7歳になっても,こういうことを秒単位でしかできるようにはならないのである。彼らは(5)**オ:過去の出来事の順序についても**はっきりした感覚がない。2歳から4歳の子どもが自分のしたことを話したり,自分に起こったことの話をもう一

度伝えたりする場合，出来事の順序をほぼいつも混同し，通常は順序よりも連想でまとめてしまうのである。

　　　□ *l.* 42　in terms of seconds「秒の観点から」
　　　□ *l.* 44　mix up the order of ～「～の順序を混同する」

各段落の要旨と全体の流れ

第1段落：人間は5歳までで，その後の人生に匹敵するような多くの時間を経験する。

第2段落：人間は生後数カ月の間，モノ同士の区別ができないのと同じように，ある瞬間と次の瞬間の区別ができないので，時間というものを経験しない。

第3段落：人間は生後7カ月ぐらいで4つの段階を経て，連続する時間の感覚（過去，未来）を発達させる。

第4段落：子どもの自己の感覚が発達するにつれて，時間の速度も増す。

第5段落：子どもでは，大人に比べると時間は何倍もゆっくりと過ぎる。

第6段落：6，7歳になる前の幼い子どもは，出来事の順序を把握することができない。

各選択肢の訳

ア．現在時制で話すことしかできない

イ．その（＝時間の）影響をますます受けるようになる

ウ．出来事の重要性を格づけし始める

エ．ある出来事がいつ始まり，いつ終わるのかわからない

オ．（幼い子どもは）過去の出来事の順序についてもはっきりした感覚がない

カ．連続する時間の感覚，つまり過去と未来の感覚を発達させる

キ．絶えず多くの新しい物事に遭遇するが，それでもひとつひとつの出来事が無二のものだという感覚は保っている

ク．いつも実際よりも多くの時間がたったと思い，物事に時間がかかりすぎているとしばしば不平を言う

(1) ──────────────────────────────── 正答率 66.0%

直前の文に「私たちはまた，時間のない状態も経験する。モノ同士の区別ができないのと同じように，ある瞬間と次の瞬間の区別ができないからである」とある。**エ** の don't know when an event begins or when it ends「ある出来事がいつ始まり，いつ終わるのかわからない」を補えば，モノ同士の区別ができないのと同じように，ある瞬間と次の瞬間の区別もできないという流れによく合う。

2
読
解

(2) ──────────────────────────────── 正答率 72.0%

空所を含む文の次の文には，「この過程は 4 つの段階をたどる」とあり，以下，子どもが 4 つの段階を経て，時間の感覚を身につけることが述べられている。よって，空所には「この過程」＝「時間の感覚を身につける過程」という内容が入ることになり，**カ**の develop a sense of sequential time, a sense of the past and future「連続する時間の感覚，つまり過去と未来の感覚を発達させる」が適切。

(3) ──────────────────────────────── 正答率 42.0%

同文前半の「この，時間に『属するようになった』時点のあと」とは，「いったん時間の経過の感覚を持つようになると」ということである。同段落最終文には「3 歳児よりも 4 歳児にとって，6 歳児よりも 7 歳児にとって，時間は速く流れる」とあり，時間が流れる感覚が年齢とともに増すことが述べられている。**イ**の become more and more subject to it「その（＝時間の）影響をますます受けるようになる」が適切。'falling' into time と，選択肢の more and more subject to it の内容がつかめないためか，正答率が低い。

(4) ──────────────────────────────── 正答率 66.0%

直前の文に「たとえこの年齢（＝ 6 〜 7 歳）でも，大人に比べると時間は何倍もゆっくりと過ぎる」とある。空所には，その結果生じ得ることで，かつ親なら誰でも知っていることが入る。**ク**の always think that more time has gone by than actually has, and often complain that things are taking too long「いつも実際よりも多くの時間がたったと思い，物事に時間がかかりすぎているとしばしば不平を言う」がふさわしい。

(5) ──────────────────────────────── 正答率 36.0%

この段落では，幼い子どもの時間に対する感覚が未熟であることについての具体例が示されている。直後の文には「2 歳から 4 歳の子どもが自分のしたことを話したり，自分に起こったことの話をもう一度伝えたりする場合，出来事の順序をほぼいつも混同する」とあるので，これが空所の内容を具体化したものだと考えられる。**オ**の don't have a clear sense of the sequence of past events, either「（幼い子どもは）過去の出来事の順序についてもはっきりした感覚がない」を補えば，直後の文とのつながりが自然である。

(1)—エ (2)—カ (3)—イ (4)—ク (5)—オ 　**解 答**

35　現代におけるマナーの問題

全訳

第1段落

　その日の朝，私たちがいつもの停留所でバスに体を押し込むようにして乗ったとき，座席はいっぱいで立っているしかなかった。数ブロック行ったところで，息子のニックが，半分ほど後ろに行ったところの一方の側に空席を見つけ，彼の妹のリジーと私は反対側の座席に座った。

- □　squeeze on「体を押し込むように乗り込む」
- □　halfway back「半分ほど後ろに行ったところに」

第2段落

　リジーが何かおしゃべりをしているのに耳を傾けていると，ニックが立ち上がったのでびっくりした。私は彼が，私には見覚えがない，おばあさんというほどでもない年輩の女性に礼儀正しく声をかけているのを見つめた。<u>イ：ピンときた。</u>彼は席を譲ろうとしていたのだ。ささいなことだったが，それでも私は褒めてやりたい気持ちで胸がいっぱいになった。私たちはこれまでずっと，バスに乗ったら何をすべきか，何をすべきではないかを話してきた。それは，「失礼します」と言うこと，咳をするときには手で口を覆うこと，人を指さささないこと，変わった様子の人をじっと見ないこと，といったことだったが，このときの息子のふるまいは，それまで彼にしつけたことのないことだった。それはほんのちょっとした親切な行いであり，完全に息子が自分で考えたことだった。

- □　listen to Lizzie chatter on「リジーが話し続けるのに耳を傾ける」
  ※SVOC の構造になっていることに注意。
- □　didn't look familiar to me「私にはなじみがあるようには思えなかった」
- □　be flooded with ～「～（感情など）でいっぱいである」
- □　for all the times「これまでの間ずっと」　※この for は「期間」を表す前置詞。

第3段落

　人はどうふるまうべきだと親が思っているか，親は子どもたちにどうふるまってほしいと願っているかを，私たちは子どもたちに示し，言い聞かせようとする。それでもなお，子どもたちが，それを理解しているのをうかがわせるようなことをしてくれると，はっとするし，嬉しいものだ。正直に言えば，ほっとするものである。ニックが育っている今の世の中を思えば，それはなおさらだ。人との接し方を規定する決まりごとが，私たちが彼くらいの年頃だったときよりもずっと曖昧になってしまっているのだから。賞賛すべきことについては言うまでもなく，どのようなふるまいが(2)容認されるかということについても，相反する指示がごちゃごちゃになっている混乱状況に，子どもたちはさらされている。いったい何が礼儀正しいことなのか，今となってはそれを知ることは難しい。

- □　for all S V「S が V するにもかかわらず」
- □　～ come as a shock and a pleasure「～はショックであり嬉しいことだ」

- □ all the more ～ because … 「…だからいっそう～である」
- □ be exposed to ～ 「～にさらされる」
- □ a complex confusion of competing signals 「相反する指示がごちゃごちゃになっている混乱状況」 ※competing は「相反する，両立しない」の意味。
- □ let alone ～ 「～は言うまでもなく」

第4段落：(a)—イ

　私は先だって，やはり混雑した朝に，電車に乗っているときにこの出来事を思い出した。それは，高級なスーツを着た青年が，読んでいた『ニューヨークタイムズ』から目を離すことすらなく，銀髪の紳士と，流行の服を着た若い女性のグループをするりとかわして，空いた席にすべり込んだのを見たときだった。

- □ be reminded of ～ 「（何かのきっかけで）～を思い出す」
- □ slip into an open seat 「空いた席にすべり込む」
- □ without so much as ～ 「～すらなく」
- □ lose *one's* place in ～ 「～を読んでいてどこを読んでいるのかわからなくなる」
- □ beat ～ out / beat out ～ 「（人など）を打ち負かす」 ※本文では，席取り合戦で勝利したことを意味する。

第5段落：(b)—オ

　私が最初に思ったのは，彼の母親が知ったら彼を恥ずかしく思うだろうということだった。それから，自分はどうしようもなく時代遅れだと思って，なんだかおかしくなった。たぶん，自分より 20〜30 も年下の若者に席を譲られたりしたら，あの年輩の紳士は侮辱されたと感じるだろう。そして，思うにあの女性たちにしても，自分たちに対する礼儀正しいふるまいを差別と考えるかもしれない。さらに，企業幹部か投資銀行家かといった様子のあの青年は，ひとつの就職口を女性と競わなくてはならないのかもしれない。競争相手になる可能性のある相手に，どうして席を譲りたいなどと思うだろうか。

- □ be ashamed of ～ 「～を恥じている」
- □ with some amusement ※「なんらかの楽しみをもって」が直訳。
- □ behind the times 「時代遅れで」
- □ for all I know 「よく知らないが，たぶん」
- □ the older man would've been insulted to be offered a seat by … 「その年輩の男性は，もし…によって席を譲られたら，侮辱されたと感じるだろう」 ※仮定法過去完了で，to be … が if 節の代用になっている。
- □ consider ～ discrimination 「～を差別と考える」

第6段落：(c)—ア

　もちろん，こうした類の混乱は，公共交通機関に乗ったときのエチケットという問題に限ったことではない。それは，私たちが相手に対して何をすべきであり，相手に何を期待すべきかということに関わる問題なのだ。今や私たちの果たすべき役割は，男性か女性か，若輩か年輩かということによってきっちり決められているという時代ではないのだから。

□　A is about B「A の中心は B だ，A の本質は B だ」　※本文は「こうした類の混乱の中心は，はるかに…以上のものである」が直訳となる。

□　on public transportation「公共交通機関で」

□　expect A of B「B から A を期待する」

□　now that S V「今や S が V するので」

□　dictate ～「～を規定する」

第7段落：(d)―ウ

　私は，男性に権力と機会のほとんどを与え，女性にはバスの席のほとんどを与えるような社会的な契約が過去のものになっていくのを，これっぽっちも残念だとは思わない。しかし，何の約束事もなしに行動するというのも落ち着かない。まるで，もうだれもどのようにふるまえばよいのかわからないかのようだ。あらゆる方面で予測が立たないと，神経が休まる暇がない。そしてこうした混乱は，だれが最初にドアを通るかといったことから，デートでだれがお金を払うのかということまで，ありとあらゆることに及んでいる。

□　not for a minute「まったく～ない」　※なお，この否定の副詞句が文頭にあるため，do I regret というふうに疑問文と同じ語順になる倒置が起きている。

□　without a contract「何の約束事もなく」

□　the lack of … has left our nerve endings exposed　※「…の欠如は，私たちの神経の末端をむき出しにしている」が直訳。「…が欠けているために，私たちは神経が休まる暇がない」ということ。

□　on all fronts「(活動・領域などの) あらゆる面で (の)」

□　leave ～ exposed「～をさらした状態で放置する」

第8段落

　こうした状況では，マナーよくふるまうためには，以前よりもずっと多くの想像力が必要とされる。それは，知らない人であれ友人であれ，向かいに座っている人が，自分から何を期待し，何を必要とし，何を求めているのかを知ることが，以前よりはるかに困難になってしまっているということからだけでも，そうなのだ。公式のルールブックがないのなら，もっとしっかり耳を傾け，感受性を高め，うまく臨機応変にやれるようにしておかなくてはならないのである。

□　a good deal「(比較級を強調して) はるかに，ずっと」

□　S V, if only because ～「たとえ～という原因だけであったとしても S は V する」　※if と only の間に S V が省略されている。

□　play it by ear「臨機応変に行動する」

各段落の要旨と全体の流れ

第1段落：満員のバスで息子と娘と一緒に席に座った。

第2段落：息子が年輩の女性に席を譲った。教えていないことだけに嬉しかった。

第3段落：人との接し方の規定が曖昧な現在だからこそ，息子のふるまいは嬉しかった。

第4段落：混雑した電車で立派な身なりの青年が我先に席に座ったのを見た記憶。
第5段落：席を譲らなかったことは，必ずしも悪いことではないかもしれない。
第6段落：私たちの果たす役割は従来の基準では規定できない。
第7段落：あらゆることで行動の基準が曖昧になっている。
第8段落：マナーよくふるまうには想像力を駆使した臨機応変さが要求されている。

(1) ──────────────────────────────────── 正答率 82.4%

補う文は「不意に悟った。息子は彼女に席を譲ろうとしていたのである」の意。空所イの直後に「ささいなことだったが，それでも私は褒めてやりたい気持ちでいっぱいになった」とある。補う文中の「席を譲ろうとしていた」ことを，空所の直後で「褒めてやりたい」と評価していることになり，文意が通る。空所イの前では筆者は息子の様子を眺めているだけで，まだその行動の意味を理解してはいないので，空所イに補えば「不意に悟った」という表現ともうまくつながる。

(2) ──────────────────────────────────── 正答率 66.7%

当該箇所は「賞賛すべきことについては言うまでもなく，（　　）ことについても，相反する指示がごちゃごちゃになっている混乱状況」となっている。let alone 〜「〜は言うまでもなく」に着目し，空所には「賞賛すべきこと」と同系列の形容詞で，かつ「賞賛すべき」ほど強くない語が入る。続く文で「いったい何が礼儀正しいことなのか，今となってはそれを知ることは難しい」とあり，「礼儀正しさ」が問題になっていることがわかる。したがって空所を含む部分は，「礼儀上賞賛すべきこと」の手前の「礼儀上問題のないこと」の意にするのがふさわしい。アの「まずまずの，無難な，容認される」が適切。イ．「達成可能な」 ウ．「避けられる」 エ．「避けられない」 オ．「予測可能な」

(3) ──────────────────────────────────── 正答率 3.9%（完全解答）

本文は，日常的な光景から筆者が考えたことを述べた随筆である。具体的な状況に触れられているので，取り上げられている場面とそれに対する筆者の思いを順序よく追っていきたい。第2段落では，筆者の息子がバスの中で女性に席を譲ったときの様子が述べられている。第3段落はそれを受けて，現在，公共の場でのマナーの在りようが複雑で混乱したものになっていることが指摘されている。この「マナーの混乱」が本文の主なテーマとなっていることを押さえた上で，展開を考える。
各選択肢ア〜オの要旨は以下の通り。
　ア．私たちの果たす役割は従来の基準では規定できない。
　イ．混雑した電車で立派な身なりの青年が我先に席に座ったのを見た記憶。
　ウ．あらゆることで行動の基準が曖昧になっている。
　エ．公共の場でのふるまいに子どもの成長がみられ意味深かった。
　オ．席を譲らなかったことは，必ずしも悪いことではないかもしれない。

(a) イが入る ——————————————————————— 正答率 33.3%

この位置に何を置くべきか見極めにくいが，イの冒頭部分に「やはり混雑した朝に，電車に乗っているときにこの出来事を思い出した」とあり，ニックが席を譲った日もバスが混雑していたことと，「この出来事」が指すものが，ニックが席を譲った出来事以外にないことから考えると，イをここに置くのが妥当。

(b) オが入る ——————————————————————

(a)に置いたイの内容は，「きちんとした身なりの青年が，混雑した電車内で，初老の紳士と若い女性たちをさしおいて空席に座ったこと」であり，これは，オの冒頭部分の「彼の母親が知ったら恥ずかしく思うだろう」とうまくつながる。これに続くオの内容は，筆者のそうした考え方が「時代遅れ」，つまり，年長の人や女性が，「年長であること」「女性であること」というだけの理由で席を譲られるのを喜ぶかどうかは，今となっては怪しいものになってしまっているということを意味する。

(c) アが入る ——————————————————————— 正答率 5.9%

アの冒頭に「こうした類の混乱は，公共交通機関に乗ったときのエチケットという問題に限ったことではない」とある。「こうした類の混乱」とは，(b)に置いたオで述べられた内容，すなわち，年齢や性別を根拠にして単純にふるまい方を判断することはできないということを指すと考えられる。また，「公共交通機関に乗ったときのエチケット」とあるのが，息子のバスの中での行動，電車での青年のふるまいを受けてのことである点からも，電車での青年のエピソード（イ・オ）の直後にアを持ってくるのがふさわしい。

(d) ウが入る ——————————————————————

アの第2文（It's about what …）に「今や私たちの果たすべき役割は，男性か女性か，若輩か年輩かということによってきっちり決められているという時代ではない」とある。つまり，相手の外見から判断できることだけをもとにして，ふるまい方を決めることはできないということ。ウの冒頭2文（Not for a …）で表明されている，「性別だけで役割が決まるのをよしとはしないが，何も決まりがないのも落ち着かない」という筆者の考えは，このアの最終部分を受けたものと考えられる。また，ウの最終文（And the confusion …）が「こうした混乱は…ありとあらゆることに及んでいる」となっていることも，最終段落冒頭の「こうした状況では，マナーよくふるまうためには，以前よりもずっと多くの想像力が必要とされる」にうまくつながる。

不要となる段落　エ ——————————————————— 正答率 52.9%

使用しなかったエについて，一見，第2段落で述べられている息子の行動を受けて最初の空所に入れることができるように思えるかもしれないが，ここで述べられている「子どもの成長」は本文の主旨ではないので，それ以降の空所に入る選択肢の内容につながっていかない。エの内容は以下の通り。

「私が子どもたちを学校へ連れて行っていたときに，親ならではのこうした経験を
また1つすることがあった。ちょうど子どもが初めて外で1人で遊んだとき，帰宅
して学校で何があったか興奮気味に話してくれたとき，あるいは以前には食べられ
なかったものを喜んで食べてくれたときと同じように，そういう瞬間は他のだれも
見ていないが，親は何度も何度も頭の中で反復するものである。なぜなら，そうし
た瞬間に，自分の子どもの新しい面が見えるからだ。しかし，今回はそうした経験
が人前で行われたのであり，だからこそいっそう私には意味深いものになったのだ
った」

(4) ──────────────────────────── 正答率 80.4%

最終段落第1文（Under the circumstances, …）には，「こうした状況では，マナ
ーよくふるまうためには，以前よりもずっと多くの想像力が必要とされる」とある。
また，現在，人の年齢や性別でどのようにふるまえばよいかが単純には決まらない
世の中になっていることについては，第3段落最終文（It's hard to …）「いったい
何が礼儀正しいことなのか，今となってはそれを知ることは難しい」，第6段落
（ア）第2文（It's about what …）「今や私たちの果たすべき役割は，男性か女性
か，若輩か年輩かということによってきっちり決められているという時代ではな
い」など，繰り返し述べられている。**エ．「筆者は，今日の世界において礼儀正し
くするには，かなりの思考と努力が必要とされると考えている」**が正解。他の選択
肢の意味は以下の通り。

　ア．「筆者は，時代は変わるが，礼儀正しさは同じままだと考えている」

　イ．「筆者は，現代の世界においては，礼儀正しさは死に絶えてしまったと苦言
　　　を呈している」　礼儀を規定するルールが曖昧になってしまったとは述べられ
　　　ているが，礼儀正しさそのものが消滅してしまったとは言われていない。想像
　　　をたくましくすれば，現在でも礼儀正しくふるまうことは可能とされている。
　　　第3段落第2文（All the more …）および最終段落第1文（Under the cir-
　　　cumstances, …）参照。

　ウ．「筆者は，次の世代が社会的なふるまいの新しいルールを見出すだろうと主
　　　張している」

　オ．「筆者は，既成の社会的規則にしたがって行動し続けることを勧めている」

---

(1)─イ　(2)─ア　(3)不要な段落：エ　(a)─イ　(c)─ア
(4)─エ

解答

36　将来に対する父の不安と子の思い

全訳

第1段落

　私は 16 歳である。先日の夜，週末に何をしようか，だれといっしょにそれをしようかといった，つき合い上の大切な問題をあれこれ忙しく考えていたとき，両親が将来のことについて台所で話をしているのをふと耳にした。父はうろたえていた。私がどの大学に行くか，その大学が家からどのくらい遠いか，お金はどのくらいかかるのかといった，父や母が，そして思うに多くの親が普通心配するようなよくある問題ではなかった。そうではなく父が思い悩んでいたのは，自分たちの世代が私の世代に譲り渡そうとしている世界，つまり，暗く困難な未来になる――そもそも未来があればの話だが――と父が恐れている世界のことであった。

- [ ] be busy *doing*「～するのに忙しい」
- [ ] social issue　※ここでは「社交上の（つき合い上の）問題」という意味で使われている。
- [ ] be upset「うろたえている，困っている」
- [ ] usual stuff「普通のこと」　※後続の that は関係代名詞。
- [ ] the world … と a world（which）he fears … が同格の関係にある。which は主格の関係代名詞で，has a dark and difficult future の主語の働きである。そして which の直後に he fears が置かれた連鎖関係代名詞節になっている。
- [ ] turn *A* over to *B* / turn over *A* to *B*「*A* を *B* に譲る，*A* を *B* に引き渡す」
- [ ] mine＝my generation
- [ ] if … at all「かりそめにも…なら，そもそも…なら」

第2段落：ⓐ－ア

　「何百万人もの命を奪う病気が蔓延するだろう」と父は言った。「どうしようもないエネルギー危機や，恐ろしい世界恐慌や，怒りに任せて核兵器のボタンが押されることなんかもあるだろう」

- [ ] devastating「潰滅的な，甚大な被害をもたらす」
- [ ] depression「大恐慌」
- [ ] a nuclear explosion set off in anger「怒りの状態で引き起こされる核爆発」が直訳。

第3段落：ⓑ－カ

　居間のソファに横たわって，父の語る話を聞きながら，父が描く将来のことがだんだんと心配になってきたとき，ふと気づくと，私は古い家族写真を見ていた。その中に士官学校の制服を着た祖父の写真があった。彼は 1942 年，つまり戦時中の卒業生であった。祖父の写真の隣には曽祖父母の写真があったが，彼らはヨーロッパからの移民だった。そうした写真を見ていると私はずっと気分が楽になった。私は，明日は今日よりよくなると信じている。私の世代がこれから大人になって引き継いでいく世界は，悪くではなく，よくなっていくのだと信じている。それらの写

真を見ているとなぜそうなのかがわかった気になった。

- [ ] find *oneself doing*「ふと気づくと～している」
- [ ] military college「士官学校」
- [ ] a member of the class of 1942「1942 年の卒業生」
- [ ] Next to his picture were photos of ….「彼の写真の隣には…の写真があった」　※〈副詞句＋動詞＋主語〉の倒置形になっている。
- [ ] that the world … は believe の目的語になっている。

第4段落：ⓒ—ウ

　私は祖父母や曽祖父母が彼らの生涯で経験した恐ろしいことをいくつか考えた。2 度の世界大戦，数々の伝染病，人種差別，核爆弾，といったものである。しかし，彼らは他のもの，もっとよいものも経験したのだ。2 度の世界大戦の終結，新薬，公民権法の可決などである。彼らは，ボストン・レッドソックスがワールドシリーズで優勝するのさえ経験したのだ，それも 2 回も，である。

- [ ] epidemics「伝染病，流行病」
- [ ] racial discrimination「人種差別」
- [ ] the passing of the civil rights laws「公民権法の可決」

第5段落：ⓓ—エ

　同様に，私は自分の世代もよりよいものを経験することになるだろうと信じている。私たちはエイズが治癒し，癌が克服される日を，中東に平和が訪れる日を，シカゴ・カブスがワールドシリーズで優勝する日——たぶん一度だけ——を目撃することだろう。祖父が 16 歳のときの月ロケットや，父が 16 歳のときのインターネットに負けないほどの，今の私には信じがたいものを，私は将来経験することだろう。

- [ ] witness ～「～を目撃する」
- [ ] I will see things as unbelievable to me today as …「…と同じくらい今の私には信じられないものを，私は見るだろう」　※unbelievable to me today は things を後置修飾している。as は as ～ as …「…に負けないぐらい～」の一部（see *A* as *B*「*A* を *B* と見なす」ではない）。

第6段落：ⓔ—イ

　私が幼い子どもの頃から，その日一日物事がうまくいかないでいるといつも，父は私の体に腕を回し，「明日はもっといい日になるよ」と請け合ってくれたものだった。私は一度父に異議を唱えたことがある。「どうしてそんなことがわかるの？」父は「ただわかるのさ」と言った。私は父を信じた。私の曽祖父母はそう信じていたし，私の祖父母もそうだったから，私もそう信じるのだ。そして今私は，今度は私が父の気持ちを楽にする番だということが突然はっきりとわかった。

- [ ] have a bad day「一日ついていない，ひどい一日を過ごす」
- [ ] it is *one's* turn to *do*「今度は～が…する番である」　※it は漠然と状況を表す非人称の it（明確な意味はもたないが，文の形式を保つために使われる it）。形式主語ではないことに注意。

第7段落

　その夜，未来が私や私の世代に用意しているものについて父が自分の不安をあれこれ説明するのを聞きながら，私は父に腕を回し，父がいつも私に言ってくれたこ

とを父に言ってあげたいと思った。「心配ないよ，お父さん。明日はもっといい日になるから」

　　□　hold *A* for *B*「*B*のために*A*を用意〔予定〕している」

各段落の要旨と全体の流れ

第1段落：父が今後の世界の暗い見通しについて心配しているのを偶然耳にする。

第2段落：病気，エネルギー危機，世界恐慌，核爆発などを話題としている。

第3段落：祖先の写真を見て「未来は今よりよくなる」と思えてくる。

第4段落：祖先も怖いことを経験したが，よいことも多く経験した。

第5段落：同様に，私たちの世代もよいことを経験するだろう。

第6段落：幼い頃から父に「明日はもっといい日になるよ」と言われて育った。今度は父を励ます番だとわかる。

第7段落：父を励ましたいと思う。

各選択肢の要旨

ア．父は，病気，エネルギー危機，世界恐慌，核爆発などを話題としている。

イ．幼い頃から父に「明日はもっといい日になるよ」と言われて育った。今度は父を励ます番だとわかる。

ウ．祖先も戦争など怖いことを経験したが，よいことも多く経験した。

エ．同様に，私たちの世代もよいことを経験するだろう。

オ．曽祖父がフランスで経験した戦争が彼の人生に暗い影を落とした。

カ．祖先の写真を見て「未来は今よりよくなる」と思えてくる。

▶硬い論説文ではないので，論理展開というより，何が話題になっているかに注目したい。第1段落では，父親がこれからの世界に対する不安を語っているのを筆者である子どもが耳にしたという場面設定が行われている。これに続く内容としてふさわしいものを探るところから始めればよい。

(a)　アが入る ───────────────────────

第1段落では，父親が自分の子どもの世代が受け継ぐ世界が暗く困難なものになると言っていることはわかるが，その内容までは述べられておらず，父親が何をそんなに心配しているのか不明である。アには，「病気の蔓延，エネルギー危機，世界恐慌，核兵器の使用」と，父親の心配が具体的に述べられており，これを第2段落に置くと，父親が何を心配しているのかよくわかる。

(b)　**カが入る** ────────────────── 正答率 56.9%

カは「言われていることを聞きながら，私は父が描く未来のことを心配し始めて…」で始まる。「父が描く未来のこと」は第1・2段落で述べられており，この選

2
読

解

択肢がもっとも素直に続く。また，カではそれに続けて筆者が曽祖父母や祖父の写真を見ていたことが述べられており，それらを見ているうちに気持ちが楽になり，明日は今日よりよくなると信じるに至ったと述べられている。なぜそのような気持ちになったのかがわかる内容があとに続くはずである。

(c) **ウが入る** ————

曽祖父母や祖父母のことはウとオで述べられている。しかし，オでは曽祖父が第一次世界大戦を経験して，そのことが生涯暗い影を投げかけたと述べられており，これでは「気持ちが楽になった」理由にはならない。それに対してウでは，曽祖父母や祖父母は恐ろしいものも見たが，よいものも見てきたと述べている。この段落がそうした「よいもの」の例で終わっていることから，筆者が「明日は今日よりよくなる」と信じる理由が述べられていると考えられる。

(d) **エが入る** ———————————————— 正答率 56.9%

エは冒頭に「同じように」とあり，続く内容は「自分の世代もよりよいものを見ることになるだろう」となっているので，「同じように」がウに述べられている「筆者の祖父母や曽祖父母と同じように」であることになり，うまくつながる。

(e) **イが入る**

残るのはイとオだが，オは(c)で検討したように，未来を前向きに考える筆者の思いに反する内容であり，ふさわしくない。一方でイは「今度は私が父の気持ちを楽にする番だと突然悟った」で終わっており，続く最終段落が「私は父に『心配ないよ，お父さん。明日はもっといい日になるから』と言ってあげたいと思った」と締めくくっていることから，矛盾なくつながることがわかる。

不要となる段落　オ ———————————————— 正答率 74.5%

使用しなかったオの内容は以下の通り。

「そうしたことのうちもっとも恐ろしかったもののひとつは，第一次世界大戦だった。私の曽祖父母はもともとスウェーデンの出身だったが，スウェーデンはあの戦争には巻き込まれていなかった。アメリカにやってきてから数年足らずで，曽祖父は軍隊に召集され，フランスでの戦闘に送り出された。曽祖父が野球に大きな楽しみを見出したということもあって，のちにある程度は回復したものの，彼がフランスの戦場で味わったさまざまなことは，ずっと彼の人生に暗い影を投げかけていた」

不要な段落：オ　(b)—カ　(d)—エ

37 欧州におけるコーヒーハウスの意味

全訳

第1段落

　カフェインは世界で最も広く使用されている薬物であり，国際商品市場で取引されているコーヒーの取引額を凌いでいるのは石油だけである。だが，人間の歴史の大半を通じて，コーヒーはエチオピアの高地の狭い地域以外では知られていなかった。16 世紀の終わり頃にオスマン帝国を旅した少数の者にその存在が初めて知られたのちに，コーヒーはヨーロッパの好奇心旺盛な科学者や商人の間でその地位を確立したのである。1650 年代の初期にやっと，キリスト教世界初のコーヒーハウスが，ロンドンで開業した。

- □ *l.*1　the value of ~「~の額，（金銭的な）価値」
- □ *l.*2　international commodity markets「国際商品市場」
- □ *l.*2　is exceeded only by oil「唯一上回っているのは石油だけだ」
- □ *l.*5　the Ottoman Empire「オスマン帝国」　※トルコ人によって建国されたイスラム王朝（1299-1922）。
- □ *l.*5　establish *oneself*「地位を確立する」

第2段落

　コーヒーハウスはどれもコーヒーを販売するためにあるのだが，コーヒーハウスというものを，ただこうした基本的な商業活動を行う場にすぎないとすることはできない。サミュエル・ジョンソンはその有名な辞書の中で，コーヒーハウスを「コーヒーが売られ，客に新聞が提供される娯楽の場」と定義した。単にコーヒーを売る場である以上に，コーヒーハウスはひとつの思想，生活様式，社交の流儀，哲学でもあると，ジョンソンは示唆しているのである。それでもコーヒーハウスには，実際コーヒーと切っても切れない関係があり，コーヒーがその主たるシンボルであることに変わりはない。(d)コーヒーハウスの成功のおかげで，コーヒーは人気の商品となった。覚醒作用，そしてそれがもたらす真剣さや活発な議論と結びつけて考えられるために，コーヒーハウスは近代の都市生活やその風俗において特異な地位を与えられており，これが競争相手である酒場と際立った対照をなしている。

- □ *l.*8　A coffee-house ~, but the coffee-house …「どのコーヒーハウスも~だが，コーヒーハウスというものは…」　※a＋単数も the＋単数も総称単数ではあるが，ここでは a が「どの個別のコーヒーハウスも」と具体的な店舗のイメージ，the は「コーヒーハウスというもの全般」の抽象的な役割，性質を述べようとしていると考えられる。
- □ *l.*8　be reduced to ~「~に単純化する」
- □ *l.*11　More than a place … は文頭に being が省略された分詞構文。
- □ *l.*12　a mode of socialising「社交の流儀」
- □ *l.*13　have a vital relationship with ~「~と重要な関係にある」
- □ *l.*14　its governing symbol「その主な象徴」
- □ *l.*15　alertness「覚醒作用」
- □ *l.*16　grant *A B*「（正式に）*A* に *B* を授与する」

- □ *l*. 17 modern urban life「近代の都市生活」
- □ *l*. 17 manners「風俗，風習」 ※「やり方」の集合体。
- □ *l*. 17 in sharp contrast to ～「～とは好対照をなして」

第3段落

コーヒーハウスの歴史は，商売の歴史ではない。初期のコーヒーハウスは商業的な記録は非常にわずかしか残していないのである。しかし，歴史家は何とか残っている他の種類の証拠を大いに活用している。政府の記録文書には，国家の密偵がコーヒーハウスで聞き取った会話の報告が数多く含まれている。さらなる証拠が，初期の新聞の中の，広告とニュース記事の両方に見出される。17世紀や18世紀のよく知られた日記も，コーヒーハウスがその当時の社会生活において中心的な存在であったことを示している。

- □ *l*. 19 business history「商売の歴史」
- □ *l*. 20 make much use of ～「～を大いに利用する」
- □ *l*. 22 state spy「国家密偵」
- □ *l*. 25 be central to ～「～において中心的である」

第4段落

しかし，コーヒーハウスの生活世界を説明する際，最も説得力のある証拠の多くは文学的なものである。コーヒーハウスでなされる経験の多様性やその特質のおかげで，コーヒーハウスは，膨大な風刺的ジョークやユーモアの対象になってきた。文学として考えると，こうした記録の総体は，豊かで刺激的であり，ほとばしる熱狂や怒りによって生き生きとしており，ある地域に特化した具体的な論争への言及に満ちている。コーヒーハウスを描写したことで，何にもましてこうした文学的な資料が，近代都市生活におけるコーヒーの地位を確立し，定着させたのである。エ：しかしながら，こうした証拠を使うのは，単純明快なことではなく，長らく歴史家を悩ませてきた。描こうとするものを誇張し，愚かさや悪い面を強調し，さらには扱う素材を非常に派手な言葉で表現することが，風刺文学の本質にはあるからである。それでも，コーヒーハウスの風刺文学は，文学作品としてだけではなく，歴史的証拠と見なすことができる。こうした粗野で品のない風刺文学は，コーヒーハウスにおける生活の単純な批評ではなく，その会話の一部，つまり都市の社会生活でまさに進んでいる議論の中に聞こえる，ひとつの声なのである。

- □ *l*. 26 life-world「生活世界」
- □ *l*. 27 compelling evidence「説得力のある証拠」
- □ *l*. 28 a huge body of ～「多数の～」
- □ *l*. 29 Considered as literature「文学と見なされると」 ※分詞構文。
- □ *l*. 30 currents of ～「～の潮流，～のほとばしり」
- □ *l*. 32 established and confirmed the place of coffee「コーヒーの地位を確立し，定着させた」
- □ *l*. 33 It is in the nature of satire to exaggerate …, to heighten …, and to portray …「…を誇張し，…を強調し，…を描くことが，風刺文学の本質にはある」 ※It は形式主語，3つの to 不定詞が真主語である。
- □ *l*. 37 part of their conversation と one voice が同格の関係にある。

各段落の要旨と全体の流れ

第1段落：コーヒーは現在広く飲まれているが，ヨーロッパでは17世紀半ばに初め
　　　　　てコーヒーハウスが登場した。（導入）

第2段落：コーヒーハウスは単にコーヒーを売るだけの店ではなく，思想や哲学，生
　　　　　活・社交様式であり，議論の場であった。（要点）

第3段落：コーヒーハウスがどのようなものであったかは，政府の文書，新聞広告や
　　　　　そのニュース記事，当時の日記に記されている。（要点の裏付け1）

第4段落：確かに誇張した表現があるものの，風刺文学がコーヒーハウスの生活世界
　　　　　の最も説得力のある証拠となる。（要点の裏付け2）

---

(1) ──────────────────────────────── 正答率 41.2%

同段落第1文（A coffee-house exists …）がこの段落の要点。つまり「コーヒーハ
ウスは，基本的な商業活動にとどまるものではない」ことを述べようとしている。
「Aではない」というなら何なのかを続ける必要があり，(a)・(b)はサミュエル・ジ
ョンソンの定義を借りて，「コーヒーハウスは新聞が読めるところであり，思想，
生活様式，社交流儀，哲学である」と述べ，この要件を満たしている。とんで(e)も
「覚醒作用や，真剣さや活発な議論を連想させることが，コーヒーハウスに近代都
市生活やその風俗における特異な地位を与えている」と，コーヒーハウスが単にコ
ーヒーを飲むだけの場ではないことを述べているので，外せない。残る(c)・(d)は，
(c)が Yet で始まり，「それでも，コーヒーハウスには，コーヒーと切っても切れな
い関係があり，コーヒーがその主たるシンボルであることに変わりはない」と，コ
ーヒーハウスのそもそもの役割がなくなったわけではないことに注意を促している。
それに対して(d)の「コーヒーハウスの成功のおかげで，コーヒーは人気の商品とな
った」は，商業面でコーヒーハウスがもたらした副次的影響についての言及であり，
コーヒーハウスではなくコーヒーに焦点が置かれているため，この段落の要点から
外れる。したがって，(d)は取り除いても段落の展開に対する影響は小さい。

(2) ──────────────────────────────── 正答率 32.4%

補充する英文は「しかしながら，こうした証拠を使うことは，単純明快なことでは
なく，ずっと歴史家を悩ませてきた」の意。よってこの文を補う箇所は，前で this
evidence に相当するものに言及がなされており，あとには「証拠を使うことが簡
単ではなく悩みだった」理由が続くはずである。同段落第1文（In describing the
…）は「最も説得力のある証拠の多くは文学的なものである」とあり，this evi-
dence が「文学的なもの」だとわかる。空所アのあとに「コーヒーハウスは，膨大
な風刺的ジョークやユーモアの対象になってきた」，空所イのあとに「文学として
考えると，こうした記録の総体は，豊かで刺激的なものであり…」，空所ウのあと
に「こうした文学的な資料が，近代都市生活におけるコーヒーの地位を確立し，定

着させた」と，ここまで「文学的な証拠」のことが肯定的に述べられている。ところが空所エのあとには「描こうとするものを誇張し，愚かさや悪い面を強調し，さらには扱う素材を非常に派手な言葉で表現することが，風刺文学の本質にはある」として，風刺文学が事実の正確で客観的な記述ではないことが述べられている。したがって，空所エに逆接の however を含む補充英文を入れるとうまくつながる。エのあとの文が補充英文の理由を述べていることを確認しよう。

(3) ──────────────────────────────────── 正答率 28.4%

〔各段落の要旨と全体の流れ〕からわかる通り，全体としては，「社交の場としてのコーヒーハウス」を伝える文章であると言える。選択肢を順に吟味する。

ア．「17 世紀半ば以降，コーヒーハウスはヨーロッパの近代都市生活の，社交的中心となった」

　第 1 段落最終文（The first coffee-house …）に，「1650 年代の初期に，キリスト教世界初のコーヒーハウスが，ロンドンで開業した」とあり，「17 世紀半ば以降」という年代，「ヨーロッパ」という地域は正しい。コーヒーハウスがただコーヒーを飲む場ではなく，「コーヒーハウスはひとつの思想，生活様式，社交の流儀，哲学でもある」（第 2 段落第 3 文），「コーヒーハウスはその当時（＝17〜18 世紀）の社会生活において中心的なものであった」（第 3 段落最終文）とあるように「近代都市生活の社交的中心」という箇所も本文と一致している。ゆえに，これが正解。

イ．「コーヒーハウスの文化は，17〜18 世紀の政府の文書や他の出版物に見られる」

　コーヒーハウスがどのようなものかについての言及がないので，文章全体の趣旨としてはこの選択肢は不足である。

ウ．「16 世紀の終わり頃にコーヒーがヨーロッパにやってきたあと，コーヒーハウスは，文学，とりわけ風刺文学の中心的話題となった」

　第 4 段落に類似の記述があるが，〔各段落の要旨と全体の流れ〕で見たようにこの第 4 段落は第 2 段落の要点の裏付けとなる部分であり，文章全体の趣旨とはいえない。

エ．「コーヒーは 16 世紀終わり頃になってやっとヨーロッパにやってきたが，コーヒーハウスはすぐにコーヒーを国際的に取引される商品にした」

　(1)で見たように，コーヒーハウスのおかげでコーヒーが人気を博したという内容は，本文では枝葉にあたる。

(1)─(d)　(2)─エ　(3)─ア　　　　解　答

38　小惑星資源の開発

全訳

第1段落

　最初に提案されたのは 20 世紀初頭のことだったが，小惑星から資源を得るという考えは注目を集め続けている。基本的な考え方は，地球近傍小惑星，つまり地球に接近する軌道を持っている小惑星から物質を得るというものだ。(c)こうした類の小惑星は，火星と木星の間の軌道を回っている主小惑星帯とはまったく異なるものだ。こうした小惑星から得られる物質は，宇宙飛行，宇宙ステーション，さらには月面基地を下支えするのに，宇宙空間での使用が可能になるだろう。またそうした資源は，地球上で使うのに持ち帰ることもできるだろう。

- [ ] First proposed … 「…に初めて提示されて」　※分詞構文。
- [ ] asteroid「小惑星」
- [ ] that is「すなわち」
- [ ] those having orbits … ＝ the asteroids having orbits …
- [ ] is distinct from ～「～とはまったく異なる」
- [ ] the main belt asteroids「主小惑星帯」

第2段落

　まず関心を集める資源は，Cタイプ（炭素に富む）小惑星か枯渇彗星核のいずれかにあたる地球近傍小惑星から得られる水ということになるだろう。こうした小惑星をすべて合わせると，おそらく地球近傍小惑星の半数かそれ以上になる。その水は，ロケット燃料に使う水素と酸素を作るのに使われるだろう。もちろん，そうした水や酸素は宇宙空間での人間の生活を支えるのにも使えるだろう。オ：宇宙空間で使えるかもしれないもう一つの資源は，まず間違いなく鉄やコバルトといった金属である。これらの物質は，地球上だけでなく，小惑星でも非常にありふれたものであり，宇宙空間での建築材料に使える。

- [ ] the cores of dead comets「枯渇彗星核」
- [ ] Together these …　※「合計でこれらは…」が直訳。「これらを全部合わせると…」の意。
- [ ] structural materials「建築材料」

第3段落：イ

　さらにもう一つ可能性のある資源は，地球に持ち帰ることができる貴金属だろう。小惑星から得られる，最も見込みのある金属の中には白金族金属があり，これは地球上では希少で値段が高く，地球に持ち帰れば多くの工業用途があるだろう。惑星天文学者たちは，地球上の典型的な岩石，あるいは月面上の岩石と比べても，平均的な小惑星の方がこのような金属の含有量は格段に高いはずだと考えている。

- [ ] yet another ～「さらにもう一つの～」
- [ ] promising「将来有望な」
- [ ] for many industrial applications「多くの工業用途に」
- [ ] planetary astronomers「惑星天文学者」

2
読
解

第4段落：オ

　しかし，小惑星の物質を地球に持ち帰ることが有益なのか疑問視する経済学者も
いる。たとえば，宇宙から供給される白金族金属が地球上で急増した場合，同様の
増加が需要面で生じない限り，こうした金属の価格は急落し，結果として利益がな
くなり，さらに投資しようという意欲がなくなる可能性がある。ほかにも，実験室
での分析で使われる希少物質といった，地球に持ち込まれる可能性のあるものは，
市場が限られているうえに，そうした物質の需要は，将来分析技術が向上するにつ
れて落ち込むことが見込まれている。

　　　□　profitably「有益に」
　　　□　cause the price of the metals to drop drastically「金属の価格の急落を引
　　　　　き起こす」
　　　□　eliminating 〜 and discouraging …「〜を排除して…のやる気を削ぐ」
　　　　　※文末に置かれた分詞構文。
　　　□　another possible import「他の，地球に持ち込まれる可能性のあるもの」

第5段落：ウ

　しかし，宇宙から物質を持ち帰ることは費用がかかりすぎるかもしれないとして
も，その一方で，地球上で使う電力を宇宙で生産することに関する非常に興味深い
チャンスがあることも，経済学者たちは指摘している。たとえば，太陽光発電衛星
を地球の軌道上高く設置して，マイクロ波エネルギーの形で地上に太陽エネルギー
を送ることができるかもしれない。月面から採ったヘリウム3も，月面上で核融合
を起こし地球にそのエネルギーを送るということになれば，経済的に魅力的かもし
れない。

　　　□　point to 〜「〜を指摘する」
　　　□　the generation of electrical power「発電，電力を生み出すこと」
　　　□　high earth orbits「地球の軌道上の高い所」
　　　□　nuclear fusion「核融合」
　　　□　with the power beamed down to the earth　※「そのエネルギーが地球
　　　　　に送られて」が直訳。with O C「OがCの状態で」と付帯状況を表す。

第6段落：エ

　同様に，太陽熱収集器を月にある物質を用いて月面上に建設し，地球にそのエネ
ルギーを送り返すということも可能になるかもしれない。もし高質量でハイテクを
必要としない発電所の構成部品が，小惑星から採った物質，あるいは月から採った
ものであっても，そうした物質を使って宇宙で作れば，宇宙の太陽熱発電所の建設
は，原理上，ずっとコストが抑えられる。遠く離れたところでは，巨大惑星（とり
わけ天王星と海王星）のヘリウム3の供給量はたいへん膨大なもので，その大気か
ら核融合のための燃料を得るという構想では，太陽が年をとって死滅するまで，地
球に電力を供給できる可能性がある。

　　　□　out of native materials「その土地にある物質から」　※native は「（その
　　　　　土地に）固有の，原産の」の意。
　　　□　in principle「原理上」
　　　□　schemes for 〜「〜のための構想」
　　　□　power 〜「〜に電力を供給する」

第7段落

　宇宙で捜し求められる資源が物質であれエネルギーであれ，そうしたものを得る技術を，まだこれから開発する必要がある。地球近傍小惑星へ行くのに必要な技術はすでに利用できる——実は，こうした天体のいくつかを訪れるのに必要なロケットのパワーと燃料の量は，月へ行くのに必要なものより少ないのである——が，その一方で，そうした天体（の資源）を採掘し，そこで採れた小惑星資源を加工したり持ち帰ったりするのに必要な技術はまだ開発されていない。こうしたことがどれほど困難で費用がかかるかということも明らかではなく，その任務がロボットでできるのか，それとも人間が指揮しなければならないのかもわかっていない。宇宙機関の中には，ロボットで小惑星を探査したところもあり，人間の調査団を送る可能性も議論されてきているが，小惑星採掘の具体的な計画はまだ立てられていない。

- [ ] mine them「それらを採掘する」 ※them は these bodies（＝near-earth asteroids）を指す。
- [ ] process ～「～を加工する」
- [ ] nor is it known if ～「～かどうかもわかっていない」 ※nor の影響で後ろが疑問文の形式の倒置形になっている。
- [ ] supervision「指揮，監督」

各段落の要旨と全体の流れ

第1段落：20世紀初頭に登場した，地球近傍小惑星から資源を得るという考えは注目を集め続けている。

第2段落：資源として考えられるのは，水と，鉄やコバルトなどの金属である。

第3段落：貴金属も資源として考えられる。

第4段落：資源を地球に持ち帰ることが有益かどうかを疑問視する経済学者もいる。

第5段落：しかし，宇宙での電力の生産は経済的に魅力的である。

第6段落：同様に，宇宙での太陽エネルギーの利用は魅力的である。

第7段落：資源を得たり持ち帰ったりする技術はまだ発展途上である。

(1) ———————————————————— 正答率 83.3%

　この文章全体のテーマは，第1文(a)の「小惑星から資源を得るという考え」である。第2文(b)は The basic notion「その基本的な考え方は」で始まり，第1文で挙げた「考え」の詳細を述べている。第3文(c)は，第2文で触れた「地球近傍小惑星」が，「主小惑星帯」とはまったく異なるものであることを補足している。第4文(d)と第5文(e)は，小惑星から得られる物質の使い道を述べている。つまり，(a)・(b)が「小惑星から資源を得る」というテーマとなる考えを提示し，(d)・(e)が「得られる資源の使い道」を紹介している一方で，「小惑星の種類分け」を示した(c)は，テーマそのものにとって欠かせない情報というわけではない。よって，これが正解。

（2） ────────────────────────────────────── 正答率 64.6%

補充する英文は「宇宙空間で使えるかもしれないもう一つの資源は，ほぼ間違いな
く，鉄やコバルトといった金属である」の意。Another resource「もう一つの資
源」とあるので，この文を補う前の部分で「ある資源」の話が一つ完結している必
要がある。第 2 段落冒頭の文は The first resource … is likely to be water「第一の
資源は…水だろう」となっている。空所ウの後に That water「その水は」，空所エ
の後に that water and oxygen「その水と酸素は」と，ここまで水の話が及んでい
る。一方，空所オの後ろでは，These substances「これらの物質」は structural
materials「建築資材」として使えるとあり，水の話がされていない。よって水の
話は空所オの手前で完結していることがわかるので，空所オに与えられた文を補充
することになる。空所オの後の文の冒頭にある These substances が，空所に補う
文中の metals such as iron and cobalt を受けることにもなり，その面でも適切であ
ると判断できる。

（3） ────────────────────────────────────── 正答率 20.8%

各選択肢の要旨は以下の通り。

　ア．小惑星で採取した資源は地球へ持ち帰るか，その場所で加工するかの二択。

　イ．さらにもう 1 つの潜在的資源は貴金属である。

　ウ．しかし，宇宙での電力の生産は経済的に魅力的であるとも経済学者は指摘す
　　る。

　エ．同様に，宇宙での太陽エネルギーの利用は魅力的である。

　オ．資源を地球に持ち帰ることが有益かどうかを疑問視する経済学者もいる。

第 2 段落は，（2）で検討したように，「小惑星から得られる資源」が何であるかを述
べている。イの冒頭は Yet another potential resource「さらにもう一つ可能性のあ
る資源は」となっており，第 3 段落にイを補うのが適切。ウを見ると，第 1 文主節
に economists also point to …「経済学者たちは…も指摘している」とあるので，こ
れの前に経済学者が何かを述べた段落がなくてはならない。オが冒頭に Some
economists「ある経済学者たちは…」とあるので，オ→ウの順で並べるのが適切。
エは Similarly「同様に」で始まり，「太陽熱収集器を…月面上に建設し，地球にそ
のエネルギーを送り返すということも可能になるかもしれない」と続いているので，
エの直前に「地球外の場所に何かが建設される」「エネルギーを地球に送る」とい
った内容が来ると考えられる。ウの最終部分に「月面上で核融合を起こし地球にそ
のエネルギーを送る」ことが述べられており，ウ→エと並べるのが妥当。以上から
イ→オ→ウ→エの 4 つがつながるので，結果的に**アが不要**となる。アの訳は以下の
通り。

「最も初期の小惑星採掘の考え方では，人間が小惑星に行き採掘する必要があった
が，もっと最近の考え方には，完全にロボットだけの採掘団を送るというものもあ

る。やり方の一つとしては，単に小惑星の一部を地球に持ち帰り，どこか遠隔地に処理工場を建設し，そこでそれを砕くというものである。また別の可能性として，小惑星自体の上で物質を加工するというものもある」

(4) ━━━━━━━━━━━━━━━━━━━━━━━━━━━━━━ 正答率 50.0%

最終段落の第1文（Whether the resources …）には，「そうしたもの（＝宇宙で得られる物質やエネルギー）を得る技術は，まだこれから開発される必要がある」とあり，第2文（While the technology …）はその詳細。第3文（It is also …）の前半では「こうしたこと（＝宇宙資源の採掘，加工，持ち帰り）がどれほど困難で費用がかかるかということも明らかではない」と述べられている。最終文（Although some space …）も「小惑星採掘の具体的な計画はまだ立てられていない」となっている。第1〜6段落に「小惑星から資源を得ることのメリット」が述べられていることを考慮すれば，この段落では小惑星開発の可能性をただ否定しているのではなく，「小惑星から資源を得るためには，まだ技術面での問題がある」という，夢の実現に向けての課題を提示しているとわかる。以上から**イ.「依然実現が待たれる夢」**が適切。

ア.「宇宙旅行という課題」 第2文に「地球近傍小惑星へ行くのに必要な技術はすでに利用できる」とあり，これはもう「課題」ではない。

ウ.「小惑星採掘の費用と利点」「費用」については第3文に少しだけ言及されているが，「利点」については最終段落では特に言及がない。

エ.「地球近傍小惑星がもたらす地球への危険」 このような言及はない。

オ.「小惑星資源の獲得：人間がするのか，ロボットがするのか」 第3文に「その任務がロボットでできるのか，それとも人間が指揮しなければならないのかもわかっていない」とあり，小惑星採掘に関してこれから解決すべき問題の一つではあるが，段落全体でこのことだけが述べられているわけではない。

---

(1)—(c)　(2)—オ
(3)不要な段落：ア　1番目の段落：イ　3番目の段落：ウ
(4)—イ

解答

39 万年筆の収集

全訳

2
読
解

第1段落

　普通の切手やコイン，ボタンであれ，あるいはもっと最近なら，ポケモンのトレーディングカードであれ，何かを収集することは，昔から人気のある趣味である。しかし，ある種の収集には，素人の知識を超えたものが必要になる。こうした分野には万年筆の収集がある。万年筆は，より手頃に手に入れられ便利なボールペンや水性ボールペンに広く取って代わられて，今日では日常的な筆記具としての万年筆はめったに見かけない。まさしくこの理由のために，万年筆は収集家の目を引いたのだ。

- □ be it … 「それが…であろうと」＝ whether it be for …　※譲歩を表す be の特殊用法で仮定法現在の表現。
- □ button「ボタン，襟章，バッジ」
- □ fountain pen「万年筆」　※「泉のようにインクが出てくるペン」の意味。
- □ Widely replaced by …「…によって広く取って代わられて」　※分詞構文。
- □ affordable「（価格が）お手頃な」
- □ rollerball pen「水性ボールペン」
- □ precisely for this reason「まさにこの理由で」

第2段落

　収集家にとっては，ある品物がどれほど珍しいかだけでなく，それについてどれほど興味深い逸話が語られているかによって，その品物の価値が高まる。そして万年筆の長い歴史にはそういった話がたくさんあるのだ。たとえば，実に興味をそそる万年筆の起源は，書記法そのものの発達と切り離せない。中国で紀元 104 年ごろに，「墨」を使って筆で書くために，紙という極めて重要な発明がなされたことは周知の通りである。しかし，それに先立ってエジプト人は今から 4000 年ほど前に，パピルスに書くために中が空洞の葦ペンを使っていたことを考えてみよう。オ：歴史家たちは，こうした非常に初期の筆記具でさえも，ペン先に安定してインクを送り出せる一種の内蔵タンクのようなものを持っていたと見ることができると言っている。これが現代の万年筆，つまりその「泉」が涸れることのない理想的なペンの基本原理でなくて何であろう。

- □ colorful story「興味深い逸話」
- □ China's crucial invention of paper「紙という極めて重要な中国の発明」
- □ India ink「墨」
- □ hollow reed「空洞の葦」
- □ some＋数字「およそ～」　※驚きを示唆することが多い。
- □ What is this if not …?　※「これが…でないとしたら何なのか」が直訳。「これはまさに…である」を強意的に表した修辞疑問。

第3段落

　中世から，ヨーロッパやその他の地域の作家たちは，ベリーの果汁やインクを含ませたガチョウやその他の鳥の羽軸を使っていた。映画で見ると羽ペンはロマンティックに思えるし，シェークスピアが彼の傑作を羽ペンで書いたのだろうとおそらく想像するかもしれないが，実際には，羽ペンはとりたててよいところがないうえ，扱いにくいことが多かった。絶えずインクに浸さなければならないし，先をナイフで尖らせてやらなければならない。ただ文字を書いたり，手で持ったりしているだけですぐにへたってしまうのだ。

- □　goose quill「ガチョウの羽」
- □　might well *do*「おそらく～するだろう」
- □　imagine *A doing*「*A* が～するのを想像する」
- □　compose his masterpieces「彼の傑作を書く」
- □　messy「扱いにくい，面倒な」
- □　become worn down「すり減る，へたる」

第4段落：オ

　万年筆は，その長い発達の歴史を通じて，常に似たような問題に直面してきた。どうやってインクを中に保持し，それでいて紙の上には安定してインクが流れるようにするか，それも絶えず先を削ったりインクつぼに浸したりせずに，かつインクが乾きも漏れもしないように，である。私たちの多くは，突然インクが漏れ出して手をインクまみれにしてしまう質の悪いペンで不愉快な経験をしてきた。万年筆の初期の時代では，こうしたことはよくあることであった。

- □　flow steadily to the paper「安定して紙の上まで流れる」
- □　without either going dry or leaking「乾きも漏れもせず」

第5段落：エ

　皮肉なことに，こうした問題をすべて解決し，万年筆の技術的向上をもたらしたのは，ある偶然の事故だった。1883 年，実業家のルイス・ウォーターマンは，ある契約書に署名してもらうことが必要になった。彼は顧客にただそうしてもらうために自分の万年筆を渡したが，何の前触れもなく，ペンからインクがあふれ，書類全体がインク浸しになったのだ！　ウォーターマンはその契約を逃し，そしてかんしゃくを起こした。

- □　ironically「皮肉なことに」
- □　it was an accident that solved … and led to ～「…を解決し～をもたらしたのはある偶然だった」　※強調構文。
- □　needed a contract signed「契約書に署名をもらう必要があった」　※SVOC の文。
- □　without warning「何の前触れもなく，突然，不意に」
- □　lost his business deal「その商取引を逃した」
- □　lose *one's* temper「かんしゃくを起こす」

第6段落：ア

　彼の場合は，まさに「必要は発明の母」となった。二度と同じことは起こすまいと決心して，彼は研究に取りかかった。彼の新しいインク供給システムは，ペン本

体内部にあるインクタンクから特別設計されたペン先,「ニブ」に安全にインクを送り出すものだった。

- ☐ Determined to avoid the same thing happening again「同じことが再び起こるのを避ける決意をして」 ※過去分詞で始まる分詞構文。文頭にbeingを補って理解すればよい。なお the same thing は動名詞 happening again の意味上の主語になっている。
- ☐ feeder system「インク供給システム」
- ☐ storage「貯蔵」

第7段落：ウ

技術や設計のおかげで万年筆の信頼性が増すと,今度は単なる使い勝手のよさだけでなく美しさにも注意が向けられた。世界中のペンメーカーが質と地位を目指して競争し,世界の有力な指導者や有名人,戦場の兵士,一般的な顧客それぞれのニーズに応じたペンを作った。

- ☐ once ～「いったん～すれば」 ※接続詞。
- ☐ attention could turn to …　※「注意が…に向けられる可能性もあった」が直訳。
- ☐ 名詞＋the world over「世界中の～」
- ☐ compete for quality and status「質と地位を求めて争う」
- ☐ creating pens specifically marketed to …「特に…に向けたペンを作った」 ※文末に置かれた分詞構文。specifically marketed to … は直前のpens を修飾する。
- ☐ in the field「戦場に出た,出征中の」

第8段落

しかし,いまやこの黄金時代は,水性ボールペンからコンピュータへと,筆記技術の新時代に道をゆずりつつあるので,万年筆とその物語を絶えず生かし続けられるかどうかは,私のような普通の収集家たちの手に委ねられている。実は正直に言うと,収集対象のペン第1号は最近購入したのだ。英国デラルー社は,1821年に製紙・印刷会社として設立された。(c)今日でも,英国銀行券が印刷されているのは,安全性の高いデラルー社製の紙である。しかし,20世紀初頭の一時期,同社はちょうど今私が持っているようなペンも製造しており,実際,そうしたペンでかなり名を上げたのである。なぜ私が特にこのデラルー社のペンがほしいと思ったのか説明するには,まず私をこのペンに導いた作家のことをお話ししなくてはならない。

- ☐ now that S V「いまやSがVするので」
- ☐ give way to ～「～に道をゆずる,～に負ける」
- ☐ rest with ～「～にかかっている,～次第である」
- ☐ keep ～ alive「～を生かし続ける」
- ☐ confess to ～「～を白状する」
- ☐ collectable「収集向きの,コレクター好みの」
- ☐ it is De La Rue's high-security paper on which …　※強調構文。
- ☐ created quite a name for itself with them「それらでかなりの名を上げた,かなり有名になった」

第9段落

　19世紀の小説家，オノト・ワタンナはかつて，西洋と日本を扱った非常に人気のある小説を英語で書いた。彼女は，英国の読者に日本の言葉，文化，習慣を伝えたかったのだ。彼女は本名を明かすことは決してしなかったが，「オノト・ワタンナ」はただのペンネームだとは認めた。これはまさに文字通りであるとわかった。というのも「オノト」はデラルー社の万年筆の名前でもあったからである！

□　quite literally「まさに文字通り」　※pen name が「ペンの名前」だったということ。

□　it turns out「判明する」

□　for「というのも」　※接続詞。

第10段落

　オノト・ワタンナが実はいかなる人物であるかはすでに知っていた。ウィニフレッド・イートン（が本名で彼女）は，中国人と英国人のハーフで，カナダとアメリカ合衆国で育った。彼女は日本語はまったく話さず，日本へ行ったこともなかった。例の万年筆が後に偶然私の注意を引いたのは，1920年代の日本の「万年筆といえばオノト」の広告を見たときだった。すぐに私はそのペンが日本製であり，オノトというペンネームの気の利いた出所だと思った。しかし，オノトのペンは1905年，「オノト・ワタンナ」の「後に」英国で生まれたのである。つまり，ちょうど，ウィニフレッド・イートンが以前にやったのと同じように，デラルー社もイートンの日本的な偽名を借りてまで，日本的なものを求める世界的な流行に従ったのだった。この誤解は，万年筆と作家に関する真実を追究してみようという気持ちに火を付け，結果，予想もしなかった物語を持った稀有な万年筆の収集という新しい情熱につながったのである。

□　the actual identity of ～「～の実際の素性」

□　by chance「偶然に」

□　"Onoto, the Pen."　※the Pen は「唯一のペン」の意味なので「万年筆といえばオノトしかない」という意味。

□　the clever origin of ～「～の気の利いた出所」

□　just as had Winnifred Eaton before them＝just as Winnifred Eaton had followed the global fashion for things Japanese　※この文では，作家のウィニフレッド・イートン（＝オノト・ワタンナの本名）が日本的なものを求める流行に従って日本を題材にした小説を書いて人気を博したように，デラルー社もまたイートンの日本風の筆名を借りてまで日本的なものを求める流行に従ったことを述べている。
(just) as S＋be 動詞〔do / 助動詞〕は，しばしばSの強調や文のバランスを整えるためSが後置され，(just) as be 動詞〔do / 助動詞〕＋Sの形になる。

□　the global fashion for things Japanese「日本的なものを求める世界的な流行」　※当時欧米で流行した日本趣味（ジャポニズム）のことを指していると考えられる。

□　this misunderstanding「この誤解」　※第4文（Immediately, I assumed …）にある通り，デラルー社製のオノトというペンの名前に目をつけた

イートンが，オノト・ワタンナという筆名を名乗ったと，筆者は思っていた。ところが実際には，イートンの日本風の筆名であるオノトに目をつけたデラルー社が，ペンの名前にオノトという語を取り入れた。こうした事実誤認を指している。

各段落の要旨と全体の流れ

第 1 段落：日常的な筆記具としては現在まず見られない万年筆だが，収集家の目を引いている。

第 2 段落：「泉」が涸れない万年筆はその起源をエジプトに見ることができる。

第 3 段落：中世から果汁やインクを含ませた羽ペンがあったが，不便なものであった。

第 4 段落：いかにして安定してインクが流れるようにするかが万年筆の課題であった。

第 5 段落：ルイス・ウォーターマンが偶然，技術開発のきっかけを得る。

第 6 段落：ルイス・ウォーターマンが特別なペン先を含む新しいインク供給システムを作ることに成功。

第 7 段落：世界中のペンメーカーが質と地位を争って有名人などに売り込む。

第 8 段落：「私」がデラルー社のペンがほしいと思った理由への導入。

第 9 段落：デラルー社の万年筆の名前にもなった「オノト・ワタンナ」という小説家。

第 10 段落：デラルー社もイートンの日本的な偽名を借りてまで，日本的なものを求める世界的な流行に従い「オノト」を発売。これがきっかけで「私」は万年筆の魅力に取り憑かれた。

---

(1) ──────────────────────────────── 正答率 75.0%

補充する英文の意味は「歴史家たちは，こうした非常に初期の筆記具でさえも，ペン先に安定してインクを送り出せる一種の内蔵タンクのようなものを持っていたと見ることができると言っている」である。したがって「こうした非常に初期の筆記具」が述べられている箇所の後に入れる必要がある。アは段落冒頭であり，前段落（第 1 段落）には「初期の筆記具」にあたるものは述べられていない。イ，ウも同様にその前には「初期の筆記具」は述べられていない。エの前には brush-writing with "India ink"『『墨』を使う筆書き』があるが，補充する文には，「初期の筆記具」には「ペン先にインクを送り出せる内蔵タンクがあった」と述べられている。筆にはそのような仕組みはない。オの前には「4000 年前のエジプト人が使った中が空洞の葦ペン」のことが述べられており，この箇所に補うのが適切。

(2) ──────────────────────────────── 正答率 25.0%

各選択肢の要旨は以下の通り。

　ア．ルイス・ウォーターマンが特別なペン先を含む新しいインク供給システムを作ることに成功。

　　イ．19世紀の発見：柔らかいゴムを硬くする技術が万年筆の軸にも使われた。

　　ウ．世界中のペンメーカーが質と地位を争って有名人などに売り込む。

　　エ．ルイス・ウォーターマンが偶然，技術開発のきっかけを得る。

　　オ．いかにして安定してインクが流れるようにするかが万年筆の課題であった。

補充箇所の直前の段落（第3段落）には「昔の羽ペンの欠点」が述べられている。オの冒頭には「その長い発達の歴史を通じて，万年筆は常に似たような問題に直面してきた」とあるが，これが過去完了で書かれており，過去のある時点までのことであることに注意。また similar problems「似たような問題」は，第3段落で述べられている「羽ペンが抱えている問題のような，万年筆が抱えている問題」という意味だと考えられるので，まずオが最初の空所に入る。第3段落の直後の空所にオを入れることで，読者にとって馴染みのある羽ペンの問題点の話から，それまでの万年筆全般の問題点の話にスムーズに移行することができる。アを見ると冒頭にIn his case「彼の場合」とあり，his が受ける人物がこの前に必要。イには Charles Goodyear，エには Lewis Waterman の名があり，どちらかがアの前にくる。アは「二度と同じことは起こすまいと決心して」（第2文），「彼の新しいインク供給システムは，…安全にインクを送り出すものだった」（最終文）と続くので，前にペンのインクでの失敗が述べられている必要がある。エの第3文（He gave his …）に「ペンからインクがあふれ，書類がインク浸しになった」とあるので，これをアの前に置くのが適切であるとわかる。次に，エの第1文に「こうした問題をすべて解決し」とあり，these problems にあたるものが前に必要だが，これはオで述べられている万年筆が抱えている問題を受けると考えられる。以上でオ→エ→アと並ぶ。

残るのは最後の空所。補充箇所に続く段落（第8段落）冒頭には，「しかし，いまやこの黄金時代は，水性ボールペンからコンピュータへと，筆記技術の新時代に道をゆずりつつある」とあり，直前で「（万年筆の）黄金時代」にあたることが述べられている必要がある。ウには，「世界中のペンメーカーが，…売り込むペンを作って，質と地位を争った」とあり，ふさわしい。以上より，**オ→エ→ア→ウ**と並ぶ。イはチャールズ・グッドイヤーが柔らかいゴムを硬化させる技術を発見し，万年筆の軸にも使われたことが述べられているが，特に万年筆がそれでよく売れたといった内容にはなっていない。したがって，**不要なのはイ**となる。

(3) ──────────────────────────────── 正答率 25.0%

第8段落は，筆者が収集目的で買った万年筆の話を持ち出している箇所。各文は

(a)「初めての収集目的のペンは最近買った」

(b)「デラルー社は製紙・印刷会社として1821年に創立された」

(c)「今でも英国紙幣はデラルー社の安全性の高い紙を使っている」

(d)「デラルー社は，20世紀の初頭には私が持っているようなペンも作っており，

それによって名を成した」

(e)「私が，このデラルー社のペンをほしがった理由を説明するには，このペンに導いた作家の話をしなければならない」

となっている。(a)は以下の話の話題提示として必要，(b)はここで初めてデラルー社の名を挙げているので必要，(d)は同社が万年筆を作っていた事実を伝えるために必要，(e)は次段落へのつなぎとして必要である。(c)は，万年筆のことを主題としている本文には直接関係のないことであり，これを取り除いても最も影響が少ない。

(4) ─────────────────────────────── 正答率 51.8%

設問に「文章全体との関係において」とあることに注意して答えを出すこと。まず，最後の3段落の内容を確認する。第8段落は，「いまや…万年筆とその物語を絶えず生かし続けられるかどうかは…収集家たちの手に委ねられている」と，万年筆が筆記具というより収集対象となっていることを挙げ，(3)でも見たように，第2文（Indeed, I confess …）で筆者自身が最近収集目的の万年筆を購入したことを述べている。そして，同段落最終文で「なぜ私が特にこのデラルー社のペンがほしいと思ったのか説明するには，まず私をこのペンに導いた作家のことをお話ししなくてはならない」と述べて，以下第9・10段落で，その作家「オノト・ワタンナ」とデラルー社製のペン「オノト」のことを語っている。これと，第1～7段落で，「収集家の目を引いている万年筆の歴史」が述べられていることを考慮すれば，これらの段落は**イ.「なぜ私が万年筆を収集し始めたか説明すること」**が目的であるとわかる。ウは本文にまったくあてはまらず，ア，エ，オは設問にある「文章全体」を考慮していないので不可。その他の選択肢の意味は以下の通り。

ア.「オノト・ワタンナの正体を明かすこと」

ウ.「万年筆の最近の歴史を述べること」

エ.「デラルー社が作った製品を紹介すること」

オ.「なぜデラルー社が自社のペンに『オノト』という名前をつけたか明らかにすること」

(1)—オ　(2)不要な段落：イ　1番目の段落：オ　3番目の段落：ア
(3)—(c)　(4)—イ

40　生命の基礎の新しい理解

全訳

第1段落

　人間の頭脳が進化していく中，ある時点で私たちはこの惑星外にいる生命の可能性を考え始めた。ひょっとしたらそれは何千年も前のある星の多い夜，だれかある原始人が住処の洞窟から外へ出て，空を見つめ，あの深遠な問い，（この宇宙には）私たちしかいないのだろうか，という問いを初めて発した時だったのかもしれない。それ以後今日まで，ずっと私たちはその疑問を抱き続けてきた。ほんの数年前まで，地球外生命をどこに捜し求めればよいかということに関する重要なカギが，まさにこの地球上，私たちの足下にあるかもしれないということに思いを致すことができた人はいなかっただろう。

- □　*l.* 2　life beyond our planet「我々の惑星外にいる生命」
- □　*l.* 2　starry「星の多い，星のように光る」
- □　*l.* 3　step outside of ～「～の外へ出る」
- □　*l.* 3　gaze at ～「～をじっと見つめる」
- □　*l.* 4　profound「深い，深遠な」
- □　*l.* 4　Are we alone?「(宇宙にいるのは) 我々だけなのか」
- □　*l.* 6　clue as to ～「～に関する手がかり」
- □　*l.* 6　right here on Earth「まさにここ地球上に」

第2段落

　地球上の生命の起源を探る最近の研究で，温度と圧力がきわめて高い，地表面から何千メートルも下で繁殖している微生物について魅力的な発見が相次いだ。岩や粘土層の内部でも，こうした微生物が水を得ることはできるが，生きていくのに欠かせないと私たちなら考えるようなその他のものはほとんどない場合が多い。例えば，こうした微生物の多くは何億年もの間，太陽光から切り離されてきた。<u>ウ：こうしたあらゆることにもかかわらず，これらの微生物はその大きさをはるかに超えた重要性を有している。</u>微生物は地表における植物と同様に，地下の食物連鎖の基礎をなしており，こうした地下社会が存在していることが判明したことにより，地球上または他の場所の生命に関する私たちの考え方が完全に変わってしまった。それは，私たちの多くが高校の生物の授業で習ったこと，つまりあらゆる生命は究極的には太陽エネルギーに依存しているということと矛盾する。今では，こうした地下の微生物こそが地球の最初の生命体の直系の子孫なのかもしれないと考える科学者たちもいる。

- □　*l.* 9　microbe「微生物」
- □　*l.* 9　thrive「栄える」
- □　*l.* 11　have access to ～「～を入手できる」
- □　*l.* 11　little else that we would consider necessities「我々なら必要なものだと考えるであろう他のものはほとんどない」　※that は関係代名詞で consider の目的語。仮定法で書かれている。
- □　*l.* 13　an underground food chain「地下の食物連鎖」

☐ *l*. 16　contradict 〜「〜と矛盾する」
☐ *l*. 16　the lesson … と that all … が同格の関係にある。
☐ *l*. 18　directly descend from 〜「〜の直系の子孫である」

第3段落

　天文学者や他の分野の科学者たちは，宇宙の惑星の多くが，地球に非常に近い地下環境をもっている可能性が高いということで意見が一致している。こうした惑星の中には，内部の温度や圧力の条件が，水を保持することに適したものさえ存在する可能性がある。(a)そうした惑星の地中深いところには，近い将来，遠い未来のいずれにおいても私たちの社会にとって非常に有用になるであろう貴重な天然資源もあるかもしれない。地球深部の極限状態で生き延びる生命体がいるのだから，火星の地中深くにいてもおかしくないだろう。そして，一部の科学者が考えるように，地球の地下で生命が誕生したのなら，太陽系の，あるいはもっと広範囲な宇宙の他の場所の似たような環境のひとつにもまた，生命が生まれえたのではないだろうか。太陽エネルギーによる生命だけしかありえないとする狭い見方にとらわれて，私たちはこれまで，もしどこかの惑星が生命を支えうるなら，それは地表条件がこの地球と似ているところだろうと思ってきた。しかし，今では，この広く信じられてきた想定は間違っており，この地球の中であれ，宇宙全体であれ，生命が維持されうる範囲というものをずいぶん狭く見積もってきたように思われる。

☐ *l*. 20　astronomer「天文学者」
☐ *l*. 21　subsurface environment「地下環境」
☐ *l*. 22　interior「内部」
☐ *l*. 23　could even maintain water「水を維持さえするかもしれない」
☐ *l*. 25　life form「生命体」
☐ *l*. 26　…, why not the deep subsurface of Mars ?「火星の地下深いところでどうして（生存）していないだろうか」＝「（生存）していてもおかしくない」
☐ *l*. 26　as some suspect「一部の科学者が考えるように」　※some（of the scientists）suspect that S V「S が V するであろうと疑う」から，some suspect が as によって切り取られた形。*cf.* As you know, S V. （＝You know that S V.）
☐ *l*. 27　couldn't life also have arisen in …?「…の中でもまた生命は生まれえたはずはないのだろうか？」　※could は推量を示す助動詞。
☐ *l*. 29　narrow-minded view「視野の狭い見方」
☐ *l*. 29　solar-powered life「太陽エネルギーでパワーを得ている生命」
☐ *l*. 30　presume 〜「〜と推測する」
☐ *l*. 33　〜 have been substantially underestimated「〜がずいぶんと狭く見積もられてきた」

第4段落

　地球の地下を調査する者にとって，最も興味深い領域は，いくつかの点で遠く離れた惑星に勝るとも劣らぬほど遠く離れた地である。自分たちがそうした地域を訪れるわけにはいかないので，彼らは地下深くから運び上げられた土や岩のかけらを研究室で調べることで満足しなければならなかった。

- ☐ *l.* 35　in some ways「いくつかの点で」　※両者は，方向は異なるが，時間，費用がかかるといった「いくつかの点で」の意味。
- ☐ *l.* 36　Unable to visit … 「…を訪れることができないので」　※理由を表す分詞構文。冒頭に being が省略されている。

第5段落

ところが，最近，科学者たちのある小さなチームが，自分たちの夢を実現する方法を見つけた。つまり，世界一深い鉱山のひとつである南アフリカの東ドリエフォンテイン金鉱に下りていくというやり方で行うのである。ここではいくつもの連なった坑道が地下3キロメートル以上の深さに達するまで掘られている。この鉱坑は建設するのに数十年を要し，どんな基準に照らしてみても工学上の驚異である。典型的な生産勤務シフト中には，5000人を超える労働者が地下に下り，新しい坑道を作ったり，支持構造物を建設したり，金を含む岩を掘り出したりしている。

- ☐ *l.* 39　live 〜 out / live out 〜「〜を現実のものとする」
- ☐ *l.* 40　mine「鉱山」
- ☐ *l.* 42　has taken decades to construct 〜「〜を建設するのに数十年かかった」
- ☐ *l.* 43　an engineering wonder「工学上の驚異」
- ☐ *l.* 43　by any standard「どんな基準に照らしても」
- ☐ *l.* 43　during a typical production shift「典型的な生産勤務シフト中には」　※shift は「交代制の勤務時間」の意味。
- ☐ *l.* 45　creating …, building …, and digging … はすべて文末に置かれた分詞構文。

第6段落

1998年の秋，プリンストン大学の科学者であるチュリス・オンストットは，慎重に選ばれた学者たちのチームとともに，数週間にわたり，地下金鉱の労働者たちに同行した。初日，研究者たちはごく最近に掘られた最深部へ直行することにした。そこなら，地表の微生物が混じり込むということがおそらく最も少ないと考えられたからだ。研究者たちは，地底へ行く途中，地球の深部へ下りていくにつれて，気圧が増し，気温が上がるのを感じることができた。最も深いところに達したときには，あまりにも汗をかいていたため，彼らは水筒に手を伸ばさないではいられなかった。この3キロメートルの深さのところでは，岩の表面の温度は摂氏60度だった。

- ☐ *l.* 47　along with 〜「〜と共に」
- ☐ *l.* 49　head immediately to 〜「すぐに〜に向かう」
- ☐ *l.* 51　contamination「（主に化学物質や生物などからの）汚染」
- ☐ *l.* 51　on their way down「地底へ行く途中」
- ☐ *l.* 52　feel the pressure build and the temperature rise「圧力（気圧）が高くなり，気温が上がるのを感じる」　※feel O 原形「Oが〜するのを感じる」の第5文型。build は「（数量が）増す」の意。
- ☐ *l.* 54　reach for 〜「〜を取ろうと手を伸ばす」

第7段落：ウ

　その区域はどこを見ても忙しく仕事が行われていた。研究者たちは掘削に使われるドリルその他の機材の音に負けずに互いの声が聞こえるように声を張り上げなければならなかった。労働者のヘルメットに取り付けられたライトがほこりの充満した暗闇のあちこちに見られ，空気中には火薬のにおいが立ちこめていた。騒音や身体的な不快感，そして非常に現実的な事故の危険性をものともせず，研究者たちは仕事にかかった。

- □　shout … over the sounds of ～「～の音に負けないように叫ぶ」
- □　dust-filled darkness「ほこりが充満した暗闇」
- □　explosive「火薬」
- □　ignoring の目的語は the noise, the physical discomfort, and the very real danger of accidents である。

第8段落：エ

　サンプルの採集袋がすべていっぱいになったとき，彼らはしばらくあたりを見て回った。彼らは翌日にはまた戻ってくる予定にしていたが，興奮していたので，そこを離れるのがためらわれた。体力が衰え始めて，ようやく彼らは地表へ上がるエレベータのところへ戻った。

- □　fade「（徐々に）衰える」
- □　hike back to ～「～に（ハイキングしながら）戻る」

第9段落：ア

　何カ月もかかってやっと，彼らは採取したサンプルの研究室での分析を終えることができた。一部のサンプルには予想よりもはるかに多くの，つまり1グラム中に10万から100万の微生物が含まれているものがあることがわかった。こうした微生物の多くは，確かに珍しい生命維持の手段をもっていた。

- □　the laboratory analysis of their samples「それらのサンプルの研究室での分析」
- □　did indeed have ～「実際～をもっていた」　※did は強調のための助動詞。indeed も強調副詞。

第10段落：イ

　南アフリカの金鉱で通常とは異なる微生物が発見されたことで，科学者たちは，地球上でどのようにして生命が進化したのかを理解しようと思うなら，地下世界のさらなる研究が絶対に必要だと確信した。彼らは現在，地球外生命の問題の調査にあたって，宇宙と同じくらい地球の内部深くに注目している。

- □　convince A that S V「A に S が V することを確信させる」
- □　if we are to do「もし我々が～することになるのなら，～するためには」

各段落の要旨と全体の流れ

第1段落：地球外生命に関するカギが我々の足下にあると思った人は少し前までいなかった。

第2段落：地下の微生物は太陽エネルギーを必要としないものも多い。

第3段落：生命維持可能な範囲に関わる従来の想定は狭すぎた。

第4段落：地球でさえ地下深く入るのは困難であった。

第5段落：ある科学者チームは鉱山を利用し地下に入った。

第6段落：地下3キロメートルまで行く。

第7段落：劣悪な環境であったが研究者は仕事にかかった。

第8段落：サンプルを袋一杯につめ地上に上がった。

第9段落：サンプルには予想以上の微生物が含まれていて，その多くは独自の方法で生命維持をしていた。

第10段落：生命の進化の理解や地球外生命の問題には地球内部のさらなる研究が必要である。

(1) ──────────────────────── 正答率 28.0%

補充する英文の文意は「こうしたあらゆることにもかかわらず，これらの微生物はその大きさをはるかに超えた重要性を有している」である（out of proportion to ~「~と不釣り合いで」）。冒頭の「こうしたあらゆること」にあたるものを探し，「にもかかわらず」から，補充文とその前の内容が相容れないものになる箇所を選ぶ。またこの文のあとには「これらの微生物が非常に重要である」とは具体的にどういうことか，なぜ重要なのかといった内容が続くと考えられることも手がかりである。アの前には「微生物が地中深く，過酷な環境で生きている」ことが述べられており，アの直後には「これらの微生物が水以外に，生きていくのに必要と思われるものは手に入らない環境に生きている」ことが述べられている。この直後のイのあとは「例えば」として，「太陽光から切り離されている」とあるのだが，これがイの手前の2文に対する具体例であることは明らかである。よって，アとイに余計な文を加えることはできない。ウの直後は「それら（＝微生物）…の存在は，生命に関する考え方をすっかり変えた」とある。微生物がこのような大きな変化をもたらしたことは，補充文にある「その大きさをはるかに超えた重要性」の具体的な例としてふさわしい。また，「こうしたあらゆること」は同段落の前で述べられている「微生物がおかれた様々な過酷な状況」と合致する。よって，ウに入れるのが妥当である。念のため，そのあとも見ると，エの直後では「地中の微生物の存在は，学校で習ったことと矛盾する」とあり，これは「生命に関する考え方を変えた」ことにつながる。また，オの直後には「地中の微生物は地球の最初の生命体の直系の子孫だと考えられる」とあり，生命の始まりの探究に一石を投じた，つまり，ここ

も「生命観を変えた」こととつながる。したがって，**ウ**に補うのが最も適切である
と確認できる。

(2)　――――――――――――――――――――――――――――　正答率 44.0%

この文章は，地中深くに生息する微生物が生命探究の重要なカギであることを述べ
ている。さらに，第3段落で中心的に扱われている内容は，地中に生命が存在しう
るのなら，地球外を含め，より広い範囲に生命が存在する可能性がある，というこ
とである。(a)は「地中深いところには，近い将来，遠い未来のいずれにおいても私
たちの社会にとって非常に有用になる価値の高い<u>天然資源もあるかもしれない</u>」と，
微生物や生命体のこととは無関係な内容であり，段落の論旨とはあまり関係がない
といえる。したがって，これが正解。

(3)　――――――――――――――――――――――――――――　正答率 46.0%

科学者たちのチームが，坑道を3キロメートル下りたあとの状況について述べた段
落を適切な順に並べる。アは「何カ月もかかってやっとサンプルの分析が終わっ
た」とあり，鉱山から帰ってきたあとの話である。イは「鉱山で発見された微生物
は科学者たちに地下世界のさらなる研究が欠かせないと確信させた」で始まり，ア
よりもあとであるべき。ウは「その区域はどこを見ても忙しく仕事が行われてい
た」で始まり，金の採掘現場の様子が述べられているので，これが坑道に下りた直
後である可能性が高い。エは「採集袋がいっぱいになったとき」で始まり，ウより
もあと，アよりも前であることがわかる。整理すると，**ウ→エ→ア→イ**の順にする
のが適切。

(4)　――――――――――――――――――――――――――――　正答率 46.0%

(2)でもふれたように，この文章は，地表とはまったく異なる地中の環境の中で生き
ている微生物が，これまでの生命の常識を覆し，生命の誕生や進化，ひいては地球
外生命の存在を探るカギになることを述べたものである。それは第1段落最終文
（No one could …）にも述べられている。したがって，**ウ．「生命の基礎の新しい
理解」**が適切。他の選択肢の意味は以下の通り。

ア．「他の惑星上の生命の探索」

イ．「微生物がいかにして地下で生きているか」

エ．「科学者たちが工学上の驚異を探る」

オ．「東ドリエフォンテイン金鉱の重要性」

(1)―ウ　(2)―(a)　(3)―ウ→エ→ア→イ　(4)―ウ　**解答**

41　競い合う廃棄物処理システム

全訳

第1段落

　ニューデリーの美しい芝地から遠く離れたところに，ウェストデリーのスワラン・パーク工業地域がある。この工業団地のいたるところにプラスチックがある。プラスチックは地面を覆い，風に舞い，分類され溶かされて，細かく刻まれる。大積載量のトラックが出入りして，屈強な男たちが載せたり降ろしたりする大きな袋を運んでいる一方で，他の男たちは外部の者には理解できない専門用語で複雑な取引をしている。

- □ *l.*1　Far away from … lies ～.「…から遠く離れたところにあるのが～だ」　※〈副詞句＋動詞＋主語〉の倒置形になっている。
- □ *l.*1　park「（ある用途を持った）広大な敷地，工業団地」
- □ *l.*3　sort ～「～を分類する」
- □ *l.*3　heavy truck「大積載量のトラック」
- □ *l.*4　sack「（石炭や小麦などを入れる粗布の）大袋」
- □ *l.*5　make complex deals「複雑な取引をする」

第2段落

　スワラン・パークは再生プラスチックのアジア最大の市場である。4 平方キロメートルの土地に，プラスチックを高く積み上げた，何百もの小さな屋根もない倉庫がある。業務は 24 時間休みなく行われ，プラスチックが小規模の商人から買われ，数多くのリサイクル工場へと受け渡される。

- □ *l.*8　open-air「屋根のない，吹きさらしの」
- □ *l.*8　warehouse「倉庫」
- □ *l.*9　round the clock「昼も夜も休みなく，24 時間ずっと」
- □ *l.*9　with plastic being purchased … and passed on「プラスチックが…買われ，受け渡される」　※with は付帯状況の with。
- □ *l.*10　recycling mill「リサイクル工場」

第3段落

　インドでは，廃棄物の回収，再生処理，処分は，政府の機関，非公認の集団，そして民間企業が行っている。最近まで，政府機関だけがあらゆる固形の廃棄物の回収，再生処理，処分をすることになっていたのだが，それでは非効率なことが多い。その結果のひとつとして，たとえば，デリーでは，ほとんどすべてのリサイクルは――スワラン・パークにおいてそうであるように――公の許可のない団体によって非公式に扱われてきた。しかし今では，廃棄物処理が正規の民間企業に移行しつつあり，非公認の労働者の職が脅かされるかもしれない。

- □ *l.*11　waste collection「廃棄物の回収」
- □ *l.*13　be supposed to *do*「～することになっている」
- □ *l.*13　dispose of ～「～を処理する」
- □ *l.*15　informally「非公式に，闇で」
- □ *l.*16　transfer *A* to *B*「*A* を *B* に委譲する」

□ *l*.16　regular private company「正規の私企業」

第4段落

　廃棄物処理の過程は，まず路上や一般家庭，オフィス，工場からの回収，次に，素材が分類される分別，そして最後にリサイクルそのものである。デリーでは，廃棄物回収は従来から，ペリワラ，ビネワラ，カティワラ，ティアワラという非公認のネットワークによって行われてきた。ウ：このそれぞれの部門が独自の役割を持っている。ペリワラは大きなビニール袋を持ち運んでいるのが市内で見られることが多い。彼らの仕事は，利用可能なマールを求めて路上を捜し歩くことだ。マールとは，紙でもプラスチックでもガラスでも金属でも，なんらかの価値があるもののすべてを指す。ビネワラは特定の地域の市によって設置された路上ごみ入れからだけマールを拾い，一方，カティワラはオフィスから出るごみだけを集める。ティアワラはオフィスや一般家庭からマールを買い，自分たちが集めたものがずっと質が高いので，他より高い値段をつけるのが普通だ。回収されたあと，廃棄物は 40 種以上に分類される。こうした分類過程を経ることで，廃棄物は実際的に価値が高まり，リサイクルしやすくなるのである。

　　　　□ *l*.18　waste management「廃棄物処理」
　　　　□ *l*.19　sorting「分別」
　　　　□ *l*.19　during which 〜「その間〜」
　　　　□ *l*.23　search the streets for 〜「〜を求めて通りを見てまわる」
　　　　□ *l*.24　of some value「なんらかの価値がある」
　　　　□ *l*.25　bin「ごみ入れ」
　　　　□ *l*.27　charge higher prices for 〜「〜に対してより高い値段を請求する」
　　　　□ *l*.29　in effect「実際，事実上」

第5段落

　この非公認の経済は，そのリサイクルを基盤にしたビジネスモデルと共に，都市に大いに役立っているように思われる。しかし，非公認の廃棄物回収はおそらく法で認められてさえおらず，そうした事業を政府もほとんど公認していない。非公認の労働者の中には，この産業を政府がもっとしっかり公認してくれれば，安い日当が高くなるのにと感じている者もいる。(d)現在のところ，平均的なペリワラは，1日に約 70 ルピー，つまりおよそ 180 円の稼ぎなのである。政府の公認を支持する人たちはまた，不衛生で危険なこともある彼らの労働条件が政府の公認によって改善されることも期待している。

　　　　□ *l*.32　do 〜 a great service「〜に大いに役立つ」
　　　　□ *l*.34　recognition of the industry「この産業を公認すること」
　　　　□ *l*.35　〜 result in an increase in …「〜は…の増加につながる」
　　　　□ *l*.36　about 70 rupees, or about 180 yen「約 70 ルピー，すなわち約 180円」

第6段落

　しかし，政府が公認すると，そのこと自体からもさまざまな問題が生じるであろう。この非公認の産業がうまくいっている主な理由のひとつは，生産コストが低く，規範の融通がきくことだ。その融通性は，政府の統制が効力を持つようになれば失

われてしまうだろう。また，政府が公認しても，もっとも保護を必要としている人たちへの恩恵にはなりそうにもない。というのも，許可を与えることはただ免許があるというだけで大もうけする特権的な集団を生み出すだけということになりかねないからである。

- □ *l.* 41　flexible standards「柔軟な基準，基準が柔軟であること」
- □ *l.* 42　come into effect「（法律などが）発効する」
- □ *l.* 42　benefit ～「～に恩恵を与える」
- □ *l.* 43　privileged group「特権的な集団」
- □ *l.* 44　make large amounts of money「大もうけする」

第7段落：(iv)

似たようなことは，デリーの汚染を生み出す業種をすべて閉鎖するという2000年の最高裁の裁定の結果として起こっている。この決定で，いくつもの工場が隣接するハリヤナ州に移転した。しかし，取引のための免許がなければ，どんな原材料でも州境を越えて運ぶことはできなかったのである。この免許を持っている者は非常に少なく，ただ州境を越えて原材料を運ぶだけで莫大な利益を上げる業者の勃興をもたらすこととなった。

- □ 　the Supreme Court「最高裁判所」
- □ 　ruling「（裁判所などの）決定，裁定」
- □ 　a number of ～「いくつもの～」
- □ 　the transfer of ～ across …「～を…を越えて運ぶこと」

第8段落：(ii)

廃棄物回収の場合には，デリーの廃棄物処理系民間企業は重量を基準に支払いを受けている。このため，民間企業は今ある非公認の仕組みとまともに衝突することになる。というのは，非公認に回収を行っている者が1キロの廃棄物を集めると，そうでなければ民間企業に支払われたはずの1キロ分が減るということだからだ。

- □ 　be paid on a weight basis「重量を基準として支払われる」
- □ 　put *A* in conflict with *B*「*A* を *B* と対立させる」
- □ 　existing「既存の」
- □ 　one kilogram of waste collected by the informal collectors is one less kilogram for which the private companies would otherwise be paid
  ※「非公認に回収を行っている者が回収した1キロの廃棄物は，そうでなければ（＝非公認の業者が回収しなければ）民間企業に支払われたはずのマイナス1キロに相当する」が直訳。

第9段落：(i)

衝突のもうひとつの原因は，都市の廃棄物はすべて複雑な規則に従って分類しなければならないという新しい規制から生じている。これらの規則は非公認の処理業者には守るのが難しく，多くの地区では廃棄物の回収と分類を廃棄物処理系民間企業にゆだねるようになってきている。

- □ 　require that S＋原形不定詞「Sが～することを求める」　※that節内の原形不定詞は仮定法現在。

第10段落：(iii)

　もし大企業がさらに廃棄物処理にかかわるようになれば，現在の非公認経済は危機に立たされるだろう。民間企業はすぐに分別所や倉庫，最終的には再生工場を建設する可能性がある。やがては，こうした企業は非公認の回収する者，輸送する者，取引を行う者をこのビジネスから追い出し，デリーでの生活の独特で興味深い一部分である，スワラン・パークの大きなリサイクルの仕組みは，もはや存在しなくなることだろう。

- □ big business「大企業」　※この business は「企業」という意味。
- □ be at risk「危機に瀕している」
- □ drive 〜 out of business「〜を失業させる」
- □ colourful（＝colorful）「生き生きとした，興味深い」　※u が入るのは英国つづり。必ずしもプラスイメージとは限らない。

各段落の要旨と全体の流れ

第1段落：スワラン・パーク工業地域の様子の具体的な描写。
第2段落：スワラン・パークがアジア最大の再生プラスチック市場であるという紹介。
第3段落：インドで廃棄物回収・再生処理・処分を行う中心が，非公認な労働者から正規の民間企業に移りつつあるという実態の提示。
第4段落：従来から非公式に回収を行っている4種類の集団の説明。
第5段落：政府がこの非公認の回収業務を公認するメリット（賃金・労働条件の改善）の説明。
第6段落：政府が公認するデメリット（融通性の消滅，特権層だけに有利になりがちな免許制）の説明。
第7段落：免許制がもたらす問題の具体例。
第8段落：民間企業と非公認業者の衝突原因その1（廃棄物の争奪戦）。
第9段落：民間企業と非公認業者の衝突原因その2（複雑な分類規則）。
第10段落：原因その2によって予想される結果（これまで十分機能してきた非公認業者の衰退）。

(1) ━━━━━━━━━━━━━━━━━━━━━━━━ 正答率 47.6%

補充する文の文意は「それぞれの部門が独自の役割を持っている」である。なんらかの category「部門，範疇，種類」が挙げられたあとに入れるのが適切。また，後ろに続く箇所で a specific task「独自の役割」が述べられていることも確認すること。ウは直前に現地の言葉らしい4つの語が挙がっており，直後にそれぞれが何をしているのかが説明されている。ここに入れるのが適切。

(2) ── 正答率 47.6%

「取り除いても大意に影響を与えない」のは，他の箇所でも述べたことと重複していて，「取り除いても情報の欠如を生まない」箇所と考えられる。「言い換え」「具体例」などがそれにあたる。(d)の「1日約70ルピー，日本円でおよそ180円」という情報は，(c)で述べられた their low daily wages「安い日当」の具体例である。これを除いても(a)「この非公認の経済は都市に大いに役立っている」→(b)「しかし，非公認の廃棄物回収は合法ではなく，政府の認識もほとんどない」→(c)「政府が認めてくれれば，日当が高くなると感じている労働者もいる」→(e)「政府が認めてくれれば，労働条件もよくなると期待されている」という，「政府が公認することのメリット」を述べている同段落の要旨には影響しない。

(3) ── 正答率 54.8%

4つの選択肢は，最初にくる段落がすべて異なっているので，最初の段落がどれかがわかれば十分である。前問(2)で検討した第5段落では，「政府公認のメリット」が述べられていて，空所の前段落（第6段落）では，「デメリット」が述べられている。その最終文（Government recognition is …）では，「許可を与えること（licensing）は，免許があるというだけで大もうけする特権的な集団を生み出すだけである」ことにふれている。そこで，(iv)の第3文（But the transfer …）の末尾に注目すると a trader's licence「取引のための免許」という語句が見られ，続く最終文（Few possessed this, …）では「この免許を持っている者は非常に少なく，ただ州境を越えて原材料を運ぶだけで莫大な利益を上げる業者の勃興をもたらすこととなった」と述べられている。これは第6段落最終文の内容の具体例にあたり，(iv)が最初にある工が正解と考えられる。念のため，この選択肢が示す順序（(iv)─(ii)─(i)─(iii)）が適切かどうかを確認しておく。

(ii)の冒頭は「廃棄物回収の場合には」で，(iv)ではいったん polluting industries「公害（を排出する）業種」の例を挙げたので，(ii)では本来の話題である廃棄物回収業務に戻っていると考えられる。第2文（This puts the …）には「民間企業が非公認の仕組みとまともに衝突（conflict）することになる」とある。

(i)の冒頭には Another source of conflict「衝突のもうひとつの原因」とあり，(ii)とのつながりが確認できる。同段落は「分類には複雑な規則があり，非公認の処理業者たちには守るのが難しく，廃棄処理系民間企業に回収と分類をゆだねる地域が多い」こと，つまり，それだけの処理能力のある大きな企業がこの業務にかかわる度合いが強まっていることを述べている。

(iii)の冒頭は「もし大企業がさらに廃棄物処理にかかわるようになれば」となっており，(i)とのつながりに無理がない。

(4) ───────────────────────────────────── 正答率 47.6%

まず，第1段落（スワラン・パーク工業地域の様子の具体的な描写），第2段落（スワラン・パークがアジア最大の再生プラスチック市場であるという紹介），第3段落（インドで廃棄物回収・再生処理・処分を行う中心が，非公認な労働者から正規の民間企業に移りつつあるという実態の提示），第4段落（従来から非公式で回収を行っている4種類の集団の説明）について考える。ここまでで重要なのは，第3段落の「インドで廃棄物回収・再生処理・処分を行う中心が，非公認の労働者から正規の民間企業に移りつつある」ということ。

さらに第5段落（政府がこの非公認の回収業務を公認するメリット（賃金・労働条件の改善）の説明），第6段落（政府が公認するデメリット（融通性の消滅，特権層だけに有利になりがちな免許制）の説明），(iv)（免許制がもたらす問題の具体例），(ii)（民間企業と非公認業者の衝突原因その1（廃棄物の争奪戦）），(i)（民間企業と非公認業者の衝突原因その2（複雑な分類規則）），(iii)（原因その2によって予想される結果（これまで十分機能してきた非公認業者の衰退））では，第3段落の「非公認な労働者から正規の民間企業への移行」に関わる詳細（理由，問題点）が述べられていることがわかる。

以上の点を踏まえればエ.「競い合う廃棄物処理システム」が適切だとわかる。これ以外の選択肢の文意は以下の通り。

ア.「非公認業者は新しい仕事を見つける」

イ.「インドにおけるリサイクルの重要性」

ウ.「スワラン・パークの悪化する汚染」

オ.「ウェストデリーは政府の規制に抵抗する」

(1)─ウ　(2)─(d)　(3)─エ　(4)─エ

解答

42　アメリカのある行事の歴史と意味

全訳

第1段落：1−オ

　毎年7月，合衆国の中部大西洋岸沖にある島に，世界各地の人々が「ポニー・デー」と呼ばれる催しを目当てに集まってくる。これは，ロッキー山脈より東部で唯一残っている野生のポニーたちが，1日だけ自由を失う祭りだ。人々が歓声を上げ，シンコティーグとアッサティーグという2つの小さな島を隔てる細い水路を渡るよう「ウォーター・カウボーイ」に導かれ，ポニーたちは水しぶきを上げて泳ぐ。ほんの5分もすれば，ポニーは陸に上がる。シンコティーグ島に上がると，ポニーは健康状態を検査され，中には売られるものもある。翌日には，ポニーは（再び）泳いでアッサティーグ島での自由な生活に戻り，こうして世界中で知られている地元の祭りが終わる。

- ☐ off the mid-Atlantic coast of the United States「合衆国の中部大西洋岸沖に」　※off は「〜沖に」の意味。
- ☐ splash「水しぶきを上げる」
- ☐ Once on Chincoteague ＝ Once they are on Chincoteague　※once は接続詞。
- ☐ health inspection「健康状態の検査，健康診断」　※inspection は「検査」の意。in-「中」＋-spect「見る」
- ☐ the ponies swim back home to freedom on Assateague　※「ポニーたちは，アッサティーグ島の自由へと泳いで戻る」が直訳。第1文（Every July, …）後半に the only remaining wild ponies「唯一残っている野生のポニー」とあるように，ポニーは野生で「自由に」暮らしている。ポニー・デーが終わると，水路を渡ってアッサティーグ島に帰り，再び自由な生活を送るということをいっている。
- ☐ marking …「こうして…を記す」　※文末に置かれた分詞構文。

第2段落

　羊やポニーの祭りは，これらの動物を定期的に管理する手段の一部として，18世紀初頭から両島では行われていたが，今日のようなポニー・デーが始まったのは1924年のことだった。当時，シンコティーグ島の自警消防団が，消防設備の資金を調達するために，年1回の祭りでポニーを売り始めたのだ。毎年ポニーを売って，消防団はその活動を支え，島の自然の均衡にみあうようにポニーの数を維持できている。驚くことに，まさしく自警消防団によるポニー・デーのおかげで，この2つの小島は初めて世界地図に載る方向への第一歩を踏み出すことになったのである。

- ☐ the regular control of animals「動物の定期的な管理」
- ☐ raise money for 〜「〜のためのお金を集める」
- ☐ support its operations「その活動を支える」
- ☐ The Volunteer Fire Department's Pony Day was … on the world map.　※「驚くことに，自警消防団のポニー・デーは，まさに2つの小さな島を世界地図に載せるという方向の第一歩だったのだ」が直訳。つまり，

ポニー・デーによって有名になるまで、その2つの島は地図にも載らないほど人に知られていない島だったことが述べられている。

第3段落:2―イ

しかしながら、本当に有名になったのは、世界中で何カ国語にも翻訳された児童書のベストセラー『シンコティーグのミスティ』が1947年に出版されてからのことだ。この物語の中で、著者マーゲリット・ヘンリーは、ミスティと名づけられた賢い小さなシンコティーグ島のポニーをビーブー家の人々がどのようにして引き取ったかだけでなく、現代の都市生活のひどい慌しさにまったく損なわれていないとみえる島の人々の習慣や生活様式を描いている。今日の旅行者がシンコティーグ島に来て魅力的だと感じる小さな島の暮らしの特徴は、静かで古めかしく、まったく便利とはいえないものであるが、これらの島がこれほど長い間人に知られることがなかったのは、まさにこの特徴のためなのである。

- ☐ fame comes「有名になる」
- ☐ adopt 〜「〜を引き取る」
- ☐ seemingly untouched by the mad rush of modern life in cities ※「みたところ、都市部の現代生活の猛烈な慌しさに影響されていない」が直訳。untouched は直前の customs and lifestyles を修飾する形容詞用法の過去分詞。
- ☐ The qualities of small island life … are the very same qualities that kept these islands unknown to so many for so long. ※「小さな島の生活の特徴は…それほどにも長くこれらの島を多くの人に知られないようにしていたのとまさに同じ特徴である」が直訳。今日の観光客は、静かで古めかしい、不便な島の生活に魅力を感じる。同時に、静かで古めかしく、不便だからこそ、他の地域との行き来がなく、人に知られずにきたことを述べている。

第4段落

ポニー・デーが世界的な観光の呼び物になる以前は、これらの島の名前を知っているという人は、合衆国においてすら、ごくわずかだった。そもそも、シンコティーグ島とアッサティーグ島は、かつては人間よりも野生の鳥やポニーの方が多かった小さな島である。何世紀もの間、ポニーはほとんど人間と接触せずに暮らしていた。しかし、シンコティーグ島には徐々に人が定住し始め、その結果ポニーは、今日でも人が住んでいないアッサティーグ島にしか生息しなくなってしまった。ポニーは、自警消防団や祭り、あるいは観光産業といったものが島にできるずっと以前から両島にいたのであり、ポニーの物語は、この島を訪れる大変多くの人々を、今でも変わらず魅了するものなのである。

- ☐ tourist attraction「観光の呼び物」
- ☐ know 〜 by name「〜の名前を知っている」
- ☐ after all「(補足理由を示して) そもそも」
- ☐ free of 〜「〜がない、〜に悩まされない、〜を免れた」 ※free from 〜「(邪魔なもの、迷惑なもの) がない」と比べて、of を使うと「(あって当然のもの) がない」というニュアンス。free of tax などと使う。
- ☐ gradual human settlement … resulted in their being only on Assateague

※「徐々の人間の移住は彼ら（＝ポニー）がアッサティーグ島にだけいるという結果になった」が直訳。S result in ～「Sは～という結果になる」　前置詞 in の目的語として，be が動名詞になっており，その意味上の主語が their である。that they are only on Assateague という節と同義の句ということになる。

□　long before ～「～のずっと前から」

第5段落：3 ─ カ

　その魅力の一部は，ポニーの起源のなぞである。ポニーは何百年も前からシンコティーグ島とアッサティーグ島にいるが，どのようにしてそこにたどり着いたのかはわかっていない。一説によれば，16世紀にスペイン船が激しい嵐のときに近くの海に沈没し，馬だけが安全なところに泳ぎ着いて生き残ったという。別の伝説では，スペインの海賊がこれらの孤島に貴重な馬を隠したのだといわれている。しかし，ほとんどの歴史家は，バージニアとメリーランドの植民地の初期の定住者たちがイングランドから馬を連れてきたが，のちになって，動物に課せられる税を免れようと，馬をこれらの隔絶した島に置いておいたのだといっている。だが，いずれの話を信じるにせよ，野生のポニーの起源に関する伝説は，さまざまな事実と虚構に満ちている。それに劣らず興味深いのは，ポニーの生態である。

□　S have it that ～「Sは～という，S（＝噂など）によれば～である」

□　fierce storm「激しい嵐」

□　pirate「海賊」

□　avoid taxes on animals「動物に課せられる税を免れる」

□　No less interesting is their biology.「劣らず興味深いのは，彼らの生態だ」　※比較級を no で否定すると「差がゼロ」＝「同じ」の意。なお，同文は Their biology is no less interesting than their origins. の意。新情報を文末に置くため，CVS の倒置になっている。

第6段落

　もとは普通の馬であった「シンコティーグ・ポニー」を生み出したのは，厳しい環境条件と何世紀にもわたる隔離状態であった。実際，若いうちに島から離して通常のえさと厩舎で育てれば，ポニーは背丈が58インチを超える，馬と同じ大きさに育つことがあるのがわかっている。それでも，島では天候や虫がひどく，えさも大半が海岸に生える硬い雑草なので，これらの馬は環境のせいで，まさに文字通り小型化したのだ。

□　It was … that created the "Chincoteague pony"「『シンコティーグ・ポニー』を作ったのは…だった」　※強調構文。

□　originally「もともとは」

□　if taken off … and raised …「もし連れて行かれて育てられれば」　※if のあとに they（＝the ponies）are が省略されている。

□　literally「文字通り」

□　downsize ～「～を小型化する」

第7段落：4 ─ ア

　しかし，生きていくのが厳しいにもかかわらず，ポニーはアメリカ西部にいる多

くの小型野生馬とは違って，やせてもいないし醜くもない。それどころか，ポニーは塩分の多い海辺の植物や，湿地の植物，海草を主に食べているので，平均的な馬よりもずっと多くの水分を摂っており，このおかげで「ぽっちゃりした」健康的な外見になる。いちど人間の手元に置かれると，おとなしい動物になることも知られている。実際，こうしたポニーを子どものペットに望ましいと思わせるのは，まさにこの小ささ，賢さ，見た目のよさなのである。

- □ despite ～「～にもかかわらず」　※前置詞。
- □ not … like so many ～「～とは違って…」　※like so many ～ は「ポニーと，ポニーと同数の～を比べた際に，～と同様に」が直訳。しばしば「さながら～のように」と訳すが，本文ではその必要はない。cf. A lot of customers crowded around bargains like so many ants. 「多くの客が特売品のまわりにさながらアリのように群がった」
- □ on the contrary「それどころか」
- □ seaweed「海草」　※ワカメも昆布も英語ではこの単語になる。
- □ Once under human control＝Once they are under human control
- □ it is just … that have ～　※強調構文。

第8段落

　世界各地からやってくる何千もの人々がこの祭りに参加するため，ポニーを売るのは，特に相手が子どものいる家族の場合には，決して難しくない。子どもたちはミスティに似たポニーを探しに祭りにやってくるし，大人たちは簡素な島の暮らしやシンコティーグ島とアッサティーグ島の歴史を知るためにやってくる。地球規模の観光業が地元の習慣を保存する最善の方法だというのは，今という時代の現実である。夏ごとに訪れる膨大な数の旅行者の間で人気がなければ，野生のポニーが生き残ることはできないだろう。ポニー・デーは地元の経済にとって不可欠なものではあるが，ポニーと同様にシンコティーグ島の漁師や住民は，ポニー・デーが終わった後の静かな暮らしに戻るとほっとするに違いない。一方，旅行者たちは，野生のポニーが自由に向かって泳ぐのを見てなんとか元気をもらい，束の間の夏休みから忙しい現代生活に戻るのだ。

- □ far from ～「決して～ではない」
- □ It is a fact of modern times that ～「～ということは現代の事実である」　※It は形式主語，that 以下が真主語。
- □ preserve local customs「地元の習慣を保存する」
- □ refreshed somehow by ～「～によってなんとか元気になり」　※return の準補語として働いている。

　各段落の要旨と全体の流れ

第1段落：毎年7月になると，合衆国の中部大西洋岸沖にある島に世界中から人々が集まってくるが，これは「ポニー・デー」という野生のポニーの祭りが目当てである。

第2段落：ポニーの祭りのようなものは18世紀からあるが，現在のようなポニー・

デーになったのは 1924 年で，地元の消防団の資金調達が始まりだった。
その祭りによって島の名前が世界地図に載るほど有名になった。

第3段落：島が有名になったのは，シンコティーグ島のポニーを描いた児童書がベストセラーになってからだ。この本には，慌しい現代生活とかけ離れた島の生活も描かれている。その特徴がこの島の魅力でもあり，同時に島が長く知られていなかった理由でもある。

第4段落：ポニー・デーが有名になる前にはシンコティーグ島とアッサティーグ島を知る人はほとんどおらず，ポニーも何世紀もの間，人と接触することなく暮らしていた。

第5段落：人を引きつける魅力の一部は，ポニーの起源についてのなぞで，さまざまな説がある。また，ポニーの生態もそれに劣らず興味深い。

第6段落：シンコティーグ島のポニーは，もとは普通の馬だが，島の厳しい生息環境のために小型化し，現在のポニーになった。

第7段落：生息環境が厳しいにもかかわらず，ポニーはかわいらしくおとなしい。また頭もよいので，ペットにふさわしいと思われている。

第8段落：毎年夏には多くの観光客が島を訪れ，そのおかげで島の経済もポニーの生存も可能になっている。

各選択肢の要旨

ア．生息環境が厳しいにもかかわらず，ポニーはかわいらしくおとなしい。また頭もよいので，ペットにふさわしいと思われている。

イ．島が有名になったのは，シンコティーグ島のポニーを描いた児童書がベストセラーになってからだ。この本には，慌しい現代生活とかけ離れた島の生活も描かれている。その特徴がこの島の魅力でもあり，同時に島が長く知られていなかった理由でもある。

ウ．シンコティーグ島やアッサティーグ島のように，かつてはアメリカ先住民の豊かな言語や歴史にあふれていたところが，現在はただ名前だけしか残っていないのは残酷な事実だ。

エ．シンコティーグ島は，もとは流刑地だったといわれているが，島の住民はそれを否定しており，島での彼らの長い歴史を誇りに思っている。しかし，批評家たちは，島の住民が過去の本当の歴史よりも観光業で金をもうけることに関心を持っているのだと主張している。

オ．毎年7月になると，合衆国の中部大西洋岸沖にある島に世界中から人々が集まってくるが，これは「ポニー・デー」という野生のポニーの祭りが目当てである。

カ．人を引きつける魅力の一部は，ポニーの起源についてのなぞで，さまざまな説がある。また，ポニーの生態もそれに劣らず興味深い。

1 ──────────────────────────────────── 正答率 90.0%

文章の冒頭部にあたる。ポイントになるのは冠詞。第 2 段落第 1 文（Although
sheep and …）には the islands「その島々」とある。空所 1 に入るものには島のこ
とが述べられていなければならず，初登場なので不定冠詞が使われているはずであ
る。オの第 1 文（Every July, …）には an island「ある島」がみられる。また，上
記の第 2 段落第 1 文にある Pony Day が，オの第 1 文では an event called "Pony
Day"「『ポニー・デー』と呼ばれるある催し」となっており，これも初登場を表す。
これに続いて「ポニー・デー」がどのような催しかが説明されており，オが冒頭部
としてふさわしいとわかる。

2 ──────────────────────────────────── 正答率 36.0%

第 2 段落最終文（The Volunteer Fire Department's …）では，「自警消防団のポニ
ー・デーのおかげで，この 2 つの小島は世界地図に載る方向へ一歩踏み出す」と述
べられている。つまり，ポニー・デーによって 2 つの島は有名になったわけである。
島の知名度ということでは，イの冒頭文（Fame truly came, however, …）の「し
かしながら，本当に有名になったのは，児童書のベストセラー，『シンコティーグ
のミスティ』が 1947 年に出版されてからのことだ」が関係がある。「（ポニー・デ
ーのおかげで）ひとまず名前が知られるようになった」といったあとで，「しかし，
本当に有名になったのは…」という展開はうまくつながる。また，イの最終文
（The qualities of …）で「これらの島がこれほど長い間人に知られることがなか
ったのは，まさにこの特徴（＝静かで古めかしく，まったく便利とはいえないこ
と）のためだ」＝「島は以前は人に知られていなかった」と締めくくっていることが，
続く第 4 段落第 1 文（Before Pony Day …）「ポニー・デーが世界的な観光の呼び
物になる以前は，これらの島の名前を知っているという人は，合衆国においてすら，
ごくわずかだった」ともうまくつながる。

3 ──────────────────────────────────── 正答率 34.0%

第 4 段落最終文（The ponies had been …）後半には，「ポニーの物語が，この島を
訪れるほとんどの人を変わらず引き寄せ続けている」とある。their（＝ the
ponies'）story「ポニーの物語」＝「ポニー（そのもの）にまつわる話」は，ここま
で特に述べられてはいない。したがって，それにあたる内容の選択肢を補うのがふ
さわしい。カの冒頭文（Part of that appeal …）では「その魅力の一部は，ポニー
の起源のなぞだ」とある。that appeal「その魅力」とは「人の心に訴えるもの，人
の興味を引くもの」ということであり，第 4 段落最終文後半とうまくつながる。ま
た，カの最終文（No less interesting …）で「それに劣らず興味深いのは，ポニー
の生態である」とあることが，第 6 段落の「もとは普通の馬だったのが，なぜポニ
ーになったか」という内容ともうまくつながる。

4 ──────────────────────────────── 正答率 64.0%

第6段落では第1文（It was difficult …）にみられるように，「島の環境のせいで普通の馬がポニーになった」ことが述べられているが，その最終文（Yet, on the islands, …）で「島の天候や虫がひどく，えさとなるのも硬い雑草くらいしかない」と述べており，「島の環境が厳しい」ことがわかる。この内容と，アの冒頭 Despite their hard lives「彼らの厳しい生活にもかかわらず」との間には連続性がみられる。また，アの最終文（Indeed, it is just …）で「こうしたポニーを子どものペットとして望ましいものと思わせている」とある点が，最終段落第1文（Thousands of visitors …）の後半「ポニーを売るのは，特に相手が子どものいる家族の場合には，決して難しくない」ともつながる。

不要な選択肢 ──────────────────────────────

▶不要な選択肢ウについて

ウでは「シンコティーグ島やアッサティーグ島のように，かつてはアメリカ先住民の豊かな言語や歴史にあふれていたところが，現在はただ名前だけしか残っていない」ことが述べられている。最終文（English settlers kept …）に，「アメリカ先住民が『政府指定保留地』に追いやられたずっとあとになってから，英国の移民が島にやってきて，島の名前は先住民のつけたものを使った」と述べられているように，島そのものの歴史，経緯が論じられている。しかし，本文では「ポニー・デー」や「ポニー」の歴史は述べられていても，島そのものについては「長く知られていなかった」ことが挙げられているだけであり，この選択肢は他の部分とのつながりがない。ウの訳は次の通り。

「これらの島のように，かつては力のあったアメリカ先住民の豊かな言語や歴史にあふれていた多くの場所が，今はただその先住民のつけた名前だけしか残っていないということはアメリカ史における残酷な事実である。シンコティーグとアッサティーグは実際，ギンゴ・ティーグ族というアメリカ先住民によって初めに名づけられた。例えば『シンコティーグ』は，『海の向こうの美しい土地』を意味すると言われている。先住民がこの地域から完全に追い出されてしまい，先住民だけが住むことのできる『政府指定保留地』と呼ばれる土地に追いやられてしまったずっと後に英国の移民が島にやってき始めて，こうした名前を使い続けた」

▶不要な選択肢エについて

エでは「シンコティーグ島は，もとは流刑地だったといわれているが，島の住民はそれを否定しており，島での彼らの長い歴史を誇りに思っている」ことが述べられている。これもウと同様に，島の歴史にかかわる内容で，他の部分とのつながりがみられない。また，最終文（These families are …）の後半に「批評家たちは，島の住民が過去の本当の歴史よりも観光業で金をもうけることに関心を持っているのだと主張している」と，島の住民に対して批判的な主張が紹介されているが，最終

段落第 3 文（It is a …）の「地球規模の観光業が地元の習慣を保存する最善の方法だというのは，今という時代の現実である」や最終文（The tourists, …）最終部分の「旅行者たちは，野生のポニーが自由に向かって泳ぐのを見て元気をもらう」といった，島の行事や生活に「好意的」な論調と整合性がない。エの訳は次の通り。「ジョージ・ブリーデンはシンコティーグ島の地元で土産物店を経営している。『私はもう 80 年くらいここに住んでいるが，うちの先祖は私が生まれる何世紀も前にこの島にやってきたんだ』とブリーデンは言う。『植民地からここに初めて送られてきた移住者は罪人だったと言う人もいるが，それがうちの一族に当てはまるとは思っていない。どこに証拠があると言うんだい？』 ブリーデンや他の島民たちは，シンコティーグ島に初めてやってきた家族の公式なリストを作った。これらの家族は自分たちが島での長い歴史を持っていることを誇りに思っているが，島の住民が過去の本当の歴史を知るよりも観光業で金をもうけることに関心を持っているのだと批判する人もいる」

Column not 〜 as … / not 〜 like … について

〈S not V as S′ V′〉を直訳すると「S′ V′ のように S V ということはない」となるが，意味を明確にするためには「S′ V′ と違って〜」と意訳することがある。

（例 1 ）I do not, as you do, regard a woman as a different creature.
「僕は君と違って，女性を違う生き物とは考えていないよ」

上記の文を直訳すると「私は，君が考えているように，女性が異なる生き物だと考えていることはない」となる。これでは「君が女性を違う生き物と考えているように」なのか「君が女性を違う生き物と考えていないように」なのかが曖昧となる。

（例 2 ）Any adult who interacts with a child, any traveler who visits other cultural groups, any historian who studies beliefs and attitudes of the past immediately becomes aware that others might not interpret the world as she or he does. 「子どもを相手にするどんな大人も，異なる他の文化集団を訪れるどんな旅人も，過去の考え方や姿勢を研究するどんな歴史家もすぐに，他者は世界を自分たちのように見ているわけではないということに気がつく」

この例の as を「自分たちと違って世界を解釈しない」とすると意味不明になる。このように as を「と違って」と意訳ができないこともあることに注意したい。

以上のことは not 〜 like … でも言えることであるが，文脈やイントネーションで意味が変化することも多い。

（例 3 ）He is not short like you.
「彼は君と違って背は低くない／彼も君と同様に背が低いというわけではない」

1−オ 2−イ 3−カ 4−ア

43　エスペラント語の発明

全 訳

第1段落

　1860 年代のビヤウィストクは，不寛容と恐怖に引き裂かれた都市だった。現在のポーランドの北東部に位置し，当時はロシアの統治下にあったので，同市はポーランド人，ロシア人，ドイツ人，ユダヤ人という，4 つの主要な民族集団を抱えていた。これらの集団はばらばらに暮らしており，共通の言語もなく，互いに深い不信感を抱いていたのである。暴力沙汰は日常茶飯事だった。

- ☐ tear ～ apart「～を引き裂く」 ※tear；tore；torn の活用変化。
- ☐ intolerance「不寛容」
- ☐ Located …, and at the time under Russian rule「…に位置し，当時ロシア統治下にあったので」 ※分詞構文。Being が省略されている。
- ☐ be home to ～「～の故郷である，本拠地である」

第2段落：1―ウ

　1859 年にルドヴィック・ザメンホフが生まれたのは，理解の欠如が人種的憎悪を生み，人種的憎悪が絶えず通りで爆発していたここビヤウィストクだった。彼の母親は語学教師であり，父親も言語学者だった。15 歳になるまでに，若きルドヴィックは生まれ故郷の町で多くの暴力を目にしていたので，異なる社会集団同士が互いに理解できるような共通言語の必要性を確信していた。

- ☐ It was here, where …, that Ludovic Zamenhof was born「ルドヴィック・ザメンホフが生まれたのは，…という，まさにここだった」
  ※It was … that ～「～は…だった」は強調構文。
- ☐ hatred「憎しみ」
- ☐ a student of ～「～の研究者」
- ☐ young Ludovic had seen enough violence … to convince him of the need for ～ ※「若きルドヴィックは彼に～の必要性を確信させるのに十分な暴力を…目にした」が直訳。「多くの暴力を目にしたので，～が必要であると確信した」という文意になる。
- ☐ convince A of B「A に B を確信させる」

第3段落

　ザメンホフは両親に，ポーランド語，ドイツ語，ロシア語，イディッシュ語，ヘブライ語が話せるように育てられ，英語とフランス語の知識もかなりあったので，既存の言語ではうまくいかないとわかっていた。ひとつには，こうした言語がすべて，ある特定の国や人種，文化と結びついており，そのことによって，どんな国際言語であれ，それが受け入れられるために必要な中立性を欠いているからであった。

- ☐ was brought up to *do*「～するように育てられた」
- ☐ existing「既存の」
- ☐ be associated with ～「～と結びついている」
- ☐ neutrality「中立性」 ※この語の後に関係代名詞 which が省かれている。

2
読
解

第 4 段落：2 －イ

　これらの既存の言語はまた，複雑な文法規則があり，それぞれの規則に独自の例外がある。そしてこれは万人に通じる第 2 言語に不可欠なもうひとつの特徴を欠いているということを意味した。つまり，普通の人には簡単に習得できないということである。この習得困難という要素を考えると，ラテン語も古典ギリシア語も普遍言語としての可能性はたいしてないことになる。ザメンホフにはたったひとつの選択肢しか残されていなかった。自分自身で新しい言語を考案するしかなかったのである。

　□　each rule with ～ は each rule was with ～ を分詞構文にした形。
　□　difficulty factor「困難となる要因，難易度指数」
　□　The difficulty factor also … as a universal language.　※古い言語ほど活用や変化形が多いという傾向がある。ラテン語も古典ギリシア語も格変化や動詞の活用は非常に複雑であるため，普遍言語には向かないということを述べている。
　□　be left with ～「～が残される」
　□　his own ＝ his own language

第 5 段落

　しかし，言語を発明することでは収入は得られない。したがって，ザメンホフには何かの職業に就く必要があった。彼は医学を修め，眼科医になった。昼間は人々の目を診察し，夜は自分の新しい言語，エスペラント語の研究に取り組んだ。エスペラント語は見事に単純な言語で，たった 16 の簡単な規則しかなく，例外はひとつもなかった。エスペラント語はおそらく不規則動詞のない世界で唯一の言語であり（フランス語は 2,000 を超える不規則動詞があり，スペイン語とドイツ語はそれぞれおよそ 700 ある），覚えなければならない動詞の活用語尾はほんの 6 種類で，初心者でもたいていは 1 時間もすると話し始められると考えられている。

　□　pay the bills　※「請求書の支払いをする」が直訳。言語を発明してもお金にならないことを言っている。
　□　study medicine「医学を勉強する」
　□　by day「昼間は」　※⇔ in the evening「夕方は」　by night「夜は」
　□　work on ～「～に取り組む」
　□　not a single ～「ひとつの～もない」
　□　irregular verb「不規則変化動詞」

第 6 段落：3 －オ

　エスペラント語は語彙もたいへん簡単である。習得すべき膨大な単語リストを作る代わりに，ザメンホフは非常に基本的な語幹の仕組みと，意味を変える簡単な方法を発明した。たとえば，mal をエスペラントの単語の始めに付けると，反対語に変えられる。エスペラント語を話す人は，2 つ，あるいはそれ以上の既存の語をつなぐことで，容易に新しい単語を作ることができる。このような単語の発明は，エスペラント語の支持者からは，この言語の魅力を高める創造的なやり方だと考えられている。

　□　root word「語幹，語根」　※「基本となる語」の意だが文脈上言葉の基

本になる部分のことと解してよいだろう。たとえば英語でも，infinite「無限の」は，「終わり」という意味の語幹 fin に，not を意味する接頭辞 in-，形容詞語尾の -ate（前の音との関係で -ite となっているが）がついて「終わりがない」という意味を作っている。fin という語幹は fin-ish や final にも入っている。

　　　□　add to the appeal of ～「～の魅力を高める」

第7段落

　ザメンホフの美しい言語は何か1つの国や1つの文化を連想させるものではないが，語幹の4分の3はラテン語，ギリシア語，複数の現代ヨーロッパ語から取られている。このことに関する利点は，世界の人口のおよそ半数が，すでにその語彙の多くを知っているということだ。英語を話す人にとっては，エスペラント語はスペイン語やフランス語を学ぶより5倍も簡単だと考えられている。ロシア語と比べると10倍，アラビア語や中国語だと20倍も容易だという。

　　　□　be reckoned to be ～「～と見積もられている，考えられている」
　　　　※reckon はもともと「ざっと計算する」の意。

第8段落：4－エ

　明らかなように，欠点は非ヨーロッパ言語を話している人たちが，エスペラント語に取り組むのにはもう少し努力が必要だということである。しかし，エスペラント語の支持者たちは，ザメンホフの言語案の簡素さは，語幹になじみのないことをすぐに補ってくれると主張している。彼らは，エスペラント語がハンガリー，フィンランド，日本，中国，ベトナムで広まっていることを，相互意思疎通と相互理解のための地球規模の言語を作ったというザメンホフの業績の証として誇りをもって指摘している。

　　　□　obviously「明らかに」　※しばしば〈譲歩〉の文につけられる。
　　　□　get started with ～「～を始める」
　　　□　scheme「構想」
　　　□　make up for ～「～を補う」
　　　□　point to the popularity of Esperanto … as the proof of ～「エスペラントの普及を～の証として指摘する」

各段落の要旨と全体の流れ

第1段落：1860 年代のビヤウィストクでは，共通言語がないために，異なる人種間で争いが絶えなかった。

第2段落：ザメンホフが生まれたのは，理解の欠如から人種間の憎悪が生まれ，争いの絶えないこの土地だった。ザメンホフは相互理解ができるような共通言語の必要性を確信するようになった。

第3段落：ザメンホフは多数の言語に精通しており，どの言語も特定の国や人種，文化と結びついていることから，国際言語に必要な中立性を欠いていることに思い至った。

第4段落：こうした既存の言語はまた，文法の規則が複雑で例外も多かったため，ザメンホフは新しい言語を作るしかなかった。

第5段落：ザメンホフはエスペラント語の規則を非常に単純なものにし，例外や不規則なものをなくした。

第6段落：エスペラント語は語彙も非常に単純であり，基本的な語幹に特定の意味の接頭辞などをつけたり，複数の語を組み合わせたりするだけで新しい語が作れる。

第7段落：エスペラントの単語は，語幹の4分の3がラテン語，ギリシア語，複数の現代ヨーロッパ語から取られており，その利点は世界の半数の人たちがすでにその語彙になじみがあることである。

第8段落：欠点は，非ヨーロッパ言語を話す人たちがエスペラント語に取り組むのはより努力が必要だということだが，エスペラント語は単純なので，語幹になじみがないことはすぐに埋め合わされるとエスペラント語の支持者たちは主張している。

各選択肢の要旨

ア．同時期にドイツの聖職者ヨハン・シュライアーが，新しい言語ヴォラピュークを考案し，1890年頃までは普及が見られたものの，その後は廃れた。

イ．こうした既存の言語はまた，文法の規則が複雑で例外も多かったため，ザメンホフは新しい言語を作るしかなかった。

ウ．ザメンホフが生まれたのは，理解の欠如から人種間の憎悪が生まれ，争いの絶えないこの土地だった。ザメンホフは相互理解ができるような共通言語の必要性を確信するようになった。

エ．欠点は，非ヨーロッパ言語を話す人たちがエスペラント語に取り組むのはより努力が必要だということだが，エスペラント語は単純なので，語幹になじみがないことはすぐに埋め合わされるとエスペラント語の支持者たちは主張している。

オ．エスペラント語は語彙も非常に単純であり，基本的な語幹に特定の意味の接頭辞などをつけたり，複数の語を組み合わせたりするだけで新しい語が作れる。

カ．エスペラント語は習得が容易であることが成功のカギであった。母国語が何であれ，エスペラント語はだれにでも発言する機会を平等に与えてくれるものである。

1 ── 正答率 96.5%

第1段落は導入部であり，エスペラント語が発明される背景となるビヤウィストクの当時の状況が示されている。主に4つの社会集団（ポーランド人，ロシア人，ドイツ人，ユダヤ人）が暮らしていたが，第3文（These communities lived …）の「共通の言語がなく，人々が互いに深い不信感を抱いていた」という点が重要。そのため最終文（Violence was an …）にあるように「暴力沙汰は日常茶飯事だった」という問題が起こっていたことが紹介されている。

選択肢ウの冒頭には It was here, …, that Ludovic Zamenhof was born in 1859.「ルドヴィック・ザメンホフが 1859 年に生まれたのはここだった」とある。here「ここ」は，挿入部分（where …）で示されているように「理解の欠如が人種的な憎悪を生み，人種的な憎悪が絶えず通りで爆発していたところ」である。つまり「ここ」とは，第1段落で述べられているビヤウィストクと考えられる。また，第3段落冒頭に Zamenhof had been brought up by …「ザメンホフは…に育てられた」と，ザメンホフの名前がいきなり登場しているので，第2段落ですでに彼のことに触れていると考えられる。よって，ザメンホフの出生について述べたウを第2段落として配置するのが適切である。さらに，第3段落第1文の最終部分（…, so he knew …）には「彼（＝ザメンホフ）は既存の言語ではうまくいかないとわかっていた」とあるが，これがウの第3文（By the time …）にある a common language「共通言語」としてうまくいかないという意味になることも合わせて考えると，空所1にはウを入れるのが適切であることに一層の確信がもてるだろう。

2 ———————————————————————————— 正答率 89.5%

第3段落第1文（Zamenhof had been …）の最終部分（…, so he knew …）には「彼（＝ザメンホフ）は既存の言語（existing language）ではうまくいかないとわかっていた」とあるが，第2文に For one thing「ひとつには」として，その理由のひとつ（「中立性を欠いていること」）を挙げている。選択肢イの第1文（These existing languages …）には「これらの既存の言語はまた，文法規則が複雑で例外がつきものであり，これは普遍言語に必須のもうひとつの（another）特徴を欠いている」とある。つまり，第3段落に続いて，すでに存在する言語が共通言語として不適切である理由を述べていると考えられる。選択肢イの冒頭 These「これら」が，第3段落第1文に挙がっている「ポーランド語，ドイツ語，ロシア語，イディッシュ語，ヘブライ語，英語，フランス語」を指していると考えると自然である。さらに，イの最終文の he would have to devise his own「自分自身の言語を考案するしかなかった」と，次の第5段落冒頭部の But inventing languages doesn't pay the bills「しかし言語を発明してもお金にはならない」もうまくつながる。以上の点を合わせて，空所2にはイを入れるのが適切。

3 ———————————————————————————— 正答率 70.2%

第5段落では，第4文（Esperanto is a …）と第5文（It is probably …）で，エスペラント語が例外のない 16 の規則だけで成り立ち，不規則動詞がなく，動詞の活用語尾は6種類だけで，また，1時間もすれば初心者も話せるようになるといった，エスペラント語の優れた点を挙げている。選択肢オの冒頭には Esperanto vocabulary is also very simple.「エスペラント語の語彙もたいへん簡単である」とあり，以下同段落全体でその具体的な点を挙げている。第5段落に続いて，エスペラント語のよい点を述べた段落として，文脈上すんなりつながるので，空所3にはオを入

れるのが適切である。

4 ―――――――――――――――――――――――――――――― 正答率 52.6％

第7段落では，第5段落・空所3に続いて，エスペラント語の優れた点をさらに挙げている。すなわち，第1文（Although Zamenhof's beautiful …）で述べられている，多くの語幹がラテン語，ギリシア語，複数の現代ヨーロッパ語から取られているということである。なぜこういった点が優れた点と言えるかは，続く第2文（The advantage to …）以降で述べられており，世界人口の半数にとってすでに知っている語彙がもとになっているため，習得するのが他の既存の言語より何倍も容易であるから，と記されている。しかし，これは非ヨーロッパ言語を母国語にしている人たちには逆に不利である。選択肢エは，The disadvantage, obviously「明らかなように，欠点は」で始まり，まさに上記の点に触れている。そして，この選択肢は「それでもエスペラント語はその簡素さの点で優れている」という支持者たちの主張を紹介して終わっており，文章全体の締めくくりとしても不自然さはない。空所4にはエを入れるのが適切。

不要な選択肢 ―――――――――――――――――――――――――――――

▶不要な選択肢アについて

アでは「同時期にドイツのヨハン・シュライアーが，新しい言語ヴォラピュークを考案し，一度は広がりが見られたが，その後は廃れた」ことが述べられており，エスペラント語との対比として挙げることは可能だろう。しかし，空所1に入れるとすると，続く第3段落冒頭でいきなりザメンホフの名が出ることや，同段落第1文最終部分の no existing language would work「既存の言語では役に立たない」が「何の役に立たないのか」不明になり，不適切。空所2では続く第5段落冒頭（But inventing languages …）の「しかし，新しい言語を発明することでは収入が得られない」の「しかし」という逆接と対応しないので不可。空所3は空所1，空所2ほどの齟齬はきたさないが，すでに見たように選択肢オが，エスペラント語の優れた点をさらに挙げていることと比べると，アの方がつながりがよいとは言えない。同様に空所4でも，第7段落で挙がっている「ラテン語やギリシア語，複数の現代ヨーロッパ語を語幹に使っていること」から当然考えられる不利な点を選択肢エが述べていることと比べると，ここにアを入れなければならない必然性はない。アの訳は次の通り。

「同時期に，ドイツの聖職者ヨハン・シュライアーが彼自身の新しい言語であるヴォラピュークに取り組んでいた。ヴォラピュークとは『世界語』という意味である。シュライアーの言語は1878年に初めてドイツで登場し，1890年までには283を超えるヴォラピューク語を話す協会が設立された。しかし多くの場合，人はシュライアーの言語は奇妙で美しくなく，ラテン語と同じく学ぶのが容易ではないと思った」

▶不要な選択肢カについて

　カでは「エスペラント語がたいへん学びやすいことがその成功のカギであり，だからこそ今日でもまだとても普及している」ことが述べられているが，これが実情とは異なることは，たとえば国際的な会議などでエスペラント語が採用されてはいないことで判断できるだろう。また，第4文（Whatever your native …）「母国語が何であれ，エスペラント語に関してはスタートラインは同じだ」という記述と，第5文（Not even speakers …）「ヨーロッパ言語を話している人でさえ，有利な立場にいるわけではない」という記述は，第7段落第1・2文（Although Zamenhof's beautiful …）の「エスペラント語の語幹の4分の3がラテン語，ギリシア語，複数の現代ヨーロッパ語から取られており，世界の人口のおよそ半数の人がすでにその語彙の多くに慣れ親しんでいる」という記述と矛盾する。カの訳は次の通り。

「エスペラント語がこれほど学びやすいという事実がその成功のカギとなってきた。もちろん，ルドヴィック・ザメンホフが生きていたころよりさらに，今日英語は国際語として重要である。しかし，英語はさらに一層役立つようになったかもしれないが，より簡単になることはなかった。だからこそエスペラント語が今でもこれほど普及しているのである。母国語が何であれ，エスペラント語に関してはスタートラインは同じだ。ヨーロッパ言語を話している人でさえ，有利な立場にいるわけではない。まさしく，エスペラント語はすべての人に，今日の世界で意見を述べ，聞き入れてもらえる機会を平等に与えてくれるのである」

Column　エスペラント語について

　Esperanto の -(e)spera- とは「希望」の意味。英語では desparate「必死の（←希望がない）」，prosper「繁栄する（前途に希望がある）」などでも使われている。日本では 1906 年に日本エスペラント協会が発足した。二葉亭四迷がこの言語の学習書を執筆。1920 年には国際連盟の作業言語にエスペラント語を加えようという試みがあった（日本の新渡戸稲造も参加）が，フランス代表の激しい反対で頓挫した。この事件からもわかる通り，エスペラント語は国際語の地位さえ狙える位置にあった。その当時，日本では特に知的階級の間でエスペラント語が流行し，東大にも東京大学エスペラント語研究会が創設された。竹岡の先輩にも，世界エスペラント協会や一般財団法人日本エスペラント協会の会員で役員も務められたことがある田平稔先生，正子さんご夫妻がいる（エスペラント語は男女や年齢の差を感じさせない皆が平等な立場で話せることが気に入って始められたとのこと）。お二人はエスペラント語を通して世界平和のために今もご活躍である。

1－ウ　2－イ　3－オ　4－エ　　　　　　　　解答

44 マダガスカルにおける環境保護計画

全訳

第1段落

　熱帯の島マダガスカルは，フランスとほぼ同じ大きさで，つまりカリフォルニア州よりも少し大きいぐらいなのだが，今日の世界で最も興味深く貴重な動植物群が見られる。しかし，マダガスカルの生態系は固有のものであるのに，この生態系が直面している危機はそうではない。自然の状態が残された，世界のその他の貴重な場所の多くと同様，今日のマダガスカルは人間が大きな問題なのである。

- [ ] About … California,　※文頭に置かれた分詞構文。
- [ ] collections of plant and animal life「動植物群」
- [ ] the dangers it faces are not「それが直面している危機はそうではない」※dangers の後に関係代名詞 which が省略されている。it は Madagascar's ecological system を指す。not の後には unique が省略されている。
- [ ] a problem with people　※「人間に関しての問題」が直訳。「人間が問題だ」の意。

第2段落：1－ア

　歴史的には，人間が住んでいなかったことが，この島固有の生態系が発達した主な理由の一つだった。言い換えれば，マダガスカルの生態系が自然に確立できたのは，島が比較的広く，地理的に孤立しており，熱帯に位置しているというだけでなく，その自然環境を人間に荒らされ始めたのがほんの 2,000 年ほど前であったからでもある。

- [ ] establish itself　※「自分で自分を作り上げる」が直訳。外からの影響や力なしに，マダガスカル島という完結した世界で自らの生態系が出来上がっていったことを表す。
- [ ] it was only about 2,000 years ago that ～「～はほんの 2,000 年ほど前のことだった」※it was … that ～ は強調構文。
- [ ] disturb ～「(静けさ，平和など) を乱す，荒らす」

第3段落

　しかし，人間がマダガスカルで暮らしてきた比較的短期間に，人間は島の生態系に深刻な害を引き起こしてきたことになる。伝統的なマダガスカルの農法では，農民は木を切り倒して森林の一部を焼き払い，開墾した土地に米を植える。米を収穫すると，農民は，木々がまた生育するのに十分な時間を与えるために，20 年間はその土地を再び放っておく。しかし，農民が同じ場所に戻ってくるのが早すぎると，土壌は痩せてしまう。最終的には，このせいで広大な森林が不毛な土地に変わり，そこでは何も育たないという結果になるのだ。

- [ ] managed to cause serious damage　※「まんまと深刻な害をもたらした」が直訳。ここでの manage to *do* は皮肉を込めて，「まんまと～しおおせる，～しでかしてくれる」という意味となる。
- [ ] for up to twenty years「20 年間にわたって」※up to ～ は「～まで及ぶ」という意味。

□ this leads to large areas of forest becoming transformed into wastelands
※「これが，森林の広い地域が不毛の地に変わるようになることにつながる」が直訳。large areas of forest は becoming の意味上の主語。過去分詞 transformed は become の補語で，「変えられた状態になる」の意。into はしばしば変化の結果を表すのに使われる。

第4段落：2－エ

　小規模の農家が（こうした行為を）少しずつ行ってきたことで，マダガスカルの多くの部分がすでに破壊されている。農民のこうした活動を，取り返しのつかない破壊をせずに行える限界点を超えるほどに，人口が増加してしまったのだ。森林が破壊されると，それと同じくしてマダガスカルに特有の動植物の生息地が破壊される。今日では，もともとあったマダガスカルの森林のほんの 10 パーセントしか残っていない。マダガスカルが直面している最大の問題は，どのようにしてそこに住む人々の需要を満たしながら，同時に島の環境を保護していけるかということである。

□ without permanent destruction「取り返しのつかない破壊をせずに」
※直訳は「永遠なる破壊なしに」。

□ As S V, so V′ S′「S が V するのと同じように，S′ も V′ する」　※so is the home for ～ は，「～の故郷もそうである」＝「～の故郷も破壊されている」の意。the home for ～ is destroyed, too ということ。

□ meet the needs of ～「～の必要を満たす」

第5段落

　このバランスをとるのは難しい。破壊の多くは個々の農民が起こしたものだが，マダガスカルの環境問題の原因は，島の社会状況や歴史に深く根ざしている。マダガスカルは世界で最も貧しい国のひとつで，平均的な個人所得は年間 250 ドルを下回る。人口の約 80 パーセントは，生活を支えるのにほぼ完全に土地に依存している農民である。多くの農民は伝統的な焼き畑農業を続けているのだが，それは彼らが他の方法を知らず，他に生きていく術がないからである。

□ be deeply rooted in ～「～に深く根ざしている，根（＝原因）は～の深いところにある」

□ with an average individual income of …「平均的な個人所得…を持った」

□ practice traditional cut-and-burn agriculture「伝統的焼き畑農業を行う」　※practice ～ は「～を（習慣的に）行う，（実際に）行う」の意味。

第6段落：3－ウ

　マダガスカル政府は，どんな野生生物保護計画でも，地元民が必要としているものや彼らの伝統的な生活様式にも注意を払わなくてはならないことを理解し，国家環境行動計画と呼ばれる事業を進めてきた。この計画は，環境破壊の循環を断ち，貧困を減らし，天然資源の管理計画を進め，生物の多様性を保護することを目的としている。計画の中核には，国立公園のシステムを作ることが据えられている。

□ Understanding … the local population の部分は分詞構文。「…を理解しているので，…を理解して」程度の意味。

□ This plan is designed to break …, reduce …, develop …, and protect …

「この計画は…を壊し，…を減らし，…を開発し，そして…を守るために計画されている」　※is designed に続く不定詞が4つある。

□　At the center of the plan is the creation …　※〈副詞句＋動詞＋主語〉の倒置形。the plan が旧情報で，主語が新情報である。

第7段落

　重要なポイントは，野生生物の保護と地元の発展との融合に重点をおくことである。計画の理念は，新しい公園の近隣で暮らす地元住民が公園から利益を得て，その結果として彼らがこの計画に積極的に参加するように計らうことだ。例えば，公園が海外からの旅行者を集め，ある地域に経済的利益をもたらすのなら，地元民は，公園にならなければ耕作ができるであろう地域であっても，そこに公園を設立することを支持するだろう。また公園計画は現在，地元民が熱帯のチョウを飼育して，それらを世界中のチョウ博物館に売るのにも役立っており，一方で，公園の観光事業が地域社会に多くの利益をもたらすことになっている。

□　make sure that S V「確実にSがVするようにする」

□　they would otherwise have been able to farm「そうでなければ耕作ができるであろう」　※otherwise は「公園を設立するのでなければ」の意。

□　grow rainforest butterflies と sell them … が and でつながれている。

第8段落：4―オ

　マダガスカルの国家環境行動計画が1980年代に初めて立てられて以来，政府は総面積6,809平方キロメートルに及ぶ8つの新保護地区を作った。今日，マダガスカルは「野生生物と人々のための公園」に向けての現実的な取り組みを進める努力を誇りにしている。その公園を将来長きにわたって確実に保護し，マダガスカルの非常に多様な植物，鳥，動物の故郷と，マダガスカルに暮らす人々のための資源を提供していく上で，非常に励みとなる第一歩が踏み出されたのである。

□　A most encouraging beginning has been made in …　※「…において非常に励みとなる始まりがなされている」が直訳。most は the ではなく a を伴っているので，「最も」と最上級ではなく very「たいへん」のニュアンス。

□　far into the future「将来の長きにわたって」

各段落の要旨と全体の流れ

第1段落：マダガスカルには固有の生態系があるが，直面している危機は世界の他の地域と同様で，人間に問題がある。

第2段落：マダガスカルに独特な生態系が発達したのは，そこに人がいなかったためである。

第3段落：マダガスカルに人間が住むようになってからは比較的短期間だが，その間に生態系に深刻な害をもたらした。伝統的に焼き畑農業が行われてきたが，そのサイクルが早まると土地は不毛になる。

第4段落：マダガスカルの人口が増加したため，焼き畑農業が深刻な環境破壊になっ

ている。最大の問題は，どうすれば環境も人々の生活も守れるかということだ。

第5段落：マダガスカルの環境問題は，島の社会状況や歴史にその根がある。島民は貧しく，伝統的な焼き畑農業しか生計の手段がないのだ。

第6段落：マダガスカル政府の国家環境行動計画は地元の人々の要求や生活様式を考慮に入れたものである。

第7段落：ポイントはただ野生生物を保護するのではなく，同時に地元の発展に結びつくようにすることである。

第8段落：マダガスカルの環境行動計画は，環境も人々の生活も守ることを目指す現実的なもので，将来にわたり希望をもたらすものである。

各選択肢の要旨

ア．マダガスカルに独特な生態系が発達したのは，そこに人がいなかったためである。

イ．マダガスカルに特有の植物が，現在，世界各地で商業的に栽培されるようになっている。

ウ．マダガスカル政府の国家環境行動計画は地元の人々の要求や生活様式を考慮に入れたものである。

エ．マダガスカルの人口が増加したため，焼き畑農業が深刻な環境破壊になっている。最大の問題は，どうすれば環境も人々の生活も守れるかということだ。

オ．マダガスカルの環境行動計画は，環境も人々の生活も守ることを目指す現実的なもので，将来にわたり希望をもたらすものである。

1 ——————————————————————— 正答率 78.9%

第1段落は導入部であり，舞台となるマダガスカルの簡単な紹介から始まっている。第1文ではマダガスカルには珍しい動植物が見られるとあるのだが，この段落の要点は第2文以下であり，特に第3文（Like many of the world's …）の「マダガスカルの生態系の危機（環境問題）は，人間に問題がある」に筆者の立場が明示されている。よってこれに続く空所1では，マダガスカルの生態系と人間との関わりについて論じられるであろうと予測できる。選択肢の要旨でも示したように，アでは「マダガスカルに固有の生態系が発達したのは，人がいなかったため」ということが述べられているので，これを第1段落の直後に置くと話がスムーズに流れる。さらに，空所に続く第3段落の冒頭には In the relatively short time「その比較的短い期間で」のように定冠詞 the が使われており，空所1の最終部分に近いところにあるはずの「比較的短い期間」を指すと考えられる。アの最終部分には it was only about 2,000 years ago that …「…はほんの 2,000 年ほど前のことであった」とあり，これを指していると考えても問題ない。よって，正解はア。

2 ───────────────────────────────── 正答率 73.7%

先に，続く第5段落の冒頭を見よう。This is a difficult balance to achieve.「これは達成するのが難しいバランスだ」とあるので，指示代名詞 This が指すものが直前になければならない。それが「バランス」をとるべきものであることもわかっている。バランスをとるとは複数のものがかかわっていることを表す。しかも，その調整が難しいことが手がかりである。そうした項目が挙げられている選択肢を探すと，選択肢エの最終部分に how to meet the needs of its human population while managing to protect its environment「いかにしてそこに暮らす人々の需要を満たし，一方で環境をなんとか守っていくか」とある。while は「対比」を表す語であり，この2者が少なくとも比較対照されうる事柄であることを示している。よって，正解はエである。

3 ───────────────────────────────── 正答率 81.6%

第5段落では，冒頭の「環境も守り，人々の生活も守りつつバランスをとるのが難しい」に続いて，焼き畑農業が直接環境破壊を起こす行為ではあるが，なぜ人は焼き畑農業を行うのかが述べられている。マダガスカルの環境問題の原因は，島民が貧しいこと，ほぼ全面的に土地に依存して，焼き畑農業を行う以外に生活を支える手段がないことにあるのだと述べられている。焼き畑農業を行う真の理由を述べることで，それではこの点をふまえた上で，どのように環境保護を進めればよいかが以下で述べられると予想できる。

続いて，空所3の後の第7段落を検討すると，第2文（The idea is …）に the new parks という語句が見える。定冠詞 the があることから，空所3に入る英文になんらかの「公園」のことが出ていなければならない。そこで選択肢ウを見ると，最終部分に a system of national parks（不定冠詞 a は初出の情報であることを示す）とある。また，ウの冒頭は「どんな野生生物保護計画でも，地元民が必要としているものや伝統的な生活様式にも注意を払わなくてはならない」と述べ，「人々の生活を守る」ことと「環境保護」の結びつきに触れており，直前の第4・5段落との内容のつながりも見え，文脈にも一致する。よって，正解はウ。

4 ───────────────────────────────── 正答率 77.6%

直前の第7段落第1文（The key point …）では，「ポイントは野生生物の保護と地元の発展との融合だ」と述べられている。これが第2文（The idea is …）で具体化され，「新しい公園の近隣で暮らす人々が公園があることで恩恵を受け，その結果としてこの計画に積極的に参加するように計らうこと」と記されている。第3文（For example, …）では，この例として，公園が海外からの旅行客を集め，地元に経済的恩恵をもたらす→地元民は耕作ができる土地に公園を設立することに協力する，というモデルを挙げている。第4文（Park projects are …）では，政府の計画ですでに地元民が受けている恩恵の例を2つ挙げている。

よって，空所4には，以上の締めくくりとしてふさわしい内容の選択肢を補うことになる。選択肢オは，1980年代以来の国家環境行動計画の成果と，将来の展望について述べており，まとめの段落としてふさわしい。よって，正解は**オ**。

不要な選択肢

▶不要な選択肢イについて

イでは「世界各地でマダガスカル特有の植物が栽培されている」ことが述べられている。例としてニチニチソウ（Rosy Periwinkle）が挙げられ，医薬品の原料として重宝されていると述べられているが，他の地域でマダガスカル特有の植物がさかんに栽培されていることは，マダガスカルの環境保全というテーマとは無関係である。イの訳は次の通り。

「かつてはマダガスカルでのみ生育していた植物が，今ではアメリカ合衆国南部を含む世界中のさまざまな地域で商業的に栽培されている。例えば，ピンクと白の花を咲かせるマダガスカルニチニチソウは，なんらかの非常に効果の高い医学的処置に使用するために育てられている。その花から作られる薬は，小児がんや高血圧，高血糖など多くの重篤な病気の治療に用いられる」

> **Column** 〈旧情報→新情報〉の流れに慣れよう！
>
> 　英語の5つの文型には，各々決まった型の倒置形がある。〈S V＋副詞（句）〉の，いわゆる第1文型の場合には，〈副詞（句）＋V S〉の形となる。倒置のおもな理由は「情報の流れを円滑にするため」。つまり，既に述べた情報（旧情報）を先に置き，その後で新しい情報（新情報）を置くということである。他にも「主語が長いから文末に置く」などの理由も考えられるが，一般には「旧情報 → 新情報の流れを作るため」と理解しておいてよいだろう。
>
> 　　*e.g.* At the foot of the hill country lie great plains.
> 　　　　　　副詞句　　　　　　　　　V　　S
>
> 　　　　「その丘陵地の麓には大きな平原がひろがっている」
>
> 　上記の文では，the hill country が旧情報で，great plains が新情報となっている。訳出に際しては書かれている順番通り副詞句から訳していくのが適切である。また，旧情報であることを明示したければ「その丘陵地帯」というようにするのもいいだろう。
>
> 　本文の第6段落にある At the center of the plan is the creation …. は the plan が旧情報で，the creation 以下が新情報となっている。

1-ア　2-エ　3-ウ　4-オ　　**解　答**

45 サーフィンとハワイ文化

全 訳

第1段落

　ヨーロッパの人たちは，18世紀後半以来ずっと，長い硬材のサーフボードの上で腹ばいになったり立ち上がったりしながら波に乗るスポーツといえば，ハワイ諸島を頭に浮かべてきた。そのころ，キャプテン・ジェイムズ・クックの三度目の太平洋への遠征の公式な航海日誌に，2ページにわたるサーフィンの記述が載っていたのだ。しかし，このスポーツの本当の起源はそれよりもっとずっと以前，ポリネシア民族の古代史にまでさかのぼることができる。(1)キ：短い「ボディボード」に乗って波の中で遊ぶ習慣は，実は4世紀にタヒチ島からハワイ諸島にやって来たポリネシア人たちによってハワイにもたらされたのである。

- □ associate *A* with *B*「*A* を *B* と結びつけて考える，*A* で *B* を連想する」
- □ journal「日記，日誌」　※本文では「航海日誌」のこと。
- □ trace 〜 back to …「（〜の起源，由来など）を…までさかのぼって突き止める」
- □ the Polynesian peoples「ポリネシア民族」　※a people / peoples「民族」。

第2段落

　しかし，タヒチ島の人たちは時々ボードの上に立ったことがあるとはいわれているものの，長いボードの上に直立して波乗りをする技術が，ハワイで考え出されたのではないにしても，ハワイで完成されたのは確かである。最初のヨーロッパ人たちがハワイにやって来た18世紀の終わりまでには，サーフィンはすでに何世紀にもわたるハワイの伝説と文化に深く根づいていた。(2)ク：たとえば，ハワイの地元の地名の中には有名なサーフィンにまつわる出来事を示すものがいくつかあったし，サーフィンの名人は，新品のサーフボードの1回目の使用を祝ったり，波を引き寄せたり，大きな波に挑戦する男女に勇気を与える，特別な歌を歌った。

- □ are said to have stood「立った（ことがある）といわれている」
- □ the art of *doing*「〜する技術」
- □ upright「直立して」
- □ perfect 〜「〜を完璧なものにする」　※アクセントは2番目のeの上。
- □ if not invented (, in Hawai'i)「（ハワイで）考え出されたのではないにしても」　※if not 〜 は，「たとえ〜でないとしても」と訳すことが多い。
- □ be deeply rooted in 〜「〜に深く根づいている」
- □ to celebrate …, to bring …, and to give … は，「〜するために」の意味のto不定詞の副詞的用法。「…を歌って〜する」のように訳し下ろすこともできる。
- □ bring the surf up「波を引き寄せる」　※surf は「（海岸，岩礁などへ）寄せる波」の意味。
- □ challenge 〜「（王者など）に挑戦する」

第3段落

　(3)イ：サーフィンはまた，ハワイの生活の社会制度とも深くかかわりをもっていた。「肌の白い人たち」がやって来る前は，この島々の生活のほとんどすべての面

は，サーフィンも含めて，タブーのおきてに支配されていた。タブーのおきては，食事をする場所，食物の栽培の仕方，天候の予測の仕方，サーフボードの作り方，いつ波の状態がよくなるかを予測する方法，さらに波の状態をよくするように神を説得する方法までも決めていた。ハワイの社会は王室階級と一般庶民階級とにはっきりと分けられており，族長たちがサーフィンをする海岸と一般庶民がサーフィンをする海岸があった。庶民はふつう長さ 12 フィートまでのボードに腹ばいになったり立ったりして波乗りをしたが，一方で族長たちは長さが 24 フィートもあるボードで波乗りをした。

- ☐ a code of taboo「タブー（禁制）のおきて，禁忌律」
- ☐ convince A to do「A を説得して～させる」 ※make it good の it は the surf を指す。
- ☐ royal and common classes「王室階級と一般庶民階級」
- ☐ as long as 24 feet「24 フィートも」

第4段落

(4)カ：18 世紀の終わりに「肌の白い人たち」の文化とハワイの文化がぶつかりあって一緒になった後，ハワイは永久に変わった。1819 年，キャプテン・クックがハワイの人たちと接触して 50 年も経っていないころ，統治者カメハメハ 1 世の息子にして後継者であるリホリホが，母親および他の身分の高い女性たちと一緒に公の場で食事の席に着いた。男性が女性と一緒に食事をすることはハワイの歴史が始まって以来の禁忌であったが，リホリホはヨーロッパの文化の影響を受けていた。彼が基本的禁忌に従うことを拒否したことで，古い法秩序にはもう従わなくてもよいというメッセージがハワイ全土に送られたのである。

- ☐ be thrown together in collision「ぶつかって一緒になる」
- ☐ make contact with ～「～と接触する」
- ☐ successor of ～「～の後継者」
- ☐ Men eating with women「男性が女性と食事をすること」 ※eating は動名詞で Men はその意味上の主語。
- ☐ a message that ～「～というメッセージ」
- ☐ throughout Hawai'i「ハワイ中に」
- ☐ … was no longer to be followed ※「もはや…に従うことにはならなくなった」が直訳。日本語では「従わなくてもよい，従うことができない」などと意訳できる。

第5段落

(5)ウ：タブー制度が衰退すると，ハワイ文化におけるサーフィンの儀式的な意義も衰退した。20 世紀が始まるころまでには，サーフィンはハワイ諸島からほとんど姿を消していた。サーフィンのほとんどはオアフ島の南側の海岸で行われ，マウイ島，カウアイ島，およびそれ以外の島々では数人のサーファーたちがところどころにいるという程度であった。ホノルルはハワイ最大の都市になっており，ハワイの人たちの 4 人に 1 人がそこに住んでいたが，今やそこではサーフィンは珍しいことであった。ダイヤモンドヘッドの近くで原住民のサーファーたちを写した，この時代の有名な写真が数枚あるが，この人たちのまわりにはだれもおらず，おそらく

カメラに向かってポーズをとりながら，かつては何百人という人たちがサーフィンをした場所に自分たちだけで立っていたのである。ハワイの人たちにとってのサーフィンのもつ重要性はほとんど完全に消滅してしまっていた。

- ☐ so did ～ = ～ declined, too
- ☐ was all but gone「ほとんど姿を消していた」
- ☐ with one out of every four Hawaiians living there「ハワイの人たちの4人に1人がそこに住んでいるという状態で」 ※with は付帯状況を表す。
- ☐ solitary「ひとりだけの，ほかにだれもいない」
- ☐ where at one time ～「以前は～した場所に」

第6段落

(6)オ：ところが，そのゆゆしき時に，サーフィンが，何人かの好奇心が強く影響力もある非ハワイ系の人たちの注目を引いた。それから，数枚の劇的な写真と著名な支援者の援助を得て，サーフィンは，カリフォルニアの海岸やそのはるか向こうまで，世界中に広まり始めた。かつてはハワイという一地方の文化の活気があり特有な一部分であったものが，世界の文化の非常に人気のある部分としての今日の地位へと発展し始めたのである。古代のハワイの生活のその他多くの側面と異なり，サーフィンは現代という時代にまで発展し，生き残ってきたのである。その大衆化に伴う商業主義にもかかわらず，サーフィンは世界中の何百万という人々に楽しみと，自然との特別なかかわりを提供し続けている。

- ☐ began its spread around the world「世界中に広まり始めた」
- ☐ Unlike ～「～とはちがって」

各段落の要旨と全体の流れ

第1段落：ヨーロッパの人たちが波乗りといえばハワイを連想するのは18世紀後半以来のことであるが，このスポーツの起源は実はもっとずっと古く，ポリネシア民族の古代史までさかのぼることができる。(空所(1))

第2段落：しかし，サーフィンはタヒチの人々の波乗りとは異なるものであり，ハワイで完成されたものであることは確かである。18世紀の終わりまでには，サーフィンはすでにハワイの伝説や文化に深く根づいていた。(空所(2))

第3段落：(空所(3))白人が来る前，ハワイの生活は全面的にタブーのおきてによって支配されていた。サーフィンもその例外ではなく，身分によってボードの大きさも，波乗りをする海岸の場所も異なっていた。

第4段落：(空所(4))1819年に，ハワイの王子がタブーのおきてを破って女性と一緒に食事をするということが起こった。これは，もう古い法には従わないというメッセージを伝えるものであった。

第5段落：(空所(5))20世紀が始まるころまでにはサーフィンはハワイからほとんど姿を消していた。当時のサーファーを写した写真があるが，まわりにはだれもいないという状況で，ハワイにおけるサーフィンの重要性はほぼ完全に消滅してしまっていた。

第6段落：(空所(6)) サーフィンは世界中に広まり始めた。かつてはハワイの一地方文化だったものが現代に生き残り，世界中の人々に楽しみと自然との一体感を与え続けているのだ。

各選択肢の要旨

ア．サーフィンほどすてきなスポーツはほとんどない。

イ．サーフィンはハワイの社会制度とも深いかかわりをもっていた。

ウ．タブー制度が衰退するにつれて，サーフィンの儀式的意義も衰退した。

エ．サーフィンはタブーのおきてに厳しく支配されなかった。

オ．しかし，その時サーフィンは数人の非ハワイ系の人たちの関心を引いた。

カ．白人の文化とハワイの文化が接触して以来，ハワイは変化した。

キ．短いボードに乗って波で遊ぶ習慣は4世紀にタヒチからハワイに来たポリネシア人らによってハワイにもたらされた。

ク．ハワイの地名にはサーフィンにちなんだものがあり，サーフィンの名人は儀礼の場で特別な歌を歌った。

(1) ──────────────────────────── 正答率 89.5%

直前の文は「サーフィンの真の起源はポリネシア人の古代史にまでさかのぼることができる」というもの。これに続くのはその説明だと考えるのがまず自然だろう。サーフィンの起源に関する記述を探そう。そこにポリネシアという単語があればさらに好都合である。選択肢キはその条件を満たしている上，そこにあるタヒチという地名が次段落第1文のタヒチ人の話とうまくつながる。以上からキに決定する。

(2) ──────────────────────────── 正答率 47.4%

この空所の直後にはまた空所が続くので，(2)に入るものはこの段落の内容から判断するしかない。第2文の最後にある Hawaiian legend and culture に着目する。この具体例として，サーフィンがハワイの伝説や文化に根づいていたことを示す事実を述べているクが適切。

(3) ──────────────────────────── 正答率 52.6%

本段落は「白人と接触する前の，タブーのおきてと厳格な身分制度に象徴されるハワイの生活」について述べられているところで，サーフィンもその例外ではなかったことが示されている。したがって，本段落の冒頭にくる内容としては，サーフィンとハワイの社会生活との間に深いかかわりがあったことを述べた選択肢イが適している，と判断することができる。イにある also は，第2段落の「伝説と文化」に加えて第3段落では「社会制度」について述べていることを示している。

(4) ──────────────────────────── 正答率 55.3%

空所に続く部分は，ハワイの王子がヨーロッパ文化の影響を受けてタブーのおきて

を破ったこと，およびそこから始まるハワイ全土におけるタブー文化の変化に関する記述である。すなわち，前段落が白人との接触が始まる以前のハワイの社会生活について述べたものであったのに対して，本段落はそれ以降にハワイが大きく変わったことを具体的な例を挙げて述べている。これに適合するのは選択肢**カ**である。カの冒頭にある After … が，前段落にある Before the coming of the 'white-skinned people' と対比になっていることもヒントになろう。

(5) ──────────────────────────────── 正答率 60.5%

前段落にはサーフィンに関する記述が一切なかったのに対して，本段落の空所以下はすべてサーフィンの話である。しかも，少し読んだだけで，サーフィンの衰退ぶりが述べられていることがわかる。この空所には，ハワイにおけるタブー文化の変化とサーフィンの人気の衰えとをつなぐ文が必要である。選択肢**ウ**はまさしくこの条件どおりの文である。

(6) ──────────────────────────────── 正答率 60.5%

前段落の話の中ではハワイで衰退してしまっていたサーフィンが，本段落では世界中に広まっていくという流れである。選択肢**オ**が，この段落の冒頭に適している。オの「しかし，この（サーフィンの衰退という）ゆゆしき時に」も大きなヒントになる。

不要な選択肢 ────────────────────────────

ア．「サーフィンほど劇的で，わくわくするスポーツはほとんどない」

サーフィンのスポーツとしての魅力について述べた部分は本文になく，本選択肢の入るべき空所はない。よって，本選択肢は不要。あえてこの文を挿入するとすれば，最終段落の最後の文の後ということになろうか。

エ．「サーフィンは，初期のハワイの生活でタブーのおきてに厳しく支配されないわずかな側面のひとつであった」

第3段落に「サーフィンも含めて，ハワイの生活のほとんどすべての面がタブーのおきてに支配されていた」とあり，本選択肢の内容は本文と合致していないことがわかる。よって，本選択肢も不要。

(1)—キ (2)—ク (3)—イ (4)—カ (5)—ウ (6)—オ

46　アメリカ人の雪に対する思いの変遷

全訳

第1段落

　「雪」は一見したところ，文化史学者や社会史学者に適した問題であるようには見えない。研究のテーマとしてなら，明らかに地理学者とか天候や気候の専門家の方がもっとふさわしい，と人は思うかもしれない。雪に関して何がいったい「文化的」だというのであろう。雪の何がいったい「社会的」だといえるのであろう。最初はこうした疑問に答えるのは難しそうに思われるかもしれない。(1)キ：しかし，文化史学者にとって，「雪は雪」，つまり自然界の物質であり，天候の一部であって，文化や社会とは無関係なものだ，と言うだけでは十分ではないのである。文化史学者にとって，雪にはそれ以上のものがはるかにたくさんあるのだ。

- □　at first sight「一見したところでは」
- □　a topic for 〜「〜にふさわしいテーマ，〜向きの問題」
- □　a physical thing, part of the weather, nothing to do with culture and society の3つは "snow is snow" に含まれる2つの snow のうち，後の方の snow と同格と考えるとよい。
- □　nothing to do with 〜「〜と無関係なもの」
- □　there is much more to 〜 than … 「〜には…以上のものがはるかに多く存在している」

第2段落

　雪は人間がそれを表現する言葉を最初に作り出す以前から存在したことは確かだ。雪は自然現象である。しかし同時に，雪はまた人間が共通して体験するものでもある。だから，文化史あるいは社会史学者が雪の問題を取り上げるときに用いそうな論点は，雪の「体験」を重点的に取り扱うものであろう。すなわち，人は雪にどんな名前をつけてきたか，雪についてどんな疑問を抱いてきたか，どんな象徴的意味を見出してきたか，雪にどのように対処してきたか，といったことである。このような論点によって，有用な歴史的探求の幅広い領域が開かれるのである。

- □　physical phenomenon「自然現象，物理現象」　※phenomenon の複数形は phenomena。
- □　shared human experience「人間が共通して体験するもの」
- □　So the questions that …　※コロンの後に続く4つの疑問文が the questions that … the *experience* of snow の例である。
- □　that a cultural … topic of snow は the questions を説明する関係代名詞節。
- □　focus on 〜「〜に集中する，〜を重点的に取り扱う」
- □　open 〜 up / open up 〜「〜を開く」
- □　inquiry「探求」

第3段落

　アメリカにおける社会的な意味での雪に関する考え方，および雪との共存の仕方には明確な変化の歴史がある。雪はアメリカの歴史の中にあって一定不変のもので

あったが，雪の持つ文化的な意味はそうではなかった。ある歴史家によると，アメリカにおける雪のこうした変化の歴史を，我々は6期に分けることができるとのことである。第1期には，アメリカ人はただ雪を切り抜けて生きていた。それから，次の時期には，次第に雪と一体感を持つようになり始めた。すなわち，雪を自分たちの国の特質の一部，汚れなく純粋なものの象徴と考え始めたのである。

- ☐ snow in America は thinking about と living with の共通の目的語
- ☐ a constant「一定不変のもの」
- ☐ its cultural meanings have not の次に been a constant を補う。
- ☐ divide *A* into *B*「*A* を *B* に分割する」
- ☐ survive ～「～を切り抜け生き残る」
- ☐ identify with snow「雪と一体となる」　※カンマの後の to think of … がその内容を説明している。
- ☐ think of *A* as *B*「*A* を *B* と考える」
- ☐ national identity「国民性，国家意識」　※全訳では「国の特質」としている。

|第4段落|

(2)ウ：次に，創造力に富んだ作家や創造力のある科学者が雪を新しい見方で眺めるようになり始めると，アメリカの雪に対するもっと複雑な解釈が現れ始めた。雪はその多様な意味合いと多くの様相で知られるようになった。雪はアメリカの生活における矛盾や相違，多様性を象徴するようになり始めたのだ。果てしなく変化するアメリカの雪の様子に新たな関心が持たれるようになった。雪は平和でかつ危険，創造的でありながら破壊的，受動的でありしかも活動的，冷たいけれども活気に満ちている，そして単調だが美しい，というものになった。

- ☐ a more complicated version of snow「雪に対するもっと複雑な解釈」
- ☐ became celebrated for ～「～で知れわたるようになった」
- ☐ contradiction「矛盾」
- ☐ full of life「活気に満ちている」
- ☐ blank「単調な，無表情な」

|第5段落|

(3)ア：しかし，もちろん雪は常に概念や象徴以上のものであった。雪は天候でもあったのだ。雪は測定したり予測することができた。そして，雪は必ずしも正確に支配できるものではないにしても，理解することはできるものなのだ，と考えるこうした風潮から，人々は雪の研究を体系づけるようになった。この次の時期になると，アメリカの雪は研究の対象，説明の対象，そして命名の対象となった。この時期にアメリカの国立気象局が重要性を帯びるようになり，北極と南極に寄せられる科学的な関心が雪に対する大衆の意識を高めた。

- ☐ It could be … の It は Snow を指す。
- ☐ if not exactly controlled「必ずしも厳密に支配することはできないとしても」
- ☐ organize the study of snow「雪の研究を体系づける」
- ☐ this next period は次の this period と同じで，the fourth period のこと

　　　　である。
　　　□　the National Weather Bureau「(米国) 国立気象局」※これはかつての
　　　　名称で，統合・再編により現在の名称は the National Weather Service
　　　　である。
　　　□　grew in importance「重要度を増した」
　　　□　increase the public consciousness of ～「～に対する大衆の意識を高め
　　　　る」

第6段落

　第5期には，特にスキーをはじめとするウィンタースポーツが大きな商業活動と
なり始めた。しかし一方では，雪が初めて楽しいものに見え始めようとしていたま
さにそのころに，人々は深刻な社会問題としても雪に注意を払わなければならなく
なり始めたのである。(4)エ：輸送機関の革命が始まるとともに，雪は都市や道路や
鉄道の責任者にとって大きな悩みの種となったのだ。

　　　□　But then「しかしそれでも，しかしそうは言っても」
　　　□　just when snow was beginning to do「ちょうど雪が～し始めていたその
　　　　時に」
　　　□　a major headache「大きな悩みの種，頭痛の種」
　　　□　people responsible for ～「～を預かる人，～の責任者」

第7段落

　最後に，今日の多くのアメリカ人にとって，雪は失われた過去が安心できる世界
であったということを最も直接的に連想させるものであるのかもしれない。この過
去というのは，記憶に残っている子どものころの冬であるかもしれないし，あるい
は想像上の過去のアメリカ，すなわち，生活が何となく今より汚れなく単純であっ
たように思われる場所であり時代であるかもしれない。このような雪の見方が公害
や環境，地球的規模の気候の変化といったことに対する社会的関心の高まりと関係
があるのはまず疑いのないところである。そして，興味深いことだが，国としての
個性であるとか，世界的大国としてのその地位に対するアメリカ人の意識の変化と
も関係があるのかもしれない。

　　　□　immediately「直接的に」
　　　□　be associated with ～「～と結びつけて考えられる」
　　　□　a place and time … は an imagined past America と同格。
　　　□　somehow「どことなく」
　　　□　interestingly「興味深いことだが」
　　　□　changes in ～「～の変化」
　　　□　a global power「世界的な大国」

第8段落

　(5)イ：天候と気象を研究している専門家は，自然現象としての降雪に関心を抱い
ている。特定の降雪の歴史に目を向けて，彼らはおそらく「4つのD」に焦点を当
てるだろう。その発生と消滅の日 (dates) はいつだったのか。どのくらいの深さ
(depth) まで積もったのか。密度 (density) すなわち水分はどれくらいだった
のか。そして，持続期間 (duration) はどれくらいだったのか，つまり，どれくら

いの時間降り続いたのか。こうした疑問に対する回答は，特定の地理的特徴を持つ地域における雪の影響についての基本的な情報を提供してくれるであろう。

   □ "four Ds"「4つのD」というのは，続く4つの疑問文にある Dates, Depth, Density, Duration のことである。
   □ accumulate「蓄積する」
   □ duration「持続（期間）」
   □ for how long did it snow? は its duration を言い換えたもの。

第9段落

しかしながら，文化史学者に対しては，雪は合衆国における自然と文化の相関関係の歴史を見渡す窓を提供してくれるのだ。大多数のアメリカ人は毎年ある程度の雪を体験する。何世紀にもわたって，毎年雪はアメリカの風景を変えてきたし，肉体的にも精神的にも様々な面でその国民を試してきたのである。(6)カ：アメリカ人が自分たちの雪について知っていることをどのようにして知るに至ったのか，ということを調べることによって，我々は雪そのものについての真理よりはるかに多くのものを理解し始めることができる。我々はアメリカの文化と社会についても多くのことを学ぶことになるであろう。

   □ a window は「接触の手段，観察する機会」の比喩的表現。
   □ challenge ～「～を試す」
   □ how Americans know what they know about ～「アメリカ人は～について知っていることをどうやって知るに至ったのか」

各段落の要旨と全体の流れ

第1段落：雪は地理学者や気象の専門家のテーマのように思われ，文化史学者や社会史学者の扱う問題とは一見結びつかないように思える。（空所(1)）

第2段落：雪は一つの自然現象ではあるが，人は雪にまつわる様々な体験をしてきた。文化史・社会史学者はこの点を重視して，いくつかの問題点を挙げる。

第3段落：アメリカでは雪自体は一定不変のものであったが，雪の文化的な意味はいくつかの変遷を経てきた。第1期は雪に耐えるだけだったが，第2期には雪を国の特質の一部，純粋なものの象徴と考えるようになった。

第4段落：（空所(2)）雪はその多面性ゆえにアメリカの生活における多様性を象徴するようになり，果てしなく変化するアメリカの雪の様子に新たな関心が向けられた。

第5段落：（空所(3)）雪は予測可能なものであるという考え方が広まり，この時期にはアメリカの雪を研究しようという科学的な関心への気運が高まった。

第6段落：第5期にはスキーをはじめとする冬のスポーツが盛んになったが，同時に人々は深刻な社会問題としても雪に関心を向け始めた。（空所(4)）

第7段落：今日の多くのアメリカ人にとって，雪は失われた過去と密接なつながりを持つものである。この考えは公害や環境に対する社会的な関心の高まりと

　　　　　　も関係があると思われる。

第8段落：（空所(5)）彼らは降雪の日とその深さ，密度，降雪時間を重点的に調べる。
　　　　　こうした疑問に対する答えは特定の地域の雪の影響についての情報を提供
　　　　　してくれるであろう。

第9段落：しかし，文化史学者にとって雪は自然と文化の相関関係の歴史を調べる手
　　　　　段なのだ。雪は長年にわたってアメリカの風景を変化させ，人々を試して
　　　　　きたのである。（空所(6)）

各選択肢の要旨

ア．しかし，もちろん雪は常に単なる概念や象徴であったわけではなく，天候でもあ
　　った。

イ．天候の専門家は自然現象としての降雪に関心を抱いている。

ウ．作家や科学者が新たな見方で雪に目を向け始めると，アメリカの雪に対するもっ
　　と複雑な解釈が現れ始めた。

エ．輸送機関の発達とともに，雪は大きな悩みの種ともなった。

オ．第3期には人々は娯楽として雪を体験する方法を知った。

カ．アメリカ人が雪に関する知識をどのようにして得るのかを調べることで，アメリ
　　カの文化や社会について多くのことがわかるだろう。

キ．しかし，文化史学者にとって雪は単なる一つの自然現象にとどまるものではない。

ク．アメリカの雪は常に自然現象としてよりも概念として重要であり，研究のテーマ
　　としても科学者ではなく歴史家が扱うものである。

(1) ———————————————————————————— 正答率 60.4%

まず，この文章全体の中で，筆者が「雪」を物理的現象のみならず，文化的・社会
的現象として捉えていることをつかむこと。そして空所(1)の直前では「雪を文化
的・社会的現象として捉えることが<u>最初は</u>難しく思える」と述べている。この直前
の At first「最初は」に着目すると，この後には「だが実は…」と，ここまでの内
容と対立する記述がなされることが予想される。そこで「雪は単に物理的現象の問
題にとどまるものではないのだ」あるいは「雪は文化や社会と大いに関係があるの
だ」といった内容が But など逆接を表す語に続くものを探すと，この条件に合う
ものはキしかないことがわかる。キの書き出しを仮定法の But for ～「～がなけれ
ば」と勘違いしないように。もしそうなら主節に助動詞の would や could などが
使われるはずである。

(2) ———————————————————————————— 正答率 27.1%

これに先立つ第3段落（There is a …）ではアメリカでの雪の持つ意味の変遷が6
つの時期に分けられることが述べられ，その第1期・第2期についての記述がなさ

れている。当然ここでは第3期についての記述が展開されるものと期待される。そこでオの In the third period に飛びつきたいわけだが，それでは出題者の思うつぼ。オは「娯楽として雪を体験し始めた」という内容である。この後に続く部分は娯楽に関する記述ではないから，この選択肢は実は引っかけのダミーであることがわかる。この第4段落で述べられているのは雪の多面性，多様性に人々の関心が向いてきたということである。これはウの a more complicated version of snow in America began to appear「雪のより複雑な解釈がアメリカで現れ始めた」の具体的な説明に当たる。ウの書き出しの Next を In the third period と同義と考えると，前段落からのつながりもうまくいく。

(3) ──────────────────────────── 正答率 29.2%

前の第4段落で述べられているのは雪の多面性，いわば概念的なことであった。この空所(3)をはさんで次に述べられているのは物質としての，すなわち物理的現象としての雪である。この両者をつなぐ空所(3)は話の方向を少し修正するはたらきを持ったものでなければならない。そこで考えられるのが But of course ….「しかし，もちろん…であった」のアである。アの後半の記述 it was also weather「雪は天候でもあったのだ」の具体的な内容が，この第5段落にある物理的現象としての雪についての記述とうまくつながる。またアの前半の an idea or a symbol は，前段落までの第2・3段落の内容を受けていることもヒントになろう。さらに，空所の後の文（It could be …）の It はアの主語である snow を指している。選択肢イでは，It の指すものは内容的には snowfalls か phenomena だが，どちらも複数形なので It では指せない。

(4) ──────────────────────────── 正答率 70.8%

空所直前にある a serious social problem「深刻な社会問題」に着目し，これが何であるのかを考える。雪のマイナスイメージとなりそうなものを選択肢から探すと，エに snow became a major headache for …「…にとって雪は悩みの種となった」がある。「雪が交通や輸送の妨げとなってきた」ということで，話がうまくつながる。

(5) ──────────────────────────── 正答率 43.8%

ここは空所の後に述べられていることとの関連性に目を向けるとよい。この第8段落は現実の気象現象としての雪についての記述である。これだけでもイが有力候補として浮上するが，空所直後の文（Looking at the …）にある they が何を指すかを糸口に選択肢を探すという方法もある。この they が Specialists studying weather and climate「天候と気象を研究する専門家」を指すことは文脈上明らか。さらに，snowfalls という語が共通して入っていることも心強い。なお選択肢アには they で指すことのできる複数形の名詞が存在しないので，ここには入らない。

(6) ──────────────────────────────────── 正答率 33.3%

カにある examining how Americans know what they know about their snow が cultural historian の仕事であると考えると，全体の筋が通る。直前の第8段落では物理的現象としての「雪」の話がなされていて，この第9段落の第1文にはhowever があるので，この段落では雪の文化的・社会的現象としての話が続くことを予想する。選択肢の候補としては，カとクが考えられるが，クは逆接の副詞though があるので，内容が矛盾する。以上から**カ**が正解。

不要な選択肢 ─────────────────────────

▶不要な選択肢オとクについて

オ：In the third period という書き出しから，入れるとすれば(2)以外にないが，前述したようにこの後には娯楽としての雪の話が続かないので不可。よって，この選択肢は不要。オの訳は次の通り。

「第3期には，人々は余暇の時間をより多く持つようになり，雪を娯楽として体験する方法を知った。雪は厄介なものであると同時に楽しめるものともなったのである」

ク：「アメリカの雪は物理的現象としてよりも概念として重要な意義があった」とあるが，本文ではそのような比較は論点としてあがっていない。よって，本選択肢も不要。クの訳は次の通り。

「もっとも，アメリカの雪はいつも，自然科学的な現象としてよりも概念としての方がより重要であった。そして，研究のテーマとしては，雪は科学者ではなく歴史家のものである。雪はアメリカの気候ではなく，アメリカ人の想像にかかわるものなのである」

(1)─キ　(2)─ウ　(3)─ア　(4)─エ　(5)─イ　(6)─カ　　解　答

47 科学における個人の業績の再評価

全訳

第1段落

　圧倒的に不利な状況で戦う孤高の真理の探究者。これがいわゆる「科学者」の従来のイメージである。ガリレオのことを考えてみるとよい。彼は，まったくその謎を明かそうとはしてくれない物質界の物体落下の法則を一人で発見し，望遠鏡を改良して，教会の逆鱗に触れなければならなかったが，科学的真理に対する彼の献身的な情熱は歴史を変えたのである。

- ☐ fighting「戦う」 ※A lonely seeker of truth「孤高の真理の探究者」を修飾する分詞句。したがって，ここはセンテンスの形をなしていない。見出しのようなものと考えればよい。
- ☐ against overwhelming odds「圧倒的に不利な状況で」 ※ここでは教会を中心とした当時の社会体制を敵に回していることを示唆している。*e.g.* Against all odds, Ann recovered from her illness.「あらゆる障害を克服してアンは病気から回復した」
- ☐ single-handedly「独力で」
- ☐ the laws of falling bodies「物体落下の法則」
- ☐ all too reluctant to *do*「まったく～しようとしたがらない」
- ☐ face the wrath of the Church「教会の怒りに触れる」

第2段落：(2)-(カ)

　もちろん，このようなロマンチックな理解の仕方には重大な問題もある。ガリレオは我々が考えるほど純粋な人間ではなかったし，彼の観察は厳密な意味では決して科学的なものではなかったことが明らかになっている。しかし，英雄，すなわち独力で仕事に取り組んでいる個人の科学者が重大な発見をするという科学界の英雄の手本を，ガリレオが我々に提供してくれていることは間違いない。

- ☐ this romantic picture「このようなロマンチックな描写」
- ☐ less than strictly scientific「厳密な意味で科学的なものでは決してない」
- ☐ does *do*「実際～する，～するのは間違いない」 ※動詞を強調する助動詞。
- ☐ a heroic model of science「科学上の英雄の手本」
- ☐ working on their own「独力で仕事に取り組んでいる」

第3段落：(3)-(イ)

　しかしながら今日では，重大な発見が個人の科学者によってなされることはめったにない。今日の科学の多くは共同科学であり，それは科学者たちの大きな集団が個々の問題に取り組む巨大な実験室を伴うものである。

- ☐ corporate science「共同科学」
- ☐ involving ～「～を伴った」
- ☐ work on ～「～に取り組む」

第4段落：(4)-(エ)

　だから，科学に関わる哲学者や社会学者のほとんどが，こうした英雄タイプの科学者をあきらめてしまったのも，別段驚くべきことではない。個人の科学的真理の探究者が一人で仕事に取り組んで，彗星を一つ二つ発見することも時にはあるかも

しれないが，全体としては，そういう科学者が科学それ自体に貢献できるものはほとんどない，という道理になるのである。

- [ ] Not surprisingly 〜（＝It is not surprising that 〜）「〜はもっともなことだ」
- [ ] a comet or two「一つ二つの彗星」
- [ ] on the whole「全体としては，大体においては」
- [ ] on the whole, the argument goes, S V ＝ the argument goes that on the whole, S V「その主張するところは，全体としてSがVするということだ」　※go は say と似た意味だが，より生き生きと描写する場合に使われる。*e.g.* "I love you so much," he went.
- [ ] as such「それ自体としての」

第5段落

　私は，このような英雄タイプの科学者をあきらめようとするのは少々性急すぎると思う。個人が政府や大企業を相手にして，深く定着した国策を変えることができるのとまったく同様に，個人の科学者は社会に確立した科学的偏見に立ち向かって，科学の方向を変えることができるのである。

- [ ] abandon 〜「（考えなど）を捨てる」
- [ ] a bit too hastily「少し急ぎすぎて」
- [ ] deeply-rooted national policies「深く定着した国策」
- [ ] established scientific prejudices「確立した科学的偏見」

第6段落：⑹─㈦

　マーク・パーデイは，どうすればこういうことができるかという例を示している。パーデイは，BSE（いわゆる「狂牛病」）の原因についての公式報告に疑いを抱いた有機農場経営者である。彼は自分の飼う牛が，羊や牛のすりつぶした脳を含む「キャトル-ケーキ」に触れてもいないことに気が付いた。にもかかわらず，その牛が BSE にかかったのである。パーデイの詳細な記録は調査に利用することができたはずなのだが，たかが一人の農場経営者の声に誰が耳を貸すであろう。

- [ ] an example of how this can be done「どうすればこういうことができるかという例」　※this の指す内容を明らかにすることが解答につながる。
- [ ] an organic farmer「有機農場経営者」
- [ ] be suspicious of 〜「〜に疑いを持つ」
- [ ] the official version of 〜「〜についての公式見解」
- [ ] ground-up brains「すりつぶされた脳」　※ground は grind の過去・過去分詞形。
- [ ] inspection「調査，検査」
- [ ] who would listen to a mere farmer ?（＝nobody would listen to a mere farmer）「たかが一農場経営者の声に誰も耳を貸そうとはしなかった」

第7段落：⑺─㈦

　さらに悪いことがあった。パーデイは独自の説を持っていたが，それは既成の科学界には受け入れられないものであった。法的に（使用を）求められている殺虫剤のせいだとするものだったからである。10 年間の孤独な研究はついに BSE と金属マンガンの摂取のし過ぎとの関連を明らかにした。この関連は最近ケンブリッジの

研究チームによって確認された。

- ☐ unacceptable to 〜「〜に受け入れてもらえない」
- ☐ establishment science「体制側の科学，既成の科学界」
- ☐ which の先行詞は his own theory である。
- ☐ ten years of 〜「10 年の〜」
- ☐ link *A* with *B*「*A* を *B* につなぐ」
- ☐ recently confirmed by 〜「最近〜によって確認された」　※a connection を修飾する分詞句。

第8段落：(8)―(キ)

　活躍中の英雄タイプの科学者の例をもう一つ見つけるのに，それほど遠くにまで目を向ける必要はない。最も最近の例はエドワード・フーパーというエイズの研究者で，彼は HIV はチンパンジーのウイルスが原因だったのではないと言っている。そのかわり彼は，アフリカのエイズ患者のほとんどが，チャットという名の実験用の経口ポリオワクチンが使用された同一の場所から出ていることを明らかにしている。

- ☐ look far to find 〜「〜を見つけるために遠くに目を向ける」
- ☐ in action「活躍中の」
- ☐ case「症例，（…）の患者」
- ☐ an experimental oral polio vaccine「実験用の経口ポリオワクチン」

第9段落

　だから，不利な状況で戦う孤高の科学者でも，勝利を得ることはできるのだ。パーデイとフーパーはガリレオの現代版とみなすことができる。しかし，この場合，教会は誰になるであろう。それは宗教的な体制ではなく，科学的な体制である。独力で仕事に取り組んでいる個人の科学者に関する限り，教会に取って代わってきたのは厳格に定説を守る科学の諸機関，すなわち，巨大な研究所，学術的な研究施設，および政府の各省である。

- ☐ can be seen as 〜「〜とみなすことができる」
- ☐ contemporary equivalents of Galileo「現代のガリレオに匹敵するもの，ガリレオの現代版」
- ☐ the Church はここでは「教会に相当するもの」の意。
- ☐ As far as 〜 is concerned「〜に関する限り」
- ☐ working on his or her own「独力で仕事に取り組んでいる」　※the individual scientist を修飾する分詞句。
- ☐ be replaced by 〜「〜に取って代わられる」
- ☐ rigidly dogmatic institutions of science「厳格に定説を守る科学の諸機関」　※dogma は，しばしば「（修正不可能な）教義」の意味で使われる。dog- の原義は「教える」で，doctor は同系語。

第10段落：(10)―(ア)

　ことによると，本当の教訓は，あらゆる種類の組織というものは気に入らない真実を抑えようとする傾向がある，ということであるかもしれない。そして，真理で身を固めた孤高の科学者は今もなお強力な力となりうるのである。

- ☐ moral「教訓」

2

読

解

□　tend to suppress ～「～を抑える傾向がある」
□　a lonely scientist armed with truth「真理で武装した孤高の科学者」

各段落の要旨と全体の流れ

第1段落：孤高の科学者ガリレオは，その発見によって教会の逆鱗に触れたが，科学の真理の発見に大きく貢献した。

第2段落：このようなロマンチックな理解には問題もあるが，ガリレオは確かに英雄タイプの科学者の手本である。

第3段落：しかし今は個人の科学者ではなく，巨大な施設と大きな科学者集団を持った共同科学の時代である。

第4段落：だから，英雄タイプの科学者があきらめられるのも無理はない。孤高の科学者による科学への貢献はほとんどないのだから。

第5段落：英雄タイプの科学者をあきらめるのは性急である。個人の科学者が既成の科学的偏見に立ち向かうことは可能なのだ。

第6段落：パーデイはどうすればこれができるかを示している。彼は狂牛病の原因に疑念を抱き詳細な記録を残したが，誰も気に留めなかった。

第7段落：さらに悪いことに，パーデイの説は既成の科学に相反するものであった。10年の孤独な研究の後，彼は真実を突き止めた。

第8段落：英雄タイプの科学者の例をもう一つ見つけるのは簡単だ。フーパーはHIVの原因について異説を唱え，事例を示している。

第9段落：だから，孤高の科学者は勝てるのだ。パーデイとフーパーはガリレオの現代版で，教会に当たるものは科学の諸機関である。

第10段落：組織というものは気に入らない真理を抑えつける傾向がある。孤高の科学者は今も強力な力となりうるのだ。

各選択肢の要旨

㋐組織というものは気に入らない真理を抑えつける傾向がある。孤高の科学者は今も強力な力となりうるのだ。

㋑しかし今は個人の科学者ではなく，巨大な施設と大きな科学者集団を持った共同科学の時代である。

㋒さらに悪いことに，パーデイの説は既成の科学に相反するものであった。10年の孤独な研究の後，彼は真実を突き止めた。

㋓だから，英雄タイプの科学者があきらめられるのも無理はない。孤高の科学者による科学への貢献はほとんどないのだから。

㋔一方，ニュートンの『プリンキピア』は17世紀の科学革命の頂点であると一般に考えられている。

㋑このようなロマンチックな理解には問題もあるが，ガリレオは確かに英雄タイプの科学者の手本である。

㋒英雄タイプの科学者の例をもう一つ見つけるのは簡単だ。フーパーは HIV の原因について異説を唱え，事例を示している。

㋓パーデイはどうすればこれができるかを示している。彼は狂牛病の原因に疑念を抱き詳細な記録を残したが，誰も気に留めなかった。

(2)・(3)・(4) ─────────── 正答率 (2) 65.9%　(3) 18.2%　(4) 43.2%

2 読 解

　(1)でガリレオの業績が述べられ，(5)には明らかにガリレオ型の科学者を指すと見られる「heroic model をあきらめるのは性急すぎると思う」とある。ということは，(2)・(3)・(4)のいずれかに「heroic model をあきらめる」にあたる記述があるはず，と見当をつける。… have given up the heroic model とあるのは㋓である。これがこの3つのうちのどれかになることはまず間違いない((5)との自然なつながりを考えると，おそらく(4)であろう)。

　㋓の Not surprisingly, then に着目すると，この前の文には，「heroic model をあきらめる」に至った根拠のようなことが述べられていることが考えられる。㋑には「現在では個人の科学者の業績はほとんどなく，主流は共同科学である」とあり，これは㋓の根拠として十分である。すなわち，㋑と㋓は直接つながるものと考えてよい。

　さて，残る一つが入る位置としては一応(2)と(4)の両方の可能性があるわけだが，(2)に絞ってよいだろう。(1)の直後に㋑が続くのはあまりにも唐突だからである。(1)のガリレオの話がもう少し続くと単純に考えれば，㋐が候補として浮かぶ。㋓や(5)で the heroic model とあったのが，㋐では a heroic model として登場するのも決め手となる。あるいは，㋐の this romantic picture が(1)でのガリレオの描写を指していることに気付いてもよい。いずれにせよ，この3つの段落については(2)→㋐，(3)→㋑，(4)→㋓となる。

　以上の手順と逆に，ガリレオの話を受ける㋐をまず(2)の位置に決め，続いて「しかしながら今日では…」の㋑，それから「だから…も驚くことではない」の㋓とつないでいく方法も考えられる。

(6)・(7)・(8) ─────────── 正答率 (6) 38.6%　(7) 38.6%　(8) 27.3%

　(5)は「個人の科学者は体制に立ち向かい，科学の方向を変えることができる」で終わり，(9)は「孤高の科学者は勝利を収めることができる」で始まっている。両者はほぼ同じことを言っているわけであるから，(5)と(9)の間の記述内容はこのことを立証あるいは例示するものでなければならない。

　㋒に出てくるパーデイが㋓ではフルネームで登場するから，㋒は㋓の前には来ないことがわかる。Worse「さらに悪いこと」で始まるところから考えても，㋒は㋓

に直接続くと考えるのが自然だろう。また，㈮には another example とあるから，この前に別の例が挙げられているはずである。これらの点をまずざっと押さえておくと作業が早く進む。

㈯(ウ)は，その内容から，第5段落最終文の後半（individual scientists …）「個人が科学的偏見に立ち向かって，科学の方向を変える」の具体化であると考えるのが適切。㈯の第1文にある how this can be done「これはどのようになされ得るか」が第5段落最終文とうまくつながる。

㈯に続く(ウ)がパーデイの話の完結編である。

ここで㈮の another example に着目する。パーデイの話が一段落したところで，もうひとつフーパーの例を挙げようというわけだ。そして，(9)でパーデイとフーパーがまとめて評価されることになる。したがって，この3つの段落に入るのは(6)→㈯，(7)→(ウ)，(8)→㈮である。

(10) ───────────────────────────── 正答率 54.5%

(10)は，(9)で大体のことを言い尽くした後の最後の結論である。㈠の institutions of all kinds が religious institutions と scientific institutions の両方を含むことに気が付けば，㈠を選ぶのに造作はない。

不要な選択肢 ─────────────────────────────

㈰は，（理論科学ではなく）経験科学の頂点でニュートンが果たした役割について触れたもので，既成体制と戦う孤高の科学者について述べた本文とは異質の文章である。㈰の訳は次の通りである。

「一方，アイザック・ニュートンの『プリンキピア–マテマティカ』は17世紀の科学革命の頂点，すなわち組織的で整然とした経験主義科学の偉大なる出現であると一般的に考えられている。ただし，ニュートンに先立って生理学と天文学には大きな成果を収めた者がいたのである」

┌─────────────────────────────────────┐
Column　〈コンマ＋ＳＶ＋コンマ〉はＳＶの挿入

　コンマとコンマで挟まれたＳＶは，本来文頭に置かれていたＳＶが「文中に挿入されたもの」である。このルールを知らず，関係代名詞節として訳してしまう人がいるが，〈コンマ＋関係代名詞〉の場合，関係代名詞は省略されることはないということを覚えておきたい。

　e.g. Competition, <u>we have learned</u>, is neither good nor bad in itself.

　＝<u>We have learned</u> that competition is neither good nor bad in itself.

　「競争はそれ自体では良いものでも悪いものでもないと我々は知った」
└─────────────────────────────────────┘

┌─────────────────────────────────────┐
(2)—㈹　(3)—㈪　(4)—㈲　(6)—㈯　(7)—(ウ)　(8)—㈮　(10)—㈠

└─────────────────────────────────────┘

48 科学の進歩と人間の幸福

全訳

第1段落

科学および科学技術は過去 150 年間にわたって我々の生活を改善してきた。そして，しかるべき統制機構があれば，次の 150 年間にわたっても同様の役割を果たす可能性は十分にある。科学的知識が増大したおかげで，我々は生命に危険を及ぼすものの幾分かを制御し，その最悪の弊害の一部を取り除くことができるようになった。特に医学の進歩は実に様々な病気の脅威を減少させてきた。

□ every possibility that … 「…という十分な可能性」
□ given ～ 「～があれば」
□ the correct regulatory framework「しかるべき統制的枠組み」
　※この語句がこの文章のキーワードになっている。
□ do the same ＝ improve our lives
□ … has allowed us to *do*「…は我々が～するのを可能にした」→「…のおかげで我々は～することができるようになった」
□ control … and eliminate ～ 「…を制御し～を取り除く」
□ risks of life「生命に危険を及ぼすもの」
□ advances in ～ 「～における進歩」
□ medical science「医学」
□ reduce the threat of ～ 「～の脅威を減らす」

第2段落：⑵—㋕

その結果，過去 50 年間にわたって我々の人生の質が信じられないほど向上し，寿命も信じられないほど延びた。世界全体で見ると，出生時における平均余命は 1950～1955 年に 46.4 歳であったのが，1990～1995 年には 64.4 歳へと上昇した。そして同様に重要なことであるが，先進地域と非先進地域との間の平均余命の隔たりが，1950～1955 年の 26 年から 1990～1995 年の 12 年へと縮まった。

□ an incredible increase in ～ 「～の信じられないほどの増大」
□ take the world as a whole「世界を全体として見る」
□ life expectancy「平均余命」　※average をつけることも多い。
□ at birth「生誕時における」
□ the gap in ～ 「～の隔たり」
□ the more developed regions「発展の進んだ地域」
□ the less developed ones（＝ regions）「発展の遅れている地域」

第3段落：⑶—㋑

現在の英国では，我々は健康でいることを当然のことと考えがちである。しかし，工業化以前の時代には若くして死ぬことがいかに普通のことであったか，そして今ではもはやそういうことはないという理由は大半が科学の進歩によるものである，ということを我々は思い起こすべきである。歴史家の J. H. プラムがかつて述べたように，「裕福な家庭に生まれ，極めて良好な健康に恵まれ，自分の子どもの大多数が死ぬのを冷徹に受け止められたはずだという確信が持てないかぎり，正気の人

2
読
解

なら誰一人として前の時代に生まれたかったなどと思わないであろう」ということになる。

- □ take ～ for granted「～を当然のことと思う」
- □ how common ～ would have been「～がいかに当たり前のことであっただろうことか」
- □ pre-industrial era「工業化以前の時代」　※第1文は，should remember how common ～ and that … という並列構造をつかむ。
- □ that is no longer so は「もう今では若死にが普通のことではない」ということ。
- □ be due to ～「～のためである」　※原因を表す。
- □ in *one's* senses「正気の」
- □ choose to have *done*「～したかったと思う」
- □ a previous age「前の時代」
- □ unless he could be certain that …「…ということが確信できないかぎり」
- □ he would have been born into …「…の元に生まれたであろう」　※「もし前の時代に生まれていたら」を条件とする仮定法過去完了。最終文は，be certain that …, that …, and that … という並列構造になっている。

第4段落

　科学の恩恵はこんなにも大きいのである。それも平均余命や医療といった領域だけではない。現在我々が直面している最も重大な問題の一つは環境破壊である。工業化に向かって突き進んできた結果，地球の天然資源を無分別に取り扱うようになったのだ。しかし，我々が工業化以前の世界に戻りたいと思わないかぎり，科学を使わずに環境を保護することはできないであろう。

- □ The benefits of science「科学の恩恵」
- □ health care「医療，健康管理」
- □ one of the gravest problems と we face の間に関係代名詞 that を補う。
- □ the environment「（地球の）自然環境」　※the は「我々皆が知っている環境」を示唆。
- □ The rush towards industrialisation「工業化への突進」
- □ ～ has led to …「～の結果…になった」　※lead；led；led
- □ an unthinking approach to ～「～に対する無分別な取り組み」

第5段落：(5)―㋐

　一つ簡単な例を挙げると，フロンガス（クロロフルオロカーボン，冷蔵庫やエアゾールなどに使用されている）が放出されて大気中の高いところに達するとオゾンの破壊を引き起こす恐れがある，ということを最初に示したのは合衆国とドイツの化学者たちの研究であった。それから，1980年代に英国の科学者たちが，南極大陸の上空で成層圏のオゾンが一部消滅しているという証拠を提示した。この観察と既知の化学のメカニズムが，共に1987年にフロンガスの使用を減らすことに関するモントリオール議定書の調印へとつながる決定的な証拠となったのである。さらにフロンガスを他のものに取り替えるためにも，代替の冷却方法の案出を科学に依存することとなった。

2
読
解

- □ to take one simple example「簡単な例を一つ挙げると」
- □ it was the work of ～ that …「…したのは～の研究だった」 ※強調構文。
- □ CFCs「フロンガス」
- □ they are released into the upper levels of the atmosphere「それらが放出され大気中の高いところに至る」
- □ stratospheric ＞ stratosphere「成層圏」
- □ Antarctica「南極大陸」
- □ crucial「決定的な，極めて重大な」（crucial pieces of evidence の次の that は関係代名詞であることに注意） ※この語も the Crusade「十字軍」も cross「十字架」と同語源。
- □ the Montreal Protocol「モントリオール議定書」
  ※正式名称は「オゾン層を破壊する物質に関するモントリオール議定書（Montreal Protocol on Substances that Deplete the Ozone Layer）」で1987 年カナダで採択された。特定フロンなどの全廃の期限を決めた議定書。
- □ the replacement of CFCs「フロンガスの（他のものへの）取り替え」
- □ rely on A to do「A が～してくれるのを当てにする」
- □ alternative methods of refrigeration「代替の冷却方法」

第6段落：(6)－(オ)

このように，医療と環境のどちらの領域においても，あるいは輸送やメディアや情報工学や食糧といったその他の領域でも，科学の進歩は我々の生活の質を改善している。しかし，我々は決して科学の進歩について尊大になってはならない。進歩のことを考える場合には，たとえばサリドマイドのようなひどい医療上の悲劇や大量破壊兵器の開発のことも併せて考えなければならない。

- □ as well as in other areas, such as …「…のような他の領域も同様に」
- □ arrogant「尊大な，横柄な」
- □ the advance of science「科学の進歩」
- □ Thalidomide「サリドマイド」 ※20 世紀半ばに起きたサリドマイドを成分とする薬によって起こされた薬害禍。西ドイツで3,049 人，日本で309 人の被害者を出した。
- □ set A against B「A を B と対比させる，A と B を併せて考える」 ※ここは A has to be set against B という形の受動態。本文では「B のことを考える場合には A を（比較・参照の対象として）考慮すべきだ」と訳している。逆に B が新情報で A が旧情報ならば，「A のことを考える場合には B を考慮すべきだ」とも訳せる。e.g. The long-term gains from this project are enormous, but they may have to be set against its initial investment.「この計画の長期的に見た利益は計り知れないが，初期費用を見据えながら考えなければならない」

第7段落

人間の幸福に対するこのような脅威を防ぐためには，しかるべき有効な規制制度をもち，将来における科学の進歩が安全で，道義にかなっており，環境に配慮したものであることを確実なものにしなければならない。科学の進歩の意義と，その結果起こりうる影響を隠さず説明することが，政府当局にも科学界にも絶対に不可欠

なのである。

- □　guard against ～「～から身を守る，～を防ぐ」
- □　human well-being「人間の幸福」
- □　make certain that S V「S が V することを確かなものにする」
　　※that 節内は未来の内容でも will は入れない。ensure that S V も同じ。
- □　in place「当を得た，しかるべき」
- □　to ensure that …「…ということを保証する」　※前の systems を修飾す
　　る形容詞的用法と考えるのが妥当。訳出ではこの部分は後で訳している。
- □　Openness in explaining …「…を包み隠さず説明すること」　※「…を説
　　明する際の公開性」が直訳。この部分を主語とする文の述部は is abso-
　　lutely essential.
- □　possible consequences「起こりうる結果，影響」
- □　the scientific community「科学界」

第8段落：(8)—エ

　私は，やみくもに科学の変化を追求することがよいと言っているのではない。考えもせずにそれに反対することに異論を唱えているのである。来るべき世紀の我々の生活は，科学のほとんどすべての分野で起こる大変革によって必ずや変貌させられるであろう。しかし，こうした発達が我々の共通の利益のために利用されることを保証するのは，適切に統制された科学的枠組みの存在だけなのである。我々は進歩から顔をそむけることはできないが，すべての国々の人たちがその利益を享受できるような方向に進歩を助長し，導いていくことはできるのである。

- □　argue for ～「～に賛成の意見を述べる」
- □　the mindless pursuit of ～「～の無思慮な追求」
- □　argue against ～「～に反対の意見を述べる」
- □　inevitably「必然的に，必ず」
- □　the revolutions taking place in ～「～で起こる大変革」
- □　it is only the existence of ～ that will ensure …「…を保証するのは～の
　　存在だけである」　※強調構文。
- □　put ～ to use「～を利用する」　※ここは受動態。
- □　turn away from ～「～から顔をそむける」

各段落の要旨と全体の流れ

第1段落：科学は我々の生活を改善してきた。しかるべき統制機構があれば将来もそ
　　　　　うなるだろう。特に医学の進歩は病気の脅威を減少させた。

第2段落：その結果，平均余命が飛躍的に延びた。また，地域間の平均余命の隔たり
　　　　　が縮まった。

第3段落：現在，我々が若死にの脅威から逃れて健康を享受できるのも，大半は科学
　　　　　の進歩によるものである。

第4段落：科学の恩恵は健康面にとどまらない。環境保護にも科学は不可欠である。

第5段落：一例を挙げると，フロンガスの危険性を指摘したのも，その使用を減らす

原動力となったのも科学の研究である。

第6段落：科学は我々の健康面でも環境面でも生活を改善しつつあるが，一方で，医学上の悲劇や大量破壊兵器の開発から目をそむけてはならない。

第7段落：人間の幸福を脅かすものを防ぐためには，科学の進歩を規制する制度が必要である。

第8段落：我々は，科学の進歩を否定するのでなく，それが我々に利するものとなるように導いていかなければならない。

各選択肢の要旨

(ア)一例を挙げると，フロンガスの危険性を指摘したのも，その使用を減らす原動力となったのも科学の研究である。

(イ)現在，我々が若死にの脅威から逃れて健康を享受できるのも，大半は科学の進歩によるものである。

(ウ)情報工学の業績はめざましいが，科学技術が進むにつれてコンピュータは重大な結末をもたらすことになるだろう。

(エ)我々は，科学の進歩を否定するのでなく，それが我々に利するものとなるように導いていかなければならない。

(オ)科学は我々の健康面でも環境面でも生活を改善しつつあるが，一方で，医学上の悲劇や大量破壊兵器の開発から目をそむけてはならない。

(カ)その結果，平均余命が飛躍的に延びた。また，地域間の平均余命の隔たりが縮まった。

(2)・(3) ——————————————　正答率　(2)72.4%　(3)65.5%

(1)が「特に医学の進歩は様々な病気の脅威を減少させた」で終わっている。(2)と(3)が空所になっており，その後の(4)の第1文（The benefits …）には「科学の恩恵はこんなにも大きい」と述べた上で，「それも平均余命や健康管理といった領域だけではない」とある。よって，(1)と(4)の間に挟まっている(2)と(3)では，医学と健康面における科学の恩恵について述べられているはずだと予測することができる。(イ)・(カ)以外は別の話題（環境問題や情報工学，あるいは科学全般）について述べているので，(イ)と(カ)の2つに焦点をしぼることができる。

(イ)と(カ)を並べる時，手掛かりとなるのは(カ)の The result である。この The result で始まる文「その結果，…生活の質と長さが，とても向上した」を(1)の最終文（In particular, …）「医学の進歩で病気が減ったこと」の後に置く流れがよい。また(1)の最終文（In particular, …）が現在完了時制で書かれているのに対して，(カ)の第1文も現在完了時制で書かれていることもつながりをよくしている（(イ)の第1文（In Britain now we tend …）は現在時制で書かれている）。さらに，(カ)では「平均

余命の延び」，⑴では「健康状態の向上」について述べられている。よって㈹→⑴
の順にすれば，⑷の第1文後半の in the areas of life expectancy and health care の
順にも合致する。したがって⑵→㈹，⑶→⑴となる。

⑸ ——————————————————————————— 正答率 79.3%

⑷の終わりにある「科学を使わずに環境を保護することはできない」に続く内容と
して何が最適であるかを考える。〔科学が環境保護に役立った具体例〕が続けばう
まくつながるはずである。

㈠は「一つ例を挙げると」で始まっているので，何の例なのかを考えてみる。する
とここには「環境問題に関して科学が果たしてきた功績」が述べられており，これ
がまさに求めている選択肢となる。

⑹ ——————————————————————————— 正答率 67.2%

続く⑺の such threats to human well-being に相当するものを探す。㈡の最終文中
にある terrible medical tragedies と weapons of mass destruction に注目すれば，
ここは㈡と特定できる。㈡の書き出しに both health care and the environment と
あるのも，health care は⑴～⑶，the environment は⑷・⑸の内容を受けたものと
して，ここまでの流れに自然につながることから，これが正解と確信できる。

⑻ ——————————————————————————— 正答率 74.1%

残った選択肢㈤・㈢のうち，㈤は情報工学の話なので，これまでの話のまとめとし
ては明らかに不適である。したがって，㈢が正解と予測できる。㈢は「科学の進歩
を前向きにとらえ」ながらも，「適切な統制機構が必要」と説いており，筆者の結
論にふさわしい。第3文（However, it is …）の a properly regulated scientific
framework と前の第⑺段落第1文（To guard …）の effective systems of regula-
tion との関連も自然である上，全体のまとめとしても適切である。

なお，㈤の訳は次の通り。

「情報工学はすでに情報伝達の利用度とその迅速さに莫大な影響を及ぼしてきてい
る。それは文字通り世界を，あるいは少なくとも先進世界を，縮めた。しかしなが
ら，科学技術が進み，コンピュータがどんどん安価になって，その結果，世界中の
あらゆる地域のますます多くの人たちの手に入るようになるにつれて，この新しい
世界規模の情報手段は重大な，そして場合によっては遺憾な結末をもたらすことに
なるだろう」

⑵—㈹　⑶—⑴　⑸—㈠　⑹—㈡　⑻—㈢

49 自己の文化的側面の回復

全訳　私が外国で 10 年間過ごした後にマレーシアに戻って来たとき，自己のなくした文化的側面を取り戻そうと意識的に試みた。職業作家として，これを行う私なりのやり方とは，もう一度自分の母語とできるだけ深く関わろうとすることであった。しかし，(1)その経験のある人なら誰でも知っているように，このような試みは，言語に重点をおくかどうかにかかわらず，せいぜい部分的にしかうまくいかないものだ。私の場合もそうだった──そして(2)そのことを私は後悔はしていない。実を言えば，私は自分本来の文化的一体感を完全かつ純粋な形で取り戻したいとは思っていなかったのだ。

(1) ──────────────────────────────── 正答率 18.9%

正解は 外国生活で失われた自己の文化的側面を取り戻そうとすること。(29 字)

it は a conscious attempt to regain my lost cultural self を指す。to try … mother tongue を指すのではないことに注意。これは下線部(1)の直後に such attempts, whether they focus on language or not とあるところからもわかる。my lost cultural self は日本語に訳しにくいが，要するに「自国の文化との一体感の喪失」のようなものを指すのであろう。

生徒答案例 1 ▶ 長期間の海外滞在で忘れてしまった×文化［→ 自己の文化的側面］を思い出そうとする試み。[4/5 点]

「文化」だけでは不十分。他の部分を削ってでもきちんと書くべき。

生徒答案例 2 ▶ ×母国語を喋ることで文化的なアイデンティティーを取り戻す試み。[2/5 点]

whether they focus on language or not とあるので，「母国語を喋る」は無関係。

生徒答案例 3 ▶ 失われた文化的×であった自己を取り戻すための×絶え間ない試み。[1/5 点]

「絶え間ない」は constant と conscious の取り違えによる誤訳。

(2) ──────────────────────────────── 正答率 48.9%

正解は 自己の文化的側面が部分的にしか取り戻せなかったこと。(26 字)

it は So was mine の部分を指す。mine＝my attempt だが，当然 So の内容も説明することが必要。これは前文の such attempts … partly successful の部分を受けている。such attempts の中身については下線部(1)の設問と重なることになるが，「このような試み」と書くよりは少しでも内容にふれておいた方が無難だろう。

生徒答案例 1 ▶ 自分の失った母国の文化を一部しか取り戻せなかったこと。[5/5 点]

よくできている。解答例のような「自己の文化的側面」という表現ではないが「自分の失った」「母国の」でほぼ同じ内容を表現できている。

■　**生徒答案例2** ▶意識的に文化を取り戻そうとしても部分的にしか成功しなかったこと。[3/5点]

「文化を取り戻す」では「社会レベルで喪失してしまった文化の価値を見直し復興すること」なのか「個人の内面において自己の文化的側面を取り戻すこと」なのかがはっきりしない。なお，字数もオーバーしている。

■　**生徒答案例3** ▶作家であったので，母語にできるだけ深く関わろうとしたこと。[0/5点]

該当箇所を間違えている。

---

(1)外国生活で失われた自己の文化的側面を取り戻そうとすること。(29字)
(2)自己の文化的側面が部分的にしか取り戻せなかったこと。(26字)

第3章　英作文

50

使うべき文体

　エッセーライティングなので文語体が望ましい。よって，次のことは避けたい。
(1)短縮形　(2)文頭に but〔and ／ or ／ so〕を置くこと　(3)口語的な表現 besides「おまけに」，way＋比較級「とても〜」など　(4)直接話法の使用

ポイント

● 「あなたにとって暮らしやすい街」とあるので，個人的な理由を挙げればよいが，あまりに奇抜なものは避けた方がよいだろう。
● またその理由を具体化して説得力のあるものにすること。
● 「最も重要な条件」とあるので，条件を 2 つ以上列挙してはいけない。

使う可能性のある表現

● 「私にとって最も重要なことは〜である」
　What is most important for me is 〜.
● 「〜は私にとって最も重要で決定的な要素である」
　〜 is the most critical and decisive factor for me.
● 「生活費全体が比較的安い」
　The total cost of livings is relatively low.
● 「適切な所に移り住めば税負担を減らすことは可能だ」
　Moving to the right place can reduce your overall tax burden.
● 「たとえ，すぐに家を買う予定はなくても不動産の価格は重要である」
　The cost of real estate is important even if you have no plans to buy a home right away.
● 「私にとって，気候は生活の質にとって考慮すべき極めて重要なものだ」
　For me, climate is a critical quality-of-life consideration.
● 「就職の機会は都市によって様々だ」
　Employment opportunities vary from city to city.
● 「治安が良く犯罪発生率が低い」 be safe and have a low crime rate
● 「駅周辺に大型スーパーがある」
　There are large supermarkets near the railway station.
● 「街の雰囲気が素晴らしい」 The atmosphere of a town is wonderful.

生徒答案例

1 ▶ I believe how comfortable a town is depends on how clean it is for the following reasons. Firstly, if my town is full of garbage, I somehow feel uncomfortable. Secondly, a certain survey shows that the more clean a town becomes the smaller the number of crimes in the town becomes. Therefore, keeping a town clean is essential to ×live safety [→living safely].
[13 / 15 点]

全体として無難に書けている。ただし，このような短い英作文では for the following reasons などは不要である。

2 ▶ In my opinion, ×the [→a] city where there is a lot of public transportation, especially trains, is the most comfortable because the number of people who use their own car would decrease and there would be few traffic jams if we could use trains more often. Moreover, this would reduce the amount of CO_2 and the atmosphere would be cleaner. ×In the end, it would be environmentally friendly[→トル]. Therefore I believe increasing the number of trains is good ×for us [→ for a good city for us to live].
[10 / 15 点]

「公共交通機関が多い都市」は数多く存在するので the ではなく a にする必要がある。「環境に優しい」は暮らしやすい街の条件としては不適切であろう。

3 ▶ I believe that it is most important for the city that I ×[ヌケ→want to] live in to have many public transportation services. ×[ヌ ケ→They enable us to go anywhere]. Even if there is no supermarket near my house, I can go shopping by ×[ヌケ→using] them. ×Also it is easy to go anywhere.[→トル] ×If I have a car, I can go anywhere in my car instead of by train. However, I have to pay for parking [→ Moreover, using them is far more economical than driving a car]. Therefore it is the most important to have ×public transportation service [→good public transportation services] in the city. [4 / 15 点]

第 2・3 文は［抽象］→［具象］の順に入れ替える必要がある。また後半の「車だったら駐車料金が必要である」は「公共交通機関の方が車より優れている」理由としては弱い。文法ミスは少ないが，内容面で大幅減点は免れないだろう。

4 ▶ ×I believe that the country is easier to live in for the following reasons. Firstly, it is very quiet, so we can sleep well [→The most important thing for a town to be a good place to live is that it is quiet]. In the city, the noise of cars, trucks, and trains ×[ヌ ケ→often] prevents us from sleeping ×[ヌ ケ→well]. This ×will[→could] cause serious diseases. ×Secondly [→In a quiet town], we can relieve stress ×there [→トル], if we are frustrated. ×I think the clean air

3

英
作
文

　　in the atmosphere [→Such a town] can make us happy even if we are very
　　tired. [0 / 15 点]

　「暮らしやすい街の条件」を2つ挙げた点で，問題文を無視したことになり0点と
なる。prevent us from sleeping とすると「全く眠れない」という意味になる。また
will では断定しすぎである。

〈解答例1〉

　In my opinion, noise levels determine how comfortable a place is to live in.
If I am disturbed by traffic, people or barking dogs I can actually feel my
blood pressure increase and it ruins my day or night. I would not like to live
in the middle of nowhere, miles from civilization, but I must be able to enjoy
peace and quietness when at home. (66 語)

〔注〕the middle of nowhere　「何もないところ」

〈解答例2〉

　For me, the main thing that makes a town comfortable to live in, is that it
has some elements of natural beauty. These should be plenty of trees and
greenery, and it should be close to wide open areas of fields, a lake, or the
sea. Such an atmosphere would allow me to relieve my stress and fatigue
even after working hard, and to lead a peaceful life after retirement. (70 語)

〈解答例3〉

　Having few hills is the most important thing for me. Although cities have
public transportation, I would like to get around on foot or by bicycle as
much as possible to save money and stay healthy. I would also like to avoid
using buses or trains, which are usually crowded. However, hills would make
this difficult. Since I need to go out most days, this issue matters a lot. (69
語)

51

使うべき文体

元の和文に合わせて文語体で書くのが望ましい。

ポイント

- 第1文の「語学の習得」は，比較対象の「自転車に乗る練習」と概念を一致させる必要がある。たとえば，「習得」を learning / acquiring「(習って) 会得する」とした場合，「練習」を practicing「練習する (≒会得する過程の行為)」と訳しては，対応していないことになる。

日本語に対応した英語の表現

◆ 「だが，語学の習得は自転車に乗る練習のようなもので」

- 「だが」は，However, とする。文頭に But を置くのは避けたい。
- 「AはBのようなもので」は，A is (just) like B. や A is the same as B. が適切 (the same の the を忘れないように)。また，A is similar to B. でもよかろう。少し高級な表現だが A is likened to B.「AをBにたとえる」を使ってもよいだろう。
- 「語学の習得」と「自転車に乗る練習」は，概念を一致させるように意識すること。
- ①「習得」を「知識や技能が身についている【結果】に至ること」と捉える場合「語学の習得」は learning〔acquiring〕a language とする。「自転車に乗る練習」は，「自転車に乗れるようになる」と読み換えて learning to ride a bicycle〔bike〕や learning how to ride a bicycle〔bike〕のようにする。
- ②「習得」を「知識や技能を身につける【過程】の行為」と捉える場合「語学の習得」は trying to learn a language や studying a language とする。「自転車に乗る練習」は practicing riding a bicycle とする。日本語では「練習」と名詞だが，英語では動詞 practice を用いる方がミスを避けられるだろう。practice to do は間違い。
- なお，master ～「(完全に) ～を習得する」は大げさすぎるので避ける。また，「(自転車) に乗っていく (＝乗る＋移動する)」は ride が適切。get on ～ は「(自転車) に乗る」の意味なので，ここでは不適切。
- 通例，一般論では名詞は複数形で用いる。〔例〕I like dogs.「犬が好きだ」 だが，この文では具体的に「ある1つの言語を用いることは，1台の自転車を乗りこなすようなものだ」と述べられているので単数形 a language の方がよい。

◆「練習しているあいだは大変でも，一度乗れるようになってしまえばなんでもない」

- ●「練習しているあいだは大変」は，簡潔に the practice is (very) hard 〔difficult〕でよいが，動名詞を用いて practicing is (very) hard 〔difficult〕でもよい。また，「人」を主語にするのなら，「一般論を示す you」を用いて，you have (great) difficulty (while you are) practicing, you have a hard time (while you are) practicing, you find it (very) hard 〔difficult〕to practice などとする。いずれにしても「～あいだ」に，こだわらない方がよい。

- ●「一度～」は，接続詞の once が適切である。once you can ride one あるいは once you have learned how to ride one とする。

- ●「なんでもない」という日本語は，文脈に応じて訳語には幅がある。ここでは「その使い方を決して忘れることはない」you will never forget how to use 〔ride〕one,「それを使うのに困難はない」you will have no difficulty using 〔riding〕one, you will find it easy などとすればよいであろう。誰かに対する具体的忠告なら will を入れるが，一般論なら will は不要。

- ●「でも」は，〈S_1 V_1, but S_2 V_2〉,〈even though 〔although〕S_1 V_1, S_2 V_2〉とする。〈even if S_1 V_1, S_2 V_2〉は避ける。even if は仮定を示すが，「練習しているあいだは大変」は現実と考えるのが適切だからである。

◆「あとはいつも乗ってさえいればいいのだ」

- ●「あとは」は，前文の「一度乗れるようになってしまえば」と同意なので省いてもよい。もし書くなら after that とする。

- ●「～さえすればいい」は，just need to *do*, only have to *do*, have only to *do*, all you have to do is (to) *do* などが定型。また「いつも乗る」は，「常に乗り続ける」とすればよいだろう。これらを考慮すれば you just need to keep (on) riding one となる。また keep (on) *doing* は continue to *do* / continue *doing* でも可。「いつも」を always, all the time とすると文字通りに「ずっと」の意味になってしまうので誇張のしすぎであろう。every day も言いすぎ。regularly「定期的に」，in your free time, when you have time などなら可。

- ●「乗る」は，すでに ride a bicycle 〔a bike〕を使っているので，これは避け自動詞の ride を使うか ride one とする。ride it「今述べたその自転車に乗る」は不可。

問題文の英訳

When I say that I like to have fun, people may feel that I must be kidding them. It is true that in order to learn Greek and Latin I had to study seven or eight hours a day for eighty days without taking a single day off. When studying the basic textbooks I had to read four or five pages every day without a break. Surely that would leave me with no time to amuse myself. How can I say that I love to have fun?

However, I am not really being dishonest. Certainly for a while after entering university I had to study like this to acquire languages. （以下，解答例が入る）

生徒答案例

1 ▶ However, learning ∧foreign languages [→a foreign language：減点なし] is like ×practicing [→learning] to ride a bicycle. You might have difficulties when you are practicing, but once you become able to ride ×it [→one], you can do it really easily. All you have to do is to keep riding ×it [→トル] regularly.[10 / 15 点]

practice to ride は×。また「習得」を learning,「練習」を practicing では不可。

2 ▶ However, ∧mastering languages [→learning a language：減点なし] is just like ×practicing riding [→learning to ride] a bicycle. It is hard while you are practicing ×it [→one]. However, once you become able to ride ×it [→one], you have no difficulty doing so. After that, you just have to ride ×it [→one] ×all the time [→regularly].[7 / 15 点]

it は「今述べたその自転車」となる。ここでは「特定の自転車」ではなく，「不特定の1台の自転車」なので one としたい。

3 ▶ However, learning ∧languages [→a language：減点なし] is like ×practicing [→learning] to ride a bike. Even though ×you are [→it is] hard to practice, once you can ride ×it [→one], you do not have difficulty. Later, all you have to do is ×always ride it [→keep riding one].[3 / 15 点]

文法的なミスを減らさなければ，点数がなくなってしまう。

〈解答例1〉

　However, acquiring a language is like learning to ride a bicycle. Practicing is very difficult, but once you are able to do it, you have no difficulty. Then, all you have to do is ride one as often as you can.

〈解答例2〉

　However, trying to learn a language is the same as practicing riding a bicycle. The practice is hard, but once you can ride one you will never forget how to do it. You just need to keep riding one.

〈解答例3〉

　However, acquiring a foreign language can be likened to learning to ride a bicycle. It may feel quite challenging as you practice, but once you have the basics down, you will find it easy. After that, it's simply a matter of "getting back on the bike."

52

使うべき文体

エッセーライティングなので文語体が望ましい。

ポイント

◆「私たちは言葉を操っている」の理由の例

●言葉の意味は，人間の誤用などによって時代とともに変化する。

●言語は，それを使用する人間が生きる環境や，その文化によって大きく制限される。

◆「私たちは言葉に操られている」の理由の例

●考える時には，文化を表現したものである母語を用いており，別の言語を用いれば，物事の見え方が変わる。

●私たちに向けられた誰かの言葉は私たちの気分に影響を与える。

使う可能性のある表現

◆「私たちは言語を操っている」

●We control language.

※「完全に」を足すなら completely / totally / greatly を追加する。

●We have control over language.

※「完全な（支配）」とするなら control の前に complete/total/great を追加する。

※「(漠然とした) 言語」は，language（不可算名詞）を用いる。words「語」でも×ではない。

※ control ～は rule ～でも可。handle ～「(道具など) を扱う」も可。ただし，manage～「～を巧みに操縦する」，operate ～「～を操作する」は避ける。

◆「私たちは言語に操られている」

●Language controls us.

●We are controlled by language.

※日本語では受動態だが，英語では必ずしも受動態にする必要はない。

◆「私たちの考えは使う言語によって影響される」

●The languages (that) we use influence our thoughts and beliefs.

●Our thoughts and beliefs are influenced by the languages (that) we use.

※ have an (a great) influence on～も使える。

※「(思想・考えなど) に影響を及ぼす」は influence ～ が最適だが，もう少し直接的な影響を示唆する affect ～，have a … effect on ～ も×ではない。特に同

一文中で influence を 2 回以上使いたくない場合は置き換えても問題ない。

◆「私たちの感情や意見を表現する」express our feelings and opinions

※一般論なので，feeling と opinion は複数形とすること。

◆「言葉を用いて」in words / using words

※「～を使いながら」と言う場合，with using words とは言わない。

［生徒答案例］

1 ▶ In my opinion, we are controlled by language for the following reason. Whenever we write, speak and even think, we use it. Without it, it _×is [→would be] difficult or impossible for us to express our feelings and opinions and study many things such as chemistry and history. We have a lot of things we cannot do _△using no [→without：減点なし] words. This means that what we do _×everyday [→every day] is limited by language. [11 / 15 点]

everyday と 1 語で綴れば形容詞になることに注意。

2 ▶ I believe that we are controlled by language because _△our ways of thinking are limited by it [→it limits our ways of thinking：減点なし]. For example, in some languages, there are words that mean "green", but in other languages, such words do not exist. Therefore, those who use the language cannot distinguish green from blue. Also, humans always think _×about something [→using language], so _△language [→it：減点なし] has an impact on _×how to [→what we] think. In other words, language partly controls us. [11 / 15 点]

how to think では「これからどのような方法で考えるか」の意味になってしまう。

3 ▶ _△I believe that we [→We：減点なし] can say that we have a strong _△effect [→ influence：減点なし] on words for the following reasons. Firstly, words do not make _×us possible [→it possible for us] to convey our feelings unless we use them as a tool to communicate with other people. Secondly, words are created by us and _×young people can make new words in modern society [→ we have been making new words throughout history] by connecting a word to _×other [→another] one and so on. [7 / 15 点]

着想はいい。しかし，新語を生み出すのは時代によらないし，若者だけとは限らない。effect は薬が病気を治すといった直接的な影響を，influence は一冊の本が読者の価値観を変えるといった間接的な影響を指す。人が言葉を操るという文脈では後者の方が適切。

3

英作文

〈解答例1〉

　In some ways we are controlled by language. The way we see the world will be partly shaped by our native language, which is an expression of the culture we grew up in. When we speak a different language we tend to see things in a different way and our personality may change somewhat as the language allows us to develop and express different aspects of it. To some extent then, we are controlled by language. (76 語)

〈解答例2〉

　It is my belief that we are strongly influenced by language but not totally controlled by it. If somebody swears at you, you will feel upset, and hearing praise will put a smile on your face. This is language's influence on your emotions. However, there are some things that are not affected by language, such as enjoying cycling and eating mouthwatering food. Therefore, although language does not have great control over us, it indeed strongly influences us. (77 語)

〔注〕swear at ～「～を罵る」, mouthwatering「おいしそうな」

〈解答例3〉

　We control language even before we know it. As time goes by, language changes greatly, because we do not always use it correctly. We are so inventive and imaginative that we sometimes create totally new usages of words. "Nice" used to have a negative meaning, but nowadays it is used positively. At some point in history, someone used the word "incorrectly", but over time its new meaning was established. Therefore, it can be said that we control language even unintentionally. (80 語)

53

使うべき文体

元の和文に合わせて文語体で書くのが望ましい。

ポイント

●一般論なので主語は you でよいが,下線部の後の日本語に「われわれ」とあるので we を使ってもよいだろう。

●「他人を害する」「自分たちの信念がある程度までまゆつばものだ」から,この箇所の言わんとすることは「いつも自分の信念に過剰な自信をもち,それを他人に押しつけては」「いつも過剰な自信をもって振る舞っていれば」という内容だと予測する。

日本語に対応した英語の表現

◆ 「しかし」

文語体の文であり,また,文頭なので However,（コンマを忘れずに）が適切。文頭に But と書くのは避けたい。

◆ 「自信ばかりで押し切っては」

●「いつも過剰な自信をもって自分の信念を他者に押しつけているならば」とするならば,if you are always forcing your opinion(s)〔your view(s)〕on others〔on other people〕with too much confidence〔too confidently〕が適切。〈be always *doing*〉は「筆者の相手に対する非難の気持ち」を表す。また〈force A on B〉は〈impose A on B〉でも可。

●「過剰な自信をもち,いつも他者も自分のように考えていると思うならば」とするならば,if you are too confident〔have too much confidence / are too full of confidence〕and always expect others to think like you〔as you do〕とする。and 以下は always do things (in) the way you believe is right「正しいと思うやり方で物事を行う」としてもよい。

●「いつも過剰な自信をもって行動する」と考えるなら always act with〔through〕too much confidence / always act too confidently とする。

●「自分のやるあらゆることに過剰な自信をもっているなら」とするなら if you are too confident〔have too much confidence / are too full of confidence〕in everything you do。この場合,everything があるので always は不要。in everything you do は when you do things としてもよいが,その場合は always をつけること。

- ●「プライドが高すぎていつもわがままに振る舞うならば」とするならば，if you are too proud of yourself and always act selfishly とする。act selfishly は get〔have〕*one's* way とも言う。一般論の you は単数扱いである。

◆「やがていつかは他人を害する立場に立つ」

- ●「〜する立場に立つ」は，「〜する」で十分だが，もし丁寧に訳出するなら be in a position to *do*，put yourself in a position to *do*，reach a position in which S V とする。「〜する人になる」become a person who *do* とすることも可能。
- ●「やがて」は，someday「いつか」，eventually「最終的には」，end up *doing*「結局〜することになる」，find *oneself doing*「気がつけば〜している」などが適切。in (the) future「将来」も×ではない。
- ●「他人を害する」は，ここでは「〜を精神的に傷つける」の意味なので hurt others〔other people〕が適切。harm 〜 / have a bad effect on 〜「〜に害を及ぼす」も×ではない。bother 〜「〜を煩わせる」は意味が弱いが許容範囲。disturb 〜「（うるさくするなどして）〜に迷惑をかける」は本文では不適切。offend 〜「〜を怒らせる」，attack 〜「〜を攻撃する」は意味が強すぎて不可。

◆「自分たちは，いつも〜ということを悟り，かくて初めて…ことができる」

- ●強調構文を用いて It is only when〔not until〕you realize that 〜 that you can … が適切。You can only … when you realize that 〜でも可。You cannot … unless you realize that 〜 とすることも可能。By realizing that 〜, you can … も×ではない。これらの表現では，いずれも主節と副詞句（節）との意味関係が明確なので，改めて「かくて」に相当する順接表現を入れる必要はない。
- ●「〜ということを悟る」は realize that 〜 が適切。know〔be aware〕that 〜「〜を知っている」も可。notice は「（目で見て，耳で聞いて）〜に気がついている」の意味なのでここでは避ける。
- ●「いつも」は，ここでは「悟る」を修飾していると考えられるが，「悟る」に上記の realize / know / be aware を使う場合，これらに always を付けるのは奇異なので避ける。「いつも」を訳出する場合は always keep in mind that 〜 などのようにする。

◆「自分たちの信念がある程度までまゆつばものだ」

- ●your opinions〔beliefs〕might not be perfect〔reliable〕「自分の意見は完璧で〔信頼できるもので〕はないかもしれない」，your opinions〔beliefs〕might be questionable〔doubtful / uncertain〕to some extent〔to some degree〕「自分の意見はある程度疑わしい」，your opinions〔beliefs〕might be flawed to some extent「自分の意見はある程度欠陥があるかもしれない」などとする。
- ●「信念」に当たる抽象名詞の用法に自信がもてない場合には，what you believe is not always〔necessarily〕true〔right〕「自分の考えは必ずしも真実ではない

〔正しくない〕」とすることができる。なお「自分たちの信念」に your faith「あなたの信仰」は避ける。

◆ 「寛容の態度を養う」

● ここでの「寛容」とは「他者の意見を聞き入れるだけの心の広さ」を意味する。よって,「寛容な」に,generous「(おもに気前がよいという意味で)寛容な」は避けたい。文字通りに訳せば cultivate〔develop / nourish〕a tolerant attitude〔an attitude of tolerance / an attitude of accepting others' opinions〕となる。attitude は,attitude that S V という that 節との同格関係にはならないことに注意。

●「～を養う」に grow ～「(農作物)を栽培する」は不可。have tolerance for others〔other people〕「他者に対する寛容性をもつ」,become (more) tolerant toward〔towards(英)〕others〔of others〕とすることもできる。

●「他人に耳を傾ける〔他人を受け入れる〕能力を育む」と考え,develop〔improve〕your ability to listen to others〔to accept others〕とすることもできる。単に you become kind(er)では,意味が広すぎるので不可。

3 英作文

生徒答案例

1 ▶ However, if you believe that you are always right ∧[ヌケ→and force your opinions on others：減点なし], you will hurt others' feelings in the future. It is not until we realize that what we consider true is not always appropriate that we are able to be tolerant towards others. [15 / 15 点]

ミスなく書けていることが素晴らしい。欲を言えば,2 回目の always は別の表現,たとえば necessarily などに変えてほしい。

2 ▶ However, if you always believe ∧[ヌケ→that：減点なし] what you are doing is always correct, you will make others feel bad some day. It is not until we realize that we should always doubt what we believe to some extent that we are able to be tolerant ×[ヌケ→toward others]. [11 / 15 点]

接続詞の that は口語ではよく省かれるが,文語体では省略しない方がよいだろう。特に believe の直後に what 節がある場合,それが believe の目的語と思われてしまう可能性が高い。

3 ▶ However, if you ×have too much confidence and act [→ always act with too much confidence], you will hurt someone's feelings someday. It is not until we ×always [→トル] recognize that our ×faith [→ beliefs] can be doubtful ×idea [→トル] to some extent that we can ×improve our generous mind [→ become tolerant toward others]. [3 / 15 点]

コロケーションなど考えずに,日本語 1 語 1 語に英単語を対応させて英作をして

いるうちは「記念受験」のレベルを超えないであろう。

〈解答例1〉

However, if you are always too confidently forcing your opinions on others, you will become a person who hurts people in the end. It is only when you realize that your belief is to some extent flawed that you are able to cultivate an attitude of tolerance.

〔注〕force *A* on *B*「*A* を *B* に押しつける」, flawed「欠点がある」

〈解答例2〉

However, if we always have too much confidence in everything we do, we will end up hurting people. It is only when we realize that our beliefs are questionable to some extent that we are able to become tolerant towards others.

〈解答例3〉

However, if you always get your own way with too much confidence, you will find yourself hurting people. It is not until you realize that what you believe is not always right that you can develop your ability to listen to others.

〈解答例4〉

However, if we always have too much confidence and expect others to think like us, we will eventually hurt people. It is only when we realize that our opinions might not be perfect that we can develop a tolerant attitude toward others.

54

使うべき文体

エッセーライティングなので文語体が望ましい。よって，次のことは避けたい。
(1)短縮形　(2)文頭に but〔and / or / so〕を置くこと　(3)口語的な表現 besides「おまけに」，way＋比較級「とても～」など　(4)直接話法の使用

ポイント

● 「祝日を提案できる立場」になる可能性は高くはないので，仮定法で書くことが望ましい。

● 当然ながら現行の祝日は避けなければならない。現行の祝日は以下の通り。
「元旦」New Year's Day，「成人の日」Coming-of-age Day / Coming of Age Day，「建国記念の日」National Foundation Day，「天皇誕生日」The Emperor's Birthday，「春分の日」Vernal Equinox Day，「昭和の日」Shōwa Day / Showa Day，「憲法記念日」Constitution Memorial Day，「みどりの日」Greenery Day，「こどもの日」Children's Day，「海の日」Marine Day，「山の日」Mountain Day，「敬老の日」Respect-for-the-Aged Day / Respect for the Aged Day，「秋分の日」Autumnal Equinox Day，「スポーツの日（体育の日）」Health-Sports Day / Health and Sports Day / Sports Day，「文化の日」Culture Day，「勤労感謝の日」Labor Thanksgiving Day

● 「国民のための祝日でもよいし，国内外の特定の地域，もしくは全世界で祝うようなものでもかまわない」という指示があるので，自由な設定が可能。

使う可能性のある表現

◆ 「～の日（の設立）を提案したい」

● I would like to propose (the establishment of) "～ Day."

● If I were to create a holiday, it would be "～ Day."

● I would like to see "～ Day."

※ 「～の日」は，無冠詞でよいが，各単語の頭文字は大文字で表記すること。

◆ 「この日の目的は～となろう」 The purpose of this day would be to *do*.

※ 「目的」は未来のことなので，補語に動詞を置くときは to 不定詞にするのが望ましい。

◆ 「…する日があれば，～について知ることができるだろう」

If we had a day when …, we could learn about ～.

◆「Sは人々が〜するのに役立つだろう／〜するきっかけとなるだろう」
- S would help people (to) *do*.
- S would inspire people to *do*.

◆「〜の意識を向上させる」
- raise〔enhance〕public awareness of 〜
- make people become more aware of 〜

◆「注意を引く」attract people's attention〔interest〕

生徒答案例

1 ▶ I would like to make "Love Day." These days, in Japan, most people spend 25th December with their partners and think that it is natural. However, this is ×wrong [→not enough]. I believe that many Japanese people want a special day to spend enough time with their partners. In addition, young people today are less interested in love than they used to be, so "Love Day" would help ×[ヌケ→to solve] this problem and 25th December would be celebrated in the right way. [9 / 15 点]

クリスマスが「恋人と過ごすための日」になっているが，恋人のための特別な日を別に設定する，という内容はユニークでよい。最終文の「最近の若者は以前ほど恋愛に興味がない」が前文の「多くの人は恋人と過ごす特別な日を求めている」と矛盾するので論理的一貫性という点では減点されるかもしれない。help は，〈help（＋人）＋(to) *do* / help (to) *do* / help（＋人）＋with＋名詞〉で用いる。

2 ▶ I would like to suggest "The Half Year Day" on July 1st. It would let us realize how fast time passes. We tend to put things we do not want to do at that time off until later again and ×the time [→when] we realize we must do them, ×it has been [→it is] too late. This day could ×make us think [→remind us that] it has been a half year since the year ×had changed [→began] and it could help us realize how valuable time is. [9 / 15 点]

「1年の半ばで祝日を設ける」という内容がユニークでよい。あとはミスをゼロにする努力が必要である。

3 ▶ If I ×[ヌケ→had to] propose ×the unusual day [→a new public holiday], I would suggest the day ×which [→when] we enjoy eating more than usual. I often see that a lot of young ×person seems [→people seem] to be busy, so △I think that they cannot [→I do not think that they can] truly enjoy eating. I ×[ヌケ→would] want them to realize the pleasure of eating, and also appreciate △eating [→being able to eat] enough food on this day. [5 / 15 点]

「食べることを楽しむ日」を祝日にするという内容は面白いが，仮定法や関係詞の

ミスが痛い。person は単数形だから a person か persons とする（ただ persons は一般的ではないので people とする）。仮定法は第 1 文だけとは限らないということを忘れてはいけない。なお，語数も不足している。

〈解答例 1 〉

I would like to establish "Animal Day." On this day, nobody would eat any meat or fish. I am not a vegetarian, but some days I eat virtually no flesh. This makes my insides feel fantastic and, though a small gesture, it is good for the environment. Perhaps such a public holiday would raise awareness and even reduce consumption of living creatures in the long run. Of course, this could not be on my birthday !（75 語）

〔注〕flesh「（骨に対して）肉」, though (it is) a small gesture「ちょっとした意思表示にすぎないが」, in the long run「長い目で見れば」

〈解答例 2 〉

I would like to propose a worldwide holiday: Plastic Day. This would not be to celebrate plastic but to raise public awareness of plastic pollution as one of the most serious environmental issues in history. Since it is difficult to stop using plastic all at once, we should look at how many plastic things we use in a single day and consider which ones we can do without or replace with environmentally friendly alternatives.（74 語）

〔注〕all at once「突然」, alternative「代替品」

〈解答例 3 〉

I would like to propose "Offline Day": a day we would turn off our smartphones. Many of us would be at a loss regarding what to do with the time. However, without the gadget, people could probably pay more attention to those around them and talk face-to-face with family members and friends. Additionally, they might realize how pleasant it is to spend time just relaxing. Offline Day would help people take their eyes off their screens.（76 語）

〔注〕regarding「〜に関して」, gadget「（便利な）機械装置」

55

使うべき文体

元の和文に合わせて文語体で書くのが望ましい。

ポイント

この部分は「しかし」に続く部分なので，小文字で始めるべきだが，大文字で始めても×にはならないであろう。

日本語に対応した英語の表現

◆ 「もっとも重要なのは～ことである」

● 「もっとも重要なのは～である」は，(1) The most important thing is ～.，(2) What is most important is ～.，(3) It is most important ～.，(4) What matters 〔counts〕most is ～. など。上記の(2)～(4)の most は何かと比較して最上級にしたのではなく，強調の働きのための最上級であり，加えて important の後ろに名詞がないので，最上級でも the をつけないことに注意。また what is the most important thing は不自然。

● 「～ことである」は，that 節を使うか，to *do* あるいは for *A* to *do* の形の to 不定詞の名詞的用法を使う。

◆ 「～と，私たちひとりひとりが自覚する（こと）」

● 「～を自覚する」は，be aware that S V「～を自覚している」，become aware that S V「～を自覚する状態になる」，realize that S V「～を十分わかる」，recognize that S V「（事実であること）を認識する」，remember that S V「～を覚えている」，keep in mind that S V「～を心にとめておく」，know that S V「～を知っている」など。

● 「私たちひとりひとり」は each of us とする。every one 〔× everyone〕of us とすることもできる。all of us では「ひとりひとり」のニュアンスは出ないが×ではない。また，「実際に～を自覚している」という事実を述べているのではなく，推奨や義務の内容なので，each of us should be … のように助動詞 should を用いるのが正しい。ただし important に続く that 節は should のない原形不定詞でも可なので that each of us be … とすることもできる。to 不定詞では，文意上 should の含みは to 不定詞自身がもつので意味上の主語を for で補い for each of us to *do* でよい。

◆ 「日々の暮らしのなかで」

in our daily lives / in daily life / every day 〔× everyday〕/ each and every day / on a daily basis など。everyday は 1 語で書くと形容詞になることに注意。daily life

「日々の生活」の代わりに everyday life とすると「日々の（代わり映えのない）生活」といった感じになるが×ではない。なお，意味のつながりを明確にするため，これらの副詞句は「自覚する」の直後に入れるべきである。

◆「(汚染している) のは私たち自身である」

● 強調構文を用いれば it is we ourselves who (are polluting) となる。この文の we は主語で，it is us ourselves who … とすると口語的になるので注意。強調構文で強調するものが人間の場合には that ではなくて who(m) を用いるのが適切。強調構文でも「私たち<u>自身</u>」のニュアンスは出るが，ourselves を補った方が対比が明確になる。

● 強調構文を用いなければ we are the ones who (are polluting) となる。we ourselves (are polluting) だけでも減点はされないだろうが，その場合は ourselves を欠いた we (are polluting) は避けたい。

◆「汚染している」

are polluting が適切だが他にも contaminating「(主に化学物質などで)〜を汚染する」，damaging「〜に被害を与える」，adversely〔badly〕affecting「〜にひどい影響を与える」なども可。いずれも「現在続いている」ことを明確にするため現在進行形にすること。destroying「(存在がなくなるほど完全に)〜を破壊する」は誇張がすぎる。

◆「自然環境」

the〔our〕natural environment とするのが適切。environment だけでは「(職場，学習，自然) 環境」など様々な環境を意味しうるので，「地球の自然環境」の意味では the〔our〕をつける。またこの意味では単数形で用いるのが通例。

◆「かけがえのない」

● 文字通りには irreplaceable だが，precious「貴重な」でも可。

● which cannot be replaced「取って代わられることのない」，which is indispensable to us「私たちにとって不可欠な」，which is very important for us〔to us〕「私たちにとってとても重要な」などでも言いたいことは伝わる。なお，この部分で関係代名詞を用いる場合には，「かけがえのない自然とそうでない自然がある」という意味ではないので，非限定用法 (コンマ＋関係代名詞) を用いること。

● また慣用句として「地球は1つしかない」We have only one Earth〔planet〕./ This Earth is the only one we have. を使うこともできる。

◆「プラスチックごみによって」

● with (our) plastic waste が適切。「<u>私たち自身のごみで</u>」を強調するためには our を入れる。waste は garbage「(米) 生ごみ」，trash「(米) ごみ」，rubbish「(英) ごみ」，litter「(公共の場所に捨てられた) ごみ」でもよい。いずれも不可算名詞なので不定冠詞の a や複数形の s をつけてはいけない。

3

英作文

● by throwing away〔discarding〕plastic garbage「(意図的に)〜を捨てることによって」も×にはできないだろうが避けたい。by *doing* は通例肯定的な文脈で用いられる。*e.g.* He passed the exam by studying hard.

生徒答案例

1 ▶ It is most important for each of us to be aware ×[ヌケ→in daily life] that humans ×throw plastic trash away and destroy [→themselves, who throw plastic trash away, are damaging] our planet, ×where we can only live [→which is the only environment we can live in]. [3 / 15 点]

「プラスチックごみによって」「自然環境を汚染している」は対等の関係ではないので and でつなぐのは避けたい。where 以下は意味が通らない。

2 ▶ What is ×the [→トル] most important is that each of us keep ×in our mind [→in mind in daily life] that it is △us that [→we ourselves who：減点なし] ×destroy [→are damaging] our precious ×nature [→natural environment] ×by throwing away a lot of [→with] plastics. [3 / 15 点]

most important は強調の最上級なので the はつけない。keep in mind で熟語。it is us that は口語では×ではないがエッセーライティングでは避けたい。「汚染している」は進行形が適切。precious nature というコロケーションは一般的ではない。nature は，太陽，空，海，山，川，動物，植物など，人工物以外のすべてを含む外的世界を概念として表す語であり，この文では不適切。

3 ▶ What is ×the [→トル] most important is ×[ヌケ→for each of us] to realize that it is ×us who badly affect [→we ourselves who are badly affecting] ×nature →[the environment] ×that→[, which] nothing can ×never [→ever] replace [,] ×in our daily lives [→realize の直後へ] by ×emitting [→discarding] plastic garbage. [3 / 15 点]

most important は強調の最上級なので the はつけない。it is us who は口語では×ではないがエッセーライティングでは避けたい。「汚染している」は進行形が適切。「自然環境に影響を及ぼす」を affect nature とするのは一般的ではない。nothing が否定語なので never はおかしい。in our daily lives の位置が悪い。emit は「(熱，光，音など)を出す，放つ」なので不可。

4 ▶ It is ×the [→トル] most important for all of us to realize in daily life that we ourselves ×pollute [→are polluting] ×the nature [→the irreplaceable natural environment] ×by [→with] plastic garbage. [3 / 15 点]

「汚染している」は進行形が適切。nature「(環境としての)自然」の場合は冠詞をつけない。また「自然環境」の意味で nature を使う場合，コロケーションに注意。by「〜で」を用いるのは受動態や by *doing*，by car〔train〕などの表現に限られる。

問題文の英訳

Throughout the world, there is a growing movement to reduce the amount of plastic waste in the environment. The easiest thing to do would be to stop using plastic packaging or wrapping for food products or to charge customers for plastic bags. These kinds of plastic products are being replaced by paper products or those made of biodegradable material. However, the most important thing is for each of us to be aware in our daily lives that it is we ourselves who are polluting our irreplaceable natural environment with our plastic waste. Of course it would be difficult to change people's way of thinking. The other day, when I bought some bottled water, I accepted the plastic bag that I was offered at the cash register, thinking that the books in my own bag might get wet due to the moisture on the outside of the bottle.

〈解答例 1 〉

the most important thing is for each of us to be aware in our daily lives that it is we ourselves who are polluting our irreplaceable natural environment with our plastic waste.

〈解答例 2 〉

what is most important is for each of us to realize on a daily basis that it is we ourselves who are damaging our natural environment with our plastic garbage, though we have only one Earth.

〈解答例 3 〉

it is most important for each of us to realize each and every day that we are the ones who, with our plastic garbage, are damaging our precious natural environment.

56

使うべき文体

エッセーライティングなので文語体が望ましい。

ポイント

- シェイクスピア作『ジュリアス・シーザー』の一節であるキャシアスとブルータスの「対話の内容について思うことを」述べよという比較的穏やかな条件である。
- 「二人の対話の内容について思うことを」述べよと書かれているので，単に二人の対話の内容をまとめればよいのではない。
- 「自分の顔は自分で見ることができない」というブルータスの言葉から考えられるのは「自分を客観的に見ることは難しい」といった解釈であろう。また，「私が，きみの鏡として，…きみの姿を，…見せてやろう」というキャシアスの言葉に「自分のことは他人には容易にわかる」ことが示唆されている。しかし，常識的に考えて「ある人についての別のある一人の意見がすべて真実だ」と考えるのは怪しい。よって「キャシアスは過信している」「もっと多くの人の意見を聞かなければならない」などを追加すればよい。

あるいは，二人が同類であり，それに気づいていないブルータスにキャシアスが事実をわからせようとしているという説明も成り立つ。ちなみに，キャシアスもブルータスもシーザーの部下だが，共謀してシーザーを暗殺する人物である。そしてあの有名な「ブルータスお前もか」という台詞が登場するのである。

使う可能性のある表現

◆ 「この対話は私たちに〜を教えてくれる」
- This dialogue 〔conversation〕 tells us 〜.
- This dialogue 〔conversation〕 reminds us of 〜.

◆ 「〜することの重要性」
- how important it is to *do*
- the importance of *doing*

◆ 「他人が私たちについて考えていること」what 〔× how〕 other people think of us

◆ 「私たちが他者にとってどう見えているか」 how we look to others

◆ 「本当の自分を知る」
- see *one's* true self
- see *oneself*

◆ 「彼の性格」his character

◆「彼がどのような人か」what he is like

◆「同じ種類の」of a kind

※同類であることを表すために，次のような諺も使えるだろう。He who touches pitch shall be defiled.「朱に交われば赤くなる（←黒色のピッチに触れれば必ず汚れる）」

生徒答案例

1 ▶ As Brutus said, we can see ourselves only ₓby [→through] other things. For example, when you are talking with friends, you sometimes realize your way of thinking. Just as Cassius said, friends are like a glass that shows you what you are △[ヌケ→like：減点なし]. △Probably this is [→This is probably：減点なし] why we are told that friends are important. [13 / 15 点]

「キャシアスの過信」には触れていないが，無難に書けている。「能動態の文で by を使うことはめったにない（例外は by *doing* …，by ＋動詞の名詞形，by ＋交通・通信手段など）」と覚えておけばミスは減るかも。引用文では see … by reflection（by ＋動詞の名詞形）と書いたあとに by some other things と書かれており，これは by reflection との対比として成立するが，by some other things だけ独立して使うのは不可。what you are は「君は何か（人間か，サイボーグか，石か）」の意味。what you are like だと「君はどのような人間か」となる。

2 ▶ I do not think Cassius and Brutus are talking on the same level. As Brutus tells Cassius that you can see yourself only through other things, he does not understand what Cassius really means. Cassius is talking about philosophy ₓ[ヌケ→and understanding who we are]. On the other hand, Brutus is thinking △physically [→in physical terms：減点なし]. [13 / 15 点]

面白い視点からの作文。ただし，think physically という言い方は一般的ではない。

3 ▶ People cannot understand themselves without the presence of others. Sometimes, it is not until others tell them ₓ[ヌケ→about] their good points and bad points and habits in detail that they become aware of them. I think that if you are anxious to learn about yourself, the most effective way is to make friends who know ₓabout [→トル] you well. [11 / 15 点]

「キャシアスの過信」には触れていないが，ここまで書ければ十分だろう。〈tell ＋人＋～〉の～には，that 節，疑問詞節，a story などの「話」が置かれる。それ以外は about が必要。know ～「（直接的に）～を知っている」，know about ～ は「（間接的に）～を知っている」。

3

英作文

〈解答例１〉

　It is true that we cannot know ourselves without knowing what others think of us. However, the "reflection" that Cassius offers Brutus will be colored by Cassius' own character and so can only be a partial one. We need to know many people to give us a broader range of "reflections" and thus a more complete vision of ourselves. （59 語）

〔注〕reflection「（鏡などに）映った像」，partial「部分的な」，a broader range of ～「より幅広い範囲の～」

〈解答例２〉

　Cassius tells Brutus that just as he cannot see his own face without a mirror, he cannot know himself unless Cassius tells him what he is like. Cassius is forgetting his opinion, unlike the mirror's reflection, is also subjective. We need to hear many people's opinions of us to come close to a true image of what we are like. （60 語）

〔注〕unlike ～「～とはちがって」，subjective「主観的な」，come close to ～「～に近づく」

〈解答例３〉

　Cassius asks Brutus whether he can really see his true self and Brutus admits that he cannot but other people can. Cassius then claims that he can understand Brutus's character, but I believe that he overestimates his ability to do so. "The way a person is" is how many people perceive them, not how just one person perceives them. （59 語）

〔注〕claim that S V「（当然のように）SV と主張する」，overestimate ～「～を過大に評価する」，perceive ～「～を認識する」

〈解答例４〉

　This dialogue reminds me of the proverb that says "He who touches pitch shall be defiled." A newcomer to a group will certainly be influenced by other members and likely to become similar to them. Brutus is not yet aware that he and Cassius are already two of a kind, and Cassius is trying to make Brutus realize the fact. （60 語）

〔注〕He who touches pitch shall be defiled.「朱に交われば赤くなる」

57

使うべき文体

元の和文に合わせて文語体で書くのが望ましい。

ポイント

「いつのまにか」は定型を用いるか，あるいは文意を考慮して「何かを成し遂げる前に」とするかであろう。

日本語に対応した英語の表現

◆ 「それは恐らく…という意味であろう」

- 「それ」は前文にある小林秀雄の言葉を指している。その言葉を 1 つの名詞と捉えれば it で受け，文として考えるなら this / that となる。また，小林秀雄を主語と考え he，さらに「彼の言葉」と考え his words とすることもできる。
- 「恐らく」は，副詞の probably や助動詞 might などで表せる。また，少し難しい語句だが，presumably や in all likelihood でもよい。

◆ 「自分がすべきだと思い込んでいること」

- 「自分」は一般論を表しているので you とするのが適切（アカデミックライティングでは one）。we を用いる場合は，they との対比になり，「（彼らとちがって）私たち」を示唆する。
- 「思い込んでいる」は assume や believe が考えられるが，think でも問題ない。
- 「こと」は，「自分が日常生活においてすべきだと思い込んでいることのすべて」の意味なら関係代名詞 what，「〜の一部」なら things / something＋関係代名詞節となる。いずれも可。You think that you should do it. の it を what に代えて what you think you should do / what you think should be done とする。このような構造（連鎖関係代名詞節）の場合，接続詞の that は普通省略される。
- 「すべきだ」は，should do 以外に，ought to do や must do「しなければならない」，have to do「する必要がある」でもよい。

◆ 「日常生活において」

in your daily life / in daily life / every day〔× everyday〕/ on a daily basis など。everyday は 1 語で書くと形容詞になることに注意。daily life「日々の生活」の代わりに everyday life とすると「日々の（代わり映えのない）生活」といった感じになるが×ではない。なお一般論で用いられる you は原則的に単数扱いなので in your daily lives は避ける。

◆ 「…をやってそれでよしとしているようでは」

- 「ようでは」は,「もし〜なら」と考え if で表せる。
- 「〜をやってそれでよしとする」は「(ただ)〜だけをして満足する」と考え, be content〔satisfied / happy〕just with *doing*「〜することで満ち足りる」とする。with *doing* の代わりに to *do* でも可。この文の just「〜だけ」は only「〜だけにすぎない」/ simply「〜だけ」と置き換えてもよい。また,「〜しさえすればよいと思っている」と読み換え think (that) you only have to〔have only to〕*do* あるいは think (that) all you have to do is to *do* とすることもできる。

◆ 「人生など終わってしまう」

「など」と「しまう」は日本語の文のニュアンスを伝えるのに必要だろうが, 英語では特に気にしなくてもよかろう。「人生は終わる」は, この文に一般論の you を用いていること, 未来のことであること, を考慮して your life will be over〔have passed〕とする。come to an end / end は×ではないが, 事故などの思いがけない終わりを示唆する。finish は「取り組んでいる活動の最後の部分を仕上げる」意で不適切。your whole life will go by「人生全体が過ぎ去る」という言い方もできる。「死んでしまう」と解して you will die としてもいいが, die という単語はストレートすぎるので使うのはできれば避けたい。また, この部分の前に you will find (that) を追加して you will find (that) your life will be over とすることもできる。

◆ 「いつのまにか」

- before you know it が定型。もし主文の主語が you なら before〔without〕realizing it も使えるが, 本文のように your life が主語の場合には before realizing it ではなく before you know it を用いる。「無意識のうちに」と考え unconsciously とすると「意識を失った状態で」と解される可能性があるので避ける。「何かを成し遂げる前に」と解して before you have managed to achieve anything とすることも可。
- 「思ったより速く」と言い換えることもできよう。その場合には (your life will be over / go by) faster〔more rapidly / more quickly / sooner〕than you might expect〔think / imagine〕などとする。この場合 than 以下は一般論として, 仮定法を用いるのが通例。また「突然」と考え suddenly を使う手もある。
- 「とても速く」と考え, too〔very〕+ fast〔rapidly / quickly / soon〕でも通じる。

生徒答案例

1 ▶ This probably means that if you are doing nothing but what you mistakenly believe you have to do in your daily life, and if you are satisfied with doing so, your life will end far more rapidly than you think. 〔15 / 15 点〕

ミスなく書けている。素晴らしい。

2 ▶ It probably means that your life will be over ×without realizing something important [→without your realizing it] if you think that you only have to do what you believe △that [→トル：減点なし] you should do in your daily life. [12 / 15 点]

よくできている。without realizing it を使う場合には，主文の主語が realizing の主語と一致している必要がある。

3 ▶ It probably ×seems [→means] that if you feel satisfied ×[ヌケ→just (with)] doing what you assume you should do in your daily ×lives [→life], your life ×comes [→will come] to an end ×as fast as you cannot imagine [→before you know it]. [6 / 15 点]

「一般論の you」は単数形の扱いなので in your daily life と life は単数形にする。最後の表現は faster than you might imagine とするなら通じる。

問題文の英訳

Hideo Kobayashi once said that if you are too absorbed in what you are doing in each moment, you will lose sight of the meaning of life. This probably means that if you live your life content just to do what you think you should, your life will be over before you know it.

3

英
作
文

〈解答例１〉
This probably means that if you live your life content just to do what you think you should, your life will be over before you know it.

〈解答例２〉
Presumably he meant that your life will end before you have managed to achieve anything if you are content just to do what you assume you should in your daily life.

〈解答例３〉
His words might mean that if you are satisfied just to do what you believe you have to do in your everyday life, your life will be over before you realize it.

58

使うべき文体

エッセーライティングなので文語体が望ましい。

ポイント

　指示には「気づいたことを<u>一つ選び</u>」とあるので1つに絞ること。さらに「説明しなさい」とあるので，選んだものを説明すること。たとえば「安田講堂」を選択したのなら，その感想（「立派だ」など）より先に，その情景がわかるような説明が必要。

使う可能性のある表現

- 「このキャンパスで私が最も感銘をうけたものの1つは…」

  One thing that impressed me most〔that strikes me most〕about this campus is ….

- 「思っていたより～」比較級＋than I expected〔than expected〕

- 「～に対して私が抱いていたイメージ」the image I had of ～

- 「広大なキャンパスを有している」have a vast campus

- 「広々とした」spacious

- 「キャンパス内に」on campus　※on the campus も×ではない。

- 「東大の象徴である赤門」the red gate, which is a symbol of Tokyo University

  ※「東大の象徴」は数多くあるはずなので <u>a</u> symbol とする。「象徴」の代わりに
    landmark「目印」としてもよい。また，the red gate which … と限定用法で書
    くと，「赤門」が他にもあるということになってしまうので非限定用法で書く。

Column　関係代名詞・関係副詞の〈限定用法〉と〈非限定用法〉

①限定用法：先行詞の直後にコンマなしで関係代名詞・関係副詞を続ける形

　先行詞となる名詞の意味を関係代名詞節・関係副詞節の中の情報で限定する働き。

（例）The town where I live is located in Chiba.

　　　「私の住んでいる街は千葉にある」

　　　※「私の住んでいる」は，街の意味を具体化して一般の「街」と区別する。

②非限定用法：先行詞の直後にコンマを置いて関係代名詞・関係副詞を続ける形

　先行詞の名詞に追加の情報を加える働き。

（例）Kyoto, where I live, is an ancient capital of Japan.

　　　「私の住んでいる京都は日本の古代の首都です」

　　　※「私の住んでいる」は，「京都」の補足説明になっている。

　日本語では形態上，限定用法と非限定用法の区別がないため，日本語から英語にする場合（英作文する場合）には，どちらを使うのかを意味から考える必要がある。

- 「伝統的日本建築」traditional Japanese architecture
  ※Japanese のような国籍を示す形容詞は traditional や big などの主観的形容詞の後に置くのが普通。
- 「〜に続く通りは銀杏並木だ」
  The avenue leading up to 〜 is lined with ginkgo trees.
- 「自分の目で〜を見る」see 〜 with my own eyes
- 「世界有数の大学の１つ」one of the most prominent universities in the world
  ※ prominent は，eminent / renowned / esteemed でもよい。
- 「東京の都心部に位置する」be located in an urban area of Tokyo
- 「勉強にはうってつけの場所」an ideal place for studying

生徒答案例

1 ▶ The red gate called Akamon may be considered to be ×the[→a] symbol of Tokyo University. It is actually very famous, but I found there were many other buildings or views that are so attractive that even tourists have to see them at least once. For example, we can see the big clock tower wherever we are on the campus. Also, the rows of golden ginkgo trees make the campus more stylish and special. [14 / 15 点]

よく書けている。a symbol については前ページ参照。

2 ▶ I noticed the university campus is much bigger than I had expected. As I walked on the footpath on this campus, I saw some people riding a bicycle. I know workers of some big companies in △America [→the U. S.：減点なし] such as Google ride bicycles around the company grounds, but I did not think students in Japan rode bicycles on campus ×because Japan is a small country [日本人学生が自転車に乗らない理由としては不十分]. This campus is so big that students do so. [13 / 15 点]

「アメリカ合衆国」は，the U. S. と表記するのが一般的。英字新聞などでは America は大陸名として登場するのが普通。また理由の選択は慎重に。

3 ▶ I found out that there were many more places where you can park your bicycle than I had expected. I like riding my bike, so if I pass the entrance exams, I want to ×go [→come] to this wonderful university by bicycle. Moreover, I understood that there were ×many facilities where I can learn about a lot of things [具体性に乏しい], I cannot wait to study here. [8 / 15 点]

英語では「漠然とした表現」の後には「具体的表現」を伴うのが普通。「多くのことを学べる多くの施設」では抽象的すぎて，言いたいことがきちんと伝わらない。指示にある「一つ選び」を無視しているので大幅減点 5 とした。

〈解答例1〉

The most impressive sight for me at Tokyo University is the Yasuda auditorium. I hear that this magnificent building can seat 1,000 people and is built in a neo-Gothic style inspired by the towered gates of Cambridge University. The avenue leading up to the auditorium is lined with ginkgo trees, which are the oldest living species of tree. Walking past these trees is relaxing and deepens the feeling of dignity and history that the building evokes. (76語)

〔注〕auditorium「講堂」, a neo-Gothic style「ネオ=ゴシック様式」, ginkgo tree「銀杏の木」, dignity「威厳」, evoke ～「～を喚起する」

〈解答例2〉

One thing I am impressed with is how large this campus is. Despite being in an urban area, it has ample space and a lot of facilities, so I was very surprised when I first visited here. Moreover, I imagine how many students of various backgrounds must be studying here. It would be very exciting and stimulating to meet them, and it would surely help us broaden our world view. (70語)

〔注〕ample「広々とした」, facility「施設」, stimulating「刺激を与える」

〈解答例3〉

I have noticed that this campus is very quiet. Of course, today is the examination day and there are only a few students out there, so this quietness is probably unusual. However, this university is located in the middle of the largest city of Japan. It is incredible that the noise of traffic cannot be heard. I think that this serene campus is an ideal place for studying. (68語)

〔注〕incredible「信じられない」, serene「落ち着いた」, an ideal place for ～「～にうってつけの場所」

59

全 訳

いとしいジュンへ

　お前は私のことを覚えていないだろう。私はお前の祖父で，お前がほんの 3 歳のときに国を出た。しかし，私はもう数週間の命なのだが，私の人生は成功し，もしお前がうまく使うと私を納得させてくれたら，私の莫大な財産をすべてお前が相続することになる。私のお金を何に使うか，またなぜそのように使うのかを教えておくれ。返事を楽しみに待っている。

祖父マーリーより

使うべき文体

　家族や友人に宛てた手紙文は口語体に準じる扱いでよい。ただし，正式な手紙なら文語体となる。返事を書く問題の場合は，受け取った手紙の文体を目安にするとよい。

ポイント

● 書くべきことは以下の通り。①「手紙に対するお礼」，②「祖父の病気に対する悲しみ」，③「祖父の莫大な財産を相続するとしたら，その金をどのように<u>上手に</u>使うのか」，④「なぜそうするのか」。①・②は，英作文としては不要かもしれないが，「人としての常識」からは必要であろう。

● 「うまく」は，主観的な表現なので「上手なお金の使い方」と「下手なお金の使い方」に明確な区別は困難。しかし，常識の範囲で「うまく」と言えない場合は不可であろう。

● 相続は確定しているのではなく，問題文に what you would use my money for とあるので，③については仮定法を用いるのが適切。

使う可能性のある表現

◆ 「手紙を頂きありがとうございます」Thank you for your letter.

◆ 「ご病気のことをお聞きし大変残念に思います」

　I am truly〔really / very〕sorry to hear that you are so sick〔ill〕.

　※sorry は，sad / shocked / devastated でも可。

◆ 「申し出に感謝します」

　● I am truly〔really / very〕grateful for your offer.

　● I really appreciate your generosity.

◆ 「あなたのお金を使って〜するだろう」With your money, I would 〜.

◆ 「あなたの財産を相続するならそれを使って〜するだろう」

3

英作文

- If I inherited your fortune, I would use the money to *do*.
- If you allowed me to use your money, I would use it to *do*.

◆「あなたの財産があれば私の夢の実現に役立ちます」

Your money would help realize my dream.

◆「自分の教育にお金を充てる」finance my education

◆「あなたが人生でできなかったことをする」

do what you could not do in your lifetime

◆「あなたの例に倣い代わりに貧しい人を助ける」

follow your example and help poor people in your place

◆「災害復興基金を設立する」

found 〔establish / set up / organize〕 a disaster relief fund

◆「そのお金を津波被災地〔赤十字〕に寄付する」

I would donate the money to the tsunami-devastated areas〔the Red Cross〕.

◆「そのお金で学校を建てる」I would use the money to build a school.

生徒答案例

1 ▶ Thank you for your letter. I am really sad to hear that you are seriously ill. I would use your money to study abroad. I have a great desire to study pharmacy and really want to study it now ×to create medicine〔もう少し具体的に書くこと〕. Colleges in my country have poor facilities for research, so I really want to go abroad. I would also use your money to finance my future research. My research may ×be able to〔→make it possible to〕 cure serious diseases like ×〔ヌケ→the〕 one that you are suffering from.〔9 / 15 点〕

まずまずの出来。「どのような薬を作りたいのか」の言及がほしいがすでに語数がオーバー。

2 ▶ Thank you for the letter and I am so shocked to hear that you have only a few weeks to live. If I ×inherit〔→inherited〕 all ×〔ヌケ→your〕 wealth, I ×will〔→would〕 donate △much〔→a lot of：減点なし〕 money to ×the area attacked〔→the area that was hit〕 by the earthquake recently. Also, I ×will〔→would〕 found an organization ×helping〔→to help〕 poor people in developing countries. I would like to plan a trip with my parents too. I am really grateful for your kindness.〔0 / 15 点〕

仮定法が適切。名詞，形容詞の much は肯定文で使うのは避けること。例外は so / too / how ＋ much の場合と硬い文。「(地震が) ～を襲う」は hit か strike。an organization helping ～ は「今現実に～している組織」の意味になる。また，この程度の語数の中で3つもの考えを述べるのは無理がある。1つに絞るべきだろう。

3 ▶ ×[ヌケ→I was truly sorry to hear about your illness.] It has been a long time, though I remember you clearly. ×I was happy to hear from you, and thank [→Thank] you for ×letting me [→giving me a chance to] inherit your money. I am sure I ×will [→would] ×use it well. I think I will not use it, but leave most of it for the future [具体性がない], because without it I can live on my own. ×I hope you will enjoy the rest of your life [楽しめるわけがない]. [0 / 15 点]

　一番の問題点は「何に使うか」が具体化されていないことだ。あと，心ない発言が気になるので注意しよう。

〈解答例1〉

　Thank you for your letter. I am truly sorry to hear that you are so ill.

　I would use your money to finance my education. I have a great passion for language study and want to make a significant contribution as a translator and a diplomat. I believe the best way to do so would be to live for a year in each of five different countries in order to study the cultures and become fluent in the languages spoken.（80 語）

〔注〕finance ～「～に資金を調達する」

〈解答例2〉

　What a surprise to hear from you !　I am really sorry to hear about your poor health and I hope you are not in any pain.

　Your offer is incredibly generous. Honestly, my life is comfortable enough so I would not spend any of your money on myself. These days, many children are orphaned due to conflicts around the world. I would use your money to establish some orphanages where such children can feel safe and be educated.（78 語）

〈解答例3〉

　Thank you for your letter. I am very sorry to hear about your illness.

　I truly appreciate your generosity. Now, I am studying hard for entrance exams, but my first choice university is very expensive. Therefore, your gift would help realize my dream. I would like to study atomic physics. Japan has had serious problems with nuclear power plants. To determine whether these should be decommissioned or not, many experts are needed. I would like to be one of them.（80 語）

〔注〕decommission ～「(原子炉) を廃炉にする」

使うべき文体

エッセーライティングなので文語体が望ましい。

ポイント

「画像について，あなたが思うことを述べよ」という条件なので，写真に写っているものをただ説明するだけでは不十分となる。画像の面白みや撮り方についての説明といった内容も盛り込むべきだろう。

使う可能性のある表現

● 「トリック写真を作り出す」create a trick photo
　※「(新しいもの) を生み出す」は create が適切である。
● 「この写真は～(を写している)」This photo shows 〔× is〕～
● 「遠近法を使ってあり得ない状況を作り出す」
　use 〔manipulate〕perspective to create impossible situations
　※「遠近法」の意味の perspective は不可算名詞。
● 「このトリックは 2 つの物体間の距離で引き起こされる目の錯覚を元にしている」
　This trick is based on an optical illusion caused by the distance between two things.
● 「私たちの脳〔感覚／目〕は容易にだまされる」
　Our brain 〔our senses / our perception / our eyes〕can easily be deceived 〔tricked〕.
● 「だまされて～と思ってしまう」be tricked into thinking that S V
● 「誤って～と考える」mistakenly think that S V
● 「二次元の像は距離感を与えない」
　a two-dimensional image fails to give us a sense of distance
● 「右手をレンズの真正面に置く」
　put *one's* right hand right in front of the lens
　※2つ目の right は強調の副詞。
● 「右手がカメラにとても近い」*one's* right hand is very close to the camera
● 「左手がカメラを持っている」*one's* left hand holds the camera
● 「まさに指でネコをつかもうとしている」
　be about to pick up 〔hold / grab〕a cat with *one's* fingers
　※be about to *do*「まさに～しようとする」

- 「敷物の上で転がる」roll around on a rug〔a carpet〕

  ※a rug は a carpet より小さい（約三畳のサイズまでの）敷物のこと。「カーペット」と「絨毯」は同意。なお on the floor とすることも可能。

- 「仰向けになり昼寝する」take a nap on *one's* back

- 「〜が実際より小さく見える」〜 looks smaller than it really is

  ※than it is really の語順は不可。

生徒答案例

1 ▶ Henry took this picture when his cat, Mary, was sleeping on the floor. Because his △[ヌケ→right：減点なし] hand is trying to pick up something small, you can mistakenly think that the white animal is a mouse. I think Henry intentionally put his right hand into the picture. We can use this technique for something in a useful way in our everyday life. [15 / 15 点]

難解な表現を使わずに見事に書けている。

2 ▶ I often see this way of photography in which people are trying to support a tower, to eat something huge far away from them or to catch animals as this picture shows. I think humans may want things that are out of their reach and control. Therefore, we take pictures in this way to have ×[ヌケ→some false] satisfaction that we rule everything. [13 / 15 点]

ユニークな解説でよい。ただ，写真の説明をもう少しした方がよいかも。

3 ▶ This picture ×appeals our participation [→attracted my attention]. ×We see the cat as a small cat like [→It looks as if the cat were] a small stone, or ×we become a very big man like a Galiver [→the man (were) Gulliver]. I think that our brain is likely to ×deceive [be deceived] because we rely on ×the only [→only our] eyesight when we look at such a picture. When we can use only one ×sence [→of our senses], we ×are lack of carelessness [→can be careless]. [0 / 15 点]

書けないことを無理に書いた典型的な答案。もちろん点は残らない。なお，修正後の英文は 60 語未満なので，もう少し内容を加える必要がある。

〈解答例1〉

　John is a keen amateur photographer and he takes various kinds of pictures every day. Last year he entered a competition. The title of the contest was "The Camera Can Lie." He saw his cat, Tiger, rolling around on a rug and suddenly he had the idea to take a picture of Tiger between his thumb and index finger. John managed to win $1,000 and treated himself to a new digital camera!（72語）

〔注〕enter a competition「コンクールに参加する」，treat *oneself* to ～「（自分に自分の褒美として）～を与える」

〈解答例2〉

　Our optical perception sometimes does not match the physical reality of the world. At first glance, it looks as if the cat's head is about to be grasped between someone's index finger and thumb. This illusion is created by the person's hand being close to the camera lens and the cat farther away. The cat looks very content, rolling on its side, oblivious to the photographer's clever trick.（68語）

〔注〕as if のあとの時制は本章1998年度2 ―(B) Column 参照（〈解答例4〉も同様）。第3文（This illusion is …）の by 以下の being は動名詞で，the person's hand being … と the cat（being）… が並列されている。oblivious to ～「（ネコは）～を気に留めずに」

〈解答例3〉

　In this photo we can see a cat, a hand, and a rug, which are all very ordinary things. Placing the hand just in front of the lens, however, produces an amusing image of someone trying to hold a cat as small as a peanut!　I find this picture interesting because it shows that we can change common objects into interesting subjects for photos using simple techniques.（67語）

〔注〕change *A* into *B*「*A*を*B*に変える」

〈解答例4〉

　Obviously, this photograph was taken by manipulating perspective, since, in reality, a cat cannot be this small compared to someone's fingers. This trick is based on an optical illusion caused by the distance between two things; a nearer object appears larger than one farther away, and sometimes, a two-dimensional image fails to give us a sense of distance. That is why it looks as if a miniature cat is about to be pinched by a giant hand.（77語）

〔注〕manipulate perspective「遠近法を操作する」，this small「これほど小さい」※this は副詞。

61

全訳

≪意外に高いゾウの知能≫

　科学者たちは，動物の知能を研究するため，彼らに長い棒を渡し彼らの手の届かない所にある食べ物を取らせようとした。チンパンジーのような霊長類は棒を使うが，ゾウは棒を使わないことが判明した。ゾウは鼻で棒をつかむことはできるが，食べ物を取るのに棒を使うことはない。そうして，ゾウはチンパンジーほど知能は高くないという結論が出された。

　しかし，ワシントンの国立動物公園にいる若いゾウのカンドゥーラによって，最近その考え方に疑問が持たれるようになった。そのゾウには棒だけでなく，大きな四角い箱やその他いくつかの物が渡され，同時に，頭上の届かない所に果物が置かれた。ゾウはその棒を無視したが，しばらくすると足で箱を蹴り始め，果物の真下まで動かした。それから箱の上に前足をかけて立つと，鼻で果物に届くことができたのである。

3

英作文

使うべき文体

　エッセーライティングなので文語体が望ましい。ただし第1段落には didn't, doesn't という短縮形が使われているため，比較的「ゆるい文語体」でも構わないと思われる。

ポイント

◆第1段落では，棒を使って食べ物を取る実験で，チンパンジーは成功したが，ゾウはできなかったという結果から，ゾウはチンパンジーほど知能が高くないと結論されたことが述べられている。第2段落では，やはり食べ物を取る実験で，ゾウは棒以外に箱などが与えられていた場合，箱を使って食べ物を取ることに成功したことが述べられている。この2つの実験から導かれる結論を第3段落として書くという条件である。

◆「結論」というのは，動物の知能についての結論と考えられるが，同時に第1段落で述べられた結論の誤りがどうして生じたかという実験方法の観点から，前2段落と整合性のある第3段落を構成することもできる。いずれにしても，論の流れを考えて，まとまりのある内容にすること。

◆チンパンジーとゾウの知能の優劣については，これらの実験結果からはわからないことに注意。

◆書くべきことは以下の通り。

　●動物の知能の測定は困難であり，測定方法によって結果が異なる。

　●動物が使うのを得意とする道具は動物によって様々である。

◆「使う可能性のある表現」

◆「ゾウはチンパンジーほど賢くない」

Elephants are not as smart〔intelligent〕as chimpanzees.

※一般論なので「ゾウ」や「チンパンジー」は無冠詞複数形が適切である。硬い文
　では the elephant, the chimpanzee とすることもある。「賢い」は，intelligent
　「知能が高い」，smart「頭の回転が速い」などが適切。wise「(経験があり) 賢
　い」，clever「ずる賢い」は避けたい。

◆「ゾウはチンパンジーに負けないほどの知能を持っているかもしれない」

- Elephants may be as intelligent as chimpanzees.
- Elephants may be no less intelligent〔have no less intelligence〕than chimpanzees.

※no less 〜 than …「…と同様に〜だ」

◆「棒を使って食べ物を取る」

- get (some) food with a stick

※「(手に持つことで道具を) 使って」は with 〜 を用いる。

- use a stick to get (some) food

◆「届かない所にある食べ物」food out of〔outside〕*one's* reach

◆「状況に応じて最も適切な道具を選ぶ」

choose the most appropriate tool according to the situation

◆「ある一つのことができないからという理由だけでその動物が賢くないと結論づけることはできない」

You should not conclude that one animal is not intelligent just because it cannot manage to do a particular thing.

◆「〜と結論づけることができる」

We can conclude〔reach the conclusion / say〕that S V.

※「〜という結論に飛びつく」なら jump to the conclusion that S V となるが，これは「早とちりする」という意味で使う。

◆「1番目の〔2番目の〕実験の結果は〜を示している」

The result of the first〔second〕experiment shows that S V.

◆「実験は当てにできない」

experiments are unreliable〔questionable / untrustworthy〕

◆「動物の知能を測定する」measure animals' intelligence〔animal intelligence〕

◆「動物が使う道具は動物〔種〕によって異なる」

The tools an animal can use vary from animal to animal〔from species to species〕.

※各動物が使う道具は特定可と考え，the をつける。

> 生徒答案例

1 ▶ The initial experiment, in which the elephant picked up the stick but did not use it to get the food, suggested that chimpanzees are smarter than elephants. However, the elephant in Washington used a different tool, a box, to reach the food. I believe that we need to conduct many more experiments before coming to any conclusions regarding animals' intelligence. [15 / 15 点]

Excellent!

2 ▶ That experiment proved that elephants can use a tool in order to get food, so it cannot be concluded that chimpanzees are more intelligent than elephants. These experiments ×tells [→tell] us that it is important to collect a lot of information about the results of various experiments △when you decide [→to determine：減点なし] which ×animal is [→animals are] ×more smarter [→smarter]. [11 / 15 点]

概ね OK。-er 型の比較級の前に，さらに more をつける間違いは多い。when you decide … は to determine … 「…を特定するために」とした方が文意が明確になる。

3 ▶ Judging from this experiment, just because elephants cannot use sticks as well as chimpanzees, it does not follow that they are less intelligent than primates. Indeed, Kandula got food ×by [→トル] using another tool. Elephants always use their trunks to carry food to their mouths, so when they find food outside their reach, they do not try to knock it down but think about how to reach it with their trunks. [13 / 15 点]

概ね OK。by *doing* という言い方は不自然になることが多い。以下の by *doing* は [→　] で示したように前置詞などを用いて簡潔に表現した方がよい。

I went there by using the train [→by train].

I got it by using the tool [→with the tool / using the tool].

このように簡潔に表現できない場合にのみ by *doing* は使うことができる。

e.g. He made some money by selling the painting.

3

英
作
文

〈解答例1〉

Kandula has shown how untrustworthy experiments can be. Scientists easily concluded that chimpanzees are smarter than elephants because they could use a stick to get some food. However, Kandula used a different tool, a box, to achieve his goal. I believe that more experiments are necessary in order to measure these animals' intelligence. (53語)

〈解答例2〉

The fact that Kandula succeeded in getting the fruit using a box instead of a stick shows that it is risky to jump to conclusions about comparative animal intelligence on the basis of a single experiment. Different kinds of animals do things in different ways and if they cannot use a tool, it may simply be because it is not suitable for them, not because they lack intelligence. (68語)

〔注〕comparative「比較による」 現代の英語では kinds of ～ の～には複数形を置くのが普通。

〈解答例3〉

Considering the result of the second experiment, the claim is doubtful that elephants are not as smart as chimpanzees. Rather, these two problem-solving tasks show that different animals have different ways of achieving goals. The difference between chimpanzees and elephants simply lies in their strengths, not in their intelligence. The former are good at using sticks and the latter boxes. (60語)

〔注〕strengths「得意とする所」

〈解答例4〉

What was wrong with the first experiment? Perhaps the scientists were "anthropocentric." We humans would use a stick effectively with our hand in order to get food outside our reach. The researchers, therefore, instinctively regarded a stick as the best tool for doing this. However, that is not always the case, as the second experiment showed. Thus, in studying animal intelligence, we have to be very careful about the criteria. (70語)

〔注〕anthropocentric「人間中心の」 cf. anthropology「人類学」，criteria「(批判，判断などの) 基準 (criterion の複数形)」

62

使うべき文体

エッセーライティングなので文語体が望ましい。

ポイント

● 「絵に描かれた状況を簡単に説明したうえで」という指示があるので，状況を説明する必要がある。イラストは性差を伴わない（gender-free の）人物になっているので，男性，女性どちらの設定でも構わない。「舌を出す」などの表現を知らない場合は，書ける範囲で書く努力をすること。イラストに人物が登場する場合，a man / a woman / a boy / a girl などではなく，Ken，Jim，Tom などの固有名詞を使えば，語数を少なくできるし，また表現が生き生きとしてくることも覚えておこう。

● 「絵に描かれた状況を簡単に説明」するのは比較的容易だろう。「それについてあなたが思ったこと」をどうするかすばやく決めたい。現実には起こらないことが描かれているが，ただ「こんなことはありえない」だけでは話のまとまりがつかない。さらに一言，収まりのつく締めくくりを考えることが重要である。

使う可能性のある表現

◆ 「（手）鏡を見る」look into the (hand) mirror

　※look in the mirror でも可。look at the mirror も×にはできない。丁寧に「手に持っている鏡」とするなら the mirror he〔she〕is holding〔× having〕とする。また look at *oneself*〔*one's* face〕in the mirror とすることもできる。なお「鏡」は「ある鏡を見ると」のような文脈では a mirror となるが，絵の中の人物が日常的に使っている鏡，もしくは絵に描かれた鏡と考えれば，「特定できるもの」として the mirror とするのが適切。

◆ 「鏡の像」the reflection〔the image〕in the〔a〕mirror

◆ 「鏡に映る顔の表情」a facial expression that is reflected in the〔a〕mirror

◆ 「違う顔が映っている」a different expression is reflected in the〔a〕mirror

　※日本語では「違う顔」だが，顔自体は同じなので face を使うことはできない。

◆ 「舌を出す」

　● stick〔poke / thrust〕*one's* tongue out

　※もしこの表現を知らないなら，次のように書くことも可能。

　● the image in the〔a〕mirror is making fun of him〔her〕「鏡の中の像が彼〔彼女〕をからかっている」

3

英作文

●the reflection in the〔a〕mirror is making a funny face「鏡の中の像が変な顔をしている」

◆「鏡の中で笑っている自分の顔を見る」see *oneself* smiling in the〔a〕mirror

※watch「(動いているもの，動く可能性のあるもの) を見る」ではない。

◆「彼〔彼女〕にそっくりの人」

　　●someone who looks just〔exactly〕like him〔her〕

　　●someone who resembles him〔her〕completely〔perfectly〕

◆「彼〔彼女〕にウインクする」wink at him〔her〕

◆「Sは子どもの頃の記憶をよみがえらせる」S bring(s) back childhood memories.

◆「鏡の中に別世界がある」There is another world inside the〔a〕mirror.

◆「～で驚く」be surprised〔astonished / startled〕to *do*〔at ～ / that S V〕

生徒答案例

1 ▶ Mike looks into the mirror and he is surprised because there is another man who looks like him in the mirror. Some people say that there is another world you have never imagined, like "Alice in Wonderland." I would like to go into such a world at least once, but I do not want to meet ×me〔→myself〕 in the mirror.〔13 / 15 点〕

良くできている。主語と目的語が一致し，なおかつ目的語に代名詞を用いる場合は，再帰代名詞を用いる。

2 ▶ David is looking at a mirror. He is surprised because the boy inside the mirror is smiling at him, though David himself is not smiling. If he looked at a normal mirror, this could not happen, so this mirror ×would〔→must〕have been ×obsessed with〔→possessed by〕something strange, or it may not be even a mirror, but just a round photograph of him.〔10 / 15 点〕

「～だったに違いない」は〈must have＋過去分詞形〉。be possessed by ～「～に取りつかれる」

3 ▶ Naoko is looking in the mirror. She looks surprised and scared to find that the face in the mirror is not the reflection of her face, and it ×looks〔→seems to be〕 teasing her ×with〔→by〕winking and ×showing〔→poking out〕its tongue. I like reading fiction stories and always wish something △which〔→that：減点なし〕 is never supposed to happen would happen to me. However, if it really happened in my life, I would be surprised and confused like Naoko.〔7 / 15 点〕

〈look＋形容詞〉と暗記。「～しながら」は with *doing* とはできない。by *doing*「～することによって」とする。限定用法 (コンマのつかない用法) の関係代名詞で

which を使うのは避ける。アメリカでは which は、〈コンマ＋which〉,〈前置詞＋which〉以外は×にされる可能性が高い。

〈解答例 1 〉

　When Bob looks in the mirror, he is amazed to see his reflection poking out its tongue and winking at him. When we look in the mirror, it is often out of vanity. We tend to try to improve the image, by combing our hair and so on, while wearing a serious expression. This face is obviously sick of such behavior and has decided to have some fun at its owner's expense. (72 語)

〔注〕 out of vanity「虚栄心から」, wear ～「(表情・態度など) を示している」, be sick of ～「～にうんざりしている」, at *one's* expense「～を犠牲にして」

〈解答例 2 〉

　Jim is very surprised when he looks into the mirror he is holding, because the reflection is apparently of his own face but with quite a different expression. It has one eye closed and is sticking out its tongue. I do not think that such a thing would ever happen in reality, but if it did, it would be horrifying. However, this face in the mirror looks funny, not scary. (70 語)

〔注〕 apparently「一見」

〈解答例 3 〉

　Sally is startled to see her face in the mirror poking out her tongue with one eye closed, though she is in actuality not making such a funny face. That is, what is reflected in the mirror differs from reality. Of course, this kind of thing never happens. Therefore, she is probably quite tired and she thinks that the face in the mirror is trying to cheer her up. (69 語)

〈解答例 4 〉

　Ken had a shock yesterday when he picked up his hand mirror. The image in the mirror was of him winking and sticking his tongue out, though he soon noticed that it was just a photograph. His younger brother probably had stuck it over the glass. He often teases Ken by touching the mirror without permission because he finds it funny that Ken is always trying to impress girls and checking his appearance. (73 語)

〔注〕 of him winking and sticking … 「彼が…している (像)」

63

使うべき文体

エッセーライティングなので文語体が望ましい。

ポイント

「跳ぶ前に見よ（転ばぬ先の杖）」と「ためらう者は機会を逃す」という内容の相反する2つのことわざが，どのように相反するかを説明したうえで，自分にとってどちらがよい助言と思われるか，理由とともに述べるもの。自分にとってよりよいと思われるものの選択とその理由を考えることは，それほど困難ではないと思われる。ポイントはことわざの内容の説明を簡潔にまとめることだろう。

なお he who ～ は someone who ～ の文語的表現。

構成と使う可能性のある表現

①それぞれのことわざの意味を説明する。

The first proverb 〔saying〕means that S V. The second means that S V. という形が簡単だが，S emphasizes the importance of ～「S は～の重要性を強調している」などでも可。また The difference between the two proverbs 〔sayings〕is that the first ～ and the second ….とすることもできる。ことわざの説明は，一般論なので you を主語にする。あるいはある集団の代表を想定して we としても構わない。

②"Look before you leap" の説明。

「何かを行動に移す前に慎重に考えるべきだ」という内容を書けばよい。think carefully「慎重に考える」，take action「行動に移す」，make a move「行動を起こす」，act rashly「軽率な行動に出る」，make a quick move「機敏な行動をする」，thoughtless behavior「思慮なき行動」などが使える。

③"He who hesitates is lost" の説明。

「考えすぎると機会を逃す」「手遅れになる前に行動に移せ」という内容を書けばよい。spend too much time thinking「考えるのに時間をかけすぎる」，overthink「考えすぎる」，too much thinking or indecisiveness「考えすぎや優柔不断」，procrastination「先延ばしにすること」，before it is too late「手遅れになる前に」，miss a valuable chance「貴重な機会を失う」などが使える。

④自分の意見を表明する。

- I think 〔For me, / To me,〕the first 〔the second / the former / the latter〕is the better advice.
- I think (that) I ought to 〔should〕follow the first 〔second〕one.

⑤④の理由を述べる。

選択の理由を述べる際はことわざの定義の繰り返しにならないように注意すること。

生徒答案例

1 ▶ "Look before you leap" means that you should be careful before you do something, while "He who hesitates is lost" means that if you want to ×need to [→トル] do something, you should do ×[ヌケ→it] as soon as you can. I always try to avoid making mistakes, because no matter how trivial the mistakes are, they can cause big problems, so I believe that △"Look before you leap" [→the former proverb：減点なし] is more important. [13 / 15 点]

よくできている。ただ，英語では同じ語句の反復はできるだけ避けたい。

2 ▶ The former saying means you cannot be too careful when you do something, while the latter one means you should not hesitate but ×challenge [→try] to do something without fear. I agree ×to [→with] the former one. Those who are not careful often make mistakes because they do not think much about what their behavior can cause. It is true that sometimes you can be successful when you ×challenge [→try] to do something without fear, but there are surely ×much [→many] more problems caused by not preparing enough. [9 / 15 点]

challenge は「(こと) に異議を唱える，(人) に挑戦する」の意味。much は一般に比較級を強調する副詞として使えるが，〈more＋複数形の名詞〉の前には置けない。その場合は〈many more＋複数形の名詞〉とすること。また語数オーバーには気をつける必要がある。

3 ▶ If you look before you leap, you ×can have few opportunities that make you grow up mentally [→carefully consider the risks involved before doing something]. However, if you do not hesitate ×[ヌケ→before acting], you can have many ×chances[曖昧。何の機会か具体化する必要がある]. Thus, I think "He who hesitates is lost" is better than "Look before you leap", because ×by doing so [→by acting quickly], I can do many things that I want to do and enjoy myself. [3 / 15 点]

第1文はことわざの説明ではなく，その結果起こり得ることを書いているので不可。また，2つ目のことわざに関する説明も不十分である。by doing so の doing so が指すものを具体的に書く必要がある。

3

英作文

〈解答例1〉

These sayings are different from each other in that the former warns you against thoughtless behavior, while the latter urges quick action. I think that I ought to follow the first one. I often come up with seemingly good ideas and, excited with such flashes of inspiration, hastily put them into practice without examining their details. As a result, I find myself at a dead end before long. Taking time to make a practical plan beforehand may be more time-saving. (80 語)

〈解答例2〉

These two proverbs are quite contradictory as the first one advises you to be careful not to act rashly, while the second one encourages you to do things quickly before it is too late. For me, the first one is the more instructive. I sometimes get angry with people just because I do not listen to them carefully. Therefore, I think I need to be attentive to others and think more about what they say before jumping to conclusions. (79 語)

〈解答例3〉

"Look before you leap" means that you should think carefully about what you are going to do and its consequences before taking action. "He who hesitates is lost" means that too much thinking or indecisiveness can prevent us from taking opportunities. For me, the second is the more positive advice, because the best things that have happened to me were the result of taking a chance or risk and trusting my instinct rather than abstract thought. (76 語)

〔注〕take a chance「運に任せて何かをする」, abstract thought「抽象的思考」

〈解答例4〉

The first saying means that we should think carefully before doing something as there could be some risks involved. The second has the opposite meaning, suggesting that procrastination can cause us to miss a valuable opportunity. To me, the second seems better because I often regret what I did not do more than what I did. I think that I should be able to make decisions more quickly so that I can try a lot of new things. (78 語)

〔注〕regret A more than B「B より A を後悔する」

64

使うべき文体

　会話文なので口語体が望ましい。よって，次のことを守る。(1)短縮形にできるところは短縮形にする。(2)文頭に However，Therefore などは使用しない。(3)語彙についてはできるだけ口語的な表現を選択する。(4)直接話法を使用する。

ポイント

● 犬が座っていることも無視してはいけない。可能性としては①自分が散歩させている犬，②自分の盲導犬，③所有者を待っている知らない人の犬，などが考えられる。
● 会話は，原則，発言者が代われば改行しなければならない。
● 犬に名前をつける場合は次のものを参考に。

　アメリカの犬の名前ランキング（2016）

　オス：1 位 Max，2 位 Charlie，3 位 Buddy，4 位 Cooper，5 位 Jack，6 位
　　　　Rocky，7 位 Bear，8 位 Duke，9 位 Toby，10 位 Tucker

　メス：1 位 Bella，2 位 Lucy，3 位 Daisy，4 位 Lola，5 位 Luna，6 位 Molly，
　　　　7 位 Sadie，8 位 Sophie，9 位 Bailey，10 位 Maggie

使う可能性のある表現

● 「～を自動販売機から買う」buy ～ from the〔a〕vending machine
● 「ジュース」a soft drink
　※juice は 100 ％果汁のものを指す。
● 「缶コーヒー」(a) canned〔× can〕coffee
● 「ペットボトルに入った水」a bottled water / a bottle of water
　※「ペットボトル」は a plastic bottle が普通の言い方。
● 「大量の糖分を含む」contain a lot of sugar
● 「ノンシュガーのお茶」sugar-free tea
● 「(選ぶという意味で)～にする」I'll have ～.
● 「びくとも動かない」won't budge
　※will は主語の固執を表し否定の形で「～しようとしない」という意味になる。
　　budge「(通例否定文で) ちょっと動く」
● 「喉が渇いているみたいだ」look thirsty
● 「～が飲みたい」I want to drink ～. / I fancy ～. / I feel like (drinking) ～.
● 「～が売り切れている」～ be sold out
● 「犬が所有者を待っている」The dog is waiting〔× waits〕for its owner.

- 「盲導犬」a guide dog
- 「道路の真ん中に自動販売機がある」

There is a vending machine in the middle of the road.

生徒答案例

1 ▶ X：We've been walking for two hours. △So [→トル：冗長。減点なし] I'm very thirsty.

　　Y：So am I. What do you want to drink？

　　X：Hmm ... Hey, look at this dog！　Is it waiting for its owner？

　　Y：Probably, this is Emily's dog, Oliver. But why is he here？　I'll call her.

　　X：What did she say？

　　Y：She △has not [→hasn't：減点なし] answered. I'll keep an eye on him. So hurry over to her house.

　　X：Fair enough. [14 / 15 点]

よく書けている。

2 ▶ X：My dog took a pee near this vending machine, and that caused it to break down. I'm afraid of being △scolded [→told off：減点なし].

　　Y：I think that no one can find out that we broke it, so we don't have to worry about △being scolded [→that：減点なし].

　　X：I don't think so, because ×it is equipped with a security camera [→we've already been captured by its security camera]. Let's ask our parents what to do.

　　Y：Yes, let's. [12 / 15 点]

「犬がおしっこをして機械が故障した」とはユニーク。ただ「防犯カメラがある」だけでは不十分で「すでに防犯カメラで撮影されてしまった」とするのが英語流。scold は現代の英語では tell 〜 off の方が一般的。

3 ▶ Y：Excuse me. △I am [→I'm：減点なし] ×a [→トル] visually. disabled. △Therefore [→So：減点なし], I △can not [→can't：減点なし] choose something to drink. If you △do not [→don't：減点なし] mind, could you buy a drink ×[ヌケ→for me] ？

　　X：Of course. What would you like to drink？

　　Y：△I would [→I'd：減点なし] like to drink tea.

　　X：O.K. Here you are.

　　Y：Thank you.

　　X：By the way, your guide dog is very smart, isn't he？

　　Y：Yes, he is. He always helps me. [11 / 15 点]

犬を盲導犬に仕立てて，内容をうまくまとめている。for me がないと「誰のため

に買うのか」がわからない。

〈解答例１〉

X：Prince must be thirsty. He won't budge from this machine.

Y：Do you fancy a drink?

X：Yes, I'm thirsty after that long walk.

Y：I might have a coffee.

X：Wait a minute, aren't these a bit expensive?

Y：Yes, 300 yen for a canned coffee! That's ridiculous!

X：There's a nice cafe near here. Let's go and sit down and have a real cup of coffee.

Y：Yes, the sun's still warm so we can sit outside with Prince. (74 語)

〔注〕budge「（通例否定文で）ちょっと動く」

〈解答例２〉

X：Which one are you getting?

Y：I don't know. There're too many to choose from.

X：Well, I'll get a Coke. It's really refreshing.

Y：Hmm ... I don't like carbonated drinks. They always make me feel bloated and my dog can't drink them.

X：Are you going to share a drink with him?

Y：Of course I am. He's been walking with us all the way. So he must be thirsty. (66 語)

〔注〕bloat ～「～に腹部膨張を起こす」

〈解答例３〉

X：Oh, my favorite drink is gone! It was in this vending machine last week.

Y：What was it?

X：Tea soda.

Y：Tea soda? I don't think tea and soda make a good combination.

X：Actually, they do. It tastes really good. My dog likes it too.

Y：I can't imagine what it tastes like.

X：Then let's buy a canned tea and a bottled soda. Drink them together and mix them in your mouth!

Y：You're kidding, right? (72 語)

65

使うべき文体

エッセーライティングなので文語体が望ましい。

ポイント

● 問題文は，19 世紀のアメリカ人思想家 Ralph Waldo Emerson の言葉。「自分の目に映す心づもりのないものは見えない」ということ。言い換えれば「人は自分にとって都合のいいものしか見えない」という意味。自分の答案を見返している時，「合っているはずだ」という思い込みがあれば，自分のミスは見えてこない，という〈生徒答案例 1〉ぐらい書けていれば十分であろう。

● 「人は見る準備ができているものしか見ない」という言葉について，どう考えるかを述べるもの。おおよそ，「〜という意味だと思う」「正しいと思う」「間違っていると思う」などと，解釈や賛否を表明したうえで，その根拠を述べるという書き進め方になるだろう。いずれにしても，引用されている言葉がどういうことを表しているのかを自分なりにしっかり解釈する必要がある。解釈の仕方いかんで，何を効果的な論拠として挙げることができるかが変わるからである。逆に言うと，根拠として挙げてある事柄で，引用された言葉をどのように解釈したかがわかるのである。説得力をもって採点者に伝わるように書きたい。

● 主題に沿った内容を書かないと 0 点になる可能性が高い。多い間違いは，これを拡大解釈してまったく違う話にしてしまっているパターン。

使う可能性のある表現

◆ 「この言い回し」this〔the〕phrase〔statement / saying / proverb〕

※proverb は既存のよく知られたものに限られる。saying は YOLO（You only live once.）などの現代的なキャッチコピーなどを含む。〈解答例 4〉のように the quotation「この引用」としてもよい。word「1 つの単語」は不可。

◆ 「これは〜にも当てはまる」

● This is also the case with 〜.

● This also applies to 〜.

● This is also true of 〜.

生徒答案例

1 ▶ I think this is probably right, and I often realize it when I make mistakes. For example, the other day, I made some careless mistakes on a math exam, though I checked whether I made mistakes ×many times [→checked の後に移動]. I believe this is because I thought I probably made no mistakes while going over my answer sheet. Therefore, we need to keep this in mind to decrease the number of mistakes. [14 / 15 点]

身近な話題を素材にしてそれなりに説得力のある文になっている。副詞（句）の位置は，被修飾語に近い所に置かないと文意が曖昧になってしまう。

2 ▶ People cannot see what △they think does not exist [→they do not think exists]. Even if there ×are [→is] a lot of litter along roads, the roads may seem clean if you are not eager to pick it up, and you do not have to collect it. Similarly, you cannot appreciate what △[ヌケ→the：減点なし] people around you do for you if you do not keep in mind that you are always supported by them. [13 / 15 点]

小さなミスはあるが良く書けている。think を否定文で使う場合は要注意。

3 ▶ I believe that this ×opinion [→saying] tells us that people cannot ×see the whole thing [曖昧] and ×it is important to accept what we have not seen [こんなこと言っていない]. ×I am always surprised that my parents tell me off for what I have done unintentionally, but I am usually grateful for their advice, which changes my way of thinking [主題と無関係]. [0 / 15 点]

問題文をきちんと解釈できていない。

4 ▶ I believe that the ×words mean [→saying means] that when you see someone, ×you judge them by their appearance [主題とずれる]. If a company hires someone ×by only [→based only on] their looks or their personal histories, it might go bankrupt due to their faults. ×In conclusion, I agree with the ×words [→saying] and [ヌケ→believe that] people should judge people by the inside of them not by their appearance [こんな結論など要求されていない]. [0 / 15 点]

問題文をきちんと解釈できていない。

〈解答例 1 〉

I see what this phrase means. In the early 20th century, artists began to produce pictures that were not representational, but abstract. Many people could not accept that these were works of art as they were expecting to see a landscape or portrait. These days, abstract works often sell for millions of dollars. People now see the value of such works because they are prepared to see them （68 語）

〔注〕 representational 「具象主義の」

〈解答例 2 〉

I believe that this phrase means that humans choose to ignore things that they do not want to think about or wish would disappear. A few years ago, I went to Kuala Lumpur and had dinner in a restaurant. While I was eating, a man with no legs came into the establishment begging people for money. I could not believe how many customers acted as if he were not there. （70 語）

〔注〕 establishment 「（会社，ホテル，食堂などの）施設」

〈解答例 3 〉

I agree with this statement. Ignorance is deeply ingrained in daily life. Suppose you and a friend of yours go hiking in the woods. You walk together and feel that you share a pleasant experience. However, after coming back, you say that the little flowers along the path were beautiful, which your friend did not even notice. Thus, people pay attention only to what they are interested in. （68 語）

〔注〕 be deeply ingrained in ～ 「～に深くしみ込んでいる」

〈解答例 4 〉

I believe that the quotation is true. However, I would like to describe the same thing more positively. Consider the discovery of penicillin by Fleming. It is said that his discovery was not intentional but accidental. Yet he found a valuable thing in what seemed a failure, because he was totally devoted to his work. Therefore, we can also say only prepared people can see things properly. （67 語）

〔注〕 be devoted to ～ 「～に没頭している」

66

使うべき文体

会話文なので口語体が望ましい。

ポイント

「全体で 60〜70 語程度」という条件内で，ひとまとまりの会話になるように展開を考えること。それを満たしていれば，「二人のあいだの会話を自由に想像し」て書けばよいので，実際にありうることでも，突拍子もないことでもかまわないだろう。英語として間違いのないものに仕上げることがいちばんのポイントである。特に find, hear, see, watch などの誤用が目立つ。なお体つきや服装から，左の人物 X が男性，右の人物 Y が女性に見えるので，その設定が無難。

3

英
作
文

使う可能性のある表現

- 「〜に視線を向ける」 look at 〜
  ※see 〜「〜が見える」とは区別。
- 「〜をよく見る」look closely at 〜
- 「〜に耳を傾ける」listen to 〜
  ※hear 〜「〜が聞こえる」とは区別。
- 「〜がかろうじて聞こえる」can barely hear 〜
- 「〜を見つける」see 〜
  ※find は，「（探していたもの，有用なもの）を見つける」。「（人が指摘したもの）が見つけられない」は I can't see 〜 となる。
- 「そこだ」there it is
  ※何かを見つけた時に用いる。
- 「鳥が鳴いているのが聞こえる」hear birds singing〔chirping〕
- 「珍しい鳥」a rare bird
- 「木に（鳥が）とまる」perch on a branch
  ※「とまる」は stand ではない。
- 「木のてっぺんに」on top of the tree
- 「（鳥が）口でエサをくわえて」with some food in its beak〔× mouth〕
- 「ヒナにエサをやる」feed a young bird
- 「葉に隠れて見えない」be invisible〔hidden〕among the leaves
- 「（蝶が）花の蜜を吸う」suck nectar from a flower
- 「卵の殻を割って出る」break through an eggshell

- 「枝に巣をつくる」build *one's* nest on a branch
- 「それの名前を知っている？」Do you know what it is〔× its name〕?
  出てきそうな鳥：「カラス」crow，「サギ」heron，「フクロウ」owl，「ツグミ」thrush，「タカ」hawk，「スズメ」sparrow，「ホトトギス」a little cuckoo，「コゲラ（小啄木鳥）」pygmy woodpecker
- 「～をスケッチする」make a sketch of ～

生徒答案例

1 ▶ Y : Look at this branch. A bird that looks like a parent is helping a small bird fly.

X : I see. I heard that it's difficult for birds to fly for the first time.

Y : Oh, the small bird ×starts [→has started] flying. He's not good at flying yet.

X : We also helped our son stand up by himself. Birds are like humans in terms of helping their children grow up. [12 / 15 点]

まあまあの出来映え。start だと「習慣的に始める」の意味にしかならない。最後の発言は少々説教じみていて，この会話には似つかわしくない。

2 ▶ X : Look ! There're cute honeybees on the flowers.

Y : Really ! I hate bees. Let's leave here soon, mom. I don't want to be ×bited [→stung].

X : Calm down, Taro. If you don't do anything, they won't attack you. On the contrary, if there ×is no bee [→were no bees], you ×cannot [→couldn't] enjoy seeing various kinds of flowers. You like flowers very much, don't you ?

Y : Yes, I love them, but why do they need bees ?

X : Bees carry pollen from male flowers to female flowers. Then new flowers can bloom.

Y : Oh ... I see. Thanks bees ! I love you. [4 / 15 点]

X が mom で Y が Taro になっていて性別が逆だが，これは減点されないかもしれない。ただし，語数が 90 語もあり，こちらはさすがに減点されるだろう。今回はその分の減点は 5 点にとどめておいた。「ハチがいなければ…」は仮定法で書くべき。「蚊が～を食う」は bite [bit ; bitten]，「ハチが～を刺す」は sting [stung ; stung]。

3 ▶ X : Can you see that green bird ? ×That's [→It's] so beautiful !

Y : Where ? I cannot ×tell it from many trees [→see it in all those trees].

X : ×That is [→It's] on the top of the highest tree.

Y : Wow ! What a beautiful bird ×[ヌケ→it] is ! I've never ×watched [→seen] it in the zoo ×and [→or] read ×[ヌケ→about it] in ×the [→an] illustrated book of birds.

　X：Me _×too [→neither]. Why don't we take _×the [→a] picture and show
　　　_×Bob it [→it to Bob]? He likes watching birds, so he may know what it is.

　Y：I see. _×We'll [→Let's] do so. [0 / 15 点]

「（すでに述べたものを指して）それ」は it。cannot tell *A* from *B*「*A* を *B* と識別する」はここではおかしい。watch ～ は「（動いているもの）を見る、（たとえば、盗まれないように）～を見張る」。「*A* も *B* も～ない」は、not *A* or *B*。S V O₁ O₂ の O₂に代名詞を置くのは不自然。

　何かを指さしている Y が「あれを見て」や「あれは何かしら」のように切り出していると考えるのが自然である。もちろんそれ以外の解釈も可能だが、X と Y を取り違えていると採点者に見なされる危険を冒す必要はない。どの生徒答案例にも言えることだが、冒頭で X に「あれを見て」などと言わせるのは避けるほうが無難だろう。

Column 基本動詞の用法を確認しておこう！

(1) look at ～「～に視線を向ける」
　　e.g. Look at me.
　　　　「（たとえば美しい服を着ている場合などに）私を見て」

(2) watch ～「（動いているもの）を見る、（荷物など）を監視する」
　　e.g. Watch me.
　　　　「（今から何かするから）私を見て」

(3) see ～「～が見えている、～が視界に入っている」
　　e.g. I saw him yesterday.
　　　　「私は昨日彼を見かけた（＝私の視界に入った）」

(4) listen to ～「～に耳を傾ける」
　　e.g. Listen to me carefully.
　　　　「私の言うことを注意して聴いてください」

(5) hear ～「～が聞こえている」
　　e.g. I heard sirens blare in the distance.
　　　　「遠くでサイレンが鳴る音が聞こえた」

3

英作文

〈解答例 1 〉

Y : Isn't that a pygmy woodpecker in that tree over there?

X : I thought I could hear a knocking sound. Is that what it was?

Y : Yes, can you see it? It's a small brown bird. Look! It's started hammering at the trunk again.

X : Oh yes, now I can see it. It's very small, isn't it? If it wasn't for the sound it makes and the white stripes on its wings, you'd never notice it. (72 語)

〔注〕 Is that what it was? 「あれは、そこにいたものですか?」→「さっきいたのはそれなの?」

〈解答例 2 〉

Y : Jim, can you see a peculiar creature up there in the oak tree?

X : Hell, yes. What on earth is it? It sure looks like a monkey.

Y : That's impossible. I've never seen monkeys around here before.

X : I guess it's come down from the mountains and is looking for food. This winter is colder than usual, so we will probably see more of them in the next few weeks. (67 語)

〈解答例 3 〉

Y : Look at those birds! They seem to be just leaving the nest.

X : Yes, they're a bit small, and they're flapping their wings.

Y : I hope they can successfully fly off.

X : Don't worry. Nature provides everything they need. Birds don't try to fly until they're ready.

Y : Oh! A chick's jumped! Ah, yes, it can perch on a branch. Even so, they must be frightened when they make their first flight. (68 語)

〈解答例 4 〉

X : Do you hear something, dear?

Y : No. Some birds are singing, perhaps.

X : Mmm ... it doesn't sound like birdsong. Oh, there it is again!

Y : Yes, I can hear it now. Isn't it a kitten? I wonder if it has separated from its mom. Where are you, kitty?

X : But the cry is coming from above.

Y : Really? Oh, my God! Look up there! There's a kitten stuck in the tree! (66 語)

使うべき文体

エッセーライティングなので文語体が望ましい。

ポイント

● 「学んできたこと」について書くのだから，learn という語の使用は避けられない
だろう。learn の定義は to gain knowledge of a subject or skill, by experience, by
studying it, or by being taught（『ロングマン現代英英辞典』）とある。日本人は
「学んできたこと」というと，抽象的な「協力すること」「前向きに考えること」
「友達を作ること」などと書く傾向が強いが，learn の対象としては，もっと具体
的な「自転車に乗ること」「野球をすること」「トランペットが吹けること」などを
書くべきであろう。たとえば「協調性」というのは，「野球をすること」の中で自
然と培うものであり，learn の対象としては適切ではない。モニターの答案の 90 ％
以上がそのような抽象的なことを書いていたが，東京大学はどのような採点基準を
設けていたのかが気になる。

● 生徒答案例（下記以外も含む）への英国人採点者のコメントを掲載しておく。

"Only two students mentioned anything concrete (singing and learning Japanese).
All of the others are nothing to do with "learning," but boring rubbish about stuff
like communication, cooperation, making friends and thinking positively. The
English is generally O.K., but the content is so dull. Be brave, be different. Write
about football, maths, singing, even how to get dressed in the morning !!!"

〔注〕maths は英略式で mathematics「算数，数学」の意味。

使う可能性のある表現

◆ 「今まで私が学んできたことのなかで最も重要なことは〜ができるようになったこ
とである」

The most important thing I have ever learned〔I have learned so far〕is how to *do*.

◆ 「その経験から〜を学んだ」

● The experience taught me that 〜.

● I learned from the experience that 〜.

生徒答案例

1 ▶ In my opinion, the most important thing I have ever learned in school and ×so on [→other places] is to cooperate with others. You can learn it when you do some activities in class or with your family. The reason is that if you did not △cooperate with others [→have this ability：減点なし], you would not get any help from them when you have problems. [13 / 15 点]

「他者との協力」は boring と評価されるが，その点での減点はしていない。and so on は，省いても相手に予想できることに限られる。*e.g.* If you are to stay healthy, diet, exercise, not smoking and so on are important.

2 ▶ I believe that the most important thing I have ever learned is to cultivate ×a good relationship [→good relationships] with friends. It is natural that we are faced with serious problems and indeed, there are many ×solutions [→approaches] to solve them. However, I feel that consulting with friends really helps me become aware of what I should do. [12 / 15 点]

「良好な友人関係」は boring と評価されるが，その点での減点はしていない。a relationship は「一人との一つの関係」，〈solution to + 名詞〉は「～の解決策」。

3 ▶ The most important thing I have learned is to enjoy everything. I think it is also important to think ×[ヌケ→about] everything earnestly×, but [→.] I would be bored and feel sleepy if I only thought ×[ヌケ→about] one thing. When I enjoy doing something, I feel as if everything will be all right and I can be very happy. [10 / 15 点]

「すべてのことを楽しむ」は「学んできたこと」としては抽象的だが，その点での減点はしていない。think は，think that S V 以外では通例自動詞の扱い（think nothing of ～「～のことを何とも思わない」などの熟語は別）。第2文の前半と後半は逆接とは言えないので but はない方がよい。

Column 英米人が日本にきてイライラすること

　知人のイギリス人もアメリカ人もオーストラリア人も口を揃えて言うのは，「日本のテレビ番組の食レポを見ているとイライラする」ということである。彼らの不満は「ほとんどのレポーターが『美味しい』しか言わない，どこがどのように美味しいのかを具体的に教えてほしい」ということらしい。

　英語圏では「漠然から具体」の文化が定着しているため，誰かが「漠然とした表現」を言ったら，次にそれを具体化した発言が続くことを，彼らは期待するのである。だから "The mashed potato is good." 「マッシュポテトが美味しい」だけで終わったら，欲求不満になってしまうのだ。"The mashed potato was finger-licking！It was so smooth and creamy！"「このマッシュポテトは思わず指をなめたくなるほどだった！　とってもなめらかでクリーミーで！」ぐらい言えば納得するかもしれない。

〈解答例 1 〉

The most important thing I have learned so far in my life is how to play football. From the age of seven, that sport allowed me to practice with friends and compete against strangers. That experience taught me a lot of things that matter in many other aspects of my life, including fair play, courage and determination. (57 語)

〔注〕so far「今までのところ」，matter「重要である」，determination「決意」

〈解答例 2 〉

The drums are by far the most important thing in my life. Since I was eleven, I have been a big fan of the Beatles and practicing the drums all the time, hoping that someday I could become a great drummer like Ringo Starr. When I am playing the drums, I feel happy and forget about everything. (57 語)

〔注〕「ドラム」はここでは「ドラムセット」の意味なので，複数の drums とする。

〈解答例 3 〉

Basic skills to revive people are the most important thing I have ever learned. From a PE teacher, I learned that calling an ambulance is not the only thing we can and should do for a heart-attack victim. With heart massage and some other actions, we can make it much more likely that medical professionals will save them. (58 語)

〈解答例 4 〉

The most important thing I have learned is the value of money. Although money may not bring us happiness, a lack of money can certainly create misery. For example, once I really wanted to take a girl out for dinner but could not afford it, and she started dating another boy. It is important to have some money！(58 語)

68

使うべき文体

エッセーライティングなので文語体が望ましい。

ポイント

● 「もし他人の心が読めたらどうなるか」という想定に対して，考えられる結果を述べる自由英作文。設定を取り違えないように注意。要求されているのは，「あなたがどうしたいか」ではなく「（客観的に見て）どうなるか」である。語数は多くないので，最初に「どうなる」という要点を端的に述べ，その詳細や理由を続けるという進め方になるだろう。現実に起こる可能性は低いので仮定法が適切である。

● 「他人の心が読める」を，「誰もが他人の心を読める」と考えるのか「自分だけが他人の心を読める」と考えるのかの2通りの解釈が考えられる。

● 内容として考えられるのは，「嘘や秘密がなくなる」「外出したくなくなる」「優れた精神科医になる」など。

使う可能性のある表現

◆ 「もし…ができるならば〔もし…するとしたら〕，～するだろう」
 ● If you could 〔were to〕 *do* …, you would 〔could / might〕 *do* ～.
 ● If we could 〔were to〕 *do* …, we would 〔could / might〕 *do* ～.

◆ 「他人の心を読む」
 ● read 〔see into / know〕 other people's minds 〔× mind / × heart(s)〕
 ● find out how 〔what〕 other people are feeling 〔feel←習慣的行為〕
 ● find out what other people are thinking 〔think←習慣的行為〕
 ● look into other people's hearts
 ※other people は others でも可。

◆ 「人生がつまらなくなる」*one's* life would be boring 〔would not be interesting〕

◆ 「Sはつまらない人生を送る」S would lead 〔live〕 a boring 〔dull〕 life.

◆ 「自分の気持ちを伝える」communicate 〔convey〕 *one's* feelings

◆ 「自分の気持ちを表現する」
 express *one's* feelings 〔how *one* feels / how *one* is feeling〕

◆ 「自分の本音を隠す」
 hide *one's* true feelings 〔how *one* really feels / how *one* is really feeling〕

◆ 「人と意思の疎通を図る」communicate with other people 〔others〕

◆ 「プライバシーがなくなる」
 ● lose 〔cannot protect〕 *one's* privacy

- have no privacy
- *one's* privacy is violated

◆「他人の嘘を見抜く」

- detect other people's lies
- find out that other people are lying to us
- see through the lies of others

◆「他者との人間関係がギクシャクする」

- cannot get along well with other people
- *one's* relationships with other people become awkward〔strained〕

※「(人間) 関係」は relation ではなく relationship が普通。

◆「人間関係にマイナスの影響を与える」

have a negative impact on *one's* relationships with other people

◆「他人との接触を避ける」 avoid interacting with〔meeting〕other people

◆「他者の気持ち」

- other people's〔others'〕feelings〔× other's feelings〕
- how other people feel〔are feeling〕

◆「誰も一人では生きていけない」

No one goes through life alone〔× lives alone〕.

※live alone はおもに「一人暮らしをする」の意味。

◆「ストレスがたまる」

- feel stressed
- have〔be under〕stress

生徒答案例

1 ▶ If people were to be able to understand what another person has in mind just by looking at them, they would avoid saying or doing what △upsets 〔→ might upset：減点なし〕 him or her. As a result, there would be far less misunderstanding, or fewer conflicts between people, or between nations than we find in society today. 〔15 / 15 点〕

Excellent！（理科三類合格者の再現答案）現状でも十分だが，might を入れて「もし言えば困らせるかもしれない」とするとより良い。

2 ▶ If we could read others' minds we would become extinct because human beings are social creatures and sometimes do not express what they really think to get along with others. Therefore, if we could completely understand what others think, our relationships would become extremely bad, we would live a lonely life and it would lead to the end of humanity. 〔15 / 15 点〕

Excellent！

3
英
作
文

3 ▶ I believe that if you ×read [→could read] what others are thinking, you would not express ×your feelings [→feelings that would hurt them], because you would act in order not to be disliked by others ×. Also, you would [→and] want to be △a person [→someone：減点なし] who is loved by △all people [→everyone：減点なし]. As a result of this, you would avoid ×express [→expressing] ×your [→トル] feelings that are different from others' feelings.

[4 / 15 点]

「感情をまったく表現しない」のではなく「他人を傷つけるかもしれない感情を表現しない」とすれば論理が通る。avoid *doing*「〜を避ける」

〈解答例 1〉

If we could read people's minds, life would become easier in some ways as we would not have to communicate our wishes. Meanwhile, life would be less interesting. People would lose the privacy of their own thoughts and not want to go out. We would also lose the pleasure of learning foreign languages to talk to those from other cultures. (60 語)

〈解答例 2〉

If we could read people's minds, we would never be able to ignore them or relax when we are in a crowd. We would also be afraid to communicate with others because we would be aware of any negative thoughts they have about us, and we would have no privacy because they could see what we are thinking. (58 語)

〈解答例 3〉

If we knew how others felt, our society would deteriorate, making it difficult for us to lead a normal life. It is by concealing or controlling our "evil" minds that we can get along with others. If everything in our minds were known to other people, especially those around us, it would be as if we were monitoring each other. (60 語)

〔注〕deteriorate「悪化する」．monitor 〜「〜を観察する」

〈解答例 4〉

If I were the only person who could read other people's minds, I would definitely be the unhappiest person in the world. I would always detect others' lies and get disappointed, and consequently become distrustful of other people. I would realize that there are many things in the world that we are better off not knowing. (56 語)

69

全 訳 ≪子どもへのペットの販売を禁止する法律≫

キヨシ：今日の新聞読んだ？　どうやらイギリスでは，子どもはちゃんと世話ができないかもしれないから，16 未満の子どもにペットを販売するのは違法らしいよ。金魚もだめなんだよ！　違反した人は禁錮 1 年の可能性もあるんだ。

ヘレン：まあ！　(1)＿＿＿＿＿＿＿＿＿＿＿＿＿＿＿＿＿

キヨシ：うん，そうだね。でも(2)＿＿＿＿＿＿＿＿＿＿＿＿＿＿

ヘレン：あなたの言うことは正しいようね。

使うべき文体

会話文なので口語体が望ましい。

3

英作文

ポイント

●話題になっているのが「16 未満の子どもへのペット販売を禁止する法律」であり，理由は「子どもは適切な世話ができないかもしれない」こと，違反した者には「禁固 1 年という可能性もある」ことを押さえる。キヨシの 2 番目のセリフが「その通りだ。しかし」となっていることから，(1)・(2)には，この法律に対する対照的な意見を補う必要がある。どちらがいずれの立場になるかに関しての制限はない。いずれの空所のあとでも相手が「その通りだ」「あなたの言うことは正しいようだ」と応じているので，逆の立場をとる人にも納得のいく，妥当な主張になるように内容を整えること。

●キヨシとヘレンの会話は，ひょっとすると漫才師の「西川きよし」さんとその妻「西川ヘレン」さんを意識してのことだろうか。

使う可能性のある表現

◆「それは厳しい法律だ」That is a strict〔harsh〕law.

◆「～は厳罰すぎる」～ is too severe a penalty

◆「法律を守る」obey〔observe / follow〕the law

◆「ペットと共に暮らす」
　●spend time with *one's* pets
　※live with ～ は「～の家に住む」となる可能性が高い。
　●have a pet in *one's* life

◆「ペットの世話をきちんとする」
　●take proper care of *one's* pets

- look after *one's* pets properly

◆「ペットの世話をしない」

- neglect *one's* pets
- do not take care of *one's* pet

◆「ペットを飼う」have a pet

※keep は「（商業用に）飼う，（特定な場所で）飼う」。

◆「ペットに餌を与える」feed *one's* pets

◆「ペットに対して責任をとる」take responsibility for *one's* pets

◆「〜をし忘れる」forget to *do*

◆「子どもに責任感を与える」give *one's* children a sense of responsibility

◆「子どもに命の尊さを教える」teach *one's* children how precious life is

◆「ペットショップの営業を妨害する」

- obstruct pet shop owners' business
- take business away from pet shops

◆「金魚すくいをする」

- scoop up a goldfish
- play goldfish scooping

生徒答案例

1 ▶(1) It's good for pets. ∆If I were a pet, I wouldn't want children to take care of me [→Children shouldn't have pets because they can't even take care of themselves：減点なし].

(2) adults cannot take proper care of pets either if they didn't have pets in their childhood. [15 / 15 点]

Excellent! 発想が面白い。

2 ▶(1) It's surprising for me. I think people learn something important through spending time with pets in their childhood.

(2) you shouldn't ignore the fact that some people, especially younger people, neglect their pets and let them die. [15 / 15 点]

Excellent!

3 ▶(1) I think it's ×strange [→a simplistic way of thinking] because even ×people who are older than 17 [→older people] also might not be able to do that.

(2) the law ×reduces [→helps (to) reduce] the number of abandoned pets. [8 / 15 点]

(1)は strange では曖昧。than 〜 は等号は含まないので older than 17 では「18 歳以上」の意味になる。people who are 16 years or older としたいが，語数がオーバーす

るので older people とする。(2)は断定を避ける。また語数が足りていないので，in the future「将来的に」や in the long run「長い目でみれば」などの要素を盛り込むとよいだろう。

Column 基本的な語句の意味を確認しよう！

(1) **live with ～**「～の家で暮らす」

   e.g. I want to live with my parents.「私は実家で暮らしたい」

   e.g. I want my parents to live with me.
   「両親を私の家に引き取って一緒に暮らしたい」

(2) **take care of ～**「～の世話をする」 ※ look after は主にイギリス英語。

   e.g. My grandfather takes care of his flowers.
   「祖父は趣味として花を栽培している」
   ※grow ～「(しばしば商品として) ～を栽培する」は使えない。「趣味として」
   は his があれば十分にその意味を表現できる。

(3) **walk ～**「～を散歩に連れて行く」

   e.g. I walk my dog every morning.「私は毎朝犬を散歩させます」
   ※take a walk with ～ でも表現できる。

(4) **feed ～**「～にエサをやる」

   e.g. I remembered to feed my dog.「忘れずに犬に餌を与えた」
   ※feed の目的語は baby などでも可。

〈解答例1〉

(1) That seems a bit excessive. After all, looking after and loving an animal is a valuable experience for a child. (20 語)

(2) what happens to the animal if the child gets tired of it？ It may be abandoned or killed. (18 語)

〈解答例2〉

(1) Isn't it good for children to look after pets in order to learn the importance of life？(17 語)

(2) it often turns out that their parents take care of the pets instead of them. (15 語)

〈解答例3〉

(1) Is that really going to work？ In most cases, it's parents who actually pay all the money. (17 語)

(2) this law can encourage parents and children to talk more seriously when they consider buying pets. (16 語)

70

使うべき文体

エッセーライティングなので文語体が望ましい。

ポイント

● 「他の人の痛みを理解することはできない」という文に対して，思うところを述べる自由英作文。「understand と pain は，それぞれ一回しか用いてはならない」という条件は，「使うとすれば」と解釈できる。使わなければならないということではないと考えてよいだろう。また設問文に「思うところを」とあるが，実質的には賛否を問うものと考えるべきである。賛成か反対か，まず自分の立場を明示して，その根拠を述べるという構成がよいだろう。

● 英語では，日本語以上に，同一語句・構文の反復を避ける傾向がある。「一回しか用いてはならない」という指示は，そうしたことを暗に示唆している可能性もある。

● 「人の痛みは完全には理解できないが，想像しようと努力することはできる」ぐらいにまとめれば説得力のあるものになるだろう。

使う可能性のある表現

◆ 「私はこの考えに基本的には賛成だ」

　● I basically agree with this idea.

　※エッセーは，第 1 文で筆者の主張がはっきりわかる必要があるため，I basically agree with the idea that it is not possible to understand other people's pain. と書くのが正式。ただし，入試問題では「字数かせぎ」ととられかねないので避ける。

　● I agree with this thought in principle.

◆ 「他者の痛みを完全には理解できない」

　You cannot completely 〔fully〕 understand other people's 〔others' / × other's〕 pain.

◆ 「大きな痛みを持っている」 be in great pain

　※take great pains は「大いに努力する」の意味になる。

◆ 「人の肉体的苦しみは理解が簡単だが，精神的痛みはそうではない」

　A person's 〔Someone's〕 physical suffering is easy to understand, while their mental suffering is not.

　※a person, someone は単数形だが，代名詞は they / their / them を用いるのが一般的である。

◆ 「彼らの感情をある程度共有する〔想像する／自分のものとして考える〕ことはできる」

　You can share 〔imagine / relate to〕 their feelings to some extent.

◆「人間は他者の気持ちに共感する〔感情移入する〕だけの想像力を持っている」

- Humans are imaginative enough to feel sympathy with 〔sympathize with〕 other people 〔others〕.
- We have such a powerful imagination that we can empathize with other people.
- *One's* sense of imagination allows us to sympathize with other people.

※empathize with 〜「〜に感情移入する」は「相手の立場になって考えることができる」という意味で，sympathize with 〜「〜に共感する，同情する」より強い言い方。

◆「自分を他人の立場に置く」We put ourselves in another's shoes.

◆「同じことでも人によって感じ方は違う」

- How one feels about the same thing varies from person to person.
- Different people have different feelings about the same thing.

生徒答案例

1 ▶ I do not agree with this idea. For example, when you smile at a baby, he also smiles at you, and when you look sad, he ×smiles at you [→may smile at you at first], but ×[ヌケ→then] he begins to cry in a moment. ×Therefore, [This means that] we are born with the ability to understand how other people feel even their pain. [10 / 15 点]

１つの具体例だけをサポートに使うのは不十分だが，すっきりと書けているので，評価は割と高い。

2 ▶ You cannot completely understand others' pain, but you can ×[ヌケ→try to] imagine how they feel, because you △[ヌケ→yourself：減点なし] also have suffered, felt sad, or been discouraged by something. Moreover, you know how happy you are when someone encourages you. ×Therefore, you [→You] can ×, and should, [→トル] cheer them up even when you do not know ×[ヌケ→exactly] how they are suffering. [7 / 15 点]

「想像できる」では断定しすぎ。try to imagine あるいは imagine 〜 to some extent ぐらいにする。「相手の感じたことをあなた自身も経験したことがある」という流れ。最終文は，この文全体の結論ではないので，Therefore はない方がよい。また should は不要な情報。「どのように苦しんでいるかわからない」なら励ましようがないはず。「正確にはわからない」とすべき。

3 ▶ I agree ×[ヌケ→with] this opinion. I believe that however hard you try to understand other people's pain, you will not ×[ヌケ→be able to] because you cannot know what they do not tell you and what they really feel. Moreover ×if you had [→even if you have] ×problems with exactly the same things

[→exactly the same kind of problems], how ×to think [→you deal with them] varies from person to person. [6 / 15 点]

「どんなに努力しても理解できない」とすべき。how to think は「(この先) 考える方法」という意味になるので不適切。how you deal with them「(現実に) いかに問題を扱っているのか」などにする必要がある。「…を扱っているのか」は現在の習慣的行為を表すため現在時制。

Column　断定は避ける

　日本語では，何かを断定しても，聞き手が適宜内容を補って考えるので問題はない。たとえば，「人生では諦めることは大切だ」という日本語はそれほど問題ないように思えるだろう。しかし，英語で It is important to give up in your life. と書くと断定しすぎていておかしい。It is important to be able to give up in your life. などとする必要がある。また同様に，日本語で「東京には駐車場がない」と言っても，相手に意図は通じるが，英語の There are no parking areas in Tokyo. は現実的ではない。There are not enough parking areas in Tokyo. とする必要がある。このように日本語を英語にする場合には「断定」を避けるようにしたい。

〈解答例1〉

In a sense, this is true. We cannot feel another person's physical pain when the dentist's drill touches a nerve in his tooth. We can, however, try to imagine what someone is feeling. This is what makes us human and, for example, inspires us to help the victims of a disaster when we see on TV how they are suffering. (60 語)

〈解答例2〉

Basically, I agree with this view. It is true that we can imagine other people's pain to some extent. However, strictly speaking, nobody can truly put themselves in another's shoes. To comfort someone or help solve their problems, it is much more helpful to accept this fact and listen to them quietly than believe that you understand their suffering. (59 語)

〈解答例3〉

I do not agree with this view. If it were not possible to understand other people's pain, why would we shed tears when we see sad scenes even in movies or novels? We humans have such a powerful imagination that we can empathize with others and help them to all possible extent . Thus I think this statement is too pessimistic. (60 語)

71

3 英作文

使うべき文体

エッセーライティングなので文語体が望ましい。

ポイント

- 設定が「仮定」の話であり，特に書き出しに続く部分は動詞の形に注意が必要である。
- 内容面でも注意が必要である。内容面が稚拙なため減点されそうな答案が多い。たとえば「全世界でただ１つの言語を使ったら多くの外国人の友達ができる」，「全世界でただ１つの言語を使ったら世界が平和になる」，「全世界でただ１つの言語を使ったら多くの人が海外に住むようになる／国際交流が活発になる」などの断定的な表現は避けるべきである。友達を作りやすいかどうかは性格にもより，同一言語を話していても紛争が絶えない地域があり，海外移住の障壁は必ずしも言語だけとは限らないからだ。また，「自分の考えを相手に明確に伝えることができる」も，母国語でさえも難しいのではないだろうか。「外国の小説を簡単に楽しめる」も「楽しめるかどうか」は主観の問題。また，「一つの言語」を英語に決めて論を展開するのも奇異。

使う可能性のある表現

- 「コミュニケーションが簡単にできる」

  it would be easier for us to communicate

  ※easily の使用は，動詞とのコロケーションで決まるので危険。communicate easily というコロケーションを「確実に」知っているなら使ってもよい。

- 「他の国の文化をもっと知ることができる」

  we could learn 〔× know〕 more about foreign cultures

- 「生活が便利になる」 our lives would be easier 〔× more easy〕

  ※convenient「都合がよい」は，何に対して都合がよいのかが問題。

    e.g. △ This tool is convenient.

    ○ This tool is convenient to use 〔carry around〕.

- 「他の言語を勉強する」 study other languages 〔another language〕

- 「世界の全ての人々」 everyone in the world

  ※all people より一般的。all humanity 〔humankind〕 とも言える。

- 「海外へ行く」 go abroad 〔× go to abroad〕

- 「戦争が減る」 there would be fewer wars 〔less war〕

● 「国際人になる」would be internationally-minded

生徒答案例

1 ▶ the number of visitors from abroad would be far larger because they would have no problem when they talk with local people. They would not have to learn languages that are spoken in communities they travel to, ×and [→or] hire interpreters or guides. They could go sightseeing independently, so they could make their travel ×[ヌケ→experience] more substantial. [11 / 15 点]

よくできている。「A も B も〜ない」は，not A or B。their travel だけでは「彼らの移動」の意味になってしまう可能性がある。名詞の travel は現在では用いられなくなりつつあるが，travel agency などの〈travel＋名詞〉では使われることも多い。

2 ▶ we would ×live easy [→have an easier life]. We would not have to be confused about the various languages from country to country. △But [→However, : 減点なし] we could not also have important experiences through talking with foreigners who use different languages. There ×were not [→would not be] so-called ×"the wall of languages." [→ "language barriers."] △So [→Therefore : 減点なし] ×we could not get the courage that were required interacting with them [→we could be courageous enough to interact with them in a more relaxed way]. [2 / 15 点]

第1文からミスをしていると採点官に悪印象を与える。せめて第1文は間違わないようにしたい。また，第3文を取り除けば，全体が肯定的な内容になり一貫性が出る。最終文は，「外国人と交流する際に必要となる勇気が得られない」では文脈に合わない。「外国人と交流する際に必要となる勇気が持てるだろう」とする。

3 ▶ the world would be monotonous and dull. It is no exaggeration to say that the diversity of languages makes that of cultures. For example, ×Japanese modest [→the modest Japanese] national character ×comes from [→has a lot to do with] ×its [→their] ambiguous ways of speaking. ×Unification of languages [→Having only one language in the world] would mean loss of cultural diversity. [1 / 15 点]

第3文は第1文の主張とは直接関係がないし，「話し方→国民性」なのか「国民性→話し方」なのかははっきりしないはず。また，「言語を統一したら」という話ではないので，unification は不適切。語数も不足している。また，形容詞が続く場合の順番は「主観→客観」が自然。e.g. young Japanese people「日本の若者」modest は主観的な形容詞なので，一番最初に置くのが自然。

Column　幼稚な答えは避ける

　　自由英作文を採点していると内容が稚拙なものが多い。たとえば「学校での制服着用の賛否」の場合，制服賛成の論拠として「朝に服を選ばなくてよい」とか「勉強に集中できる」とか「連帯感が生まれる」などを挙げる答案が多い。

　　しかし，いわゆる進学校でも制服ではなく私服着用が許されている学校がある。その学校は本当に「生徒が勉強に集中できていない」や「生徒同士の連帯感が薄い」と言えるのであろうか？　もしそうなら何をエビデンスとして挙げるのだろう。また，受験生ならば「服選びの時間を勉強時間に費やしたい」という気持ちは理解できるが，将来，服飾の方に進みたい人ならば，着ていく服を選ぶのに時間をかけることは苦にならないかもしれない。こうした様々な要素を考慮して自分の答案が稚拙な内容にならないように努力してもらいたい。

（『学校制服とは何か』（朝日新聞出版）参照）

（If there were only one language in the world,）

〈解答例 1 〉

we could travel anywhere and communicate easily with anyone, but would we want to travel in a world immeasurably impoverished by the loss of cultural diversity？　Language makes culture different as each has a lot to do with the way its speakers think and communicate. A monolingual world would be less diverse and therefore less interesting.（56 語）

〈解答例 2 〉

communication among people around the globe would be much easier and quicker. It would be far less difficult to work with those from other countries. Furthermore, a lot of discussions and negotiations on global problems such as carbon-dioxide emission and overfishing could proceed more smoothly. Thus, the world would be a better place to live in.（56 語）

〈解答例 3 〉

it might solve some problems caused by the breakdown of communication due to linguistic differences and this would be a pleasant scenario. However, the world would be somewhat monotonous and dull. Since language is a significant cultural feature and the very factor that shapes our way of thinking, a world without the variety of languages would be far less colorful.（60 語）

72

使うべき文体

エッセーライティングなので文語体が望ましい。

ポイント

- 問いは「本を読むことは今日の世界で生きていくのに必要な知識を獲得する手助けになると思うか」。これに対する答えは，「私の答えは『はい』でもあり，『いいえ』でもある」となっており，それぞれ「『はい』なのは…だからだ」「『いいえ』なのは…だからだ」と，両方の理由を述べる。20〜30 語なので，理由は多くて 2 つであろう。説得力のある根拠を手早く考え，文法・語法の面で間違いのないものに仕上げること。

- Do you think の "you" は質問の相手を指すが，それ以降の "you" は，一般論を示すものであり，ある特定の「あなた」を指しているわけではない。よって答えの主語として "I" を選ぶのは不適切。

使う可能性のある表現

◆「読書によって，〜について知ることができる」

reading books enables〔allows / helps〕you to learn about 〜

◆「読書は視野を広げる」

- reading books broadens *one's* horizons

- reading books helps you（to）look at things from various points of view

※points of view は viewpoints でもよいが，やや硬い。

◆「現実世界では経験できないこと」

things（that）you cannot experience in the real world

◆「様々な文化について知る」

learn about various cultures〔× learn various cultures〕

※know 〜 は「〜を知っている」という状態動詞で，ここでは不適切である。

◆「読む価値のない本」books（that are）not worth reading

◆「本には多くの知識が含まれている」books contain〔× have〕a lot of knowledge

◆「インターネットで得られる情報は最新のものだ」

information（that）you get on the Internet is up to date

※名詞を修飾するのではない場合 up-to-date とするのは間違い。

◆「様々な情報」various kinds〔sources〕of information〔× various information〕

※various のうしろは複数形の名詞が置かれる。information は不可算名詞。

◆「正確で確実な情報」accurate and reliable 〔× safe〕information

◆「～に最新の情報を教える」give 〔× teach〕 ～ the latest information

※the は必要。

◆「知識を得る」acquire 〔gain / × learn〕knowledge

◆「語彙を増やす」increase 〔enrich / develop / expand〕*one's* vocabulary

◆「直接体験の方が読書より有用だ」

experiencing something firsthand 〔directly〕 is more helpful than learning it through reading

◆「今日の国際化した社会」today's borderless 〔globalized〕 world 〔society〕

生徒答案例

1 ▶(1) if you read various books about something you can learn about it from different points of view and understand it further.

(2) there are some books that are not worth reading. ×However, reading "good" books will surely give you information about what you need 〔→If you read such worthless books without realizing it, it will be a complete waste of time〕. 〔8 / 15 点〕

(2)は「本が役に立たないことの根拠」を述べなければならない。文法・語法的なミスがない文だけに残念。

2 ▶(1) ×we can know sense of values of other people 〔→reading books allows us to understand other people's sense of values〕 and adapt them to a lot of ×situation 〔→situations〕. △To know 〔→Knowing：減点なし〕 many ways of thinking is important.

(2) information is changing so rapidly today. The information at the time when ×the books were 〔→a given book was〕 written is behind the times. 〔6 / 15 点〕

第1文は「原因・結果の関係」を明確にすること。また「～の価値観」は，*one's* sense of values が一般的な言い方。動詞を主語に置く場合，動名詞にするのが一般的。

3 ▶(1) reading will ×make me 〔→allow you to〕 experience various kinds of invaluable things △which 〔→that：減点なし〕 ×I 〔→you〕 could not experience easily ×if I live normally 〔→in daily life〕.

(2) most people have their ×own 〔→トル〕 smartphone, so if ×I 〔→they〕 search the Internet, ×I 〔→they〕 can obtain information ×I 〔→they〕 need quickly. 〔0 / 15 点〕

そもそも(2)が語数不足なのでそれだけで0点になる可能性が高い。「一般論」なので，主語に "I" は不適切。make O *do* は「Oに～をさせる」の意味なので不適切。

live normally は意味不明。さらに「various kinds of invaluable things とは何か」と尋ねたくなる。*one's* 〜「自分の〜」は，*one's* own 〜 とすると「(他者との対比として，人のものではない) 自分自身の〜」の意味になってしまう。その使用は，たとえば「レジ袋ではなく自分の買い物袋」のような対比の場合に限られる。

〈解答例 1 〉

(1) books can give us a depth of knowledge and an understanding of other people's way of thinking and other cultures that are essential in today's borderless world. (27 語)

(2) the knowledge gained from experience is more important than theoretical knowledge and books do not give up-to-date information that can be easily obtained from the Internet. (26 語)

〈解答例 2 〉

(1) the thoughts of the greatest minds are found in works of literature, which help us solve life's deepest problems. These remain the same in any age. (26 語)

〔注〕mind「(才能，知性のある) 人」

(2) in today's world, where everything is connected by the Internet, we need the latest information, and this is only available there. Information in books soon becomes outdated. (27 語)

〈解答例 3 〉

(1) the best books, great works of literature, teach us about human nature and the problems we all face in life that are constant and universal. (25 語)

(2) in such a rapidly changing world, books soon become out of date. We need to acquire knowledge from the Internet to keep up to speed with world events. (28 語)

〈解答例 4 〉

(1) books provide us with a wider range of human wisdom, especially from our predecessors, than the Internet. We can always learn from history, and books are far better sources. (29 語)

〔注〕predecessor「前任者，先祖」

(2) it takes some time to publish books, so, in this world, where everything is rapidly changing, the information in books tends to be outdated by the time we read it. (30 語)

73

全訳

≪ケンの電子メール≫

ヨシコとジョンへ

来週のタルボット先生の授業でグループ発表をする際，どんなふうに協力するか，何か考えがあるか君たち2人に尋ねようと思ってこのメールを書いています。1人が地球温暖化，高齢化社会，環境汚染のような現代の問題について下調べをする，もう1人がそれについてちょっとしたレポートを書く，そして3人目がそのレポートに基づいて，3人の代表で発表する，というのはどうでしょうか。僕の計画についてどう思いますか。

それでは。

ケン

≪ヨシコの電子メール≫

ケンへ

メッセージありがとう。あなたの提案はとても興味深いですが，(1)＿＿＿＿＿＿＿＿
＿＿＿＿＿＿＿＿＿＿＿＿＿＿＿＿＿＿＿。だから，むしろ(2)＿＿＿＿＿＿＿
＿＿＿＿＿＿＿＿＿＿＿＿＿＿＿＿のがいいんじゃないでしょうか。

よろしく。

ヨシコ

≪ジョンの電子メール≫

ケンへ

発表についてはヨシコの提案でいいと思います。明日もう少し話し合おう。

ではまた。

ジョン

使うべき文体

生徒同士のメールなので口語体でよい。

ポイント

● ヨシコの電子メールでは，(1)でケンの提案に対してヨシコが問題点などを指摘し，(2)で代案を出していると考えられる。ケンの提案のうち，取り上げるテーマ，作業の仕方などで，別の提案ができるだろう。

● ケンの提案は大きく分けて，①「それぞれが別々の分担をする」，②「地球温暖化，高齢化社会，環境汚染といった現代の問題をテーマにする」の2つである。いずれかを取り上げ，それに反対であることの明確な根拠を書く必要がある。たとえば①の根拠として「それは時間がかかる」「それぞれが一緒に作業すべき」などでは，はっきりしない。

3

英

作

文

●(2)の手前には suggest「〜を提案する」があるので，that 節内の動詞は原形不定詞あるいは〈should＋原形不定詞〉とすること。

使う可能性のある表現

(1)

◆「誰が〜をするかを決めるのが難しい」

- have difficulty deciding who should *do*
- it is difficult to decide who should *do*

◆「平凡な話題」an ordinary〔basic / standard〕topic

◆「私たちの日常生活ともっと直接関連する話題」

topic more directly related to our daily lives

◆「あなたが例として提供したトピックは人気があるので他のグループも取り上げるかもしれない」

the topics you have provided as examples are so popular that other groups will pick up the same ones

◆「仕事の分割はプレゼンの一貫性を欠くことになりうる」

separating the task could lead to a lack of coherence in the presentation

(2)

◆「その仕事を3人で分割する」divide〔separate〕the work among the three of us

◆「その仕事を3つに分割する」divide〔separate〕the work into three parts

◆「〜を担当する」be in charge of 〜

◆「最初の2つを私たち皆で共有する」we all share the first two steps

◆「議論を通してレポートを完成する」make up the paper through discussion

生徒答案例

1 ▶(1) we cannot show Ms. Talbot that we worked on the presentation together if only one of us ×talks〔→gives it〕

(2) all of us should do basic research, write the script and deliver the presentation in front of the class〔13 / 15 点〕

よく書けている。talk は「(誰かと) 話をする」の意味。

2 ▶(1) each of us will have nothing to do when waiting for the others' work or after our own work

(2) all of us do all the ×works〔→work〕together, dividing ×ourselves〔→the work〕into parts at every ×work〔→stage〕〔8 / 15 点〕

work「仕事，作業」は不可算名詞。divide ourselves は「身を切る痛みを伴う」。every のあとは可算名詞の単数形。

3 ▶(1) I think there is a possibility that another team ×adopts [→will choose] the same topic as ours if we follow your suggestion

(2) we ×will [→トル，または should] do ×another [→other] research into an issue ×something unique [→that is more unusual], such as one about △animals coming from abroad [→introduced species：減点なし] [5／15 点]

(1)は「なぜそうなるのか」についての言及が必要である。(1)(2)共に時制のミスがあるのが残念。(1)は上記のように修正すると 1 字オーバーするので，I think を割愛するとよい。(2)の research は原則的に不可算名詞なので an／another をつけてはいけない。また，「外来種」は introduced species が普通の言い方。

〈解答例 1〉

(1) I think it would be easier for each of us to give a presentation based on our own research（19 語）

(2) we divide one of the topics into three different aspects and each give our own presentation（16 語）

〈解答例 2〉

(1) the topics you have provided as examples are so popular that other groups will surely pick the same ones（19 語）

(2) we first meet to come up with a distinctive theme that no one would think of（16 語）

〈解答例 3〉

(1) separating the task like that could lead to a lack of coherence in the presentation（15 語）

(2) we should do the research and the writing together and share our understandings about the material（16 語）

解答例

74

使うべき文体

エッセーライティングなので文語体が望ましい。

ポイント

- テーマが「今から 50 年の間に起こる交通手段の変化」なので，現在の最先端の技術などから，可能性のありそうなものを考えたい。もちろん「それが人々の生活に与える影響」にもふれる必要がある。
- 語数が 50〜60 語とあまり多くはないので，「具体的に記す」ということになると，「交通手段の変化」と「生活への影響」のどちらも詳細に，とはいかないだろう。前者をイメージしやすく描けば，後者が簡潔でも，読み手に納得してもらえる内容になるだろう。

使う可能性のある表現

- 「今から 50 年後」in (the next) fifty years / fifty years from now
  ※over the next fifty years〔the next half-century〕「今から 50 年にわたって」とすることもできる。
- 「地球温暖化の問題」the problem of global warming
- 「(車などの) 動力が電気か水素になる」be powered by electricity or hydrogen
- 「S が発明されるだろう」S will be invented.　※仮定法ではない。
- 「自動化された安全な交通システム」an automated safe-traffic system
- 「完全に自動化された車」fully automatic cars / self-driving cars
- 「車のコンピュータに目的地を打ち込むだけでよい」
  All you have to do is (to) enter your destination into the car's computer.
- 「自転車を利用する」use〔ride〕bicycles
- 「公共交通機関を利用する」use public transportation〔(英) transport〕
- 「リニアモーターカー，つまり磁気浮力推進車両が国の主要都市を結ぶ」
  Linear motor cars, or magnetic levitation propulsion trains, connect major cities throughout the nation.
  ※「リニアモーターカー」は和製英語。
- 「人間が操作しなくても動く」run without any human manipulation
- 「莫大な量の化石燃料を消費する」burn enormous amounts of fossil fuel
- 「温室効果ガスを排出する車両」vehicles that emit greenhouse gases
- 「地球環境をかなり改善する」significantly improve the global environment
- 「環境に優しい交通システム」an environmentally friendly transportation system

- 「渋滞が減少する」there will be fewer traffic jams
- 「ドライバー激怒症」road rage

生徒答案例

1 ▶ I imagine that since people will be more and more oriented toward ecology, more people will ride bicycles besides ×riding electrical [→driving electric] cars. In fact, in the Netherlands more and more people are riding bicycles these days. Therefore in addition to decreasing the amount of CO_2, people will keep in good shape and there will be ×few [→fewer] traffic accidents. [12 / 15 点]

「オランダで今やっているから，全世界に広がる」というのは説得性に欠けるが，無難に書けている。more の多用は改善すべきであろう。また，electric「電気で動く」，electrical「電気に関する」は区別して使用すること。

> **Column** まぎらわしい形容詞を区別しよう!
>
> 以下の形容詞は，-cal は「～に関する」の意味だ，と覚えておけばよい。economy は本来の意味が「節約」であることに注意。

形容詞	意味	例
1□ electrical	電気に関わる	an electrical company「電気会社」
2□ electric	電気で動く	an electric car「電気自動車」
3□ historical	歴史に関わる	a historical novel「歴史小説」
4□ historic	歴史的に有名な	a historic site「史跡」
5□ economical	節約できる，経済的な	an economical heating system「経済的な暖房システム」
6□ economic	経済の	economic growth「経済成長」

2 ▶ In the next fifty years ×planes [→cars] will be ×[ヌケ→fully] controlled by computers and people will be able to go anywhere smoothly and quickly without operating them. As ×the [→a] result, ×problems [→the problem] of traffic jams will cease to exist, and people in the future will have more time to do things they want to do ×[ヌケ→while traveling]. [8 / 15 点]

飛行機はすでにコンピュータ制御されている。そして理由として「交通渋滞の解消」などが挙げられているので，おそらく自動車にしたほうがよいだろう。as a result は，as a result of these「これらの結果の1つとして」から「その結果」と訳す。「渋滞という問題」は読み手にも予想可能な「1つの問題」。「もっと自由時間が増え

る」のは「移動中」のことのはずなのでそのことがわかるようにするべき。早く目的地に到着するので時間が節約できてその分やりたいことをする時間が増えるということであれば，その前に「目的地に早く着くので」といった内容を入れることになる。しかしそうすると語数が増えすぎるので，ここでは「移動中」の時間が有効に使えるという方向で訂正した。

3 ▶ In fifty years, cars ×would [→will] be cheaper and more common, which ×would [→will] make people more dependent on them. It means that people will be more reluctant to walk, which may ×make their health get worse [→adversely affect their health]. In addition, more cars will require more fuels ×so that more fuels will be consumed [→トル], which will speed up the pace of global warming. [8 / 15 点]

「50年の間に起こりうる」と思うことなので仮定法ではない。so that … は前文と同内容なので冗長。

〈解答例1〉

   In fifty years, due to the problem of global warming, all vehicles will be powered by electricity or hydrogen. There will be automated safe-traffic systems so we will no longer have to drive our cars, but instead just input our destination into the car's computer. Roads will be safer and less polluted, so more people will use bicycles in cities. (60語)

〈解答例2〉

   In the decades to come, fully automatic cars will mean that everyone will be able to travel wherever they want to more easily. With more efficient navigation systems and computer-aided driving, the automobile will, in the true sense of the word, run without any human manipulation. This will prevent accidents caused by human error or road rage. (57語)

〔注〕 in the true sense of the word「文字通りの意味で」

〈解答例3〉

   Fifty years from now, there will be quantum leaps in engineering, and networks of underwater tunnels will be constructed, through which super fast trains will run, connecting continents and islands. Therefore, we will lose our dependence on airplanes, which burn enormous amounts of fossil fuel. This will significantly improve the global environment and the quality of people's lives. (58語)

〔注〕 quantum leap「（異なる次元への）大飛躍」

75

使うべき文体

エッセーライティングなので文語体が望ましい。

ポイント

●書くべきことは次の３つである。
　①「生徒がどのような悩みを持っているか」
　　→「いくら努力しても英語が聴き取れるようにならない」
　②「生徒の英語学習のどこが間違っていたのか」
　　→「難しすぎるもの（英語のニュース）を聴いている」
　　→「ただたくさん聴けばよいと思っている」
　③「教師はどのようなアドバイスをしたか」
　　→「もっとやさしいものを聴く」
　　→「内容的に関連する読み物を丁寧に読む」
　　→「語彙や構文の知識をつける，内容を理解する力をつける」
●①②③それぞれについて述べられている事柄を整理し，語数制限に合う分量になるように項目を選びながら，まとめるということになるだろう。
●時制は，現在時制でも過去時制でもよいが，統一すること。

使う可能性のある表現

◆「英語のリスニングの力を伸ばす」
　※「リスニングの力」とは「聴解力」であることに注意。
　●develop〔improve〕*one's* ability to understand〔× listen to〕spoken English
　●develop〔improve〕*one's* listening comprehension of English
　●develop〔improve〕*one's* comprehension of spoken English
　●develop〔improve〕*one's* listening skills in English
◆「(〜で) 進歩がない」make no progress in 〜
◆「英語の聴き取りがうまくできるようにならない」
　●cannot improve *one's* listening comprehension
　●have difficulty〔trouble〕improving *one's* listening comprehension
　●be not good at understanding〔× listening to〕spoken English
　※「英語を聴き取れない」とは「音としては聴こえるが，理解できない」ということ。

◆「(〜しようと) 努力しているが」
- though he is trying 〔working〕 hard (to *do*)
- though he is practicing hard (*doing*)
- however hard he is trying (to *do*)
- despite all his efforts

◆「Ｓ Ｖ と勘違いしている」
- mistakenly believe that S V
- have a mistaken idea that S V

◆「とにかくたくさん」as much 〜 as one can 〔as possible〕
　※「できるだけたくさんの〜」と考える。

◆「テレビやインターネットで英語のニュースを視聴する」
watch 〔× listen to〕 English news on TV and the Internet 〔online〕

◆「〜するのは無駄だ」
- it is no use *doing*
- there is no point in *doing*
- it is a waste of time to *do*

◆「〜に…すればと言う」
- suggest to 〜 that S (should) V
- advise 〔× advice〕 〜 to *do*

◆「毎日やさしめの英文を聴き取る」
- listen to easier English every day 〔× everyday〕
- listen to something that is easier to understand on a daily basis

◆「内容的に関連する読み物を読む」
- read something 〔materials〕 related to that topic
- read materials related to the English (that) *one* is listening to
- read materials with a similar content
- read books 〔texts〕 on related 〔similar〕 topics
- read about the same topic

◆「辞書を用いて」
- using 〔× with〕 a dictionary 〔*one's* dictionary〕
　※with 〜 は「(道具) を手に持って」の意。
- looking up words in a dictionary
- consulting a dictionary

◆「語彙を増やす」increase 〔enrich / develop / expand〕 *one's* vocabulary

生徒答案例

1 ▶ The student cannot improve his ability to ×listen to [→understand spoken] English, however hard he studies. A teacher who he ×consult [→consults] points out that he cannot improve, because he ×listen [→listens] to what he cannot understand. Therefore, the teacher advises him to listen to ×what is written in easy English [→easier English] and at the same time develop ×abilities [→his ability] to read English. [7／15点]

三単現の s の抜けがある。「三人称単数」とは，we，they を含む複数形プラス I と you 以外のすべてであることを頭に入れておくこと。

2 ▶ Taro had difficulty improving his ×listening score [→listening comprehension of English] and asked Ms. Green for some advice. He explained how he practiced and she pointed out that what he had listened to ×is [→was] too difficult for him. She suggested to him that he ×listens [→(should) listen to] ×easier one [→easier materials] and read books ×related [→related to] the topic in order to grasp what he ×listened [→heard]. [3／15点]

listen to ～「～に耳を傾ける」は to が必要。hear ～「～が聞こえる」とは区別。

3 ▶ The student is worried about having difficulty understanding spoken English ×because [→though] he was trying to understand difficult English such as the news. The teacher ×told [→told him] that he should expand his vocabulary and practice ×from understanding [→listening to] spoken simple English. ×And also [→Also], he said that ×you [→the student] should read ×English [→English on a related topic] carefully while looking up ×a word [→words] in a dictionary. [1／15点]

第1文は，前半と後半が逆接の関係。「単語」は一般論なので複数形にする。

問題文の英訳

STUDENT: Mr.（Ms.）…, however much I practice, my understanding of spoken English doesn't improve. What should I do?

TEACHER: You're asking me what to do, but in the end it's up to you to simply keep on studying. What is your method of studying?

STUDENT: I'm watching and listening to the news in English on cable television and the Internet ….

TEACHER: What? If you start by listening to such difficult materials you won't understand them.

STUDENT: I don't understand them at all.

TEACHER: That's no good. However much you listen to something you don't understand, it's just like listening to noise. For listening materials, you need to choose something you understand to a certain extent.

STUDENT : Just simply, I thought I should listen to a lot of English. So that was where I went wrong.

TEACHER : Yes. And, if your listening comprehension is not good, it's not only because you are unaccustomed to the sounds of English. It is more likely to be because you are not familiar with the vocabulary, or have memorized the wrong pronunciation or cannot follow the sentence structure. You also need to be able to understand the subject matter. Try listening to English that is quite easy for you to understand and, at the same time, read something that is related to the subject, looking up all the words you don't know in a dictionary. If you study in an organic way like this, your ability to understand spoken English will improve.

STUDENT : I see.

〈解答例1〉

A student is trying hard to improve his English listening comprehension but is making no progress. He believes he should listen to as much English as possible. His teacher tells him it is no use listening to English he cannot understand. He advises him to listen to easier English, while carefully reading materials with a similar content, using a dictionary. (60 語)

〈解答例2〉

A boy complains that he cannot improve his listening skills in English, even though he is trying his hardest. His teacher tells him that it is a waste of time to listen to English he cannot understand and advises him to listen to easier English every day and read materials related to the topic, consulting a dictionary when necessary. (59 語)

〈解答例3〉

This student was worried that his comprehension of spoken English remained poor, no matter how much he practiced. The teacher told him that the news programs he was listening to were too difficult. He advised him to listen to something that was easier to understand and to read something related to that topic, using a dictionary, to expand his vocabulary. (60 語)

76

使うべき文体

エッセーライティングなので文語体が望ましい。

ポイント

● 現在時制でも過去時制でもよいが，統一すること。
● イラストに登場する人物には Tom，Ken などの名前をつけると簡潔になる。
● 書くべきポイントは以下の 4 つ。

　① 「男の子が UFO に関する本を読んでいる」
　② 「窓の外に UFO が飛んでいる」
　③ 「女の子が②を男の子に伝えようとしている」
　④ 「男の子は平然としている（②に気付かない／驚いていない，本に夢中で女の子
　の言葉が聞こえていない，女の子の言葉を信じていない，など）」

● 「状況を自由に解釈し」とあるので，上記①〜④に脚色を加え整えること。
● UFO を好きな少年が，実際の UFO を見られなかったという皮肉を伝えられれば
　なおよい。

使う可能性のある表現

◆ 「〜を読んでいる」be reading〔× read〕
　※習慣的行為ではないので進行形にする。

◆ 「UFO の本」a〔× the〕book about UFOs
　※UFO に関する本はたくさんあるので冠詞は a にする。また，a book written
　　about UFOs とすると「文字媒体で書かれた本」になるが×ではない。「専門的
　　な本」なら a book on UFOs とすることもできる。

◆ 「*All About UFOs* というタイトルの本」a book titled〔called〕*"All About UFOs"*

◆ 「UFO が外を〔空を〕飛んでいる」

　● a〔× an〕UFO is flying outside
　● there is a UFO flying in the sky

◆ 「UFO が窓の外を横切って飛んでいるのを見る」
　see〔× watch〕a UFO flying past the window
　※see a UFO fly（off）なら「飛び去るのを見る」の意味。ここの「見る」は「視界
　　に入る」の意味で，watch「（動いているもの）を観察する」ではない。

◆ 「UFO を見つける」see〔× find〕a UFO
　※find 〜 は，「（探していたもの）を見つける，（役に立つもの）を偶然見つける」。

e.g. find my key〔a nice restaurant〕

◆「慌てて入ってくる／慌てて彼のそばへ行く」rush in / rush to his side

◆「彼に近づく」come up to him〔× come near him〕

◆「彼に窓の外を見るように言う」tell him to look out (of) the window

◆「彼にそのことを言う」tell him about it〔× tell him it〕

※ S V O₁ O₂ では O₂ に代名詞（＝旧情報）を置くのは不自然。

◆「彼女の言葉に注意を払わない」

　●pay no attention to〔ignore〕her〔what she is saying / × she says〕

　※what she says は普通「彼女が（習慣的に）言うこと」の意味。

　●take no notice of her

◆「本に夢中になっている」be absorbed〔engrossed〕in a book

◆「彼女の言うことをまともに取り合わない」do not take her seriously

◆「彼女が彼に嘘〔冗談〕を言っていると思う」

　think (that) she is lying〔telling a lie / telling a joke〕to him

　※tell a lie は，やや子どもじみた言い方になる。

◆「窓にステッカーを貼る」stick〔put〕a sticker on the window

◆「皮肉にも」ironically

◆「本物（の UFO）を見る機会を逸する」

　miss the chance〔opportunity〕to see〔to witness〕a real one

生徒答案例

1 ▶ Anne happens to see a UFO outside the window and immediately tells her brother, Jim, to look outside. However, he is absorbed in reading a book about UFOs and cannot hear his sister. Ironically, he misses the chance to see a real one.〔15 / 15 点〕

Excellent！

2 ▶ When Ken and his sister were reading a book on UFOs, she ×found〔→saw〕a UFO in the sky. She was surprised and told him about this, but he did not turn around because he thought that she was telling a lie.〔13 / 15 点〕

よくあるミス。find は，探していたものを見つける，または役に立つものを偶然見つける，と言う場合に用いる。

3 ▶ John was really interested in UFOs. ×John's〔→His〕sister saw a UFO flying ×from〔→outside〕the window, so she was really surprised and told him about it. He was so absorbed in a book about UFOs that he ×could not〔→did not〕take any notice of her.〔9 / 15 点〕

from は，直線上の「起点」を示す。*e.g.* from here to the school

3

英
作
文

> **Column** 現在時制には細心の注意を
>
> 日本語の「～する」にはそれぞれ大きく分けて2つの用法がある。
>
> ●～する
>
> (1)「未来において～する」　　　*e.g.* 私は，今日は図書館で勉強する。
>
> (2)「日々の習慣として～する」　*e.g.* 私は，平日は図書館で勉強する。
>
> 当然のことだが，英語に訳した場合(1)(2)の時制は異なる。(1)は I <u>will study</u> at the library today. となるが，(2)は I <u>study</u> at the library on weekdays. となる。さらに，(2)の「習慣として～する」は「～している」という日本語で表現されることもある。「～している」もまた，以下のように2つの用法があるため注意が必要である。
>
> ●～している
>
> (2)'「日々の習慣として～している」　*e.g.* 私は，平日は図書館で勉強している。
>
> (3)「現在～している」　　　　　　*e.g.* 私は，今図書館で勉強している。
>
> (3)は，英語では I <u>am studying</u> at the library now. と進行形で表す。
>
> だから，「勉強する」という日本語に対して study しか思いつかなかったり，「勉強している」に対して進行形だと思い込んでいるとまずいことになる。よってイラスト説明の問題で，現在時制で書く場合には細心の注意が必要となるのだ。

〈解答例1〉

Dick was enjoying a book about UFOs when Nancy rushed to his side and told him to look out of the window. A UFO was flying past, but Dick was so absorbed in reading the book that ironically he missed the chance to see a real one!（47語）

〈解答例2〉

Ken, who has incredible mental powers, is reading a book about UFOs. His sister is panicking as there actually is an alien spaceship in the sky. She does not realize that whatever Ken reads can become reality. What an amazing boy Ken is!（43語）

〈解答例3〉

Although Tim is reading a book about UFOs, he believes that they belong to the realm of scientific fiction and do not exist in reality. Therefore, he does not take his girlfriend seriously when she tells him that there is a UFO flying in the sky.（46語）

使うべき文体

エッセーライティングなので文語体が望ましい。

ポイント

● 「A先生とB先生の主張とその根拠を明確に伝える」という条件なので，会話の順序どおりではなく，まずA先生，次にB先生の順でまとめるとよい。それぞれのセリフだけをたどって，発言のポイントを拾えば次のようになるだろう。

A先生：

①競争心をあおる競技をやめる。

②競技の結果で一喜一憂したり，敗北感を味わったりするのはよくない。

③むしろ，協力することの大切さを教えるべき。

④勝つか負けるかしかない（綱引きなどの）種目をやめるとよい。

⑤（勝敗のない）組み体操や創作ダンスを出し物にすればよい。

B先生：

①競争心をかき立てる種目がなければおもしろくない。

②競争心が刺激になる。

③競争心をかき立てる種目をやめると，出し物が減る。

④勝敗のない出し物では，子どもは喜ばない。

⑤スポーツでも勉強でも，良い意味でのライバル意識を育てるべきだ。

● A先生に関しては，①と④が同一内容で，主張にあたる。この根拠が②・③である。⑤はまとめる場合には不要だろう。

● B先生は，A先生に反対だというのが主張であり，セリフはすべてその根拠になる。まとめると，①と④が「（競争心をかき立てる種目を除外すると）おもしろくない，退屈だ」，②と⑤が「ライバル意識が子どもの刺激になる」，③が「種目が減る」だが，③は①・④と同じように「つまらない」の一部と考えることもできる。

使う可能性のある表現

◆「～すればと提案する」suggest that S (should) *do*

◆「～という反対意見を述べる」

● disagree, saying that S V

● object that S V

◆「運動会の日に」on (our school's) sports day

※ sports day は「運動会の『日』」の意味。米語では field day とも言う。「（陸上競

技の）運動会」は an athletic meeting が一般的。

◆「お互いに競争する〔協力する〕」compete〔cooperate〕with each other

◆「競争心をあおる出し物」
- competitive events
- events that make children competitive
- events that raise〔stir up / stimulate〕a spirit of rivalry〔a sense of rivalry〕
- events that bring out a sense of competition

◆「協力を促す出し物」

events that encourage children to cooperate〔to work together〕

◆「競争心をもつ」be competitive

◆「勝ち負けにこだわる」be worried about〔be obsessed with〕winning and losing
※否定文で用いる場合は，winning or losing とすること。

◆「～することの重要性を知る」

learn the importance of *doing*〔how important it is to *do*〕

◆「誰かに負ける」lose to someone

◆「誰かを負かす」beat〔defeat〕someone

◆「試合に負ける〔勝つ〕」lose〔win〕a game

◆「敗北感を味わう」experience a feeling of defeat〔a sense of defeat〕

◆「失望感を味わう」feel disappointed

3

英

作

文

生徒答案例

1 ▶ Mr. A thinks that children should ×do cooperative sports [→take part in cooperative events] ×in the [→on] sports day so that they will not ×mind [→worry about] their results or feel defeated, and they can realize how important ×[ヌケ→it is] to cooperate with others. On the other hand, Ms. B thinks that they should compete with others because as long as they do the sports that Mr. A likes, they will not have enthusiasm, and they should have friendly rivalry. [8 / 15 点]

mind を他動詞で使う場合は，mind *doing* と一部の熟語（mind *one's* language「言葉に気をつける」）などに限定した方がよい。how important it is to cooperate with others は，it is important to cooperate with others を感嘆文にした形。

2 ▶ Mr. A insists that students should not take part in events △which [→that：減点なし] stimulate their competitive spirits, but in events △which [→that：減点なし] teach them the importance of cooperation. On the other hand, Ms.B says that although she agrees with the idea that students should not ×stick to competition [→be obsessed with winning and losing], they require it to some

extent in order to ×bring up [→foster their] sense of rivalry, and this is also the case with ×study [→their studies]. [7 / 15 点]

「勝負にこだわる」や「ライバル意識を育む」など，難しいコロケーションはよほど自信がない限り使わない方がよい。

3 ▶ Two teachers are discussing ×about [→トル] a sports day at their school. Mr. A says that it is important for children to learn to cooperate rather than compete ×[ヌケ→with] each other from a sports day, but Ms. B disagrees with his opinion for two reasons. Firstly, children will not be pleased with dance ×[ヌケ→events]. Secondly, it is important to ×have their competitors [→foster their sense of competition] on any occasion. [6 / 15 点]

discuss ～「～について話し合う」は他動詞。each other は「お互いに」ではなく，「お互い」の意味の名詞なので，「お互いに」の意味にするには with が必要。「ダンスのような種目だけでは喜ばない」は children will not be pleased with dance events「ダンス種目では喜ばない」でよいが，「ダンスのような種目だけでは」→「勝ち負けの要素がない種目だけでは」→「勝ち負けの要素のない運動会では」ということなので dance events の代わりに a sports day without competition「競争のない運動会」としたいところ。

問題文の英訳

A：How about scrapping the events that stir up the children's competitive feelings on sports day this time?

B：Why would you want to do that?　It would make it boring.

A：No, no. I don't think it's good for the children to be full of joy one minute and sad the next, or to have an unnecessary sense of defeat. We should be teaching them the importance of everyone co-operating with each other instead.

B：Of course, it's not good to make winning or losing the most important thing, but when it comes to studying too, isn't it stimulating to have a certain amount of competitive feeling?　The question is, if you are going to scrap something, what event will it be?　The running race?

A：In the running race, if you put children with similar times in the same race, and don't say the order they finish in, there won't be a strong element of competition, but with the tug of war, the piggy-back fight or the ball tossing game, there are always winners and losers.

B：But if we take away that kind of thing, there will be far fewer events and it won't truly be a sports day.

A：But there are plenty of events like mass gymnastics and dance performances.

B : I wonder if having only that kind of event would make the children happy. I think that to foster rivalry in the good sense of the word, we need to have them compete more on sports day and in their academic life.

〈解答例 1 〉

　Mr. A believes that children should be encouraged to cooperate with each other rather than compete with each other on sports day. He argues that they should not choose games that will make them competitive. However, Ms. B's opinion is that competing in sports and academics leads children to do their best. She says that the sports day is a good chance for the children to compete with their rivals. (70 語)

〈解答例 2 〉

　Mr. A thinks there should be no competitive events on sports day because children need to learn the importance of cooperation. Ms. B disagrees, saying that although they should not be fixated on winning, children's spirit of rivalry needs to be cultivated. They need the stimulus of competition both in the classroom and on the playing field. A sports day with no winners would be boring for them. (68 語)

〈解答例 3 〉

　Mr. A argues that competitive events should be excluded from the program of the school sports day this year because it is not good to prioritize children's interest in winning and losing. Instead, children should recognize the importance of cooperation. Ms. B doesn't agree with Mr. A, saying that the events will become fewer in number and monotonous, and that children are motivated by rivalry in both sports and studies. (70 語)

〈解答例 4 〉

　Mr. A suggests that events on the sports day be limited to less competitive ones. He says children should not be depressed or elated depending on the results but learn the importance of cooperation. However, Ms. B is of the opposite opinion. She believes that rivalry encourages children to try harder in both sports and studies and that excluding competitive events will make the day too boring. (67 語)

〔注〕 elated「大喜びの」

3

英

作

文

78

使うべき文体

エッセーライティングなので文語体が望ましい。

ポイント

- 重要なのは，与えられた3つの条件をきちんと盛り込むことと，英語として間違いのないものに仕上げることである。特に条件(3)「そこで違う選択をしていたら，その後の人生がどのように変わっていたと思われるか」は，仮定法になるので，動詞の形に十分注意を払いたい。

- 18歳前後では，「大きな決断」をした経験は乏しいかもしれない。せいぜい「遠くの進学校へ行くか，地元の高校へ通うか」「父の転勤についていくかどうか」などに絞られる人が多いだろう。東大はそれを承知の上で「適宜創作をほどこしてかまわない」と書いたと思われる。ある意味，創作英作文ととらえてもよいだろう。

- 採点してみると抽象的な内容に終始するものが大半で，説得性に欠けるものが多かった。

使う可能性のある表現

- 「私が今まで下した中で最も重要な決定は〜だ」

  The most important decision (that) I have ever made is to *do*.

- 「*do*₁ するか *do*₂ するかの選択を迫られた」

  I had to choose whether to *do*₁ or to *do*₂.

  ※whether S V ではない。

- 「私には2つの選択肢があった」I had two choices 〔options / × ways〕.

- 「私は〜するしかなかった」I had no choice but to *do*.

- 「〜する決心をする」decide to *do* / make up *one's* mind to *do*

- 「〜へ転勤する」be transferred to 〜

- 「転校する」move to a new school / change *one's* school

- 「柔道クラブに入っている」be a member of the judo club

- 「野球部を辞める」quit the baseball club

- 「男子校〔女子校／共学〕に申し込む」

  apply to a boys' 〔girls' / co-educational〕 high school

- 「夢を実現する」

  realize *one's* dream / fulfill *one's* dream / make *one's* dream come true

- 「〜の家で暮らす」live with 〜

● 「もし〜していたら，…だっただろう」

If I had + 過去分詞形, I would have + 過去分詞形.

※仮定法過去完了。

生徒答案例

1 ▶ When I entered high school, I had two choices. One was to continue playing baseball and the other was to stop △playing baseball [→doing so：減点なし] and △study very hard [→concentrate on studying：減点なし]. In the end, I chose the latter. If I had chosen the former, I would have not studied at all. [6／15点]

「野球をしていたら，勉強量がゼロになる」が誇張。さらに「だからどうした？」という疑問がわく。語数も不足。内容をもう少し練るべき。

2 ▶ Four years ago, ✕my parents were made to move to the U. S. in business [→my family moved to the U. S. because of my father's job]. Then I ✕have [→had] to choose whether ✕I [→to] go there or ✕I [→トル] stay in Japan with my cousin's family. I had difficulty deciding, but eventually I chose the latter. If I had chosen the former at the time, I ✕could [→would be able to] speak English fluently and ✕make [→would have made] friends with many Americans. [3／15点]

「そこ（＝アメリカ）に行くかどうか」は，whether I should go there あるいは whether to go there。「今頃は流ちょうに英語を話す可能性がある」ではなくて「今頃は流ちょうに英語を話す能力があるだろう」とする。「友達ができる可能性がある」ではなく「友達ができただろう」とすること。

3 ▶ When I was twelve, ✕I had to decide which school to go to within two choices [there were two choices for me]. I decided [ヌケ→to go to a certain school] and spent six years there✕. I made [→, which allowed me to make] many wonderful friends. They had ✕a future that was [→dreams that were] hard to realize and showed me ✕guts [the guts needed] to ✕approach it [→realize them]. If I had chosen the other, I could not have ✕keep [→kept] chasing my ✕future [→dream] because I would not have met them. [2／15点]

内容が漠然としていて説得性に欠ける。特に最後の1文の「夢」とは何か不明なので，友達によってどのような影響を受けたかがわからない。

> **Column** 〈belong to ～〉について
>
> 〈S belong to ～〔副詞〕〉は、「本来Sのあるべき場所は～だ」のニュアンスがある。
>
> *e.g.* You don't belong here.
>
>   「ここはお前の来るような場所ではない」
>
> *e.g.* This skull is too small to belong to an adult male.
>
>   「この頭蓋骨は小さいので成人男性のものではない」
>
> *e.g.* Lions belong to the cat family.
>
>   「ライオンはネコ科だ」
>
> *e.g.* Put these scissors back where they belong
>
>   「このハサミは元の場所に戻してね」
>
> よって、I belong to the ～ club. という言い方は長年所属しているクラブに対してなら使えるが、学校のクラブに対して使うのは不自然となる。「（高校で）野球部に所属している」と言いたい場合、普通は I am on the baseball team. や I am a member of the baseball club. とする。

〈解答例1〉

　When I graduated from high school at the age of 18, I had to choose whether to stay in Japan and go on to university, as most of my friends did, or to satisfy my wanderlust by traveling around the world. I chose the latter and set off to see Australia and Southeast Asia. If I had stayed in this country, I would doubtless have a more ordinary lifestyle now.（70語）

〔注〕wanderlust「放浪願望」、doubtless「間違いなく」

〈解答例2〉

　When I was fifteen, I failed the entrance exam to high school A. Although I passed the exam for high school B, and I could study there, I chose to spend another year studying harder to enter high school A, which I really wanted to attend. I achieved my goal the following year. If I had not made that decision, I might have lost confidence in my abilities.（68語）

〈解答例3〉

　When I was sixteen, my mother had to be hospitalized. My grandmother, who lived in another city, asked me if I wanted to live with her. However, I declined her offer, because I wanted to try to live on my own. If I had not lived that way, even for a few months, I would still not know how important it is to support myself.（65語）

79

使うべき文体

エッセーライティングなので文語体が望ましい。

ポイント

「自由に解釈し」とあるので，自由度は高いが，「怒った表情の女性が，壊れた花瓶を見つめながら腰に手をあてて立っている」，「ドアの外から部屋の様子を窺っているおびえた顔の男性が見える」ということには触れた上で，その因果関係をつけ加えるのが適切だろう。

使う可能性のある表現

- 「とても怒っている」be very angry / be furious
- 「～に見える」look + 形容詞／ look like + 名詞
- 「～を怒って見ている」be staring angrily at ～
- 「その散乱状態」the mess
- 「彼女が気に入っている花瓶」her favorite vase
- 「彼女が長年大事にしてきた花瓶」the vase (that) she had long cherished
- 「～が壊れている」be (lying) broken〔smashed〕
- 「～を偶然壊す」break ～ by accident〔accidentally〕
- 「怖くて部屋に戻れない」be too scared to enter〔come back into〕the room
- 「彼女から隠れる」hide from her
- 「叱られることが怖い」be afraid of being yelled at〔told off〕
- 「ドアの背後から彼女を見ている」be looking at her from behind the door
- 「部屋の外の男」the man outside the room
- 「～におびえている」be scared〔frightened〕of ～
- 「心配そうに」uneasily / worriedly / with a worried expression on his face
- 「～に謝る勇気がない」do not have the courage〔do not dare〕to apologize to ～
- 「怖くて真実が言えない」be afraid to tell the truth
- 「彼女が買い物で出ている間に」while she was out shopping
- 「二日酔い」a hangover
- 「ちりとりと小ぼうき」a dustpan and a brush

3

英作文

生徒答案例

1 ▶ Kevin broke his mother's flower vase. She found it and got very angry. He wanted to apologize to her, but she was so angry that he was scared to do so and he did not know what to do. [15 / 15 点]

お見事！　登場人物に固有名詞を使うと臨場感があってよい。

2 ▶ Karen is very angry not because the vase is ×cracking [→broken], but because she saw her husband going shopping with a young beautiful woman. It was Karen who broke it. He is afraid to tell ×a [→the] truth. [11 / 15 点]

is cracking は「パチリと割れつつある，亀裂が入りつつある」の意味だから「壊れている（状態）」を表すことはできない。「真相」は the truth となる。

3 ▶ One day, John broke his mother's vase and thought she would be angry, so he tried to take his dog ×[ヌケ→into the room] and ×pretended [→pretend] that his dog ×broke [→had broken] it. However, before he ×took his dog [→could do so], she came into the room and she saw the broken vase. She was very angry so he told her the truth. [0 / 15 点]

before he took ～ とすると「彼が実際に～を連れて行った」ことを示唆するが，この文では「彼が犬を連れて行った」は実現していない。このような場合には before he could take ～「～を連れて行く可能性があった前に」とする。そもそも語数の大幅オーバーはそれだけで 0 点になるだろう。

〈解答例1〉

Jack has broken his mother's favorite antique vase. He went to get a dustpan and brush, hoping that she would not notice, but now she is staring angrily at the mess and he does not dare to enter the room！（40 語）

〈解答例2〉

Last night, Kenji drank too much with his colleagues and accidentally smashed his wife's favorite vase as he stumbled into the house. This morning, his wife was furious. Poor Kenji left for work without eating breakfast, but with a hangover！（40 語）

〈解答例3〉

Karen is angry because her favorite vase is lying smashed on the floor. Her son, who broke it, had hoped to mend it and had hurried off to get some glue. Now he is too scared to enter the room！（40 語）

80

> **全 訳**
> 意思伝達のスタイルは，人によって様々だ。たとえば(1)＿＿＿＿＿＿＿＿＿＿
> ＿＿＿＿＿＿＿という人もいれば，一方で(2)＿＿＿＿＿＿＿＿＿＿＿＿＿＿＿
> ＿＿＿＿＿＿＿＿という人もいる。したがって，人間の意思伝達において最も大
> 切なことは(3)＿＿＿＿＿＿＿＿＿＿＿＿＿＿＿＿＿＿＿＿＿。

3
英作文

使うべき文体

エッセーライティングなので文語体が望ましい。

ポイント

- 「空所(1)～(3)を合わせて 40～50 語」という指定がある。「(1)～(3)を合わせて」に注意。
- 「意思伝達の方法が人によって異なる」という出だしを受けて，(1)・(2)にはその例を挙げる。ただし，(3)で「したがって，…最も大切なことは」というまとめをしなければならないので，挙げる例の内容をよく考えなければ，意味のある結論を出すことは困難になる。ということは，(3)に書きたいことを先に想定して，(1)・(2)の例をあとから整えるという方法もよいだろう。
- (1)・(2)には，相反する "communication styles"「意思伝達のスタイル」を書く。たとえば「言葉を選んで話す⇔思いつきで話す」「大げさに話す⇔控えめに話す」「自分の意見を押しつける⇔自分の意見を言わない」「ストレートに話す⇔回りくどく話す」など。「伝達手段（means of communication）」のことではないので，「携帯電話で伝える⇔手紙で伝える」「言葉で伝える⇔身振り手振りで伝える」の類いの答案は 0 点になるだろう。
- (3)は，たとえば「相手がどのようなスタイルであれ，相手のスタイルを意識して意思伝達をするように心がけるべきだ」などとまとめる。

使う可能性のある表現

◆ 「はっきりと〔直接的に〕ものを言う」
- be outspoken〔frank〕(in *one's* remarks)
- express *oneself*〔*one's* thoughts and feelings〕in a direct way〔in a straightforward way / straightforwardly〕
- convey *one's* thoughts and feelings in a direct way〔in a straightforward way / straightforwardly〕

※way は manner でも可。

◆ 「ずけずけとものを言う」speak bluntly〔in a blunt way〕

◆「遠回しにものを言う」

express *oneself* in an indirect way〔in a less direct way／in a roundabout way〕

◆「言葉を慎重に選んで話す」

● choose *one's* words carefully

● make a careful choice of *one's* words

◆「自分のことを中心に話す」

● speak mainly about *oneself*

● build conversations around *one's* own matters

◆「プライベートな話をしないようにする」

try to avoid talking about〔referring to／touching on〕private matters〔personal matters〕

◆「多くを語り，他者に話すチャンスを与えない」

talk a lot, allowing other people little chance of cutting in

◆「口数ははるかに少なく，最小限の情報しか与えない」

speak much less, giving minimum information

◆「相手の意思伝達スタイルを判断する〔理解しておく／知っておく／観察する〕」

judge〔understand／know／observe〕what（kind of）communication style the speaker has〔what the speaker's style is〕

※「相手」は文脈に応じて other people などでも可。

◆「相手の意思伝達スタイルを考慮する」

take the speaker's communication style into consideration〔account〕

◆「相手の真意を確かめる努力をする」

try to determine〔find out〕what the speaker is really saying〔really wants to say〕

◆「意思伝達スタイルより相手の言いたいことに注意を向ける」

pay more attention to what the speaker really wants to say, rather than to his or her communication style

---

▌生徒答案例

1 ▶(1) tell you what they want to say △clearly〔→you の直後に移動：減点なし〕

(2) do not express themselves clearly, so they are often misunderstood by others

(3) to remember that what they say is not always the same as what they mean and try to understand what others are really saying〔15／15 点〕

無難に書けている。clearly は tell を修飾しているのでもっと近い位置におくこと。

2 ▶(1) make eye contact with someone when they talk ×〔ヌケ→to〕 them

(2) try not to make eye contact

(3) whether the others think that you really want to talk with them. Whatever ×[ヌケ→your] communication styles are, you and other people only have to understand each other ［12／15点］

talk は普通，自動詞として用いる。

3 ▶(1) often use their phone to talk with people who live far away

(2) use e-mail to send others some information, but these communication tools may lead ×[ヌケ→to] some trouble, such as misinterpretation

(3) to talk face to face sometimes, and check whether we are understanding correctly what others think or not ［0／15点］

「通信手段」の違いになっているので点数は残らないだろう。

〈解答例1〉
(1) prefer to talk a lot, allowing other people little chance of cutting in
(2) choose to speak much less, giving minimal information to others
(3) to judge what kind of communication style others have and try to determine what they are really saying （41語）

〈解答例2〉
(1) are reserved and struggle with face-to-face conversation. They tend to prefer to communicate on the Internet
(2) might be outgoing and enjoy laughing while chatting with other people
(3) that all participants feel comfortable so that they can be confident to express themselves （41語）

〈解答例3〉
(1) tend to build conversations around their own matters, such as their family, job and worries
(2) try to avoid touching on private matters
(3) observing which style the other person has and accordingly shifting the focus to actual events or to generalities so that the conversation will go smoothly （47語）

〈解答例4〉
(1) express straightforwardly what they want to say
(2) speak in a roundabout way
(3) paying more attention to what the other person really wants to say than to their style of communication itself by asking questions and confirming what the speaker means （41語）

81

使うべき文体

エッセーライティングなので文語体が望ましい。

ポイント

●まず，「自宅通学」と「アパートを借りて一人暮らし」のいずれを選ぶかを述べ，その後に理由を続ける書き方となる。「自宅から電車で片道2時間の距離にある大学」に合格する（しかもそれが自分の行きたい大学）という可能性をどう考えるかで直説法か仮定法かが決まる。仮定法（the subjunctive mood）は「話者の主観的気分」なので，「可能性が低いと話者が感じれば」仮定法を使うことになる。ただし，理由のうち事実を表している部分（たとえば，「私は電車に乗るのが好きだ」など）は直説法でよい。可能性が高いと考えた場合は直説法で書くことになる。

> **Column** 仮定法かどうかは，日本語だけではわからない！
>
> 　日本語には仮定法を形態的に区別する表現がない。よって，仮定法を用いるかどうかは，文章の内容と現実世界を照らしあわせて，その内容が実際に起こりうるかどうかを検証してから英語にする必要がある。
>
> 　(例)「ただ1つのエネルギー源に頼るのは危険だ」
>
> 　たとえば，上記の例文は仮定法が適切であろう。現状の日本で，水力発電，火力発電，原子力発電のいずれか1つだけに頼ることになるとは思えないからである。
>
> 　It would be risky to depend on only one energy source.
>
> 　ただし，仮定法を用いるかどうかは話者の気持ちによるので It is … と書かれていても×にはできない。

●「いくつかの理由を挙げ」という条件なので，少なくとも2つぐらいは理由を書きたい。列挙となるので，First (ly)，Second (ly) や，moreover, furthermore, in addition など，適当な接続表現を用いると読みやすくなる。

●英語では一般論を二人称で書くことが多いが，本問題では「自分は」どうするかという個人的な事柄なので，一人称の文でよいだろう。

使う可能性のある表現

● 「大学に通う」

go to〔commute to / attend〕university〔college / × my university / × school〕/ commute between home and university

※この場合，university〔college〕に冠詞は不要。また university の綴りにも注意。uni は口語（英）なので避ける。

● 「アパートを借りる」rent an apartment

- 「アパートへ引っ越す」move into an apartment
- 「アパートで暮らす」live in an apartment
- 「家賃を払う」pay rent
- 「一人暮らしをする（＝自活する）」live on *one's* own
- 「自炊する」cook for *oneself*
- 「家事をする」do (the) housework
- 「親から独立する」become independent of *one's* parents
- 「実家で暮らす」live at home ↔ 「実家を出る」move out of home
- 「S は時間の（完全な）無駄だ」S is a (total / huge) waste of time.
- 「1 日 4 時間を電車内で過ごす」spend four hours a day on trains 〔on the train〕

  受け手にわかる「電車」なら the train とする。
- 「1 日 4 時間を通学に使う」

  spend four hours a day traveling to and from university
- 「お金がかかる」cost a lot
- 「*do*₁ するより *do*₂ の方が安い」It is cheaper 〔It costs less〕 to *do*₂ than to *do*₁.

  ※than の後ろの to を忘れないように。
- 「～は貴重な経験だ」～ is an important 〔a valuable〕 experience

生徒答案例

1 ▶ I will [→would：減点なし（以下同）] rent an apartment because I want to save my money and time. If I do not [→did not] move ×[ヌケ→into] an apartment, it takes [→would take] four hours to commute between home and university. Moreover, it costs [→would cost] extra ×fare [→money] to take a train. That is why I will [→would] live alone in an apartment. [13 / 15 点]

仮定法で書くのが望ましいが，仮定法はあくまで個人の「気持ち」なので will（直説法）としても減点はできないだろう。

2 ▶ I would like [→prefer：減点なし] to live alone in this situation for the following two reasons. Firstly, I believe that I would be able to spend four hours more efficiently ×[ヌケ→than being on a train]. Moreover, I believe it would be better to experience living on my own as a first step toward becoming independent ×[ヌケ→of my parents]. [11 / 15 点]

良く書けているが日本語に引きずられたためか省略が目立つ。英語では「わかりきったこと」でも丁寧に書くこと。2 つの選択肢の中で「～がよい」は prefer が適切。

3 ▶ I would like [→prefer：減点なし] to live at home. This would save both time and money. Firstly, living on my own would mean that I would have to

do everything such as washing, cooking, ₓcleaning, and so on [→and cleaning]. Moreover, renting an apartment would cost a lot. [10 / 15 点]

such as の後ろに and so on を置いてはいけない。第3文は「時間の節約」の具体例としては不十分。

4 ▶ I would like to live alone near my university. It is wasteful to spend four hours ₓeveryday [→every day] ₓto go [→going to] university. ₓThere are many things I can do [具体化が必要]. I also want to live away ₓfrom my parents [→from my home]. I will earn money by working part-time. [7 / 15 点]

everyday は形容詞。「(時間)を～に費やす」は spend＋時間＋*doing* となる。go to university「大学へ行く」は to が必要。There are many things I can do. と書けば，具体例を挙げる必要がある。live away from my parents は「親元を離れる」というより「親を遠ざける」という意味になる。

〈解答例1〉

　I would rent an apartment near the university campus. Although this would cost a lot of money, it would give me more time to study and to take part in university activities. Moreover, it would be an invaluable opportunity to become more independent by learning how to cook and clean for myself. (52語)

〈解答例2〉

　I hate commuting, so I would choose to rent an apartment. I need to sleep seven or eight hours every night, so spending four hours a day on trains represents a huge waste of my waking hours. Certainly I would have to cook for myself, but that would be far less painful than enduring crowded trains. (56語)

〈解答例3〉

　I would prefer to rent an apartment near the university. Indeed it would cost a large amount of money, but commuting from home also calls for some expense. Moreover, it is a waste of time to spend four hours a day traveling to and from university. I would rather use that time to enjoy campus life. (56語)

〈解答例4〉

　I would choose to go to university from home. It is true that a two-hour train ride is a long commute, but I could read a lot or listen to music during the time. Moreover, living with my family would help me keep regular hours and that would save my parents' unnecessary worries. (53語)

82

使うべき文体

　留学生の隊員からの質問に答えるという前提，つまり会話文なので口語体が望ましい。

ポイント

◆基本的には，「隊長」の言葉の不要な部分を除いて英訳をすることになる。以下の5つのポイントを制限語数内に織り込めばよい。
- 雲行きが怪しい。
- 雷雨に遭う危険性がある。
- ここでしばらく様子を見る。
- 天気回復なら出発。
- 2時間後にまだ怪しければ，出発は明朝に延期。

順序は「隊長」の言葉どおりが自然な運びだろう。

◆すべて隊長の言葉なので，The team leader says や He suggests や He has decided などを用いるのが望ましい。また，直接話法より間接話法を用いたい。

使う可能性のある表現

◆「隊長は〜と言っている」
- The team leader says that S V.
- The team leader has told us that S V.

※現在にも影響する発言の場合，say は現在時制で用いるほうがよい。過去時制でも可。

◆「出発の時間になった」
- It is time to depart 〔to set off / to leave here / to start climbing〕.
- It is time for departure.
- The time has come to depart.

※It is time to *do* は We are supposed to *do* とすることもできる。

◆「雲行きが怪しくなってきた」
- The weather looks very bad 〔changeable〕.
- The weather is getting worse.
- It 〔× The weather〕 is going to rain.
- It is likely to rain.
- The sky is beginning to look threatening.

3

英作文

◆「激しい雷雨に見舞われる危険性がある」

- We could〔might〕be caught in〔be struck by / be hit by〕a heavy thunderstorm.
- We could〔might〕have a heavy thunderstorm.

※「激しい雷雨」は heavy rain and thunder としてもよい。単に (a) heavy rain では出発を取りやめる必要がないかもしれない。

◆「途中で」

- on the way〔along the way〕(to the top of the mountain)
- before we reach the top
- after setting off
- while climbing

◆「天気が回復するかどうか確認するために2時間ぐらい待つ」

We should wait for a couple of hours to see if the weather improves〔will improve〕.

※「2時間ぐらい」は for a while「しばらくの間」も可。「天気が回復するかどうか確認する」は watch the weather や see how it will go とも書ける。recover は「（重い病気, ショックなどから）回復する」の意なので天気には使わない。

◆「さらに続けて〜と言う」add〔go on to say〕that S V

◆「2時間後に天気が回復すれば」

- if the weather improves〔clears up〕in two hours
- if it is better in two hours
- if it becomes clear in two hours

※「2時間後」は in two hours が適切だが,「2時間待った後に」ということを表現するなら after two hours (of waiting) となる。

◆「様子を見る」

- wait and see
- keep an eye on the situation

◆「2時間後にまだぐずついているようなら」

- 前出の文と重複する場合は, otherwise「もしそうでなければ」が簡潔。
- if it is still bad〔unstable / raining〕「まだ悪い〔安定しない／雨が降っている〕なら」
- if it does not improve〔clear up〕「天気が改善しないなら」

◆「明日の朝まで出発を延期する」

We will postpone our departure〔postpone starting〕until tomorrow morning.

※postpone 〜 は put 〜 off / delay 〜 でも可。we will leave tomorrow でも十分。tomorrow morning は the next day でも可。

生徒答案例

1 ▶ The team leader is worried that we ×would [→might] be struck by a violent thunderstorm×, so [→. Although] it is time to start climbing, ×but [→トル] we should wait for two hours. If the weather improves in two hours, we will start. △However, [→But：減点なし] if it is still unstable after two hours, we will put off starting ×[ヌケ→until] tomorrow morning . [8 / 15 点]

would では強すぎる。第 1 文の so 前後のつながりがおかしい。put off A until 〔till〕B「A を B まで延期する」 なお，口語体が望ましいが減点はできない（以下の生徒答案例も同様）。

2 ▶ The team leader says that though it is time to depart, it is going to rain. If we leave now, we might be ×involved [→caught] in a heavy rain △[ヌケ→and thunder：減点なし] on the way. So he suggests that we ×will [→should] stay here. If the weather ×recovers [→improves], we will leave. If it is still bad after two hours, we will postpone our departure until tomorrow. [8 / 15 点]

be involved in ～ は「（当事者として）～に関わる」の意味。e.g. be involved in child-raising「子育てに関わる」 suggest that ～「～と提案する」の that 節内の動詞は原形不定詞か〈should＋原形不定詞〉とする。

3 ▶ The team leader has not decided whether we should leave now. It seems that we are going to have a heavy thunderstorm before we reach the top. So ×now [→he says now], we should wait for about two hours to see how it will go and then decide whether we ×[ヌケ→will] go on or put off ×[ヌケ→hiking] until tomorrow morning. [8 / 15 点]

時制の選択は慎重に。

Column 天候の表現

(1) It is raining.「雨が降っている」
　まさに今，雨が降っている。It is snowing. なら「雪が降っている」。

(2) It is rainy.「雨模様である」
　話をしている時点では雨が降っていない可能性もある。「今日は一日雨模様だ」という意味になる。It is snowy / windy / stormy. なども同じ。

(3) The wind is blowing.「風が吹いている」
　動詞の rain や snow を使う場合，主語は it とするのが通例だが，「風が吹く」の場合は the wind とする。rain は「雨が降る」，snow は「雪が降る」の意味にしかならないが，blow は「風が吹く」の意味とは限らない。e.g. I blowed out the candles.「ろうそくを吹き消した」 だから主語は丁寧に the wind とする。

(4) It is getting warm.「温かくなってきた」
　この文だけでは気候なのか，部屋なのか，お風呂なのかがわからない場合は The weather is getting warm. とする。

問題文の英訳

Please listen, everyone！　Umm … it's time for us to set out, but as you can see, the clouds look threatening. If we leave now, there is the danger of being caught in a big thunderstorm. So we'll wait here for a while, and see how things go. If the weather seems to be improving, we'll set out, but if it's still bad in a couple of hours, we'll postpone our departure till tomorrow morning.

〈解答例1〉

The team leader says that we're supposed to leave now, but the weather looks bad and we might get caught in a heavy thunderstorm. He suggests that we should wait for a couple of hours to see if the weather improves. If it does, we'll go. Otherwise we'll postpone our departure until tomorrow morning.（54 語）

〈解答例2〉

The team leader says that it's time to set off but the weather looks changeable and we could be caught in a heavy thunderstorm on the way, which would be dangerous. He suggests that we should wait here for a while and watch the weather. If it's better in two hours, we'll leave. Otherwise, we'll postpone our departure until tomorrow morning.（61 語）

〈解答例3〉

It's time to start, but the sky is threatening. If we start now, we might be caught in a heavy thunderstorm on the way. So the team leader says we should stay here for a while. If the weather improves, we'll leave. But if it still looks like rain in about two hours, we'll put off our departure till tomorrow morning.（61 語）

〈解答例4〉

The team leader said we should wait here for a while, because the sky looks threatening and we might have a heavy thunderstorm. So he suggested we wait and see if the weather improves. If it does, we'll start. But if it still looks like rain about two hours from now, we'll put off our departure till tomorrow morning.（59 語）

83

使うべき文体

エッセーライティングなので文語体が望ましい。

ポイント

● 「地球の気温の変化」と「大気中の二酸化炭素の量」を示した 2 つのグラフを読み取り，そこから言えることを英語でまとめるもの。まず気がつくのは次の 3 点。
①地球の（平均）気温は，変動があるものの全体的には 1.5 度ほど上昇している。
②二酸化炭素の量が 1950 年から急増している。
③（ひょっとすると）2 つの現象にはつながりがある。
字数が許す範囲で，細かい数字（1.5 度上昇）なども含めたい。

● 結論部分の③は，「関係が強い」と書いても「ひょっとしたら関係があるかもしれない」と書いてもよいだろう。「地球の長い歴史を考えると，この短い期間の 2 つのグラフだけで因果関係を云々するのは無理があるかもしれない」という意見も可能である。

使う可能性のある表現

◆ 「最初のグラフは～を示している」The first graph〔chart〕shows that S V.
　　※「上のグラフ」「下のグラフ」とする場合は the upper graph / the lower graph を用いる。「～を示唆する」なら suggest / hint を用いる。

◆ 「最初のグラフから～がわかる」
　　According to〔From〕the first graph, we can see ～.

◆ 「世界の平均気温」the average global temperature

◆ 「～の増加」the〔an〕increase in ～

◆ 「急速に増える」increase rapidly〔sharply〕

◆ 「～の変化」the〔a〕change in ～

◆ 「大気中の二酸化炭素の量」the amount of carbon dioxide in the atmosphere

◆ 「二酸化炭素の排出量」carbon dioxide emissions

◆ 「（A と B との間を）変動する」fluctuate（between A and B）
　　※説明的に there have been small ups and downs と書くこともできる。

◆ 「～の全体的な上昇」an overall rise of ～

◆ 「世界の気温は 120 年で 1.5 度上昇した」
　　The global temperature has risen（by）1.5 degrees in〔over / × for〕one hundred and twenty years.

◆ 「20 世紀」the twentieth century　※the を忘れずに。

◆「地球温暖化」global warming　※冠詞は不要。

◆「*A* は *B* と何か関係がある」

- *A* have something to do with *B*
- *A* is connected with *B*
- there is a link〔a relationship / a correlation / a connection〕between *A* and *B*
- *A* influences *B*
- *A* and *B* are related

※「*A* は *B* において役割を果たしている」と解して *A* is playing a role in *B* とすることもできる。

生徒答案例

1 ▶ These two ×figures〔→graphs〕show that in 2000, the amount of CO_2 in the atmosphere ×〔ヌケ→had〕increased about 80 ppm since 1880 and the average global temperature had become warmer by about a degree. Global temperature seems to be proportional to the amount of CO_2 in the atmosphere.〔10 / 15 点〕

概ねよくできている。ただし figure は「数字」(fig. 1 なら「図1」となる)。since ～ があるので過去完了にする必要がある。

2 ▶ The two graphs ×says〔→show〕that global temperature is closely connected with the amount of ×the〔→トル〕CO_2. △Besides〔→Moreover：減点なし〕, in ×〔ヌケ→the〕late twentieth century, the rate of increase ×is〔→was〕×〔ヌケ→much〕higher than before. Therefore, global warming will be a very serious problem in the future.〔5 / 15 点〕

say は，看板などの言葉による情報の場合に使う。besides「おまけに」は口語的な言い方だから避ける。20 世紀の出来事は過去時制で表す。20 世紀後半は前半より増加率が「ずっと」高い。具体的な数値を示せるとよりよい。

3 ▶ The graph about ×Carbon Dioxide〔→carbon dioxide〕in the atmosphere shows that ×Carbon Dioxide〔→the amount of carbon dioxide〕has been increasing rapidly since 1950×, however〔→. Moreover〕, ×another〔→the other〕graph shows that global temperature started to ×change〔→go up overall〕around ×〔ヌケ→the〕1980's. The former seems to be connected with the latter.〔0 / 15 点〕

グラフの表題は原則的に大文字になっているが，英文中では普通名詞は小文字にすること。however は副詞だから文と文とをつなぐことはない（おまけにその前後の文は逆接になっていない）。グラフは2つしかないから，3つ以上の母集団の中の「もう1つ」の意味である another は使えない。change では曖昧。

Column 冠詞 the をつけるかどうか

the というのは原則的に「話し手と聞き手の共通認識のある名詞」の前につけられる。知らない人から I'm looking for the department store. Where is it?「私はあなたもご存じのあのデパートを探しています。それはどこですか？」と言われたら面食らうであろう。いわゆる〈the＋単数形〉で総称を表す場合も同じ理屈である。the computer「コンピュータ（というもの）」と聞いて，おそらく現代人ならいわゆるパソコンなどを思いつくであろう。もし 200 年前の人なら「計算手」をイメージしたかもしれない。

play the piano なら「（誰もが同様にイメージできる）ピアノを弾く」であり，the moon なら「（誰もがイメージできる）衛星」のことなのである。「楽器名だから the がつく」とか「世界に一つしか無いから the がつく」というわけではない。

global warming は「（得体の知れない）地球温暖化」と考えられ the はつかない。「世界の気温」は，「（グラフからわかるような）世界の気温」なら the global temperature で，漠然と「世界の気温」ならば the は必要ない。面倒だがこのような確認が大切。

3
英
作
文

〈解答例1〉

The first graph shows that although the average global temperature fluctuates greatly, there has been an overall rise of 1.5 degrees since 1880. Carbon dioxide emissions have also increased sharply since about 1950, showing a possible link between the two phenomena. （41 語）

〈解答例2〉

We can say from these two graphs that there is a distinct correlation between the amount of CO_2 in the atmosphere and the rising global temperature. If CO_2 continues to increase, the earth may become too hot to live on. （40 語）

〈解答例3〉

According to the graphs, the amount of carbon dioxide in the atmosphere has increased rapidly since 1950, and Earth's temperature has risen in proportion to it, though not regularly. It is obvious that there is a close relationship between these two phenomena. （42 語）

〈解答例4〉

These two graphs suggest that global warming has a lot to do with the increase in the amount of CO_2 in the atmosphere. Probably there will be much more CO_2 in the future, so the average global temperature will rise further. （41 語）

84

使うべき文体

説明的な文章なので文語体が望ましい。

ポイント

「雨降って地固まる」という表現の，「字義通りの意味」「諺としての一般的な意味」「問題文の特定の文脈の中での意味」の3点を盛り込んで英語で説明するというもの。この諺の意味自体を知らないとお手上げだが，「困ったことや一定のもめ事を経て，かえって物事が前よりよくなる」ことを言っているという程度のことはだれでも知っているだろう。英語にも After a storm comes a calm.「嵐のあとはなぎがくる」というよく似た意味を表す諺がある。

使う可能性のある表現

◆「この諺の字義通りの意味は〜」
- The literal meaning of this saying 〔proverb / expression〕is that 〜.
- This saying literally means that 〜.
- This saying can be literally translated as 〜.
※saying は proverb ほど一般的ではない「言い回し」のこと。

◆「雨降って」after rain
※after rain が一般的（この after は前置詞）。after raining / after it rains 〔had rained〕も可。

◆「地面が固くなる」
the ground 〔the earth〕becomes 〔gets〕firmer 〔harder / more solid〕

◆「それが示唆するのは〜」It implies that 〜.

◆「それが一般に意味するのは〜」
- We use it meaning 〔to mean〕that 〜.
- We use it when we want to say that 〜.
- The actual meaning is that 〜.
- It actually 〔generally〕means that 〜.

◆「この（文章の）文脈では〜」
- In this passage 〔context〕it means that 〜.
- Here in the passage 〔context〕given, the speaker means that 〜.

◆「困難を経験する」experience 〔go through〕difficulties 〔a hard time〕

◆「〜をめぐってかなり言い争う」 have a lot of arguments over 〔concerning〕〜

◆「チームの運営」

● the management〔running〕of the team

● how to manage the team

● the way the team should be managed〔be run〕

◆「～がチームの結束を強くする」

● ～ make the team members stronger as a unit.

● The team members are more closely united by ～.

● ～ make the bonds between the team members stronger.

● The bonds between the team members are strengthened by ～.

● ～ result in stronger teamwork.

◆「マネージャー」an assistant

※この問題文の「マネージャー」は英語では an assistant となる。a manager は「(野球などのスポーツチームの) 監督」の意味。

生徒答案例

1 ▶ The expression literally means ×land have become solid [→the land becomes more solid] after it rains. You use this proverb to explain situations in which things become better after some conflict. What it means in this context is that the bond of this team was strengthened last year all the more because they aggressively discussed the way of team management. [13 / 15点]

やや使い慣れない単語が見られ「危うさ」を感じるが，出来は上々。

2 ▶ After it ×rained [→rains], the ground becomes harder, so this proverb means that after some problems, a situation will be better ×even [→トル] than the original one. As for this team, those in it had trouble in deciding the way ×they managed the team [→the team should be], but that resulted in stronger teamwork, and they would start to practice hard. [11 / 15点]

「書けないことを力ずくで書こうとする」のは悪い習慣。直すこと。

3 ▶ The saying says that the ground is strengthened after rain falls, which means that people can get ×more along [→along better] with other people after solving difficult problems with them. In this context, the members of the team have difficulty deciding how ×they [→to] play ×in the [→as a] team, but after that, they get ×more along [→along better] with their teammates. [8 / 15点]

how they play は「今やっているやり方」，how to play〔how they should play〕は「今後のやり方」。

問題文の英訳

Last year we had many arguments about how to run the team, such as whether or not to employ an assistant, and whether substitutes should be given a chance to play or we should only use our best players. As the saying goes, "After it rains the ground becomes firmer," and through this we became more strongly united as a team. Let's do our best together this year.

〈解答例 1〉

The saying means literally that the ground becomes firmer after rain. It is generally used as a proverb to mean that relationships between people become stronger after they have arguments about something. In this context, it means that the team members' disagreement about the way their team should be managed made them stronger as a unit. （56 語）

〈解答例 2〉

The literal meaning of this saying is that after rain the ground becomes harder. It implies that we are strengthened by the effort it takes to overcome difficulties. In this passage, the speaker uses it to mean that the bonds between the team members were strengthened by the arguments they had concerning the management of the team. （57 語）

〈解答例 3〉

This proverb, which literally means "After rain, the ground becomes firmer," is generally used in the sense that situations improve after we have gone through some trouble. In the example given here, it means that although the members of the team argued a lot about how to manage the team, their teamwork got stronger for that very reason. （58 語）

〈解答例 4〉

The literal meaning of this expression is "The ground gets harder after it rains." As a proverb, we use it to mean that a situation improves after difficulties are overcome. In this context, the manager uses this expression to mean that the unity of the team became stronger because there had been a lot of arguments over how to manage the team. （62 語）

85

全訳

≪理想的な休暇の過ごし方は≫

A：今度の休暇はどんな計画を立てているの？

B：やりたいことはいっぱいあるんだけど，たぶんアルバイトでほとんどの時間を
つぶさなくちゃならないだろうな。

A：私もよ。ねえ，もし１カ月の休暇があってお金も十分あったとしたら，あなた
は何がしたい？　あなたの理想的な休暇ってどんなの？

B：ぼくのやりたいのはこういうことさ。(1)＿＿＿＿＿＿＿＿＿＿＿＿＿＿＿。

A：私はそんなの絶対ごめんだわ。

B：どうして？

A：そんなことしたら，(2)＿＿＿＿＿＿＿＿＿＿＿＿＿。

使うべき文体

会話文なので口語体が望ましい。

ポイント

- (1)は「１カ月の休みと十分なお金があったら何がしたいか。理想とする休暇とはど
ういうものか」という問いに答えるもの。これだけなら非常に書きやすいのだが，
(2)で「私はそんなことは全然やりたくない」と考える理由を If I did that, に続けて
書かなければならない。あせって思いつくままに書き上げてしまうとあとで困難に
直面することになる。よって，(2)で書く内容までしっかり念頭においた上で書き始
めないとかえって苦労することになる。ある人がたまらなくやりたいと思うことで
も，別の人から見るとまったく魅力のないことがある，という視点で考える。柔軟
な思考が求められるところである。
- (1)・(2)いずれも仮定法を用いることに注意すること。

使う可能性のある表現

(1)

- 「～へ行ってみたい」I'd（like to）go to ～〔visit ～〕.
- 「～で１カ月過ごしてみたい」I'd（like to）spend a month in〔at〕～.
- 「世界一周する」travel around the world
- 「リラックスする」relax / feel relaxed
- 「美味しい料理を思いっきり食べる」eat as much delicious food as possible
- 「自分自身の目で～を見る」see ～ with my own eyes

3

英
作
文

(2)

- 「〜に再び合わせるのが難しい」 find it difficult to readjust to 〜
- 「普通の生活に戻るのが難しい」

  find it difficult to return to *one's* ordinary 〔regular〕 life
- 「飛行機に乗るのが嫌い」 hate to fly 〔to take the plane〕
- 「疲れ切る」 be tired out
- 「時間とお金の無駄」 a waste of time and money

生徒答案例

1 ▶(1) I'd like to take a trip to the moon with friends during that time

(2) I'd run into creatures from outer space, and I don't want to go through such a scary experience ［15 / 15 点］

以下がイギリス人採点者のコメント。"Good English, but I am not sure whether such a wacky answer is sensible." ［注］ wacky「(俗) いかれた」

2 ▶(1) I'd like to go ×[ヌケ→to] Hawaii and while away most of my vacation on the beach

(2) I'd be disappointed that no matter where I went, there would be many Japanese tourists ［13 / 15 点］

〈go to + 場所の名詞〉の to を抜かすなどありえないこと。

3 ▶(1) ×I want [→I'd like] to visit lots of countries to eat very expensive food that we can eat only ×there [→in them]

(2) I could no longer ×eat [→feel like eating] ×common [→トル] food that I usually eat because ×I would be used to eating very expensive food [因果関係が成立していない] ［5 / 15 点］

仮定法で書くこと。want to *do* は仮定法ではないが，would like to *do* は would があるので仮定法となる。there は通例 1 つの場所を指して「そこで」の意味。(2)の前半は「食べられない」のではなく「食べる気にならない」とすべき。また，that I usually eat があるので common は冗長（つけるなら ordinary が適切）。because 以下の論理がおかしい。「お金が十分ある」のなら，帰国しても高価な食べものを食べられるはず。

〈解答例 1 〉

(1) I'd fly to Singapore and then travel north through Malaysia and Thailand, enjoying the food and beaches and meeting fellow travelers〔(英) travellers〕(21 語)

(2) I might find it hard to readjust to the monotony of studying every day in Japan (16 語)

〈解答例 2 〉

(1) I've always been interested in Argentina, so I'd spend a month there enjoying what it has to offer (18 語)

(2) I'd have to learn Spanish before my trip. I find English difficult enough, so cannot imagine studying another foreign language (20 語)

〈解答例 3 〉

(1) I'd like to travel around the world and visit a lot of foreign countries (14 語)

(2) I'd have to take a plane. I don't like the idea of flying in the sky (16 語)

〈解答例 4 〉

(1) I'd like to stay home and spend the whole vacation reading as many books as possible (16 語)

(2) I'd find myself bored to death in a day or two (11 語)

〈解答例 5 〉

(1) I'd like to stay at some remote spa and just relax for the whole month (15 語)

(2) I'd find it so comfortable to stay there that I'd find it impossible to return to my regular daily life (20 語)

〈解答例 6 〉

(1) I'd like to go to Middle Eastern countries and see the way of life there with my own eyes (19 語)

(2) I might be in danger. If I were involved in some trouble, I couldn't come back home (17 語)

〈解答例 7 〉

(1) I'd like to go to Las Vegas and try to win the jackpot on a slot machine (17 語)

(2) I'd end up wasting a huge amount of money on gambling (11 語)

3

英
作
文

86

使うべき文体

エッセーライティングなので文語体が望ましい。

ポイント

- 「能力別クラス編成」の導入をめぐっての，日本語による2つの対立した意見の内容を英語で要約するもの。A先生の主張（賛成）とその理由（生徒の能力に応じたきめ細かい指導ができる，生徒主体の授業運営ができる），B先生の主張（反対）とその理由（民主主義的ではない，成績によって教える内容を変えるのは差別）を押さえることができれば書きやすい。
- 40～50語という語数制限を考えると，日本語のあまり細かいところにまで気を配るわけにはいかないであろう。

使う可能性のある表現

◆「能力別クラス編成に賛成だ」
- be in favor of〔be for / support〕ranking systems
- ※上記では一般論と考えて，ranking system を複数形にする。
- agree with the idea of introducing a ranking system
- ※agree with ～ は，「（人・考え・意見など）に同意する」の意味なので，agree with a ranking system は避ける。また，introduce の目的語として ranking system を置く場合，〈a＋～〉とする。

　「賛成」という日本語にこだわらない場合は以下のようにすることもできる。
- believe that introducing a ranking system is a good idea
- believe that we should introduce〔adopt〕a ranking system
- believe that a ranking system should be introduced〔adopted〕
- ※問題文では ranking system に冠詞がないためか，冠詞を抜かす者が多かった。誰もが共通のイメージを持っている制度と考えるなら the ～ としてもよい。

◆「能力別クラス編成に反対だ」
- oppose〔be opposed to / be against〕ranking systems

　「反対」という日本語にこだわらない場合は以下のようにすることもできる。
- do not believe that introducing a ranking system is a good idea
- do not believe that we should introduce〔adopt〕a ranking system
- do not believe that a ranking system should be introduced〔adopted〕

◆「この学校には帰国子女が多い」

This school has a lot of returnees from English-speaking countries.

※ returnees だけでは英語が話せるとは限らない。

◆「生徒の学力レベルはばらばらだ」

● Students have different levels of academic ability.

● Pupils have a range of academic abilities.

※「学力レベルがばらばらの生徒」とするなら students〔pupils〕with different levels of academic ability。

◆「生徒の学力に応じて教える」

teach students according to their level of academic ability〔their abilities〕

◆「それぞれの生徒に適した方法で授業を行う」

teach *one's* classes in a way that is suited to each student

※「能力に適した授業をとる」なら take classes that are appropriate to *one's* level(s) of academic ability などと表現する。「授業内容を皆に適したものにする」なら make the content of classes more suitable for everyone となる。

◆「もっと難しい授業を受けたい」want to take more challenging lessons

※「難しい」は difficult でも十分だが，challenging「（やりがいがあるが）難しい」がよりよい。

◆「〜は差別的だ」be discriminatory

※「一部の生徒を差別する」なら discriminate against some students とする。その際に against を忘れないように。

◆「民主主義の原則に反する」

● be against the principles of democracy

● be undemocratic

◆「学力レベルと無関係に同じことを学ぶ」

learn the same things regardless of their levels of academic ability

※same の前には（一部の熟語を除き）必ず the をつけること。

◆「各々の生徒を公平に扱う」treat every student fairly

生徒答案例

1 ▶ Ms. A says that each student has different learning ability, and it is difficult to decide which student to set as a standard, so it will be better for us to apply the method. The other teacher says that separating students based on their ability is discrimination. [15 / 15 点]

Excellent!

2 ▶ Ms. A says that we should divide the students into some classes according to how well they study because we can adjust contents of classes ×to [→for] them ×and so that they could join classes willingly [→トル：現状では語数オーバー]. On the other hand, Mr. B says that we should not do it because it seems to be discrimination. [13 / 15 点]

語数オーバーであるが，よくできている。

3 ▶ Ms. A wants to adopt a ranking system because the system ×supplies [→would supply] each student with a good education, which suits each of them. Mr. B does not agree △with the system [→that they should introduce it：減点なし] because he thinks it ×deprives [→might deprive] students of the right to study freely. [11 / 15 点]

日本語では「与える」でも，英語では未来。そして，まだ採用の可能性は「高くない」と考えるなら仮定法にする。

問題文の英訳

TEACHER A : Basically, I agree with the idea of introducing a ranking system. I think that it would allow us to give precise instructions to each student based on their ability. In this school there are many returnees from English-speaking countries. If we teach English to them in the same class as ordinary students, we will not know which level to aim our lesson at and our teaching will become a compromise. In order to have student-centered lessons, we need to group them according to ability.

TEACHER B : Even so, the concept of grouping according to ability is itself a fundamentally outdated way of thinking that goes against the principles of democracy. After all, not only for English but for all high-level classes, lessons would be taught using advanced textbooks for teaching at a high level, and less advanced textbooks would be used to teach easier lessons. Isn't that discrimination？ Even students with comparatively poor academic records may request higher level lessons, so what would we do then？

3
英
作
文

〈解答例 1 〉

Ms. A supports ranking systems. She argues that they would allow teachers to teach according to students' abilities, and classes would be more student-oriented. However, Mr. B disagrees with such systems. He claims that they are undemocratic and discriminates against weaker students who wish to receive high-level classes. (48 語)

〔注〕student-oriented「生徒中心で」

〈解答例 2 〉

Ms. A is for ranking systems. She says that they will enable teachers to teach their classes in a way that is suited to each student. Mr. B, however, thinks that those systems are outmoded and undemocratic, discriminating against students who want high-level lessons, regardless of their abilities. (48 語)

〔注〕outmoded「流行遅れの, 旧式の」

〈解答例 3 〉

Ms. A is in favor of ranking systems. She says that they would enable teachers to teach their students more effectively. Mr. B is opposed to the idea. His opinion is that it would be a form of discrimination to rank their students according to their abilities. (47 語)

〈解答例 4 〉

Ms. A believes that the introduction of a ranking system is a good idea since teachers could teach students considering their abilities. Mr. B disagrees with her because he thinks the very idea of grouping students according to their abilities is old-fashioned and against the principles of democracy. (48 語)

〈解答例 5 〉

Ms. A is for the idea of introducing a ranking system because she thinks students would be given more student-oriented education. By contrast, Mr. B believes such a system should not be adopted since it is old-fashioned and undemocratic to divide students into classes according to their abilities. (48 語)

87

使うべき文体

エッセーライティングなので文語体が望ましい。

ポイント

◆日本文の表す内容を英語で要約するというもの。「動物は目前の死の危険を避けようとするだけ（＝本能的）であるのに対し，人間は自分がいつか死ぬということに恐怖を感じる（＝概念的）」という相違点が明確に出るように心がける。具体的には，次の3点を書けばよい。

- 人間と動物は死に対する恐怖の持ち方が異なる。
- 人間はいつの日か自分が死ぬと考えただけで怖い。
- 動物が死を避けようとするのは，本能的なもので，目の前に迫った死の危険を恐れるだけである。

使う可能性のある表現

◆「死を恐れる」fear〔be afraid of / be frightened of / be scared of / dread〕death

※この場合の death は無冠詞単数形で用いる。I like <u>my</u> swimming. と言わないのと同様で fear *one's* death は一般的ではない。「死」は dying でも可。また「死の恐怖を知っている」とするなら know the fear of death〔dying〕とする。

◆「～なことを恐れる」fear〔be afraid of〕the fact that S V

※fear〔be afraid〕that S V は「～する<u>のではないか</u>と恐れる」となり，やや不適切。また，even when our lives are not at risk を付け加えて，「生命が脅かされていないときでも（いつか死ぬ）ことを恐れる」のようにすることもできる。

◆「いつか死ぬ」

- S will〔be going to〕die one day in the future.
- ※one day は，some day や someday でも可。
- S be mortal.
- ※mortal「死を免れない，死ぬ運命にある」
- Their lives cannot go on forever.「彼らの生命は永遠には続かない」
- Their lives will come to an end one day.「彼らの生命がいつか終わりを迎える」

◆「～を考えただけで恐れる」

- be frightened〔scared〕by the mere thought that S V
- feel fear〔feel scared〕at the mere thought of ～

◆「(動物が) 死 (の危険) に直面してはじめて」
- only when they face being killed
- only when they are about to be killed (by stronger animals)
- only when their lives are in danger 〔are threatened〕
- only when they are in immediate danger of dying 〔being killed〕

※「目前の死 (を恐れる)」と考えて (fear) death just in front of you とも書ける。

◆「自分の将来のことを考える」think about 〔imagine〕 *one's* future

◆「人間」humans / human beings ※一般論なので複数形にすること。動物に対する「私たち」と考えて we としてもよい。mankind や man などは性差別語で不可。

◆「動物」animals ※一般論なので複数形にすること。人間も動物であると考える場合には other animals とすることもある。

◆「(本能的に) 死を避けようとする」try to avoid death (instinctively)

※「動物は本能的に死を避ける」Animals' instinct tells them to avoid death. とすることもできる。

英作文 3

生徒答案例

1 ▶ Animals are afraid of ×their 〔→トル〕 death only when they are actually being killed. This is because they cannot think about the future. On the other hand, human beings are △afraid 〔→frightened：減点なし〕 of ×their 〔→トル〕 death when they think that they cannot live forever. Therefore, humans are quite different from animals in that they can △think about the future 〔→imagine their future：減点なし〕. 〔13 / 15 点〕

よく書けている。あとは語句の反復を避けること。

2 ▶ While human beings are afraid of ×their 〔→トル〕 death whenever they think about ×their death 〔→it〕, other animals are afraid of ×their 〔→トル〕 death only when they are about to be killed. Therefore, △human beings 〔→humans：減点なし〕 are different from other animals in the sense that ×human beings 〔→they〕 are △afraid 〔→frightened：減点なし〕 of their limited ×life 〔→lifetime〕 and other animals are △afraid 〔→scared：減点なし〕 of being killed and eaten. 〔10 / 15 点〕

内容は良いのだが, 同じ単語の反復が多すぎる。できるだけ反復を回避する努力をすること。東大が採点の際にそのようなことを考慮するかどうかは別として, 英語のエッセーでは「同じ語句・構文の反復」は避けるべきことである。

3 ▶ People are aware that they cannot ×have permanent life 〔→live forever〕 and always fear that they ×have to 〔→must〕 die someday in the future. However, animals do not usually feel the fear of death. They only △fear

death [→feel that way：減点なし] when they are about to ×being [→be] killed. In this respect, △man is [→humans are：減点なし] different from other animals. [7 / 15 点]

「人間は死ななければならない」は，外的な必要性ではないので have to はおかしい。must / will とすること。「まさに～しようとする」は be about to *do* が正しい。無冠詞の man を「人間」の意味で使うのは，現代の英語では避けるべき用法。

〈解答例1〉

Animals fear death only when they face being killed. For example, a zebra being chased by a lion is naturally trying to avoid death. Humans, on the other hand, are afraid of the fact that they are mortal and will die one day in the future. This is a difference between how animals and humans fear dying. （57語）

〈解答例2〉

Animals fear death only when they face it. This is because it is not their knowledge, but their instinct, that compels them to try to avoid death. However, humans are different from these animals in that they know their lives will come to an end someday. That makes them scared of death even when their lives are not at risk. （60語）

〈解答例3〉

The way animals fear death is quite different from ours. While animals fear death only when they are in immediate danger of dying, we are afraid of death even when it is far in the future. Unlike animals, we feel scared whenever we consider the fact that we will definitely die someday. （52語）

〈解答例4〉

Animals' fear of death differs from that of humans in that they have no consciousness of their mortality. They only fear death when it faces them in the form of danger or a predator, whereas humans feel fear at the mere thought of death. The awareness that sooner or later their lives must end fills them with dread. （58語）

〈解答例5〉

Humans are the only creature that knows the fear of distant death. Animals, too, may try to avoid death, as seen in the case of zebras being chased by lions, but what they fear is a temporary danger of being killed. On the other hand, what we fear about death is the fact that we cannot escape it in the end. （61語）

88

全訳 ≪20 世紀最大の発明は？≫

A：ねえ，20 世紀最良の発明または発見は何だったと思う？

B：難しい質問だね。だって発明や発見はたくさんあったからね。でも，一つだけ挙げなければならないとすれば，(1)_____ かな。

A：どうして？

B：理由は(2)_____。

A：おかしいと思うかもしれないけれど，私の考えは正反対。それは最悪だったと思う。理由は(3)_____。

使うべき文体

会話文なので口語体が望ましい。

ポイント

● 20 世紀において最良とも，また最悪とも考え得る発明ないし発見について書かなければならない。プラス面とマイナス面の両方を無理なく書ける材料を探すことが重要。

● 「スマホ」などのように，その発明時期が 20 世紀か 21 世紀か微妙なものは扱わないのが無難。

使う可能性のある表現

(1) ――――――――――――――――――――――――――――――――――――

◆「車」cars / the car / automobiles / the automobile

　※一般論で表す場合には cars / automobiles あるいは the car / the automobile とする。これは planes / the plane「飛行機」，computers / the computer「コンピュータ」などの科学技術の発明品で可算名詞なら当てはまる。

◆「原子力」nuclear power / nuclear energy

◆「インターネット」the Internet / the internet　※the が必要。

(2) ――――――――――――――――――――――――――――――――――――

◆「S によって…が可能になる」

　● S enable〔allow〕us to *do*.

　● S make it possible for us to *do*.

◆「～を早める」speed ～ up

◆「～と連絡を取る」

　● contact〔× contact with〕～

- get in touch with ～

◆「～に有害である」

- be harmful to ～
- have a harmful effect on ～

[生徒答案例]

1 ▶(1) nuclear energy
(2) it has enabled us to generate electricity without using fossil fuels
(3) if it were abused, human beings would face the danger of becoming extinct ［15 / 15 点］

Excellent !

2 ▶(1) ×a ［→the］ cell phone
(2) it enables us to keep in touch with other people as long as we can get a ×call phone ［→トル］ signal
(3) some children do not study because they use cell phones for a long time ［12 / 15 点］

無難に書けている。

3 ▶(1) the Internet
(2) △I can ［→It allows you to : 減点なし］ get immediately many ×［ヌケ→kinds of］ information about what ×I ［→you］ want to know
(3) it has many obscene or graphically violent web sites and they ×give ［→have］ a bad influence on children ［8 / 15 点］

一般論なので I ではなくて you を使うこと。さらに，因果関係を明確にするため，S allow O to *do* にする。information は不可算名詞なので many や various のあとに置く場合には kinds of が必要。「影響を与える」は英語では，give ではなく have を用いる（give は持っているものを相手に渡してしまうイメージだが，「影響」は与えても，与えた本人からなくなることはないからである）。

4 ▶(1) the computer game
(2) △we can ［→it enables us to : 減点なし］ become a hero, have a great time, and make many friends
(3) most ×of ［→トル］ children do not play outside ×and ［→or］ study ×［ヌケ→because of computer games］ ［5 / 15 点］

「原因・結果」の関係の記述が不十分。most of ～ の～には〈the ＋名詞〉，〈*one's* ＋名詞〉などが置かれる。「A も B も～ない」は not A or B。設問に「10～20 語程度」とあるので，(3)は 10 語以上にしたほうがいいだろう。

Column 原因・結果関係は明確に書こう！

　英語では文と文とのつながりを大切にする。これを「結束性（cohesion）」という。特に原因と結果の関係を丁寧に追う必要がある。

　日本語では，「学生はクラブに参加すべきです。友達がたくさんできて，学校生活が一層楽しいものになるからです」と言っても特に問題はない。ところが英語では「学生はクラブに参加すべきです。<u>そうすることで</u>，友達がたくさんできて，学校生活が一層楽しいものになるからです」と〈原因と結果〉を示すのが適切となる。この方が文と文の結束性が高まるからである。本問でも We can ～ で始めるのではなく It enables〔allows〕you to *do* や because of it のような因果関係が明確となるつなぎ語を使って答えることが望ましい。

〈解答例1〉

(1) the airplane

(2) it has opened up the world to travelers, allowing us to visit distant places （14 語）

(3) planes are one of the greatest sources of pollution and the atomic bomb was dropped from one （17 語）

〈解答例2〉

(1) television

(2) it gives us so much information and amusement that many of us can't pass a day without it （18 語）

(3) we tend to spend too many hours watching television and so have little time to do many other things （19 語）

〈解答例3〉

(1) mobile phones

(2) we can now talk with others on the phone at any place at any time （15 語）

(3) there're too many ill-mannered people who use mobile phones on buses or trains, or even in class （17 語）

〈解答例4〉

(1) the computer

(2) it has enabled us to do many difficult tasks in our everyday lives faster and more accurately （17 語）

(3) everything now has been so computerized that one day soon we'll be unable to do anything without it （18 語）

89

全 訳

≪海外在住日本人の子供の就学状況≫

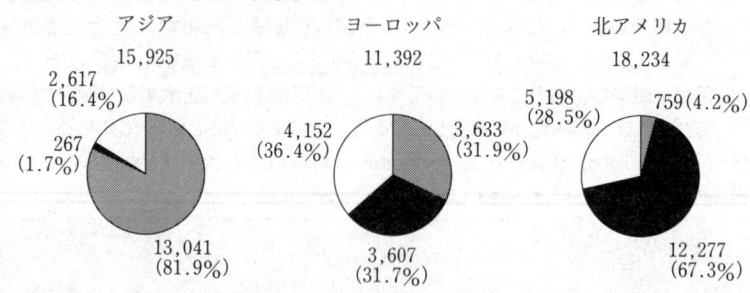

アジア	ヨーロッパ	北アメリカ
15,925	11,392	18,234

アジア：2,617 (16.4%)、267 (1.7%)、13,041 (81.9%)

ヨーロッパ：4,152 (36.4%)、3,633 (31.9%)、3,607 (31.7%)

北アメリカ：5,198 (28.5%)、759 (4.2%)、12,277 (67.3%)

□①日本人学校のみに就学する日本人の子どもたち

■②現地校または国際学校に就学しながら，日本語による補習授業校にも通う日本人の子どもたち

□③現地校または国際学校のみに就学する日本人の子どもたち

　　以下は日本のある中学校での社会科の授業である。先生が前掲のグラフを生徒に示している。

先生　　：最も違いの大きい2つのグラフについて，この2つの地域の状況はどのように違っていますか？

ミヤコ　：⑴＿＿＿＿＿では，⑵＿＿＿＿＿＿＿＿＿＿。一方，⑶＿＿＿＿＿では，⑷＿＿＿＿＿＿＿＿＿＿＿＿＿。

先生　　：あなたが8歳だと想像してみましょう。もしあなたがグラフに示された地域のどれかに住んでいるとしたら，どのタイプの学校に行きたいと思いますか？　また，その理由は？

カズユキ：もし僕が⑸＿＿＿＿＿に住んでいるとしたら，⑹＿＿＿＿＿＿＿＿したいと思います。それは⑺＿＿＿＿＿＿＿＿＿＿＿＿＿＿＿＿だからです。

使うべき文体

会話文なので口語体が望ましい。

ポイント

●⑴～⑷　「最も違いの大きい2つのグラフ」が Asia と North America を指すことは明らか（Europe は両者の中間）である。したがって，⑵・⑷ではそれぞれのグラフから読み取れる特徴を答えればよい。解答には問題文にある表現を利用すればよいが，比較の対象となる点をしっかり押さえること。また，資料はすでに過去のものだと考えて，過去形で書いても問題ないだろう。

●(5)～(7)　先生の発言からこの部分は，全体を仮定法で書かねばならない。(6)は，3
つの学校から1つに絞って書くことも可能だが，現地の学校に行きかつ補習授業校
に通うという選択も可能。

使う可能性のある表現

(2)・(4)

● 「80％以上の日本人の児童」over〔more than〕80％ of Japanese children
　※「80％以上の～」の部分は，most〔× most of〕～「大半の～」，about 80 per-
　　cent of ～「およそ80％の～」，over〔more than〕four-fifths of ～ などでも可。
　　ただし nearly ～「～近く」は「もう少しで80％に到達する」ということになる
　　ので，ここでは不可。また，グラフ通りに81.9％ of ～ と書いてもよいだろう。
　　「児童」は問題文にある通り children でよい。また The number of Japanese
　　children who … is the largest. のような書き方でも可。

● 「日本人学校のみに通っている」
go to〔attend / study at〕full-time Japanese schools only
　※問題文にある enrolled は過去分詞形だが，enroll は enroll in ～ あるいは be en-
　　rolled in ～ の形でも使えるので enroll in ～ あるいは are enrolled in ～ としても
　　よい。

● 「およそ4％の日本人の児童」only about 4％（of Japanese children）
　※「日本人の児童」の部分は省略しても構わない。very few を使用して「(日本人
　　学校に通っている子どもは）ほとんどいない」としてもよい。なお，他の部分に
　　注目して almost all the Japanese children go to local schools or international
　　schools「ほぼすべての日本人児童は地元のあるいは国際学校に通っている」，
　　more than half of them study in a language other than Japanese「半数以上の日本
　　人児童が日本語以外の言語で勉強している」のような書き方でも可。

● 「地元の〔国際〕学校に通う」
go to〔attend / study at〕a local school〔an international school〕
　※go to school「学校に通う」には冠詞は不要だが，go to a local school〔an
　　international school〕などのように，school の前に形容詞がつく場合には冠詞を
　　つける，あるいは schools とするのが通例。

(7)

● 「その国の文化をシャワーのように浴び，その国の言語を習得できる」
I could immerse myself in that particular country's culture and learn its language.

● 「異なる国の人々との交流が可能になる」
I could interact with〔× have contact with〕people from different countries.
　※「～と交流する」は「～と友達になる」と考えて make friends with ～ とするこ

3
英
作
文

ともできる。have contact with 〜 は「〜と連絡をとっている」の意味。

● 「地元の文化を学べる」I could learn about the local culture.

※about を省いて learn the local culture とすれば「地元の文化を習得する」という意味になる。

● 「日本にいるような気持ちになれる」I could feel as if I were in Japan.

生徒答案例

1 ▶(1) Asia

(2) 81.9 percent of Japanese children go to full-time Japanese schools

(3) North America

(4) just 4.2 percent of Japanese children △go to [→attend：減点なし] full-time Japanese schools

(5) North America

(6) enroll in a local school

(7) I'd like to learn to speak the local language and make friends with the students there [15 / 15 点]

無難に書けている。同じ表現はできるだけ繰り返さないこと。

2 ▶(1) Asia

(2) Most Japanese children enroll in full-time Japanese schools only

(3) North America

(4) Few Japanese children △enroll in [→go to：減点なし] full-time Japanese schools only

(5) Europe

(6) go to a local school only

(7) I'd make many friends with European children and find out a lot of differences in the way of thinking between Japanese and Europeans [15 / 15 点]

無難に書けている。

3 ▶(1) Asia

(2) ×a lot of [→most] students go to full-time Japanese schools only

(3) North America

(4) many students attend both ×local or international schools [→a local or international school] and a part-time Japanese school

(5) Asia

(6) go to a full-time Japanese school

(7) ×I do [→I'd] not have to worry about ×[ヌケ→the] language that is spoken there [9 / 15 点]

　語数不足では0点になる可能性があるので注意すること。仮定法を用いることに気をつけること。

---

(1)～(4)　※(1)(2)と(3)(4)は交換可能

〈解答例1〉

(1) Asia

(2) most Japanese children go to full-time Japanese schools only（9語）

(3) North America

(4) very few go to full-time Japanese schools（7語）

〈解答例2〉

(1) Asia

(2) over eighty percent of Japanese children attend full-time Japanese schools only（11語）

(3) North America

(4) only about four percent of Japanese children are enrolled in full-time Japanese schools（13語）

(5)～(7)

〈解答例1〉

(5) North America

(6) attend both a local school and a part-time Japanese school（10語）

(7) I'd become fluent in English and make friends with the local children as well as keeping in touch with my Japanese peers（22語）

〈解答例2〉

(5) Europe

(6) go to a local school（5語）

(7) in that way I'd have an opportunity to learn about the local culture and acquire the language spoken there（19語）

〈解答例3〉

(5) Asia

(6) attend a local school and also a part-time Japanese school（10語）

(7) I'd like to meet as many local children as possible, but at the same time, I don't want to lose my Japanese identity（23語）

3

英

作

文

90

全 訳	≪クローン技術についての投書≫

≪クローン技術についての投書≫

拝啓，編集者殿

　貴誌の記事「クローン技術：もはや羊だけにとどまらない」をたいへん興味深く拝読いたしました。私は，政府は人間のクローンを作成する研究を支援する(1)「ア．べきである　イ．べきではない」と思います。なぜなら(2)＿＿＿＿＿＿＿

＿＿＿＿＿＿＿＿＿＿＿＿＿＿＿＿＿＿＿＿＿＿＿。さらに(3)＿＿＿＿＿＿＿

＿＿＿＿＿＿＿＿＿＿＿＿＿＿＿＿＿＿＿＿＿。

敬具

ヤマシタ　タロー

使うべき文体

投書なので文語体が望ましい。

ポイント

● 政府による「クローン技術」の支援に賛成か反対かを選び，その理由を 2 つ述べよというもの。賛成の立場をとる場合には，「動物ではなく人間のクローンの研究が人のためになる」ということを述べる。人間のクローンとは無関係な「絶滅危惧種を守る」「食料供給を改善する」「ペットロスがなくなる」などは不可。また「クローン人間」はサイボーグではないので「危険な仕事ができる」「休まなくても働ける」の類いも不可。反対の場合は，倫理的な理由が中心となろう。たとえば差別などの懸念である。

● 「人間のクローンを作成すること」は現時点では仮定法が適切であろう。

使う可能性のある表現

● 「クローン人間」cloned humans〔human beings〕

　※「人間」は「動物」との対比と考えるなら humans〔human beings〕を用いるのが適切だが，問題英文で people「人々」を使用しているので cloned people でも可。cloning people〔humans〕は「人々〔人間〕のクローンを作成すること」という意味になるので注意。

● 「あなたとまったく同じ人間」someone identical to you

　※same を用いる場合には必ず the が必要。さらに「寸分たがわず同じ」という意味なので exactly the same とする。

● 「～を差別する」discriminate against ～

● 「人間の権利を侵害する」violate human rights

● 「倫理上のジレンマ」ethical dilemmas

生徒答案例

(1)―アの場合

1 ▶(2) it would make a great contribution to science

(3) it could also be helpful in medical treatments [10 / 10 点]

Excellent !

2 ▶(2) ×they [→it] would ×help [→help solve] a shortage of labor

(3) ×they could keep working for a long time [クローンはサイボーグではない] [2 /
10 点]

主語は cloning people で動名詞なので単数扱い。help (to) *do*「〜するのに役立つ」
(3)のミスは痛い。

(1)―イの場合

3 ▶(2) it might confuse the way people think about ×moral [→morals]

(3) it would deprive you of what makes you yourself [9 / 10 点]

よく書けている。

4 ▶(2) ×they [→it] could threaten human rights

(3) humans might use ×them [→cloned humans] as slaves [6 / 10 点]

(3)の them は指すものがない。

5 ▶(2) doing research on cloning people is not good in terms of ethics

(3) ×cloning people [→cloned people] might be discriminated ×[ヌケ→against]
by ordinary people [5 / 10 点]

自信のない表現は使ってはいけない。なお，(2)は語数オーバー。

Column 英語は対比を意識する

英語を書く場合には「対比構造」を意識する必要がある。

(1) a human / a human being について

「人間として他人には優しくあるべきだ」という日本語に問題はないが，これを文
字通り英語にして You should be kind to other people as a human. とすると「動物・
ロボットならば問題ないが，人間として生きている場合には他人に親切にすべきだ」
という感じになる。なぜなら，a human / a human being は，「（動物やロボットと対
比される）人間」という意味だからである。

(2) *one's* own 〜 について

one's own を多用するのも問題である。Many young people are not interested in
the culture of their own country. と書くと，「多くの若者は外国の文化には興味がある
くせに自国の文化には興味を示さない」という意味にとられるであろう。*one's* own
〜 は，「自分の何か」と「自分以外の何か」を対比する時に用いられるのである。

(3) 比較級について

「電子辞書は軽くて持ち運びが簡単だ」と書く場合，Electronic dictionaries are

light and easy to carry around.としても×ではない。しかし「紙の辞書」を意識して,比較級で Electronic dictionaries are <u>lighter and easier</u> to carry around. とした方がよい。

　「この薬はあなたをきれいにします」なら This medicine will make you beautiful. とすると「今のあなたはきれいではないが,この薬によってきれいになる」という失礼な意味になる。This medicine will make you <u>more beautiful</u>. とした方がよい。

〈解答例1〉

(1)—ア

(2) it could make the replacement of damaged organs possible（9語）

(3) it would encourage the progress of biological research（8語）

〈解答例2〉

(1)—ア

(2) it could lead to other discoveries aiding medical service（9語）

(3) it would be useful in many ways in the future（10語）

〈解答例3〉

(1)—ア

(2) it might help solve the problem of Japan's declining birthrate（10語）

(3) it might enable science and technology to advance（8語）

〈解答例4〉

(1)—イ

(2) dangerous criminals could be cloned and they would create havoc（10語）

〔注〕havoc「大混乱,惨害」

(3) imagine the horror of discovering someone physically identical to you（10語）

〈解答例5〉

(1)—イ

(2) cloned people might be discriminated against by ordinary people（9語）

(3) human cloning might cause ethical dilemmas（6語）

〈解答例6〉

(1)—イ

(2) it could lead to the devaluation of human life（9語）

〔注〕devaluation「（価値などの）低下」

(3) the earth could easily become overpopulated（6語）

解答例

91

使うべき文体

エッセーライティングなので文語体が望ましい。

ポイント

「どんなボランティアがしたいか」なら直説法で問題ないが,「A大学に入学してボランティアをする」であるので, 仮定法が適切。また「大学の授業」と関連するボランティアに絞って答えるべきだとは思われるが, たとえば「障がい者の介護 (helping disabled people)」,「外国人観光客の案内 (guiding foreign tourists)」などの一般的なボランティア活動でも問題ないだろう。なお,「ボランティア活動に参加する」と書かなくても, たとえば would like to help などを用いて具体的に書いてもよい。

3
英
作
文

使う可能性のある表現

◆「ボランティア活動をする」

● take part in 〔participate in / be involved in〕 voluntary work 〔voluntary activities / a volunteer program〕

● work as a volunteer

● do volunteer activities 〔work〕

※日本語の「ボランティア」は「ボランティア活動」の意味でも使われるが, volunteer は「ボランティアする人」「進んで〜する」の意味。

◆「ボランティア活動として〜を助ける」 help 〜 as a volunteer activity

生徒答案例

1 ▶ I would like to take part in ×any〔→some〕 voluntary work in Africa. Since a lot of countries there are still developing countries, their governments cannot afford to help their poor people. That is why △I want〔→would like：減点なし〕 to do something useful for them. 〔13 / 15 点〕

内容は抽象的だが, サラサラと無理なく書いてあるので合格点。ただし, any work は「(仮定的に) どんな仕事 (もする)」を示唆する。ここでは some (kind of) work「(特定できないが) 何らかの仕事をする」が適切。

2 ▶ I would like to help elderly people in their daily △life〔→lives：減点なし〕 as a volunteer activity. ×This is because I can〔→This would enable me to〕 get a variety of stories such as ×wars〔→those about the war〕 from them. Today, except for them, there is no one who ×have〔→has〕 such an experience.

△So [→Therefore：減点なし], I believe that taking care of them is also a good opportunity to learn ×about the real fear of it [→how terrible war is]. [5 / 15 点]

第2文は原因と結果の関係を明確にすること。また，この文の「戦争のような話」を英語にする場合には「第二次世界大戦（the war）に関する話のような話」とする必要がある。no one は単数扱い。the real fear of it のような怪しげな表現ではなく，節を用いた確実な表現を使うこと。語数が 60 語以上あるのでもう少し書く内容を整理する必要があったと思われる。

3 ▶ I would like to take people from abroad ×with something to visit [→to sightseeing spots] in ×Japan. I have two reasons [→Japan for the following reasons]. Firstly, I would like to communicate with a lot of △foreign people [→people from different backgrounds：減点なし]. That ×enables [→would enable] me to ×know about the world much deeper [→know more about the world / know about the world more deeply]. Secondly, I would like to ×remove [→overcome] my shyness and be more friendly through these activities. [5 / 15 点]

I have two reasons. だと「何の理由か」が曖昧。I have two reasons for this. / I have two reasons for feeling this way. とする。簡潔なのは for the following reasons。foreign people は差別的響きを持つことがある。deeper は形容詞なので know を修飾できない。shyness は remove「（～を）取り除く」のではなく overcome「（～を）克服する」対象。

〈解答例1〉
　I would volunteer to help build water wells and schools for poor villages in Thailand. Not only would this change the lives of the village children, but it would give them an interest in Japan and give me a chance to experience a different culture and language.（47 語）
〈解答例2〉
　I would choose to work for elderly people who live alone. In our aging society, a lot of aged people have no one to take care of them. Many of them must feel quite helpless, so I would like to do what I can to help them.（47 語）
〈解答例3〉
　If I were to choose a volunteer activity, I would like to help clean up the streets in our city. A beautiful environment is essential to our pleasant daily lives, and I believe every one of us can be of some help to make our city a better place to live in.（52 語）

92

全訳

　　　マイコとユリコは友人のカズコがテニスの試合に負けるのを見たところである。マイコは試合の結果に驚いているが，ユリコの方は驚いていない。帰り道で2人は自分たちの違った考えを言い合っている。

マイコ：カズコが負けたなんて，本当に残念だわ。いつもはすばらしいプレーをするのに，今日は(1)_____。

ユリコ：あら，それは彼女が負けた本当の理由じゃないと思うわ。つい先月に(2)_____。だから(3)_____。そして，テニス選手がそれをしていなければ，当然，困ったことになるのよ。

使うべき文体

会話文なので口語体が望ましい。

ポイント

- 最後の一文（And, of course …）より，doesn't do that が she's in trouble の理由である。よって，(3)には，「しなかった」ためにテニスの試合に敗れるような活動，おそらくは「練習」か，あるいは「集中」などが入る。
- (2)と(3)は So でつながっているので，(2)には，doesn't do that「それをしない」の理由として適当なものを入れる。「けがをした」「恋人と別れた」などいろいろ考えられるだろうが，空所の直前に，Just last month とあるので過去形にすること。
- (1)はそういった事情を知らずに自分の見た印象だけで話している部分。「あがっていたようだ」とか「調子がよくなかったみたい」などが考えられるだろう。
- (1)～(3)はすべて文中なので小文字で始めること。

使う可能性のある表現

(1)
- 「少し緊張している」be a little nervous
- 「集中できない」cannot concentrate / be distracted
- 「体調が悪い」be in bad〔poor〕(physical) condition
- 「いつもの調子がでない」be off *one's* game〔*one's* game is off〕

(2)
- 「膝腱〔足首〕を痛める」injure *one's* hamstring〔ankle〕
- 「脚を折る」break *one's* leg
- 「恋人と別れる」break up with *one's* boyfriend
- 「家事をする必要がある」have to do (the) housework

- 「悪性の風邪を引く」catch (a) bad cold

(3) ――――――――――――――――――――――――――

- 「まったくトレーニングができない」

cannot do any training / cannot practice at all

- 「十分に寝る時間がない」do not have enough time to sleep

生徒答案例

1 ▶(1) fortune didn't smile on her

(2) ×She [→she] broke her arm while practicing tennis

(3) ×She [→she] didn't practice at all for a month ［14 / 15 点］

よくできている。文頭大文字が痛い。

2 ▶(1) she must have been ×physically in bad condition [→in poor physical condition]

(2) Tom turned her down, and she was terribly shocked

(3) she hasn't been able to do any practice for a month ［12 / 15 点］

自信のない表現は使ってはいけない。

3 ▶(1) her opponent ×may play [→played] ×tennis better [→better tennis]

(2) she ×won [→beat] the same player

(3) she didn't practice ×well [→hard] for today's match ［7 / 15 点］

試合は過去の出来事。play tennis better は一般論を述べる表現なので避けたい。play better tennis とする。win は win＋試合，で使う。目的語が対戦相手の場合は beat を用いる。

〈解答例 1〉

(1) she didn't seem to be trying （6 語）

(2) she injured her hamstring （4 語）

(3) she couldn't run after every ball （6 語）

〈解答例 2〉

(1) she seemed to be a little too nervous （8 語）

(2) she caught a bad cold and was sent to the hospital （11 語）

(3) she couldn't practice at all for nearly a whole week （10 語）

〈解答例 3〉

(1) she seemed to be in bad condition （7 語）

(2) her mother started working and now she has to do housework （11 語）

(3) she hasn't had enough time to practice （7 語）

93

使うべき文体

エッセーライティングなので文語体が望ましい。

ポイント

- この試験が実施された 1998 年の日本では，選挙権は 20 歳からだった。よって，「18 歳からの選挙権」について，まだ実現性が低いと考えた場合は仮定法を用いる。ただし，実現性が高いと考えて直説法を用いても可である。
- 「賛成」の場合は，「立派な教育を受けている」「まともな判断ができる」などの現状認識の他に，「社会に対して責任を持たせる」「将来のことを考えさせる」などの目的，効果を述べることができるだろう。
- 「反対」の場合は，「まだ子どもだ」「未熟である」「政治に関心がない」「入試の勉強で忙しい」などが考えられる。

使う可能性のある表現

- 「〜に選挙権を与える」give 〜 the right to vote
- 「納税義務を有する」have the duty to pay taxes
- 「18 歳以上の人々」people aged 18 and over
- 「政治参加する」take part in politics
- 「成人となる」be regarded as an adult / come of age / reach adulthood
- 「政治問題にまともな判断をする」make sound judgments on political issues
- 「選挙でだれを選ぶか良識のある判断をする」

  make sensible decisions about whom to vote for in elections
- 「政治のことを論じる」debate politics
- 「政治のことについて自分自身の意見を持っている」

  have *one's* own opinions about political matters
- 「自分自身の行動に対して責任をとる」take responsibility for *one's* own actions
- 「社会の一員として強い責任感を持つ」

  have a strong sense of responsibility as a member of society
- 「現実世界について考える」consider〔think about〕the real world
- 「政治に関心がない」be indifferent to〔have no interest in〕politics

  ※名詞で表現するなら political apathy となる。
- 「政治の状況に注目する」pay attention to the political situation
- 「入試の準備で忙しい」be busy preparing for entrance exams

3

英作文

- 「未熟で子どもじみている」immature and childish
- 「自己中心で」self-centered
- 「自分の好みに基づいて政治家を選ぶ」
  choose politicians based on *one's* personal preference
- 「親に依存している」be dependent on *one's* parents

生徒答案例

1 ▶ I agree with this idea because if _△young people such as high school [→those in higher education：減点なし] had the right to vote in elections, they would become more interested in politics. According to statistics, the number of young people who are interested in politics is quite small compared with those of other countries. [15 / 15 点]

うまく書けているが、「同語句の反復は避ける」ことを覚えればさらに洗練される。たとえば、2回目の are interested in politics は、pay attention to the political situation などに言い換えるとよい。

2 ▶ I agree with this idea because young people _×are [→would be] encouraged to participate in politics and take social responsibility. By doing so, they _×[ヌケ→would] have a strong sense of responsibility as a member of society and we _×can [→could] stop the trend toward political apathy among young people. [9 / 15 点]

うまく書けているが、時制のミスが痛い。訂正箇所は直説法を用いて、それぞれ will be / will / can とすることも可能。

3 ▶ I disagree with this idea, and there are two reasons for this. _×First [→The first] is that Japanese people aged eighteen cannot think _×carefully [→clearly] enough to argue over politics. _×Some are OK, but few [→Very few can do this]. _×Second [→The second] is that in Japan, most people aged eighteen are busy preparing for _×the entrance exams of universities [→university entrance exams]. [6 / 15 点]

「反対」の場合、この第2文のような誇張が目立つ。よって「反対」の意見は、概ねあまりうまく書けていなかった。

> **Column** 第1文で言いたいことを明確化する
>
> 　英語のエッセーでは，普通，第1文はそれを読むだけで言いたいことがわかる文にしなければならない。たとえば，「制服はよいと思う」をトピックとする場合，I think that uniforms are good. では何が言いたいのかがわからない。I believe that students should wear school uniforms for the following reasons. と主張を明確にすべきである。本問の場合は，I agree with the idea that young people in Japan should have the right to vote in elections from the age of eighteen. とするのがよいだろう。ところが設問に「賛成の場合は I agree with <u>this</u> idea で，反対の場合は I disagree with <u>this</u> idea で書き出す」という指示があり，字数的にも難しい。こうした書き出しは例外的なことだという認識を持ってもらいたい（2011 年度 2 -Ⓑも同じ）。
>
> 　英米人の書く英文では様々な技法が用いられ，第1文をトピックセンテンスにしていない文も少なくない。しかし，日本人学習者が英語でエッセーを書く場合には，第1文に「言いたいこと」をすっきり書くという習慣をつけてもらいたい。

〈解答例1〉

　I agree with this idea. Having the right to vote would show students that they have the responsibility to think about the real world including politics. At present the law treats those in higher education, even university students, as "children." This makes them generally less mature than their western counterparts. （50 語）

〈解答例2〉

　I agree with this idea. Although people at the age of eighteen seem childish and immature, they are actually well-educated and are able to make sound judgments on political issues. We should regard them as adults, and give them the opportunity to take part in politics. （46 語）

〈解答例3〉

　I disagree with this idea. Generally speaking, people of that age are still immature and self-centered, and most of them are dependent on their parents. Moreover, they are indifferent to the political situation. I think they are too young to be given the right to vote. （46 語）

〈解答例4〉

　I disagree with this idea. Eighteen-year-olds in Japan today are generally those who have just graduated, or are about to graduate, from senior high school. They are not old enough to make good judgments on political matters. They should gain some world knowledge before they have the right to vote. （50 語）

94

全訳

(a)**≪都会に住む理由≫**

　なぜジョンと私が騒音その他の悪条件にもかかわらず都会の中心近くに住みたがるかですって？　理由は2つあります。1つ目は，都心に住んでいると欲しいものが近くにあるということ。たとえば，私たちの家から歩ける距離にデパートも映画館もあります。＿＿。もし郊外に住んでいたら，仕事の往復に何時間もかかってしまうということにもなりかねません。でも，今の場所に住んでいるおかげで私たち2人とも会社に行くのに20分もかからないのです。

(b)**≪動物も相手をだます能力をもつ≫**

　相手をだまそうとする能力をもつ動物はたくさんいることがわかっている。有名な科学者のコンラート=ローレンツは，視力の衰えた老愛犬ブリーの話を伝えている。ブリーはローレンツが帰宅したときに時々間違って彼に敵意をもって吠えかかることがあった。自分の間違いに気づくと，彼はまるで＿＿＿＿＿＿＿＿＿＿＿＿＿＿＿＿＿＿＿＿＿＿＿＿＿＿＿＿のように，ローレンツの横を走り過ぎて隣の家の門に向かって怒って吠えるのであった。この出来事からローレンツは，相手をだまそうとする動物は人間だけではないことがわかったのである。

使うべき文体

エッセーライティングなので文語体が望ましい。

ポイント

● (a)「都会の中心部に住む理由」の2つ目。空所に続く部分の記述から「通勤に便利」という内容であると判断できる。

● (b)「帰宅した主人に向かって吠えた犬が間違いに気づいて，まるで…，主人を通り越して隣の家に向かって吠えた」というもの。「主人に吠えていたのではない，はじめから隣の家に向かって吠えていたのだと言うかのように」という内容にすると文脈に合致する。

使う可能性のある表現

(a)

◆「次に」second（ly）/ in addition / moreover / furthermore
　※besides は口語的なので避ける。

◆「通勤に時間をあまり使わなくて済む」

do not have to spend much time commuting

※commuting は going〔traveling〕to work でも可。spend は waste「～を浪費する」でも可。it takes only a short time to get to work とも言える。

◆「通勤時間が削減できる」
- our commuting time is reduced〔saved / cut〕
- our commuting time is minimal

(b) ────────────────────────────────

◆「ローレンツに向かって吠えていなかったということを示すために，それこそ最初から自分がやっていたこと（であるように）」

(as if) that were〔was〕what he had been doing all along to show that he had not been barking at Lorenz

※5～10語程度で書くことになるので，簡潔に（as if）to show that … /（as if）he had meant that all along とするとよい。all along「最初から」

◆「知らない人がそこに立っていた（かのように）」

(as if) a total stranger〔a complete stranger〕were〔was〕standing there

◆「隣人に吠えていた（かのように）」(as if) he had been barking at the neighbor

3

英

作

文

> **Column** as if のあとの時制に注意
>
> as if のあとの時制でミスをする人は多い。
>
> （例1）「誰かが自分を攻撃しているかのように感じる」
>
> I feel as if someone were〔was / is〕attacking me.
>
> 上記の例では，まず進行形にすることに注意する。attacks / attacked とすると，「習慣的な行為」になってしまうからである。仮定法を使うかどうかは話者の気持ち次第であると言われることが多いが，実際には現実性の有無にかかわらず現在時制が使われつつある。
>
> （例2）「彼はまるでマラソンを走りきったかのような顔をしている」
>
> He looks as if he has run〔had run〕a marathon.
>
> 上記の例文のように前半が現在時制の場合，as if のあとに過去完了を使うことに抵抗を持つ英米人がいる。もちろん，前半を過去形にした場合は過去完了で問題はない。
>
> He looked as if he had run a marathon.
>
> （例3）The dog was looking at me as if to say, "I will miss you."
>
> 「その犬は『寂しくなるね』と言いたげに私を見ていた」
>
> この例のように as if の後ろに to 不定詞や副詞句が置かれることも多い。この場合，時制の問題を回避できる。過去のセンター試験において as if のあとの時制を問う文法問題は30年で一度も出題されていないが，as if to say の形での出題はあった。賢明な判断であろう。

生徒答案例

1 ▶(a) In addition, we do not have to spend much time going to work

(b) It had been barking at the neighbor [15 / 15 点]

Excellent!

2 ▶(a) Second, we have a station near our house, so it is convenient for us to go to work

(b) there were a stranger in the neighbor's house [15 / 15 点]

Excellent!

3 ▶(a) In addition, we can △go to and from [→get to：減点なし] work in ×[ヌケ →a] short time

(b) he had not intended to bark at Lorenz [14 / 15 点]

time に形容詞がつくと可算名詞扱いになることに注意。

4 ▶(a) Second, our offices are located in the center of the city

(b) he had ×barked [→been barking] not at Lorenz but at the neighbor [12 / 15 点]

「吠えていたかのように」は進行形にする必要がある。

〈解答例1〉

(a) We would like to reduce our commuting time as much as possible （12語）

(b) that were what he had been doing all along （9語）

〈解答例2〉

(a) Secondly, living near where we both work saves us a lot of time （13語）

(b) to show he had not been barking at Lorenz （9語）

〈解答例3〉

(a) Secondly, this is a convenient place from which to commute to work （12語）

(b) he had meant that all along （6語）

解答例

95

使うべき文体

台詞ではなく，説明文なので文語体が望ましい。

ポイント

● 2 コマ目ではスーザンの出かける楽しい目的，3 コマ目では帰宅したスーザンを見て心配した父親の質問，4 コマ目ではそれに対するスーザンの返事を書くことになる。3 コマ目については書く内容がほぼ定まってくると思われるので，2 コマ目と 4 コマ目でどういう話を作り出すかが一つのポイントとなろう。漫画であるから一応オチも欲しいところである。

● 「直接話法を用いないこと」との指示があるので，間接話法をうまく使いこなすこと。特に時制には細心の注意を払いたい。

使う可能性のある表現

2 コマ目 ────────────────

◆ 「彼女は彼に～するつもりだと言った」

● She told him〔× told〕that she was going to〔would / × will〕*do.*

● She answered〔replied / said〕that she was going to〔would / × will〕*do.*

※was going to〔would〕*do* は was *doing* も可。

◆ 「～するつもりだ」の「～」には以下のようなものが考えられる。

● go shopping (at a department store)「（デパートに）買い物に行く」

● have a date〔go (out) on a date / date〕(with her boyfriend)「（ボーイフレンドと）デートする」

● go to see a movie〔go to a movie / go to the movies〕「映画を見に行く」

● go to the zoo on a first date「初デートで動物園に行く」

● meet a friend〔(her) friends〕「友達に会う」

● go to〔attend〕a high school class reunion「高校のクラス会に行く」

● go to a newly opened shopping mall「今度オープンしたショッピングモールへ行く」

● meet a friend from junior high school「中学のときの友達に会う」

3 コマ目 ────────────────

◆ 「帰宅したとき」when she returned home〔got home / came home〕

◆ 「彼女はがっかりしているように見えた」

she looked〔seemed / × felt〕sad〔down / depressed / disappointed〕

※単に she was exhausted〔very tired〕「彼女はぐったりしていた」などでも×に

はできないだろう。

◆「彼は何があったのかと尋ねた」

- he asked her what had happened〔× what happened〕(to her)

※「何か起きた」のは asked より前なので had happened とすること。

- he asked her what was wrong〔what the matter was〕

◆「彼はなぜ（悲しそうなの）かと尋ねた」

he asked her why (she looked so sad)〔what had made her look so sad〕

◆「彼はその日はどうだったのかと尋ねた」he asked her how the day was

◆「彼はお酒を飲んでいた」he was drinking　※なくてもよい情報だろう。

4 コマ目

◆「買い物に行く」に対して

- the clothes she wanted to buy were all sold out「欲しい服が売り切れだった」
- she had left her wallet at home「家に財布を置いてきた」

◆「デートする」に対して

- she had had a fight with him「彼とけんかした」
- she had broken up with him「彼と別れた」
- he forgot his credit card and she had had to pay for the dinner「彼がクレジットカードを忘れて彼女が食事代を払うはめになった」

◆「映画を見に行く」に対して

the movie had been really boring「映画が本当に退屈だった」

生徒答案例

1▶ 2．Susan told her father that her boyfriend had asked her out for the first time in three months.

3．She came home depressed and her father △asked〔ヌケ→her：減点なし〕why.

4．She said that her boyfriend and she had broken up.〔15 / 15 点〕

良く書けている。

2▶ 2．Susan said that she was going ×to〔→on a〕date with her boyfriend ×when her father was reading the newspaper〔→トル〕.

3．He noticed that she ×felt〔→looked〕depressed, so he asked her what ×happened〔→had happened〕.

4．She said that she ×had〔→had had〕a fight with her boyfriend.〔6 / 15 点〕

was going to date は「これから付き合おうとしていた」の意。時制には注意。

3▶ 2．She told him that she was going to ×the〔→a〕popular restaurant with her friends. She was looking forward to ×have〔→having〕special dishes.

3. In the evening, she ×went [→came] home and looked sad. He asked her ×that [→トル] what ×[ヌケ→had] happened to her.

4. She told him that the restaurant ×was [→had been] closed. In addition to it, she said she ×[ヌケ→had] lost her ×walet [→wallet] on the way home and was very tired. [0 / 15 点]

「レストラン」は父親にとって初めての情報。look forward to の to は前置詞だから，後ろは動名詞にする。疑問詞ではじまる文は名詞節だから，その前に接続詞の that は不要。そもそも「1 文の英語で書け」という指示に反している。

〈解答例1〉

2. She told him that her boyfriend had invited her to an expensive French restaurant.

3. Three hours later, Susan came home looking sad and her father asked her what had happened.

4. She told him that her boyfriend had forgotten his credit card and that she had ended up paying for the dinner.

〈解答例2〉

2. She told him that her boyfriend John was treating her to dinner that evening.

3. She looked unhappy when she returned home, so her father asked her what had happened.

4. She said that John had forgotten to bring his wallet with him, and that she had had to pay for the meal.

〈解答例3〉

2. She told him that she was going to the movie that was much talked about.

3. When she got home in the evening, she seemed so sad that her father asked what the matter was (with her).

4. She replied that she was shocked because everyone in the audience but her had been there on a date.

〈解答例4〉

2. She said that her friend Mary had offered to introduce her to a nice boy.

3. Seeing Susan's disappointed look later that evening, her father asked her if anything had happened.

4. She said that the boy she had been introduced to was too young for her; only six years old.

3 英作文

解答例

96

全訳

(a)この国では，伝統的に人々は土曜日の夜には外食して過ごし，日曜日の夜は家にいてテレビの前で好きなサッカーチームを応援して過ごしていた。しかし，数年前に日曜日だけでなく土曜日にも，テレビで試合が中継されはじめた。＿＿＿＿＿＿＿＿＿＿＿＿＿＿＿＿＿＿＿＿＿＿＿＿＿＿＿＿＿＿＿＿＿。こういうわけで，レストランの経営者たちは試合中継の際の CM で宣伝される製品をボイコットすることに決めたのである。

(b)今日，平均的なアメリカの家庭には洗濯機，皿洗い機といった労働を省いてくれる機器が数多くある。＿＿＿＿＿＿＿＿＿＿＿＿＿＿＿＿＿＿＿＿＿＿＿＿＿＿＿＿＿＿＿＿＿＿＿＿＿＿。よって，平均的な主婦〔主夫〕が家事に充てる時間は 50 年前と同じ，つまりおよそ 1 週間に 52 時間のままである。数え切れないほどの道具の助けがあるにもかかわらず，現在では掃除するべき家はより大きく，清潔さの基準もより高く，ライフスタイルの幅もより広がっているのであり，これらすべてによって家事に携わる者は忙しくなるのだ。

使うべき文体

エッセーライティングなので文語体が望ましい。

ポイント

(a)

● 下線部の前には「伝統的に人々は土曜日の夜は外食し，日曜日の夜は家のテレビの前で，ひいきのサッカーチームを応援していた。しかし，数年前，日曜日だけでなく土曜日も試合がテレビで中継されはじめた」とある。また下線部直後には「こういうわけで，レストランの経営者たちは試合中継の際の CM で宣伝される製品をボイコットすることに決めたのである」とある。以上から下線部には「土曜日の夜のレストランの客が減り，経営に打撃を与えている」という内容が予測できる。

● 「原因」「結果」を明確にして「これにより～となった」と書きたい。せめて as a result, consequently などのつなぎを用いること。

● 時制は下線部の前の部分が過去，下線部の後の部分が現在完了で書かれている。習慣的に「～している」，「～していない」と言う場合は現在形でよいが，例えば「その影響を引き起こしている」と書く場合には，現在にも影響することなので現在完了が適切。ただし直前の部分に合わせて過去で書くことも可能。

(b) ————————————————————————————

● 下線部の前には，洗濯機など一見すると家事の時間短縮につながりそうなものがた
くさんあることが述べられている。よって，下線部は逆接である。

● 空所の後に，「よって，平均的な主婦〔主夫〕が家事に充てる時間は 50 年前と同じ，
つまりおよそ 1 週間に 52 時間のままである」とある。「労力を省いてくれる機器が
増加したのに家事の時間が同じ」ということから，「やるべきことが増加した」と
する。

● 最終文に列挙されている事柄から，理由は「家事の量が増えた」などにするとよい。

3

英

作

文

　　使う可能性のある表現

(a) ————————————————————————————

◆ 「この結果，より多くの人が〜するようになった」

　● this (has) caused more people to *do*

　● as a result〔consequently / because of this〕, more people have started to *do*

◆ 「土曜日の夜に家にいる」stay at home on Saturday nights

◆ 「土曜日の夜に家でテレビを見る」spend Saturday nights watching TV at home

◆ 「レストランに打撃を与える」hurt restaurants〔restaurants' profits〕

◆ 「外食する」eat out

(b) ————————————————————————————

◆ 「家事の量が増えた」

　● people have more housework to do

　● the amount of housework to do has become larger

　　生徒答案例

(a) ————————————————————————————

1 ▶ Because of this, many people ×did not [→do not] dine out on Saturday
nights, ×too [→either] ×[ヌケ→now] [3 / 5 点]

「〜も」は，肯定文に対しては too だが，否定文に対しては either。

2 ▶ Therefore, fewer people now eat dinner at restaurants ×[ヌ ケ→on
Saturdays] [2 / 5 点]

大事な情報が抜けてしまっている。

3 ▶ However, games △which [→that : 減点なし] appeared on TV on Saturdays
had not been broadcast [0 / 5 点]

文脈を無視している。

(b)

1 ▶ However, the amount of housework is not decreasing [5/5点]
Excellent!

2 ▶ However _×they have to do much more housework [→there is much more housework to be done] than fifty years ago [1/5点]

they は labor-saving devices を指すのでおかしな文になる。上記のようにするか，homemakers have to do much more housework than … とする。

3 ▶ _×They [→Homemakers] always use those labor-saving devices, but they are very busy _×[ヌケ→doing other things] [1/5点]

単に「忙しい」では曖昧すぎる。

4 ▶ However, Americans now spend time doing housework that machines cannot do [0/5点]

残念ながら，下線部の後の記述とつながらない。

5 ▶ _△Actually [→In fact], however, the number of people who use labor-saving devices is small [0/5点]

残念ながら，下線部の前後の記述とつながらない。また，文頭に副詞を連続して置くのは避けること。

6 ▶ These devices enable homemakers to reduce _×how much [→the amount of] time they spend doing housework [0/5点]

残念ながら，下線部の後の記述とつながらない。

(a)

〈解答例1〉

This caused more people to stay at home on Saturdays, which hurt restaurants' profits（14語）

〈解答例2〉

This change in broadcasting schedule caused a decrease in the number of people eating out（15語）

〈解答例3〉

This has caused restaurants to lose a lot of business（10語）

〈解答例4〉

As a result, more people started to spend Saturday nights watching TV at home（14語）

〈解答例5〉

Consequently, the number of people who eat out on Saturdays has decreased（12語）

〈解答例6〉

Therefore, a lot of people started to eat at home even on Saturday nights（14語）

〈解答例7〉

Because of this change, fewer people go out to eat on Saturdays now（13語）

〈解答例8〉

Since then, fewer people have been eating out at restaurants on Saturday（12語）

(b)

〈解答例1〉

However, people have more housework to do than they used to（11語）

〈解答例2〉

However, people's desire for better lives has led to larger amounts of housework to do（15語）

〈解答例3〉

However, the amount of housework to do has become larger than in the past（14語）

〈解答例4〉

In spite of this, this change has made people more conscious about house dust（14語）

使うべき文体

元の和文に合わせて文語体で書くのが望ましい。

ポイント

「基本的な人類の特徴」は「基本的な人類の特徴の1つ」と考える必要がある。「人類」は human であれ，human being であれ可算名詞なので，一般論とするため複数形にすること。

日本語に対応した英語の表現

◆ 「これは〜にも見られないことである」

● 文字どおり，This is not something（that is）seen〔found / observed〕in 〜 とする。ただし，This is not what is seen in 〜「これは〜に見られる（すべての）ことではない」は不可。what＝the thing which であることに注意すること。This is not a feature〔a characteristic〕seen in 〜「これは〜に見られる特徴ではない」や，something を外して，This is not seen〔found〕とすることも可能。「これは〜には当てはまらない」と考えれば，This is not the case with 〜 / This does not apply to 〜 / This is not true of 〜 とすることもできる。また，動物を主語にして，No other animals do this〔such a thing〕. / No other animals share〔have〕this（custom）. とすることも可能。さらに We do not see other animals doing this. も可。

● 「これ」を「この習慣」と考え this custom / this practice としてもよい。また it でも可。

◆ 「他のいかなる動物にも」

in any other animal / in（any）other animals

◆ 「二本足で立って歩くとか，言語を話すというのと同じような」

● 「A とか B とかと同じような」は like A or B。like は前置詞なので A や B に動詞を置く場合には動名詞にすること。along with A or B「A や B の他に」も使える。さらに as are A or B「A や B がそうであるように」という形を使ってもよい。この部分は，「これは，」の前に置くか，「基本的な人類の特徴」の直後に置けばよい。

● 「二本足で立って歩く（こと）」は walking upright が適切。walking on two legs / walking using two legs も ×にはできない。by〔in〕two legs は不可。with two legs は英米人でもその可否について意見が異なるので避けたほうが無難。また，

on two feet も不可。standing upright〔on two legs〕は「直立すること」なので
不可。

● 「言語を話す（こと）」は，speaking〔using〕(a) language となる。一般論の
「言語」は不可算名詞の扱いで，「個別言語の集合体」は languages となる。本
文では「（少なくとも）ある言語を話す」と考え，a language でも可。using a
spoken language「話し言葉を使う」としてもよい。

◆ 「（それは）基本的な人類の特徴だろう」

● 「（それは）〜だろう」は It is probably 〜 / It may be 〜 とする。

● 「〜な人類の特徴」，は「〜な人類の特徴の1つ」とすること。よって a 〜 fea-
ture〔characteristic〕of humans あるいは，one of the 〜 features〔characteris-
tics〕of humans とする。one of 〜「〜の1つ」のあとに置く名詞は複数形にする
必要がある。「人類」は，human であれ human being であれ可算名詞なので s
が必要。

● 「基本的な」は basic / fundamental が適切。「目立った」とすれば unique / dis-
tinctive なども可。

● 「特徴」は，feature / characteristic が最適。trait「（生活や習慣などの）特徴」
も可。nature「性質」も可だが，この場合は不可算名詞なので basic human na-
ture とする。character「（ある人，もの）特徴（全体）」は不可。

3

英作文

Column 個別のことを示す可算名詞か，総称的なことを示す不可算名詞か

英語の名詞を覚える場合には，それが個別のことを示す可算名詞なのか，それとも
総称的なことを示す不可算名詞なのかを認識する必要がある。

（例1）Koyasan is a World Heritage Site.「高野山は世界遺産である」
※heritage は不可算名詞で「（総称的に）遺産」なので，数える場合は site などの
可算名詞をつける。

（例2）You should improve your communication skills.
「コミュニケーションの技術を磨くべきだ」
※skill は「個々の技術」を指す可算名詞なので，通例複数形で使う。

（例3）Printed books have character.「活字の本は味がある」
※この character は何かが持つ「味わい，特徴全般」を示す不可算名詞である。

（例4）You should have good table manners.「食事のマナーを知っておくべきだ」
※manner「個々のやり方」の意味なので，「マナー全般，礼儀作法」を表す場合に
は複数形にする必要がある。

［生徒答案例］

1 ▶ This is not the case with any other animals. It is a fundamental human characteristic like walking △with ［→on：減点なし］ two legs, or speaking a language. ［15 / 15 点］

with *one's* own eyes「自分自身の目で」という表現はあるが，with two legs は避けたい。

2 ▶ This cannot be seen in any other animals. △This ［→It：減点なし］ is a kind of fundamental ×features ［→feature］ of human beings ×such as to stand up and walk on their pair of feet or to speak languages ［→, as is walking upright or speaking languages］. ［4 / 15 点］

文を指すのは this や that だが，this や that を指すのは it である。a kind of の後ろは通例，冠詞をつけない単数形の名詞が置かれる。such as *doing* とすると文法的には可だが，「同じような」という意味合いが出ない。

3 ▶ No other animals do such ×[ヌケ→a] thing. ×Same as ［→Along with］ walking ×with two feet ［→on two legs］ or using languages, this is one of the basic ×character ［→characteristics］ of ×human ［→humans］. ［4 / 15 点］

可算名詞か不可算名詞かの確認を常に怠らないことが大切。「自信のない表現」を使っているうちは英作文を得意にするのは難しい。same はそもそも the same の形で使う。

［問題文の英訳］

Since humans began to have some leisure in pre-historic times, there has been probably the custom of adorning one's face with makeup. <u>This is something not seen in any other animal. Just like walking upright or speaking a language, it is most likely a basic characteristic of humans.</u>

〈解答例 1〉
This is something not seen in any other animal. Just like walking upright or speaking a language, it is most likely a basic characteristic of humans.

〈解答例 2〉
This is not seen in any other animal. It is a unique characteristic of humans, like walking upright and using spoken languages.

〈解答例 3〉
This is a trait not found in any other creature on the earth. It may be one of the basic features of human beings, just like walking on two legs or speaking language.

第 4 章　文法・語法

98　人間の家畜化

全訳

第1段落

　最初は犬で，(a)次に羊とヤギが続いた。そして，水門が開けられ，豚，牛，猫，馬そして鳥が(b)堰を切って飛び出した。過去3万年ほどで，人間は，食糧を得るための，狩猟のための，輸送のための，何かの材料に使うための，また，(c)野獣を制御するための，そして(d)ペットとして飼うための，あらゆる種類の生き物を家畜として飼ってきた。しかし，そうした動物のいずれかを家畜化する前に，我々はまず(e)自らを家畜化しなければならなかったのだ，と言う者もいる。

- □ *l.*2　floodgate「水門」
- □ *l.*3　all manner of ～「あらゆる種類の～」　※この熟語では manner は単数形。

第2段落

　人間の家畜化という考えは，ダーウィンやアリストテレスでさえ考えついていたのだが，(a)それ以来ずっと変化しなかった（←それ以来ずっとまさにそのままだった）。つまり「考え」の域を出ることはなかった。今では，私たち人間とネアンデルタール人を遺伝子の観点で比較した結果，人間は実のところ野蛮な狼にとっての(b)子犬のような存在であるかもしれないことが初めて示されている。(c)これによって，(d)なぜ私たちの脳が石器時代の祖先に比べ奇妙なほど小さいのかなどの，古くからある謎の一部(c)を説明できるだけではない。(e)それは人間の進化のある種の捻れを理解する唯一の方法なのであると言う人もいる。

- □ *l.*7　Started by …　※過去分詞で始まる分詞構文。
- □ *l.*7　the idea of human domestication「人間を家畜化するという考え」
  ※同格関係を示す of。
- □ *l.*11　some long-standing mysteries「古くからある謎の一部」
- □ *l.*12　those of our Stone Age ancestors＝the brains of our Stone Age ancestors
- □ *l.*13　make sense of ～「～を理解する」

第3段落

　(a)野獣が家畜化された時に何が起きるのかに対する重要な洞察の1つが，1959年にソビエトのシベリアで始められた注目すべき実験から得られる。その国でドミトリー=ベリャーエフが，エストニアにある毛皮動物を育てる農園(b)から比較的野生に近いキツネを連れてきて飼育した。世代が代わるごとに，最も協力的なキツネを選び(c)それら同士が交尾するよう促した。次第に，そうしたキツネは，ますますペットのような行動を示すようになった。しかし，(d)変化したのは行動だけではなかったのだ。大人しい方のキツネは異なる外見も示すようになった。10世代もたたないうちに，白い斑点がその毛に現れた。さらに数世代後には，耳が垂れ下がるようになった。最終的には頭蓋骨が(e)縮み以前より小さくなった。

- □ *l.*14　one major insight into ～「～への重要な洞察の1つ」

- [ ] *l.* 16　Dmitry Belyaev「ドミトリー＝ベリャーエフ」　※20 世紀に活躍したロシアの遺伝学者。キツネの選択交配と家畜化の実験をしたことで知られている。
- [ ] *l.* 17　fur farm「毛皮動物を育てている農園」
- [ ] *l.* 21　patch「斑点」
- [ ] *l.* 22　folded「（犬などの耳が）垂れ下がった」
- [ ] *l.* 22　skull「頭蓋骨」　※sky, skin と同様に「覆う物」のイメージ。
- [ ] *l.* 23　shrink to ～「縮んで～になる」

第4段落

　これらがまさに，ベリャーエフが(a)探し求めていた特徴だった。多くの家畜化された哺乳類は，その大半が(b)選択的に育てられたものではないが，徐々に人間のそばでの生活に適応し，似たような特徴を示すことに彼は気がついていた。たとえば，ウサギ，犬，豚は，多くの場合，毛に白い斑点ができ耳が垂れてくる。そしてその脳は，野生にいるものの脳(c)より一般的に小さい。さらに年月が過ぎると，野生の喪失を示す身体的な特徴が増えていき，(d)ついには，歯が小さくなったり鼻が短くなったりする。これらはまとめて，家畜化症候群(e)として知られている。

- [ ] *l.* 24　feature「（特に目立った）特徴」
- [ ] *l.* 25　mammal「哺乳動物」
- [ ] *l.* 30　associated with ～「～と関連する」
- [ ] *l.* 30　be extended to ～「ついには～に至る」
- [ ] *l.* 31　domestication syndrome「家畜化症候群」

第5段落

　家畜化症候群のいくつかの特徴を備えている生物は多く，(a)その中には，ある1つの目立った種，つまり我々自身，が含まれている。我々もまた，比較的顔の長さが短く，歯が小さい。我々の相対的に大きな脳も，(b)我々のいとこにあたるネアンデルタール人の脳に比べれば小さい。そしてこれは(c)多くの進化生物学者を悩ませてきたことなのである。さらに多くの家畜化された種と同様に，若い人間は，異常なほど長期にわたって，(d)同年代の者から学習するようにもプログラムされている。人間と家畜化された動物とのこうした類似点の中には 20 世紀初頭に注目されたものもあるが，追跡調査をされたものは1つもない。ベリャーエフが彼の実験を公にして初めて，現代人は我々の絶滅した親戚や祖先たちが家畜化された形なのかもしれないという可能性(e)を一部の進化生物学者が，今一度考慮し始めたのだ。

- [ ] *l.* 32　carry ～「（意味・特徴など）をもつ」
- [ ] *l.* 39　follow-up「追跡調査」

(1)　**誤りがあるのは(e)** ──────────── 正答率 51.0%

(e)の little が不要。この段落および文全体の主張は，「人間は数多くの動物を飼い慣らしてきたが，それを飼い慣らす前にはまず最初に人間自身を飼い慣らした」ということ。(e)はこのままだと「自らを家畜化するためにほとんど何も持っていなかった」となり，この段落および文全体の主張に矛盾する。よって，(e)から little を取

り去らないと整合性がなくなってしまう。(b) made the leap は「(読者もご存じの あのような) 飛躍を遂げた」の意味で, 問題ない。(c)は前にある all manner of species を修飾する to 不定詞の形容詞的用法で「野獣を抑えるための」の意味で, 問題ない。(d)も同様に to 不定詞の形容詞的用法で「ペットとして飼うための」の 意味。keep の後ろに目的語が欠落しているのは, something to drink ●(←名詞の 欠落)「飲むためのもの」と同様である。間違えた人の約40%が(d)を選択している。

(2)　**誤りがあるのは(d)** ———————————————————————— 正答率 55.1%

(d)の but also が不要。why our brains are strangely smaller than those of our Stone Age ancestors が, 直前の some long-standing mysteries の具体例であるこ とがわかれば, but also が不要であることは明らかだろう。もし but also が必要な 要素であると仮定しても, but also の並列関係を考慮すれば Not only could this explain ～ but also + 原形不定詞となるはずなので, including は include でなけれ ばおかしい。(a)は since に注意したい。since は前置詞, 接続詞の他に副詞「それ 以来」の用法がある。本文では副詞の用法である。さらに, just that は「それだ けのこと」の意味で, ここでは「idea にすぎない」ことを示している。(b)の「(私 たちは本当に, 獰猛な狼にとっての)(唯一の)子犬のような存在であるのかもし れない」は, 文法的には問題ない。時制を考えれば may have been the puppy dogs「子犬であったのかもしれない」とした方が適切な気もするが, (d)が明らか に間違いであるので, これは正しいと考える。(e)は some (people) say「～と言う 人もいる」も, it is the only way to do「それは～するための唯一の方法である」 も特に問題はない。it は「人間が家畜化されたという考え方」を指すと考えてよい だろう。

(3)　**誤りがあるのは(c)** ———————————————————————— 正答率 79.6%

(c)の mating は mate の間違い。encourage は〈encourage + O + to do〉の形をとる ので mating は原形不定詞の mate「交配する」に変える必要がある。encourage は CEFR-J で A 2 レベルの英作文でも使える語であり, 用法は当然覚えておくべき である。(b)は文法的にも内容的にも問題はない。take A from B は「B から A を取 り出す」の成句。(d)は強調構文である。not just は, 続く文の also と呼応している。 間違えた人の約12%がこの選択肢を選んでいる。(e)の 2 番目の to は「状態の変化 の結果」を示す前置詞である。〔例〕The window was smashed to pieces.「窓は割 られて粉々になった」

(4)　**誤りがあるのは(c)** ———————————————————————— 正答率 44.9%

(c)の like は than の間違い。下線部を含む文は their brains are generally smaller than those of their wild relatives「その脳は, 野生にいるものの脳より一般的に小 さい」とすべきである。段落(5)の下線部(b)を含む文に同じ内容が書かれており, こ れがヒントになるかもしれない。(a)を含む箇所は the features〈先行詞〉+ that〈目

的格の関係代名詞〉＋Belyaev〈主語〉＋was looking for〈述部〉で文法的にも内容的にも問題ない。(b)は，not A but B「A でなくて B」の形である。後半の adapted を自動詞と考えると adapt to ～ で「～に適応する，順応する」の意味になるが，この場合 to は前置詞なので，その後には名詞か動名詞を置く必要がある。よって「live は，living あるいは life の間違い」ということになる。しかし adapted を過去分詞形だと考えれば be adapted to *do* で「～するように適応させられている」となり問題ない。*e.g.* This course is adapted to suit beginners' needs.「このコースは初心者の必要性に合わせてある」 (d)の下線部を含む文の骨格は the collection of A has been extended to ～「A の堆積は～にまで広がった」であり文法的にも内容的にも問題ない。(e)も問題ない。be known for ～「～で知られている」と be known as ～「～として知られている」とを混同する人が多いので注意したい。(b), (d)を選んだ人が，それぞれ約 20％もいた。

(5)　誤りがあるのは(d) ———————————————— 正答率 8.2%

(d)の learn は learn from の間違い。他動詞の learn は「（技術・教科など）を身につける，習得する」の意味なので，learn their peers「彼らと同等の人々を身につける」では意味をなさない。よって learn の直後に from を挿入し「～から学習する」とすれば意味が通る。東大らしい基本語の用法を試す問題である。(a)は，Many creatures の例示で問題ない。one notable species と直後の our own が同格の関係にある。(b)は，文法的にも内容的にも問題ない。those は brains の反復を避けるための代名詞である。(c)も，文法的にも内容的にも問題ない。下線部(c)を含む文は，something that has puzzled many an evolutionary biologist であるが，これはダッシュの前の文（Our relatively … cousins）と同格の関係にある。このように文と名詞が同格の関係にある場合，名詞の直前に and this is「そしてこれは～である」を補って考えるとわかりやすいことも覚えておきたい。something が単数形なので has で問題ない。〈many a / an ＋単数形の名詞〉は〈many＋複数形の名詞〉と同意で，やや硬い言い方。*e.g.* We had many a happy hour in Hawaii.「ハワイで多くの楽しい時間を過ごした」 (c)を選んだ人が 50％を超える。〈many a / an＋単数形の名詞〉という細かい部分に気を取られて，(d)の基本動詞の誤用に気づかなかった人は，東大の術中にはまってしまっているので要注意。(e)の下線部を含む文は強調構文で書かれている。consider は「～を考慮する，考える」の意味の他動詞なので問題ない。

(1)—(e)　(2)—(d)　(3)—(c)　(4)—(c)　(5)—(d)

99 空想小説において木や森がもつ意味

全訳

第1段落

(a)空想小説の中で不思議な力が与えられる自然界のさまざまな要素の中で，とりわけ木と森は，(b)それらを自然界の領域から自然界を超えた領域にまで高めるような変化を受けることが多い。その結果，(c)空想物語の中の木や森が，生き生きとしたキャラクターや不思議な森として登場すると，物語の素敵で風変わりな魅力が強化される。しかし，空想の木や森を，(d)単に面白いものにすぎず，(e)それ以外の点では取るに足りないキャラクターであると捉えるのは間違いである。

- [ ] *l.*1　fantasy fiction「空想小説」　※空想，象徴，魔法などが重要な役割を果たす小説。
- [ ] *l.*2　become invested with ～「～を付与される」
- [ ] *l.*3　undergo changes「変化を経験する」
- [ ] *l.*3　elevate *A* from *B* into *C*「*A* を *B* から *C* に高める」
- [ ] *l.*3　the domain of the natural「自然の領域」
　　　　　※the＋形容詞で「～なもの」の意味。
- [ ] *l.*3　that of the super-natural＝the domain of the super-natural
- [ ] *l.*5　strengthen ～「～を強める」
- [ ] *l.*5　appeal「魅力」
- [ ] *l.*6　perceive *A* as *B*「*A* を *B* として認識する」

第2段落

世界中にあるさまざまな神話の中では，人間と神的な存在とをつなぐものとしての(a)役目を果たす聖なる木が登場する。言い換えれば，そうした木はしばしばある特定の神と結びつけられたか，あるいは，聖なる石とともに，「小宇宙」と呼ばれる礼拝の場所を形成した。というのも，(b)その構造は宇宙の性質を反映していたからである。根が空にあり，枝が地面に伸びている，聖なる「逆さまの木」として，木は宇宙を(c)代表するものとしても機能した。さらに，木が位置する場所はしばしば現実世界の究極の中心として認識され，木自体が天と地をつなぐものとなった。木が葉を(d)落としまた再び葉をつけるという循環のため，多くの文化は木を生命の象徴とみなした。そして数多くの神話の中では，(e)人間の生命は，木やその他の植物と結びついている，あるいは，実際には，そこから生まれたという主張がなされたのである。

- [ ] *l.*8　from across the world「世界中の」　※from の後には副詞（句）が置かれることがある。
- [ ] *l.*9　the divine「神的な存在」　※総称の the。
- [ ] *l.*10　a particular ～「ある特定の～」
- [ ] *l.*10　together with a sacred stone は後の formed を修飾する副詞句。
- [ ] *l.*10　a place of worship「崇拝の対象となる場所」
- [ ] *l.*14　be perceived as ～「～として認識される」
- [ ] *l.*18　originate from ～「～から始まる」

第3段落

空想小説の作家の中には，空想的な木や森を，(a)自分たちの世界構築の重要な要素としてしか使わない人もいるが，他の多くの作家たちは，神話やおとぎ話の(b)イメージの中に込められた潜在的な可能性を認めてきた。その結果，現代の空想小説では，木や森は(c)神的なものを伝える手段，苦難と試練の場，主人公の身体的および精神的な変化の触媒，そして葛藤を解消することに積極的に働きかける主体にもなる。さらに，木や森は現代世界における(d)神話の最後の痕跡として提示されることが多い。そしてそれらを描写することは，(e)筆者が，人間と自然世界との関わりについての重要なメッセージを伝えようとする際の比喩になるのかもしれない。

- ☐ *l.* 22　trial and testing「苦難と試練」
- ☐ *l.* 23　active agent「積極的に働きかける主体」
- ☐ *l.* 24　the resolution of conflict「葛藤の解消」
- ☐ *l.* 24　be presented as ～「～として提示される」
- ☐ *l.* 25　their portrayal「それらを描写すること」　※portray them の名詞化。

第4段落

今日，多くの人々が，私たちの惑星の生態系を商品のように扱い，(a)その物質的で実用的な価値しか認めない。もちろん，森林は何世紀にもわたって，(b)人々に資源を供給してきた。(c)それでも現在，かつてないほど，環境は人間の進歩によって危機にさらされている。それは，(d)増え続ける私たちの人口がますます多くの空間や資源を必要としているだけではなく，私たちは，命ある世界の人間以外のものとのつながり(e)について忘れやすいサイバー空間にゆっくりと「移住」しつつあるからでもある。

- ☐ *l.* 28　commodity「商品」
- ☐ *l.* 31　be endangered by ～「～によって危機にさらされている」

第5段落

幸いなことに，(a)神話やおとぎ話の伝統を受け継ぐ空想小説は，(b)私たちに今でも自然のもつ精神的価値を思い出させてくれるかもしれない。空想小説においては，木や森が重要な役割を果たし，空想世界やそこの住人の幸せにとって欠かせない実体として提示される。自然界は神的特質で満たされているので，自然界と調和を保つことは，(c)十分に報いがある経験として示される。マクドナルドやトールキンやルイスといった空想小説の作家たちは(d)自然を彼ら自身の生活において宗教的な観点から捉え，(e)自然に対するこの宗教的な感性を読者に伝えるために神話を用いたのである。

- ☐ *l.* 37　entity「（1つの独立した）存在」
- ☐ *l.* 38　stay in harmony with ～「～と調和を保つ」

---

(1)　**誤りがあるのは(c)** ──────────────────── 正答率 42.5%

(c)は，文としても成立せず，また意味をなさない。(c)を含む文の構造は，strengthens が動詞で，その目的語が the charming and exotic appeal of a story である。よって，their appearance…woodlands が主語となるはずである。their appearance in fantastic stories は「空想物語のそれら（＝木や森）の出現」という意味。その直後にある lively characters and magical woodlands「活発なキャラクターと不思議な森」は，主語を修飾する形容詞句のはずなので，このままではつながらない。よって lively characters and magical woodlands の前に like「～のように」あるいは as「～として」を補う必要がある。原典では，Consequently, their appearance in fantastic narratives as animated characters and magical woodlands strengthens the enchanting and estranging appeal of a story. となっている。

それ以外の箇所も確認しておく。(a)，(b)を含む文の構造は，Among … powers までは副詞句で，trees and forests が主語，undergo が動詞，changes which …が目的語となっている。(a)の中にある関係代名詞 which の先行詞は the various elements of the natural world である。そして which の直後に in fantasy fiction という副詞句が挿入されていて，become invested with mysterious powers が述部である。(b)の中にある which も関係代名詞で changes を先行詞としている。(d)の anything else than ～ は anything other than ～と同意で「～以外の何か」が直訳。(e)は直前の(d)の hardly ～ と呼応して「（～ではほとんどなく，）しかしそれ以外（面白いということ以外）では意義などないキャラクター」の意味で問題ない。(a)を選んだ人が 20.0％，(d)を選んだ人が 22.5％だった。

(2)　**誤りがあるのは(c)** ──────────── 正答率 45.0％

動詞の function は自動詞であり，function as ～で「～としての役割を果たす」の意味である。よって直前の was が不要となる。(a)の include は下線部(a)を含む文の動詞であり，sacred trees がその目的語となっている。さらに which はその sacred trees を先行詞とする関係代名詞。serve は，serve as ～ で「～としての（本来とは異なる）役割を果たす」の意味で問題ない。(b)は「木の構造は宇宙の性質を表していた」の意味で問題ない。cosmos は通例 the を伴い「（秩序と調和の表れとしての）宇宙」の意味となる。下線部(d)を含む副詞句は，shedding と regrowing が，ともに leaves を目的語としていて，「木が葉を落としまた再び葉をつけるという循環のため」の意味で問題ない。(e)の insist that S V は，「（要求を示し）～せよと主張する，言い張る」場合には，that 節の動詞は仮定法現在，つまり（should）原形不定詞となるが，「（事実を示し）～であると主張する，言い張る」場合には，直説法が適用される。本文では文脈上後者なので問題ない。(e)を選んだ人が 22.5％，(a)を選んだ人が 15.0％だった。

(3)　**誤りがあるのは(b)** ──────────── 正答率 52.5％

下線部(b)を含む文は，今のままでは意味をなさない。lock A in B「A を B に閉じ込める」を念頭に置き，locking を過去分詞形の locked にすれば，「神話やおとぎ話の像に込められた潜在的な可能性を認識した」となり文意が通る。(a)の中にある their world-building「彼らの世界構築」の world-building は，building a world を

変形した形。watching birds→bird watching と同じ。(c)は「神的なものを伝える
手段になる」の意味。the divine は〈the＋形容詞〉で抽象的なものを表し，ここ
では「神的なもの」の意味。vessel は「（何かを通す，入れる）容器，管」が原義
だが，ここではそれが比喩的に用いられ，「（神的なものを）伝える手段」の意味。
(d)の presented as は，present A as B「A を B として提示する」の受動態の形。
また the last trace of 〜 は「〜の最後の痕跡」の意味。さらに，myth は，「（個々
の）神話」では可算名詞だが，「（集合的に）神話」の場合，不可算名詞の扱いで，
本文では後者が使われている。下線部(e)を含む文は，a metaphor through which
the author intends to convey 〜「比喩／それを通して／その筆者が〜を伝えよう
としている」→「その筆者が〜を伝えようとする際に用いる比喩」で問題ない。(d)を
選んだ人が 15.0％，(c)を選んだ人が 10.0％だった。

(4)　誤りがあるのは(e) ──────────────────── 正答率 65.0％

(e)の we are easy to forget about 〜 は，it is easy for us to forget about 〜 とする
か，we easily forget about 〜 としなければならない。一般に S is easy to *do.* が成
立するためには，to 不定詞内の動詞の目的語が欠落しており，かつ〈to 不定詞内
の動詞の目的語〉＝〈文の主語〉の関係が成立する必要がある。*e.g.* This problem
is easy to solve ●. （●は名詞の欠落）＝It is easy to solve this problem.　(a)の直前
には「私たちの惑星の生態系を商品のように扱う」とあり，(a)の意味につながる。
なお acknowledge は「（価値，地位，権利など）を認める」の意味。(b)も問題ない。
supply A with B は「A に B を供給する」の意味。(c)の yet は接続詞で「だが」の
意味。more than ever は後続の is endangered を修飾しており問題ない。(d)を選
んだ人が 14.5％，(b)を選んだ人が 10.0％だった。

(5)　誤りがあるのは(b) ──────────────────── 正答率 68.5％

(b)の remind us the spiritual value of nature は文として成立しない。of を加えて
remind us of the spiritual value of nature とする必要がある。remind A of B「A
に B を思い出させる」という基本熟語を尋ねた問題である。(a)の the heir to 〜 は
「〜の相続人」で問題ない。(c)の a deeply rewarding experience は「十分に報い
がある経験」の意味で問題ない。(d)の nature「自然」は無冠詞で問題ない。さら
にこの箇所を含む文の主語は Writers と複数形になっているので in their own
lives「彼ら自身の生活の中で」も問題ない。(e)の this religious sensibility towards
nature「この自然に対する宗教的な感性」は，直前の文の Writers … perceived
nature religiously in their own lives を言い換えたものである。(d)，(e)を選んだ人
がそれぞれ 10.0％だった。

---

(1)—(c)　(2)—(c)　(3)—(b)　(4)—(e)　(5)—(b)

100　ある女性数学者の生涯

全訳

第1段落

　女性は(a)生まれつき数学研究に適していないという時代おくれの固定観念は，2014 年に(b)大打撃を被った。その年，マリアム=ミルザハニが，数学の最も権威ある賞であるフィールズ賞を受賞する最初の女性になったのだ。同じくらい重要な打撃が，300 年前に生まれたイタリア人数学者，マリア=ガエターナ=アニェージによって加えられていた。アニェージは，数学の教科書を書き，数学で(c)大学教授の職に任命された最初の女性だった(d)が，彼女の人生は矛盾に満ちたものであった。(e)才気にあふれ，裕福で，有名だったにもかかわらず，彼女は最終的には貧困生活と貧しい人たちへの奉仕を選んだのだ。

- ☐ *l.*1　stereotype「固定観念」　※後続の that 節と同格の関係にある。
- ☐ *l.*1　by nature「生まれつき，生来」
- ☐ *l.*2　suffer 〜「〜を被る」　※suffer from 〜「〜で苦しむ」とは区別すること。
- ☐ *l.*2　blow「打撃」
- ☐ *l.*3　the first woman to receive 〜「〜を受け取った最初の女性」　※the first 〜 to *do* の to 不定詞は，未来ではなく現実を表している。
- ☐ *l.*3　the Fields Medal「フィールズ賞」　※カナダ人数学者 John Charles Fields (1863-1932) の提唱で 1936 年に作られた，40 歳以下の数学者の業績を称え，その研究を奨励することを目的とする賞。
- ☐ *l.*3　prestigious「権威のある」
- ☐ *l.*6　be appointed to 〜「〜に任命される」
- ☐ *l.*7　be marked by 〜「〜で目立っている，〜に富んでいる」
- ☐ *l.*7　Though brilliant, rich and famous = Though she was brilliant, rich and famous「彼女は才気にあふれ，裕福で，有名だったにもかかわらず」
- ☐ *l.*8　service to the poor「貧しき者への奉仕」

第2段落

　1718 年 5 月 16 日にミラノで生まれたアニェージは，裕福な父親の 21 人の子どものうち最も年上だった。成長するにつれ，彼女の才能は特に言語の勉強で異彩を放った。(a)一つには彼女にできる限りよい教育を与えるために，彼女の父親は(b)当時の一流の知識人を家族の家に招いた。アニェージは 9 歳のとき，(c)おそらく彼女の家庭教師のひとりが書いたラテン語演説を，父親の客たちの前で暗唱した。その演説は，人文科学と自然科学において女性を教育することをよしとしない，広く行き渡った偏見を非難するものであった。(d)そうした偏見は，家庭を切り盛りする人生にそのような学問はまったく必要ないという考えに根ざしたものであった。アニェージは，(e)男性が手に入れられるどんな種類の知識でも，女性は自由に追求できるべきだという明快で説得力のある主張を提示したのである。

- ☐ *l.*10　shone in 〜「〜で異彩を放った，〜で輝いた」　※shone は shine の

過去形。

- □ *l*. 11　in part「一つには」
- □ *l*. 11　the best education possible「できるだけよい教育」　※possible, available, imaginable は最上級を強調することがある。
- □ *l*. 12　leading intellectuals「一流の知識人」
- □ *l*. 13　repeat ～ from memory / repeat from memory ～「～を暗唱する」
- □ *l*. 13　likely「おそらく」　※本文では副詞の役割。
- □ *l*. 13　composed by … tutors は a Latin speech を修飾する形容詞句。
- □ *l*. 14　condemn ～「～を非難する」
- □ *l*. 15　the arts and sciences「人文科学と自然科学」
- □ *l*. 15　be grounded in the view that S V「S V という見方に根ざしている」
- □ *l*. 16　manage a household「家庭を切り盛りする」
- □ *l*. 17　present ～「～を提示する」
- □ *l*. 17　a clear and convincing argument「明快で説得力のある主張」
- □ *l*. 18　available to men は直前の knowledge を修飾している。

第3段落

アニェージはやがて，人前で(a)自分の知的能力を披露するのにうんざりしてしまい，(b)隠遁して(c)宗教的生活に身を捧げたい(b)という願望を表明した。しかし，彼女の父親の 2 番目の妻が亡くなったとき，彼女は(d)父親の所帯と多くの弟や妹の教育に対する責任を引き受けた。この役割を通じて，彼女はイタリア人の生徒たちを，最近の数学的発見を要約した基本的な手法に触れさせる，包括的な数学の教科書(e)の必要性を認識した。

- □ *l*. 19　become tired of *doing*「～することにうんざりする」
- □ *l*. 19　display ～「～を披露する」
- □ *l*. 20　express a desire to *do*「～したいという願望を表明する」　※to retire … and to dedicate … が共に a desire を修飾している。
- □ *l*. 20　retire from the world「世界から身を引く，隠遁する」
- □ *l*. 20　dedicate *A* to *B*「*A* を *B* に捧げる」　※dedicate *oneself* to ～「自らを～に捧げる」
- □ *l*. 21　assume responsibility for ～「～の責任を負う」
- □ *l*. 23　the need for ～「～の必要性」
- □ *l*. 23　comprehensive「包括的な」

第4段落

アニェージは数学に特別の魅力を見出した。彼女の信じていたところでは，経験から得られる大半の知識は誤りやすく，絶対的なものではない。しかし，数学からは絶対に確実(a)な真理が得られる，ということである。アニェージの著作は，1748年に(b)2 冊組で出版され，『分析の基本原理』というタイトルがつけられた。その本は，ニュートンやオイラーのような偉大な数学者(c)にとって当たり前のことであったのとは違って，ラテン語ではなくイタリア語で書かれていたが，(d)それは生徒たちがより利用しやすくするためだった。アニェージの教科書は，1749年にフランス学士院から「互いに非常に異なる多くの数学者の著作の中に散らばっている様々な発見を，(e)ほとんど統一的な手法へと集約するには，相当の技量と優れた判

断が必要だった」と称賛された。

- ☐ *l.* 27　she believed は挿入句。＝ She believed that most knowledge …
- ☐ *l.* 27　be prone to error「間違いやすい」
- ☐ *l.* 27　be open to dispute「議論の余地がある，絶対的なものではない」
- ☐ *l.* 27　From mathematics, however, come truths that are wholly certain は副詞句＋動詞＋主語の倒置構造。
- ☐ *l.* 28　Published in two volumes in 1748 は，Agnesi's work を主語とする分詞構文。
- ☐ *l.* 30　not … as was the custom for ～「～にとって習慣であったのとは違って…ない」 ※「～にとって習慣であったようには…ない」が直訳だが，このように not の後に「～のように」の意味の as ～ が置かれる場合には，「～と違って」と訳した方が，文意が明確になることが多い。*e.g.* Their behavior is not, as was once thought, a simple product of lack of food.「彼らの行動は，かつて考えられていたのとは違って単に食料不足から生じたものではない」 なお as was the custom for ～ の as については次頁のコラムを参照のこと。
- ☐ *l.* 31　accessible to ～「～が利用しやすい」
- ☐ *l.* 33　reduce *A* to *B* / reduce to *B A*「*A* を *B* にする，*A* を *B* に還元する，*A* を *B* に集約する」

第5段落

　アニェージは，女性と貧しい者の教育(a)に対する熱心な支援者であり，自然科学と数学は教育課程の中で重要な役割を果たすべきだと信じていた。しかし，深い信仰を持つ者として，彼女はまた，科学や数学の研究は神の創造の構想(b)という，より大きな文脈で見なければならないと信じていた。彼女の父親が 1752 年に亡くなったとき，彼女は召命に応じ，自分が抱いていた他の大きな情熱，つまり貧しい人たちへの奉仕に，残りの人生を捧げる自由を得た。今日，アニェージのことを覚えている人はほとんどいないが，数学史における彼女の先駆的役割は，性別の固定観念(c)に対する勝利の奮い立たせるような物語として生きている。彼女は，(d)その後の何世代にもわたって数学における女性の道を切り開くのに貢献した。アニェージは数学に秀でていたが，数学を愛してもいた。自分と同じ人間と，より高みにある存在の両方に奉仕する(e)機会を数学に熟達することの中に認識したのである。

- ☐ *l.* 35　a passionate advocate for ～「～の熱心な支援者，提唱者」
- ☐ *l.* 37　deep religious faith「深い信仰」
- ☐ *l.* 39　be free to *do*「自由に～する」
- ☐ *l.* 40　answer a religious calling「召命に応じる」
- ☐ *l.* 40　devote the rest of *one's* life to ～「残りの人生を～に捧げる」
- ☐ *l.* 42　serve as ～「～として役立つ」
- ☐ *l.* 42　an inspiring story「奮い立たせる物語」
- ☐ *l.* 43　clear a path「道を開く」
- ☐ *l.* 43　for generations to follow「その後の数世代もの間にわたり」
- ☐ *l.* 44　perceive ～「～を認識する」
- ☐ *l.* 45　a higher order「より高いもの」 ※通常は「上流社会の人」を表すが，直前の her fellow human beings「彼女の仲間である人間」との関係から，ここでは「神」を指していると考えられる。

(1) **誤りがあるのは (a)** ──────────────────── 正答率 30.5%

(a)の not suited by nature <u>at</u> が誤り。by nature「生まれつき」は問題ないが，suited at ではなく suited for〔to〕〜 で「〜に適している」の意。*e.g.* This land is not suited for agriculture.「この土地は農耕に適さない」 (b)は，suffer には他動詞として「〜を被る」という意味があり問題ないが，45.8％の人が誤りだと思って選択した。

(2) **誤りがあるのは (d)** ──────────────────── 正答率 40.7%

(d)の which had <u>either</u> been grounded in the view が誤り。either を取り除いた文は「そうした偏見は，家庭を切り盛りする人生にそのような学問はまったく必要ないという考えに根ざしたものであった」となる。この文は否定文ではなく，後に or もないため，either が意味をなさない。よってこれを削除するのが適切。(e)は，any kind of の後ろは，可算名詞でも不可算名詞でも無冠詞単数形で置かれるのが通例で，問題ない。

(3) **誤りがあるのは (c)** ──────────────────── 正答率 35.6%

(c)の dedicate <u>her</u> to a religious life が誤り。同文の必要な部分だけを示すと，Agnesi expressed a desire to dedicate her to a religious life. となっている。文意より，この her は主語の Agnesi のことであり，主語と目的語が一致する場合には，その目的語を herself と再帰代名詞にする必要がある。

(4) **誤りがあるのは (e)** ──────────────────── 正答率 33.9%

(e)の reduce almost uniform methods <u>to</u> が誤り。直訳は「ほとんど統一的な手法を…（様々な発見）に集約する」となる。reduce には，reduce *A* to *B* / reduce to *B* *A*「*A* を *B* にする」という用法があるが，これは reduce の基本的な意味「〜を減らす」が「*A* の要素を減らして，*A* を *B* にする」へと広がったためで，*A* は複雑なもの，*B* はそれより単純なものが入る。ここでは，*A* に「様々な発見」を置き，*B* に「ほとんど統一的な手法」を置くと文意が通る。よって to を reduce の直後に移動すれば，「（様々な発見を）ほとんど統一的な手法に集約する」となり，内容的に正しくなる。reduce discoveries … each other to almost uniform methods の discoveries … each other が長いため methods の後ろに置かれた形である。この reduce to *B* *A* の形は，2011 年度 4 —(A)の文法問題でも出題されている。

> **Column** S V that S′ V′→As S V, S′ V′ について
>
> It happens that S V.→As it happens, S V.「たまたま／あいにく S V」のような変形が行われるときがある。It is often the case that S V.→As it is often the case, S V.「よくあることだが S V」もその一例。さらにこの場合，発音のしやすさから it が脱落して As is often the case となる。本問の as was the custom for …，S V も，これと同じ変形の結果であると考えればよい。

4

文法・語法

⑸　**誤りがあるのは** ⒠ ————————————————————　正答率 28.8%

⒠の in its mastery <u>of</u> an opportunity が誤り。下線部の直前に分詞構文の perceiv-ing があるが，perceive「～を認識する，～に気づく」は他動詞なので，目的語が必要。また its mastery の its は math「数学」を指しており，「数学が機会に熟達することにおいて」では意味をなさない。of を取り除き perceiving in its mastery an opportunity (to …) とすれば，「数学の熟達の中に，(…する) 機会を (見てとる)」となり，文法的にも内容的にも正しくなる。なお，一般に〈Ｓ Ｖ Ｏ＋前置詞＋名詞〉において，〈前置詞＋名詞〉がＶを修飾する場合で，特にＯが長いときには，修飾関係を明確にするため，〈Ｓ Ｖ＋前置詞＋名詞＋Ｏ〉の語順になることがある。*e.g.* You should express in words what you have in mind.「心で思っていることを言葉で表現すべき」 ⒜の A passionate advocate for … は，Agnesi を主語とする分詞構文で，その前に Being を補って考えればよい。⒟を選択した人が 32.2％いた。for generations to follow は「それに続く何世代にもわたって」の意味。類例として in the years to come「将来（← これから来る数年に)」などがある。

(1)—(a)　(2)—(d)　(3)—(c)　(4)—(e)　(5)—(e)

101　初期の推理小説が流行した理由

全訳

第1段落

　推理小説の起源は，はるかシェイクスピアにまでも遡る。しかし，エドガー=アラン=ポーの理知的な犯罪解決の物語は，推理小説を重要なジャンルにまで押し上げた。彼の物語は，誰が罪を犯したのかという謎の解決をめぐって展開し，読者に謎を解くようにも誘う。

- □ *l*.1　the detective story「推理小説」　※〈総称〉を示す the。
- □ *l*.3　revolve around ～「～を中心として展開する」

第2段落

　そのような物語の鍵となる人物こそ探偵である。ポーの生み出した探偵オーギュスト=デュパンは，有閑階級の紳士である。つまり彼には働く必要がないのだ。その代わりに，彼は，実際の警察が犯罪解決をするのを手助けするため，「分析」を行うことに専念する。

- □ *l*.5　a gentleman of leisure「有閑階級の紳士」
- □ *l*.5　keep *oneself* occupied by ～「～に専念する」

第3段落

　かのシャーロック=ホームズの生みの親であるアーサー=コナン=ドイルでさえ，ポーの影響を認めざるを得なかった。デュパンはシャーロックと同様，パイプをふかす。デュパンもまた異常なほど頭が切れて理知的，つまり犯罪解決という偉業を達成するために思考力を使う一種のスーパーヒーローである。そして，いずれの作品でも，物語の語り手は，文字どおりいつも探偵について回る人物であり，また彼の同居人である。

- □ *l*.7　acknowledge ～「～を認める」
- □ *l*.9　feat「偉業」
- □ *l*.10　literally「文字どおり」

第4段落

　ポーのやり方は，19 世紀の科学的精神に訴えた。それは推理小説が，どのような疑問であっても，推論でその答えを得ることができると約束したからだ。推理小説が受け入れられるようになったのは，それが確実に次のことを約束してくれたからだ。つまり，知性が勝利すること。犯罪は，理知的な探偵によって必ず解決されること。科学は厄介ごとを引き起こす者を追い詰めて捕らえ，正直な人たちが夜眠れるようにしてくれること。

- □ *l*.12　formula「（問題解決，成功のための）方法，秘策」
- □ *l*.13　catch on「（考え，服装などが）受け入れられる」
- □ *l*.15　track ～ down / track down ～「～を追い詰め捕らえる」

(1)・(2) ──────────────────────────── 正答率 61.9%

完成した文▶His stories revolve around solving the puzzle of who committed the crime, 〔a）inviting　c）readers　**g）to**　d）solve　e）the　**b）puzzle**〕 too.

不要語▶ f）them

前後の文と，与えられた選択肢から「読者にもその謎解きに誘う」という内容だと推測できる。空所の直前にも，また与えられた語の中にも and などの接続詞がないため，a）inviting が分詞構文を作っていると考えられる。空所の前に the puzzle of ～ とあり，puzzle は既出の語のため the puzzle とする。さらに，invite *A* to *do*「*A* を～するように誘う」という語法にあてはめて正解を得る。

(3)・(4) ──────────────────────────── 正答率 50.8%

完成した文▶a kind of superhero 〔h）who　g）uses　**d）powers**　c）of　e）thinking　**f）to**　a）accomplish〕 great feats of crime-solving.

不要語▶ b）is

前後の文と，与えられた選択肢から「犯罪解決という偉業を成し遂げるために思考力を使うスーパーヒーロー」という内容だと推測できる。空所の前に a kind of superhero「一種のスーパーヒーロー」と名詞があり，与えられた選択肢の中に h）who があることから，a kind of superhero を説明する関係代名詞節が続くと考えられる。a kind of superhero は3人称単数であることから，who の動詞は b）is か g）uses になる。is の場合は後に補語が来るが，is powers や is to accomplish では不自然であるし，is thinking では後が続かない。よって uses で決定する。空所の直後に great feats「偉業」とあるので，to accomplish great feats「偉業を達成するために」とするのが適切。あとは powers of thinking を uses の目的語とすれば完成する。

(5)・(6) ──────────────────────────── 正答率 15.9%

完成した文▶That's because detective stories promised that 〔f）reasoning　c）could　**d）hold**　g）the　a）answer　**h）to**　b）any〕 question.

不要語▶ e）in

当該文全体は，直前文「ポーのやり方は，19世紀の科学的精神に訴えた」を具体化して，推理小説の特性を描写したものと考えられる。さらにこの次に続く「知性が勝利する」「犯罪は理知的な探偵によって必ず解決される」という文内容と，与えられた選択肢から「推論でどのような疑問にも答えることができる」という内容だと推測できる。空所は promised の目的語にあたる that 節の内部。空所直後の question と合わせて完全な文を作る。「推論で～に答えられる」→「推論が～の答えを有することができる」と考え，f）reasoning「推論」を主語とし，それに c）could を続ける。この後の原形不定詞は a）answer と d）hold が考えられるが，

answer を動詞として使うと，hold の行き場がなくなる。よって，could hold と続ける。「～の（唯一の）答え」は the answer to ～ だから，残る any と空所直後の question を合わせて the answer to any question「どのような疑問にもその答え（を得る）」とすれば，文意が通る。無生物主語の文だけに，パズル的解法では困難。筆者の「言いたいこと」をしっかり考えて文を組み立てるという姿勢が大切。

(7)・(8) ──────────────────────────── 正答率 27.0%

完成した文▶Science will track down the ［g］troublemakers　a）and　**c）let** b）honest　f）souls　**e）sleep**］at night.

不要語▶ d）nor

前後の文と，与えられた選択肢から「厄介者を追い詰め，正直者はぐっすり眠らせる」という意味だと推測できる。let *A do*「*A* に～させ（てや）る」が基本語法であり，目的語にあたる *A* には名詞である f）souls，補語の原形不定詞には e）sleep が適切。souls は「魂」が基本義だが，happy や sensitive などの形容詞を伴って，話者が愛情や哀れみを込めて「～な人」の意味で使うこともある。b）honest は honest souls「正直な人」の形で使えばよい。なお track down … と let … をつなぐのは and が適切。nor は neither *A* nor *B*「*A* でも *B* でもない」で使うことが多いが，ここでは形，意味両面から不適切。

4
文法・語法

(1)—g）　(2)—b）　(3)—d）　(4)—f）　(5)—d）　(6)—h）　(7)—c）　(8)—e）

102 ドキュメンタリーとは何か

第1段落

全訳

「ドキュメンタリー」という言葉は，[a]初期の制作活動から紆余曲折を経て定着した。19世紀後半の企業家たちが，実生活で起こる様々な出来事を動画に初めて撮り始めたとき，[b]自分たちが制作しているものを「ドキュメンタリー」と呼ぶ者がいた。しかし，その言葉が定着するには，登場から数十年の時間を要した。自身の動画を「エデュケーショナル」「アクチュアリティー」「インタレストフィルム」と呼ぶ者もおり，また，たとえば「トラベルフィルム」のように，[c]自分たちのテーマとなっていることがらを言う者もいたかもしれない。スコットランド人のジョン=グリアソンは，この新しい形式のものを英国政府のために使おうと決め，「ドキュメンタリー」という言葉を，アメリカの偉大な映画作家のロバート=フラハティの[d]作品に用いることで生み出した。グリアソンは「ドキュメンタリー」を「現実を芸術的に表現したもの」と定義したが，これは結果的に，おそらく[e]極めて柔軟な語であるために，長く使われている。

- □ *l.*1　emerge out of ～「～から出てくる」
- □ *l.*1　awkwardly「ぎこちなく」
- □ *l.*1　early practice「初期の（制作）活動」
- □ *l.*2　entrepreneur「企業家」　※発音に注意。
- □ *l.*4　stabilize「定着する」　※stable「安定した」
- □ *l.*5　refer to ～「～を述べる」
- □ *l.*6　subject matter「テーマとなっていること」
- □ *l.*7　in the service of ～「～のために」
- □ *l.*9　define *A* as *B*「*A* を *B* と定義する」
- □ *l.*10　durable「耐久性のある」

第2段落

ドキュメンタリー映画は，19世紀の末頃，[a]最初期の映画が上映されたのと同時に始まったが，今日では多くの形式をとりうるものになっている。『極北の怪異』（1922年）のように，珍しい土地や生活様式を訪れたものであることもある。また，ある雨の日についての物語であるヨリス=イヴェンスの『雨』（1929年）のような，[b]クラシック音楽のメロディーがつけられた視覚詩のこともあるが，この映画では，嵐が音楽全体の構成と一体となっている。また，ドキュメンタリー映画は[c]巧妙な政治宣伝のこともある。ソビエトの映画作家ジガ=ヴェルトフは，「フィクションの映画は有害で滅びつつあり，[d]ドキュメンタリー映画にこそ未来がある」と公言し，[e]政治体制と映画の形式双方のための政治宣伝として『カメラを持った男』（1929年）を制作した。

- □ *l.*11　begin … with the first films ever projected「初めて上映された映画から始まる」
- □ *l.*13　*Nanook of the North*『極北の怪異（極北のナヌーク）』　最初期のドキュメンタリー映画。撮影地はカナダ北部で，監督はドキュメンタ

リーの父と言われるロバート＝フラハティ。

- □ *l.* 13 a visual poem「視覚詩」 ※たとえば「詩で絵を描いた」ものなど。
- □ *l.* 14 *Rain*『雨』 アムステルダムが雨の中で表情を変えていく様子を捉えた短編映画。
- □ *l.* 14 set *A* to *B*「*A*（詩・歌詞など）に *B*（曲）をつける」
- □ *l.* 15 echo the structure of the music「映画音楽の構成と一体となる（←こだまする）」
- □ *l.* 16 propaganda「政治宣伝，プロパガンダ」
- □ *l.* 17 proclaim that S V「SがVと公言する」
- □ *l.* 19 a political regime「政治体制」

第3段落

「ドキュメンタリー」とは何だろうか？ 単純な答えは，「現実生活に関する映画」ということになるかもしれない。そして，それがまさしく問題なのである。つまり，ドキュメンタリーというものは，現実生活に「関する」ものであって，現実の生活そのものではない。[a]現実の生活を垣間見る窓ですらない。ドキュメンタリーは[b]現実の生活を素材に使って現実の生活を描いたものであり，[c]どのような物語を誰に向けて，また何を目的として語るかについての数多くの決定をする様々な芸術家や技術者によって作り上げられる。それなら，それはできる限り現実の生活を描写し，[d]現実の生活を操作することがない映画だと言えるかもしれない。それでもなお，情報を操作することなく[e]映画を作る方法などない。話題の選定，編集，音響効果をつけるなどすべてが操作である。放送ジャーナリストのエドワード＝R＝マローはかつて次のように言った。「個々の映画がどれも『バランスのとれた』映像を表現しなければならないと信じている人は誰も，バランスのことも映像のことも何もわかっていない」

- □ *l.* 21 precisely「まさに」 ※しばしば強調として使われる。
- □ *l.* 22 a window onto ～「～を垣間見る窓，～を知る手段，機会」
- □ *l.* 25 represent ～「～を表現する」
- □ *l.* 26 manipulate ～「（世論，株価など）を操作する」
- □ *l.* 29 Murrow の発言の意味は，「ドキュメンタリーは，何を伝えたいかによって，現実の生活に操作がなされる。よって，ある意味ではどれも『バランスの悪い』ものになる。そんなこともわからない人は，映画を語る資格がない」ということ。

第4段落

どの程度操作すべきかを決める問題は，[a]ドキュメンタリーという形式と同じぐらい古くから存在する。『極北の怪異』は，初期の素晴らしいドキュメンタリーの1つとみなされているが，その主題であるイヌイット族は，[b]フィクションの映画の役者とだいたい同じように，映画制作者のロバート＝フラハティ監督によって指示された様々な役割を演じた。フラハティ監督は，イヌイット族に銛を用いたセイウチ猟のような[c]すでに廃れてしまっていたことをやるように頼んだ。また，フラハティは，イヌイット族が実際には理解している[d]ことをまるで彼らが知らないように描いた。同時に，フラハティは物語を[e]長年にわたり自分自身がイヌイ

ット族と共に生活した経験から構築したのだが，イヌイット族は彼の制作に快く参加し，映画の構想のためのアイディアを数多く提供してくれたのである。

□ *l*. 33　assume roles「役割を引き受ける」

□ *l*. 34　much like ～「～とだいたい同じように」　※（類）much the same「だいたい同じ」

□ *l*. 34　do things (which) they no longer did「彼らがすでにやっていないことをする」

□ *l*. 35　a spear「銛（もり）」

□ *l*. 35　represent O as C「OをCとして描く，表現する」

□ *l*. 36　ignorant about〔of〕～「～のことを知らない」

□ *l*. 38　a plot「筋，構想」

第5段落

　ドキュメンタリーの重要性は，社会現象としての[a]大衆という考えと結びついている。哲学者のジョン＝デューイは，一般大衆は――民主主義社会が健全であるためには非常に重要な存在であり――[b]個々の人の総体ということにとどまらないと説得力をもって主張した。一般大衆は，公益のために共に行動できる人々の集団であり，[c]だからこそ，財界や政府の深く根付いた権力に異議を唱えることもできる。一般大衆とは，[d]必要とあらば危機の時に結集することができる非公式の団体である。彼らを奮い立たせる機会や問題の数だけ大衆の集まりは存在する。私たちが直面している共通の問題について，[e]もし互いに意思疎通をするやり方を有しているならば，私たちは皆，どの大衆の集まりの一員にもなりうる。したがって，意思の疎通は大衆の魂なのである。

□ *l*. 39　be linked to ～「～と結びついている」

□ *l*. 41　crucial to ～「～にとって極めて重要な」　※cross「十字架」と同系語。

□ *l*. 41　individuals added up「合計された個々人」

□ *l*. 42　the public good「公益」

□ *l*. 43　challenge ～「～に異議を唱える」

□ *l*. 44　in a crisis「危機の時に」

□ *l*. 44　if necessary＝if it is necessary「もし必要なら」

□ *l*. 44　There are as many publics as there are occasions and issues「機会や問題の数だけ大衆の集まりは存在する」　※there are many publics と there are many occasions and issues を as ～ as を用いて1文にした形。as ～ as 構文の原則通り as ～ の～に置かれる形容詞（ここでは many）が，2つめの as の後ろでは省略されている。many ～ は as ～ as 構文に組み込まれているので「同数の～」の意味になることに注意。

□ *l*. 45　call ～ forth「～を奮い立たせる」

(1)　**誤った箇所を含むのは［d］** ─────────── 正答率 25.4%

apply には，apply A to B「A を B に応用する」，apply to ～「～に当てはまる」の用法があり，形だけでは間違っていることがわからない。もしこの部分が正しいとすると，文の主語がジョン＝グリアソンであることから「ジョン＝グリアソンがフラハティの作品に当てはまる」となり意味をなさない。そこで apply A to B の可能性を考える。下線部を含む文の流れは「ドキュメンタリーという言葉を作る」「その手段は，その言葉をフラハティの作品に使う」ということ。よって it を補い applying it（＝the term "documentary"）to a work of … としなければならない。［e］の so very flexible は「それほど（＝長く使われているほど）までに極めて柔軟な」の意味で問題はない。

(2)　**誤った箇所を含むのは［b］** ─────────── 正答率 44.4%

［b］を含む第 3 文の文構造は，It が主語で，can be が動詞，a visual poem が補語。さらに a visual poem と a story … が同格の関係にある。［b］の is set to a piece of classical music「クラシック音楽のメロディーがつけられた」は，a story を説明する部分と考えるのが適切。一般に〈コンマ（,）＋関係代名詞〉では，関係代名詞の省略はできない。よって，which is set to ～ とするか，is を取り除いて set to ～ とする。［a］の with は，begin with ～「～から始まる」の with。［d］の that は，proclaimed の目的語を作る接続詞の that。［d］の the future は「将来有望なもの」の意味。

(3)　**誤った箇所を含むのは［d］** ─────────── 正答率 42.9%

［d］は，「それはそれを操作しないということ」の意味であり，主語や目的語の欠落のない that 節（つまり that は名詞節を作る接続詞）で，and によって直前の部分と結ばれている。直前の that does its best to represent real life の that は関係代名詞。よって and の結んでいるものは，a movie を先行詞とする 2 つの関係代名詞節と考えるのが適切。よって［d］の that は関係代名詞のはずであり，後ろに名詞の欠落部分が必要となる。後続の内容から「現実の生活を操作していない」という意味にするのが適切で，最初の it が不要だとわかる（後の it は real life）。［b］は分詞構文。［c］の tell は例外的な用法。通例 tell は，〈tell＋人～〉と「人」を必要とする動詞だが，〈tell＋物語関連の単語（a story / a lie / the truth）〉の場合には「人」は省略できる。

(4)　**誤った箇所を含むのは［e］** ─────────── 正答率 19.0%

［e］の his own experience of … は「彼自身の…という経験」の意味。よって，この部分は「イヌイット族と長年暮らしたという彼自身の経験」という意味になると推測できる。years into ～ は，たとえば 50 years into the future「50 年後の未来」のような使い方をするのでこの文ではおかしい。そこで into を of に変えると，years of ～「何年にもわたる」より，his own experience of years of living with the

Inuit「イヌイット族と何年も暮らしたという自分自身の経験」となり正しい文となる。また，of を用いないで his own experience of years living with the Inuit とすることも可能（原文はこちらになっている）。［b］の much は like ～ 以下を修飾する副詞。［d］represent O as C「O を C として描く」

(5)　誤った箇所を含むのは［e］——————————　正答率 52.4%
communicate は，communicate *A* to *B*「*A* を *B* に伝える」，あるいは communicate with ～「～と意思の疎通を図る」の形で使う。本文では「お互いと意思の疎通を図る」という意味のはずで，with が必要。なお each other は「お互い」の意味の代名詞であって，「お互いに」の意味の副詞ではないことに注意。［b］の individuals added up は，直訳すると「集められた個人」ということ。

> **Column**　語の多義性を意識すること
> 　この問題でも apply や communicate などの「複数の意味を持つ語」の意味の見極めがポイントとなっている。たとえば run は，初学者は「走る」という意味だけ覚えておけばよいが，そのうち「～を経営する」という意味を持つことを知るだろう。同様に walk は「歩く」だけでなく「～を散歩に連れて行く」の意味を持つことを知るはずだ。このように「単語は複数の意味を持ちうる」ということを念頭において学習することは大切だ。

(1)—［d］　(2)—［b］　(3)—［d］　(4)—［e］　(5)—［e］　**解答**

103　人間にとっての知識の意味

全訳

第1段落

　知識は私たちが関わる最も重要な仕事である。_[a]他のほぼすべての仕事がうまくいくかどうかは，その知識にかかっているが，その価値は経済的なものにとどまらない。知識の追求，産出，拡散，適用そして保存は_[b]文明の中心的活動である。知識は社会の持つ記憶であり，過去とのつながりである。そしてそれは社会の希望であり，未来への投資である。知識を創造し，_[c]それを活用する能力が，人間のきわめて重要な特徴である。それは，私たちがどのようにして_[d]社会的存在として自らを再生産するか，どのように変化するか，つまり，どのように_[e]堅実に生き，かつ，夢を見ているか，ということなのだ。

- □　*l.*2　the pursuit, … of knowledge　※of knowledge は 5 つの名詞（他動詞の名詞形）を修飾。of は〈目的語を示す働き〉である。
- □　*l.*4　civilization「文明」　※ある特定の文明の場合は可算名詞。
- □　*l.*4　social memory「社会全体で共有する記憶」
- □　*l.*7　reproduce *oneself* as 〜「〜として自らを再生する」
- □　*l.*7　keep our feet on the ground and our heads in the clouds「堅実に生き，かつ，夢を見ている」　※「地に足をつけ，雲の中に頭を突っ込んでいる」が直訳。

第2段落

　知識は_[a]常に不均等に分配されている資本の一形態で，より多くの知識を持っている，あるいは知識をより容易に得ることのできる人は，_[b]そうした可能性が低い人に比べて有利な立場を享受していることになる。_[c]これはつまり，知識は権力と密接な関係にあるということだ。_[d]「知識のための知識」という言い方をするが，私たちが学ぶことの中で，世界に対する異なる関係性——たいていはよりよい関係性を私たちは望むが——に_[e]私たちを導かないものはないのである。

- □　*l.*9　a form of 〜「〜の形態」
- □　*l.*9　unevenly「不均等に」
- □　*l.*9　distribute 〜「〜を分配する」
- □　*l.*10　access to 〜「〜を入手する権利」
- □　*l.*11　advantages over 〜「〜に対して有利な点」
- □　*l.*11　stand in a close relation to 〜「〜と密接な関係にある」
- □　*l.*12　for *one's* own sake「〜自身・自体が目的で，〜自身・自体のために」

第3段落

　一つの社会として，知識の創造は制限されるべきではなく，_[a]知識を獲得する権利は普遍的であるべきだ，という原則に私たちは傾倒している。これは民主主義の理想である。知識に関する限り，_[b]多いことは常によいことだと私たちは考えている。_[c]知らない方がよいこと，あるいは_[d]一部の者のみ知るべきであることが存在するとは私たちは思っていない。それはちょうど，表現されるべきではない見解が存在するとか，_[e]選挙権を持つには無知すぎる市民が存在するとは思っていない

のと同じである。

- ☐ *l*. 15　be committed to ～「～に傾倒する」　※「はまり込んでいる」イメージ。
- ☐ *l*. 15　the principle that S V「SがVという原理」
- ☐ *l*. 17　where knowledge is concerned「知識に関する場合には」

第4段落

より多くの[a]情報や考えを生み出せば生み出すほど，また，より多くの[b]人がそれを利用できるようにすればするほど，よい決定を下す可能性がより高くなる，と私たちは考えている。それゆえ，私たちが大きな社会的投資をするのは，知識を創造し拡散すること，つまり研究と教育に[c]目的が絞られた機関となるのである。[d]私たちはこれらの機関にあらゆる種類の保護を与え，それらが[e]私たちが望むような形で機能していないのではという疑念を抱くとき，不安に思ったり，時として腹を立てたりするのである。

- ☐ *l*. 22　the more … decisions. は The + 比較級₁, and the + 比較級₂, the + 比較級₃「～や～すればするほど…」の形になっている。
- ☐ *l*. 23　the better our chances of making good decisions (are)　※The + 比較級…, the + 比較級～ では be 動詞が省かれることがある。
- ☐ *l*. 24　institution「機関」
- ☐ *l*. 26　grant *A* *B*「（請求に応じて）*A* に *B* を与える」
- ☐ *l*. 27　suspect that S V「SがVではないかと疑う」　※ = think that S V

第5段落

様々な大学に対する私たちの期待の中には非現実的なものがある（[a]そして民主主義に対する私たちの期待の中にもそうしたものがある）。教えるということは厄介な作業で，その成功は測定しづらく，[b]定義さえ困難なものになりうる分野である。研究もまた厄介である。あらゆる優れた考えや科学的主張に対する代償は，[c]それほど優れていないものが多数生まれることである。学生が例外なく十分な教育を受けるだろうとか，すべての学問や研究が価値あるものになるだろうとか思うことなどできないのが当然である。だが，その制度は，[d]実際規模が大きくまた多様ではあるが，私たちにとって不利に働くものではなく，有利に働くものであり，私たちが望む研究や教育を[e]可能にしてくれていると信じたい。

- ☐ *l*. 30　messy「面倒な」
- ☐ *l*. 32　price for ～「～に対する代償」
- ☐ *l*. 33　reasonably「当然である」
- ☐ *l*. 34　scholarship「学問（不可算名詞）」　※「奨学金」の意味では可算名詞。

⑴　誤った箇所を含むのは［c］ ———————————— 正答率 52.5%

［c］は，このままでは意味をなさない。put *A* to use で「*A* を利用する」の意味。*A* が長い場合や *A* を強調する場合には put to use *A* も可。よって語順を put it to use とすれば，下線部を含む文の主部が The ability to create knowledge and put it to use「知識を創造し，それを利用する能力」となり意味が通る。

(2) 誤った箇所を含むのは［d］———————————————— 正答率 8.5%

A for *one's* own sake「*A* のための *A*」は，*A* が単数形の名詞なら *A* for its own sake，*A* が複数形の名詞なら *A* for their own sake となる。［d］は，「知識のための知識」という意味になるはずだが，knowledge が単数形なので their own sake ではなく its own sake とする。なお「知識のための知識」とは「何かに役立てるために得る知識ではなく，知識を増やすこと自体を目的にする場合の知識」のこと。

(3) 誤った箇所を含むのは［a］———————————————— 正答率 69.5%

［a］はこのままでは文にならない。access は名詞では access to ～「～の入手の権利」という形で使い，動詞の場合が，access O「O を手に入れる，（コンピュータで情報）を得る」という他動詞。本文では access it が文の主語になっているが，これを主語にするためには access to it とするか，accessing it とする必要がある。意味の観点から access to it が適切。ちなみに第 2 段落第 1 文にも，access to knowledge という表現がある。

(4) 誤った箇所を含むのは［b］———————————————— 正答率 54.2%

［b］はこのままでは文にならない。〈The ＋比較級…, the ＋比較級～〉の形は，元の 2 文に分けて考えるとミスを発見しやすい。［b］を含む the more people we make them available を，the ＋比較級のない元の形に戻してみると，we make them available more people. という意味不明な文ができあがる。［b］を含む文の意味は「人がそれを利用できるようにすればするほど」になるはずだから，available は available to ～「～に利用できる」であることを考えて，available の後に to を補う必要がある。

(5) 誤った箇所を含むのは［a］———————————————— 正答率 23.7%

［a］はこのままでは意味をなさない。第 2 文以降の内容から，第 1 文は「…は非現実的であり，民主主義に対する私たちの期待（の一部）も非現実的である」という意味だと予想できる。これを英語にすると S are unrealistic, and so are S'. という形となる（×and so some are of→○and so are some of）。so ＋ be 動詞〔do / does / did / 助動詞〕＋ S'「（肯定文に対して）S' もまた～だ」は頻度の高い表現で，S' を強調するために倒置になっている。*e.g.* Lucy is talkative, and so is her sister (= her sister is talkative, too).「ルーシーはおしゃべりで，妹もまたおしゃべりだ」

(1)—［c］ (2)—［d］ (3)—［a］ (4)—［b］ (5)—［a］ 解答

104　動物の協同作業

全訳

第1段落

　生物学者のクリスティーナ゠リールの研究対象は，「オオハシカッコウ」という熱帯地方の鳥類がとる，変わった協同繁殖行動である。オオハシカッコウの群れは一つの巣で一緒にヒナを育て，成鳥が皆でその作業を分担する。ところが，意外なことに，これらの群れに属している鳥には必ずしも血縁関係がないのである。

- □　*l.*1　odd「奇妙な」　※strange より強い語。
- □　*l.*1　breeding「繁殖」　※交尾し妊娠し出産する一連の行動。
- □　*l.*2　a single 〜「たった一つの〜」
- □　*l.*3　share in 〜「〜を分かち合う」
- □　*l.*4　blood relative「血縁関係がある親戚」

第2段落

　この半世紀にわたって，動物の協同作業の研究では，「血縁淘汰」説が非常に有力であった。つまり，動物は自らに何らかの利がありそうな場合にしか，互いを助け合うことはしないし，もし自分にとって利がなければ，それは血縁（家族や親戚）のためになる時に限られる，という説である。このことによって，動物は自分が持つ遺伝物質の一部を次の世代に確実に伝えることができるというわけだ。だが，(ア)ヒナを育てるということになると，オオハシカッコウは血縁淘汰だけでは説明できない行動をとる。

- □　*l.*5　be largely dominated by 〜「主に〜に支配されている」
- □　*l.*6　kin selection「血縁淘汰」
- □　*l.*6　stand to *do*「(gain / lose / realize などを伴い) 〜しそうである」
- □　*l.*8　ensure that S V「S は V を確実にする」　※that 節には will は入れない。
- □　*l.*8　pass 〜 along / pass along 〜「〜を伝える」
- □　*l.*8　genetic material「遺伝物質」
- □　*l.*11　*A* alone「*A* だけ」

第3段落

　リールは，オオハシカッコウは互いに協力し合うが，中には他の者よりもずっと一生懸命に働く者がいることを知った。どの群れでも，一羽のオスが，巣の中の卵の上に座るという(イ)骨の折れる作業のすべてを最終的に引き受ける。夜勤に就いている鳥は，群れの中の他の鳥が眠っている間に，余分な仕事を引き受けるが，それによって自分自身のヒナの健康や生存に関して，目に見える役得が加わるわけではない。これもまた，血縁淘汰の原則に反したものなのだ。

- □　*l.*15　on the night shift「夜勤に就いている」
- □　*l.*16　apparent additional gain「目に見える追加の得」
- □　*l.*17　breaking …　※前文を主語とする文末に置かれた分詞構文。

第4段落

　オオハシカッコウに利己的な面がまったくないわけではない。メスは巣の手入れに協力するが，同時に他のメスの卵を巣から落とすことで，自らのヒナが生き残る可能性を高くしている。ここでも鳥たちの行動は変わっている。世界にいる1万種の鳥の中で，このような卵を壊すという無駄な行動をとるものは6種しかおらず，これは「オオハシカッコウは動物の社会行動(ウ)に関して現存する種の中でも最も興味深いものの一つである」というリールの主張をさらに裏付けるものである。

□ *l.*18　tend 〜「〜の手入れをする」
□ *l.*21　wasteful practice「無駄な（習慣的な）行動」

㋐ ──────────────────────────────── 正答率 66.0%

完成した文▶ But ［(g) when (c) it (a) comes (f) to (d) raising (e) their (h) young］, anis behave in ways that cannot be explained by kin selection alone.
「だが，ヒナを育てるということになると，オオハシカッコウは血縁淘汰だけでは説明できない行動をとる」

不要語▶(b) has

　第2段落では「動物は自分か血縁の仲間のためにしか行動しない」という「血縁淘汰」説が紹介されている。その直後，逆接の But で始まるのが空所の文である。よって，「血縁関係のないもののために働くことがある」という内容であろうと予測できる。選択肢を見れば when it comes to 〜「〜ということになると」という慣用句が使えそうである。この慣用句の to は前置詞なので，〜には名詞や動名詞が入る。よって to の後は raising their young「ヒナを育てること」とする。なお raise their young は本文第1段落第2文でも使われている。

㋑ ──────────────────────────────── 正答率 38.0%

完成した文▶ In every group, one male ［(b) ends (h) up (e) performing (a) all (f) the (g) tiring (d) labor］ of sitting on the eggs in the nest.
「どの群れでも，一羽のオスが，巣の中の卵の上に座るという骨の折れる作業のすべてを最終的に引き受ける」

不要語▶(c) much

　直前の第3段落第1文に「オオハシカッコウは協力して一緒に作業するものの，一部の鳥は他の鳥よりもはるかに懸命に働く（some work much harder than others）ことを知った」とある。抽象→具体の流れで，空所内には，この内容が具体的に述べられていると推測できる。こうした文脈と，与えられた選択肢から「一羽のオスが，巣の中の卵の上に座るという仕事をやる」ということだろうと予想できる。空所の直前には In every group, one male「どの集団でも，一羽のオスが」とあり，one male は3人称単数なので続く動詞は ends up *doing*「結局〜することになる」

が適切。後は performing the labor of sitting on the eggs in the nest となるが，これでは all / much / tiring が余ってしまう。よって performing all the tiring labor とする。tiring という形容詞を much では修飾できないので，もし much を使うなら much of the tiring labor となるが，選択肢には of がないので，この形は不可能。

(ウ) ———————————————————————————— 正答率 26.0%

完成した文▶strengthening Riehl's assertion that "this is one of [(h) the (f) most (e) interesting (g) species (d) in (b) existence (c) for] animal social behavior."

「『これ（オオハシカッコウ）は動物の社会行動に関して現存する種の中でも最も興味深いものの一つである』というリールの主張をさらに裏付けるものである」

不要語▶(a) except

第4段落第1文に The anis aren't totally unselfish.「オオハシカッコウに利己的な面がまったくないわけではない」とあり，続いて，他の鳥の卵を巣から落とす話が紹介され，これは非常に珍しいことだと述べられている。さらに，こうしたことによって（〜という）リールの主張が裏付けられている。この文全体から窺えるリールの主張は「オオハシカッコウは変わった共同繁殖行動をとる」である。よって空所はそのような内容が入ることを予想する。this is one of の後には，名詞の単数形がくる可能性もある（*e.g.* The feeling between us is one of hatred.「私たちの間にある感情は憎しみという感情である」 ※one は代名詞で a feeling と同義）が，ここでは「オオハシカッコウは〜の1つだ」という文脈なので，名詞の複数形が置かれると予想できる。the most interesting species「最も興味深い種」とする。species は単数形と複数形が同形であることに注意すること。この後は except for 〜「〜を除いて」という組み合わせを思いつくかもしれないが，これでは for の目的語に何を置いてもリールの主張する内容にはならない。よって，最上級を強調する慣用句である in existence「現存する中で」を続け，さらに for animal social behavior「動物の社会的行動に関して」とする。この for は for my part「私としては」，feel sorry for him「彼のことを気の毒に思う」などにもみられる。

（2番目・5番目の順に）
(ア)—(c)・(d) (イ)—(h)・(f) (ウ)—(f)・(d)

105 ゆらぐ家族制度と親が子を思う気持ち

全訳

第1段落

(1)過去から現在まで受け継がれてきたあらゆる制度の中で，今日，家族制度ほど損なわれ，不安定になっているものはない。(2)子どもに対する親の愛情，親に対する子どもの愛情は，幸福の最大の源の一つになりうるが，現在，実際には，親子関係は双方にとって9割方，不幸の元となっている。(3)このように，家族が，原則的にはそれが生み出すはずの基本的な満足感を与えることができないということが，現代に蔓延する不満の最も根深い原因の一つである。

- □ *l.*1 institution「制度」
- □ *l.*1 come down to ~「~に引き継がれる」
- □ *l.*2 affection of *A* for *B*「*A* の *B* に対する愛情」
- □ *l.*3 be capable of ~「~の可能性がある」
- □ *l.*5 in nine cases out of ten「9割方，十中八九」
- □ *l.*5 both parties「双方」
- □ *l.*6 failure of *A* to *do*「*A* が~できないこと」 ※fail to *do* の名詞化。
- □ *l.*6 in principle「原則的に」
- □ *l.*7 yield ~「~を生み出す」
- □ *l.*7 deeply rooted「根深い，深く根付いた」

第2段落

私自身について，個人的な話ではあるが，親であることの幸せというものは，これまで経験してきた他のいかなることよりも大きなものであると感じている。(4)男性であれ女性であれ，何らかの状況によってこの幸せを味わわずに生きることになるとしたら，非常に深い欲求が満たされないままになり，このせいで不満や不安が生まれることになるが，その原因がまったくわからないままになるかもしれないと思う。

- □ *l.*12 remain unfulfilled「満たされないままになる」
- □ *l.*12 the cause of which may remain quite unknown「その原因はまったくわからないままになるかもしれない」 ※which は dissatisfaction and anxiety を指す関係代名詞。

第3段落

確かに，親としての愛情をほとんど，あるいはまったく感じない親もいるだろうし，我が子に対するのとほとんど同じぐらいの強い愛情を他人の子どもに対して感じることができる親もいるだろう。(5)それでも，親の愛というのは，普通の人間が自分自身の子どもに対して感じる特別な種類の感情であり，自分の子ども以外の人間には感じることがない感情である，という一般的な事実に変わりはない。

- □ *l.*16 that which = the affection which
- □ *l.*16 the (broad) fact remains that ~「~という（一般的な）事実は変わらない」 ※本来は the fact that ~ remains だが，主部が長くなりすぎないように，that 節が名詞から離されることがある。

(1) 取り除くべき語は has ———————————————— 正答率 68.0%

この文は none is so ～ as … 「…ほど～なものはない」という比較の構文。元の文を考えてみると none is so damaged and unstable as the family is (damaged and unstable). となる。よって has は取り除くか is に変える必要がある。

(2) 取り除くべき語は that ———————————————— 正答率 66.5%

この文の but 以下は，the relations of parents and children が主語，are が述語動詞であり，are の補語は a source of unhappiness to both parties「双方にとっての不幸の元」と名詞である。したがって，are の直後の that は何の役割も果たさないため，これが不要な語である。なお，この文のように主語が複数形で補語が単数形という形は問題ない。*e.g.* We are a family of ten. 「私たちは 10 人家族です」

(3) 取り除くべき語は for ———————————————— 正答率 64.0%

the fundamental satisfaction「根本的な満足感」を先行詞とする関係代名詞節内は in principle it is capable of yielding … 「原則的に，それ（＝家族）が…をもたらすことができる」となっている。この意味での yield は他動詞であり，目的語は何ら前置詞を介さずにとることができる。よって，目的語は which で十分であり，for は不要。なお yield は自動詞もあるが，その場合 yield to ～「～に屈する」となり，やはり for とは結びつかない。

(4) 取り除くべき語は for ———————————————— 正答率 34.0%

この文の構造は I が主語で，believe が動詞，その後に believe の目的語となる 2 つの that 節が and でつながれている。最初の that 節は，when … happiness が副詞節で，a very … unfulfilled が主節。その主節の主語は a very deep need で，remains が動詞，unfulfilled が補語となるはずで，need の後の for は不要。

(5) 取り除くべき語は other の前の of ———————————————— 正答率 33.1%

最終部分の any of other human being は，「他の人間のどの人も」といった内容であると推測できるが，そもそも可算名詞の human being に冠詞がないのはおかしいとわかる。また any of ～「～のうちのいずれか」の後に置かれる名詞はその前に the や *one's* を必要とする。したがって，of を外して any を「どの，どんな～でも」の意の形容詞とすれば，これは単数形の名詞をとることができるので，正しくなる。よって of が不要。

---

(1) has ×　(2) that in　(3) for which　(4) for remains　(5) of other

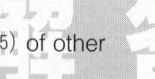

106　個人情報取扱いに関する問題

全 訳　(1)個人情報はインターネット上のソーシャルネットワークに力を与える燃料のようなもので，利用者の関心のみならず広告主の関心をも引いているが，そのようなネットワークの管理者は，そうした個人情報の扱いに関して，かなりの自由裁量が許されてきた。だが，(2)そうした情報のすべてがどのように集められ，使用され，また保護されているかに対して現在精査されている最中であり，管理者が個人データの保護を繰り返し怠ってきた結果，利用者をあらゆる危険にさらしていることがわかってきた。驚くことではないが，多くの管理者は，自分たちは現行の法律に従っており，これ以上の規制は不必要であり，また逆効果でさえあると主張している。たとえば，彼らの主張によれば，サービスを利用し始める前なのに，(3)自分の個人情報へのアクセスがどのように管理されることを望むかに関して細かい質問をされると，利用者は頭が混乱してしまい，プライバシーについての望ましくない選択をしてしまうこともある，ということだ。それでも，業界による個人データの取扱いは，近い将来，変わらなければならなくなる可能性が高いように思われる。

- [ ] *l.* 2　*A* and *B* alike「*A* も *B* も同様に」
- [ ] *l.* 2　operator「管理者」
- [ ] *l.* 6　leave *A* unprotected「*A* を保護しない状態で放置しておく」
- [ ] *l.* 6　expose *A* to *B*「*A* を *B* にさらす」
- [ ] *l.* 7　existing「現行の」
- [ ] *l.* 8　counterproductive「意図とは逆の結果をまねく，逆効果で」
- [ ] *l.* 13　before long「まもなく」

4　文法・語法

(1) ─────────────────────────── 正答率 43.0%

完成した文▶Personal（イ information　ウ is　カ the　ア fuel　オ that　エ powers）online social networks, ….

冒頭文なので，意味の推測は困難だが，第 2 文に personal data，最終文に private data とあることから，この文章が「個人情報」について述べたものだと推測できる。冒頭の Personal は形容詞「個人の」にも名詞「(新聞の) 人事消息記事」にも使えるが，ここではイ information を続け，Personal information「個人情報」として，これを主語とする。powers「〜に動力を与える，〜を促進する」を使うと目的語（＝名詞）が必要となり，目的語となりそうな語はアの fuel「燃料，奮い立たせるもの」しかないが，「燃料に動力を与える」では意味をなさない。よって Personal information is …「個人情報は…である」という骨組みが決まる。あとは，補語に fuel を使い，オ that を関係代名詞だと考えれば「個人情報は（〜を促進する）燃料である」とつながる。括弧に続く online social networks が powers の目的語となる。online social networks は「(一般的な) インターネット上のソーシャ

ルネットワーク」なので，the は不要。よって，カ the は fuel の前に置けばよい。

(2) ─────────────────────────────── 正答率 15.6%

完成した文▶But a close look is now being（ウ taken **イ at** オ the **カ way** ア all エ that) information is collected, used, and protected, ….

括弧の前の a close look is now being と選択肢から，take a close look at 〜 now「現在〜を精査する，〜に注目する」の受身形である a close look is now being taken at 〜 という形を予想する。この部分の前の文は「個人情報の管理者は，情報をどう扱うかに対してかなりの自由裁量が許されてきた」という内容であり，続く文は「しかし」で始まっている。よって「そうした情報が集められ，使われ，守られるやり方（が精査されている）」とすれば文意が通る。そこで the way that information is collected, used, and protected とする。これは the way に続く関係副詞が省略された関係副詞節。残るアの all は名詞では使い道がないので，形容詞と考えて all that information「すべてのそうした情報」とするのが適切。taken at all that the way とした人が 51.6％いた。

(3) ─────────────────────────────── 正答率 3.1%

完成した文▶… users who face a lot of detailed questions about（イ how エ they カ want ア access オ to ウ their) information controlled before they even start using a service may become confused and make poor privacy choices.

前後の文脈と，与えられた選択肢から「SNS の利用者は，個人情報をあれこれ管理してもらうとなると，混乱してしまうかもしれない」という内容が予想できる。よって，文の骨格は they want O controlled「O を管理してもらいたい」とするのが適切。直前の前置詞 about の後に，この文を持ってくるためには how「どのように」で始める必要がある。残ったア access，ウ their，オ to の組み合わせは access to their (information)「彼ら自身の個人情報に（他者が）アクセスすること」しか考えられない。their access to (information) とすると，「利用者自身が情報にアクセスすることを管理してもらう」という内容になり，「個人情報取扱いに関する管理者の問題」という本文の趣旨に合わない。how they want their access to とした人が 68.8％いた。

（2番目・4番目の順に）
(1)─ウ・ア (2)─イ・カ (3)─エ・ア

107

(1) **正解は soil** ──────────────── 正答率 86.6%

「その地域の豊かな<u>土壌</u>のおかげで，農業は大きな利益を上げている」

the surface layer of ground in which plants grow「植物が育つ土地の表面の層」

soil「土壌」とするのが適切。なお，rich には金銭に限らず「～が豊富な」という意味がある。*e.g.* Milk is rich in calcium.「牛乳にはカルシウムが豊富だ」 土地に関する言及ならば「(栄養が) 豊富な」→「肥沃な」の意味になる。

(2) **正解は anticipated** ──────────── 正答率 34.3%

「このような価格の急上昇は，誰も<u>予想</u>できなかっただろう」

expected that something would happen「何かが起こると予想した」

anticipated「～を予想した」とするのが適切。could have に続くので過去分詞形にすることを忘れないように注意。anticipate には，①「～を予想して備える」と②「～を期待する」の２義がある。ここでは①。

(3) **正解は inherited** ──────────── 正答率 49.3%

「その３人姉妹は，母親が亡くなった後，母の家を<u>相続した</u>」

received as property from a person who had died「故人から遺産として受け取った」

inherited「～を相続した」とするのが適切。なお pass away は，日本語の「亡くなる」に当たる die の婉曲表現。

(4) **正解は behaving** ──────────── 正答率 20.9%

「警察は，怪しい<u>行動をとっていた</u>何人かの若者を呼び止めて職務質問した」

conducting themselves「行動している」

behaving「行動している」とするのが適切。behave は，「どのように振る舞うか」を示す副詞を必ず伴うことに注意 (behave *oneself*「行儀良くする」が例外)。なお定義にある conduct は通常他動詞で「～を案内する，導く，行う」という意味だが，再帰代名詞を目的語に置くことで，「行動する」という自動詞の意味になる。

(5) **正解は ingredients** ──────────── 正答率 50.7%

「健康上の特別な支援を必要とする多くの人は，自分たちが購入する食品のすべての包みに示してある<u>原材料</u>の一覧を確認しなければならない」

materials used to make food「食べ物を作るために使われる原材料」

ingredients「材料」とするのが適切。複数形にするのを忘れないように。

(1) soil (2) anticipated (3) inherited (4) behaving (5) ingredients

108 迷子になることの専門家

全訳
(1)大自然の中で道に迷ったときのサバイバル術に関する文章を読むことがときどきあるが，つい笑ってしまう。(2)こうした記事を書く専門家たちは，サバイバルについては何でも知っているが，迷子になることについては，ほとんど何もわかっていない。私は迷子になることの専門家だ。(3)これまでに，9 カ国，43 の都市，7 つの国有林，4 つの国立公園，無数の駐車場，そして 1 本の旅客列車の中で私は迷子になったことがある。妻が主張するには，私は一度，高層ビルのエレベータに乗ったときにも迷ったことがあるらしい。ただそれは，13 階が存在しないということに私が混乱したことが誇張されただけだ。（高所恐怖症の人というのは，建物の階がしかるべき場所にきちんとあることを確認したいと思うものなのだ。(4)そして 12 階と 14 階の間に空間があることに対して，いろいろな言い訳に耳を傾けるつもりは，かけらもないのだ。）(5)このような迷子の経験のすべてから生還したのだから，私もサバイバルに関してはそれなりの専門家ということになるだろう。

- [ ] *l.*1　every so often「ときどき」
- [ ] *l.*1　be lost in ～「～で迷子になる」
- [ ] *l.*1　the wilds「大自然，荒野」
- [ ] *l.*7　the absence of ～「～がないこと」
- [ ] *l.*9　right＋場所の副詞（句・節）「まさに～」
- [ ] *l.*12　something of a / an ～「（プロではないが）ちょっとした～」

(1)　**取り除くべき語は is** ――――――――――――――――― 正答率 47.7%

when is lost が意味不明。when S be *doing* / *done* から S be を省いて when *doing* / *done* とすることは可能。よって，when you are lost あるいは when one is lost の意味で when lost とすることはできるが，when is lost とは言わない。

(2)　**取り除くべき語は it** ――――――――――――――――― 正答率 54.7%

know everything about survival but next to it nothing about getting lost の部分は，know の目的語が everything about survival と nothing about getting lost のはず。next to ～ は「～の隣の，次に」の意味でも使えるが，否定的意味の語の前に置かれて「ほとんど～」という意味を加えることがある。*e.g.* next to impossible「ほとんど不可能で」　よって，nothing を修飾することは可能。next to nothing で「ゼロに等しい」の意味。以上から it が不要だとわかる。

(3)　**取り除くべき語は of** ――――――――――――――――― 正答率 24.2%

迷子になった場所を列挙した箇所だが，countless of parking lots がおかしい。countless は「無数の」の意味の形容詞だから，直後の of が不要。このことがわからなかった人は regardless of ～「～とは無関係に」という表現を知っていたため，countless of ～ という表現も存在すると思ってしまったのかもしれない。

(4) **取り除くべき語は all** ──────────────── 正答率 33.6%

下線部を含む（　　）の部分（If you are a person …）は，「高所恐怖症（a fear of heights）」の人の気持ちを説明した部分であることを理解する。

下線部の直前の「建物の床（階）はあるべき場所にちゃんとあってほしい」だけではややわかりづらいが，下線部後半の excuses for … floors「12 階と 14 階の間の何もない空っぽの空間に対する多くの言い訳」という部分から，高所恐怖症の人は建物の階に 13 という数字を使わないことに賛成できない心情を述べていることが読み取れる（この数字はキリスト教で不吉とされているため，世界には 13 階を「13 階」と表記しない建物がある）。be about to *do* は「まさに～しようとしている」の意味だが，否定形の be not about to *do* は「～するつもりがまったくない」という意味。本文から all を取り除くと，be not about to *do* となり，高所恐怖症の人は，上記のような言い訳を「まったく聞くつもりがない」とつながり，文意が通る。

(5) **取り除くべき語は Ever** ──────────────── 正答率 32.8%

ever since ～ は「～以来ずっと」という意味で，主節には現在完了形あるいは It is ～ years という形が用いられているはずだが，本文はそうしたものではなく，it follows that I am … という単純現在形となっており，Ever since とは形態的にも意味的にもつながらない。そこで，Ever を取り除くと，since を「（常識的な理由を示して）～なので」という意味の接続詞と考えることができ，文意が通る。この問題は，since の二義性を尋ねたものである。余談だが，since「～以来」の後ろは過去形が普通だが，It is three years since I have seen Tom.「トムと会って 3 年経つ」のような時間の長さに重点を置いた文では，現在完了形になることもある。

(1) is　(2) it　(3) of　(4) all　(5) Ever　　　　解答

109

(1)　**取り除くべき語は1つ目の for** ―――――――――――――― 正答率 56.8%

「そうした政治的進展がもたらす多くの帰結の中の1つに，あまりに複雑すぎて政府には対処できないことが最終的に判明するようなものがあった」

問題文は Among the many consequences of … was S.「…の多くの帰結の中にSがあった」という倒置文。副詞句（Among the many consequences of …）が前に出たことで，VSの倒置が起きている（旧情報 → 新情報の流れを作っている）。前置詞に導かれた名詞は主語になれないことから，was の直後の for が不要。これに続く one は a consequence を表す代名詞で，これがこの文の主語となるべきである。that は one を先行詞とする主格の関係代名詞。

(2)　**取り除くべき語は1つ目の are** ―――――――――――――― 正答率 51.4%

「世界経済を再び安定化させるためにその2国が払わなくてはならないと言われてきた犠牲は，完全にとまでは言わないが，ほとんど互いに相反するものである」

tell は「人に~について話す」の意味では，通例 about を補い〈tell + 人 + about ~〉の形で用いる（例外は〈tell + 人 + a lie / a story など「物語関連の語」〉)。よって The sacrifices that the two countries have been told を「その両国が言われてきた犠牲」と読むことはできない。そのため，The sacrifices that the two countries have been told they must make「その2国が払わなくてはならないと言われてきた犠牲」と読むのが正しい。これは The two countries have been told (that) they must make sacrifices. の sacrifices を先行詞として関係代名詞節を続けたもの。後半の … are almost if not completely the opposite of each other は「…は完全にとまでは言わないが，ほとんど互いに相反するものである」の意味。A if not B は「Bではないとしても A」の意味が普通。almost も completely も共に the opposite を修飾している。つまり，この文は The sacrifices (that … economy) are (almost if not completely) the opposite of each other. が基本の構造ということである。以上から make are の are が不要であることがわかる。to restore … は「…を回復するために」の意味の to 不定詞の副詞的用法で，make sacrifices を修飾している。

(3)　**取り除くべき語は became** ―――――――――――――― 正答率 37.8%

「その国は経済的な成功を遂げただけでなく，市民たちはいくつかの異なる民族集団から構成されているにもかかわらず，1つの国民としてある程度の心理的統一を果たした」

consist は，S consist of ~「Sは~から構成されている」という語法をとる自動詞。よって became は不要。日本語の「されている」という受動態のような響きに惑わされてはならない。なお，〈Not only + 文〉の場合，文を本問のように疑問文の形

式の倒置にする必要がある。また，a people は「1つの国民」の意味なので正しい。

(4)　**取り除くべき語は were** ―――――――――――――――― 正答率 48.3%

「科学は時に，それまでは無関係だと思われていた様々な現象を同じ1つの法則にまとめあげる理論を生み出すことによって物事を単純化し，そのようにして一見複雑そうな宇宙に対する我々の理解を明確にする」

前半部分の意味は「科学は理論を生み出すことで物事を単純化する」である。よって，「どのような理論を生み出せば物事を単純化できるのか？」と考えながら読み進めることになる。reduce は，基本的な reduce 〜「〜を減らす」とそこから広がった reduce *A* to *B* / reduce to *B A*「*A* を（減らして）*B* にする」で使う（*A* には複雑なもの，*B* にはそれより単純なものが入る）。本文の reduce を，前者（reduce 〜「〜を減らす」）と考えると reduce to the same law の to を削除することになるが，それでは意味が通らない。よって，後者だと考えるのが適切。そうすれば reduce phenomena to the same law「複数の現象を（単純化して）1つの同じ法則に帰着させる」となりつじつまが合う。本文では，これが to the same law を前に置いて reduce to the same law phenomena となっている。あとは「どのような現象かな？」と思い読み進めていけば phenomena previously considered were unrelated とあるが，previously 以下は phenomena を修飾する部分のはずで were は不要。consider O C「O を C だとみなす」→O be considered C を念頭におけば previously considered unrelated で「以前は互いに無関係だと思われていた」となることがわかるだろう。

(5)　**取り除くべき語は had** ―――――――――――――――― 正答率 50.0%

「それらの集団に対する首相の支持を正当化することがどれほど難しかったにせよ，彼女はその後十年間，相当な反対を物ともせずにこの立場を堅持することで，自分が信念の人であることを証明した」

前半の部分は「首相によるそれらの集団に対する支援を正当化するのがどれほど困難だ（った）としても」という意味になることがわかる。もし「困難だとしても」なら However hard it may be … となり，「困難だったとしても」なら However hard it may have been … となる。本文の形に近いのは後者で，had が不要だとわかる。なお，however / whoever などで始まる譲歩節の中では may を入れることがある。

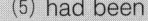

(1) for one　(2) are to　(3) became consisted　(4) were unrelated

(5) had been

110

(1) 正解は weakened ──────────────── 正答率 76.1%

「その橋は地震のせいで<u>弱くなっていた</u>ので，修理のために閉鎖しなければならなかった」

空所の後に by the earthquake「地震によって」があるので，受動態と考えられる。weak「弱い」（形容詞）の動詞形は weaken「～を弱める」であり，この過去分詞形 weakened を補う。strengthen「～を強める（＞strong）」，widen「～を広げる（＞wide）」，shorten「～を縮める（＞short）」，narrow「～を細める（＞narrow）」，lower「～を低くする（＞low）」なども重要。

(2) 正解は disagreed ──────────────── 正答率 63.0%

「昨日，その事故の経緯についての目撃者たちの証言が<u>一致しなかった</u>ので，警察はまだそれを捜査している」

後半の内容から，「目撃者の証言が一致しなかった」ということが考えられる。agree「意見が一致する」の反意語 disagree「意見が一致しない」を，yesterday「昨日」に合わせて，過去形 disagreed にする。なお We disagree with you.「私たちは君に賛成できません」では，we 内部の意見は一致しているが，We disagree about this.「私たちはこれに関して意見が一致しません」では，we 内部の意見が一致していないことにも注意すること。witness は「目撃者，証人」。police「警察」は複数扱いであることに注意。

(3) 正解は membership ──────────────── 正答率 84.8%

「彼女はけがをした後，そのジムの<u>会員</u>をやめざるを得なくなった」

her という所有格の後に続くので，空所には名詞が入る。「（ジムの）会員であること」をやめなくてはならなかったという意味にする。「会員」という個々の人間を表す member を用いて，「会員であること」という抽象名詞にするには membership とすればよい。friendship「友情（＞friend）」が同類。

(4) 正解は combination ──────────────── 正答率 93.5%

「その作曲家の新しい交響曲は，陽気なメロディーと悲しげなハーモニーが独特な形で<u>組み合わさった</u>ものである」

a unique は，冠詞＋形容詞なので，後ろには名詞が入る。よって combine「～を結合させる」を名詞形にして combination「結合，組み合わせ」とする。

(5) 正解は effectively ──────────────── 正答率 76.1%

「その地域の住人たちは，とても<u>効果的に協力し合った</u>ので，地域の犯罪を減らすことができた」

空所に入れる語は worked を修飾する副詞にする必要がある。effect「効果」の副

詞形は effectively「効果的に」となる。effective「効果的な」（形容詞）ではない。resident は「住人」の意味。crime「犯罪」は「（漠然と）犯罪」では不可算，「（個別の）犯罪」では可算の扱い。ここでは前者。

(6)　**正解は criticizing〔〈英〉criticising〕** ―――――――――― 正答率 60.9%

「この 1 カ月の間，野党の党首は，首相が政府資金を無駄遣いしているとして<u>批判してきた</u>」

空所の前に been があり，空所の後に直接 the prime minister という名詞が続いているので，空所の語は他動詞の進行形にする必要がある。critic「批評家」と関連する動詞は，criticize〈米〉/ criticise〈英〉「～を批判する」であり，空所の前には has been と be 動詞があることから現在完了進行形にする。なお，criticize *A* for ～「～のことで *A* を批判する」も重要。the opposition party は「野党（⇔the leading party「与党」）」の意味。

(7)　**正解は independent** ―――――――――――――――――― 正答率 87.0%

「火曜日に，その国は英国からの<u>独立</u> 50 周年の記念日を祝った」

文意から「独立した」とするのが適切。became の後なので形容詞にする必要もある。depend「依存している」の形容詞形は dependent「依存した」で，その反意語は independent「独立した」。これが正解。なお「～から独立，自立している」は，be independent <u>of</u> ～ とするのが通例だが，「（国など）から独立している」場合には be independent <u>from</u> ～ とするのが一般的である。

(8)　**正解は specialist** ――――――――――――――――――― 正答率 89.3%

「そのデータをどうやって正しく解釈すればよいのかを，私たちに教えてくれる<u>専門家</u>に相談する必要があるかもしれない」

a の後に置かれ，かつ関係代名詞 who の先行詞であることから，人を表す名詞にする。special「特別な，専門の」（形容詞）の名詞形は specialist「専門家」である。consult ～ は「（専門家など）に相談する」の意味。

---

(1) weakened　(2) disagreed　(3) membership　(4) combination
(5) effectively　(6) criticizing〔criticising〕　(7) independent　(8) specialist

111　科学にとって発見とは

全訳

(1)　発見とは，「それを発見したのは誰か」というような質問が適切であるような過程ではない。

(2)　新しい現象を発見するということは，必然的に複雑な事象であり，つまりそれは，あるものが存在するということ，そしてそれが何であるかということの両方を認識することが求められる事象なのである。

(3)　科学は絶えず理論と事実をより緊密に一致させることを現に目指しており，またそうしなければならず，その活動は，検証すること，あるいは，立証や反証を求める探求だとみなすことができる。

(4)　発見のおかげで，科学者たちは，より広範囲にわたる自然現象を説明することができたり，またそれまでは未知であった自然現象の一部をより正確に説明することができるようになる。

(5)　ニュートンの運動の第二法則は，完成までに何世紀にもわたる，事実や理論に関わる困難な研究が必要であったが，ニュートンの理論に関わる人々にとっては，どれほどの観察を重ねても偽であることを証明できない，まさに，完全に筋が通った命題のようなものなのだ。

　　(1) appropriately「～が適切だ」　※文修飾語

　　(3) does and must *do*「実際～するし，また～しなければならない」
　　　　disconfirmation「反証」

　　(4) account for ～「～（の理由）を説明する」
　　　　a wider range of ～「より幅広い範囲の～」
　　　　with great precision「とても正確に」

　　(5) be committed to ～「～に専念している」
　　　　purely logical「完全に筋が通った」
　　　　※purely は「混じりけがなく」が原義。
　　　　statement「命題」
　　　　no amount of ～「どれほど～をしても…ない」
　　　　※would や could を伴うことが多い。
　　　　prove *A* wrong「*A* が偽であることを証明する」

(1)　取り除くべき語は finding ――――――――――― 正答率 13.5%

which 以下を能動態にすると S appropriately ask the question "Who discovered it?" となり，1 つの完全な文（名詞が足りないことはない文）となっている。ところがこの文の直前には which がある。which が関係代名詞であれ，疑問詞であれ，which の導く節の中では名詞（主語もしくは目的語か補語）が一つ不足するはずである。ところが which 以下には文法的にも意味的にも問題がない。よって，finding を取り除き the sort of process about which S V とすれば，「過程の種類＋その

過程に関して『それを発見したのは誰か』という問いを発するのが適切である」→「『それを発見したのは誰か』という問いを発するのが適切であるような過程」となり内容のある文となる。なお，which を取り除いた場合，the sort of process about finding (that) S V となるが，「『それを発見したのは誰か』という問いを発するのが適切であることを発見することに関するような過程」となり文意が通らない。

Column　東大の文法問題における関係代名詞の出題パターン

　以下のことがポイントになっていることが多いので知っておくとよいだろう。

① 関係代名詞節の中が完全な文となっているため 1 語削除する

　（例）the tool which I used it.　→it を削除

② 〈前置詞＋関係代名詞〉となっているが，関係代名詞節の中が名詞が 1 つ足りない形になっているため前置詞を削除する

　（例）the tool about which I used.　→about を削除

③ 〈前置詞＋名詞＋関係代名詞〉となっているが，関係代名詞節が完全な文となっているため名詞を削除する

　（例）about things which I am worried　→things を削除

④ 主格の関係代名詞（特にコンマの後ろ）がないため，関係代名詞を補う

　（例）Tokyo, is the capital of Japan, …　→is の前に which を補う

⑤ 関係代名詞節の構造が that S V S′ V′ となっているため S′ を削除する

　（例）This is the tool that I am sure it will be useful to you.　→it を削除

⑵　**取り除くべき語は of** ──────────────── 正答率 17.6%

one of which に注目する。one of 〜 が「〜のうちの 1 つ」の意味で用いられる場合は〜に必ず複数形の名詞を伴う。よって which の先行詞が複数形でなければならないが，前には a complex event しかない。of を外せば，one（an event の繰り返しを避けるための代名詞）が a complex event と同格の関係「複雑な事柄，すなわち…のような事柄」となり，文法的にも意味的にも問題のない文になる。後半の recognizing … は involves の目的語になっている。recognizing の目的語は that something is「何かが存在すること」と what it is「それが何か」の 2 つ。

⑶　**取り除くべき語は in** ──────────────── 正答率 29.7%

try to bring theory and in fact into closer agreement は，このままでは and が何と何をつないでいるのかが不明。into closer agreement「より一層の一致（の状態）に」に注目する。「一致」とは「何かと何かの一致」となるはずだから，bring *A* and *B* into closer agreement「*A* と *B* をより緊密に一致させる」とするのが適切。よって in を取り除いて，bring の目的語を theory and fact とすれば，構造面でも内容面でも整合性がある。なお，「（想像・理論などに対しての）現実，事実」という意味では fact は不可算名詞の扱いとなる。

(4) **取り除くべき語は were** ━━━━━━━━━━━━━━━ 正答率 40.5%

文全体の構造は，S makes it possible for scientists to *do₁* … or to *do₂*. である。to account with greater precision for some of … 「…の一部をより正確に説明する」の部分は問題がない。最終部分に those were previously unknown という文があるが，この直前にあるのは前置詞 of であり，文を続けることは不可能。were を取り除けば，形容詞 unknown が those を後置修飾する形になり意味をなす。なお，この those は natural phenomena の繰り返しを避けるための代名詞。

(5) **取り除くべき語は seem** ━━━━━━━━━━━━━━ 正答率 32.4%

behave という動詞は，通例副詞を伴う（behave *oneself*「行儀良くする」が例外）という事実を知っていれば，まず behave の「行動・作用のやり方」を示す副詞（句・節）を探すことになる。すると後に like ～「～のように」という副詞句があり，文全体の構造は，Newton's second law of motion(S) … behaves(V) … like a purely logical statement(副詞句)「ニュートンの運動の第二法則は完全に筋が通った命題のように作用する」であるとわかる。behaves の直後の for those committed to Newton's theory は「ニュートンの理論に関わる人たちにとっては」という副詞句とするのが内容上ふさわしく，seem が不要となる。したがって，これを取り除くのが適切。なお，that は statement を先行詞とする目的格の関係代名詞で後続の prove の目的語となっている。

(1) finding　(2) of　(3) in　(4) were　(5) seem　　解答

112

(1) ──────────────────────────────────── 正答率 39.1%

完成した文▶She〔almost never misses〔is almost always in〕〕class.

(a)は「彼女が授業に出ないのはきわめてまれなことだ」の意。

「彼女は」を主語にして almost「ほとんど」を使うと「彼女は授業に出ないことはほとんどない」となることが予想できる。よって miss class「授業に出ない」と, almost never「ほとんど〜ない」を使えばよい。この際, misses と 3 単現の s をつけることも忘れないこと。miss よりも堅苦しい be absent from を用いて, She is almost never absent from class. も認められるはず。さらに,「彼女はほとんどいつも授業に出ている」と読み替えて, She is almost always in class. とすることもできる。さらに, これより硬い言い方だが She almost always attends class. とすることも可。いずれにしても「授業」の意味の class は単数無冠詞で使うことに注意する。なお, almost always や almost never のような頻度を表す副詞の位置は not の位置（＝一般動詞の前, be 動詞の後）が原則。

> **Column** CEFR を意識した単語・熟語の学習
>
> 受験用の熟語集を見ていると, be absent from 〜「〜に欠席している」, go through 〜「〜を経験する」などが必ずといっていいほど挙げられているが, これらは日常でそれほど使われるものではない。「彼は学校を休んだ」は, 本問(1)のように miss を使うのが普通だろう。go through 〜 は CEFR レベルでは C 以上の熟語で「（マイナスの事柄）を経験する」という意味。experience≒go through などと書いてある本を見るといささか軽率な感がする。東大が求めている学力とは「普通に使う」単語をきちんと使えるような学力であり「使えもしない熟語を手当たり次第暗記する」ことではないはずだ。CEFR は語彙学習における 1 つの指標として有効だ。

(2) ──────────────────────────────────── 正答率 68.7%

完成した文▶He〔has such poor eyesight〔that〕〕he can hardly read.

(a)は「彼の視力はたいへん弱いので, ほとんど字も読めない」の意。

「彼は」を主語にし, such を盛り込むと「彼はたいへん弱い視力を持っているので, ほとんど字も読めない」となる。such … that 〜「たいへん…なので〜」の構文になる（that は省略可）。He has such … は, He suffers from such … とすることもできる。なお eyesight「視力」は不可算名詞なので冠詞（a / an）をつけるのは間違い。*e.g.* Some birds have keen eyesight.「鳥の中には非常に視力の良いものがいる」

(3) ──────────────────────────────────── 正答率 73.9%

完成した文▶The trains were late〔due to (the) bad〔owing to (the) bad〕〕weather.

(a)は「天気が悪かったので，電車が遅れた」の意。

「悪天候のせいで電車が遅れた」となるが，to を用いるためには「～のせいで」に due to ～ を使うのが適切。なお，やや硬いが owing to ～ も可。「悪天候」bad weather の冠詞 the は文法的にはなくても可だが，「電車が遅れたときの天候」＝「聞き手にもわかる天候」と考えるのが妥当で，the をつけた方がよい。ただし weather は不可算名詞なので a bad weather は不可。

(4) ──────────────────────────────────── 正答率 78.3%

完成した文▶No one has ever〔paid me such a〕nice compliment.

(a)は「それは，これまで誰かが私に言ってくれた中で最も素敵なほめ言葉だ」の意。書き換え文の冒頭の No one has ever「誰もこれまで…ない」に合わせると，「誰もこれまでそんな素敵なほめ言葉を私に言ってくれたことがない」となる。pay ＋人＋ a compliment（＝ pay a compliment to ＋人）「人をほめる」という熟語を知らなくても(a)に書かれているので困難はなかろう。なお(a)は That's …「それは…」で始まっているので，解答には「これほどの」の意味の such が必要。compliment が可算名詞であることを考慮して such a nice compliment とする。such は不定冠詞の前に置くのが決まり。

(5) ──────────────────────────────────── 正答率 89.1%

完成した文▶That car is〔too expensive for us to〕buy.

(a)は「私たちは，あの車を買う余裕はない」の意。

afford ～ は「(can を伴い) ～する（経済的・心理的）余裕がある」の意味。この文を「あの車」を書き出しにすると，「あの車は私たちが買うには高すぎる」となるはず。us が与えられているので，too … for us to *do*「とても…なので私たちには～できない」の形を使う。また「(商品，店などの値段が) 高い」は expensive を用いる。

---

(1) almost never misses〔is almost always in〕

(2) has such poor eyesight〔that〕

(3) due to (the) bad〔owing to (the) bad〕

(4) paid me such a

(5) too expensive for us to

2009 年度　4 —（A）

113　他人に対する信頼

全訳　(1)もし見知らぬ人の腕の中に後ろ向きに倒れこんでくださいと頼まれたら，相手がちゃんと受け止めてくれると信じられるだろうか。(2)こうした課題は，時折心理学では使われるもので，多少極端であるにせよ，毎日たいていの人が，見ず知らずの人にある程度の信頼を置いているものだ。(3)他の動物とは違って，私たち人間は，見知らぬ他人に囲まれてかなりの時間を過ごす傾向にある。(4)たとえば，都会で暮らす人たちはいつも，多くの見知らぬ人の海をすり抜けていくが，その際に，安全ではないと感じられるあるタイプの人のことはよけて行くものだ。(5)また同様に，彼らはたとえば，目的地にたどり着く正確な道順を教えてくれるであろう人，あるいは，少なくとも実際自分に危害を加えないであろう人を特定することも上手なのである。

- □ *l.*1　fall backward into ～「～の中に後ろ向きに倒れる」
- □ *l.*2　trust O to *do*「Oを信頼して～してもらう」
- □ *l.*6　find *one's* way through ～「～をすり抜けていく」
- □ *l.*8　say「たとえば」　※しばしば前後にコンマが打たれる。
- □ *l.*8　some destination「何らかの目的地」
- □ *l.*9　at (the very) least「少なくとも」　※自分の手助けをしてくれることはないまでも，少なくとも危害を加えることがない，という意味。

4 文法・語法

(1)　**取り除くべき語は have** ──────── 正答率 33.8%

if 節の形とその内容（If you were asked to fall backward into the arms of a stranger「もし見知らぬ人の腕の中に後ろ向きに倒れこんでくださいと頼まれたら」）から，筆者が「可能性が低い」と感じる場合に使われる仮定法過去で書かれていると判断できる。よって帰結節も仮定法過去（would / could / might / should ＋原形不定詞）にする必要があり have が不要となる。なお，もし trust が名詞で have の目的語になっていると考えると，have trust <u>in</u> ～ とする必要がある。

(2)　**取り除くべき語は on** ──────── 正答率 56.8%

文意は「（第1文のような極端な場合は少ないかもしれないが）見ず知らずの人にある程度の信頼を寄せているものだ」となるはず。よって on を取り除き put some degree of trust in individuals とするのが適切。trust は put〔have / place〕trust in ～ で「～を信頼する」の意味になる。なお put ～ on / put on ～ は「（服など）を身につける，（態度）を装う，（速度など）を増す」などの意味で使われる成句。

(3)　**取り除くべき語は all** ──────── 正答率 71.6%

others who … は「…な他人」の意味。「他人」の意味の others には all や few などの数量詞はつけないのが通例。そもそも「見知らぬ他人」は母集団が膨大なはずで，「すべての」という形容詞をつけることに違和感があるはず。

⑷ **取り除くべき語は familiar** ──────────────── 正答率 63.5%

「都会では他人に囲まれて暮らしている」という文意から考えると，文末の「安全でないと感じるある<u>顔見知りの人</u>」はつじつまが合わない。familiar「顔見知りの」を取り除き，「安全でないと感じるある人」にしなければならない。certain individuals they feel are not safe は，they feel that certain individuals are not safe の certain individuals を関係代名詞 who にして they の前に置き，certain individuals who they feel that are not safe とし，ここから who と that を省いた形である。一般に関係代名詞は，その直前にコンマを置かず，直後にＳＶが続く場合に省略可能となる。よって，この who は主格であっても省略可能である。

⑸ **取り除くべき語は other** ──────────────── 正答率 77.0%

other は，一部の熟語的な表現（in some way or other「何らかの方法で」：other ways から ways の脱落した形）を除いて，other という形で単独で使われることはない。特定のものを指すなら the other，不特定なら an＋other，つまり another となる。よって本文の other を取り除けば，続く who will … は前の who will … と or によって並列され，others が共通の先行詞になり整合性がとれる。

⑴ have ⑵ on ⑶ all ⑷ familiar ⑸ other 解答

114　多言語使用者の思い

全 訳　　３カ国語を「話す」ことが私にとって何を意味するのかを説明するのに今までずっと苦労してきた。私はそれを，それらの言語を「話すこと」とは思っていない。むしろそれらの言語の中に生きている，それらを呼吸しているかのような感じの方が近い。(1)自分は本当の多言語使用者であるというより，むしろ３つの言語それぞれにおいて単一言語使用者であると説明しようとしていた時期もあった。そのように感じられたのは，その頃の私の生活が実際３つの世界に分割されていたためである。(2)今日では，より統合された生活様式，つまり私の３つの言語とそれらの付随する様々な世界を縫うように行ったり来たりする生活に落ち着いたように思われる。私とそれらとの関係――決して安定せず，常に強力で，時として恐ろしかったり戸惑ったりすることもあれば，また時としてわくわくすることもあるが，どちらでもないということが決してない――複雑な関係を，私は見失うことはない。

(3)私の人生は，言語との様々な関係の総体と見ることができるが，それらの言語とは，私を取り囲む言語であり，決して学ぼうとしなかった言語であり，学びたくて仕方なかった言語であり，専門的に研究した言語であり，さらには慣れ親しんだ言語であった。そしてその慣れ親しんだ言語を使って，考えたり，書いたり，冗談を言ったり，仕事をしたりしたのである。(4)１つの言語の中で生まれ，育ち，大人としての人生を過ごしてきた単一言語使用者のことが，羨ましくて羨ましくて仕方ないときがある。(5)こうした人たちが持っているだろうなと想像する安心感，安定感，自己を制御している感覚というものが私にはないので残念に思っているが，彼らは，これらの感情を持たないこともありうるということに往々にして気がついていないものなのだ。

- □　*l.*4　multilingual「多言語の，多言語による」
- □　*l.*4　monolingual「単一言語の，単一言語による」
- □　*l.*5　split ～「～を分割する，～を分裂させる」
- □　*l.*6　integrated「統合された」
- □　*l.*7　weave「（方向を表す副詞や副詞句を伴って）縫うように進む」　※「布を織る」が原義。
- □　*l.*8　keep track of ～「（状況など）を絶えず把握している」
- □　*l.*12　badly「（want や need などと用いて）非常に，どうしても」
- □　*l.*14　catch O *doing*「Oが～しているところを見つける」　※Oを再帰代名詞にすると，「（自分が）～していることに気づく」となる。
- □　*l.*14　intensely「強烈に」

(1)　**取り除くべき語は than** ―――――――――――― 正答率 47.1％

I was not ～, but rather than … 「私は～ではないが，…よりむしろ」では意味不明。not と but をとって「私は…ではなくて～だった」とするか，than を取り除いて「私は～ではなくむしろ…だった」とするかのいずれか。問題の条件が「一語」取

り除くのだから，後者が正しい。内容的にも「私は本当の多言語使用者というより，3つの言語それぞれにおいて単一言語使用者である」となり適切である。

(2)　**取り除くべき語は hardly** ─────────────────────── 正答率 26.9%

直前の文の「その頃の私の生活が実際3つの世界に分割されていた」に対して，「今日では…」という流れだから，「今ではそれほど分割されてはいない，統合されている」という内容が入るはず。よって否定語の hardly を取り除き，「今日では，より統合された生活様式，つまり私の3つの言語とそれらの付随する様々な世界を縫うように行ったり来たりする生活に落ち着いたように思われる」とするのが適切。

(3)　**取り除くべき語は them** ─────────────────────── 正答率 31.7%

those that … からはすべて those + 関係代名詞節という形が列挙されている。最後の those ～ から挿入部分である──the intimate ones──を省くと，those (which) I think in, write in, am funny in までは適切だが，最後の work in them だけが不可。them を取り除かないと，関係代名詞節にはならない。

(4)　**取り除くべき語は at** ─────────────────────── 正答率 26.0%

envy は他動詞で「～を羨む」という意味。よって目的語の前に前置詞は不要なので at を取り除く。envy を「羨む」と暗記していると気づかない。

(5)　**取り除くべき語は not** ─────────────────────── 正答率 10.6%

I imagine 以下は the feeling を先行詞とする関係代名詞節。コンマ以下（unaware as …）は譲歩の構文〈（形容詞・副詞）+ as + S V〉で「S V ではあるけれど」の意（つまり unaware as they usually are that S V = though they are usually unaware that S V）。よって，「私は彼らが持っているであろう感覚を持っていないことを残念に思う。彼らは往々にして，そうした感覚を持てない場合があることには気づいていないが」が大まかな枠組みとなる。下線部で筆者が言いたいことは「複数言語使用者である私は，常にアイデンティティの揺らぎがあり，安定感というものはなかった。しかし単一言語使用者は，そうしたアイデンティティの揺らぎもなく，安定感がある。だから，私のように言語の問題でアイデンティティの揺らぎがあることなどわかっていないだろうが」ということ。it could not be otherwise の it の指すものは，直前の the feeling of comfort, of certainty, of control と考えるのが適切。よって not を取り除き「そうした安定感のような感情は，そうでないこと（＝安定感のない感情）にもなりうる」とすれば意味が通る。この otherwise は，in other ways が原義で「それ以外の方法で」→「それ以外のもの」。

(1) than　(2) hardly　(3) them　(4) at　(5) not

解答

115 火山噴火の予測

全訳　カリフォルニアとワイオミングの地中深くに，2つの巨大な休火山がある。(1)これらの超巨大火山が仮に噴火するとしたら，すさまじい地震を引き起こし，合衆国西部は分厚い火山灰の層で覆われるだろう，と科学者たちは考えている。(2)昔の噴火によってできた，むき出しの火山灰の堆積層の中にある証拠が示すことから，それらは過去二百万年の間に少なくとも三回は噴火していることがわかる。(3)これらの巨大火山が噴火する原因は何か，再び破滅的な噴火を起こすのはいつか，その際にはどれほどの被害が出るのか，ということについて，研究者たちは熱心に情報収集に努めている。(4)そうした火山灰の堆積物の中で発見された極めて小さな水晶に注目した最近の分析によって，いくつかの答えが指摘されている。(5)これらの発見から科学者たちは，次の大噴火が発生するかなり前に，警告となる前兆を確認できるようになるという自信を強めている。

- ☐ *l*.1　Deep below the ground … are two huge but silent volcanoes.　※副詞句＋ＶＳの倒置形。
- ☐ *l*.3　set off ～ / set ～ off「～を引き起こす」
- ☐ *l*.4　ash「灰，火山灰（＝volcanic ash）」
- ☐ *l*.4　as evidence … shows「証拠が示しているように」
- ☐ *l*.4　deposit「堆積物」
- ☐ *l*.6　cause O to *do*「Oが～するのを引き起こす」
- ☐ *l*.8　analyses「分析」　※analysis の複数形。
- ☐ *l*.8　focus on ～「～に注目する，～に焦点を当てる」
- ☐ *l*.9　point to ～「～を指摘する」
- ☐ *l*.11　well before ～「～のかなり前に」

4 文法・語法

(1) **取り除くべき語は have** ———————————————— 正答率 58.4%

were S to *do* / if S were to *do* は，「仮にＳが～したら」の意味の仮定法。このように条件節が仮定法過去の場合，通例，帰結節も仮定法過去にする必要がある。原文の would have set off … では仮定法過去完了になってしまうので，have を取り除く。ただし，「過去から現在まで変わっていない事実」に反することを仮定し，「過去の事実」に反することを表す場合には，条件節が仮定法過去で，主節が仮定法過去完了になることもある。*e.g.* If it were not for petroleum, the history of the twentieth century would have been quite different.「石油がなければ，20世紀の歴史はずいぶんと違ったものであっただろう」

(2) **取り除くべき語は for** ———————————————— 正答率 51.7%

本文は「昔の噴火によってできた，むき出しの火山灰の堆積層の中にある証拠が示すことから，それらは過去二百万年の間に少なくとも三回は噴火していることがわかる」という意味だと推察できる。three times のような回数表現には前置詞をつ

けない。よって直前の for を取り除く。また〈have＋動作動詞の過去分詞形＋over＋期間〉「（期間）で…した」の部分は問題がない。なお，文頭の As S … shows (V)「Sが示すように」の as は本章 2019 年度 4 ―（A）の Column 参照のこと。

(3) **取り除くべき語は an** ―――――――――――――――――― 正答率 67.4%

information「情報」は不可算名詞であり，an をつけることはできないので，これを取り除く。数をつけるときには a piece of information, various kinds of information などとする。various information とはならないことに注意。

(4) **取り除くべき語は of** ―――――――――――――――――― 正答率 61.8%

some of, many of, most of などの〈数量詞＋of〉の後には定冠詞 the や所有格を伴う名詞が置かれる。たとえば some of the answers とか some of them のように用いる。本問のように，定冠詞や所有格がつかない名詞の前に some を置く場合には of は不要。よって of を取り除く。この文法事項を尋ねる文法問題は 2001 年度 4 ―（A）など複数回出ている。

(5) **取り除くべき語は ever** ―――――――――――――――――― 正答率 57.3%

ever は使われる場面に制限がある。通例は否定文あるいは疑問文で使われる。肯定文で使えるのは以下の 2 通り。

(1)最上級や first などの強調。*e.g.* the best record ever「今までで一番素晴らしい記録」

(2)条件節あるいは条件節の代わりとなる関係代名詞節の中。*e.g.* If you ever read a great book, you probably have thought of becoming a writer.（＝ Anyone who ever reads a great book has probably thought of becoming a writer.）「名著を読んだことがあれば，作家になることを考えたことがあるだろう」

また，「常に，絶えず」の意味では ever より always が一般的だが，ever since (〜)「（〜）以来ずっと」，(as) 〜 as ever「相変わらず」，all S ever does is *do*「Sは〜してばかりいる」などの表現もある。本文の ever はどれにも当てはまらない。以上から ever を取り除く。なお，本文の well は，〈時・場所〉の副詞や前置詞の前で用いられ，「かなり，十分に」の意味の副詞。*e.g.* well in advance「十分に前もって」

(1) have (2) for (3) an (4) of (5) ever

解答

116 暗闇の中でどう進むか？

全 訳

第1段落

　コウモリはある問題を抱えている。暗闇の中でどうやって動き回るかという問題である。コウモリは夜間に獲物を捕らえるので，獲物(1)を見つけたり，障害物を避けたりするのに役立つ光の力を利用することはできない。もしそれが問題だとしても，それはコウモリ自身が招いたことだと言えるかもしれない。というのも，単に，習性を変えて昼間に獲物を捕まえることで避けられるはずだからだ。しかし，鳥のような他の生物はすでに昼間の時間を使って生活を営んでいる。（コウモリが）夜間に生活することができ，もう一方の昼間の活動は完全に他の生物にとられていることを考慮に入れると，自然淘汰は，夜間に獲物を捕まえることに成功したコウモリに有利に働いているのだ。

- [ ] *l.*1　find *one's* way around「あちこち動き回る」　※直訳は「あちこちに進むための自分の道を見つける」　cf. *one's* way home「家への道」
- [ ] *l.*4　one of *one's* own making「自分自身が作った問題」　※one＝a problem　*e.g.* This trouble is of his own making.「このトラブルは彼の自業自得だ（← 彼自身が作ったもの）」
- [ ] *l.*4　which they could avoid「それをコウモリは（それだけの能力があれば）避けることができる」　※仮定法で書かれていることに注意。
- [ ] *l.*5　take advantage of the daytime economy「昼間の時間を使って生活を営む」　※economy は，まれな用法ではあるが「（自然界の）営み，秩序」という意味で使われることがある。本文では第2段落で make a living と言い換えられている。「生計を立てる＝生活を営む」は，動物に関する記述なので「獲物を見つけること」を示唆している。
- [ ] *l.*6　given that S V「SがVということを考慮すれば」
- [ ] *l.*7　alternative daytime trades「（夜ではなくて）代わりの昼間の営み」　※trade は直前の economy の言い換え。具体的には「動物が食ったり食われたりしながら生きていくこと」を表していると考えられる。
- [ ] *l.*7　thoroughly「完全に」
- [ ] *l.*7　natural selection「自然淘汰」

第2段落

　ところで，夜間に獲物を捕らえるということは，おそらく，私たち哺乳類すべて(2)の歴史を遠く遡れば見られたものであるだろう。恐竜が昼間の弱肉強食の世界を支配していた時代，私たちの祖先は，夜間に生きていく方法を見つけたことで，ともかく何とか生き延びることができたのであろう。約6,500万年前に，なぜか恐竜が姿を消してしまったが，その後にやっと，(3)私たちの祖先はかなりの人数で昼間の陽光の中に出てくることができたのである。

4 文法・語法

- □ *l*. 11　dominate the daytime economy「昼間の獲物を捕らえる活動を支配する」
- □ *l*. 12　at all「ともかく」　※＝at any rate（「どのような割合でも」が直訳）
- □ *l*. 15　significant numbers「かなりの数」

第3段落

　コウモリだけでなく，今いる動物の多くが，物を見づらいか，あるいはまったく見えない状況で暮らしている。暗闇の中で(4)どのように動き回ればいいのかという問題が与えられるとすると，技師ならどんな解決策を考えるだろうか？　技師の頭に最初に浮かぶかもしれないのは，サーチライトのようなものを使うことだろう。魚の中には，自分自身で光を出す能力をもつ魚がいるが，そうするには大量のエネルギーを使うようだ。というのも，自ら照射する光が当たった場所の各々から返ってくる微かな光を，魚の目が検知しなければならない（ぐらい照射が強いものでなければならない）からだ。したがって，そうした光源は，通り道を照らすヘッドライトとして使いたいのなら，他者に送る合図として使う場合よりもずっと明るいものでなければならない。ともかく，(5)理由がエネルギー消費であろうとなかろうと，ひょっとすれば，一部の深海魚を除いては，動き回る道を見つけるのに自然光以外の明かりを使うのは，人間だけというのが事実のようである。

- □ *l*. 19　the first one＝the first solution
- □ *l*. 19　occur to ～「～に思い浮かぶ」
- □ *l*. 21　since「（常識的な理由を示して）～なので」　※この since を含む文の内容は，「魚が自ら照射する光で行く手を照らすためには，跳ね返ってきた光を検知できるぐらい強い光を出さなければならない。よって，そうした強い光を出すためには相当なエネルギーを要するのは当然」ということ。
- □ *l*. 23　if S is to *do*「Sが～するためには」
- □ *l*. 25　the case「実情，実態」　※be 動詞の補語として使われるのが通例。

(1) ─────────────────────────────────── 正答率 64.0%

完成した文▶They hunt at night, and therefore（ア cannot　キ use　エ light　カ to　ウ help　オ them　イ find）food and avoid obstacles.

前後の「コウモリは，暗闇の中でどうやって動き回るかという問題を抱えている。夜間に獲物をとるので，食べ物（　　　）そして障害を避ける」という内容と，与えられた選択肢から，「食べ物を見つけ，障害を避けるために光を使うことはできない」という内容だと予測できる。よって，cannot use light to find となるが，help と them が余るので cannot use light to help them find とする。help *A do* は「*A* が～するのに役立つ」の意味。なお理論上は，to use light cannot help them find food and avoid obstacles「光を使うことは，コウモリが食べ物を見つけ障害を避けることに役立たない」という語順も考えられるが，主語の位置に to *do* を置くことは，

い。さらにこの文では，「光を使うこと」を主語とすることになるが，それでは光を使うこと自体は可能であるかのような文になる。これは「夜間なので光がない」という文脈に合わない。

(2) ──────────────────────────── 正答率 2.2%

完成した文▶It is probable, by the way, that night-hunting（**イ** goes **キ way ア back エ** in **カ** the **ウ** history **オ** of) all us mammals.

空所の直後の文に「恐竜が昼間の弱肉強食の世界を支配していた時代，私たちの祖先は，夜間に生きていく方法を見つけたことで，ともかく何とか生き延びることができたのであろう」とある。こうした前後関係と，与えられた選択肢から，「夜に餌をとるのは，昔は私たち哺乳類のすべてにも当てはまることだった」という文になるだろうと推測できる。goes back「遡る」，in the history of ～「～の歴史において」までは簡単だが，残った way をどうするかが問題。way は名詞「方法，点」以外に，副詞「（副詞，前置詞，接続詞，比較級を強めて）ずっと，はるかに」という用法がある。この用法は特に口語での頻度は高い。*e.g.* Helen is way above average in math.「ヘレンは数学で平均をずいぶんと上回っている」 よって goes way back「ずいぶんと遡る」とする。「内容をおろそかにして，選択肢からパズル的に問題を解いても解けない」という東大からのメッセージを感じる問題。goes と back をくっつけた人は 48.3％，way goes とした人は 31.5％いた。

> **Column** 語句整序問題について
>
> 　日本語は多くの場合，品詞によって形が変わる。たとえば「労働」は名詞，「働く」は動詞。ところが英語の work は名詞も動詞も同形である。こうしたことから語句整序問題を「つながる所からつなぐ」といったパズル的解法で解くのは無理があることがわかる。英文全体の意味をとらえ，内容を推測するのが王道であろう。

(3) ──────────────────────────── 正答率 18.0%

完成した文▶Only after the mysterious disappearance of the dinosaurs about 65 million years ago（**キ** were **エ** our **イ** ancestors **ア** able **カ** to **ウ** come **オ** out) into the daylight in any significant numbers.

前後の「約 6,500 万年前に，なぜか恐竜が姿を消してしまったが，その後にやっと，かなりの人数で昼間の陽光の中に（　　）」という内容と，与えられた選択肢から，「祖先は出てきた」という内容が予想できる。よって our ancestors were able to come out となる。ただ，この文が Only after … で始まっていることに注意する。only＋時の副詞（句・節）を文頭に置いた場合，主節は疑問文と同じ語順にしなければならない。よって，were our ancestors able to come out とする。この語順を尋ねる問題は 2003 年度 4 －(A)(2)にも出題されている。なお，only＋時の副

（句・節）の場合，only の訳は「〜（になって）やっと，初めて」とするとうまく処理できることが多い。*e.g.* Only yesterday did I hear the news. 「昨日（になって）初めて，私はその知らせを聞いた」　この倒置に気づかずに our ancestors were とした人が71.9％いた。

(4) ────────────────────────────────　正答率 79.8％

完成した文▶Given （カ the　**オ question　エ of**　イ how　キ to　ウ move　ア around） in the dark, what solutions might an engineer consider ?

「今いる動物の多くが，物を見づらいか，あるいはまったく見えない状況で暮らしている。暗闇で（　　）が与えられるとすると，技師ならどんな解決策を考えるだろうか？」という内容と，与えられた選択肢から，「暗闇でどうしたら生きていけるのかという問い」という文内容が予測できる。よって the question と how to move around を作り，同格を表す of でこれらをつなぐ。how to move around in the dark「暗闇の中でどのようにして動き回るか」という語順については，第1段落第1文の how to find their way around in the dark がヒントになるだろう。なお，文頭の given は(1)分詞構文「〜が与えられれば」と(2)前置詞「〜を考慮すると」の2つが考えられる。ここでは文脈から(1)と考えるのが適切。

(5) ────────────────────────────────　正答率 41.6％

完成した文▶Anyway, （カ whether　**ウ or　イ not**　オ the　**エ reason**　ア is） the energy expense, it seems to be the case that ….

「いずれにしても，（　　），ひょっとすれば，一部の深海魚を除いては，動き回る道を見つけるのに自然光以外の明かりを使うのは，人間だけというのが事実のようである」という内容と，与えられた選択肢から考えれば，whether the reason is the energy expense or not「その理由がエネルギーの消費であろうがなかろうが」となるが，the energy expense は括弧の後に置かれているので or not を文末に置くことはできない。よって or not を whether の直後に置き whether or not the reason is the energy expense とする。the reason で始めた人が37.1％いた。

（2番目・3番目の順に）
(1)─キ・エ　(2)─キ・ア　(3)─エ・イ　(4)─オ・エ　(5)─ウ・イ

117

(1)　取り除くべき語は and ——————————————— 正答率 35.8%

「太陽熱暖房の初期の試みのひとつにおいては，太陽からのエネルギーは二重のガラス板によって覆われた大きな金属シートによって吸収された」

文の骨格は，energy … was absorbed by ～「…なエネルギーは～によって吸収された」になるはず。by の目的語として large metal sheets「大きな金属のシート」が続くと判断するのが妥当。すると and が不要になる。なお，by and large は「概して，一般的に」の成句だが，この箇所がこの意味だとすると，metal sheets という名詞がどこにもつながらないので不可。

(2)　取り除くべき語は from ——————————————— 正答率 31.3%

「道路わきの植物が枯れてしまったことで，環境保護派の人々はさらに調査を進め，道路の氷結防止に塩剤を使用することによって生じる問題が，実はどれほど広い範囲に及ぶかを知ることになった」

prevent は「～を防ぐ」の他動詞なので from は不要。from が必要となるのは，prevent O from *doing*「O が～するのを妨げる」の場合である。*e.g.* We must prevent these children from suffering from food shortages.「私たちはこの子どもたちが食料不足で苦しむことを防がなければならない」　なお，lead O to *do* は「O を～するように導く」，investigate ～ は「～を調査する」の意味。

(3)　取り除くべき語は noticed ——————————————— 正答率 32.8%

「科学の最大の進歩の中には，ある頭のいい人が，すでに理解されている問題と，まだ謎のままの問題との関係を見出したことによって生じたものもある」

a connection between *A* and *B*「*A* と *B* とのつながり」に注目する。another 以下は，直前の a subject that was already understood「すでに理解されていること」と対をなし，「まだ謎であること」の意味になると考えられる。したがって noticed を取り除き another still mysterious subject「別のまだ謎である問題」とするのが適切。なお notice が SVOC の形をとるのは notice O *do* / *doing* の場合に限られる。よって本文を「いまだに神秘的な問題と気づかれている他の問題」と読むことは不可能（なお，この場合はさらに another noticed a still mysterious subject とする必要もある）。advances in ～ で「～における進歩」，come about は「生じる」の意味。この about は「あたりに」の意味の副詞。〈some ＋単数形の名詞〉で「何らかの～，ある～」なので some clever person は「何らかの頭のいい人」の意味。

⑷　**取り除くべき語は from**　──────────────────────　正答率 37.3%

「21世紀初頭には，男女の区別のない外見に向かう風潮はすでに相当な段階にまで達していたので，服を全部脱いでもらわない限り男性と女性を区別することは不可能に近かった」

reach は通例，他動詞なら「〜に達する」，自動詞なら「手を伸ばす」の意味。本文の reached の主語は the trend「流行」なので，他動詞だと考えるのが適切。よって原文のままでは reach の目的語がない。そこで from を取り除き a state「状態」を目的語とすればよい。so は so 〜 that … 構文の so で，これは副詞だから，後ろに〈冠詞＋形容詞＋名詞〉を置く場合には，語順が変わり，so＋形容詞＋冠詞＋名詞となることに注意すること。なお unisex は「ユニセックスの，男女の区別がない」，distinguish 〜 は「〜を区別する」の意味。

⑸　**取り除くべき語は themselves**　──────────────────　正答率 16.4%

「司書たちが，書籍の分類の仕方という問題に関して，お互いに異なる意見を持つのは有意義であるけれど，議論の勝ち負けを決める尺度に，ある分類法が他の方法に比べ，『真実である』とか『正しい』とかということが含まれることはないであろう」

but 以下の記述を見ていくと，the criteria（criterion の複数形）が主語で，by themselves は「それ自体」という副詞句だと考えられる。さらにその後ろにある which は疑問形容詞で which arguments are won or lost は「どちらの主張が勝つか負けるか」という意味と考えるのが適切。ところが，このままでは which … と the criteria とがうまくつながらない。by … lost は，主語 the criteria の説明文（関係代名詞節）と捉えるべきである。themselves を取り除き，the criteria by which S V「S が V する基準」とすればうまくいく。この文の趣旨「司書の間で，本をどのように並べるかに対する意見が分かれるのは良いことだが，どの並べ方が正解ということにはならない」がわかれば，答えは容易に決まるだろう。こうした関係代名詞に関わる問題は 2002 年度 4 ─（A）⑶に類題が出題されている。なお librarian は「司書」，one another は「お互い」，relative to 〜 は「〜と比べた」の意味。

⑴ and　⑵ from　⑶ noticed　⑷ from　⑸ themselves　解答

118

(1)　補う単語は myself ――――――――――――――――　正答率 26.4％

完成した文▶I can't get into my room. I was（エ stupid）（ア enough）to（イ lock）（myself）（ウ out）.

「自分の部屋に入れない。愚かにも，自分を閉め出してしまった」

空所の前の「部屋に入れない」と選択肢の語句を見て「鍵を部屋に置いてきたなんて愚かだ」という内容を予測する。enough は形容詞・副詞＋enough to *do*「〜するぐらいの…」の語順になることに注意。lock 〜 out ／ lock out 〜 は「（部屋に鍵をして）〜を閉め出す」の意味の成句。このような他動詞＋副詞からなる成句で，目的語に代名詞を置く場合には他動詞＋代名詞＋副詞の語順にするのが通例。よって lock myself out という形に至る。代名詞を目的語に置くとき，目的語が主語と一致する場合には再帰代名詞を用いなければならない。よって lock me out とするのは間違い。myself が思いつかなかった人は 69.4％いた。

(2)　補う単語は make ―――――――――――――――――　正答率 31.9％

完成した文▶Let's not use any of these pictures for the poster. They（make）（ア him）（イ look）a lot（ウ older）（エ than）he really is.

「これらの写真をポスターに使うのはやめよう。その写真だと，彼が実際よりずっと老けて見える」

空所の前の「これらの写真をポスターに使うのはやめよう」と，選択肢の語句を見て「その写真は彼を老けて見せる」という内容を予測する。一般に「彼は実際より老けて見える」だと He looks older than he really is. となる。これを make *A do*「*A* に〜させる」に組み込めば正解が得られる。make が思いつかなかった人は 52.8％いた。

(3)　補う単語は it ――――――――――――――――――――　正答率 33.3％

完成した文▶She is intelligent, but she just doesn't have（エ what）（it）（イ takes）（ウ to）（ア be）a good journalist.

「彼女は頭はいいが，優れた報道記者になるのに必要なものをまったく持っていない」

空所の前の「彼女は頭はいいが，〜をまったく有していない」と選択肢の語句を見て「優れたジャーナリストに必要な資質がない」という内容を予測する。take は It takes … to *do*.で「〜するのに…が必要である」という形をとる。この…には所要時間，勇気，忍耐，経験などが置かれる。そこで what it takes to be 〜「〜になるのに必要となるもの」ということが予想できればよい。it が思いつかなかった人は 55.6％いた。なお just not は「まったく〜ない」の意味。

4

文法・語法

(4)　補う単語は let ━━━━━━━━━━━━━━━━━━━━━━ 正答率 4.2%

完成した文▶ I'm terribly sorry for saying what I said yesterday. I shouldn't have (let)（イ my emotions）get（**エ the**）（ア better）（**ウ of**）me.

「昨日あんなことを言って本当にごめんなさい。感情的になって冷静さを失うなんて，するべきことではなかった」

空所の前の「昨日言ったようなことを口にして本当にごめん。～すべきではなかった」と選択肢の語句を見て「感情に負けるのではなかった」という内容を予測する。get the better of ～「～に打ち勝つ（＝～の良い方をとる）」は，しばしば無生物を主語，人を目的語にして「（人が）～に負ける」の意味で使う。*e.g.* Curiosity got the better of me. 「私は好奇心に負けた」さらに，（ a ）には動詞の過去分詞形が入るはずだが，選択肢には該当するものはない。よって，〈S＋(a)＋目的語＋get〉という形から，(a)には make / have / let / help が候補として考えられるが，内容面で適切なのは let。let は let *A do* で「*A* が～するのを許す，黙って見過ごす」の意味。こうすれば「私の感情が私に打ち勝つことを許すべきではなかった」となり文意が通る。let が思いつかなかった人は 84.7％いた。

(5)　補う単語は much ━━━━━━━━━━━━━━━━━━━━━ 正答率 38.9%

完成した文▶ We've been waiting for you for over an hour. How（much）（ア longer）do you think（**エ you**）（ウ will）（**イ need**）to spend on your homework？

「私たちは，もう1時間以上もあなたを待っているんだよ。宿題をするのに，あとどれくらいの時間が必要だと思っているの？」

空所の前の「私たち，もう1時間以上もあなたを待っているのよ」と選択肢の語句を見て「宿題にどれくらい時間をかけるつもりなの？」という内容を予測する。疑問詞 how を「程度」の意味，つまり「どれくらい」の意味で用いる場合，〈how＋形容詞・副詞の原級〉となる。ところが「あとどれくらいで」などの〈差〉を尋ねる場合は〈how much＋比較級〉の形で用いる。*e.g.* How much taller is your brother than you are？「君のお兄さんは君よりどれくらい背が高いの？」much が思いつかなかった人は 48.6％いた。なお，do you think の後ろの語順は you will need という普通の語順にすること。

（補う単語─(c)・(e)の順に）

(1) myself─イ・ウ　(2) make─イ・エ　(3) it─イ・ア　(4) let─エ・ウ

(5) much─エ・イ

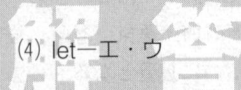

119

(1) ──────────────────────────────── 正答率 20.8%

完成した文▶ I cannot imagine how anyone (ア can **エ expect** オ Sue キ to be ウ easy カ to イ convince). She never listens to anyone.

「誰であれ，スーを説得することが簡単だと思える人はいないと私は思う。彼女は絶対に人の話に耳を傾けない」

空所の後の「彼女は決して人の話に耳を傾けない」という内容と，与えられた選択肢の語句を見て「スーを説得するのは容易ではない」という文を予測する。「スーを説得するのは容易だ」は，It is easy to convince Sue. となるはずだが，選択肢に it がないことから It is easy to convince Sue.→Sue is easy to convince. という「タフ構文（この形の構文に使われる代表的な形容詞が tough なのでそのように呼ばれる）」を予測する。これを expect A to do「A が〜するだろうと思う」に組み合わせれば正解に至る。can convince で始めた人は 26.4％いた。

(2) ──────────────────────────────── 正答率 20.8%

完成した文▶ Look at the sign. It says, 'At no (カ time **エ must** オ this イ door ア be **ウ left** キ unlocked).' I wonder what's inside.

「その掲示を見てごらん。『このドアはいかなる時も鍵を開けたままにしてはいけない』と書いてある。中には何があるんだろう」

空所の後の「中には何があるんだろう」という内容と，与えられた選択肢の語句を見て「このドアは鍵を開けっぱなしにしてはならない」という文を予測する。at no time（＝never）という否定的な副詞（句）の後は，疑問文の形の倒置形にしなければならない。*e.g.* Never have I seen such a tall tower.「私はそんなに高いタワーを今まで見たことがない」 本問の文を，通常の語順で表すと，This door must not be left unlocked at any time. となる。not＋at any time で at no time となり，それを文頭に置くと At no time must this door be left unlocked. となる。なお，leave は，leave A＋un- で始まる過去分詞「A を〜しない状態で放置する」という形をとることも大切。this door must とした人は 48.6％いた。

(3) ──────────────────────────────── 正答率 9.7%

完成した文▶ (エ The last カ thing オ they キ wanted ク was ア for ウ the イ newspapers) to find out that they were soon to be married. They had not even told their friends or relatives about it.

「彼らが何としても避けたかったのは，新聞に近々結婚することを知られてしまうことだった。彼らはそのことを友人にも親戚にも話していなかったんだ」

空所の後の「彼らはそのことを友人や親戚にすら話していなかったんだ」という内

容と，与えられた選択肢の語句を見て，「結婚することを新聞に知られたくなかった」という文を予測する。「新聞が〜を知る」というのは，不定詞の意味上の主語を表す for 〜 のことを思い出して for 〜 to do という形に決定する。選択肢に否定語は見当たらないので，last を用いて the last thing they wanted「彼らが望んだ最後のこと」→「彼らが一番望まなかったこと」とする。for の位置を間違えた人は 50.0 ％いた。なお be soon to be married は「近々結婚することになる」の意味。

(4) ─────────────────────────────── 正答率 70.8%

完成した文▶ No one （エ has **ア any** カ idea ク why キ John **ウ behaves** イ as オ he does). He is so unusual.

「ジョンがなぜあんなふうに行動するのか誰にもわからない。彼はそれほど変わっている」

空所の後の「彼はそれほど変わっている」という内容と，与えられた選択肢の語句を見て，「ジョンがなぜあんな行動をするのかは誰にもわからない」という文を予測する。No one has any idea ＋（as to）疑問詞節は「〜がさっぱりわからない」の意味。これはお馴染みの I have no idea 〜.「私には〜のことは見当もつかない」から推測できる。また behaves as he does で「あのように振る舞う」の意味。これらから答えを得る。

(5) ─────────────────────────────── 正答率 19.4%

完成した文▶（ウ Close **エ investigation** カ revealed キ the store ク to **ア be** オ owned イ by) terrorists, which shocked the customers.

「綿密な調査の結果，その店の持ち主はテロリストたちだとわかり，客はショックを受けた」

空所の後の「それは客に衝撃を与えた」という内容と，与えられた選択肢の語句を見て，「調査によりその店のオーナーはテロリストたちだとわかった」という内容を予測する。the store was owned by terrorists という形にしたいが was がない。そこで，reveal O to be 〜「O が〜であると暴露する」という形を使い，S revealed the store to be owned by terrorists という形にする。reveal O to be 〜 という語法はあまり一般的ではないが，「内容から文を構築する」ことができれば問題ないだろう。Investigation revealed で始めた人は 29.4 ％いた。

（2番目・6番目の順に）
(1)―エ・カ　(2)―エ・ウ　(3)―カ・ア　(4)―ア・ウ　(5)―エ・ア

120　思考と行動

全 訳　　思考と行動は 2 つの別個のものであると考えられがちであるが，必ずしもそうとは限らないのではないか，と示唆している研究者もいる。ジグソーパズルの場合を考えてみよう。そのようなパズルに取り組む際にあまり人がやりそうにないことの 1 つは，1 つのピースを一生懸命見つめて，(2)それが特定の場所に合うかどうかを考えるだけで判断しようとするやり方であろう。(3)ところが，私たちが実際に行っているのは，まず大まかな当たりをつけ，それからそのピースを実際に当てはめてみて，それが正しいピースかどうかを確かめる，といった（思考と行動とが）混じり合ったやり方なのである。(5)このようなピースをはめ込む作業をする前に，そのピースが合うかどうかが確実にわかるほどはっきりとピースの詳細な形を心に思い描くようなことは私たちはたいていしない。(6)さらに，はめてみようとする前に，合いそうなピースを実際に回転させたりすることもあるかもしれないが，それは，そのピースが合うかどうかを推測するという，頭を使う仕事を簡単にするためである。このように，ジグソーパズルを完成させるには，複雑でかつ何度も繰り返される動きが必要となり，その動きの中で「純粋な思考」が行動へとつながり，(9)その行動が今度は「純粋な思考」に直面する様々な問題を変えたり簡単にしたりするのである。このことは，思考と行動が必ずしも別個に機能しているわけではないということを示す，おそらく最も単純な類いの例であろう。

- □ *l.*2　the case「実情，実態」　※be 動詞の補語として使われるのが通例。
- □ *l.*3　approach 〜「〜に取り組む」
- □ *l.*3　would　※「やりそうもない方法」なので仮定法が使われている。後続する下線部(3)の「ところが，私たちが実際に行っているのは」との関係に注意。
- □ *l.*4　a piece「（ジグソーパズルなどの）ピース」
- □ *l.*5　our actual practice「私たちが実際にやっていること」
- □ *l.*5　a mixed method「（思考と行動とが）混じり合ったやり方」
- □ *l.*7　picture 〜「〜を思い描く」
- □ *l.*9　rotate 〜「〜を回す」
- □ *l.*9　so as to *do*「〜するために」
- □ *l.*11　a dance「動き」　※筆者は，ジグソーパズルのピースを当てはめるに至る一連の動きを「ダンス」に例えて言った。
- □ *l.*12　in turn「（連鎖反応を示して）次に」

(2)　取り除くべき語は let ———————————— 正答率 41.7%

この文全体の主張は第 1 文にある「思考と行動とは切り離せるものではない」ということ。第 2 文からは，この主張をサポートするための例が示されている。つまり「思考だけ」あるいは「行動だけ」という動きを人間はしない，という内容だと予測できる。よって let を除いて thinking alone whether 〜 とすれば「〜かどうかを

考えることだけで（＝思考だけで）」となり文脈に合う。なお let alone は，〈否定文，let alone ～〉「…ない。まして～ない」という形で使用する。*e.g.* John still cannot walk, let alone run.「ジョンはまだ歩けない。ましてや走れない」

⑶　**取り除くべき語は itself** ──────────────── 正答率 38.9%

itself に続く which ～ は関係代名詞節だと考えられるが，we make ～ は1つの完全な英文となっているため，which の入る余地がない。よって，itself を取り除き in which we make ～「その中で私たちは～をする」とすれば意味が通る。なお，try ～ out / try out ～ は「～を試験的に使ってみる」の意味で問題ない。

⑸　**取り除くべき語は even** ──────────────── 正答率 23.6%

even を除去して know for certain if ～「～かどうかを確実に知っている」としないと文脈に合わない。この if は「～かどうか」という意味の名詞節を作る接続詞。なお，even を除去しないと even if は「たとえ～でも」という条件を表す副詞節になるが，その節中に〈予測〉の意味の be going to が入るのは適切とは言えない。このことも正解を導き出すためのヒントとなる。なお，〈意図〉の意味の be going to は条件を表す副詞節に使うことができる。*e.g.* If you are going to come, please let me know.「もし来るつもりなら教えてね」

⑹　**取り除くべき語は as** ──────────────── 正答率 31.9%

rotate は「～を回転させる」の意の他動詞で，possible pieces「（空所にはまる）可能性のあるピース」はその目的語。「はまる可能性のあるピースを回転させる」ことだとわかれば as は不要だとわかる。rotate as ～「～として回転する」という表現は可能だが文脈に合わない。rotate の二義性を尋ねる問題である。形式だけでなく文脈も重視して解きたい。

⑼　**取り除くべき語は to** ──────────────── 正答率 25.0%

face は他動詞で「～に直面する，～に迫る」の意。自動詞として用いたときの face to ～ は「～を向いている，～に面した」の意だから，ここでは不適。したがって to は不要だとわかる。

⑵ let　⑶ itself　⑸ even　⑹ as　⑼ to　　　解答

121 哲学とは

全訳

(1)哲学者の中には，哲学の進歩などのようなものはなく，哲学自体がその歴史にほかならないと結論づける者もいる。(2)この見方は複数の哲学者によって提唱されており，「歴史主義」と呼ばれてきた。(3)哲学とはその歴史のみで構成されている，というこうした考えは聞き慣れないものではあるが，一見魅力的な論拠によって擁護されてきた。(4)しかしながら，私たちはどうしてもこのような見方を受け入れざるを得ないということにはならないであろう。(5)私は哲学についてまったく異なる見方をするつもりである。(6)たとえば，誰でもおそらくプラトンの『対話篇』の一部を読んだことがあるだろう。(7)そこではソクラテスが疑問を投げかけ様々な答えを得る。(8)彼はこうした答えの意味することが何か，ある特定の言葉がなぜこれこれの使い方をされるのかを尋ねる。(9)要するに，ソクラテスの哲学は，私たちが表現することの意味を分析することによって，思考を明快にしようとしたのである。

- ☐ *l*. 1　come to the conclusion that S V「S が V という結論に達する」
- ☐ *l*. 1　no such thing as ～「～というようなものはない」　※no があるので a は不要。
- ☐ *l*. 2　nothing but ～「～にすぎない」　※「～以外はゼロ」が直訳。
- ☐ *l*. 3　more than one「複数の～」　※more than ～ は～の数を含まない。
- ☐ *l*. 4　historicism「歴史主義」　※歴史を重視する態度。
- ☐ *l*. 4　this idea that S V「S が V というこうした考え」　※this idea と that 節が同格の関係にある。
- ☐ *l*. 4　consist of ～「～から構成されている」　※受動態にはしないことに注意。
- ☐ *l*. 5　apparently「一見」　※文を修飾する場合は，「（確証はないが）～らしい」という意味になる。形容詞の apparent には「明らか」の意味があるが，apparently が「明らかに」の意味で使われることはめったにない。apparent は補語の位置にあれば通例「明らか」の意味。
- ☐ *l*. 6　shall not *do*「～することにはならない」　※shall は「神の意志，自然の流れ」を示唆することが多い。
- ☐ *l*. 6　find *oneself* ～「気がつけば～」　※～には形容詞や分詞が置かれる。
- ☐ *l*. 6　compel O to *do*「O に～することを強要する」
- ☐ *l*. 9　mean *A* by *B*「*B* によって *A* を意味する〔意図する〕」
- ☐ *l*. 10　in this way or that way「これこれの（様々な）やり方で」
- ☐ *l*. 11　clarify ～「～を明確にする」

(1)　**取り除くべき語は of** ——————————————— 正答率 50.0%

some of, many of, most of などの〈数量詞＋of〉の後には定冠詞 the や所有格を伴う名詞が置かれる。たとえば some of the philosophers とか some of them のように用いる。本問のように，定冠詞や所有格がつかない名詞の前に some を置く場合には of は不要。このタイプのミスは英作文でも非常に多いためか，東大も繰り返し出題している。

(3)　**取り除くべき語は not** ——————————————— 正答率 37.5%

This idea は第1文の「哲学自体がその歴史にほかならない」を指す。よってこの語と同格関係にある that 節内はこれとほぼ同義になるはず。よって not を除けば，「哲学は歴史のみで構成される」＝「歴史だけが哲学の構成要素だ」となり適切。この文は文法的には間違いがないので，英文内容を把握しないと難しいかもしれない。

(4)　**取り除くべき語は are** ——————————————— 正答率 76.4%

ourselves のような再帰代名詞は主語として使うことはできない（we shall not find (that) we are compelled … の形なら可）。よってこの部分を文として成立させるには are を取り除き find O C の形にするしかない。一般に find *oneself* ～ は「気がつけば～」の意味。

(5)　**取り除くべき語は in** ——————————————— 正答率 54.2%

an entirely different では，an に対応する名詞が存在しないので不可。in を取り除いて an entirely different view of philosophy とすれば「哲学についてのまったく異なった見方」となり意味をなす。

(8)　**取り除くべき語は it** ——————————————— 正答率 37.5%

what は，関係代名詞でも疑問詞でも，それ自体が名詞の働きをするので，後ろには名詞が足りない文が続く。一方 mean は，S mean ～.「S は～を意味する」の形をとる。これを受身形にすると ～ is / are meant (by S). となる。よって it was meant だけで1つの完全な文となり，what の後ろには置けないことがわかる。そもそも it は何を指すのか，と考えるだけでも，この it は不要であることがわかる。

(1) of　(3) not　(4) are　(5) in　(8) it　解答

122

(1) ———————————————————————————— 正答率 57.7%

完成した文▶ I know how you feel about the mistake, but it is (⑦ not　⑦ much　⊥ of　⑦ a　⑦ problem).

「君がその失敗のことをどう思っているのかはわかるけど，そんなことたいした問題ではないよ」

S be not much of a 〜 は「たいした〜ではない」の意味。*e.g.* Jim is not much of a gambler.「ジムはたいしたギャンブラーではない（いつも負けていることを示唆）」2番目に a を入れた人は 28.2％いた。

(2) ———————————————————————————— 正答率 54.9%

完成した文▶ John will be late for the first game, so we'll just (⑦ have　⊥ to　⑦ make　⑦ do　⑦ with) ten players.

「ジョンは第一試合に遅れるだろう。だから私たちは 10 人の選手でとにかくどうにかしなければならない」

have to make do with 〜 は「〜で何とかしなくてはならない」の意味。make do with 〜 は「（不十分だが，何とか）〜で間に合わせる，済ます」の意味。これは，make *oneself* do with 〜「自らが〜で済ますようにする」から *oneself* が脱落した形であると覚えておけばよい。2番目に make を入れた人は 19.7％いた。

Column　動詞が連結する表現に注意

1．make believe that S V「S V のふりをする」
　※make *oneself* believe 〜 と考えるとよい。
　(例) Let's make believe that we are cats.「ネコになったふりをしようよ」

2．let go of 〜「（ロープなど）を放つ」
　※let *oneself* go of 〜 と考えるとよい。
　(例) Don't let go of this rope.「このロープを放してはいけない」

3．help *do*「〜するのを助ける，〜するのに役立つ」
　※help to *do* も可だが，現在ではまれ。
　(例) Tom helped clean the house.「トムが家を掃除するのを手伝ってくれた」

---

(3) ———————————————————————————— 正答率 19.7%

完成した文▶ His official position hasn't changed, but actually he isn't (⑦ as　⑦ involved　⑦ as　⑦ before　⊥ in) our decision-making processes.

「彼の役職は変わっていないのだが，実際には，彼は私たちの意思決定過程には以前ほど加わっていない」

isn't as involved as before in 〜 は，be involved in 〜「〜に関わる，〜に加わる」

が not as … as 〜 という原級比較構文の中で表されたもの。本来ならば he isn't as involved in 〜 <u>as before</u> と，as before は文尾に持ってくるはずだが，in 〜 以下を強調するため as before が前に置かれている。つまり，強調したいものを文末に置くため比較対象が前置されたものである。*e.g.* You should make as much effort to achieve your goal *as possible.*→You should make as much effort *as possible* to achieve your goal.「君は目標達成に可能な限り努力すべきだ」 4番目に as を入れた人は 38.0％いた。なお，比較対象の前置がポイントとなる問題が 2009 年度 5(3) でも出題されているので，確認しておこう。

(4) ――――――――――――――――――――――― 正答率 47.9％

完成した文▶She can't come to the phone. She is (エ) right (ア) in (オ) the (イ) middle (ウ) of) her work.
「彼女は電話に出られない。今仕事の真っ最中なので」
right を名詞「右，権利」や形容詞「右の，正しい」とすると入る所がない。よって right は強意の副詞「（前置詞・副詞（節）の前で；位置・場所を示して）ちょうど，まさに」と考える。*e.g.* right across the street「通りの真向かいに」

(5) ――――――――――――――――――――――― 正答率 59.2％

完成した文▶You're not making any sense――(エ) what (ア) is (イ) it (ウ) that (オ) you) want？
「あなたの言うことはわけがわからない。いったい何がほしいの？」
What is it that you want？は What do you want？を it is 〜 that … の強調構文で表したもの。一般に疑問詞の強調構文は〈疑問詞＋is it that …？〉の形をとる。2番目に it を入れた人は 25.4％いた。

（2番目・4番目の順に）
(1)―(イ)・(ア)　(2)―(エ)・(ア)　(3)―(オ)・(ウ)　(4)―(ア)・(イ)　(5)―(ア)・(ウ)

123

(A)　誤っている箇所は (6) ──────────── 正答率 69.4%

「その問題の対処法の１つが委員会から提案されることになっていた」

この文の主語は One way で単数形の名詞なので，動詞は were ではなく was としなければならない。なお was to *do* は「〜することになっていた」という意味。

(B)　誤っている箇所は (2) ──────────── 正答率 42.3%

「その機械を元通りに組み立てる方法を教えていただければとてもありがたいのですが」

I would appreciate it if you could〔would〕… で「…していただければありがたいのですが」という意味の成句。it は if 節内の内容を指す代名詞。appreciate「〜に感謝する，〜を正しく理解する」は他動詞で，目的語が必要であるということだけからでも，答えはわかる。なお，appreciate を強調するために very much をつけるのは可。(8)〜(10) put 〜 back together「〜を元通りに組み立てる」

(C)　誤っている箇所は (10) ──────────── 正答率 56.3%

「使いの者が着く頃には，彼を中に入れるため門は開かれているだろう」

「〜を中に入れる」は目的語が代名詞以外の名詞の場合，let 〜 in あるいは let in 〜と表せる（前者は「入れること」，後者は〜に意味の重点がある）。このような他動詞＋副詞からなる成句では，目的語に代名詞を置く場合には他動詞＋代名詞＋副詞の語順にする。よって let in him は間違いで let him in の語順にしなければならない。by the time は「時を表す接続詞」だから，後続の動詞に will を入れる必要はない。したがって (4) arrives は正しい。また will have been opened は未来完了の受動態で「開かれていることだろう」の意味で正しい。

(D)　誤っている箇所は (6) ──────────── 正答率 41.2%

「彼らが仕事をしている姿を見た人は誰でも，彼らがあんなにたくさんの様々な種類の機械を同時に使えることに驚いた」

「〜する能力」は the ability of *doing* ではなく the ability to *do* が通例。したがって their ability to use とするのが正しい。ability が able の名詞形で，かつ，able が be able of *doing* ではなく be able to *do* という形をとることを知っているなら容易に間違いがわかるだろう。(3)は〈知覚動詞＋*A do*〉で「*A* が〜するのを見る」の意味で正しい。(4)は Everyone という「人」を表す単数形の主語なので問題ない。(10) at once は「同時に」の意味で問題ない。

(E)　誤っている箇所は (8) ──────────── 正答率 57.8%

「皆さんの中で普段運動をしていない人たちにとっては，30 分以上走り続けるのはおそらく極めて困難でしょう」

「〜し続ける」は keep (on) *doing* が正しい。したがって，keep (on) running とする。keep (on) *doing* は「〜し続ける」以外に「何度も〜する」という反復の意味で用いられることもある。*e.g.* My grandmother keeps (on) waking up at night. 「うちの祖母は夜に何度も目を覚ます」

⒡　誤っている箇所は ⑻ ─────────────────────── 正答率 41.8%

「メアリーが消防署に電話したというならわかるが，彼女が何とか火を消し止めた人間だったとは思えない」

「Sが〜するのは可能だ」の意味でS is possible to *do* という言い方はしない。⑻は it is possible for her to とするのが正しい（あるいは⑻・⑼を合わせて it is possible that she called とすることも可能）。⑵の〈could have＋過去分詞〉は，「〜だったかもしれない」の意味。なお，although に導かれる副詞節は「〜にもかかわらず」の意味では主節に先行するのが通例だが，主節を弱める内容を付け加える場合は主節の後に置かれ，「もっとも〜だが」のように訳される。⑷の somehow は「何らかの方法で」，manage to *do* は「何とか〜できる」の意味。⑹の put 〜 out は「（火など）を消す」の意味。

(A)—(6)　(B)—(2)　(C)—(10)　(D)—(6)　(E)—(8)　(F)—(8)

124 世界の人口

全訳

　世界の総人口は 50 億を超えている。(1)それは常に増え続けているから，正確な数字は誰にもわからない。(2)世界の人口はこれまでにないほどの速度で増えているのだ。(3)専門家の最近の計算が示唆するところによると，今後 40 年以内に人口は現在の 2 倍になるということだ。(4)さらに，世界の人口は地球上の各地に均等に広がっているわけではなく，この人口密度の不均衡もまた 1950 年以来増大しつつある。(5)人口密度が最も高い国の多くはヨーロッパとアジアにある。(6)オランダは最も人口の密集した地域のひとつだが，そこでは 1 平方キロメートルの土地に，平均して 360 人の人たちが住んでいる。対照的に，オーストラリアでは 1 平方キロメートル当たりの居住者は平均わずか 2 人である。

(1)　**直前にある語は it／入れるべき語は is** ────── 正答率 85.9%

下線部の前の文と，下線部の文の意味は「世界の総人口は 50 億を超えている。それは常に増え続けているから，正確な数字は誰にもわからない」という意味だと考えるのが適切。よって，この as は「理由」を表す接続詞であると考えるのが適切。したがって，後ろには 1 つの文が続く必要がある。is を補って as it is rising constantly「それは常に増えているので」とすれば適切な形となる。

(2)　**直前にある語は now／入れるべき語は than** ────── 正答率 91.5%

than を加えて比較級＋than ever before「かつてないほど〜，今まで以上に〜」としないと意味が通じない。

(3)　**直前にある語は suggest ／入れるべき語は it** ────── 正答率 62.0%

suggest の後には that 節（that は省略可）あるいは名詞や動名詞が続くはず。この文では suggest の後続には will double があり，主語のない不適切な形であるとわかる。そこで will double の主語となるべき it（＝the population of the world）を補えば，1 つのきちんとした文となる。語を指す代名詞は it であって that ではないことに注意。

(4)　**直前にある語は is ／入れるべき語は not** ────── 正答率 19.7%

この下線部には文法上の誤りはない。and 以下の文意が「人口密度のこの不均衡もまた，1950 年以来増大している」であるので，意味の整合性を考えれば，直前の内容は the population of the world is not spread evenly〔is spread unevenly〕「世界人口は均等には広がっていない」とする必要がある。なお，this unevenness のような this＋動詞・形容詞の名詞形は直前の文をまとめる働きがあることにも注意すること。

(5)　**直前にある語は are／入れるべき語は in** ─────────── 正答率 60.6%

Europe や Asia は「地域名」であり，countries とイコールの関係にはなれない。「〜な国はヨーロッパやアジアの中にある」と考え Europe and Asia の直前に in を入れることになる。

(6)　**直前にある語は Netherlands／入れるべき語は which** ───── 正答率 58.6%

下線部およびその後の文のおおざっぱな意味は「オランダは人口密度が高く，オーストラリアは低い」だとわかる。よって，the Netherlands は，is one of the most crowded areas の主語になっているはずだが，In the Netherlands というように in がついているので主語にはなれない。よって is one of the most crowded areas が the Netherlands の補足説明（関係代名詞節）になっていると考え，関係代名詞 which を is の前に補うことになる。一般に固有名詞の後に関係代名詞節を置くときには，その節の両側にコンマをつける。また，コンマのついた関係代名詞は省略できないことにも注意。なお，the Netherlands の Netherland は本来「低地地方」の意味の普通名詞であるため，その集合体として複数形にする。さらに固有名詞であることを示すために定冠詞をつける。（類）the Philippines「フィリピン共和国」

（直前にある語／入れるべき語の順に）
(1) it／is　(2) now／than　(3) suggest／it　(4) is／not　(5) 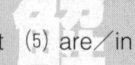are／in
(6) Netherlands／which

125　幽霊の存在

全訳　　人々は大昔から幽霊を想像してきた。(1)肉体は死んでも霊魂は生き続ける，と人々は信じているのである。霊界にいて幸福な霊もあるが，成仏できない霊もある。(2)そうした霊は元の人間生活を懐かしみ，自分がかつて暮らしていた場所に絶えず戻って来る。ほとんどの幽霊は悲しく物静かで，問題を起こすこともない。(3)しかし中には，特に殺人者や犯罪者の幽霊がそうであるが，たちの悪い幽霊もいる。(4)こういう幽霊は誰であれ自分が出会う人間を怖がらせるのである。世界の地域によっては，ある特定の日に人々が教会に行き，死者が墓の中で安らかに眠るように祈るところがある。(5)このような祈りをしないと死者が甦り，自分が以前に住んでいた家を再び訪れようとすると人々は信じているのである。

(1)　取り除くべき語は it ──────────────── 正答率 73.2%

第 2 文には，逆接の接続詞も副詞もないので，第 1 文を具体化した文と考えるのが適切。第 1 文では「幽霊を信じている」とあるので，第 2 文では「身体は滅びても，魂は生き続ける」としなければつじつまが合わない。原文のままでは live on it「それを糧に生きる」となり，意味が通らない。よって it を取り除き，live on「生き続ける」とする。この on は「継続」を意味する副詞。なお，it の前にある名詞 people「人々」，ghosts「幽霊」，ancient times「古代」，our bodies「私たちの肉体」，our spirits「私たちの霊魂」がすべて複数形の名詞なので，it の指すものがないこともヒントになるだろう。

(2)　取り除くべき語は were ──────────────── 正答率 66.2%

下線部前半では「元の人間生活を懐かしむ」とあり，and によって後半が続いているので，前半と同じ方向の内容が続くはずと予想する。よって「昔いた場所にしばしば訪れる」となるはず。they were used to live は「生きるために彼らは使われた」という意味になり，つじつまが合わない。よって were を取り除き they used to live とすれば「彼らがかつて住んでいた」となり文意が通る。なお，used to *do* は「（今は違うが）かつて～」の意味の助動詞。

(3)　取り除くべき語は among ──────────────── 正答率 70.4%

下線部の前文では「おとなしい幽霊が大半である」とある。下線部は But で始まっているから「しかし，おとなしくない幽霊もいる」と続くはず。among others を「他の人（物）の中に，とりわけ」の意味の副詞句と考えると，後続の文の主語がなくなってしまう。よって among を取り除き，But others, especially the ghosts of murderers or criminals, are miserable. とする。なお，especially the ghosts of murderers or criminals は others の追加説明として挿入されたもの。

(4)　**取り除くべき語は more** ──────────────── 正答率 84.5%

直前には But others, especially the ghosts of murderers or criminals, are miserable.「しかし中には，特に殺人者や犯罪者の幽霊がそうであるが，たちの悪い幽霊もいる」という文があり，逆接の接続詞も副詞もなく，下線部が続いている。よって下線部は「たちの悪い」を具体化した文だと考えるのが適切で，「こういう幽霊は誰であれ自分が出会う人間を怖がらせるのである」とするとつじつまが合う。原文のままでは，any more human being の部分がおかしい。もし any more を副詞だとすると「（否定文で）もはや～（ない）」の意味になり不可。また，more が many の比較級だとすると more human beings というように複数形にしないと文法的に不可。後続に who sees があることも考慮して，more を取り除くことになる。なおこの any は「彼らを見るどんな人間でも」の意味。

(5)　**取り除くべき語は never** ──────────────── 正答率 33.8%

まず S₁ V₁ that S₂ V₂ という文は S₁ V₁ を挿入して S₂, S₁ V₁, V₂ … という形をとれる。本問の people never believe が S₁ V₁ に当たる。全体の文意は「人々は幽霊を信じている」なので，people never believe の never を取り除いて「このような祈りをしないと死者が甦り，自分が以前に住んでいた家を再び訪れようとすると人々は信じているのである」としないと矛盾する。

(1) it　(2) were　(3) among　(4) more　(5) never

第5章　英文和訳

126

2021年度　4－(B)

人が表に出すのは一部の思いだけ

全訳

第1段落

　私たちは，自分たちが考えていることをすべて他人に伝えているわけではない。このことは，少なくとも，（ひょっとすると）多くの社会的状況において，大半の人に当てはまることである。ある学者は，「我々は嘘をつく。それゆえ我々は思う」という結論さえ出している。この発言を逆にする（「我々は考える。それゆえ我々は嘘をつく」）ことを望む人もいるかもしれない。いずれにせよ，意思疎通において，明らかにすることと隠すこと，暴露と隠蔽との間には，常に葛藤があるものである。私たちは，あらゆる種類の反応を表現したいという衝動を抑圧するだけの技術を，多少なりとも身に付けているものなのだ。(ア)もし仮に，私たちが考えていることをすべて，それを声に出すことによって表に出せば，その発言をする者のみならず，当事者の双方（あるいはその場にいる者すべて）にとって，時には，かなり恥ずかしいことか，面目に関わる問題となることもあるだろう。他の研究者の指摘によると，社会的状況における談話には，しばしば，沈黙の抵抗や秘密裏の同盟のような，隠蔽を促進する状況も含まれる。(イ)したがって，口に出して言われることもあるが，言われないこともあるのである。

- □ *l.* 1　apply to ～「～に当てはまる」
- □ *l.* 2　conclude that S V「S V という結論を出す」
- □ *l.* 3　reverse ～「～を逆にする」
- □ *l.* 4　there is a constant struggle between *A* and *B*「*A* と *B* との間の葛藤が常にある」
- □ *l.* 6　suppress the impulses to *do*「～したい衝動を抑える」
- □ *l.* 12　secret alliances「秘密裏の同盟」

第2段落

　暴露するのか隠蔽するのかの葛藤の理由を説明するには，心の中の対話に関わる対話理論が必要だと主張する人がいるかもしれない。実際，生態心理学者のエドワード=リードは，「(ウ)言語の主な機能とは，考えていることを隠し，他者の注意を逸らせて，私たちが考えていることを悟らせないようにすることであると言えるだろう」と示唆している。意思疎通に関わる個人発話論は，外的対話を，個人が生み出す情報を機械的に伝えることとして捉えているものだが，論を発展させる可能性があるようには思えない。

- □ *l.* 14　One may argue that S V「S V と主張する人もいるかもしれない」
  ※one は硬い文で，一般論を示す働き。
- □ *l.* 16　ecological psychologist「生態心理学者」
- □ *l.* 19　with their conception of *A* as *B*「*A* を *B* と捉えていて」
  ※conceive of *A* as *B* を名詞化した形である。
- □ *l.* 21　develop the point「その論を発展させる」

(ア)

◆ If we were to make everything we think public by saying it aloud,「もし仮に,
私たちが考えていることをすべて,それを声に出すことによって表に出せば」

● if we were to *do*, it would sometimes be …「もし仮に私たちが〜ならば,時
には…であろう」 if S were to *do* は,空想したことを述べる場合に使われる
成句である。しばしば,性格占い(「もし仮にあなたが無人島に行くとしたら
何を持って行きますか」)などで使われる表現である。「仮に」という訳語を当
てるのが一般的だがなくても可とする。

● make everything we think public「私たちが考えていることをすべて公にす
る」 make(V)＋everything we think(O)＋public(C)の構造になっている。
everything we think public を「私たちが公だと思うすべてのこと」と誤読し
ないように注意したい。本文第1文に We do not tell others everything we
think. とあり,それがヒントになるだろう。make 〜 public は「〜を表に出
す」などでも認められるだろう。

● by saying it aloud「それを声に出して言うことで」 モニターの大半が aloud
を loudly「大声で」と混同していた。基本語の意味は日々確認しないと大きな
ミスにつながることがある。

◆ it would sometimes be quite embarrassing, or face-threatening, not only for
the speaker, but for both(or all)parties「その発言をする者のみならず,当事
者の双方(あるいはその場にいる者すべて)にとって,時には,かなり恥ずか
しいことか,面目に関わる問題となることもあるだろう」

● quite＋〈good, rich などのように程度差がある形容詞〉は,「かなり〜」の意味。

● or は embarrassing と face-threatening をつないでいる。

● embarrassing は,「(人を)当惑させるような,恥ずかしい」の意味。

● face-threatening は,「メンツ〔面目〕に関わる,面目をなくさせるような」
の意味。これは,bird watching「野鳥観察(←watch birds)」と同様に,
threaten face「体面を脅かす」が変形されてできた形容詞である。なお face
は「体面,メンツ」の意味では不可算名詞の扱いである。この語を直接知らな
くても lose face「体面をなくす」,save face「体面を保つ」という熟語を知っ
ていれば推測できたであろう。残念ながらモニターの答案で正しい答えはほぼ
皆無だった。

● not only *A* but *B* は「*A* のみならず *B* までも」の意味の成句。

● for the speaker は「話し手にとって」の意味。

● for both(or all)parties は「両方の(あるいはすべての)当事者にとって」の
意味。party は「(事件・契約などの)相手,当事者,関係者」の意味。

生徒答案例1 ▶もし我々が声に出すことによって，思っていることを全て公に_xしたならば，それは時折話し手にとってだけではなく，両方の（もしくは全ての）_x読者［→当事者］にとってとても恥ずかし_xく，［→いことか，あるいは］_x顔がこわばる［→面目に関わる］ものになる_x［ヌケ→だろう］。[1/5点]

face-threatening は，embarrassing より「強い」意味で訳してほしかった。

生徒答案例2 ▶もし，自分たちが考えた全てのことを，_x大声で［→声に出して］言うことによって，公に_xしようとする［→する］ならば，話し手だけでなく，_x聞いている人［→話している人と聞いている人］の両方，もしくは_x時には全員が恥ずかしい思いをしたり，_x顔面蒼白に［→面目に関わるようなことに］なったりする_x［ヌケ→こともある］だろう。[0/5点]

「話している人と聞いている人の両方」とすれば意味が通る。

生徒答案例3 ▶もし私たちが，_x公的に考えていることすべてを声に出したなら［→私たちが考えていることを，それを声に出すことによって表に出せば］，それは時々，発言者だけでなく，_xもしくは聞き手［→発言者と聞き手の両方または全員］がとてもろうばいし，もしくは_x顔がこわばる［→面目に関わるようなことになる］だろう。[0/5点]

最初の構造の取り間違えは痛いミス。

(イ) ───────────────────────────────

◆ Accordingly, some things get said, others not. 「したがって，口に出して言われることもあるが，言われないこともあるのである」

- accordingly は「したがって，それゆえ」の意味。「それに応じて」という訳語を当てるのは，accordingly が動詞の後に置かれる場合である。
- some 〜, others … 「〜なものもあれば…なものもある」
- get said「言われる」は，is said の動作性を強調した形である。
- others not は，and others do not get said から自明のものが省略された形である。このような省略の場合，接続詞も省かれることがあることに注意したい。

生徒答案例1 ▶したがって，話されることもあれば，話されないこともある。[5/5点]

素晴らしい。

生徒答案例2 ▶つまるところ，話されることもあれば話されないこともあるのだ。[3/5点]

accordingly の訳がまずい。

生徒答案例3 ▶したがって，会話をする人もいれば，しない人もいる。[0/5点]

some things と others (= other things) を「人」と解釈してはいけない。

(ウ)

◆ the primary function of language is for concealing thoughts,「言語の主な機能
とは，考えていることを隠し」

- the primary function of language is for 〜「言語の主な機能は〜（のため）で
  ある」 primary は「主な」「一番の」の意味。「重要な」「大切な」は言葉足ら
  ずだがよしとする。この文の for は本来は不要。「言語の主な機能は〜である」
  と「言語は〜のためである」を混同した言い方である。類例として The way
  S V is by doing.「S V のやり方は〜（によって）である」，The reason why S
  V is because S′ V′.「S V の理由は S′ V′（だから）である」などがある（これ
  らも実際使われており間違いとは言い難い）。よって for を訳すと日本語がや
  や不自然になるので省いてもよいだろう。
- concealing thoughts は，concealing（V）+ thoughts（O）の形の動名詞で「考
  えていることを隠すこと」の意味。

◆ diverting others' attention from knowing what one is thinking「他者の注意を逸
らせて，私たちが考えていることを悟らせないようにすることである」

　　diverting others' attention from knowing what one is thinking は，concealing
thoughts を具体化するために置かれた分詞構文。訳出にあたっては，concealing
thoughts を訳した後で訳す。つまり「〜を隠し，…する」のようにすると原文
の持ち味が生かせる。ただし，分詞構文を先に訳して「…して／…することで／
…することによって，考えていることを隠す」としてもよいだろう。divert A
from B は「A を B から逸らす」の意味で，直訳すると「他者の注意を人が考え
ていることを知っている状態から逸らす」となるが，工夫しないと言いたいこと
が伝わる日本語にはならない。「他者の注意を逸らせて，私たちが考えているこ
とを悟らせないようにする」ぐらいにすれば日本語が整う。

　生徒答案例1 ▶ 言語の主要な機能は，自分自身の考えを隠し，自分の考えてい
　　ることを知られることから他者の注意をそらすことだ。[5 / 5 点]
後半はやや日本語がぎこちないが OK とする。

　生徒答案例2 ▶ 言語における重要な役割は，思いを隠し ×たり [→トル]，考え
　　ていることを知るということから，他人の注意を逸らしたりするため ×の役
　　割 [→トル] である。[2 / 5 点]
分詞構文を「〜たり」でつなぐのはまずい。

　生徒答案例3 ▶ 言語の主要な機能は，考えを隠し，×他者の考えているものを
　　知ることから意識をそらす [→他者の注意をそらせて，私たちが考えていることを悟
　　らせないようにする] ことである。[1 / 5 点]
後半が×。意味がわかっていない。

(ア)　もし仮に，私たちが考えていることをすべて，それを声に出すことによって表に出せば，その発言をする者のみならず，当事者の双方（あるいはその場にいる者すべて）にとって，時には，かなり恥ずかしいことか，面目に関わる問題となることもあるだろう。

(イ)　したがって，口に出して言われることもあるが，言われないこともあるのである。

(ウ)　言語の主な機能とは，考えていることを隠し，他者の注意を逸らせて，私たちが考えていることを悟らせないようにすることである。

127　時の経過による人の内面の変化

全訳

第1段落

　社会心理学者で作家でもあるダニエル゠ギルバート氏は，人間は「完成品であると誤解している，制作途上にある作品」だと示唆する。そして，「今の自分はそのままの状態であり続けるわけではない。今の自分は，今までのすべての自分と同様に一時的なものにすぎない。私たちの人生の中で唯一不変なのは変化である」と主張している。彼が言うには，時間は強い力を有しており，私たちの価値観や人間性や，音楽や行きたいと思う場所から友情に至るまでのすべてにおける好みを常に更新する力なのである，ということだ。

- □ *l.*1　social psychologist「社会心理学者」
- □ *l.*2　works in progress「制作途上にある作品（←進歩しつつある作品）」
- □ *l.*3　the person you are right now「まさに今の自分」　※you の前に主格の関係代名詞 that が省かれた形。このような補語になる主格の関係代名詞はしばしば省略される。
- □ *l.*3　remain as it is「そのままでいる」
- □ *l.*4　constant「変わらないもの」
- □ *l.*5　perpetually「永続的に，常に」
- □ *l.*5　revise ～「～を更新する，修正する」
- □ *l.*5　values「価値観」
- □ *l.*6　preferences in ～「～における好み」

第2段落

　エジンバラ大学の研究者たちは，人間の性格の安定性についてこれまでにないほど長期にわたり研究を行い，同様の結論に達している。そして，ティーンエイジャーの時に私たちを特徴づけるように思われる性質は，のちの人生ではほとんど失われる可能性があることを発見したのだ。個々の性質は短い期間なら安定しているように思われるかもしれないが，何十年と経つうちに変化してしまうのだ。その研究者たちは，1947 年のスコットランド知能調査の一部から取られたデータを使用した。その調査は 70,805 人の子どもの集団の成長を追跡したものであった。研究者たちは，14 歳の子ども 1,208 人という比較的小さな抽出標本を使い，思春期から大人になる際の性格の安定性について調べた。この調査は 6 つの具体的な特徴，自信，決断力，気分の安定性，誠実さ，独創性，そして学習意欲を識別の対象としていた。2012 年には，その同じ被験者の集団（1947 年の調査で当時 14 歳だった被験者 1,208 人）を探し出そうとする試みがなされ，見つかった者の中で 174 人が継続調査に協力することに同意した。彼らは，前の調査と同じ 6 つの特徴に関して，また自分たちの行動の中でそれらがどの程度優勢な要素のままであるのかに関して自分自身を評価するように求められた。そして家族，配偶者，被験者に近い友人もまた，以前の特徴が今でも継続して存在しているのかを評価するように求められた。その結果から，これらの特徴の中には被験者の人生の比較的短い期間に安定した

ままのものもあるが，その大半は，気分の安定性を除いて，著しく変化していて，時には完全に消えてしまった場合もあることがはっきりした。

- ☐ *l.*8 　conduct 〜「（研究，調査など）を行う」
- ☐ *l.*9 　stability「安定性」
- ☐ *l.*9 　a similar conclusion「似たような結論」
- ☐ *l.*10 finding that 〜「そして〜を発見した」 ※文末に置かれた分詞構文。
- ☐ *l.*10 those qualities that 〜「〜な性質」 ※those は先行詞を示す働きで訳さない。
- ☐ *l.*10 mark us as 〜「私たちを〜と特徴づける」
- ☐ *l.*11 appear stable「安定していると思える」
- ☐ *l.*13 track 〜「〜を追跡する」
- ☐ *l.*13 a pool of 〜「〜の集団」
- ☐ *l.*15 adolescent「思春期の若者」
- ☐ *l.*16 identify 〜「〜を特定する」
- ☐ *l.*17 mood stability「気分の安定性」
- ☐ *l.*17 an attempt was made to *do*「〜する試みがなされた」
- ☐ *l.*18 track 〜 down / track down 〜「〜を探し出す」
- ☐ *l.*19 rate 〜「〜を評価する」
- ☐ *l.*20 the degree to which 〜「どの程度〜か」
- ☐ *l.*21 remained dominant factors「優勢な要素にとどまっていた」
- ☐ *l.*22 assess 〜「〜を評価する」
- ☐ *l.*23 while〜，…「〜だが…」
- ☐ *l.*24 remain steady「安定したままである」
- ☐ *l.*25 markedly「著しく」
- ☐ *l.*26 vanish「消える」

㈎ ────────────

◆ Time is a powerful force, he says, and one that〜.「彼が言うには，時間は強い力があり，〜な力である」
- ●コンマで囲まれた he says は挿入句で，He says that time is a powerful force and one that 〜. と同じ。訳出にあたっては「彼が言うには…」とするか，「…と彼は言う」とする。
- ●and がつないでいるのは a powerful force と one（＝a force）である。that 〜 は one を説明する関係代名詞節。one that 〜 の訳は「〜な力」とするのがよいが，「〜なもの」としても減点されることはないだろう。なお，代名詞 one は可算名詞を指すので，この文の time を指すことはない。

◆ perpetually revises our values, personalities, and preferences「私たちの価値観や人間性や嗜好を常に更新する（力）」
- ●perpetually は「（変化や止まることなく）ずっと継続して」の意味の副詞で revises を修飾している。よって訳出にあたっては，できるだけ revise の訳語

の近いところに置くこと。「永続的に，私たちの価値観…を修正する」などとすると修飾関係が不鮮明となる。

- revises は「〜を更新する，変える」の意味。「〜を修正する，見直す」などでもよい。
- and がつなぐものは values と personalities と preferences であり，our は3つの名詞を修飾している。また our values, … preferences は revises の目的語になっている。
- values は「価値観」。複数形の values は通例「(道徳・慣習などの) 価値観」の意味となる。「価値感」と表記するのは間違い。
- personalities は「人間性，個性」の意味。character「人格」とは区別して覚えておきたい。
- preferences は「嗜好，好み」の意味。

◆ in everything from music and the places we would like to go to friendship 「音楽や行きたいと思っている場所から友情といったことまですべてにおける」

- この部分が修飾しているのが preferences だけであることに注意すること。もしすべてを修飾しているとすると「音楽や行きたい場所から友情といったことまですべてにおける価値観や人間性」となるが，それでは意味が通らない。
- 中心の文構造は in everything from *A* and *B* to *C* 「*A* と *B* から *C* に至るすべてにおいて」である。in は「分野を示す」働きの前置詞。また，*A* に対応するのが music，*B* に対応するのが the places we would like to go，*C* に対応するのが friendship である。
- the places we would like to go は，the places の後に関係副詞 where が省かれた形。関係副詞 where は省略しないことが多いが，先行詞が place の場合，省かれることが多い。関係代名詞を用いた場合，the places to which we would like to go となる。go to friendship と考えて「友情へ行く」と訳さないように注意すること。

生徒答案例1 ▶ 彼が言うには時間は強力なものであり，また，×音楽や行きたいと思っている場所から友情まで，全てのことにおける価値観，個性，趣向 [→価値観，個性や，音楽や行きたいと思っている場所から友情までの全てのことにおける趣向] を永続的に修正するものである。[3 / 5 点]

in everything 以下の修飾関係を間違った例。

生徒答案例2 ▶ 時間というのは強力な力があり，私たちの価値観，性格，そして音楽×から友人と共に訪れたい場所までの [→や訪れたい場所から友情に至る] あらゆる趣向すら生涯にわたり修正してしまう ×[ヌケ→力だ] と彼は言う。[2 / 5 点]

from *A* to *B* を見誤った例。

生徒答案例3 ▶時間は強い力を持っていて，×永遠に［→トル］私たちの×価値［→価値観］や性格や×好みなどを音楽や私たちが行きたい場所から友情に至るまで全てにおいて［→音楽や私たちが行きたい場所から友情に至るまで全てにおける好みを］×［ヌケ→永続的に］修正するものだと彼は言う。[1／5点]

valuesは「価値観」であることに注意。

(イ)

◆ In 2012, an attempt was made to track down that same pool of participants 「2012年には，その同じ被験者の集団を探し出そうとする試みがなされた」

● in 2012は文頭に置かれた副詞句である。「2012年には」と副詞的な訳をすること。

● an attempt was made to *do* は made an attempt to *do*「～する試みをした」を受動態にした形である。よって，to *do* は to不定詞の形容詞的用法なので，「～しようとする試みがなされた」のように訳す。副詞的用法と考え「～するために」とするのは誤訳である。

● track ～ down / track down～は「～を追跡する，見つけ出す，特定する」の意味。後に出てくる of those found で find に言い換えられていることもヒントになろう。

● that same pool of participants は，「"that same pool" が何を指しているかを明らかにせよ」という指示より具体化する必要がある。本文には「1947年のスコットランド知能調査の一部から取られたデータを使用した。その調査は70,805人の子どもの集団の成長を追跡したものであった。研究者たちは，14歳の子ども1,208人という比較的小さな抽出標本を使い，思春期から大人になる際の性格の安定性について調べた。この調査は6つの具体的な特徴，自信，決断力，気分の安定性，誠実さ，独創性，そして学習意欲を識別の対象としていた」とあるので，「1947年の調査対象の中から抽出した，当時14歳だった1,208人の被験者」ということになる。

◆ and, of those found, 174 agreed to take part in the continued research 「見つかった者の中で174人が継続調査に協力することに同意した」

● and は，その前後の文をつなぐ働きである。

● of those found は「見つけられた者のうちで」の意味。of は「～のうちで」の意味。found は those を修飾する過去分詞で，tracked down の言い換え。一般に those＋形容詞（句）の場合「～な人々」の意味になる。

● agree to ～ は「～に同意する，～を承諾する」の意味。

● take part in the continued research の直訳は「継続された研究に参加する」。「継続された」といっても1947年と2012年ではかなり間が開いているので，「引き続き研究する」の類いの時間的連続を想起させる訳語は避けること。

「継続調査に協力する」とすれば日本語が整う。

生徒答案例1 ▶ 2012 年に，1947 年に行われた研究の実験に参加した×70805人［→当時 14 歳の 1208 人］の子どもを追う試みが行われ，見つけたうちの 174人が，×引き続き研究［→継続調査］に参加することを承認した。［3/5点］

that same pool を正しく理解できていない。the continued research は「継続調査」。

生徒答案例2 ▶ 2012 年には，×1947 年に為された研究で参加した子どもの数と同じである 70805 人［→1947 年に調査対象となった当時 14 歳の 1208 人］の×参加者の人格の変化の跡を追う［→参加者を探し出す］試みが為されて，×そのうち［→見つかった人たちのうち］174 人が×引き続き研究［→継続調査］に参加することに同意した。［0/5点］

文構造を無視している上に，思い込みの訳が目立つ答案である。

生徒答案例3 ▶ 2012 年に，×ある試みが，同じ人数の参加者の後を追うために［→1947 年に調査対象となった当時 14 歳の 1208 人を探し出すための試みが］行われ，×その試みからその中で［→見つけられた者のうちで］174 人が，×研究を続けていたことがわかった［→継続調査に協力することに同意した］。［0/5点］

色々と間違ってしまった例。

(ウ)

◆ while some of these characteristics remained steady over shorter periods of the participants' lives,「これらの特徴の中には，被験者の人生の比較的短い期間にわたって安定したままであるものもあるが」

● The results determined that 〜 の〜を訳すことが求められている。一般に〈S＋過去形の動詞＋that S′＋過去形の動詞〉の場合，that 節の訳に注意したい。英語では主節の動詞を過去形にした場合，「時制の一致」によって that 節内の動詞も過去形（あるいは過去分詞形）にすることが求められるが，日本語ではこのような「時制の一致」はない。よって本文の that 節内の remained は過去の訳ではなく，「〜のままであるものもある」のように現在の訳をする必要がある。

● while S′ V′, S V は「S′ V′ だが S V」の意味。主節の前に置かれた while S′ V′ は「譲歩」を示し，主節の後に置かれた while S′ V′ は「対照」を示すのが普通である。

● some of these characteristics は「こうした特徴の中には〜なものもある」の意味。一般に，some を「いくつか」とすると，数が 10 未満に制限されてしまうので不適切となることが多いが，本文では「こうした特徴」が 6 つなので，some を「いくつか」としてもよいだろう。なお，「いくつかのこうした特徴」は of を無視した雑な訳で不可。

- remained steady は直訳すると「安定したままであった」の意味となるが，すでに述べたように「安定したままである」と訳すのが適切。補語をとる remain は「〜のままである」の意味なので，「残る」というのは誤訳である。steady は「安定した，変わらない，一定で」の意味。
- over〜は期間を示す表現。*e. g.* This town has changed a lot over the last ten years.「この町はこの10年で大きく変化した」 よって「〜を超えて」とするのは誤訳となる。
- shorter periods of 〜 は「〜の比較的短い期間」の意味。shorter と比較級になっていることに注意すること。これは人生を大きく二分して「人生の短い方の期間」という意味。訳出に際しては「比較的短い期間」とすればよいだろう。
- the participants' lives は「被験者の人生」の意味。life は文脈によって「命，人生，生活」という訳語があるが，ここでは「被験者の全生涯」の意味なので「人生」が適切。

◆ most of them, with the exception of mood stability, had changed markedly, sometimes vanishing entirely「その大半は，気分の安定性を除いて，著しく変化していて，時には完全に消えてしまった場合もある」

- most of them は「それらの大半」の意味。them は，these characteristics を指す代名詞なので「彼ら」とするのは誤訳である。また most を「多く」とするのは誤訳。さらに，「大半の〜，ほとんどの〜，大部分の〜」とするのも，of の意味を無視した誤訳である。ちなみに，a lot of 〜 は，「〜のかたまり」が直訳であるが，現在では，a lot of で1つの形容詞句の扱いとなり，「多くの〜」と訳す。これと同類の表現が，a large number of 〜 である。
- with the exception of mood stability は「気分の安定性を例外として」の意味。mood は「（ある特定の時間における）感じ方」なので「（人の）気分」という訳語が適切。「（部屋や店内の）雰囲気」の意味ではないことに注意。
- had changed は過去完了で「変化してしまっていた」の意味。訳出にあたっては「変化した」でも十分であろう。
- markedly は「著しく，顕著に，劇的に，大きく，かなり」の意味。
- sometimes vanishing entirely は，文末に置かれた分詞構文で，主文に対する補足説明。よって，and sometimes vanished entirely と考えて訳せばよい。vanish「消える」

生徒答案例1▶これらの性格の要素のうち，参加者の人生の×短い〔→比較的短い〕期間は安定したままであったものがある×一方〔→が〕，その×多く〔→大半〕は，気分の安定を除き，顕著に変化し，ときに完全に消えていた。〔2／5点〕

「言いたいこと」がわかっているだけに惜しい答案。

　　生徒答案例 2 ▶これらの性格のうちいくつかは参加者の人生のうちより短い期間変わらないままであったが，×場の雰囲気に対する耐性を除く［→気分の安定性を除き］ほとんどはかなり変化し，中には完全に消えるものまであった。
　　［2／5 点］

mood を「雰囲気」と解釈してしまっている。

　　生徒答案例 3 ▶これらの性格のいくつかは，その参加者の人生の×短期間を超えて［→比較的短い期間に］×残り続ける［→安定したままである］×一方［→が］，それらのほとんどは気分の落ち着きを除いては大きく変わっていて，時に完全に消えていた。［0／5 点］

　後半の出来が良いだけに前半で while，比較級，remain の語法などの基本事項への配慮を欠いてしまったことが非常に悔やまれる。

5

英文和訳

　(ア)　彼が言うには，時間は強い力を有しており，私たちの価値観や人間性や，音楽や行きたいと思う場所から友情に至るまでのすべてにおける好みを常に更新する力なのである，ということだ。

　(イ)　2012 年には，その同じ被験者の集団（1947 年の調査で当時 14 歳だった被験者 1,208 人）を探し出そうとする試みがなされ，見つかった者の中で 174 人が継続調査に協力することに同意した。

　(ウ)　これらの特徴の中には，被験者の人生の比較的短い期間に安定したままのものもあるが，その大半は，気分の安定性を除いて，著しく変化していて，時には完全に消えてしまった場合もある。

128　私の両親の教え

全訳

第1段落

　この前の7月，私はフレッドに会って，両親と夏を過ごすためにホノルルへ行った。私が両親と話したり会ったりすることは多くはないけれど，あるいはひょっとしたらそのために，私の両親と私は良好な関係にあるのだ。最近両親を訪れたのはこの前の7月で，それまで6年も会っていなかった。私はニューヨークに住んでいて，両親はハワイに住んでいる。そして，<u>ハワイ諸島まで行くにはある程度時間を割く必要がある</u>というのは事実ではあるが，実家から足が遠のいた本当の理由は，<u>私が行きたい場所が他にいくつかあったということである</u>。私の両親が私に授けてくれたすべての才能や強みの中で最も素晴らしいものの1つは，家を離れやりたいことをするのは子どもの義務であり，これを受け入れるだけではなく，それを奨励するのが親の義務であるという確信であった。私がホノルルの高校に通うため14歳で初めて親元を離れる時（当時は両親は東テキサスに住んでいたのだが），父は私に，子どもに何かを期待する親は，どんな親でも，<u>子どもが，自分の存在に負っている恩義にいつか報いてくれるかもしれない</u>と願って子育てをするのは愚かで身勝手であるから，必ず失望すると言った。そして父はこのことをそれ以来ずっと曲げなかった。

- ☐ *l.*2　even though, or perhaps because, S V「SはVだけれど，あるいはひょっとしたらSはVなことが原因で」
- ☐ *l.*3　frequently「頻繁に」
- ☐ *l.*5　the islands「ハワイ諸島」
- ☐ *l.*6　commitment「拘束」
- ☐ *l.*6　the real reason S V＝the real reason why S V
- ☐ *l.*6　other places I wanted to visit＝other places which I wanted to visit
- ☐ *l.*7　gift「才能」
- ☐ *l.*8　conviction「確信」
- ☐ *l.*11　expect *A* from *B*「*B* に *A* を期待する」
- ☐ *l.*12　be bound to *do*「必ず～する」
- ☐ *l.*13　raise ～「～を育てる」
- ☐ *l.*13　in the hope that S V「SがVすることを願って」
- ☐ *l.*13　pay back the debt of ～「～の恩義に報いる」
- ☐ *l.*13　*one's* existence「～の存在」

第2段落

　<u>この人生哲学によって，一般にペットの理想像だと考えられているものとは多くの点で食い違っているペットに対して両親が抱く愛情が説明できる</u>。私たちの中で生活の中に動物がいる者は，自分自身が彼らに期待を抱いていると思いたがらないが，期待を抱いているものだ。ペットからの忠誠や愛情を望んでいる。そしてこうしたことが私たちに理解できる方法で表現されることを望んでいる。しかし，フレッドは，こうしたことを一切提供してくれない。フレッドは彼なりのやり方で人

なつっこいが，飼い主のことが特に好きだなどと感じさせる生き物ではないのだ。

- □ *l*.15　philosophy「人生哲学，人生観」
- □ *l*.15　love for ～「～に対する愛情」
- □ *l*.15　in many ways「多くの点で」
- □ *l*.15　contradict ～「～と矛盾する」
- □ *l*.17　think of O as C「O を C だと考える」
- □ *l*.18　loyalty「忠誠」
- □ *l*.18　affection「愛情」

㋐

◆ while it is true that traveling to the islands requires a certain commitment of time「ハワイ諸島まで行くにはある程度時間を割く必要があるというのは事実ではあるが」

- ● while は〈譲歩〉を示す接続詞で「～であるが」と訳せばよい。while でつながれている 2 つの文が，内容面で対比の関係にはないので「～だが一方」という訳語は避けたい。
- ● it は that 以下を指す形式上の主語。
- ● traveling to the islands が that 節の主語。「ハワイ諸島の実家へ行く」の意味なので，travel は「旅行する」ではなく「行く」が適切。さらに the islands は，一般的な「島」ではなく，「その島」あるいは「ハワイ諸島」が適切。
- ● *A* require *B* は「*A* には *B* が必要だ」が定訳で，本文では「ハワイ諸島に行くには～が必要である」となる。
- ● a certain commitment of time「ある程度の時間の拘束」　commit の原義は「～を与える」であり，commit *oneself* to ～ なら「自らを～に与える」→「～に専念する」，commit a crime（to *oneself*）「犯罪を自らに送る」→「犯罪を犯す」，commit time（to *oneself*）「時間を自らに送る」→「時間を投入する」となる。ここでは「ある程度時間をかけること／ある程度の時間を投入すること／ある程度の時間を割くこと／ある程度の時間の拘束」などと訳せばよい。これはどのような単語についても言えることだが，commit ～ を「～を犯す」と一義的に覚えるのは危険。

◆ the real reason I stayed away is that there were other places I wanted to visit「実家から足が遠のいた本当の理由は，私が行きたい場所が他にいくつかあったということである」

- ● the real reason（why）I stayed away is の the real reason が主節の主語で，直後に関係副詞の why が省略されている。is が中心の動詞。stay away は「実家から足が遠のく，実家に寄りつかない」など。「実家」は明示しなくてもよい。

- that there were other places (which) I wanted to visit「私が行きたい場所が他にいくつかあったということ」 places の直後に関係代名詞 which（または that）が省略されている。places が複数形であるので「いくつか」を入れておくとよい。日本語は英語のように時制の一致を受けることはないので「私が行きたかった場所が他にいくつかあった」という訳は避けたい。また there were 〜「〜があった」の there は，there is〔are / was / were〕〜 という何かの存在を示す構文の一部で，訳さない。

生徒答案例 1 ▶ その島へ、旅をする［→行く］ことはある程度時間を必要とするというのは本当だが，私が、遠くで過ごした［→実家から離れていた，という意味が出ていない］本当の理由は他に訪れたかった場所があったからだ。[3／5点]

stay away は「実家から離れていた」の意味でとらえる。

生徒答案例 2 ▶ 島へ、旅をする［→行く］のは、確かに時間がかかる［certain の誤訳］というのは事実だが，私が、離れて住んでいた［→実家から足が遠のいていた］本当の理由は，、そこが［削除：there は意味を持たない］私が、訪れたかった他の場所である［→他にいくつか行きたい場所があった］からである。[0／5点]

certain の訳に注意。「ある程度の」の意味の形容詞で，certainly とは異なる。

筆者は両親に会いに行かない理由を述べているので，stay away は「離れて住む」ではなく「寄りつかない」などと訳すべき。there were 〜 は「〜があった」と訳すべきで，この there は意味を持たない。

(イ)

◆ it was foolish and selfish to raise children in the hope that …「…と願って子育てをするのは愚かで身勝手である」
- この部分は「父は〜と言った」という枠組みに入っているので，過去ではなく現在で訳した方が自然。
- it は形式上の主語で to 以下が真の主語。
- raise children は「子どもを育てる」の意味。
- in the hope that S V は「S が V することを願って」の意味の成句。

◆ they might someday pay back the debt of their existence「子どもが，自分の存在に負っている恩義にいつか報いてくれるかもしれない」
- この文章全体で「私の両親は，自分の子どもであれペットであれ何かの見返りを要求するのはよしとしなかった」ということなので，この部分が「子どもがいつか恩返しする」という意味だろうと推測するのが実力。
- someday は「（未来の）いつか」の意味。
- pay back 〜 は「（お金）を返す」が基本の意味だが，「〜に報いる」の意味にもなる。
- *one's* existence は「〜の存在，〜が存在すること」の意味。

- the debt of their existence は「自らの存在という恩義」が直訳。「自分の存在に負っている恩義」「今の自分がいることに対する恩義」などとすれば日本語が整う。さらに一歩進んで，「自分を産んで育ててくれたことに対する恩義」とすることも可能。

生徒答案例 1 ▶ 彼らはいつか ╳存在の負債を払い戻すかもしれないという願いで，子どもたちを育てるのはおろかで利己的だ。[1 / 5 点]

生徒答案例 2 ▶ ╳親が［英文にない語句を必要以上に補うべきではない］いつか ╳［訳抜け：of their existence を「自分が存在していることについて」などと訳すべき］恩返しをして ╳もらおう［might は意志ではなく推量や可能性を表している］と願って子どもを育てるのは馬鹿で自分勝手だ。[1 / 5 点]

　生徒答案例 1 は pay back the debt of their existence の部分の日本語が意味不明。生徒答案例 2 のように，debt は「恩」，pay back 〜 は「〜に報いる，〜を返す」と訳すべき。of their existence も「自分が存在することに対する」などとして，debt に自然につなげること。

(ウ)

◆ This philosophy explains their love for a pet that, in many ways, contradicts …
「この人生哲学によって，…と多くの点で食い違っているペットに対する両親の愛情が説明できる」

- philosophy は，「（学問としての）哲学」ではなく，「人生哲学，考え方，方針」などの意味。philosophy を一義的に「哲学」と覚えていて，それを訳語に当てはめるというのは稚拙。ただし日本語の「哲学」にも「人生哲学」の意味があるので×にはならないと思われる。また，「This の指すものを明確にして訳せ」という指示はないので This は「この」でよい。
- A explain B は「A は B を説明する」が直訳だが，「A によって B が説明できる」とすることもできる。
- their love for a pet は「私の両親のペットに対する愛情」の意味。their は「彼らの」で十分。
- that は，後続の文に主語がないことから，a pet を先行詞とする関係代名詞だとわかる。
- 訳出に際しては「この考え方は〜であるペットに対する彼らの愛情を説明している」とする以外に，「この考え方によって，彼らのペットに対する愛情を説明できるが，そのペットというのは〜」のように主節から関係詞節へ訳し下げることも可能。
- in many ways は「多くの点で」の意味。
- contradict 〜 は「〜と矛盾する，〜と合わない，〜と食い違っている」の意味。

5

英文和訳

◆ what we generally believe a pet should be 「一般にペットの理想像だと考えられているもの」

いわゆる連鎖関係代名詞節。be の補語が what として文頭に置かれている。「ペットがそうであるべきだと私たちが一般に信じているもの」が直訳。we は, they（ここでは「私の両親」）を意識して「我々」の意味。

> **生徒答案例1** ▶ この△哲学 [減点なし] は, 様々な点で人々が一般的に×[訳抜け→ペットとは] こうあるべきだと思うことに反しているペットへの愛情を説明している。[3/5点]

英文和訳である以上英文中にある語は省かないのが原則。

> **生徒答案例2** ▶ この△哲学 [減点なし] は×我々の一般的なペットへの愛情 [what節の構造がわかっていない] と彼らのペットに対する愛情×が多くの点で矛盾しているということを [関係代名詞 that を見落としている間違い] 説明している。[0/5点]

関係代名詞 that を見落とし explain S V の形でとらえているが, 正しくは explain O である。「…と多くの点で矛盾するペットへの彼らの愛情を説明している」と訳すべき。what 節は「我々が一般的にペットはこうあるべきだと考えるもの」のように訳す。

(ア) ハワイ諸島まで行くにはある程度時間を割く必要があるというのは事実ではあるが, 実家から足が遠のいた本当の理由は, 私が行きたい場所が他にいくつかあったということである。

(イ) 子どもが, 自分の存在に負っている恩義にいつか報いてくれるかもしれないと願って子育てをするのは愚かで身勝手である。

(ウ) この人生哲学によって, 一般にペットの理想像だと考えられているものとは多くの点で食い違っているペットに対して両親が抱く愛情が説明できる。

2018 年度 4—(B)

129 鳥類の知的能力

全訳

第1段落

　鳥類は，1つの綱として1億年以上前から存在しており，自然界で大成功を収めた種の1つである。少なくとも一部の点において私たち人間の知性をはるかに凌駕しているように思われる独自の種類の知能を使って，生き残るための新たな戦略を編み出してきた。

- ☐ *l.*1　a class「綱（こう）」 ※生物分類上の1つの階級。目<綱<門
- ☐ *l.*1　be around「存在している」
- ☐ *l.*3　distinctive「他とまったく異なった」
- ☐ *l.*3　brand「種類」 *e.g.* The comedy actor has long been famous for his strange brand of humor.「そのコメディアンはちょっと変わった面白さで昔から有名だった」
- ☐ *l.*3　in some respects「一部の点で」
- ☐ *l.*4　exceed ～「～を超える」

第2段落

　霧に包まれた太古の昔のある時期に，すべての鳥類の共通の祖先が暮らしていた。今ではおよそ 10,400 種類にもおよぶ異なった鳥がいるが，これは哺乳類の2倍以上の数である。1990 年代の終わりごろに，科学者たちは地球上の野生の鳥類の総個体数を推定した。彼らが出した答えは，2,000 億から 4,000 億もの個体数がいるというものであった。㋐その数は，人間1人あたり，およそ 30 羽から 60 羽の生きた鳥がいるということになる。人間の方が成功しているとか進んでいると言うことは，実際はこれらの言葉をどのように定義するかで決まる。そもそも，進化の本質は進歩ではない。その本質は生き残ることなのだ。進化の本質は，自らの環境が抱える問題を解決するだけの能力を身につけることにあり，これは鳥類はるか昔から驚くほど上手くこなしてきたことなのだ。㋑私の考えでは，このために一層驚くべきことになるのは，鳥が私たちには想像もつかない点において頭が良いかもしれないという考えを，私たちの多くが受け入れ難いと思ってきたことである。

- ☐ *l.*5　in the mists of deep time「深い時間のもやの中で」（直訳）
- ☐ *l.*5　… lived the ～. は〈副詞句＋V S〉の倒置形。
- ☐ *l.*6　some＋数字「およそ～」 ※多いことを含意。
- ☐ *l.*6　double＋名詞「～の2倍」
- ☐ *l.*7　estimate ～「～を推定する」
- ☐ *l.*8　on the planet「惑星上の」→「地球上の」
- ☐ *l.*9　roughly「およそ」
- ☐ *l.*9　live［laiv］「生きた」 ※形容詞であることに注意。
- ☐ *l.*9　per person「人間1人につき」
- ☐ *l.*10　advanced「進歩した」
- ☐ *l.*10　term「（1語あるいは2語以上の）言葉」
- ☐ *l.*10　after all「（通例文頭に置かれて，前文に対する補足理由を示して）そもそも」

5

英文和訳

- □ *l*.10　*A* is about *B*. 「*A* の本質は *B* だ」
- □ *l*.12　something … long time　※learning to … environment と同格の関係。
- □ *l*.13　to my mind 「私の考えでは」
- □ *l*.13　makes it all the more surprising that S V 「S が V するのを一層驚くものにする」　※all は強調の副詞。

第3段落

　鳥は学習する。鳥は新たに出会った問題を解決し、以前からある問題に対しても新たな解決策を見出す。鳥は道具を作り、使用する。鳥は数を数える。鳥は互いの行動を模倣する。鳥は自分がどこに物を置いたかを覚えている。(ウ)鳥の知力が私たち自身の複雑な思考に完全には匹敵するものでも類似するものでもないとしても、鳥の知力にはそうしたものの萌芽が含まれていることが多い。その一例が洞察力であり、それは試行錯誤による学習などしなくても完全な解決策が突然思い浮かぶこととして定義されてきたものである。

- □ *l*.16　novel 「新奇な」
- □ *l*.16　ones　※problems の繰り返しを避ける代名詞。
- □ *l*.17　count 「数を数える」
- □ *l*.18　mental power 「知力、思考力」　※「精神力」ではない。
- □ *l*.18　not quite 「必ずしも〜ない」「完全には〜ない」　※部分否定。
- □ *l*.19　match 〜 「〜に匹敵する」
- □ *l*.19　mirror 〜 「〜を映す」
- □ *l*.19　the seeds of it 「それの元になるもの」　※「それの種」も可。
- □ *l*.20　insight 「洞察力」　※ここでは原義の「深く理解すること」という訳語は避ける。
- □ *l*.20　emergence of 〜 「〜の出現（すること）、萌芽」
- □ *l*.21　complete 「完全な」　※「完璧な（＝perfect）」ではない。
- □ *l*.21　trial-and-error learning 「試行錯誤を通じた学習」

(ア)

That's roughly 30 to 60 live birds per person. 「その数は、人間1人あたり、およそ30羽から60羽の生きた鳥がいるということになる」

　「それは1人の人間につき約30から60の生きた鳥である」が直訳。That が指すのは直前の文にある、「地球上には総数2,000億羽から4,000億羽の鳥がいるということ」である。当該文では、これをわかりやすくするために、その数を人間1人に対して何羽になるかを示している。よって、「それは人間1人あたり…ということになる〔ということである〕」などとするのがよい。また「約30から60の生きた鳥」も「約30羽から60羽の生きた鳥がいる」などと自然な日本語になるような工夫が欲しい。

　生徒答案例▶それは1人あたりおよそ30から60ₓ匹 [→羽] のₓ鳥が生きている [→生きた鳥がいる] ということである。[3／5点]

live が形容詞であることが理解できていないようである。「鳥が生きている」の
も「生きた鳥がいる」のも結果的に同じだから点がもらえるはずという考えはいた
だけない。ここは鳥の数を人間1人あたりに換算している記述なので，そのことが
わかるように訳すべき。細かい所であるが鳥の単位は「羽」にした方がよい。

(イ)

◆ This, …, makes it all the more surprising that S V.「これはSがVするのを一層
驚くべきものにする」

● 全体は This(S), …, makes(V) it(O) all the more surprising(C) の構造。This
は「進化の本質とは自分がいる環境が抱える問題を解決するだけの能力を身に
つけることにあり，これは鳥類がはるか昔から驚くほど上手くこなしてきたと
いうこと」を指すが，「this の指すものを具体化して訳せ」という指示はない
ので「これ」とする。

● it は形式上の目的語で，後続の that 節の内容を受けている。〈all the ＋比較級〉
は「（ある理由があって）その分だけ一層…」の意味。2013 年度大問 5 の小説
でも出題されている。無生物主語の構造なので，主語を副詞的に処理して「こ
のためSがVするのが一層驚くべきものになる」とすると自然な日本語になる。

◆ to my mind「私の考えでは」

This, …, makes it … を修飾する副詞句。to one's mind で「〜の考えでは」の
意味の成句。たとえそれを知らなくても，文脈からそのような意味だと推測する
のが学力。

◆ that many of us have found it hard「私たちの多くがそれを難しいと思ってきた
こと」

it はこのあとに続く to swallow … を受ける形式目的語。

◆ to swallow the idea「その考えを受け入れること」

swallow 〜「〜を飲み込む」は，日本語でも「コツを飲み込む」＝「コツを理解
する」のように使われるのと同様で，「受け入れる，信じる」の意味でも使われ
る。

◆ that birds may be bright in ways we can't imagine「鳥が私たちには想像もつか
ない点において頭が良いかもしれない（という考え）」

この that 節は直前の the idea と同格の関係にある。in ways は「（〜の）点で」
の意味。we の前には目的格の関係代名詞 that / which が省略されている。なお
bright は「（光が）明るい，（未来が）明るい，（表情や声などが）明るい」には
使うが，「（性格が）明るい」＝「陽気な」の意味では使わない。ここでは「賢い，
利口な」の意味。

生徒答案例▶ ×私にとって［→私の考えでは］，私たちの多くが，私たちが想像で
きない×方法［→点］で，鳥は賢いかもしれないという考えを受け入れるの

5

英文和訳

を難しく感じてきたことを，これはなお一層驚くべきものにしている。[3/5点]

　wayはよく問題に登場するので用法をしっかり辞書で確認しておくこと。欲を言えば主述関係の処理をもう少し考えて訳した方がよいだろう。

(ウ)
─────────────────────────────────────

◆ Even when their mental powers don't quite match or mirror our own complex thinking「鳥の知力が私たち自身の複雑な思考に完全には匹敵するものでも類似するものでもない場合さえ」

- ●mental powerは「知力」の意味。これは下線部(イ)のbright「賢い」もヒントになるだろう。「精神力」と訳すと「根性」などの意味になる可能性があるので避ける。

- ●not quiteは部分否定を表し「完全には〜ではない」の意味。not *A* or *B*は「*A*も*B*も〜ない」の意味。

- ●match〜は「〜に匹敵する」，mirror〜は「〜に類似している」の意味（*e.g.* Beth's smile mirrored that of her daughter.「ベスの笑みは娘の笑みによく似ている」）。our own complex thinkingは，これら2つの動詞の共通の目的語。

- ●even when〜は「〜する時でも」と時間の意味を強く出すと，時によって鳥類の知的能力が変化するかのように響くので，「〜する場合でも」，あるいは「〜するとしても」などとするのが適切。

◆ they often contain the seeds of it「鳥の知力にはそうしたものの萌芽が含まれていることが多い」

- ●theyはtheir mental powersを受ける代名詞。itはour own complex thinkingを受ける代名詞。「指示語の内容を明らかにして訳せ」という指示はないものの，訳したときに代名詞が連続するとわかりにくいので，theyは「鳥の知力」と改めて述べる方がよいだろう。

- ●often「しばしば，〜であることが多い」

- ●itは「それ」でも十分だが，the seeds ofへの続き方を考えて，「そうしたもの」とすることもできる。

- ●seedは「種，元になるもの」の意味。「種」は，日本語でも「元になるもの」の意味でも使うので，そのままでもよいが，「元（となるもの），萌芽」などとしてもよい。

◆ insight, for instance, which has been defined as the sudden emergence of a complete solution without trial-and-error learning「たとえば，試行錯誤による学習などしなくても，完全な解決策が突然思い浮かぶこととして定義されてきた洞察（力）」

- ●「複雑な思考の種」の一例を述べた箇所。for instanceが先行詞（insight）と

関係代名詞節（which …）の間に挿入されていることに注意。

● define A as B「A を B と定義する」が受動態になり現在完了で使われているので、「〜と定義されてきた洞察（力)」となる。

● the sudden emergence of 〜 は 〜 suddenly emerges を名詞化した形なので「〜が突然出現する，〜が突然浮かぶ」などと訳すことも可能。

● a complete solution は「完全な解決策」。complete「完全な，欠けた部分がない」と perfect「完璧な」を混同しないように気をつけたい。

● without trial-and-error learning は前の the sudden … solution を修飾する形容詞句だが，emergence を動詞的に訳すなら，この部分も副詞句のように処理し，「試行錯誤学習なしに」「試行錯誤による学習などしなくても」とすることもできる。

生徒答案例▶ ×彼らの精神力 [→鳥の知力] は，私たち自身の複雑な思考×と完全に匹敵していないか，あるいは似ていない [→に完全に匹敵するものでも類似するものでもない] ×時でさえ [→場合でさえ]，鳥の知力にはそれの種が含まれていることが多い。例えば，試行錯誤による学習なしに完全な解決策が突然出現することと定義されてきた洞察力である。[2／5点]

not A or B「A も B も〜ない」がわかっていない。

(ア) その数は，人間 1 人あたり，およそ 30 羽から 60 羽の生きた鳥がいるということになる。

(イ) 私の考えでは，このために一層驚くべきことになるのは，鳥が私たちには想像もつかない点において頭が良いかもしれないという考えを，私たちの多くが受け入れ難いと思ってきたことである。

(ウ) 鳥の知力が私たち自身の複雑な思考に完全には匹敵するものでも類似するものでもないとしても，鳥の知力にはそうしたものの萌芽が含まれていることが多い。その一例が洞察力であり，それは試行錯誤による学習などしなくても完全な解決策が突然思い浮かぶこととして定義されてきたものである。

130　独りと孤独の違い

全訳

第1段落

　一人で過ごせる能力はどのようにして育まれ得るのであろうか？　それは（親が子どもに）気を配り，敬意に満ちた会話をすることによってである。

- [ ] *l*.1　solitude「独り（でいること），孤高」　※独りでいることを楽しんでいる状態。

第2段落

　子どもが一人で過ごせる能力を育むのは，自分に注意を向けてくれる人がそばにいてくれる場合である。ある母親が2歳の娘をお風呂に入れている場面を想像してみよう。母親が娘にお風呂のおもちゃを用いて自由に空想させ，娘はお話を作り，一人で色々なことを考えるようになる。しかもその間ずっと，母親が自分のそばにいて，何か用があればすぐに応えてくれるとわかっているのだ。娘がお風呂に一人で入るようになると，それは徐々にその子が空想を巡らせる快適な時間となる。寄り添うことが孤高を可能にするのだ。

- [ ] *l*.3　in the presence of ~「~がいるところで」
- [ ] *l*.3　attentive「注意を払う」
- [ ] *l*.5　daydream「空想にふける」
- [ ] *l*.5　be alone with *one's* thoughts「一人で物思いにふける」
- [ ] *l*.6　available「利用できる」　※本文は「母が自分にとって利用可能である」が直訳だが，それを意訳して訳例のようにしていることに注意。
- [ ] *l*.8　attachment「愛情をもってそばに寄り添うこと」

第3段落

　ある哲学者が次のように見事に述べている。「言語は…『孤独（loneliness）』という言葉を生み出すことによって，一人でいることの苦しみを表現した。そして『独り（solitude）』という言葉を生み出すことによって，一人でいることの素晴らしさを表現した」　(ア)孤独とは感情面において，さらには肉体面においても辛いことであり，それは，幼少時，つまり最も温もりが必要な時に，温もりに触れていないことから生じるものである。孤高は，一人でいることに満足し，前向きな気持ちでいられる能力だが，まさにその幼少時に良好な人間関係に置かれることから生み出される。しかし，もし孤高を扱う経験をしたことがなければ――そしてこれは今日当てはまることが多いのであるが――私たちは孤独と孤高を同一だと見なし始める。これは私たち現代人の（孤高の）経験が乏しいことを反映したものである。もし孤高によって得られる満足を知らないとするなら，孤独の恐怖を知っているだけにすぎない。

- [ ] *l*.9　formulation「公式，明確な記述」
- [ ] *l*.11　glory＝the importance, honour, and praise that people give someone they admire a lot（『ロングマン現代英英辞典』）

□ *l*.12 painful「辛い」
□ *l*.12 born … ※loneliness を主語とする文末に置かれた分詞構文。
□ *l*.13 constructively「建設的に」
□ *l*.15 experience with ～「～を扱った経験」

第4段落

　先頃，ボストンからニューヨークまで向かう列車の中で，コンピュータを使って仕事をしていると，列車が壮大な雪景色の場所を通過した。_(イ)私がコーヒーを買いに行く途中にたまたま外を見ることがなかったら，列車がこうした見事な雪景色の中を通過していることを知らなかったであろう。その時，車内の他のどの大人もコンピュータをじっと眺めていることに気がついた。_(ウ)私たちは，独りでいることの恩恵を自らに与えることはない。なぜなら，独りでいるのに必要な時間を，もっと有効に活用すべき資源だと思っているからである。最近，私たちは，物を考える（あるいは考えない）ために一人で時間を使わないで，その時間をなんらかのデジタル機器と繋がっていることに忙しく使っているのだ。

□ *l*.18 on *one's* computer「コンピュータで」
□ *l*.19 pass through ～「～を通る」
□ *l*.19 magnificent「壮大な」 ※magni-「大きい」+-fic-「作る」
□ *l*.20 but for ～「（仮定法で）～がなければ」
□ *l*.22 deny *A* *B*「*A*（人）に *B* を与えない」
□ *l*.23 profitably「有益に」

㋐ ────────────────────────────

◆Loneliness is emotionally and even physically painful「孤独とは感情面において，さらには肉体面においても辛いことである」

　emotionally と physically は共に painful を修飾する副詞。even「～さえも」は physically を修飾している。

◆born from a lack of warmth「温もりが欠けていたことから生じるものである」
　●主文の loneliness を主語とする，文末に置かれた分詞構文。be born from ～「～から生まれる」を分詞構文 being born from ～ にして，さらに being を省いた形。文末に置かれた分詞構文は，通例前文の補足説明・補足理由となっているので，左から右へと訳すのが適切。
　●本文での warmth は，第2段落の幼い娘を見守る母親の様子から推測できるように，「優しさのこもった，子どもを包み込み，安心させるような愛情」といったものであろう。それを踏まえて「温かい思いやり，温もり」などの訳が適切。よって a lack of warmth は「（親などからの）温もり・優しさに触れていないこと」の意味。

◆in early childhood, when we need it most「幼少時，つまり最も温もりが必要な時に」

in early childhood は，a lack of warmth を修飾する形容詞句。when we need it most は，in early childhood を説明する関係副詞節と考え「最も温もりを必要とする幼少時」と訳すこともできるし，in early childhood を具体的に言い換えたと考え「幼少時，つまり最も温もりを必要としている時に」と訳すことも可能。いずれにしても it は warmth を指す代名詞。it の意味するものを明らかにして訳すことが条件だから，it を「それ」としてはいけない。

生徒答案例▶孤独は，温かさ［減点なし］を最も必要とする幼少期に，温かさが不足することから生まれる，感情的で×肉体的な［→さらに肉体的においてでさえ（even の訳抜け）］痛みである。[4 / 5 点]

訳を書きあげたら，訳し忘れた単語がないかチェックすること。

(イ)

◆ I wouldn't have known this「列車がこうした見事な雪景色の中を通過していることを私は知らなかったであろう」

仮定法過去完了。this は，これから述べることを指す用法もあるが，ここでは直前にある we passed through a magnificent snowy landscape「私たち（＝列車の乗客全員）がこうした見事な雪景色の中を通過していたこと」を受けていると解釈するのが適切。訳文の主語は「私たち」より「列車」とした方が自然な日本語になる。なお it はその前にある「単数形の名詞」を指すことが多いが，this はその前にある文（あるいはその一部）を指すことに注意したい。

◆ but for the fact that …「…ということがなかったら」

but for ～ は，if it were not for ～ あるいは if it had not been for ～「～がなければ」と同義で，ここでは後者。but は昔〈if＋not〉の意味を持っていて，but for ～ は but it were〔it had been〕for ～ という熟語から it were〔it had been〕が脱落してできた熟語。the fact と that … は同格の関係になっていて，直訳すると「…という事実（がなければ）」となるが，単に「…ということがなければ」とした方が自然な日本語になる。

◆ I happened to look outside on my way to get a coffee「コーヒーを買いに行く途中にたまたま外を見た」

happen to do は「たまたま～する」，look outside は「（列車の）外を見る」の意味。on my way to get a coffee「コーヒーを買いに行く途中で」は，look outside を修飾する副詞句。get は文脈を考えて「～を買う」とするのが自然。

生徒答案例▶コーヒーを×取りに［減点なし］行く途中に偶然外を見たということがないならば，私は×外が雪景色だということ［→列車が見事な雪景色の中を通過していること］を知っていなかっただろう。[3 / 5 点]

this の指すものを「何となく」書くのではなくて，きちんと訳す必要がある。

(ウ)
◆ We deny ourselves the benefits of solitude「私たちは自分に，独りでいること
の恩恵を与えない」

　　deny *A B* は「*A* に *B* を与えない」という意味。一般に，SVOO の V は「与え
る」もしくは「与えない」の意味になる。the benefits of solitude は「独りでい
ること〔孤高〕の恩恵〔利益〕」。solitude は「独りでいることを楽しんでいる状
態」を意味する肯定的な意味合いの語。よって「孤独」という訳語は不可。

◆ because we see the time it requires as …「なぜなら私たちは独りでいるために
必要な時間を…だと考えているからである」

　　see *A* as *B* は「*A* を *B* であると考える〔見なす〕」という意味。the time it
requires は，the time that〔which〕it requires から that〔which〕が省略された
形で，it は solitude を指す代名詞。直訳は「独りでいることが要求する時間」だ
が，自然な日本語にすれば「独りでいるために必要な時間」となる。なお，先に
We … solitude の部分を訳して，その後 because … の部分を訳した方が自然な
流れになるが，because … を先に訳しても間違いではない。

◆ a resource to use more profitably「より有益に使うべき資源」

　　to use more profitably は，a resource を修飾する to 不定詞の形容詞的用法。

　生徒答案例▶私たちは，それが［→独りでいることが］必要とするその［→訳出不
　要］時間を，より利益的に用いる資源［→より有益に用いるべき資源］とみなす
　ので，私たちは私たち自身，［→自分に］疎独［→孤独（漢字の間違い）］の利
　点を否定するのだ［→与えないのだ］。［0／5 点］

　because 以下から訳したため，it「それ」が何を指すのかわからない状態になっ
ているところが問題。英語の語順通りに訳さない場合は代名詞の訳し方に注意する
必要がある。また deny が SVO$_1$O$_2$ の形で使われる場合「O$_1$ に O$_2$ を与えない」と
いう意味になる。

5
英文和訳

(ア)　孤独とは感情面において，さらには肉体面においても辛いことであり，それ
は，幼少時，つまり最も温もりが必要な時に，温もりに触れていないことから
生じるものである。

(イ)　私がコーヒーを買いに行く途中にたまたま外を見ることがなかったら，列車
がこうした見事な雪景色の中を通過していることを知らなかったであろう。

(ウ)　私たちは，独りでいることの恩恵を自らに与えることはない。なぜなら，独
りでいるのに必要な時間を，もっと有効に活用すべき資源だと思っているから
である。

131 アフガニスタンのニュース報道

全訳

第1段落

　1990 年代のアフガニスタンからの報道は，過激武装集団によって破壊された廃墟を映したものだけになるという傾向にあった。そのような映像だけに偏ってしまわないように，平凡な日常生活が詳しく述べられることはまずなかった。戦争状態にある国を描写する報道陣は，とりわけ危険な場所に皆で滞在し，その一部の場所で生じている出来事についてしか報道しない傾向にある。(ア)カブールでは，現地を訪れているテレビの取材班は必ず，その都市で最も被害の大きい地区に連れて行ってくれるように頼んだ。ある一人のリポーターは，カブールは「90 ％破壊された」とまで説明した。

- □ *l*.1　report「報道」
- □ *l*.1　portray ～「～を描く」　※a portrait「肖像（画）」
- □ *l*.1　little more than ～（＝no more than ～）「～にすぎない」
- □ *l*.1　a ruined place「荒廃した場所」　※ruin は destroy の硬い言い方。
- □ *l*.2　extremist「過激派」
- □ *l*.2　rarely「めったに～ない」
- □ *l*.3　balance ～「～を釣り合わす」
- □ *l*.3　insight into ～「～に対する洞察，～を理解すること」
- □ *l*.4　stay together は，ここでは，手分けして各地に取材に行くべきなのにそんなことをせずに「一カ所にかたまっている」ということ。
- □ *l*.5　isolated「単独の，（事件などが）1 回きりの」
- □ *l*.5　Kabul「カブール」　※アフガニスタンの首都。the Kabul なら「カブール川」。
- □ *l*.5　invariably「いつも決まって」　※in-〈否定〉＋vary「様々である」
- □ *l*.5　ask to *do*「～するように頼む」　※ask *A*＋if ～／疑問詞節「*A*（人）に～を尋ねる」と区別すること。
- □ *l*.6　take *A* to *B*「*A*（人）を *B* まで連れて行く」

第2段落

　戦争によって事態は複雑になる。戦争には，恐ろしいほどの魅力があり，そのためそれほど劇的ではないニュースが軽く扱われる傾向にある。紛争は，よく知られているように，正確に伝えるのが難しい。戦闘は散発的に行われる。そして現代の紛争は，紛争そのものが予測不可能な独自の意志を持っているかのようにどんどん推移していく。主要な戦いは一夜で終わり，辺りの風景に吸収されてしまう。(イ)いわゆる交戦地帯ですら，必ずしも危険な場所ではなく，戦争が大半の報道が示唆しているほど国土全域にわたるものであることなどめったにない。

- □ *l*.8　complicate ～「～を複雑にする」
- □ *l*.8　There is *A* to *B*.「*B* には *A* がある」　※to は〈所属〉を表す前置詞。
- □ *l*.8　fascination「魅力」
- □ *l*.9　overshadow ～「～に影をおとす，～を見劣りさせる」
  　　　＝make someone or something seem less important

□ *l.* 9　conflict「紛争，戦い」

□ *l.* 9　notoriously「悪名高く」

□ *l.* 10　come and go「現れたりなくなったりする」

□ *l.* 10　with a will of *one's* own「自らの意志を持って」

□ *l.* 11　unpredictable「予測できない」

□ *l.* 11　key「（形容詞的に）主要な」　※本来は名詞。

□ *l.* 11　overnight「一夜にして」

□ *l.* 11　be absorbed into ～「～に吸収される」

□ *l.* 12　so-called ～「いわゆる～」

□ *l.* 12　a war zone「交戦地帯」

□ *l.* 12　not necessarily「必ずしも～ない」　※not always と同意だが堅い
　　　　表現だと考えてよい。

□ *l.* 13　seldom「めったに～ない」　※rarely よりやや硬い言い方。

□ *l.* 13　comprehensive「包括的な」　※本文では「全域にわたる，広範囲
　　　　におよぶ」の意味。

□ *l.* 13　the majority of ～「大多数の～，大半の～」

□ *l.* 13　suggest ～「～を示唆する」

第3段落

　しかし，そうした場所を説明するにはもっと大きな困難がある。アフガニスタン
は，部外者にとっては割れた鏡のようなものであって，それを観察する者の見方に
応じて像が広くなったり狭くなったりした。_(ウ)平時でさえ，アフガニスタンが部外
者に開かれていたのはほんの短い期間のみ，つまり 1960 年代から 1970 年代までの，
今では忘れられた一時期だけだった。アフガニスタンは単一国家であったことは一
度もなく，様々な種族や文化――それぞれが独自の大切な習慣や言語や世界観を
持った――が，歴史的に見てあり得ないほど混じりあった国であった。

□ *l.* 14　an obstacle to ～「～に対する障害」

□ *l.* 15　yield ～「～を出す」　※本文では文末に置かれた分詞構文。

□ *l.* 16　gaze「熟視，注視」

□ *l.* 16　be open to ～「～に開かれている」

□ *l.* 17　a forgotten period from the 1960s until the 1970s は only a brief
　　　　interval と同格の関係。　※アフガニスタンで 1933 年から 1973 年
　　　　まで王位についていたムハンマド＝ザーヒル＝シャーは，1960 年代
　　　　に立憲君主制を導入して，出版や政党設立の自由を保障するといっ
　　　　た，民主化を進めた。

□ *l.* 18　improbable「起こり得ない，信じがたい」

□ *l.* 18　race「種族」

□ *l.* 18　each with … は and each of them is with … の分詞構文。

□ *l.* 19　treasure「宝物，貴重品」

（ア）

◆ In Kabul, visiting television crews invariably asked … 「カブールでは，その地を訪れているテレビ取材班は必ず，…を依頼した」

- In Kabul は asked を修飾する副詞句で「カブールの」という形容詞句ではない。visiting は，「訪問中の」という意味の形容詞化した分詞で，television crews を修飾している。visiting 〜 を動名詞と考え「テレビクルーを訪れる」などと誤記した場合，それだけで下線部全体を 0 点とされるかもしれない。

- television crews は「テレビクルー，テレビのスタッフ」など様々な訳語が考えられる。ただし，「テレビの記者」「テレビのカメラマン」などの一部のスタッフを指すような訳語は不可。なお，crew は「（集合的に）乗組員，一団」の意味であり，普通複数形にはしないが，ここでは複数形にすることで「様々な取材班が訪れていた」ことを示唆している。

- invariably は「いつも決まって，例外なく」の意味の副詞。in-〈否定〉＋vari（＝vary「様々である」）→「様々ではなく」→「いつも同じで」となる。

- asked は，ここだけ見れば過去形か過去分詞形かがわからないが，後続に文の中心となるべき動詞がないことから，過去形だとわかる。ask to *do* で「〜するように依頼する」の意味。

◆ to be taken to the worst-hit parts of the city 「その都市の最も被害が大きい地域へ連れて行ってくれるように」

- take *A* to *B*「*A* を *B* に連れて行く」が受動態として使われている。受動態を意識して「〜へ連れて行かれるように」と訳すと不自然なので，「連れて行ってくれるように」とする。

- worst-hit の worst は badly「ひどく」の最上級で「最もひどく」の意味。よって worst-hit で「最もひどく攻撃された」→「最も被害が大きい」となる。

- parts は「地域，地区」の意味。the city はカブールを指すが「その都市」で十分。parts を無視した「最も被害が大きな都市」などの訳語は不可。

> 生徒答案例▶ ×カブル［→カブール］では，テレビ局員のもとを訪れ［→現地を訪れている取材班は］，×尋ねると，［削除］街の最も被害の大きい地域×に連れて行かれた［→へ連れて行ってくれるように頼んだ］。[0 / 5 点]

大枠となる television crews asked to *do* が把握できていないからまず点がもらえない。さらに visiting と television crews の修飾関係がわかっていないこと，invariably が訳出されていないこと，などが問題。

（イ）

◆ Even a so-called war zone is not necessarily a dangerous place 「いわゆる交戦地帯ですら，必ずしも危険な場所ではない」

so-called は「世間がよく言う，いわゆる」の意味なので war zone は熟語的な

訳が望ましい。war zone は「交戦地帯」以外にも「戦闘地帯，戦争地域」などの訳語も考えられる。not necessarily は部分否定で「必ずしも〜ない」の意味。

◆ : seldom is a war as comprehensive as the majority of reports suggest「戦争が大半の報道が示唆しているほど全域にわたるものであることはめったにない」

- コロン（：）は，コロン以下の文が，コロンの前の文を具体化していることを示す働き。訳は必要ないが，「つまり」などの訳語をあててもいいだろう。否定的副詞の seldom が強意のため文頭に置かれている。この場合，うしろは義務的に疑問文の形式の倒置形になる。元の語順は A war is seldom as comprehensive as ….である。この構造を無視して as comprehensive … が war zone を修飾しているような訳をするのは不可。

- comprehensive は，comprehend 〜「〜を包括的につかむ」の形容詞形の 1 つで「包括的」に重点が置かれた語。よって「包括的な」が定訳。ただし本文では「国全体を包括するような」の意味なので「全体にわたる，広範囲にわたる」というような訳語が望ましい。comprehend の「つかむ」に重点が置かれた形容詞 comprehensible「理解可能な」との混同は大きな失点となろう。

- as … as the majority of reports suggest は「報道の大部分が示唆しているほど…」の意味。as comprehensive as S suggest that it is comprehensive が元の形で，下線部が省略されている。「報道の大部分が示唆しているように…」という訳語では as … as の意味が出てこないので不可。なお the majority of reports は「大部分の報道」という訳語でも可。ただし「多く」という訳語は避けたい。なお，この文の suggest は，「暗に〜をほのめかしている，〜を示唆している」の意味で，「〜を提案する」の意味ではない。

生徒答案例▶いわゆる戦争区域でさえ必ずしも危険な場所であるとは限らず，報告の大部分が示すほど ╳ひどい［→広域にわたる］戦争であることはめったにない。[1 / 5 点]

「ひどい」は，方向性としては悪くないが，この文全体の「戦争は局地的に行われる」がわかっていないので，大きく減点されると思われる。

(ウ) ―――――

◆ Even in peacetime Afghanistan had been open to outsiders for only a brief interval「平時でさえ，アフガニスタンが部外者に開かれていたのはほんの短い期間であった」

- peacetime は「平時（の）」の意味で，反意語は wartime「戦時（の）」。

- be open to 〜 は「〜に開かれている」の意味。*e.g.* The seminar was free and open to the public.「そのセミナーは無料で一般公開されていた」

- outsiders は「外部の人間，部外者，よそ者」の意味。ここでは外国人を意味するので「外国人」も可。

● for only a brief interval は「ほんの短い合間の時間のみ」の意味。「(〜に開か
れていたのは)ほんの短い期間のみであった」と訳してもいいし,only を否
定的に訳し「ほんの短い期間しか(開かれて)いなかった」としてもよい。本
文の interval は「閉鎖的な期間と閉鎖的な期間に挟まれた(開かれた)合間」
の意味だが,訳語は「期間,時間」などで問題ない。

◆ a forgotten period from the 1960s until the 1970s「1960 年代から 1970 年代ま
での,今では忘れられた一時期」

only a brief interval と同格の関係にある。アフガニスタンは 1978 年以降,ソ
連のアフガン侵攻や内戦など紛争続きなので,遠い昔となった平時を「忘れられ
た期間」と表現している。

▎ **生徒答案例▶** ×平和な時のアフガニスタンさえ [→平時でさえ,アフガニスタンは],
1960 年代から 1970 年代にかけての忘れられた,×短い期間にしか [→期間であ
る,ほんの短い間しか],外国に,×情報を明らかにしませんでした [→は開放され
ていなかった]。[0 / 5 点]

only a brief interval と a forgotten period … との同格関係の訳がまずい。その他
訳語の選択に問題がある。

㋐ カブールでは,現地を訪れているテレビの取材班は必ず,その都市で最も被
害の大きい地区に連れて行ってくれるように頼んだ。

㋑ いわゆる交戦地帯ですら,必ずしも危険な場所ではなく,戦争が大半の報道
が示唆しているほど国土全域にわたるものであることなどめったにない。

㋒ 平時でさえ,アフガニスタンが部外者に開かれていたのはほんの短い期間の
み,つまり 1960 年代から 1970 年代までの,今では忘れられた一時期だけだっ
た。

132 時代に翻弄されたナバホ語

全訳

第1段落

　ユージーン=クロフォードは，ナバホ族，つまりアメリカ先住民の一員である。彼は，自分と友人たちが新兵としてアメリカ軍に参加した日のことを忘れることができない。キャンプ・エリオットに到着するとすぐ，彼らはある教室に連れて行かれたが，その教室を見て，彼は子どもの頃に寄宿学校で入った教室のことを思い出した。その記憶は楽しいなどというものからほど遠いものであった。(ア)彼がナバホ語をしゃべっているところを見つかったとき，教師たちから不快な茶色の石鹸を使って口をすすぐよう強要されたことがあったが，もう少しでその時の石鹸の味がしそうなほどだった。彼のそうした回想は，教室のドアが突然開き，一人の将校が入って来たときに途切れた。新兵たちは気をつけの姿勢をとった。「休め，諸君。座りたまえ」

- □ *l.* 2　recruit *A* for *B*「（新人として）*A*（人）を *B* に新しく入れる，勧誘する」
- □ *l.* 2　upon arrival「到着するとすぐに」 ※upon は「時間的な接触」を意味する。
- □ *l.* 3　the ones＝the classrooms
- □ *l.* 4　boarding school「寄宿学校」
- □ *l.* 6　wash *A* out「*A* の中を洗う，*A* をすすぐ」
- □ *l.* 8　stand to attention「気をつけの姿勢をとる」

第2段落

　彼らがその建物に入ってほんの1時間で，彼らの人生は永遠に変わってしまった。そしてその出来事によって受けたショックを，彼らは今日に至るまで引きずっている。彼らには軍がどのような計画で彼らを新兵として採用したのかをまったく想像もできなかったはずだ。もし事前に知っていたら，それほどの熱意を持って軍に参加することなどなかったかもしれないと考える者もいた。ナバホ語が秘密文書の暗号として選ばれていたのだ。なぜなら，ナバホ語は，ナバホ族でなければ一言も理解できないような言語だったからだ。ナバホ語は複雑な言語で，発音のわずかな違いで伝達内容の意味が完全に変わってしまうこともある。政府の決定は賢明だった。結果的には，ナバホ語は敵が決して解読できなかった唯一の暗号となったのだ。しかし，若いナバホ族の兵士たちにとって，それは悪夢だった。(イ)いついかなる状況であっても，彼らは許可なく，または一人では，その建物を出ることは許されなかったのだ。彼らは，1968 年にやっと公になるまで，その計画のことを誰にも，たとえ家族にでも，話すのを禁じられていたのである。

- □*l.* 10　to this day「今日に至るまで」
- □*l.* 10　could never have *done*「決して〜したはずなどない」
- □*l.* 12　had they known …＝if they had known … ※仮定法の if の省略による倒置。

□ *l.* 13 a code for 〜「〜の暗号」
□ *l.* 15 slight change in 〜「〜におけるわずかな変化」
□ *l.* 16 turn out to be 〜「〜だと判明する，結局〜となる」
□ *l.* 16 break a code「暗号を解明する」
□ *l.* 17 nightmare「悪夢」
□ *l.* 18 at no time＝never
□ *l.* 19 forbid *A* to *do*「*A* に〜することを禁じる」

第3段落

　こうした男たちの多くは，ここと似たような教室，つまり同じ政府が運営する学校の教室で，ナバホ語を話したからという理由で，時には残酷なまでに罰せられた経験があった。_(ウ)過去において彼らが自らの言語を話したために彼らを罰したこの政府が，今や，戦争に勝利する手助けになるように，彼らにそれを使うように頼んでいたのである。白人は，ナバホ族が想像していたより不可解だった。

□ *l.* 21 punish *A* for *B*「*B* という理由で〔*B* のために〕*A* を罰する」
□ *l.* 21 brutally「残酷に，残忍に」

(ア)

───────────────────────────────

◆ He could almost taste the harsh brown soap「彼はもう少しで不快な茶色の石鹸の味がしそうなほどだった」

● 直前の Those memories were far from pleasant. から，過去の回想が描かれている。the teachers … Navajo は幼い頃の回想で，下線部の He could … soap はのちに新兵としてその部屋に入った時の気持ちを描いている。

● taste は人を主語にした場合，「(飲食物) を味見する」と「〜の味を感じる」の二義があるが，ここでは後者。また〈can＋状態動詞の知覚動詞 (see／hear／taste など)〉は進行形の代用表現で「一時的に〜している」の意味。*cf.* I hear a noise.「(恒常的に) ある音が聞こえている」／I can hear a noise.「(一時的に) ある音が聞こえている」　さらに動詞の前に置かれた almost は「もう少しで，あやうく (…しかける)」の意味。よって He could almost taste … は，「…の味がしそうであった」という意味。harsh は「(舌・鼻に) 不快な，どぎつい」の意味。

◆ (soap) the teachers had forced him to use to wash his mouth out「口の中を洗うために教師が無理に彼に使わせた (石鹸)」

● the … soap を先行詞とする関係代名詞節。the teachers の前に関係代名詞 that〔which〕が省略されているが，それが use の目的語の働きをしている。

● to wash his mouth out は，to 不定詞の副詞的用法で「〜するために」の意味。この部分は「彼」の回想に当たるので，「彼」の視点から「教師に使わされた」と受動態で表現してもよい。また，〔解答〕のように，先行詞と関係代名詞節を一つの文として「教師たちから不快な茶色の石鹸を使って口をすすぐように

強要されたことがあったが」と訳してから「その時の石鹸の味が…」と続けると、「石鹸」の修飾部分が長くなるのを避けることができる。

◆ when he was caught speaking Navajo「彼がナバホ語をしゃべっているところを見つかったとき」

　forced を修飾する副詞節。catch *A doing* は「*A* が〜しているのを目撃する，見つける」の意味で，「捕まえる，捕らえる」の意味ではない。本文ではこれが受動態になっている。

　生徒答案例▶彼はナバホ語を話して×いて捕まった［→いるのが見つかった］ときに，教師たちが彼に彼の口を洗わせるために使うように強制した×厳しい［→不快な］茶色の×泡［→石鹸］の味×をかろうじて感じることができた［→がもう少しでしそうだった］。［0／5点］

昔の嫌な出来事を思い出す場面であることが把握されていないから，訳の方向性がぶれてしまっている。訳出の際には必ず「何を伝えるのか」を考えること。

(イ) ―――――――――――――――――――――――――――――――

◆ At no time under any circumstances were they to leave the building「いついかなることがあっても，その建物を出ることは許されなかった」

　at no time「いついかなる時でも〜ない」という否定的な副詞句が文頭に置かれたため，後続の文が倒置形になっている。倒置する前の文は They were to leave …。一般に be to *do* は，必然的な流れを示して「〜することになっている」という意味で用いる。これと否定語の at no time が結びついて「〜することにはなっていない」→「〜してはならない」という禁止の表現になる。

◆ without permission or alone「許可なく，または一人では」

　leave を修飾する副詞要素。or がつないでいるのは without permission と alone。

　生徒答案例▶どんな時でも，いかなる場合でも，彼らは許しなしにまたは一人ではその建物を×出ようとしなかった［→出ることは禁じられていた］。［0／5点］

自らの意思で出ようとしなかったのではなく，外出が禁じられていたということ。この読みちがいは看過できないミスでこれだけで0点になると思われる。

(ウ) ―――――――――――――――――――――――――――――――

◆ Now this government … was asking them to use it「今や，この政府は彼らにそれを使うように頼んでいたのである」

　Now は「今」では不自然。過去の話で用いられている場合は「今や，今になって，その時」などとする。in the past との対比を意識して「今度は」としてもよい。them はナバホ族の新兵，it はナバホ語を受ける代名詞だが，それぞれ「彼ら」「それ」で十分。

◆ that had punished them in the past for speaking their own language「過去にお
　いて彼らが自らの言語を話したために彼らを罰した」

　　this government を先行詞とする関係代名詞節。関係代名詞 that が had
　punished の主語になっている。punish A for B で「B のために A を罰する」の
　意味。

◆ to help win the war「その戦争に勝つ手助けとなるように」

　　use を修飾する to 不定詞の副詞的用法で「～するために」の意味。help to do
　は，現在の英語では to が脱落し help do となることも多い。

　　生徒答案例▶過去に，母国語を話したとして彼らを罰していた政府は，ｘ今 [→
　　今や]，彼らに，戦争に勝つ助けのためにそれを使うよう，ｘ頼んでいる [→頼
　　んでいたのである]。[3 / 5 点]

　Now を誤訳したため，全体の時制を間違ってしまっている。内容は合っている
だけに惜しい。〈the＋名詞〉の the は日本語では訳さないことが多い（*e.g.* I left
my bag on the train.「カバンを列車に置き忘れた」）ので the war の the は「その」
という訳語がなくても減点されることはないだろう。

(ア)　彼がナバホ語をしゃべっているところを見つかったとき，教師たちから不快
　　な茶色の石鹸を使って口をすすぐよう強要されたことがあったが，もう少しで
　　その時の石鹸の味がしそうなほどだった。

(イ)　いついかなる状況であっても，彼らは許可なく，または一人では，その建物
　　を出ることは許されなかったのだ。

(ウ)　過去において彼らが自らの言語を話したために彼らを罰したこの政府が，今
　　や，戦争に勝利する手助けになるように，彼らにそれを使うように頼んでいた
　　のである。

133 福祉国家における資源の分配法

全 訳　　もし福祉国家が社会全体の利益になるように機能しているのなら，その社会に属するすべての人に，同じ基準で国家の富を分配することも可能だし，あるいは，選択的に処理して，援助を必要としているか，援助に値する人だけに国家の富を提供してもよい。(1)いずれの方針についても，効率性の観点から擁護することができる。十分な給付金とサービスを，すべての人が同じ基準で受けられる場合は，(2)全員が基本的な生活必需品を確保するために，最低限の援助を保証されることになる。皆が同じだけもらうことになるので，そうした援助を受けるのを恥だと思うことはなく，誰も援助を求めることをためらう必要はない。もしこの仕組みが累進課税によって賄われているなら，受け取る援助が必要ない人たちは，受け取ったものを返還することができるだろうし，また，その社会に属する他の人たちが受け取る給付金に貢献することもできるだろう。一方，給付金やサービスがそれを必要としているか，それに値する人たちだけに充てられるなら，そうした国家の富は最も有効に活用されることになるだろう。すなわち，より高い水準の援助が，最も援助を必要としている人に与えられることになる。(3)援助を必要としない人たちは，高い税率のせいで不当に扱われていると感じさせられることはないだろう。

- ☐ *l.*1　welfare state「福祉国家」
- ☐ *l.*1　on behalf of 〜「〜の（利益の）ために」
- ☐ *l.*1　名詞＋at large「〜全体」　*cf.* be 動詞＋at large「逃亡中で」　いずれの場合も「大きな場所の〔に〕」が意味の根底にある。
- ☐ *l.*2　resources「国家からの援助」　※文脈上「天然資源」ではない。
- ☐ *l.*3　operate selectively「選択的に機能する」
- ☐ *l.*4　make a case for 〜「〜を擁護する，〜を支持する立場をとる」
- ☐ *l.*4　on grounds of 〜「〜を根拠に」
- ☐ *l.*5　benefits「給付金，手当」
- ☐ *l.*6　secure 〜「〜を確保する」
- ☐ *l.*6　basic needs「基本的な（生活）必需品」
- ☐ *l.*9　progressive taxation「累進課税」
- ☐ *l.*13　put *A* to 〜 use「*A* を〜な使い方をする」

（1）
───────────────────────────

◆ A case can be made on grounds of efficiency for … 「効率（性）を根拠に…を擁護することができる」

　　出題者はおそらく，make a case for 〜「〜を擁護する主張をする」という熟語の知識の有無を尋ねているというよりも，文全体の流れを踏まえた上で意味を推測することを求めているのではないだろうか。この文の筆者は下線部で主張を述べ，そのあとで「国の資産・資源の分配の 2 つの方針が正しいとする根拠」をそれぞれ説明している。よって，この文全体の構成および趣旨が理解できれば，下線部の訳の方向性を決定できるはずである。なお，文法的・語法的な解説をす

ると，for は賛成・支持を表す前置詞で，その前に be made を修飾する副詞句の on grounds of efficiency「効率を根拠に」が挿入されている。grounds は「地面」→「根拠，基礎」の意味。

◆ either approach「いずれの取り組み方（も擁護することができる）」

● either approach が指す内容の 1 つ目は，前文の distribute resources on the same basis to every member of that community「その社会に属するすべての人に，同じ基準で国家の富を分配する」。distribute A to B「A を B に分配する」の to の前に on the same basis「同じ基準で」が挿入されている。on ～ basis は，on a regular basis「定期的に」のように，basis が和訳に表れない場合もある。

● either approach が指す内容の 2 つ目は，前文の operate selectively, providing resources only to those who need or deserve help「選択的に処理して，援助が必要か，またはそれに値する人にのみ国家の富を与える」。operate selectively「選択的に処理する〔対応する〕」を，分詞構文 providing resources … 以下が具体的に言い換えている。resources は「資源，資金，資産」の意味だが，あとで benefits and services「給付金とサービス」と言い換えられているので，「金銭」だけを意味するのではない。distribute ～「～を分配する」や provide ～「～を与える」との相性を考えると，「富」という訳語もよいだろう。

> **生徒答案例 1** ▶ 地域の中で福祉をすべての人に同じだけ提供するか，あるいは助けが必要な人や助けるに値する人を選んで彼らだけに提供するかという 2 つの方法×のどちらかのために効率という基準のもとで事例は作られることができる［→のいずれも，効率という観点から擁護できる］。［1 / 5 点］

後半の内容がわかっていない。該当する英文だけに目を向けず「何が言いたいのか」を考えてから訳すこと。

> **生徒答案例 2** ▶ 社会のすべての人に同じ福祉を提供するか，援助が必要あるいは援助に値する人にだけ福祉を提供するかの×どちらかの取り組みにとっての効率性に基づいて福祉はなされる［→どちらの取り組みも，効率という観点から擁護できる］。［1 / 5 点］

for 以下が efficiency を修飾していると思っている。力ずくで訳しても無意味。

(2) ────────────────────────────────────

◆ all are guaranteed the minimum level of help「すべての人に最低限の援助が保証される」

guarantee A B「A に B を保証する」の受動態の形。all は「すべての人」の意味で，all はこの意味では複数形の扱いをする。All you have to do is to *do*.「君は～するだけでよい」の構文と混同してはいけない。条件節の「十分な給付金とサービスをすべての人が受けられる」から，下線部の内容も肯定的なものだとわか

る。そのため，the minimum level of 〜「最低限の〜」を否定的にとらえて「〜しか保証されない」のように訳すのは誤り。

◆ **to secure their basic needs「基本的な生活必需品を確保するために」**

　　この to 不定詞には 2 つの可能性がある。① help を修飾する to 不定詞の形容詞的用法で「〜するための（援助）」，あるいは② are guaranteed を修飾する to 不定詞の副詞的用法で「〜するために（保証される）」という 2 つである。①の場合，minimum が basic と意味が重なり余分となる。よって，②と考えるのが適切であろう。

　　生徒答案例▶［訳抜け→皆が］基本的な必需品を確保するために，×最小限の助けしか保証されない［→最低限の援助を保証される］。［1／5 点］

all の解釈を間違えたため訳の方向性が大きくずれてしまっている。

(3) ────────────────────────────

◆ **those people who do not require help「援助を必要としない人々」**

　　those は，後続の関係代名詞の先行詞が people であることを明示するために用いられている。このような those は通例「それら」とは訳さない。

◆ **will not be made to feel unfairly treated「不公平に扱われていると感じさせられることはないだろう」**

　　make A do「A に〜させる」は，受動態にすると A be made to do「A が〜するように仕向けられる」となる。to がつくのは本来 make A to do だった頃の名残り。よく使われる能動態からは to が脱落した。

◆ **by high levels of taxation「高い税率で」**

　　直訳は「高いレベルの課税で」なので「高い税率で」「高い税金で」などでも可。本文の意味は「必要としている人にだけ援助を与える」→「政府の支出が少なくて済む」→「援助の不要な人々（富裕層）は援助のために高い税金を払う必要がない」→「富裕層が不当に扱われているという不満を抱くことはない」ということ。

　　生徒答案例▶助けを必要としない人は高い納税によって×不公平に扱われていると感じなくなるだろう［→と感じさせられることはないだろう］。［3／5 点］

be made to do の受動態の訳は，それが受動態であることを明示的にすること。

---

(1)　社会のすべての人に同じ基準で国家の富を分配する方針と，援助が必要かそれに値する人にのみ国家の富を提供する方針のいずれも，効率性の観点から擁護することができる。

(2)　全員が基本的な生活必需品を確保するために，最低限の援助を保証されることになる。

(3)　援助を必要としない人たちは，高い税率のせいで不当に扱われていると感じさせられることはないだろう。

134

過去の思考を再構築することの難しさ

全訳

第1段落

　人間の頭脳の一般的な限界は，自分の知識や考えが変化してしまった場合，それを元の状態に再構築する能力が不完全であるということだ。いったん世の中（あるいは，どのようなものであれ世の中の一部）に対する新しい見方を受け入れてしまうと，考えが変わる前に何を信じていたかを思い出す能力の大半を即座に失ってしまうのだ。

- □　*l.*1　the human mind「人間の頭脳」　※the は「総称」を示す働き。
- □　*l.*1　its imperfect ability to *do*「～するための不完全な能力」
  ※it is imperfectly able to *do* の名詞化。
- □　*l.*1　reconstruct ～「～を再構築する」　※「ばらばらになったもの，失ったものを元の状態に戻す」ということ。
- □　*l.*2　knowledge or beliefs that have changed は「変化してしまった知識や考え」が直訳だが，全訳ではわかりやすいように意訳している。
- □　*l.*2　once「いったん～すれば」　※接続詞。

第2段落

　人々が考えを変えた時に何が起きるのかを多くの心理学者が研究してきた。実験を行う研究者は，たとえば死刑制度のように，人々の考えが完全には定まっていない話題を選んで，被験者たちがその話題に対してどのような態度を持っているかを慎重に調べる。次に，被験者たちに，その話題に対する賛成あるいは反対の説得力のある情報を見せたり聞かせたりする。そして，もう一度，彼らの態度を調べる。そうした態度は多くの場合，彼らが見せられた，あるいは聞かされた，説得力のある情報により近いものになる。最後に，被験者たちは，以前抱いていた考えを報告する。この作業はやってみると驚くほど難しいことがわかる。(1)人々は，以前に抱いていた考えを再構築するように求められると，代わりに現在抱いている考えを繰り返すが，これは置換の一例であり，多くの者は，自分が以前は違った考えを持っていたなどとは信じられないのだ。(2)過去の考えを再構築できないと，必然的に，過去の出来事によって自分がどれほど驚いたのかを過小評価してしまうことになる。

- □　*l.*5　change *one's* mind「考えを変える」
- □　*l.*6　Choosing … は the experimenter を主語とする分詞構文。
- □　*l.*6　a topic on which S V「ある話題＋それについて S が V する」→「S が V する話題」
- □　*l.*6　make up *one's* mind「決心をする，心を定める」
- □　*l.*7　, say,「たとえば」
- □　*l.*7　measure ～「（重要性，価値など）を調べる」
- □　*l.*7　subject「被験者（実験の対象となるもの）」
- □　*l.*8　message「（話されるか書かれた）情報」
- □　*l.*13　their current ones＝their current beliefs
- □　*l.*13　an instance of substitution「（論理）置換例」　※「ある概念（表現）

を他のもので置き換えることにより得られる概念（表現）」という
意味の専門用語。

- □ *l.* 15　S cause O to *do*「S のために O は〜する，S が原因で O は〜する」
- □ *l.* 15　underestimate 〜「〜を過小評価する」 ※under-〈下〉＋estimate
　　　　「〜と推定する」から「下に推定する」→「過小評価する」
- □ *l.* 15　the extent to which S V「どの程度 S が V するか」

第3段落

　こうした「私は最初から知っていた」効果のせいで，次のようなことが起こりが
ちだ。良い（と思われた）決定が良い結果をもたらさなかった場合，その決定をし
た人が悪いと決めつけてしまうこと。また，うまくいった措置については，あとに
なってから当然の措置に思えてくるため，それを考えた人をほとんど評価しないこ
とである。結果が悪ければ，決定を下した人は，その兆候に気がつかなかったこと
の責任が問われるが，その際に，₍₃₎そうした兆候はあとになってから初めて目に見
えるようになる，目に見えないインクで書かれていたことは忘れられてしまってい
るのだ。

- □ *l.* 17　I-knew-it-all-along「私は最初からずっと知っていた」
- □ *l.* 17　be prone to *do*「〜する傾向にある」 ※pro-〈前進〉
- □ *l.* 17　blame *A* for *B*「*B* の責任は *A* にあると考える」
- □ *l.* 18　good decisions that worked out badly「最初は良い決定だと思われ
　　　　たが，あとでだめな結果を生み出した決定」
- □ *l.* 18　give *A* too little credit for *B*「*B* のことで *A* をほとんど評価しない」
- □ *l.* 19　successful moves that appear obvious only after the fact「成功した
　　　　あとになって初めて，誰でも考えつきそうな措置に思えてくる，う
　　　　まくいった措置」 名詞の move は「措置，手段」の意味。また ob-
　　　　vious は「（誰でも考えつきそうな，あるいは同意しそうなほど）
　　　　明らかな」の意味で用いられていることに注意。

（1）──

◆ Asked to reconstruct their former beliefs「前の考えを再構築するように求めら
れると」

　When people are asked to reconstruct their former beliefs を分詞構文にした形。
ask *A* to *do*「*A* に〜するように求める」が受動態になっている。reconstruct は
「〜を再構築する，〜を再現する」の意味。

◆ people repeat their current ones instead「人々は代わりに現在抱いている考え
を繰り返す」

　instead は「（以前の考えの）代わりに」の意味。ones は beliefs「考え」を受
ける代名詞。repeat 〜「〜を繰り返す」とあるのは，「説得力のあるメッセージ
を聞いたあとの意見」を再び「説得力のあるメッセージを見たり聞いたりする前
の自分の意見として繰り返す」という意味。設問の指示は「their current ones
の内容がわかるように訳せ」なので，their current ones「現在抱いている考え」

だけでは不十分。「説得力のある情報に影響されて抱くようになった現在の考え」ぐらいにはまとめたい。

> **生徒答案例1 ▶** 前に信じていたこと、で覚えていることを尋ねられると [→を思い出すように求められると，人々は]，代わりに、今信じていること [→説得力のある情報に影響されて抱くようになった今の考え] を答える。[2/5点]
>
> **生徒答案例2 ▶** 人々は，もう一度，前の考えを思い出すように言われると，代わりに、前の考えから変わった後の今の考え [→説得力のある情報に影響されて抱くようになった今の考え] を、答えた [→答える]。[2/5点]

いずれも their current ones の説明が不十分。

(2) ──────────────────────────────

◆ Your inability to reconstruct past beliefs will inevitably cause you to underestimate … 「過去の考えを再構築できないことで，必然的に…を過小評価することを引き起こすだろう」

● 文構造は Your inability (S) to … will cause (V) you (O) to underestimate (C) …. という第5文型。cause *A* to *do* は「*A*が〜するのを引き起こす」の意味。

● your inability to *do* は，you are unable to *do* を名詞化した形。訳出に際しては，無生物主語を副詞的に処理して「〜ができないため，必然的に…を過小評価してしまうのだろう」とするのが自然。

● reconstruct past beliefs は「過去の考えを再構築する（こと）」が直訳だが，「過去の考えを思い出す（こと）」でもよいだろう。

● underestimate は「下方に推定する」から「〜を過小評価する」の意味。

◆ the extent to which you were surprised by past events「過去の出来事によって自分がどれほど驚いたのか」

the extent to which S V「SがVする程度」が直訳だが，これではぎこちないことが多く「SがどれほどVするか」などとするのがよい。一般に英語は最も言いたいことを名詞で表し焦点を明確にしてから，残りを関係代名詞節で補う構造をとるが，それをそのままの形で日本語にすると不自然になることがある。*e.g.* We were surprised at the ease with which he had solved the problem.「彼が問題を解決した簡単さに私たちは驚いた（←「簡単さ」に焦点があり，不自然な日本語）」→「彼が簡単に問題を解決したことに私たちは驚いた（←焦点化を解き，1つの文として訳した自然な日本語）」

> **生徒答案例1 ▶** 過去に考えていたことを再現できないために過去の出来事にどれほど驚いたかを過小評価してしまうということは避けられないことだ。[5/5点]

素晴らしい！

生徒答案例 2 ▶ 過去に信じていたことを再構築できないことは，必然的に，過去の出来事△に驚いた程度［減点なし］を×推定させる［→過小評価することになる］だろう。［3/5 点］

under- には「不十分に，（標準より）少なく」という意味があることを覚えておきたい。underrate, undervalue も underestimate と似た意味を持つ。

(3) ────────────────────────────────

they were written in invisible ink that became visible only afterward

　下線部は「それら（＝ある決定が失敗に終わる兆候）はあとになってから初めて読める，見えないインクで書かれていた」が直訳。失敗に終わる兆候が「見えないインクで書かれている」とは，端的に言って「読めない」＝「わからない」ということ。「あとになってから初めて読める」とは，「結果が出て初めて，何が失敗の原因かわかる」ことを表している。つまり，失敗の兆候はあらかじめわかるものではない，物事の結果を示す兆候は事後的にしかわからないといったことを述べている。

生徒答案例 1 ▶ ×物事の前兆はそれが起こったときは［→失敗に終わるという予兆は，当初の段階では］気づかず，後になってわかるものだということ。［2/5 点］

生徒答案例 2 ▶ ある決断を下した結果がどうなるかは，その結果が生じるまでわからないということ［→予兆についての言及がない］。［0/5 点］

　全体として出来は悪かった。最終段落の理解が大きなポイントとなる。生徒答案例 1 は「それ」が「物事」を指すと受け取られると「物事が起こったときには気づかない」つまり「物事が起こって初めて気づく」という内容と矛盾したことを言っていることになる。生徒答案例 2 は予兆についての言及がないので点はもらえない。

5

英文和訳

(1)　人々は，以前に抱いていた考えを再構築するように求められると，代わりに説得力のある情報に影響されて抱くようになった現在の考えを繰り返す。

(2)　過去の考えを再構築できないと，必然的に，過去の出来事によって自分がどれほど驚いたのかを過小評価してしまうことになる。

(3)　物事の成否を示す予兆は，結果が出て初めてそれが予兆だったと認識できるということ。［40 字］

解答

135　音楽と文章の関係

全訳

第1段落

　イシが音楽にもちょっとした造詣があることはひょっとするとあまり知られていないかもしれない。彼にインタビューした時，彼とはすでに数年来の知り合いであったが，そうした側面については，たとえ少なからず気づいていたとしてもただ漠然とであった。これは，(1)彼が自分のことをあまり表には出さないことを示す良い例だ。イシはピアノとギターを弾き，どちらもうまい。彼が実際に今何本の様々なギターを持っているのか知らないが，その数が二桁に達していたとしても私は驚かないだろう。彼の奥さんのローナは歌も歌うし楽器の演奏もする。彼のお嬢さんもそうだ。イシグロ家では，音楽を楽しむタベというのは決して珍しいことではないはずだ。

- □ *l.*1　have a musical side「音楽的な面を有する」
- □ *l.*1　vaguely「曖昧に，ぼんやりと」
- □ *l.*2　if at all「いやしくも，かりそめにも（〜）なら」※本文では「たとえ少なからず気がついていたとしても」の意味。
- □ *l.*3　how　※状況を示す how。「どれほど」ではない。
- □ *l.*3　give much away「多くを外に出す」
- □ *l.*5　I wouldn't be surprised if it's …「たとえ…だとしても驚かないだろう」　※「もし見る機会があるとしても驚かないだろう」の意味で，帰結節のみ仮定法で書かれている。
- □ *l.*5　in double figures「二桁である」
- □ *l.*6　so does his daughter「彼の娘も（歌い，楽器の演奏を）する」

第2段落

　悔いの少ない私の人生で悔やまれることの一つは，私にはきちんとした音楽の素養というものがまったくないということだ。音楽教育を受けたこともないし，そうした教育が理論的に，あるいは実際に可能となったであろう「音楽のある家庭」といった家の出でもない。そしてずっと，音楽とは，自分とは違う「音楽的な」人たちのするものだとかなり単純に思い込んでいた。(2)一方では，本を読まずに育った非常に多くの人たちならば，ひょっとすると，物を書くというのは自分とは違った「物書きらしい」人たちがすることだと感じているのだろうが，私の場合はそうした気持ちになったことは一度もない。

- □ *l.*8　have a grounding in 〜「〜の基礎知識がある」
- □ *l.*8　formal grounding in music「きちんとした音楽の素養」
- □ *l.*10　possible or probable「理論的あるいは実際にありえる」
- □ *l.*10　readily「すぐに，簡単に」
- □ *l.*11　on the other hand「一方」
- □ *l.*12　a great many people「非常に多くの人たち」

第3段落

　しかし，物を書くことと音楽とをこのように対比させるのはおかしい。というの

も，物を書くということに関する私の直感的な部分の多くは，実際音楽的なものだ，という思いがますます強くなっているからだ。そして，物を書くことと音楽とは，根っこのところではそれほど遠く離れていないものだと思っている。タイミング，テンポ，流れ，緊張と弛緩，主題の反復といった，語りの基本的な要素は，音楽の基本的要素でもある。そして(3)<u>リズム——つまり，物語の大枠を形作る大きなリズムや，パラグラフを形成する小さなリズム——がなかったら文章を書くことなどできるだろうか。</u>

- □ *l*. 14　since 〜「〜なので」　※聞き手の共通認識の常識的理由を示す。
- □ *l*. 15　instinct about 〜「〜に関する本能」
- □ *l*. 16　far apart「遠く離れて」
- □ *l*. 17　narrative「語り」
- □ *l*. 17　pacing「テンポ」
- □ *l*. 17　tension and release「緊張と弛緩」
- □ *l*. 18　theme「主題」　※何度も繰り返されるテーマ。

(1) ———————————————————————————————

◆ a good example of … 「…の好例」

「良い例」などと訳してもよい。

◆ how he doesn't give much away「彼は自分のことをあまり表には出さない」

- ●give 〜 away は「（正体，秘密など）を表す」の意味。筆者が数年も前からイシグロを知っていながら，彼に楽器ができることはよくわかっていなかったということから（第1段落第2文前半），イシグロが自分個人に関することを give away「手元から放す」，つまり「外へ出す，明かす，語る」ことをあまりしない人物であることはわかるはず。また not … much は「あまり…ない」の意味。

- ●この文の how SV は「どのように S が V するか」という手段の意味ではなく，「S が V するという状況」の意味。ただし「状況」という訳はしないで，単に「S が V するということ」とするのが通例。〈程度〉を示す how は〈how＋形容詞・副詞〉の形で使われるので，「どれほど」の類いの訳も不可。

生徒答案例1 ▶ 彼が×どれほど［削除］自分のことを［訳抜け→あまり］言わない×か［削除］という良い例［0／5点］

生徒答案例2 ▶ ×いかに［削除］彼が自らを［訳抜け→あまり］さらけ出さない×か［削除］ということを示すよい例［0／5点］

生徒答案例3 ▶ 彼があまり×見せびらかさない［→自分のことを言わない］ことの良い例だ［0／5点］

how の誤訳が多い。この how が出題されるとほとんどの人が間違うようだ。

5

英文和訳

(2) ————————————————————————————————————

◆ I've never felt, on the other hand, … 「一方，私は今まで…と感じたことは一度もない」

> on the other hand は前文に対して「一方では」の意味なので，文頭で訳すこと。

◆ though a great many people … have perhaps felt it 「非常に多くの人たちならば，ひょっとすると，それを感じたかもしれないが」

> a great many ～ は「非常に多くの～，かなり多くの～」。it は，後続の that 節の内容を指す代名詞。perhaps は probably「たぶん，おそらく」より可能性が低いので「おそらく」などの強い訳は避けたい。

◆ who didn't grow up reading books 「本を読まずに育った」

> この関係代名詞節は，直前の a great many people を先行詞とする。reading books は準補語（それがなくても，文構造上問題のない補足的補語）。直訳は「本を読みながら成長することはなかった」だが「本を読まずに育った」とすれば訳が整う。

◆ that writing is what those other, … people do 「物を書くということは自分とは違う…な人々が行うことであるということ」

> この that 節は，(I've never) felt の目的語であり，本来は though 以下を訳す前の段階で訳すが，though 節の一部として訳すことになる。those は「あの例の」といった意味だが，ある種の人々を漠然と指しているだけなので，あえて訳さなくてもよい。other は「自分たちとは違う別世界の」の意味合いなので「自分とは異なる」などの訳が適切。「他の」だけではそうしたニュアンスは伝わらない。

◆ writerly 「作家らしい」

> 下線部の直前に music was what those other, 'musical' people did と，下線部の表現と対になる表現があることに注目する。'musical' という表現は，筆者が音楽教育を受けたことがなく，家庭でも音楽に親しむような環境になかったことから，そのように思っていたという文脈で使われている。よって musical「音楽的な」という言葉に「音楽の素養のある，音楽に親しむ環境に恵まれた」といった含みを持たせていることがわかる。したがって，それと対比して使われている writerly は「物を書く素養がある，物を書くことに親しむ環境に恵まれた」というニュアンスの言葉だと言える。訳語としては「物書きらしい」「物書き的な」「書く才能に恵まれた」「文学的な」といったものなら幅広く認められるはず。なお，英語で " " や ' ' と引用符があれば，日本語では「　」のようにカギかっこをつけて表記するのが通例。

> **生徒答案例▶** 本を読んで育ってこなかった本当に多くの人々は，たぶん，文章を書くことは「文章を書く才能のある」△他人 [減点なし] がすることだ，と

感じてきただろうが，×その一方で［文頭へ移動］，私はそう感じたことは一度
もない。[3/5点]

　　ここは on the other hand が「音楽とは音楽の才能がある人がすることだと思
い込んでいた」と「文章を書くことは文章を書く才能のある人がすることだと感
じたことがない」を対比するものであるのに，この答案例は「多くの人」と
「私」の対比のように訳しているのが問題。

(3)

◆ where would writing be without rhythm（…?）「リズムがなかったら文章を書く
ことなどできるだろうか」

　　would と without に注目し，これが「～がなければ…だろう」という仮定法過
去の文であることをまず確認する。よって「リズムがなかったら，物を書くこと
はどこにあるのだろうか」が直訳。これはもちろん修辞疑問（反語）であり，
「どこにもない」ということなのだが，このままでは真意が伝わらない。「物を
書くことがどこにも存在しない」とは，「物を書くことなどありえない」つまり
「物は書けない」ということ。このままでもよいが，原文が疑問文であることを
生かすなら「物が書けるだろうか」とすればよい。また「もしリズムがなかった
ら書くということはどうなってしまうのか」などの訳でも可。この where は辞
書には「どんな立場に，どんな状態に」という訳語が与えられているが，そのこ
とを知らなくても文脈から理解できるはず。writing の訳は「執筆活動」などで
もよいだろう。なお，without rhythm は副詞句であって，be 動詞の補語ではな
いので，「リズムのない～」という形容詞句としての訳は不可。

　生徒答案例1▶リズムなしでは，×文章はどこに存在するだろうか［→物を書くと
　いう行為はどうなるのだろう］？[0/5点]
　生徒答案例2▶×リズムなき文章など存在するだろうか［→リズムがなければ，物
　を書くという行為はどうなるのだろう］？[0/5点]
　生徒答案例3▶もしリズムがなかったならば，書くと言うことは×どこにある
　のだろうか［→どうなるのだろう］？[0/5点]
「直訳」と「不自然な日本語訳」とは異なる。慎重に言葉を選びたい。

---

(1)　彼が自分のことをあまり表には出さないことを示す良い例だ。
(2)　一方では，本を読まずに育った非常に多くの人たちならば，ひょっとすると，
　物を書くというのは自分とは違った「物書きらしい」人たちがすることだと感
　じているのだろうが，私の場合はそうした気持ちになったことは一度もない。
(3)　リズムがなかったら文章を書くことなどできるだろうか。

136　クロスワードパズルの生活への影響

全訳

(1)20 世紀初頭の生活における変化の過程といえば，技術面での様々な発明品の観点から提示されるのがごく一般的だ。それは，たとえば，自動車輸送，航空技術や無線であり，あるいは相対性理論や精神分析といった新しい理論モデルに言及することで示されることもある。しかし，言語の領域にも数々の革新があった。1924 年にクロスワードパズルが登場したことは，今では文化的な重要性を持つ出来事として思い起こされることはほとんどないが，教育を受けた大衆と英語の語彙に新たな種類の関係性が生まれたことを示すものと見なしてもよいかもしれない。クロスワードパズルは新聞での流行として始まり，賞金が出るというのでさらに流行が加速したが，英国の新聞『タイムズ』が 1930 年に初めてクロスワードを毎日載せるようになったことによってお墨付きをもらい，まもなく国の伝統として確固たるものになった。この頃には，小説の中にもクロスワードファンが登場するようになりつつあった。(2)クロスワードに対する情熱と 1930 年代の推理小説のブームに関連性があるかどうかは，推理小説に謎解き的な魅力があるのは明らかだとはいえ，推測の域を出ない。より確かなことは，クロスワードが言葉に対する広い関心を促したことである。(3)それで，新聞の読者は，新聞から辞書へとせき立てられたために，図書館は，辞書を何度も補充しなければならないと不平をもらした。というのも，辞書はクロスワード愛好家に乱暴に扱われたり，盗まれたりすることさえあったからだ。結局のところ，クロスワードは，標準的な綴りをはじめとする，以前からある言語規則や，広く認められている辞書が使えることに強く依存するものなのである。

- ☐ *l*.1　process「過程」
- ☐ *l*.1　change in 〜「〜における変化」
- ☐ *l*.1　most commonly「ごく一般的に」
- ☐ *l*.2　presént 〜「〜を提示する」　※アクセントの位置に注意。
- ☐ *l*.2　in terms of 〜「〜の観点から」
- ☐ *l*.2　invention「発明（品）」
- ☐ *l*.2　motorized transport「自動車輸送」
- ☐ *l*.3　aviation「航空技術」　※avi-〈鳥〉　avian「鳥の」
- ☐ *l*.3　radio「無線」
- ☐ *l*.3　reference to 〜「〜に言及すること」
- ☐ *l*.3　theoretical model「理論モデル」
- ☐ *l*.4　Relativity「相対性理論」　※the Theory of Relativity のこと。
- ☐ *l*.4　innovation「刷新」
- ☐ *l*.4　the sphere of 〜「〜の領域」
- ☐ *l*.5　as well「同様に」
- ☐ *l*.5　Although now … = Although the arrival of the crossword puzzle in 1924 is now …　※時・条件・譲歩の副詞節ではよくある〈S＋be 動詞〉の省略。

□ *l.* 6　see *A* as *B*「*A* を *B* と見なす」
□ *l.* 7　the educated public「教育を受けた大衆」
□ *l.* 8　promoted by ～「～によって推進された」　※分詞構文。
□ *l.* 9　cash prize「賞金」
□ *l.* 9　establish *oneself* as ～「～として確立する」
□ *l.* 10　confirmed by ～「～によって確かなものにされた」　※分詞構文。
□ *l.* 10　*The Times*『タイムズ』　※1785 年にロンドンで創刊された日刊新
　　　　　聞で, 知識層を対象とするいわゆる高級紙。
□ *l.* 12　enthusiasm for ～「～に対する情熱」
□ *l.* 13　boom in ～「～のブーム」
□ *l.* 13　obvious「明白な」
□ *l.* 14　guess at ～「～を推測する」

(1) ────────────────────────────────

　文意は「20 世紀の庶民の生活の変化を述べる場合には,（クロスワードパズルで
はなく）科学技術の発明品を引き合いに出すのが一般的だ」ということ。

◆ The processes of change in early twentieth-century life「20 世紀初頭の生活に
おける変化の過程は」

　「生活における変化の過程」は,「生活がどのように変化したか」と説明的に訳
すこともできる。

◆ are most commonly presented …「…を提示されるのがごく一般的だ」

　The processes が主語で, それに続く動詞が are presented。most commonly
は副詞で, 動詞を修飾している。most は,「特に何かと比べて一番」と言ってい
るのではなく, commonly を強調する語。よって most commonly で「ごく一般
的に」と訳すのが適切であるが,「最も一般的に」という訳語でも間違いではな
い。日本語でも「お母さんの料理は一番だね」という言い方をするが, この「一
番」は強調語にすぎない。present は「～を提示する」だが, most commonly と
合わせて「～を提示するのがごく一般的である」とすると自然な日本語になる。
「現れる」「代表される」などは誤訳。この英文の全体像「クロスワードパズル
が 20 世紀初頭の生活に与えた影響」が見えていないと, ピント外れな訳をする
可能性が高い。

◆ in terms of technological inventions「技術面での様々な発明品の観点から」

　in terms of ～ は「～という枠組みの中で」→「～という観点から」という意味。
technological は「技術という分野における」という意味だが,「技術的な」とい
う訳語でも可。inventions が複数形になっているので「様々な」を補うこともで
きる。「技術革新」という訳は technological innovations の訳で, ここでは誤訳
となる。

5

英
文
和
訳

生徒答案例 1 ▶20 世紀初頭の生活における変化の過程は技術における発明_×と いう言葉に [→という観点から]_×最も共通して現れる [→提示されるのがごく一般 的だ]。[0 / 5 点]

生徒答案例 2 ▶20 世紀初期の生活の変化の過程は，_×ほとんど一般的に [→ごく 一般的に]，_×技術革新 [→技術面での発明品] の観点において_×もたらされた [→ 提示されている]。[0 / 5 点]

全体を読まないで下線部だけを見て訳を書くのは極めて危険。とにかく文章全体 の「言いたいこと」をつかむことが先決。

(2)

◆ Whether … can only be guessed at.「…かどうかは推測の域を出ない」

whether 節が文の主語で，それに続く can … be guessed at が動詞。whether 節は名詞節なので「〜か…かということ」であって，「〜であろうとなかろうと」 といった譲歩節ではない。guess at 〜「〜を推測する」を 1 つの動詞と見なして 受動態にした形。only を意識すれば「推測することしかできない」とするのが 直訳だが，日本語では「推測の域を出ない」とするのが自然。なお「推測する」 と「想像する」とは異なる。

◆ there is a connection between *A* and *B*「*A* と *B* の間には関係がある」

there is〔are〕〜「〜が存在する」の there は特定の場所を指す「そこに」の意 味ではない。

◆ enthusiasm for the crossword and the 1930s boom in detective fiction「クロス ワードパズルに対する情熱と 1930 年代の推理小説の大流行」

enthusiasm for 〜 は「〜に対する情熱」，boom in 〜 は「〜における大流行」 の意味。the 1930s boom「1930 年代のブーム」 the 1930s は「1930 年代」であ って「1930 年」ではない。detective fiction は「推理小説，探偵小説」の意味。

◆ with its obvious puzzle-solving appeal「推理小説に謎解き的な魅力があるのは 明らかだとはいえ」

● 一般に *A* with a *B*「*B* を持つ *A*」は，a を its として *A* with its *B* とはしない （*e.g.* a house with a [×its] large garden「大きな庭のある家」）。よって本文 の its が detective fiction を受ける代名詞であり，かつ detective fiction, with its … という形になっていることから with its … を形容詞句とするのは不適切 であるとわかる。つまり，with its … は副詞句となっている。

● この文の with は「〜があるにもかかわらず」という〈譲歩〉を表し，obvious が加わることで，「魅力があるが」から「魅力があるのは明らかだが」へと意 味が強まっている。また obvious(ly) 自体も，〈譲歩〉を示すことがあること に注意したい。*e.g.* Obviously, we can make rockets to go very fast, but what is a reasonable top speed ?「高速で航行するロケットを作ることができるのは明

らかだが，理にかなった最高速度とはどれくらいなのであろうか」(*Universi-ty Physics : Australian edition* by Hugh D. Young, Roger A. Freedman, and Ragbir Bhathal)

● この文で意味することは「推理小説もクロスワードパズルと同様に謎解きの魅力を持つことは明白であるが，かといって，推理小説の流行がクロスワードパズルの流行を後押ししたかどうかは推測の域を出ない」ということ。よって，訳出に際しては「～は明らかであるが」といった譲歩節のような訳出が適切。なお，puzzle-solving は solve a puzzle の変形。*e.g.* watch birds→bird watching「野鳥観察」

> **生徒答案例1**▶クロスワードパズルに対する情熱と，×パズルを解くというはっきりした魅力をもった［→パズルを解くという魅力は確かにあるものの］推理小説の 1930 年代における流行には関係があるのかどうかについては，憶測することしかできない。[3 / 5 点]

> **生徒答案例2**▶×クロスワードパズル［→探偵小説］は，×はっきりとパズルを解くという特徴を持っていたので［→パズルを解くという魅力は確かにあるものの］，クロスワードの盛り上がりと 1930 年代の探偵小説ブームに関連があったかどうかは推測することしかできない。[1 / 5 点]

with … が副詞句であることを理解するのが難しかったようだ。

(3) ────────────────────────

◆ **From their newspapers**「彼らが読んでいる新聞から」

　　あとの to dictionaries と共に hurrying を修飾する副詞句。their は後続の readers を受ける代名詞。このように，文の煩雑さを避けるため，代名詞が元の名詞に先行することはよくある現象。

◆ **readers were thus sent hurrying to dictionaries**「それゆえ，新聞の読者は，辞書へとせき立てられた」

● thus は「それゆえ，かくして」の意味の副詞で，訳出の際は文頭に置くこと。

● send *A doing* で「*A* に～させる」の意味で，本文では受動態になっている。これはクロスワードを解こうとしている新聞の読者が，クロスワードを何とか解きたいという情熱に突き動かされた，ということを意味している。

● 「読者が新聞から辞書へと急がされた」とは，電子辞書やスマホがない時代を考慮し，「新聞に出ているクロスワードを解くために，(図書館にある) 辞書を見に行くことになった」ということ。

◆ **which libraries complained they had repeatedly to replace**「図書館は，辞書を何度も補充しなければならないと不平をもらした」

● which は dictionaries を受ける関係代名詞で replace の目的語である。元の文は libraries complained that they had repeatedly to replace them で，them が

which となり文頭に置かれた。またその際，接続詞の that が省略されている（いわゆる連鎖関係代名詞節）。よって「このことは，そのことを」などの前文（の一部）を指すような訳語は不可。

- complain that S V は「S が V だと不平を言う」の意味。had to *do*「～しなければならなかった」の had と to の間に repeatedly「繰り返し，再三再四」という副詞が挿入されていることに注意。

- replace の訳は，下線部に続く部分を見て考えることができる。「辞書はクロスワード愛好者に乱暴に扱われたり，盗まれたりすることさえあった」=「辞書がすぐに傷んだり紛失したりする」 つまり，「辞書を何度も補修したり買い換えたりしなければならなかった」ということである。ただ，1つの単語に複数の訳をするのは避け，「補充しなければならない」とする。

- libraries complained は図書館を擬人化した表現であり，「図書館司書」などと意訳しても問題ないだろう。

生徒答案例1▶ ×新聞を出発点として [→新聞から] 読者は×それゆえ [文頭に] 辞書を引くように駆り立てられ，図書館は何度も辞書を新しいものに，×不満ながらも取り替えなければならなかった [→取り替えなければならないことに不満を述べた]。[0/5点]

生徒答案例2▶ それゆえ，新聞の読者は新聞のクロスワードから×急いで辞書があるところまで送られた [→急いで辞書のあるところまで突き動かされた]。図書館は，×彼らが [削除] 辞書を何度も何度も，×違うところに置いた [→交換しなければならない] と文句を言った。[0/5点]

スマホで何でも調べられる世代の人には，「わざわざ図書館まで行って辞書を引く」ということが理解できなかったのかもしれない。

---

(1) 20世紀初頭の生活における変化の過程といえば，技術面での様々な発明品の観点から提示されるのがごく一般的だ。

(2) クロスワードに対する情熱と 1930 年代の推理小説のブームに関連性があるかどうかは，推理小説に謎解き的な魅力があるのは明らかだとはいえ，推測の域を出ない。

(3) それで，新聞の読者は，新聞から辞書へとせき立てられたために，図書館は，辞書を何度も補充しなければならないと不平をもらした。

137 スターとは何か

全訳

第1段落

　スターは利益を生むために作られる。市場という観点から見れば，スターは映画を売る方法の一部である。(1)<u>ある映画にスターが出ていることで，その映画に行った時に見るものが約束されていることになる。</u>同様に，スターのおかげで新聞や雑誌が売れ，スターは食品，ファッション，車，その他ジャンルを問わずモノを売るのに利用される。

- □ *l.*1　in terms of ~「~の観点から」
- □ *l.*1　the market「市場」
- □ *l.*1　the way（that）S V「S が V する方法」　※関係副詞 that は省かれることが多い。
- □ *l.*2　the star's presence「スターの存在」
- □ *l.*2　S is a promise of ~「S は~を約束する」→「S のため~が約束されている」
- □ *l.*3　be used to *do*「~するために使われる」

第2段落

　こうしたスターの市場機能は，彼らの持つ経済的重要性のほんの一面にすぎない。(2)<u>スターは資産でもあり，その名前の力によって映画制作のための資金を集めることが可能になる。</u>スターはスター自身にとっても，スターを動かしている映画会社やエージェントにとっても資産であり，映画制作費用の主要な部分でもある。とりわけ，彼らは市場で利益のために売ることができる商品として映画を制作する労働力の一部なのだ。

- □ *l.*5　their economic importance「彼らが経済的に重要であること」
- □ *l.*6　property「資産，財産（不可算名詞）」
- □ *l.*6　on the strength of ~「~の力に基づいて」
- □ *l.*6　raise ~「（基金，お金）を集める」
- □ *l.*7　asset「財産」　※「会社の資産」「成功のために有用な資質」の意味。
- □ *l.*7　studio「映画撮影会社，映画撮影所，放送室」
- □ *l.*9　labour「労働力」

第3段落

　スターは自分たち自身を商品にすることに関わっている。彼らは労働力であると同時に，（様々な人の）労働が生み出すものでもあるのだ。彼らは自分一人で自らを生み出すということはない。素材となる人は，一つの身体，心理，一連の技能であり，それらをスターのイメージに仕上げなければならないのだ。(3)<u>その人物を形成する素材からスターを作るというこうした仕事は，その素材の持つ本質的資質が，どれだけ尊重されるかによって決まるのである。</u>化粧，髪型，衣装，食事，身体の鍛錬によって，もともとの身体的特徴を様々な度合いで活用できるし，技能を身につけることも，性格を変えることさえもできる。このような骨の折れる作業を行う

人たちには，メークアップアーティスト，美容師，衣装デザイナー，栄養士，専属のトレーナー，演技やダンスその他の教師，写真家，芸能記者などだけでなく，スター自身も含まれるのである。

- □ *l*. 11　be involved in ～「～に関わっている」
- □ *l*. 11　make *A* into *B*「*A* を *B* にする」　※変化の結果を表す into。
- □ *l*. 13　work ～ up「～を仕上げる」
- □ *l*. 14　make *A* out of *B*「*A* を *B* から作る」
- □ *l*. 15　the essential qualities of ～「～の本質的資質」
- □ *l*. 16　respect ～「～を尊重する」　※目的語が人間でない場合「尊敬する」は不可。
- □ *l*. 17　to a variety of degrees「様々な程度で」
- □ *l*. 19　dietician「栄養士」

(1)

◆ The star's presence in a film is a promise of … 「ある映画にスターが出演していることにより…が約束されている」

- ● The star's presence in a film は The star is present in a film. 「ある映画にスターが出演している」の名詞化。なお star の the は総称の the であり，「そのスター」と訳すのは不適切。

- ● a promise of ～ は，promise ～「～を約束する」の名詞化。「…の存在が～を約束する」という日本語では不自然なので「…によって～が約束されている〔保証されている〕」とするのが適切。

◆ what you will see if you go to see the film 「その映画を見に行った時に目にするもの」

　what は直前の of の目的語となる名詞節を作り，その中で1つ目の see の目的語になっている。関係代名詞として「～するもの」と訳しても，疑問代名詞として「何を～」と訳しても，日本語が不自然でない限り問題ない。この you は「人は」という意味の一般論で主語として使われるものなので「あなた」と訳すのは避ける。下線部全体で「ある映画の中にスターが出演していれば，少なくともお目当てのスターを見ることはできる」ということを意味する。

生徒答案例1▶ 映画にスターが登場することは，その映画を見に行く場合に見るもの△を約束する [→が約束されている：減点なし]。[5/5点]

生徒答案例2▶ 映画内のスターの存在×は [→によって]，その映画を×見に行くなら何を見るかを約束する [→見に行った場合に見るものが約束されている]。[3/5点]

「約束する」という日本語が不自然だと感じ取るだけの「学力」をつけること。

(2) ────────────────────────────────

◆ **They are also property「スターはまた資産でもある」**

　「They が何を指すか明らかになるように訳すこと」という指示がある。They は直前の文の中にある stars を受ける代名詞なので「スター」としておく。property は「財産」でも構わないが，さらに資金を生む元手となるもの，という本文の内容も考慮して「資産」とするとより適切な訳語となろう。「所有物，特性」の類いは不可。なお also を「スターもまた財産である」とするのはスター以外にも資産である者が存在することになるので間違い。訳はいったんここで切って，あとでこの後の関係代名詞節を訳す方がスッキリする。

◆ **on the strength of whose name money can be raised to make a film「その名前の力に基づいて，映画制作のためにお金を集めることができる」**

- ● この関係代名詞節の元の文は money can be raised to make a film on the strength of its name である。on the strength of its name「その名前の力に基づいて」が意味上のカタマリなので，それ全体が文頭に置かれ，its を whose にかえた形になっていることに注意。文の切れ目が strength のあとだと誤解すると，They are also property on the strength / of whose name money can be raised to make a film となるが，スラッシュの前も後も意味をなさない。
- ● raise money は「お金を集める，調達する，工面する」の意味。
- ● to make a film「映画を制作するために」は，〈目的〉を表す to 不定詞の副詞的用法だが，日本語に整える場合には，money を修飾する形容詞的用法のようにして「映画制作のためのお金」としても×にはならないであろう。

　生徒答案例 1 ▶ 人気役者は，~~彼らの~~ ［→その］ 名前のおかげで，映画を作るためにお金を集めることができる財産でもある。[4 / 5 点]

　生徒答案例 2 ▶ スターたちは，映画を制作するために~~使うお金を上げられる~~ ［→お金を集めることができる］ ~~彼らの名前の力という点で~~ ［→その名前の力を借りて　※「映画を制作するために」の直後に移動］ 財産でもあるのだ。[0 / 5 点]

　whose の先行詞となっている property は「スターという財産」の意味だが，「スター」という人物そのものではないので，whose を「彼らの」と訳すのは不可。

(3) ────────────────────────────────

◆ **This work … depends on 〜「この作業は〜で決まる」**

　「〜次第である」でも可。「この作業の成否は〜次第である」などと日本語を補ってもよいだろう。

◆ **of making the star out of the raw material of the person「その人の素材からスターを作るという」**

　最初の of は〈同格関係〉を示す働き。make A out of B は「A を B から作る」

の意味。the raw material of the person の of は〈同格関係〉を示すと考えれば，「人という素材」となり，of を〈所属〉と考えれば，「人の持つ素質」となる。いずれの解釈でも，結局は同じことを言っていることになる。

◆ how much the essential qualities of that material are respected「その素材の本質的な性質がどれほど尊重されているか（ということ）」

the essential qualities of that material are respected very much の very much の部分が how much と変形され，文頭に置かれた形。essential は「非常に重要な，本質的な，根本的な」の意味。the essential qualities of that material は，この下線部の直後で，the original body features「もともとの身体的特徴」と言い換えられていることを考慮すれば，essential の訳語として「本質的な，根本的な」が適切だとわかる。またこの文のように，respect の目的語が「人」でない場合は「～を尊敬する」という訳語は不可。

> **生徒答案例1▶** 人気役者をその人の元の材料から ×変化させる［→作り出す］この仕事は，どれだけその材料の必要不可欠な特性が尊重されるかにかかっている。［3 / 5点］

訳語の選択は慎重に。

> **生徒答案例2▶** ×人［→その人物］の生の材料 ×を除いて［→から］，スターを作るというこの ×働き［→仕事］は材料 ×が尊敬されるということの必要不可欠な質がどれほどであるか［→の本質的な性質がどれほど尊重されているか］によって決まる。［0 / 5点］

out of は，文脈により様々な意味を持つので，訳出は慎重にすること。

⑴ ある映画にスターが出ていることで，その映画に行った時に見るものが約束されていることになる。

⑵ スターは資産でもあり，その名前の力によって映画制作のための資金を集めることが可能になる。

⑶ その人物を形成する素材からスターを作るというこうした仕事は，その素材の持つ本質的資質が，どれだけ尊重されるかによって決まるのである。

2009 年度　4－（B）

138　ある女性の母親の思い出

全訳

　彼女は本当に自分の母を愛していた！　彼女の母は 86 歳にしてまだ完璧と言っていいほどに美しかった。(1)彼女の母親が年には勝てずに唯一受け入れたものは，補聴器だった。補聴器のことを「私の耳」と呼んでいた。彼女の母は，触れるものは何にでも優しく触れた。そして，母親が触れたことで，何でもほんの少し滑らかに，また幾分かより上品なものになっていた。母親にまつわるすべてのものが，彼女に，季節と共に変わりゆく木々を思わせ，身にまとう衣装がそれぞれ何らかの木の葉の色を思い起こさせた。少し黄味がかった春の薄緑，夏の盛りの濃い緑，ときには，（母親が身につけていたオレンジ色のスカーフや，髪を飾る赤いリボンを通じて）輝く秋の細やかな色彩を思い起こさせた。冬にはウール，夏には綿というように，母親は決して人工繊維を肌身につけることはなかった。「私が理解できないのはね，(2)便利さという名のもとに，結局は手間が余計にかかることになり，ささやかながらも本当の喜びを人から奪うような手抜きなのよ」というのが彼女の母の口癖だった。湿った布に押し当てられた温かいアイロンの香り，かつては命を持っていたものが持つ，体に触れる心地よさ。母親は，自分がやって当然と思うような労苦から抜け出さないことが正しいと固く信じていた。電動のフードプロセッサを所有したり，クレジットカードを持ったりなど，決してしようとはしなかった。「野菜を切るのが好きなのよ」と母親は言っていた。そして，(3)母親は支払いをするときには，かかったお金を，指先と自分の手のひらで感じたかったのだ。

- □ *l.*1　How S V !　※ How much …！と同義。「どれほど…だろう」という訳でも可。
- □ *l.*1　Still perfectly ….＝She was still perfectly ….
- □ *l.*2　make a concession to 〜「〜に対して譲歩する」
- □ *l.*2　a pair of hearing aids「（一組の）補聴器」
- □ *l.*2　"My ears," she called them.→She called them "my ears." の倒置形。
- □ *l.*3　Everything her mother touched she touched carefully→Her mother touched carefully everything (that) she touched. の倒置形。
- □ *l.*3　left a little smoother, a little finer for her touch→She left everything she touched a little smoother, a little finer for her touch.
- □ *l.*5　trees changing with the seasons「季節と共に変わりつつある木々」
- □ *l.*5　each garment some variety of leaf color→each garment reminded her of some variety of leaf color
- □ *l.*6　with a hint of yellow「黄色を帯びた」
- □ *l.*8　artificial fiber「人工繊維」
- □ *l.*8　next to her skin「身につけて」　※「皮膚のとなりにある」が直訳。
- □ *l.*9　laziness「手抜き」　※「怠惰」が直訳。
- □ *l.*9　in the name of convenience「便利さという名のもとに」
- □ *l.*10　deprive A of B「A から B を奪う」
- □ *l.*12　a great believer in 〜「〜の価値を固く信じている人」

□ *l*. 12　remove *A* from *B*「*A* を *B* から引き離す」
□ *l*. 15　on the tips of her fingers「指先で」
□ *l*. 16　on the palms of her hands「手のひらで」　*cf*. the back of the hand「手の甲」

(1) ───────────────────────────────────────

◆ The only concession she'd made to her age was … 「彼女の母親が年には勝てずに唯一受け入れたものは…だった」

　　文の骨組みは The only concession が主語で，was が述語動詞。she'd made の前には関係代名詞 that が省略されており，make a concession to ～「～に譲歩する」がもとになっている。she'd は she had の短縮形。「その当時すでに行っていた」ことなので過去完了が使われている。内容を汲むと，「年齢に譲歩する」とは「年だからしかたがないと，自分では望んでいないことをする」こと。「年に勝てずに～を受け入れる」と訳すとしっくりいく。

◆ a pair of hearing aids「一組の補聴器」

　　a pair of ～「一組の～」は訳さなくても問題ないだろう。

生徒答案例 1 ▶ 彼女が唯一自分の年齢に合わせたことは補聴器△だけ［不要だが減点なし］だった。[5 / 5 点]

生徒答案例 2 ▶ 彼女が自らの年齢に対して唯一×容認した［→譲歩した］のは一対の補聴器だった。[4 / 5 点]

生徒答案例 3 ▶ 彼女が唯一，自分の×年齢を認めた［→年齢に対して譲歩した］ことは×両耳の聴力［→補聴器］で×ある［→あった］。[1 / 5 点]

make a concession をどう訳すかがポイントとなる。動詞形の concede は「共に行く」から「相手と歩調を合わす」→「譲歩する」という意味を持つ。

(2) ───────────────────────────────────────

　　下線部を含む文全体の構造は，What she didn't understand (S) was (V) the kind of laziness (C)。よって，下線部は下線部直前にある was の補語となる名詞句であり，その名詞に関係代名詞節が続いているので，「～な怠惰」のような体言止めで訳すこと。ここを「～が…する」のように 1 つの文であるかのように訳してしまうと，有無を言わさず 0 点であろう。

◆ the kind of laziness which ～「～のような手抜き」

　　the kind of … which ～ は「～の種類の…，～の類いの…，～のような…」とするのが適切。本文での laziness は「手抜き，無精」という訳語が適切。

◆ in the name of convenience「便利さという名のもとに」

　　後続の動詞を修飾する副詞句。「便利であるという名目で」などでもよい。

◆ in the end「最終的に，結局（は）」

後続の動詞を修飾する副詞句。

◆ made more work「もっと多くの仕事を作る」

　　made は関係代名詞節の中で which を主語とする文の動詞としての役割。いわゆる無生物主語の文がもとになっているので「(そのせいで) もっと仕事が増える／手間が増える／手間がかかる」などとすると自然な日本語になる。時制の一致で made になっているが，訳は現在形のようにしておくこと。

◆ and deprived one of the small but real joys「そして人から小さいが本当の喜びを奪う」

　　deprived は，which に対する 2 つ目の動詞。deprive *A* of *B*「*A* から *B* を奪う」の語法から one がこの熟語の *A* に当たり，one of 〜「〜の 1 つ」ではないことを見抜くこと。one は「(一般の) 人」を表す。small と real は共に joys を修飾する形容詞。

　　生徒答案例 1 ▶ 便利という名のもとで最終的にはより多くの仕事を作り，小さいけれども本当の喜びを人から_×奪った怠け ［→奪う手抜き］ のようなもの ［4／5 点］

　　生徒答案例 2 ▶ _×快適な名前の中で ［→便利さという名のもとに］，結局より多くの_×仕事をし ［→仕事を作り］，小さいが本当の楽しさを_×奪われたその怠け ［→人から奪うような手抜き］ ［0／5 点］

laziness は簡単な語だが，文脈に則した適訳をするのは難しかったようだ。

(3) ───────────────────────────────

◆ when she paid for something「彼女が何かに対して代金を払うとき」

　　後続の主節を修飾する副詞節。pay for 〜 は「〜に対する代金を払う」だが，目的語の something を訳出せず，単に「支払いをする」としても容認されるだろう。ただし，日本語では現在形にしないと不自然になるので注意。

◆ she wanted to feel, …, the cost「彼女はその対価を…感じたかった」

　　cost は feel の目的語。これは，feel の目的語を，強調のため文末に置いたものである。前文で「(彼女は) クレジットカードは持とうとしなかった」とあり，この女性が現金払いをしていたことがわかる。cost は，ここでは「(あるものの対価としての) 硬貨や紙幣」の意味。それを連想できる訳語として「価値，値段，金額，対価」などが適切。「犠牲」は不可。「対価を感じる」というのは，どれだけのお金がかかったかを具体的に味わうことであろう。

◆ on the tips of her fingers「彼女の指先で」

　　feel を修飾する副詞句。on は「接触」を表し，「手の指先につけて」の意味。

◆ on the palms of her hands「彼女の (両) 手のひらで」

　　feel を修飾する副詞句。palms を知らなくても，現金払いをしている様子を思い浮かべればよい。「手の palms に硬貨をのせて」いると考えれば「手のひら」

であることはわかるはず。モニターの生徒の解答の中には「手のヤシの実の上にある」「自分の手の油などに関する」などの珍解答が多数出てきた。

生徒答案例1 ▶彼女が何かを支払うとき，彼女の指先や手の平でその金額を感じたかった。[5 / 5 点]

生徒答案例2 ▶彼女が何かにお金を払う時には，指でつまみ，手の平に広げることでそのお金の重みを感じたがった。[5 / 5 点]

いずれもよくできています。素晴らしい。

---

(1) 彼女の母親が年には勝てずに唯一受け入れたものは，補聴器だった。

(2) 便利さという名のもとに，結局は手間が余計にかかることになり，ささやかながらも本当の喜びを人から奪うような手抜き

(3) 母親は支払いをするときには，かかったお金を，指先と自分の手のひらで感じたかったのだ。

139　携帯電話と電子メールの比較

全 訳

第 1 段落

　私たちが現在，意思伝達の方法において重大な変化を経ていることに議論の余地はない。そうした変化の最も明らかな象徴が 2 つあり，それは携帯電話と電子メールである。こうした 2 つの伝達手段の登場が私たちの社会環境に与えた影響を見てみると，電話通信に起きている変化の方がその 2 つのうちではより大きいものに思えるかもしれない。なぜなら，その変化は路上でもエレベータでもレストランでも目につくからだ。しかし，これは単に技術的な変化でしかない。(1)電話線がない電話は，ポケットに収まるほど小さく，その中には奇跡的な技術が詰まっており，あれこれ考えなくてもロンドンのタクシーの後部座席から自宅に電話がかけられるほどなのであるが，それでもただの電話にすぎない。

- □　*l.*1　There is no *doing*「～することは不可能だ」
- □　*l.*1　undergo ～「～を経験する」
- □　*l.*1　change in ～「～における変化」
- □　*l.*2　approach to ～「～への接近方法，やり方」
- □　*l.*3　the impact of *A* on *B*「*A* の *B* に対する影響」
- □　*l.*4　social landscape「社会環境，社会状況」
- □　*l.*5　the greater of the two「二者のうちの大きい方」
- □　*l.*7　fit in ～「～に収まる」
- □　*l.*9　think twice「よく考える」

第 2 段落

　それに比べて，(2)郵便の本質が変化したことの方がはるかに深い意味があり，その影響はまさに革命的である。電子メールは，一見すると，手段が違うだけで，手紙を書いているのと同じに思える。しかし，もっと注意して見れば，この新しい伝達媒体は，私たちの情報処理能力だけでなく，人と人との接触の本質にも重大な変化をもたらしていることがわかる。電子メールを使うのが一見すると簡単に見えるため，それについて知っておく必要のあることは何でも知っていると思うかもしれないが，実は，(3)電子メールは，それがどういうものか私たちが本当に理解しないうちに，私たちを追い越してしまったのだ。

- □　*l.*10　in contrast「それとは対照的に」
- □　*l.*10　shift in ～「～の転換」
- □　*l.*10　mail「郵便」　※「電子メール（＝e-mail）」と区別すること。
- □　*l.*10　by far「（比較級，最上級を強調して）はるかに」
- □　*l.*11　implications「影響」　※この意味では通例複数形。
  　　　　＝a possible future effect or result of an action, event, decision etc
  　　　　（『ロングマン現代英英辞典』）
- □　*l.*11　nothing less than ～「～に他ならない」
- □　*l.*11　apparently「一見」
- □　*l.*13　bring about ～ / bring ～ about「～をもたらす」

5

英文和訳

□ *l*.14　*A* as well as *B*　※近年では *A* and *B* の意味でも使われることにも
注意すること。
□ *l*.14　process ～「～を処理する」
□ *l*.15　apparent ～「一見～に見える」
□ *l*.16　overtake ～「～を追い越す」

(1) ────────────────────────────────

◆A phone without wires … is still just a phone.「…なコードのない電話はそれで
も電話にすぎない」

●A phone が文の主語で，is がそれに対応する動詞。without wires は A phone
を修飾する形容詞句。still は「それでもなお」の意味の副詞で，just は「～に
すぎない」の意味の副詞。この主文と，残りの部分「小さくて持ち運びやす
い」「どこからでもかけられるほど奇跡的な技術が詰まっている」は逆接の関
係になっているので，「小さく，奇跡的な技術が詰まっているが」とするのが
適切。

●wires は「電話線」「線」でもよいが，「鉄線」「ワイヤー」は不可。

●phone という語自体は「携帯電話」を表さないことに注意。「電話は所詮電話
にすぎない」と述べられている。

◆so small that it fits in a pocket「ポケットに収まるほど小さい」

全体は so … that S V「とても…なので S は V する」という構文が使われてい
る。fit in ～ は「～に（形，大きさが）合う」の意味。この部分全体が A phone
を修飾していると考え，「あまりに小さいのでポケットに収まるようなコードの
ない電話」と訳しても構わないし，また分詞構文と考えて，「コードのない電話
は，とても小さいのでポケットに収まるほどだが」と訳すことも可能。

◆containing such miracles of technology that …「その中には…のような奇跡的
な技術が詰まっており」

全体は such … that S V「とても…なので S は V する」という構文が使われて
いる。訳出は上と同様2通りが可能。that … から訳す場合には such を「そのよ
うな」と訳すのは不可。

◆one can call home from the back seat of a London taxi without thinking twice
「あれこれ考えなくてもロンドンのタクシーの後部座席から自宅に電話がかけら
れる」

one は一般論であることを示す代名詞で訳さない。call home は「自宅に電話
する」，think twice は「よく考える」の意味の熟語。without thinking twice は
「電話線のない電話を使うことに人々は何の驚きも抵抗もない」ということを含
意している。よって「あれこれ考えることなどなく」「当たり前のように」「当然

のように」などとすれば文意に合う。

> **生徒答案例▶** _×電話機は鉄線がなく [→コードのない電話は]，また，小さくてポケットに入る。そして，_×<u>こんな</u> [削除] 驚くような技術を持っていて，ロンドンのタクシーの後部座席から躊躇することなく家にかけることができる_×<u>のがまさに電話だ</u> [→ほどだが，それでも電話にすぎない]。[0／5点]

下線部が「伝えたいこと」をまず考えること。それがはっきりしないうちに訳しても徒労に終わるだけ。

---

(2)

◆ the shift in the nature of mail「郵便の本質の変化」

shift in 〜 で「〜の変化」。the nature of 〜 で「〜の本質，性質」の意味。mail は，現在では email の意味でも使われることがあるが，この文では「郵便」の意味である。この勘違いは 0 点になるだろう。

◆ is by far the more profound「はるかに深い意味がある」

● by far は「（比較級，最上級を強調して）はるかに」の意味の副詞句。なお more profound に the がついているのは，あとに「電話と郵便」という二者の比較があるからで，「二者のうちの比較級は，特定可能で the がつく」という原則に基づいている。

● profound は「（変化，影響などが）強い，大きい」を意味する形容詞だが，筆者の主張「電話から携帯電話への進歩は<u>程度の差</u>にすぎないが，郵便から電子メールへの進歩は<u>質的な差</u>だ」ということを考慮すれば，「意味深い」ぐらいの訳の方が適しているだろう。

◆ and its implications are nothing less than revolutionary「その影響はまさに革命的である」

この文の implications は「（将来にもたらすであろう）影響」の意味。またこの意味では通例複数形。「含意するもの」という訳語も×にはならないかもしれない。nothing less than 〜 は「〜に劣る何物でもない」が直訳だが，「〜に他ならない，まさに〜だ」と訳すのが通例。

> **生徒答案例▶** _×メール [→郵便] の本質の変化は，はるかに重要で，そして_△それが暗に意味すること [減点なし] は_×革命的だ [→まさに革命的だ] ということである。[0／5点]

「メール世代」には mail が「メール」に思えてしまうのだろう。基本語だと侮ってはいけない。日々辞書を引こう。

---

(3)

◆ e-mail has overtaken us「電子メールは私たちを追い越した」

without 以下の内容「それがどういうものか私たちが本当に理解しないうちに」を考慮すると，「電子メールがもたらす影響は，私たちが意識している範囲

や程度を超えてしまっている」ということを表すことがわかる。ただ，下線部訳は「説明せよ」ではない。よって has overtaken を「私たちの意識している範囲や程度を超え，私たちが理解せぬまま私たちの生活に浸透した」などとする必要はない。ちなみに overtake 〜 は「〜に追いつき追い越す」という意味である。追い越すことまでは意味しない catch up with 〜「〜に追いつく」とは異なる。

◆ without our really understanding what it is「それがどういうものか私たちが本当に理解しないうちに」

　　our は understanding という動名詞の意味上の主語。it は e-mail を受ける代名詞。without の訳は全体の流れを考慮して「〜せずに，〜しないで」とする必要がある。

　　生徒答案例▶電子メールは我々がそれが何なのか本当に理解することなしに
　　我々ₓに追いついてしまった［→を追い越してしまった］。[1／5点]
この間違いは overtake＝catch up with と書いてある参考書の影響かもしれない。

(1)　電話線がない電話は，ポケットに収まるほど小さく，その中には奇跡的な技術が詰まっており，あれこれ考えなくてもロンドンのタクシーの後部座席から自宅に電話がかけられるほどなのであるが，それでもただの電話にすぎない。
(2)　郵便の本質が変化したことの方がはるかに深い意味があり，その影響はまさに革命的である。
(3)　電子メールは，それがどういうものか私たちが本当に理解しないうちに，私たちを追い越してしまったのだ。

140　医療における心のふれあいの大切さ

全訳

第1段落

　医療の性質と役割は，過去1世紀の間に徐々に変化してきた。(1)かつては病人の世話をすることを目的とし，心を通い合わせることが主体であった活動が，病人を治療でき，その成功率も高まっている技術主体の事業となっている。こうした技術面での進歩を捨て，過去に戻りたいと思うような人はほとんどいないだろうが，治療という業務が確立されるにつれて，医療が伝統的に担ってきた，世話をして気遣うという役割が置き去りにされてしまった。そして，(2)医学的な治療法が見出される以前でさえも，医療が患者にとってあれほど有益なものであったのはそこに人間的なふれあいが存在したためだが，現在では医療はそうしたふれあいを失ったと批判されている。

- ☐ *l.*1　the nature of 〜「〜の性質，本質」
- ☐ *l.*2　aim *A* at *B*「*A* の目標を *B* とする」
- ☐ *l.*3　the sick「病人」　※〈the＋形容詞〉で「〜な人々」の意味。
- ☐ *l.*3　a technical enterprise「技術的な営み」→「技術主体の作業」
  enterprise＝a large and complicated project, especially one that is done with a group of other people（『ロングマン現代英英辞典』）
- ☐ *l.*3　treat 〜「〜を治療する」　※「〜を扱う」は〈様態〉の副詞を伴う。
- ☐ *l.*3　with increasing success「ますます成功して」
- ☐ *l.*5　caring function「世話をして気遣うという役割」　※この caring は同文中（*l.*6）にある curing と対比的に使われている。care は「気遣うこと」で cure は「治療する」ことなので，caring は「病人の世話をし，言葉を交わして心を通わせる，かつての医療」の方を指し，curing が「治癒率の高い，現代の技術主体の医療」を指す。
- ☐ *l.*5　leave 〜 behind「〜を置き去りにする」
- ☐ *l.*5　the practices of curing「治療の実践」→「治療行為」　※practice「実践，実際に行うこと」
- ☐ *l.*6　it（is criticized）「医療（が批判されている）」
- ☐ *l.*6　criticize *A* for *B*「*B* だとして *A* を批判する」
- ☐ *l.*7　human touch「人間的なふれあい」

第2段落

　問題は簡単であるように思える。つまり，「人間的なふれあい」対「技術」ということだ。しかし医療において，この2つを切り離すのは決して簡単ではないことは誰でもわかっている。医療行為に関する研究によって，患者の健康状態は，医師・患者間の意思疎通の質にしばしば影響を受けるということがわかっている。(3)治療によって起こりうる影響を説明するといったような，患者に対する初歩的な形態の配慮でさえも，治療の結果に大きな影響を及ぼすことがあるのだ。また，医学が今なお効果的な治療を施すことができないような場合には，昔ながらの気遣いが特に強く求められることもわかっている。それゆえ，現代の医療の心のふれあいという側面を忘れないようにすることが重要なのだ。

5

英文和訳

□ *l.*12　such *A* as *B*「*B* のような *A*」　※この表現では such を「そのような」とは訳さない。

□ *l.*12　an elementary form of 〜「初歩的な形態の〜，〜の初歩的形態」

□ *l.*13　consideration for 〜「〜に対する配慮」

□ *l.*13　likely effect「ありそうな影響」

□ *l.*14　have an impact on 〜「〜に（強い）影響を及ぼす」

□ *l.*16　hence「それゆえ」

□ *l.*17　dimension「側面」

(1)
───────────────────────────────

◆ What was once a largely communicative activity … has become a technical enterprise「かつては心を通い合わせることが主体であった活動が，技術主体の事業となっている」

　What … activity が文の主語。has become が述語動詞。largely は communicative を修飾する副詞で「おもに」の意味。a largely communicative activity は「おもに意思疎通の活動」が直訳。しかし，この文章全体が「医師と患者の間の対話，信頼関係を築くやり取り，心のふれあい」について述べていることから communicative activity は「心を通い合わせる活動」「人と親身に関わる行為」などと訳すことも可能。また「コミュニケーション主体の活動，対話中心の活動」などでもいいだろう。一方の technical enterprise は「技術主体の事業」の意味。「医療活動」だったものが「個人の枠組みを超える組織的な事業」のようなものになってしまった，ということを示唆している。

◆ aimed at looking after the sick「病人の世話をすることを目的とした」

　この箇所は，直前の activity を修飾する，過去分詞によってまとめられた形容詞句。the sick は「（総称的に）病人」の意味。

◆ able to treat them with increasing success「ますますうまく病人を治療できる」

　この箇所は，直前の enterprise を修飾する形容詞句。with increasing success は「ますます増える成功と共に」が直訳であるが，〔解答〕のように「病人を治療でき，またその成功率も高まっている」などのような訳も可能。

　生徒答案例▶かつては，病気の人々の面倒を見ることを目的とした，主に意思疎通を図る活動だったものは，彼らを△増加している成功とともに〔減点なし〕治療することのできる技術的な×企業〔→事業〕となった。〔1 / 5 点〕

「活動だったものが企業になる」は全く意味をなさないので，軽い減点ではすまないだろう。

(2)
───────────────────────────────

◆ it is criticized now for losing the human touch「医療は現在では人間的なふれあいが失われたと批判されている」

　● it は medicine「医療」を受ける代名詞。設問に「it が何を指すか明らかにな

るように訳すこと」という指示があるので，it を「それ」としてはいけない。medicine の訳語は「医療，医学」であるが，本文は患者を治療するという文脈なので「医療」の方が適切。「薬」という訳もあるが，ここでは不可。
- criticize A for B で「B に関して A を批判する」の意味。for は「理由」を表す働き。the human touch の the は，後続の関係代名詞節によって限定されたためについた the なので訳してはいけない。なお，human touch は「意思疎通を図ること」も可。

◆ that made it so helpful to patients「医療を患者にとってあれほど役立つものとした」

that は the human touch を先行詞とする関係代名詞で，made の主語になっている。節内は made(V) it(O) so helpful(C) の第 5 文型の形。無生物主語が使われているので「～のため，…であった」のように訳すとよい。it は，medicine「医療」を受ける代名詞。so は「（話し手と聞き手の暗黙の了解を示す）これほど，あれほど」の意味の副詞。日本語では訳さない方が自然な訳になることもある。なお「患者」を「病気を患う者」とするのは可だが，「看者」は漢字間違い。この部分の直訳は「医療を患者にとってあれほど有益なものにする（人間的なふれあい）」となるが，そうしたふれあいが現在では存在しないという文脈を踏まえ，「医療が患者にとってあれほど有益なものであったのはそこに人間的なふれあいが存在したためだが」と日本語を補うと意味がわかりやすい訳となる。

◆ even before it knew how to cure them「患者をいかにして治療するかを，医療が知っている以前でさえも」

before … them は made を修飾する副詞節。even は before … を修飾する副詞で「～さえも」の意味。it はここでもやはり medicine を受ける代名詞。them は patients「患者」を受ける代名詞。before S V は「S が V する前に」以外にも「S が V しないうちに」という訳も可能。*e.g.* Come back before it gets dark.「暗くならないうちに帰っていらっしゃい」　よって「医療が知っている状態の前に」→「医療では知られていないときに」。

　生徒答案例1▶ ×治療の実践［→医療］は今や，×医学の伝統的な治療の機能がどのように彼らを治すのかが分かる［→医学的な治療法が見出される］前からでさえ，×それ［→医療］を患者に役立つものにした人との触れあいを失ったことによって批判されている。[1/5点]
　生徒答案例2▶ ×それ［→医療］がどのように患者を治すか知る前でさえ，患者にとって，×非常に助けとなっていた［→医療をあれほど役立つものにしていた］人間の触れ合いを失っているため，×それ［→医療］は［訳抜け→現在では］批判されている。[0/5点]
文構造，単語とも決して難しくないが，まとまりのよい解答は多くなかった。

(3) ──────────────────────────────────

◆ Even … an elementary form of consideration for the patient「患者に対する初歩的な（形態の）配慮でさえも」

　　Even は「～でさえも」の意味の副詞。form「形，形態」は必ずしも訳に出す必要はない。elementary は「初歩の，基本的な」などの訳が可能だが，even「～でさえも」という副詞から，ここで挙がっている「配慮」は「たいしたことではない」ものであることが示唆されている。よってここで elementary の訳語は，「重要さ」の意味合いをしばしば伴う「基本的な」より，「高度ではない」含みを持つ「初歩的な」が適切。consideration は「配慮」以外に「思いやり，心配り」などとしてもよいが，「考えること」は不可。

◆ such … as explaining the likely effects of a treatment「治療によって起こりうる影響を説明するといったような…」

　　such A as B「B のような A」では such は訳さない。such と as が離れているので両者の相関関係に気がついたかどうかがポイントとなる。the likely effects は「（治療によって）起こりうる（プラスあるいはマイナスの）影響」の意味。「効果」という訳語は，プラスの影響の意味にしかならないので避ける。

◆ can have an impact on the outcome「治療の結果に大きな影響を及ぼすことがある」

　　can は可能性を示し「～しうる，～することがある」と訳す。have an impact on ～ は「～に対して影響を及ぼす」の意味。impact は「衝撃（力）」とも訳せる語であり，通常「強い影響力」を指すので，「著しい〔大きな〕影響」などとすればよいだろう。

　生徒答案例▶患者に向けた×そのような初歩的な思いやりさえも，×表れるであろう治療の効果を説明するものとして結果に影響を及ぼしうる。[0/5点]

such ～ as … の関係が理解できていないため，わけのわからない訳になってしまっている。この類いのミスはかなり多い。

──

(1)　かつては病人の世話をすることを目的とし，心を通い合わせることが主体であった活動が，病人を治療でき，その成功率も高まっている技術主体の事業となっている。

(2)　医学的な治療法が見出される以前でさえも，医療が患者にとってあれほど有益なものであったのはそこに人間的なふれあいが存在したためだが，現在では医療はそうしたふれあいを失ったと批判されている。

(3)　治療によって起こりうる影響を説明するといったような，患者に対する初歩的な形態の配慮でさえも，治療の結果に大きな影響を及ぼすことがあるのだ。

2006 年度　4―(B)

141　人を説得する方法

全訳　　ただ何かの案を述べるだけでは，聞き手にそれを受け入れてもらうことは決して
できない。(1)たとえ「私たちは幹線道路建設にお金を使うべきだ」と言ったとして
も，そのような措置をとるべきだと主張したにすぎないのである。聞き手の側から
すると，「なぜそうすべきなのか」という疑問がわくだけのことだ。(2)単にこちらが
そのような発言をしたという理由だけで，その提案が妥当だと信じる理由など，聞
き手の中の誰一人として持ち得ないのである。しかし，「なぜなら…」と続け，聞
き手のひとりひとりが心の底から同じ声を上げるべき理由をいくつか挙げることが
できれば，自分の主張の正しさを示すことができるだろう。(3)聞き手が意見を求め
られた場合に，幹線道路への資金投入が重要であるということに関して合意の方に
傾くならば，こちらの目的は達成されたことになる。

- □ *l.*1　by no means「決して～ない」
- □ *l.*2　spend *A* on *B*「*A* を *B* に費やす」
- □ *l.*2　all you have done is to *do*「やったことは～にすぎない」
- □ *l.*3　assert ～「～と断定する，主張する」
- □ *l.*3　take a step「手段を講じる，措置を講じる」
- □ *l.*5　voice ～「～を言葉にする」
- □ *l.*8　*one's* point「～の主張」
- □ *l.*9　lean towards ～「～に傾く」

(1)

◆ If you say, "We should spend money on highway construction,"「たとえ『幹
線道路建設にお金を使うべきだ』と言ったとしても」

- ●you は一般論を述べるときに使われる代名詞なので，訳す必要はない。訳すと
しても一般人称の「あなた」であることが伝わるような訳を心がけること。一
般に we は they との対比として使われる。よって「私たち，我々」と訳して
も構わない。
- ●spend *A* on *B* は「*A* を *B* に費やす，*B* に *A* を使う」の意味。
- ●if の訳は，後続の主節の内容からすると，「たとえ～でも」と訳した方が自然
となる。これは，逆接でなくても，逆接的に訳した方がしっくりいくことがあ
るという日本語の特性によるもの（明確に逆接であることを示す場合には
even if ～ とする）。*e.g.* Tom has a nice car, and he never lends it to me.「トム
は素晴らしい車を持っているが［←持っている。だから］私には決して貸して
くれない」
- ●highway は「幹線道路」であって「高速道路」ではない。

◆ all you have done is to assert … 「したことは…と主張することだけだ」

直訳は「やったことのすべては…と主張することだ」となる。「それですべて」＝「他にはない」＝「それだけ」という流れを確認しておきたい。この all も東大では時々出題されている。

◆ that such a step should be taken 「そのような対策をとるべきだということ」

　　that は後続の文を1つの名詞節にまとめる働きの接続詞。take a step は「手段〔措置〕を講じる」の意味。本文の step の訳語として「段階」は不可。また，助動詞のあとに受動態が置かれた場合には，受動態のままで訳すと不自然な日本語になることが多い。ここでも「対策が講じられるべきだ」とするより「対策を講じるべきだ」とした方が自然な日本語になる。

> **生徒答案例1▶**たとえ，「我々は、ₓ高速道路［→幹線道路］の建設に出費すべきだ」と言っても，そのような、ₓ段階が踏まれる［→対策を講じる］べきだと断定しただけだ。[1／5点]

> **生徒答案例2▶**もし，「我々は、ₓ高速道路［→幹線道路］の建設にお金を使うべきだ」と、ₓ言えば［→言っても］，してきたことはそのような、ₓ段階［→措置］がとられるべきだと断定することだけだ。[0／5点]

どちらも highway を「高速道路」と訳しているのと，step を「段階」と訳しているのが減点対象となる。

(2)

◆ No person in that audience has any reason to believe … 「…だと信じる理由など，その聞き手の中の誰一人として持ち得ないのである」

　　no person in that audience は，no を not と any に分解し「その聞き手の中の誰も…ない」とするのが自然。to believe … は reason を修飾する to 不定詞の形容詞的用法。

◆ that the proposal is good 「その提案が妥当である」

　　that は後続の文を名詞節にまとめる接続詞。

◆ simply because you have voiced it 「単にこちらがそのような発言をしたという理由だけで」

　　because 節は believe を修飾する副詞節。simply because … の前で訳を切ってしまうと，simply because … が has any reason を修飾していることになってしまうので不可。一般に〈否定文＋simply／just because …〉は「ただ…というだけで～ということにはならない」と訳すことが多いことを覚えておこう。なお you は「あなた」ではまずいので「こちら」としている。

> **生徒答案例▶**単にその提案を主張ₓしただけなので［→しただけでは］，その聴衆の中の誰もそれが良いと信じるための理由を持っていない。[0／5点]

　　〈否定文＋because …〉は修飾関係が難しいことが多い。よく文脈をとらえ訳したい。

(3)

◆ You have achieved your purpose「自分の目的を達成したことになる」

　　your purpose の内容は,「幹線道路への支出が重要であると認めさせるという目的」。一般論を示す you を「あなた」と訳さないので,「目的」を主語として「目的は達成されたことになる」などの訳も可。

◆ when your audience would … lean towards agreement on the importance of highway spending「聞き手が幹線道路への資金投入が重要であるということに関して合意の方に傾くとき」

　　would lean は仮定法過去。lean towards ～ は「～に傾く」,agreement on ～ は「～に関する合意」の意味。the importance of … spending は「支出の重要性」という直訳でもよいが,「支出が重要である（という～）」とすると文意が明確になる。

◆ if asked「意見を求められた場合に」

　　帰結節に挿入された条件節。元は if they（＝your audience）were asked で,they were が省略されている。一般に〈時〉〈条件〉〈譲歩〉を示す副詞節では,自明の S＋be 動詞は省略されることが多い。意味は「幹線道路への資金投入について意見を求められたら」だが,訳す際は「意見を求められた場合に」とすると自然につながる。

　生徒答案例1▶ △聴衆に問うた［→意見を問われた：減点なし］時に聴衆が×高速道路［→幹線道路］への出費の重要性に同意する方へ×傾いていたら［→傾くなら］,目標は達成だ。[2/5点]

　生徒答案例2▶ もし×観衆［→聞き手］が×尋ねられれば［→尋ねられた場合に］,×高速道路［→幹線道路］にお金を使うことの重要性についての合意に×傾いた時［→傾くなら］,自身の目標は達成×してきた［→されたことになる］。[0/5点]

　　和製英語は常に疑って,日々辞書で確認すること。「まず疑うこと」が学問の基本だ。生徒答案例2の「尋ねられれば」という訳では修飾関係がおかしくなる。

(1) たとえ「私たちは幹線道路建設にお金を使うべきだ」と言ったとしても,そのような措置をとるべきだと主張したにすぎないのである。
(2) 単にこちらがそのような発言をしたという理由だけで,その提案が妥当だと信じる理由など,聞き手の中の誰一人として持ち得ないのである。
(3) 聞き手が意見を求められた場合に,幹線道路への資金投入が重要であるということに関して合意の方に傾くならば,こちらの目的は達成されたことになる。

142　科学革命がもたらしたもの

全訳

第1段落

「科学革命」は，16～17 世紀のヨーロッパの天文学や自然科学が成し遂げた偉大な知的勝利を表現するのに伝統的に使われている言葉だ。1700 年ごろまでには，教養ある人たちは宇宙を時計のような機械的構造を持つものと見なし，地球は太陽の周りを回っている惑星だと考えられていた。科学革命に結びついた知的転換から，自然を探求してそれを支配することには価値があるということに対して新たな信頼が生まれたが，これは現代社会における科学の重要性を理解するのに不可欠な発展である。

- □ *l.*1　term「（1 語あるいは 2 語以上の）言葉」
- □ *l.*1　used to *do*「～するために使われる」　※used は過去分詞形。
- □ *l.*2　triumph「勝利」
- □ *l.*2　astronomy「天文学」
- □ *l.*3　physical science「自然科学」　※生物を除く形あるものを対象とする科学。
- □ *l.*3　conceive of *A* as *B*「*A* を *B* だと考える」
- □ *l.*5　intellectual transformation「知的転換」　※trans-〈越える〉+ -form「形」
- □ *l.*6　confidence in ～「～に対する信頼」

第2段落

17 世紀はまた，技術の向上や自然界の理解によって人類が進歩するかもしれない潜在的可能性をめぐってそれまでにない楽観主義が生まれた点で特徴的であった。(1)自然を理解し支配することで，農工業の技術が向上するだろうという希望が表明された。しかし，科学的知識を応用する際に意図されたことと実際の成果には大きな隔たりがあった。自然界を知るということは実際に有用であり，技術革新にとってそれが将来的に重要になるという主張は珍しいものではなかったが，科学の育成は人間と人間を取り巻く環境の関係にほとんど何の効果も与えていなかった。それでも，自然界に関する知識を追求することと関連する文化的価値観は 17 世紀の社会の重要な特徴だった。科学は，技術の進歩や知的理解，そしてこの世界を創造した神の叡智に対する賞賛といった様々な価値観を表明するものだった。(2)自然界の厳しく神秘的な環境は，人間が探求することでその秘密を明らかにするだろうと，人々は信じていた。人間に自然を支配する能力があるという信念は，自然界という神の書物を研究することは，聖書という神の言葉が書かれた書物を研究することと密接な関係があるのだ，という主張によって正当化された。

- □ *l.*9　*A* be characterized by *B*.「*A* の特徴は *B* だ」
- □ *l.*9　optimism about ～「～に関する楽観主義」
- □ *l.*12　techniques in industry and agriculture「農工業の技術」
- □ *l.*13　gap between *A* and *B*「*A* と *B* の隔たり」
- □ *l.*14　claim for ～「～という主張」

□ *l*.16　the cultivation of science「科学の育成」
□ *l*.17　cultural values「文化的価値観」
□ *l*.19　expressed the values of *A*, *B* and *C*「*A* と *B* と *C* の価値観を表明した」
□ *l*.21　hostile「（環境が）厳しい条件の，過酷な」
□ *l*.22　yield *A* to *B*「*A* を *B* に譲り渡す」
□ *l*.24　go hand in hand with ～「～と密接な関係がある」

第3段落

　文化的な物の見方のこうした重要な変化は，宇宙の概念，そして自然界において人間が占める位置の概念を劇的に変えた。(3)宇宙は一つの機械であり，そこには地球と似た惑星が他にもあるかもしれないという考えは，人間が唯一無二の存在であるという伝統的な前提を脅かし，宇宙が人間のために創造されたという教義の否定につながっていった。

□ *l*.26　shift in ～「～の転換」
□ *l*.26　cultural outlook「文化的な物の見方」
□ *l*.26　transform ～「～を大きく変える」
□ *l*.29　threaten ～「～を脅かす」
□ *l*.29　assumption「仮説」
□ *l*.30　doctrine「教義」　※ doct-「教える」　doctor と同系語。
□ *l*.30　for the benefit of ～「～のために」

(1)

◆ Hopes were expressed that S V ….「S が V するという希望が表明された」
● 最初の 3 語で基本構造は終わっている。that 節が主語の hopes と同格の関係になっていることが理解できたかどうかがポイント。
● express は「～を表現する，表す，述べる」などの訳語があるが，「誰が」「何に」express したかが書かれておらず，当時の一般的な風潮として that 以下のような考えがあちこちに見られたことを表している（hopes が無冠詞複数形であることもそれを示唆している）。よって「～が表明された，表された」が適切。「表現された，述べられた」では，やや舌足らずな日本語であろう。

◆ the understanding and control of nature would improve techniques in industry and agriculture「自然の理解と支配が工業や農業の技術を向上させるだろう」
● and がつないでいるのは，understanding と control であることに注意。なお，「～の支配」という場合 control over ～ となることが多いが，ここでは understanding of に合わせて control of が使われている。
● in industry and agriculture は直前の techniques を修飾する形容詞句。industry は，「産業」という訳語もあるが，並列して農業が挙がっているので「工業」と訳すのが適切であろう。なお「工業と農業における技術」は「農工業の技術」とした方がすっきりする。

● would は will が時制の一致を受けて過去形になったもの。無生物主語を意識して，主語を副詞的に処理して「自然を理解し支配することにより，農工業の技術は向上するだろう」と訳すことも可能。

> **生徒答案例1▶**自然を理解し支配することは，_×産業分野［→工業分野］と農業分野において技術を向上させるだろうという見込み_×は表現された［→が表明された］。［1/5点］

> **生徒答案例2▶**_×希望は［削除］自然を理解し，制御することが工業や農業における技術を発展させるだろうという，_×形で表現されていた［→希望が表明された］。［0/5点］

英語は「頭でっかち」が嫌いなのでこのように名詞と同格関係にある that 節が後置されることがある。気をつけよう。

(2) ────────────────────────────────

◆ The hostile and mysterious environment of the natural world 「自然界の厳しく神秘的な環境」

● and がつないでいるのは hostile と mysterious であることに注意。of を〈同格関係〉を示す of と考えて「自然界という〜」とすることもできるが，environment より world の方が意味が広いことを考えれば，単に「自然界の〜」とするのが無難だろう。

● hostile は環境について用いられると「厳しい，過酷な」の意味だが，「敵対的な」という訳語でも十分だろう。「敵意を持った」も自然の擬人化だと考えれば×にはできない。

◆ would … yield its secrets to human investigation 「その秘密を人間の探求に開示するであろう」

would は will の時制の一致によるもの。yield *A* to *B* は「*A* を *B* に譲り渡す」の意味なので「人間の探求にその秘密を譲り渡す」となり，日本語を整えれば「人間の探求に対して秘密を明かす」となる。人間が自然を探求して，その神秘を解明しようとしているという内容がつかめれば，「人間の探求でその秘密が明らかにされる」という訳が出てくるだろう。

◆ people believed 「〜と人々は信じていた」

これは，People believed (that) the … environment … would yield … から people believed が would の直後に挿入された形になっている。この部分を the natural world を先行詞とする関係代名詞節と考えることはできない。関係代名詞節の先頭にコンマがついた場合は，関係代名詞は省かないのがルールだからである。また，直前には助動詞 would があり，which のある状態 (, which people believed,) となっていたとしても先行詞となるものが見あたらない。

　　生徒答案例1▶敵意があり謎につつまれた自然界の環境は，×人間の研究のかぎ
　　を生み出す [→その秘密を人間の探求に明け渡す] だろうと人々は信じていた。[1
　　/5点]

　　生徒答案例2▶，×その，［削除］，×人間が信じた [文末に移動] 自然の世界の生存
　　に不適で不思議な環境は，×人間の調整の秘訣を生み出すだろう [→人間の探
　　求に対してその秘密を明らかにするだろう]。[0/5点]

　コンマで挟まれたＳＶの挿入は意外とミスが多い。この形は関係代名詞節では
ありえないということを確認しておきたい。

(3) ────────────────────────────────

◆ The belief … threatened traditional assumptions about the uniqueness of man
「…な考えは人間が唯一無二の存在であるという伝統的な前提を脅かした」

- 文の骨格は The belief(S) … threatened(V) traditional assumptions(O) であ
る。

- about the uniqueness of man は直前の assumptions を修飾する形容詞句。
uniqueness は「他に類するものがないこと」の意味であり，聖書にも「神そ
のかたちのごとくに人をつくりたまえり」(『創世記』第1章27節) と，人間
が他の動物と一線を画する存在であることが示されている。こうしたことを
traditional が示唆している。assumption は「(確たる証拠もないのに) 当然の
ことと考えられていること，思い込み，想定」の意味。聖書を土台とする文化
にとっては「前提」とも言えるものである。

◆ that the universe is a machine and that it might contain other worlds like the
earth「宇宙は一つの機械であり，宇宙には地球のような惑星が他にもあるかも
しれないということ」

- 2つの that 節は，共に直前の the belief と同格の関係になっている。「〜で…
な考え」と訳すべきで，「〜な考えや…な考え」という訳にすると複数の考え
があることになり不可。

- a machine は「(一つの) 機械」だが，数多くある機械のうちの1つであるこ
とを強調するなら「一つの機械」とすればよい。

- 2つ目の that 節内の主語となっている it は the universe を受ける代名詞。ま
た，ここでの world は「(地球のような) 惑星」の意味。『オックスフォード
現代英英辞典』では a planet like the earth と定義されている。ただし「世界」
という日本語は意味が広いので「世界」と訳しても×にはならないかもしれな
い。また contain other worlds like the earth は「地球のような他の惑星を含
む」とすると，意味が曖昧になるので「(宇宙には) 地球のような惑星が他に
もある」としたい。

◆ …, leading to a denial of the doctrine「教義の否定につながった」

　文末に置かれた分詞構文で，主文の補足説明。a denial of the doctrine は deny the doctrine を名詞化した形。doctrine は，後続の that 節の内容が聖書に基づくものであることから「教義，教え」などの訳語が適切。

◆ that the universe had been created for the benefit of man「宇宙は人間のために創られたということ」

　直前の the doctrine と同格の関係にある that 節。このような同格関係の場合，the doctrine の the を「その」と訳してはいけない。man は可算名詞で a man / men とする場合，通例「男」の意味だが，無冠詞では「人類，人間（というもの）」の意味で使うことがある。

　生徒答案例▶宇宙は機械的であり，そこには地球に似た他の△世界〔→惑星：減点なし〕が存在するかもしれないという考えは，人間の唯一性について長年の間仮定されていたことを脅かし，その考えによって宇宙は人間の利益のために創り出されたのだという教義は否定されることとなった。[5/5点]

　heaven は the heavens の場合「空」という意味となる。同様に，world のような基本語は文脈によって様々な訳が可能となるので，とにかく文脈を重視すること。

(1)　自然を理解し支配することで，農工業の技術が向上するだろうという希望が表明された。
(2)　自然界の厳しく神秘的な環境は，人間が探求することでその秘密を明らかにするだろうと，人々は信じていた。
(3)　宇宙は一つの機械であり，そこには地球と似た惑星が他にもあるかもしれないという考えは，人間が唯一無二の存在であるという伝統的な前提を脅かし，宇宙が人間のために創造されたという教義の否定につながっていった。

143 芸術作品が有名になる条件

全訳

第1段落

　なぜ「モナ・リザ」は世界中で最もよく知られた絵画となっているのであろうか。
(1)「モナ・リザ」の特徴の一部が少し見えるだけで（それが彼女の輪郭でも，目で
も，ことによると手だけでも），絵画の愛好家でもなく，絵画に情熱がない人であ
っても，それが「モナ・リザ」だとすぐわかる。「モナ・リザ」が広告で商業的に
使われる頻度は，他のどんな芸術作品よりも高い。

- □ *l.* 2　glimpse at ～「～がちらりと見えること」　※glimpse of ～ が標準。
- □ *l.* 2　feature「（顔などの）特徴」
- □ *l.* 2　silhouette「輪郭」　※日本語でも「シルエット」という。
- □ *l.* 3　bring instant recognition「見てすぐに認識できる」
- □ *l.* 4　exceed ～「～を超える」

第2段落

　制作されてから何世紀経ってもなお愛され鑑賞されているという意味で，普遍的
と思える芸術作品は数々ある。そうした作品は，世界中の数多くの人々が，見てす
ぐにそれとわかるものである。それらが制作された時代（つまり，それらの作品が
もともと対象としていた比較的少数の鑑賞者）だけでなく，それを超えた世界，つ
まり，将来の世代，(2)作品の作り手にはその誕生など思いも及ばなかったであろう，
国際的な通信網によって結ばれた大衆社会にも，こうした作品は訴えかけるのであ
る。

- □ *l.* 6　works of art「芸術作品」　※work は「仕事」の意味では不可算名
　　　　　詞だが，「作品」の意味では可算名詞。
- □ *l.* 6　appear to *do*「～するように見える」　※seem to *do* より硬い言い方。
- □ *l.* 6　in the sense that S V「SがVするという意味で」
- □ *l.* 7　centuries after ～「～から数世紀後に，～から何世紀も経った後
　　　　　に」
- □ *l.* 7　awake ～「～を呼び覚ます」
- □ *l.* 8　in millions「数多くの人の中に」　※millions は「何百万」が原義。
- □ *l.*10　worlds beyond「（制作された時代や場所を）超えた世界」
- □ *l.*11　suspect (that) S V「SがVするのではないかと疑う，SがVする
　　　　　と思う」

第3段落

　芸術作品が世に認められるカギは作品自体の中にある，という考えに疑問を感じ
てしまうのは，まさにそのような万人の心に訴えかける力が，作品を有名にするシ
ステムと切り離せないものだからである。これほど多くの傑作が西洋で生まれたと
いうことは，それらが世界的に知られるようになるために，政治的，イデオロギー
的，技術的な適切な支えを必要とすることを示唆している。

- □ *l.*13　It is precisely because … that one ～「～なのはまさしく…だから
　　　　　だ」　※強調構文。

　　　□ *l*. 13　such universal appeal「そのような万人の心に訴えかける力」
　　　□ *l*. 14　one should question ～「(人は) ～に異議を唱えることになるだろ
　　　　　　う」※この should は shall「～することになる」の仮定法。「もし
　　　　　　～な考えを聞けば…に疑問をもつことになるだろう」の意味。
　　　□ *l*. 16　for their global development「それらが世界で知られるようになる
　　　　　　ためには」

第4段落

　　周知のとおり，モーツァルトは存命中にも高い評価を受けていたが，それはヨー
ロッパにおいてだけであった。(3)録音装置の発明，映画音楽，彼の生涯を描いた劇
や映画がなければ，彼は今日ほど広く世界中で知られてはいないだろう。モーツァ
ルトは，十分な技術的，商業的支援がなければ，偉大なる世界中で知られている芸
術家「モーツァルト」にはなっていないだろう。

　　　□ *l*. 18　in *one's* lifetime「存命中に」
　　　□ *l*. 20　recording equipment「録音装置」
　　　□ *l*. 20　play「劇」

(1)

◆ A simple glimpse at even some of her features「『モナ・リザ』の特徴の一部が
少し見えるだけで」

　● catch a glimpse of ～「～がちらっと見える」，take a glance at ～「～をちらっ
　　と見る」が正用法だが，両者の混同による take〔give〕a glimpse at ～の連語
　　も，本文のように使われることがある。glimpse は「見る」ではなく「見え
　　る」であることに注意。

　● feature には「顔だち，容貌」の意味もあるが，ここでは「手」も含まれてい
　　るので「特徴」とする。

◆ her silhouette, her eyes, perhaps just her hands「それが彼女の輪郭でも，目で
も，ことによると手だけでも」

　　some of her features と同格の関係にある。3つの名詞が or でつながれていな
いのは，「輪郭，目，手」以外の可能性もあるからだろう。もし her silhouette,
her eyes, or perhaps just her hands だとすると，単なる例の列挙ではなくなり，
「輪郭，目，手のいずれか」に限定される可能性が高い。

◆ brings instant recognition「『モナ・リザ』が『モナ・リザ』だとすぐにわかる」
　　もう少しわかりやすく書くと enable people to recognize her instantly「人々が
『モナ・リザ』をすぐに認識できるようにする」。

◆ even to those who have no taste or passion for painting「絵画への興味や情熱
がない人であっても」

　● bring *A* to *B*「*B* に *A* をもたらす」の to *B* に当たる部分。無生物主語である *A*
　　simple glimpse at … を「…が見えるだけで」と副詞的に訳した場合は，この

those who … を動作(recognize)の主体として扱うことになる。

● have a taste for 〜 は「〜を愛好する」の意味の熟語。

● 「絵画に対する愛好の気持ちも情熱もない」ということは，結局，「まったく絵画に関心がない」ことを言っている。このように簡潔に意訳するのも一考。

生徒答案例▶ 彼女の特徴のいくつか _×を単に見る[→が少し見える]だけで──彼女のシルエット，目，そして，_×手は[→ひょっとしたら手だけでも]──，絵画に対して関心や，_×感情[→情熱]を持たない人でさえ，瞬時に，_×理解をもたらす[→「モナ・リザ」だとわかる]。[0／5点]

残念ながら「雑」な答案で点は残らない。

(2)

◆ a mass society connected by international communications 「国際的な通信網によってつながれた大衆社会」

● 下線部を含む文構造は，They speak not only to their own time … but to worlds beyond, to future generations, to a mass society …. であり，to worlds beyond を言い換えたのが to future generations, to a mass society で，それぞれが speak を修飾する副詞句である。よって，a mass society … だけを取り出した場合，その訳は「〜という大衆社会」という体言止めにする必要がある。

● connected by international communications は a mass society を修飾する形容詞句。また communications が複数形となっていることと，「メディアが芸術を広める」という文の主旨を考えれば「通信（網)」と訳すのが適切。

◆ that their creators could not suspect would ever come into being 「作品の作り手にはその誕生など思いもよらなかったであろう」

● that は a mass society を先行詞とする関係代名詞で，would ever come into being の主語になっている。つまり their creators could not suspect <u>it</u> would ever come into being から it が関係代名詞 that に置き換わり，文頭に移動した形（いわゆる連鎖関係代名詞節)。

● ever は at any time 「どの時代においても」の意味で，not と結びついて「どの時代においても〜ない」→「決して〜ない」の意味。

● come into being 「存在するようになる，出現する」は成句。

生徒答案例1▶ 国際的な _×意思疎通[→通信網]によってつなげられた，作者が _×そうなると[→生まれてくるとは] _×今まで[削除]考えなかった _×大きな[→大衆]社会。[1／5点]

生徒答案例2▶ それを作った人が思ってもみないような国際交流によって結ばれる1つの社会は永久に存在するかもしれない[下記解説参照]。[0／5点]

生徒答案例2の「永久に存在するかもしれない」は would ever come into being を訳したつもりだろうが，この部分が a mass society connected by international communications を修飾する that 節の一部であることを見抜けていない（文構造そのものを把握していない）。

(3) ──

◆ He would not be as widely known as he is today throughout the world（without …）「（…がなければ，）彼は今日ほど広く世界中で知られてはいないだろう」

　　without … を条件節，He would not be … を帰結節とする仮定法過去で書かれている。

◆ without the invention of recording equipment, film music, and plays and films about his life「録音装置の発明，映画音楽，彼の生涯を描いた劇や映画がなければ」

　　plays and films about his life で一つのカタマリを作っている。and によって並列されているものには注意が必要。invention「発明（動詞の名詞形）」と film music「映画音楽（普通名詞）」，plays and films「劇や映画（普通名詞）」は，語の種類が異なるため並列されていると考えるのは違和感があるが，これらがすべて「モーツァルトを世界的に有名にした要素」と考えれば問題はない。もし，the invention of *A*, *B*, and *C*（つまり，invent *A*, *B*, and *C* の名詞構文）とすると，film music や plays and films about his life が invent の目的語となってしまう。しかし，invent が「（新しいもの）を発明する，生み出す」という意味であることを考慮すればその解釈には無理がある。よって［the invention of *A*］，［*B*］，and ［*C*］と読むべき。

┃　　**生徒答案例▶**録音機器の発明，映画の音楽，そして彼の人生×の［→にまつわる］
┃　　演劇や映画がなければ，彼は今日ほど世界で広く知られることはなかっただ
┃　　ろう。［4／5点］

about his life の訳が雑。

──

(1)　「モナ・リザ」の特徴の一部が少し見えるだけで（それが彼女の輪郭でも，目でも，ことによると手だけでも），絵画の愛好家でもなく，絵画に情熱がない人であっても，それが「モナ・リザ」だとすぐわかる。

(2)　作品の作り手にはその誕生など思いも及ばなかったであろう，国際的な通信網によって結ばれた大衆社会

(3)　録音装置の発明，映画音楽，彼の生涯を描いた劇や映画がなければ，彼は今日ほど広く世界中で知られてはいないだろう。

144 二つの交通事故で思う神の存在の有無

全訳　何が起きてもその背後には神の御手があると考える人がいる。私はある女性を病院に見舞った。その女性の車は，信号無視した飲酒運転の車にぶつけられた。彼女の車は大破したが，奇跡的に彼女は足首を骨折しただけで助かった。病院のベッドから私を見上げて彼女は言った。「今度のことで，やっぱり神様がいらっしゃることがわかったわ。₍₁₎あんな事故から生きて無事に戻れたということは，神様が私のことを空から見守っていてくださったおかげに違いありません」　₍₂₎私も同じ考えだと彼女に思わせてしまう危険を冒しながら，私は黙って微笑んでいた。本当は必ずしもそうではないのだけれど。2週間前に執り行った葬儀を私は思い出した。それは妻子のいる若い男性で，同じように飲酒運転の車に衝突されて亡くなったのであった。目の前の女性は自分が生き延びられたのは神様が自分を生かしておきたいとお望みになったからだと信じているかもしれない。₍₃₎私はそのように考えるのはやめなさいと彼女に言うつもりはないが，彼女にせよ私にせよ，あの亡くなった人の家族に，何と言えばよいのだろうか？

- □ *l.*3 miraculously「奇跡的に」
- □ *l.*4 ankle「足首」　※angle「角度」と同系語。
- □ *l.*8 conduct a funeral「葬儀を執り行う」　※"I" が聖職者だとわかる。この英文出典の *When Bad Things Happen to Good People*（邦題『なぜ私だけが苦しむのか』）はユダヤ教指導者（ラビ）による著書なので「神父」ではない。
- □ *l.*11 talk *A* out of *B*「*A*（人）を説得して *B* をやめさせる」

(1)

◆ If I could come out of that alive and in one piece「あんな事故から生きて無事に戻ることができたということは」

- ●that はすでに説明されている「自動車事故」を指す。
- ●come out of ～ は「～から出てくる，～から抜け出す」の意味。
- ●alive and in one piece「生きて無事に」は準補語（なくても文構造に影響しない補語）の働き。*e.g.* The author was born poor.「その作家は貧しくして生まれた」（poor が準補語）
- ●in one piece は「（事故にあって）無傷で，無事に，五体満足で（←バラバラにならずに）」の意味であることは文脈から把握したい。
- ●If I could come … は直説法過去。過去の事実を条件節で根拠として述べ，そこから導かれる結論を帰結節で述べている形。*e.g.* If I could pass the entrance exam, it must be because I was just lucky.「入試に合格できたのは，（能力があったからではなく）幸運であったということにちがいない」　could は，肯定

の過去の1回限りの「できた」（能力）には使えないのが通例だが，「主語の能力ではなく，周囲の状況から可能になった」という意味では過去形でも使用できる。ここでは女性が「神の御業であること」を意識して発言したものと考えられる。わかりやすく言い換えると If God allowed me to 〜. となる。

生徒答案例▶ ×もし [削除] 私がその事故から生き残り，×1つの怪我だけで済んだなら [→五体満足で戻れたということは] [0/5点]

実際に五体満足で生き残っているので，仮定法のような訳では辻褄が合わない。

---

(2)

◆ running the risk of 〜「〜という危険を冒して」

　　直前にある smile and keep … を修飾する分詞構文。女性の発言に対し「黙って微笑んでいる」ことが何らかの危険を冒すことになる，という文脈なので，付帯状況ととらえる。よって「〜しながら」「（そして）〜」などと訳すのが適切。of は risk の具体的内容を示す〈同格関係〉の of。

◆ letting her think that I agree with her「私も同じ考えだと彼女に思わせてしまう」

　　let A do は「A が〜するのを許す，A に〜させてしまう」，agree with 〜 は「（人や人の考え）に同意する」の意味。

生徒答案例▶ 私が彼女に同意していると，彼女に思わせてしまう△リスク [減点なし] を冒した。[5/5点]

「リスク」は日本語になっているし，この下線部で出題者が特に見たい箇所ではないだろうから減点されることはないだろう。

---

(3)

◆ I am not inclined to do「〜したいとは思わない，〜したい気にはならない」

◆ talk her out of it「生き延びられたのは神様が自分を生かしておきたいとお望みになったからだと考えるのはやめなさいと彼女に言う」

　　talk A out of B は「A を説得して B をやめさせる」の意味の熟語。it は the belief that God wanted her to survive のこと。

生徒答案例▶ 私は彼女が，彼女が生き残ったのは神が生き残って欲しかったからだと考えるのをやめるように説得したいとは思わなかった。[5/5点]

主述関係の処理が稚拙な答案なのでもっと厳しい評価になる可能性がある。

---

(1) あんな事故から生きて無事に戻れたということは

(2) 私も同じ考えだと彼女に思わせてしまう危険を冒しながら

(3) 私は，自分が生き延びられたのは神様が自分を生かしておきたいとお望みになったからだと考えるのはやめなさいと彼女に言うつもりはない

145　土曜の夜に祖母と二人きりにされて

全訳

第1段落

　私はその夜を一体どのようにして切り抜けようかと思案していた。土曜日だった。土曜日の夜だというのに，私は祖母と二人きりで家に残されてしまったのだ。

- □ *l.*1　疑問詞＋on earth「一体全体〜」　※疑問詞の強調。
- □ *l.*1　get through 〜「〜を切り抜ける」
- □ *l.*2　(It was) Saturday night and S V「土曜日の夜なのにSがVする」
- □ *l.*2　be left alone with 〜「〜と二人きりにされる」

第2段落

　他の者，つまり母と姉はデートで出かけていた。もちろん，一番先に抜け出すことができていれば，私も出かけていたはずだ。そうすれば，こんな年寄りの相手をして，晩の日課に付き合わされる羽目にならずに済んだのに。こっそり抜け出して，母と姉に言い争いをさせておくことになっただろう。もっとも，母と姉が言い争うというのではなく，祖母を相手に言い争うのだ。二人とも夜に出かける支度をしながら，それぞれ別々に祖母と長期戦を行うことになっただろう。母と姉の二人のうちどちらか一方が言い争いに負け，負けた方は，一週間で唯一楽しいことがある夜というか，まあ何か楽しいことがあるかもしれない夜である土曜日の夜に，腹を立て欲求不満を抱えながら家にいることになるのだ。(1)実際に願いがかなうことはめったになかったが，少なくとも出かけることでそれが実現する可能性が生じるわけだし，その可能性は戦ってでも手に入れたいものだったのだ。

- □ *l.*3　both dating「両者（母も姉も）はデートに行った」　※独立分詞構文。
- □ *l.*4　Then「そうすれば」　※「もし出かけていたら」ということを表す，仮定法の条件節に該当する。次の文も同じ条件節がかかっている。
- □ *l.*5　go through the routines「日課をこなす」
- □ *l.*6　slip away「こっそりと抜け出す」
- □ *l.*6　leave *A* to *do*「*A* に〜させておく」
- □ *l.*7　each separately conducting …「母と姉のそれぞれが別々に…する」　※独立分詞構文。
- □ *l.*8　a running battle「長期戦」
- □ *l.*10　some chance of 〜「〜の何らかの可能性」
- □ *l.*11　hardly ever「めったに〜ない」
- □ *l.*11　fulfillment of 〜「〜を実現すること」
- □ *l.*12　*A* brought with it 〜「*A* は（それと共に）〜をもたらした」
- □ *l.*12　something to fight for「そのために戦うもの」

第3段落

　「どこへ行くんだい」と祖母は，自分の娘によく詰問した。母は今46歳で，15年前に未亡人になっていた。

- □ *l.*13　would *do*「〜したものだ」　※過去の習慣的行為を表す。

☐ *l.* 13　demand *A* of *B*「*B* に *A* と詰問する」

☐ *l.* 14　widow「未亡人」

第4段落

「出かけるのよ」 母の返事は落ち着いたものだったし，(2)母の表情は毅然とした
ものであったが，私が想像するに，それは母が 16 歳の時も，またその後もずっと
同じだったのだろう。

☐ *l.* 16　determined「毅然とした」

---

(1) ──

◆ There was hardly ever any real fulfillment of hopes「実際に願いがかなうこと
はめったになかった」

● hardly ever は seldom や rarely の口語的な言い方。ever は，hardly が「（数
量に関して）ほとんど～ない」ではなく「（頻度に関して）めったに～ない」
の意味であることを明示するためにつけられた副詞。

● real fulfillment of hopes は really fulfill hopes を名詞化した表現。

◆ but at least the act of going out brought with it a possibility「が，少なくとも出
かけることでそれが実現する可能性が生じた」

● but 以下は the act（S）… brought（V）… a possibility（O） という構造。

● bring「～をもたらす，～を連れて〔持って〕来る」は with ＋〔主語を受ける
代名詞〕を伴うことがあるが，with … は訳さないのが普通。*e.g.* Bring her
with you.「彼女を連れて来なさい」 本文も「～は可能性をそれと共にもたら
した」が直訳だが，with it の部分は訳出しないほうが自然。

● the act of ～ の of は〈同格関係〉を示す of。

◆ and that was something to fight for「その可能性は戦ってでも手に入れたいもの
だったのだ」

that は possibility を受ける代名詞。to fight for は something を修飾する to 不
定詞の形容詞的用法。このような to 不定詞の中の文末の前置詞は訳に出てこな
いことが多い。*e.g.* something to cut this with「これを切るためのもの」 本文も
「そのために戦うもの」では不自然なので，「戦ってでも手に入れたいもの」「勝
ち取るだけの価値のあるもの」などと訳出に工夫が必要。

生徒答案例1 ▶ 希望が本当に満たされることはほとんど無かったが，少なくと
も外出するという行動が△それと共に［減点なし］可能性をもたらし，それは
争うに値するものだった。[5/5 点]

生徒答案例2 ▶ やりたいことを実際に果たすことはほとんどできなかったが，
少なくとも外出するという行動は，望みを果たす可能性をもたらし，×争いの
対象となるもの［→戦ってでも手に入れたいもの］であった。[4/5 点]

生徒答案例1の下線部がやや直訳調でわかりづらいかもしれないが，誤訳ではない。生徒答案例2の下線部は「争いの元になる」と受け取られる可能性がある。

(2)

◆ she would look determined「母は毅然とした表情をしていたものだ」

　would は〈過去の習慣的行為〉を示す働き。determined は形容詞で「毅然とした，固く決心した」の意味。

◆ as I imagine …「私が…と想像するように」

　接続詞 as が would look を修飾する副詞節をまとめている。imagine のあとには，文を名詞節にまとめる接続詞 that が省略され，目的語となる名詞節が続いている。この as は「～のように」という意味だが，as 以下の文が長いので，訳例のように，主節（she would look determined）のあとで「私が想像するに，～だろう」と訳してもよい。

◆ she had done at sixteen, and always would do「母が 16 歳の時も，またその後もずっと同じだったのだろう」

　前半が過去完了になっている理由は，母が 46 歳だった過去のある時点よりも，さらに過去の 16 歳の頃のことを述べているからである。had done は had looked determined で，always would do は，always would look determined のこと。would は，過去の時点から見た未来を指す働きで，ここでは 16 歳の頃から見た未来を指す。よって always would ～ は「その後もずっと～だったのだろう」と訳す。

　　生徒答案例1▶彼女が 16 歳の時もそうであって，いつも_×そうなの［→そうだったの］だろうと私が想像するような意を決した態度だった。［4/5 点］

　　生徒答案例2▶彼女は私が彼女が 16 才のときにそうしていて，また_×この先も［→その後も］いつも_×そうする［→そうだったの］だろうと想像するように決心しているように見えた_×だろう［→ものだった］。［0/5 点］

時制にも十分注意を払っておかないと誤訳する。

(1)　実際に願いがかなうことはめったになかったが，少なくとも出かけることでそれが実現する可能性が生じるわけだし，その可能性は戦ってでも手に入れたいものだったのだ。

(2)　母の表情は毅然としたものであったが，私が想像するに，それは母が 16 歳の時も，またその後もずっと同じだったのだろう。

146

現代の医学と中世の信仰

全訳　　実際，西暦 1000 年の頃には消毒という概念はまったく存在しなかった。当時の
ある文献の中の助言は，「もし食べ物が皿から落ちたら，それを拾い上げてその上
で十字を切り，よく塩を振ってそれから食べなさい」というものであった。十字を
切ることが，いわば西暦 1000 年における消毒であった。食べ物を床に落とした人
は，それを拾い上げて口に運ぶ時に自分が何らかの危険を冒すことになることを知
ってはいたが，自分の信仰に頼っていたのである。今日では私たちは現代医学を信
頼している。もっとも，(1)現代医学が実際にはどのように機能しているかについて
自分でよく知っている，と言い切れる人はほとんどいないのであるが。(2)私たちは
また，かなり重い病気と闘う力は，いわゆる「前向きな心理状態」に影響されるこ
とがあることも知っているが，これは中世では「信仰」という形で体験されたもの
にあたる。

- [ ] *l.*1　no ～ at all「まったく～がない」
- [ ] *l.*1　antiseptic「消毒剤，防腐剤」　※anti-（＝against）+ -septic「敗血病の」
- [ ] *l.*2　fall off ～「～から落ちる」　※「垂直落下」なら fall from ～。
- [ ] *l.*2　contemporary「その当時の」
  ※現在時制で用いれば「現代の」という意味になる。
- [ ] *l.*3　make the sign of the cross over it「その上で十字を切る仕草をする」
- [ ] *l.*3　sign「身振り，手真似」　*cf.* sign language「手話」
- [ ] *l.*4　so to speak「いわば」
- [ ] *l.*5　he was taking … when he ～「～する時は…していることになった」
- [ ] *l.*5　some sort of ～「何らかの（種類）の～」
- [ ] *l.*6　trust in ～「～を信頼している」　※堅い表現。
- [ ] *l.*6　have faith in ～「～を信仰している」　※おもに宗教的な場面で使われる。
- [ ] *l.*7　medicine「医学」　※普通は「薬」だが，限られた文脈では「医学」の意味。modern medicine「現代医学」　study medicine「医学の研究をする」　Oriental medicine「東洋医学」　clinical medicine「臨床医学」
- [ ] *l.*7　personal knowledge of ～「～を個人的に知っていること」
- [ ] *l.*7　how「どのように」
- [ ] *l.*8　work「機能する」
- [ ] *l.*8　combat ～「～と闘う」　※inflation / racism / crime などを目的語にとる。
- [ ] *l.*8　quite major illnesses「かなり大きな病気」
- [ ] *l.*9　what we call ～「いわゆる～」　※「～と呼ぶもの」という直訳は避けたい。
- [ ] *l.*9　a positive state of mind「前向きな心理状態」
- [ ] *l.*9　the Middle Ages「中世（世界史では 4 世紀末から 15 世紀なかば）」

(1) ──────────────────────────────────

◆ few of us can claim much personal knowledge of … 「…について自分でよく知っている，と言い切れる人はほとんどいない」

● 冠詞のない few は「ほとんど〜ない」というマイナスイメージの単語なので否定的に処理すること。「ごくわずかな人が〜できる」の類いは×。

● claim は以下の意味で使われる。

　　① 「（通例 that 節を目的語として）〜を（当然のように）主張する」
　　　　e.g. Ann claims that a vegetarian diet is superior to a meat diet. 「菜食は肉食より優れているとアンは主張している」
　　② 「〜を（当然のように自分のものだと）要求する」
　　　　e.g. The company is claiming \$10 million in damages from the government. 「その会社は損害賠償として政府から 1 千万ドルを要求している」

　　本文では claim の目的語の much personal knowledge of 〜 は名詞構文で，knowledge を動詞に戻して考えれば we personally know much of 〜 「〜について自分でよく知っている」と同じ意味になる。よって claim の訳語は①「〜と主張する」が適切。「〜と言い切る」という訳語でもよい。

◆ how it actually works 「現代医学が実際にはどのように機能しているか」

　　it は modern medicine 「現代医学」を受ける代名詞。「it が何を指すか明らかになるように訳すこと」という指示があるので，it を「それ」と訳したものは不可。how は「どのように」であり，「どれほど（＝how much 〜）」ではない。また，work は「機能する，働く，作用する，役立つ」などと訳せる。

　　▎**生徒答案例▶** 我々のほんの少数しか現代の ×薬 [→医学] が実際に ×どの程度 [→どのように] 効くかについてたくさん個人的に知っている ×ことを述べる [→と主張する] ことはできない。[1 / 5 点]

　　medicine＝「薬」では，心許ない。「一単語一訳」は，東大には無用の発想。

(2) ──────────────────────────────────

◆ We also know that … 「私たちはまた…を知っている」

　　「私たち以外の誰かのみならず私たち <u>も</u>」という文脈ではないので「私たちも（また）」と訳すのは不可。

◆ the ability to combat quite major illnesses can be affected by … 「かなり重い病気と闘う力は，…に影響されることがある」

● the ability to combat … は able to combat … を名詞化した形で「〜と闘うことができること」の意味だが，「〜と闘う能力」という訳語でも可。

● combat 「〜と闘う努力をする」の訳語として「〜を撃退する，打ち負かす，退治する，治す」などは言い過ぎで不可。

- major は，病気に関する記述なので「重大な，深刻な，大きな」などと訳す。「主要な，多くの，たくさんの」などは不可。quite は major を修飾する副詞なので，「かなり，とても」ぐらいの訳語が適切。
- can は可能性を示し「～がありうる，～な時がある」とする。

◆ what we call "a positive state of mind"「いわゆる『前向きな心理状態』」

　　what we call（＝what is called）は「私たちが～と呼ぶもの」が直訳だが，「いわゆる～」と訳すのが普通。文法的に説明すると，we call O C（＝"a positive state of mind"）の O が what に置き換わり文頭に移動した形である。また，" " と引用符があれば日本語では「　」のようにカギかっこをつけて表記すること。

◆──what the Middle Ages experienced as "faith"「中世には『信仰』という形で体験されたもの」

- 直前の what 節と同格の関係になっている。よって「いわゆる『前向きな心理状態』，つまり中世には『信仰』という形で体験されたもの」と訳すことも可能だが，より日本語をわかりやすくするには，最初の what 節で一旦切って，「これは中世に『信仰』として体験されたものである」と追加的に訳した方がよい。
- the Middle Ages は「中世」。middle-aged people「中年」とは区別したい。なお，英語では時を主語，出来事を目的語とし，see や witness を用いて「～に…が起こる」という内容を表すことがある。この the Middle Ages experienced もその表現方法の一例であり，「中世が…体験した」と直訳するより，「中世には…体験された」と受動態で訳す方が自然。
- faith は，前半に「十字を切って」とあるので「信仰」以外の訳語は認められない。

> **生徒答案例▶**かなり ×主要な ［→大きな］ 病気 ×を打ち負かす ［→と闘う］ ことができるものは，我々が「積極的な心の状態」と呼ぶもの，×中年の人 ［→中世］ が ×「信用」［→「信仰」］ として経験したものによって影響されうることも我々は知っている。［0／5点］

faith が宗教的なイメージを持っていることを知らないため，まったく意味のわからない文になってしまっている。

⑴　現代医学が実際にはどのように機能しているかについて自分でよく知っている，と言い切れる人はほとんどいない。

⑵　私たちはまた，かなり重い病気と闘う力は，いわゆる「前向きな心理状態」に影響されることがあることも知っているが，これは中世では「信仰」という形で体験されたものにあたる。

147 運に背かれた瞬間

全訳
　　　運は我々の味方であることがあまりにも多かった。我々は，運が自分たちに忠実であることに満足し，自信過剰になってしまっていた。だから，運が我々に背くことを初めて選んだ瞬間は，運がそのようなことをするかもしれないなどとは思いもしなかった瞬間でもあった。

- [ ] *l.* 1　chance「運」
- [ ] *l.* 1　ally「味方」
  - ※al-（＝ad-）＋-ly「縛る」　*cf.* religion「宗教」，obligation「恩義」
- [ ] *l.* 1　grow complacent「自己満足に陥る」　※com-〈強意〉＋-placent「喜び」
- [ ] *l.* 2　its loyalty「運の忠実さ」　※運がいつでも味方してくれていること。
- [ ] *l.* 2　the moment when 〜「〜な瞬間」
- [ ] *l.* 2　choose to *do*「〜することを選ぶ」
- [ ] *l.* 2　betray 〜「〜を裏切る」
- [ ] *l.* 3　be least likely to *do*「最も〜しそうにない」
- [ ] *l.* 3　suspect that S V「SがVすると思う」
- [ ] *l.* 3　it might ＝ it might choose to betray us

◆ the moment when … was also the moment when 〜「…な瞬間は〜の瞬間でもあった」

　　どちらの when も関係副詞で，the moment の説明をしている。関係副詞節から訳す場合，通例，関係副詞自体は訳には出てこない。

◆ it first chose to betray us「運が初めて私たちを裏切る選択をした」

- it は chance「運」を受ける代名詞であり，「"it" の内容を明らかにすること」という指示があるので「それ」と訳すことは認められない。chance の訳はこの文章全体から「運」という訳が適切だとわかる。「運命，偶然」などの訳でも可。プラスイメージの「機会，好機，チャンス」などは不可。また「可能性」では文脈に合わないので不可。

- to betray us は，chose の目的語となる to 不定詞の名詞的用法なので「〜するために選ぶ」という副詞的用法の訳は不可。

◆ we were least likely to suspect that it might「運がそのようなことをするかもしれないなどとは思いもしなかった」

- least likely to suspect は「〜ではないかと疑う可能性が最も低い」という意味。最上級の least は〈形容詞＋名詞〉の前に置かれる時は通例 the をつけるが，その他の場合では the を省略することが多い。

- that は，後続の文を名詞節にまとめる接続詞で，この that 節は suspect の目的

語になっている。一般に suspect that SV は think that SV と同意で，doubt that SV は，do not think that SV と同意。*e.g.* Teachers suspected that the child was being bullied. 「その子どもはいじめられているのではと教師は思っていた」Teachers doubted that the child was being bullied. 「その子どもはいじめられているなどとは教師は思わなかった」

● it might は，it might choose to betray us から，自明の choose to betray us が省かれた形。「"it" の内容を明らかにすること」という指示があるので，ここも it は「運」とすること。

生徒答案例1 ▶ ₓ機会［→運］が初めて我々を裏切ることを選んだ瞬間がまた，ₓ機会［→運］が我々を裏切るのではないかと我々が思いそうにもない瞬間だった。［4／5点］

生徒答案例2 ▶ 運が我々を裏切る ₓために［→ことを］最初に選んだ瞬間は，我々が運は我々を裏切るかもしれないと疑う可能性が最も低い瞬間でもあった。［4／5点］

生徒答案例3 ▶ ₓチャンス［→運］が我々を突き放すように選んだ瞬間はまた ₓチャンス［→運］がそうするかもしれないと疑う可能性が我々にほんの少ししかなかった瞬間でも ₓある［→あった］。［3／5点］

生徒答案例2の「我々が運は我々を〜」という文はかなり拙いが，英文和訳の答としては可となろう。chance という基本的な語をどう訳すかで「学力」がわかる良問。訳語の選択は慎重にしたい。

運が我々に背くことを初めて選んだ瞬間は，運がそのようなことをするかもしれないなどとは思いもしなかった瞬間でもあった。

148　通学途上で好きな女の子を見つけたときの少年の心情

全訳

　彼がある朝大通りを横断し，短い通りを下っていると，ケイト=コールドウェルが彼の目の前の狭い脇道から出て来て，通学鞄をお尻のあたりで弾ませながら学校の方に向かって行った。彼は興奮気味にあとをついて行った。ケイトに追いつきその前に行こうとも思ったが，それだけの勇気はなかった。「彼女に何を言ったらいいのだろう」　彼は，自分がたどたどしい声で授業や天気について，退屈で気の利かないことを話している姿を思い描いたが，それに対して彼女がありきたりな返事をしている姿しか想像できなかった。**「どうして彼女は振り向いてにっこり微笑みながら『一緒に行かない？』って僕に声をかけてくれないんだろう。もしそうしてくれたら，僕は微笑んで，『僕のこと？』っていう感じで眉を上げながら近寄って行くのに」**　でも彼女は何もしなかった。ほんのわずかな素振りさえも。

- [ ] *l.*1　had crossed ～「～を渡った」　※大過去ではなく過去完了で，動作の完了を示す。
- [ ] *l.*3　(with) her schoolbag bumping at her hip「通学鞄をお尻のあたりで弾ませながら」　※付帯状況の with が省略されている。
- [ ] *l.*4　overtake ～「～に追いつき追い越す」　※追いつくだけでなく，追い越すことも含意する。
- [ ] *l.*4　the courage「その勇気」　※「彼女に追いつきその前に行く勇気」の意味。
- [ ] *l.*5　stammer「口ごもる」
- [ ] *l.*5　awkward「ぎこちない」　※awk-（＝away）＋-ward〈方向〉→「変な方向に」
- [ ] *l.*9　not the merest ～「少しの～もない」

◆ Why didn't she turn and smile and call to him「どうして彼女は振り向いてにっこり微笑みながら僕に声をかけてくれないんだろう」

- 英語で書かれた小説やエッセイを読んでいて，日本人には「作中人物の心の声」だと思われる場合，それが描出話法で書かれていることが多い。本問下線部も作中人物である「彼」の心の声を表現したものである。If she did, … の部分がもし「作者の声」だとするなら仮定法過去完了（If she had done so, he would have smiled …）になるはず。このこともヒントになるかもしれない。描出話法の文法構造は，時制と代名詞は間接話法，そして語順は直接話法の被伝達部に相当する。もし下線部を直接話法で書けば，He said to himself, "Why doesn't she turn and smile and call to me …?" となり，間接話法で書けば He wondered why she didn't turn and smile and call to him …. となる。日本語に訳す場合には，直接話法に書き換えたものの被伝達部を念頭に置くのが一番わかりやすいだろう。
- call to ～ は「～に声をかける」の意味。

◆ saying, "Don't you like my company ?"「『一緒に行かない？』って言いながら」

　　call を修飾する分詞構文。turn and smile は修飾していない。*one's* company は「〜と一緒にいること」の意味（*e.g.* I feel at ease in his company.「彼といると落ち着く」）。文脈を考えると「一緒に行かない？」ぐらいの訳が適切。「私の会社が好きですか」などは論外としても「私と付き合わない？」なども唐突すぎる。

◆ If she did, he would smile faintly and approach with eyebrows questioningly raised「もしそうしてくれたら，僕は微笑んで，『僕でいいの？』って感じで眉毛を上げながら近寄って行くのに」

　● この文も描出話法で書かれている。If she did の did は代動詞で，turned and smiled and called to him, saying, "Don't you like my company ?" を指す。

　● faintly は「弱々しく，微かに」の意味だが smile が「微笑む」の意味なので「わずかに，ちょっと」などの訳は冗長になるので，faintly は訳さなくてもよい。

　● with eyebrows questioningly raised は〈付帯状況〉を示す with の構文。questioningly は年頃の少年らしい，「僕なんかでいいのかな？」という照れ隠しの様子。本当はうれしくてたまらないはずなのに，いざ声をかけられると素直になれない状況を表している。「不思議そうに」「訝しげに」と訳してもよい。

　┃　生徒答案例▶どうして彼女は振り返って，笑って，ₓ彼［→僕］を呼び「ₓこの
　┃　　会社［→私と一緒に行くこと］が好きじゃないの？」と言わないのか。もし彼
　┃　　女がそうしていたら，ₓ彼［→僕］は ₓ嘘の［削除］笑顔を作って，疑問ありげ
　┃　　に眉を上げて近付いただろうに。[0/5点]

　小説を読むときは，「描出話法」が出てくるかも，と常に身構えておくこと。

　　　　どうして彼女は振り向いてにっこり微笑みながら「一緒に行かない？」って僕
　　に声をかけてくれないんだろう。もしそうしてくれたら，僕は微笑んで，「僕の
　　こと？」っていう感じで眉を上げながら近寄って行くのに。

149　コンピュータの最大の難点

全訳　　現代のコンピュータの最大の難点のひとつは，すべての命令に機械的に従ってしまうことである。**コンピュータは，こちらがそのつもりで命じたかどうかに関係なく，行うように命じられたことを実行する。その上，コンピュータは自分で起動することができないし，まったく新しいことを自分で始めることも決してできない。**

◆ Computers do what they are told to do「コンピュータは行うように命じられたことを実行する」

　　what は 2 つ目の do までを名詞節にまとめ，その中では目的語になっている。また，この名詞節は 1 つ目の do の目的語である。

◆ whether we meant it or not「こちらがそのつもりで命じたかどうかに関係なく」

　　whether は，「～であろうとなかろうと」の意味の副詞節を作る役割で，この副詞節は Computers do を修飾している。it は what they are told to do を受ける代名詞。mean はここでは主語が we なので「～を意図する」の意味であり，「～を意味する」という訳は不自然。

◆ Moreover, they cannot turn themselves on「さらに，コンピュータは自分で電源を入れることはできない」

　　turn ～ on は「(電気，ガスなど) をつける」の意味。「自分の電源を入れる」が直訳だが，「自分で電源を入れる」と意訳した方が日本語が整う。

◆ nor can they ever begin something entirely new on their own「また，まったく新しいことを自分で始めることも決してできない」

● nor は否定的な副詞＋接続詞の役割で，これで文が始まるとうしろを疑問文の形式の倒置形にする必要がある。*e.g.* She had not known much about life, nor had he (known much about life).「彼女は人生のことが大してわかっていなかった，彼もまた大して知らなかった」

● ever (＝at any time) は，nor と結びついて「いつ何時でも～ない」から「決して～ない」とするのが適切。

● entirely は new を，new は something を修飾している。また，on their own は begin を修飾している。on *one's* own で「(他の助けを借りずに) 自力で」の意味。

　　生徒答案例 1 ▶コンピュータは，するように言われたことを私たちがそれを ×意味 [→意図] したかしていないかにかかわらず実行する。さらにそれらはそれら自身で電源をつけられず，そしてそれら自身で ×全体的に [→まったく] 新しいことを始めること ×さえ [→も決して] できない。[1 / 5 点]

　　生徒答案例2 ▶ コンピュータは私達が意図して_×いるかどうかによって［→いようがいまいが］，言われたことを行う。その上，それら自身で電源をつけ_×たこと［→ること］や，_×今までで［削除］何か全く新しいことを，_×始めた［→始める］こと_×は［→もでき］ない。［0／5点］

　「だいたい合っている」では点は残らない。mean, nor のような基本語をしっかりチェックしておくこと。また，生徒答案例2のような，時制の処理がいい加減な答案も点が残らないので注意すること。

　　コンピュータは，こちらがそのつもりで命じたかどうかに関係なく，行うように命じられたことを実行する。その上，コンピュータは自分で起動することができないし，まったく新しいことを自分で始めることも決してできない。

150　新聞の読み方の実際

1997 年度　4−（A）

全 訳　　新聞を端から端まで読み通す人がいったいどこにいるのであろうか。言うまでもなくそんな人はまずいないだろう。忙しい一日にそんな時間はないし，また，すべての記事が同じように面白いわけでもない。**読み手は誰でも新聞を読むことに対する自分なりの嗜好や目的を持っており，そうしたものに従って，どのような欄であれ自分の興味を引く欄ならすぐに開き，残りは無視してしまうことになるのだ。**したがって，新聞のほとんどの部分は読まれないままなのであるが，それにもかかわらず，人は新聞を一紙丸ごと買わなければならないのだ。

□ *l.*1　who ever「いったい誰が〜」　※ever は疑問詞の強調。
□ *l.*1　from cover to cover「隅から隅まで」
□ *l.*1　clearly「〜なのは明らかだ」　※文修飾語。

◆ All readers have their own personal tastes and purposes for reading「読み手は誰でも新聞を読むことに対する自分なりの嗜好や目的を持っている」

　　all readers の訳は「読み手，読者の誰もが」でよいが，元の動詞 read を意識して「新聞を読む場合，誰もが」とすることもできる。their own 〜 は「他の人と違って自分自身の〜」の意味。for reading は their own … purposes を修飾する形容詞句。ここでの reading は「新聞を読むこと」の意味なので，「読書」の類いの訳は不可。

◆, which cause them to turn immediately to … and to ignore the rest「そのため，…にはすぐに目を通し，残りは無視してしまうことになるのだ」

　　which は，後続の動詞 cause に三人称単数の s がついていないことから「前文を受ける関係代名詞」ではなく，their own personal tastes and purposes for reading を受けていることがわかる。turn to 〜 は「〜に向かう」の意味。そこからさらに「（ページ）を開く」という意味にも使われる。and は，to turn … と to ignore … をつないでいる。この部分の直訳は「それは彼らに〜することを引き起こす」だが，無生物主語であることを考慮して「そのため，そうしたものに従って，（読者は）〜する」とした方が自然な訳となろう。

◆ whichever sections interest them「どのような欄であれ自分の興味を引く欄」

　　whichever は複合関係形容詞に分類される語で，sections を修飾し，直前の to の目的語となる名詞節を作っている。section は「（新聞の）欄」，interest 〜 は「〜の興味を引く」の意味。直訳でも十分だが，「どの欄でも興味があるもの」「興味を引く欄ならどれでも」などとしてもよい。

生徒答案例1▶全ての読者は自分個人の読むことの好みや目的を持ち，それらは彼らに［→のために］自分の［→に］興味を持たせる記事なら何でもすぐに

5 英文和訳

　　　×求めさせ［→開き］，残りを×無視させる［→無視することになる］。［1/5点］

生徒答案例2 ▶ 全ての読み手が読むための独自の×味［→嗜好］や目的を持ってお

　り，△そのことが［減点なし］彼らを関心づけるあらゆる×セクションに彼らが戻

　るのを引き起こし［→欄をすぐに開き］，×休憩［→残り］を無視するのを引き起こ

　す。［0/5点］

この英文が伝えようとしている状況を具体的に思い浮かべてから訳そう！

　　読み手は誰でも新聞を読むことに対する自分なりの嗜好や目的を持っており，
そうしたものに従って，どのような欄であれ自分の興味を引く欄ならすぐに開き，
残りは無視してしまうことになるのだ。

第6章　総合読解

151　人目につかない労働

全訳

第1段落

　レストランで ── 何の変哲もないカフェ，あるいは食堂で食事をし，$_{(ア)(1)}$周りでは，ウェイトレスが慌ただしく動き，話し声は喧しく，鉄板で焼かれる肉のにおいが漂ってくる ── そして塩の瓶を取って，注文した卵に振りかけるとき，その瓶は見知らぬ誰かによって補充され，客が美味しいと喜ぶのを待ち構えている，そのような瓶の単純な不思議さに心を奪われる，といった経験をしたことがあるだろうか。あなたにとって，その瓶は今日という日のためだけにある。しかし実際には，その瓶は何時間も，同じテーブルの上で，繰り返し補充されながら，そこに存在しているのだ。蓋の下のネジ山を見ればわかる。$_{(ア)(2)}$何度も捻っているうちにすり減っているからだ。この補充は，誰かが仕事としてやったことだろう，もしかしたらそれはペンとメモを手に持ち，あなたがどのアイスクリームにするかを辛抱強く待っている女の子かもしれないし，汚れたスニーカーを履いてエプロンをつけている男の子かもしれない。もしかしたら，あなたの人生で決して出会うことのない誰かなのであろう。この瓶は，仕事そのものであって，それが目に見える形で具現化されたものなのである。そしてあなたが現れ，なされた仕事をなされる前の状態に戻しているのだ。

- ☐ l.1　Have you ever been eating in a restaurant …?「レストランで食事をし…といった経験をしたことがあるだろうか」　※後半にsurrounded by ～ があり，「～に囲まれて食事をしている」ということを表すために現在完了進行形になっていると推察できる。
- ☐ l.2　surrounded by ～は「～に囲まれて」が直訳。
- ☐ l.2　the buzz of conversation「会話のざわめき，喧噪」
- ☐ l.5　ready and awaiting ～「～に対する準備が完了して」
- ☐ l.11　materially realized は「具体的な形で実現された」が直訳。
- ☐ l.11　there you are「そこであなたが現れる」
- ☐ l.12　undo ～「～を元に戻す」　※一般に un- + 動詞は，「動詞の逆の動作」を意味する。e. g. untie「～をほどく」, unlock「～の鍵を外す」, unfold「展開する」　ここでは，塩を使用して，塩が減っている状態に戻すことを意味している。

第2段落

　あるいは，デパートの中を歩き回って，ボタンを留めたシャツが整然と積み上げられているのを見たことがあるかもしれない。気に入ったサイズや色のシャツは，その山の一番下にある。できるだけ慎重に上のシャツを持ち上げて，$_{(ア)(3)}$選んだものだけを抜き出すが，抜き出した後の山は必ずしも元のように整然としていない。そして，姿が見えない誰かが，シャツの山の所まで戻ってきて，その山を元通りにするまではそのままなのであろう。

- ☐ l.13　neat stacks of ～「きちんと積み上げられた～の山」

□ *l.*15　you're as gentle as can be lifting the shirts「できるだけ慎重にシャツを持ち上げている」　※「シャツを持ち上げる際に，できるだけ優しくする」が直訳。as can be は，as you can be gentle から you と gentle が省かれた形と考えればよい。

□ *l.*16　the pile as you leave it「あなたが残しておいた山」
※いわゆる「名詞限定の as」。
*e.g.*the world as we live in it「私たちが住んでいる世界」

□ *l.*16　it is never quite as tidy（as it used to be）「必ずしも（以前のようには）整然としていない」　※not〔never〕+quite は部分否定。

□ *l.*17　set things right「物事をきちんとする」

第3段落

　ATM の中にある現金。床の上に置かれたホテルのタオル。世界は(A)このような仕事であふれており，その仕事は，なされてはなされる前の状態に戻されるのをずっと待ち構え，そして再びなされるようになるのだ。

□ *l.*19　so it can be done again　「そのため，それは再びなされることができる」

第4段落

　今朝，私は彼氏が部屋中に散らかした缶や瓶を残らず集めて，アパートのゴミ捨て場まで持っていくため，それらをゴミ袋に入れた。ここ1週間，彼はこの部屋に泊まっていなかったが，私は大学図書館に遅くまで残っていたので，なんとかベッドから起き上がり，お風呂に入り，神戸の繁華街にあるオフィスでの秘書の仕事に間に合うよう急いで向かうので精一杯だったのだ。オフィスでは，毎日，単調な作業を繰り返しているだけだ。まあしかし，私は，その仕事がそこそこ得意なのだ。書類ばさみにラベルを貼る際には，細心の注意を払うので，それらはぴったり中央に，真っ直ぐに貼られている。インクや付箋は個別に分類し，すべてを(ア)(4)整理整頓された状態に保つようにしている。ボールペンやペーパークリップを切らすことなど決してない。誰かが痛み止めやガム，咳止めの飴を必要とするとき，それらを机の引き出しに潜ませているのは私だ。どんな場合でも。それは魔法みたいに。

□ *l.*21　thrown about the apartment「（アパートの）部屋のあちこちに捨てられた」

□ *l.*23　but I'd …　※彼氏が部屋に来ていないのに，部屋が汚れているのは，普段は几帳面な「私」が忙殺されているためだという内容が書かれている。

□ *l.*24　lift myself out of bed「なんとかベッドから起き上がる」

□ *l.*24　in time to *do*「～するのに間に合うように」

□ *l.*26　my own round of ～「私自身の～の繰り返し」

□ *l.*28　have a system of ～「～を体系化している」

□ *l.*29　sticky notes「付箋（のりがついているメモ）」

□ *l.*29　run out of ～「～を切らす」

第5段落

　今日は日曜日で，仕事場も大学図書館も閉まっている。彼氏から「1時に着く」とメッセージが来たので，午前中はすべて部屋の片付けと，買い物にあてることに

する。昨晩の11時ごろに今年度の最終レポートを仕上げたので，数週間後に授業がまた始まるまで他の課題はないだろう。気持ちが安らぐ。

□ *l.*34　straighten up ～「～を整頓する」

第6段落

缶や瓶の他にも，乾いたねぎがこびりついたままの，テイクアウトした焼きそばの容器もある。これは，先週末，彼氏と一緒に食べたものだ。三宮のパン屋で閉店間際に半額で買ったペストリーが入っていた，油でべとべとの紙袋もある。平日の夜，1人，ベッドの上でこれらのペストリーを食べる。朝，枕元にペストリーのかけらやクリームのしみがあるのを見つけることがある。彼氏が見たら，(ア)(5)ドン引きすることだろう。

□ *l.*38　with dried spring onion stuck on them「乾いたねぎがついたままの」　※付帯状況の with。

□ *l.*39　The oily paper bags … は，There are the oily paper bags … から自明の There are が省略された形。the は関係代名詞節がついたことによる限定の the なので there are 構文でも問題なく使える。

□ *l.*42　My boyfriend would be …「(もし彼氏がこのありさまを見たら)…だろう」　※仮定法で書かれている。

第7段落

そうした容器や袋をあふれかえったゴミ箱に突っ込んだ後，ベッドのシーツをはがしてベッドの横に積んでおく。他にもすることはたくさんあるけれど，今にも雨が降りそうな空模様なので，本降りになる前に買い物を済ませることにする。

□ *l.*45　strip ～「～をはがす」

□ *l.*46　threatening rain「雨の恐れがある」

□ *l.*47　do the shopping「買い物をする」　※「読者も容易に想像できる生活用品の買い物」の意味で the がつく。

□ *l.*47　pour「(雨が) 激しく降る」

第8段落

外に出ようとして，彼氏が私の誕生日にくれたサーモンピンクのレインコートと帽子を身につける。彼はさりげなく，東京にある特別なお店で買ったんだ，と私に言った。ほどなくして，私は梅田にある普通の衣料品店で同じものを見つけた。(B)彼は東京の販売員のお姉さんの口車に乗せられたのかもしれない。彼女はきっと，どの客に対しても「自分の買ったのは一点ものだ」と信じ込ませているのだろう。そして，客が店から出てしまうと，何の気なしに同じものを奥から出してくるのだ。

□ *l.*49　modestly「控え目に」

□ *l.*50　not long after「ほどなくして」　※この after は副詞で after that と同意。

□ *l.*50　set「レインコートと帽子のセット」

□ *l.*51　take advantage of ～「～を (自分の都合のいいように) 利用する」

□ *l.*52　convince *A* (that) S V「*A* (人) に～ということを確信させる」

□ *l.*52　one-of-a-kind「一点もの」

第9段落

　私は彼氏に，同じレインコートを見つけたこと，そしてそのピンクの色合いが道の向こうにある託児所に通う小さい子どもたちが着ているスモックにそっくりであることは黙っていた。初めてそのコートを着たとき，気がつくと私は狭い路地で託児所の付き添いの人と幼児たちの長い列の中におり，それはグロテスクなピンク色の芋虫のような動きをしていた。私が姿を消そうと，壁に背中を押しつけ，その後，反対方向へと足早に立ち去るのを見て，付き添いの人たちはにやにやと笑った。

- □ l. 55 smock「スモック（子どもや女性などのゆったりとした上着）」
- □ l. 56 daycare「託児所」
- □ l. 57 daycare attendant「幼児に付き添う人・職員」
- □ l. 58 grin at 〜「〜をにやっと笑う」
- □ l. 58 press my back against the wall「背中を壁に押し当てる」

第10段落

　だけど，日曜には，あの子どもたちもみな家にいるはずだ。

第11段落

　財布と買い物袋，そして缶と瓶をまとめた袋を持って，アパートの部屋を出て，背後の重たい金属製のドアに鍵をかける。私の部屋は最上階にあるので，階段を3つ降りて，ようやく駐車場の階にたどりつく。誰かが階段を上り下りするのはほとんど見かけない。ここ数年，この建物は外国人が(ア)(6)入居している。近所の英会話スクールの講師，韓国人の牧師などで，時々，遊園地のパフォーマーがいることもある。長期にわたって住む人はいない。私の部屋には，勤め先の前の秘書さんが住んでいた。結婚して引っ越す際に賃貸権を譲ってくれたのだ。それは5年前のことだった。今や，私がこの建物で最も(イ)貞節な住人だ。

- □ l. 63 three flights of stairs「（階と階の間の一続きの）階段3つ分」
- □ l. 66 now and then「時々」
- □ l. 69 lease「賃貸権」
- □ l. 70 tenant「賃貸人」

第12段落

　ゴミ捨て場は悲惨なことになっている。ゴミ用コンテナには，ガラスやプラスチックといった種類が明記されており，おまけに収集日のカレンダーが掲示されているのにもかかわらず，他の入居者は時間も場所も好き放題にゴミを放置している。私は自分の缶や瓶を正しいコンテナに入れ，他のゴミ袋をそれぞれの場所に足で移動させようとする。中には種類の異なるものを1つの袋に入れてしまう人もいるので，このように私がちょっと努力をしたところでは，散らかっているゴミをすべて片付けることはできない。1つ1つ(c)ゴミを分別することが仕事のゴミ収集業者さんを気の毒に思う。

- □ l. 76 unlike「違った，似ていない」
- □ l. 77 on *one's* part「〜によってなされる」

(A) ──────────────────────────────────── 正答率 33.3%

第1段落では「塩の振りかけ容器に人知れず塩を詰め替えている」という内容が述べられている。第2段落では「デパートの洋服売り場で整然と積み重ねてある服は，それが乱されるたびに誰かがそれを元に戻していること」が述べられている。このように筆者は，日常で行われている誰かの人知れない努力のことに思いをはせていることがわかる。よって第3段落冒頭の「ATM内の現金，床の上に置かれたホテルのタオル」は誰かが人知れず補充しているものの例であることは明らか。この文に続く「世界はこのような仕事であふれている」の「このような仕事」とは，「**客が使ったものを，いつの間にか，人知れず，元の状態に戻す仕事**」だとわかる。解答では，例にも言及し，「塩の詰め替え，洋服売り場の服の整頓，ATMの現金の補充，床に置かれたホテルのタオルの交換など，客が使ったものを」をつけ加えればより明示的だが，字数が多すぎるので「商品の補充や交換や整理など」とまとめておくとよい。

■　**生徒答案例1**▶商品の補充や整理などの，いつでも知らないうちに行われており，継続的に必要とされる仕事。[3/3点]

「継続的」まで書かれているのでパーフェクトな答え。

■　**生徒答案例2**▶利用できる状態ではないものを利用できる形に正しく直してあげるということ。[0/3点]

記述全体が不十分であること，「人知れず」の部分がないことで0点となった。

(B) ──────────────────────────────────── 正答率 35.2%

●It's possible (that)〜．「〜の可能性がある，〜があり得る」

●It is possible S V（過去形）．は「SはVした可能性がある」の意味である。「Sは（これから）Vする可能性がある」という意味ではない。

●the Tokyo salesgirl took advantage of him「東京の販売員の女性が彼につけ込んだ」

●下線部を直訳すると「東京の販売員の女性が彼をうまく利用した可能性がある」となる。下線部を含む段落の内容は「彼が私の誕生日にくれたサーモンピンクのレインコートと帽子は，彼が東京の特別な店で買ったものだと聞いていたが，同じものが梅田の普通の衣料品店でも売られていた」という内容である。よって「彼をうまく利用した可能性がある」というのは「**東京の洋服店の店員が，筆者の彼氏に，普通の店でも買えるレインコートと帽子を，在庫がまだ他にもあるにもかかわらず，『一点もの』と嘘をついて買わせた可能性があるということ**」である。「一点ものと嘘をついて」の部分は「特別なものだと信じ込ませて」ぐらい説明的に書いてもよいだろう。「レインコートと帽子」は，単に「商品」としても減点されないかもしれないが念のため具体化しておくことが望ましい。

■　**生徒答案例1**▶きっと東京の販売員の女性が筆者のボーイフレンドに，普通の

店で売っているありふれたレインコートと帽子を，東京のこの店にしかない特別な商品だと言って買わせたのだろうということ。[3 / 3 点]

上手に書けている。

生徒答案例 2 ▶ 東京の女性の販売員が彼にその店が特別な店だといって買わせて彼を利用したことはありえるということ。[1 / 3 点]

「その店が特別な店だといって」は本文にはない。また何を買わせたのか不明。

生徒答案例 3 ▶ 一般的な服屋で売っているようなレインコートを特別な東京の店から取り寄せたといって東京の販売員の女の子が彼をだまして買わせることができるということ。[0 / 3 点]

「帽子」の抜け。「東京の店から取り寄せた」は本文にはない。「買わせることができるということ」ではなくて，「買わせたのかもしれないということ」の間違い。

Ⓒ ——————————————————————————————————— 正答率 14.8%

● 下線部を含む文とその直前の文の内容は「中には種類の異なるものを 1 つの袋に入れてしまう人もいるので，このように私がちょっと努力をしたところでは，散らかっているゴミをすべて片付けることはできない。1 つ 1 つ（　　　）ゴミ収集業者さんを気の毒に思う」である。よって（　　　）は「ゴミを片付けてくれる」「きれいにしようと努力してくださる」ぐらいの内容であろうと予想できる。

● 与えられた語の中の sort がポイントとなるだろう。名詞では「種類」，sort of なら「少し」の意味の副詞句となる。また動詞なら「～を分類する」の意味である。さらに task は「（厄介な）仕事」の意味であり，pieces は，不可算名詞を数えるときに使われる名詞である。*e. g.* a piece of furniture「家具一点」 よって，本文では pieces of garbage から of garbage が省かれた形だと推察できる。以上から to sort the pieces (of garbage) is their task「ゴミを分類するのが彼らの仕事である」という文が予測できるだろう。ただし，their は与えられておらず，it と whose を使わなければならないので微調整が必要だ。whose は疑問文なら「誰のもの」という意味で一語で使うこともできるが，the people「ゴミ収集業者」を説明する部分なので，ここでは関係代名詞であり，その場合は必ず〈whose＋名詞〉の形で使われる。以上から it is whose task to sort the pieces となり，さらに whose task は，それを含む節の先頭に置くのが決まりなので **whose task it is to sort the pieces** となることがわかる。

● 間違った人の約 40％は whose task is to sort the pieces としてしまったもの。この文は間違っていないが，it が余ってしまう。よって，ほとんどの人が it を無理矢理 to 以下に入れ，たとえば sort it the pieces としていた。また 10％強の人が whose task is it to sort the pieces のような形にしていた。おそらく whose を疑問詞と勘違いし，さらに「疑問文でも文中に置く場合は疑問形にしてはいけない」というルールを知らないことが原因であろう。

(D) (ア)

(1) ——————————————————————————— 正答率 81.5%

空所を含む文の意味は，「レストランに食事に行ったことはあるだろうか——何の変哲もないカフェ，あるいは食堂に。ウェイトレスの絶え間ない動き，会話の喧噪，鉄板で焼かれる肉のにおいによって（　　　　）」である。選択肢はすべて過去形か過去分詞形になっていることを考慮すれば，空所を含む以下の部分が過去分詞形で始まる分詞構文になっていることが予想できる。文意が通るのは h) surrounded「囲まれて」しかないだろう。間違えた人の多くは d) occupied「占有された」を選んでいるが，文の主語が you であることを考慮すればあり得ない選択肢だとわかる。

(2) ——————————————————————————— 正答率 83.3%

空所を含む文の意味は，「蓋の下のネジ山を見ればわかる。（　　　　）捻っているうちにすり減っている——これは誰かが労働をしたということだろう」である。空所の直後の「捻る」を考慮すれば，「すり減る」原因として考えられるのは g) repeated「繰り返された」しかないであろう。

(3) ——————————————————————————— 正答率 85.2%

空所を含む文の意味は，「なるべく慎重に上のシャツを持ち上げて，（　　　　）ものだけを抜き出すが，抜き出した後の山は必ずしも元のように整然としておらず，見知らぬ誰かがその山を元通りにするまではそのままなのであろう」である。自分の欲しいシャツを抜き出すためにシャツの山を乱してしまう，というくだりである。文意が通るのは a) chosen「選択された」である。the chosen one は the chosen shirt と同意である。

(4) ——————————————————————————— 正答率 77.8%

空所を含む文の意味は，「書類ばさみにラベルを貼る際には，細心の注意を払うので，それらはぴったり中央に，真っ直ぐに貼られている。インクや付箋は色別に体系化し，すべてを（　　　　）に保つようにしている」である。彼女の仕事ぶりがいかに几帳面であるかを示唆する一節である。文意に合うのは e) organized「整理された」しかないであろう。keep～organized で「～を整理整頓した状態に保つ」の意味である。organize ～ を一義的に「～を組織化する」と覚えていると正解にたどりつけないかもしれない。

(5) ——————————————————————————— 正答率 70.4%

空所の直前および空所を含む文の意味は「朝，枕元にペストリーのかけらやクリームのしみがあるのを見つけることがある。彼氏が見たら，（　　　　）ことだろう」である。空所に入るのはマイナスの感情を表す語だとわかる。よって c) horrified「ぞっとして，ドン引きして」である。間違った人の多くは f) realized を選んでいるが，もし realize を用いるなら My boyfriend would <u>realize</u> how messy my

room is. などとする必要があり，My boyfriend would <u>be realized</u>. では意味をなさ
ないことから，あり得ない選択肢である。

(6) ──────────────────────────────── 正答率 70.4%

空所を含む文の意味は「ここ数年，この建物は外国人が（　　　　）。近所の英会話
スクールの講師，韓国人の牧師などで，時々，遊園地のパフォーマーがいることも
ある」であるので，「あふれている，一杯だ」の類いの言葉が入ると推察できる。
その意味を持つ語はないが，d）occupied「入居している，占有されている」なら意味が通る。

(D) (イ) ──────────────────────────── 正答率 48.1%

他の入居者は短期間で出て行くが，私は入居して 5 年も経つ，というのが直前の内
容である。空所を含む文の意味は「今や，私がこの建物で最も（　　　　）住人だ」
である。空所には「長く住む」という意味の形容詞が入ると予測できる。選択肢を
見ると a）boring「退屈な」，b）difficult「難しい」，c）egocentric「自己中心的
な」，d）faithful「信心深い，貞節な」，e）popular「人気がある」だが，この中
で「長く住む」に最も近いものは d）であろう。「アパートに対して貞節な（→他
に目移りしない→長くいる）」とすれば文脈に合う。およそ 26％の人が c）を選ん
でいるが，「アパートに長く住むこと」と「自己中心的であること」は結びつかな
い。また a），e）を選んだ人が，それぞれ約 13％いるが，解答根拠が不明である。

(D) (ウ) ──────────────────────────── 正答率 64.8%

選択肢を順に吟味する。
a）「筆者は服のセンスがない彼氏のことが好きではない」
本文にまったく記述がない。
b）「筆者は気づかれないまま行われている必要な労働に焦点を当てている」
正解。本文の内容をズバリとらえた選択肢である。
c）「筆者には，彼女をいつも魔法使いのように助けてくれる会社の親友がいる」
「魔法」についての記述は第 4 段落の最後の 3 文（When anyone needs …）に
「誰かが痛み止めやガム，咳止めの飴を必要とするとき，それらを机の引き出しに
潜ませているのは私だ。どんな場合でも。それは魔法みたいに」とあるが，これは
筆者自身がいかに几帳面に仕事をしているかを示す一節にすぎない。つまり「筆者
が他の人が必要とするかもしれないものを，いつも『魔法のように』準備してい
る」という意味である。
d）「筆者には，地元社会や公共福祉を改革したいという野心がある」
不正解。最終段落の最終文（I feel sorry …）に「ゴミを 1 つ 1 つ分別することが
仕事のゴミ収集業者さんを気の毒に思う」とは書いてあるが，だからと言って「地
元社会や公共福祉を改革したいという野心がある」というのは大袈裟すぎるであろ
う。

e)「筆者は家事の日課と秘書としての仕事にうんざりしている」

本文に記述がない。さらに本文の趣旨「誰かが使ったものをそのたびに補充したり，誰かが乱したものをそのたびに元の状態に戻すといった，人知れず行われている仕事に共感する」と照らして考えれば，彼女自身もそういった仕事をしているという自覚があり，26・27 行目に I'm fairly good at it, though.「まあしかし，私は，その仕事がそこそこ得意なのだ」とあることから，彼女なりにそれを誇らしく思っていることが窺える。よって，e)は筆者の思いと真逆の選択肢だと言える。

(A)誰かが使ったものをそのたびに補充したり，誰かが乱したものをそのたびに元の状態に戻すといった，人知れず行われている仕事。

(B)東京の洋服店の店員が，筆者の彼氏に，普通の店でも買えるレインコートと帽子を，まだ在庫があるにもかかわらず，「一点もの」と嘘をついて買わせた可能性があるということ。

(C) whose task it is to sort the pieces

(D) (ア) (1)—h　(2)—g　(3)—a　(4)—e　(5)—c　(6)—d
　　(イ)—d　(ウ)—b

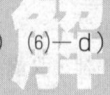

152　18歳の巣立ち

全　訳

第1段落～第3段落

　「賭けようか」と私の 15 歳の誕生日に父は言った。私は自分が 15 歳であったことをとても鮮明に覚えている。というかむしろ，15 歳であることが 15 歳の人間にとってどのような感じなのかを覚えている。その 15 歳という年齢は飛び込み台の板，半開きになった箱のようなものなのである。

　私たちは芝生の上の硬い木製の椅子に座って，夕闇が辺りに広がり，薄れていく優しい光のすべてに包まれ，世界が穏やかになっていくのを見ていた。

　「おまえは 18 歳になった時，間違いなくここを出て行き二度と戻ってこない」と父は言った。「一度もだ」

- □ *l*.1　make a bet「賭ける」
- □ *l*.3　diving board「飛び込み台の板」　※人生で大きな転換期を迎えることの比喩。
- □ *l*.4　stiff「（曲がりにくく，形を変えないで）硬い」
- □ *l*.4　settle「（沈黙，霧などが）充満する」

第4段落～第11段落

　私たちが住んでいた所は，ロサンゼルスから 2 時間の所にあり，同じような郊外の町に隣接している町であった。そこでは，(A)日々に自分で何か変化をつけない限り，何か変わったことが起こることなど滅多になかった。

　「会いに戻ってくることさえないと思っているの？」私は言った。

　「そうだよ」父は言った。「そう思っている」　父は理性的な人だった。適当なことを言うようなことはなかった。父は，大袈裟で疑わしいことを言う質の人ではなかった。賭けに出ることなど滅多になかった。その父の発言で私は傷ついていたが，同時に興奮を覚えた。

　「お母さんはどうなの」私は尋ねた。

　「お母さんがどうしたって？」

　私は肩をすくめた。お母さんは父の予測とはほとんど無関係に思えた。

　「ジェームズはどうなの」と私は尋ねた。

　「ジェームズのことはよくわからないな」と父は言った。「その件についてはまったくわからないな」

- □ *l*.12　reasonable「理性的な」
- □ *l*.12　generalize「一般化する，漠然としたことを言う」
- □ *l*.13　be prone to ～「～の傾向にある，～の質である」
- □ *l*.13　big「（人，言動が）尊大な，大袈裟な」
- □ *l*.13　dubious「真意がはっきりしない，曖昧な，疑わしい」
- □ *l*.17　shrug「（両手の手のひらを上に向けて）（肩を）すくめる」
- □ *l*.19　bet on ～「～に賭ける，～を確かだとあてにする」

第12段落

　ジェームズというのは，私の弟であったし，今でもそうだ。私はジェームズに対して責任をほとんど感じていなかった。ジェームズは10歳にして_{(ア)(1)}聡明であったが，心配性で，両親の頭痛の種であった。母は_(B)私と弟は平等だと私に思わせていると考えていたが，母が溺愛していたのは弟の方であった。間違いなく私たちは等しく愛されていたが，等しく好かれていたわけではなかった。親というものは，たとえお気に入りの子どもがいない場合でも，確かに，どちらかの子どもの味方になるものなのだ。

- □ *l*. 21　At ten, … problem. 原文では At ten, he was brilliant and anxious and very much my parents' problem. となっている。原文では「賢くて心配性だった」と順接だが，東大は「賢いが心配性であった」と逆接に改変している。出題者は，問題文としては「頭のよさ」と「心配性」は逆接の方が適切だと考えたのであろうが，頭がよいからこそいろいろと心配することは十分に起こりうると思われる。
- □ *l*. 21　very much は my parents' problem を修飾する。
- □ *l*. 21　my parents' problem「両親の頭痛の種」　※he was の 3 つ目の補語。
- □ *l*. 22　adore ～「～が大好きである」
- □ *l*. 22　make no mistake「間違いなく」
- □ *l*. 23　favorites「お気に入り（の子ども）」

第13段落・第14段落

　家の中では，母が夕食の支度をしていると，ジェームズが台所で母の後をついてまわり，紙を折って変な形にしたものを母に手渡した。たとえその当時でも，ジェームズは幾何学の才能があった。

　「私はどこに行くの？」と父に尋ねた。私の成績は_{(ア)(2)}平均ぐらいしかなかった。15歳の時には，漠然とではあるが，地元の2年制大学で数年間過ごした後，どこかに編入するつもりだった。

- □ *l*. 26　fold A into B「A を折って B にする」
- □ *l*. 27　have a talent for ～「～の才能がある」
- □ *l*. 27　geometry「幾何学」
- □ *l*. 29　vaguely「曖昧に」
- □ *l*. 29　transfer「転校する，編入する」
- □ *l*. 30　junior college「（米国・カナダの）2年制大学」　※日本で言えば「短期大学」。

第15段落・第16段落

　「どこでもいいよ」と，父は鼻の周りを飛ぶハエを手で追い払いながら言った。

　隣では，隣人の物静かなカールという子が，同じカールという名前の犬を芝生の上を行ったり来たり散歩させていた。快適な天気の日だった。

- □ *l*. 31　wave ～ away / wave away ～「～を手で追い払う」
- □ *l*. 32　walk ～「～を散歩させる」

第17段落～第22段落

　「私がもし戻ってきたらどうなるの？」と私は尋ねた。

「戻ってきたらお前の負けだ」と父は言った。

私は負けず嫌いだったし，父はそのことを知っていた。

「お父さんにまた会えるのかな？」と私は尋ねた。15 歳の私は，今まで感じたことがないような，感傷的な気持ちになり，それはまるでその日が陰り遠くなり，すでに 1 つの思い出となってしまったかのようであった。父が隣に座って，自分の毛深い膝を手のひらでなでている時でさえ，私は父に対して，そして父の所々禿げた頭や歯磨き粉の臭いのする息に対して，感傷的な気持ちを抱いた。

「もちろん」と父は言った。「お母さんと私が訪ねるよ」

母が弟と玄関に現れた。弟の指は，母のジーンズの後ろのポケットをつかんでいた。「夕食の時間よ」と母は言った。そしてまるで駅のプラットホームに立っているかのように，私は父の頬にキスをした。夕食の間もずっとそのように感じ，テーブル越しに父をじっと見つめ，声には出さなかったがサヨナラと口にした。

- ☐ *l.* 37　a way that felt new, at fifteen「15 歳の時には新しいと感じられるように」　※「15 歳になるまでに感じていたのとは違うように（少し大人になって）」ということ。
- ☐ *l.* 38　turn shadowy「陰る」
- ☐ *l.* 39　partly bald head「所々禿げた頭」
- ☐ *l.* 39　toothpaste breath「歯磨き粉の臭いのする息」
- ☐ *l.* 40　run 〜「（指など）をさっと走らせる」
- ☐ *l.* 40　palm「手のひら」
- ☐ *l.* 42　his fingers holding 〜「弟の指は〜をつかんでいた」　※独立分詞構文（主文の主語とは主語が異なる分詞構文）。
- ☐ *l.* 44　feeling that way「そのように感じて」　※「父と別れることになると感じて」の意味。
- ☐ *l.* 45　from across 〜「〜越しに，の反対側から」
- ☐ *l.* 45　mouthing goodbye「声に出さずにサヨナラと口にした」　※分詞構文。

第 23 段落〜第 28 段落

私が高校を卒業した後の夏に，18 歳の誕生日が訪れた。お祝いに，私は友だち 4 人とロサンゼルスの劇場でミュージカルの『ウィキッド』を観た。劇場の座席はゆったりとしていてビロードのようだった。私の両親が私たちを車で送ってくれ，私たちが劇場に入る前に，父は駐車場で一人一人にシャンパンを一杯ずつくれた。私たちが使った小さなプラスチックのコップは，父が特にこの日のために買ってきてくれたに違いないものであった。私は，父がスーパーマーケットをうろうろし，すべてのコップに目をやり，買うことに決める姿を思い浮かべた。

私の誕生日の 1 週間後，父はいつもより静かに私を起こした。父は厳粛な顔をしていた。私はまだ卒業の時の帽子を壁に掛けたままにしていた。母は卒業式の時に私が着た服をドライクリーニングに出してくれていて，それはまだカバーがされたまま床の上に置かれていた。

「行く準備はできたか」と父は尋ねた。

「私をどこへ連れて行くつもりなの」と私は知りたかった。

「駅までだよ」ゆっくりと父は言った。「出発する時が来たんだ」

父は旅行するという考えがずっと好きだった。空港の中を歩いて通るだけでも父はワクワクしていた。そこにいるすべての人が世界を横断してどこか他の場所へ急いでいるのを見ることで，父は$_{(ア)(4)}$ワクワクした。父は歴史や，自分では行ったことのない場所の建築に深い興味を持っていた。父が一度も旅行できなかったことは，父の人生における大きな悲劇であった。母に関しては，自分の夫が$_{(ア)(5)}$不幸で，それを隠す努力をまったくしなかったことが母の人生の大きな悲劇だった。当時，私にはわからなかったかもしれないが，今ならそれがわかる。

- □ *l.* 47　the musical *Wicked*「ミュージカル『ウィキッド』」(『オズの魔法使い』を元にした魔女が主人公の物語)
- □ *l.* 48　velvety「ビロードのような，柔らかな」
- □ *l.* 50　must have *done*「～したに違いない」
- □ *l.* 51　picture *A doing*「*A* が～しているのを思い描く」
- □ *l.* 53　quieter than usual「いつもより静かに」　※この quiet は副詞。
- □ *l.* 54　had my graduation cap tacked up on the wall「卒業の時の帽子を壁に掛けたままにしていた」　※第3文，第4文は卒業して間もないことを示す。
- □ *l.* 63　in person「本人自ら」
- □ *l.* 63　it was the … that S V　※it は形式上の主語。
- □ *l.* 65　didn't take any pains to hide it「それを隠す努力をまったくしなかった」
- □ *l.* 66　see that「それ（父の悲劇は旅行が好きなのに旅行ができなかったことで，母の悲劇は，父が不幸で，そのことを隠そうとしなかったこと）がわかる」

第29段落・第30段落

「お母さんはどこなの？」と私は尋ねた。「それにジェームズはどこにいるの？」

「スーパーマーケットだよ」と父は答えた。ジェームズはスーパーマーケット —— 商品がすべて$_{(ア)(6)}$整然と一列に並んでいる秩序正しいところ —— が好きだった。すると，「泣くんじゃない」と，起きたばかりでまだ温かい枕をなでながら父は言った。父の顔は辛そうだった。「泣くんじゃない」と父は再び言った。私は涙が出ていたなんて気がついていなかった。その当時，$_{(C)}$私の体全体が，スプーンの上でバランスをとっている卵のように，感情的になっていた。

- □ *l.* 68　the order of ～「～の秩序（正しいところ）」
- □ *l.* 72　an egg balanced on a spoon「スプーンの上でバランスをとっている卵」

第31段落～第33段落

「大丈夫だ」と父は言った。「うまくやれるよ」

「でも2年制大学はどうするの」と私は尋ねた。「いろいろな計画はどうするの」私はすでに，キラキラ光る学校のパンフレットの束を郵便で受け取っていた。実際，それでどうすればいいのかまだわからなかったけれど，それでもそのパンフレットを持っていた。

「時間がないよ」と父は言った。そして父の声が切迫した感じだったので私は急いだ。

□ *l.*76 just the same「それにもかかわらず」 ※just at the same time「(矛盾したことが) 丁度同時に (起きる)」からできた熟語と考えればよい。

(A) ──────────────────────────────────── 正答率 42.5%

● the days rarely distinguished themselves「その町での日々に目立ったことなど滅多になかった」

一般に〈他動詞 + *oneself*〉は, 自動詞のような訳をすることが多い。たとえば hide *oneself* は「隠れる (←自らを隠す)」となる。同様に, distinguish *oneself* は「(他と異なって) 際立つ, 目立つ」の意味となる。よって, この部分の直訳は「その町の日々は目立つことが滅多になかった」となる。ロサンゼルスから 2 時間の距離にある田舎では, 都会ではありそうなコンサートやイベントなどが滅多になかった, という内容であると予測し日本語を整えると, 上記のような訳になる。

● unless you did it for them「その日々に代わって何か変わったことをやらない限りは」

unless S V は「S V の場合を除いては」の意味の接続詞。you は一般論を示す働きなので訳出はしないのが普通。did it は, 直前の distinguished themselves のことだが, themselves は the days を指すので, distinguish the days「日々を目立たせる」→「日々に変化をつける」などと解釈する。for them は for the days であり, 文脈から「その日々のために」ではなく「その日々に代わって」という意味だと判断できる。以上から「その日々に代わって (意識的に) (その日々と異なる) 目立つことをしない限り」の意味となる。

● 以上より, 「自分から何か日々に変化をつけない限り, 毎日が代わり映えのしないものであったということ」とまとめられる。

生徒答案例 1 ▶ そこでの日々は自分で区別しない限りほとんど区別できないような代わり映えのしないものだった。[2 / 2 点]

生徒答案例 2 ▶ 筆者にとってロサンゼルスの郊外で暮らしたときのことは, 意識しない限りは滅多に他のときと違って特別なものではなかった。[1 / 2 点]

生徒答案例 2 の「意識しない限りは」は「意識して変えない限りは」の間違い。

(B) ──────────────────────────────────── 正答率 12.8%

空所を含む文の意味は「( ) だと母は考えていたが, 母は弟が大好きであった」である。また後続の文には「間違いなく私たちは等しく愛されていたが, 等しく好かれていたわけではなかった」とある。これと与えられた語から空所に入る文の意味は「私と弟が平等であると母は私に思わせている」だと推測できる。fool A into *doing*「Aをだまして～させる」を知らなくても推測可能であったと思われる。この into を使った熟語には〈talk *A* into ～〉「A（人）を説得して～させる」，〈change *A* into *B*〉「AをBに変える」などがある。なお thinking の後には，「後続の文を名詞節にまとめる接続詞 that」が省かれている。**she fooled me into thinking we were equal** が正解。

Ⓒ ——————————————————————————— 正答率 8.9%

下線部は「私の全身が感情的であるような感じだった」という意味である。下線部の直後には「私はスプーンの上でバランスをとっている卵のようであった」という比喩表現がある。筆者は「スプーンに卵を載せて運ぶ競走」をイメージして，この発言をしたと考えられる。「スプーンの上の卵」とは，「不安定なもの」の象徴であり，「私自身の感情が不安定であった」ことを表現していることがわかる。

筆者は父親に「出発する時が来た」と突然告げられ，「泣くんじゃない」と二度言われている。それを受けて，下線部直前の文（I hadn't noticed it had started.）に「私はそれが始まっていたなんて気がついていなかった」とある。この文の it は「涙が出ること」を指していると考えるのが適切である。以上から，「**自分が泣いていることに気がつかないほど感情が筆者を圧倒し，不安定な精神状態であった**」などとまとめられる。

なお，下線部の直後には in those days とあるので，下線部は「その当時」の筆者の日常的な心情を述べたものである。しかし，設問には「この場面に即して」とあるので，この場面（＝父との会話の場面）のことのみを説明すればよいだろう。

> **生徒答案例1**▶感受性が高くなって，ちょっとしたことですぐ泣いてしまうような精神が不安定な状態にあったこと。[2/2点]
>
> **生徒答案例2**▶私は自分の旅立ちが近づくにつれて感情的になっていた。[0/2点]

モニターの答えでは「不安定である」ことを表現したものがほとんどなかった。

Ⓓ ㋐

(1) ——————————————————————————— 正答率 53.8%

空所を含む文の直前に「私は彼に対して責任をほとんど感じていなかった」とある。その理由を考えてみる。空所の後の文に「母は弟のことが大好きだった」とある。さらに，空所を含む文の次の段落（Inside, my mother …）の最終文（Even then, …）に「その当時でさえ，彼は幾何学の才能があった」とある。これらから予想されるのは「弟は頭がよく母からも愛されていたので，私は特に弟の面倒をみなければならないとは感じなかった」ということであろう。よって he was に続く空所には，he に関わるプラスイメージの語が入ることが予測される。選択肢の中のプラスイメージの語は b) cheerful「陽気な」，d) intelligent「賢い」，e) neat「きちんとした」，f) solemn「崇高な」，g) tolerant「寛容な」だが，この中で文脈

に合うのは d ）である。17.9％の人が b ）cheerful を選んでいる。

(2) ────────────────────────────────────── 正答率 97.4％

空所を含む文の意味は「私の成績は（　　　）にすぎなかった」なので，空所には
成績に関する語が入り，merely の後なのでプラスイメージのものではないと予想
できる。この条件に合うのは a ）average「平均的な」である。これを入れれば，
(1)の「弟は賢かった」という評価と対照をなすことになり，文脈との整合性もとれ
る。

(3) ────────────────────────────────────── 正答率 35.9％

娘を（突然）送り出す当日の朝の父親の様子を尋ねる箇所である。空所の直前に，
父親は娘を「いつもより静かに（quieter than usual）」起こしたとある。よってこ
の場面での父親は，普段とは違う「より一層静かな様子」をしていたことが伺える。
また，第 30 段落第 3・4 文（"Don't cry," Dad …）で，娘の涙を見た父親は「泣く
んじゃない」と「辛そうな顔をして」言っており，これらの様子に適しているのは
f ）solemn「（人柄，表情，態度などが）まじめな，重々しい」である。この語は
難しいが消去法で十分対処できる。h ）unhappy を選んだ人が 41.0％，b ）
cheerful を選んだ人が 10.3％もいた。辛い気持ちがありつつも，「泣くんじゃな
い」や「大丈夫だ…うまくやれるよ」（第 31 段落 "You'll be good," …）など娘を
励まし，旅立ちを後押ししている様子も描かれていることから，マイナスの感情の
みを表す unhappy な様子で起こすとは考えにくい。

(4) ────────────────────────────────────── 正答率 61.5％

当該箇所の直前には「父は旅行するという考えがずっと好きだった。空港の中を歩
いて通るだけでも父はワクワクしていた」とある。さらに空所を含む文は「そこに
いるすべての人が世界を横断してどこか他の場所へ急いでいるのを見ることで，父
は（　　　）した」とある。さらに空所の後ろには「父は歴史や，自分では行っ
たことのない場所の建築に深い興味を持っていた」とある。ここから空所には心情を
表すプラスイメージの語が入ることは推察できる。選択肢の中でプラスイメージの
語は，b ）cheerful「陽気な」，d ）intelligent「賢い」，e ）neat「きちんとした」，
f ）solemn「崇高な」，g ）tolerant「寛容な」であるが，「ワクワク」した心情に
適するのは b ）cheerful だけである。c ）frightened を選んだ人が 17.9％もいたが，
a thrill は「楽しみや興奮という突然のプラスの感情」の意味であることに注意し
たい。

(5) ────────────────────────────────────── 正答率 28.2％

空所の直前および空所を含む文の意味は「父が一度も旅行できなかったことは，父
の人生における大きな悲劇であった。母に関しては，自分の夫が（　　　），それ
を隠す努力をまったくしなかったことが母の人生の大きな悲劇だった」である。空
所には，一度も旅行できなかったことに対する父親の気持ちを表し，かつ母の悲劇

を生み出したマイナスの要因が入る。マイナスの意味を持つ選択肢はc）frightened「怯えた」とh）unhappy「不幸な」の2つだけである。「一度も旅行できなかった」ことに対する父親の心情として適切なのはh）unhappy である。f）solemn「崇高な」，g）tolerant「寛容な」を選んだ人がそれぞれ28.2％もいた。文脈から根拠を見つけるという姿勢が大切である。

(6) ──────────────────────────────── 正答率 79.5%

空所を含む文の意味は「ジェームズはスーパーマーケット ── 商品がすべて（　　　）一列に並んでいる秩序正しいところ──が好きだった」である。「一列に」「秩序正しい」という箇所からe）neat「きちんとした」が適切だとわかる。なお all neat in their rows は，all are neat in their rows を，all being neat in their rows という分詞構文にして being を省いた形である。

(D) (イ) ──────────────────────────── 正答率 72.5%

第1段落～第3段落から，「私」は，15歳の時に，父から「18歳になったらお前が家を出て行き帰ってこないということに賭ける」と言われた。さらに第19段落のI hated to lose「私は負けず嫌いであった」という記述から，「父の言う通り家には帰らない」ことになることが「私」にはわかっていると推測される。そういう状況で「私」は，「お父さんに再び会うことはないの」と尋ねたのである。設問では，その時の「私」の気持ちが尋ねられている。空所を含む「その日が陰り遠くなり，すでに1つの思い出となったかのように，15歳の私は今まで感じたことがないような（　　　）と感じた」という記述と，「父とそして父の所々禿げた頭や歯磨き粉の臭いのする息について（　　　）と感じた」という記述から，ただ父に反抗するだけの年代が終わり，父のことを愛おしく思っている「私」を窺い知ることができる。さらに第6段落最終文（I felt hurt…）「父の示唆に対して私は傷つき同時にワクワクした」からも「私」の複雑な心境を推し量ることができる。よって，選択肢の中のマイナスイメージのa）angry「怒って」，e）unfair「不公平で」は不適切。さらにプラスイメージのb）delighted「喜んで」，c）excited「興奮して」も文脈に合わない。以上からd）sentimental「感情に影響された，感傷的な」を選ぶ。c）excited を選んだ人がおよそ17.9％いた。

(D) (ウ) ──────────────────────────── 正答率 62.3%

選択肢を順に検討する。

a）「筆者は最終的には地元の2年制大学に行く決心をした」

最後から2つ目の段落（"But what about …）に「『でも2年制大学はどうするの？』と，私は尋ねた」とあり，その後の I'd already received …に「私はすでに，キラキラ光る学校のパンフレットの束を郵便で受け取っていた。実際，それでどうすればいいのかまだわからなかったけれど，それでもそのパンフレットを持っていた」とある。これだけの情報から，筆者が2年制大学に行くことに決めたとは結論

づけることはできない。

b）「筆者は 15 歳の時から家を出る計画を立てていた」

第 3 段落第 1 文（"I bet you'll …）に「お前は 18 歳でここを出て行き二度と戻ってこないと賭けてもいい」とあるが，これは父親が言い出したことであり，筆者自身が決めたことではない。また最後から 2 つ目の段落の第 1・2 文（"But what about … plans?"）で「2 年制大学やいろいろな計画はどうするのか」と父親に尋ねていることからもこのことがわかる。よって b）は不適切である。

c）「筆者が家を出なければならなかったのは，両親の間に争いがあったからだ」

本文中にまったく記述がなく不適切である。

d）「筆者の父親は，彼女が嫌いだったので彼女を追い払った」

第 15 段落（"It doesn't matter …）の「『どこでもいいよ』と，父は鼻の周りを飛ぶハエを手で追い払いながら言った」が，「娘を追い払おうとしている」ことを暗に示しているように思えるかもしれないが，本文中に，父親が筆者を嫌っていたという直接的な記述はない。さらに空所イの次の段落（"Of course," …）で，父親は筆者が家を出た後は「もちろん，お母さんと私が会いに行く」と言っていることからも，父親が筆者を嫌っていないことが窺える。

e）「筆者の父親は，自分と母親が彼女を訪ねるが，彼女は家に戻ってこないだろうと予言した」

第 3 段落第 1 文（"I bet you'll …）および，d）の解説で見た文（"Of course," …）の内容と一致する。よってこれが正解である。

(A)自分から何か日々に変化をつけない限り，毎日が代わり映えのしないものであったということ。

(B) she fooled me into thinking we were equal

(C)自分が泣いていることに気がつかないほど感情が筆者を圧倒し，不安定な精神状態であった

(D) (ア) (1)— d)　(2)— a)　(3)— f)　(4)— b)　(5)— h)　(6)— e)

　(イ)— d)　(ウ)— e)

153　雲の魅力にとりつかれた男

全訳

第1段落

　ギャビン・プレイター゠ピニーは，少し休憩することにした。それは2003年の夏のことで，過去10年の間，ロンドンでのグラフィックデザインの仕事に加え，彼と友人の一人は『アイドラー（無精者）』という雑誌を発行していた。このタイトルは「怠け者のための文学」を示唆している。それは，忙しさや仕事至上主義に反対し，無目的，つまり想像力が静かに自由に働くままにしておくことの価値に賛同するものである。プレイター゠ピニーはあらゆる冗談を言われることを覚悟していた。それは，「(A)あいつは何もしないことを専門に扱う雑誌を出すことで燃え尽きた」などといったものだ。しかし，それは本当だった。その雑誌を発行するのは大変な作業であり，10年の間やってみて，しばらく立ち止まって無計画な暮らしをすること，彼自身がよい意味で怠け者になって，新しい着想が生まれる余地を作ることが正しいように思えた。それで彼はロンドンのアパートを出て，すべてが新しく，何が起きても不思議ではないローマに住む部屋を移した。

- □ *l.*3　run a magazine「雑誌を出す」
- □ *l.*4　the lazy「怠け者，無精者」　※〈the＋形容詞〉で人々を表す。
- □ *l.*4　argue against 〜「〜に反対の主張をする」
- □ *l.*4　busyness「忙しさ」
- □ *l.*4　careerism「仕事至上主義，出世第一主義」
- □ *l.*4　argue for 〜「〜に賛成だという主張をする」
- □ *l.*5　let *A* run free「*A* が自由に働くままにしておく」
- □ *l.*6　anticipate 〜「〜を前もって考慮する，覚悟する」
- □ *l.*6　burn out「燃え尽きる」
- □ *l.*9　in a positive sense「肯定的な意味で」
- □ *l.*9　make space for 〜「〜に余地を作る」
- □ *l.*10　exchange *A* for *B*「*A* を *B* と交換する」

第2段落

　プレイター゠ピニーは47歳で，背が高くて心優しく，白髪交じりのあごひげを生やし，淡い青色の目をしている。彼の顔は晴れやかであることが多く，それは彼がまるである物語を聞かされていて，何か素晴らしい驚きがやってくるのを感じているかのようである。彼はローマに7カ月間滞在し，その街を，とりわけその宗教芸術のすべてをとても気に入っていた。彼はあることに気がついていた。彼が出会った絵画には雲がたくさん描かれているということだ。雲は至るところにあった。最近彼が私に話してくれた言葉を借りれば，「聖人たちのソファのような，この柔らかな雲」が至るところにあったのだ。しかし，屋外でプレイター゠ピニーが空を見上げてみても，実際のローマの空はたいてい雲がなかった。彼は，そんな無限に広がる青く何もない空間にはなじみがなかった。彼はイングランド人であった。雲には慣れていた。彼は，子どものとき雲に魅了され，人が長いはしごを上って行って，

雲から綿を収穫しなければならないと思ったことを覚えていた。今度はローマで，彼は雲のことを考えるのをやめられなくなった。「私は自分が雲_{(ア)(1)}を懐かしがっているのに気づいたんです」と，彼は私に語った。

- □ *l.* 12　beard「あごひげ」
- □ *l.* 12　pale blue「淡い青の」
- □ *l.* 13　some＋単数形「何らかの〜」
- □ *l.* 13　terrific「素晴らしい」　※ terrible「ひどい」と区別。
- □ *l.* 15　encounter 〜「〜と出会う」
- □ *l.* 15　be crowded with clouds「雲がたくさん描かれていた」
  　　　　※crowd と cloud という似た音が並べられている。
- □ *l.* 17　saint「聖人」　※sa-「清める」　*cf.* sacrifice「犠牲」
- □ *l.* 18　be accustomed to 〜「〜に慣れている」
- □ *l.* 19　as a child「子どもの頃」
- □ *l.* 20　be charmed by 〜「〜に魅了される」
- □ *l.* 21　harvest 〜「〜を収穫する」
- □ *l.* 22　find *oneself* 〜「気づけば〜，〜に気がつく」

第3段落

　雲。それらは，執着の対象としては奇妙なものだし，ひょっとすると馬鹿馬鹿しくさえあるが，彼はそうした気持ちに逆らわなかった。彼が今でもよくやることだが，当時彼は，頭に具体的な目的や，ざっくりとした方向性さえないにもかかわらず，雲にとりつかれるままにしていた。彼は物事がどこへ進むのかただ見ているのが好きなのだ。プレイター＝ピニーはロンドンに戻ったとき，絶えず雲のことを話した。彼は雲_{(ア)(2)}に見とれながら歩き回り，「層積雲」のような雲の学術名やその雲を形成する気象条件を覚え，雲なんて陰気だとかつまらないと文句を言う友人たちと言い争った。のちに彼が言ったように，彼は「雲は文句の対象などではない。実際には，自然界の最も動的で詩的な側面だ」と気づき始めていた。

- □ *l.* 23　obsession「頭にこびりついて離れないもの，夢中になる対象」
- □ *l.* 24　go with 〜「〜に逆らわない」
- □ *l.* 24　have *A* in mind「*A* を心に留めておく」
- □ *l.* 25　general direction「ざっくりとした方向性」
- □ *l.* 28　argue with 〜「〜と言い争う，議論する」
- □ *l.* 29　gloomy「陰気な，憂鬱な」
- □ *l.* 29　as S put it「S が言ったことによると」

第4段落

　生活のペースをゆるめて雲のよさを味わうことが彼の人生を豊かにし，ありふれた場所に_{(ア)(3)}隠れているその他のちょっとした美の価値を認める能力を研ぎ澄ました。同時に，プレイター＝ピニーは，_(B)私たちは驚きの感覚を失っていく時代に入りつつあるのだと気づかずにいられなかった。新しい，一般には驚くべきこととされているものがインターネット上であまりにも目まぐるしく飛び交うため，彼曰く，私たちは今やみんな「ああ，パンダが何か変わったことをしているのはちょうどネットで見たよ。今度は何が私を驚かせてくれるのかな」といった態度で歩き回るこ

とがある。彼の雲に対する情熱は，彼に「自分の身の回りにあるものに驚いたり喜んだりできるということを実感するほうが，私たちの精神にははるかに望ましい」ことだと教えていたのだ。

- □ *l.* 32 slow down「生活のペースをゆるめる，手を休める」
- □ *l.* 33 pockets of ～「～の小集団，ちょっとした～（の集まり）」
- □ *l.* 33 in plain sight「よく見えるところに，ありふれたところに」
  e.g. If you want to hide something, leave it in plain sight.「何かを隠したいと思うなら，それをよく見えるところに置きなさい」
- □ *l.* 34 can't help *doing*「～せざるを得ない」
- □ *l.* 34 a sense of wonder「驚きの感覚」
- □ *l.* 35 supposedly「…とされている」
- □ *l.* 35 bounce around ～「～のあちこちに飛び交う」
- □ *l.* 38 passion for ～「～に対する情熱」

第5段落

2004 年の終わり，ある友人が，サウスウェスト・イングランドで開かれる小規模な文学祭で，雲について話をしてくれないかとプレイター=ピニーに求めてきた。その前年は講演者のほうが聴衆よりも数が多かったので，プレイター=ピニーは大勢の人を呼び寄せるために，自分の講演に興味深いタイトルをつけたいと思った。「雲が被っている悪評から雲を守る，雲のために立ち上がる団体があったらおもしろいんじゃないか？」と彼は思った。それで彼は自分の講演のタイトルを「雲を愛でる会第1回年次講演」とした。そしてそれは功を奏した。立ち見席以外は満員となったのだ！　講演のあと，人々は彼のところへやって来て，雲を愛でる会についてもっと情報がほしいと言ってきた。彼らは会への入会を希望していたのである。「だから彼らに言わなくてはなりませんでした。えーっと，実はそのような会はありません，とね」とプレイター=ピニーは言った。そこで彼は会(ア)(4)の設立に取りかかったのだ。

- □ *l.* 41 literary festival「文学祭」
- □ *l.* 43 draw ～「～を集める」
- □ *l.* 44 defend *A* against *B*「*A* を *B* から擁護する」
- □ *l.* 46 standing room only「立ち見席以外満員」
- □ *l.* 46 come up to ～「～に近づく」
- □ *l.* 49 set about ～「～に取りかかる」

第6段落

彼は，雲の投稿写真を掲載するギャラリー，入会申込フォーム，大胆な声明を載せた簡単なウェブサイトを立ち上げた。（それは「雲が不当に侮蔑されている，そして雲がなければ人生ははるかに貧しいものになるだろうと私たちは信じる」で始まっている。）彼はまた，会費をとり，会員証を発行し郵送することにした。彼がこうしたことをしたのは，名目上でしか存在しないネット上の雲を愛でる会に入るなんて，馬鹿げているように思えるかもしれないと認識していたからであり，そのような会への加入が(イ)無意味なものに見えることが絶対にないようにしたいと思ったからだった。

- □ *l.* 50　post ～「～を投稿する」
- □ *l.* 51　membership form「入会申込フォーム」
- □ *l.* 51　manifesto「マニフェスト，声明」
- □ *l.* 51　unjustly「不当に」
- □ *l.* 52　insult ～「～を侮辱する」
- □ *l.* 53　charge ～「～を請求する」
- □ *l.* 53　issue a certificate in the mail「会員証を発行し郵送する」
　　※「会員証を郵便で発行する」が直訳。
- □ *l.* 55　exist in name only「名目上でしか存在しない」
- □ *l.* 55　make sure that S V「間違いなく SV するようにする」

第7段落

　数カ月のうちに，同会は，(ア)(5)有料会員の数が 2,000 人になっていた。プレイター=ピニーは驚き，そして喜んだ。その上，ヤフーが雲を愛でる会を，2005 年の英国における「ぶっ飛んでいて素晴らしいウェブサイト」のリストのトップに載せたのである。人々はそのリンクをひっきりなしにクリックし続けた。そしてそのこと自体必ずしも驚くことではないのだが，その中の何千もの人たちがプレイター=ピニー自身のウェブサイトにまでアクセスしてきて，会費を払ったのだ。他のニュースサイトも注意を向けた。そうしたサイトは雲を愛でる会についてそれぞれ独自の記事を載せ，人々はその記事の中のリンクもたどった。以前，プレイター=ピニーは雲に関する本を書くことを申し出たが，28 人の編集者に断られた。今では彼は，多数のフォロワーをもつインターネット上の話題の人となった。彼は雲についての本を書く契約を取り付けたのだ。

- □ *l.* 57　a couple of months「数カ月」
- □ *l.* 58　place *A* first on *B*「*A* を *B* のトップに置く」
- □ *l.* 60　not necessarily「必ずしも～ではない」
- □ *l.* 61　click through to ～「クリックして～にまでアクセスする」
- □ *l.* 65　an internet sensation「インターネット上の話題の人」
- □ *l.* 66　get a deal to *do*「～する契約を得る」

第8段落・第9段落

　執筆過程は，(ア)(6)骨の折れるものだった。以前に実際に本を書いたことが一度もなかった上に，彼は自らに完璧さを求めたので，作業の進捗は遅々としたものだった。しかし，2006 年に刊行された『雲の楽しみ方』は楽しさと驚きに満ちたものとなっている。プレイター=ピニーは芸術史，詩，現代写真における雲を考察している。本の中ほどに雲クイズがある。その第 5 問はある写真について「(C)一体この層積雲の層の何がそんなにも楽しいのか？」と尋ねている。プレイター=ピニーが与えている答えは，「それを楽しいとあなたが思う理由ならどんな理由でも正解です」である。

　この本はベストセラーになった。

- □ *l.* 67　on top of ～「～に加えて」
- □ *l.* 68　demand *A* of *B*「*B* に *A* を求める」
- □ *l.* 70　survey ～「～を考察する，（綿密に）調査する」

6
総合読解

(A) ── 正答率 7.0%

burn out は文字通りには「燃え尽きる」だが，この文では比喩的に，人が精力を
使い果たすことを表している。running a magazine「雑誌を発行して」は分詞構文。
これが「燃え尽きた」理由となっている。devoted to doing nothing「何もしない
ことに捧げられた（何もしないことを専門的に扱った）」は a magazine を修飾する
形容詞句。全体で「彼は，何もしないことを専門に扱う雑誌を出すことで燃え尽き
た」となる。これが冗談の例になるのは，何もしないことを専門に扱う雑誌なのに，
それを出している本人が，出版に一生懸命になって疲れ切ったという矛盾を起こし
ているからである。その点を解答欄に収まるようにまとめると**「彼が出していた雑
誌は，何もしないことを勧めることが趣旨だったのに，彼自身がその雑誌の運営で
疲れ切ってしまったという皮肉な状況」**となる。

(B) ── 正答率 4.6%

下線部の訳は「私たちは驚きの感覚を失っていく時代に入りつつある」となる。設
問には「内容を本文に即して日本語で説明せよ」とあるので，ただ訳しただけでは
不十分。下線部の内容を，本文に即してわかりやすく表現し直す必要がある。

まず，「驚きの感覚を失っていく」については，同段落第 3 文 (New, supposedly
amazing …) にその様子の具体例と原因が紹介されている。そこでは，「新しい，
一般には驚くべきこととされているものがインターネット上ではあまりにも素早く
飛び交う」ことが原因で，人々が「ネット」で見たことに満足して驚きを感じなく
なっている様子が述べられている。ここで言及されているのは，「現代人」である。
また，同文末尾の「『今度は何が私を驚かせてくれるのかな』といった態度で歩き
回る」という箇所は，現代人が身の回りにあるもの（＝普通のもの）に対して驚か
なくなっていることを象徴的に指摘している。このことは，同段落最終文 (His
passion for clouds …) でプレイター＝ピニーの言葉として，what's around us「自
分の身の回りにあるもの」に驚いたり喜んだりできることの大切さが述べられてい
ることからもわかる。

以上から「驚きの感覚を失っていく」は，「インターネット上に驚くべきこととさ
れているものがあふれているため，現代人は，身の回りにあるものの中に驚き（や
喜び）を感じられなくなっている」と表すことができる。

次に，〔全訳〕下線部末尾の「〜していく時代に入りつつある」という表現は，で
きればそのまま答案に盛り込むのではなく，「〜するようになってきている，〜す
る傾向が高まりつつある」のような平易な表現に直すとよい。

これらを解答欄に収まるようにまとめると，**「インターネット上に驚くべきことと
されているものがあふれているため，現代人は，身の回りにあるものの中に驚きや
喜びを感じられなくなってきているということ」**となる。

(C) ──────────────────────────────────── 正答率 12.0%

当該箇所はクイズの内容で，それに対する答えは直後の文に It is pleasing for whatever reason you find it to be. 「それを楽しいとあなたが思う理由ならどんな理由でも正解です（＝楽しいものです）」とある。よって，空所の直後にある strato-cumulus を楽しいと思う理由を尋ねるクイズであることがわかるので，what で始まる疑問文を予想する。stratocumulus は「層積雲」で，与えられた語のうち layer「層」とともに句を作ると考えられる。layer は可算名詞なのでその前に冠詞類が必要であるが，選択肢には this しかないので this layer of (stratocumulus)「この層積雲の層」とする。「この層積雲の層の何がそんなに楽しいのか」という問いにするには what is so pleasing about this layer of (stratocumulus)？で十分だが，it と that's が残る。文構造には不要な，it，that が与えられていることから，この文は強調構文だと考えられる。疑問詞の強調構文は，《疑問詞＋is it that＋平叙文？》となる。よって **What is it that's so pleasing about this layer of (stratocumulus？)** が答えとなる。

(D)　(ア)

(1) ──────────────────────────────────── 正答率 60.0%

選択肢はすべて現在分詞なので，当該文は「私は自分がそれら（＝雲）を…しているのに気づいた」となる。第 2 段落第 6 ～ 8 文（But outside, when …）に「実際のローマの空はたいてい雲がなかった。彼は，そんな無限に広がる青く何もない空間にはなじみがなかった。彼はイングランド人であった。雲には慣れていた」とあり，第 10 文（Now, in Rome, …）には「彼は雲のことを考えるのをやめられなくなった」とある。h）missing を補えば「雲がなくて寂しいと思っている〔雲を懐かしがっている〕のに気づいた」となり，文脈に合う。

(2) ──────────────────────────────────── 正答率 40.0%

直前の文に「彼は絶えず雲のことを話した」とあり，雲の魅力にとりつかれていた様子が述べられている。a）admiring を補えば，「彼は雲に見とれながら〔感嘆しながら〕歩き回り」となり，文脈に合う。

(3) ──────────────────────────────────── 正答率 48.0%

当該文は「生活のペースをゆるめて雲のよさを味わうことが彼の人生を豊かにし，ありふれた場所に…その他のちょっとした美の価値を認める能力を研ぎ澄ました」となっている。in plain sight は「よく目につくところに，ありふれたところに」の意味の成句。雲はだれでも目にするものだが，多くの人にとっては関心の対象にはならない，つまりそのよさは「見えない」。同様に，どこにでも見られる他の美も，もの自体は目に見えていてもその美しさは「見えていない」，つまり「隠れている」とするのが文意に合う。以上より，e）hiding「隠れている」が正解。hide は自動詞では「隠れる」，他動詞では「～を隠す」の意味。

(4) ──────────────────────────────── 正答率 52.0%

set about *doing* は「〜することに取りかかる」の意なので，当該文は「それで彼は one（＝雲を愛でる会）を…（こと）に取りかかった」となる。ここまでの文の内容は，プレイター=ピニーは「雲を愛でる会」なるものが実在するかのように講演を行い，その会に人々が関心を示したので，それなら実際に作ってしまおうと考えたということ。直後の第6段落ではその様子が述べられている。よって g) inventing「創り出すこと，考案すること」が正解。

(5) ──────────────────────────────── 正答率 56.0%

当該文は「数カ月のうちに，同会は2,000人の…会員をもっていた」が直訳。直前の段落である第6段落第3文（He also decided …）に「彼はまた，会費をとり，会員証を発行し郵送することにした」とある。会員は会費を払っているので，i) paying「（会費を）払っている」が正解。なお a paying member で「有料会員」の意味。

(6) ──────────────────────────────── 正答率 60.0%

当該文は「執筆過程は…だった」となっている。直後の文（On top of …）に「以前に実際に本を書いたことが一度もなかった上に，彼は自らに完璧さを求めたので，作業の進捗は遅々としたものだった」とあり，執筆に苦労したことが窺える。よって c) exhausting「心身を疲れさせる，骨の折れる」が正解。

(D) (イ) ──────────────────────────────── 正答率 24.0%

同段落では「雲を愛でる会」のウェブサイトを作ったとき，プレイター=ピニーが会費をとって会員証を郵送することにしたことが述べられている。その理由にあたるのが当該文であり，because 節の前半に「名目上でしか存在しないネット上の雲を愛でる会に入るなんて，馬鹿げているように見えるかもしれないと認識していた」とある。よって，当該箇所の「そのような会への加入が（　　　）に見えることが絶対にないようにしたいと思った」も，「馬鹿げているものに見えないようにしたい」という内容になるはずである。選択肢の中で，このような意味になるのは d) pointless「無意味な，不毛な」。point には「重要な点」の他に「意義，利益」の意味があることに注意したい。他の選択肢 a) cloudy「雲が多い」，b) expensive「高価な」，c) lazy「怠惰な」，e) serious「真剣な」はいずれも文意に合わない。

(D) (ウ) ──────────────────────────────── 正答率 20.0%

a)「ローマに行って初めて，プレイター=ピニーは雲が魅力的だと思った」
第2段落第9文（He remembered, as …）に「彼は，子どものとき雲に魅了され」とある。この選択肢は本文の内容と一致しない。よってこれが正解。
b)「プレイター=ピニーは，ロンドンに戻ってきてから雲について多くのことを学び，それが『雲の楽しみ方』を執筆するのに役立った」

第 3 段落第 4・5 文（When Pretor-Pinney returned …）に「ロンドンに戻ったとき，彼は絶えず雲のことを話し…雲に見とれながら歩き回り…雲の学術名やその雲を形成する気象条件を覚え…友人たちと言い争った」とある。それが雲に関する講演，彼の「会」への関心の高まり，本の執筆へとつながったと考えられる。この選択肢は本文の内容と合致する。

c）「プレイター゠ピニーの雲を愛でる会はすぐに人々の注意を引いた」

第 7 段落第 1 文（Within a couple …）に「数カ月のうちに，同会は有料会員が2,000 人になっていた」とあるので合致。なお，24.0％のモニターがこの選択肢を選んでいた。

d）「小規模な文学祭でのプレイター゠ピニーの雲に関する講演は，結果的に並外れた成功を収めた」

第 5 段落第 2 文（The previous year, …）に「その前年は，講演者のほうが聴衆よりも数が多かった」とあるのに対して，プレイター゠ピニーが講演をした年は，同段落第 6 文で Standing room only！「立ち見席のみ！」とあることと合致する。

e）「プレイター゠ピニーは，『アイドラー』の共編者だったときも，雲を愛でる会の創立者になったときも忙しかった」

前者については第 1 段落の最後から 2 つ目の文（Getting the magazine …）に「その雑誌を出すのは疲れるもので」とある。後者については，第 6 段落第 1～3 文（He created a …）に，ウェブサイトを作り，会員証を作って郵送したとあり，第 7 段落冒頭にはその結果として数カ月という短期間で会員数を 2,000 人まで増やしたとあるから，会の設立者として忙しく取り組んでいたことが窺える。この選択肢は本文の内容と合致する。なお，26.0％のモニターがこの選択肢を選んでいた。

(A)彼が出していた雑誌は，何もしないことを勧めることが趣旨だったのに，彼自身がその雑誌の運営で疲れ切ってしまったという皮肉な状況。

(B)インターネット上に驚くべきこととされているものがあふれているため，現代人は，身の回りにあるものの中に驚きや喜びを感じられなくなってきているということ。

(C) What is it that's so pleasing about this layer of

(D) (ア) (1)—h (2)—a (3)—e (4)—g (5)—i (6)—c
　　(イ)—d (ウ)—a

154 母と娘の確執

全訳

第1段落

「ジェイニー，こちらはクラークさんよ。階段の下の部屋を見にいらしたの」 母親は，ジェイニーが一つ一つの単語を確実に読み取れるように，極端にゆっくりとまた慎重に話した。ジェイニーは母親に，そんなことする必要はないと何度も言っておいたのだが，母親はたとえ人前であってもいつもだいたい決まってそうしたため，ジェイニーは恥ずかしかった。

- ☐ *l.*2 be sure to *do*「確実に ‐する」
- ☐ *l.*4 to her embarrassment「(前述のことで) 彼女は恥ずかしかった，当惑した」 ※ to *one's* ～ (感情を表す名詞) は，通常文頭に置いて「人が～したことには」と前置きの意に使うが，本来この to は〈結果〉の意で，前述の出来事が人の感情という結果に至ることを表す。ここは文末にあり，内容上も結果とするのがふさわしいと考え，〔全訳〕では訳し下ろしてある。

第2段落

クラークさんはジェイニーを一心に見続けた。「たぶん，さっきの母親の話し方から，私の耳が聞こえないのではと疑っているんだわ。(A)私の耳が聞こえないことを黙っておいたのだとしたら，いかにも母らしいわ。ひょっとしたら，クラークさんは，自分の疑念を裏付けるために，私が何か話すかどうかを確かめようと待っているのかもしれない」とジェイニーは思った。彼女は沈黙を貫き，ただその意味を彼が解釈するがままにした。

- ☐ *l.*5 keep *doing*「～し続ける」
- ☐ *l.*5 intently「熱心に」
- ☐ *l.*5 Maybe, … his suspicion. は描出話法だと考えられる。Maybe や Parhaps より，ジェイニーの心情が描かれていると判断する。
- ☐ *l.*5 the way S V「SV のやり方」 ※way の後に関係副詞 that が省略。
- ☐ *l.*6 suspect (that) S V「SV だと思う，ではないかと疑う」
- ☐ *l.*6 deaf「耳が聞こえない」
- ☐ *l.*7 mention ～「～について言及する」
- ☐ *l.*7 see if S V「SV かどうか確認する」
- ☐ *l.*7 confirm ～「～を強める，～を裏付ける」
- ☐ *l.*8 leave O＋形容詞「O を～の状態に放置する」
- ☐ *l.*8 open to interpretation「自由に解釈ができる状態で」

第3段落・第4段落

「クラークさんに部屋をお見せしてあげて」と母親は言った。

ジェイニーは再び頷いて［注：「再び」とあるが，本文には最初に頷いた場面は出てこない］，クラークさんが自分の後ろについてこられるように身体の向きを変えた。すぐ先の，階段の一角の下には1人用の寝室があった。ジェイニーがドアを開けると，クラークさんは彼女の脇を通り部屋に入って行き，振り返って彼女の方

を見た。ジェイニーは彼の視線を感じて落ち着かない気持ちになった。もっとも，クラークさんが彼女を女性として，（昔，もしふさわしい男の人であったなら，彼女も望んだように）見ているとは感じなかった。ジェイニーは自分が恋愛をする年齢などとっくに過ぎていると感じていた。それは，彼女が以前は嘆き，その後克服した時間の経過だった。

- □ *l.*9　Will you ～ ? 「～してあげてね」　※命令文に近い言い方。
- □ *l.*10　directly ahead「すぐ前に」　※この文は〈場所を示す副詞＋Ｖ＋Ｓ〉。
- □ *l.*11　portion「切り離された一部」
- □ *l.*13　under his gaze「彼の視線の元で」
- □ *l.*13　as a woman, (in) the way S V「女性として，つまり～のように」
- □ *l.*14　the right man「適切な男性」
- □ *l.*15　romance「恋愛」
- □ *l.*15　passing「(時の) 経過」
- □ *l.*15　lament ～「～を嘆く」
- □ *l.*15　get over ～「～を克服する」

第5段落～第10段落

「この部屋が気に入りました。(B1)ここにします」とクラークさんは手話で示した。
　それだけだった。会話もなく，ジェイニーの耳が不自由であることを彼はどのようにして確信できたのかにも，またどのようにして手話を使って話せるようになったのかに関する説明も一切なかった。
　ジェイニーは母親のところに戻り，1つの質問を手話でぶつけてみた。
「彼は写真家よ」母親は，またゆっくりすぎる口調で話した。「世界をあちこち旅して写真を撮っているって言っておられるわ」
「(B2)何の?」
「建物ですって」

- □ *l.*16　spell out ～ / spell ～ out「～を文字にする」
- □ *l.*19　sign a question「手話で質問する」
- □ *l.*20　photographer「写真家」　※cameraman はテレビや映画のカメラマン。
- □ *l.*20　"Travels …　※主語が省かれている。口語ではよくある。

＊　　　　　＊

第11段落

　ジェイニーが音のない世界に入ったのは，音楽がきっかけであった。その時，彼女はほんの 10 歳で，階段の上のポーチの端に腰掛け，教会の聖歌隊の歌に耳を傾けていた。すると，目眩がし始め，突然その音楽の中に後ろ向きに落下していった。

第12段落

　何日か眠ったあと，彼女は自分の部屋の，自分のベッドの中で目が覚めた。すると音のない世界にいた。どんな子どもでもするように，彼女は混乱して叫び声をあげ，すぐに母親が駆けつけてくれた。しかし，何かがおかしく(C)聞こえた，いや，というよりも何も(C)聞こえなくなっていた。ただはっきりしていたのは，彼女の内側では，病気がひどくなり，また混乱が大きくなっていることであった。ジェイニーは自分の声が聞こえなくなっていた。自分が出した叫び声――「ママ」――も

6
総合読解

聞こえていなかった。そして母親はすでにジェイニーをしっかりと抱きしめようとしていたが，ジェイニーは再び声をあげた。しかし，その声は音のない世界に投げかけられたものにすぎなかった。そしてその音のない世界こそ，彼女が今暮らしている世界であり，これまであまりにもそこで長い間暮らしてきたため，人からは見て取れない内側の世界の中にいても居心地が悪いと感じることはなかった。時にジェイニーはその世界に救われていると思った。その世界が，いついかなる時でも，自分が必要とするだけ奥まった場所へと引きこもることができる隔絶した場所を提供してくれる，と思った。そして(D)実際そういう瞬間があったのだ。

- □ *l.* 28　there　※「音のない世界」から見て「あちら側で」の意味だが，特に訳さなくてもよい。
- □ *l.* 28　she'd called ＝ she had called
- □ *l.* 28　call out「大声で叫ぶ」
- □ *l.* 28　S V, and S′ V′「SV そうすれば S′ V′」　※〈命令文 , and S V〉と同様。
- □ *l.* 34　its invisibility「それが（沈黙の世界が）目に見えないこと」
- □ *l.* 35　a separate place to withdraw into「引きこもる隔絶された場所」
- □ *l.* 36　at any given moment「いつどんな時でも」
- □ *l.* 36　there were moments「（引きこもりたくなる）時がたびたびあった」

第13段落

　ジェイニーの母親の怒りは，いつも家の床を通して伝わってきた。ジェイニーが初めてこのことを知ったのは，幼い頃，父親と母親が言い争った時であった。2 人の言葉は彼女にとって音としては存在しなかったかもしれないが，怒りはいつも独特の振動を起こしていたのだ。

第14段落

　過ぎ去りしその当時，父親と母親がなぜ喧嘩したのかは，ジェイニーにははっきりとはわからなかった。しかし，それはたいていは自分に関することだと，子どもなりに感じ取っていた。ある日，母親はジェイニーが家の裏の森で遊んでいるのを見つけた。そしてジェイニーが母親について家に帰ることをどうしても拒んだ時，母親は彼女の手をつかみ，木々の間を引きずっていった。ジェイニーはやっとのことで腕を振りほどいて，母親に向かって叫んだ。それは言葉ではなく，彼女が感じているすべてを 1 つの大きな振動の形で表現した絶叫であった。母親はジェイニーの頬を強く平手打ちした。ジェイニーは母親が震えている姿を見て，母親が自分のことを愛していることを知った。しかし，愛情は時に無音の世界のようであり，美しいが耐えがたいものであった。父親はジェイニーに(E)「母さんは自分を抑えることができないんだ」と言った。

- □ *l.* 40　all those years ago「過ぎ去りし日々に」
- □ *l.* 40　sense that S V「SV を感じ取る」
- □ *l.* 41　(in) the way (that) a child will (sense …)「子どもがするであろうやり方で」　※that は関係副詞。
- □ *l.* 42　she wouldn't follow　※過去の強い拒絶の意志を表す。
- □ *l.* 43　grab A by the arm「A（人）の腕をつかむ」　※「総称を示す」the。
  cf. pat / tap A on the shoulder「A の肩をたたく」　catch / take A

by the arm「Aの腕をとる」　look A in the eye「Aの目を見る」

☐ *l.* 43　drag ～「～を引きずる」　※dragon＝drag「引きずる」＋on「大きい」

☐ *l.* 44　pull back「（母の手を）振り払う」

☐ *l.* 45　slap A across *one's* face「A（人）の顔をひっぱたく」

☐ *l.* 48　help *oneself*「自分を制御する」

*　　　　　　　*

第15段落〜第18段落

　何週間かして，クラークさんはジェイニーに言った「手伝ってもらえないかな」「私にできるなら」と，ジェイニーは指で示した。

　「(F)建物についてある程度知っておく必要があってね。明日写真を撮る建物なんだけど。たぶん，君ならその建物の歴史を何か教えてくれるよね」

　ジェイニーは頷き，自分が必要とされていること，ちょっとしたことでも人の役に立てることを嬉しいと思った。すると，クラークさんは，彼女にオークヒルのてっぺんにある古い屋敷まで一緒に行ってくれないかと頼んだ。「楽しいと思うよ。ここからしばらく離れてみるのもね」

☐ *l.* 53　in some small way「なんらかのちょっとした点で」　※some＋単数形「なんらかの〜」

☐ *l.* 54　accompany A to B「BまでA（人）に付き合って行く」

☐ *l.* 55　Some time away from here.　※ジェイニーがずっとその家にいることを示唆。

第19段落

　ジェイニーは台所の扉の方を見たが，最初はなぜ自分がそちらの方を向いたのかがわからなかった。たぶん，なんらかの無意識のレベルで，ほんの一瞬前にはわからなかったことがわかったからかもしれない。母親がそこに立っていた。クラークさんの言ったことをずっと聞いていたのであった。

☐ *l.* 57　on some unconscious level「なんらかの無意識のレベルで」

☐ *l.* 57　what she hadn't（understood）

☐ *l.* 58　She'd been listening to him.　※時制に注意。彼とジェイニーの会話のことを指す。

第20段落・第21段落

　ジェイニーが彼の方に向き直った時，彼が何を言っているのか唇の動きを読み取った。「明日，僕と一緒に行かないか？」

　ジェイニーは母親が近づいてくる素早い振動を感じた。母親の方を向くと，母親の怒りと恐怖が見て取れた。これまでジェイニーがいつも見てきたように。ジェイニーは深く息を吸い込むと，息をたっぷり込めた2つの単語を，やっとのことで耳障りな囁きのような声で何とか吐き出した。おそらくそれは，よくはわからないが，病気の子どもや瀕死の人の声に似た(C)響きだったかもしれない。「(B3)行くわ」とジェイニーは言った。

☐ *l.* 62　draw in a breath「息を吸い込む」

☐ *l.* 63　force A out「Aを押し出す」

☐ *l.* 63　breath-filled「息をたっぷり込めた」

6
総合読解

□ *l.* 63　harsh whisper「ざらざらした囁き」　※ぜいぜいした声で，という
こと。声がなかなか出ないことを示唆。

□ *l.* 64　for all she knew「よくわからないが，ひょっとして」
※状況について知らない場合に使う。
e.g. They may have gone to South America, for all I know.
「彼らはひょっとすると南アメリカに行ったのかもしれない」

第22段落〜第26段落

　彼女の母親は驚いてジェイニーを見つめた。母親がショックを受けたのは，ジェ
イニーが自分に残された声を振り絞ったことなのか，あるいは自分の言った内容な
のか，ジェイニーにはよくわからなかった。

　「だめ，絶対だめ」と母親は言った。「明日は，あなたに家回りのことを手伝って
もらわないといけないからね」

　「いやよ」とジェイニーは手話で伝え，次に首を横に振った。「(B4)必要じゃない
でしょ」

　「私がお前を必要としていることぐらい重々わかっているでしょ。済ませてしま
わなければならない掃除があるじゃないの」

　ジェイニーは「(G)明日でなくてもいいじゃない」と言って，母親が返事をする暇
も与えずに出て行った。

□ *l.* 66　stare at 〜「じっと〜を見る」
□ *l.* 66　in surprise「驚いた状態で」
□ *l.* 67　more shocked＝more shocked than Janey had expected
□ *l.* 67　what was left of her voice「彼女の声の中の残されたもの」　※or は
that she … voice と at … said をつないでいる。
□ *l.* 68　You can't (go with him tomorrow).
□ *l.* 71　good and 〜＝very 〜
□ *l.* 71　I do＝I need you to help me with some things around the house
tomorrow
□ *l.* 72　before S could V「SがVする前に」　※実行されていない時に使う。

(A) ──────────────────────────────── 正答率 2.5%

この部分は，ジェイニーの思ったことを地の文に埋め込んだ描出話法と考えられる。
この話法は通常，間接話法と同様に時制を一致させるが，文中の would は時制の
一致による will の過去形ではなく，仮定法由来の控えめな推量を表す would であ
るため時制の一致は起こっていない。It is like *A* to *do*. は「〜するのは *A* らしい，
〜するのは *A* の特徴を示している」の意。It は形式主語，to 不定詞が真主語であ
る。当該文では to 不定詞が not を伴い，not to have mentioned it と完了形になっ
ているので，「それに言及しなかったのは」となる。直前の文で，「彼（＝クラー
ク）は，彼女は耳が聞こえないのではないかと思った」とあるので，it の指す内容
は，「ジェイニーの耳が聞こえないこと」である。全体で，「ジェイニーの耳が不自
由であることを（クラークに）言わなかったのは，いかにも（自分の）母親らしい

ことであろう」などとなる。あとは下線部が描出話法であることを踏まえて、「**私の耳が聞こえないことを母が（クラークさんに）言ってなかったとしたら、いかにも母らしいわね**」のように直接話法のつもりで訳せばよい。なお、描出話法とせずに「彼女の耳が…」としても、減点されないかもしれないが、ここでは描出話法として訳すのが無難だろう。

Column 描出話法について

描出話法とは「作品中の人物の気持ちを、第三者の立場から描写する手法」である。直接話法にも間接話法にも属さない中間的な話法で、伝達部（He said / He told me など）がないのが特徴である。小説や物語でみられ、人物の心理や感情を生き生きと表現することができる。ほとんどの場合、疑問文の形式をとる。訳出に際しては直接話法のつもりでやればよい。また、伝達部のついた描出話法は「中間話法」と呼ばれることがある。

他の話法と比較してみよう。

　　直接話法：Tom was confused, and said to himself, "Does she love me?"
　　間接話法：Tom was confused and wondered if she loved him.
　　描出話法：Tom was confused. Did she love him?
　　中間話法：Tom was confused and said to himself, did she love him?

※上記の said to himself や wondered if などが「伝達動詞」である。描出話法にはそれがない。そして時制と人称は間接話法と同じで、語順のみが直接話法となる。

(B)

(1) ——————————————————————————— 正答率 80.0%

まず、空所が誰の発言かを確認する。一般に "……," *A* said. "……." という書き方なら、*A* said の前後ともに *A* の発言である。したがって、空所は「彼」＝クラークの発言。前の発言の「この部屋が気に入った」と内容がつながるのは e）I'll take it. 「この部屋にします」である。この take は「（物）を買う、（家など）を（金を払って）借りる」の意味。ちなみに g）Don't you dare. は「とんでもない」の意味で、空所にはそぐわない。

(2) ——————————————————————————— 正答率 95.0%

空所の前で母親が、クラークは写真を撮りながら世界中を旅しているとジェイニーに話しており、空所のあとでは「建物よ」と述べている。d）Of what? 「何の（写真を撮っているの）？」を補えば流れが自然。

(3) ——————————————————————————— 正答率 85.0%

クラークに、翌日の撮影に同行してほしいと言われたジェイニーが、それを聞いていた母親の存在に気づいて声を振り絞っている箇所。同文の前半に the two … words 「2つの…語」とあることも選択肢の絞り込みに使う。ジェイニーの発言を聞いた母親は "You can't. You just can't," 「～してはいけない」と言っており、空所

に補う発言には can't のあとに省かれている動詞が含まれていることになる。a）
I'll go. を補えば，直前段落のクラークの誘いの言葉 "Why don't you go with me
tomorrow?" とも合う。

(4) ────────────────────────────── 正答率 37.5%

母親が "I need you to help me …"「私はお前に手伝ってもらう必要がある」と言っ
たのに対して，ジェイニーが答えている箇所。ジェイニーが一度 "No,"「ちがう
（お母さんは私に手伝ってもらう必要などない）」と言ったあとに続く部分である。
直後で母親が You know good and well I do.「私が〜することをお前は重々知って
いる」と言っており，この do は need の代用であると考えるのが適切である。よ
って，この発言に対してジェイニーが言った "No," に続く否定文は f）You don't.
がふさわしい。つまり You don't need me to help you. ということである。

(C) ────────────────────────────── 正答率 72.5%

3 カ所ある空所の最初は something（　　　）wrong で，過去のことを述べている
述語動詞として過去形，2 番目は had not（　　　），3 番目は might have（
　　）と完了形なので，過去形と過去分詞形が同形のものでなくてはならない。よっ
て b）の gone と e）の went は除外。最初の空所のあとには wrong がある。この
語は形容詞にも副詞にもなるが，a）の ended と合わせて ended wrong としても
意味をなさないので，a）は除外できる。2 番目の空所のあとには文型上の要素が
何もなく，補語を必要とする c）の seemed も除外できる。残る d）sounded な
ら，something sounded wrong「何かがおかしく聞こえた」，(something) had not
sounded「何かが響いてはいなかった」，whisper that might have sounded, …, like
a sick child …「病気の子ども…のように聞こえたかもしれない囁き声」となり，
文構造・意味ともに成立する。

なお，a harsh whisper that might have（　　　）… like a sick child or someone
dying から，耳の聞こえない人が出す「しゃがれたような小声」=「病気の子どもや
臨終の淵にある人の声」ということが推測できれば sound like 〜「〜のように聞こ
える」だとわかるが，後半の空所だけで答えを導くことは相当に困難であろう。

(D) ────────────────────────────── 正答率 67.5%

当該文は，ジェイニーが，「それ（＝耳が聞こえないこと）が自分を救っていると
思うこともあった」と始まり，続く部分で「救い」の意味を「どんな時でも必要な
だけ深く引きこもる隔絶した場所を与えてくれる」と説明している。下線部は at
any given moment「どんな時でも」のあとにダッシュで補足的に，and there were
moments「そして（実際）時が（たくさん）あった」と続いている。d）when
she needed to retreat into silence「沈黙の中に逃れる必要のある（時）」を補えば，
moments を先行詞とする関係副詞節としてどのような時かを表し，当該文前半の
内容とうまくつながる。

　　a）「必要な時に彼女に与えられる（時）」

　　b）「彼女が居心地悪く感じない（時）」

　　c）「彼女の母親が彼女をどうしても自由にさせてくれない（時）」

(E) ──────────────────────────────────── 正答率 47.5%

下線部直前の her がジェイニーのことだから，She はジェイニーではなく，ジェイニーの母親である。can't help ～ は「～を避けられない，どうしようもない」の意。can't help *oneself* の場合は「自分をどうしようもない」というところから，「感情を抑えられない」の意になる。

直前の同段落第4文（Her mother slapped her …）には娘がぐずった時に頬を平手打ちしたが，自分のやってしまったことで身体を震わせていたことが書かれており，娘を平手打ちするのは悪いとはわかっているが，それを抑えきれない母親の激高しやすい性格を指していることがわかる。だからこそ父親がジェイニーに向かって "She can't help herself." と言ったのである。問題文には「どのような行動を指して」とあるから，母親がジェイニーを平手打ちした場面を簡潔にまとめ解答に盛り込むこと。「ジェイニーに手を上げてしまうといった，ジェイニーの母親の感情的な行動は，母親自身にも抑えられないということ」などとまとめられる。

(F) ──────────────────────────────────── 正答率 55.0%

当該箇所は，クラークがジェイニーに手助けをしてほしいと言っている場面。空所のある文の直後に「それらの歴史を何か教えてもらえるかな」とあり，「それら」は写真家のクラークが関心を持つ被写体だと考えられる。「それらの歴史を何か教えてほしい」と述べているところから，I'll need to に続く原形の動詞に know，目的語に something を使い，それに about the buildings と続けることで，意味を成すまとまりが作れる。「どこか1か所にコンマを入れる」という条件があるので，ジェイニーにとっては何のことか不明の the buildings「その建物」について「写真に撮ろうと思っている建物だ」とクラークが補足していると考えて，コンマを置いて，the ones I will photograph (tomorrow) と続けることができる。the ones のあとには目的格の関係代名詞が省略されている。ここでの photograph は動詞で「～を写真に撮る」の意味である。この問題は the buildings と the ones I will photograph との同格の関係を思いついたかどうかがポイントとなる。以上から空所(F)に入る表現は know something about the buildings, the ones I will photograph となる。

(G) ──────────────────────────────────── 正答率 27.5%

翌日クラークと出かけるというジェイニーを，母親は家回りのことで手伝ってもらう必要があると言って止めようとしている場面。直前で「しなくてはいけない掃除がある」と母親が言っており，当該文の主語 It は「掃除」を指すと考えられるので，空所は「掃除なんてやめてしまえばよい」「掃除なんて別の日にすればよい」

6
総合読解

という内容になることが予想できる。よって it will be cancelled や，it will be put off のような形になるはずだが，選択肢にはそうしたものが見当たらない。c）の postpone は「〜を延期する」という他動詞で，目的語がないため不可。it will be postponed なら可となる。かといって b）not では it will not の後ろに何かが省略されていることになるが，直前に似た形はなく，この可能性は消える。d）wait は物事が主語の場合「S（物事）が待ってくれる」，つまり「すぐに取り組まなくてもよい」の意。「掃除なんか，明日しなくてはならないことではない」というジェイニーの気持ちを表す。

Column 英単語の品詞を決めつけてはいけない！

　日本語では単語の品詞は特定可能である。たとえば「食事」といえば名詞に決まっているし，「食べる，食事する」なら動詞となる。「標準」は名詞に分類され，「標準的な」は形容詞に分類される。ところが，英語では work は動詞と名詞の働きがあり，standard は名詞と形容詞の品詞を兼ねる。よって，英単語の形だけを見て，品詞を決めてかかるのは非常に危険なことなのである。本問の(F)は名詞のイメージが強い photograph が動詞であることを見抜く必要があった。次の単語は初学者は名詞か形容詞として暗記するが，動詞としても使われる。知識の確認をしてもらいたい。

- □ address 〜「〜に取り組む」
- □ be caked「こびりつく」
- □ bike「自転車で行く」
- □ book 〜「〜を予約する」
- □ brief 〜「〜を説明する」
- □ champion 〜「〜を支持する」
- □ coin 〜「〜（新語など）を作り出す」
- □ desert 〜「〜を見捨てる」
- □ fashion 〜「〜を作り出す」
- □ fire 〜「〜をくびにする」
- □ free 〜「〜を解放する」
- □ fuel 〜「〜を焚きつける」
- □ head「向かう」
- □ last「持続する」
- □ long「熱望する」
- □ reason「推論する」
- □ season 〜「〜を味付けする」
- □ slow 〜「〜を遅くする」
- □ spring「はねる」 ※ spring up で「出現する」。
- □ water 〜「〜に水をやる」
- □ weather 〜「〜を切り抜ける」

(A)私の耳が聞こえないことを母が（クラークさんに）言ってなかったとしたら，いかにも母らしいわね。

(B) (1)— e)　(2)— d)　(3)— a)　(4)— f)

(C)— d)　(D)— d)

(E)ジェイニーに手を上げてしまうといった，ジェイニーの母親の感情的な行動は，母親自身にも抑えられないということ。

(F) know something about the buildings, the ones I will photograph

(G)— d)

解答

155 ある女性との微妙な関係

全 訳

第1段落

　昨年ドリスが 94 歳で亡くなった時，私が彼女と知り合って 50 年が経っていた。その間ずっと，私の人生における彼女の役割を的確かつ簡潔に記述する，彼女に対する(1)呼び方を一度も決めることができずにいた。彼女の人生における私の役割となると，なおさら無理な相談だった。通常は，母，父，娘，息子，おじ，おば，いとこ，といったような，自分たちに最も近しい関係を表す呼び名には一連の便利な単語があるが，現代西洋社会では(A)通常その程度で限界なのだ。

- [ ] *l.*2　figure out ～ / figure ～ out「～を考え出す，～を解決する」
- [ ] *l.*3　let alone ～「（否定文に続けて）まして～（できない）」

第2段落

　ドリスは私の母親ではなかった。一緒に暮らすために中に入れてもらおうと，彼女の家のドアをノックして，彼女がそのドアを開けるまでは，彼女とは面識がなかった。「他の人に対しては，彼女のことを何と呼べばよいのだろう？」　数カ月の間，私はドリスの家で生活し，彼女の友人の一人の会社で働き，タイプを打つ技術を習った。その後，ドリスはそれなりの努力をして私の父を説得して，私が学校に戻る許可をとりつけてくれた。数年前，私が 11 歳の時に，自分が入れられていた進歩主義的な男女共学の全寮制学校を（2 階の浴室の窓から脱走して街でのパーティーに出かけたことを理由に）退学になった後，父は(2)罰として私をそれ以上学校に通わすことを拒否していた。父は折れて，ドリスは私を新しい学校にやってくれた。

- [ ] *l.*8　to be allowed in は allow ～ in「～を中に入れる」が受動態になったもの。
- [ ] *l.*8　What should I call her to others?　※描出話法で書かれている。
- [ ] *l.*9　live with *A*「*A*（人）の家で一緒に暮らす」
- [ ] *l.*10　some＝［formal］a fairly large amount of something（『ロングマン現代英英辞典』）
- [ ] *l.*11　turn down ～ / turn ～ down「～を拒絶する」
- [ ] *l.*12　expel ～「～を退学にする」　※ ex-［外］＋ -pel［押す］　*cf.* propeller「プロペラ」
- [ ] *l.*12　first-floor「2 階の」　※第 5 段落の Banbury, Hove はイギリスの町の名前であり，筆者はイギリス生まれで，イギリス英語を使っていると考えられる。イギリスでは the first floor は「2 階」，「1 階」は the ground floor である。
- [ ] *l.*12　bathroom「浴室」　※アメリカ英語では「トイレ」の意味にもなる。
- [ ] *l.*14　give in「折れる，降参する」　※give *oneself* in から *oneself* が省略されたと考えればよい。

第3段落

　その新しい学校では，ティーンエージャーの若者たちは絶えず自分の親の話をしたり文句を言ったりしていたが，彼らが使っていたのは親を意味する普通の言葉で

あった。「私はドリスを養母と呼んでいいのだろうか？」　彼女は私を養子にする提案はしていたが，できないでいた。私の母が，いつものヒステリーの発作を起こして，ドリスが私を養子にしようとするのなら訴えてやるとドリスを脅していた。だから，その話は静かに立ち消えになっていた。そうはいっても，私がドリスのことを「養母」と口にすることは時々あり，それは正確ではないとしても手軽な解決法としてであった。彼女のことを何と呼ぶかは問題であった。私の保護者のことを話すように求められた時には，いつも「ドリスっていう，つまり私の…，まあ養母みたいなもので，私の…えーっとドリスが…」という調子で，間違った印象を与えていることはわかっていた。

- □ *l.* 17　Could I refer to Doris as my adoptive mother？　※描出話法で書かれている。
- □ *l.* 19　screaming fit「絶叫を伴う発作，ヒステリーの発作」
- □ *l.* 19　sue 〜「〜を訴える」　※pursue と同様に「追いかける」が原義。
- □ *l.* 20　that was quietly dropped「それはひっそりと立ち消えになった」
- □ *l.* 20　an easy though inexact solution「不正確だが簡単な解決策」
- □ *l.* 22　call on *A* to *do*「*A* に〜するようにお願いする」
- □ *l.* 23　adult-in-charge「保護者」

第4段落

　どういうわけか，正確であること，つまり，私の境遇をきちんと説明する単純な所属関係を示す表現を見つけることは，とても重要だった。私は嘘をつきたくなかったし，自分の(3)状況を的確に要約して他人に伝える何らかの方法を見つけたいと心底思っていた。しかし，私は養子になってはいなかった。両親ともまだ存命で，（私からすれば残念なことに）私とのつながりは切れていなかった。

- □ *l.* 24　for some reason「何らかの理由で，どういうわけか」
- □ *l.* 24　a possessive phrase「所属関係を表す言い方」　※直訳は「所有格表現」。
- □ *l.* 26　sum up 〜 / sum 〜 up「〜をまとめる，合計する」

第5段落

　前の学校を退学になった後，バンベリーにいた父親のもとから逃げ出して，ホーヴにいた母親のもとに身を寄せ，とても小さなアパートで暮らし始めた。ほんの数日間母と暮らしただけで，私が取るべき最も賢明な(4)手段は，部屋の隅っこでうずくまり，食べるのも口をきくのも拒否することのように思えた。「どうしてお前は私にこんなことができるの？　なぜ他の子どもみたいにきちんとできないの？」と，母は金切り声をあげた。

- □ *l.* 31　roll up「（身体を丸めて）うずくまる」
- □ *l.* 32　decent「（態度，考え，言葉遣いなどが）まともな，見苦しくない」

第6段落

　私を両親から引き離しておくのが名案だということになり，公的な援助で食事を与えられた後で，ホーヴにあるレディ・チチェスター病院に入れられた。大きな一戸建ての建造物の中にある小さな精神科だった。私は，そこで公認の子どものような存在となり，職員も患者たちも私の面倒をみてくれて，他の人たちが引き起こす

様々な問題の中でも最悪のものから私を守ろうとしてくれた。私は，この病院に魅了され，とてもくつろぎ，十分な世話をしてもらっているという気持ちにようやくなることができた。

- ☐ *l.*34　the authorities「当局，公的な機関」
- ☐ *l.*36　a psychiatric unit「精神科」
- ☐ *l.*36　detached house「一戸建ての建造物」
- ☐ *l.*37　shield *A* from *B*「*A* を *B* から保護する」
- ☐ *l.*38　I was fascinated and felt quite at home and well cared for at last.
  ※*A* and *B* and *C* は，*A* and *A′* and *B* か *A* and *B* and *B′* の２つの可能性で考えるのが適切。ここでは「魅了された」「とてもくつろいだ」「十分な世話を受けている」とあるが，後者の２つが似たものであると考えられるので *A* and *B* and *B′* と考える。

第7段落

　私は，不思議なことに自分が妊娠しており，医者は私がその現実を受け入れるのを待っているのだ，というひそかな(5)恐れを募らせていた。それを除けば，私は精神的に病んでいるところは全く何もなく，病院の人たちも私を治療しようとしていたわけではなかった。私は投薬治療を受けることもなく４カ月そこにとどまり，ホーヴの浜辺に腰を下ろして海を見つめながら（それは前例がないほどの氷と雪に覆われた冬だった）長い時間を過ごした。その間，彼らは，私をどうすればよいか答えを考えだそうとしていた。

- ☐ *l.*40　pregnant「妊娠した」　※pre-［前］+-gn-［生まれる］
- ☐ *l.*41　come to terms with ～「（嫌な事実など）を受け入れる」　※「（逃避していた非現実から）現実という枠組みの中に入る」イメージ。
- ☐ *l.*43　medication「投薬治療」

第8段落

　そんな時突然，私はドリスから手紙を受け取った。その手紙には「あなたは私のことを知らないでしょうが，私の方は，あなたのことを，学校であなたと同じクラスだった息子から聞いて知っている」と書いてあった。さらに「あなたも想像できると思うけど，学校では，癖の悪いジェニファーが学校を退学処分となって，今は精神病院に入っているというひどく過熱したうわさ話が駆け巡っている」とのことだった。

- ☐ *l.*46　all of a sudden「突然」　※all は強調の副詞。
- ☐ *l.*48　Much over-excited …　これもドリスからの手紙の内容と考えるのが適切。

第9段落

　母親であるドリスへの手紙の中で，ドリスの息子のピーターは，全く邪心のない寛容な心で（私と彼は学校では仲良くしていたことなど全然なかったからだ），私が「かなり頭が良い」ので，自分たちが何らかの方法で私に手をさしのべることができないだろうか，と書いていた。私に宛てたドリスの手紙には，ちょうど初めての一戸建てに引っ越したところで，（とりわけ彼女の自慢の）セントラルヒーティングもついていて，空いている部屋もあるので，そこで暮らしてみたいと思わない

か，そして，私の父親は気乗りしないだろうが，学校に戻って試験を受けて，大学へ行くというのはどうだろうか，と書かれていた。いつまで居候させてもらえるかについては，手紙では定かではなかったが，大学へ行くという考えからすると，それは長期にわたるように思われた。

- □ *l.*51　by no means「決して～ない」
- □ *l.*51　get on with ～「～とうまくやっていく」
- □ *l.*54　I might like to stay there　※直接話法では you may like to … という提案を示す表現である。

[第10段落]

私はその手紙を何度も読んだ。最初は(B)肩をすくめるようにして「はーん，なるほどね。これが次に私の身に起ころうとしていることなのね」。子どもの頃，思いがけない出来事が次から次へと起き，しかもその回数も増加していったので，それが普通に思えたのだ。一歩距離をおいた所から受け身的な態度で，そういうものだと思うようになっていた。手紙を再読した時，私には守護天使がいるのだと驚いた。それから恐くなった。次に，ある程度の落胆を感じ，申し出を受け入れるべきかどうかについて，いくらか現実的に考えた。そして最後には，こういったすべての反応が混ざり合って，自分自身の恐怖や期待にも，そして私を招いてくれたことに対してこの見ず知らずの人にも，どう反応したらよいのか全くわからなくなった。

- □ *l.*61　detached passivity「一歩距離をおいた受動性」

[第11段落]

そんなわけで，ドリスは私の母ではなかった。そして，(C)他人との間で生じるぎこちない瞬間を別にすれば，ドリスが私にとって何であるのかということは放置しておくことにした。考えないで放置するのが最良だと思われる他の疑問と共に。

(A) ──────────────────────────────── [正答率] 18.8%

as far as it goes は副詞節なら「その限りでは」の意になるが，下線部では，この部分を外すと that's usually「それは通常…である」しか残らず，文にならない。つまり，far が that's の is の補語であることをまず見抜く。that's as far as S go は「それがSが行くことのできるだけの距離，程度」→「それがSの限界だ」の意味。*e.g.* This is as far as we can go on this deal.「この取引において，これが私たちが行ける限界です」→「これ以下の取引条件ではのめません」　that が指すのは同文前半の，「近い関係を表す一連の便利な言葉」のことであり，具体的には「母，父，娘，息子，おじ，おば，いとこ」といった，縁戚関係を表す言葉のことである。また，it は「家族関係の呼び方」を漠然と表している。ドリスと筆者の関係は，そうした既存の言葉のどれにも当てはまらないものであることが，第1段落第2文（In all that time, …）から読み取れる。したがって，「そうした縁戚関係を表す言葉が通常及ぶのは，母，父…といったところまでである」というのがこの文の意味するところであろう。that's （　　　） we usually use の空所には is の補語になるものが入る

が，we usually use に目的語がないため，目的格の関係代名詞が省略されていると考えられるので，この関係代名詞節の先行詞となる（代）名詞を空所に入れればよいことがわかる。all を補えば「それが通常私たちが使うすべてである」＝「私たちが通常使うのはそれだけである」の意になり，下線部の内容を表せる。what では「～だけしかない」という意味が出ないので不可。

(B) ────────────────────────────────── 正答率 70.8%

下線部は「ある種の肩すくめと共に」が直訳。shurg は「仕方ないなー」などの当惑，絶望，無関心などを表すしぐさである。下線部の直後には「『はーん，なるほどね。これが次に私の身に起ころうとしていることなのね』。子どもの頃，思いがけない出来事が次から次へと起き，しかもその回数も増加していったので，それが普通に思えたのだ。一歩距離をおいた所から受け身的な態度で，そういうものだと思うようになっていた」とある。つまり，善かれ悪しかれ異常な事態にいちいち心から反応をしなくなっていたことがわかる。以上から「**子どもの頃，予想もつかないことが頻繁に起きたため，それを当たり前と思い，動揺も抵抗もせずに受け入れるようになっていたから**」などとまとめればよい。

(C) ────────────────────────────────── 正答率 20.8%

下線部を含む文には「他人との間で生じるぎこちない瞬間を別にすれば，ドリスが私にとって何であるのかということは放置しておくことにした」とある。つまり，その瞬間とは「ドリスが自分にとって何なのかを考えなくてはならなかった瞬間」ということ。第3段落最終文（It mattered how I referred …）の後半に「保護者のことを話すように求められた時には，いつも『ドリスっていう，つまり私の…，まあ養母みたいなもので，私の…えーっとドリスが…』という調子で，…」とあるのが具体的な様子である。人からドリスのことを「誰なの？」などと問われ説明している状況だと推測できる。第1段落第2・3文（In all that time, …）や第2段落第3文（What should I …）「他の人に言うのに，私は彼女のことを何と呼ぶべきなのだろう」などにも，筆者にとってドリスが何にあたるのかを言い表す言葉がないことが述べられている。したがって，「**筆者にとってドリスが何にあたるのか人に問われ，適切な呼び名がないために口ごもり，当惑するような瞬間**」などとまとめられる。「瞬間」の代わりに「場面」などでもよいだろう。

(D) **(ア)**

(1) ────────────────────────────────── 正答率 70.8%

当該箇所は「私は，私の人生における彼女（＝ドリス）の役割を適切で簡潔に表す（　　　　）をうまく考え出せたためしが全くなかった」となっている。空所の直後の文（We have a handy …）に「通常は，母，父，娘，息子，おじ，おば，いとこ，といったような，近い関係を表す呼び名には一連の便利な単語」とある。これから空所には「ドリスが筆者にとって何にあたるのか，つまり，その立場，役割を表す

『呼び名』」にあたる語を補えばよいとわかる。a）designation「称号，名称」が適切。最終段落第2文（And aside from …）には「私にとって彼女が何なのかということは…脇に置いておかれた」とあることもヒントになる。

⑵ ─────────────────────────────── 正答率 47.9%

当該箇所は「（　　　）として，私が退学処分を受けた後，父はそれ以上私に学校教育を受けさせるのを拒否していた」となっている。退学処分を受けるような非行を行った筆者に，その代償として，もう学校へは行かせないという処分をしたことが述べられており，g）punishment「罰」を補えば文意に合う。

⑶ ─────────────────────────────── 正答率 85.4%

当該文は「嘘はつきたくなかったし，私の（　　　）を的確にまとめて人に伝える何らかの方法を何とか見つけたいと思っていた」となっている。直後に「しかし，私は養子にはなっていなかった。私の両親はどちらもまだ存命で…私と接触していた」と続いており，筆者が複雑な立場にあることがわかる。こうしたことを1語で伝えるには j）situation「状況」を補うのが適切。

⑷ ─────────────────────────────── 正答率 37.5%

この段落では，筆者が父親のところから逃げ出し，別居していると思われる母親のところへ行った後のことを述べている。当該箇所は「最も賢明な（　　　）は，どうやら隅っこで丸くなり，食べるのも話すのも拒否するというものであるらしい」となっている。同段落最終部分に「『なぜ私にこんなことができるの？　なぜ他の子どもたちみたいにきちんとできないの？』と，母は金切り声をあげた」とあり，母親ともうまくいかなかったことがわかる。「丸くなり，食べるのも話すのも拒否すること」は，筆者を責める母親に対して筆者が取った行動であり，e）move「手段，処置」が適切。cf. the first move「（チェスなどの）初手」

⑸ ─────────────────────────────── 正答率 47.9%

当該箇所は「私は，自分が不可解にも妊娠しているというひそかな（　　　）を募らせていた」となっている。空所の後の that 節は（　　　）と同格の関係にあり，選択肢の中で that 節と同格の関係を取り，意味の上でもつながるのは c）fear「不安，恐怖」のみ。

(D) (イ) ─────────────────────────────── 正答率 47.9%

a）「筆者は，ドリスとの関係を定義しようとして苦労した」

この文全体を通して明らかだが，細かく見れば，第4段落第2文（I didn't want to lie …）や第1段落第2文（In all that time, …）などの内容と一致する。

b）「筆者の母親は，筆者がドリスの養子になることを望まなかった」

第3段落第4文（My mother had had …）の内容と一致する。

c）「筆者に関する悪いうわさが，彼女の新しい学校で広まっていた」

「筆者に関する悪いうわさ」のことは，第8段落第2文（Much over-excited gossip, …）に述べられているが，これは筆者が突然ドリスから手紙をもらった当時のことである。同文中の there がどこを指すかがポイントとなる。ドリスは筆者が退学になった学校の同級生である息子から筆者のことを聞いて知っていると手紙で述べているので，うわさが広まっていたのは，前の学校でのことと考えられる。この選択肢が本文の内容と一致していない。

ｄ）「ドリスの息子は，筆者がとても賢いので，彼女を助けたいと思った」

第 9 段落第 1 文（In his letter to Doris, …）の内容と一致する。

ｅ）「筆者は，ドリスから手紙をもらった時，病院に滞在していた」

第 6 段落第 1 文（It was considered …）で筆者が病院に預けられたことがわかる。第 7 段落第 3 文（I stayed there …）にはその病院に 4 カ月とどまったことと，そこでの過ごし方が述べられている。その直後の第 8 段落第 1 文（Then, all of a sudden, …）に「突然ドリスから手紙をもらった」とある。こうした時系列を考えると，この選択肢は本文の内容と一致すると判断できる。

(D) (ウ) ──────────────────────────── 正答率 56.3%

筆者自身がドリスと自分の関係を言い表す言葉が見つからずに戸惑っているように，2 人の関係は世間ではあまり見られるものではない。ｄ）unconventional「慣習にしたがっていない，非常に変わった」が適切。ａ）「悲惨な」，ｃ）「情熱的な」は全くの的外れ。ｂ）「違法の」は，ドリスと筆者との関係は適切な呼び名がないだけで「違法」ということではないので不適。ｅ）「不安定な」は不可。本文ではドリスと筆者が知り合うようになった経緯が書かれているにすぎず，2 人の関係については言及がない。ただ，第 1 段落第 1 文後半（… I'd known Doris for fifty years）「私はドリスと 50 年来の知り合いであった」というくだりから「不安定な」は当てはまらないことが推察できる。

(A) all

(B)子どもの頃，予想もつかないことが頻繁に起きたため，それを当たり前と思い，動揺も抵抗もせずに受け入れるようになっていたから。

(C)自分とドリスの関係を人に問われ，適切な呼び名がないため口ごもり，当惑するような瞬間。

(D) (ア) (1)—ａ） (2)—ｇ） (3)—ｊ） (4)—ｅ） (5)—ｃ）
　　(イ)—ｃ） (ウ)—ｄ）

解答

6 総合読解

156　ホームレスの排除がはらむ問題

全 訳

第1段落

　昨年，私の住んでいる場所からそう遠くない所にある，ロンドンの共同住宅の外に設置された「ホームレス対策」用のスパイク使用に対して，広く一般人からの抗議がなされた。そのスパイクは，コンクリートに打ち込まれた鋭い金属の突起で，地面に人が座ったり寝そべったりできないようにするためのものだった。ソーシャル・メディアは怒りの声であふれ，請願書には署名が集まり，泊まり込みの抗議行動が行われ，数日以内にスパイクは撤去された。しかし，現在知られているような「防衛的」あるいは「敵対的」建築が用いられる現象は，相も変わらずどこにでもある。

- □ *l.*1　protest against ～「～に対する抗議」
- □ *l.*2　residential complex「集合住宅」
- □ *l.*3　keep *A* from *doing*「*A* が～するのを妨げる」
- □ *l.*4　petition「嘆願書」　*cf.* competition「競争（皆で求める）」
- □ *l.*4　a sleep-in protest undertaken　※独立分詞構文。
- □ *l.*6　architecture「建築様式（不可算名詞）」　※buildings「建造物」と区別すること。
- □ *l.*6　*A* as it is known「現在知られているような *A*」　※名詞限定の as。

第2段落

　バスの待合所にある，前のめりになった椅子から，散水スプリンクラー，硬いチューブ状の腰掛け，頑丈な仕切りのついた公園のベンチに至るまで，都市空間は，柔らかい人間の身体を激しく(1)拒絶している。

- □ *l.*8　lean forward「前にかがむ」
- □ *l.*9　solid divider「頑丈な仕切り」

第3段落

　ロンドンであれ，東京であれ，私たちはこういった施策を常に都市環境の中で目にしているが，(A)それらの本当の意図は把握していない。私は，自分が 2009 年にホームレスになるまで，ほとんどその存在に気づくことがなかった。経済危機，家族の死，突然の離婚，さらに突然の心の不調，これだけあれば，1 年という期間で，それなりの収入を得ていた立場からホームレスにまで私が落ちぶれるのには十分だった。そんなとき，雨露をしのぐ場所を(2)見つけるというはっきりした目的をもって周囲を見まわし始めてようやく，この都市の残酷さが明らかとなった。

- □ *l.*11　measures「施策，対策」　※この意味ではしばしば複数形で用いる。
- □ *l.*12　fail to *do*「～できない」
- □ *l.*12　intent「意図」
- □ *l.*14　even + 比較級「さらに～」
- □ *l.*14　S were all it took for me to *do* は直訳「S は私が～するのに要したすべてだ」から「私が～するには S だけで十分だった」となる。
- □ *l.*15　in the space of ～「～の時間の間に」　※短い期間に様々なことが起

きたことを示唆する表現。

□ *l.*16　It was only then, when …, that S V.「そのとき，つまり…のときになってはじめて SV」　※強調構文で書かれている。

[第4段落]

　その当時，私はロンドン地下鉄環状線が大好きになった。他の人たちにとっては，それは地下鉄路線網の中でただ単にかなり効率の悪い路線にすぎなかった。私にとっては，そして多くのホームレスの人たちにとっては，安全で，濡れることなく，暖かく包んでくれる場所であり，ときには地上，ときには地下を，常に移動して，まるでロンドンの中心部をあるべき場所に縫いつける巨大な針のようだった。誰もこちらの存在を気にかけないし，あっちへ行けと言われることもなかった。貧しさを抱えたまま移動することを許されたのだ。しかし，駅の工事がそれに待ったをかけたのだった。

□ *l.*19　rather + 形容詞・副詞 = fairly or to some degree（『ロングマン現代英英辞典』）

□ *l.*22　into place「しかるべき場所に」

□ *l.*22　take your poverty on tour「貧困を抱えたまま移動する」

□ *l.*23　engineering = the work involved in designing and building roads, bridges, machines etc（『ロングマン現代英英辞典』）

[第5段落]

　その次は，大通りからほんの少し入った所にあるちょっとした公園のベンチだった。それは古い木製のベンチで，今まで数多くの人が座ってきたためツルツルになっていて，葉の生い茂った木の下にあり，よほどのしつこい雨でなければ，雨の滴が落ちてくることはなかった。雨から守られ温もりがあり，一等地だった。それが，ある朝，姿を消していた。その代わりにそこに設置されたのは，頑丈な肘掛けが3つついた，座り心地の悪い金属の椅子だった。その日，私はベンチを失ったことによる喪失感を味わった。そこから伝わってくるメッセージは明白だった。私は一般市民の一員ではない。少なくとも，ここで歓迎される一般市民の一員ではない。私は行き場所をどこか他に探さねばならなかった。

□ *l.*24　smallish［主に英］= fairly small（『ロングマン現代英英辞典』）

□ *l.*25　thousands of ～「数多くの～」　※「何千もの～」から意味が発展したもの。

□ *l.*25　leaves so thick that S V「とても茂っていて SV な葉」

□ *l.*26　persistent rain「長雨」

□ *l.*26　penetrate ～「～を突き通す」

□ *l.*26　sheltered and warm　※文頭に置かれた分詞構文。

□ *l.*27　prime property「一等地」

□ *l.*27　In its place V S.「その代わりに V したのは S だった」　※MVS の倒置形。

□ *l.*28　perch「（止まり木のような）椅子」

□ *l.*30　somewhere else「他のどこか」

第6段落

もっと広範囲に及ぶ問題もある。こういった施策は，ホームレスの人たちと，もっと(3)援助を受けるに値すると思われる人たちとを区別しないし，区別することもできない。貧しい人たちが疲れた身体をバスの待合所で休ませることをできなくしたら，身体を休めることが必要な高齢者や障がい者や妊婦もまた憩うことができなくなる。都市が人の身体を(4)受け入れないようにすれば，都市はすべての人間にとって居心地の悪い場所になってしまう。

- □ *l.* 32　the homeless「ホームレスの人々」　※〈the＋形容詞〉で総称。後出の the poor「貧しき人々」，the elderly「お年寄り」，the handicapped「障がいのある人々」も同じ。
- □ *l.* 33　weary「疲れた」

第7段落

敵対的建築は，いくつもの段階で(5)何かを露骨に物語っている。それは偶然の産物でもなければ，思慮が足りないための産物でもなく，考え抜かれた結果なのである。威嚇し，排除しようというあからさまな動機をもって，考えられ，計画され，承認され，資金提供を受け，実施されることになったある種の意地悪なのである。

- □ *l.* 37　a number of ～「いくつもの～」　※several の意味だが，意外と多いという気持ちを表す。
- □ *l.* 37　levels　※ここでは，後に述べられている「発案」「計画」「承認」「資金提供」「実施」などのことを指す。
- □ *l.* 38　accident「偶然」
- □ *l.* 38　thought process「思考過程」
- □ *l.* 40　explicit「露骨な」

第8段落

この間，地元の馴染みのパン屋に入ろうとした際に，（それまで何度か見かけたことのある）ホームレスの男から何か食べるものを恵んでくれないかと言われた。売り場で働いている若い女性の一人であるルースに，ミートパイをいくつか，別の袋に入れてくれないかと頼み，(B)事情を説明したところ，彼女の言葉は辛辣だった。「この人，物乞いでたぶんあなた以上に稼いでるわよ，知ってるわよね」と冷たく言った。

- □ *l.* 42　get *A B*「*A*（人）に *B* を買ってやる」
- □ *l.* 43　work behind the counter「カウンターの中で働く，売り場で働く」
- □ *l.* 43　a couple of ～「いくつかの～」

第9段落

あの男はおそらくそんなことはない。男の顔の半分は，傷だらけだった。黒ずんで，ひどい傷を負った足の指が，履き古した靴にあいた穴から出ていた。何か最近の事故か喧嘩で流れた血が乾いて，彼の左手を覆っていた。私はこのことを指摘した。ルースは私の抗議にもまったく動じる様子はなかった。「どうでもいいわよ」と彼女は言った。「こういう人たちが緑地を汚すのよね。危険だし。けだものよ」

- □ *l.* 46　He probably didn't (make more money than I did from begging).
- □ *l.* 46　sore「傷」　※ヒリヒリする傷。*cf.* sorrow「悲しさ（心の傷）」

□ *l.* 47 stick out of ～「～から飛び出る」
□ *l.* 47 be covered in ～「(すっぽりと) ～で覆われている」
□ *l.* 48 some＋単数形「なんらかの～」
□ *l.* 48 be unmoved by ～「～によって動じない」
□ *l.* 49 foul ～「～を汚す」

第10段落

　敵対的建築が擁護しているのは，まさしくこういう考え方なのである。ホームレスというのは，まったく別の種の生きもので，劣っていて，落ちぶれたのも自分のせいだ，ということなのだ。追い払われるべきハト，あるいは，鳴き声で私たちの睡眠を妨げる都会に暮らすキツネと同じなのだ。「恥を知りなさい」と，パン屋で働いている，年上の女性であるリビーが口をはさんだ。(C)「あなたが言っているあの人だって，人の子なのよ」

□ *l.* 51 It's precisely this viewpoint that …. ※強調構文。
□ *l.* 51 uphold ～「～を支持する」
□ *l.* 52 altogether「まったく，完全に」
□ *l.* 53 pigeon「ハト」 ※dove は「(平和の象徴としての) ハト」。
□ *l.* 53 chase ～ away「～を追い払う」
□ *l.* 53 disturb ～「～を (音をたてたりして) 邪魔する」
□ *l.* 54 jumped in Libby「リビーが割って入ってきた」 ※VS の倒置形で in は「中へ」の意味の副詞。

第11段落

　貧困は，私たちのすぐ隣にあるが，私たちから隔離された現実として存在している。都市計画者たちは，懸命に努力して貧困が私たちの視界に入らないようにする。あまりに哀れで，気が塞ぎ，痛ましいので，戸口で眠っている人に目を向けて，その人が「人の子」だなんて考えることなどできない。そんな人が目に映っても，(6)「この人がホームレスだってことが，私にとって何だっていうの？」と問うだけの方が気持ちはずっと楽だ。だから，私たちは都市計画に協力して，懸命に見ないよう努める。見たくないからだ。私たちは無言のうちに，この隔離政策に同意しているのである。

□ *l.* 56 a parallel, but separate, reality「普通の人の生きる現実と平行しているが，隔離されている現実」
□ *l.* 57 outside our field of vision「視界の外側に」
□ *l.* 58 to look at … and think of him … ※and がつなぐのは look … と think … である。
□ *l.* 58 think of *A* as *B*「*A* を *B* と考える」
□ *l.* 61 apartheid「アパルトヘイト，隔離政策」

第12段落

　防衛的建築は，貧困を見えないようにする。快適な生活を送ることへのいかなる後ろめたさをも隠ぺいする。貧困一般に対する，そしてとりわけホームレスに対する私たちの態度を容赦なく暴く。そうした建築は，心の寛大さを皆が失っていることを，はっきりと，スパイクのようにとげとげしく表しているのである。

6
総合読解

□ *l.* 62　keep poverty unseen「貧困を見えないところに保つ」
□ *l.* 63　lead a comfortable life「(経済的に恵まれた) 快適な生活を送る」
□ *l.* 63　brutally「容赦なく，残虐なぐらいに」
□ *l.* 64　It = defensive architecture
□ *l.* 64　concrete「具体的な」
□ *l.* 64　collective lack「集団的な欠如」

第13段落

　そして，言うまでもなく，そうした建築は私たちをより安心させるという基本的な目標さえ達成しない。(7)自分たちを閉じ込めることなく，他者を閉め出す方法などあるわけがない。都市環境を敵対的なものにすることで，無情さや孤立を生む。それは私たちすべてにとって，生活を幾分不穏なものにするのである。

□ *l.* 67　There is no way of locking others out that doesn't also lock us in.
　　　　　「他者を閉め出しかつ私たちを閉じ込めない方法はない」→「他者を閉め出そうとするならば，必ずや自分たちを閉じ込めてしまうことになる」　※that は関係代名詞で way が先行詞。
□ *l.* 69　ugly「醜い」　※「生活が醜い」とは「生活がギスギスした感じ」であること。

(A) ──────────────────────────────── 正答率 41.3%

下線部の「それらの本当の意図」の「それら」が直接指しているのは，同文前半にある these measures「こうした施策」である。具体的には第1段落にある「スパイク」，第2段落で列挙されているバスの待合所にある椅子などのこと。「スパイク」の意図に関しては，第1段落第2文（The spikes were …）に「そのスパイクは，コンクリートに打ち込まれた鋭い金属の突起で，地面に人が座ったり寝そべったりできないようにするためのものだった」とあるが，それ以外のものに関しては，意図についての直接的言及がない。よって，これらすべてに当てはまる内容を自分でまとめ，「**ホームレスが落ち着ける場所をなくす**」とする。さらに，第5段落最後から2番目の文（The message was clear : …）に「私は一般市民の一員ではない。少なくとも，ここで歓迎される一般市民の一員ではない。私は行く所をどこか他に探さねばならなかった」とあることから，最終的な意図とは「**ホームレスを公共の場所から排除すること**」だとわかる。以上をまとめて，「**ホームレスの人々が落ち着ける場所をなくし，公共の場所から排除しようとする意図**」とする。

(B) ──────────────────────────────── 正答率 82.6%

下線部の「理由を説明した」に至る状況は次の通り。「筆者がパン屋に入ろうとした際に，ホームレスの男から何か食べるものを恵んでくれないかと言われた」→「売り場で働いている若い女性の一人であるルースに，ミートパイを別の袋に入れてくれないかと頼んだ」→「理由を説明した（下線部）」　以上をまとめれば「**ミートパイをいくつか別の袋に入れてくれるように頼んだのは，店の入り口にいたホームレス**

の男性に食べ物を恵んでほしいと言われ，彼に渡すためだったということ」となる。

(C) ──────────────────────────────── 正答率 28.3%

下線部は「あの人は誰かの息子なのよ，あなたが話しているのは」の意味。リビーは直前で「恥を知りなさい」と，ルースをたしなめている。前段落最終文で，ルースがホームレスの男性のことを「けだものよ」と言っているのに対して，リビーはその男性も誰かある「人」の息子であって，けだものではないと言いたいと考えられる。問題文の The man you're talking about is no less (　　　) than you are. は「あなたが話題にしている男の人は，あなたと同様に（　　　）だ」という意味で，空所の前に冠詞がないことを考慮すれば，「人間」を意味する形容詞が入る。よって，第2段落末（… soft, human bodies）などにある human を補えばよい。

Column 〈no＋比較級〉について

　一般に〈数字＋比較級〉の数字は「（比べられている2つの）差」を示す。

　　e.g. Bob is three years older than Tom.

　　　　「ボブはトムより3歳年上だ」

これと同様に，〈no＋比較級〉は，「差がゼロ」であることを示す。

　　e.g. This is no less true today than it was three centuries ago.

　　　　「これは3世紀前と変わらず今でも真実だ」

上記の英文は「これが現在，真実である程度」と「これが3世紀前に，真実であった程度」を比較した文である。そして「これが現在，真実である程度」の方が，真実の度合いがどの程度下がる（less）かについての評価が no「差がゼロ」ということになる。つまり「3世紀前に比べれば，これが真実である度合いが薄まったと考える人もいるだろうが，そんなことはなく，今でも十分真実である」という意味になる。本問の The man you're talking about is no less human than you are. も同様で，「あなたが話している男性のことを，あなたはあなたより人間として劣っていると考えているかもしれないが，そんなことはなく，あなたとまったく同じ人間なのよ」という意味になる。

(D) (ア)

(1) ──────────────────────────────── 正答率 63.0%

当該箇所は「都市空間は柔らかい人間の身体を過度に〔攻撃的に〕（　　　）」となっている。同文前半には，ゆったりと座ったり横になったりすることのできない椅子や設備が列挙されている。こうした設備が人間の身体に対して何をしているかを考えれば h）rejecting「～を拒絶している」が選べるはず。reject には「はねつける」という語感があることに注意したい。

(2) ──────────────────────────────── 正答率 73.9%

当該箇所は「雨露をしのぐ場所を（　　　）というはっきりとした目的をもって」となっている。筆者はこのときホームレスになっていたことが直前の文（第3段落

第3文）に述べられているので，d）finding「〜を見つけること」が適切。なお，第5段落の終わりに I had to <u>find</u> somewhere else to go. とあるのもヒントになるだろう。なお，find 〜 は「（探しているもの，役立つものなど）を見つける」の意味である。

(3) ──────────────────────────── 正答率 47.8%

当該箇所は「こうした施策は，ホームレスと，もっと（　　　）と考えられる他の人たちを区別しないし，できない」となっており，この文の「こうした施策」とは，第1〜5段落までで述べられた，ホームレスを排除するような都市環境の整備のことである。「他の人たち」として直後の文に「高齢者，障がい者，妊婦」が挙がっている。そこで挙がっているのはいたわられるべき，休息を必要とする人々である。よってc）deserving「援助に値する，正当な資格がある」を補うのが適切。他動詞 deserve 〜「〜に値する」から，形容詞 deserving の意味を推測できたかどうかがポイントとなる。

(4) ──────────────────────────── 正答率 67.4%

当該箇所は「都市を，人間の身体をより（　　　）ないものにすれば，都市を，あらゆる人間にとっていっそう居心地の悪いものにするのである」となっている。前文に「疲れた身体をバスの待合所で休めることをできなくする」という例が挙がっている。空所の直前に less があるので，「人間の身体に<u>優しい</u>」という意味の形容詞を探すことになる。選択肢の中で，近そうなのはa）accepting「受け入れる」しかない。この単語は見慣れぬ単語だが，「おそらく accept の形容詞形なのだろう」ぐらいの鷹揚な気持ちで考えられたかどうかがポイントである。

(5) ──────────────────────────── 正答率 28.3%

当該箇所は「敵対的建築は，いくつかの段階で（　　　）だ」となっている。この段落には「それは偶然の産物でもなければ，思慮が足りないための産物でもなく，考え抜かれた結果なのである。威嚇し，排除しようというあからさまな動機をもって，考えられ，計画され，承認され，資金提供を受け，実施されることになったある種の意地悪なのである」と書かれている。つまり「敵対的建築は，偶然にできたものではなく，ホームレスを公共の場所から『排除する』というあからさまな意図が透けて見えるものだ」ということ。よってi）revealing「明らかにする」が適切。この単語も reveal 〜「〜を明らかにする，暴露する」からできた形容詞。

使わなかった選択肢の意味は以下の通り。b）depriving「奪っている」　e）forcing「強制している」　f）implying「暗示している」　g）raising「高くしている」　j）satisfying「満足のいく」

(イ) ──────────────────────────── 正答率 71.7%

下線部は「この人がホームレスだってことが，私にとって何だっていうの？」の意味。前段落の第1文に「ホームレスというのは，まったく別の種の生きもので，劣

っていて，落ちぶれたのも自らのせいだ，ということなのだ」，同段落（下線部(6)を含む段落）最終文には「私たちは無言のうちに，この隔離政策に同意しているのである」とある。以上から「ホームレスなど自分にとって何の関係もない」という考えだと推測できるので，e）I wonder whether this homeless person has any relevance to my life at all.「このホームレスの人が，ともかく自分の生活に何か関係があるのだろうかと思う」が適切。その他の選択肢の意味は以下の通り。

a）「このホームレスを見ると，気持ちが落ち着かない」

b）「彼がホームレスであるということは，すべての人に影響を及ぼす」

c）「このホームレスの人にどのように手助けをしてあげられるだろうかと思う」

d）「このホームレスの人は，戸口で寝る権利などない」

(ウ) ──────────────── 正答率 60.9%

下線部は「他者を閉め出しかつ私たちを閉じ込めない方法はない」→「他者を閉め出そうとするならば，必ずや自分たちを閉じ込めてしまうことになる」の意味。「他者を閉め出す」とは，ホームレスを排除することであり，「自分を閉じ込めてしまう」とは，ホームレス以外の人が，ホームレスを排除するならば，偏狭な心に囚われてしまうことになる，という意味。つまり，「ホームレスを閉め出すことは，閉め出す方にも閉め出される方にも利することはない」という意味。これにもっとも近いのは a）Defensive architecture harms us all.「防衛的建築は，私たちみんなを傷つける」である。他の選択肢の意味は以下の通り。

b）「ホームレスであることを無視することは，それをなくすことにならない」

c）「ホームレスに対する規制は，彼ら自身のためである」

d）「ホームレスの人たちは，私たちが何をしようと常に目に見える」

e）「治安のために，私たちはホームレスの人たちを見えない所に置いておかなくてはならない」

(A)ホームレスの人々が落ち着ける場所をなくし，公共の場所から排除しようとする意図。

(B)ミートパイをいくつか別の袋に入れてくれるように頼んだのは，店の入り口にいたホームレスの男性に食べ物を恵んでほしいと言われ，彼に渡すためだったということ。

(C) human

(D) (ア) (1)─h) (2)─d) (3)─c) (4)─a) (5)─i)
　　(イ)─e) (ウ)─a)

157　母親と娘の心の奥

全訳

第1段落

　レベッカは，事業計画を立て，ローンの申し込みをして，自分の書店を開く準備を整えていた。「本屋ですって？」　母親のハリエットは言った。「あなたほどの教育を受けていて，本屋を始めたいなんて。それも稼ぎになる見込みすらないような本屋を？　それであなたの人生は結局どうなっていくの？」

- ☐　*l.*1　business plan「事業計画」
- ☐　*l.*2　with your education「あなたほどの教育を受けていて」
- ☐　*l.*4　add up to ～「つまるところ～になる」

第2段落

　レベッカは傷つき，激怒した。昔よくやったような喧嘩だったが，いっそう悪かったのは，昔にしたようなこんな喧嘩がまだ起こりうるということにレベッカが気づいていなかったことだ。ハリエットが病気になった当初から続いていた，ここのところの平穏のせいで，レベッカは間違った安心感を抱いていたのだ。彼女はだまされた気がした。

- ☐　*l.*5　furious「激怒して」
- ☐　*l.*5　their old fights「彼女たちのいつもながらの喧嘩」
- ☐　*l.*7　a false sense of safety「間違った安心感」　※「レベッカが母とこれ以上喧嘩する必要などないと思った」ことを指す。

第3段落～第7段落

　それから，ハリエットはレベッカに小切手を送ってよこした。かなりの額だった。「本屋の足しになるように」と，カードに書いてあった。

　「こんな(1)余裕ないでしょ？」とレベッカは言った。

　「私がそうしたいのよ」とハリエットが言った。

　その後彼女はまた具合が悪くなった。

　肺炎だった。命にかかわるようなものではなかったが，回復するには長い時間がかかった。レベッカは車で出かけていき，ハリエットにチキンスープやバニラカスタードを作ってやり，ハリエットのベッドの足元で横向きに寝た。

第8段落

　そんなふうにこういうことが何年も何年も続いている。ハリエットは悪くなったり良くなったりの繰り返し。レベッカは姿を見せたり見せなかったり。中断しては自分の生活をし，また中断してという具合である。

- ☐　*l.*17　Harriet getting sick and recovering. は，Harriet has been getting ….が変形された独立分詞構文。本来なら第1文の一部となるべきだが，それを切り離している。
- ☐　*l.*18　Rebecca showing up and withdrawing. Living her life ….も前文（Harriet getting …）と同様に，Rebecca has been showing up and withdrawing, living her life ….が変形された独立分詞構文。

第9段落

　レベッカは疲れている。ハリエットは10年以上も良くなったり悪くなったりを繰り返している。レベッカは，ちょうどボストンから4時間車を走らせて，今ハリエットが暮らしているコネティカット州の養護老人ホームに来たところだ。パートタイムの店員に自分が抜ける分として余計に給料を払って，(2)自分が所有している小さな書店から2日休みを取っている。ハリエットが好きなものがいっぱい入った買い物袋を持ってきていた。彼女が部屋に入ると，ハリエットはテレビからわずかばかり目を離し，いらっしゃいと言った。レベッカは椅子を持ってくると，母親と相対峙して座る。ハリエットはまた体が麻痺して，車椅子に座っている。以前にもこういうことがあった。何か珍しい背中の病気を抱えていたのだが，今回は回復しないだろうと医者は言っている。

　　　□ *l.* 21　nursing home「養護老人ホーム」
　　　□ *l.* 23　cover for her「彼女の代役を務める」
　　　□ *l.* 25　barely「かろうじて〜」
　　　□ *l.* 28　permanent「永久の」　※「回復しない」という意味。

第10段落

　レベッカはもっと頻繁に母親に会いに来なかったことにうしろめたさを感じている。ハリエットはいつも，自分に必要なもののことばかり口にしている。ラベンダーの入浴剤だの，ソックスだの，車椅子で外に連れ出してもらうときに脚を覆うブランケットだの。レベッカは郵送できるものは郵送する。そうした多くの要求によって，時に(3)心を動かされ，時にはそれらをうるさく思いながら。

　　　□ *l.* 32　mail 〜「〜を郵送する」

第11段落〜第14段落

　レベッカがこの前訪ねてきたのは，ハリエットがこの老人ホームに移った日だったが，そのとき看護師は夕食がのった盆を運び入れる前に，ハリエットの体の前に巨大なビニールのナプキンをつけた。ハリエットはそれを許したが，何かあっけにとられたような悲しみの表情でレベッカのほうを見た。その日受けたあらゆる侮辱のうちで，これこそが彼女の心を打ちのめしたものだった。「それは母には必要ありません」と，レベッカは看護師に言った。

　「みなさんにしていただいています」

　「ええ，でも，母には必要ありません」

　(A)そのようなわけで，それはレベッカがそこにいてハリエットのために勝利すべきひとつの小さな戦いだったのだ。レベッカがいなくても，ハリエットは自分で見事に勝利することもできただろうが。二人ともこんなことはわかっていた。それでも，二人の間では，愛情が常に証明されなくてはならなかった。愛はそこにある。そして，何度も何度も証明されてきた。困惑することだが，彼女たちの最悪の喧嘩の中には，愛情を証明も反証もするように思えるものがある。愛し合っていない二人だったら，そんなふうに喧嘩をすることもできないだろう。(B)愛し合っていない二人だったら，繰り返しそんなふうに喧嘩をすることなどできないのは確かだ。

　　　□ *l.* 35　plastic napkin「ビニールのナプキン」

☐ *l.* 35　bring ～ in / bring in ～「～を運び込む」

☐ *l.* 36　stunned sadness「あっけにとられた悲しみ」　※「スタンガン」の stun。

☐ *l.* 37　undo ～「～を打ちのめす」　※通例では「～を元の状態に戻す」だが，「元の悪い状態に戻す」から「～を困窮させる，打ちのめす」へと発展。

☐ *l.* 41　be there to *do*「～するためにそこに存在する」

☐ *l.* 42　just fine「(ただもう) 見事に」

☐ *l.* 45　disprove ～「～を反証する」

第15段落

　15年近く前，ハリエットはもう長くないように思えたことがあった。ステージ4の結腸癌だった。レベッカは，母親の死期が近いと思い，初めて母親を身近に感じ始めた。時々，夜ベッドに横になり，ひとりで，あるいはピーター=ビグローと一緒にいるときに，泣いた。彼はハーバードで建築史を教えていた。彼は，彼女を抱きしめて，彼女が母親のことが(4)わかりかけているところなのに，同時に彼女を失いかけているというのがどれほどつらいか話すのに耳を傾けた。

☐ *l.* 49　feel close to ～「～を身近に感じる」

第16段落

　信じられないことだが，ハリエットは死ななかった。手術は成功し，さらに手術を受け続けた。レベッカは車でやってきては，母親といっしょに時間を過ごした。しかし，ずっと同じようにしていくことはできなかった。世話，同情，友愛，母親の近くにいるだけの目的のない楽しさ，テレビのニュースを見ることなど。彼女は精力を使い果たしていた。

☐ *l.* 53　incredibly「信じられないことに」

☐ *l.* 53　have more surgeries「さらに手術を受ける」　※surgery は原則的には不可算名詞だが，米語では，回数を示す数詞などを伴う場合には可算名詞で扱うこともある。

☐ *l.* 55　keep *A* up「*A* を続ける」

☐ *l.* 56　hang around「ぶらぶらする」

☐ *l.* 57　burn *oneself* out「燃え尽きる」

第17段落

　ハリエットは，レベッカが十分と言えるほど頻繁には訪ねてきてくれなくなっているのを感じ始めた。確かに以前ほど頻繁には来なくなっていた。だが，ああ，その「十分」という言葉。その厄介な，うしろめたい響きの言葉は，母親と娘の間では，口にする必要さえない。それは，二人の間に，傷つき不平を言いながら，(5)どぎつい色をした大きな傷として，横たわっているのがどちらにもわかっているのだから。

☐ *l.* 59　tricky「つかみどころのない，厄介な」

☐ *l.* 59　guilty-sounding「うしろめたい響きのある」

☐ *l.* 62　wound「傷」

第18段落

　ピーターはレベッカに，結婚することについてはどう思うか尋ねた。それが彼の

やり方だった。プロポーズではなく，話の種として挙げたのである。彼女はよくわからないと言った。本当は，彼がそのことを言ったとき，胃がぞくっとしてむかむかする感じがした。こんなに愛すべき，善良で，思慮深い人なのに，自分はどうしてしまったのだろう。彼があらゆることに関してそんなにも冷静に見えること，彼女のことを必死に求めていないこと，彼女は自分のものだと強引に求めて彼女に迫らないことに対して，彼女は不安を感じ，また苛立ちも感じた。一方で，彼女もまた彼に迫っていくことはなかった。

☐ *l*. 66　what was the matter with her ?「私はどうしてしまったのか」
　　※描出話法。
☐ *l*. 68　desperate for ～「～を必死に求めて」
☐ *l*. 68　knock ～ over / knock over ～「～に迫る，～を圧倒する」
☐ *l*. 68　forceful demands「強引な求め」
☐ *l*. 69　not ～ either「…もまた～ない」

第19段落

　その後，彼の本が仕上がり，出版された。ある夜，彼がその本を 1 冊持ってやってくると，彼女はシャンパンを 1 瓶用意していた。「ピーター，あなたのこと，私，本当にうれしいわ」と言って，彼女は彼にキスをした。ページを繰ると，自分の名前が目に飛び込んできた。「…そして，僕に多くの楽しい時間を与えてくれたレベッカ=ハントに」

☐ *l*. 73　jump out at ～「～に飛び出してくる」

第20段落

　それは控えめすぎる表現じゃないかしら？　理解し合っている二人の人間の間にあるには，こういう控えめすぎる言い方なの？　私が望んでいたもの，それは，「僕が心から愛し，彼女のためなら死んでもいいと思えるレベッカのために」というような献辞なのよね？

☐ *l*. 75　understatement「控えめな表現」
　　※第 20 段落は，描出話法で書かれていることに注意。

第21段落

　ここに，彼女が突如として見て取り，自分の中で嫌悪するものがあった。ハリエットから受け継いだのかもしれないもの。愛は，強烈に，声高に，はっきりと宣言され，証明されなければならないという未熟な信念である。

☐ *l*. 79　raw「（人が）未熟な」　※mature の対義語。
☐ *l*. 80　explicitly「はっきりと，露骨に」

(A)　　　　　　　　　　　　　　　　　　　　　　　　正答率 56.8%

下線部第 1 文は「そのようなわけで，それはレベッカがハリエットのために勝利するためにそこにいた小さな戦いだった」が直訳。be there to *do* は「（人が）～する役割となっている」の意を持つので，**「レベッカがそこにいて，ハリエットのために勝利すべき小さな戦い」**などとするとよい。that「それ」の内容を明らかにする設問条件なので，下線部の直前に描かれている「戦い」を確認する。食事の前に看

6
総合読解

護師がハリエットに大きなビニールのナプキンをつけさせようとしたとき，ハリエットはつけるのを拒みはしなかったが，レベッカのほうを悲しそうに見たとある（第11段落第2文）。それでレベッカが「母には必要ない」と言うと，看護師は「全員にこうする」と返すが，レベッカは再び「母には必要ない」と言っている。つまり，「**看護師がハリエットにつけさせようとした大きなビニールのナプキンをめぐるやりとり**」と表現できる。

下線部第2文は述語動詞 could have won「**勝利することができただろう**」が仮定法過去完了の帰結節の形になっており，冒頭の Without Rebecca は if 節に相当する句だが，内容上「レベッカがいなければ」ではなく，「レベッカがいなくても」と even if のニュアンスである。

以上をまとめて，「**そのようなわけで，看護師がハリエットにつけさせようとした大きなビニールのナプキンをめぐるやりとりは，レベッカがそこにいてハリエットのために勝利すべきひとつの小さな戦いだったのだ。レベッカがいなくても，ハリエットは自分で見事に勝利することもできただろうが**」とする。

(B) ─────────────────────────── 正答率 24.2%

下線部の直前の部分が否定文であり，下線部の not はこの文の反復と考えられる。それに certainly と repeatedly を補うと，certainly, two people who didn't love each other couldn't fight like that repeatedly となる。つまり，「**確かに，愛し合っていない二人が繰り返しそんなふうに喧嘩をすることなどできない**」となる。この could は仮定法過去であり，主語に if の意味合いがあると考えられるので，「愛し合っていない二人なら」となるだろう。さらに，could は可能性のニュアンスも持っていると思われるので，この couldn't fight は「喧嘩をすることなどありえない」と強く訳すこともできる。また，certainly は文修飾の副詞なので，「…は確かだ」のように文全体を修飾するように訳す必要がある。

(C)

(1) ─────────────────────────── 正答率 87.9%

当該文の直前で，ハリエットがレベッカに高額の小切手を送ったことが述べられている。a）afford を補えば「あなたはこんな（経済的）余裕はない」の意になり，文脈に合う。afford は can を伴い「～の余裕がある」の意味になることに注意。

(2) ─────────────────────────── 正答率 90.9%

当該箇所は「彼女が（　　　）小さな書店」となっている。第1段落第1文と第3段落から，レベッカは自分の本屋を開業したと考えられる。e）own を三人称単数現在形にして補えば「自分が所有する小さな書店」となり文意に合う。

(3) ─────────────────────────── 正答率 12.1%

当該箇所は「多くの要求によって時には（　　　），しかしまたある時にはいらいらさせられ」となっている。空所には annoyed と対になるプラスイメージの語が

入るとわかる。さらに受動態になっていることから他動詞でなければならない。その条件を満たすのはⅰ）touch「〜の心を動かす，〜を感動させる」である。これを touched と過去分詞にして補えば文意に合う。touch は，「〜に触る」から「〜の心に触る」→「〜を感動させる」と発展する（*e.g.* This song touches the hearts of people of all ages.「この曲はすべての年齢の人々の心に響く」）。東大は，このような基本語を用いて受験生の「言葉に対する寛容性」を探ろうとしていることがわかる。何度も繰り返すが，どんな語でも多義性があり，文脈に応じて適切な意味を導くのが「学力」である。

(4) ──────────────────────────────── 正答率 21.2%

当該箇所の構造はわかりにくいが，how hard it was to be を how をはずして通常の語順にもどせば，it was hard to be … and yet losing her at the same time「…なのに，同時に彼女を失いかけているのはつらいことだった」と，it が形式主語，to be 以下が真主語であるとわかる。and yet「それなのに」とあるので，「彼女を失う」ことと相反する意味のものを補う。d）find を finding として補えば，「母を見つけつつあるのに，同時に彼女を失いかけている」となる。find は「（探していたもの，役に立つもの）を見つける」の意味であり，また同段落第3文に「レベッカは，母親の死期が近いと思い，初めて母を身近に感じ始めた」とあることから，「自分の母親であるという実感を持った」といった意味だと考えられる。

(5) ──────────────────────────────── 正答率 66.7%

当該箇所は「それは，二人の間に，傷つき不平を言いながら，大きな荒々しい色をした傷として，横たわっているのがどちらにもわかっているのだから」となっている。「それ」は同文の冒頭にある「その厄介な，うしろめたい響きの言葉」を指しており，これは，さらにその前の文にある「『十分』という言葉」のことである。

d）「『十分』という言葉」が正解。

a）「ハリエットの病気」

b）「看護師の侮辱」

c）「レベッカの疲労」

e）「ピーターの熱のこもらないプロポーズ」

(6) ──────────────────────────────── 正答率 81.8%

第2段落第2文にあるように，レベッカとハリエットはしばしば喧嘩をしてきた。しかし，第14段落（第2大段落の最終段落）最終文に「彼女たちの最悪の喧嘩のいくつかは，愛情を証明も反証もするように思える」とあり，同文後半に「愛し合っていない二人だったら，繰り返しそんなふうに喧嘩などできないだろう」と述べられている。よって，レベッカと母親は共に自分の思いを包み隠すことなくぶつけ合うことで互いへの愛情を確認してきたことが窺える。第21段落（最終段落）でレベッカは自分に対する愛情を控えめにしか表さない恋人に不満を覚えることの裏

返しとして，自分の愛情についての嫌な信念が母親譲りであることに気づいている。
以上から b）「彼女は自分が思っていたよりもハリエットに似ている」が適切。

a）「彼女は自分が思っていたよりもピーターに似ている」

c）「彼女は母のハリエットのことが本当は好きではない」

d）「彼女は恋人のピーターのことが本当は好きではない」

e）「彼女は本当は愛する能力がない」

(7) ──────────────────────────────────── 正答率 51.5%

a）「ハリエットはレベッカに書店を経営してもらいたくなかった。利益が上がら
ないだろうと思ったからである」 第1段落第3文の内容と一致する。

b）「レベッカは，看護師が母を赤ん坊のように扱っているのに気づいたとき腹を
立てた」 第11段落および第14段落第1文の内容と一致する。

c）「レベッカはピーターの本の出版のことがたいへん嬉しかったので，彼にキス
をし，本の中で自分のことに触れていたことで彼に感謝した」 第20段落（最後か
ら2つめの段落）の内容に反する。自分が望んでいたような熱烈な愛情表現がなか
ったことを気にしていることが窺える。これが正解。

d）「レベッカと母親の関係は，15年ほど前に母親が重い病気で入院したときに改
善した」 第15段落第1～3文の内容と一致する。

e）「ピーターは，レベッカが喜んで結婚したらよい素敵な男性だが，彼が十分強
く彼女に対する愛情を宣言しなかったとき，彼女は苛立ちを感じた」 第18段落の
内容と一致する。

(A)そのようなわけで，看護師がハリエットにつけさせようとした大きなビニール
のナプキンをめぐるやりとりは，レベッカがそこにいてハリエットのために勝
利すべきひとつの小さな戦いだったのだ。レベッカがいなくても，ハリエット
は自分で見事に勝利することもできただろうが。

(B)愛し合っていない二人だったら，繰り返しそんなふうに喧嘩をすることなどで
きないのは確かだ。

(C) (1)―a) (2)―e) (3)―i) (4)―d) (5)―d) (6)―b) (7)―c)

158　私なりの息子のしつけ方

全訳

第1段落

　私は，7月のこの早朝，セーヌ川沿いをひとっ走りしてきた。楽しかった。外には人がまばらで，おかげでいっそう走りやすかった。パリという街は，ぶらぶら散歩する人には向いているが，走る人には向いていない。

- □ *l.*1　go out for a quick run「ひとっ走りしに行く」
- □ *l.*2　stroller「ぶらぶら歩く人」

第2段落

　女性たちは，丈の長い白いドレスを着て，ヘルメットもかぶらずに自転車をこいで街を走って行く。あるいは，ピンクの短パンと，それとお似合いのローラースケートをはいて，勢いよく駆け抜けて行く。男性たちは，オレンジ色のズボンと，白い麻のシャツという出で立ち。彼らは，ちょっと（フランス語で un petit peu）おしゃべりをしてから，街角の向こうへ姿を消す。その次に出会うときには，サンジェルマン大通りをポルシェでゆったりと走り，いかにも人生を楽しんでいる様子である。パリのこの小さな街角で，(1)誰もが「アクセクなんかしてないさ」という言葉を自分なりに表現しているように見える。

- □ *l.*4　pedal *one's* bike「自転車をこぐ」
- □ *l.*5　cut-off shorts「カットオフショートパンツ，短パン」
- □ *l.*9　a variation on 〜「〜の自分なりの表現」
- □ *l.*9　I wasn't even trying.「アクセクなんかしてないさ」　※この台詞は *The Great Gatsby* の第3章のフクロウ眼鏡の男の発言からの引用だと考えられる。この後にも，ギャツビーのTシャツが登場することにも注目したい。

第3段落

　恋人同士はカフェで並んで座り，通りを眺めている。何組ものカップルが列をなして並んでいて，まるで『ヴォーグ』のファッション写真とか，マネキンのお洒落なディスプレーみたいだ。誰もが煙草を吸っている。彼らには何が彼らを待ち受けているのかがわかっている。恐ろしい死とか，乱痴気騒ぎとかが，(2)特にどちらが先というわけもなく待ち受けているのである。

- □ *l.*10　rows of 〜「何列もの〜」
- □ *l.*11　as though (they were) in 〜「まるで〜の中にあるみたいに」
- □ *l.*13　in no particular order「特に順序が決まっているわけではないが」　※「煙草を吸って好き放題のどんちゃん騒ぎをするのか，それとも煙草が原因で死んでしまうのか，そのどちらが先になるのか，特には気にしていない」ということを示唆している。

第4段落

　私は戻ってシャワーを浴びた。そして着替えた。通りを渡ってパンとミルクを買った。妻はコーヒーを入れてくれた。私たちは朝食をとった。すると，猛烈な疲労

が襲ってきて，私は昼まで寝てしまった。目が覚めると，息子が着替えていた。妻はグレート・ギャツビーのTシャツにサングラス，ピアス，そしてジーンズという出で立ち。髪を後ろにまとめ，ブローをきかせて大きく見事なアフロに仕立ててあった。外に出ると，郊外行きの電車に向かった。息子は荷物を携えていた。(3)<u>これで息子とは6週間のお別れであった。</u>

- [ ] *l.*15 brew ～「（茶・コーヒーなど）を入れる」 ※元は「膨らむ」→「（ビールなどを）醸造する」。bread「パン」，breast「（女性の）胸」なども「膨らみ」が原義。
- [ ] *l.*17 a Great Gatsby tee-shirt「グレート・ギャツビーのTシャツ」*The Great Gatsby* は，アメリカの作家F・スコット＝フィッツジェラルドの代表作であり，アメリカ文学を代表する作品の一つであると評価されている。小説の冒頭で In my younger and more vulnerable years my father gave me some advice that I've been turning over in my mind ever since. 'Whenever you feel like criticizing anyone,' he told me, 'just remember that all the people in this world haven't had the advantages that you've had.'「僕がまだ若く，傷つきやすかった頃，僕が心の中で何度も考えめぐらせることになる忠告を，父は与えてくれた。その忠告とは『人を批判したい気になったら，この世の中の人がみんなお前ほど恵まれているわけではないということを，ちょっと思い出せ』というものだった」というように，「父から息子への忠告」となっている。ひょっとしたら筆者は，このエッセイのテーマをここでほのめかしたのかもしれない。
- [ ] *l.*17 earrings「イヤリング，ピアス」 ※pierce は「突き通す」の意味。
- [ ] *l.*19 bear ～「～を運ぶ」

第5段落

自分がどうかしていたと気づいたのは，電車に乗っている時だった。ボストンにいる時，私は一冊のワークブックと古い語学のテープを使ってフランス語の勉強を始めていた。それから，さらに私はフランス語学校でフランス語の授業を受けるようになった。次に，個人家庭教師を雇った。その家庭教師とは近くのカフェで会うことにしていた。時おり，息子が立ち寄って顔を出した。息子がその場にいたがっていることに私は気づいた。ある日，息子は自分もフランス語を教えてもらえないかと言ってきた。変だなとは思ったが，成り行き(4)<u>にまかせる</u>ことにした。フランスへ来る前の5月に，息子は2週間，1日8時間の授業を受けた。授業に間に合うように午前6時に起きて，戻ってくるのはそれから12時間後のことだった。晩ご飯を食べると建築現場の労働者のように眠ったものだった。しかし，彼は喜んでそうしていた。今，息子と妻と私は夏を過ごすためにパリに到着したばかりで，息子を泊まりがけのフランス語集中合宿，つまり「毎日フランス語」（フランス語で français tous les jours）講座へ送っていくところだった。

- [ ] *l.*21 It was on the train that S V. ※強調構文。
- [ ] *l.*22 move on to ～「～まで進む」
- [ ] *l.*23 would meet「会ったものであった」 ※習慣的行為。
- [ ] *l.*24 stop by「立ち寄る」

□ *l.* 25　linger around「あたりでぐずぐずしている」
□ *l.* 25　S strike *A* as *B*「S は *A* には *B* だと思える」
□ *l.* 26　weird「変な」
□ *l.* 30　immersion sleep-away camp「泊まりがけの集中合宿」

第6段落

　これは正気の沙汰ではない。私が示そうと努力しているのは，自分が子どもの頃に家で受けたしつけ，つまり，休みも終わりもない試練の持つ意味を，あの頃のような体罰を加えることなく見せようとしていたのだ。(5)私たちの世代で，厳しいしつけを受けて育った多くの人は，かりにそれがベルトで打たれ，靴で蹴られることで与えられるものであったとしても，学んできた教えを大事に思う。そういった教えを，私たちの子どもたちに，私たちが受けたような体罰にさらすことなく伝えていくのには，どのようにすればよいのだろう。彼らを戦いをもたらすような世界に備えさせるために，どのようにすれば，虐待にさらすことなく彼らを逞しくできるのだろうか。私の出した唯一の答えは，子どもたちをなじみのない，別の場所——昔，子どもたちがどこかで誰かに「お利口だね」と言われたことなど誰も気にとめないような場所——に置くことであった。私が考えた唯一の答えは，私が大人になってから経験してきた学習方法を手本として，それを子ども向けにアレンジしようとする試みなのだ。

□ *l.* 32　insane「正気ではない」　※in-［否定］＋-sane［正気の］
□ *l.* 32　display ～「～を示す」　※名詞も動詞もアクセントは後ろ。
□ *l.* 33　challenge「試練」　※「人に向かってくるやりがいのある難題」の意味。
□ *l.* 33　come up hard「苦しい経験をする」　※アメリカ南部で使われている熟語。直訳は「困難な状況で成育する」。
□ *l.* 34　lesson「教訓」　※learn a lesson「教訓を学ぶ」
□ *l.* 34　the belt or the boot「体罰」　※直訳は「ベルトで打たれたり，靴で蹴られたりすること」であるが，〈the＋道具〉で，その道具によって行われる行為を示す。*e.g.* The pen is mightier than the sword.「文筆活動は武力に勝る（←ペンは剣よりも強し）」　suffer the knife「手術を受ける（←メスを経験する）」
□ *l.* 35　pass～on / pass on ～「～を（後世に）伝える」
□ *l.* 35　subject *A* to *B*「*A* に *B* を被らせる」　※「下に投げる」が原義。
□ *l.* 37　abuse「虐待」　※本文では「体罰」の意味。
□ *l.* 39　as an adult「大人になった時」　※as は「～な時」を意味する前置詞。

第7段落・第8段落

　そうは言っても，褐色の肌をした自分のかわいい息子のことが気がかりだ。
　3週間前，アメリカにいる頃，私は父の隣に座って，私自身の息子の行いが良くないので，それに対して断固たる措置をとらなくてはいけないと話していた。父親になるにあたって私に(6a)心の準備がなかったことが一つだけあって，それは，悪者になるのがどれほどつらいことか，どれほど息子に好きにさせてやりたいか，(6c)息子を罰する時はいつも，どれほど(6b)彼の痛みを感じているかということだ

ったと，私は父に語った。そんな気持ちを抱いていたのは，私自身が息子の年齢だった時のことを，そして 12 歳であることを私がどれほど嫌だったかを覚えていたからであった。父が同意してうなずくのを見て私は愕然とした。父は厳格な人だった。厳格であることを楽しんでいるとは思わなかったが，私たちのしつけのために，無理をしていたなんて思いもよらなかった。父は自分のそのような面を私たちにはまったく見せなかったからだ。父の決まりごとは「母を愛せ，父を恐れよ」というものだった。それで父は仮面をつけていたのである。あいにく，私は父も母も恐れていた。

- ☐ *l.* 41　be afraid for ～「～のことが気がかりだ」
- ☐ *l.* 42　telling him how S V「SV のことを彼に語りながら」　※分詞構文。how S V には，①「どのようにして SV」，②「SV の状況」の意味があるが，以降の内容から②と考えるのが適切。この場合の how は訳さないことが多い。
- ☐ *l.* 43　crack down on ～「(暴動など) を取り締まる」
- ☐ *l.* 44　fatherhood「父親であること」
- ☐ *l.* 44　the bad guy「(唯一の) 悪者」　※家族の中で息子をしつけるものが自分1人であることを示唆している。
- ☐ *l.* 45　let *A* loose「*A* を好きにさせてやる」
- ☐ *l.* 47　twelve「12 歳」　※「13 歳以上」は teenager となるが，12 歳の子どもは厳しいしつけの対象となることを示唆している。
- ☐ *l.* 48　be joyous in ～「～を楽しんでいる」
- ☐ *l.* 49　force *oneself* to *do*「無理に～する」
- ☐ *l.* 51　as it happens「たまたま，あいにく」　※It happens that S V. の変形と考える (第4章 2019 年度4－(A) の Column 参照)。

第9段落

昨日，この話を息子にした。私は，彼が関心がないこと (たとえばピアノ) を始めるように強制するつもりなど絶対にないと息子に伝えた。しかし，いったん関心があると明言したのなら，選択するべき道はただ一つ，それを何としてでも最後までやり遂げるようにひたすらやらせることだった。パリの人々にはなんと似つかわしくないことだろうか。しかし，私は息子に，この人生の苦痛は避けられるものではなく，選べるのは，自ら行動するつらさであるか，他から何かされて苦しむかのいずれかしかない，と伝えた。そういうことだ (フランス語で C'est tout)。

- ☐ *l.* 53　take up ～ / take ～ up「～を取り上げる，始める」
- ☐ *l.* 53　once S V「いったん SV したら」　※接続詞。
- ☐ *l.* 54　no other way to be「存在すべき他の道はない」
- ☐ *l.* 54　push *A* to *do*「*A* が～するように強制する」
- ☐ *l.* 56　acting「自分で行動すること」
- ☐ *l.* 56　being acted upon「(他から) 作用を受けること」

第10段落～第12段落

私たちは手続きをした。息子は試験を受けた。私たちは息子の部屋を見て，ルームメイトに会った。息子に「愛しているよ」と言った。それからその場を後にした。
　息子が言った。「僕がメールしたら，必ずメールを返してね。お父さんたちが無

事だとわかるように」

(7)こっちが無事だとわかるように，だってさ。

- □ *l*.58　sign in「申し込む」
- □ *l*.60　so that SV「SV するために」　※so that が〈目的〉の場合，so that S will〔can / may〕V とするのが規範的だが，本文のように助動詞がないこともよくある。

第13段落

　その場を離れる段になって，妻が泣き始めた。電車の中で私たちが話したのは，この一連の愚かしい出来事のこと，つまり，私たちは──取るに足らない存在で，どうかしていて──今こんな所に来ているなんて，ということだった。人は，まず，自分が住む家の周りを後にする。それから住んでいる地域を後にする。それから高校を後にする。自分の街，大学，そして最後に国から離れていく。一歩ごとに，また一つの世界から離れていく。一歩ごとに，暖かな引力，つまり大きな愛が，自分を元の場所へと引き戻すのを感じる。そして，出て行こうなんて間違いだと感じる。そして，自分に対してこんなことをするなんて馬鹿げているとも感じる。そして，子どもに対して誰が(8)こんなことをするものかとも思うのである。

- □ *l*.63　this all と that we … が同格の関係。
- □ *l*.63　we … should be here right now　※should は「感情の should」。「私たちのような普通の人間が，わざわざ息子のしつけのために，フランスまで来ているとは」という驚きの気持ちを表している。
- □ *l*.64　neighborhood「(ある特定の性格を持つ) 地域」　※日本語の「近所」より広い範囲を指す。
- □ *l*.66　a warm gravity と a large love は同格の関係。

(1) ──────────────────────────── 正答率 74.5%

当該文は「誰もが『頑張ろうとさえしていなかった』という言い回しの自分なりの表現を提供してくれているように思える」となっている。第2・3段落にはパリの人たちの様子が具体的に挙げられており，ドレスで自転車に乗ったり，華やかな色合いのウェアを着てローラースケートで駆け抜けて行ったりする女性などである。ここから「自由奔放な生き方」を表現していることはわかるが，ここだけで答えを導き出すのは困難である。この文章を最後まで読めば，この文が「筆者が父親から受け継いだ努力第一主義を子どもに伝えようとする話」であり，パリの街の風景は，その「努力第一主義」とは対照的に描かれているとわかる。このことは，第9段落第4文（How very un-Parisian.）に「なんとパリジャンに似つかわしくないことか」とあることからも明らかである。またこのことは，第1段落の最終文にある「パリという街は，ぶらぶら散歩する人には向いているが，走る人には向いていない」にも暗示的に述べられている。以上からオ．「努力を要しない気楽な暮らしに身を委ねた」が適切。ア．「目的を持たず，自滅的な」は「自滅的な」が行き過ぎた記述である。「努力しない」＝「自滅的な」は受験ではそうかもしれないが，本文

には書かれていない。よって間違いである。イ.「健康志向で勤勉な」，ウ.「規律
正しく不道徳なところがない」，エ.「現実から逃避し，過去を思い焦がれている」
は論外である。

(2) ── 正答率 68.6%

下線部 in no particular order は「特に決まった順番ではなく」の意味。ウ.「単語
はアルファベットの順に載せられている」の order が「順序」の意味で，これが正
解。なお，下線部を含む文の意味は「恐ろしい死とか，乱痴気騒ぎとかが，特にど
ちらが先というわけもなく待ち受けているのである」ということ。マイペースのパ
リの人々にとって，「煙草は身体に悪い→恐ろしい死」が先に来るか，「今度のパー
ティの楽しみ」が先に来るかという順序は問題ではない。「ただ人生を楽しめれば
よい」と考えているということを筆者は伝えようとしている一節。

ア.「彼女の部屋はいつもきれいに整っている」 order は「整頓，整理」の意味。

イ.「警察は公共秩序を回復できなかった」 order は「秩序」の意味。

エ.「彼は生徒たちに整列するように厳しい命令を出した」 order は「命令」の意
味。

オ.「すぐにこの本を50部注文します」 order は「注文」の意味。

(3) ── 正答率 88.2%

下線部は「これがその後6週間，彼に関して私たちが見るであろう最後の姿であっ
た」が直訳。「6週間」とは，第5段落最終文に述べられている合宿式のフランス
語集中講座の期間のことである。これから息子をそこへ送り出そうとしていること
は，本文全体からもわかるが，This was と主節の述語動詞が過去形であるのに，
従属節が we'll see と時制の一致を受けず，実際にこれから先の未来を表している
ことからもわかる。このような表現と状況を考慮すれば「これから6週間息子に会
えないのだった」などとするのが適切であろう。

(4) ── 正答率 45.1%

息子にフランス語の授業を受けてもいいかと尋ねられて，It struck me as weird
「変だと思った」とある。その後に逆接の接続詞 but があり，続いて息子がフラ
ンス語を熱心に勉強し始めたことが述べられている。つまり，筆者は「変だ」と思
いつつも息子がフランス語の授業を受けるのを許したことがわかる。オ. with を
補うと，go with it で「それに逆らわずに行く，成り行きにまかせる」の意味とな
り，文意に合う。「断片的な熟語の知識」を問うのではなく「文脈と各語の意味か
ら思考する力」を問う，東大らしい良問。知っている熟語だけを頼りにエにした人
が半数近くいる。

他の選択肢の意味は，ア. go against ～「～に逆らって進む」，イ. go around ～
「～を回避する」，ウ. go in「中に行く」，エ. go through ～「（主に苦しいこと）
を経験する」。

(5) ────────────────────────────────────

当該文は「（came up hard）した私たちのうちの多くは，たとえベルトで打たれ靴で蹴られることで与えられたものであっても，自分が学んだ教訓を大事に思う」となっている。この問題も，この問題文全体の趣旨を俯瞰していないと迷うかもしれない。本文の趣旨は「昔は体罰を伴う厳しいしつけを受けたが，体罰はさておき，そのしつけは大事なことだと思い，自分が親になった今では，体罰を別の形に変えてしつけをしている」ということだから，これに合致するものを選ぶことになる。つまり筆者の世代の人たちが経験した came up hard とは，「厳しいしつけを受けた」の意味であるとわかる。よってエの「親から厳しいしつけを受けた人びと」が最適といえる。アは「一所懸命」の部分だけが下線部 hard と合致しているが，「努力を重ねてきた」が本文の趣旨と無関係。またオの「苦労して現在の地位を築いた人びと」は，まったくの見当違い。come up hard は，アメリカ南部の方言で「苦しい経験をする」の意味だが，そのような些末な知識を東大が尋ねているのではないのは言うまでもないだろう。

(6) ────────────────────────────────────

(6a)　当該箇所は「自分が父親であることについて（　　　）こと」となっている。空所の後に前置詞 for があり，one thing の後に省略されている目的格の関係代名詞がこの前置詞の目的語である。当該箇所を主語とする同文の補語（how much …）には，父親として息子に相対する時のつらさが述べられている。空所のうしろの for が続けられる選択肢はエの（the one thing I）was looking（for）「私が探していた（こと）」とオの（the one thing I）wasn't prepared（for）「私に準備〔覚悟〕ができていなかった（こと）」の2つだが，「息子をしつけることがいかにつらいか」という補語の内容を考えれば，適切なのはオであるとわかる。

(6b)・(6c)　当該箇所は「私が (6c) 時はいつでも，どれほど私が (6b) か」となっている。同段落第1文には「私が息子の行いが良くないので，それに対して断固たる措置をとらなくてはいけないと話していた」とあるので (6c) にはア. disciplined him「彼（＝筆者の息子）を罰した」がふさわしい。また当該文の直後の文が I felt it で始まっているので (6b) に it が指すものが含まれている必要がある。**イの felt his pain「彼のつらさを感じた」**を補えば it＝his pain となり，文脈に合う。

(7) ────────────────────────────────────

下線部は直前にある筆者の息子の言葉の一部を，筆者がもう一度思い浮かべたものである。12歳の息子が，一人で外国での語学合宿に参加するため，しばらく両親と離れることになった時，別れ際に「お父さんお母さんが無事だと僕にわかるように，メールの返信を必ずしてよ」と言ったのだが，これは，本来なら親が子どもに対して言うような台詞である。親と離れることを怖がることもなく，むしろ親の心配をしている少々生意気な言葉だが，親である筆者としては，そこに息子の成長を

感じたはずである。選択肢中，ア.「筆者は，息子の無礼さに仰天している」が最もこの場面にふさわしくない。これが正解。他の選択肢の意味は以下の通り。

イ.「筆者は，息子の思いやりに感動している」

ウ.「筆者は，息子が親の立場を取っていることに心を打たれている」

エ.「筆者は，息子が先手を取ったことに驚いている」

オ.「筆者は，息子が急速に大人になっていることに感銘を受けている」

(8) ─────────────────────────────────── 正答率 17.6%

下線部と同じ do this が直前の文にもあり，「こんなことを自分に対して行うのは馬鹿げている気がする」となっている。さらにその前の文には「出て行くなんて自分はどうかしていると感じる」とあることから，「馬鹿げている気がする」こと，「どうかしていると感じる」こと，すなわち do this の内容は leaving「出て行く」ことだとわかる。「出て行く」とは，同段落第3文以降に述べられている，家の周りを離れ，地域を離れ，高校，住んでいる街，大学，自分の国を離れること，つまり人が成長するにしたがって，より大きな世界へと旅立つことを指している。そして第7文後半には「その一歩ごとに，自分を家に引き戻す暖かな引力，大きな愛を感じる」とある。つまり，前述の親元や，友人に囲まれている学校，住み慣れた街は，自分を守り支えてくれる人たちのいる安心できる場所であり，do this は，そうした場所を離れることを意味しているとわかる。

さらに，第6段落（It is insane. …）の後半部分に，筆者のしつけの目的が書かれている。「私の出した唯一の答えは，子どもたちをなじみのない，別の場所──昔，子どもたちがどこかで誰かに『お利口だね』と言われたことなど誰も気にとめないような場所──に置くことであった」とある。以上から「**安心できる愛着のある場所から離れてなじみのない世界に身を置くという試練を課すこと**」などとまとめられる。

(9) ─────────────────────────────────── 正答率 39.2%

この文章は，問題リード文にあるように，「アメリカ人の著者が妻と息子とともにパリに滞在したときに記した」ものである。パリ滞在時の出来事と，その際に思い出した事柄を区別しながら順序を考えたい。

ア.「筆者はセーヌ川沿いを走った」　第1段落の内容。パリ滞在時の出来事である。

イ.「筆者の妻が泣き出した」　最終段落第1文の内容。パリ滞在時の出来事であり，息子を合宿に送り出した後なので，イよりアの方が前に来る。

ウ.「筆者は座って父親と話した」　第8段落の内容。同段落冒頭に「3週間前のこと」と述べられている。パリに来る前のことであり，ウ→ア→イとなる。

エ.「筆者の息子が2週間のフランス語講座を受けた」　第5段落第10文（空所(4)の次の文）の内容。同文に「5月，フランスに来る前」とある。第1段落第1文から，筆者の家族のフランス滞在は7月であることがわかる。ウの出来事は3週間前

のことなので，ウよりもエの方が先に起きたことになり，エ→ウ→ア→イとなる。

オ．「筆者は息子に人生のつらさは避けられないと話した」 第9段落第5文の内容。同段落第1文にこの話が「昨日」のことだと述べられている。パリでのことであり，アのランニングが第1段落第1文に this … morning「今朝」とあることから，アより前だが，ウの父親と話をしたのより後のことになる。よって，エ→ウ→オ→ア→イとなる。

カ．「筆者と彼の妻，息子は，郊外へ向かう電車に乗った」 第4段落終わりから3つ目の文の内容。これは，息子を語学研修施設に送っているところであり，アのランニングより後だが，送って行って息子と別れた後の出来事のイより前になる。以上からエ→ウ→オ→ア→カ→イとなる。

キ．「筆者と彼の妻は，語学集中合宿での息子のルームメイトに会った」 第10段落第3文の内容。すでに語学研修施設に来ているが，まだ息子と別れる前の出来事なので，カとイの間に起きたことになる。

以上から，エ→ウ→オ→ア→カ→キ→イとなり，**2番目はウ，6番目はキ**である。

Column **過去問演習を学びのきっかけにしよう！**

　本文に登場する『グレート・ギャツビー』を読んだことがあるだろうか。これは，F・スコット=フィッツジェラルドが 1925 年に発表したアメリカ文学を代表する小説である。1920 年代のアメリカと言えば，第一次世界大戦の影響で，従来の価値観が揺らいだ時代である。『グレート・ギャツビー』や『日はまた昇る』（アーネスト=ヘミングウェイ）などのこの時代の文学は「ロストジェネレーションの文学」と称される。この「ロストジェネレーション」という言葉は，米国の著作家・美術収集家のガートルード=スタインがヘミングウェイに対して "You are all a lost generation." と言ったことから作られたとされている。lost は「失われた」と訳されることもあるが，時代背景を考えれば「迷える」という訳語の方が適切であろう。過去問演習での出会いをきっかけにさまざまな文学に親しんでもらいたい。

⑴―オ　⑵―ウ

⑶これで息子とは6週間のお別れであった。

　〈別解〉これから6週間息子と会うことはないのだった。

⑷―オ　⑸―エ

⑹(6a)―オ　(6b)―イ　(6c)―ア

⑺―ア

⑻安心できる愛着のある場所から離れてなじみのない世界に身を置くという試練を課すこと。

⑼2番目：ウ　6番目：キ

159　子どもの頃出会った降霊術師のこと

全訳

第1段落

　11歳の頃，私は週に一度，(1)ケイティ=マッキンタイアさんという人からバイオリンのレッスンを受けていた。彼女は，市内にあるビルの5階に，日当たりのよい大きな音楽教室をもっていた。下の階には歯医者と紙の卸業者，それに安っぽい写真屋が入っていた。5階の音楽教室まで上がる際には，古めかしいエレベータを使ったが，それは危ないほど揺れる代物であった。そして5階の入居者は，彼女(2a)以外にはもう一人，E・サンプソンさんという，死者と交信できる降霊術師だけであった。

- [ ] *l.*2　fourth-floor「5階の」　※第2段落の Clayfield College はオーストラリアの学校で，筆者はオーストラリア生まれ。オーストラリア英語はイギリス英語と共通点が多く，通例，「1階」は the ground floor，「2階」は the first floor となる。
- [ ] *l.*3　paper supplier「紙の卸売り業者」
- [ ] *l.*4　lift「(イギリス・オーストラリア英語) エレベータ」
- [ ] *l.*4　sway「揺れる」
- [ ] *l.*6　spiritualist「降霊術師」
- [ ] *l.*6　the dead「死者」　※the＋形容詞「〜な人々」

第2段落

　私は，母の友人たちの噂話から，サンプソンさんのことは聞いていた。よく知られた医者の娘で，クレイフィールド大学で学び，頭がよくて人から好かれていた。しかしその後，天賦の才が発現した——というのが母の友人たちの言い方だった——ともかくそれは突然，本性を現したのだった。しかし，それによって彼女の賢さや陽気さは(2b)どんな点においても変わることがなかった。

- [ ] *l.*9　gift「天賦の才」　※「神様からの贈り物」が直訳。
- [ ] *l.*10　put 〜「〜を述べる」
- [ ] *l.*10　declare *oneself*「本性を現す，身元を明らかにする」
- [ ] *l.*10　out of the blue「突然」　※「青空から突然何かが降ってくる」イメージ。
- [ ] *l.*11　good humour「性格の良さ，上機嫌であること」

第3段落

　彼女は死者の声で話すようになったのである。郊外の公園で殺害された幼い女の子たち，どこかの戦争で命を落とした兵士たち，亡くなった息子や兄弟などの声で，である。レッスンの時間より早い時間に来てしまうことがあり，そんな時には彼女と一緒のエレベータに乗り合わすことがあった。彼女が自分と一緒にエレベータの中に連れ込んでしまったかもしれない(3)見えない存在の入る余地ができるように，私はバイオリンケースを強く抱きしめて，エレベータの壁にぴったりと張り付いていた。

- [ ] *l.*14　find *oneself doing*「(気がつけば) 〜している」
- [ ] *l.*16　make room for 〜「〜のために隙間を作る」
- [ ] *l.*16　presence「(死んでその場にいない人の) 亡霊」

第4段落

建物を入ったところの，エレベータの脇に，歯科医，写真屋，そして私が師事していたマッキンタイア先生と並んで，「E・サンプソン：降霊術師」と彼女の名前が堂々と掲げてあるのを見るのは妙な感じがした。その当時は，歯科用ドリルがうなり声をあげたり，海外へ行く人のためにパスポート用写真を撮ったりするような，階下で行われている世俗的な商売と，音楽とは切り離して考えるべきだというのがもっともなことに思えた。しかし，私はサンプソンさんのことを，彼女が飾り気のない靴と，ビジネス用のスーツを身につけていたの(2c)にもかかわらず，ニセ医者みたいなものだと思っていた。だから，(4)マッキンタイア先生とクラシック音楽が，サンプソンさんや，彼女の部屋まではるばるやって来る，エレベータで私たちと同様に最上階まで行く悲しげな目をした大勢の女性（たいていは女性だった）と同列に扱われるのは，気の毒に思えた。それらの女性の中には，昔銀行の支店長夫人だったと思えるような人たちがいて——洒落た帽子と手袋を身につけ，とうとう自分はこんなところにまで来てしまった，という思いに抗うように，顎をツンと上げていた。他には，病院の厨房やオフィスで働いているような人もいたが，そのときは皆一様にきちんと手袋と帽子を身につけていた。しかし(5)乗り合わせた他の人たちや，エレベータが自分たちを運ぶ高さを怖がっているように見えた。女性たちは，しとやかな仕草ではあったが肘を使って，互いに身体が触れないようにしようとしていたが，エレベータが混み合って体が近づきすぎると，また肘を使い，丁寧な口調で「失礼」とか「ごめんあそばせ」とか言った。

- □ *l.*17 boldly「堂々と」
- □ *l.*20 whiz(z)「ブーンと音を立てて素早く動く」
- □ *l.*21 the making of 〜「〜の作製」 ※making 〜 の硬い形。
- □ *l.*24 a troop of 〜「〜の一団」
- □ *l.*27 tilt 〜「〜を傾ける」
- □ *l.*27 in defiance of 〜「〜に抗うように」 ※de-[down]＋-fi-[信頼]
- □ *l.*28 reach this point ※this point は物理的，精神的な「このようなところ」。
- □ *l.*30 company「一緒にいること」 ※この意味では不可算名詞。
- □ *l.*32 crush「（動くのが困難な）混雑」

第5段落

そのようなとき，エレベータは定員一杯となり動きが重かった。そして，その古い機械のシャフトがぎしぎしいうのは，乗っている人の重さ（8人まで，と注意書きが警告していた）のせいだけではなく，彼女たちのあのすべての悲しみ，あのすべての絶望と最後の希望，悲しみに隠されたあのすべての尊厳など，それらすべてが合わさった重さのせいだ，と私は思った。私たちはゆっくりと上がっていった。

- □ *l.*34 make heavy work of it「苦戦する」 ※it は「状況の it」。
  cf. make poor work of it「へまをする」 make light work of 〜「簡単に〜をする」
- □ *l.*34 It wasn't *A* that 〜, but *B*.「〜なのは *A* だけではなく *B*」 ※強調構文。
- □ *l.*36 make 〜 grind「〜を軋ませる」
- □ *l.*37 in the privacy of grief「悲しみに隠された」

第6段落

　サンプソンさんは時々，ちょっとした好奇心を持った様子で（彼女がそんなものを持ち得たならの話だが），私の方を少しの間じっと見ていることがあった。私は，彼女が小さな11歳の子どもの向こうに一体何を見ているのだろうと一生懸命考えた。その年齢の大抵の男の子と同じように，私にもたくさんの隠し事があった。しかし，彼女は私のことを見ているのであって，私を透視しているわけではないように思えた。彼女が微笑むと，私もそれに応えて，ちゃんと声が出るように咳払いをすると，彼女を欺いて(6)秘密には触れられないで済むことを願いながら，育ちの良い子が言うような感じで「こんにちは，サンプソンさん」と言ったものであった。「こんにちは，坊や」と言う彼女自身の声は，普通のおばさんのようであり，目立った特徴はなかった。

- ☐ *l*. 39 　idle curiosity「ちょっとした好奇心」　※暇なので好奇心を持つこと。
- ☐ *l*. 40 　hotly「懸命に」
- ☐ *l*. 43 　clear *one's* throat「咳払いをする」
- ☐ *l*. 43 　find a voice「（絶句した後）声が出るようになる」　※通例は find *one's* voice。
- ☐ *l*. 44 　I hoped …　※I hoped *the well-brought-up manner* might fool her. の the well-brought-up manner を関係代名詞 that に置き換え，I の前に置いた形。このように関係代名詞節の文構造が〈S V + that 節〉となっている場合，連鎖関係代名詞と呼ばれることがある。関係代名詞 that の節は secrets までを支配している。
- ☐ *l*. 44 　leave me alone with ~「私を~と一緒にそっとしておく」
- ☐ *l*. 46 　aunt「（よその親しい年長の女性の親愛語にも用いて）おばさん」

第7段落

　だからこそ，マッキンタイア先生の優等生であるベン=スタインバーグがマックス=ブルッフの曲を弾いている間，音楽教室のすぐ外に置いてある椅子のひとつに腰掛けて待っているとき，同じサンプソンさんの声が，奇妙に変わって，彼女のオフィスの半開きのドアから漏れてくるのを聞くのは，(7)いっそうの驚きだった。その場にいる女性たち全員の息づかいにまったくかき消されることはなかったにもかかわらず，サンプソンさんの声は1段階，いや，数段階もトーンが低くなっていて，まるで別の大陸から聞こえてくるかのようであった。そのとき彼女を通して語っていたのは，インド人であった。

- ☐ *l*. 47 　It was ~ to hear …　※it は形式上の主語で，*l*. 49 の to hear … が真の主語。
- ☐ *l*. 47 　all the + 比較級「（何かが原因で，その分だけ）なおいっそう~」
- ☐ *l*. 50 　much above ~「~のはるかに上にいる」→「~にかき消されることがまったくない」

第8段落

　それはもはや，あのエレベータに乗っていた女性だとは思えない存在だった。そして，私は，昔，私が乗った列車が，蒸気を上げながら線路上で停車しているとき

に，客車の窓から見たものを思い出した。それは待合室のガラスの向こうにいる3人の老人と，彼らが吐く息で，ホタルが一杯入ったビンのように，きらきらと輝く閉ざされた空間だった。それはまぎれもない現実だったが，見え方のせいで，その現実が様変わりし，それにより，私の感覚が研ぎ澄まされたため，(8)<u>その距離から肉眼では，とうてい見えるはずがなかった細部</u>まで思い出せた。ひとりの老人の目の緑がかった灰色，シャツの襟近くにあったシミ，そんなものまで思い出せた。サンプソンさんの部屋をのぞき込むのは，それと似ていた。あまりに色々なものが見えすぎた。私は目眩がして，汗をかき始めた。

- □ *l.* 53 being「存在」
- □ *l.* 57 making me so impressionably aware that S could V「私の感覚を研ぎ澄ませたために〜できた」 ※so 〜 that 構文。
- □ *l.* 58 cannot / could not possibly「まったく〜できない／できなかった」

第9段落

物語など何もない。どこかへ通じたり何かを明らかにしたりするような一連の出来事も何もない。途中も終わりもない。ただ，半開きの扉から見えた一瞬の光景があるだけである。

(1) ──────────────────────── 正答率 77.6%

下線部では筆者がバイオリンを習っていた人物の名前に不定冠詞がついている。筆者がこの人物と接していたのは子どもの頃であり，名前以外にはどういう人なのかよく知らなかったと思われる（あとに登場するサンプソンさんについては，第2段落第2・3文で述べられているように，筆者は名前以外のことも知っており，彼女の名前に a はついていない）。このように，名前しか知らない人のことを「〜さんという人」と言う場合，不定冠詞をつける。これと同じ用法なのは，ウの「**あなたが留守の間にジョンソンさんという人が訪ねてきました**」である。

ア．「私道に停まっている車はフォードのようだった」 Ford「フォード」はアメリカの自動車メーカー。フォード社が生産した車のうちのひとつの意でつけられた不定冠詞。つまり a Ford は「フォード社の製品」ということ。

イ．「彼を知っている人はみんな，彼はエジソンのようだと思っていた」 Edison「エジソン」は有名な発明家。そこからこの固有名が「すぐれた発明家」一般を表すのに使われている。an Edison は「エジソンのような人，エジソンのようにすぐれた発明家」の意。

エ．「その美術館で，私は初めてピカソを見た」 アと似た使い方。ここではピカソの作品のひとつを指す。

オ．「彼女はジョン=スミスと結婚する前はアダムズだった」 姓に不定冠詞がつくと，「〜家の一員」の意となる。an Adams は「アダムズ家の人」ということ。この文では旧姓がアダムズだったことを述べている。

(2)　(2a) ──────────────────────────── 正答率 55.1%

当該箇所は，「唯一の（　　　）入居者」となっている。これはマッキンタイアさんの音楽教室がある建物の5階の入居者のことであり，「（マッキンタイアさん以外の）他の」唯一の入居者とするのが適切。「他の」の意を持つのは，イの another とクの other であるが，another は an＋other という成り立ちであり，定冠詞 the と一緒には使わない。**クの other** が正解。

(2b) ──────────────────────────── 正答率 55.1%

当該箇所は without *doing*「〜せずに」の間に in（　　　）way がはさまった形。way が単数可算名詞なので冠詞類に当たる語が必要であり，without *doing* が否定表現であることから，**ウの any** を補い「どんな点でも〔どんなふうにも〕（…ない）」の意にするのが適切。これで「彼女の賢さや陽気さはどんな点においても変わることがなく」となり，意味が通る。without が not の意味を併せもち，not＋any＝no となることに気づいたかどうかがポイント。

(2c) ──────────────────────────── 正答率 77.6%

空所に続く箇所には，サンプソンさんの身なりが sensible「飾り気のない，きちんとした」，businesslike「実務的な」ものであることが述べられている。このことと筆者がサンプソンさんを a kind of fake doctor「ニセ医者みたいなもの」と考えていたことは相反する印象である。**アの all** を補うと for all 〜「〜にもかかわらず」となり，文意に合う。この for は She looks young for her age.「彼女は歳の割には若く見える」の for「〜の割には」と同系の意味。

(3) ──────────────────────────── 正答率 69.4%

当該箇所は「彼女（＝サンプソンさん）が自分と一緒にエレベータに連れ込んでしまったかもしれない『見えない存在』」となっている。第1段落最終文や第3段落第1文で，サンプソンさんが「降霊術師」であることが述べられており，子どもだった筆者には，サンプソンさんに霊がまとわりついているように思えたのであろう。第1段落末尾にある **the dead**「死者」が正解。なお，〔全訳〕では「見えない存在」としてあるが，presence には「その場にいると感じられるもの」「死んでその場にいない人の霊」の意がある。

(4) ──────────────────────────── 正答率 44.9%

下線部の訳は「マッキンタイア先生とクラシック音楽が，サンプソンさんと結び付けられる」となる。同段落第2文に「当時，音楽が歯の治療やパスポート用写真の撮影といった世俗的な商売と切り離されて考えるべきだというのがもっともだと思えた」とあることから，筆者は音楽を「高級で特別な」ことであると感じていたことがわかる。当該文の前半で筆者はサンプソンさんを「ニセ医者」みたいだと思っていたので，下線部のことを「気の毒だと思っていた」（was sorry）ということになる。この気持ちが出ているのは，**エの「マッキンタイア先生とクラシック音楽が，**

サンプソンさんのような品格に欠ける人物と一緒にされる」である。本文の be associated with が，この選択肢では be coupled with と置き換えられている。また，unrespectable は respectable「まともな，世間に顔向けできる」の反意語で「品位に欠ける」の意。

なお，下線部や各選択肢中の should は義務「べき」や推量「はず」といった意味を持つものではなく，驚き，意外，怒りの感情を表す（この用法では訳さないのが普通）。*e.g.* It is lucky that he should be in good spirit.「彼が機嫌がよいのはよかった」

ア．「マッキンタイア先生とクラシック音楽が，サンプソンさんの仕事に関わっている」

イ．「マッキンタイア先生とクラシック音楽が，サンプソンさんのような人物の影響を受ける」

ウ．「マッキンタイア先生とクラシック音楽が，サンプソンさんよりもさらに見下される」

オ．「マッキンタイア先生とクラシック音楽が，サンプソンさんと同じように専門家ではないと見なされる」

(5) ──────────────────────────────── 正答率 67.3%

下線部の意味を確認する。冒頭は looking scared of 〜「〜を恐れている様子で」の意の分詞構文。of の目的語は the company と the heights の2つ。the company they were in は be in company「同席している，一緒にいる」がもとになっており，「彼女たちがしている同席，同行」が直訳で，「労働者階級の女性たちが，共にサンプソンさんを訪ねる見慣れない上流階級の女性たちとエレベータに一緒に乗っていること」の意味。降霊術師を訪ねるという特殊な状況にあり，互いに何らかのいわくを抱えている者同士である。the heights to which the lift brought them は「エレベータが彼女たちを運んでいく高さ」が直訳。第1段落第3文に「5階まで上がっていくのに危険なほど揺れる古めかしいエレベータ」とあるので，エレベータで上がっていくことや，さらにはそこで待ち受けているものが恐かったと考えられる。ア の「エレベータに乗っている他の女性たちやエレベータがどれほど高く上がっていくのかを恐がっているようで」が適切。この問題は and のつなぐものを正確にとらえていれば正解を選べるように作られている。

イ．「5階へ上がっていくエレベータの中の他の女性たちを恐ろしげに見ながら」

ウ．「高い階へ彼女たちを運んでいくエレベータの中の見知らぬ女性たちに対する恐怖を示して」

エ．「エレベータが永遠に上昇していくように思えたので恐ろしくて，エレベータに乗っている他の人たちを不安げに見ながら」

オ．「どうやら，自分たちを雇った会社と不安定なエレベータが上がっていく高さを恐ろしく感じて」

(6) ──────────────────────────────── 正答率 85.7%

下線部は「私の秘密に関して私を放っておく」が直訳。同段落第2文にあるように,思春期を迎えようとしている筆者には,人に知られたくないようなことが多々ある。サンプソンさんが降霊術師という特殊な能力を持った人物であり,筆者は自分の心を見透かされ,秘密を知られるのではないかと恐れているのである。**エの「彼女が私の心を読めないようにする」**が適切。

ア.「私の罪の意識を隠す」

イ.「私に,独りでいるのを楽しませておく」

ウ.「彼女に私の礼儀正しさを納得させる」

オ.「彼女が他の人たちに私の秘密を話さないようにさせる」

(7) ──────────────────────────────── 正答率 71.4%

下線部の〈all the+比較級〉は「(〜のせいでその分)いっそう…」の意。理由を表す語句や節とともに用いるのが基本で,この文では直前の therefore「それゆえ」がそれに当たる。「それ」が指しているのは,前段落最終文で述べられている「『こんにちは,坊や』と言う彼女自身の声は,普通のおばさんのように平凡だった」という事実。つまり,サンプソンさんの声も彼女が言うことも,ごく普通だったことを指している。**アの「サンプソンさんは通常は穏やかな声で話したから」**が正解。なお,当該文の骨組みは,It was therefore all the more alarming, … to hear the same voice, oddly changed, coming through the half-open door …. であり,it を形式上の主語,to hear 以下を真主語とする構文である。「それゆえ(=サンプソンさんの声が平凡だったせいで),同じ声が奇妙に変わって,半分開いた扉から漏れ出てくるのを聞くのはいっそう驚きだった」となる。

イ.「ベン=スタインバーグが,同じ声が奇妙に変わるのを聞いたから」

ウ.「サンプソンさんの声を怖がる人がますます多くなったから」

エ.「マッキンタイア先生のスタジオにあるピアノが,あたかも遠く離れたところから聞こえてくるようだったから」

オ.「サンプソンさんの声は,他のすべての女性たちの声よりもよく聞こえたから」

Column 〈the+比較級〉について

〈the+比較級〉の the は「それだけ」という程度を表し,〈the+比較級〉では「それだけいっそう〜」という意味になる。

(例1) The older we get, the weaker our memory becomes.
「歳を取ればとるほど記憶力は弱まる」

〈the+比較級, the+比較級〉は,前半が条件節で,後半が主節となる。前半の the がある程度を表し,後半の the が「その程度だけ」という意味になる。

また,主節を前に置き,条件節を後置する場合がある。その場合,主節は普通の語順になることに注意。

（例２）Our memory becomes the weaker the older we get.
　　さらに条件節を省き，the weaker を強調するために副詞の all を付加すると以下の
ようになる。
（例３）Our memory becomes all the weaker.
　　　　「記憶力はそれだけいっそう弱まる」
　　上記のように文中に比較の理由が明示されていない場合には，他の文に明示されて
いるのが普通である。

---

(8) ── 正答率 40.8%

当該箇所（I could recall details I could not possibly have seen at that distance or
with the naked eye）は，so 〜that 構文の that 節内に当たる。

● I could recall details「私は細かい点を思い出せた」

　details は停車中に車内から見た老人たちや待合室の様子のことなので，「詳細」
ではなく「細かい点」「細部」などとする。

● I could not possibly have seen「とうてい見えたはずがない」

　details を先行詞とする関係代名詞節で，I の前に which が省略されている。
possibly は can とともに否定文で用いると「どうしても〔とても〕〜できない」
の意。could not have *done* は過去の出来事に対する推量を表し「〜したはずがな
い」の意。

● at that distance or with the naked eye「その距離から肉眼では」

　at that distance「その距離で」と with the naked eye「肉眼で」はいずれも seen
にかかる。また，not *A* or *B* は「*A* でも *B* でもない」の意味であり，「その距離
から，また肉眼では（見えない）」となる。

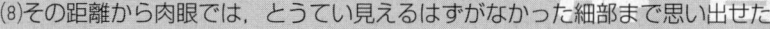

(1)―ウ

(2) (2a)―ク　(2b)―ウ　(2c)―ア

(3) the dead　(4)―エ　(5)―ア　(6)―エ　(7)―ア

(8)その距離から肉眼では，とうてい見えるはずがなかった細部まで思い出せた。

解答

160　サリーを着て過ごした1カ月の経験

全訳

第1段落

　サリーを着て過ごす1カ月。大したことではないはずだったが，おおごとになってしまった。そもそも私は，インドでサリーを着ている女性たちに囲まれて育った。私の母は寝るときでさえサリーを着ていたのに。

- [ ] *l.*1　but it was は but it was a big deal のこと。
- [ ] *l.*1　文頭の after all は，補足理由を示し「そもそも」の意味。

第2段落

　インドでは，サリーは大人の着る服だ。私も18歳になってからは，時々，結婚式や祭日に，あるいは寺院に出かけるときなどに，綺麗なサリーを着るようになった。でも，絹のサリーをインド社会のパーティーへ着ていくのは大したことではなかったけれど，ニューヨークで暮らしながら，それも洋服を着て10年間も過ごした後で，日常的にサリーを着ることにしたのは，この私自身にとっても(1)<u>とんでもないこと</u>のように思われた。

- [ ] *l.*6　outrageous「著しく常軌を逸脱した，突飛な」　※out- は「度を超えて」，-age- は「行動」（*e. g.* agent「代理店（←行動を起こす者）」）。よって原義は「度を超えた行動の」。

第3段落

　サリーは，長さ6ヤードの布地で折り重ねると優雅な衣裳になるが，実用性に欠ける。着崩れしやすく，いつ何時，はだけてしまうかわからない。しかし，きちんと身につければ，それはこの上なく優美で女らしさを引き立ててくれる。

- [ ] *l.*8　the sari「サリー（全般）」　※「総称の the」。第1段落第1文の a sari は，ある具体的な「1つのサリー」の意味。
- [ ] *l.*8　yet は「（意外なことに）しかし」の意味。本文は「優美だが，全然実用的ではない衣裳」が直訳。
- [ ] *l.*8　garment「衣裳，衣類」　※clothes の硬い言い方。garage と同系語。
- [ ] *l.*8　It is fragile and can fall apart at any moment.「それ（＝サリー）は脆弱で，いつ何時でもばらばらになる可能性がある」が直訳。fragile も fall apart も通常は，たとえばガラス製品などについて「もろい」「こなごなになる」といったイメージだが，サリーの布自体がいきなりびりびりに裂けてしまうとは考えにくい。ここでは，サリーの着付けが単に布を体に巻きつけただけのものであることから，着崩れしやすいことを述べていると思われる。
- [ ] *l.*10　feminine「女性らしい」

第4段落

　しかしながら，(2a)<u>犠牲</u>にせざるを得ないところもある。信号が変わってしまう直前に，通りを大急ぎで走って横切ることはもうできなかった。サリーを着ていると，歩幅を小さくして歩くしかなかったからだ。(3a)<u>前屈み</u>にならないように，姿勢に注意しなければならなかった。混雑している地下鉄の車内に，(3b)<u>身体をねじ込</u>

ませるわけにはいかなかった。誰かにうっかりサリーを引っ張られるのが怖かった
のだ。スーパーの買い物袋を4つ片手で持って、バランスを保ちながら、もう片方
の手(3c)で、便利なところについているポケットから家の鍵を取り出すということ
もできなくなった。最初の1週間が終わる頃には、いらいらを募らせ、自分で自分
がいやになる始末だった。私は、いったい何を(4a)証明しようとしているのかしら。

- □ *l.*11　no longer could I spring …　※〈否定的副詞＋疑問文〉の形の倒置
  形。
- □ *l.*12　shorten *one's* stride「歩幅を小さくする」
- □ *l.*13　posture「姿勢」
- □ *l.*14　for fear that S will V「SVを恐れて」→「SVしないように」

第5段落

　サリーを毎日着るという考えは、わりと最近になって思い浮かんだことだった。
大学生時代は、インドのほとんどの女の子がサリーを日常的に着始める年頃だが、
私の場合、その頃は芸術専攻の学生としてアメリカに留学していて、他のアメリカ
の学生たちとまったく同じように、カジュアルな服装をしていた。結婚してからは、
サリーなんかよりもっと流行の服をいろいろと試すような主婦になった。要するに、
その年月の間、私はアメリカ人のような話し方、歩き方、振る舞い方をしようとし
ていたのだ。

- □ *l.*23　in short「手短に言うと」　※in a short phrase「短い言葉では」の
  こと。in は write in English「英語で書く」の in と同じ。

第6段落

　その後、私はニューヨークに引っ越して、子どもが生まれた。3歳になった娘に、
インドの価値観や伝統を教えたいと思った。というのも、この子はいずれ一緒に遊
ぶようになる子どもたちとは、宗教の点でも（我が家はヒンドゥー教であった）、
食習慣の点でも（我が家は菜食主義だ）、それにお祝いをするお祭りという点でも、
大きく異なることになるということが、私にはわかっていたからだ。サリーを毎日
着るというのは、自分独特の雰囲気を保ったまま、人種のるつぼに溶け込むことが
できるということを娘に示すための私なりの方法だったのである。

- □ *l.*27　different from 〜 in …「…において〜とは違う」　※in は「基準」
  を示す。
- □ *l.*29　melt into the pot「つぼの中に溶け込む」　※多数の異なる人種や文
  化の存在する社会になじむことを表す比喩表現である。melting pot
  「るつぼ」と言えば、そのような社会、特にアメリカ合衆国を表す。
  近年では、人種や文化が融合しないまま共存していることから、
  salad bowl「サラダボウル」という比喩が使われることが多い。
- □ *l.*30　keep *one's* individual flavor「自分の個人としての味わいを保つ」

第7段落

　サリーを着ようと決めたのは、娘のためだけではなかった。(4b)自分を周囲に合
わせる努力をすることに疲れていたのだ。私のお気に入りのインド人の歌手ほどに、
私の心に深く語りかけてくれるアメリカ人の歌手はいなかった。好きなインドの楽
曲ほど簡単に歌えるアメリカの流行歌もなかった。アメリカの食べ物もとても気に

入っているとはいえ，インド食抜きでは4日ともたなかった。サリーと鮮やかな赤いビンディーで，私の民族性を表明してもよい頃だった。私は_(5a)移民として生きていくつもりだったのだが，あくまでも私自身が決めた条件で，と思っていた。今度は，アメリカが私に合わせてくれる番だ。

- □ 第1文は〈It was + 副詞句 + that + 1つの完全な文〉の形の強調構文。
- □ *l.* 31　not just ~ 「~だけでなく」　not only や not simply も同様の意味。
- □ *l.* 33　nor could I sing は，〈否定的副詞 + 疑問文〉の形の倒置形。
- □ *l.* 34　much as S V は，Though S V as much as S V「実際 SV しているように SV だとはいえ」の Though S V as が省略された形。
  Important as this is, this is impractical.「これは実際重要だけれど実用的ではない」も〈形容詞 + as + S V〉で譲歩を表す例。
- □ *l.* 36　a bindi「ビンディー」　※ヒンドゥー教徒の女性が額の中央につける印のこと。
- □ *l.* 36　on *one's* own terms は「自分自身の枠組みで」が直訳。そこからしばしば「自分自身の条件で」の意味となる。本文では「私の（言う）条件で」となる。自分の民族性を表す方法が，自ら決めたサリーの着用であることを意味している。「移民」であることを否定的にとらえるのではなく，積極的・主体的に「移民」になろうとする，筆者の姿勢を表現したもの。

第8段落

　徐々に，この衣裳を着ることに落ち着きを感じるようになってきた。サリーは私の体の一部になり，私もまたサリーの一部になっていた。混雑した本屋をさっそうと歩いていくと，見知らぬ人たちが私をじっと見つめた。中には私と目が合ってにっこりする人もいた。最初のうちは，_(5b)見世物扱いされているようでとても嫌だった。それからこう思うようになった。ひょっとして，あの人たちは私の姿を見て，インドでの素敵な休暇や，お気に入りのインド料理の本を思い出しているのではないかしらと。店員さんたちは，私に話しかけるときには，言葉をはっきりと発音してくれた。どこへ行こうが，サリーを着ているおかげで，私がまるでインドの_(5c)権威になったかのように，呼び止められインドについて質問された。タイムズスクウェアの近くにいたひとりの日本人女性が，一緒に写真を撮りたいと言ってきた。₍₆₎ある観光客は，私のことも観光客だと思っていた。それも自宅から出てすぐの近所で。

- □ *l.* 38　ease into ~ 「~を気楽な気持ちでやり始める」
- □ *l.* 38　I owned it and it owned me.「私はそれ（＝サリー）を所有し，それ（＝サリー）も私を所有した」が直訳だが，「所有する」＝「自分のものにする」と考えると，「ものにする」＝「自分の思い通りの状態にする」というイメージがわいてくる。筆者がサリーになじんだとともに，擬人的にサリーも筆者を受け入れてしっくりくるようになったということ。
- □ *l.* 40　resent ~ 「~に憤慨する」　※「やり場のない怒り」を示す。
- □ *l.* 45　just steps from my home は，I was just steps from my home を分詞構文にした形。

第9段落

しかし，思いもよらない(2b)良いこともあった。私がちょうど通りに出てタクシーを止めようとしていると，インド人のタクシー運転手が急いで車線変更して，私の目の前に車を止めてくれた。セントラルパークで娘がジャングルジムの上の方まで上がってしまったとき，マリリン=モンローのドレスのようにサリーが風船みたいに膨らんでしまいませんようにと願いながら，裾をまとめて娘のあとをついていこうとしていた。そんなとき，近くに立っていたお父さんたちのひとりが，私が苦戦しているのを見て，娘のうしろを上っていく役を買って出てくれた。(7)ニューヨークの白馬の騎士かしら？　私が理由？　それとも私のサリーのせい？

- □ *l.* 47　race across lanes「車線を横切り突進する」
- □ *l.* 48　hail a cab「タクシーを手で合図して止める」
- □ *l.* 50　like Marilyn Monroe's dress「マリリン=モンローのドレスのように」　※アメリカの女優マリリン=モンロー主演の『7年目の浮気（The Seven Year Itch）』で，マリリン=モンローが地下鉄の通気口に立ち，白いスカートがふわりと浮き上がる名シーンを指すと思われる。

第10段落

なにより良かったことは，家族が認めてくれたことだった。夫は私を誉めてくれた。両親は私のことを誇りに思ってくれた。色鮮やかなサリーを私が引っ張り出してくると，娘は感嘆の溜め息をもらした。娘を両腕に優しく抱きしめると，夜の間にサリーをさわやかにさせるようにと入れておいた甘い香りを放つハーブの小さなにおい袋の香りが，布地のひだから漂って，娘の気持ちを落ち着かせて眠りに就かせた。こんなふうにして赤ちゃんを腕に抱いてあやしてきたインドの母親たちから脈々と受け継がれた伝統の一端を担っている気持ちになった。

第11段落

すぐに決めていた1カ月が終わった。自分に課した(2c)義務も終わりに近づいていた。解放感を味わう代わりに，私は落ち着かなさからくる強い苦痛を感じた。私はサリーが(4c)楽しいと思い始めていた。

- □ *l.* 59　be over「終わる」
- □ *l.* 60　feel liberated「解放感を味わう」

第12段落

アメリカで生きていくにはサリーは実用的じゃない，と私は自分に言い聞かせた。これからもサリーを着続けることになるだろう(8)けれど，毎日っていうわけにはいかない。実用本位のカジュアルな服装に戻るときが来たのだった。

(1) ―――――――――――――――――――――― 正答率 71.1%

当該文は「ニューヨークで暮らしながら，それも洋服を着て10年間も過ごした後で，日常的にサリーを着るのは，この私自身にとっても outrageous のように思われた」となっている。サリーは，第3段落第1文で説明されているように，優美だが実用的とは言えない衣裳であるから，自らサリーを着ようと決めた本人にとって

さえ，その考えは「無茶な」こと，「とんでもない」ことに思われた，といった内容だと考えられる。**ア.「極端な」**が適切。outrageous は「常軌を逸した，突飛な」の意。なお，本文の *A* was one thing. *B* seemed outrageous. は，定型表現の *A* is one thing. *B* is another.「*A* と *B* は全く別のものだ」を変形したもの。他の選択肢の意味は次の通り。イ.「すばらしい」　ウ.「敵意のある」　エ.「貴重な」　オ.「深刻な」

(2)

(2a) ─────────────────────────────────── 正答率 71.1%

直前の文から当該文にかけては「（サリーは）きちんと着ていればこの上なく優雅で女性らしい。でも，それは（　　　）を必要とする」となっている。サリーの良い面を述べた後で「でも」とあることから，空所にはマイナスの意味を持つ語が入ると考えられる。それは，空所を含む段落で，「さっさと歩けない」，「衣裳が着崩れするため混んだ電車に乗れない」，「身体の自由が利かず，ポケットもない」といったように，サリーの欠点が列挙されていることからもわかる。つまり，美しく優美であるために支払わねばならない代償もあるということ。**コ.「犠牲」**が適切。

(2b) ─────────────────────────────────── 正答率 36.8%

当該文は「しかし，思いもよらない（　　　）もあった」となっており，続いて，呼び止める前にインド人のタクシー運転手が車を寄せてきてくれたこと，公園で見知らぬ人が筆者を気遣ってくれたことが述べられている。筆者がサリーを着ていることで，期せずして周囲の人たちが手を差し伸べてくれた実例が挙げられていることがわかる。**ア.「利点」**が適切。なお，当該文の述語動詞が were であることから，複数形の名詞に候補を絞り込むというのも，解答のポイント。間違えた人の多くは単数形の名詞であるイ.「手助け」，エ.「便利」を選んでいる。

(2c) ─────────────────────────────────── 正答率 55.3%

当該文は「私が自らに課した（　　　）は終わりに近づいていた」である。直前に「すぐにひと月が過ぎた」とあるが，本文冒頭に「サリーを着て過ごす1カ月」，第2段落最終文の冒頭に「毎日サリーを着ようと決心する」とあることから，筆者は自らに，「サリーを着て1カ月過ごす」という義務を課していたことがわかる。impose が「（制限・義務など）を課す」の意であることからも，**ク.「義務」**がふさわしい。なお，(2b)と同じように，述語動詞が was であることから答えは単数形の名詞に絞り込む。

他の選択肢の意味は次の通り。イ.「手助け」　ウ.「試み」　エ.「便利」　オ.「感情」　カ.「無力さ」　キ.「情報」　ケ.「機会」

(3)

(3a) ─────────────────────────────────── 正答率 57.9%

当該文の後半に「姿勢に注意を払わなければならなかった」とあるのは，姿勢を良

くするように気をつけなくてはならなかったということ。当該箇所の文字通りの訳は「両肩を（　　　）投げなければならなかった」となるが，肩が前の方の位置にあると猫背の姿勢になってしまうため，姿勢を良くするには肩を「後ろへ」引く形にしなければならない。**ウ. back「後ろへ」**が適切。throw *one's* shoulders back で「両肩を開いて胸を張る」の意。throw は物を勢いよく動かす動作を表す。throw ～ away / away ～ などの「定型」を出題しないところに「本当の学力を測りたい」という東大の熱い思いが感じられる。

(3b) ──────────────────────────── 正答率 68.4%

当該箇所は「混んだ地下鉄（　　　）身体を押し込むこともできなくなった」となっている。当然「地下鉄（の車両）の中に」入るのだから，**キ. into「～の中へ」**が適切。squeeze into ～「身体をねじるようにして～に入る」　通例，「（電車）に乗る」は get on ～ を用いるが，「（小さい所，狭い所）に入る」という場合は get into ～ を使うことを知っていれば難しくない。

(3c) ──────────────────────────── 正答率 65.8%

当該文は「スーパーの買い物袋を 4 つ片手で持って…もう片方（　　　）…ポケットから家の鍵を取り出すということもできなくなった」となっている。the other「もう片方」は，直前の one hand と対になった表現なので，the other hand「もう片方の手」のこと。「鍵を取り出す」とのつながりから，「手で」とすればよい。「～（道具・目・手など）を用いて」という意味の**ケ. with** がふさわしい。

他の選択肢の意味は次の通り。ア.「（～の）上に」　イ.「～に，～で」　エ.「（～の）向こうに」　オ.「～のために」　カ.「～から」　ク.「（～の）下に」

(4)

(4a) ──────────────────────────── 正答率 52.6%

当該文は「私はいったい何を（　　　）しようとしていたのか」が直訳。空所を含む段落は，サリーを着るようになったために被った不便が述べられているところ。当該文は過去形だが，筆者の苛立つ気持ちを描出話法で述べたものと考えられる。筆者がサリーを着ようと決めた動機は第 6・7 段落で述べられており，それは，娘にインド人の価値観や伝統を教えるため，そして，筆者自身がインド人としての民族性を表明するためであった。そこには，特定の価値観を誇示しようとする筆者の意志が見て取れる。**オ. prove「～を証明する，～をはっきり示す」**がふさわしい。エ. insist「主張する」なら前置詞 on がなければならない。なお，what are you trying to prove?「（いらだちを示して）君はいったい何を証明したいのかね？」は慣用的な言い方。

(4b) ──────────────────────────── 正答率 81.6%

直前の文から当該文にかけては「私がサリーを着ようと思ったのは，娘のためだけではなかった。私は（　　　）しようとすることに疲れていたのだ」となっている。

これに続いて，空所を含む段落では，いくらアメリカの歌や食べ物が良くても，筆者にとってはインドのものの方がやはりしっくりくることが述べられている。そして同段落最終文には，「今度は，アメリカが私に合わせてくれる番だ」とある。つまり，それまでは「筆者がアメリカに合わせようとしていた」のであり，筆者はそれに疲れたということ。**ウ. fit in「うまくやる，なじむ」**が適切。第5段落最終文に「要するに，その年月，私はアメリカ人のように話し，歩き，振る舞おうとしていたのだ」とあることもヒントになる。

(4c) ─────────────────────────────── 正答率 57.9%

当該文は「私はサリーを（　　　）始めていた」となっている。空所を含む段落では，当初決めていた「サリーで1カ月過ごす」義務の期間が終わり，もう不便なサリーを着なくて済むようになったのに，解放感ではなく「落ち着かなさからくる強い苦痛」を筆者が味わったことが述べられている。つまり，ひと月着ている間に，サリーが筆者にとって心地良いものに変わったということ。**イ. enjoy「〜を楽しむ，〜を良いものとして味わう」**が適切。

他の選択肢の意味は次の通り。ア.「〜を避ける」　エ.「主張する」　カ.「〜を身につける」

(5) ─────────────────────────────── 正答率 60.5%

(5a) を含む文は「私は（　　　）になろうとしていた。ただし，私自身が決めた条件で」となっている。それまでアメリカでの生活になじもうと，衣服や食事，音楽まで，アメリカのものを受け入れてきた筆者が，サリーというインドの民族衣裳を日常的に身につけることに思い至ったいきさつとその決意を述べている箇所。見るからにアメリカ人とは違う風体をとることになるので，**immigrant「移民」**を補うのがふさわしい。**(5b)** を含む文は「はじめのうち，私は（　　　）になるのがとても嫌だった」となっている。直前の第8段落第3文には「私が…さっそうと歩いていくと，知らない人たちが私をじっと見つめた」とあり，サリーを着ていることで筆者が注目を集めたことがうかがえる。これを受けての **(5b)** なので，「人からじろじろ見られるのが嫌だった」という意味にしたい。**exhibit** は「展示物，陳列品」だが，これは人からじっと見られるものであり，これを補うのがふさわしい。これで選択肢は**カ**に絞られる。残る **(5c)** に **authority「権威」**を補うと，当該文は「いたるところで，私はインドに関する質問で呼び止められた。まるでサリーを着ていることで，私がインドの権威になったみたいだった」となり，文意に合う。インドを熟知する人のことを，インドの「権威」と表現しているのである。

(6) ─────────────────────────────── 正答率 50.0%

A tourist had thought that I was one, too は「ある観光客は私もそれだと思った」となる。one は a＋単数名詞を表す代名詞であり，さらに too「〜も」とあることから，ここでの one は直前の a tourist を意味すると考えるのが妥当である。one

の内容を明示するのが条件なので，「**ある観光客は私も観光客だと思い込んだ**」と
訳す。

just steps from my home という副詞句は「自宅からほんの数歩」が直訳。自宅の
すぐ近くであることと，旅行者だと勘違いされることのギャップを，筆者は面白が
っていると考えられる。つなぎになる言葉が省かれているのでこの部分はさまざま
に訳せるが，そのまま「**自宅からほんの少し出たところで**」とする他に，「**自宅か
らすぐのところなのに**」などと逆接のニュアンスを補って，上記の「ギャップ」を
強調するよう工夫してもよい。

(7) ──────────────────────────────── 正答率 81.6%

knight は「騎士」だが，日本語でも「白馬の騎士」などと言えば弱者を救うヒー
ローのイメージが喚起されるように，「女性の保護者」といったニュアンスを持つ
言葉である。サリーを着た筆者が，ジャングルジムに上っていく娘のあとを追って
いくのに戸惑っているのを見て，代わりにジャングルジムに上る役を買って出てく
れたひとりの父親について，筆者はこのように表現している。ア．「**筆者は，ニュ
ーヨークで，ひとりの男性が親切にも見知らぬ人を手助けしてくれるのだというこ
とに驚いている**」が適切。他の選択肢の意味は次の通り。

イ．「筆者は，高貴な生まれのひとりの男性が，ニューヨークでそんなにも勇敢に
　　ふるまうのだということに驚いている」

ウ．「筆者は，ニューヨークで男の人たちが美しい女性を手助けするような機会は
　　よくあるのだろうかと思っている」

エ．「筆者は，ニューヨークで，ひとりの父親が自分の子どもたちよりも筆者の娘
　　を優先してくれたことに戸惑っている」

オ．「筆者は，ニューヨークで，人と違った様子をしている人物と知り合いになろ
　　うとするひとりの男性の熱心さに，ショックを受けている」

(8) ──────────────────────────────── 正答率 68.4%

当該文の前後には「サリーはアメリカでは実用的ではないのだ，と私は自分に言い
聞かせた」「実用本位のカジュアルな服装に戻るときが来た」とあることから，筆
者がサリーを着て過ごすという自らに課した義務を終了し，カジュアルな服装中心
の生活をしようとしていることがわかる。したがって，当該文前半「これからもサ
リーを着続けるだろう」に続けるのにふさわしいのは，ア．「**しかし，毎日ではな
い**」である。他の選択肢の意味は次の通り。

イ．「解放感を味わうために」

ウ．「どれほど不便でも」

エ．「そして，サリーの甘いハーブの香りを楽しむだろう」

オ．「ただ私がインド人の母親であることを示すために」

(9) ────────────────────────────────────── 正答率 84.2%

ア．「筆者がサリーを着ることにしたのは，インド人としてのアイデンティティを示したかったからである」

第7段落第1文に「私がサリーを着ようと思ったのは，娘のためだけではなかった」とあること，そして同段落第6文に「そろそろサリーと鮮やかな赤いビンディーで，私の民族性を表明してもよい頃だった」とあることと一致する。これが正解。

イ．「サリーはたいへん優雅で女性らしいので筆者は自然に優美にふるまった」

第4段落で，サリーを着ていることで起こる不便が多数挙げられており，とりわけ同段落最後から2番目の文に「最初の1週間が終わる頃には，私は自分にいらいらして腹を立てるようになっていた」とあることと一致しない。サリーを着るためには多くの犠牲を払わねばならず，「自然に」ふるまうことはできないのである。

ウ．「はじめはサリーを着るのは気が進まなかったにもかかわらず，筆者は徐々にインドに関する権威になっていた」

筆者が「インドの権威」になったとは述べられていない。第8段落第8文には「まるで…インドの権威になったみたいだった」とあるだけで，実際に権威になったわけではない。

エ．「店員が筆者に非常に丁寧に話しかけたのは，彼女がサリーを着ているのを見て，敬意を持って接しなければならないと考えたからである」

本文には店員の気持ちを明示した箇所はないが，第8段落第7文の「店員は私に話しかけるとき，言葉をはっきりと発音してくれた」というのは，サリーを着た筆者が英語を理解しないのではないかと考えてのことだったと思われる。というのも同段落では，他に，筆者を旅行者だと勘違いした人のことにも触れられており，サリーを着ていることで，筆者がアメリカ社会になじんだ人間とは見られなかった例が挙げられているからである。よって，店員の例でも同様に，サリーを着た筆者がアメリカ社会になじんだ人間（＝英語を理解する人間）に見えなかったと考えられるのである。

---

(1)―ア

(2)　(2a)―コ　(2b)―ア　(2c)―ク

(3)　(3a)―ウ　(3b)―キ　(3c)―ケ

(4)　(4a)―オ　(4b)―ウ　(4c)―イ

(5)―カ

(6)ある観光客は，私のことも観光客だと思っていた。それも自宅から出てすぐの近所で。

(7)―ア　(8)―ア　(9)―ア

解 答

161 心に傷を持つ少女と医師の交流

全訳

第1段落

　ある朝，玄関でノックの音がした。ノック音は続き，誰かが大声で叫んだ。(1)a「誰かいるの？」　それは，数軒先に住んでいるブロディ夫人だった。まず彼女の目に飛び込んできたのは，(2)a不幸な子どもの姿だったが，その子の名前はまったく思い出せなかった。それからその子の母親の姿を目にして，ブロディ夫人は手で(2)b自分の口を覆った。「まあ，なんてこと！」　ブロディ夫人は(2)c母親を病院へ搬送するように救急車を手配した。一方，パーディタは，フローラ=ラムゼーとテッド=ラムゼー夫妻のところへ引き取られたのだが，この夫妻は，2人とも60代で，子どもたちは成人して家を出ていっていた。夫妻はよく気のつく，情に厚い人たちだった。

- ☐ *l*.1　a knock on ～「～をノックすること」
- ☐ *l*.2　call out「大声で叫ぶ」
- ☐ *l*.2　It was Mrs. Brodie，※it は，性別不明，または性別が重要でない場合，人を指すことがある。
- ☐ *l*.5　arrange an ambulance「救急車を手配する，呼ぶ」
- ☐ *l*.5　take her to hospital「彼女を病院に連れて行く」　※イギリス英語では hospital に the は不要。
- ☐ *l*.6　take ～ in / take in ～「～を引き受ける」
- ☐ *l*.6　the Ramsays「ラムゼー夫妻」　※the 名字＋s「～一家」

第2段落

　パーディタは度々，お母さんはどこにいるのかしら，ちゃんと食べて，元気になっているかしらと思うことがあったが，実のところは解放ともいえるものであった。ラムゼー夫妻が理解を示し，控えめに気づかいしてくれたおかげで，再び(3)パーディタはほっと息をつくことができたのである。フローラもテッドも，パーディタがくつろげるように心をくだいた。パーディタが夫妻のところへ来てからまだひと月も経たないころ，お医者さんに診てもらいましょうねとフローラ=ラムゼーが告げた。パーディタは同意したものの，自分の話し方を見知らぬ人に診断されるのが怖かった。(1)b「ちょっと診てもらうだけよ！」とフローラは言って，細かいことは伝えなかった。そして，パーディタは小児科病院に付属する診療所の建物にやってきたのだった。

- ☐ *l*.10　it was almost a liberation　※it は〈状況〉を示す働き。
- ☐ *l*.11　easy concern「控えめな気づかい」　※easy は「くつろいだ」の意味。
- ☐ *l*.12　take trouble to *do*「～するように苦心する」
- ☐ *l*.12　feel at home「くつろぐ」
- ☐ *l*.13　she was to see a doctor「医者に診てもらうことになっていた」

第3段落

　パーディタは，勇気を出さなくちゃと心に決めた。しかし，受付の看護師が名前

の綴りを教えてくれるかしら，と言って微笑みかけてくれたのに，結局，勇気(4)を奮い立たせるのは簡単ではなかった。今回もまた，自分の名前の綴りを伝えようとすることで，彼女の症状が明らかになってしまった。それで，もののわかった女性であるフローラは，パーディタの代わりに全部話してくれた。

□ *l.* 19　easy to come by「得るのが簡単で」　※come by を「～を得る」の意味で用いる場合は，主にこの形で使用。

□ *l.* 19　disclose ～「～を露呈する」

第4段落

所変わって，パーディタがとても怖い思いをした診療所の裏手にある小さな診察室で，彼女は担当医のヴィクトル=オブロフ医師に面会した。先生はロシアのノボシビルスク生まれで，第一次世界大戦の終わり頃に商船に乗ってオーストラリアにやってきた。戦時中は，軍医として従軍し，心に問題を抱えた兵士たちの治療にあたっていた。彼はフローラに向かって自己紹介をしていたが，パーディタもそれをじっと聞き入った。話からすると，人をわくわくさせる面白そうな人に思えた。薄くなりかけた白髪は，かっこいいとはいえない長髪。金縁の眼鏡をかけていた。シャツの袖はまくり上げられて，まるで(5)今から肉体労働に取りかかろうといわんばかりだった。パーディタはすぐに惹きつけられた。彼の話し声は穏やかで低く，これは，医者という職業においては素晴らしいことだった。

□ *l.* 21　felt so afraid「それほど怖がっていた」　※第3段落の内容を受ける。

□ *l.* 25　sound like ～「～のように聞こえる」

□ *l.* 28　be charmed「惹きつけられる」

第5段落

「お目にかかれて本当にうれしいですよ」と彼は言った。まるで，本気でそう思っているかのようだった。診察室は乱雑で，医療の場にふさわしいものではなかったが，彼の物腰は，心地よい驚きであった。

□ *l.* 30　he meant it「それを彼は本気で言っていた」

□ *l.* 31　unmedical「医療現場にふさわしくない」

□ *l.* 31　his manner（being）a pleasant surprise　※独立分詞構文。

第6段落

オブロフ医師は，ガラス製の置物――ペーパーウエイト――をいくつか机の上に置いていたが，それを時々手にとって，優美な手の中で転がしては，元の場所に置いた。そのうちの１つは，ずっしりとして完全な球体のガラス玉で，中には鮮やかな青色の見たこともない花，自然界には(6)到底存在しえないような花が入っていた。次のものは，荒れる波間を進む小さな船が入っており，もう１つは，明るい黄色の蝶が入っていた。パーディタは，贈り物をめったにもらったことがなく，真珠貝のかけらのほかは宝物と呼べるようなものはほとんど持っていない子どもだったので，このガラスの置物は心が躍るほど魅力的なものだと思った。

□ *l.* 32　had *A* resting on *B*「*A* を *B* に置いていた」

□ *l.* 32　paperweight「ペーパーウエイト，文鎮」　※日本の習字に使うようなものではないことに注意。

□ *l.* 33　from time to time「時折」
□ *l.* 34　solid「ずっしりとした」　※「中身がつまった」ということ。
□ *l.* 34　a … flower of brilliant blue「鮮やかな青色の花」　※「〜（の性質）を持つ」の意味の of。
□ *l.* 36　a second, a third　いずれも another「もうひとつ別の（もの）」の意になる。「2つめ、3つめ」と訳すことも可能だが、あらかじめ順序が決まっているわけではないことから、不定冠詞が使われている。
□ *l.* 37　as a child who 〜「〜な子どもなので」　※通例 as a child は「子どもの頃」の意味だが、ここでは違うことに注意。
□ *l.* 38　possessed a piece of pearl shell but (possessed) little else that might …「真珠貝のかけらは持っていたが、…なものは他にはほとんどなかった」
□ *l.* 39　delightfully「心躍るほど」

第7段落

　この最初の診察では、2、3質問されただけで、他にはほとんど何もなかったので、パーディタはオブロフ医師が本当に医者だとは信じがたいと思った。先生は、自分がいじっている3つのガラス製の置物をパーディタが見ているのに気がつき、いくつか質問する間、どれか1つを選んで手に持っていたいかどうかと尋ねた。その方が話しやすくなるよ、と先生は言った。そんなのはバカバカしい提案だとパーディタは思ったが、同意した。彼を喜ばすためでもあったし、ペーパーウエイトの1つを手にしたらという誘いは、彼女が(7)願っていたことでもあったからだ。彼女はあの見たこともない花の入ったのを選んだ。

□ *l.* 40　but (there was) very little else「しかし他にはほとんどなかった」
□ *l.* 41　the three glass objects as he played with them「彼がもてあそんでいる3つのガラス製の置物」　※as は「名詞限定の as」。
□ *l.* 43　one to hold ＝ a glass object to hold「手に持つためのガラスの置物」
□ *l.* 43　It would make …「その置物があれば…になるかもしれない」

第8段落

　「私に話をするときは」とオブロフ医師は言った。「こんな風に想像してごらん。つまりね、自分の声が君の中から飛び出してペーパーウエイトの中へ入って、それから魔法のように青い花の中心から出てくるというようにね」

□ *l.* 47　be projected beyond you「あなたを越えて投影される」

第9段落

　今度もまた、パーディタは、バカバカしい提案だと思った。先生は私のことをちっちゃな女の子みたいに扱っていると感じた。でも、そのペーパーウエイトがとてもきれいだったので、(8)その（＝そのペーパーウエイトの）おかげで、そんな気持ち（＝先生が自分をちっちゃな女の子扱いしているといった気持ち）を、なぜか払拭することができた。ペーパーウエイトを握ってみた。それはひんやりしていて非の打ち所がないもので、彼女がそれまでに見た中で最もきれいな物の1つだということを認めざるをえなかった。そして、(9)先生の簡単な問いに答えていったのだが、

先生の声は，彼女にはほとんど聞こえないほどの低い声であった。

- □ *l.*51　so beautiful was the object that …　※the object was so beautiful that … の倒置形。
- □ *l.*51　somehow「なぜか，どういうわけか」
- □ *l.*52　the paperweight, which 〜, which …「そのペーパーウエイトは〜，つまり…であった」
- □ *l.*52　cold「ひんやりした」　※プラスイメージであることに注意。
- □ *l.*54　asked ….　questions を修飾する形容詞句。
- □ *l.*54　a voice so low (that) she could hardly hear him「彼女に彼のことがほとんど聞こえないほどの低い声」　※so low … が voice を修飾している。

第10段落

　そうです。症状は2年くらい前に始まりました。お父さんの死を目の当たりにしてからです。そうです。だんだん悪くなっています。ますます話さないようになりました。そうです，苦労しないで話せるときもあります。シェイクスピアの詩を全文暗唱することもできます。お母さんから教わりました。

- □ *l.*56　the problem started about two years ago　この段落がすべて描出話法で書かれていることに注意。ただ，その場合，ago は本来 before とすべきところ。本文はパーディタの発言を忠実に再現したものと考えられる。
- □ *l.*56　witness 〜「〜を目撃する」
- □ *l.*58　recite 〜「〜を暗唱する」
- □ *l.*58　whole verses of Shakespeare「シェイクスピアの詩を全文」　※the がついていないので「全作品」という意味ではない。

第11段落〜第16段落

　(10)この答えを聞いて，オブロフ医師は指を組んで椅子の背に身体をもたせかけた。「シェイクスピアかい？」

　「(1)cそう言ったんですよ，この子は！」とフローラが大声で割って入ってきた。

　パーディタは，目線を上げ彼女を見て微笑んでから，視線を戻してガラスのペーパーウエイトの複雑な美しさに見入った。

　「(1)dお願いしてもいいかな？」と医師は尋ねた。「ほんの1行か2行でいいんだ」

　お安い御用だった。パーディタはハムレットの有名なセリフを暗唱してみせたのだが，これは彼女の十八番だった。言葉が自分の舌から淀みなく流れ出るのを一種の誇りを持って聞いていた。

- □ *l.*63　resume *doing*「…を再開する」
- □ *l.*63　look into 〜「〜の中をのぞく」
- □ *l.*65　a verse＝a set of lines that forms one part of a song, poem, or a book such as the Bible or the Quran（『ロングマン現代英英辞典』）
- □ *l.*67　flow off *one's* tongue「舌から流れ出る」
- □ *l.*67　with a sense of pride　※一番近い動詞は flow だが，意味的には heard を修飾していると考えるのが適切。

第17段落

オブロフ医師は感銘を受けた様子だった。フローラの顔に嬉しそうな笑みが広がり，まるで有名な俳優に出会って舞い上がっている少女のようにハンドバッグを胸にぎゅっと抱きしめた。

□ *l.* 69　spread across *one's* face「顔中に広がる」

第18段落〜第20段落

「へえ，なるほど」と医師は言った。

彼は広げた手のひらを差し出した。パーディタは医師の手の中にペーパーウエイトを注意深く置いた。それは光を捉えて，宝石のように輝いた。

「いつか，言葉が楽に出てくるようになったら，これを家へ持って帰っていいよ」と彼は言った。

□ *l.* 72　palm「手のひら」

第21段落

パーディタは，一瞬，ゾクッときたが，それから彼の言葉を疑い始めた。医師に守る義務のある約束にはとても思えなかったからだ。しかし，オブロフ医師は彼女に微笑み，握手しようと手を差し出したのだが，それはまるで，結局のところ，彼女は子どもなんかではなく，大人であると考えているようであった。彼女は真面目な気持ちで医師の手を取り，大人のように握手をすると，来てよかったと思った。

□ *l.* 78　reach「手を伸ばす」
□ *l.* 78　shake *one's* hand「〜と握手する」＝shake hands with 〜
□ *l.* 78　as though S V「まるで SV のように」
□ *l.* 78　after all「（色々とあったが）結局のところ」

(1)　――――――――――――――――――――――――――――　正答率 48.9%

a．ノックをしている人物が叫んだ発言である。直前にノックが続いたことが述べられており，中からの返答がなかったことがわかる。呼びかけるとしたら**ウ．Anyone there？「誰かいますか」**がふさわしい。

b．医者に診てもらうことに同意したものの，怖がっているパーディタに対して，フローラが「細かいことは告げずに」言ったこととして考えられるのは**イ．Just to check！「ただ調べるだけだ」**である。

c．シェイクスピアの詩を暗唱できると言うパーディタの言葉に，オブロフ医師が「シェイクスピア？」とおうむ返しに確認したあとのフローラの発言。「小さな子どもにシェイクスピアの詩を暗唱できるのか」という医師の疑念を払拭するように，フローラがパーディタを援護して発言したくだり。よって**カ．That's what she said！「それは彼女が言っていたことです」＝「そう言っていました」**が適切。念のため残りの選択肢を確認する。ア．「それは誰でしたか」は，シェイクスピアを知らないということもありそうにないが，was と過去形であることが不自然。もしまったく知らないのなら Who is it？「それは誰ですか」となるだ

ろう。エ．「それは残念です，気の毒です」は，シェイクスピアの詩を暗唱でき
るという内容を受けるものとしては不自然。オ．「かまいませんか」は，何か相
手に依頼することを表すのでつながらない。

なお，Perdita という名はシェイクスピアの『冬物語（The Winter's Tale）』の
主人公の一人の名前。この少女の両親（あるいは母親）がシェイクスピアを愛し
ていたことがここからも窺える。

d．空所の直後に asked the doctor「医師は尋ねた」とあるので，疑問文が適切。
残る選択肢ではアかオだが，続いて「ほんの1行か2行の詩を」とあることから，
詩を暗唱してくれるように依頼していると見るのが妥当。**オ．Would you
mind？「かまいませんか」が正解**。完全な文なら Would you mind reciting just a
verse or two？または Would you mind if you recited just a verse or two？となる。

(2) ──────────────────────────── 正答率 66.0%

a．第2段落第1文で，「パーディタは，お母さんはどこにいるのかしらと思った」
とあることから，病院に運ばれた母親の「子ども」は，**ア．「パーディタ」**だと
わかる。

b．手で口を覆って「なんてこと！」と言った「彼女」は，直後の文で救急車を手
配した人物と推測できる。つまり，この家を訪ねてきた**イ．「ブロディ夫人」**で
ある。

c．病院へ搬送されたのは，第2段落第1文でパーディタが「お母さんはどこにい
るのかしら，ちゃんと食べて，元気になっているかしら」と思っていることから，
オ．「パーディタの母親」が適切。

(3) ──────────────────────────── 正答率 78.7%

同文のセミコロンの前には，「それはほとんど解放だった」とあるが，「それ」とは
「パーディタの母親が入院したため，パーディタと母親が離ればなれになったこ
と」を指している。下線部を含むセミコロン以下は，この文の内容を具体化したも
のと考えられる。そこには，ラムゼー夫妻の控えめな気づかいのおかげでパーディ
タはまたほっと息をつくことができた，という趣旨のことが書かれている。これら
から，下線部は，パーディタが母親から「解放されて」心の平穏を取り戻すことが
できたことがわかる。よって，正解は**エ．She was able to recover her peace of
mind.「彼女は心の平穏を取り戻すことができた」**が適切。

ア．「彼女は風邪を治すことができた」

イ．「彼女は自分の意見を表明することができた」

ウ．「彼女は彼女の興奮を話すことができた」

(4) ──────────────────────────── 正答率 55.3%

S is easy to do は「Sは～するのが簡単である，簡単に～する」の意のいわゆる
「タフ（tough）構文」。Sは不定詞の意味上の目的語にあたる。つまり come by

は他動詞的に使われている。また，「勇気を出さなくては」と決めたのに「勇気は簡単には〜なかった」とあることから，「勇気が湧かない」＝「勇気を得られない」という意味であると考えられる。よって，**イ. obtain「〜を得る」**がふさわしい。**エ.** display「〜を示す」は，日本語レベルでは意味が通るが，come by〜には「〜を得る」の意はあるが，「〜を示す」の意では使わないため不可。**ア.** lose「〜を失う」　**ウ.** require「〜を必要とする」

(5) ──────────────────────────────── 正答率 66.0%

オブロフ医師が腕まくりをしているのを as if he were …「あたかも…のように」と，何かにたとえている箇所。腕まくりは力を出して働くイメージがあり，与えられた語句の中から physical labour「肉体労働」をうまく使えば適切な文になりそうである。よって空所の前の he were に続くものとして (be) interested in〜「〜に興味がある」と (be) about to *do*「今にも〜しようとする」が考えられる。前者を採用すると，interested in physical labour 以下が4語余った状態で続かなくなるので後者を採用する。to に続く動詞の原形は engage か find であるが，find を使うと about to find physical labour 以下が3語余った状態で続かなくなる。engage は in とともに engage in〜「〜に従事する」という意味になる。全体で **(as if he were) about to engage in physical labour「(あたかも) 肉体労働に取りかかろうとしている (かのように)」**となる。不要な2語は find と interested。

(6) ──────────────────────────────── 正答率 59.6%

空所を含む箇所は，直前の a strange flower of brilliant blue「鮮やかな青色の見たこともない花」と同格関係にある。よって「自然には存在しえない」といった内容が予想される。空所の直前の could not とつながる語は**ウ. possibly** だけである。cannot possibly は可能・可能性を強く否定して「とても〜ない，到底〜ない，決して〜ない」の意。他の選択肢は could not … exist と合わせると以下の意になる（時制の一致の過去形なので，訳は現在形のように示してある）。**ア.**「ただ存在するだけではありえない」　**イ.**「公然と存在することはできない」　**エ.**「完全には存在することができない」（部分否定）

(7) ──────────────────────────────── 正答率 68.1%

ペーパーウエイトを握っていると話しやすくなるというオブロフ医師の提案を，バカバカしいと思いながら，それに同意した理由にあたる箇所。「ペーパーウエイトの1つを手に持っていてはどうかという誘いは彼女が（　　　）ことでもあった」となっている。このペーパーウエイトに関しては，第6段落最終文に「パーディタには，これらの置物は心が躍るほど魅力的だった」，第9段落第2文後半に「それまでに見たものの中で最も美しいものの1つだった」とあるように，パーディタはペーパーウエイトがたいそう気に入っている。「手に取ってはどうかという誘い」は彼女にとっては願ってもないことだろう。**ウ. hoped「望んでいた」**が適切。

hope は，that 節には直接つながるが，語句を目的語にとる場合は for が必要であることにも注意。なお，〜 was what she had hoped for. は She had hoped for 〜. を what を用いた強調構文（疑似分裂文）にした形。ア．lived「（そのために）生きていた，生きがいとしていた」　イ．asked「要求した」　エ．prepared「（そのために）準備していた」

(8) ──────────────────────────────── 正答率 48.9%

下線部は「それはどういうわけか彼女がその感情を克服することを許した」が直訳。無生物主語であり，この場合の allow は enable「可能にする」とほぼ同じ。「そのおかげで彼女はどういうわけかその感情を克服することができた」などとするとよい。当該箇所は so 〜 that …「とても〜なので…」の that 節にあたり，前半は so beautiful was the object（＝ the object was so beautiful の倒置）「その物体がとてもきれいだったので」とあるので，it は the object を指すと考えられる。これが第7段落最終文の the one that contained the unnatural flower を指しているのは明らかなので，「（青い花の入った）美しいガラスのペーパーウエイト」などとまとめる。that feeling「その気持ち，感情」は，同文の挿入部分の he was treating her as a little girl, she felt「先生は私のことをちっちゃな女の子みたいに扱っていると感じた」を受けると考えられるので，「子ども扱いされているという気持ち」などとまとめる。この文の somehow は，for some reason that is not clear to you or that you do not understand の意味で「（よくわからないが）なぜか，どういうわけか」の意味。「なんとかして」ではないので注意。

(9) ──────────────────────────────── 正答率 70.2%

下線部は「医師の簡単な質問」。続く第10段落は，描出話法になっていることに注意。すべての文が Yes「はい」で始まっており，パーディタの返答であることがわかる。第1文は「問題が2年前に始まった」であり，イ．Did the trouble start long ago?「問題はずいぶん前に始まったのですか」に答えたもの。第2文は「だんだん悪くなっている」で，ア．Is it becoming more severe?「問題は厳しさを増していますか」に答えたもの。第3文は「問題なく話せることもある」で，エ．Are there any times when it doesn't happen?「問題が起こらないこともありますか」に答えたもの。残るウ．Does holding the paperweight help?「ペーパーウエイトを握っているのは手助けになりますか」に対する返事に相当するものはないので，これが正解。

(10) ──────────────────────────────── 正答率 72.3%

at は「直面」「原因への接触」を表す。「これを前にして，これに接して」，オブロフ医師が「シェイクスピア?」と問い直している状況である。パーディタが「シェイクスピアの詩を暗唱できる」と言ったことに対する反応である。選択肢はいずれも分詞構文で書かれているが，下線部に近い意味は，ア．Hearing what she said

「彼女が言ったことを聞いて」である。イ．Seeing how she said it「彼女の言い方を見て」，ウ．Guessing what she said「彼女の言ったことを推測して」，エ．Trying to repeat what she said「彼女が言ったことを繰り返そうとして」はいずれも不適切である。

Column　シェイクスピアを読もう！

　本文ではシェイクスピアのハムレットのセリフを暗唱するという場面があったが，シェイクスピアの４大悲劇は教養として読んでおきたい。シェイクスピアが書いた戯曲 38 篇のうち，17 世紀初めに書かれた『ハムレット』（1601 年頃），『オセロー』（1604 年頃），『マクベス』（1606 年頃），『リア王』（1605 年頃）を４大悲劇という。そして，この４大悲劇を書き上げたあと（1610 年頃），シェイクスピアが晩年を迎えた時期に書かれた喜劇でありロマンス劇である『冬物語』も知っておきたい。この作品は，前半は暗く悲劇的であるが，16 年という時を経て，後半は喜劇的な盛り上がりを見せ，観客を幸せにする作品である。パーディタはシチリア王リオンディーズの娘だが，様々ないきさつがあって赤ん坊の時にボヘミア領内に捨てられることになる。16 年後，パーディタはボヘミアの羊飼いに拾われ，美しい少女へと成長していた。そしてボヘミア王子フロリゼルと恋に落ちる。この２人は結ばれ，様々なゴタゴタが解決し劇は終わる。本文に出てくる少女の名前はこの物語に由来すると推察できる（(1)c の解説参照）。

---

(1)a―ウ　b―イ　c―カ　d―オ

(2)a―ア　b―イ　c―オ

(3)―エ　(4)―イ

(5) about to engage in physical labour

(6)―ウ　(7)―ウ

(8)どういうわけか，美しいガラスのペーパーウエイトのおかげで，彼女は自分が子ども扱いされているという気持ちを克服することができた。

(9)―ウ　(10)―ア

162　ある男の数奇な人生

全訳

第1段落

ウィリアム=ポーターはヒューストンを離れ，その後二度と戻ることがなかったが，そもそも彼が立ち去った理由は，オースティンにただちに出頭して，オースティン・ファースト・ナショナル銀行に勤務していたときに銀行のお金に手を付けたかどで裁判を受けるよう命じられたからだった。

- ☐ *l.*1　never to return　※「結果」を示す to 不定詞。
- ☐ *l.*2　stand trial for *A*「*A* のかどで裁判を受ける」　trial「裁判」
- ☐ *l.*2　funds「資金」　※〔全訳〕では「銀行のお金」と意訳。

第2段落

もし彼が実際に行っていたら，無罪を言い渡されることは確実だった。「(1)とばっちりを食らっただけだ」というのが，公判の推移を最も近くで見守っていたオースティンの人たちの判断である。数多くの取材をして私が知り得た限りでは，彼らの誰ひとりとして，ポーターが何か不正を働いたので罪に問われるべきだとは思っていなかった。その銀行は，(2)閉鎖されてからかなり経つが，杜撰な経営をしていたことは周知のことだった。顧客は，昔ながらのしきたりに倣い，銀行に入ってくると，カウンターの後ろに回って，100 ドルとか 200 ドルを取り出すと，1 週間も経ってから「ポーター，先週 200 ドルもらったから。そのメモを残しておいたかどうか確認してくれ。(3)そのつもりだったんだけど」などと言ったものだった。銀行のお金の出納記録をつけるのは不可能だった。銀行業務の管理があまりにもいい加減だったので，ポーターの前任者は辞職に，後任者は自殺未遂に追い込まれた。

- ☐ *l.*4　Had he gone = If he had gone　※仮定法の条件節の if の省略による倒置形。
- ☐ *l.*4　be declared innocent「無罪を言い渡される」
- ☐ *l.*5　follow 〜 closely「密着して〜を追いかける」
- ☐ *l.*6　Not one of them = None of them
- ☐ *l.*6　so far as I could learn「私が知り得た限りでは」
- ☐ *l.*8　follow an old practice「昔からの慣行に倣う」
- ☐ *l.*11　keep track of 〜「〜を追跡する」　※本文では「〜の出納記録をつける」と訳している。
- ☐ *l.*12　The affairs of the bank「銀行の業務」
- ☐ *l.*12　predecessor「前任者」
- ☐ *l.*13　his successor to attempted suicide は，直前の文（Porter's predecessor …）と型が同じであるため，省略が起きており，his successor was driven to attempted suicide「後任者は自殺未遂に追い込まれた」の意。

第3段落

ポーターがオースティンへ行くつもりでヒューストンで列車に乗ったということに疑う余地はない。私が想像するに，長らく肩に重くのしかかっていた裁判がよう

やく行われることとなり，自分の無実が公の場で言い渡されるということに，彼は
ある種の安堵の気持ちさえ抱いていたはずだ。彼の友人たちは彼の無実を確信して
いた。(4)ポーターの友人のうちの1人でもポーターと一緒にいたなら，その後の展
開はすべてまったく違ったものになっていただろう。しかし，オースティンまでの
道のりの3分の1ほどのところにあるヘムプステッドに列車が到着するときまでに，
ポーターには時間があり，そのため裁判の様子を想像し，自分が囚人になっている
姿を思い浮かべ，未来をのぞき込んで自分に疑惑の烙印が押されていることを考え
てしまった。(5)想像力が理性を上回ってしまい，ニューオーリンズに向かう夜行列
車がヘムプステッドに通りかかると，ポーターはそれに乗ってしまったのだ。

- □ *l*.14　board 〜「(列車など) に乗る」
- □ *l*.14　with the intention of 〜「〜の意図を持って」
- □ *l*.15　a certain sense of relief「ある種の安堵感」
- □ *l*.16　be to take place「行われることになる」
- □ *l*.17　his innocence publicly declared＝his innocence was to be publicly
  declared
- □ *l*.20　picture himself a prisoner「自分が囚人になっている姿を思い浮か
  べる」
- □ *l*.21　see himself marked with suspicion「自分に疑念の烙印が押されて
  いることを考える」
- □ *l*.22　outrun 〜「〜を上回る」
- □ *l*.22　reason「理性」

第4段落

彼の決心はしっかり固まっていたようだ。彼は自分と自分の家族を世間の恥さら
しにすることを食い止めようとしていただけでなく，新天地で人生を一からやり直
そうとしていたのだ。スペイン語の知識があり，ホンジュラスのことを知らなかっ
たために，この中米の小さな共和国が逃亡先にはちょうどよい場所に思えた。ホン
ジュラスから妻に宛てて出された彼の手紙を読むと，彼が中米を自分たちの故郷に
することに決め，娘の教育のためにすでに学校まで選んでいたことがわかる。

- □ *l*.24　not merely＝not only
- □ *l*.24　save A from 〜「A を〜から救う」
- □ *l*.25　public shame「世間の恥さらし (者)」
- □ *l*.25　start life over again「人生を一からやり直す」

第5段落

ホンジュラスへ行く途中で，ポーターがどれくらいの間ニューオーリンズに滞在
したのかはわかっていない。おそらく，ホンジュラスへ行く途上でニューオーリン
ズを通過しただけで，ホンジュラスの海岸へ向かうのに利用できる最初の船便に乗
って，プエルトコルテスかトルヒーヨに着いたのだろう。いずれにしても，彼がト
ルヒーヨに着いて桟橋に立っていると，よれよれのドレススーツを着た男が到着し
たばかりの船から降りてくるのが見えた。「どうしてそんなに慌てて出てきたんだ
い？」とポーターは聞いた。「ひょっとするとおまえさんと同じ理由かもな」とそ
の見知らぬ男は答えた。「行先はどこだい？」とポーターが尋ねた。「(6)その行き先

から逃れるためにアメリカを出たんだ」というのがその答えだった。

　　□ *l.* 31　on his way to ～「彼が～に行く途中」
　　□ *l.* 33　arriving at ～ = and arrived at ～　※分詞構文。
　　□ *l.* 34　at any rate「いずれにしても」
　　□ *l.* 35　dock「桟橋，船着場」
　　□ *l.* 35　he saw ～ step from …「～が…から降りるのが見えた」　※SVOC
　　　　　　の形。
　　□ *l.* 38　keep away from ～「～から逃れる」

第 6 段落

　その見知らぬ男はアル=ジェニングズで，アメリカ南西部史上最悪の列車強盗団
の　つの首領だった。彼と弟のフランクはガルヴェストンで船をチャーターしたの
だが，出発が大変(7)急だったために，ドレススーツとシルクハットを，もっと地味
な服に着替える時間がなかったのである。ジェニングズと彼の弟は，ラテンアメリ
カで自分たちの(8)犯罪の経歴をさらに続けていくつもりはなかった。彼らはただ単
に，自分たちと，すでに彼らを追跡中だった刑事との距離を置こうとしていただけ
だった。ポーターは彼らと合流して，一緒に南米の海岸沿いをぐるりとたどったの
だった。これは，ポーターにとって経験した中で最も長い航海であり，まちがいな
く最も奇妙なものだった。

　　□ *l.* 42　plainer clothing「より地味な服」
　　□ *l.* 43　continue their career of ～「～の経歴〔仕事〕を続ける」
　　□ *l.* 44　put distance between *A* and *B*「*A* と *B* との間に距離を置く」
　　□ *l.* 44　detective「刑事，探偵」
　　□ *l.* 44　on *one's* trail「追跡〔尾行〕している」
　　□ *l.* 45　circle the entire coast of ～「～の海岸沿いをぐるりとたどる」

第 7 段落

　ジェニングズはおそらく，ポーターとこうした放浪を共にしながら，ポーターの
人生の一面を，他の誰よりも深く見つめたことだろう。ある友人への手紙の中で彼
はこう書いている。「ポーターは，たいていの者にとっては厄介な奴だろうが，人
間というものは共に腹を空かし，共に飯を食い，死に直面し，笑えば，お互いのこ
とが(9)少しはわかるってもんだ。そしてやはり，生きていく中で，ひどく空腹なと
きほど人間が自分特有の性格を見せるときはない。奴についてもそのことがわかっ
ているが，何一つ欠点など見つからない。俺が知っているような奴の側面を世間が
知りさえすれば，探索のサーチライトは奴の美しい魂を照らし出して，それが嵐の
雲が去ったあとの一筋の日の光のように汚れないものだとわかるだろうに」

　　□ *l.* 47　wandering「放浪」
　　□ *l.* 47　see into ～「～の中を見つめる」
　　□ *l.* 49　men「人間」　※現在では避けられる用法。
　　□ *l.* 50　look death in the face「死に直面する」　※look ～ in the face の場合，
　　　　　　look は他動詞の扱いとなる。
　　□ *l.* 51　no period … so much as terrible hunger「ひどい空腹ほど…なとき
　　　　　　はない」

- □ *l.* 52　our friend ＝ Porter
- □ *l.* 53　him as I knew him「私が知っているような彼」　※「名詞限定の as」
- □ *l.* 55　a beam of sunlight「一筋の日の光」

第8段落

　ポーターが妻に送った手紙は，最初の3週間が過ぎたあとは定期的に届いた。手紙はオースティン在住のルイス＝クライスルに宛てられた封筒に入っており，クライスルがポーターの妻に手渡していた。「ポーター夫人はご主人からの手紙を，いくつか選んで私に読んで聞かせてくれたものですよ」とクライスル夫人は語った。「手紙には，彼が落ち着いたらすぐに奥さんとマーガレットを彼の元に呼び寄せる計画のことが書かれていました。苦労はしていたようですが，手紙は元気と希望に満ち，奥さんへの(10) a 慈愛に溢れていました。ポーター夫人のご両親は，もちろん快く奥さんとマーガレットの面倒を見るつもりだったのですが，夫人は厄介になることを望んでいなかったのです。どれくらいの間離れ離れになるのかがわからないので，ある程度お金を稼ぐのに何かするつもりだと言っていました。ポーター夫人はビジネススクールの講座を受講し始めたのですが，(10) b 体の具合が悪くて途中で断念することになりました。クリスマスがやってくると，レースのハンカチを作りそれを25ドルで売って，コートや上等の香水，他においしいものをたくさん詰め込んだ箱をご主人に送りました。私はあれほどまでの(10) c 意志の力を見たことがありませんでした。夫人が床に伏したのはただ1日だけ，亡くなった日の当日だけでした」

- □ *l.* 57　be enclosed in ～「～に同封されている」
- □ *l.* 59　tell of ～「～のことを語る」
- □ *l.* 60　be settled「落ち着く」
- □ *l.* 62　be willing to *do*「～することを厭わない」
- □ *l.* 62　provide for ～「～に必要なものを与える，～を養う」
- □ *l.* 67　perfume「香水」
- □ *l.* 67　delicacy「珍味」
- □ *l.* 68　The only day she remained in bed was the day she died.「彼女がじっとベッドにいた唯一の日が，彼女の死んだ日だった」が直訳。ポーターの妻は体を悪くしていたのに，床に伏していたのはたった1日であり，その日に亡くなったのだから，最後の最後まで起きて働き続けたということを表している。

第9段落

　ポーター夫人が，華氏104度（摂氏40度）もの熱があるのに，その箱の荷物を詰めてくれたとポーターが知ったのは1カ月も経ってからのことだった。それを知るとすぐに，彼は自分のことなどすべて投げ打ち，運命あるいは法廷が彼に対しどんな罰を用意していたとしても，それをすべて受け入れる決意で，ラテンアメリカに家庭を築くという(10) d 望みをすべて捨ててオースティンに向かったのだった。

- □ *l.* 72　fate「宿命」

6

総合読解

(1) ──────────────────────────────────── 正答率 76.2%

第2段落第3～最終文の内容を見ると，銀行の経営が非常に杜撰で，銀行員が金銭の出入を把握できなかったことが述べられている。ポーターは裁判にかけられる状況だったが，それは彼の罪ではない，つまり，彼は悪い環境のとばっちりを受けたと言える。**ア．victim「犠牲者」**が適切。a victim of circumstances は「境遇の犠牲者，とばっちり（を受けた者）」の意。他の選択肢の意味は以下の通り。イ．「性質」　ウ．「産物」　エ．「罰」

(2) ──────────────────────────────────── 正答率 83.3%

直前の the bank を補足説明している挿入句。since は後ろに名詞や節を伴っていないので副詞であり，「昔に，～前に」の意。しばしば long を伴って「とっくの昔に」の意味になる。また closed は「閉鎖されている，閉まっている」の意味で，本文では分詞構文となっている。したがって，下線部は「（銀行は）とっくの昔に閉鎖されていたのだが」となり，**ウ．「長い間閉まっていたのだが」**が適切。その他の選択肢の意味は以下の通り。

ア．「それが閉まっている間は」

イ．「とうとう閉まってしまったのだが」　at (long) last「ついに，とうとう」

エ．「ずっと前に閉まってしまったので」

(3) ──────────────────────────────────── 正答率 54.8%

mean to *do* は「～するつもりである」の意。重複を避けるために to 不定詞を to のみ残して省略した形（代不定詞）になっている。省略されているのは，直前にある left (leave) a note about it「それ（＝200ドル取ったこと）についてのメモを残す」から，I meant to leave a note about it.「その件（200ドルを持ち出したこと）についてメモを残したつもりなんだけど」とする。See if I left a note「メモを残したかどうか確認してくれ」と言っていることから，「メモを残したつもりだったが，確かめてくれ」＝「忘れたかもしれない」ということだと判断できる。**ウ**が適切。なお，代不定詞は口語でよく用いられ，have to, used to, be able to などでも見られる。

(4) ──────────────────────────────────── 正答率 61.9%

下線部は仮定法過去完了で書かれている。If even one of them had been with Porter「もし彼らのうち1人でもポーターと一緒にいたなら」の them が直前の文の his friends を指すのは明らか。all would have been different「すべてが違っていただろう」は all の意味をさらに明らかにするのが条件。第2段落や下線部の直前の文から，多くの人々がポーターの無実を信じていたことがわかる。下線部の直後で，ポーターは裁判で有罪になることを恐れて，ニューオーリンズ行きの列車に乗ってしまうが，誰か1人でも友人がそばにいて逃げ出すことがなかったら彼は無罪になっていたはずである。つまり，その後の彼を取り巻く「事態，状況」がすべて変わっていたはずだ，ということになる。よって all は「その後の展開はすべて，

万事」などの訳が適切。

(5) ── 正答率 83.3%

ここでの reason は「理性」の意味で，下線部は「彼の想像力が理性を上回った」の意。第2段落〜第3段落第3文の内容から，多くの人がポーターの無実を信じており，ポーター自身も自らの潔白が証明されることを信じていたことがわかる。ところが，第3段落第5文では，いろいろと想像することができる列車内の長い時間を1人で過ごして，悪い想像が大きくなりすぎたのである。ア.「自分が無罪を言い渡されるだろうと思っていても裁判を恐れていた」が適切。その他の選択肢の意味は以下の通り。

イ.「自分の有罪が明らかだと思うだけの理由があったので，裁判を恐れていた」

ウ.「なぜ自分が銀行の資金を盗んだのか思い出せなかったのに，裁判を恐れていた」

エ.「彼が銀行の資金を盗んだ理由を人々は理解しないだろうから裁判を恐れていた」

(6) ── 正答率 90.5%

下線部直後の第6段落第1文を見ると，この見知らぬ男がギャングのボスであることが述べられている。(to) keep away from *A*「*A* に近づかない，*A* を避ける」の *A* にあたる destination を「行き先」と考えれば，犯罪者が避けたい行き先は「刑務所」であろう。ア.「**刑務所**」が正解。その他の選択肢の意味は以下の通り。イ.「強盗」 ウ.「銀行」 エ.「自分の家」

(7) ── 正答率 57.1%

the departure had been so 〜「その出発はたいへん〜だったので」と読める。つまり so 〜 that …「とても〜なので…」の構文だと当たりをつければよいが，本問では与えられた選択肢の中に that がないのでこれが省略されていることに気づく必要がある。また，so の後ろには be 動詞の補語になる形容詞が必要。与えられた語句の中では sudden「突然の」が当てはまる。ここまでの意味は「その出発はとても突然だったので」となる。残りの選択肢から「彼らには〜する時間がなかった」と予測し，さらに文の前半に過去完了形（had＋過去分詞形）が使われていることを考慮し，they had not had time to とする。空所の後に their dress suits and high hats for plainer clothing「ドレススーツとシルクハットをもっと地味な服装に」と *A* for *B* という形が続いていることから exchange (*A* for *B*)「(*A* を *B* と) 取り替える」が直前に位置することになる。これを to 不定詞にして time を後置修飾する形にし，(the departure had been so) sudden they had not had time to exchange (their dress suits … for plainer clothing) とすれば文意が通る。不要な語は with。

(8) ─────────────────────────────────── 正答率 78.6%

their career of（　　　）「彼らの（　　　）の経歴」が直訳。第6段落第1文にある通り，ジェニングズは強盗を働くギャングであるが，空所(8)の直後の文に，「彼らは単に，自分たちと，すでに彼らを追跡中だった刑事との間に距離を置こうとしていただけだった」とあることから，「犯罪行為の経歴」をさらに続ける意図はなかった，とすれば文意が通る。**ア.「犯罪」**が適切。その他の選択肢の意味は以下の通り。イ.「旅」　ウ.「逃亡」　エ.「財務」

(9) ─────────────────────────────────── 正答率 66.7%

空所(9)を含む文は「人間は共に腹を空かし，共に食い，死に直面し，笑えば，その人たちはお互い（　　　）と言えるだろう」となる。同段落最終文（If the world …）に「私が彼を知っているように世間が彼のことを知りさえすれば，捜査のサーチライトは彼の美しい魂を照らし出して，それが嵐の雲が去ったあとの一筋の日の光のように汚れないものだとわかるだろうに」とあるが，ここでジェニングズが言わんとしていることは，世間（the world）とは違い，自分はポーターが美しい心の持ち主であることを知っているということである。空所を含む部分はジェニングズがポーターを深く知るに至った経緯が述べられている部分なので，it may be said they have（　　　）each other「その人たちはお互い（　　　）を持っていると言えるだろう」は，「お互いのことを知っている，お互いのことがわかっている」の意になればよい。よって**イ.「（お互い）の知識（を持っている）」**が適切。その他の選択肢の意味は以下の通り。

ア.「（お互い）が嫌い（である）」　※have no use for ～ は「～を必要としない，～をひどく嫌う」の意味の熟語。*e.g.* I have no use for politicians.「政治家なんて大嫌いだ」

ウ.「（お互い）に絶望して（しまった）」

エ.「（お互い）を心配し（てきた）」

(10) ─────────────────────────────────── 正答率 61.9%

a. 当該箇所は his letters were … full of（　　　）for his wife となっている。空所の直後に for his wife「彼の妻に対する」とあるので，**イ. affection「愛情」**を補い，「（手紙が）妻に対する愛情に満ちていた」とするのが適切。

b. 当該箇所は「ビジネススクールの講座を受講し始めたが，（　　　）が邪魔した」である。妨げとなるようなものは，選択肢中では**ウ. ill health「健康障害，体の具合が悪いこと」**だけである。

c. 当該箇所は「私はそんな（　　　）は見たことがなかった」となっている。「そんな」とは，直前の文（When Christmas …）に述べられているポーター夫人の様子。つまり，体の具合が悪いのにレースのハンカチを作り，それを売って，夫に贈り物をしたことである。病気に屈しない夫人の様子を表すのには**エ. willpow-**

er「意志の力」がふさわしい。

d. 当該箇所は「（妻の病状を知って）彼はラテンアメリカの家という（　　　）をすべて捨てた」である。ラテンアメリカで再び家族と一緒に一からやり直したいと思っていたのだから，ア. hope「希望」が適切。

(1)—ア　(2)—ウ　(3)—ウ

(4)友人のうちの1人でもポーターと一緒にいたなら，その後の展開はすべてまったく違ったものになっていただろう。

(5)—ア　(6)—ア

(7) sudden they had not had time to exchange

(8)—ア　(9)—イ

(10)a —イ　b —ウ　c —エ　d —ア

163　嘘の持つ意味

全訳

|第1段落|

　人間がお互いを欺く方法についての論説を私が書いているのだと聞くと，人はすぐさま嘘つきの見抜き方について教えてくれる。嘘つきはいつも左の方を見るのだという友人が何人かいる。飛行機で隣の席に乗り合わせた男が，嘘つきはいつも口を手で隠すものだと言う。(1)嘘をついているとどのような様子になるのかについての意見は多数あって，それらはしばしば矛盾している。嘘つきだとわかるのは，そわそわ動くからだとか，まったく身動きしないからだとか，足を組むからとか，腕を組むからとか，上を見るからとか，下を見るからとか，目を合わせるからとか，目を合わせないから，といった具合である。フロイトは，指の動かし方に十分な注意を払えば，誰でも嘘つきの人間を察知できるものだと考えた。ニーチェは，「口は嘘をつくかもしれないが，それにもかかわらず，嘘をつくせいで生じる顔の表情が真実を語る」と書いた。

- ☐ *l.*1　article「論説，記事」
- ☐ *l.*2　deceive ~「~をだます」
- ☐ *l.*2　S（人）be quick to *do*「すぐに~する」
- ☐ *l.*3　~ says a man　※O（~）V（says）S（a man）の倒置形になっている。
- ☐ *l.*4　numerous「数多い」　※many ではまれだが，S are numerous の形でも使える。
- ☐ *l.*5　contradictory「矛盾した」　※contra-［逆］+-dic-［言う］
- ☐ *l.*5　detect ~「（嘘）を見破る」　※de-［下］+-tect［覆い］
- ☐ *l.*5　keep still「じっとしている」　※still は形容詞。
- ☐ *l.*6　make eye contact「目を合わせる」
- ☐ *l.*6　fail to *do*「~しない」
- ☐ *l.*7　Freud「ジークムント＝フロイト（Sigmund Freud：1856-1939）」　※オーストリアの精神医学者，精神分析学者，精神科医。精神分析学の創始者として知られ，人間が意識していないいわゆる「無意識」を初めて扱った。
- ☐ *l.*7　spot ~「~を見つける」
- ☐ *l.*8　the way S V「SV の方法」　※関係副詞 that が way のあとに省略されている。
- ☐ *l.*8　Nietzsche「フリードリヒ＝ヴィルヘルム＝ニーチェ（Friedrich Wilhelm Nietzsche：1844-1900）」　※ドイツの哲学者，古典文献学者。現代では実存主義の代表的な思想家の一人として知られる。

|第2段落|

　たいていの人が，自分は嘘つきを見抜くのが上手だと思っているが，研究はそうではないことを示している。専門的訓練を受けた人々なら，嘘つきを正確に察知する能力を持つだろうと思うのは間違っている。概して，判事や税関の役人のような，

嘘を見抜くプロでも，テストをしてみると，(2)偶然当たったというのとあまり変わらない。言い換えると，たとえ専門家であろうと，単にコインを投げただけの場合と大差ない確率でしか当たらなかっただろうということになるのだ。

- ☐ *l.* 10　show otherwise＝show that they are not good at spotting liars
- ☐ *l.* 11　have the ability to *do*「～する能力がある」
- ☐ *l.* 12　with accuracy「正確に」
- ☐ *l.* 12　in general「一般的に，概して」
- ☐ *l.* 12　judge「判事，裁判官」
- ☐ *l.* 13　customs official「税関職員」　※customs「税関」は通例複数形にする。official は「役人，公務員」。
- ☐ *l.* 13　even the experts would have been right almost as often if they had just tossed a coin のうしろに as they were right if they professionally detected lies を補って考えればよい。

第3段落

　誰が嘘をついていて，誰がついていないのかを判断するのが困難なのとちょうど同じように，何が嘘で，何が嘘でないのかを見分けることもまた，(3)私たちが思いがちであるよりもずっと難しい。「誰でも嘘をつく」とマーク=トウェインは書いている。「毎日，毎時間，寝ても覚めても，夢を見ながら，楽しんでいても，悲しんでいても」と。

- ☐ *l.* 16　Mark Twain「マーク=トウェイン（1835-1910）」　※本名：サミュエル=ラングホーン=クレメンズ（Samuel Langhorne Clemens）は，アメリカ合衆国の作家，小説家。『トム=ソーヤーの冒険』の著者として知られる。ペンネーム「マーク=トウェイン」は，彼の小説にも頻繁に登場する「蒸気船」が航行する際の測深手の水先人への合図 "by the mark, twain"（2ファゾム：約3.6m。日本語では「水深二尋」と訳されている）から。これは「蒸気船が座礁せず安全に通航できる限界の浅さ」の意味。

第4段落

　第一に，何かを口に「出さない」ことで成り立つ嘘がある。妹と，その顔立ちの良いボーイフレンドと一緒に食事に出かけて，その男がまったく不愉快な奴だと思ったとしよう。後で，その夜のことについて妹と話すとき，レストランのことは話題に出しても，ボーイフレンドについて口にしなければ，嘘をついていることにならないだろうか？　見た目の良さについて語っても，しゃくにさわる人柄について語らなかったらどうなのだろう？

- ☐ *l.* 19　consist of ～「～から成り立っている」
- ☐ *l.* 20　utterly「まったく」
- ☐ *l.* 22　What if ～?「もし～ならどうなるのか」　※本文では What will happen if ～? の省略形と考えればよい。
- ☐ *l.* 23　offensive「不快な，しゃくにさわる」

第5段落

　さらに，偽りだとわかっていることを口にすることで成り立つ嘘がある。こういう嘘の多くは，互いにうまくやっていくことを可能にしてくれる無害な嘘である。

自分には使えない贈り物をもらったときや，気にくわない同僚と一緒のランチに招待されたときには，(4)手厳しい本音を語るのではなく，「どうもありがとう，申し分ないね」とか「行きたいけど，歯医者に予約を入れていてね」などと言う可能性の方が高い。こうした嘘は，私たちが子どもにも使うようにと教える嘘であり，それを私たちは礼儀作法と称する。近所の人から「お元気ですか？」と機械的に尋ねられると，私たちも同様に機械的に「ええ」と答えるものだが，これでさえ突き詰めれば嘘であることが多い。

- □ *l.* 24　know O to be C「OがCであることがわかっている」
- □ *l.* 24　false「偽りで」
- □ *l.* 25　harmless「害がない」
- □ *l.* 25　get along with ～「～とうまくやっていく」
- □ *l.* 25　one another「お互い」　※another one がさかさまになった形。
- □ *l.* 26　co-worker「同僚」
- □ *l.* 27　I wish I could, but ….「残念だけど…」　※断るときの常套句。
- □ *l.* 28　appointment「（人と会う）約束，（歯科医などの）予約」
- □ *l.* 28　harsh「手厳しい，過酷な」
- □ *l.* 31　get right down to ～「～を突き詰める」　※right は強調の副詞。

第6段落

　もっと深刻な嘘は，様々な動機や含みをもちうる。たとえば，ライバルが解雇されるように，その人の行動について嘘をつくことなどがそうである。しかし，そういう場合でなければ，すべての嘘が嘘であることを必ずしも暴かれる必要があるわけではない。私たち人間は，積極的で創造的な生き物であり，(5)存在するものをまるで存在しないかのように，そしてまた，存在しないものをまるで存在するかのように表現することができる動物なのである。隠しごと，遠回し，沈黙，あからさまな嘘——こうしたすべては人間社会の平和維持に役立つのである。

- □ *l.* 32　a range of ～「多様な」
- □ *l.* 32　implication「含み，言外の意味」
- □ *l.* 33　get A fired「A を解雇させる」
- □ *l.* 34　uncover ～「～を暴く」
- □ *l.* 35　represent ～「～を表現する」
- □ *l.* 36　concealment「隠蔽」
- □ *l.* 36　indirectness「遠回しに言うこと」
- □ *l.* 36　outright「明白な」
- □ *l.* 36　contribute to ～「～に貢献する，役立つ」
- □ *l.* 37　peace-keeping「平和維持」

第7段落

　嘘をつけるようになることは，大人になるということの重要な要素である。子どもたちは，通常は3歳か4歳頃に嘘をつく能力を獲得し始めるが，それが可能になるのは，子どもが心の論理，つまり，自分の頭の中で起きていることは，他人の頭の中で起きていることと違うという考えを育み始めたからなのである。親に初めてついた嘘によって，力関係が少し変化する。親が知らないことを今や知ったことに

なるのである。嘘を新たに1つつくたびに、(6)自分の言うことを信じる人々に対する力を少しだけ手に入れるのである。しばらくすると，嘘をつく能力は，子どもたちの感情に基づく行動の1つに過ぎなくなる。

- □ *l.* 40　a theory of mind「心の論理」　※ヒトや類人猿などが，他者の心の状態，目的，意図，知識，信念，志向，疑念などを推測する心の機能のこと。
- □ *l.* 40　the idea …　※a theory of mind と同格の関係にある。
- □ *l.* 42　shift「変化する」
- □ *l.* 43　power over ～「～に対する力」
- □ *l.* 44　just another ～「よくある～，ありふれた～」
- □ *l.* 45　landscape「（政治，社会などの）情勢，全体像」

第8段落

　嘘をつくことは，あまりに日常的で，日々の生活や日々の会話の一部になってしまっているので，私たちは嘘が嘘だとほとんど気づかない。実は，多くの場合，嘘をつくよりも本当のことを言う方が難しく，骨が折れ，ストレスになるものなのだ。(7)結局，だますということは，より高い知性の発達と結びつく特性の1つだと言えないだろうか？

- □ *l.* 46　so ordinary, so much a …　※so ordinary を具体化したのが so much a … である。
- □ *l.* 47　The fact is that ～「実は～」
- □ *l.* 48　challenging「やりがいのある，骨の折れる」
- □ *l.* 49　associated with ～「～と関連している」
- □ *l.* 49　evolution「進化，発達」

第9段落

　現在，「信頼性評価」の効率的な機械を開発しようとする試みが，合衆国連邦政府によって行われつつある。(8)言い換えると，「テロとの戦い」において，国家の安全保障レベルを上げるための手段としての完璧な嘘発見器を開発しようとしているのだ。しかし，国の安全性を高めようとするこのような探求は，まったく予期しない形で私たちの日常生活に影響を及ぼすことになるかもしれない。その新たに開発された装置は，どのようにして，どれが本当に危険な嘘で，どれが害のない親切な嘘，あるいは，(9)利己的だが危険ではない嘘だと見分けられるのだろう？　テロとの戦いにおいてだけではなくて，国家の安全とほとんど何の関係もない状況，たとえば，就職面接，税務調査，教室，寝室で，真実でないことを察知することのできる道具がある日そばにある，ということになればどうなるのだろう？

- □ *l.* 51　at present「現在，目下のところ」
- □ *l.* 51　make an attempt to *do*「～しようと試みる」
- □ *l.* 51　the US Federal Government「合衆国連邦政府」
- □ *l.* 52　efficient「能率がよい，効率的な」
- □ *l.* 52　credibility assessment「信頼性評価」
- □ *l.* 52　lie detector「嘘発見器」
- □ *l.* 53　means to *do*「～する手段」
- □ *l.* 53　war on ～「～に対する戦い」

□ *l*. 54　quest to *do*「〜しようとする探求」
□ *l*. 54　implications「影響」　※この意味ではしばしば複数形。
□ *l*. 57　self-serving「利己的な」
□ *l*. 59　have little to do with 〜「〜とほとんど関係がない」
□ *l*. 60　tax inspection「税務調査」

[第10段落]

　完璧な嘘発見器ができたら，私たちの暮らしはめちゃくちゃになろう。ほどなく，私たちは言葉を交わすのをやめ，テレビはなくなり，政治家は逮捕され，文明は停止することになるだろう。その機械がきちんと作動しないとどうなるか――(10)<u>これは私たちが考え慣れている類の危険であるが</u>――だけでなく，機械がきちんと作動してしまったらどんなことになるのかということも考えないうちに，そんな装置を慌てて市場に出すとしたら間違いだろう。不確かさに満たされた世界，誰が誰に嘘をついているのかを確実には決して知りえない世界に暮らすことよりも酷いのは，どこに嘘があるかがわかる確かさに満たされた世界，それゆえ，私たちがお互いに真実のみを語らざるをえない世界に暮らすことなのかもしれない。

□ *l*. 61　turn 〜 upside down「〜を上下さかさまにする」
□ *l*. 61　before long「まもなく」
□ *l*. 62　abolish 〜「〜を廃止する」
□ *l*. 62　politician「政治家」
□ *l*. 63　come to a halt「停止する」
□ *l*. 63　bring 〜 to market「〜を市場に出す」
□ *l*. 65　be accustomed to *doing*「〜に慣れている」
□ *l*. 66　Worse … が補語，might be が動詞，to live … が主語の倒置。一番言いたい主語を文末に置いた形である。
□ *l*. 69　nothing but 〜「〜だけ」　※but は「〜以外の」の意味の前置詞。

(1) ――――――――――――――――――――――――――――――――　正答率 73.5%

当該文は「（　　　）について人が信じていることはたくさんあり，しばしば矛盾している」である。直後の第1段落第4文（Liars can be …）から最終文まではその具体例であり，「嘘をついているとき人はどのような様子をすると世間では思われているか」に関する互いに矛盾する例が列挙されている。したがって，**ウ.「嘘をつくことがどのような様子に見えるか」=「嘘をついている人はどのような様子か」**が適切。ア.「なぜ人は嘘をつくのか」　イ.「嘘をつくタイミング」　エ.「人がつく嘘の種類」

(2) ――――――――――――――――――――――――――――――――　正答率 69.4%

当該文は「概して，判事や税関の役人のような嘘を見抜くプロでも，テストしてみると，結果は（　　　）」である。直後に In other words「言い換えると」として，「専門家でさえも，コインを投げてみただけというのとほとんど同じ程度にしか当たらない」とある。コインの裏表でことを決めるのは偶然任せということなので，

イ.「偶然と大差がない」が適切。ア.「予想どおり正確である」　ウ.「幾分平均よりも悪い」　エ.「素人よりもはるかによい」

(3)　──────────────────────────────── 正答率 32.7%

当該箇所は同文前半と同様に形式主語の文と考えられる。空所の直後に原形不定詞 tell があるのでその直前に to を置いて，it is also much more difficult（　　　）to tell what is …「何が…なのか判断するのはずっと難しい」と大枠を決める。more difficult に対して「〜より」と比較の対象を than で続けることを考えると，than we think「私たちが思うより（ずっと難しい）」などとなりそうである。不要な語は１つだけなので，than we tend to think としてやれば，「私たちが思いがちであるよりもずっと難しい」と，内容上も文法・語法上も無理なくつながる。空所を埋める表現は **than we tend to think to** となる。不要なのは look。なおこの文は It is also much more difficult to tell … than we tend to think. の than we tend to think の部分を much more difficult という比較級の直後に移動した形（比較対象の前置）になっていることに注意。

(4)　──────────────────────────────── 正答率 95.9%

同段落第２文（Many of these …）にある「互いにうまくやっていけるようにする害のない嘘」の例を挙げている箇所。使えない贈り物に対し，the harsher truth の代わりに「申し分ない」と言ったり，嫌いな人との昼食を避ける理由として，the harsher truth の代わりに「歯医者の予約がある」と言うとあることから，the harsher truth とは，相手にとても言えないような厳しい現実，つまり本音を指しているとわかる。ア.「実際にはどう感じているか」が正解。イ.「子どもがつく嘘」　ウ.「歯医者に行くこと」　エ.「なぜ昼食が好きでないかという理由」

(5)　──────────────────────────────── 正答率 93.9%

represent O as 〜「Oを〜と言う，表現する」に as if S V（Vは仮定法になっている）「まるでSがVするかのように」が重なり，and で O 以下がもう１つ続いているという文の構造を見抜くこと。１つめは O が what exists「存在するもの」で，as if it did not の後には exist が省略されており，「存在するものをまるで存在しないかのように表現する」となる。２つめは，O が what doesn't exist「存在しないもの」で，as if it did の did は existed の意の代動詞であり，「存在しないものをあたかも存在するかのように表現する」となる。

(6)　──────────────────────────────── 正答率 77.6%

主語の they は嘘をつくことを覚え始めた子どもを指す。「子どもは自分を信じている人たちに対する力をさらにもう少し得る」が直訳。power がどういうものかは直前の文に「嘘をつくと力関係が少し変わる」とあり，その補足として「今や子どもは親の知らないことを知っている」と述べられている。嘘をつけるようになる前の子どもが考えていることはすべて親に把握されている。つまり，完全に親が子

どもを支配していることになる。しかし，嘘をつくようになると，親が把握していない部分が子どもの中に生じる，すなわち親と共有しない子どもだけの世界が生じるということを表している。したがって，ア.**「彼ら（＝子ども）は以前より人に依存しなくなる」**が適切。「依存」の反対が「独立，自立」であることを考えれば結びつくはず。イ.「彼らはもっとはっきり善悪の区別ができるようになる」　ウ.「彼らは，親も他の人たちと同じだと気づく」　エ.「彼らは自分が嘘のつき方を身につけるように奨励されていると理解する」

(7)　――――――――――――――――――――――　正答率 83.7%

当該文は「だますということは，（　　　），より高い知性の発達と結びつく特徴の1つだと言えないだろうか」である。「より高い知性」により比較されているのは，「人間」と「他の動物」でもよいし，「嘘のつけない子ども」と「嘘をついて円滑な社会生活を保とうとする大人」などのことでもある。第4段落以降，嘘が持つ肯定的な面を，具体的な例を挙げて読者に納得させようとして，さまざまなことを挙げはしたが，「そもそも（結局）」嘘は人間だから，大人だからつけるのだ，という意味にするのが適切。イ.**「そもそも，結局」**が正解。after all はしばしば補足理由を示すことにも注意したい。ア.「無駄に」　ウ.「まったく～ない」　エ.「対照的に」

(8)　――――――――――――――――――――――　正答率 93.9%

空所の直前に「『信頼性評価』の効率的な機械」とあり，空所の後には「完璧な嘘発見器」とある。言い換えがなされているのは明らか。ウ.**「言い換えると」**が正解。ア.「まったく同様に」　イ.「なんとしても」　エ.「他方で」

(9)　――――――――――――――――――――――　正答率 40.8%

下線部を含む第9段落前半では，「国の安全性を高めるために完全な嘘発見器を作った場合，それがまったく予期せぬ形で日常生活に影響する」とある。「どのような影響かな？」と考えて読み進むと，同段落第3文（How will the newly …）で，筆者はそうした嘘発見器に疑問を投げかけ，「そうした嘘発見器はどうすれば，どれが本当に危険な嘘であり，どれが無害で心の優しさから出てきた嘘，ないしは，"self-serving without being dangerous" な嘘と識別できるのだろう？」と述べている。ここで述べられた3種類の嘘のうちの最初の2つは「（国家にとって）危険な嘘」，「（国家にとって）危険でない嘘」なので，最後の嘘は「国家にとっては危険ではないが self-serving な嘘」＝「国家にとっては安全だが self-serving な嘘」であることがわかる。以上からエが正解だとわかる。なお，self-serving「利己的な」を知っていれば，それだけで正解を得られる。

(10)　――――――――――――――――――――――　正答率 36.7%

当該箇所の意味は「それは私たちが考えるのに慣れている類の危険」であり，which「それ」が指すものを答えればよい。which の指すものは，直前の what might happen … if it didn't work「それ（嘘発見器）が機能しなかったらどうなるのか」である。この部分が答えとなる。さらに下線部の後を参考にして，「嘘発見器が機能しない」を「嘘発見器が嘘を正しく発見できない」と具体化した方がよいだろう。解答としては「risk とは，この場合どのようなものか」という問いにふさわしい解答になるように，「嘘発見器が嘘を正しく発見できない危険（性）」などと，「～のような危険」または「～である危険性」といったまとめ方をすること。

(11) ── 正答率 79.6%

　(a)「人間として，私たちはときには嘘をつくことを（　　　）できない」第4～8段落にあるように，筆者は「人は嘘をつくものだ」と考えている。空所の後が動名詞なので，avoid を選択し，avoid *doing*「～するのを避ける」にすると当てはまる。助動詞 cannot があるので原形不定詞のままでよい。

　(b)「実際，嘘をつくことは，人を不必要な対立から（　　　）こともある」第4・5段落に具体例が述べられているように，本当のことを言うと人と気まずくなる場合もある。嘘は不必要な対立から人を「守る」とすれば文意に合う。protect O from …「O を…から守る」の語法にも合う。主語が動名詞 lying なので3単現の s をつけて protects と答える。

　(c)・(d)「多くの場合，人間社会の平和が（　(c)　）されるのは，すべての真実が（　(d)　）されるわけではないからである」　第6段落第2文（But in other cases, …）～最終文に「すべての嘘が暴かれる必要はない。本当のことを言わないことが人間社会の平和維持に役立っている」という趣旨の記述がある。これより(c)には maintain「維持する」，(d)には reveal「暴露する」が当てはまるが，いずれも空所直前の is と合わせて受動態にする必要があり，それぞれ過去分詞 maintained，revealed にして答える。

---

(1)―ウ　(2)―イ

(3) than we tend to think to

(4)―ア

(5)存在するものをまるで存在しないかのように，そしてまた，存在しないものをまるで存在するかのように表現することができる

(6)―ア　(7)―イ　(8)―ウ　(9)―エ

(10)嘘発見器が嘘を正しく発見できない危険性。(20字)

(11) (a) avoid　(b) protects　(c) maintained　(d) revealed

164　思春期の娘と母親の思いのすれ違い

全訳

第1段落

　ジャッキーは，窓枠にぼんやりともたれかかって，家の前の浜辺を見ていた。浜辺の遠く離れた所に，青い服を着た見慣れた人影がゆっくりと家に向かって来るのが見えた。ジャッキーは，娘をこっそりと観察できるこういった時間が大好きだった。トニーはどんどん成長していった。ジャッキーが，戸惑い気味の幼い7歳の娘を連れてここにやって来たのは，(1)<u>ついこの間のことだったような気がした。</u>トニーは本当に父親のことを敬慕していたわね！　娘がまだほんの5歳か6歳のころ，週末になると家族みんなで都会から浜辺へとはるばる来たものだった。そんなときに，娘は父親をこれ以上ないほどの荒波へと連れ出して，勇ましくも父の背中にしっかりしがみついて，波の中で一緒に戯れながらキャーキャーと歓声をあげたものであった。娘は父親を全面的に信頼していた。それから，父親は母娘を残して出て行った。何の書き置きも，何ひとつなかった。まさにそれだけであった。

- [ ] *l.* 1　lean against ～「～にもたれかかる」　※lean；leant；leant
- [ ] *l.* 1　stare out at ～「(外の) ～をじっと見る」　※out が漠然，at ～ が具体。
- [ ] *l.* 2　in the distance「遠方に」
- [ ] *l.* 2　down the beach「海岸に沿って」　※down は「中心 (＝ジャッキーがいる場所)」から離れていることを示唆している。2007 年度の(3)も参照すること。
- [ ] *l.* 2　could see ～「～が見えていた」　※see の進行形の代用。
- [ ] *l.* 2　in the blue dress「(例の) 青い服 (ワンピース) を着た」
- [ ] *l.* 5　How Toni had adored her father !　※描出話法で書かれている。How は感嘆の気持ちを表し，How much「どれほどの」と同義。
- [ ] *l.* 6　would … make「～したものであった」　※過去の習慣的行為。
- [ ] *l.* 8　hold on to ～「～につかまる」
- [ ] *l.* 10　Just like that.「まさにそれだけだった」＝It was just like that.　※状況は書き置きも何もなかったということ。

第2段落

　そろそろトニーの姿かたちがずいぶんはっきりと(2)<u>判別</u>できるようになった。ジャッキーが見ていると，トニーは波打ち際の岩の上に靴を置き，濡れた砂の中へと足を踏み入れると，手を腰にあて，首をかしげて下の方を見つめながら，突っ立っていた。何を考えているのかしら？　ジャッキーは衝撃的といってもよいほど強い愛情の大きなうねりを感じた。「あの子のためだったら何でもするわ」と彼女は気がつけば声に出していた。「何でも」

- [ ] *l.* 11　put her shoes onto the rocks「彼女の靴を岩場に置いた」　※家に帰りたくないことを示唆。
- [ ] *l.* 13　hand on hip「手を腰にあて」＝with one of her hands on one of her hips　※付帯状況の表現では，このような省略がよく起きる。
- [ ] *l.* 13　head on an angle「首をかしげて」　※「頭をある角度をつけて」が直訳。

□ *l.* 13　What was she thinking?　※描出話法で書かれている。

□ *l.* 14　a surge of love「愛情のうねり」　※surge は surface と同系語。

□ *l.* 14　shocking in its intensity「衝撃的なほど強い」　※「強さにおいて衝撃的」が直訳。

□ *l.* 15　find *oneself doing*「気がつけば～」

第3段落

　8年前に都会からこの家に引っ越してきたのはトニーのためだった。(3)過去を水に流して再出発をしたかったのである。きっと，こちらの方が，子育てをするのが簡単で安全で楽しいだろうと考えてのことだった。そして，確かにそのとおりだった。トニーは何事もなく，自転車で学校へ行き，友人たちの家に出入りして，浜辺を歩き回ったりすることができた。放課後，ジャッキーが仕事をしている間でも，トニーが出かける場所に事欠いたことは一度もなかった。親子関係も順調で，トニーはジャッキーに，(4)何ひとつ苦労をかけなかった（とジャッキーは思った）。そんなわけで，あとわずか3年もすれば都会に戻って，ティムの家に引っ越して，もしかしたら結婚することになるかもしれない，とジャッキーは考えていた。

□ *l.* 16　It was for Toni that she ….　※強調構文。

□ *l.* 17　Surely, up here … a child.　※ここから描出話法で書かれていると考えられる。

□ *l.* 18　ride …, run …, take …, in safety　※他にも可能性がある場合は and は省略される。in safety はすべての動詞を修飾している。

□ *l.* 22　only three years to go and then S V.「3年もすれば…」　※命令文 and S V. と似た形。

□ *l.* 23　move in with ～「～の家に引っ越す」　※live with ～「～の家に住む」と同系。

□ *l.* 23　marry「結婚する」　※口語では自動詞で使われることもある。

第4段落

　彼女は時計を見上げた。4時だった。いつもの金曜日とちょうど同じように，7時には彼はここへ来るわ。トニーを別にして，彼は彼女が世界で一番愛している人だった。毎週末，彼はやってきて，3人は家族のように一緒に過ごした。ティムは，都会へ行って一緒に暮らすようにジャッキーに迫るようなことは一度もなかった。ティムには，ジャッキーにとって，(5)トニーが卒業するのを見届けるのが最優先だということがわかっていたのだ。彼女がそうする気になるまで待つつもりだと言っていた。ジャッキーは，こうした取り決めをとても気に入っていた。一週間会えないことで，かえってずっと新鮮な関係でいられた。金曜日になると，お互いに話したいことが山ほどあった。出迎える準備をすること，たとえば，髪を洗って乾かしたり，お気に入りの服を着て，かわいらしく見えるようにしておくといったことが，とても楽しかった。ジャッキーは，トニーとティムがいてくれることを神に感謝した。

□ *l.* 24　glance up at ～「～をちらりと見上げる」

□ *l.* 24　He'd be here … Friday.　※描出話法で書かれている。

□ *l.* 27　see *A* through school「*A* が学校を卒業するのを見る」　※see *A* get through school から get が省略された形と考えればよい。

□ *l*. 29 arrangement「取り決め」 ※ the arrangement は the arrange-ment between Jackie and Tim to live apart until Toni gets through school, and just spend the weekends together ということである。

* * *

【第5段落】

トニーは濡れた砂の中にさらに足をぐっと押しつけた。まだ家に帰りたくなかった。考えることがあまりにも多すぎた。家ではママがいつものように，とてもウキウキとして歌を歌い，掃除をし，ティムを迎える準備をして，あれこれ慌しくしているだろう。ママのような年の人があんなふうに振る舞うなんて！ あれは(6)ちょっとやりすぎだわ，まったく，とトニーは思った。ちょっと憐れと言ってもいいくらい。確かにティムは素敵だけれど…トニーは認めざるをえなかった。自分の中の半分は，母のために，つまり恋人がいるということで本当によかったと思う反面，自分の中の半分は戸惑っていた。いやだ，まだ家になんか絶対帰ってやるもんか。

□ *l*. 35 would *do*「～したものであった」

□ *l*. 36 all excited「とてもウキウキして」 ※準補語（なくても文構造に影響を与えない補語）。all は強調の副詞。

□ *l*. 36 Someone … that！ ※描出話法で書かれている。someone her Mum's age = someone of her Mum's age

□ *l*. 40 No, she wouldn't … yet. ※描出話法で書かれている。

【第6段落】

(7)トニーは顔を上げて浜辺のあちらこちらを見渡した。誰もいなくてほっとした。この服を着ているところを人に見られるのがとても嫌だった。飾りがごてごてついてあまりにも女の子っぽすぎる。土曜日にバイトをしようと応募して家に帰ったら，ママがこれを着なさいって。「ねえ，すてきじゃない。これを着たら本当にかわいく見えるわよ。よい印象を与えるっていうのは大切なのよ」とママは言っていた。確かにそれでバイトは合格。ママは今頃，私のことを待っていて，その知らせを聞きたがっている。そして，まるで賞か何かでももらったみたいに大騒ぎするだろう。トニーは時々，ママがいちいちそんなに興奮しないでくれればいいのにと思う。でも，悪いことばかりではなかった。今度ばかりは，自分自身のお金をいくらか手にすることになり，いつも着ている服とは違う，自分が欲しいと思う服を何着か買えるだろう。

□ *l*. 42 fancy「飾りがごてごてついた」

□ *l*. 42 girlish「女の子っぽい」

□ *l*. 47 get carried away with ～「～で舞い上がる」

□ *l*. 47 There was one good thing は「よかったことがひとつある」が直訳。

□ *l*. 48 for once「今度ばかりは」

□ *l*. 49 for a change「気分転換に」 ※いつもと違うことをすることを示唆。"change" here means a situation or experience that is different from what happened before and is usually enjoyable. "Let's go out for dinner for a change." would mean "Let's go out for dinner to create a new, enjoyable experience."（あるイギリス人の解説）

第7段落

　一つ，確かなことがあった。今夜は，この服を着ていかない！　ママに絶対外出させてもらえるように，家を出るときには着るけれど，クリッシーのところで着替えてやる。何かと面倒なことになっていた。前は，(8)こんなことする必要は一度もなかった。ダンスに出かける許可をママからもらうだけでも一苦労だった。

- □ *l*. 50　S be for sure.「確かで」　※通例 sure は「人」を主語にするが，for sure は「もの」を主語にすることもできる。
- □ *l*. 50　She wasn't … tonight !　She'd wear … place.　※描出話法で書かれている。
- □ *l*. 53　get *A* to *do*「*A* に～してもらう」

第8段落

　「ちゃんと誰かが見てくれているの？」「お酒は出るの？」「何時に終わるの？」次から次へと，まるで警察の取り調べのようだ。他の子の親は，ママみたいにあれこれ聞いてこない。でも，少なくともママは出かけていいと言ってくれた。今回は初めて浜辺のクラブに行くのよ！

- □この段落はすべて描出話法で書かれている。
- □ *l*. 55　supervision「監督」

第9段落

　行かせてくれなんて言うことさえしちゃいけないわよとクリッシーは言った。「あなたのお母さんと恋人がベッドへ行ったら，窓から出ちゃえばいいんじゃない」というのが彼女のアドバイスだった。「どっちにしたって，お楽しみは遅くなってからなんだから」　でも，トニーにはそれができなかった。特にこれが初めてだからできなかった。ともかく，トニーが相当早口でまくし立ててやっとママはわかったわと言ってくれた。トニーはちょっと嘘もつかなければならなかったが，最後にはママは信じてくれた。「クリッシーのお父さんお母さんが連れて行ってくれるの。親が5人見ていてくれることになっているわ。お酒はなしよ。11時半には帰ってくるから」

- □ *l*. 59　things　※"Things" here means the interesting or fun things that happen later at a dance or party after everyone has got over their initial shyness and relaxed.（あるイギリス人の解説）
- □ *l*. 59　get started「始まる」
- □ *l*. 62　swallow ～「～を飲み込む，～を信じる」

第10段落

　最後のは特に気が咎めた。11時半なんて無理！　でも，いったん家を出てしまえば，ママにはわからないわ。トニーはさらに深く砂の中へ足をねじこんだ。そういったウソをついたことで，ほんのちょっとだけ気が落ち着かなかった。でも，なぜ私がこんなに心配する必要があるの？　誰だってウソをつく必要があるのよ。そうしなかったら，どこにも行けないじゃないの。クリッシーを見なさいよ。(9)もう1年もの間，クリッシーがうまくやってのけてきたことを見てごらんなさいよ。

- □ *l*. 67　But … 以下は，描出話法で書かれている。
- □ *l*. 69　get away with ～「～をうまくやってのける」

(1) ──────────────────────────────── 正答率 96.0%

no time は「（略式）ごく短い時間，あっという間」ということ。つまり，since 以下の出来事から時間はほとんど経っていない，since 以下の出来事はつい最近のことのように思えた，ということ。**イ**の「…はほんの昨日のことのように思えた」が適切。ア.「…はずっと以前のことのように思えた」 ウ.「…以来いつもとても慌しかった」 エ.「…以来彼女には考える時間がほとんどなかった」

(2) ──────────────────────────────── 正答率 56.0%

第1段落第2文（In the distance …）でわかるように，トニーは遠くから家の方へ近づいてきていた。当該文末尾に now「今は」とあるので，かなり近くまで来ており「トニーの姿がはっきりと『見える』」の意にするのが妥当。**out** を入れると can make out ～「～を見分けることができる，わかる」となり，適切。基本的な熟語を尋ねる問題。

(3) ──────────────────────────────── 正答率 56.0%

ジャッキーが都会からこの浜辺の家に引っ越してきた経緯は，第1段落最終3文（And then he …）にあるように，夫が失踪したためである。当該文では「トニーのために引っ越してきた」とあり，当該箇所はそのときの気持ちを wanting to *do*「～したくて」と分詞構文で表している。put the に続くのは名詞。child と past がある。child ならトニーのことであり，「トニーを…に置く」とした場合，どんな状態，場所に置くのか当てはまる語句が選択肢の中には与えられていない。よって，put the のうしろに past を続けて put the past behind them とすれば「過去を自分たちのうしろに置く」＝「過去のことは忘れる」ができる。残る again，and，start を and start again と並べれば，全体で（wanting to put the）past **behind** them and **start** again「過去を忘れてやり直し（たいと思って）」となり，内容に沿う。不要語は child である。

(4) ──────────────────────────────── 正答率 68.0%

空所のあとに whatsoever があるが，これは no＋名詞に続けて「少しの～も…ない」と強調するのに使う。**ア**の no joy と**ウ**の no trouble のいずれかだが，当該文（第3段落第6文）前半に「彼女ら（＝ジャッキーとトニー）は良好な関係にあった」とあるので，**ウ**を補って「トニーはジャッキーにいっさい苦労をかけなかった」の意にするのが妥当。なお，give *A* trouble で「*A* に面倒をかける」の意味。

(5) ──────────────────────────────── 正答率 78.0%

ティムがジャッキーに性急に結婚を迫らない理由を述べている箇所。下線部(5)の直訳は「まずトニーが学校を終えるのを見る」である。see *A* through school は，see *A* get through school から get が脱落した形であると考えればよい。第3段落最終文（So, only three years …）でジャッキーが「ほんの3年もしたら都会へ戻ってティムと結婚しよう」と思っていることが述べられているが，なぜ3年なのか考えて

みると，第1段落第5文（It seemed no time …）で，今の家に引っ越してきたのはトニーが7歳のとき，それが8年前だったのは第3段落第1文（It was for …）に述べられている。今トニーは15歳，つまり高校1年生くらいであり，3年とはトニーが高校を終える時期ということになる。娘がその後大学へ行くなり仕事をし始めるなりして，ある程度独立するまでは待ちたい，というのが母親であるジャッキーの気持ちだとわかる。よって，**ウ**の「**トニーが学校を卒業するまで待つ**」が適切。

ア．「トニーが学校へ出かけるのを見る」
イ．「トニーが学校で（成績が）1番になる手助けをする」
エ．「トニーが学校へ行くのを見て楽しむ」

(6)　　　　　　　　　　　　　　　　　　　　　　　　　正答率 20.0%

下線部(6) a bit too much は「少々手に負えない，理解できない，ひどい」といった意味。同文の主語 it は前文の内容を受けており，「自分の母親の年齢の人があのように振る舞うこと」である。さらに「あのように」とは，その前文の第5段落第3文（At home Mum …）に述べられている様子。すなわち「母は，すっかり興奮して，歌を歌い，掃除をし，恋人のティムを迎える準備をして駆けずり回っている」のである。親がいい年をして，恋人が来ることにすっかり興奮してしまっているのを見て，トニーは**年甲斐もなくみっともない**と考えている。そうした辟易としているトニーの思いを解答にまとめる。まとめる際には，字数を考えると具体的に書く余裕はないので，母の様子は「**浮かれすぎている**」「**興奮している**」「**舞い上がっている**」などとまとめればよいだろう。

(7)　　　　　　　　　　　　　　　　　　　　　　　　　正答率 90.0%

第6段落最終2文に「よかったことがひとつある。今度ばかりは，自分自身のお金をいくらか手にすることになり，いつも着ている服とは違う，自分が欲しいと思う服を何着か買えるだろう」とある。**イ**の「**彼女は自分の稼ぎを新しい服に使うのを楽しみにしている**」が適切。他の選択肢はすべて本文の内容と食い違う点が含まれている。

ア．「彼女は自分が勝ち取った賞を受け取るのを楽しみにしている」
ウ．「彼女は仕事のことで母親の知らせを聞くのを楽しみにしている」
エ．「彼女は自分の雇い主によい印象を与えるのを楽しみにしている」

(8)　　　　　　　　　　　　　　　　　　　　　　　　　正答率 78.0%

直前の第7段落第3文（She'd wear …）に「今夜出かけるときには，母親のお気に入りの服を着て家を出るが，あとで着替える」とある。また，続く第8・9段落では，今夜出かけるために，トニーがずいぶん苦労したことが述べられているが，母親を説得するのに，多少の嘘もついたことが第9段落第5文（Anyway, Mum had …）の後半で明かされている。そして第3段落第6文（They had a …）では，

この母娘が「心地よい関係にあり，トニーは母親を困らせるようなことはいっさいしたことがなかった」とあった。したがって，今までしたことがなかった「こんなこと」とは，**ウの「母親に対して不誠実であること」**が適切。

ア．「服を買うこと」

イ．「友だちのところに泊まること」

エ．「窓から家を抜け出すこと」

(9) ──────────────── 正答率 26.0%

直前の文で「クリッシーを見てごらん」とあり，クリッシーのどういうところを見よと言っているのか説明したのが当該文であることは，いずれも Look at で始まることでわかる。she はクリッシーを指す。what は関係代名詞とみて，訳す際は「〜こと」とすればよいが，疑問詞とみて，「どんなことをこの1年の間クリッシーがまんまとやってのけてきたか（見てごらん）」のように訳すこともできる。get away with 〜 は「〜（悪事など）を罰せられたり見つけられたりせずにうまくやってのける」こと。この熟語を知らなくても get away「逃げる」+with 〜「〜を持って」から，ある程度は推測できるはずだ。トニーはクラブに出かけるのを許してもらうのにずいぶん苦労したのに，クリッシーは，第9段落第1・2文（Chrissy had told …. "Just get out …）にあるように，親に相談などせずこっそり家を抜け出せばよいと言っている。このことからクリッシーは親の目を盗んで遊んでいるらしいことがわかる。for a year now は「今では1年間」が直訳。「この1年間，もう1年も」といった訳ができる。この文が描出話法で書かれていることを考慮すると，全体では**「クリッシーがこの1年間，うまくやってのけてきた〔親の目を盗んでやってきた〕ことを見てごらんなさいよ」**などとなるだろう。

(10) ──────────────── 正答率 78.0%

第1段落第5文（It seemed no …）に「彼女と困惑した幼い7歳の子がここへ来た」とある。「彼女」は母親のジャッキーのことであり，「7歳の子」が娘のトニーということになる。また「困惑した」とあるのは，「敬慕し」（第1段落第6文），「全面的に信頼していた」（第1段落第8文）父親が，「何も言わずに突然出て行った」（第1段落第9・10文）からである。母娘の2人だけになって，過去を忘れるためにこの浜辺の家に引っ越してきたことは，第3段落第1文に述べられているとおりである。それ以前は，親子3人で都会で暮らしていたことは，第1段落第7文（When she was …）に「毎週末，都会からはるばる浜辺にやって来た」とあることでわかる。**ウの「トニーと彼女の母親は，トニーが7歳のときに浜辺の家に引っ越してきた」**が正しい。

ア．「トニーの父親は，トニーが7歳のときに一人で暮らすため都会へ引っ越した」

イ．「トニーと彼女の両親は，彼女が7歳のときまで浜辺の家で暮らしていた」

エ．「トニーの父親は，彼女が7歳のときまで週末彼女に会いに，浜辺へ来ていた」

⑾ ──────────────────────────────────── 正答率 66.0%

　a．「ジャッキーは，娘が急速に，おそらく彼女が望んでいるよりも速く成長していることを（　　　）ない」

ジャッキーが気に入っている服を，トニーは「飾りがごてごてついて女の子っぽすぎる」と感じ，その服を着ているのを見られるのがとても嫌だと思っている。また，友だちは当たり前にクラブへ出かけて行けるのに，トニーは母親のジャッキーがあれこれ詮索するので，嘘をつきながらようやく出かける許しをもらっている。ところがジャッキーは，トニーはまだまだ親が世話してやらなければならない子どもだと思っている。以上から「成長していることに『気づいて』いない」とするのが妥当。**オ**の realize が適切。

　b．「彼女はトニーが今では自分の考えや思いをもっていることを理解（　　　）」

a で検討したことからすると，「理解していない」となるはず。**イ**の fail は fail to *do* で「〜しない，できない」の意になり，適切。

　c．「トニーはまだ母親を（　　　）が，少し 2 人の関係に居心地の悪さを感じている」

第 5 段落第 7 文（One part of her …）の前半には「母に恋人がいるのを，本当によかったと思う」とあり，また，嘘をついてダンスに出かけようとしていることを気にしている。つまり，完全に母親と反目しているわけではない。よって，**エ**の love「愛している」が妥当。

　d．「そして（トニーは）もっと独立（　　　）したいと思っている」

形容詞 independent をあとに続けられる動詞，つまり補語を取る動詞を選ぶ。**ア**の become「〜になる」が適切。「独立した状態になりたい」＝「自由になりたい」といったところである。

⑴—イ　⑵ out
⑶ 2 番目：behind　5 番目：start
⑷—ウ　⑸—ウ
⑹年甲斐もなく，恋人の来訪を待ち焦がれて浮かれている態度。(28 字)
⑺—イ　⑻—ウ
⑼もう 1 年もの間，クリッシーがうまくやってのけてきたことを見てごらんなさいよ。
⑽—ウ
⑾ a—オ　b—イ　c—エ　d—ア

165 帰郷

全訳

第1段落

バスが到着した時，レベッカの母親はバスターミナルの外に立っていた。日曜の朝，7時35分だった。彼女は疲れているように見えた。「バスでの移動はどうだったの？」と母は尋ねた。

第2段落

「オハイオに着くまで眠れなかったのよ」とレベッカは答えた。レベッカはニューヨーク市から夜行バスに乗って帰ってきたのだ。母の車まで歩いている時，ミシガンの初夏のなじみのある臭いが空気を満たしていた。「でも大丈夫」とレベッカは言った。

- [ ] *l.*4　by overnight bus「夜行バスで」
- [ ] *l.*5　The familiar smells of the early Michigan summer は，これからレベッカに「もうこんな所は嫌だ！」と思わせる数々の嫌なことが起こることを予感させる箇所。「懐かしい」などのプラスイメージではなく，「ああ，またあの田舎の臭いだ」という感じ。

第3段落

母親が12ブロックの道のりを家に向かって車を走らせている時，レベッカは窓の外を見ていた。町にはほとんど人の姿がなかった。メインストリート沿いには，かつてデパートがあった場所に安売りの靴屋，ドラッグストアがあった場所にはクリーニング屋があった。しかし，リンカーン通りには，ボーナス・バーガー，ピザ・ディライト，タコ・タイムといったファーストフードの店が(1)昔の記憶のまま残っており，またレベッカが育ったウィロウ通り沿いの家並みも同様であった。ただ，母親の家から2軒向こうの家だけは様子が違っていた。

- [ ] *l.*7　look out (of) the window「窓の外を見る」
- [ ] *l.*7　dozen ～「12 の～」　※最終段落では twelve blocks と言い替えられている。
- [ ] *l.*8　deserted「人通りがない」
- [ ] *l.*11　as were the houses on …　※この as は and so に言い換えることができる。〈so ＋助動詞または be 動詞＋S〉で「S もまたそうである」なので同じように考えるとよい。

第4段落～第7段落

「ウィルソンさんの家はどうしたの？」とレベッカは尋ねた。「ペンキを塗り直すとか何かしたの？」

「あの人たちはケンタッキーへ引っ越したのよ」　母親は答えた。

長い沈黙が流れた。レベッカは，母親が以前のような陽気さをまだ(2)取り戻していないことに気がついた。

「他の人が引っ越して来たの」　母親は私道に車を停め，二人は車から降りた。

- [ ] *l.*16　They moved to Kentucky.　※仲の良かったであろう家族が引っ越

してもうここにはいないということ。これもレベッカには「嫌なこと」の1つ。

☐ *l*. 19　driveway「（公道から家，車庫などへ通じる）私道」

第8段落

2人が家に入ると誰もいなかった。レベッカの継父のヘンリーは，化学工場の早番で出ていた。昼過ぎまで帰って来なかった。ダイニングを通ってスーツケースを運ぶ時に，壁にかかった双子の兄弟のトレーシーの写真を見ないようにした。

☐ *l*. 22　work the early shift「早番で働く」

☐ *l*. 22　chemical plant「化学工場」　※plant は factory より大きな工場。

☐ *l*. 24　the pictures of Tracy　※死んだ兄弟のトレーシーの写真が，未だに何枚も壁に貼ってあることも，レベッカにとって「つらいこと」になる。

第9段落・第10段落

「教会に行かないといけないのよ」と母親が言った。「あとで車が使いたかったら，お昼までには戻るからね」

子どもの頃に使っていた寝室はすっかり変わってしまっていた。ベッドが新しくなり，カーペットは緑ではなくグレーになっていたし，天井からぶら下がっていたのはヘンリーの模型飛行機のコレクションだった。(3)廊下の先には，トレーシーの昔の部屋の扉が，何年もそうであったように閉じたままになっていた。

☐ *l*. 27　as a child「子どもの頃」　※as は前置詞。

☐ *l*. 28　gray instead of green「緑ではなくてグレー」　※小説・エッセイでは色が重要な役割を果たすことがある。明るい「緑」が暗い「グレー」になっていた，ということだけでもレベッカの心が窺える。

☐ *l*. 28　hanging from the ceiling (C) was (V) Henry's collection of model airplanes (S).　※副詞句＋was＋S の倒置形になっている。自分の部屋を義理の父が占有し，しかも模型飛行機がぶら下がっている，というのは，レベッカにとって耐えがたいことではないだろうか。

☐ *l*. 29　down the hall「廊下を少し行けば」　※down は「下へ」ではなく，中心から離れていることを示唆する。

第11段落

レベッカはベッドの横にスーツケースを置き，キッチンに行った。自分でコーヒーを淹れて，テレビのスイッチを入れ，座ってクイズ番組を見た。

*　*　*

第12段落

その日の午後，レベッカは母親の車を借りて，町外れにあるショッピングモールへ行った。そこはレベッカが生まれる前からある所だった。レベッカが高校生の頃は，そこは町で一番刺激的な所で，友だちとよく一緒に夜，閉店になるまでそこでたむろしていた。けれど，何年もブルックリンで暮らし，マンハッタンで仕事をしてきたことで，レベッカは新たな(4)ものの見方をするようになっていたため，モールは平凡で面白みのないものに思えた。日曜の午後だというのに，店にはほとんど客が入っていなかった。

□ *l*.38 hang out「ぶらぶらして時を過ごす，つるむ」
□ *l*.40 plain「平板な，平凡な」

第13段落

　レベッカはシャンプーとコンディショナーを買い（レベッカがいつも使っている
ものを母は持っていなかった），フードコートのテーブルに座りソーダをすすった。
子どもたちがいくつかあるテーブルの間を走り回り，その子どもの母親たちは近く
でおしゃべりをしていた。レベッカはニューヨークにある，仕事帰りに毎晩のよう
に立ち寄るコーヒーショップのことを考えた。その店は，ブロードウェイのすぐ東
にある 35 番街の，スウェーデン・ベーカリーとサーカス用具を売っている店の間
にあった。店員の一人の，年の頃 18,9 の少年はいつもレベッカの注文するものを
覚えていて，店に入ると満面の笑みで迎えてくれた。レベッカは隅のテーブルに座
って，あらゆる年齢，あらゆる国籍，あらゆる服装とヘアスタイルの客が出入りす
るのをいつも見ていた。₍₅₎自分もそのような多様な文化を織りなす布の 1 本の糸な
のだと考えることで，彼女はぞくぞくした気分になるのであった。

□ *l*.43 sip「すする」 ※soup「スープ」，suck「（卵など）を吸う」と同系
語。
□ *l*.47 circus equipment「サーカス用具」 ※equipment は不可算名詞。
※田舎には絶対にないような「サーカス用具店」が，ニューヨーク
がいかに刺激的な街であるかを示唆している。
□ *l*.48 give *A* a big smile「*A*（人）に満面の笑みを見せる」
□ *l*.49 would sit「座っていたものだ」 ※would は過去の習慣的な行為を
示す。
□ *l*.49 watch the customers … come and go「客が出入りするのを見る」
□ *l*.51 thread「糸」
□ *l*.51 fabric「布地，織物」 ※服などを作る元となる布。

第14段落～第27段落

　レベッカが出ようと思って立ち上がろうとしていた時，おしゃべりをしていた母
親の一人が近づいて来た。

　「レベッカ？」と彼女は言った。

　レベッカは一瞬口ごもった。それから「ジュリア！」と叫んだ。彼女は立ち上が
り，二人は抱き合った。「最初あなただとは₍₆₎わからなかったわよ」

　「久しぶりねぇ」

　トレーシーの追悼式以来だ，とレベッカは思った。

　ジュリアは腰掛けた。「今でもニューヨークに住んでいるの？」

　「ええ」 レベッカは答えた。「ちょっとこっちに 2，3 日いるの。でも，ミシガ
ンに戻ってこようかなと思っているところなのよ」

　「_(7a)どうして？ ニューヨークが気に入っていると思ってた」

　「うん，ルームメイトが結婚して部屋から出て行くので，私も新しいルームメイ
トを探すか，引っ越すしかないの。あっちじゃ，部屋を借りるのは本当にお金がか
かるんだから」

　「_(7b)そうらしいね」

「継父が化学工場で事務の仕事をもらってやると言ってくれているの。明日，面接を受けるの」

「(7c)すごいじゃない」 ジュリアは少し間をおいて言った。「つきあっている人はいないの?」

「ううん，別に」 それからレベッカは尋ねた。「ジェリーはどうしてるの?」

「(7d)元気よ。相変わらずお父さんの所で働いているわ。今日は釣りに行っているから，私は子どもを遊ばせにモールへ連れてきたっていうわけ」

- □ l. 52　come over to ～「～に近づく」
- □ l. 55　embrace ～「～を抱擁する」 ※bracelet「腕輪」と同系語。
- □ l. 57　memorial service「追悼式」
- □ l. 62　a roommate「ルームメイト」 ※大都市では，家賃が高いのでアパートを何人かで share するのが普通。よって，roommate が出て行くと，大変なことになる。
- □ l. 65　have an interview「面接試験を受ける」 ※不本意な「田舎の化学工場で働くことになる」ことに対して，「すごいじゃないの」と言われたことで，レベッカは，昔の親友でさえ「自分のことをわかってくれていない」と悟ったはず。

第28段落

レベッカとジュリアは高校時代の友人だった。ジュリアはトレーシーとかなり真剣に交際していたが，高校を卒業してから別れた。トレーシーがアフガニスタンで命を落とした時には，ジュリアはジェリーとすでに結婚していた。

- □ l. 73　Afghanistan ※アフガニスタン紛争:2001 年からの，ターリバーン政府とアルカーイダ等の武装勢力と，アメリカ合衆国をはじめとする有志連合諸国，国際治安支援部隊，アフガニスタン・イスラム共和国政府による戦闘。トレーシーの死について述べられたところはここだけだが，「戦争で家族を失った者のその後を，もの悲しく描く」ことで，この短編小説の筆者の反戦の気持ちが伝わる。

＊　＊　＊

第29段落

夕食の時，ヘンリーは工場で起きた事故のことを話した。「…そうしたら，分解装置が加熱したんだ。還流管を洗い流しながら，同時にその処置もしなくてはならなかったんだ…」 10 代(8)の頃にもまして，ヘンリーが言ったことが理解できないことに戸惑った。レベッカも母親もあまりしゃべらなかった。そのあと，レベッカはヘンリーがお皿を洗って片づけるのを手伝った。ヘンリーがレベッカの母親と結婚してこの家に来たのは，レベッカとトレーシーが 11 歳の時だった。実の父親はその 3 年前家を出ていた。レベッカは実の父とは 20 年も会っていない。

- □ l. 78　neither A nor B「A も B も～ない」 ※仕事のことしか頭になく，話が面白くない義理の父にウンザリしている様子が伝わってくる。ただし，義理の父親は家事はきちんと手伝うようで，母親にしてみれば扱いやすい人なのかもしれない。
- □ l. 79　put away the dishes「皿を片づける」

6

総合読解

[第30段落～第32段落]

「明日11時にお前が会社に行くと上司に言っておいたよ」とヘンリーは言った。「お母さんは俺が仕事場まで連れて行くから，お前はお母さんの車を使ったらいいよ」

「ありがとう」

「上司は，雇う前にちょっと会いたいだけだよ。給料のことは聞かなかったが，悪いことにはならないよ。お前の前にその仕事をしていた女の子は(9)文句を言っていなかったからな」

[第33段落]

夜も早い時間にバス移動の疲れがレベッカを襲ったので，母親とヘンリーにお休みなさいと言って，ベッドに入った。すぐに眠りにつきぐっすり寝た。朝方4時頃，まだ外は薄暗く静かであったが，彼女は目を覚ました。ベッドに入ったまま，天井からぶら下がった模型飛行機を見つめていた。日曜の午後を子どもたちとショッピングモールで過ごしているジュリアのことを思い，自分がそんなことをしているところは，どうしても想像できなかった。ヘンリーが働いている化学工場のこと，クレジットカードのトラブルについて遠方からの問い合わせに応対しながら母親が日々を過ごしている町外れのコールセンターのことを考えた。ニューヨーク市（喧噪に満ちた街，人の溢れる歩道，自分のアパートの近くにあるとても小さな韓国料理店，35番街のコーヒーショップの男の子）のことを考えた。

- □ l.89　sleep soundly「ぐっすり眠る」
- □ l.90　dim「薄暗い」
- □ l.91　gaze at ～「～をぼーっと見る」
- □ l.93　how she …「彼女（＝レベッカ）が…である（状況）」
- □ l.96　She thougt about New York City　※うんざりするような単調な田舎の生活と，都会の生活との対比をつかむ。

[第34段落]

それからトレーシーのことも考えた。彼は23歳から年をとることはなかった。小さい頃，二人がよく喧嘩したこと，母親が気立て良く仲裁に入ってくれたこと，父親が出て行ってからは喧嘩をやめたこと，などを思い出した。「なぜ二人は喧嘩をやめたの？　トレーシーが死んでからというもの，どうして母は私に対して無口になったの？」とレベッカは考え，やりきれない気持ちが波のように押し寄せて来た。

- □ l.102　Why had they stopped？And why … death？の部分は描出話法になっている。
- □ l.103　surge「感情の高まり（波）」　※surface も同系語。
- □ l.104　wash over ～「～の心をよぎる」　※「（流れなどが）～を押し流す」の意味。

[第35段落]

まだ5時にもなっておらず，家は静まりかえったままだった。レベッカはベッドから出て，静かに荷造りを始めた。「なんでこうすることにしたのかしら？」　レベッカにはわからなかった。だが，母親とヘンリーに書き置きをした。「(10)家に帰る

ことにしました。ごめんなさい」

□ *l.* 106　What had made her decide? も描出話法で書かれている。

□ *l.* 107　go back home　※なぜ，題名が "BACK HOME" なのかがよくわかるくだりである。本来はミシガンに行くことが "BACK HOME" なのだが，今では彼女の中で，ニューヨークに行くことが "BACK HOME" となったのである。

第36段落

　レベッカは，台所のテーブルの上にメモを置いて玄関からそっと出た。デトロイト行きの始発バスに乗り，そしてデトロイトからニューヨークに戻る別のバスに乗るために，町の中心街に向かって 12 ブロックの道のりを歩いた。

---

(1) ─────────────────────────────── 正答率 58.8%

空所 1 を含む文（But on Lincoln Ave., …）の直前の文（Along Main Street, …）では，以前あった店がなくなり別の店になっているという「変化」が述べられている。そして，空所 1 を含む文は But「しかし」と逆接の接続詞で始まっていることから，「不変」の部分が述べられていると判断できる。ダッシュにはさまれた挿入部分を除くと the fast-food places were … となり，「ファーストフードの店は…だった」あるいは「ファーストフードの店は…あった」という意味になる。**エ**の「**彼女が記憶していたとおりに**」を補うと，「記憶しているのと同じ姿で，存在していた」となり，意味をなす。

ア．「彼女が出て行った時」

イ．「彼女の子ども時代のように」　日本語だけで考えるとエと同じ意味に思えるが，「店」と「子ども時代」を直接対比することはできない。対応する箇所をそろえて the fast-food places were as they had been when she was a child とすれば可となる。

ウ．「彼女が子どもの時に」　意味をなさない。文法的にも the fast-food places … were と as she was とが同じ過去形という点が理屈に合わない。

(2) ─────────────────────────────── 正答率 84.3%

当該箇所は「母親が以前の陽気さをまだ…していない」となっている。レベッカと母親が車の中で言葉を交わしている場面だが，娘が帰ってきたのに母親の喜ぶ様子は描かれておらず，話ははずんでいない。第 1 段落第 3 文にあるように，母親は元気がなさそうだ。

物語を読み進むと息子がアフガニスタンで亡くなっていることがわかり，それ以来陽気さを失ったと推察できる。**ア**の「**取り戻した**」を入れると，「以前の陽気さをまだ取り戻していない」となり，意味をなす。

イ．「（以前の陽気さをまだ）改善して（いない）」

ウ．「（以前の陽気さをまだ）取り替えて（いない）」

エ．「（以前の陽気さをまだ）変更して（いない）」

(3) ──────────────────────────────────　正答率 49.0%

レベッカがスーツケースを自分の部屋に運び入れているという状況を考えると，ここでの the hall は「廊下」である。down は「下向き」ということではなく，「離れる」「（ちょっと）向こう，先」のニュアンスを持つ。したがって，**「廊下の（少し）先には」「廊下をちょっと行くと〔進むと〕」**などとなる。

(4) ──────────────────────────────────　正答率 66.7%

Years … had given Rebecca a new（　4　），を直訳すると「…年月はレベッカに新しい（　4　）を与えた」。これに続いて，高校生の頃には素敵に思えたショッピングモールが，平凡でつまらなく（plain and uninteresting）見えたとある。つまり，レベッカのものを見る目がニューヨーク（＝都会）暮らしで変わってしまったのである。**アの perspective「観点，見方」**が適切。

イ．sight「光景，眺め」は文脈に合わない。なお，sight は「見解，意見」の意味では不可算名詞の扱いなので空所には入らない。

ウ．transformation「（劇的な）変化」では，レベッカ自身が姿形を変えたことになってしまうので不可。

エ．way「やり方」は意味が広すぎで，文意が不鮮明。

(5) ──────────────────────────────────　正答率 78.4%

下線部(5)は，It が形式上の主語で，to feel 以下が真の主語になっている。その文意は「彼女がそのような豊かな文化的織物の中の1本の糸であると感じることが，彼女をぞくぞくさせた」となる。「文化的織物の中の1本の糸である」とは，直前の文にある「ニューヨークのコーヒーショップから彼女が見たような，思い思いの服装やヘアスタイルをしたあらゆる国籍の人々」のうちの一人であることを比喩的に表現したものである。こうしたニューヨークの様子が故郷のショッピングモールのフードコートと対比されており，レベッカにとって後者が「つまらないもの」に思えたことは(4)でも検討した。したがって，前者は「素晴らしいもの」であり，thrill は「ぞくぞくするもの」となるわけである。以上から**ア**が適切だとわかる。なお，It を指示代名詞と考えてしまうと**ウ**を選んでしまう可能性がある。

(6) ──────────────────────────────────　正答率 90.2%

レベッカが「ジュリア！」と叫んで二人が抱き合う前に，彼女は hesitated for a moment「一瞬躊躇した，口ごもった」とある。すぐには相手が誰だかわからなかったと考えられる。よって，**エの recognize ～「～を識別する，誰であるかわかる」**が適切。

ア．appreciate ～「～を評価する」　イ．confirm ～「～を確証する，裏付ける」
ウ．foresee ～「～を予見する」

(7)

a ──────────────────────────── 正答率 86.3%

「ミシガンに戻ってこようかと思っている」と言うレベッカに対して，ジュリアが
応じている箇所。空所の直後に「あなたはニューヨークが気に入っていると思って
いた」とあることから，ミシガンに戻ることを検討しているというのはジュリアに
とって予想外のこと。エの How come?「どうして?」が適切。How come? は
How did it come about? の略。

b ──────────────────────────── 正答率 72.5%

直前でレベッカが「あちら（＝ニューヨーク）では，賃貸料は本当に高い」と言っ
ているのに対して，ジュリアが応じている箇所。小説の第 2 節最終段落の内容から，
ジュリアはミシガンから出て暮らしたことはなさそうである。カの That's what I
hear.「それが私の聞いていることだ」＝「そうらしいわね」が適切。口語的な日本
語にすれば「聞いてる，聞いてる」ぐらいだろう。

c ──────────────────────────── 正答率 84.3%

レベッカの地元での就職にめどが立っていることを聞いてジュリアが反応している
箇所。生活するすべがすでに用意されているということなのだから，オの That's
great.「それは素晴らしい」＝「すごいじゃない」が適切。「田舎の化学工場の事務
員の仕事に就くこと」が「すごいじゃない」と言うジュリアとのすれ違いをレベッ
カが感じたと思われる箇所。

d ──────────────────────────── 正答率 78.4%

「ジェリーはどうしてる?」と問うレベッカにジュリアが答えている箇所。空所の
あとに，ジェリーがジュリアの夫で，その日は釣りに行っていることなどが述べら
れている。よって，イの He's okay.「元気よ」が適切。
残りの選択肢は，ア．Why not?「なぜしないの?」，ウ．Here he is.「ほら，彼は
ここにいるわ」の意味。

(8) ──────────────────────────── 正答率 21.6%

レベッカが，ヘンリーの専門的な話が理解できずに戸惑っている箇所である。設問
箇所だけでは，どのような意味にすればよいのか判断しにくいので，文法的な可能
性から探ってみよう。まず，不要な語は would で，理由はこの助動詞を使うとす
れば原形の動詞が必要だからである。そして，主語 she に対する述語動詞が had
been となること，more than がひとまとまりになることも楽に判断ができる。さ
らに，設問箇所のあとに Rebecca was と SV が続くため，she had been という節
の前には何らかの接続詞が必要。組み合わせの可能性は，

①　(Even) as she had been more than (a teenager,)
②　(Even) more than she had been as (a teenager,)

のいずれか。では，それぞれの内容を意味的に検討してみよう。①は she 以下が

「彼女は10代（の人間）以上のものだった」＝「10代の人間よりすぐれていた」といった意味になりそうだが，had been という時制に問題がある。過去完了だと，ここで描かれている状況より前のことになってしまうからだ。したがって，②ということになる。つまり並べ替えたものは more than she had been as となる。文の構造としては，she had been のあとに，embarrassed not to … が省略されており，「10代の頃にヘンリーの言うことが理解できずに戸惑ったが，さらにそれ以上に」という内容になると考えられる。even＋比較級で「さらに〜」の意味。

(9) ─────────────────────────────────── 正答率 76.5%

「給料のことは聞かなかったが，大丈夫のはずだ」とヘンリーが判断した理由を述べている箇所と考えられる。当該文は「お前の前にその仕事をしていた女性は…しなかった」となっている。イの complain「不平を言う」を入れると，「（給料のことで）文句を言ってはいなかったから，相応のものが支払われるだろう」ということになり，つじつまが合う。

ア．claim は，日本語の「クレーム」とニュアンスが異なるので気をつけたい。日本語では「クレームをつける」というと「文句を言う」ことだが，claim は「（正当な）権利を主張する」が基本。ウの demand「（〜を）要求する」もエの insist「言い張る」も文脈に合わないので不可。

(10) ─────────────────────────────────── 正答率 45.1%

本来なら home は実家のあるミシガンである。しかし，下線部(10)の home は小説の最終文にあるとおり，ニューヨークのこと。今のレベッカにとっては，今いるミシガンではなくニューヨークが home「我が家，本拠地」——自分が落ち着けるところ——なのだ。なぜミシガンが「落ち着けない」場所に「変わった」のかをまとめるのがポイント。小説第1節で述べられているのは，町の店や家並み，陽気だった母親の変化。第2節では，高校生の頃には毎日のように楽しみに出かけたショッピングモールの変化が描かれている。ここには，モールそのものの変化だけでなく，もっと華やかで活力に溢れ，洗練されたものを知ったレベッカ自身の変化も述べられている（下線部(5)など）。第3節前半では，家庭内の雰囲気の変化（継父の話は理解できず，母もあまり口をきかないというぎこちない空気）が感じられる。後半は，そうしたことからレベッカの頭に去来する事柄が述べられている。今のミシガンの様子と，ニューヨークの暮らしを交互に思い浮かべ，亡くなった兄弟のことを思い出し，最後にレベッカは helplessness「どうしようもない気持ち，無力感，やりきれなさ」に襲われている。ミシガンはレベッカにとってもう「なつかしい故郷」ではなくなっていること，いつの間にかニューヨークという大都会の洗練された多彩な暮らしの方に自分がなじんでいることに気づいたのである。

解答に必ずしも織り込まなくてもよいが，双子の兄弟トレーシーの死は象徴的である。第1節の最後から2段落目最終文（Down the hall, …）にあるとおり，トレー

シーの部屋は昔のままにされている。第 3 節最後から 3 段落目の第 1 文 (Then she thought …) には「トレーシーは決して 23 歳から年をとることはない」とある。亡くなった人はもう生き返ることはなく，同様にミシガンは「なつかしさ，居心地のよさ」をレベッカに感じさせるものの多くが失われてしまい，もう home として生き返ることはないことを表しているように思われる。

(11) ———————————————————————————————— 正答率 72.5%

第 3 節の 1 つめの段落の第 5 文 (He had married …) ～最終文 (Rebecca hadn't seen …) 参照。「母が再婚したのはレベッカが 11 歳の時」（第 5 文）であり，「実父が家を出たのはその 3 年前」（第 6 文），つまりレベッカが 8 歳の時である。そして「実父とは 20 年会っていない」（最終文）のだから，**エ**の「**28 歳**」が適切。

(1)―エ　(2)―ア　(3)廊下の先には　(4)―ア　(5)―ア　(6)―エ

(7) a ―エ　 b ―カ　 c ―オ　 d ―イ

(8) 2 番目：than　5 番目：been

(9)―イ

(10)人も雰囲気も家の状況も変わった生まれ故郷より，ニューヨークの方が今の自分の居場所だとわかった。(47 字)

(11)―エ

解答

166　有名人に対する一般人の反応

全訳

第1段落

　2，3カ月前，私がニューヨークの通りを歩いていると，少し向こうからとてもよく知っている男の人が私の方に向かってやってくるのが見えた。困ったことに，私はその人の名前も，どこで会ったのかも思い出せなかった。これは自分の国で会ったことのある人と外国の町で偶然会ったときや，その逆の場合に特に感じる気持ちの１つだ。(1a)背景から切り離された顔は混乱を生み出す。それでも，その顔はとてもよく知った顔だったので，必ずや立ち止まってあいさつをし，話しかけなければ，と感じた。ひょっとしたら，彼はすぐに「やあ，ウンベルト，元気かい？」とか，「君が前に僕に話していた件はうまくいったかい？」とか言って応じるだろう。そうなるとこちらはお手上げ状態になる。彼(2)から逃げるにはもう遅すぎる。その男はまだ通りの反対側を見てはいるが，もう私の方に視線を向けつつある。こちらが最初の行動を起こしてみるのもよいかもしれない。手を振って，それから彼の声や，彼の最初の発言で，一体誰なのかを推測するのだ。

- □ *l.*1　walk down ～ ＝ walk along ～
- □ *l.*2　head in *one's* direction「～の方向へと向かう」　※「方向」の前につく前置詞は in。
- □ *l.*3　those feelings (that) you have　※those は先行詞を示す語で訳さない。
- □ *l.*4　run into ～「(人) に偶然会う」
- □ *l.*4　back home「本国で」
- □ *l.*5　the other way around「あべこべで」
- □ *l.*8　be at a total loss「完全に途方に暮れる」
- □ *l.*10　might as well *do*「(やってもやらなくてもよいが) ～するのもありかもしれない」　※might as well *do* (as not) から「～することは～しないことと同様だ」が直訳。*e.g.* Buses run every two hours. We might as well walk to the station.「バスは２時間に１本だ。駅まで歩くのもありかもね」
- □ *l.*11　the first move「最初の一手」
- □ *l.*12　his identity「彼の素性，彼が一体誰なのか」

第2段落

　私と彼との距離は，もう数フィートしかない。にっこり満面の笑顔を浮かべようとしていたまさにそのとき，突然その男が誰かがわかった。有名な映画スターのアンソニー＝クインだった。当然これまで私は彼に会ったことなどなかったし，(3)彼だってそうだ。千分の一秒で，私は自らの行動に歯止めをかけ，視線を(1b)虚空に向けながら，彼とすれ違った。

- □ *l.*13　be (just) about to *do* when S' V'「まさに～しようとしているとS'V'」
- □ *l.*13　break into a smile「突然，にっこり笑う」

6

総
合
読
解

- □ *l.* 16　check ～「～を阻止する」
- □ *l.* 16　my eyes staring into ～「視線は～をじっと見て」　※付帯状況を表す独立分詞構文（主文と主語が異なる分詞構文）。

第3段落

　あとになってこの出来事を振り返ってみたとき，それがどれほど(4)当たり前のことか気がついた。前に一度あるレストランで，私はチャールトン゠ヘストンを見かけて，思わず「やあ」と声をかけたい衝動にかられたことがあった。こうした顔は私たちの記憶の中に生きているのだ。スクリーンを見つめ，何時間もこうした顔と過ごすので，親戚の顔と同じぐらいなじみのあるものになっているのである。あるいは，(5)親戚の顔よりさらにずっとなじみがあるものかもしれない。マスコミュニケーションについて研究し，現実が持つ効果や現実のものと架空のものとの混乱について論じたり，どのようにしてある種の人々がこうした混乱に絶えず陥るのかについて説明することならできるが，それでも，その本人が，同じ混乱を免れられないのである。

- □ *l.* 18　afterward(s)「あとになって，のちに」
- □ *l.* 18　reflect on ～「～について熟考する」　※reflect ～「～を反映する」と区別。
- □ *l.* 22　even＋比較級「さらに～」
- □ *l.* 22　a student of ～「～を研究する人」　※study の名詞構文。
- □ *l.* 23　the real「本当のこと」　※the＋形容詞で「～なこと」の意味になることがある。

第4段落

　映画スターに関する私の問題は，もちろんすべて私の頭の中だけの問題であった。(6)しかし，もっとひどいこともある。

第5段落

　テレビにもかなり頻繁に出演し，ある一定期間マスメディアに関わってきた人たちから話を聞いたことがある。私が話しているのは，最も有名な部類に入るスターのことではなく，著名人や，よくトーク番組に出て顔が知られるようになった専門家たちのことだ。彼らはみんな同じ不愉快な経験のことをこぼす。さて，(7)普通は，個人的な知り合いでない人を見かけたとき，その人の顔をいつまでもじろじろ見たりはしないし，その人のことを指さしてそばにいる友人に教えたりなどしない。また，その人に聞こえるかもしれない状況で，大きな声でその人のことを話したりもしない。そんな振舞いは無礼で，(8)度を越すと侮辱にさえなりかねない。ところが，カウンターにいる客を指さして，あの人いいネクタイをしているよね，などと友人に言うようなことなど決してしない人が，有名人に対しては，全く違った行動をとるのである。

- □ *l.* 27　appear on TV「テレビに出演する」
- □ *l.* 29　public figure「著名人」
- □ *l.* 30　recognizable「認識される」
- □ *l.* 32　at length「長々と」
- □ *l.* 34　Such behavior would …　※「もしそのような行動をすれば」という仮定法。

□ *l*. 37　with famous faces「有名な顔に関しては」　※この with は〈関連・対象〉を表す。ここの face は「人」を表すので，「有名人に対しては，有名人には」という訳になる。

第6段落

　私自身の友人たちの中で比較的有名な者が声を大にして言うのは，彼らが新聞売り場や書店にいるときに，あるいは電車に乗ろうとしたり，レストランのトイレに入ろうとしたりしているときに，そこで出くわした人々が，仲間同士で声に出して次のように言い合うということだ。

「見なよ，Ｘがいるぜ」

「本当？」

「もちろんさ，Ｘだよ，間違いないよ」

□ *l*. 38　relatively「比較的」

□ *l*. 40　aloud「声に出して」　※loudly「大声で」とは区別すること。

第7段落

　そして，(9)Ｘに聞こえているのに，彼らは楽しげに会話を続け，それがＸに聞こえていようがいまいがお構いなしなのである。(10a)まるでＸがそこにいないかのように。

第8段落

　そういう人たちは，マスメディアの架空世界にいる登場人物が，思いがけず現実の生活に現れるという(1c)事実に混乱しているのである。しかし，同時に，生身の人間を前にして，その人がまだ架空世界の住人である──スクリーンに映ったり，写真週刊誌の中にいる──かのように振舞う。(10b)あたかも，自分たちはその人のいないところでしゃべっているように振舞うのだ。

□ *l*. 48　in the presence of ～「～がいるところで」

第9段落・第10段落

　こうしたことは，私がアンソニー＝クインの腕をつかまえて，電話ボックスのところまで引きずっていき，友人に電話をかけて次のように言うのと同じことだ。

「びっくりするぜ！　アンソニー＝クインと一緒なんだ。わかるかい，本物みたいなんだ！」(11)そのあとで，私はクインを放り出し，自分の用事をしゃべり続けるだろう。

□ *l*. 51　might as well *do*「～するのと同様だ」

□ *l*. 51　take hold of *A* by the arm「*A*（人）の腕をつかむ」

□ *l*. 51　drag ～「～を引きずる」

□ *l*. 53　guess what「（何かを打ち明けて）実はね」

□ *l*. 54　which　※前文（あるいはその一部）を指す which はこのように文頭でも可。

□ *l*. 54　go on about ～「～についてしゃべり続ける」

第11段落

　マスメディアは，まず(12a)架空のものが(12b)現実だと私たちに思い込ませ，今では，(12b)現実のことを(12a)架空のものだと思わせるのだ。そして，テレビの画面が

現実を見せれば見せるほど，私たちの日常世界は映画のようになっていき，ついには，ある哲学者が主張してきたように，この世界には私たち以外は存在せず，他のことはすべて，神あるいは何らかの悪霊が私たちの目の前に映し出す映画なのだと私たちは考えるようになるのだ。

- □ *l.*55　convince *A* that S V「*A*（人）にSがVであることを確信させる」
- □ *l.*57　until ～「ついに～」　※直前にコンマやダッシュが置かれることが多い。
- □ *l.*58　we are alone「私たち以外はいない」

(1)

1a ——————————————————— 正答率 50.0%

当該文は A face out of (　　) creates confusion.「(　　) の外の顔は混乱を生み出す」である。直前の文では，「これ（＝知った顔なのに，名前もどこで会ったかも思い出せない当惑）は，本国で会ったことのある人と外国で偶然会ったときや，その逆の場合に特に感じる気持ちだ」とある。つまり，前に会ったのとまったく異なる「状況」で会うと，とっさには誰だか思い出せないことをいっている。よって，**ア．context「状況，背景」**を補うのが適切。「状況と切り離された顔は…」となる。この out of ～ は「～から出て」の意味。〔類例〕out of place「場違いで（←所定の場所から出て）」，out of order「（公共物が）故障して（←秩序から出て）」

1b ——————————————————— 正答率 84.1%

当該箇所は，I walked past him, my eyes staring into (　　)「目は (　　) の中を見つめながら，彼とすれ違った」となっている。あやうくにっこり笑顔を浮かべてあいさつしそうになる寸前で，相手が映画スターであることに気づき，素知らぬ顔で通り過ぎる筆者の様子である。目を相手に向けていてはいぶかられる。目をそらしてよそを向いている様子にするには，**オの space「空間，中空，虚空」**がふさわしい。

1c ——————————————————— 正答率 93.2%

当該箇所は Such people are confused by the (　　) that a character in the mass media's imaginary world should unexpectedly enter real life「そういう人たちは，マスメディアの架空の世界にいる登場人物が，思いがけず現実の世界に現れるという (　　) によって混乱している」である。that 以下は完全な文になっており，空所に入る語と同格の関係を作ると考えられる。that 節と同格関係になることが可能で，文脈にも合うのは**イの fact「事実」**である。なお，should は「驚き，意外」を表し，「～するとは」というニュアンスを持つ。〔全訳〕では訳出していないが，「おや，テレビで見るタレントがこんなところにいるとは！」という気持ちを表していると考えられる。

(2) ——————————————————————————————— 正答率 81.8%

当該文は It was too late to (　　　) him.「彼 (　　　) するには遅すぎた，手遅れだった」という意味。少し向こうに「知った顔」が見えたが，誰だか思い出せない。距離が縮まり，もう知らん顔できない，という状況である。**イ．get away from 〜**「〜から逃れる」が適切。突然逆戻りなどして，彼に見つからないようにすることはもうできない，ということである。残りの選択肢の意味は以下のとおり。ア．catch up with 〜「〜に追いつく」　ウ．take advantage of 〜「〜を利用する」エ．make friends with 〜「〜と仲良くなる」

(3) ——————————————————————————————— 正答率 38.6%

「知った顔」と思ったら，映画スターだったことがわかり，「当然，これまで私は彼に会ったことなどなかったし，…」に続く箇所。「彼も私になど会ったことはない」という内容になるのは明らか。選択肢に見られる nor や neither のパターンは，否定文を受けて「〜もまた…ない」を表す。通常はこれらの語句のあとが疑問文の語順の倒置になるが，イの nor did he を選ぶと，I had never met him … and he did not meet him.「私は彼に会ったことがないし，彼も彼に会わなかった」の意味になってしまう。主節の過去完了ともバランスがとれないので不適切である。主語と目的語だけを示して動詞は同じものの反復とする**アの nor he me** ＝ and he had never met me, either が適切。*e.g.* I do not like cats, nor my wife dogs.「私は猫が好きではなく，また妻も犬が好きではない」　ウ・エは「私もまた彼に会ったことがない」となり，論外。この問題も，「パターン化された問題」に見せかけて，意表を突く東大らしい良問。

(4) ——————————————————————————————— 正答率 61.4%

当該箇所は I realized how totally (　　　) it was「それがどれほど (　　　) か気づいた」である。「それ」とは，映画スターを見かけて，知り合いだと勘違いした出来事を受けている。続く第3段落第2文（Once before, in …）では，別の映画スターをレストランで見かけてあいさつしそうになったこともあるということを述べているが，その理由が同段落第3文（These faces live …）後半「スクリーンを見つめ，何時間もこうした顔と過ごすので，親戚の顔と同じぐらいなじみのあるものになっている」である。「だから，ついあいさつしそうになってもおかしくない，当然だ」という文脈である。よって，**ウの normal**「正常な，普通の」が適切。ア．foreign「異質の」　イ．lucky「幸運な」　エ．useless「無駄な」

(5) ——————————————————————————————— 正答率 31.8%

当該箇所は even more so「さらにずっとそうである」となっている。当該文の直前に as familiar to us as our relatives'「私たちの親戚たちの（顔）と負けないぐらいに私たちにとってなじみがある」とあり，それに比較級の文を付け加えて，さらに程度が高いことを表していると考えられる。よって，so の内容は familiar to us than our relatives' となる。relatives' は比較の対象が these faces であることから，relatives' faces と補うと語数が合う。(even more) **familiar to us than our relatives' faces** となる。〈as＋原級＋as〉を比較級 than に変換できたかどうかがポイントである。

(6) ──────────────────────────── 正答率 50.0%

「もっとひどいこと」の具体的な内容は次の第5～7段落に述べられている。中心的に述べられているポイントは，以下のとおりである。①被害にあうのはメディアで露出の多い人〔テレビなどによく出ている人〕である。②そういう人たちは，一般人に対してはしないような無礼な振舞いをされる。③それは，顔をじろじろ見られたり，指をさされたり，本人の聞こえるところで本人について話をされることなどである。これらのことを25～35字に要領よくまとめる。

(7) ──────────────────────────── 正答率 88.6%

当該文の前までは，「テレビなどによく出ていて世間に顔を知られている人が，一様に同じ不快な経験をする」ということが述べられている。当該文は Now「さて，ところで」といったん話題を転換する言葉から始まっており，そのまま「不快な経験」の説明に進むのではないことがわかる。実際，空所のうしろでは一般人の場合のことを論じ「知らない人を見かけて，その人のことをじろじろ見たり，指さしたり，その人に聞こえるような声でその人のことを話したりはしない」とある。つまり一般人の場合は，相手に「不快な」思いをさせないことが「当たり前の行為」だと述べている。よって，**ア**の as a rule「普通は，原則として」が適切。他の選択肢の意味は以下のとおり。イ. for all that「それにもかかわらず」 ウ. as is the case「よくあることだが」 エ. for better or worse「よいときも悪いときも」

(8) ──────────────────────────── 正答率 29.5%

選択肢はいずれも主語と be 動詞 (it is) が省略された形になっている。

ア. if carried too far「あまりにも遠くへ運ばれれば」＝「あまりにも度を越せば」

イ. if noticed too soon「あまりにも早く気づかれれば」

ウ. if taken too seriously「あまりにも真剣に受け取られれば」

エ. if made too frequently「あまりにも頻繁になされれば」

主語に想定される it は当該文の主語 Such behavior「そのような行為」であり，具体的には「知らない人の顔をじろじろ見たり，その人のことを指さしたり，聞こえるような声で当人のことを話したりすること」である。このような行為が impolite「失礼な」のは当然であり，そうした行為が仮にどうなれば offensive「侮辱的な」ものになるか考える。有名人をちらりと見てしまうのは仕方のないことで，それだけでは相手も腹を立てないだろうが，いつまでもじろじろ見たり第6段落のセリフのように大声で「誰それだ」と言うと，相手を不快にさせる。したがって，腹が立つかどうかは「程度」の問題だと言える。選択肢の中では**ア**がふさわしい。carry

～ too far または carry ～ to excess で「～の度がすぎる」の意味。carry の代わりに take や go や run が使われることもある。

(9) ──────────────────────────────── 正答率 90.9%

下線部(9)の直後に「聞こえているかどうか気にしない（で話している）」とある。実際には下線部(9)のとおり，当人に聞こえている。よって，**イの「私の前で，あんなふうに話しているなんて信じられない！」**が適切。

ア．「私を誰かと間違えているのではないだろうか」 話しているのが一般人であり，話題にされているのはテレビなどに出ていて世間で顔を知られている人であるという文脈なので，不適切。take *A* for *B*「（間違って）*A* を *B* だと思う」

ウ．「私について何を言うつもりなのか知りたい」 この場面では第5段落第5文（Such behavior would …）にあるように，「失礼で，侮辱的な」行為が想定されているので，「知りたい」という好奇心を抱くような場面ではないのは明らかである。

エ．「彼らの名前もどこで会ったのかも思い出せない。どうしよう？」 アと同じ理由で不適切。

(10) ──────────────────────────────── 正答率 50.0%

いずれの下線部も as if S V「まるで S が V するかのように」の表現。as if は仮定法を伴うことが多く，当該箇所もそうなっている。下線部 (10a) は「まるで彼が存在していないかのように」，下線部 (10b) は「彼の（　　　）で話しているかのようだ」となっているので，in his（　10　）を「彼のいないところで」という意味にしたい。**absence「いないこと，不在」**が適切。in *one's* absence「人のいないところで〔ときに〕」 ちなみに，反意表現は直前文にある in the presence of ～（＝in *one's* presence）「～のいるところで，～の面前で」である。

(11) ──────────────────────────────── 正答率 59.1%

● **After which「そのあとで」**
　関係代名詞 which は，前文までの内容（アンソニー＝クインをつかまえて，電話ボックスまで連れて行き，友だちに電話をかけて「アンソニー＝クインが一緒にいるんだ！」などと言うこと）を受けている。結果的には After that と同じこと。この箇所のように，受ける内容が何文にもわたっていたり，直接話法になっていたりすると，いわゆる非制限用法（継続用法）で，…, after which と一文の中で続けにくいため，このように関係詞節を前文から切り離して，独立した文として書く形をとることになる。

● **I would throw Quinn aside は「私はクインを放り出すだろう」**が直訳。
　would は第9段落第1文（I might as well have taken …, dragged …, and called …）から続く仮定法。実際にはこんなことはしたこともすることもないため，仮定法を使っている。throw aside ～（≒put aside ～）は「～を放棄する，放り出

す」の意。目的語は本文のように throw と aside の間においてもよい。ただし，代名詞なら必ず間におく。

● and go on about my business は「そして自分の用件について続ける（だろう）」が直訳。

この go は throw と並んで would に続く動詞であるため，原形不定詞になっている。go on about 〜 は「〜のことを話し続ける」という意味で，引き続き友人と電話でしゃべることを表す。business は「仕事」とは限らない。「用事，用件，やるべきこと，事柄」などの意味でもよく使うことは知っておきたい。

(12) ―――――――――――――――――――――――― 正答率 70.5%

当該文は「マスメディアは，初め，(a)が(b)と納得させてくれた。今では，(b)は(a)と思わせている」となっている。マスメディアがもたらしている混乱は，第8段落第1文（Such people are …）にあるように，imaginary world「架空の世界，作られた世界」と real life「現実の生活，実在のもの」の相互侵入である。imaginary と real の組み合わせのウかエが候補に挙がる。最初に起こるのは，上述の第8段落第1文で述べられているとおり，テレビに出ている架空の世界の人物が現実世界の人物として現れることである。そして，現実に有名人を前にしながら，架空の世界を見るようにその人のうわさ話をするとある。さらに，当該文の中間部（セミコロンからダッシュまで）に「テレビの画面が現実を多く見せれば見せるほど，私たちの日常世界が映画のようになっていき」とある。したがって，人々の頭の中で，「まず架空が現実に，次に現実が架空になる」ということが起こってきたと言える。よって，ウの組み合わせが適切。

---

(1) 1a―ア　1b―オ　1c―イ

(2)―イ　(3)―ア　(4)―ウ

(5) familiar to us than our relatives' faces

(6)テレビなどでよく見かける人は，目の前で無礼な振舞いをされること。(32字)

(7)―ア　(8)―ア　(9)―イ　(10) absence

(11)そのあとで，私はクインを放り出し，自分の用事をしゃべり続けるだろう。

(12)―ウ

解答

167

分離独立が招いた混乱

全訳

　現代のバングラデシュという国家は，ダッカに首都を置き，旧来ベンガルという名で知られていた地域の東半分を占めている。西半分は，カルカッタに州都を置き，インドの一部になっている。ベンガルのこの両地方の人々は言語は同じだが，宗教で分断されている。東部の人々の大多数はイスラム教徒であり，西部は人口の大半がヒンズー教徒である。この地域全体が大英帝国の一部だった頃は，ベンガルは一つの州であった。1947 年にイギリス人がこの地を離れたとき，大英帝国が支配するインド地域は二つの独立国に分割された。つまり，大半をヒンズー教徒が占めるインドと，イスラム教徒が大半であるパキスタンだ。後者は西パキスタン（現在のパキスタン）と，東パキスタン（以前はベンガルの東半分の地域で，現在のバングラデシュ）から成っていた。この分割——「分離独立」と呼ばれる——の結果として，多くのイスラム教徒が，インドから二つのパキスタンのどちらか一つの地域へと逃れた。多くのヒンズー教徒は，パキスタンの二つの地域からインドへと逃れた。このような人々の行き来は多大な暴力を伴うものだった。命が奪われたとみられている人の数はおよそ 50 万人にのぼる。100 万人を超える人々が，東パキスタンからインド国内にあるベンガルの西半分の地域に移住した。次の文章に登場する祖母もそうした人々の一人であった。1971 年，東パキスタンはパキスタンからの独立を獲得し，バングラデシュとなった。

- [ ] *l.* 12　Muslim「イスラム教徒」
- [ ] *l.* 15　province「州」
- [ ] *l.* 18　consist of 〜「〜から成る」
- [ ] *l.* 20　Partition「（1947 年の）インドとパキスタンの分裂」
- [ ] *l.* 20　flee「逃げる」　※flee；fled；fled

第1段落〜第5段落

　2，3週間後，夕食のときに，父はやけににやにやしながら，一つの封筒をテーブル越しに祖母の方へと押しやった。「お母さんのだよ」と父は言った。

　「それは何なの？」　祖母は怪訝そうに言った。

　「まあ，いいから」　父は言った。「見てごらんよ」

　祖母は封筒を手に取り，開いて中を見た。「わからないわ」と祖母は言った。「何なの？」

　父は急に笑い出した。「お母さんの航空券だよ」と父は言った。「ダッカ行きだ——1月3日発だよ」

- [ ] *l.* 27　grin「にやっと笑う」
- [ ] *l.* 29　suspiciously「怪訝そうに，疑って」
- [ ] *l.* 33　burst into laughter「突然笑い出す」

第6段落

　その夜，数カ月ぶりに，祖母は本当に興奮している様子だった。私が寝る前に祖母のところへ行ったとき，祖母は顔を紅潮させ，目を輝かせて部屋を行ったり来た

りしていた。私は嬉しかった。祖母が私にもはっきり理解できる反応を見せてくれたのは，私が生まれてから 11 年のうちで初めてのことだった——私自身も飛行機に乗ったことがなかったので，初めて飛行機に乗ることを考えて祖母がすっかり気持ちを高ぶらせるというのは，この上なく(1)当然のことだと思われた。でも，同時に祖母のことを心配せずにはいられなかった。というのは，祖母は私と違って，飛行機についてはまったく無知だということも知っていたからだ。それでその晩眠りに就く前，(2c)祖母が出発する前に(2b)きちんと心構えができている(2a)ようにしてあげなくてはと心を決めた。でも祖母にわかってもらうのはそれほど簡単ではないことがはっきりわかるまでにそれほど時間はかからなかった。祖母が父にした質問の方向からして，(3)放っておくと飛行機のことなんてまったくわからないままでいるだろうとわかった。

- □ *l*. 35　for the first time in months「数カ月ぶりに」
- □ *l*. 36　pace around ~「~を行ったり来たりする」　※檻の中の熊のイメージ。
- □ *l*. 37　her face flushed, her eyes shining「祖母が顔を紅潮させ，目を輝かせて」　※付帯状況を表す独立分詞構文。flushed「顔を紅潮させて」　※flu-「(血が) 流れる」
- □ *l*. 38　present *A* with *B*「*A* に *B* を与える」　※ここでは，祖母が筆者に response「反応」を示したことを表している。その「反応」が「私にも完全に理解できる」と言われていることから，これまで祖母が感情をはっきり示さない人であったことがうかがえる。それが「私が生まれてからの 11 年のうちで初めて」のことであったのだから，よほど無表情で無反応だったのだろう。分離独立時のショックからそうなったのかもしれない。
- □ *l*. 40　in the world　※形容詞の最上級を強める表現。
- □ *l*. 40　the prospect of ~「(未来の) ~のことを考えること，~への期待」
- □ *l*. 42　aeroplane「飛行機」　※イギリス英語。アメリカ英語では airplane と綴る。
- □ *l*. 43　it is apparent to ~ that S V「~には SV が明らかである」　※apparent は，通例「一見~」の意味だが，補語の位置ではこの意味で使う。
- □ *l*. 44　can tell ~「~がわかる」
- □ *l*. 45　leave *A* to *oneself*「*A* を一人にする」　※to は〈所属〉を表す。

第7段落

　たとえば，ある晩，私たちが庭に出て座っていたとき，祖母はインドと東パキスタンの国境が飛行機から見えるのかどうか知りたがった。父が笑って，「ええ！お母さんは学校にある地図みたいに，国境が長い黒線で，片側が緑，片側が赤になっていると本当に思っているの？」と言うと，(4)祖母は腹を立てたというより困惑していた。

- □ *l*. 48　border「国境」
- □ *l*. 49　why「なんとまあ」　※意外に思ったりあきれたりしたときの間投詞。why, did she really think the border was a long black line … は，

筆者の父親のセリフで，中間話法（伝達部のついた描出話法）になっている。引用符に入れて直接話法にするなら，"Why, do you really think the border is a long black line … ?"「なんとまあ，お母さんは国境が…長くて黒い線だと本当に思っているんですか」となる。

□ *l.*50　scarlet「緋色」　※アメリカの作家 N. Hawthorne を一躍有名にした小説が *The Scarlet Letter*『緋文字』。

□ *l.*51　not so much *A* as *B*「*A* というよりむしろ *B*」

□ *l.*51　offend ～＝make someone angry or upset by doing or saying something that they think is rude, unkind etc（『ロングマン現代英英辞典』）

第8段落

「違うわよ，私が言ったのはそういうことじゃないわよ」と祖母は言った。「もちろんそんなわけないわ。でも，きっと何かあるはずでしょ。ひょっとしたら柵とか，兵隊とか，お互いに先を向け合った銃とか，それか，ただ何もない細長い土地だけでもね。無人地帯とか言ってなかった？」

□ *l.*52　that は「国境が，学校にある地図みたいに，長い黒線で，片側が緑，片側が赤になっている」ということ。

□ *l.*54　no-man's land「（相対する両軍の）中間地帯，無人地帯」

第9段落・第10段落

父はその頃にはすでに旅の経験が豊富だった。父は吹き出すように笑って言った。「いやいや，雲以外は何も見えないよ。ひょっとして運がよければ緑の大地くらいかな」

父が笑ったので祖母はいらだった。「まじめに答えてよ」と祖母は言った。「私に向かって，お前の会社の秘書に言うみたいな口をきかないでちょうだい」

□ *l.*55　traveller「旅行者」　※イギリス英語。アメリカ英語では traveler と綴る。

□ *l.*58　as though ～「まるで～のように」

第11段落・第12段落

今度は父がいらだつ(5)番だった。祖母が私に聞こえるところで父にきつい口調で話したので，父は平穏ではいられなかった。

「僕に言えるのはそれだけだよ」父は言った。「それしかないんだよ」

□ *l.*60　sharply「厳しく」

□ *l.*61　within my hearing「私の聞こえるところで」

□ *l.*62　That's all there is.「それしかない（←それが存在するすべてだ）」

第13段落

祖母はこのことをしばらく考えてから言った。「でも，もし柵か何かがなかったら，(6)どうやってわかるのよ？　つまりね，もしそんなのだったら，違いはどこにあるって言うの？　違いがないんなら，どっちの側も同じじゃないの。昔とまったく同じだわ，私たちがダッカで列車に乗って，次の日，誰にも止められたりしないでカルカッタで下りていた頃と同じじゃないの。(7)それじゃあ，あれは全部何だったのよ？――分離独立だの，殺し合いだの，あのごたごた全部――もし，間に何

かがないんだったら」

□ *l.* 64　how are people to know?「人々はどのようにして知ることになるの?」が直訳。

□ *l.* 66　when we used to catch a train in Dhaka and get off in Calcutta the next day without anybody stopping us　※ベンガルが1つの州であって,ダッカとカルカッタの間を自由に行き来できた頃,の意味。

□ *l.* 67　What was it all for?「それすべては何のためだったのか?」が直訳。

□ *l.* 68　if there isn't something　否定文では anything を使うのが文法的には正しい。「何もないなら」の意になる。ここで something を使っているのは「肯定的」な気持ちが強いため。「何かがあるはずだ」という気持ちから「何かがないのだとしたら」と言ったのだろう。すでに *l.* 63 で if there isn't … anything と anything を使って話していることから,祖母の教養のなさによる間違いとは考えられない。

[第14段落]

「お母さん,お母さんが何を期待してるのか僕にはわからないけれどね」と父が言った。「ヒマラヤ山脈を越えて中国へ行くのとは違うんだよ。今は近代的な世界なんだよ。国境は辺境地にあるんじゃない。まさに空港の中にあるんだ。行けばわかるよ。公式書類やなんかに色々と記入しなくちゃいけないときに国境を横切るんだよ」

□ *l.* 69　It's not as though you're flying over the Himalayas into China.「(お母さんのダッカへの旅は)ヒマラヤ山脈を越えて中国へ飛んで行くようなものとは違う」　※あくまで目に見える国境にこだわる祖母にいらだっての発言。ヒマラヤ山脈なら非常に明確に「向こう」と「こちら」がわかる。そうした,いかにも境目らしいものなどないのだと言っている。筆者の父親は旅慣れており,空港で出国手続きをしたり,飛行機の中で入国カードを記入したりすることが国境を越えることになると考えていることが,続く第3〜最終文でわかる。

□ *l.* 71　right inside the airport「まさに空港内に」

□ *l.* 72　fill in 〜 / fill 〜 in「〜に記入する」　※イギリス英語。アメリカ英語では in の代わりに out を用いる。

□ *l.* 72　〜 and things (like that)「〜など」

[第15段落〜第19段落]

祖母は神経質そうに,椅子の上で体の位置を変えた。「何の書類?」　祖母は言った。「そういう書類で何を知りたいって言うの?」

父は額をかいて言った。「そうだね,国籍とか,生年月日とか,生まれた場所とか,そういったことだよ」

(8)祖母は目を大きく見開き,椅子に体を深く沈ませた。

「どうしたんだい?」　父は驚いて言った。

やっとのことで,祖母は体を起こし直し,髪を後ろへなでつけた。「何でもないわ」　頭を横に振りながら祖母は言った。「何でもないのよ」

□ *l.* 73　shift「(位置,方向などを)変える」

□ *l.* 78　in alarm「驚いて」

□ *l.* 79　smooth back 〜 / smooth 〜 back「〜をなでつける」

第20段落

　そのとき私は祖母が, (9)最終的にどうしようもなく混乱してしまいそうだとわかったので, 空の旅や飛行機に関して, 祖母が(10)心得ておくべきだと思う不可欠の情報を私が全部父に尋ねることにした——たとえば, 注意しておかないと, きっと祖母は上空で窓を開けてしまうだろうといったことを, 私は確信していたのだ。

□ *l.* 81　mess「大混乱」= a situation in which there are a lot of problems and difficulties, especially as a result of mistakes or carelessness (『ロングマン現代英英辞典』)

□ *l.* 81　take it upon *oneself* to *do*「〜を自分でやることにする」

第21段落

　その後何年もたってからようやく私にわかったことは, あのとき突然祖母の頭にはこんなことが浮かんだということだ。自分は書類に生まれた場所として「ダッカ」と書かなければならないだろう, と。それを思うと祖母は心配になったのだ。だって, 祖母は物事がきちんとあるべきようになっていないと気がすまないたちだから——そして, あのとき, 祖母はどうして自分の生まれた場所が国籍にしっくり合わなくなってしまったのかがよく理解できなかったのだ。

□ *l.* 86　realise「〜がわかる」　※イギリス英語。アメリカ英語では realize と綴る。

□ *l.* 86　occur to *A*「*A*（人）に思い浮かぶ」

□ *l.* 88　she liked things to be neat and in place「彼女は物事がきちんとあるべき場所にあるのが好きだった」が直訳。筆者の祖母の出身地は旧東パキスタン（現在のバングラデシュ）なのに, 国籍がインドであるということに祖母は困惑している。その点を述べるのに, 祖母の性格を挙げている。「あるべき場所に物事が収まっている」ことを好む祖母としては, 国籍がインドなら出身地もインド国内であるのが「正しい」と感じていたのだろうと筆者は思っている。

□ *l.* 88　neat and in place「きちんとして」

(1) ──────────────────────────────── 正答率 70.8%

当該箇所を要点のみに絞ると, since I had never been on a plane myself, it seemed (　　　) to me that the prospect of her first flight should fill her with excitement「私自身も飛行機に乗ったことがなかったので, 初めて飛行機に乗るという見通しが祖母を興奮で満たすということは, 私には（　　　）に思われた」となる。よって, 筆者にも祖母の気持ちが理解できた, つまり祖母の様子が当然だと思えたということである。よって, イ.「当然だ」が適切。ア.「たいくつだ」ウ.「予想外だ」エ.「めずらしい」

(2) ──────────────────────────────── 正答率 75.5%

当該文（But I couldn't help …）の前半では, 筆者が飛行機のことを何も知らない祖母を心配していることが述べられている。それで筆者が決心した内容が設問箇所。

I made up my mind that (2a) that (2b) before (2c) という構造。選択肢から，3
つの節を選んで完成することがわかる。2a は I made up my mind that に続くので，
「～しよう（ということ）」とこれから自分が行うことが入る。したがって，「未
来」を表す時制になっていなければならない。そこで選択肢を見ると，**オ．I
would make sure**「まちがいなく～（する）ようにしよう」しかない（時制の一致
で would になっている）。飛行機に無知な祖母に必要な知識を与えておきたいとい
う気持ちからの決心なので，2b に**カ．she was properly prepared**「祖母がきちん
と準備ができている」が入る。make sure that S V の that 節の中の時制は，たと
え未来のことでも will を入れないことに注意すること。before に続く 2c は時を表
す副詞節の内容にあたり，時・条件を表す副詞節内は現在形（本文では時制の一致
で過去形）で表さなければならない。よって**ウ．**「彼女は行く準備ができている」
は現在時制なので不可となる。**エ．**「彼女は旅行に行くべきだ」は should が余分で
不可。よって，**ア．she left**「祖母が出発する（前に）」を入れるのが適切。

(3) ──────────────────── 正答率 39.6%

当該箇所が過去分詞の分詞構文であることをまず見抜く。leave O to ～ は「O を～
に任せる，ゆだねる」の意。left to herself は「彼女自身に任される」が直訳。過
去分詞の分詞構文であることから，意味上の主語は主節と同じ，つまり that 節内
の she である。能動で考えれば leave her to herself「彼女を彼女自身に任せる，ゆ
だねる」ことになる。飛行機のことを何も知らない祖母を祖母自身に任せるとは，
「自分で」飛行機のこと，空の旅のことについてなんとかするように放っておくと
いうことを表している。訳としては「放っておかれる」が直訳だが，日本語として
おさまりよくするなら「放っておく」，さらに意訳すれば他には誰もゆだねる人が
いないのだから「ひとりで」くらいになる。下線部の後の「飛行機のことは何も学
ばないだろう」と考え合わせて if のニュアンスを補って訳し，**「放っておいたら」
「ひとりでは」**とするのが適当。

(4) ──────────────────── 正答率 91.7%

not so much A as B「A というよりはむしろ B」の熟語。A には offended「いらだ
たせられる，腹立たせられる」，B には puzzled「当惑させられる」が入っている
ので，**ア．**「彼女はいらだちよりもむしろ困惑の表情を浮かべた」が適切。

(5) ──────────────────── 正答率 87.5%

空所の直前段落の第 1 文で，His laughter irritated her.「父の笑いが祖母をいらだ
たせた」とある。当該文は Now it was his（　　　）to be offended「今度は父がい
らだたせられる（　　　）だった」となっている。空所には「（順）番」が入るの
は明白。この意味があるのは，**エ．turn**。It's one's turn. で「～の番だ」の意。It
は漠然と状況を指す非人称の it。**ア．order** にも「順序，順番」の意があるが，
turn が「何かをする（順）番，関係者間で巡ってくる立場」の意であるのに対し，

order はアルファベット順のように，ある秩序，仕組みからなる順位のことであり，ここでは不適。イ．reason「理由」を入れると「今度はそれが彼の怒る理由だった」となり，前後の流れとしてぎこちない。ウ．round は「一巡すること」であり，順番に関係する意味では試合などの「…回（戦）」や「お酒などを同席する人全員におごる番」の意では使うが，ここでは不適。

(6) ──────────────────────────────────── 正答率 91.7%

当該文は But if there isn't a fence or anything「でも，もしフェンスとか何かがないのなら」という条件節で始まっている。「フェンスなど」は物語文の第8段落第3文（But surely there's …）に出てくる「何かがあるはずでしょ。たぶんフェンスとか…」を受けている。これは物語文の第7段落第1文（For instance, one …）で祖母が飛行機から国境が見えるのかと尋ねた話からきている。祖母ははっきりとした国境線があると思っている。少なくとも，どこから別の国になるのかがわかる境界線にあたるものが目で見えると考えているのである。したがって，当該箇所での「フェンス」は国境のことであり，how are people to know「人々はどうやって知ればいいのか，どうやってわかるのか」に続く know の目的語はア．where the border is「国境がどこにあるのか」が適切。なお how are people to know の are to は be to 構文で，「～することになる」の意味で，「どうやって知ることになるのか」が直訳で，意訳すると「どうやって知ればよいのか，どうやってわかれというのか」となる。

イ．「どれほど遠くまで来たのか」

ウ．「どちらへ向かっているのか」

エ．「いつパスポートを見せればよいのか」

(7) ──────────────────────────────────── 正答率 27.1%

What was it all for then …?「それでは，それら全部は何のためだったのか」が文字どおりの訳。what … for「…は何のためか」でセットであり，for then ではない。it all「それら全部」にあたるものは，ダッシュで補足された Partition and all the killing and everything「分離独立やすべての殺し合いやすべてのこと」である。内容上も，「もし間に何かがないのだとしたら」＝「国境というものがはっきりないのなら」，その見えない国境を越えて人々が移動したときに起きた様々な混乱や殺戮に何の意味があったのかと祖母は疑問を投げかけているのである。国境を越える際の混乱については，冒頭の説明文第6文（As a result of …）と第7文（This exchange of …）に述べられている。

(8) ──────────────────────────────────── 正答率 77.1%

当該箇所は「祖母の目が大きく開いた」が直訳。目が大きく見開かれたことを表す。続く祖母の様子がポイント。she sank back in her chair「椅子にどさっと体を沈ませた」のであり，物語文の第19段落では With an effort she sat up straight again

「努力して再び体を起こした」とある。「力が抜けている」祖母の様子をとらえること。また，物語文の第20段落冒頭（I could see then …）で筆者は「祖母が，最終的にどうしようもなく混乱してしまいそうだとわかった」と述べていることも考え合わせると，祖母は筆者の父の言葉を聞いて，なすすべをなくしてがっくりきていると判断できる。よって，**エ.「困惑している」**が適切。ア.「怒っている」　イ.「興奮している」　ウ.「喜んでいる」

(9) ────────────────────────────────── 正答率 66.7%

空所に続いて副詞 up，さらに in が導く前置詞句があることに注意。これらとともに意味をなすのは**イ.** **end** である。end up in 〜「最後には〜になる，最終的に〜となる」の意。筆者は，国境のことに関して，言葉を失い，椅子に倒れ込んだ祖母を見て，「祖母が最後にはどうしようもない混乱に陥ってしまうことがわかった」と言っているのである。内容上もうまくつながる。ア. catch up は on 〜 を続けて「遅れ〔不足〕を取り戻す」，with 〜 を続けて「〜に追いつく」ならある。ウ. hang up は「電話を切る」なので，内容的に意味をなさない。エ. put up は with 〜 を続けて「〜に耐える」となる。

(10) ────────────────────────────────── 正答率 56.3%

the essential information … that I thought she ought to have at her（　　　）「祖母が（…）に持っておくべきだと私が考えた不可欠の情報」　当該箇所は関係代名詞節内で，that は目的格の関係代名詞で have の目的語。元の文に戻せば I thought she ought to have that（＝essential information）at her（　　　）「彼女は不可欠の情報を（…）に持っておくべきだ」となる。at her（　　　）がなくてもほぼ内容はとれるが，空所に続く「例」として，「きちんと教えておかないと祖母は上空で飛行機の窓を開けかねない」と述べられている。つまり，単に知っているだけでなく，実際に行動する際に活きる情報にしておかなくてはならないと筆者は考えていると言える。at *one's* command には「〜の掌中にある，自由に使える（←自らの命令を下せる場所に）」の意があるので，ここでは**ア. command** が適する。また，have a command of 〜 で「〜を自由に使える，〜の運用能力がある」となることを考え合わせるとよくわかるだろう。イ. at *one's* feet「足元に（ある）」　ウ. at *one's* side「人のそばに（ある）」　エ. at *one's* understanding は意味をなさない。

(11) ────────────────────────────────── 正答率 47.2%

(a) city of birth「出身都市」は最終段落の2番目の that 節（that she would have to …）に fill in 'Dhaka' as her place of birth on that form「その書類に出身地として『ダッカ』と書く」と述べられている。

(b) religion「宗教」は，冒頭の説明文参照。第8文（More than a million people …）に「100万を超える人々が，東パキスタンからインド国内にあるベンガルの西半分の地域へ移住した。後の文章の祖母もその一人だった」とある。第6文（As a result of …）の後半に「多くのヒンズー教徒が2つのパキスタンからインドへと逃れた」と書かれていることから，筆者の祖母が「ヒンズー教徒」であることがわかる。解答としては，厳密に宗教名を答えるなら Hinduism「ヒンズー教」となることに注意。Hindu「ヒンズー教徒」も許容されると思われる。

(c) nationality「国籍」は(b)で取り上げた箇所から，東パキスタン出身の祖母は現在インドに住んでいることがわかる。「国籍」は「～人」という形で述べるので，Indian が適切。

(12) ─────────────────────────── 正答率 47.9%

冒頭の説明文の第4文（In 1947, when …）で1947年に大英帝国植民地であった旧インドが，インドとパキスタンに分かれたことが述べられている。筆者の祖母はこの分断の混乱を経験しているので，ア．1946年はあり得ない。また同最終文（In 1971, …）に東パキスタンがバングラデシュになったことが述べられている。物語文の第7段落第1文（For instance, …）では，祖母の質問に the border between India and East Pakistan とあり，まだバングラデシュになっていないことがわかる。したがって，ウ．1972年，エ．1989年も不可。残るイ．1963年が適切。

---

(1)─イ　(2)2a─オ　2b─カ　2c─ア
(3)放っておいたら　(4)─ア　(5)─エ　(6)─ア
(7)それじゃあ，分離独立だの，殺し合いだの，あのごたごた全部は，いったい何のためだったの。
(8)─エ　(9)─イ　(10)─ア
(11) (a) Dhaka　(b) Hinduism　(c) Indian　(12)─イ

解答

2003 年度　5

168　アメリカ人女性ジャーナリストのイランでの体験

全訳

第1段落

　バスでケルマーンとヤズドの間の砂漠の道を走っていると，検問所でバスが道路の片側に停車する。検問所はイランの幹線道路ではありふれたもので，百マイルかそこら行くたびにバスが止まって，運転手が書類を手に車を降りて行くのを目にすることには，私も慣れっこになっていた。時には，濃い緑色の制服を着た衛兵がバスに乗り込んで来て，目を左右に素早く動かし，明かりを暗くした車内でピストルを光らせつつ，通路を行ったり来たりする。

　　※英文全体が現在形で書かれているのは，描写を生き生きとさせるためである。このような時制を「劇的現在」と言うことがある。

- □ *l.*2　pull over「(車・人などが) 道の片側に寄る〔止まる〕」
- □ *l.*3　grow accustomed to ～「～に慣れる」
- □ *l.*3　every hundred miles or so「百マイルかそこらごとに」
- □ *l.*4　climb out「(車から) 降りる」
- □ *l.*4　papers in hand＝with papers in his hand
- □ *l.*5　walk up and down the aisle「バスの通路を歩いて行ったり来たりする」　※aisle の発音は I'll と同じ。
- □ *l.*5　eyes flicking …, pistol gleaming …　※ともに独立分詞構文。それぞれ「目がちらちら動いている状態で」，「ピストルが鈍く光っている状態で」が直訳。

第2段落

　そんなある時の出来事である。若い衛兵が入って来るとバスの中が静まりかえる。そして，私たちは皆決然と正面を見つめる。まるで，私たちがその衛兵を無視するふりをすれば，彼の方でもこちらを無視してくれるかのように。衛兵の足音が通路に敷かれたペルシャ絨毯の上を遠ざかって行き，向きを変えてまた戻って来るのを，私たちは耳を澄まして聴く。バスの最前部まで行き，ドアに向かって身体を半回転させる。しかしそれから，(1)みんな一斉にほっと一息つきかけた丁度その時，驚いたことに彼はもう半回転させて通路をまたやって来る。今度は，様々な乗客の肩を軽く叩いて行く。肩を叩かれた乗客は，自分の持ち物をまとめると，ゆっくりとバスから外へ出て，セメントの塊のような建物の階段を上がる。

- □ *l.*8　determinedly「毅然と，決然と」
- □ *l.*8　stare straight ahead「まっすぐにじっと前を見つめる」
- □ *l.*8　by our pretending to ignore the guard「私たちが衛兵を無視するふりをすることによって」
- □ *l.*9　listen to ～ sound「～が響くのに耳を傾ける」
- □ *l.*9　line the aisle「通路に敷き詰められた (←通路を覆う)」
- □ *l.*10　make a half-turn「半回転する」　※ここではバスの出口に向かうため 90 度横に向きを変えること。
- □ *l.*11　begin a collective deep breath「一斉にほっと一息つき始める」

※collective は「集団の，集団の構成員全員による」の意味。

□ *l.* 12　complete *one's* turn「回転を完成させる，完全なものにする」
※「180度向きを変える，Uターンする」の意。

□ *l.* 13　tap *A* on the shoulder「*A*（人）の肩をぽんと叩く」

□ *l.* 13　belongings「所持品」

第3段落

私は身じろぎひとつせず座っている。衛兵が私に，そしてルーサリー（ヘッドスカーフ）からのぞいている金髪に気づかないでくれることを願いながら。以前に衛兵が乗客をバスから引き下ろすのを目にしたことがあった。深刻なことであるとは全然思えないけれども，（5分か10分以内に乗客が戻って来るのが常であったから），(2)私としてはできれば席に座ったままでいたい。

□ *l.* 15　frozen「（恐怖などで）身動きできなくなって，釘づけになって」

□ *l.* 16　rusari「ルーサリー」　※イスラム教徒の女性がかぶるスカーフ。

□ *l.* 18　would just as soon *do*「むしろ〜したい」

第4段落

その衛兵がバスから降りて行くと，私はほっとして，(3)もし何かを探しているのなら，何を探しているのだろうかと考える。聞かされた話では，こういう捜索は通常は麻薬や密輸に関するものだとのことであったが，私には，権力の(4)誇示がその目的のように思えてならない。

□ *l.* 21　smuggle「密輸する」

□ *l.* 21　*A* is about *B*「*A*の主題〔目的・中核〕は*B*だ」

第5段落〜第8段落

その衛兵が戻って来る。私は直感的にどうしてかがわかる。彼は私を指す。

私？　私に用があるのだとはまだ完全には納得できずに，私は身振りで尋ねる。イランに来て2カ月経ってわかっていたのは，(5)当初予想していたのとは裏腹に，外国人が当地で面倒な目に遭うことは滅多にないということである。

あんただ，と彼はうなずく。

乗り合わせていた乗客たちのまねをして，私は荷物をまとめて立ち上がる。みんなが私を見つめている。いつものことだ。私はバスの中でただ一人の外国人なのである。

□ *l.* 23　instinctively「本能的に」

□ *l.* 24　convinced that S V「SVと確信して」

□ *l.* 25　contrary to 〜「〜とは逆で」

□ *l.* 28　Copying 〜「〜をまねて」　※分詞構文。

第9段落・第10段落

私はバスから降りる。自分の着ていた丈の長い黒のレインコートを危うく踏みつけて転びそうになりながら。そうしたレインコートか，(6)何か似たものはイランでは女性が人前に出る時必ず必要とされるものだった。心臓が高鳴っている。その衛兵と仲間の一人が，衛兵詰め所の階段で私を待っている。その足下には私のバッグがある。バス側面のトランクから彼らが引きずり出したのであった。それはずんぐりした緑色のスイカのように見える。

「パスポート」と若い衛兵がペルシャ語で怒鳴り立てる。

- □ *l.*30　nearly *doing*「もう少しで〜しそうになって」
- □ *l.*30　fall over 〜「〜につまずいて転ぶ」
- □ *l.*32　At their feet is my bag　※〈副詞句＋V＋S〉の倒置形。
- □ *l.*33　drag *A* out「*A* を引きずり出す」

第11段落

　私は自分のパリッとした紺青色の証書を手渡す。突然，「アメリカ合衆国」という文字が表にあまりにもくっきりと印刷してあるような気がする。イランに入国する(7)前にパスポートにはカバーをつけておくようにと，国にいる時誰かが警告してくれたのを思い出す。今となっては手遅れ。

- □ *l.*36　crisp「パリッとした」
- □ *l.*36　suddenly feeling that …　※分詞構文。= and I suddenly feel that …
- □ *l.*37　boldly「大胆に，くっきりと」

第12段落〜第18段落

「ビザは？」

　私はパスポートの該当ページを見せる。

「何処から来たのか」と言う彼のペルシャ語には，それまで聞いたことがない奇妙な訛りがある。

「ケルマーンから」と私は言う。

「何処まで行くのか」

「ヤズドまで」

「観光客か？」

- □ *l.*41　accent「訛り」

第19段落

　私はうなずく。私がイランに来ているのはサファナメー（ペルシャ語で旅行談ないしは文字通りには旅の手紙を意味する）を書くためであると言って事態を複雑にする必要はないと思ったから。しかしその時突然，(8)それでよかったのかしらと思った。私のビザには「ジャーナリスト」と書いてある。

- □ *l.*47　there's no need to *do* by *doing*「〜することによって…する必要はない」
- □ *l.*47　complicate「（事を）困難にする，複雑にする」
- □ *l.*48　travelogue「旅行談」
- □ *l.*48　literally「文字通り」

第20段落〜第25段落

　ゆっくりと，若い衛兵は私のパスポートのページをめくり，出入国スタンプや後ろに記載されている規則や法規を調べる。彼は私の写真を長い間熱心に(9)じろじろと調べ，それから，にこりともしない同僚にそのパスポートを渡す。受け取った同僚も尋ねられたばかりの同じ質問をする。

「何処から来たのか」

「ケルマーンから」

「何処に行くのか」

「ヤズドまで」

「観光客か？」

　　　□ *l*. 50　flip through ～「（ページなどを）すばやくめくる」

　　　□ *l*. 51　immigration stamp「出入国スタンプ」

第26段落〜第31段落

今度も私はうなずく。今更返事の中身を変えるわけにはいかない。

　2番目の衛兵からパスポートを手渡された最初の衛兵は，渋々それを私に戻す。少年のようにすべすべしたその顔を見て，まだひげを剃る歳になっていないのじゃないかと私は思う。

「これ，あなたのスーツケースか」と私のバッグを見ながら言う。

「そう」と私は言って，動いて開けようとする。

彼が首を横に振る。

他の乗客たちはもうバスに戻っていて，私は自分があとどれくらい衛兵たちに引き留められるのだろうと思う。(10)私を置いたままバスが行ってしまったらどうなるのだろうと思う。私たちは砂漠の真ん中にいた。他の建物は全く(11)見当たらない。所々に草が生えているだけの，ホコリのように白い固い平地があらゆる方角に広がっていた。空は地表の色と水分を吸い取る白っぽい金属製のドームのようだ。

　　　□ *l*. 61　wonder if he's old enough to shave　※直訳は「彼はひげを剃るだけの年齢かどうかと思う」であるが，〔全訳〕では文脈を踏まえ意訳している。

　　　□ *l*. 65　how much＋比較級「さらにどれくらい～」　※「差」を尋ねる表現。

　　　□ *l*. 67　hardened「固い」

　　　□ *l*. 68　thin「（人・木などが）まばらな」

　　　□ *l*. 68　stretch in all directions「あらゆる方向へ広がる」

　　　□ *l*. 68　a pale metallic dome「白っぽい，金属製のドーム」

　　　□ *l*. 69　suck ～「～を吸い取る」　※soup「スープ」が同系語。

第32段落〜第34段落

咳払いをして，最初の衛兵が私をじっと見つめる。その目は独特のくすんだ青い色で，長いまつげで縁取られている。以前，少なからぬ数のイラン人に見たことがある目と同じ目だ。同僚を見やると，二人でひそひそ話をする。彼らの額からは，そして私のからも，汗が滴り落ちている。

　(12)それから，最初の衛兵が肩をしゃんと伸ばし，深呼吸をして，顔を赤らめた。

「ありがとう，はじめまして」と，こわばって，はにかんだ英語を，丁寧に彼は口にする。

「やあ」　2番目の衛兵も最初の衛兵に劣らずひどく顔を赤らめている。「こんにちは」。彼はペルシャ語に戻ったが，ペルシャ語はほんの一部だけしか私にはわからない。「私たちは，今日のことは決して忘れません。あなたは，私たちが出会った最初のアメリカ人なのです。イラン・イスラム共和国へようこそ。アラーのご加護を」

□ *l*. 70　clear *one's* throat「咳払いをする」
□ *l*. 70　intently「熱心に」
□ *l*. 71　smoke blue「くすんだ青」
□ *l*. 71　lash「まつげ」
□ *l*. 74　straighten *one's* shoulders「肩をしゃんと伸ばす」
□ *l*. 75　blush「顔を紅潮させる」
□ *l*. 75　stiff「こわばった」
□ *l*. 75　self-conscious「自意識過剰の，はにかんだ」
□ *l*. 77　furiously「激しく」
□ *l*. 78　fall back into Persian「（英語から）ペルシャ語に戻る」
□ *l*. 80　Go with Allah.「アラーのご加護を」

(1) ──────────────────────── 正答率 56.9%

just as we begin a collective deep breath

● just as ～「～する丁度その時」

● a collective deep breath「集団の深呼吸」

　直訳すると「集団の深呼吸」だが，deep breath はここでは「安堵のため息」と解釈するとよい。

以上から「私たちが一斉にほっと一息つきかけた丁度その時」となる。collective の意味がわかったかどうかがポイント。

(2) ──────────────────────── 正答率 54.9%

I'd は I would の略。would (just) as soon ～ (as not)「むしろ～したい，～した方がましだ」　これは would as soon *do* as not *do*「～しないのに負けないぐらい…したい」が直訳。*e.g.* I would just as soon stay at home (as not).「むしろ家に（いないよりも）いたい」＝I would just as soon stay at home (as go).「（行くより）むしろ家にいたい」　また，remain in my seat で「私の席に残る」という意味。以上から下線部全体の意味は「私は自分の席に残っていたい」となる。

ア．「私は座ったままでいてもよいことを望む」　これが正解。

イ．「すぐに私は席に座って，ずっとそこにいる」

ウ．「私は長い間自分の席を離れなければいいと思う」

エ．「すぐに私は座ったままでいようと決心する」

イとエは as soon as ～ との勘違いを想定したものか。

(3) ──────────────────────── 正答率 62.7%

wondering what he is looking for「彼は何を探しているのだろうかと思って」だけだと，「何かを探している」ことが事実となってしまうので，if anything「もし（探しているものが）何かあるとしたら」を付け加えたもの。if there is anything he is looking for を略したものと考えるとよい。

(4) ──────────────────────────────── 正答率 58.8%

衛兵のとっている行動を筆者がどうとらえているのか考える。空所の前後には「普通なら，その目的は麻薬や密輸の捜索に関するものなのだが，私には権力の（　　）のように思われる」とある。つまり，筆者は衛兵の行動を麻薬捜査や密輸捜査以外の何かだと考えていることがわかる。第2段落第5文（But then, just …）の「しかしそれから，みんな一斉にほっと一息つきかけた丁度その時，驚いたことに彼はもう半回転させて通路をまたやって来る。今度は，様々な乗客の肩を軽く叩いて行く」といった描写から，筆者には衛兵の行為が「威嚇的」と映っているのがわかる。よって**イ．display「誇示」**を選んで「力の誇示」とすればよい。

ア．denial「否定」　ウ．finding「発見」　エ．lack「欠如」

(5) ──────────────────────────────── 正答率 33.3%

contrary to 〜 は「〜とは違って」という熟語で，〜には，しばしば「世間の常識，一般人の考え」などが置かれる。本文では「私の予想していたこと」に反して「当地では外国人が面倒な目に遭うことは滅多にない」というのであるから，「私の予想していたこと」としては，その逆のこと，つまり「**当地では外国人はしばしば面倒な目に遭うという予測**」が正解となる。字数の関係上，「しばしば（←「滅多にない」の逆）」は省くしかないだろう。

(6) ──────────────────────────────── 正答率 49.0%

まず similar が something を修飾すると見当をつけ，it or something similar「それ（＝長くて黒いレインコート）か，何かそれに似たもの」というまとまりを考える。次に，be required for 〜「〜にとって必要である」というつながりを想定する。残る all が women を修飾することは容易に察しがつくことであるから，おおまかな構造はこれで間違っていないことがわかる。ここで，being が実は現在分詞であり，この部分が it or something similar を分詞の意味上の主語とした独立分詞構文の形をなしていることに気がつけば問題は解決する。(it or something) **similar being required for all**（women in public in Iran）が正解。

(7) ──────────────────────────────── 正答率 80.4%

「アメリカ合衆国」と表紙にくっきりと印刷されているパスポートを相手に渡して，あることを思い出し，「もう手遅れだ」と言う。この文脈の流れに最も適した「あること」とは何か。「アメリカ合衆国」という文字を見せて相手を刺激したかもしれないことを悔やんでいる様子が明らかに読み取れる。したがって，ここは「アメリカという国の名前を見せないようにした方がいい」という趣旨の助言・警告であると考える。

ア．「（イラン入国）後は衛兵に逆らうなと警告してくれたこと」衛兵に逆らったわけではないから不適。

イ．「（イラン入国）前にある程度は基本的なペルシャ語を学んでおくように助言し

てくれたこと」 ペルシャ語がわからずに困っているわけではないから不適。

ウ．「(イラン入国) 前にパスポートにカバーをつけておくように警告してくれたこと」 「アメリカ合衆国」の文字が見えないようにしておく，という意味で筋が通る。よって，これが正解。

エ．「(イラン入国) 後はパスポートを携帯するのを忘れないようにと助言してくれたこと」 パスポートを所持していないことを悔やんでいるわけではないから不適。

(8) ──────────────────────────────── 正答率 58.8%

ビザには「ジャーナリスト」と書いてあるのに，観光客かと聞かれてうなずいた，という状況に最も適したものを選ぶ。

ア．「私はジャーナリストであったらいいのにと思う」

イ．「私は正しいことをしたのかしらと思う」 これが正解。

ウ．「私はあまりにも観光客のように見えすぎることを悟る」

エ．「私は英語で『観光客だ』と言うべきだったと悟る」

(9) ──────────────────────────────── 正答率 27.5%

パスポートに貼ってある筆者の写真を衛兵が長い間熱心にじっと見る，という状況である。

ア．detect は「見破る，見つけ出す」の意。これは文脈に合わないし，long and hard という修飾語句とも合わない。

イ．gaze は自動詞であるから，「じっと見つめる」の意味で用いるなら前置詞 at が必要。なお，29.4%のモニターがこの選択肢を選んでいた。

ウ．study には「じっと見る，じろじろ見る，注視する」の意味がある。これが正解。

エ．watch は「〜をよく見る，注意して見る」の意の他動詞だが，動くもの，変化するものを見守る，あるいは静止しているものを盗まれないように監視するという意味で用いられるのでここでは不適切。なお，31.4%のモニターがこの選択肢を選んでいた。東大らしい基本語の運用力を見る問題。こういう単語の学習を疎かにして，難語に偏ったいたずらに分厚い単語集をやるのは「東大のスマートさがない」学習。

(10) ──────────────────────────────── 正答率 88.2%

他の乗客がみんな解放されてバスに戻っているのに自分だけが引き留められているという状況の中で，「もし〜だったらどうしよう」と心配しているところ。

ア．「もしバスが私を乗せずに行ってしまったら」 その後に記述されている砂漠の様子などともうまく適合する。これが正解。

イ．「もし天気が突然変わったら」 天気の心配をしているところではない。天気と筆者の運命とは無関係。

ウ．「もしバスがガソリンを切らしたり，故障でもしたら」 これは乗客全員に関す

る心配となる。ここは自分の身の上を心配しているだけという文脈である。

エ．「もし他の乗客がバスを降りるように求められたら」　他の乗客の心配をしているところではない。

(11) ──────────────────────────────── 正答率 84.3%

「他には何の建物も見えない」という意味にしたいところ。

ア．in sight「見えている」　これが正解。

イ．vision には「視力，洞察力，未来像」などの意味があるが，on vision という表現はふつうない。

ウ．in my eyes「私の目から見れば，私の見るところでは」

エ．to the view「公然と，見えるところに」

(12) ──────────────────────────────── 正答率 19.6%

最終段落の衛兵の言葉にある You are the first American we have met. に関連することは見当がつく。これを根拠に It is the first time he has ever met an American. という解答も考えられないわけではないが，「肩を真っ直ぐにして，顔を赤らめる」理由としてちょっと弱い感はまぬがれない。最初に会ったアメリカ人という理由から顔を赤らめるなら，パスポートを見せた時点でそうなるはずである。ここから先は，「ここまでは衛兵がペルシャ語で話していた」という事実に気づくかどうかがポイント。下線部(12)直後にある he says carefully in stiff, self-conscious English や，最終段落の He falls back into Persian もヒントになる。以上から（It is the first time he）has（ever）spoken English to an American(.) となる。

---

(1)私たちが一斉にほっと一息つきかけた丁度その時

(2)─ア　(3)─ウ　(4)─イ

(5)当地では外国人は面倒な目に遭うという予測（20字）

(6) similar being required for all

(7)─ウ　(8)─イ　(9)─ウ　(10)─ア　(11)─ア

(12) has（ever）spoken English to an American

解答

169 経験に基づく予測と賭博との違い

全訳

第1段落

「神が世界に関することをサイコロを振って決めていると私は決して思わない」とアインシュタインが言ったのは有名である。一般相対性理論と宇宙についてアインシュタインが正しかったかどうかは別にして，この発言が，人々が日常生活でしているゲームに当てはまらないことは確かである。人生というものはチェスではなく，1回1回サイコロを振って進められるバックギャモンのようなものだ。だからこそ，(1)予測を立てるのが難しいのである。しかし，(2)たとえ僅かでも何らかの規則性がある世界では，過去の情報に基づく判断は，無作為になされる判断よりも優れているものである。これはこれまで常に真実であったし，動物，とりわけ人間は，(3)起こりそうなことについての鋭敏な直感力を発達させてきたと思われるのである。

- ☐ *l.*1 "I shall never … world."「どんな条件であれ，私には確信がある。神は絶対にサイコロを振らない」 ※アインシュタインのボルンへの書簡の中で記した言葉。ハイゼンベルグの不確定性原理も発表されていない時代，量子力学の理論的根拠が不十分であることに対する言葉と考えられている。
- ☐ *l.*2 the general theory of relativity「一般相対性理論」
- ☐ *l.*3 statement「発言」
- ☐ *l.*3 be true of ～「～に当てはまる」
- ☐ *l.*4 backgammon「バックギャモン」 ※基本的に2人で行うボードゲームで，それぞれが15個の駒を持ち，サイコロで出た目に従って駒を進めていきどちらが先にゴールさせることができるかを競う。「西洋双六」とも呼ばれる。
- ☐ *l.*4 at every turn「あらゆる場面で，たえず」
- ☐ *l.*7 at random「無作為に，でたらめに」
- ☐ *l.*8 intuition「直感」
- ☐ *l.*8 probability「ありそうなこと，（数学）確率」

第2段落

しかし，人が起こりそうなことについて非論理的な判断を下していると思えることがよくある。その悪名高き一例が「賭博師の誤謬」である。「誤謬」とは，真であると広く信じられている誤った考えのことである。賭博師の誤謬に陥っている場合とは，投げたコインが落ちて出た面が，例えば，立て続けに3回同じであれば，まるでコインに記憶力があり(4)公正でありたいという願望があるかのように，次回は別の面が出る可能性が高まるはずだと考えることである。(5)不名誉なことなのだが，今でも覚えているのは，自分がティーンエージャーの頃家族で休暇を過ごしていた時のある出来事である。数日間も雨に降られた(6)からそろそろよい天気になりそうだと父が言った。私は，賭博師の誤謬に陥っているよと言って父の言葉を正した。しかし，長年苦労してきた父が正しく，知ったかぶりの息子は間違っていた。雨を降らせる寒冷前線が，1日の終わりに地上から追い出されて，翌朝には新しい

前線と入れ替わるというものではないのである。雲には何らかの平均的な大きさ，速度，方向といったものがあるにちがいない。だから，今なら，仮に1週間も雲が続いたら，雲の端はもう間近で，太陽がまもなく再び現れるという予測が実際立ったとしても，私は驚くことはないであろう。これは，通過中の列車のうち(7)10両目の車両のほうが5両目の車両よりも，最後尾の車両の通過が近づいているのをより強く示しているのと全く同様である。

- ☐ *l.9* make illogical judgments「非論理的な判断をする」
- ☐ *l.10* notorious「悪名高い」
- ☐ *l.10* gambler's fallacy「賭博師の誤謬」
- ☐ *l.11* commit ～「(罪，ファウルなど) を犯す」 ※commit ～ to *oneself*「～を自らに送りこむ」から to *oneself* が省略された形だと考えるとよい。
- ☐ *l.12* toss ～「(コインなど) を投げる」
- ☐ *l.12* fall on the same side「同じ面を出す」
- ☐ *l.12* say「例えば」 ※しばしば両側にコンマが打たれる。
- ☐ *l.14* incident「出来事」
- ☐ *l.15* mention ～「～に言及する」
- ☐ *l.16* correct ～「～を正す」
- ☐ *l.16* accuse *A* of *B*「*A* (人) を *B* だと言って非難する」
- ☐ *l.17* long-suffering「長年苦労した」
- ☐ *l.17* know-it-all「知ったかぶりの」
- ☐ *l.18* cold front「寒冷前線」
- ☐ *l.18* be replaced with ～「～に取って代わられる」
- ☐ *l.21* did predict ～「実際～を予想する」 ※did は強調の助動詞。
- ☐ *l.21* be about to *do*「まさに～する」
- ☐ *l.22* railroad car「列車の車両」
- ☐ *l.22* suggest ～「～を示唆する」

第3段落

このように，(8)働く事象は多い。それぞれの事象には特有の履歴があり，時が経つにつれてそれが起こる可能性は変化するのである。観察が巧みな人なら，賭博師の誤謬を犯して，ある事象の次の発生を(9)これまでのその事象の履歴から予想しようと努める*はず*だ。例外が1つだけある。それは，事象がその履歴とは無関係に発生するように*仕組*まれている装置の場合である。どのような装置がそのようなことをするのであろうか。私たちはそれを賭博装置と呼んでいる。そうした機械の存在理由は，(10)事象の発生する傾向を見てそこから予測するのを好む人を負かすことにある。無作為性がいたるところにあるため，何かの傾向を好むことが賢明ではないという状況であれば，賭博装置を作るのは容易なことであろうし，賭博者たちを負かすのもたやすいことであろう。だが，実際には，ルーレットの回転盤やスロットマシーン，サイコロでさえも，無作為な結果を出すためには細心の注意を払って極めて入念に精度の高いものを作らないといけないのだ。

- ☐ *l.24* life history「来歴，履歴」 ※「生活史」が直訳。
- ☐ *l.25* over time「時が経つにつれて，時と共に」

□ *l*. 26　the next occurrence of an event「ある出来事が次に起こること」
□ *l*. 27　be designed to *do*「～するように設計されている」
□ *l*. 28　independently of ～「～から独立して」
□ *l*. 29　reason for being「（賭博装置の）存在の理由」
□ *l*. 29　beat ～「～を負かす」
□ *l*. 32　gamblers easy to beat＝gamblers are easy to beat
□ *l*. 33　with extreme care and precision「極めて注意深くまた精密に」

第4段落

　だから，カジノ以外であればどのような世界であっても，賭博師の誤謬が誤謬であることはめったにない。実際，(11)私たちの直感的な予測は賭博装置が相手だとうまくいかないからといって，そうした直感的な予測が当てにならないと言うのは筋が通らないのである。賭博装置は人工的に作り出された機械であり，そもそも(12)私たちの直感的予測が外れるように設計されている。それはまるで，手の形のせいで手錠を外せないのだから手の設計がよくないと言っているようなものである。

□ *l*. 34　any *A* but *B*「*B* 以外のいかなる *A* も」
□ *l*. 34　rarely「めったに～ない」
□ *l*. 35　call O C「O を C と呼ぶ」
□ *l*. 35　intuitive「直感的な」
□ *l*. 36　unreasonable「理屈に合わない」
□ *l*. 37　by definition「定義上，当然のこととして」
□ *l*. 37　call *A* badly designed「*A* の設計が悪いと言う」
□ *l*. 38　their shape makes it hard to *do*「その形のために～するのが困難だ」
□ *l*. 38　get out of handcuffs「手錠から抜け出す」

(1) ──────────────────────────── 正答率 91.5%

空所の直前に「あらゆる場面でサイコロが振られる」とあるので，「予測を立てる」ことは難しいと言える。よって，**イ. make predictions** が正解。ア．make progress「進歩する」　ウ．make random turns「でたらめに曲がる」　エ．make probable moves「十分考えられそうな移動をする」

(2) ──────────────────────────── 正答率 36.3%

ア．all が入る。in a world with any ～ at all で「かりそめにも～がある世界では」の意。at all は「かりそめにも，少なくとも」の意味。イ．at large「詳細に，一般の，逃亡中で」，ウ．at length「ついに，詳細に」，エ．at most「せいぜい」では意味が通らない。

(3) ──────────────────────────── 正答率 91.5%

「確率についての直感，起こりそうな事柄についての直感」　これに近い意味を持つのは直前の文にある decisions informed by the past「過去によって情報を得た判断」である。これの説明に当たるのはイである。

(4) ──────────────────────────────── 正答率 80.9%

「3回続けて同じ面が出たから次には別の面が出る」というのは，まるでコインに「公平にしなくっちゃ」という思いがあるようである。**ア**が正解。イ．cheat us「我々をだます」 ウ．amuse us「我々を楽しませる」 エ．be repetitive「繰り返す」

(5) ──────────────────────────────── 正答率 74.5%

空所の後に続いて述べられるエピソードは，父が正しく自分が間違っていたというものであるから，**ウ**の to my shame「**不名誉なことだが**」が最適である。イ．in despair「絶望して」，エ．to my surprise「驚いたことに」はいずれもおかしい。なお，アの in pride という言い方はふつうしない。

(6) ──────────────────────────────── 正答率 68.1%

後続の文に「賭博師の誤謬を犯していると言って父の言葉を正した」とある。賭博師の誤謬とは，「3回続けてコインの同じ面が出たから次にはその面の裏が出る」という記述から，「ある出来事の起こる確率が，実際には常に一定であるのに，それ以前に起こった出来事の影響を受けて変化すると思い込んでしまうこと」だと推察できる。よって，父は「雨が長い間続いたから，そろそろいい天気になるだろう」と言ったと考えるのが適切であり，**イ**が正解。ア．「だが，日の照る日を期待することができるだけだ」 ウ．「そして悪天候が続きそうだ」 エ．「だが，いつ雨が止むかわからない」

(7) ──────────────────────────────── 正答率 57.4%

「もうすぐ最後尾の車両が通過する」ことを5番目の車両より強く伝えるのは…?と考えるとすぐにわかる。後の車両になればなるほどこのことを強く示唆することができるわけだが，エの final は不可。最後尾の車両そのものということになる上，そもそも final car という表現が不自然。last car と言う。**ウ**が正解。

(8) ──────────────────────────────── 正答率 53.2%

「機能している，動いている」の**エ**．work が適している。

(9) ──────────────────────────────── 正答率 72.3%

so〔thus〕far「(この先のことはわからないが) いままでのところ」

(10) ──────────────────────────────── 正答率 63.8%

この装置によってどういうやり方が不利になるかを考える。「過去の履歴と無関係に事象を発生させる装置」によって打ち負かされる相手は「事象の発生傾向から一定の予測を行おうとする者」であるはず。したがって，ア．「**発生傾向を予測に（変える）**」が正解。

(11) ──────────────────────────────── 正答率 55.3%

全体の文構造は，calling … devices が主語，is が動詞，unreasonable が補語になっており，その意味は「～を…と呼ぶことは，筋が通らない」である。まず訳の方

針を考える。下線部直前の文（So, in any …）には「カジノ以外であればどのような世界であっても，賭博師の誤謬が誤謬であることはめったにない」とある。つまり「私たちの直感的な予測は，カジノを除けば信頼性がある」ということである。さらに，同段落最終文に「それはまるで，手の形のせいで手錠を外せないのだから手の設計がよくないと言っているようなものである」とある。この比喩での「手」は「直感的予測」であり，「手錠」は「カジノ」を表している。よってこの比喩が言いたいことは「私たちの直感的予測を，カジノのせいで信頼性がないというのは言いがかりである」ということである。以上が下線部の訳の方向性である。

- calling our intuitive predictions unreliable「私たちの直感的な予測が当てにならないという」

  call O C で「O を C と呼ぶ」の意味で，全体では動名詞になっている。intuitive predictions「直感的な予測」

- because they fail with gambling devices「賭博装置が相手だとうまくいかないからといって」

  calling … を修飾する副詞節である。上で述べたとおり，この because 節を含めた全体が is の主語である。they は our intuitive predictions を指す。fail は「うまくいかない」の意味。with gambling devices は「（他ではうまくいくのに）賭博装置に関しては」の意味である。この with は「～に関しては，～とでは，～が相手だと」の意味であり，「～を用いて」の意味ではない。

- … is unreasonable「…は筋が通らない，理屈に合わない，理不尽である」

(12) ——————————————————————————— 正答率 72.3%

「賭博装置」が「過去の履歴と無関係に事象を発生させるもの」であったことを思い出す。つまり「我々が予測を立てることができないように」できているのである。ウ．「我々の直感的な予測を打ち破る」が正解。ア．「観察された傾向に従う」，イ．「賭博者の要求を満たす」，エ．「我々に自然の規則性を思い起こさせる」は，いずれもこの装置の役目を果たさない。

6
総合読解

(1)―イ (2)―ア (3)―イ (4)―ア (5)―ウ (6)―イ (7)―ウ (8)―エ
(9) so〔thus〕 (10)―ア
(11)賭博の装置相手だとうまくいかないからといって，我々の直感的な予測が当てにならないと言うのは筋が通らない。
(12)―ウ

解答

170
家族との間に溝を感じる孤独な父親

全訳

[第1段落]

　妻は彼に言った。「マクリーディ，あなたの誕生日にはどういうことをしたいの？」　妻はいつも彼をマクリーディと呼んだ。もう彼の妻になってずいぶん年月が経つのだからジョンと呼び始めてもよさそうなものだと思われるかもしれないが，彼女は決してそうはしなかった。彼の方は妻をヒルダと呼んだ。妻は彼を，まるで彼が(1)全然知らない人であるかのように，まるでテレビで見たことのあるフットボールの選手であるかのように，マクリーディと呼んだのだ。

- [ ] *l.*2　You would have thought by now …「もう今頃までには…と思ったことであろう」　※仮定法を使ったえん曲な表現。
- [ ] *l.*3　she should have started to *do*「彼女は〜し始めるべきだったのに」
- [ ] *l.*3　she never did＝she never started to call him John

[第2段落〜第6段落]

　「子どもたちはどうしたいだろうね？」と彼は言った。

　妻はタバコに火をつけた。(2)その日曜日の 20 本目か 30 本目のタバコだったか，彼はもう数えるのをやめていた。

　「子どもたちのことは気にしないで，マクリーディ」と彼女は言った。「あなたの誕生日でしょ」

　「アイルランドに帰ること」と彼は言った。「ぼくのしたいことはそれだ。そこに(3)永久に帰ることさ」

　妻はタバコを消した。いつものやつだと彼は思った。(4)何事につけてもいつもころころと気が変わってばかりだ。「まともな返事を思いついたら」と彼女は言った。「どんな内容か教えてちょうだい」

- [ ] *l.*11　put *A* out / out *A*「*A* を消す」
- [ ] *l.*11　Typical＝It is typical of her to do so「彼女がそんなことをするのはいかにも彼女らしい」
- [ ] *l.*12　sensible「良識ある，まともな」

[第7段落〜第10段落]

　彼は庭に出た。そこでは 9 歳になる娘のケイティが一人で遊んでいた。ケイティと庭には共通点があった。どちらも小さくて，誰がどんなにがんばってみても美しくはならないように見えた。というのは，ケイティは父親(5)似だったからだ。運の悪いことに。

　ロンドン北部の 9 月に特有の太陽が暖かく降り注ぐ中，今，親子二人はその手入れがなされていない庭に一緒にいた。そして，マクリーディは自分が一生懸命可愛がろうとしている娘に言った。「じゃあ，ケイティ，パパのお誕生日には何をしようか？」

　娘は派手な格好をした小さな人形で遊んでいた。彼女は人形の均整のとれた脚をつかんでおり，人形の金色の髪が旗のように揺れ動いた。「わからないわ」と娘は

言った。

　彼はプラスチック製の庭椅子に腰をおろし、娘はニンフのような人形を並べて置いた。「シンディとバービーが刺されちゃうの」と娘は訴えた。

- ☐ *l*. 15　on *one's* own「自分だけで」
- ☐ *l*. 15　have ～ in common「～という共通点をもっている」
- ☐ *l*. 16　no matter how hard anyone tried「誰がどんなにがんばってみても」
- ☐ *l*. 17　more's the pity「（しばしば文尾に置いて）運の悪いことに」
- ☐ *l*. 18　neglect ～「～を世話せず放置する」
- ☐ *l*. 18　with the North London September sun quite warm on them「ロンドン北部の 9 月に特有の太陽が暖かく降り注ぐ中」　※with は付帯状況。
- ☐ *l*. 19　the daughter he tried so hard to love「彼が一生懸命に可愛がろうとした娘」　※daughter の後に関係代名詞 whom（または who）を補うとよい。
- ☐ *l*. 21　showily「派手な」
- ☐ *l*. 21　hold O by ～「O の～をつかむ」
- ☐ *l*. 22　wave around「揺れ動く」
- ☐ *l*. 23　nymph「ニンフ（山、川、森などに住む少女の姿をした妖精）」
- ☐ *l*. 24　get stung「刺される」

第11段落〜第18段落

「ねえ、誰が刺すと言うんだい？」

「あの草よ、決まってるじゃない。あれを切ってくれない？」

「いや、だめだよ」と彼は言って、その草がひどく伸びて、ヒルダが数年前に植えたバラを押し出しているところに目をやった。「あのね、(6)その草はとってあるんだよ」

「どうして？」

「スープをつくるためさ。イラクサのスープだよ。お前をきれいにするためのね」

　娘は真面目な顔をして彼を見た。9 年間というもの、彼女は父親の言うことは何でも信じてきた。(7)今や彼女は崖っぷちに立って、今にも飛び立っていこうとしているところであった。

「きれいになるの？」

「なるとも。まあ(8)見ていてごらん」

- ☐ *l*. 27　fiercely「荒々しく、ひどく」
- ☐ *l*. 27　crowd out *A* / *A* out「*A* を押し出す」
- ☐ *l*. 28　save ～「～をとっておく」　※ここでは切らずにそのままにしておくこと。
- ☐ *l*. 30　nettle soup「イラクサのスープ」
- ☐ *l*. 32　on a cliff-edge「崖っぷちに立って」
- ☐ *l*. 33　Will it ? = Will it make me beautiful ?

第19段落〜第27段落

　その日の後になって息子のマイケルが入ってきた時、マクリーディは彼が自分の部屋に上がっていく前に呼び止めた。彼は 13 歳であった。

6　総合読解

「私の誕生日にみんなで何をしたらいいかってお母さんが考えていたよ。お前に何か考えがあったらね…」

マイケルは肩をすくめた。まるで自分が人の手の届かない，人に屈することのない存在であることを知っているかのようであった。彼には未来があった。(9)現在のことに注意を向ける必要は全くなかったのだ。「いや」とマイケルは言った。「特にこれといってないよ。それで，いくつになるの？」

「45歳だ。いや，もう一つ上かもしれない。覚えていないんだよ」

「やめてくれよ，父さん。誰だって自分の年ぐらい覚えているよ」

「それが，覚えていないんだ。(10)アイルランドを出てからはね。あの頃は知っていたのだが，でももう昔のことだ」

「じゃあ，ママに聞いたら。ママなら知っているよ」

マイケルは履いている悪臭のする靴でカーペットをこすりながら，階段を上がっていった。何も考えずに。何も思い浮かばずに。特にこれといったこともなく。

そして再びマクリーディは一人になった。

- □ *l.*39　unconquerable「人に屈することのない」
- □ *l.*40　give 〜 attention「〜に注意を払う」
- □ *l.*40　the present「現在（のこと）」
- □ *l.*43　Come on「まさか，やめてよ，いいかげんにしろよ，あきれたね」 などと，相手の発言に軽く抗議する場合に用いる表現。
- □ *l.*44　I don't＝I don't remember my age
- □ *l.*44　I used to know it「昔は自分の年齢を知っていた」
- □ *l.*47　scuff 〜「〜をすり減らす」

(1) ─────────────────────── 正答率 90.0%

直後の a footballer she had seen on the television と言い換えることができる語を選ぶ。「自分の夫なのに，まるで赤の他人を呼ぶかのように」ということ。(エ)が正解。

(2) ─────────────────────── 正答率 41.4%

直前の文に着目すると，これは Her twentieth or thirtieth cigarette … であることがわかる。一般に SVO が OSV のような形になる場合には O が旧情報（すでに述べた情報）であることが多い。よって本文でも下線部の直前に She lighted up a cigarette.「彼女はタバコに火をつけた」とあることから，Her twentieth or thirtieth がタバコの本数を表していることがわかる。これが counting の目的語となっている。that Sunday は直前の Her twentieth or thirtieth を修飾する形容詞句。had stopped と過去完了形になっていることから，彼女が火をつけた時点では，もう数えるのをやめてしまっていたことがわかる。よって，「もう数えるのをやめていた」のように訳すこと。

(3) ─────────────────────── 正答率 60.0%

空所の後の文に「まともな返事を思いついたら，どんな内容か教えてね」と彼女は言った，とある。選択肢(ア) for all は「すべてのために」，あるいは後に目的語を取

って「〜があるにもかかわらず」の意を表す。㈣for dead「死んだものとして」の意。*e.g.* We gave him up for dead.「彼のことは死んだものとしてあきらめた」 ㈤ for good（＝for ever）「永遠に」 ㈥for granted は take 〜 for granted の形で「〜を当たり前のことと思う」の意。この中で意味が通るのは㈤のみである。マクリーディは誕生日に「（現実の生活から逃げだし）アイルランドに帰って，そこに永住したい」と言ったのである。

(4) ──────────────────────────────────── 正答率 65.7%

この部分は夫の気持ちが地の文の形で表されている，いわゆる描出話法である。文頭に He thought と補って考えるとわかりやすい。したがって，㈤と㈥は除外できる。一般に be always *doing* は話者（筆者）の非難の気持ちを表すことより，この文が妻に対する夫の不満の表れであることは明らかである。すなわち，誕生日に何がしたいかと聞いてきた（おそらく上機嫌であろう）と思ったら，彼の返事を聞いたとたんに機嫌をそこねた（これは火をつけたばかりのタバコを消したことでわかる）妻に対して夫が抱いた率直な気持ちを表したものととることができる。よって，㈣が正解。

(5) ──────────────────────────────────── 正答率 87.1%

直前に「誰がどんなに手を尽くしても美しくなることはないように見えた」とあるので，その理由として選択肢の中でもっとも自然なものは，父親「に似ていた」ことであると考えられる。単純な語いの問題とみることも可能。以上から㈤が正解である。

(6) ──────────────────────────────────── 正答率 34.3%

them は娘の言葉にある Those plants を指す。I'm saving them の省略表現と考えればよいだろう。save は「とっておく」の意。後続の娘の「なぜ」に対して「スープをつくるためさ。イラクサのスープだよ」と答えていることもヒントになるだろう。娘の「切ってくれ」という願いに対して**「その草はとってあるんだ〔わざと切らずに残してあるんだ〕」**と答えているわけである。**「その草はわざと生やしてあるんだよ」**なども正解として可能。

(7) ──────────────────────────────────── 正答率 47.1%

「今や彼女は崖っぷちに立って，今にも飛び立っていこうとしているところであった」が文字どおりの意味。直前の「これまで彼女は父親の言うことは何でも信じてきた」と照らし合わせて考えると，これは「父親の言葉に対する疑念が生じ始めた」ことの比喩的表現であることがわかる。**「父の言葉を疑う気持ち」**などとする。

(8) ──────────────────────────────────── 正答率 7.1%

wait and **see** は「成り行きを見守る，静観する」の意。*e.g.* I think you are right, but let's wait and see.「あなたが正しいとは思いますが，成り行きを見守りましょう」 主語 you があるが，これは命令文である。

(9) ——————————————————————————————————— 正答率 52.9%

give ～ attention（＝give attention to ～）「～に注意を向ける」 the present は
「現在」の意。「贈り物」の意味ではないので間違えないように注意が必要。これ
は直前の the future から見当をつけることができるはずである。「**彼は現在のこと
など少しも考えなくてもよかった**」なども正解として可能。

(10) ——————————————————————————————————— 正答率 11.4%

問題文の「埋めることが<u>できない語</u>」を読み落とさないこと。

(ア)「～を出てからは特にね」 可。一般に especially は主語の直前には置かれない
が，本文のような形では可能。

(イ)「～を出て以来ずっとだ」 可。

(ウ)**「最近，近頃は」**の意味であり，ここに入れても意味をなさない。これが正解。

(エ)「～を出て以来そうなんだ」 可。Not には否定の節を代用する用法がある。こ
こは I haven't remembered my age. の代用と考えられる。

---

(1)―(エ)

(2)その日曜日に妻がタバコを吸うのは 20 本目か 30 本目だったか，彼はもう数え
るのをやめていた。

(3)―(ウ) (4)―(イ) (5)―(ウ)

(6)その草は切らずにとってあるんだよ。

(7)父の言葉を疑う気持ち（10 字）

(8) see

(9)彼は現在のことには全く注意を向ける必要はなかった。

(10)―(ウ)

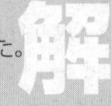

2000 年度 5

171 新しい同居人の出現に戸惑う少女の気持ち

全訳

第1段落～第5段落

　私がある日学校から帰ると，台所に見知らぬ男の人がいた。彼はコンロで何かを調理しており，シチュー鍋の中をじっと見つめていた。

　「あなたは誰？　ここで何をしているの？」と私は尋ねた。父が亡くなって1週間という時だった。

　男は「しっ，今はだめだ。ちょっと待って」と言った。強い外国訛りがあった。

　彼が何かに注意を集中していることがわかったので，私は「いったい何を作っているの？」と言った。

　彼は，今度は私をちらっと見て，「ポレンタだ」と言った。

- □ *l.*2　stove「調理用コンロ，レンジ」＝cooking stove
- □ *l.*2　peer into ～「(見えにくいもの) を覗き込む」
- □ *l.*2　intently「熱心に」
- □ *l.*2　saucepan「ソースパン，シチュー鍋 (長い柄のついた深鍋)」
- □ *l.*5　accent「訛り」
- □ *l.*6　What's that you're making?「あなたの作っているそれは何？」→「いったい何を作っているの？」
- □ *l.*7　glance at ～「～をちらっと見る」
- □ *l.*7　polenta「ポレンタ (特にイタリア料理に用いる濃いトウモロコシがゆ)」

第6段落～第8段落

　私はコンロのところまで行ってシチュー鍋の中をのぞいた。そこにあったのは黄色っぽくてべとべとした，どろどろのセモリーナだった。「気持ち悪そうだわ」と私は彼に言って，それから母を捜しに行った。

　母は庭にいた。「ママ，台所に男の人がいるわ。お料理してるのよ。ポレンタを作っていると言うの」

　「あら，そう，ポレンタね」と母は言った。(1)母はあまり助けにはならないかもしれない，という思いが頭をよぎった。父がここにいてくれたら，と思った。「それがどんなものか，私もはっきりとは知らないわ」と母は言葉を濁して言った。

- □ *l.*9　sticky「ねばねばした」
- □ *l.*9　semolina「セモリーナ (パスタやプディングなどに用いる粗く固い小麦粉)」
- □ *l.*9　disgusting「気分が悪くなるような」
- □ *l.*9　in search of ～「～を捜して」
- □ *l.*13　suspect that S V「SV ではないかと疑う，思う」
- □ *l.*13　be much help＝be of much help「大いに役立つ」
- □ *l.*15　vaguely「曖昧に，言葉を濁して」

第9段落～第11段落

　「ママ，ポレンタのことなんかどうでもいいのよ。あの人は誰なの？　うちの台

所で何をしているの？」

「ああ！」と，母は大声で言った。母は薄い花模様のサマードレスを着ていたが，とても痩せていることに私は突然気がついた。ママったら，と私は思った。(2)何もかもが私の上にのしかかってくるように思えて，私は思いがけず泣き出してしまっていた。「ねえ，泣かないで，いい子だから」と母は言った。「心配することはないのよ。あの人は新しい下宿人なの」　母は私を抱きしめた。

私は鼻をすすりながら涙をぬぐった。「下宿人？」

□ *l.* 16　don't care about 〜「〜のことはどうでもいい」
□ *l.* 18　flowery「花模様の」
□ *l.* 21　lodger「下宿人，間借り人」　※lodge は「山小屋，別荘」。
□ *l.* 22　sniffle「鼻をすする」

第12段落〜第15段落

「パパが亡くなって」と母は説明した。「空いた部屋のひとつを人(3)に貸さなくてはいけないことになるんじゃないかなと思うの」　母は背中を向けると家の方に向かって歩いて戻り始めた。台所でその人が動き回っているところが見えた。私は母の腕をとって，中に入っていくのを止めようとした。

「それじゃ，あの人はここに住むことになるの？」と私は尋ねた。「私たちと一緒に？　食事とか(4)何から何まで一緒にってこと？」

「ここはもう彼の家なのよ」と母は言った。「くつろいだ気持ちになってもらわなくてはいけないわ」　後から思いついたかのように，母はこう付け加えた。「彼の名前はコンスタンティンっていうの。ロシア人よ」　そう言うと，母は中に入って行った。

私は立ち止まって，今聞いたことを(5)理解しようとした。ロシア人だって。これにはエキゾティックで興味深い響きがあり，私は彼の無作法を許してやろうという気持ちになった。私は母が台所に入って行くのをじっと見ていた。ロシア人のコンスタンティンは顔を上げ，にっこり微笑んで明るい表情を浮かべた。「マリア！」彼は腕を広げ，母は彼のところへ行った。二人は両頬にキスをした。母は振り返ってこちらを見ると，私を手招きした。

□ *l.* 23　With your father gone「パパが亡くなって」　※付帯状況を表す with。
□ *l.* 25　could see 〜 moving about「〜が動き回っているのが見えていた」
□ *l.* 29　feel at home「くつろぐ，気楽にする」
□ *l.* 30　as if it were an afterthought「まるで，それ（次の言葉）が後から思いついたことであるかのように」
□ *l.* 32　pause to *do*「立ち止まって〜しようとする」≒stop to *do*
□ *l.* 33　make *A* inclined to *do*「*A* を〜したい気にさせる」
□ *l.* 33　forgive 〜「（罪など）を許す」
□ *l.* 34　a smile lighted up his face「微笑みが彼の表情を明るくした」
□ *l.* 36　beckon to me「私を手招きする」

第16段落〜第24段落

「私の娘です」と母は言った。(6)その声にはいつもの母のものとは思えないような

<u>響きがあった</u>。母は片手を私の方に差し出した。

「ああ，あなたがアンナさんですね」とロシア人は言った。

彼がこんなに早く私の名前を口にするとは思ってもいなかったので，私は驚いた。私は母の顔を見た。(7)<u>母の表情からは何もわからなかった</u>。ロシア人は両手を差し出して言った。「コンスタンティンです。あなたに会えてとてもうれしい。あなたのことはずいぶんと聞いています」

私たちは握手をした。私は彼がどうやって私のことをそんなにたくさん聞いたのか知りたいと思った。(8)<u>でも，どのように聞けばいいのか思いつかなかった。少なくとも母がそこにいては無理だった。</u>

ロシア人は料理に戻った。うちの台所の勝手はよく知っているようだった。彼はセモリーナのようなものの塊の上に塩と胡椒をパラパラと振りかけ，それからそれを居間に運んだ。なんとなく，母も私も彼の後について行った。私たちは皆肘掛けいすに座り，互いを見つめ合った。私は，少しでも(9)<u>不安</u>な気持ちを感じているのは自分だけだと思った。

翌日の夕方遅く私が家に帰ると，コンスタンティンと母は夕食をとりながら夢中になって会話をしていた。テーブルの上にはろうそくが何本か立ててあった。

「何事なの？」と私は尋ねた。

「ねえ，お腹空いてる？」と母が言った。「あなたにも取ってあるわよ。台所にあるわ」

私はお腹がぺこぺこだった。「いらないわ」と私は不機嫌に言った。「私は大丈夫」

- □ *l.* 37　note「（声などの）調子」
- □ *l.* 40　be startled「驚いてぎくっとなる」
- □ *l.* 40　not expecting him to *do*「彼が〜するとは予期していなかったので」 ※分詞構文。
- □ *l.* 40　have *A* on *one's* lips「*A* を口にする」
- □ *l.* 44　with my mother there「母がそこにいたので」 ※付帯状況の with。
- □ *l.* 45　turn back to 〜「〜に戻る」
- □ *l.* 46　sprinkle 〜「〜をパラパラと振りかける」
- □ *l.* 47　for some reason「なんらかの理由で，なんとなく」
- □ *l.* 48　one another「お互い」
- □ *l.* 50　be deep in conversation「会話に夢中になっている」
- □ *l.* 51　over dinner「夕食を食べながら」
- □ *l.* 55　starving「とてもお腹が空いて」
- □ *l.* 55　sullenly「不機嫌に」 ※sul-〔（＝solo）一人〕→「一人にしておいて」
- □ *l.* 55　I'm fine.「私は結構です」

第25段落〜第29段落

まだ早かったけれど，私は二階へ行って床についた。

しばらくすると，階段で母の足音が聞こえた。母は部屋の中に入ってきて，私の上にかがみ込んだ。私は目を閉じたままで深く息をした。「アンナ」と母は言った。

「アンナ，起きてるの？」

私は黙っていた。

「起きてるって，わかっているのよ」　母は言った。

言葉が途切れた。(10)私が今にも降参しようと思った矢先に，母が再び口を開いた。母は言った。「あなたのお父さんは私を愛していなかったの。あなたはこんなこと知らなくてもよかったのだけれど。あの人は私を愛していなかったのよ」　母はひとつひとつの言葉を，まるで私の頭の中に焼き付けようとするかのように，いやにはっきりとしゃべった。私は目をぎゅっと固く閉じた。ベッドの中でからだをこわばらせて，時がたてばこんなことからすっかり(11)立ち直れるのかしらと思いながら，母が部屋を出て行くのを待った。

- □ *l.* 58　lean over 〜「〜の上にかがみ込む」
- □ *l.* 62　pause「言葉の途切れ，話の一時的な中断」
- □ *l.* 62　be on the point of *doing*「まさに〜しようとする」
- □ *l.* 63　You should not have had to know this.「あなたがこのことを知らなければならなかったことはないはずだ」
- □ *l.* 64　with a terrible clarity「恐ろしくはっきりと」
- □ *l.* 64　as if trying to *do*「まるで〜しようとしているかのように」
- □ *l.* 64　burn *A* into *B*「*A* を *B* に焼き付ける」
- □ *l.* 65　squeeze「ぎゅっと絞る」　※ここでは強く目を閉じること。
- □ *l.* 65　Rigid in my bed「ベッドでからだをこわばらせて」　※分詞構文。前に being を補って考える。
- □ *l.* 66　with time「時の経過とともに，時がたてば」

(1) ──────────────────────────── 正答率 26.7%

アンナは台所にいる見知らぬ男の話をしているのに，母親はその男の存在に驚く様子もなく，「ポレンタ」に反応している。よってアンナは第9段落で「ママ，ポレンタのことなんかどうでもいいのよ。あの人は誰なの？　うちの台所で何をしているの？」と言っているのである。つまり，家に見知らぬ男がいるのを見たアンナは驚きそして戸惑って，救いを求めて母のところへ駆けつけたが，母はさして驚いたふうでもない。母の的はずれな返答に「こりゃだめだ」と心配になった，というくだりである。

(ウ)の「母親は自分の質問を理解できないという失望」は不適。そもそも，下線部の時点では「私」は母に対して何も質問はしていない。また，「私」が「失望」したのは，「私」の "Mum, there's a man …" という発言を聞いた母が，「私」が何を問題にしているか（＝何に不安や驚きを感じているか）を理解できていないことに対してである。なお，64.0％のモニターがこの選択肢を選んでいた。また，「私」の不安は「この男の人は誰なんだろう」ということであり，「家の管理」がどうこうということではないから，(エ)も適切とは言えない。まして料理のことなどは二の次，三の次のことであるから，(ア)は論外。よって正解は(イ)。

(2) ——————————————————————————— 正答率 80.0%

pile on top of me「私の上に積み重なる」 母が頼りにならない状況の下で「何もか
もが自分の身に降りかかってくる」という思いは，すなわち「自分一人で耐えきれ
るだろうか」という不安に通じる。㈐「事態があまりに耐えきれないようなものだ
と突然思われた」が正しい。㈎「私はまだ憂鬱のどん底にいた」は still の部分が
おかしい。下線部の手前までの時点ですでに憂鬱のどん底にいたわけではなく，気
分は徐々に落ち込んでいきつつあったのである。㈏「母親がいかに無防備であるか
を突然悟った」や㈑「自分の肩の上にのった母親の腕が重かった」は下線部そのも
のを無視し「何となく」選んだ答えである。

(3) ——————————————————————————— 正答率 25.3%

「父親が亡くなったから空いた部屋のひとつを（　　　　）なければならない」とい
う部分。「見知らぬ男が台所にいる」という状況と合わせて考えるとよい。㈐ let
にはイギリス英語で「（家・部屋などを）人に貸す，賃貸する」の意味がある。
e.g. a house to let「貸家（＝（米）a house for rent)」

(4) ——————————————————————————— 正答率 53.3%

㈎ everything が正解。and everything「そしてその他もろもろ，何もかも」 … or
something「…か何か」と混同しないよう注意。*e.g.* I'm having a meeting and
everything.「会議などいろいろ予定があるんだ」

(5) ——————————————————————————— 正答率 80.0%

㈎ in が正解。take *A* in / take in *A*「*A* を会得する，理解する」 He's Russian. とい
う今聞いた情報を「理解」しようとしたのである。他の選択肢だと，それぞれ㈎
take *A* down / take down *A*「*A* を降ろす，下げる」，㈑ take *A* out / take out *A*「*A*
を取り出す」，㈐ take over (*A*)「(*A* を) 引き継ぐ」という意味となり不適。

(6) ——————————————————————————— 正答率 81.3%

「母の声には私が identify することができない語調があった」
関係代名詞 that の先行詞は a note「調子，語気，話し方」である。identify は「同
一物であると認める」の意。つまり，I couldn't identify は「いつもの母の話し方
とは思えないような」ということ。㈐「彼女の話し方には普段聞き慣れない何かが
あった」がこれを言い換えたものといえ，正解。文中の her voice は，the way she
spoke「母の話し方」とほぼ同意である。
㈎「母親がなぜそんなにも静かに話したのかわからなかった」
㈏「母親がどうやって声を変えたのかわからなかった」
㈑「母親の声に抑揚がついていたためにわかりにくかった」

(7) ——————————————————————————— 正答率 78.7%

give away は「（秘密などを）漏らす，（話し方などが思わず正体を）表す」の意。
「彼女（の顔）は何も表していなかった」つまり，㈑「母の表情からは何も読み取

れなかった」ということであり，これが正解。

(ア)「母は両手を差し出してはいなかった」

(イ)「家の中からは何もなくなってはいなかった」

(エ)「状況は完全に母の支配下にあった」

(8) ──────────────────────────── 正答率 34.7%

but couldn't think of a way of asking, at least not with my mother there

● think of a way of asking「尋ねる方法を思いつく」

● at least not with ～「少なくとも～な状況ではできなかった」

　not は couldn't think of a way of asking を代用している。with は付帯状況を表す。

(9) ──────────────────────────── 正答率 90.7%

「私」以外の二人が打ち解けた間柄であることは，ここまでの部分で十分読み取れる。ただ一人「私」だけが取り残されて中に入っていけない気持ちを感じているのである。(ア)「方向感覚」，(イ)「ユーモアのセンス」，(ウ)「目的意識」のいずれでもなく，(エ)「不安感，当惑感」が正しい。

(10) ──────────────────────────── 正答率 49.3%

「ふさわしくないもの」を選ぶことに注意すること。下線部は「私はまさに降参しようとしていた」の意。be on the point of *doing*「まさに～しようとして」 give in「降参する，屈服する」

「私」は寝たふりをしているのだが，母はそれを察知している様子で声をかけてくる。母の言葉が途切れて…，という場面。ここで「降参する」とは「タヌキ寝入りをこれ以上続けることができなくなって，やめる」の意味。これにふさわしいのは，(イ)「話しかける」，(ウ)「目を開ける」，(エ)「起きていることを認める」である。(ア)「泣き出す」のみが唐突で「ふさわしくないもの」である。

(11) ──────────────────────────── 正答率 82.7%

(エ) over が正解。get over「克服する，立ち直る」 ショックと不安で夕食もとらずに寝たふりをしている少女の気持ちを考えれば，解答は容易。

他の選択肢は，それぞれ(ア) get at「達する」，(イ) get in「入れる」，(ウ) get on「乗る，着る」という意味。

(1)―(イ)　(2)―(エ)　(3)―(エ)　(4)―(イ)　(5)―(イ)　(6)―(エ)　(7)―(ウ)

(8)でも，どのように聞けばいいのか思いつかなかった。少なくとも母がそこにいては無理だった。

(9)―(エ)　(10)―(ア)　(11)―(エ)

解答

172　スペインの有害物質流出事故による環境被害

全訳

第1段落

　地球上でも最も環境面で敏感な区域のひとつで有毒な廃棄物の流出が起こったことによって，二つの大陸の野生生物が危険にさらされている。被害を受けた地域はドニャーナ国立公園であり，スペイン南部の都市セビリアから海に向かって 100 キロメートルほど南に延びた沼沢地からなる公園だ。

第2段落

　ドニャーナ国立公園は野生生物にとって特別に重要な場所である。ヨーロッパ北部，特にスカンジナビアで夏を過ごす多くの種類の鳥が，北部の冬の厳しい寒さから逃れるためにこの沼沢地にやって来て，初秋から早春まで滞在するのである。この公園はまた，珍しいイベリアカタシロワシを見つけることができる最後の場所のひとつでもある。これに加えて，公園とその周辺地域は，アフリカ南部と英国のようなヨーロッパ北部の国々との間を毎年移動するときにスペインを通る多くの種類の鳥にとっての主要な休憩場所にもなっているのである。

第3段落

　災害にみまわれたのは 4 月 25 日の早朝であった。このとき，セビリアの北西部にある採掘工場で廃棄物保管槽の防壁が崩壊したのだ。重金属やその他の有毒物質を含む約 15 万 8 千トンの廃棄物がグアディアマル川を下って公園の方に流された。

第4段落

　しかし，この事件は 1 週間もしないうちに新聞の一面から姿を消した。それはひとつには廃棄物がセビリアの町そのものに影響を及ぼさなかった（グアディアマル川は町から少し西に離れたところを流れている）からであり，またひとつには有毒な灰色の泥の大部分はドニャーナ国立公園の中心部に達する前に遮断されたからである。国立公園の表面のわずか 3 パーセントが覆われただけであった。しかし災害の影響はスペイン南部の生活のあらゆる側面に広がりつつある。

第5段落

　影響の中には比較的小さいものもある。たとえば，エルロシオの町で毎年この月に行われる真夏の祭典のためにセビリアから伝統的な幌馬車や馬に乗って旅をしている巡礼者たちは，グアディアマル川を渡る通常のルートをとらないようにと警告を受けた。そこを通らずに，今なお川の両岸を覆っている有毒廃棄物の層を避けるために彼らは主要道路を利用しなければならなかった。

第6段落

　この廃棄物は現在取り除かれているところであり，浄化作業の責任者である政府機関は，1 日に 1 万立方メートルをわずかに下回る現在の割合でいけば，10 月 27 日までには地表から最後の廃棄物を取り除くことができる，と見積もっている。

第7段落

　ところが，英国王立鳥類保護協会は，この地域が元通りになるには 25 年もの歳

月を要する可能性もあると見積もっている。スポークスマンは「我々は，これが結局のところ，今世紀ヨーロッパにおけるこの種の環境災害の中で最悪のものになってしまうのではないかと恐れているのです」と語った。

[第8段落：ウ]

彼は，この鉱山の壊れた保管槽から流出した有毒物質の重量は，この種の単一の事故としては世界最大のものであったと広く考えられている 1989 年のオイルタンカー，エクソン・ヴァルディーズ号の惨事のときに流出した有毒物質の重量の 4 倍近い，ということを指摘した。

　　□ that released の that は the weight of the toxic material を指す代名詞。
　　□ an accident 以下は the Exxon Valdez oil tanker disaster of 1989 を言い換えたもの。

[第9段落]

しかしながら，災害の莫大な規模にもかかわらず，専門家の中には依然として心配していない者もいる。公園の管理者は「万事がこれまでどおりの調子で続けば，危険な影響が広がる可能性は小さい」と信じている。しかし彼は今では少数派である。スペインの環境保護団体は分裂していることで悪評高いが，事態はその尋常ならざる性質ゆえに地元や国家当局によって主張されているよりもはるかにひどいものである，という宣言に同調した。彼らは，この災害は後になって影響が現れてくる可能性がきわめて高いと語っている。

[第10段落：イ]

スペイン自然保護協会で働くある科学者は，「重金属には最初のうちは目立たない特徴がある。重金属は体内に入ってからゆっくりとさまざまな問題を引き起こす。成長や性的発育，脳，それに免疫機構に影響を及ぼす。ある種の癌の原因になることもある」と語っている。

[第11段落]

それゆえ，グアディアマル川に有毒物質が流出したときに死んだ動物や鳥や魚は，おそらくこの災害によって生じる最終的な死の総数のうち，ごく小さな一部分にすぎないのであろう。というのも，毒はまだやっと食物連鎖の中を上向きに進み始めたばかりなのだから。アジサシ，カイツブリ，鵜といった鳥たちはここの魚や貝類を食べにこの地域にやって来るので，特に危険である。

[第12段落：ア]

現時点では，公園内にいる鳥の数はいくぶん少ない。多くの鳥たちは，流出事故が起こったとき，ちょうどスペイン南部を出発して，ヨーロッパ北部で春と夏を過ごしに行ったところであった。しかし鳥たちは，おそらくアオサギを皮切りにして，8 月には戻って来始めることであろう。そしてそのときまでに泥が取り除かれているだろうとは当局でさえも予想していないのである。

[第13段落]

そうこうするうちに，亜鉛，鉛，銅，銀といった泥中の金属が土の中にしみ込み，目には見えない危険を人間に対しても引き起こしていくことであろう。スペイン青年農業協会によると，人間が消費する作物を産出している数百エーカーの土地が危

険な影響を受けているという。それらの土地は廃棄物に覆われはしなかったのだが，汚染された可能性のある井戸から出る水を使用しているのである。

第14段落

この災害を大惨事へと変えるものがあるとすれば，それは廃棄物中の重金属が公園の下にある帯水層に浸透するようなことがあるかどうかということであろう。帯水層 27 とよばれているこの湖は深さが 200 メートルに達し，5200 平方キロメートルの広さに及ぶものであるが，この地域全体の安寧はこの巨大な地下湖に依存しているのである。

> □第 1 文の構造は What … a catastrophe が主語，would be が動詞，if … the park が補語という SVC の文型。if は構文上は「〜かどうか」という名詞節を導く接続詞であるが，if 〜 were to …「仮に〜が…するとすれば」の含みが多分に感じられる。

第15段落

最初の検査では毒物がそこまで浸透していないことが示唆されている。しかし確実にわかる人はいない。スペイン科学研究協議会の会長が述べたように，「最初の分析で帯水層がまだ汚染されていないことが示されたからといって，いつの日か汚染されることがないとは言えない」のである。

> □ does not mean の主語は The fact that から polluted まで。the first analyses は initial tests を言い換えたもの。it will not be の後に polluted を補う。

⑴　正解は　第 8 段落：㈢　第 10 段落：㈡　第 12 段落：㈠ ―― ［正答率］36.7%

第 8 段落：直前の第 7 段落がこの事故の影響を深刻に心配するスポークスマンの言葉で終わっており，直後の第 9 段落が「しかしながら（however）依然として心配していない専門家もいる」で始まる点を考えると，本段落にはスポークスマンの言葉あるいは考え方がくるのがふさわしい。㈢の He pointed out … と㈣の The spokesman said … の 2 つが有力候補として浮かんでくるが，このうち㈣の方は文化的伝統に関する話題であり，この文脈の中では不自然である。㈢は the world's worst single incident という記述が第 7 段落末の the worst environmental disaster とうまく結びつくなど，発言の続きとして自然である。

第 10 段落：第 9 段落末の is full of the potential for delayed effects「影響が後から現れる可能性がきわめて高い」と，㈡の is not noticeable at first「最初は目立たない」が自然につながる。さらに，㈡で述べられているいくつかの危険な可能性が，第 11 段落第 1 文の「事故直後の犠牲は，犠牲全体のごく一部だ」という文意と合致する。

第 12 段落：第 11 段落最終文の文意「この地へ餌を求めてやって来る鳥（すなわち冬を当地で過ごす渡り鳥）が最も危険だ」の後に㈠の「今のところ，多くの鳥が北へ飛び立ってしまった後で公園内に残っている鳥は少ないが，8 月になれば戻

って来る」という内容は自然につながる。ここは鳥の話題に着目するとよい。また，(ア)の末尾「そのころまでに泥は取り除かれてはいないだろう」から第13段落初めの「そうこうするうちに泥の中の金属が土の中にしみ込んでいき…」という文脈へのつながりも自然である。ここは mud がキーワード。

(2)　**正解は toxic**　　　　　　　　　　　　　　　　　　　　　　　正答率 66.7%

poisonous は「有毒な」の意（←poison「毒」）。第1段落冒頭で waste の修飾語として用いられている点に着目。文脈に沿って同様の意味内容を表すはずの語句を探していくと，第3段落にある waste の中に含まれているという **toxic** material，それに第5段落の終わりにある the layer of **toxic** waste に目が止まるはず。あるいは(1)(ウ)の the **toxic** material に目を止めてもよい。

(3)　**正解は(ア)**　　　　　　　　　　　　　　　　　　　　　　　　正答率 90.0%

(ア)の Africa に目を奪われないこと。第2段落最終文にあるのは「ヨーロッパ北部の国々とアフリカ南部との間を移動する途中にスペインを通る鳥たちが，ここで休憩する」という内容である。したがって，鳥はここ（ドニャーナ国立公園）で冬を過ごすわけではないので，(ア)「そこで冬を過ごすためにアフリカから鳥がやって来る」が理由としてあげられていないということで正解となる。(イ)「長い旅をする鳥がそこで休憩をする」は最終文（In addition to …）の内容に該当する。migrate each year between southern Africa and countries in northern Europe や the main resting place といった語句に着目。(ウ)「スカンジナビアの鳥の多くがそこで冬を過ごす」は第2文（Many species of …）を参照。species of birds which spend the summer in the north of Europe, especially in Scandinavia が Scandinavian birds と簡略な名称で表されている。(エ)「珍しい種類の鳥がそこにすんでいる」の a rare kind of bird とは the Iberian imperial eagle のことを指す。第3文（The park is also …）を参照のこと。

(4)　**正解は(イ)**　　　　　　　　　　　　　　　　　　　　　　　　正答率 66.7%

第1段落第2文（The area affected …）に「（国立公園は）セビリアの町から海に向かって100キロメートルほど南に延びている沼沢地からなっている」とある。このことからセビリアが国立公園の北端にあることがわかる。これだけでも答えは(イ)だとわかる。また第3段落第1文（Disaster struck …）の終わりに「セビリアの北西にある採掘工場」とあることから，セビリアと採掘工場の位置関係がわかる。

(5)　**正解は 期間：(イ)　理由：(キ)・(ク)**　　　　　　　　　　　　正答率 63.3%

第4段落冒頭文に the event vanished from the front pages of newspapers within about a week とあり，「重大ニュースとして扱われたのは1週間以内」であったことがわかる。「重大事故にしてはずいぶん短期間であった」という含みを読み取ることが必要。よって(イ)「ほんの短期間」が正解。また，理由についてはこの文の後半に partly because ～, and partly because … という形で2点記されている。つま

り有毒物質が「セビリアの町を襲わなかったこと」と「国立公園の中心部に達する前に遮断されたこと」の2つである。以上から(キ)・(ク)が正解。

(オ)「有毒な廃棄物の影響は全て比較的小さかった」

(カ)「有毒な廃棄物は公園をそれほど覆わなかったにもかかわらず，その影響は深刻なものだった」

(ケ)「有毒な廃棄物はスペイン南部の生活のあらゆる面に影響を及ぼそうとしている」

(6) 正解は(エ) ───────────── 正答率 73.3%

第9段落第4文 (Spain's notoriously divided …) に notoriously divided environmental pressure groups「分裂していることで悪評高いスペインの環境保護団体」とあることから「普段は互いに意見が違う」ことがわかり，joined in a declaration that …「…という宣言に同調した」から，「この災害に関しては意見が一致している」ことがわかる。よって(エ)が正解。

(7) 正解は underground lake ───────── 正答率 73.3%

第14段落第1文の the aquifer under the park から「公園の下にあるもの」であることはわかるが，より決定的な着眼点は続く第2文にある。この文は Aquifer 27 が主語となっているが，その中にある this huge underground lake がこの主語を指すことは文脈上疑いの余地がない。

(8) 正解は(イ) ───────────── 正答率 86.7%

(イ)の人物は，第9段落第1文中にある some experts remain unalarmed の例として，続く第2文 (The park's director …) の中で「危険な影響が広がる可能性は少ない」と述べていることが取り上げられている点から，最も楽観視していたと判断することができる。(ア)は第7段落 (But Britain's …) で，(ウ)は第9段落第4文 (Spain's notoriously …) で，(エ)は第13段落第2文 (According to …) で，それぞれ事故の被害を深刻な事態と受け止めていることが示されている。

(9) 正解は (a)─(ア) (b)─(エ) ───────── 正答率 76.7%

第5段落第1文 Some effects are relatively small. (「影響の中には比較的小さいものもある」) の例としてあげられているのが(ア)「**人々は祭典に向かう伝統的なルートをとることができなかった**」であり，これが最も軽い被害であると判断する。また第14段落では disaster「災害」を catastrophe「大惨事」に変えるものとして「廃棄物中の重金属が地下湖に浸透すること」をあげており，ここから(エ)「**公園の下にある帯水層が将来汚染されるかもしれない**」が最も深刻であると予想される被害であると断定できる。

(イ)「有毒な廃棄物が川を流れてきたときに多くの生物が死んだ」

(ウ)「農家が使用する水の一部はおそらく汚染されている」

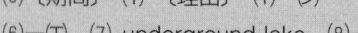
(1)第8段落：(ウ)　第10段落：(イ)　第12段落：(ア)

(2) toxic　(3)—(ア)　(4)—(イ)

(5)〔期間〕(イ)　〔理由〕(キ)・(ク)

(6)—(エ)　(7) underground lake　(8)—(イ)　(9) (a)—(ア)　(b)—(エ)

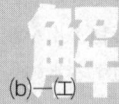

解　答

難関校過去問シリーズ

東大の英語

25ヵ年［第11版］

別冊 問題編

教学社

東大の英語25ヵ年[第11版] 別冊 問題編

第1章　要旨要約

　　以下の英文を読み，10代の若者の気質の変化について，70〜80字の日本語で要約せよ。句読点も字数に含める。

　　Consider a study of thousands of Dutch teenagers — the youngest were aged 12 at the start — who completed personality tests each year for six or seven years, beginning in 2005.　The results seemed to back up some of the stereotypes we have of messy teen bedrooms and mood swings.　Thankfully

5　this negative change in personality is short-lived, with the Dutch data showing that the teenagers' previous positive features rebound in later adolescence.

　　Both parents and their teenage children agree that changes occur, but surprisingly, the perceived change can depend on who is measuring,

10　according to a 2017 study of over 2,700 German teenagers.　They rated their own personalities twice, at age 11 and age 14, and their parents also rated their personalities at these times.　Some revealing differences emerged: for instance, while the teenagers rated themselves as declining in ability to get along with adults, their parents saw this decline as much sharper.　Also, the

15　teens saw themselves as increasingly friendly to each other, but their parents saw them as increasingly withdrawn.　"Parents, as a whole, see their children as becoming less nice," was the researchers' interpretation.　On a more positive note, the parents saw their children's declines in honesty as less striking than their children did.

20　　This mismatch may seem contradictory at first, but can perhaps be explained by the big changes underway in the parent-child relationship brought on by teenagers' growing desire for autonomy and privacy. The researchers point out that parents and teens might also be using different reference points — parents are measuring their teenagers' features against a typical adult, while the teenagers are comparing their own features against those displayed by their peers.

This is in line with several further studies, which also reveal a pattern of a temporary reduction in advantageous features — especially niceness and self-discipline — in early adolescence. The general picture of the teenage years as a temporary personality conflict therefore seems accurate.

How our teenage years shape our personalities, *BBC Future* on June 11, 2018 by Christian Jarrett

2

　以下の英文は，高齢者にやさしい（age-friendly）町づくりを促進するための世界的な取り組みについて論じたものである。この文章の内容を 70～80 字の日本語で要約せよ。句読点も字数に含める。

　The age-friendly community movement has emerged as a powerful response to the rapidly growing aging population. Although definitions of "age-friendly community" vary, reflecting multiple approaches and methods, many models highlight the importance of strengthening social ties and promote a vision that
5　takes into account all ages. For example, Kofi Annan, who served as the seventh Secretary-General of the United Nations, declared in the opening speech at the UN International Conference on Aging in 1999, "A Society for All Ages embraces every generation. It is not fragmented, with youths, adults, and older persons going their separate ways. Rather, it is age-inclusive, with different generations
10　recognizing and acting upon their common interests."

　The World Health Organization and other international organizations further articulate this premise by defining aging as a lifelong process: "We are all aging at any moment in our life and we should all have the opportunity to do so in a healthy and active way. To safeguard the highest possible quality of life in older age, WHO
15　endorses the approach of investing in factors which influence health throughout the life course."

　In practice, however, the age-friendly community movement has focused primarily upon the needs and interests of older adults and their caregivers and service providers. In doing so, it has failed to gather enough data from youth and
20　families about what produces good living conditions in a city or about opportunities for and barriers against working together with older adults.

　What accounts for this gap between vision and practice? One answer may lie in the common assumption of the age-friendly community movement that what is good for older adults is good for everyone. In other words, if the age-friendly
25　movement succeeds in making communities suitable for older adults, those communities will then be suitable for all generations. While there are many shared

interests among different generations, recent studies in the United States and Europe indicate that young adults and older adults differ in their voting patterns and attitudes more than at any time since the 1970s. These studies suggest that in order to fully understand what constitutes a city that is friendly to people at different stages of the aging process, it is critical to gather data from multiple generations about what makes a city good for both growing up and growing older.

From *The Global Age-Friendly Community Movement* by Philip B. Stafford, Berghahn Books

3

以下の英文を読み，ヨーロッパで生じたとされる変化の内容を 70〜80 字の日本語で要約せよ。句読点も字数に含める。

In pre-industrial Europe, child labor was a widespread phenomenon and a significant part of the economic system. Until and during the nineteenth century, children beyond six years of age were required to contribute to society according to their abilities. From about the age of seven, they began a slow entry into the
5　world of work, a world inhabited by both adults and children. The concepts of education, schooling, and protection against hazards were rare or entirely absent. In the early nineteenth century, children were also mostly viewed as the personal property of their parents, with few or no legal rights. Parents, mainly fathers, were given unlimited power and control over them and were allowed to treat them as
10　they wished ; physical punishment was almost universal and socially accepted.

This situation began to change as the nineteenth century progressed. Particularly in the half-century from 1870 to 1920, the rights of children in relation to parents, employers, and others expanded in the form of legal protection. Gradually, children began to be perceived as a separate category and not simply
15　as the property of adults. The view that children have no more than economic value began to change and be replaced by the perception that they are a unique group that society has the responsibility to support and protect from the various dangers they face.

Another change in this period was the protection of children from parental
20　abuse and neglect, which were subjected to intense scrutiny and challenged increasingly by government authorities. In 1889, both France and Great Britain passed laws against cruelty to children, including that caused by their parents. The nation became the defender of children's rights. The child's right to protection then led to the right to provision of various sorts, with the national
25　government responsible for providing services. Health care, acceptable housing, and playgrounds — together with freedom from work and access to public schooling—emerged as elements of children's rights.

From *Children's Rights and Social Work* by Hanita Kosher, Asher Ben-Arieh, and Yael Hendelsman, Springer

4

次の英文の要旨を 70～80 字の日本語にまとめよ。句読点も字数に含める。

Rumours spread by two different but overlapping processes: popular confirmation and in-group momentum. The first occurs because each of us tends to rely on what others think and do. Once a certain number of people appear to believe a rumour, others will believe it too, unless they have good reason to think it is false. Most rumours involve topics on which people lack direct or personal 5 knowledge, and so most of us often simply trust the crowd. As more people accept the crowd view, the crowd grows larger, creating a real risk that large groups of people will believe rumours even though they are completely false.

In-group momentum refers to the fact that when like-minded people get together, they often end up believing a more extreme version of what they 10 thought before. Suppose that members of a certain group are inclined to accept a rumour about, say, the evil intentions of a certain nation. In all likelihood, they will become more committed to that rumour after they have spoken to each other. Indeed, they may move from being tentative believers to being absolutely certain, even though their only new evidence is what other members of the group believe. 15 Consider the role of the internet here: when people see many tweets or posts from like-minded people, they are strongly inclined to accept a rumour as true.

What can be done to reduce the risk that these two processes will lead us to accept false rumours? The most obvious answer, and the standard one, involves the system of free expression: people should be exposed to balanced information 20 and to corrections from those who know the truth. Freedom usually works, but in some contexts it is an incomplete remedy. People do not process information in a neutral way, and emotions often get in the way of truth. People take in new information in a very uneven way, and those who have accepted false rumours do not easily give up their beliefs, especially when there are strong emotional 25 commitments involved. It can be extremely hard to change what people think, even by presenting them with facts.

From ON RUMOURS by Cass R. Sunstein (Penguin Books, 2009). Copyright © Cass R. Sunstein, 2009

5

次の英文の要旨を，70〜80 字の日本語にまとめよ。句読点も字数に含める。

According to one widely held view, culture and country are more or less interchangeable. For example, there is supposed to be a "Japanese way" of doing business (indirect and polite), which is different from the "American way" (direct and aggressive) or the "German way" (no-nonsense and efficient), and to be
5　successful, we have to adapt to the business culture of the country we are doing business with.

A recent study has challenged this approach, however. Using data from 558 previous studies over a period of 35 years, this new research analyzed four work-related attitudes : the individual versus the group ; the importance of hierarchy
10　and status ; avoiding risk and uncertainty ; and competition versus group harmony. If the traditional view is correct, differences between countries ought to be much greater than differences within countries. But, in fact, over 80 % of the differences in these four attitudes were found within countries, and less than 20 % of the differences correlated with country.

15　It's dangerous, therefore, to talk simplistically about Brazilian culture or Russian culture, at least in a business context. There are, of course, shared histories and languages, shared foods and fashions, and many other shared country-specific customs and values. But thanks to the many effects of globalization ― both in human migration and the exchange of technologies and ideas ― it's no longer
20　acceptable to generalize from country to business culture. A French businessperson in Thailand may well have more in common with his or her Thai counterparts than with people back in France.

In fact, occupation and socioeconomic status are much better predictors of work values than country of origin. A hundred doctors from different countries, for
25　example, are much more likely to share attitudes than a hundred Britons from different walks of life. Language aside, a truck driver in Australia is likely to find an Indonesian truck driver more familiar company than an Australian lawyer.

Successful negotiation depends on being able to predict the actions of the other party. In an international context, to the extent that our judgments arise from ideas about national characteristics, we are likely to make the wrong predictions and respond inappropriately. Cultural stereotyping by country is just bad business.

次の英文の要旨を，100〜120 字の日本語にまとめよ。句読点も字数に含める。

　　The notion of "imagined family" helps us to understand how group feelings can be extended beyond real family. Because humans evolved in small groups whose members were closely related, evolution favored a psychology designed to help out members of our close families. However, as human societies developed,
5 cooperation between different groups became more important. By extending the language and sentiments of family to non-family, humans were able to create "imagined families" — political and social communities able to undertake large-scale projects such as trade, self-government, and defense.

　　By itself, though, this concept still can't explain why we consider all members of
10 such a community to be equal. Imagined family differs from real family not only by the lack of genetic ties, but also by the lack of distinction between near and distant relatives. In general, all members of a brotherhood or motherland have equal status, at least in terms of group membership, whereas real family members have different degrees of relatedness and there is no fixed or firm way of defining
15 family membership or boundaries. We need to search for a more fundamental factor that unites people and creates a strong bond among them.

　　At a deeper level, human communities are united by a well-known psychological bias which is believed to be universal. Studies of childhood development across cultures indicate that people everywhere tend to attribute certain essential
20 qualities to human social categories such as race, ethnicity, or dress. This mental attitude has been used to generate notions of "in-group" versus "out-group," and to give coherence to a group where initially there was none, dramatically enhancing the group's chance of survival. However, this can also lead us to see an "out-group" as a different biological species, increasing the risk of hostility and conflict.
25 Throughout history, and likely through human prehistory, people have routinely organized themselves to fight or dominate others by seeing them as belonging to a different species.

　　From *Talking to the Enemy* by Scott Atran, HarperCollins Publishers

7

次の英文の内容を，70〜80 字の日本語に要約せよ。句読点も字数に含める。

　　We like to think that humans are supremely logical, making decisions on the basis of hard data and not on impulse. But this vision of *homo economicus*—a person who acts in his or her best interest when given accurate information—has been shaken, especially by discoveries in the emerging field of risk perception. It has been found that humans have great difficulty in accurately gauging risk. We have a system that gives us conflicting advice from two powerful sources—logic and instinct, or the head and the gut.

　　Our instinctive gut reactions developed in a world full of hungry wild animals and warring tribes, where they served important functions. Letting the amygdala (in the brain's emotional core) take over at the first sign of danger, milliseconds before the neo-cortex (the thinking part of the brain) was aware that a spear was headed for our chest, was probably a very useful adaptation. Even today those gut responses save us from getting flattened by buses or dropping a brick on our toes. But our amygdala is not suited for a world where risks are measured by clicks on a radiation detector.

　　A risk-perception apparatus designed for avoiding wild animals makes it unlikely that we will ever run screaming from fatty food. "People are likely to react with little fear to certain types of objectively dangerous risk that evolution has not prepared them for, such as hamburgers, automobiles, and smoking, even when they recognize the threat at a conscious level," says one researcher. Even Charles Darwin failed to break the amygdala's iron grip on risk perception. As an experiment, he placed his face up against the rattlesnake cage at the London Zoo and tried to keep himself calm and unmoved when the snake struck the plate glass. He failed.

　　A whole industry has developed around conquering the fear of flying, but while we pray not to be one of the roughly five hundred annual airline casualties around the world, we give little thought to driving to the grocery store, even though more than one million people die in automobile accidents each year.

From What You Don't Know Can Kill You, *Discover* on October 3, 2011 by Jason Daley

次の英文の内容を，80〜100字の日本語に要約せよ。句読点も字数に含める。

I live in a nice old apartment building in Edinburgh: several floors of individual flats, all connected by an internal staircase made of sandstone. The building is at least a century old, and nowadays each of those sandstone steps is looking a little worn.

5　This wear is the result of a century of people walking up and down from their flats. As they have left for and returned from work, as they have gone out to the shops or for dinner, many times a day the feet of the people living here have fallen upon each stair.

As every geologist knows, even a small force, repeated over a large enough
10　stretch of time, can add up to some very large effects indeed. A century of footsteps is quite a lot. If each of thirty-five residents travelled up and down the staircase four times a day on average, then each step has been struck by at least ten million feet since it was laid down.

When I climb this staircase to my flat, I enjoy the daily reminder that humans
15　are a geological force. If ten million people were all sent up this staircase one by one, it would take less than eight months for their feet to wear away a centimeter of sandstone.

And then, consider that ten million people is but a small fraction of the seven billion people currently in the world. If you could somehow use the feet of all of
20　those people at once, then you could grind meters of rock away in a few moments. A few more repetitions and you'd have an impressive hole. Keep going for a few hours, and you could produce a new valley.

This might seem like a rather unrealistic thought experiment, but it does highlight, in a rather literal way, the idea of a carbon footprint, which is a measure
25　of the environmental impact of human actions. When it comes to our carbon footprints, the entire planet is the staircase. Our individual contribution—the energy we consume, the waste we produce—may seem insignificant, hardly something that is going to affect the planet. But when you multiply by seven

billion, the small environmental impact of any one person becomes a very weighty
footstep indeed. It's not surprising that Earth is as worn down as my old staircase.　30

注：geologist, geological＜geology　地質学

9

次の英文の内容を，70～80 字の日本語に要約せよ。句読点も字数に含める。

The silk that spiders use to build their webs, trap their prey, and hang from the ceiling is one of the strongest materials known. But it turns out it's not just the material's exceptional strength that makes spiderwebs so durable.

Markus Buehler, an associate professor of civil and environmental engineering,
5　previously analyzed the complex structure of spider silk, which gains strength from different kinds of molecular interactions at different scales. He now says a key property of the material that helps make webs strong is the way it can soften at first when pulled and then stiffen again as the force increases. Its tendency to soften under stress was previously considered a weakness.

10　Buehler and his team analyzed how materials with different properties, arranged in the same web pattern, respond to localized stresses. They found that materials with simpler responses perform much less effectively.

Damage to spiderwebs tends to be localized, affecting just a few threads—the place where a bug got caught and struggled around, for example. This localized
15　damage can be repaired easily or just left alone if the web continues to function adequately. "Even if it has a lot of defects, the web still functions mechanically virtually the same way," Buehler says.

To test the findings, he and his team literally went into the field, pushing and pulling at spiderwebs. In all cases, damage was limited to the immediate area they
20　disturbed.

This suggests that there could be important advantages to materials whose responses are complex. The principle of permitting localized damage so that an overall structure can survive, Buehler says, could end up guiding structural engineers. For example, earthquake-resistant buildings might bend up to a point,
25　but if the shaking continued or intensified, specific structural elements could break first to contain the damage.

That principle might also be used in the design of networked systems : a computer experiencing a virus attack could shut down instantly, before its

problems spread. So the World Wide Web may someday grow more secure thanks
to lessons learned from the spidery construction that inspired its name. 30

注：molecular＝molecule（分子）の形容詞形

From How spider webs achieve their strength, *MIT News* by David L. Chandler
Reprinted with permission of MIT News http://news.mit.edu/

1
要
旨
要
約

10

次の英文の内容を，70〜80 字の日本語に要約せよ。句読点も字数に含める。

As many developed countries become the destination for immigrants—people coming from other lands in search of better opportunities—the ethnic mix is changing and with this has come the fear of the loss of national identity as represented in a shared national language and common values. Anxiety is
5　growing about what appears to be the increasing separateness of some ethnic communities. Surveys in the USA, for example, have found that immigrants who have little or no mastery of English and who primarily rely on Spanish in their homes and work lives have strikingly different opinions from English speakers about controversial social issues such as divorce and homosexuality.

10　There is, however, another side to such separate, parallel lives. We now live in a world in which immigrants do not have to break connections with friends and family to begin the generations-long process of adopting a new identity. Not only is it possible to retain close contact with the 'home' community on a daily basis via email and telephone, but it is also possible for people to read the same newspapers
15　as those being read in the community they have left, watch the same television programmes on satellite television, or borrow the same films on DVD.

Social network ties which were broken in previous generations are everywhere becoming reconnected. Families and communities which were separated generations ago are finding each other once again. Ties are being reconnected,
20　helping to create a different type of society : one which is more spread out and less dependent on geographic closeness.

11

次の英文の内容を，70〜80 字の日本語に要約せよ。句読点も字数に含める。

Familiarity with basic science is more important than ever, but conventional introductory courses in science do not always provide the necessary understanding. Though knowledge itself increasingly ignores boundaries between fields, professors are apt to organize their teaching around the methods and history of their academic subject rather than some topic in the world. Science courses 5 should instead be organized around content rather than academic field: the physical universe, rather than physics or astronomy or chemistry, and living things, rather than biology.

Psychology has shown that the mind best understands facts when they are woven together into a conceptual fabric, such as a story, a mental map, or a theory. 10 Facts which are not connected together in the mind are like unlinked pages on the Web: they might as well not exist. Science has to be taught in a way that knowledge is organized, one hopes permanently, in the minds of students.

One possibility is to use time as a framework for organizing teaching. The big bang which started the universe marks the origin of the subject matter of physics; 15 the formation of the solar system and the earth was the beginning of earth sciences such as geology; biology came into being with the emergence of life. And if we begin to teach in this way, a science curriculum organized in terms of time could naturally lead into teaching world history and the history of civilizations and ideas, thus potentially unifying an entire general education curriculum. 20

From College Makeover, *Slate* on November 16, 2005 by Steven Pinker

12

次の英文の内容を，挙げられた例にも触れながら，90〜100字の日本語に要約せよ。ただし，句読点も字数に含め，"science fiction" は「SF」（2字）と表記せよ。

Science fiction not only is good fun but also serves a serious purpose, that of expanding the human imagination. We can explore how the human spirit might respond to future developments in science, and we can imagine what those developments might be.

5　There is a two-way trade between science fiction and science. Science fiction suggests ideas that scientists include in their theories, but sometimes science turns up notions that are stranger than any science fiction. Black holes are an example, greatly assisted by the inspired name that the physicist John Archibald Wheeler gave them. Had they continued with their original names of "frozen
10　stars" or "gravitationally completely collapsed objects," there wouldn't have been half so much written about them.

One thing that science fiction has focused attention on is travel faster than light. If a spaceship were restricted to flying just under the speed of light, it might seem to the crew that the round trip to the center of the galaxy took only a few years,
15　but 80,000 years would have passed on Earth before the spaceship's return. So much for going back to see your family !

Fortunately, Einstein's general theory of relativity allows the possibility for a way around this difficulty : one might be able to bend, or warp, space and time and create a shortcut between the places one wanted to visit. It seems that such
20　warping might be within our capabilities in the future. There has not been much serious scientific research along these lines, however, partly, I think, because it sounds too much like science fiction. One of the consequences of rapid space travel would be that one could also travel back in time. Imagine the complaint about the waste of taxpayers' money if it were known that the government were supporting
25　research on time travel. For this reason, scientists working in this field have to hide their real interest by using technical terms like "closed timelike curves" that really mean time travel. Nevertheless, today's science fiction is often tomorrow's science fact. The science behind science fiction is surely worth investigating.

From *The Physics of Star Trek* by Lawrence M. Krauss, Basic Books

13

次の英文の趣旨を，70〜80 字の日本語でまとめよ。句読点も字数に含める。

When I was six or seven years old, I used to take a small coin of my own, usually a penny, and hide it for someone else to find. For some reason I always "hid" the penny along the same stretch of sidewalk. I would place it at the roots of a huge tree, say, or in a hole in the sidewalk. Then I would take a piece of chalk, and, starting at either end of the block, draw huge arrows leading up to the penny from 5 both directions. After I learned to write I labeled the arrows : SURPRISE AHEAD or MONEY THIS WAY. I was greatly excited, during all this arrow-drawing, at the thought of the first lucky passer-by who would receive in this way, regardless of merit, a free gift from the universe.

Now, as an adult, I recall these memories because I've been thinking recently 10 about seeing. There are lots of things to see, there are many free surprises : the world is full of pennies thrown here and there by a generous hand. But — and this is the point — what grown-up gets excited over a mere penny ? If you follow one arrow, if you crouch motionless at a roadside to watch a moving branch and are rewarded by the sight of a deer shyly looking out, will you count that sight 15 something cheap, and continue on your way ? It is dreadful poverty indeed to be too tired or busy to stop and pick up a penny. But if you cultivate a healthy poverty and simplicity of mind, so that finding a penny will have real meaning for you, then, since the world is in fact planted with pennies, you have with your poverty bought a lifetime of discoveries. 20

14

次の英文の内容を，70～80 字の日本語に要約せよ。句読点も字数に含める。

One serious question about faces is whether we can find attractive or even pleasant-looking someone of whom we cannot approve. We generally give more weight to moral judgments than to judgments about how people look, or at least most of us do most of the time. So when confronted by a person one has a low
5　moral opinion of, perhaps the best that one can say is that he or she *looks* nice ― and one is likely to add that this is only a surface impression. What we in fact seem to be doing is reading backward, from knowledge of a person's past behavior to evidence of that behavior in his or her face.

　　We need to be cautious in assuming that outer appearance and inner self have
10　any immediate relation to each other. It is in fact extremely difficult to draw any conclusions we can trust from our judgments of a person's appearance alone, and often, as we gain more knowledge of the person, we can discover how wrong our initial judgments were. During Hitler's rise and early years in power, hardly anyone detected the inhumanity that we now see so clearly in his face. There is
15　nothing necessarily evil about the appearance of a small man with a mustache and exaggerated bodily movements. The description would apply equally well to the famous comedian Charlie Chaplin, whose gestures and mustache provoke laughter and sympathy. Indeed, in a well-known film Chaplin plays the roles of both ordinary man and wicked political leader in so similar a way that it is
20　impossible to tell them apart.

“About Face” from *The Middle of My Tether* by Joseph Epstein. Copyright © 1983 by Joseph Epstein. Reprinted by permission of Georges Borchardt, Inc., on behalf of the author.

15

次の英文の内容を，80〜100 字の日本語に要約せよ。句読点も字数に含める。

We usually think of the meaning of a poem—or any other literary work—as having been created and fixed by the writer ; all we readers have to do is find out what the author intended to say. However, although it is indeed the poet who gives verbal form to his or her idea or vision, it is the reader who translates this verbal shape into meaning and personal response. Reading is in reality a creative process affected by the attitudes, memories, and past reading experiences of each individual reader. It is this feature of reading which allows for the possibility of any poem having more than one interpretation.

This emphasis on the reader as the source of meaning can, however, be problematic since it is sometimes difficult to draw the line between what we can all agree is a reasonable interpretation and one that appears wild and unjustifiable. Readers often seem eager to produce their own meanings out of their encounters with poems, meanings which, however reasonable or satisfying they are to the readers themselves, may not have been intended by the poet and may not be shared by other readers.

So who actually has the authority to determine meaning? Any strict distinction made between the reader and the writer as the source of meaning is not helpful. Of course, it is in some ways useful to think about and to discuss the differences in the contributions of reader and writer, but this does not alter the fundamental fact that reading is a kind of interaction. It would be misleading to think that the meaning or value of a poem was under the exclusive control of one or the other.

16

次の英文の内容を，65〜75 字の日本語に要約せよ。句読点も字数に含める。

Democracy is unthinkable without the ability of citizens to participate freely in the governing process. Through their activity citizens in a democracy seek to control who will hold public office and to influence what the government does. Political participation provides the mechanism by which citizens can communi-
5 cate information about their interests, goals, and needs, and create pressure to respond.

Voice and equality are central to democratic participation. In a meaningful democracy, the people's voice must be clear and loud—clear so that policymakers understand citizen concerns and loud so that they have to pay attention to what is
10 said. Since democracy implies not only governmental action in response to citizen interests but also equal consideration of the interests of each citizen, democratic participation also must be equal.

No democratic nation—certainly not the United States—lives up to the ideal of participatory equality. Some citizens vote or engage in more active forms of
15 participation. Others do not. In fact, a majority of Americans undertake no other political activity aside from voting. In addition, those who do take part are in important ways not representative of the citizenry as a whole. They differ in their social characteristics and in their needs and goals. Citizen activists tend to be drawn more from more advantaged groups—to be well-educated and wealthy
20 and to be white and male. The voice of the people as expressed through participation thus comes from a limited and unrepresentative set of citizens.

From *Voice and Equality : Civic Voluntarism in American Politics* by Sidney Verba, Kay Lehman Schlozman, and Henry E. Brady, Harvard University Press

17

次の英文の内容を，60〜70字の日本語に要約せよ。句読点も字数に含める。

We are only born with so much natural rhythm and harmony, and we have to search for and develop ways of maintaining both. My fifty years of experience in teaching and encouraging top sports people have made me realize that total harmony in movement should resemble a fish in water—one shake of its tail and off it goes, changing pace and direction with ease. Minimum effort is applied, but maximum results are achieved.

All the great heroes in the history of sport—Pele, Muhammad Ali, Bjorn Borg—started each movement with rhythm and fluency. They did not move suddenly from a dead stop : they were thinking sway-and-flow, not start-and-run. They had developed what might be called high-level awareness, which is an absolute necessity for any athlete who wants to reach the top of their profession.

We all know that nerves and tension can cause bad movements and errors, but these can be minimized by developing a lifestyle around this high-level awareness. You must focus the body and make it aware, as you would your fingers that were about to pick something up. Your whole body, like your fingers, must be sensitive to its position in space. Gradually, you will develop your own sense of rhythm, and this will show up in better and more consistent performance.

18

次の英文中で論じられている事例から一般的にどのようなことが言えるか。60〜70
字の日本語で記せ。句読点も字数に含める。

Chess masters can exhibit remarkable memory for the location of chess pieces
on a board. After just a single five-second exposure to a board from an actual
game, international masters in one study remembered the locations of nearly all
twenty-five pieces, whereas beginners could remember the locations of only about
5　four pieces. Moreover, it did not matter whether the masters knew that their
memory for the board would be tested later ; they performed just as well when
they glanced at a board with no intention to remember it. But when the masters
were shown a board consisting of randomly arranged pieces that did not
represent a meaningful game situation, they could remember no more than the
10　beginners.

Experienced actors, too, have extraordinary memory within their field of
specialized knowledge ; they can remember lengthy scripts with relative ease, and
the explanation for this is much the same as in the case of the chess masters.
Recent studies have shown that rather than attempting word-by-word memoriza-
15　tion, actors analyze scripts for clues to the motivations and goals of their
characters, unconsciously relating the words in them to the whole of their
knowledge, built up over many years of experience ; memorization is a natural by-
product of this process of searching for meaning. As one actor put it, "I don't really
memorize. There's no effort involved... it just happens. One day early on, I know
20　the lines." An actor's attempt to make sense of a script often involves extended
technical analyses of the exact words used by a character, which in turn
encourages precise recall of what was said, not just the general sense of it.

From *Searching for Memory: the Brain, the Mind, and the Past* by Daniel L. Schacter, Basic
Books

次の英文の内容を，60〜70字の日本語に要約せよ。句読点も字数に含める。

There are estimated to be about 5,000 languages currently spoken in the world today, depending on which you count as dialects and which as distinct languages. To these, you can perhaps add a handful of 'dead' languages that are still taught in schools (ancient Greek and Latin) or used in religious services (Sanskrit and Ge'ez). Linguists expect that well over half of all these languages will become 5 extinct, in the sense of having no native speakers, within the next half-century. They are mostly languages which currently have fewer than a thousand native speakers, most of whom are already elderly. The time may come, it has even been suggested, when the world will be dominated by just two languages; on present performance, these will almost certainly be English and Chinese. The loss of all 10 these languages will, of course, be a pity. As we lose them, we lose fragments of our past, for languages represent the history of peoples, the accumulation of their experiences, their migrations and the invasions they have suffered.

But this observation overlooks one curious feature of human behaviour: our tendency to generate new dialects as fast as we lose others. English has spread 15 around the globe to become the common language for trade, government and science, as well as the national language of countries on every continent; yet, at the same time, many local dialects have developed whose speakers can hardly understand each other. Most linguists now recognize Pisin (the 'pidgin English' of New Guinea), Black English Vernacular (a form of English mainly spoken by 20 blacks in the major cities of the US), Caribbean Creoles (the English of the various Caribbean islands) and Krio (the Creole of Sierra Leone in West Africa) and even Scots (the English spoken in the Scottish lowlands) as distinct languages.

From *Grooming, Gossip and the Evolution of Language* by Robin Dunbar, Faber & Faber

20

次の英文は，日本のニュース番組についての，ある外国人の評論である。これを読んで下の設問に答えよ。

In Japanese television programs, we see a commentator at one side of the small screen and an assistant at the other. The commentator is usually male and middle-aged. The assistant is usually female, young and often pretty. He comments on various topics, and she assists. However, she assists so little that, to our eyes, she
5 might as well not be there at all. She only nods at the camera when he makes his various statements, and says *So desu ne* when he makes an important point. She never presents an idea of her own. To many Americans watching these two, the situation might seem quite strange indeed. We are certainly used to double commentators, but usually each commentator really comments and both are
10 equals. In this common style of Japanese television, (1)the pretty girl seems absolutely unnecessary. We fail to understand her role. Yet (2)she has a very important one.

　A commentator is, by definition, giving his opinion. In the West this is quite enough. In Japan, however, to give an opinion in public is to appear too self-
15 centered, and this is a fault in a society where unity of opinion is an important value. The attractive, nearly silent, young assistant emphasizes this value. Her nods and expressions of agreement indicate that he is not alone in his opinion and that therefore he is not merely self-centered. Rather, he is stating a truth, since at least one person agrees with what he says. At the same time she introduces
20 harmony by indicating that we all agree—after all, it is to us that she is nodding—and the desired unity of opinion has already been reached.

From *The Donald Richie reader: 50 years of writing on Japan* by Donald Richie, Stone Bridge Press

(1)　下線部(1)の理由を 5 ～15 字の日本語で記せ。
(2)　下線部(2)の「重要な役割」とはどのような役割であると述べられているか。日本の文化の特質という観点から 40～50 字の日本語で記せ。

21

次の英文の内容を 30〜40 字の日本語に要約せよ。句読点も字数に含める。

　The other day I happened to become aware for the first time that my electric toothbrush was white with two upright blue stripes of rubber to hold the handle. The button to turn the toothbrush on and off was made of the same blue rubber. There was even a matching blue section of the brush itself, and a colored ring of rubber at the base of the brush handle. This was a far more carefully thought-out design than I had ever imagined. The same was true of my plastic throwaway razor with its graceful bend that made it seem as if the head was eagerly reaching out to do its job. If either my toothbrush or razor had been mounted on a base, it might well have qualified as a sculpture. Had they been presented as works of art, I would have seen something more than an object, something deeper in the way forms can take on a life of their own and create enduring values. "Rightly viewed," Thomas Carlyle wrote in his book *Sartor Resartus*, "no meanest object is insignificant; all objects are as windows, through which the philosophic eye looks into Infinitude itself."

22

次の英文の内容を 40～50 字の日本語に要約せよ。句読点も字数に含める。

What makes us specifically human? The complexity of our language? Our problem-solving strategies? You may be shocked by my suggestion that, in some very deep sense, language and some aspects of human problem solving are no more or less complex than the behaviors of other species. Complexity as such is
5　not the issue. Spiders weave complex webs, bees transmit complex information about sources and quality of nectar, ants interact in complex colonies, beavers build complex dams, chimpanzees have complex problem-solving strategies, just as humans use complex language. Nor are our problem-solving skills so remarkable: there are human beings who have perfectly normal human mental
10　abilities, but who nevertheless are unable to solve certain problems that a chimpanzee can solve. There is, however, one extremely important difference between human and non-human intelligence, a difference which distinguishes us from all other species. Unlike the spider, which stops at web weaving, the human child―and, I maintain, only the human child―has the potential to take its own
15　representations as objects of cognitive attention. Normally, human children not only become efficient users of language; they also have the capacity to become little grammarians. By contrast, spiders, ants, beavers, and probably even chimpanzees do not have the potential to analyze their own knowledge.

From *Beyond Modularity* by Annette Karmiloff-Smith, MIT Press

23

次の英文を読み，「オーラル・ヒストリー」の特徴と影響を 100〜120 字の日本語に要約せよ。句読点も字数に含める。

In the second half of the twentieth century, oral history has had a significant impact upon contemporary history as practised in many countries. While interviews with members of social and political elites have expanded the range of existing documentary sources, the most distinctive contribution of oral history is that it includes within the historical record the experiences and perspectives of 5 groups of people who might otherwise have been 'hidden from history'. Although such people may in the past have been written about by social observers or in official documents, their own voices have only rarely been preserved—usually in the form of personal papers or pieces of autobiographical writing. Through oral history interviews, working-class men and women, and members of cultural 10 minorities, among others, have added their experiences to the historical record, and offered their own interpretations of history. Moreover, interviews have documented particular aspects of historical experience which tend to be missing from other sources, such as personal relations, domestic work or family life, and they have resonated with the subjective or personal meanings of lived experience. 15

Oral history has challenged the historical enterprise in other ways. Oral historians have had to develop skills required for the creation of recorded interviews, and to learn from different academic fields—including sociology, anthropology, psychology and linguistics—to better understand the narratives of memory. Most significantly, oral history is based on an active human relationship 20 between historians and their sources, which can transform the practice of history in several ways. The narrator not only recalls the past but also asserts his or her interpretation of that past; and thus, in participatory oral history projects, the interviewee can be a historian as well as the source. Moreover, for some who practise it, oral history has gone beyond just making histories. In certain projects 25 a primary aim has been the empowerment of individuals or social groups through the process of remembering and reinterpreting the past.

From *The Oral History Reader* by Robert Perks, Routledge

24

次の英文の内容を 80〜100 字の日本語に要約せよ。句読点も字数に含める。

What is the best way to protect the environment? Basically, there are two groups who give two different answers to this question. The answers they give depend on how they think the worth of nature can be determined. One group insist that the value of an untouched rain-forest, for example, or of an unpolluted
5 river, simply cannot be calculated in terms of money. Such things, they therefore argue, must be protected from any industrial or economic use. Thus, they think the best way of saving the environment is to pass strong laws against pollution and the unwise use of nature.

The other group, however, say that it is better to rely upon market forces to
10 achieve the same goal. They believe that it *is* possible to calculate how much the environment is worth; for example, according to their figures, pollution costs Europe five per cent of its GNP. They think that this cost should be paid by those who cause the pollution. In other words, companies should be taxed according to how much pollution they cause, so that they will be encouraged to use cleaner
15 technologies and make cleaner products. If they don't do this, they will go out of business, because if polluting products cost more, people will buy fewer of them. Pollution taxes of this kind would send a signal to industrialists and consumers that pollution does not make economic sense, while the prevention of pollution does.

25

　次の英文の内容を 100〜130 字の日本語に要約せよ。ただし，句読点も字数に含める。

Until a few years ago, the common idea among archaeologists was that early human beings began to practice farming because they had no choice. Experts claimed that population growth led people to push some of their group members out of the most productive areas where it was easy to hunt and gather plenty of food from the wild.　　　　　　　　　　　　　　　　　　　　　　　　　　　5

Living on the poorer edges of the rich environments, according to the old thinking, these people noticed that seeds of gathered wild plants often began to grow where they had been thrown away or accidentally dropped. They then realized that planting crops intentionally in these poor areas provided a more plentiful and reliable source of food than hunting and collecting wild plants that 10 could be eaten. As a result, according to the traditional idea, temporary camps in the poor areas developed into permanent settlements. Recent research, however, suggests it didn't happen quite that way.

Archaeologists now think that agriculture might not have begun just by accident. Instead, it might have begun because early humans did some scientific 15 research. They say that because ancient peoples had experienced occasional bad years when wild foods were not easily available, people thought they should look for ways of making sure they always had enough food. So they experimented with particular wild plants, and eventually chose to grow the ones that seemed the best. Archaeologists say now that necessity was not necessarily the mother of the 20 invention of agriculture. Instead, human creative ability was.

From Farming May Have Begun By Choice, Not by Chance by Boyce Rensberger, *The Washington Post* (1995/04/03)

（注）　archaeologist：考古学者

第2章 読　解

以下の英文を読み，(ア)，(イ) の問いに答えよ。

Many artists are turned off by artificial intelligence.　They may be discouraged by fears that A.I., with its efficiency, will take away people's jobs.　They may question the ability of machines to be creative.　Or they may have a desire to explore A.I.'s uses — but aren't able to understand its technical terms.

This all reminds me of when people were similarly doubtful of another technology: the camera.　In the 19th century, with the invention of modern photography, cameras introduced both challenges and benefits. ┃　(1)　┃ . Some felt this posed a threat to their jobs.

But for those artists willing to explore cameras as tools in their work, the possibilities of photography proved inspiring.　Indeed cameras, which became more accessible to the average user with advancements in technology, offered another technique and form for artistic endeavors like portrait-making.

Art matters because as humans, we all have the ability to be creative. ┃　(2)　┃ .　History has shown that photography, as a novel tool and medium, helped revolutionize the way modern artists create works by expanding the idea of what could be considered art.　Photography eventually found its way into museums.　Today we know that cameras didn't kill art; they simply provided people with another way to express themselves visually.

This comparison is crucial to understanding the potential for artificial intelligence to influence art in this century.

As machine learning becomes an increasing part of our everyday lives — incorporated into everything from the phones we text with to the cars we drive — (3) . This question becomes even more relevant as machines step into the artistic realm as *creators* of art. In summer 2019, the Barbican Centre in London presented A.I.-produced pieces in a show called "A.I.: More Than Human." And in November later that year, over one million people attended an exhibition exploring art and science at the National Museum of China in which many works were created using computer programs.

I founded the Art and Artificial Intelligence Laboratory at Rutgers University in 2012. As an A.I. researcher, my main goal is to advance the technology. For me, this requires looking at human creativity to develop programs that not only understand our achievements in visual art, music and literature, but also produce or co-produce works in those fields. After all, it is our capacity to expand our creative skills beyond basic problem-solving into artistic expression that uniquely distinguishes us as humans.

Human creativity has led to the invention of artificial intelligence, and now machines themselves can be forces of creativity. Naturally we are curious to see what A.I. is capable of and how it can develop. During the past eight years at the lab, our researchers have realized that A.I. has great potential for solving problems in art. For example, as a tool, machine intelligence can help distinguish authentic paintings from fake ones by analyzing individual brush strokes.

A.I. can also make sense of art by helping uncover potentially similar influences among artworks from different periods. In one test, machine learning was able to identify works that changed the course of art history and highlight new aspects of how that history evolved.

(4) — nearly entirely on their own — that viewers are unable to distinguish from works made by human artists. A.I. is even able to compose

music that you can listen to on your mobile phone.

Artists have long integrated new technologies into their practices. A.I. is no exception, yet there is a fundamental difference. This time, the machine is its own source of creativity — with the ability to search through vast amounts of historical and social data, artificial intelligence can produce imagery that is beyond our imagination. This element of surprise is the force that can advance artistic mediums in new directions, with the machines functioning not only as tools for artists, but also as their partners.

But can an artificially intelligent machine be an artist in its own right? My answer is no.

While the definition of art is ever-evolving, at its core it is a form of communication among humans. Without a human artist behind the machine, A.I. can (イ), whether that means manipulating *pixels on a screen or notes on *a music ledger. These activities can be engaging and interesting for the human senses, but they lack meaning without interaction between artist and audience.

I've noticed that new technologies are often met first with doubt before eventually being adopted. I see the same path emerging for artificial intelligence. Like the camera, A.I. offers a means for artists and non-artists alike to express themselves. That makes me confident that ┌─ (5) ─┐ . The future of art looks promising.

© The New York Times

注

pixel　ピクセル，画素

a music ledger　五線譜

(ア)　空所 (1) 〜 (5) に入れるのに最も適切な文を以下の a) 〜 h) より一つずつ選び，マークシートの (1) 〜 (5) にその記号をマークせよ。ただし，同じ記号を複数回用いてはならない。また，文頭であっても小文字で表記してあるので注意せよ。

a) beyond digesting information, machines have also been able to create novel images

b) but this is an age of harmony between humanities and technologies

c) it's only natural to ask what the future of art in such an A.I.-dominated society will be

d) smart machines can only help, not hurt, human creativity

e) the machine would not contribute to human creativity

f) the problem is whether art will overcome the limit of photography

g) while some artists embraced the technology, others saw them as alien devices that required expertise to operate

h) with time, the art we create evolves, and technology plays a crucial role in that process

(イ) 下に与えられた語を正しい順に並べ替え，空所 (イ) を埋めるのに最も適切な表現を完成させ，記述解答用紙に記入せよ。

do　　form　　little　　more　　play　　than　　with

27

以下の英文を読み，(ア)，(イ)の問いに答えよ。

Culex molestus is a subspecies of mosquito known as the London Underground mosquito. It gained this name because it was first reported during the German bombing raids of the city in 1940, when the subway tunnels were used as overnight bomb shelters. The *Culex* is a very common type of mosquito, and it has
5　many forms. While they look the same as *Culex pipiens*, their above-ground relatives, the *molestus* mosquitoes behave in a very different way. Up on London's streets, the mosquitoes feed on bird, not human, blood. They need this blood meal before they can lay their eggs, and they sleep during the winter. Down in the subway, the mosquitoes suck passengers' blood and they lay eggs before feeding ;
10　they are also active the whole year round.

　　Despite its name, the Underground mosquito is not unique to London, as recent studies have revealed. It lives in basements and subways all over the world, and it has adapted its ways to its human-built environment. (　ア　) and planes, its genes spread from city to city, but at the same time it also cross-breeds with local
15　above-ground mosquitoes, absorbing genes from that source as well. ⎣　(1)　⎦ — probably only since humans began constructing underground buildings, did *Culex molestus* evolve.

　　The evolution of the London Underground mosquito fascinates me not least because it seems such an interesting addition to evolution's standard portfolio. We
20　all know about evolution perfecting the feathers of birds of paradise in distant jungles or the shape of rare flowers on high mountaintops. But apparently, the process is so ordinary that it is happening literally below our feet, among the dirty power cables of the city's subway system. Such a nice, unique, close-to-home example ! The sort of thing you'd expect to find in a biology textbook.

25　　But what if it is not an exception anymore ? What if the Underground mosquito is representative of all plants and animals that come into contact with humans and the human-crafted environment ? What if our grip on the Earth's ecosystems has become so firm that life on Earth is in the process of evolving ways to adapt to a thoroughly urban planet?

In 2007, for the first time in history, there were more people living in urban than in rural areas. ___(2)___. By the mid-twenty-first century, two-thirds of the world's estimated 9.3 billion will be in cities. Mind you, that's for the entire world. In western Europe, more people have lived in cities than in the countryside since 1870, and in the US that turning point was reached in 1915. Areas like Europe and North America have been firmly on the way to becoming urban continents for more than a century. A recent study in the US showed that each year, the average distance between a given point on the map and the nearest forest increases by about 1.5 per cent.

In ecological terms, the world has never seen the situation that we find ourselves in today : a single large animal species completely occupying the planet and turning it to its advantage. At the moment, our species appropriates fully one-quarter of the food that all of the world's plants produce and much of all the world's fresh water. Again, this is something that has never happened before. No other species that evolution has produced has ever been able to play such a central ecological role on such a global scale.

___(3)___. By 2030, nearly 10 per cent of the land on the planet will be densely populated, and much of the rest covered by farms, fields, and plantations which humans have shaped. Altogether a set of entirely new habitats, the likes of which nature has not seen before. And yet, when we talk about ecology and evolution, about ecosystems and nature, we are stubbornly ignoring the human factor, focusing our attention instead on that diminishing fraction of habitats where human influence is still very small.

Such an attitude can no longer be maintained. It's time to acknowledge the fact that human actions are the world's single most influential ecological force. Whether we like it or not, we have become fully integrated with everything that happens on this planet. ___(4)___. Out in the real world, however, the threads of human activity are tightly woven into nature's fabric. We build cities full of novel structures made of glass and steel. We pump greenhouse gases into the air that alter the climate ; we release non-native plants and animals, harvest other species, and use a variety of natural resources for our own needs. Every non-human life form on Earth will come across humans, either directly or indirectly. And, mostly, such encounters are not without consequence for the organism in question. They may threaten its survival and way of life. But they may also create new opportunities, as they did for the ancestors of *Culex molestus*.

65　So what does nature do when it meets challenges and opportunities? It evolves. If at all possible, it changes and adapts. The greater the pressure, the faster and more widespread this process becomes. As subway passengers know all too well, in cities there is great opportunity, but also great competition. Every second matters if you want to survive, and nature is doing just that. ⌐(5)⌐.

From *Darwin Comes to Town* by Menno Schilthuizen, Picador

注
mosquito　蚊
ecosystem　生態系

(ア)　下に与えられた語を正しい順に並べ替え，空所（　ア　）を埋めるのに最も適切な表現を完成させ，記述解答用紙に記入せよ。なお文頭の語は大文字で始めよ。

cars　　get　　in　　mosquitoes　　thanks　　that　　to　　trapped

(イ)　空所(1)～(5)に入れるのに最も適切な文を以下の a ）～ g ）より一つずつ選び，マークシートの(1)～(5)にその記号をマークせよ。ただし，同じ記号を複数回用いてはならない。

a ）　And it has also become clear that all this has happened very recently

b ）　Otherwise, it may not be possible to reverse some of the changes we are imposing on Earth

c ）　Perhaps in our imaginations we can still keep nature divorced from the human environment

d ）　Since then, that statistic has been rising rapidly

e ）　So, our world is becoming thoroughly human-dominated

f ）　While we have all been focusing on the vanishing quantity of untouched nature, urban ecosystems have been rapidly evolving behind our backs

g ）　Yet the urban evolutionary rules are beginning to differ more and more from the ones we find in the natural world

28

以下の英文を読み，㋐，㋑の問いに答えよ。なお，文章中の linguistic という単語は「言語の」，linguist は「言語学者」を意味する。

Music is a universal language. Or so musicians like to claim. "With music," they'll say, "you can communicate across cultural and linguistic boundaries in ways that you can't with ordinary languages like English or French." On one level, this statement is obviously true. You don't have to speak French to enjoy a piece of music written by the French composer Claude Debussy. ⌈ (1) ⌉ That depends 5 on what you mean by "universal" and what you mean by "language."

Every human culture has music, just as each has language. So it's true that music is a universal feature of the human experience. At the same time, both music and language systems vary widely from culture to culture. Nevertheless, no matter how strange a foreign musical system may seem, studies show that people 10 are pretty good at detecting the emotions conveyed in unfamiliar forms of music— that is, at least the two basic emotions of happiness and sadness. ⌈ (2) ⌉ For example, higher pitch, more variations in pitch and rhythm, and faster tempo convey happiness, while the opposite conveys sadness.

Perhaps, then, we are born with a musical sense. But language also has melody, 15 which linguists call prosody. Exactly these same features—pitch, rhythm, and tempo—are used to convey emotion in speech in a way that appears to be universal across languages. Listen in on a conversation in French or Japanese or some other language you don't speak. You won't understand the content, but you will understand the shifting emotional states of the speakers. She's upset, and he's 20 getting defensive. Now she's really angry, and he's backing off. He pleads with her, but she isn't convinced …. We understand this exchange in a foreign language because we know what it sounds like in our own language. Likewise, when we listen to a piece of music, either from our culture or from another, we recognize emotion on the basis of melodic features that mirror universal prosodic features. 25
⌈ (3) ⌉

But is music a kind of language? Again, we have to define our terms. ⌈ (4) ⌉

Biologists talk about the "language of bees," which is a way to tell fellow bees about the location of a new source of food. People talk about the "language of
30 flowers," through which they can express their intentions. "Red roses mean … Pink carnations mean … White lilies mean …" And then there's "body language." By this we mean the gestures, movements, and facial expressions we use to convey emotions, social status, and so on. Although we often use body language when we speak, linguists don't consider it a true form of language. Instead, it's a
35 communication system, just as are the so-called languages of bees and flowers.

By definition, language is a communication system consisting of a set of meaningful symbols (words) and a set of rules (syntax) for combining those symbols into larger meaningful units (sentences). While many species have communication systems, none of these counts as language because they lack one
40 or the other component. The alarm and food calls of many species consist of a set of meaningful symbols, but they don't combine those symbols productively according to rules. Likewise, bird song and whale song have rules for combining elements, but these elements aren't meaningful symbols. Only the song as a whole has （　ア　）.

45 Like language, music has syntax—rules for ordering elements, such as notes, chords, and intervals, into complex structures. 　(5)　 Rather, it's the larger structure—the melody—that conveys emotional meaning. And it does that by mirroring the prosody of speech.

Since music and language share features in common, it's not surprising that
50 many of the brain areas that process language also process music. 　(6)　 We tend to think that specific areas of the brain are tied exclusively to specific functions, but any complex behavior, whether language or music or driving a car, will recruit contributions from many different brain areas.

Music certainly isn't a universal language in the sense that you could use it to
55 express any thought to any person on the planet. But music does have the power to evoke basic feelings at the core of the shared human experience. It not only crosses cultures, but it also reaches deep into our evolutionary past. And in that sense, music truly is a universal language.

From Is Music a Universal Language ?, *Psychology Today* on July 31, 2015 by David Ludden

(ア) 空所（　ア　）に入れるのに最も適切な単語1語を同じページの本文中から抜き出し，その単語を記述解答用紙の1(B)に記入せよ。

編集部注：設問中の「同じページ」の範囲は，第4段冒頭（But is music ...）から第7段第3文（We tend to ...）12語目の tied までである。

(イ) 空所(1)〜(6)に入れるのに最も適切な文を以下のa）〜h）より一つずつ選び，マークシートの(1)〜(6)にその記号をマークせよ。ただし，同じ記号を複数回用いてはならない。

a） But is music really a universal language?

b） But is the opposite true, that is, is language a universal music?

c） But this doesn't mean that music is language.

d） In this sense, music really is a universal system for communicating emotion.

e） Specific features of music contribute to the expression of these emotions.

f） We, including scientists, often use "language" to mean "communication system."

g） We usually do not define "language" as "communication."

h） Yet none of these elements has significance on its own.

29

以下の英文を読み，(ア)，(イ)の問いに答えよ。

　　When we think back on emotional events from the past, our memories tend to be distorted by internal influences. One way this can happen is through sharing our memories with others, something that most of us are likely to do after important life events—whether it's calling our family to tell them some exciting
5　news, reporting back to our boss about a big problem at work, or even giving a statement to police. In these kinds of situations we are transferring information that was originally received visually (or indeed through other senses) into verbal information. We are turning inputs from our five senses into words. 　(1)　 ; every time we take images, sounds, or smells and verbalise them, we potentially alter or
10　lose information. There is a limit to the amount of detail we are able to communicate through language, so we have to cut corners. We simplify. This is a process known as "verbal overshadowing," a term invented by psychologist Jonathan Schooler.

　　Schooler, a researcher at the University of Pittsburgh, published the first set of
15　studies on verbal overshadowing in 1990 with his colleague Tonya Engstler-Schooler. Their main study involved participants watching a video of a bank robbery for 30 seconds. After then doing an unrelated task for 20 minutes, half of the participants spent five minutes writing down a description of the bank robber's face, while the other half undertook a task naming countries and their
20　capitals. After this, all the participants were presented with a line-up of eight faces that were, as the researchers put it, "verbally similar," meaning that the faces matched the same kind of description—such as "blonde hair, green eyes, medium nose, small ears, narrow lips." This is different from matching photos purely on visual similarity, which may focus on things that are harder to put into words,
25　such as mathematical distances between facial features.

　　We would expect that the more often we verbally describe and reinforce the appearance of a face, the better we should retain the image of it in our memory. 　(2)　. The researchers found that those who wrote down the description of the robber's face actually performed significantly worse at identifying the correct person out of the line-up than those who did not. In one experiment, for example, of 30 those participants who had written down a description of the criminal, only 27 percent picked the correct person out of the line-up, while 61 percent of those who had not written a description managed to do so. That's a huge difference. By stating only details that could be readily put into words, the participants had overlooked some of the details of their original visual memory. 35

   (3)   , as indicated by the outcome of possibly the biggest effort ever to reproduce the result of an experiment in psychology. This was a massive project by 33 labs and almost 100 scholars, including Jonathan Schooler and Daniel Simons, published in 2014. All researchers followed the same methods, and they found that even when the experiment was conducted by different researchers, in 40 different countries, and with different participants, the verbal overshadowing effect was constant. Putting pictures into words always makes our memories of those pictures worse.

   Further research by Schooler and others has suggested that this effect may also transfer to other situations and senses. It seems that whenever something is 45 difficult to put into words, verbalisation of it generally diminishes recall. Try to describe a colour, taste, or melody, and you make your memory of it worse. Try describing a map, a decision, or an emotional judgement, and it becomes harder to remember all the details of the original situation.   (4)   . If we hear someone else's description of something we have seen, our memory of it is weakened in that case 50 too. Our friends may be trying to help us when they give their verbal account of something that happened, but they may instead be overshadowing our own original memories.

   According to Schooler, besides losing details, verbalising non-verbal things makes us generate competing memories. We put ourselves into a situation where 55 we have both a memory of the time we described the event and a memory of the time we actually experienced the event. This memory of the verbalisation seems to overwhelm our original memory fragment, and we may subsequently remember the verbalisation as the best account of what happened. When faced with an identification task where we need all the original details back, such as a 60 photo line-up, it then becomes difficult to think past our verbal description. In short, it appears our memories can be negatively affected by our own attempts to improve them.

　　[　(5)　]. Schooler's research also shows that verbalising our memories does not
65　diminish performance — and may even improve it — for information that was
originally in word form : word lists, spoken statements, or facts, for example.

From The Memory Illusion by Julia Shaw Published by Random House Books

(ア)　空所(1)〜(5)に入れるのに最も適切な文を以下のa）〜h）より選び，マークシート
　　の(1)〜(5)にその記号をマークせよ。ただし，同じ記号を複数回用いてはならない。

　　a)　All this is not surprising

　　b)　But this process is imperfect

　　c)　This effect is incredibly robust

　　d)　However, it seems that the opposite is true

　　e)　This is without doubt a highly sensitive area

　　f)　This is also true when others verbalise things for us

　　g)　This effect extends to more complex memories as well

　　h)　This does not mean that verbalising is always a bad idea

(イ)　Jonathan Schooler らが発見したと言われていることの内容を，15〜20 語程度の
　　英語で要約せよ。文章から答えを抜き出すのではなく，できるだけ自分の英語で答
　　えよ。

30

次の空所(1)〜(5)に入れるのに最も適切な文を a 〜 f より選び，マークシートの(1)〜
(5)にその記号をマークせよ。ただし，同じ記号を複数回用いてはならない。また，空
所（ ア ）に入れるべき <u>"v"で始まる単語1語</u>を記述解答用紙に記入せよ。

Cycling one morning, Professor Dacher Keltner had a near-death experience. "I
was riding my bike to campus," he recalls, "and I came to a crossing. I had the right
of way, but this big luxury car just didn't slow down." With only about one metre
to spare before impact, the driver finally stopped. "He seemed both surprised and
contemptuous, as if I was in his more important way." Keltner's first response was   5
a mixture of anger and relief : his university had not lost a psychology professor
that day. His second was more academic. Was there, he wondered, a measurable
difference between the behaviour of owners of luxury cars and that of other
drivers ?

The professor sent a group of psychology students to monitor driving etiquette   10
and keep notes on car models. They noted which drivers allowed pedestrians their
right of way at street crossings, and which drivers pretended not to see them and
sped straight past. The results couldn't have been clearer. People driving luxury
cars were a quarter as likely to stop at a crossing and four times more likely to cut
in front of another car than drivers of less expensive cars. The more luxurious the   15
vehicle, the more entitled its owner felt to （ ア ） the traffic laws.

（ 1 ） In some experiments Keltner and his collaborators put participants
from a variety of income levels to the test ; in others, they tried to make
participants feel less powerful or more powerful by asking them to think about
people more or less powerful than themselves, or to think about times when they   20
felt strong or weak. The results all pointed in the same direction. People who felt
powerful were less likely to be considerate ; wealthy participants were more likely
to cheat in games involving small cash rewards and to dip their hands into a jar of
sweets marked for the use of visiting children. When watching a video about
childhood cancer their faces showed fewer signs of sympathy.   25

（ 2 ） When Keltner and his colleagues published an influential paper on the

subject in 2010, three European academics, Martin Korndörfer, Stefan Schmukle and Boris Egloff, wondered if it would be possible to reproduce the findings of small lab-based experiments using much larger sets of data from surveys carried
30　out by the German state. The idea was to see whether this information, which documented what people said they did in everyday life, would offer the same picture of human behaviour as results produced in the lab. "We simply wanted to reproduce their results," says Boris Egloff, "which seemed very believable to us." The numbers they obtained, however, did not fit the expected patterns. Taken as
35　a whole, they suggested the opposite. Privileged individuals, the data suggested, were proportionally more generous to charity than their poorer fellow citizens, more likely to volunteer, more likely to help a traveller struggling with a suitcase or to look after a neighbour's cat.

　　Who, then, is right? Are powerful people nicer or nastier than powerless
40　ones? How can we explain the conflicting answers yielded by these two sets of data? (　3　) If being generous in public brings rewards, then rich people might be more inclined to help old ladies across roads. Drivers, invisible in their cars, need not worry about aggressive driving damaging their reputations. And Keltner points out that the data come from people's accounts of their own
45　generosity, and not from actually observing their good actions. "We know from other studies that the wealthy are more likely to lie and exaggerate about ethical matters," he says. "Self-reported data in economics and face-to-face data in psychology capture different processes. What I say I do in society may not be how I behave with actual people."

50　(　4　) In August 2015, the journal *Science* reported that a group of 270 academics, led by Brian Nosek, a respected professor of psychology at the University of Virginia, had attempted to reproduce the results of 100 similar psychological studies. Ninety-seven of the original studies had produced results consistent with the hypotheses being tested. Only 36 of the Nosek group's
55　experiments did the same. Those numbers threatened to undermine the entire discipline of experimental psychology, for if a result cannot be reproduced it must be in doubt. (　5　)

　　From Does power really corrupt?, *The Economist 1843* on May 3, 2016 by Matthew Sweet
　　© The Economist Group Limited, London

a) Not everyone accepts this conclusion, however.

b) What happened on the road also happened in the lab.

c) The connection between privilege and selfishness, then, is still unproved.

d) It may be that rich people are better at disguising their selfishness than poor people.

e) This idea, however, created a considerable sensation outside the academic world.

f) But it is also possible that the problem lies not with the survey data but with the psychological experiments.

2

読

解

31

次の空所(1)〜(5)に入れるのに最も適した段落を a 〜 e より選び，マークシートの(1)〜(5)にその記号をマークせよ。ただし，同じ記号を複数回用いてはならない。

Is free speech merely a symbolic thing, like a national flag or motto? Is it just one of many values that we balance against each other? Or is free speech fundamental—a right which, if not absolute, should be given up only in carefully defined cases?

5　The answer is that free speech is indeed fundamental. It's important to remind ourselves why, and to have the reasons ready when that right is called into question.

The first reason is that the very thing we're doing when we ask whether free speech is fundamental—exchanging and evaluating ideas—assumes that we have 10　the right to exchange and evaluate ideas. When talking about free speech (or anything else), we're *talking*. We're not settling our disagreement by force or by tossing a coin. Unless you're willing to declare, in the words of Nat Hentoff, "free speech for me but not for you," then as soon as you show up to a debate to argue against free speech, you've lost. It doesn't make sense to use free speech to argue 15　against it.

(　1　)

Perhaps the greatest discovery in modern history—one that was necessary for every later discovery—is that we cannot trust the pre-scientific sources of belief. Faith, miracle, authority, fortune-telling, sixth sense, conventional wisdom, and 20　subjective certainty are generators of error and should be dismissed.

(　2　)

Once this scientific approach began to take hold early in the modern age, the classical understanding of the world was turned upside down. Experiment and debate began to replace authority as the source of truth.

25　　　　　　　　　　　　(　3　)

A third reason that free speech is fundamental to human flourishing is that it is essential to democracy and a guard against dictatorship. How did the monstrous regimes of the 20th century gain and hold power? The answer is that violent groups silenced their critics and opponents. And once in power, the dictatorship punished any criticism of the regime. This is still true of the governments of today known for mass killing and other brutal acts.

(4)

Common knowledge is created by public information. The story of "The Emperor's New Clothes" illustrates this logic. When the little boy shouted that the emperor was naked, he was not telling others anything they didn't already know, anything they couldn't see with their own eyes. But he was changing their knowledge nonetheless, because now everyone knew that everyone else knew that the emperor was naked. And that common knowledge encouraged them to challenge the emperor's authority with their laughter.

(5)

It's true that free speech has limits. We may pass laws to prevent people from making dishonest personal attacks, leaking military secrets, and encouraging others to violence. But these exceptions must be strictly defined and individually justified; they are not an excuse to treat free speech as one replaceable good among many.

And if you object to these arguments—if you want to expose a flaw in my logic or an error in my ideas—it's the right of free speech that allows you to do so.

a) We also use speech as a weapon to undermine not just those who are in power but bullies in everyday life: the demanding boss, the boastful teacher, the neighbors who strongly enforce trivial rules.

b) Those who are unconvinced by this purely logical reasoning can turn to an argument from human history. History tells us that those who claim exclusive possession of truths on religious or political grounds have often been shown to be mistaken—often comically so.

c) How, then, can we acquire knowledge? The answer is the process called hypothesis and testing. We come up with ideas about the nature of reality, and test them against that reality, allowing the world to falsify the mistaken ones. The hypothesis part of this procedure, of course, depends upon the exercise of free speech. It is only by seeing which ideas survive attempts to test them that we avoid mistaken beliefs.

d) Why do these regimes allow absolutely no expression of criticism ? In fact, if tens of millions of suffering people act together, no regime has the power to resist them. The reason that citizens don't unite against their dictators is that they lack common knowledge — the awareness that everyone shares their knowledge and knows they share it. People will expose themselves to a risk only if they know that others are exposing themselves to that risk at the same time.

e) One important step along this path was Galileo's demonstration that the Earth revolves around the sun, a claim that had to overcome fierce resistance. But the Copernican revolution was just the first in a series of events that would make our current understanding of the world unrecognizable to our ancestors. We now understand that the widely held convictions of every time and culture may be decisively falsified, doubtless including some we hold today, and for this reason we depend on the free exchange of new ideas.

From Why free speech is fundamental, *The Boston Globe* on January 26, 2015 by Steven Pinker

32

次の空所(1)〜(5)に入れるのに最も適したものをあとの a 〜 h より選び，マークシートの(1)〜(5)にその記号をマークせよ。ただし，同じ記号を複数回用いてはならない。また，最後の段落の空所（ ア ）に入れるべき単語 1 語を記述解答用紙に記入せよ。

"Decision fatigue" may help explain why ordinary, sensible people get angry at colleagues and families, waste money, and make decisions they would not normally make. No matter how rational you try to be, you can't make decision after decision without paying a biological price. It's different from ordinary physical fatigue—you're low on mental energy, but you're not consciously aware 5 of being tired. And the more choices you make throughout the day, it seems, the harder each one becomes for your brain.

（ (1) ） Afterward, all the participants were given one of the classic tests of self-control : holding your hand in ice water for as long as you can. The impulse is to pull your hand out, and the deciders gave up much sooner. 10

（ (2) ） The researchers interviewed shoppers after shopping and asked them to solve as many arithmetic problems as possible but said they could quit at any time. Sure enough, the shoppers who had already made the most decisions in the stores gave up the quickest on the math problems.

Any decision can be broken down into what is called the Rubicon model of 15 action phases, in honor of the Rubicon river that separated Italy from the Roman province of Gaul. When Caesar reached it in 49 B.C., on his way home after conquering the Gauls, he knew that a general returning to Rome was forbidden to take his army across the river with him, lest it be considered an invasion of Rome. Waiting on the Gaul side of the river, in the "predecisional phase," he 20 contemplated the risks and benefits of starting a civil war. Then he stopped calculating, made his decision, and crossed the Rubicon with his army, reaching the "postdecisional phase."

（ (3) ） Researchers have shown that crossing the Rubicon is more tiring than anything that happens on either bank — whether sitting on the Gaul side 25 contemplating your options or advancing towards Rome.

　Once you're mentally exhausted, you become reluctant to make particularly demanding decisions. This decision fatigue makes you easy prey for sales staff who know how to time their offers. One experiment was conducted at German car
30　dealerships, where customers ordered options for their new vehicles. They had to choose, for instance, among thirteen kinds of wheel rims, twenty-five arrangements of the engine, and fifty-six colors for the interior.

　At first, customers would carefully weigh the choices, but as decision fatigue set in, they would start taking whatever was recommended. (　(4)　) By manipulat-
35　ing the order of the car buyers' choices, the researchers found that the customers would end up settling for different kinds of options, and the average difference totaled more than 1,500 euros per car (about $2,000 at the time). Whether the customers paid a little extra or a lot extra depended on when the choices were offered and how much willpower was left in the customer.

40　Shopping can be especially tiring for the poor. Some researchers argue that decision fatigue could be a major—and often ignored—factor in trapping people in poverty. Because their financial situation forces them to make so many difficult decisions, they have less willpower to devote to school, work, and other activities that might get them into the middle class. (　(5)　)

45　It is also known that when the poor and the rich go shopping, the poor are much more likely to (　ア　) during the shopping trip. This might seem like confirmation of their weak character—after all, they could presumably improve their nutrition by cooking meals at home instead of consuming ready-to-eat snacks which contribute to their higher rate of health problems. But if a trip to the
50　supermarket causes more decision fatigue in the poor than in the rich, by the time they reach the cash register, they'll have less willpower left to resist chocolate bars. Not for nothing are these items called impulse purchases.

a)　But why is crossing the Rubicon so risky?

b)　The whole process can exhaust anyone's willpower, but which phase of the decision-making process is most exhausting?

c)　For a more realistic test of their theory, the researchers went into that great modern arena of decision-making: the suburban shopping center.

d)　In other words, because the financially poor have so little willpower, they cannot even decide to blame society for making their life difficult.

e) And the more tough choices they encountered early in the process, the quicker they became tired and settled for the path of least resistance by taking a proposed option.

f) In one experiment conducted by researchers at Florida State University, shoppers' awareness of their mental exhaustion was confirmed through a simple test of their calculating ability.

g) This is significant because study after study has shown that low self-control is associated with low income as well as a large number of other problems, including poor achievement in school, divorce, crime, alcoholism and poor health.

h) Researchers at Florida State University conducted an experiment to test this theory. A group of students were asked to make a series of choices. Would they prefer a pen or a candle ? A candle or a T-shirt ? They were not actually given the chosen items ― they just decided which they preferred. Another group, meanwhile ― let's call them the nondeciders ― spent an equally long period contemplating all these same products without having to make any choices.

© The New York Times

33

次の空所(1)～(5)に入れるのに最も適切なものをあとに示したア～クより選び，その
記号を記せ。ただし，同じ記号を複数回用いてはならない。

One of the best measures for judging the true complexity of a job is how easily it
can be replaced by a machine. In the early days of the automation revolution, most
people thought that technology would cause jobs to （　1　）. The factory, it
seemed, would be the place this reduction would happen first. Assembly-line
5　workers tightening the same few bolts would be swept away by machines doing
the job faster, more efficiently and without complaint. Mid-level supervisors would
fare better, since no robot would be able to manage the remaining workforce.
Fewer manual laborers, however, would mean the loss of at least some managers.
It would only be at the top ranks of the organization that jobs would be safe from
10　machines.

To a degree that happened. Robots did replace many bolt-turners, but the losses
went only so far. No machine could bring the multiple senses to the job that a
human can, feeling the way a car door just doesn't click properly in its frame or
noticing a small flaw in a half-finished product. Robots might perform truly
15　automatic, repetitive tasks, but jobs that required complex human skills and the
ability to think independently were safe.

Meanwhile, one level above the manual workers, the mid-level management
jobs started to （　2　）. However, at the top of the ladder, the bosses and
executives, whose jobs often called for subtle anticipation of markets and expert
20　reactions to changing demands and trends, did, for the most part, keep their
positions.

The computer revolution had even greater impact on the workforce by
automating the handling of information. This caused the mid-level job loss that
started in the factory to （　3　）. While such a development may have caught a
25　lot of hard-working employees by surprise, it was in fact a very predictable result.

The vast range of jobs and professions follows a U-shaped complexity curve. At
its left peak are the bluest of the blue-collar jobs, the ones often held in the least

esteem and usually the most poorly paid. At the right peak are the whitest of the white-collar jobs—very highly regarded and equally highly paid. Most people, however, work in the middle—in the valley of the U—where the jobs are the simplest. 30

Nothing better illustrates how the complexity U-curve works than airline ticketing clerks, low-status workers once thought likely to be replaced by automated kiosks. The next time you're in an airport, you will see just as many clerks as there ever were. While a kiosk might be fine for the individual traveler 35 with a single suitcase, it's no good at all to a disabled passenger who needs help boarding a plane, or to anxious parents trying to arrange care for a young child flying alone. Often, human assistance is the only way to solve a problem, particularly if it requires a little creativity or includes an emotional aspect that calls for a personal touch. 40

The jobs at the other end of the U-curve （ 4 ）. It's here that you find the lawyer reading through documents to construct a legal argument ; the biochemist gathering test results and making an intuitive leap that leads to a new cure ; the psychologist responding to facial, vocal and physical gestures that reveal more than words can. 45

It's only in the lower parts of the complexity U-curve that things are a bit simpler. There, the jobs most often （ 5 ）. In industrialized parts of the world, the growing ability of computers to do this kind of work has led to a hollowing-out of the workforce, with many office clerks and bookkeepers losing their jobs.

ア disappear from the bottom up

イ give great personal satisfaction to the worker

ウ involve collecting and transmitting information

エ provide secure foundations for future prosperity

オ vanish, as employees required less direct instruction

カ spread to office tasks like evaluating loan applications

キ determine what we can take of value from our experiences

ク rely even more heavily on intellectual and instinctive skills

From *Simplexity : Why Simple Things Become Complex (and How Complex Things Can be Made Simple)* by Jeffrey Kluger, Hachette Books

2
読
解

34

次の空所(1)～(5)に入れるのに最も適切なものをあとのア～クより選び，その記号を
記せ。ただし，同じ記号を複数回用いてはならない。

It's sometimes said that human beings live two lives, one before the age of five
and another one after, and this idea probably stems from the enormous amount of
time which those first five years of our lives contain. It's possible that we
experience as much time during those years as we do during the seventy or more
5　years which come after them.

It seems that during the first months of our lives we don't experience any time
at all. According to the research of the psychologist Jean Piaget, during the first
months of our lives we live in a state of 'spacelessness', unable to distinguish
between different objects or between objects and ourselves. We are fused
10　together with the world, and we don't know where we end and where it begins.
We also experience a state of timelessness, since—in the same way that we can't
distinguish between objects—we can't distinguish one moment from the next. We
(　1　).

We only begin to emerge from this timeless realm as our sense of separation
15　begins to develop. According to Piaget, this begins at around seven months. We
start to become aware of ourselves as separate entities, apart from the world, and
also to perceive the separation between different objects. Along with this, we
begin to be aware of separation between different events. We (　2　),
encouraged by the development of language, with its past, present, and future
20　tenses. According to Piaget, this process follows four stages. First, we recognise
that people arrive and events begin ; second, we recognise that people leave and
events end ; third, we recognise that people or objects cover distances when they
move ; fourth, we become able to measure the distance between different moving
objects or people—and at this point we have developed a sense of sequential time.

25　After this point of 'falling' into time, we (　3　). If the sense of sequence is the
result of our development of a separate sense of self, we can probably assume that
the more developed our sense of self becomes, the more developed the sense of

sequence will be. As a result, time will seem to move faster. This sense of time speeding up isn't something that we just experience as adults; it probably happens from early childhood onwards. Time may pass for a two-year-old child, but probably only at an incredibly slow speed. But as the child's sense of self becomes more developed, the speed of time increases, too. Time probably moves faster to a child of four than it does to a child of three, and faster to a child of seven than it does to a child of six.

However, even at this age time passes many times more slowly than it does for adults. This is why, as any parent knows, young children (　4　). Primary-school teachers should be mindful of this when their pupils' attention starts to wander—what seems to be a fairly short 40-minute lesson to them is stretched many times longer to the children.

Young children's sense of time is not yet fully developed in other ways, too. They can't accurately guess how long events last—in fact, they only become able to do this in terms of seconds at the age of six or seven. They (　5　). When children between the age of two and four talk about what they have done, or retell the story of something that's happened to them, they almost always mix up the order of the events, usually grouping them together in terms of association rather than sequence.

ア　can only speak in the present tense

イ　become more and more subject to it

ウ　begin to rank the importance of events

エ　don't know when an event begins or when it ends

オ　don't have a clear sense of the sequence of past events, either

カ　develop a sense of sequential time, a sense of the past and future

キ　encounter many new things every minute but still retain a sense that each event is unique

ク　always think that more time has gone by than actually has, and often complain that things are taking too long

MAKING TIME by Steve Taylor. Text copyright © 2007, 2008 Steve Taylor. Permission from Icon Books Ltd. arranged through The English Agency (Japan) Ltd.

35

次の英文を読み，以下の問いに答えよ。

On that morning the bus was standing-room-only as we squeezed on at our regular stop. Several blocks later, my son, Nick, found a free seat halfway back on one side of the bus and his little sister, Lizzie, and I took seats on the other.

I was listening to Lizzie chatter on about something when I was surprised to see Nick get up. ［ア］ I watched as he spoke politely to an older, not quite grandmotherly woman who didn't look familiar to me. ［イ］ A little thing, but still I was flooded with appreciation. ［ウ］ For all the times we have talked about what to do and what not to do on the bus—say "Excuse me," cover your mouth when you cough, don't point, don't stare at people who look unusual—this wasn't something I had trained him to do. ［エ］ It was a small act of kindness, and it was entirely his idea. ［オ］

For all we try to show our kids and tell them how we believe people should act, how we hope they will act, it still comes as a shock and a pleasure—a relief, frankly—when they do something that suggests they understand. All the more so because in the world in which Nick is growing up, the rules that govern social interaction are so much vaguer than they were when we were his age. Kids are exposed to a complex confusion of competing signals about what's （　2　）, let alone what's admirable. It's hard to know what good manners are anymore.

(a)

(b)

(c)

(d)

Under the circumstances, good manners require a good deal more imagination than they once did, if only because it's so much harder to know what the person sitting across from you—whether stranger or friend—expects, needs, wants from you. When you don't have an official rulebook, you have to listen harder, be more sensitive, be ready to play it by ear.

(1) 以下の文は，第二段落のア～オのどの位置に補うのが最も適切か。その記号を記せ。

Suddenly I understood : he was offering her his seat.

(2) 第三段落の空所(2)に入れる語として最も適切なものはどれか。その記号を記せ。

ア acceptable

イ achievable

ウ avoidable

エ inevitable

オ predictable

(3) 上の文章で空白になっている(a)から(d)には，次のア～オのうち四つの段落が入る。それらを最も適切な順に並べた場合に，不要となる段落，(a)に来る段落，(c)に来る段落はどれか。それぞれの記号を記せ。

ア Of course, this sort of confusion is about much more than etiquette on public transportation. It's about what we should do for each other, and expect of each other, now that our roles are no longer closely dictated by whether we are male or female, young or old.

イ I was reminded of this incident on the train the other day, on another crowded morning, as I watched a young man in an expensive suit slip into an open seat without so much as losing his place in the *New York Times*, smoothly beating out a silver-haired gentleman and a group of young women in trendy clothes.

ウ Not for a minute do I regret the passing of the social contract that gave men most of the power and opportunity, and women most of the seats on the bus. But operating without a contract can be uncomfortable, too. It's as if nobody quite knows how to behave anymore ; the lack of predictability on all fronts has left our nerve endings exposed. And the confusion extends to everything from deciding who goes through the door first to who pays for dates.

エ I was taking my kids to school when I had another of those experiences particular to parents. Just as when a child first plays outside alone, comes home talking excitedly about what has happened at school, or eats with pleasure a food previously rejected, it is a moment that nobody else sees but that we replay over and over because in it we notice something new about our children. This time, though, the experience was played out in public, making it all the more meaningful to me.

オ My first thought was that his mother would be ashamed of him. And then I thought, with some amusement, that I am hopelessly behind the times. For all I know, the older man would've been insulted to be offered a seat by someone two or three decades his junior. And the women, I suppose, might consider polite behavior toward themselves discrimination. Besides, our young executive or investment banker probably had to compete with women for a job; why would he want to offer a potential competitor a seat?

(4) この文章全体のまとめとして最も適切なものを一つ選び，その記号を記せ。

ア The author thinks that times change but good manners remain the same.

イ The author complains that good manners are dead in the modern world.

ウ The author argues that the next generation will find new rules for social behavior.

エ The author believes that good manners in today's world demand much thought and effort.

オ The author recommends that we continue to behave according to established social rules.

36

2
読
解

次の文章で空白になっている(a)から(e)には，次のア～カのうち五つの段落が入る。それらを最も適切な順に並べ替えた場合に，不要となる段落，(b)に来る段落，(d)に来る段落はどれか。それぞれの記号を記せ。

I'm sixteen. The other night, while I was busy thinking about important social issues, like what to do over the weekend and who to do it with, I happened to hear my parents talking in the kitchen about the future. My dad was upset—not the usual stuff that he and Mom and, I guess, a lot of parents worry about, like which college I'm going to go to, how far away it is from home, and how much it's going to cost. Instead, he was upset about the world his generation is turning over to mine, a world he fears has a dark and difficult future—if it has a future at all.

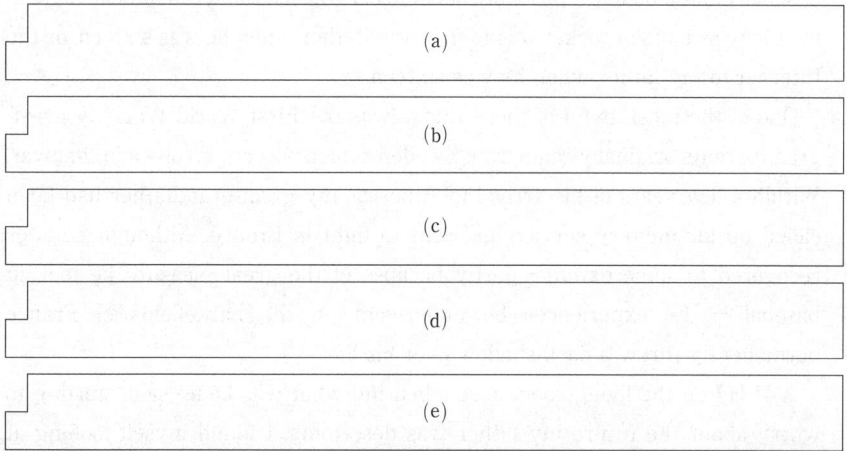

(a)

(b)

(c)

(d)

(e)

As I listened to my dad that night describing his worries about what the future holds for me and my generation, I wanted to put my arm around him and tell him what he always told me, "Don't worry, Dad. Tomorrow will be a better day."

ア "There will be a widespread disease that kills millions," he said, "a devastating energy crisis, a horrible worldwide depression, and a nuclear explosion set off in anger."

イ Ever since I was a little kid, whenever I've had a bad day, my dad would put his arm around me and promise me that "tomorrow will be a better day." I challenged my father once: "How do you know that ?" He said, "I just do." I believed him. My great-grandparents believed that, and my grandparents, and so do I. And now, I suddenly realized that it was *my* turn to make *him* feel better.

ウ　I considered some of the awful things my grandparents and great-grandparents had seen in their lifetimes: two world wars, epidemics, racial discrimination, nuclear bombs. But they saw other things, too, better things: the end of two world wars, new medicines, the passing of the civil rights laws. They even saw the Boston Red Sox win the World Series baseball championship— twice.

エ　In the same way, I believe that my generation will see better things, too: we will witness the time when AIDS is cured and cancer is defeated, when the Middle East will find peace, and when the Chicago Cubs win the World Series baseball championship—probably only once. I will see things as unbelievable to me today as a moon rocket was to my grandfather when he was sixteen, or the Internet to my father when he was sixteen.

オ　One of the most awful of those things was the First World War. My great-grandparents originally came from Sweden, which was not involved in that war. Within a few years of his arrival in America, my great-grandfather had been called up for military service and sent to fight in France. Although he later recovered to some extent—partly because of the great pleasure he took in baseball — the experiences he underwent on the battlefields of France permanently threw a dark shadow over his life.

カ　As I lay on the living room couch, hearing what was being said, starting to worry about the future my father was describing, I found myself looking at some old family photos. There was a picture of my grandfather in his military college uniform. He was a member of the class of 1942, the war class. Next to his picture were photos of my great-grandparents, immigrants from Europe. Seeing those pictures made me feel a lot better. I believe tomorrow will be better than today—that the world my generation grows into is going to get better, not worse. Those pictures helped me understand why.

"Tomorrow Will Be a Better Day," by Josh Rittenberg, part of the This I Believe Essay Collection found at http://thisibelieve.org

37

次の英文を読み，以下の問いに答えよ。

Caffeine is the most widely used drug in the world, and the value of the coffee traded on international commodity markets is exceeded only by oil. Yet for most of human history, coffee was unknown outside a small region of the Ethiopian highlands. After initially being recognised in the late sixteenth century by a few travellers in the Ottoman Empire, coffee established itself in Europe among curious scientists and merchants. The first coffee-house in the Christian world finally opened in the early 1650s in London.

A coffee-house exists to sell coffee, but the coffee-house cannot simply be reduced to this basic commercial activity. (a)In his famous dictionary, Samuel Johnson defined a coffee-house as 'a house of entertainment where coffee is sold, and the guests are supplied with newspapers'. (b)More than a place that sells coffee, Johnson suggests, a coffee-house is also an idea, a way of life, a mode of socialising, a philosophy. (c)Yet the coffee-house does have a vital relationship with coffee, which remains its governing symbol. (d)The success of the coffee-house made coffee a popular commercial product. (e)The associations with alertness, and thus with seriousness and with lively discussion, grant the coffee-house a unique place in modern urban life and manners, in sharp contrast to its alcoholic competitors.

The history of the coffee-house is not business history. The early coffee-house has left very few commercial records. But historians have made much use of the other kinds of evidence that do exist. Government documents are full of reports by state spies about conversations heard in coffee-houses. Further evidence is found in early newspapers, both in their advertisements and in news reports. The well-known diaries of the seventeenth and eighteenth centuries also indicate that the coffee-house was central to the social life of the period.

In describing the life-world of coffee-houses, however, much of the most compelling evidence is literary. 　ア　 The variety and nature of the coffee-house experience have made it the subject of a huge body of satirical jokes and humour.

イ Considered as literature, this body of writing is rich and exciting, made
30 lively by currents of enthusiasm and anger, full of references to particular and
local disputes. ウ In representing the coffee-house, these literary materials,
more than anything else, established and confirmed the place of coffee in modern
urban life. エ It is in the nature of satire to exaggerate what it describes, to
heighten foolishness and vice, and to portray its material in the most colourful
35 language. オ The coffee-house satires can nevertheless be considered not
only as works of literature but also as historical evidence: these low and crude
satires are not a simple criticism of coffee-house life, but part of their conversation,
one voice in the ongoing discussion of the social life of the city.

From *The Coffee House: A Cultural History* by Markman Ellis, Orion Publishing Group

satirical：風刺的な

satire：風刺文学

(1) 第二段落の文(a)〜(e)のうち，取り除いてもその段落の展開に最も影響の小さいも
のを選び，その記号を記せ。

(2) 以下の文は，第四段落のア〜オのどの位置に補うのが最も適切か。その記号を記
せ。

Using this evidence, however, is not straightforward and has long troubled
historians.

(3) 上の文章全体の趣旨として最も適切なものを選び，その記号を記せ。

ア After the mid-seventeenth century, the coffee-house became a social centre
of modern city life in Europe.

イ The culture of the coffee-house can be seen in government documents and
other publications during the seventeenth and eighteenth centuries.

ウ After coffee reached Europe in the late sixteenth century, the coffee-house
became a central topic in literature, particularly satirical literature.

エ Although coffee did not reach Europe till the late sixteenth century, the
coffee-house soon established coffee as an internationally traded commodity.

38

次の英文を読み，以下の問いに答えよ。

(a)First proposed early in the 20th century, the idea of obtaining resources from asteroids continues to attract attention. (b)The basic notion is to get material from near-earth asteroids, that is, those having orbits that come close to our planet. (c)This group is distinct from the main belt asteroids, which orbit between the planets Mars and Jupiter. (d)Materials from the asteroids could be used in space to support space flight, space stations, or even a moon base. (e)The resources could also be brought back to earth for use here.

    ア   The first resource of interest is likely to be water from the near-earth asteroids that are either C-type (carbon-rich) asteroids or the cores of dead comets.   イ   Together these probably make up half or more of the near-earth asteroid population.   ウ   That water would be used to make hydrogen and oxygen for rocket fuel.   エ   Of course, that water and oxygen would also then be available to support human life in space.   オ   These substances are very common not only on earth but in asteroids as well, and they could be used as structural materials in space.

Whether the resources sought in space are materials or energy, technology for obtaining them still needs to be developed. While the technology needed to travel to near-earth asteroids is now available—in fact, the amount of rocket power and fuel needed to visit some of these bodies is less than it takes to go to the moon—the technology necessary to mine them and either process or bring back the asteroids' resources has not been developed. It is also not clear how difficult and costly this would be, nor is it known if the task could be done by robots or would require human supervision. Although some space agencies have explored asteroids with robots and the possibility of human missions has been discussed as well, no specific plans for mining asteroids have yet been made.

From I've read references in both science and science-fiction articles to "asteroid mining." Is this a feasible thing to do? If so, how might it be accomplished, and what kind of valuable materials could we extract?, *Scientific American* on October 21, 1999 by David S. McKay

注：asteroid　小惑星

cobalt　コバルト

helium-3　ヘリウムの同位体の一つ

to mine, mining　鉱石などを採掘する（こと）

nuclear fusion　核融合

orbit　軌道（を回る）

platinum　プラチナ，白金

⑴　第一段落の文(a)〜(e)のうち，取り除いても大意に影響を与えないものを一つ選び，その記号を記せ。

⑵　以下の文は，第二段落のア〜オのどの位置に補うのが最も適切か。その記号を記せ。

Another resource that could be used in space is almost certainly metals such as iron and cobalt.

⑶　上の文章で空白になっている第三段落から第六段落には，次のア〜オのうちの四つの段落が入る。それらを最も適切な順に並べた場合に，不要となる段落，一番目に来る段落，三番目に来る段落はどれか。それぞれの記号を記せ。

ア　Most early asteroid-mining concepts required humans to visit the asteroids and mine them, but some of the newer ideas involve strictly robotic missions. One option would be simply to bring pieces of the asteroid back to the earth and crash them in some remote area where a processing plant would be set up. Another possibility would be processing the materials on the asteroid itself.

イ　Yet another potential resource would be precious metals that could be brought back to the earth. The most promising metals to obtain from asteroids would include the platinum-group metals, which are rare and costly on earth and could be used here for many industrial applications. Planetary astronomers believe the average asteroid should have much higher amounts of these metals than typical rocks on the earth or even on the moon.

ウ　But while it might be too expensive to bring back materials from space, economists also point to some very interesting opportunities associated with the generation of electrical power in space for use on earth. For example, solar-power satellites could be placed in high earth orbits to beam solar power down to the ground in the form of microwave energy. Helium-3 taken from the surface of the moon might also be economically attractive for nuclear fusion on the moon with the power beamed down to the earth.

エ　Similarly, solar collectors may be built on the moon out of native materials to send their power back to the earth. The construction of solar-power plants in space could in principle be made much cheaper if the high-mass, low-tech components of the plants are made in space using materials made from asteroids or even the moon. Farther away, the supply of helium-3 in the giant planets (especially Uranus and Neptune) is so vast that schemes for obtaining fuel for nuclear fusion from their atmospheres could power the earth until the sun dies of old age.

オ　Some economists, however, question whether asteroid materials could be brought back to the earth profitably. A sudden increase on earth in the supply of platinum-group metals from space, for example, without a similar increase in demand could cause the price of the metals to drop drastically, thereby eliminating profits and discouraging further investment. Another possible import―rare substances used in laboratory analysis―not only has a limited market, but demand for such substances is expected to decrease in the future as analytical techniques improve.

(4) 上の文章全体との関係を考えて，最後の段落の要点として最も適切なものを一つ選び，その記号を記せ。

　ア　The challenges of space travel

　イ　A dream still waiting to be realized

　ウ　The costs and benefits of asteroid-mining

　エ　The risks to our planet posed by near-earth asteroids

　オ　Obtaining asteroid resources : By humans or by robots ?

39

次の英文を読み，以下の問いに答えよ。

Collecting has long been a popular hobby, be it for the usual stamps, coins, and buttons, or more recently for Pokemon trading cards. But some kinds of collecting require more than an amateur's knowledge; in this category we find fountain pens. Widely replaced by more affordable and convenient ballpoint and rollerball pens, today fountain pens as everyday writing tools are rarely seen. Precisely for this reason, they have caught the eye of collectors.

　　ア　For collectors, an item's value is increased not only by how rare it is but also by how many colorful stories are told about it, and the long history of the fountain pen contains many.　イ　The fascinating origins of the pen, for example, are inseparable from the development of writing itself.　ウ　We all know about China's crucial invention of paper around 104 A. D. for brush-writing with "India ink."　エ　But consider the Egyptians' earlier use of hollow reed pens to write on papyrus some 4,000 years ago.　オ　What is this if not the basic principle of the modern fountain pen, the ideal pen whose "fountain" would not run dry?

From the Middle Ages, writers in Europe and elsewhere used a goose quill, or other bird's feather, that held berry juice or ink. Although feather quills appear romantic when we see them in movies, and we might well imagine Shakespeare composing his masterpieces with them, in reality, the quill pen was often unattractive and messy. It had to be constantly dipped in ink and sharpened with a knife. It quickly became worn down just by writing and handling.

2
読
解

But now that this Golden Age is giving way to a new era of writing technologies, from rollerball pens to computers, it rests with the ordinary collector, like me, to keep the fountain pen and its stories alive. (a)Indeed, I confess to having recently purchased my first collectable pen. (b)The De La Rue Company of Great Britain was founded as a paper and printing company in 1821. (c)Even today, it is De La Rue's high-security paper on which Bank of England money is printed. (d)But for some time in the early 20th century it also used to manufacture pens, such as the one I now own; in fact, it created quite a name for itself with them. (e)Before I can explain why I wanted this particular De La Rue pen, I must first tell you the story of the writer who led me to it.

A 19th-century novelist, Onoto Watanna, once wrote enormously popular stories in English about the West and Japan. She wanted to tell her English readers about Japan's language, culture, and customs. While she never revealed her actual name, she once acknowledged "Onoto Watanna" was just a pen name. Quite literally, it turns out, for "Onoto" was also the name of the De La Rue Company's fountain pen!

The actual identity of Onoto Watanna, I already knew: Winnifred Eaton was half-Chinese, half-English, and raised in Canada and the US. She spoke no Japanese and had never been to Japan. The pen caught my attention later, by chance, when I saw a 1920s Japanese advertisement for "Onoto, the Pen." Immediately, I assumed the pen was Japanese-made, and the clever origin of Onoto's pen name. But the Onoto pen was born in Britain in 1905 *after* "Onoto Watanna"; that is, just as had Winnifred Eaton before them, the De La Rue Company too followed the global fashion for things Japanese, even borrowing Eaton's fake Japanese name. Sparking my search for the truth about pen and writer, this misunderstanding led to a new passion for collecting unusual fountain pens with unexpected stories.

注：reed　葦

(1) 以下の文は，第二段落のア〜オのどの位置に補うのが最も適切か。その記号を記せ。

Historians suggest that even these very early writing instruments can be seen as having a sort of internal tank which could supply ink steadily to the writing tip.

(2) 上の文章で空白になっている第四段落から第七段落には，次のア〜オのうちの四つの段落が入る。それらを最も適切な順に並べた場合に，不要となる段落，一番目に来る段落，三番目に来る段落はどれか。その記号を記せ。

ア　In his case, truly, "necessity *was* the mother of invention." Determined to avoid the same thing happening again, he got to work. His new feeder system caused the ink to move safely down from storage inside the pen body to the specially designed pen tip, or "nib."

イ　During the 19th century, scientific advances made many inventions possible. One of these was Charles Goodyear's discovery of the chemical process by which soft rubber was made harder, making it ideal for shaping a stronger body for the fountain pen or making boots and coats waterproof.

ウ　Once technology and design made the fountain pen more reliable, attention could turn to beauty and not just usefulness. Pen companies the world over competed for quality and status, creating pens specifically marketed to powerful world leaders, famous people, soldiers in the field, and everyday consumers.

エ　Ironically, it was an accident that solved all these problems and led to the technological improvement of the fountain pen. In 1883, the businessman Lewis Waterman needed a contract signed. He gave his fountain pen to a customer to do just that but, without warning, the pen flooded ink all over their documents! Waterman lost his business deal, and then his temper.

オ　Throughout its long development, the pen had always faced similar problems : how to hold the ink inside and then get it to flow steadily to the paper, without requiring constant cutting or dipping in the ink bottle, and without either going dry or leaking. Many of us have had the unpleasant experience of the bad pen that suddenly leaks ink all over our hands. Such occurrences were common in the early days of the pen.

(3) 第八段落の文(a)〜(e)のうち，取り除いてもその段落の展開に最も影響の小さいものを選び，その記号を記せ。

(4) 上の文章全体との関係において，最後の三段落の趣旨として最も適切なものを選び，その記号を記せ。

ア Uncovering the true identity of Onoto Watanna

イ Explaining why I began to collect fountain pens

ウ Giving the most recent history of the fountain pen

エ Introducing a product made by the De La Rue Company

オ Revealing why the De La Rue Company named its pen "Onoto"

40

次の英文を読み，以下の問いに答えよ。

As the human mind evolved, at some point we began to consider the possibility of life beyond our planet. Perhaps it was a starry evening, thousands of years ago, when some primitive human being stepped outside of his or her cave, gazed at the sky, and was the first to ask that profound question : Are we alone ? It has kept us
5　wondering ever since. No one could have guessed, until just a few years ago, that an important clue as to where to search for life beyond our planet might be right here on Earth, beneath our feet.

In our recent search for the origin of life on Earth, we have made a series of fascinating discoveries of microbes that thrive thousands of meters beneath the
10　surface, at extremely high temperatures and pressures. 　ア　 Within the rocks and clays, these microbes have access to water but often little else that we would consider necessities. 　イ　 For example, many have been cut off from sunlight for hundreds of millions of years. 　ウ　 They form the base of an underground food chain, just as plants do on the surface, and the proven existence of these
15　underground communities has completely changed our thinking about life on our planet and elsewhere. 　エ　 It contradicts the lesson many of us learned in high school biology—that all life is ultimately dependent on solar energy. 　オ　 Some scientists now believe that these underground microbes may directly descend from Earth's first life forms.

20　Astronomers and other scientists agree that many of the planets in the universe are likely to have subsurface environments very similar to Earth's. The temperature and pressure conditions within the interiors of some of these planets could even maintain water. (a)The deep interiors may also contain valuable natural resources that would be very useful to our society in both the near and distant
25　future. (b)Since there are life forms that survive in the extreme conditions of deep Earth, why not the deep subsurface of Mars ? (c)And if, as some suspect, life originated within Earth's underground, couldn't life also have arisen in one of the many similar environments elsewhere in the solar system, or in the wider

universe ? (d)In our narrow-minded view that only solar-powered life is possible, we have presumed that if any planet could support life it would be in a zone where the surface conditions are similar to ours. (e)It now appears, however, that this widely held assumption was wrong and that the zone where life can be sustained, within our own planet and throughout the universe, has been substantially underestimated.

For the investigators of Earth's underground, the area of most interest is in some ways just as remote as a distant planet. Unable to visit the area themselves, they have had to be satisfied working in the laboratory with the soil or pieces of rock brought up from the depths.

Recently, however, a small team of scientists found a way to live out their fantasy by going down into one of the deepest mines in the world—South Africa's East Driefontein gold mine. Here a series of tunnels have been dug to reach more than three kilometers deep into the Earth's underground. The mine has taken decades to construct and is an engineering wonder by any standard. During a typical production shift, more than five thousand workers are underground, creating new tunnels, building support structures, and digging up rocks that contain gold.

In the fall of 1998, Tullis Onstott, a scientist from Princeton University, along with a carefully selected team of scholars, joined the workers in the underground gold mine for several weeks. On the first day, the researchers decided to head immediately to the deepest area that had been dug most recently, where the contamination from surface microbes would presumably be minimal. On their way down, the researchers could feel the pressure build and the temperature rise as they went deep into the Earth. By the time they reached the deepest area, they were sweating so much that they had to reach for their water bottles. At this three-kilometer depth, the rock surface temperature was 60℃.

From *Tales from the Underground: A Natural History of Subterranean Life* by David W. Wolfe, Basic Books

注：microbes　微生物

(1)　以下の文は，第二段落のア〜オのどの位置に補うのが最も適切か。その記号を記せ。

In spite of all this, these microbes have an importance very much out of proportion to their size.

(2)　第三段落の文(a)〜(e)のうち，段落の論旨と最も関係のうすいものはどれか。その記号を記せ。

(3)　上の文章の末尾には，次のア〜エの四つの段落が入る。それらを適切な順に並べ替えて，解答欄に記号を記せ。

ア　It was not until months later that they were able to complete the laboratory analysis of their samples. They found that some samples contained much higher populations of microbes than expected—between 100,000 and 1 million per gram. Many of these microbes did indeed have unusual ways of sustaining their lives.

イ　The discovery of the strange microbes in the South African gold mine convinced the scientists that further study of the underground world is absolutely necessary if we are to understand how life has evolved on Earth. They are now paying as much attention to the deep interior of the earth as to the outer universe in their investigation into the question of life beyond our planet.

ウ　The whole area was busy with activity. The researchers had to shout to hear each other over the sounds of drills and other equipment used for digging. The lamps attached to the workers' helmets could be seen here and there through the dust-filled darkness, and the smell of explosive was in the air. Ignoring the noise, the physical discomfort, and the very real danger of accidents, the researchers got to work.

エ　When all of their sample bags were full, they spent some time looking around. Although they were planning to return the next day, they were so excited that they felt reluctant to leave. Eventually, when their energy began to fade, they hiked back to the elevator for the ride to the surface.

(4) この文章の表題として，最も適切なものを次のうちから選び，その記号を記せ。

ア　Looking for Life on Other Planets

イ　How Microbes Survive Underground

ウ　New Understandings of the Basis of Life

エ　Scientists Investigate an Engineering Wonder

オ　The Significance of the East Driefontein Gold Mine

41

次の英文を読み，以下の問いに答えよ。

Far away from the beautiful lawns of New Delhi lies West Delhi's Swaran Park Industrial Area. Plastic is everywhere in the park : it covers the ground, blows in the wind, and is sorted, melted, and cut into pieces. Heavy trucks drive in and out, transporting huge sacks that are loaded and unloaded by strong men, while other
5 men make complex deals in a specialised language that outsiders cannot understand.

Swaran Park is Asia's biggest market for plastic recycling. On four square kilometres of land, there are hundreds of small open-air warehouses piled high with plastic. Business runs round the clock, with plastic being purchased from
10 small traders and passed on to the many recycling mills.

In India, waste collection, recycling, and disposal are conducted by government agencies, informal groups, and private companies. Until recently, only government agencies were supposed to collect, recycle, and dispose of all solid waste, but they are often inefficient. One result is that in Delhi, for example, almost all recycling
15 has been handled informally—as at Swaran Park—by groups without official recognition. But now waste management is being transferred to regular private companies, and the jobs of the informal workers may be in danger.

　　ア　 The waste management process involves, first, collection from streets, houses, offices, and factories ; second, sorting, during which materials are
20 separated ; and finally, recycling itself. 　イ　 In Delhi, waste collection has traditionally been carried out by an informal network of *pheriwallahs, binnewallahs, khattewallahs,* and *thiawallahs.* 　ウ　 *Pheriwallahs* are often seen around the city carrying large plastic sacks. Their job is to search the streets for usable *maal. Maal* is anything that is of some value, whether paper, plastic, glass, or metal.
25 *Binnewallahs* pick *maal* only from city bins in specific areas, while *khattewallahs* collect only office waste. *Thiawallahs* buy *maal* from offices or households, and they can usually charge higher prices for their material, as it is of much higher quality. 　エ　 After the waste has been collected, it is sorted into more than 40 categories. 　オ　 The sorting process in effect makes the waste more valuable

and easier to recycle. 30

(a)This informal economy, with its recycling-based business model, seems to be doing the city a great service. (b)However, informal waste collection is probably not even legal, and there is almost no government recognition for the service. (c)Some informal workers feel that stronger government recognition of the industry would result in an increase in their low daily wages. (d)At present, an 35 average *pheriwallah* makes about 70 rupees, or about 180 yen, a day. (e)Those supporting government recognition also hope that it would improve their working conditions, which can be dirty and dangerous.

Government recognition, however, would bring its own challenges. A major reason for the success of this informal industry has been its low cost of production 40 and its flexible standards―a flexibility that would be lost if government regulations came into effect. Government recognition is also unlikely to benefit those who most need protection, as licensing might merely create a privileged group that would make large amounts of money just because of their licences.

From Waste and wealth, *Frontline* on April 21, 2006 by Aman Sethi

(1)　以下の文は，第四段落のア～オのどの位置に補うのが最も適切か。その記号を記せ。

　　Each category has a specific task.

(2)　第五段落の文(a)～(e)のうち，取り除いても大意に影響を与えないものはどれか。その文の記号を記せ。

(3)　上の文章の末尾には，次の四段落が入る。その最も適切な順番をア〜エから選び，その記号を記せ。

(ⅰ)　Another source of conflict comes from new regulations which require that all urban waste be sorted according to complex rules. These rules are difficult for the informal processors to follow, so many neighbourhoods are handing over waste collection and separation to private waste management companies.

(ⅱ)　In the case of waste collection, private waste companies in Delhi are paid on a weight basis. This puts the private companies in direct conflict with the existing informal system, as one kilogram of waste collected by the informal collectors is one less kilogram for which the private companies would otherwise be paid.

(ⅲ)　If big business becomes even more involved in waste management, the present informal economy will be at risk. Soon private companies could be building sorting stations, warehouses, and finally recycling factories. Eventually they might drive the informal collectors, transporters, and traders out of business, and the huge recycling system of Swaran Park—a unique and colourful part of Delhi life—would no longer exist.

(ⅳ)　Something like that happened as a result of the Supreme Court ruling in 2000 to close all polluting industries in Delhi. The decision caused a number of factories to move to the neighbouring state of Haryana. But the transfer of any material across the state border was impossible without a trader's licence. Few possessed this, resulting in the rise of dealers who make huge profits simply by carrying raw materials across the border.

　ア　(ⅰ)—(ⅲ)—(ⅱ)—(ⅳ)

　イ　(ⅱ)—(ⅳ)—(ⅲ)—(ⅰ)

　ウ　(ⅲ)—(ⅰ)—(ⅳ)—(ⅱ)

　エ　(ⅳ)—(ⅱ)—(ⅰ)—(ⅲ)

(4)　この文章の表題として，最も適切なものを次のうちから選び，その記号を記せ。

　ア　Informal Workers Find New Careers

　イ　The Importance of Recycling in India

　ウ　The Worsening Pollution of Swaran Park

　エ　Competing Systems of Waste Management

　オ　West Delhi Resists Government Regulation

42

次の英文はアメリカのある行事について述べたものであるが，一つおきに段落が抜けている。空所1〜4を埋めるのに最も適切な段落を，ア〜カよりそれぞれ一つ選んでその記号を記せ。ただし不要な選択肢が二つ含まれている。

> 1

Although sheep and pony festivals had been held on the islands since the early eighteenth century as part of the regular control of animals, today's version of Pony Day began in 1924. At that time, the Volunteer Fire Department on Chincoteague began selling ponies during the annual festival to raise money for fire-fighting equipment. By selling ponies each year, the Fire Department has been able to support its operations and maintain the population of ponies at a suitable size for the balance of nature on the island. The Volunteer Fire Department's Pony Day was, surprisingly, just the first step in the direction of putting two tiny islands on the world map.

> 2

Before Pony Day became an international tourist attraction, very few people, even in the United States, knew these islands by name. After all, Chincoteague and Assateague are tiny islands where there used to be more wild birds and ponies than people. For centuries, the ponies lived mostly free of human contact ; gradual human settlement on Chincoteague, however, resulted in their being only on Assateague where even today no people live. The ponies had been on the islands long before such things as Volunteer Fire Departments, carnivals, or tourism existed there, and their story is the one that continues to draw the most visitors.

> 3

It was difficult environmental conditions and isolation over centuries that created the "Chincoteague pony," which was originally a horse. Indeed, if taken off the islands while young and raised with standard food and shelter, the ponies are known sometimes to grow to horse size, taller than fifty-eight inches. Yet, on the islands, where the weather and insects are severe, and their food mostly tough beach grasses, these horses have been quite literally downsized by their environment.

4

Thousands of visitors from all parts of the globe attend the festival, and selling the ponies, especially to families with children, is far from difficult. Children come to the festival trying to find ponies that look like Misty, and adults come to learn about simple island life and the history of Chincoteague and Assateague. It is a fact of modern times that global tourism is the best way to preserve local customs; without their popularity with huge crowds of tourists each summer, it is likely that the wild ponies would not be allowed to survive. Although Pony Day has become necessary to the local economy, the fishermen and residents of Chincoteague as well as the ponies must be relieved to return to their quiet lives after Pony Day is over. The tourists, on the other hand, return to their busy modern lives from brief summer vacations, refreshed somehow by the sight of wild ponies swimming to freedom.

ア　Despite their hard lives, however, the ponies are not thin or ugly like so many wild mustangs in the American West; on the contrary, because they eat mostly salty sea grasses, wetland plants, and seaweed, the ponies drink a lot more water than average horses, which gives them a "fat" and healthy appearance. Once under human control, they are known to become gentle animals, too. Indeed, it is just their small size, intelligence, and good looks that have made these ponies such desirable pets for children.

イ　Fame truly came, however, with the 1947 publication of *Misty of Chincoteague*, a best-selling children's book translated into languages all over the world. In this story, author Marguerite Henry describes not only how the Beebe family adopted a clever little Chincoteague pony named Misty, but also the island people's customs and lifestyles seemingly untouched by the mad rush of modern life in cities. The qualities of small island life that today's tourists find so appealing in Chincoteague — quiet, old-fashioned, and not at all convenient — are the very same qualities that kept these islands unknown to so many for so long.

2
読
解

ウ　It is a cruel fact of American history that many such places as these islands, rich in the language and history of what was once a strong Native American presence, now have only their native names remaining. Chincoteague and Assateague, in fact, were first named by a group of Native Americans called the Gingo-Teague. "Chincoteague," for example, is said to mean "beautiful land across the water." English settlers kept these names when they began to come to the islands, long after Native Americans had been forced out of the area altogether or onto lands where only Native Americans could live, called "reservations."

エ　George Breeden runs a local gift store on Chincoteague. "I have lived here for almost eighty years now, and my people came to these islands centuries before I was born," says Breeden. "Some folks say that the first settlers sent here from the colonies were criminals, but I do not believe that was the case with my family. Where is the evidence ?" Breeden and other island residents have organized an official list of the first families of Chincoteague. These families are proud of their long history on the island, but critics claim that they are more interested in making money on tourism today than in learning about the real history of times past.

オ　Every July, people from all over the world gather on an island off the mid-Atlantic coast of the United States for an event called "Pony Day": a carnival where the only remaining wild ponies east of the Rocky Mountains lose their freedom for a day. The ponies swim and splash, as people cheer and "water cowboys" guide them across a narrow channel of water separating two small islands named Chincoteague and Assateague. A mere five minutes later, the ponies reach land. Once on Chincoteague, the ponies receive health inspections and some are sold. The next day, the ponies swim back home to freedom on Assateague, marking the end of a local festival known around the world.

カ　Part of that appeal is the mystery of their origins ; while the ponies have been on Chincoteague and Assateague for hundreds of years, how they got there is unknown. One tale has it that when a sixteenth-century Spanish ship sank nearby during a fierce storm, only the horses survived by swimming to safety. Another legend claims that Spanish pirates hid their precious horses on these lonely islands. However, most historians insist that early settlers in the Virginia and Maryland colonies brought the horses from England, and later kept them on the remote islands to avoid taxes on animals. No matter which story one believes, however, the legends of the wild ponies' origins are rich with facts and fiction. No less interesting is their biology.

43

次の英文はエスペラントについて述べたものであるが、一つおきに段落が抜けている。空所１〜４を埋めるのに最も適切な段落を、ア〜カよりそれぞれ一つ選んでその記号を記せ。ただし不要な選択肢が二つ含まれている。

Bialystok in the 1860s was a city torn apart by intolerance and fear. Located in the north-east of what is now Poland, and at the time under Russian rule, the city was home to four main communities : the Poles, the Russians, the Germans, and the Jews. These communities lived separately, had no shared language, and mistrusted each other deeply. Violence was an everyday event.

1

Zamenhof had been brought up by his parents to speak Polish, German, Russian, Yiddish, and Hebrew, and he also had a good knowledge of English and French, so he knew that no existing language would work. For one thing, the fact that all of these languages were associated with a particular country, race, or culture meant that they lacked the neutrality any international language would need in order to be accepted.

2

But inventing languages doesn't pay the bills, so Zamenhof needed a career. He studied medicine and became an eye doctor. By day he took care of people's eyes, and in the evenings he worked on his new language : Esperanto. Esperanto is a beautifully simple language with only 16 basic rules and not a single exception. It is probably the only language in the world to have no irregular verbs (French has more than 2,000, Spanish and German about 700 each) and, with just six verb endings to master, it is estimated that most beginners can begin speaking it after an hour.

3

Although Zamenhof's beautiful language is not associated with any one nation or culture, three-quarters of its root words have been taken from Latin, Greek, and modern European languages. The advantage to this is that about half the world's population is already familiar with much of the vocabulary. For an English speaker, Esperanto is reckoned to be 5 times as easy to learn as Spanish or French, 10 times as easy as Russian, and 20 times as easy as Arabic or Chinese.

4

ア　At the same time, Johann Schleyer, a German minister, was working on his own new language, Volapuk, meaning "World Speech." Schleyer's language first appeared in Germany in 1878, and by 1890 more than 283 Volapuk-speaking associations had been formed. But generally, people found Schleyer's language strange and ugly ― and no easier to learn than Latin.

イ　These existing languages also had complicated grammatical rules, each rule with its own exceptions, and this meant that they lacked another essential characteristic of a universal second language : they could not be easily learned by ordinary people. The difficulty factor also meant that neither Latin nor classical Greek had much potential as a universal language. Zamenhof was left with only one option : he would have to devise his own.

ウ　It was here, where lack of understanding created racial hatred, and racial hatred regularly exploded on the streets, that Ludovic Zamenhof was born in 1859. His mother was a language teacher and his father was also a student of languages. By the time he was fifteen, young Ludovic had seen enough violence in his hometown to convince him of the need for a common language that would enable different communities to understand each other.

エ　The disadvantage, obviously, is that speakers of non-European languages have to work a little harder to get started with Esperanto. But Esperantists argue that the simplicity of Zamenhof's language scheme quickly makes up for any unfamiliarity with its root words. They proudly point to the popularity of Esperanto in Hungary, Finland, Japan, China, and Vietnam as the proof of Zamenhof's achievement in creating a global language for mutual communication and understanding.

オ　Esperanto vocabulary is also very simple. Instead of creating a huge list of words to learn, Zamenhof invented a system of very basic root words and simple ways to change their meanings. Putting "mal-" at the start of an Esperanto word, for example, changes that word into its opposite. Esperanto speakers easily make new words by putting two or more existing words together. This kind of word invention is regarded by Esperantists as a creative process which adds to the appeal of the language.

カ The fact that Esperanto is so easy to learn has been the key to its success. Of course, English is even more important as a world language today than it was when Ludovic Zamenhof was alive. But while English may have become even more useful, it hasn't become any easier—and that's why Esperanto is still so popular. Whatever your native language, you start from the beginning with Esperanto. Not even speakers of European languages have an advantage. Truly, Esperanto is a language that offers everybody, equally, the chance to speak up and be heard in today's world.

44

次の英文はマダガスカルの開発と環境保全について述べたものであるが，1つおきに段落が抜けている。空所1〜4を埋めるのに最も適切な段落を，ア〜オよりそれぞれ1つ選んでその記号を記せ。ただし不要な選択肢が1つ含まれている。

About the same size as France, or a bit larger than California, the tropical island of Madagascar has one of the most interesting and important collections of plant and animal life in the world today. But although Madagascar's ecological system is unique, the dangers it faces are not. Like many of the world's other valuably wild places, Madagascar today has a big problem with people.

1

In the relatively short time that people have been living on Madagascar, however, they have managed to cause serious damage to its biological system. In traditional Madagascar farming, the farmer cuts down and burns a part of the forest and then plants rice on the cleared land. After harvesting the rice, the farmer leaves the land alone again for up to twenty years in order to give the forest enough time to grow back. But if farmers return to the same area of land too soon, the soils become exhausted. Eventually this leads to large areas of forest becoming transformed into wastelands, upon which nothing can grow.

2

This is a difficult balance to achieve. Although much of the destruction has been caused by individual farmers, the causes of Madagascar's environmental problems are deeply rooted in the island's social conditions and history. Madagascar is one of the world's poorest nations, with an average individual income of less than $250 per year. About 80 percent of the population are farmers who depend almost entirely on the land to support their way of life. Many farmers continue to practice traditional cut-and-burn agriculture because they know no other way, and have no other means to survive.

3

The key point has been to emphasize a combination of wildlife protection and local development. The idea is to make sure that local people living near the new parks benefit from them, so that they become active participants in the program. For example, if the parks attract tourists from abroad and bring economic benefits to a region, then local people will support the establishment of parks in areas that they would otherwise have been able to farm. Park projects are also now helping local people to grow rainforest butterflies and sell them to butterfly zoos around the world, while tourism in the park is also bringing many benefits to local communities.

4

2

読

解

ア Historically, the absence of a human population was one of the main reasons for the development of the island's unique ecological system. Madagascar's ecosystem was able to establish itself, in other words, not only because of the island's relatively large size, geographical isolation, and tropical location, but also because it was only about 2,000 years ago that a human population began to disturb the natural environment.

イ Plants which once grew only in Madagascar are now being commercially grown in various regions worldwide, including the southern parts of the United States. The pink and white flowers of the Madagascar Rosy Periwinkle, for example, are grown for use in some highly effective medical treatments. Medicines made from the flowers are used to treat many serious conditions, including childhood cancers, high blood pressure, and high blood sugar levels.

ウ Understanding that any program of wildlife protection would also have to pay attention to the needs and traditional way of life of the local population, the Madagascar government has developed a program called the National Environmental Action Plan. This plan is designed to break the cycle of environmental destruction, reduce poverty, develop management plans for natural resources, and protect biological variety. At the center of the plan is the creation of a system of national parks.

エ Much of Madagascar has already been destroyed by the gradual action of small farmers. Human populations have grown beyond the point at which these activities can be practiced without permanent destruction. As the forest is destroyed, so is the home for Madagascar's unique plant and animal species. Today, only 10 percent of Madagascar's original forests remain. The biggest problem facing Madagascar is the question of how to meet the needs of its human population while managing to protect its environment.

オ　Since Madagascar's Environmental Action Plan was first established in the 1980s, the government has created eight new protected areas totaling 6,809 square kilometers. Madagascar today is proud of its efforts to develop a realistic approach to "parks for wildlife and for people." A most encouraging beginning has been made in making sure that the parks will remain protected far into the future, to provide homes for Madagascar's wonderful variety of plant, bird, and animal life, and resources for Madagascar's people.

45

次の英文はサーフィンとハワイ（Hawai'i）の文化の関係について述べたものである。空所(1)～(6)を埋めるのに最も適切なものを，ア～クよりそれぞれ 1 つ選んでその記号を記せ。ただし不要な選択肢が 2 つ含まれている。また，空白の長さは答えの長さとは無関係である。

The sport of riding on waves while lying down or standing up on long hardwood surfboards has been associated by Europeans with the Hawaiian Islands ever since the late 18th century, when a two-page description of surfing was included in the offcial journal of Captain James Cook's third expedition to the Pacific. The true beginnings of the sport can, however, be traced much further back than that, to the ancient history of the Polynesian peoples.

（1）

But while Tahitians are said to have occasionally stood on their boards, the art of surfing upright on long boards was certainly perfected, if not invented, in Hawai'i. By the end of the 18th century, when the first Europeans visited Hawai'i, surfing was already deeply rooted in many centuries of Hawaiian legend and culture.

（2）

（3）

Before the coming of the 'white-skinned people' almost every aspect of life on the islands, including surfing, was ruled by a code of taboo. Taboo rules decided where to eat, how to grow food, how to predict weather, how to build a surfboard, how to predict when the surf would be good, and even how to convince the Gods to make it good. Hawaiian society was distinctly divided into royal and common classes, and there were beaches where the chiefs surfed and beaches where the common people surfed. Common people generally rode waves lying down or standing on boards of up to 12 feet, while the chiefs rode waves on boards that were as long as 24 feet.

(4)

In 1819, less than 50 years after Captain Cook made contact with the Hawaiians, Liholiho, the son and successor of the ruler, Kamehameha I, publicly sat down to eat with his mother and other high-ranking females. Men eating with women had been taboo since the beginning of Hawaiian time, but Liholiho had been influenced by European culture. His refusal to obey a basic taboo sent a message throughout Hawai'i that the old system of laws was no longer to be followed.

(5)

By the start of the 20th century, surfing was all but gone from the Hawaiian islands. Most of the surfing took place on the south shore of Oahu, with a few surfers at spots on Maui, Kauai and the other islands. Honolulu had become Hawai'i's largest city, with one out of every four Hawaiians living there, but surfing was now a rarity there. There are some famous photos from this time of native surfers near Diamond Head, but these were solitary men, most likely posing for the camera, standing alone where at one time hundreds had surfed. The importance of surfing for Hawaiian people had almost completely disappeared.

(6)

Then, with the help of some dramatic photographs and famous supporters, it began its spread around the world, to the beaches of California and beyond. What had once been a lively and unique part of local Hawaiian culture started to grow into its current status as a highly popular part of world culture. Unlike many other aspects of ancient Hawaiian life, surfing has evolved and survived into modern times. Despite the commercialism that accompanied its popularization, surfing continues to provide enjoyment and a special connection with nature for millions of people around the world.

From The History of Surfing From Captain Cook to the Present, *Surfing for Life* by Ben Marcus

ア There are few sports as dramatic and exciting as surfing.

イ Surfing was also deeply connected to the social system of Hawaiian life.

ウ As the taboo system declined, so did surfing's ritual significance within Hawaiian culture.

エ Surfing was one of the only aspects of early Hawaiian life not strictly controlled by taboo rules.

オ At the crucial moment, however, surfing attracted the attention of some curious and influential non-Hawaiians.

カ After the culture of the 'white-skinned people' and Hawaiian culture were thrown together in collision at the end of the 18th century, Hawai'i was changed forever.

キ The custom of playing in the surf on short 'body boards' was actually brought to Hawai'i by the Polynesians who came to the Hawaiian Islands from Tahiti in the 4th century.

ク Some local Hawaiian place names, for example, recorded famous surfing incidents, and surfing experts sang special songs to celebrate the first use of new surfboards, to bring the surf up, and to give courage to the men and women who challenged the big waves.

46

次の英文の空白部分(1)〜(6)のそれぞれを埋めるのに最も適切なものを，ア〜クより
1つ選んでその記号を記せ。ただし不要な選択肢が2つ含まれている。

"Snow" does not, at first sight, look like a topic for a cultural or social historian.
As a subject of inquiry, one might think, it more obviously belongs to the
geographer or the weather and climate specialist. What could be "cultural" about
snow ? What could be "social" about it ? At first these questions may seem hard to
answer. (1)

Snow certainly existed before humans first invented words to describe it. It's a
physical phenomenon. But it is also, at the same time, part of shared human
experience. So the questions that a cultural or social historian would use in their
approach to the topic of snow would focus on the *experience* of snow : What names
have people given to snow ? What questions have they asked about snow ? What
symbolic meanings have they found ? How have they managed snow ? These
kinds of questions open up wide areas of useful historical inquiry.

There is a clear history of change in social ways of thinking about and living
with snow in America. Snow has been a constant in American history, but its
cultural meanings have not. According to one historian, we can divide this
evolving history of snow in America into six periods. In the first period, Americans
simply survived their snow. Then, in the next period, they gradually began to
identify with snow, to think of it as a part of their national identity, a symbol of
something clean and pure.

(2)

Snow became celebrated for its multiple meanings
and its many faces. It started to represent the contradictions, differences, and
variety in American life. There was a new interest in the endlessly changing
appearance of American snow. It became both peaceful and dangerous, creative
and destructive, passive and active, cold but full of life, and blank but beautiful.

(3)

It could be measured and predicted. And this trend towards thinking of snow as something that could be understood, if not exactly controlled, encouraged people to organize the study of snow. In this next period, American snow became something to be investigated, described, and named. In this period, the National Weather Bureau grew in importance, and scientific interest in the North and South Poles increased the public consciousness of snow.

In the fifth period, winter sports started to become a major commercial activity, especially skiing. But then just when snow was for the first time beginning to look like fun, people also started to have to pay attention to it as a serious social problem. (4)

Finally, for many Americans today, snow might be most immediately associated with the safety of a lost past. This past might be the remembered winters of childhood, or it might be an imagined past America, a place and time in which life seemed somehow to have been cleaner and simpler. This way of seeing snow is almost certainly connected to growing social concern about pollution, the environment, and global climate changes, and it may also be interestingly connected to changes in the American sense of national identity and its position as a global power.

(5)

Looking at the history of a particular snowfall, they would probably focus on the "four Ds." What were the dates of its occurrence and its disappearance? To what depth did it accumulate? What was its density, or water content? And what was its duration—for how long did it snow? Answers to these questions would provide basic information about the impact of snow in a particular geographical region.

For the cultural historian, however, snow provides a window on the history of the interrelation of nature and culture in the United States. The majority of Americans experience some snow every year. Every year, for centuries, snow has changed the American landscape and challenged its people both physically and mentally in different ways. (6)

ア　But of course snow was always more than an idea or a symbol ; it was also weather.

イ　Specialists studying weather and climate are interested in snowfalls as physical phenomena.

ウ　Next, as creative writers and creative scientists started to look at snow in new ways, a more complicated version of snow in America began to appear.

エ　With the start of the transportation revolution, snow became a major headache for the people responsible for the cities, the roads, and the railways.

オ　In the third period, as people started to have more leisure time, they learned how to experience snow as entertainment : it became enjoyable as well as troublesome.

カ　By examining how Americans know what they know about their snow, we can begin to understand a lot more than the truth about snow itself. We will also learn a great deal about American culture and society.

キ　But for a cultural historian, it isn't enough just to say that "snow is snow" — a physical thing, part of the weather, nothing to do with culture and society. For the cultural historian, there is much more to snow than that.

ク　Snow in America, though, has always been more significant as an idea than as a physical event, and as a subject of study it belongs to the historians, not to the scientists. It is all about the American imagination, not the American climate.

次の英文は，ある雑誌記事の一節であるが，第2～第4，第6～第8，第10段落が抜けている。それぞれの空所を埋めるのに最もふさわしいものを，(ア)～(ク)から1つ選んでその記号を記せ。8つの選択肢のうちから7つ選ぶこと。

(1)　A lonely seeker of truth fighting against overwhelming odds. This is the conventional image of "the scientist". Just think of Galileo. He had to single-handedly discover the laws of falling bodies in a physical world all too reluctant to give up its secrets, improve the telescope and face the wrath of the Church, but his devotion to scientific truth changed history.

(2)

(3)

(4)

(5)　I think the heroic model is being abandoned a bit too hastily. Just as individuals can change deeply-rooted national policies by taking on government or big business, so individual scientists can confront established scientific prejudices and change the course of science.

(6)

(7)

(8)

(9)　So, the lonely scientist fighting against all odds can triumph. Purdey and Hooper can be seen as contemporary equivalents of Galileo. But who is the Church in this case? Not a religious establishment, but a scientific one. As far as the individual scientist working on his or her own is concerned, the Church has been replaced by rigidly dogmatic institutions of science—large laboratories, academic research institutions and government ministries.

(10)

(ア) Perhaps the real moral is that institutions of all kinds tend to suppress uncomfortable truths. And a lonely scientist armed with truth can still be a powerful force.

(イ) Nowadays, however, major discoveries are seldom made by individual scientists. Much of contemporary science is corporate science, involving huge laboratories where large groups of scientists work on individual problems.

(ウ) Worse : Purdey had his own theory, unacceptable to establishment science, which blamed legally required insecticides. Ten years of lonely research eventually linked BSE with an excess of the metal manganese, a connection recently confirmed by a research team in Cambridge.

(エ) Not surprisingly, then, most philosophers and sociologists of science have given up the heroic model. The individual seeker of scientific truth, working alone, may occasionally discover a comet or two, but on the whole, the argument goes, he or she has little to contribute to science as such.

(オ) On the other hand, Isaac Newton's Principia Mathematica is commonly thought to be the climax of the seventeenth century's scientific revolution, a great burst of systematic, ordered, and empirical science — though preceding Newton were great successes in physiology and astronomy.

(カ) Of course, there are serious problems with this romantic picture. Galileo was not as innocent as we might think, and his observations have been shown to be less than strictly scientific. But Galileo does provide us with a heroic model of science where the heroes, the individual scientists working on their own, make major discoveries.

(キ) We do not have to look very far to find another example of the heroic model in action. The most recent is Aids researcher Edward Hooper, who denies that HIV was caused by a chimpanzee virus. Instead he shows that most cases of Aids in Africa came from the same places where an experimental oral polio vaccine called Chat was used.

(ク) Mark Purdey provides us with an example of how this can be done. Purdey is an organic farmer who was suspicious of the official version of the origins of BSE (so-called "mad cow disease"). He noticed that his cows never touched the "cattle cake" that contained the ground-up brains of sheep and cows, yet they became sick with BSE. Purdey's detailed records were available for inspection, but who would listen to a mere farmer ?

From Heroic model SCIENCE by Ziauddin Sardar, *New Statesman*

48

次の英文は第2，第3，第5，第6，第8段落が抜けている。それぞれの空所を埋めるのに最もふさわしいものを，(ア)～(カ)から1つ選んでその記号を記せ。6つの選択肢のうち5つ選ぶこと。

(1) Science and technology have improved our lives over the past 150 years. And there is every possibility, given the correct regulatory framework, that they will do the same over the next 150. The growth of scientific knowledge has allowed us to control some of the risks of life and eliminate some of its worst evils. In particular, advances in medical science have reduced the threat of a great variety of diseases.

(2)

(3)

(4) The benefits of science are thus enormous—and not only in the areas of life expectancy and health care. At present, one of the gravest problems we face is damage to the environment. The rush towards industrialisation has led to an unthinking approach to our natural resources. But, unless we want to go back to a pre-industrial world, we will not be able to protect the environment without the use of science.

(5)

(6)

(7) To guard against such threats to human well-being, we must make certain that we have effective systems of regulation in place to ensure that future scientific progress is safe, ethical and environmentally sound. Openness in explaining the meanings and possible consequences of scientific advances is absolutely essential, both in government departments and in the scientific community.

(8)

(ア)　To take one simple example, it was the work of chemists in the USA and Germany that first showed that CFCs (chlorofluorocarbons, used in refrigerators and aerosols, for example) can cause the breakdown of ozone when they are released into the upper levels of the atmosphere. Then, in the 1980s, British scientists produced proof that the stratospheric ozone has partially disappeared over Antarctica. This observation and the known chemical mechanism were crucial pieces of evidence that together led in 1987 to the signing of the Montreal Protocol on reducing the use of CFCs. The replacement of CFCs has also relied on science to produce alternative methods of refrigeration.

(イ)　In Britain now we tend to take our good health for granted, but we should remember how common death at an early age would have been in the pre-industrial era, and that the reason why that is no longer so is mostly due to advances in science. As the historian J. H. Plumb once commented : 'No one in his senses would choose to have been born in a previous age unless he could be certain that he would have been born into a prosperous family, that he would have enjoyed extremely good health, and that he would have accepted stoically the death of the majority of his children.'

(ウ)　Information technology has already had an enormous effect on the availability and speed of transfer of information. It has literally shrunk the world — or at least the developed world. However, as the technology develops, and computers become cheaper, and thus affordable by more and more people in all parts of the world, this new global access to information will have profound and, in some cases, regrettable consequences.

(エ)　I am not arguing for the mindless pursuit of scientific change ; I am arguing against a mindless opposition to it. Our lives in the coming century will inevitably be changed by the revolutions taking place in almost all scientific fields. However, it is only the existence of a properly regulated scientific framework that will ensure that these developments are put to use for our collective good. We cannot turn away from progress, but we can encourage it and guide it in such a way that people in all countries may enjoy its advantages.

(オ)　Thus, in the fields of both health care and the environment — as well as in other areas, such as transport, media, information technology and food — scientific progress is improving the quality of our lives. But we must never be arrogant about the advance of science : terrible medical tragedies, such as

Thalidomide, and the development of weapons of mass destruction, have to be set against progress.

(カ)　The result has been an incredible increase in the quality and length of our lives over the past fifty years. If we take the world as a whole, life expectancy at birth rose from 46.4 years in 1950-55 to 64.4 years in 1990-95. And, equally significant, the gap in life expectancy between the more developed regions and the less developed ones fell from 26 years in 1950-55 to 12 years in 1990-95.

From Don't knock the boffins by David Sainsbury, *New Statesman* (1999/05/17)

49

次の英文を読んで，下線部(1)(2)の it の内容をそれぞれ 20〜30 字の日本語で説明せよ。ただし，句読点も字数に含める。

When I came back to Malaysia after ten years in a foreign country, I made a conscious attempt to regain my lost cultural self. Being a professional writer, my particular way of doing this was to try to involve myself once again as deeply as possible with my mother tongue. But, as anyone who has gone through (1)it knows, such attempts, whether they focus on language or not, can at best be only partly successful. So was mine—and I don't regret (2)it. To tell the truth, I didn't want to recover my original cultural identity in its fullness and purity.

From *As I please : selected writings 1975-1994* by Salleh Ben Joned, Skoob Books

第3章 英作文

50

　あなたにとって暮らしやすい街の，最も重要な条件とは何か。理由を添えて，60～80語の英語で述べよ。

51

3

英

作

文

　以下の下線部を英訳せよ。

　私が遊び好きだと言うと，欺されたような気になる方がおられるかもしれない。たしかに，ギリシア語やラテン語をモノにするには，一日七，八時間，八十日間一日も休まずやらなければならなかった。基本的テキストを読むときは，毎日四，五ページ，休まずに読みつづけなければならなかった。それでは遊ぶ暇なんかないじゃないか。何が遊び好きだ，と。

　いや，別に嘘をついているわけではない。たしかに，大学に入ってしばらくのあいだ，語学を仕込む期間はこんなふうにやらなければならなかった。だが，語学の習得は自転車に乗る練習のようなもので，練習しているあいだは大変でも，一度乗れるようになってしまえばなんでもない。あとはいつも乗ってさえいればいいのだ。

（木田元『新人生論ノート』を一部改変）

52

　私たちは言葉を操っているのか。それとも，言葉に操られているのか。あなたの意見を 60~80 語の英語で述べよ。

53

　以下の下線部を英訳せよ。

　生きてゆくためにはまず若干の自信を持たなくてはならぬ。しかし自信ばかりで押し切っては，やがていつかは他人を害する立場に立つ。自分たちは，いつも自分たちの信念がある程度までまゆつばものだということを悟り，かくて初めて寛容の態度を養うことができる。自信と疑問，独断主義と懐疑主義との二刀流によって，われわれは世界と渡り合うことにしたい。(鶴見俊輔『アメリカ哲学』)

54

新たに祝日を設けるとしたら，あなたはどのような祝日を提案したいか。その祝日の意義は何か。また，なぜそのような祝日が望ましいと考えるのか。60～80 語の英語で説明しなさい。なお，この場合の祝日は，国民のための祝日でもよいし，国内外の特定の地域，もしくは全世界で祝うようなものでもかまわない。

55

3

英作文

以下の下線部を英訳せよ。

世界中でプラスチックごみを減らす動きが活発だ。食品などのプラスチック製容器や包装をなくしたり，レジ袋を有料化したりするのはもっとも容易にできることだろう。それらを紙製品や生分解性の素材に変えたりする動きも目立つ。しかし，もっとも重要なのは，プラスチックごみによってかけがえのない自然環境を汚染しているのは私たち自身であると，私たちひとりひとりが日々の暮らしのなかで自覚することである。とはいえ，そうした意識改革が難しいことも確かで，先日もペットボトルの水を買った際に，水滴で本が濡れてはいけないと，ついレジ袋をもらってしまった。

56

次の，シェイクスピアの戯曲『ジュリアス・シーザー』からの引用を読み，二人の対話の内容について思うことを 40～60 語の英語で述べよ。

引用

CASSIUS　Tell me, good Brutus, can you see your face ?

BRUTUS　No, Cassius ; for the eye sees not itself,

　　　　　But by reflection, by some other things.

　　　　　　　　　　　……

CASSIUS　I, your glass,

　　　　　Will modestly discover to yourself

　　　　　That of yourself which you yet know not of.

引用の和訳

キャシアス　どうだ，ブルータス，きみは自分の顔が見えるか？

ブルータス　いや，キャシアス，見えない。目は，反射によってしか，つまり他の
　　　　　　ものを通してしか自分自身を見ることができないから。

　　　　　　　　　　　　　　（中略）

キャシアス　私が，きみの鏡として，

　　　　　　きみ自身もまだ知らないきみの姿を，

　　　　　　あるがままにきみに見せてやろう。

57

以下の下線部を英訳せよ。

「現在の行動にばかりかまけていては，生きるという意味が逃げてしまう」と小林秀雄は語った。それは恐らく，自分が日常生活においてすべきだと思い込んでいることをやってそれでよしとしているようでは，人生などいつのまにか終わってしまうという意味であろう。

58

あなたがいま試験を受けているキャンパスに関して，気づいたことを一つ選び，それについて 60〜80 語の英語で説明しなさい。

59

以下は手紙とそれに対する返事である。返事の空所に入る文章を，あなたが Jun だと仮定して 60〜80 語の英語で書きなさい。

3

英

作

文

Dear Jun,

You will not remember me. I am your grandfather and I left the country when you were only three years old. But—though I have only a few weeks to live—I have made a success of my life, and you will inherit all my vast wealth if you convince me that you will use it well. Tell me *what* you would use my money for, and *why*. I am looking forward to your reply.

Your grandfather,

Marley

Dear Grandfather Marley,

Your grandchild,

Jun

60

　下の画像について，あなたが思うことを述べよ。全体で 60〜80 語の英語で答える
こと。

61

次の文章を読んで，そこから導かれる結論を第三段落として書きなさい。全体で
50〜70 語の英語で答えること。

In order to study animal intelligence, scientists offered animals a long stick to
get food outside their reach. It was discovered that primates such as chimpanzees
used the stick, but elephants didn't. An elephant can hold a stick with its trunk,
but doesn't use it to get food. Thus it was concluded that elephants are not as
smart as chimpanzees.

However, Kandula, a young elephant in the National Zoo in Washington, has
recently challenged that belief. The elephant was given not just sticks but a big
square box and some other objects, while some fruit was placed just out of reach
above him. He ignored the sticks but, after a while, began kicking the box with his
foot, until it was right underneath the fruit. He then stood on the box with his front
legs, which enabled him to reach the food with his trunk.

注　trunk　ゾウの鼻

From The Brains of the Animal Kingdom, *The Wall Street Journal* on March 22, 2013 by
Frans de Waal

3

英

作

文

62

　下の絵に描かれた状況を簡単に説明したうえで，それについてあなたが思ったことを述べよ。全体で 60〜80 語の英語で答えること。

63

　"Look before you leap" と "He who hesitates is lost" という，内容の相反することわざがある。どのように相反するか説明したうえで，あなたにとってどちらがよい助言と思われるか，理由とともに答えよ。全体で 60〜80 語の英語で答えること。

64

　下に示す写真の左側の人物をX，右側の人物をYとして，二人のあいだの会話を自由に想像し，英語で書け。分量は全体で 50〜70 語程度とする。どちらが話しているかわかるように，下記のように記せ。XとYのどちらから始めてもよいし，それぞれ何度発言してもよい。

X：........................　　Y：........................　　X：........................

Y：........................

65

　以下のような有名な言葉がある。これについてどう考えるか。50〜70 語の英語で記せ。ただし，下の文をそのままの形で用いてはならない。

People only see what they are prepared to see.

66

　下に示す写真の左側の人物を X，右側の人物を Y として，二人のあいだの会話を自由に想像し，英語で書け。分量は全体で 60〜70 語程度とする。どちらが話しているかわかるように，下記のように記せ。X と Y のどちらから始めてもよいし，それぞれ何度発言してもよい。

X：･･･････････････　　Y：･･･････････････　　X：･･･････････････
Y：･･･････････････

67

　これまで学校や学校以外の場で学んできたことのなかで，あなたが最も大切だと思うことは何か，またそれはなぜか。50〜60 語の英語で答えよ。ただし，英語に関すること以外について述べること。

68

　もし他人の心が読めたらどうなるか，考えられる結果について 50〜60 語の英語で記せ。複数の文を用いてかまわない。

69

　次の Kiyoshi と Helen の会話を読み，空所(1)と(2)をそれぞれ 15〜20 語の英語で埋めよ。(1)と(2)のそれぞれが複数の文になってもかまわない。

3

英
作
文

Kiyoshi : Have you read today's newspaper ?　Apparently, in England, it's illegal to sell pets—even goldfish !—to children under the age of sixteen because they may not be able to take proper care of them. Offenders can be put in prison for one year.

Helen :　Wow !　(1)_____

Kiyoshi : Yes, that's true. But (2)_____

Helen :　I guess you're right.

70

　次の英文を読み，その内容について思うところを 50〜60 語の英語で記せ。ただし，understand と pain は，それぞれ一回しか用いてはならない。

It is not possible to understand other people's pain.

71

　現在，全世界で約 3,000 から 8,000 の言語が話されていると言われている。もしそうではなく，全世界の人々がみな同じ一つの言語を使用しているとしたら，我々の社会や生活はどのようになっていたと思うか。空所を 50〜60 語の英語で埋める形で答えよ。答えが複数の文になってもかまわない。

If there were only one language in the world, _____

_____

_____

72

　次のような質問を受けたと仮定し，空所(1), (2)をそれぞれ 20〜30 語の英語で埋める形で答えを完成させよ。(1), (2)のそれぞれが複数の文になってもかまわない。

Question: Do you think reading books will help you acquire the knowledge you
　　　　　　 need to live in today's world?

Answer: My answer is both yes and no.

Yes, because (1)_____

_____

No, because (2)_____

_____

73

次の英文は，授業でグループ発表をすることになった生徒同士の電子メールでのやり取りである。空所(1)，(2)をそれぞれ 15～20 語の英語で埋めて，全体として意味の通った文章にせよ。

From : Ken O'Hare
To : Yoshiko Abe, John Carter
Date : Thursday, January 31, 2008, 8 : 23 PM
Subject : Our group presentation

Dear Yoshiko and John,

I'm writing this e-mail in order to ask you two if you have any idea about how we should cooperate in our group presentation for Ms. Talbot's class next week. Can I suggest that one of us should do some basic research into a contemporary issue such as global warming, the aging society, environmental pollution, etc., another write a short paper on it, and the third give a presentation based on the paper, representing the team ? What do you think about my plan ?

All the best,

Ken

From : Yoshiko Abe
To : Ken O'Hare
Cc : John Carter
Date : Thursday, January 31, 2008, 9 : 12 PM
Subject : Re : Our group presentation

Dear Ken,

Thank you for your message. Your suggestion sounds very interesting, but
(1)＿＿＿＿＿＿＿＿＿＿＿＿＿＿＿＿＿＿＿＿. So, I would rather suggest that
(2)＿＿＿＿＿＿＿＿＿＿＿＿＿＿＿＿＿.

Best wishes,

Yoshiko

From : John Carter
To : Ken O'Hare
Cc : Yoshiko Abe
Date : Thursday, January 31, 2008, 10 : 31 PM
Subject : Re : Our group presentation

Dear Ken,

I am happy with Yoshiko's suggestion about the presentation. Let's talk about it more tomorrow.

Best wishes,

John

74

　今から 50 年の間に起こる交通手段の変化と，それが人々の生活に与える影響を想像し，50〜60 語の英語で具体的に記せ。

75

　次の会話は，英語学習について悩んでいる男子生徒と，その相談を受けた英語教師との会話である。生徒がどのような悩みを持っているか，生徒の英語学習のどこが間違っていたのか，教師はどのようなアドバイスをしたか，の三つの内容を盛り込んだ形で，この会話の要点を 50〜60 語の英語で述べよ。

生徒：先生，いくら練習しても英語の聴き取りがうまくできるようにならないんですけど，どうすればいいでしょうか？

先生：どうすればいいと言われても，やっぱり地道に勉強するしかないよね。自分ではどんな勉強をしているの？

生徒：ケーブル・テレビやインターネットで英語のニュースを見たり聴いたりしてはいるんですけど……。

先生：え？　いきなりそんな難しい英語を聴いても分からないでしょう。

生徒：分からないです。まったく。

先生：そりゃ駄目だよ。意味の分からないものをいくら聴いたって，雑音を聴いているのと同じだからね。聴いて，ある程度中身が理解できるくらいの教材を選ばないと。

生徒：とにかくたくさん英語を聴けばいいんだと思っていました。そうか，そこが間違っていたんですね。

先生：そう。それに，聴き取りが苦手といったって，英語の音声に慣れていないことだけが問題じゃないんだ。語彙を知らなかったり，知っていても間違った発音で覚えていたり，あるいは構文が取れなかったりしている場合のほうが多いわけだよ。内容を理解する力も必要になってくるしね。毎日やさしめの英文の聴き取りをやって，それと同時に，内容的に関連する読み物を，辞書を引きながら丁寧に読んでごらん。そういう総合的な勉強をすれば，聴き取りの力も伸びると思うよ。

生徒：はい，わかりました。

76

下の絵に描かれた状況を自由に解釈し，40〜50語の英語で説明せよ。

77

　次の会話は，ある小学校の運動会（sports day）の種目についての先生どうしの議論である。A先生（Mr. A）とB先生（Ms. B）の主張とその根拠を明確に伝えるような形で，議論の要点を60〜70語の英語で述べよ。

A先生：今回の運動会では，競争心をあおるような種目をやめてはどうでしょうか。

B先生：そりゃまたどうしてですか？　それじゃやっていて面白くないでしょう。

A先生：いやいや，競技の結果によって子供が一喜一憂したり，いらぬ敗北感を味わったりするのはよくないと思うんですよ。むしろ，みんなで協力することの大切さを教えるべきです。

B先生：もちろん勝ち負けだけにこだわるのはまずいですけど，勉強においてもある程度の競争心が刺激になるということはありませんか。第一，やめるといっても，たとえばどんな種目をやめるんですか？　徒競走とか？

A先生：徒競走なら，同じくらいのタイムの子たちを同時に走らせることにして，それで順位をつけなければ，さほど勝負の要素は強くありませんが，綱引きとか，騎馬戦とか，玉入れとか，どれも勝つか負けるかのどちらかでしょう。

B先生：だけど，そういうものを除いたら，出し物が大幅に減って，運動会にならないでしょう。

A先生：組み体操とか創作ダンスとか，出し物なんていくらでもあるじゃないですか。

B先生：そんな出し物ばかりで子供が喜びますかねえ。いい意味でのライバル意識を育てるために，運動会でも普段の勉強でも，子供にはもっと競争させるべきだと思いますよ。

78

あなたが今までに下した大きな決断について，60〜70語の英文で説明せよ。ただし，
(1) その時点でどのような選択肢があったか
(2) そこで実際にどのような選択をしたか
(3) そこで違う選択をしていたら，その後の人生がどのように変わっていたと思われるか
という三つの内容を盛り込むこと。適宜創作をほどこしてかまわない。

79

下の絵に描かれた状況を自由に解釈し，30〜40 語の英語で説明せよ。

80

次の文中の空所を埋め，意味のとおった英文にせよ。空所(1)〜(3)を合わせて 40〜50 語とすること。

Communication styles differ from person to person. For example, some people
(1)＿＿＿＿＿＿＿＿＿＿＿＿＿＿＿＿＿, while others (2)＿＿＿＿＿＿＿＿＿＿＿＿＿
＿＿＿＿＿＿＿＿＿. Therefore, the most important thing in human communication is (3)＿＿＿＿＿＿＿＿＿＿＿＿＿＿.

81

　もし，あなたが自宅から電車で片道 2 時間の距離にある大学に通うことになったと
したら，あなたは自宅から通学しますか，それともアパートなどを借りて一人暮らし
をしますか。いくつかの理由を挙げ，50 語程度の英語で答えなさい。

82

　次の文章は，ある大学の登山隊の隊長（the team leader）が出発予定日の朝に隊
員たちに向かって発した言葉である。この内容について英語圏から来た留学生の隊員
に質問されたと仮定し，その要点を 60 語程度の英語で述べよ。

　ちょっと聞いてください。えーとですね，出発の時間になりましたけれども，ご
覧の通り，どうも雲行きが怪しくなってきました。それで，このまま出発すると途
中で激しい雷雨に見舞われる危険性があるんですね。そこで，どうでしょう，ここ
でしばらく様子を見てですね，それで天気が回復するようなら出発，2 時間ぐらい
たってもまだぐずついているようなら，出発は明朝に延期ということにしたいと思
います。

3

英
作
文

83

次の 2 つのグラフから何が言えるか。40 語程度の英語で記しなさい。

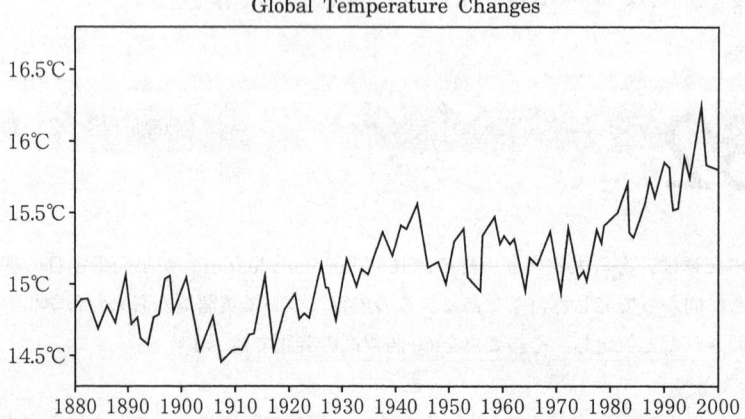

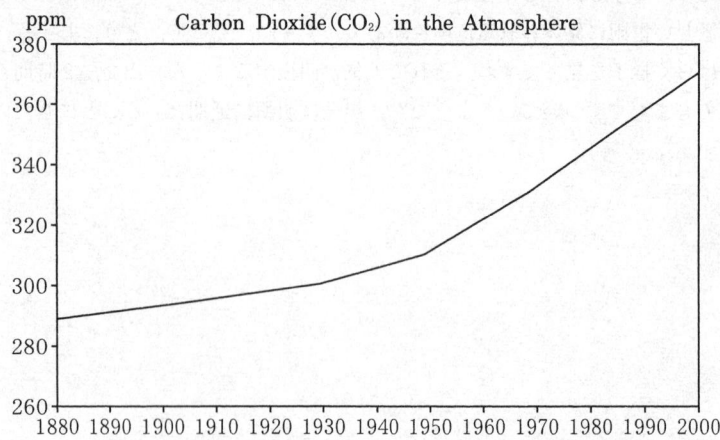

84

　次の文章は，あるアマチュア・スポーツチームの監督の訓話の一部である。この中の，「雨降って地固まる」という表現について，それが字義通りにはどういう意味か，諺としては一般的にどのような意味で用いられるか，さらにこの特定の文脈の中でどのような状況を言い表しているかの3点を盛り込んだ形で，60語程度の英語で説明しなさい。

　昨年は，マネージャーを採用すべきであるとかないとか，補欠にも出場の機会を与えるべきだとか，いやあくまで実力主義で行くべきであるとか，チームの運営の仕方をめぐってずいぶん色々とやり合いましたけれども，「雨降って地固まる」と申しまして，それで逆にチームの結束が固まったと思います。今年もみんなで力を合わせて頑張りましょう。

85

　次の会話文を読み，話がつながるように空所(1)と(2)を英語で埋めよ。それぞれ10〜20語程度とすること。

A：What are your plans for the coming vacation?

B：There are lots of things I'd like to do, but I'll probably have to spend most of my time doing part-time jobs.

A：Me, too. Say, if you had a month for vacation and enough money, what would you do? What's your ideal vacation?

B：Here's what I'd like to do. (1)＿＿＿＿＿＿＿＿＿＿＿＿＿＿＿＿＿＿＿
＿＿＿＿＿＿＿＿＿＿＿＿＿＿＿＿＿＿＿＿＿＿＿＿＿＿＿＿＿＿＿.

A：I wouldn't like to do that at all!

B：Why not?

A：If I did that, (2)＿＿＿＿＿＿＿＿＿＿＿＿＿＿＿＿＿＿＿＿＿＿＿
＿＿＿＿＿＿＿＿＿＿＿＿＿＿＿＿＿＿＿＿＿＿＿＿＿＿＿＿＿＿＿.

86

　次の会話は，ある高校の授業に「能力別クラス編成」（ranking system）を導入するかどうかについての教師同士の議論である。このA先生（Ms. A）とB先生（Mr. B）のやりとりの内容について，日本語のわからない英会話の先生から質問されたと仮定し，2人の主張とその根拠を明確に伝えるような形で，議論の要点を 40～50 語の英語で述べなさい。

A先生：私は基本的に能力別クラス編成に賛成です。そのほうが生徒一人一人の能力
　　　　に応じたきめ細かい指導ができると思いますよ。本校には英語圏からの帰国
　　　　子女もたくさんおりますし，たとえば英語の授業でそういう生徒と普通の生
　　　　徒を一緒にしてしまうと，結局，どちらに合わせればいいかわからなくなっ
　　　　て，授業自体が中途半端になってしまいますからね。生徒主体の授業運営を
　　　　するためにも，能力別にすべきだと思います。

B先生：そうは言ってもですね，能力別という発想自体，そもそも民主主義の原則に
　　　　反する古い考え方ですよ。だって，英語にかぎらず，上級のクラスでは高度
　　　　な教材を用いて高度な内容の授業が行われるわけだし，逆にそうでないクラ
　　　　スでは教材も内容もやさしくなるわけでしょう？　それはやはり差別なんじ
　　　　ゃないですか。成績自体はふるわなくたって，高度な内容を教えてほしいと
　　　　言い出す生徒がいたらどうします？

87

次の文章は，死に対して人間の抱く恐怖が動物の場合とどのように異なると論じているか。50〜60 語程度の英語で述べよ。

死の恐怖を知るのは人間だけであると考えられる。もちろん，動物も死を避けようとする。ライオンに追いかけられるシマウマは，殺されて食べられるのを恐れて必死で逃げる。しかし，これと人間の死の恐怖は異なる。動物は目の前に迫った死の危険を恐れるだけだが，人間は，遠い先のことであろうが，いつの日か自分が死ぬと考えただけで怖い。人間は，自分の持ち時間が永遠でないことを恐れるのである。

88

次の会話文を読み，話がつながるように空所(1)〜(3)を英語で埋めよ。(2)，(3)については，それぞれ 10〜20 語程度とすること。

A : Say, what do you think was the greatest invention or discovery of the twentieth century?

B : That's a hard question, because there were so many of them. But if I had to name only one, it would be (1)_____.

A : Why?

B : Because (2)_____.

A : It may sound strange, but I take the opposite view. I think that was the worst because (3)_____.

89

　下のグラフは，海外における日本人の学齢期の子供の就学状況を，地域別に示したものである。これを参考にしながら，一貫した内容の会話となるように，(1)～(7)の下線部を埋めよ。(1)，(3)，(5)にはそれぞれ地域名を入れよ。(2)，(4)は 15 語以内，(6)は10 語以内，(7)は 15～25 語の英文を書け。

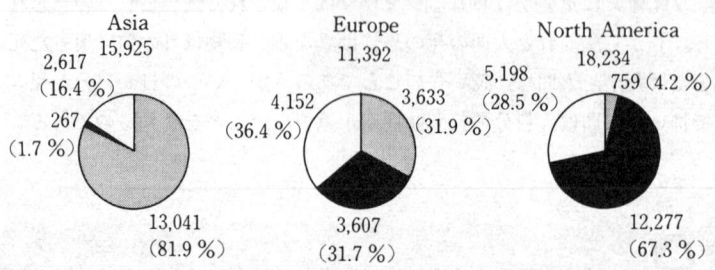

Asia
15,925
2,617 (16.4 %)
267 (1.7 %)
13,041 (81.9 %)

Europe
11,392
4,152 (36.4 %)
3,633 (31.9 %)
3,607 (31.7 %)

North America
18,234
5,198 (28.5 %)
759 (4.2 %)
12,277 (67.3 %)

① Japanese children enrolled in full-time Japanese schools only.

② Japanese children enrolled in local schools or international schools, while also attending a part-time Japanese school.

③ Japanese children enrolled only in local schools or international schools.

(注)　Full-time Japanese schools：日本人学校。日本国内と同等の教育を日本語で行う。
　　　Local schools：現地校。現地の公立学校など。その国の言語で授業が行われる。
　　　Part-time Japanese schools：日本語による補習授業校。

This is a social studies class in a junior high school in Japan. The teacher is showing the graphs on the preceding page（注：本書では上にある）to the students.

Teacher　: For the two graphs which are most different, how do the situations in those areas differ?

Miyako　: In (1)＿＿＿, (2)＿＿＿＿＿＿＿＿＿＿＿＿＿
＿＿＿＿＿. On the other hand, in (3)＿＿＿, (4)＿＿＿＿＿＿＿
＿＿＿＿＿＿＿＿＿＿＿＿＿＿＿.

Teacher　: Imagine you are eight years old. If you lived in one of the areas shown in the graphs, what type of school would you prefer to go to, and why?

Kazuyuki : If I lived in (5)＿＿＿, I'd want to (6)＿＿＿＿＿＿＿＿＿
＿＿＿, because (7)＿＿＿＿＿＿＿＿＿＿＿＿＿＿
＿＿＿＿＿＿＿＿＿＿＿＿＿.

90

　次の手紙は，「クローン技術」を特集した雑誌の読者が編集者にあてた投書である。(1)のア，イのうちいずれかを選び，その記号を解答欄に記した上で，一貫した内容になるよう，(2)，(3)の下線部にそれぞれ 5 〜10 語の英文を書け。

To the Editor :

I read the article "Cloning : It Isn't Just for Sheep Anymore" with great interest. I think the government (1)[ア　should　　イ　should not] support research on cloning people because (2)―――――――――――――――――――――――. Furthermore, (3)――――――――――――――――――――.

Sincerely,

Taro Yamashita

91

　A大学では，カリキュラムの一環として，ボランティア活動への参加をとりいれている。あなたがA大学に入学して，何らかのボランティア活動を行うとすれば，どのような活動に参加したいか，それはなぜかを 40〜50 語程度の英語で述べよ。文の数に制限はない。（内容よりも作文能力を問う問題であることに注意せよ。）

3

英
作
文

92

次の英文において，前後がつながるようにするには下線部(1)～(3)にどのような英文を入れればよいか。話の流れを考えて，適切な英文を，それぞれ5～10語程度で書け。

Maiko and Yuriko have just watched their friend Kazuko lose a tennis match. Maiko is surprised by the match results, whereas Yuriko isn't. On their way home they are discussing their different opinions.

Maiko : "Too bad Kazuko lost. Normally she's an excellent player, but today (1)―
＿＿＿＿＿＿＿＿＿＿＿＿＿＿＿＿."

Yuriko : "Oh, I don't think that's the real reason she lost. Just last month (2)＿＿＿＿
＿＿＿＿＿＿＿＿＿＿＿＿. So (3)＿＿＿＿＿＿＿＿＿＿＿＿＿＿＿＿. And, of course, if a tennis player doesn't do that, she's in trouble."

93

次の英語で示された見解に対して，賛成，反対，いずれかの意見を英語で述べよ。賛成の場合は I agree with this idea で，反対の場合は I disagree with this idea で書き出し，その語句を含めて 40～50 語程度にまとめること。文はいくつに分けてもよい。（内容よりも作文能力を問う問題であることに注意せよ。）

Young people in Japan should have the right to vote in elections from the age of eighteen.

94

　次の英文(a)(b)において，それぞれ前後がつながるようにするには下線部にどのような英文を入れればよいか。それぞれ話の流れを考えて，適切な英文を，(a)については10〜15語程度，(b)については5〜10語程度で書け。

(a)　Why do John and I prefer to live close to the center of the city, in spite of the noise and the other difficulties of living there? There are two reasons. First, living in the middle of the city puts us close to things we want. For example, there are department stores and movie theaters within walking distance of our house. ＿＿＿＿＿＿＿＿＿＿＿＿＿＿＿＿＿＿＿＿＿＿＿＿＿＿＿＿＿＿. If we lived in the suburbs, it could take hours to go to and from work. Thanks to the location of our home, however, both of us spend less than twenty minutes going to the office.

(b)　We know that many animals are capable of trying to deceive. Konrad Lorenz, a famous scientist, told a story about Bully, his old dog whose eyesight had become bad. Bully sometimes mistakenly barked in an unfriendly way at Lorenz when he returned home. After realizing his mistake, Bully would rush past Lorenz and bark angrily at a neighbor's gate, as if ＿＿＿＿＿＿＿＿＿＿＿ ＿＿＿＿＿＿＿＿＿. This episode made Lorenz realize that human beings are not the only creatures that try to deceive.

95

次の4コマ漫画がつじつまの合った話になるように2，3，4コマ目の展開を考え，後掲の1コマ目の説明文にならって2，3，4コマ目に対応する説明文をそれぞれ1文の英語で書け。

注意1　吹き出しの中に入れるべき台詞そのものを書くのではない。

注意2　1コマ目の説明文同様，直接話法を用いないこと。

1コマ目の説明文例：Susan's father was reading a newspaper when he noticed her happily getting ready to go out, so he asked her where she was going.

96

次の英文(a)(b)において，それぞれ前後がつながるようにするには下線部にどのような文を入れればよいか。それぞれ全体の内容を考えて，適切な英文1文を8〜15語で書け。

(a) In this country, traditionally people spent Saturday nights dining out and Sunday nights at home in front of the TV cheering on their favorite football team. But a few years ago games began appearing on TV on Saturdays as well as on Sundays. _____

_____. This is why restaurant owners have decided to boycott products advertised during televised matches.

(b) Today, an average American home is full of labor-saving devices like washing machines and dishwashers._____

_____. Thus, average homemakers spend as much time doing housework now as fifty years ago—about fifty-two hours a week. Although they have the benefit of countless devices, they now have larger houses to clean, higher standards of cleanliness, and more wide-ranging life-styles, all of which keep them busy.

97

次の日本語の文章の下線部を英語に訳せ。

人類には，おそらく，生活のなかに多少の閑（ひま）の時間を見出した前史時代から，生れながらの顔に対して化粧をほどこすという風習があった。これは，他のいかなる動物にも見られないことである。二本足で立って歩くとか，言語を話すというのと同じような，基本的な人類の特徴だろう。

第4章 文法・語法

以下の英文の段落(1)〜(5)にはそれぞれ誤りがある。修正が必要な下線部を各段落から一つずつ選び，マークシートの(1)〜(5)にその記号をマークせよ。

(1) First came the dog, (a)followed by sheep and goats. Then the floodgates opened: pigs, cows, cats, horses and birds (b)made the leap. Over the past 30,000 years or so, humans have *domesticated all manner of species for food, hunting, transport, materials, to (c)control savage beasts and to (d)keep as pets. But some say that before we domesticated any of them, we first (e)had little to domesticate ourselves.

(2) Started by Darwin and even Aristotle, the idea of human domestication (a)has since been just that: an idea. Now, for the first time, *genetic comparisons between us and *Neanderthals suggest that we really (b)may be the puppy dogs to their savage wolves. (c)Not only could this explain some long-standing mysteries — (d)but also including why our brains are strangely smaller than those of our Stone Age ancestors — (e)some say it is the only way to make sense of certain twists of human evolution.

(3) One major insight into what happens (a)when wild beasts are domesticated comes from a remarkable experiment that began in 1959, in Soviet Siberia. There, Dmitry Belyaev (b)took relatively wild foxes from an Estonian fur farm and bred them. In each new generation, he chose the most cooperative animals and (c)encouraged them to mating. Gradually, the foxes began to behave more and more like pets. But it (d)wasn't just their behaviour that changed. The gentler foxes also looked different. Within 10 generations, white patches started to appear on their fur. A few generations

later, their ears became more folded.　Eventually their skulls (e)<u>began to</u> shrink to a smaller size.

　　(4) These were precisely the features that Belyaev (a)<u>was looking for.</u> He had noticed that many domesticated mammals — most of which (b)<u>weren't selectively bred, but gradually adapted to live</u> alongside humans — have similarities.　Rabbits, dogs and pigs often have patches of white hair and folded ears, for instance, and their brains (c)<u>are generally smaller like</u> those of their wild relatives.　Over the years, the collection of physical features associated with loss of wildness (d)<u>has been extended to</u> smaller teeth and shorter noses.　Together, they (e)<u>are known as</u> the domestication syndrome.

　　(5) Many creatures carry aspects of the domestication syndrome, (a)<u>including one notable species: our own.</u>　We too have relatively short faces and small teeth.　Our relatively large brains (b)<u>are smaller than those of our Neanderthal cousins</u> — something that (c)<u>has puzzled many an evolutionary biologist.</u>　And like many domesticated species, young humans (d)<u>are also programmed to learn their peers</u> for an unusually long time.　Some of these similarities between humans and domesticated animals were noted early in the 20th century, but there was no follow-up.　It was only after Belyaev made public his experiments (e)<u>that a few evolutionary biologists once more began to consider</u> the possibility that modern humans might be a domestic version of our *extinct relatives and ancestors.

The tamed ape : were humans the first animal to be domesticated?, *New Scientist* on February 21, 2018 by Colin Barras

注

domesticate　家畜化する（飼い慣らす）

genetic　遺伝子に基づく

Neanderthal　ネアンデルタール人

extinct　絶滅した

25

30

35

40

4
文法・語法

99

以下の英文の段落(1)〜(5)にはそれぞれ誤りがある。修正が必要な下線部を各段落から一つずつ選び，マークシートの(1)〜(5)にその記号をマークせよ。

(1) Among the various elements of (a)the natural world which in fantasy fiction become invested with mysterious powers, trees and forests particularly often (b)undergo changes which elevate them from the domain of the natural into that of the super-natural. Consequently, their appearance (c)in fantastic stories lively

5　characters and magical woodlands strengthens the charming and exotic appeal of a story. Yet it is a misunderstanding to perceive the trees and forests of fantasy (d)as hardly anything else than amusing (e)but otherwise insignificant characters.

(2) Various myths from across the world (a)include sacred trees which serve as a link between humankind and the divine. In other words, the tree was often

10　associated with a particular god or, together with a sacred stone, it formed a place of worship, which was called a "microcosm," because (b)its structure reflected the nature of the cosmos. As the sacred "upside-down tree," whose roots were in the sky and branches reached the earth, it (c)was functioned also as a representation of the universe. Moreover, the location of the tree was often perceived as the

15　ultimate center of reality, and the tree itself became a link between heaven and earth. (d)Because of its cycle of shedding and regrowing leaves, many cultures regarded the tree as symbol of life, and numerous myths (e)insisted that human life was connected to or, in fact, originated from trees and other plants.

(3) While some writers of fantasy fiction use fantastic trees and forests only (a)as

20　important elements of their world-building, numerous others have recognized (b)the potential locking in the image of myths and fairy tales. As a result, in modern fantasy, trees and forests also (c)become a vessel of the divine, a space of trial and testing, a catalyst of the hero's physical and psychological change, and an active agent in the resolution of conflict. Moreover, they are frequently (d)presented as

25　the last trace of myth in the modern world, and their portrayal may be (e)a metaphor through which the author intends to convey an important message about humanity's relationship with the natural world.

(4) Today, many people treat our planet's ecosystems as commodities, and (a)acknowledge only their material and practical value. Of course, forests (b)have supplied people with resources for centuries, (c)yet now, more than ever, the environment is endangered by human progress, because (d)not only does our growing population require more and more space and resources, but also we are slowly "migrating" into the cyberspace (e)where we are easy to forget about our connection with the rest of the living world.

(5) Fortunately, fantasy fiction—(a)the heir to the traditions of myths and fairy tales—may still (b)remind us the spiritual value of nature. In fantasy fiction, trees and forests play vital roles and are presented as entities fundamental to the well-being of the imaginary world and its inhabitants. Staying in harmony with the natural world is (c)shown as a deeply rewarding experience, because the natural world is filled with the divine essence. Writers of fantasy fiction, such as MacDonald, Tolkien, and Lewis, (d)perceived nature religiously in their own lives and used myth to (e)convey this religious sensibility towards nature to their readers.

From Into the Wild Woods: On the Significance of Trees and Forests in Fantasy Fiction, *Mythlore Vol.36, Issue 1* by Weronika Laszkiewicz, Mythopoeic Society

注
microcosm　小宇宙
cosmos　宇宙
ecosystem　生態系
catalyst　触媒
MacDonald　G. マクドナルド（1824-1905；英国の作家）
Tolkien　J. R. R. トールキン（1892-1973；英国の作家）
Lewis　C. S. ルイス（1898-1963；英国の作家）

100

以下の英文の段落(1)～(5)にはそれぞれ誤りがある。修正が必要な下線部を各段落から一つずつ選び、マークシートの(1)～(5)にその記号をマークせよ。

(1)　The old-fashioned stereotype that women are (a)not suited by nature at mathematical study (b)suffered a major blow in 2014, when Maryam Mirzakhani became the first woman to receive the Fields Medal, math's most prestigious award. An equally important blow was struck by an Italian mathematician, Maria

5 Gaetana Agnesi, born three hundred years ago. Agnesi was the first woman to write a mathematics textbook and to be (c)appointed to a university chair in math, (d)yet her life was marked by paradox. (e)Though brilliant, rich and famous, she eventually chose a life of poverty and service to the poor.

(2)　Born May 16, 1718, in Milan, Agnesi was the eldest of her wealthy father's

10 twenty-one children. As she grew up, her talents shone, particularly in the study of languages. (a)In part to give her the best education possible, her father invited (b)leading intellectuals of the day to the family's home. When Agnesi was nine, she repeated from memory a Latin speech, (c)likely composed by one of her tutors, in front of her father's guests. The speech condemned the widespread prejudice

15 against educating women in the arts and sciences, (d)which had either been grounded in the view that a life of managing a household would require no such learning. Agnesi presented a clear and convincing argument that women should be free to pursue (e)any kind of knowledge available to men.

(3)　Agnesi eventually became (a)tired of displaying her intellectual abilities in

20 public and (b)expressed a desire to retire from the world and to (c)dedicate her to a religious life. When her father's second wife died, however, she (d)assumed responsibility for his household and the education of her many younger brothers and sisters. Through this role, she (e)recognized the need for a comprehensive mathematics textbook to introduce Italian students to basic methods that

25 summarized recent mathematical discoveries.

(4)　Agnesi found a special appeal in mathematics. Most knowledge acquired from experience, she believed, is prone to error and open to dispute. From mathematics, however, (a)come truths that are wholly certain. (b)Published in two volumes in 1748, Agnesi's work was titled the *Basic Principles of Analysis*. It was composed not in Latin, (c)as was the custom for great mathematicians such as 30 Newton and Euler, but in Italian, to (d)make it more accessible to students. Agnesi's textbook was praised in 1749 by the French Academy : "It took much skill and good judgment to (e)reduce almost uniform methods to discoveries scattered among the works of many mathematicians very different from each other."

(5)　(a)A passionate advocate for the education of women and the poor, Agnesi 35 believed that the natural sciences and math should play an important role in an educational curriculum. As a person of deep religious faith, however, she also believed that scientific and mathematical studies must be (b)viewed in the larger context of God's plan for creation. When her father died in 1752, she was free to answer a religious calling and devote the rest of her life to her other great passion : 40 service to the poor. Although few remember Agnesi today, her pioneering role in the history of mathematics serves as (c)an inspiring story of triumph over gender stereotypes. She helped to clear a path for women in math (d)for generations to follow. Agnesi excelled at math, but she also loved it, perceiving (e)in its mastery of an opportunity to serve both her fellow human beings and a higher order. 45

From Maria Agnesi, the greatest female mathematician you've never heard of, *The Conversation* on May 15, 2018 by Richard Gunderman and David Gunderman

4

文法・語法

101

次の英文の空所(1-2)，(3-4)，(5-6)，(7-8)それぞれについて，最も自然な英語と
なるように与えられた語を並べ替えて，その3番目と6番目に来る単語の記号をマー
クシートの(1)〜(8)にマークせよ。3番目の単語の記号と6番目の単語の記号を，それ
ぞれその順にマークすること。ただし，それぞれ不要な語が一つずつ入っている。

The roots of the detective story go as far back as Shakespeare. But Edgar Allan
Poe's tales of rational crime-solving created an important genre. His stories
revolve around solving the puzzle of who committed the crime, ＿(1-2)＿ too.

The key figure in such a story is the detective. Poe's detective, Auguste Dupin,
is a gentleman of leisure. He has no need to work. Instead, he keeps himself
occupied by using "analysis" to help the real police solve crimes.

Even Arthur Conan Doyle, creator of Sherlock Holmes, had to acknowledge
Poe's influence. Dupin, like Sherlock, smokes a pipe. He's also unnaturally smart
and rational, a kind of superhero ＿(3-4)＿ great feats of crime-solving. And in
both cases, the story's narrator, who is literally following the detective around, is
his roommate.

Poe's formula appealed to the scientific spirit of the 19th century. That's because
detective stories promised that ＿(5-6)＿ question. The detective story caught on
because it promised that intelligence will triumph. The crime will be solved by the
rational detective. Science will track down the ＿(7-8)＿ at night.

From Without Edgar Allan Poe, We Wouldn't Have Sherlock Holmes, *Smithsonian
Magazine* on April 20, 2017 by Kat Eschner, Smithsonian Institution

(1-2)

a) inviting　　　b) puzzle　　　c) readers

d) solve　　　e) the　　　f) them

g) to

(3-4)

a) accomplish　　　b) is　　　c) of

d) powers　　　e) thinking　　　f) to

g) uses　　　h) who

(5-6)

a)	answer	b)	any	c)	could
d)	hold	e)	in	f)	reasoning
g)	the	h)	to		

(7-8)

a)	and	b)	honest	c)	let
d)	nor	e)	sleep	f)	souls
g)	troublemakers				

102

　次の英文の段落(1)～(5)にはそれぞれ誤りが一つある。誤った箇所を含む下線部を各
段落から選び，マークシートの(1)～(5)にその記号をマークせよ。

(1)　The term "documentary" [a]emerged awkwardly out of early practice.
When entrepreneurs in the late nineteenth century first began to record moving
pictures of real-life events, [b]some called what they were making "documentar-
ies." The term did not stabilize for decades, however. Other people called their
5　films "educationals," "actualities," "interest films," [c]or perhaps referred to their
subject matter—"travel films," for example. John Grierson, a Scot, decided to use
this new form in the service of the British government and invented the term
"documentary" [d]by applying to a work of the great American filmmaker Robert
Flaherty. He defined documentary as the "artistic representation of actuality"—a
10　definition that has proven durable probably [e]because it is so very flexible.

(2)　Documentary film began in the last years of the nineteenth century
[a]with the first films ever projected, and it can take many forms. It can be a trip
to exotic lands and lifestyles, as was *Nanook of the North* (1922). It can be a visual
poem, such as Joris Ivens's *Rain* (1929)—a story about a rainy day, [b]is set to a
15　piece of classical music, in which the storm echoes the structure of the music. It
can be [c]an artful piece of propaganda. Soviet filmmaker Dziga Vertov, who
proclaimed that fiction cinema was poisonous and dying and [d]that documentary
film was the future, made *Man with a Movie Camera* (1929) as propaganda
[e]both for a political regime and for a film style.

20　(3)　What is a documentary?　A simple answer might be: a movie about real
life. And that is precisely the problem: documentaries are *about* real life; they are
not real life. They are [a]not even windows onto real life. They are portraits of
real life, [b]using real life as their raw material, constructed by artists and
technicians who make numerous decisions about [c]what story to tell to whom
25　and for what purpose. You might then say: a movie that does its best to represent
real life and [d]that it doesn't manipulate it. And yet, [e]there is no way to make a
film without manipulating the information. Selection of topic, editing, and mixing

sound are all manipulations. Broadcast journalist Edward R. Murrow once said,
"Anyone who believes that every individual film must represent a 'balanced'
picture knows nothing about either balance or pictures." 30

(4)　The problem of deciding how much to manipulate [a]is as old as the form.
Nanook of the North is considered one of the first great documentaries, but its
subjects, the Inuit, assumed roles at filmmaker Robert Flaherty's direction,
[b]much like actors in a fiction film. Flaherty asked them to [c]do things they no
longer did, such as hunt for walrus* with a spear, and he [d]represented them as 35
ignorant about things they understood. At the same time, Flaherty built his story
from [e]his own experience of years into living with the Inuit, who happily
participated in his project and gave him plenty of ideas for the plot.

注 *walrus セイウチ

(5)　The importance of documentaries is [a]linked to a notion of the public as a
social phenomenon. The philosopher John Dewey argued persuasively that the 40
public—so crucial to the health of a democratic society—[b]is not just individuals
added up. A public is a group of people who can act together for the public good
[c]and so can challenge the deep-seated power of business and government. It is
an informal body that can [d]come together in a crisis if necessary. There are as
many publics as there are occasions and issues to call them forth. We can all be 45
members of any particular public—[e]if we have a way to communicate each
other about the shared problems we face. Communication, therefore, is the soul of
the public.

Documentary Film: A Very Short Introduction by Patricia Aufderheide (2007) By
permission of Oxford University Press, USA.

103

次の英文の段落(1)〜(5)にはそれぞれ誤りが一つある。誤った箇所を含む下線部を各段落から選び，マークシートの(1)〜(5)にその記号をマークせよ。

(1)　Knowledge is our most important business. The success of [a]almost all our other business depends on it, but its value is not only economic. The pursuit, production, spread, application, and preservation of knowledge are the [b]central activities of a civilization. Knowledge is social memory, a connection to the past ; and it is social hope, an investment in the future. The ability to create knowledge and [c]put use to it is the key characteristic of humans. It is how we [d]reproduce ourselves as social beings and how we change — how we keep [e]our feet on the ground and our heads in the clouds.

(2)　Knowledge is a form of capital [a]that is always unevenly distributed, and people who have more knowledge, or greater access to knowledge, enjoy advantages [b]over people who have less. [c]This means that knowledge stands in a close relation to power. We speak of [d]"knowledge for their own sake," but there is nothing we learn [e]that does not put us into a different relation with the world—usually, we hope, a better relation.

(3)　As a society, we are committed to the principle that the production of knowledge should be unrestricted and [a]access it should be universal. This is a democratic ideal. We think that where knowledge is concerned, [b]more is always better. We don't believe that there are things that [c]we would rather not know, or things that [d]only some of us should know—just as we don't believe that there are points of view that should not be expressed, or citizens [e]who are too ignorant to vote.

(4)　We believe that the more [a]information and ideas we produce, and the more [b]people we make them available, the better our chances of making good decisions. We therefore make a large social investment [c]in institutions whose purpose is simply the production and spread of knowledge—that is, research and teaching. [d]We grant these institutions all kinds of protections, and we become worried, sometimes angry, when we suspect that they are not working [e]the way we want them to.

(5)　Some of our expectations about colleges and universities are unrealistic ([a] and so some are of our expectations about democracy). Teaching is a messy 30 process, an area in which success can be hard to measure [b] or even to define. Research is messy, too. The price for every good idea or scientific claim is [c] a lot of not-so-good ones. We can't reasonably expect that every student will be well educated, or that every piece of scholarship or research will be worthwhile. But we want to believe that the system, [d] as large and diverse as it is, is working for 35 us and not against us, and [e] that it is enabling us to do the kind of research and teaching that we want to do.

From THE MARKETPLACE OF IDEAS: REFORM AND RESISTANCE IN THE AMERICAN UNIVERSITY by Louis Menand, W. W. Norton & Company Inc.

104

次の英文の(ア), (イ), (ウ)の括弧内の語を並べ替えて，文脈上意味が通るように文を完成させ，2 番目と 5 番目にくる語の記号をマークシートにマークせよ。ただし，それぞれ不要な語が 1 語ずつ混じっている。

　　Biologist Christina Riehl is studying the odd cooperative breeding behaviors of certain tropical birds called "anis." Groups of anis raise their young together in a single nest, every adult sharing in the work. Remarkably, however, the birds in these groups aren't necessarily blood relatives.

5　　For half a century, the study of animal cooperation has been largely dominated by the theory of "kin selection" : animals help each other only if they stand to gain something—if not for themselves, then for their kin (family and relatives). This ensures that they always pass along some of their genetic material to the next generation. But (ア)[(a) comes,　(b) has,　(c) it,　(d) raising,　(e) their,　(f) to,
10　(g) when,　(h) young], anis behave in ways that cannot be explained by kin selection alone.

　　Riehl has learned that, although anis work together cooperatively, some work much harder than others. In every group, one male (イ)[(a) all,　(b) ends,　(c) much,　(d) labor,　(e) performing,　(f) the,　(g) tiring,　(h) up] of sitting
15　on the eggs in the nest. While other group members sleep, the bird on the night shift performs extra work for no apparent additional gain in the fitness or survival of his own young—again, breaking the rules of kin selection.

　　The anis aren't totally unselfish. Although females cooperate in tending the nest, they simultaneously improve their young's chances for survival by pushing
20　other females' eggs out of it. Here, too, their behavior is odd : of ten thousand species of birds in the world, only a half-dozen engage in this wasteful practice of destroying eggs — strengthening Riehl's assertion that "this is one of (ウ)[(a) except,　(b) existence,　(c) for,　(d) in,　(e) interesting,　(f) most,　(g) species,　(h) the] animal social behavior."

　　From Survival of the Cooperative by W. Barksdale Maynard, *Harvard Magazine*
(January-February 2013)

105

　次の下線部(1)〜(5)には，文法上あるいは文脈上，取り除かなければならない語が一語ずつある。解答用紙の所定欄に，該当する語とその直後の一語，合わせて二語をその順に記せ。文の最後の語を取り除かなければならない場合は，該当する語と×（バツ）を記せ。カンマやピリオドは語に含めない。

　(1)Of all the institutions that have come down to us from the past none is in the present day so damaged and unstable as the family has. (2)Affection of parents for children and of children for parents is capable of being one of the greatest sources of happiness, but in fact at the present day the relations of parents and children are that, in nine cases out of ten, a source of unhappiness to both parties. (3)This　5
failure of the family to provide the fundamental satisfaction for which in principle it is capable of yielding is one of the most deeply rooted causes of the discontent which is widespread in our age.

　For my own part, speaking personally, I have found the happiness of parenthood greater than any other that I have experienced. (4)I believe that when　10
circumstances lead men or women to go without this happiness, a very deep need for remains unfulfilled, and that this produces dissatisfaction and anxiety the cause of which may remain quite unknown.

　It is true that some parents feel little or no parental affection, and it is also true that some parents are capable of feeling an affection for children not their own　15
almost as strong as that which they feel for their own. (5)Nevertheless, the broad fact remains that parental affection is a special kind of feeling which the normal human being experiences towards his or her own children but not towards any of other human being.

　　　　　From *The Conquest of Happiness* by Bertrand Russell, Taylor & Francis

106

次の英文の(1)～(3)の括弧内の単語を並べ替えて，文脈上意味が通るように文を完成させ，2番目と4番目にくる語の記号を記せ。

Personal (1)(ア fuel，イ information，ウ is，エ powers，オ that，カ the)
online social networks, attracting users and advertisers alike, and operators of
such networks have had a largely free hand in how they handle it. But a close look
is now being (2)(ア all，イ at，ウ taken，エ that，オ the，カ way) informa-
5 tion is collected, used, and protected, and it has been found that operators have
repeatedly left personal data unprotected, exposing users to all sorts of risks. Not
surprisingly, the claim of many operators is that they are following existing laws
and that more regulation is unnecessary, even counterproductive. They argue, for
example, that users who face a lot of detailed questions about (3)(ア access，イ
10 how，ウ their，エ they，オ to，カ want) information controlled before they
even start using a service may become confused and make poor privacy choices.
Nevertheless, it seems likely that the industry's management of private data will
have to change before long.

From When Private Information Isn't, MIT *Technology Review* on June 21, 2011 by Simson
Garfinkel

107

次の(1)～(5)について，以下の例に従って，括弧内の語句とほぼ同じ意味となるよう，指定した文字で始まる一語で空欄を埋めよ。

(例1) The wind was so strong that I was b＿＿＿ able to remain standing.
  [**almost not**]
  解答例　barely

(例2) At yesterday's public meeting, many citizens c＿＿＿ about the recent tax increases. [**expressed disapproval**]
  解答例　complained

(1) The rich s＿＿＿ in the area makes farming very profitable.
[**the surface layer of ground in which plants grow**]

(2) No one could have a＿＿＿ such a rapid increase in prices.
[**expected that something would happen**]

(3) The three sisters i＿＿＿ their mother's house after she passed away.
[**received as property from a person who had died**]

(4) The police stopped and questioned several youths who were b＿＿＿ suspiciously. [**conducting themselves**]

(5) Many people with special health needs have to check the list of i＿＿＿ on all of the packages of food that they buy. [**materials used to make food**]

108

次の下線部(1)〜(5)には，文法上あるいは文脈上，取り除かなければならない語が一語ずつある。解答用紙の所定欄に，該当する語を記せ。

(1)Every so often I read an article on how to survive when is lost in the wilds, and I have to laugh. (2)The experts who write these pieces know everything about survival but next to it nothing about getting lost. I am an expert on getting lost. (3)I have been lost in nine different countries, forty-three cities, seven national forests, four national parks, countless of parking lots, and one passenger train. My wife claims I once got lost riding an elevator in a tall building. But that is an exaggeration based on my confusion over the absence of a thirteenth floor. (If you are a person with a fear of heights, you want to make certain that the floors are right where they are supposed to be. (4)And you're not all about to listen to a lot of excuses for any empty space between the twelfth and fourteenth floors.) (5)Ever since I have survived all of these experiences of being lost, it follows that I am also something of an expert on survival.

From *A fine and pleasant misery* by Patrick F. McManus, Henry Holt and Company

109

次の英文(1)〜(5)には，文法上取り除かなければならない語が一語ずつある。解答用紙の所定欄に，該当する語とその直後の一語，合わせて二語をその順に記せ。文の最後の語を取り除かなければならない場合は，該当する語と×（バツ）を記せ。

(1)　Among the many consequences of those political developments was for one that in the end turned out to be too complicated for the government to handle.

(2)　The sacrifices that the two countries have been told they must make are to restore stability to the world economy are almost if not completely the opposite of each other.

(3)　Not only did the country become economically successful, but its citizens achieved some level of psychological unity as a people, despite the fact that they became consisted of several distinct ethnic groups.

(4)　Science sometimes simplifies things by producing theories that reduce to the same law phenomena previously considered were unrelated—thus clarifying our understanding of the apparent complexity of the universe.

(5)　However hard it may have had been to justify the prime minister's support for those groups, she proved herself to be a person of principle by continuing to hold this position despite considerable opposition during the next decade.

110

以下の例に従って，次の(1)〜(8)の括弧内の単語の形を変え，文脈に合うように空所を一語で埋めよ。

(例)　The organization issues three *publications* every week : a magazine, a newspaper, and a catalog.　(publish)

(例)　Our new neighbors seemed *unfriendly* at first, but they turned out to be very nice.　(friend)

(1)　The bridge was _____ by the earthquake and had to be closed for repairs.　(weak)

(2)　The witnesses _____ yesterday about how the accident occurred, so the police are still investigating it.　(agree)

(3)　She had to cancel her _____ in the gym after she injured herself. (member)

(4)　The composer's new symphony is a unique _____ of cheerful melodies and sad harmonies.　(combine)

(5)　Because the residents of the neighborhood worked together very _____, they were able to reduce crime in the area.　(effect)

(6)　For the past month, the leader of the opposition party has been _____ the prime minister for wasting government money.　(critic)

(7)　On Tuesday, the country celebrated the 50th anniversary of the day it became _____ from Britain.　(depend)

(8)　It may be necessary to consult a _____ who can show us how to interpret the data correctly.　(special)

111

次の英文(1)～(5)には，文法上，取り除かなければならない語が一語ずつある。解答用紙の所定欄に該当する語を記せ。

(1) Discovery is not the sort of process about finding which the question "Who discovered it ?" is appropriately asked.

(2) Discovering a new phenomenon is necessarily a complex event, one of which involves recognizing both that something is and what it is.

(3) Science does and must continually try to bring theory and in fact into closer agreement, and that activity can be seen as testing or as a search for confirmation or disconfirmation.

(4) Discovery makes it possible for scientists to account for a wider range of natural phenomena or to account with greater precision for some of those were previously unknown.

(5) Newton's second law of motion, though it took centuries of difficult factual and theoretical research to achieve, behaves for those committed to Newton's theory seem very much like a purely logical statement that no amount of observation could prove wrong.

From *The Structure of Scientific Revolutions : 50th Anniversary Edition* by Thomas S. Kuhn, The University of Chicago Press

112

以下の例に従って，次の(1)～(5)について，(a)と(b)の文が同じ意味になるよう，括弧内の単語をそのままの形で用いて，空所を 2 ～ 5 語の英語で埋めよ。

（例）　(a)　"Can I go to the party ?" Susan asked.　(she)

　　　　(b)　Susan asked *if she could go* to the party.

(1)　(a)　It's extremely rare for her to miss class.　(almost)

　　　(b)　She _____ class.

(2)　(a)　His eyesight is so poor that he can hardly read.　(such)

　　　(b)　He _____ he can hardly read.

(3)　(a)　Because the weather was bad, the trains were late.　(to)

　　　(b)　The trains were late _____ weather.

(4)　(a)　That's the nicest compliment anyone has ever paid me.　(a)

　　　(b)　No one has ever _____ nice compliment.

(5)　(a)　We can't afford that car.　(us)

　　　(b)　That car is _____ buy.

113

次の英文(1)〜(5)には，文法上あるいは文脈上，取り除かなければならない語が一語ずつある。解答用紙の所定欄に該当する語を記せ。

(1)If you were asked to fall backward into the arms of a stranger, would you have trust the other person to catch you ? (2)Such an exercise, which is sometimes used in psychology, is a bit extreme, but every day most people put on some degree of trust in individuals they do not know. (3)Unlike other animals, we humans tend to spend a great deal of time around all others who are unknown to us. (4)Those who live in cities, for example, regularly find their way through a sea of strangers, deciding to avoid certain familiar individuals they feel are not safe. (5)They are equally good at identifying others who will, say, give accurate directions to some destination or other who will, at the very least, not actually attack them.

From The Neurobiology of Trust, *Scientific American* on June 1, 2008 by Paul J. Zak

114

次の英文の下線部(1)～(5)には，文法上あるいは文脈上，取り除かなければならない語が一語ずつある。解答用紙の所定欄に該当する語を記せ。

I have had a hard time explaining what it means for me to "speak" three languages. I don't think of it as "speaking" them—it feels more like I live in them, breathe them. (1)There was a time in my life when I was trying to explain that I was not really multilingual, but rather than monolingual in three languages. That's
5 how it felt for those years when my life was really split between three worlds. (2)Today I hardly seem to have settled into a more integrated lifestyle, one in which I weave in and out of my three languages and the various worlds they are attached to. I keep track of my relation to them, a complex relation, never stable, always powerful, sometimes frightening or embarrassing, sometimes exciting, but
10 never neutral.

(3)I can see my life as a set of relations to languages, those that surrounded me, those I refused to learn, those I badly wanted to learn, those I studied professionally, those—the intimate ones—I think in, write in, am funny in, work in them. (4)Sometimes I catch myself envying intensely at those monolinguals who
15 were born, grew up, have lived all their adult life in one language. (5)I miss the feeling of comfort, of certainty, of control I imagine they have, unaware as they usually are that it could not be otherwise.

From *Essays on Language Function and Language Type. Dedicated to T. Givón* by Joan L. Bybee, John Haiman, and Sandra A. Thompson, John Benjamins Publishing Company

115

次の英文の下線部(1)〜(5)には，文法上取り除かなければならない語が一語ずつある。
解答用紙の所定欄に該当する語を記せ。

Deep below the ground in California and Wyoming are two huge but silent
volcanoes. (1)Scientists believe that, were they to explode, these supervolcanoes
would have set off terrible earthquakes and put the western United States under a
thick blanket of ash. (2)As evidence in uncovered ash deposits from old eruptions
shows, they have done so for at least three times over the past two million years.　5
(3)Researchers are eagerly looking for an information about what causes these
giants to erupt, when they could become destructive again, and how much
damage might result. (4)Recent analyses focusing on extremely small crystals
found in the ash deposits have pointed to some of answers. (5)These discoveries
are making scientists more confident that it will ever be possible to see warning　10
signs well before the next big eruption happens.

From The Secrets of Supervolcanoes, *Scientific American* on June 1, 2006 by Ilya N.
Bindeman

4

文
法
・
語
法

116

次の(1)～(5)が最も自然な英語表現となるように（　　）内の語を並べかえ，その2番目と3番目に来るものの記号を記せ。

Bats have a problem : how to find their way around in the dark. They hunt at night, and therefore (1)（ア　cannot　イ　find　ウ　help　エ　light　オ　them　カ　to　キ　use) food and avoid obstacles. You might say that if it is a problem it is one of their own making, which they could avoid simply by changing their
5　habits and hunting by day. However, other creatures such as birds already take advantage of the daytime economy. Given that there is a living to be made at night, and given that alternative daytime trades are thoroughly occupied, natural selection has favoured bats that succeed at the night-hunting trade.

It is probable, by the way, that night-hunting (2)（ア　back　イ　goes　ウ
10　history　エ　in　オ　of　カ　the　キ　way) all us mammals. In the time when the dinosaurs dominated the daytime economy, our ancestors probably only managed to survive at all because they found ways of making a living at night. Only after the mysterious disappearance of the dinosaurs about 65 million years ago (3)（ア　able　イ　ancestors　ウ　come　エ　our　オ　out　カ　to
15　キ　were) into the daylight in any significant numbers.

In addition to bats, plenty of modern animals make their living in conditions where seeing is difficult or impossible. Given (4)（ア　around　イ　how　ウ　move　エ　of　オ　question　カ　the　キ　to) in the dark, what solutions might an engineer consider ? The first one that might occur to him is to use something
20　like a searchlight. Some fish have the power to produce their own light, but the process seems to use a large amount of energy since the eyes have to detect the tiny bit of the light that returns from each part of the scene. The light source must therefore be a lot brighter if it is to be used as a headlight to light up the path, than if it is to be used as a signal to others. Anyway, (5)（ア　is　イ　not　ウ　or　エ
25　reason　オ　the　カ　whether) the energy expense, it seems to be the case that, except perhaps for some deep-sea fish, no animal apart from man uses artificial light to find its way about.

注：mammal　ほ乳類　　dinosaur　恐竜

From *The Blind Watchmaker* by Richard Dawkins, W. W. Norton & Company Inc.

117

次の英文(1)〜(5)には，文法上取り除かなければならない語が一語ずつある。解答用紙の所定欄に該当する語を記せ。

(1) In one of the earliest attempts at solar heating, energy from the sun was absorbed by and large metal sheets covered by double plates of glass.

(2) The death of plants beside the roads led environmentalists to investigate further and to discover just how widespread the problem caused by the use of salt to prevent from ice on roads really is.

(3) Some of the greatest advances in science have come about because some clever person saw a connection between a subject that was already understood, and another noticed still mysterious subject.

(4) In the early years of the 21st century the trend toward the unisex look had reached so advanced from a state that it was almost impossible to distinguish males and females unless they were completely unclothed.

(5) Librarians have meaningful disagreements with one another about the problem of how to classify books, but the criteria by themselves which arguments are won or lost will not include the "truth" or "correctness" of one classification system relative to another.

118

　　次の(1)〜(5)が最も自然な英文になるためには，それぞれア〜エの選択肢に他の英語1語を補って空所を埋める必要がある。それぞれの空所に何を入れればよいか。解答欄には，補うべき単語および(c)と(e)に入るべき語句の記号を記せ。なお，(c)と(e)にはア〜エに与えられている語句が入る。

（例）　The campaign started six months ago. But only （　a　）（　b　）（　c　）（　d　）（　e　）attract media attention.

　　ア　begun　　　　　イ　it　　　　　　ウ　recently　　　　エ　to

例	補う単語	(c)	(e)
	has	イ	エ

(1)　I can't get into my room. I was （　a　）（　b　）to （　c　）（　d　）（　e　）.

　　ア　enough　　　　イ　lock　　　　　ウ　out　　　　　　エ　stupid

(2)　Let's not use any of these pictures for the poster. They （　a　）（　b　）（　c　）a lot （　d　）（　e　）he really is.

　　ア　him　　　　　　イ　look　　　　　ウ　older　　　　　エ　than

(3)　She is intelligent, but she just doesn't have （　a　）（　b　）（　c　）（　d　）（　e　）a good journalist.

　　ア　be　　　　　　イ　takes　　　　　ウ　to　　　　　　　エ　what

(4)　I'm terribly sorry for saying what I said yesterday. I shouldn't have （　a　）（　b　）get （　c　）（　d　）（　e　）me.

　　ア　better　　　　　イ　my emotions　ウ　of　　　　　　　エ　the

(5)　We've been waiting for you for over an hour. How （　a　）（　b　）do you think （　c　）（　d　）（　e　）to spend on your homework ?

　　ア　longer　　　　　イ　need　　　　　ウ　will　　　　　　エ　you

119

　次の(1)から(5)が最も自然な英文となるように（　　　）内の語句を並べ換え，その
2 番目と 6 番目にくるものの記号をその順に記せ。ただし(3)と(5)については，文頭の
大文字は考慮されていない。

(1)　I cannot imagine how anyone (ア　can　　イ　convince　　ウ　easy
エ　expect　　オ　Sue　　カ　to　　キ　to be). She never listens to anyone.

(2)　Look at the sign. It says, 'At no (ア　be　　イ　door　　ウ　left　　エ　must
オ　this　　カ　time　　キ　unlocked).' I wonder what's inside.

(3)　(ア　for　　イ　newspapers　　ウ　the　　エ　the last　　オ　they
カ　thing　　キ　wanted　　ク　was) to find out that they were soon to be
married. They had not even told their friends or relatives about it.

(4)　No one (ア　any　　イ　as　　ウ　behaves　　エ　has　　オ　he does
カ　idea　　キ　John　　ク　why). He is so unusual.

(5)　(ア　be　　イ　by　　ウ　close　　エ　investigation　　オ　owned　　カ　revealed
キ　the store　　ク　to) terrorists, which shocked the customers.

120

　次の英文の(1)～(10)の下線部には，文法上1語取り除かなければならないものが5つ
ある。その英文の番号と取り除くべき語を示しなさい。

　Although thought and action tend to be considered two separate things, some
researchers have suggested that it is not necessarily the case. Consider a jigsaw
puzzle. (1)One unlikely way to approach such a puzzle would be to look very hard
at a piece and (2)to try to decide by thinking let alone whether it will fit in a certain
5　location. (3)Our actual practice, however, employs a mixed method in itself which
we make a rough guess and then physically try out the piece to see if it will fit.
(4)We do not, in general, picture the detailed shape of a piece well enough to know
for certain (5)even if it is going to fit in advance of such an action. (6)Moreover, we
may physically rotate as possible pieces even before we try to fit them, (7)so as to
10　simplify the mental task of guessing whether the piece will fit. (8)Completing a
jigsaw puzzle thus involves a complicated and repeated dance in which "pure
thought" leads to actions (9)which in turn change or simplify the problems facing to
"pure thought". (10)This is probably the simplest kind of example to show that
thought and action do not always function separately.

From Being There by Andy Clark, MIT Press

121

　次の英文には，文法上あるいは文脈上，取り除かなければならない語が全部で 5 語ある。それぞれどのセンテンスのどの語か。センテンス番号と，その語を記せ。

(1) Some of philosophers come to the conclusion that there is no such thing as philosophical progress, and that philosophy itself is nothing but its history. (2) This view has been proposed by more than one philosopher and it has been called "historicism". (3) This idea that philosophy consists not only of its history is a strange one, but it has been defended with apparently striking arguments. (4) 5 However, we shall not find ourselves are compelled to take such a view. (5) I intend to take an entirely different in view of philosophy. (6) For example, all of you have probably read some of Plato's *Dialogues*. (7) There, Socrates asks questions and receives various answers. (8) He asks what it was meant by these answers, why a particular word was used in this way or that way. (9) In short, 10 Socrates' philosophy tried to clarify thought by analyzing the meaning of our expressions.

122

　次の各文が意味の通った英文となるように(ア)～(オ)を並べ換え，その2番目と4番目にくる語の記号を記せ。

(1) I know how you feel about the mistake, but it is ((ア) a　(イ) much　(ウ) not　(エ) of　(オ) problem).

(2) John will be late for the first game, so we'll just ((ア) do　(イ) have　(ウ) make　(エ) to　(オ) with) ten players.

(3) His official position hasn't changed, but actually he isn't ((ア) as　(イ) as　(ウ) before　(エ) in　(オ) involved) our decision-making processes.

(4) She can't come to the phone. She is ((ア) in　(イ) middle　(ウ) of　(エ) right　(オ) the) her work.

(5) You're not making any sense—((ア) is　(イ) it　(ウ) that　(エ) what　(オ) you) want?

123

　　次の各文には，それぞれ1つずつ，文法的な誤りがある。文法的な誤りを含んでいるのはどの部分か。その部分の番号を記せ。

(A)　(1)One (2)way (3)to deal with (4)the (5)problems (6)were (7)to be (8)suggested by (9)the (10)committee.

(B)　(1)I would (2)appreciate very much (3)if (4)you could (5)show me (6)how (7)to (8)put (9)the machine (10)back together.

(C)　(1)By (2)the time (3)the messenger (4)arrives, (5)the gate (6)will (7)have been (8)opened (9)to let (10)in him.

(D)　(1)Everyone (2)who (3)saw them work (4)was amazed by (5)their ability (6)of using (7)so many (8)different kinds (9)of machines (10)at once.

(E)　(1)For (2)those of you (3)who don't (4)exercise regularly, (5)it will probably be (6)extremely difficult (7)to (8)keep to run (9)for (10)more than 30 minutes.

(F)　(1)I don't think (2)Mary could have been (3)the one (4)who somehow managed (5)to (6)put out the fire, (7)although (8)she is possible to (9)have called (10)the fire department.

124

次の英文の下線部(1)〜(6)には，それぞれ文法上，あるいは文脈上必要な語が1語欠けている。どこにどのような語を入れればよいか。その語が入るべき位置の直前にある語と，入れるべき語を書け。

(例)　I went school yesterday.

(答)

直前にある語	went
入れるべき語	to

　The total population of the world is more than 5 billion. (1)No one knows the exact number, as it rising constantly. (2)The population of the world is growing faster now ever before. (3)The recent calculations of experts suggest will double within the next forty years. (4)Moreover, the population of the world is spread evenly around the globe, and this unevenness in population density has also been increasing since 1950. (5)Many of the most densely populated countries are Europe and Asia. (6)In the Netherlands, is one of the most crowded areas, an average of 360 people live in each square kilometer of land. In contrast, Australia has an average of only two people per square kilometer.

125

次の英文の下線部(1)～(5)には，取り除かなければならない語がそれぞれ1語ある。
その語を記せ。

(例) <u>I saw him an yesterday.</u>　　　　　　　　　　　(答) an

People have imagined ghosts since ancient times. (1)<u>They believe that when our</u>
<u>bodies die, our spirits live on it.</u> Some spirits are happy in the spirit world. But
others are restless. (2)<u>They miss their former human life, and keep coming back to</u>
<u>the places where they were used to live.</u> Most ghosts are sad and quiet and make
no trouble. (3)<u>But among others, especially the ghosts of murderers or criminals,</u>　5
<u>are miserable.</u> (4)<u>They terrify any more human being who sees them.</u> In some
parts of the world, people go to church on a certain day and pray for dead people
to lie quietly in their graves. (5)<u>Unless these prayers are said, people never believe,</u>
<u>the dead will rise up and try to revisit their former homes.</u>

第5章 英文和訳

126

以下の英文を読み，下線部 (ア), (イ), (ウ) を和訳せよ。

We do not tell others everything we think. At least, this applies to most people in (perhaps) a majority of social situations. A scholar even concludes that "we lie — therefore we think." Perhaps, one would also want to reverse this saying ("we think, therefore we sometimes lie"). In any case, there is a constant struggle between revealing and hiding, between disclosure and non-disclosure in communication. We are more or less skilled in suppressing the impulses to express all kinds of responses. (ア)If we were to make everything we think public by saying it aloud, it would sometimes be quite embarrassing, or face-threatening, not only for the speaker, but for both (or all) parties. Another researcher points out that narration in social contexts often involves circumstances that promote non-disclosure such as silent resistance and secret alliances. (イ)Accordingly, some things get said, others not.

One may argue that we need a dialogical theory of inner dialogue to account for the struggle between disclosure and non-disclosure. Surely, ecological psychologist Edward Reed suggests that "one could argue that (ウ)the primary function of language is for concealing thoughts, diverting others' attention from knowing what one is thinking." *Monological theories of communication, with their conception of external dialogue as a mechanical transfer of messages produced by the individual, do not seem to be capable of developing the point.

Rethinking Language, Mind, and World Dialogically, by Per Linell, Information Age Publishing

注

monological theory　聞き手を前提としない monologue（個人発話）に基づく理論

127

以下の英文を読み，下線部(ア)，(イ)，(ウ)を和訳せよ。下線部(イ)を訳す際には，"that same pool" が何を指しているかを明らかにせよ。

The social psychologist and writer Daniel Gilbert suggests that human beings are "works in progress that mistakenly think they're finished." And he claims, "the person you are right now doesn't remain as it is. It is as temporary as all the people you've ever been. The one constant in our lives is change." (ア)Time is a powerful force, he says, and one that perpetually revises our values, personalities, and preferences in everything from music and the places we would like to go to friendship.

Researchers at the University of Edinburgh, who conducted the longest-ever study of the stability of human character, have come to a similar conclusion, finding that those qualities that seemed to mark us as teenagers could be almost gone in our later lives. Characteristics might appear stable over short periods of time but change over decades. The researchers used data taken from a part of the 1947 Scottish Mental Survey, which tracked development in a pool of 70,805 children. They used a smaller sample of 1,208 fourteen-year-olds to study personality stability in the kids as they went from being adolescents to adults. The survey had identified six particular characteristics: self-confidence, determination, mood stability, sincerity, originality, and the desire to learn. (イ)In 2012, an attempt was made to track down that same pool of participants and, of those found, 174 agreed to take part in the continued research. They were asked to rate themselves on these same six characteristics and the degree to which they remained dominant factors in their behavior; family members, partners, and friends close to the participants were also asked to assess the continued presence of the earlier characteristics. The results determined that (ウ)while some of these characteristics remained steady over shorter periods of the participants' lives, most of them, with the exception of mood stability, had changed markedly, sometimes vanishing entirely.

From *How to Disappear: Notes on Invisibility in a Time of Transparency* by Akiko Busch, Penguin Press

128

　以下の英文を読み，下線部㋐，㋑，㋒を和訳せよ。なお，文章中の Fred は，著者の両親が飼っている大型のリクガメの名前である。

　　Last July, I went to Honolulu to meet Fred and to spend the summer with my parents. My parents and I have a warm relationship, even though, or perhaps because, I don't speak to or visit them frequently ; until my most recent trip there, the previous July, I hadn't seen them in six years. I live in New York, and they live
5 in Hawaii, and ㋐while it is true that traveling to the islands requires a certain commitment of time, the real reason I stayed away is that there were other places I wanted to visit. Of all the gifts and advantages my parents have given me, one of the greatest is their conviction that it is the duty of children to leave and do what they want, and the duty of parents not just to accept this but to encourage it.
10 When I was 14 and first leaving my parents—then living in East Texas—to attend high school in Honolulu, my father told me that any parent who expected anything from his child was bound to be disappointed, because ㋑it was foolish and selfish to raise children in the hope that they might someday pay back the debt of their existence ; he has maintained this ever since.
15 　㋒This philosophy explains their love for a pet that, in many ways, contradicts what we generally believe a pet should be. Those of us with animals in our lives don't like to think of ourselves as having expectations for them, but we do. We want their loyalty and affection, and we want these things to be expressed in a way that we can understand. Fred, however, provides none of these things.
20 Although he is, in his way, friendly, he is not a creature who, you feel, has any particular fondness for you.　　　　　　　　　　　　© The New York Times

129

次の英文を読み，下線部(ア)，(イ)，(ウ)を和訳せよ。なお，文章中の mammal という単語は「哺乳動物」を意味する。

As a class, birds have been around for more than 100 million years. They are one of nature's great success stories, inventing new strategies for survival, using their own distinctive brands of intelligence, which, in some respects at least, seem to far exceed our own.

Somewhere in the mists of deep time lived the common ancestor of all birds. 5
Now there are some 10,400 different bird species—more than double the number of mammal species. In the late 1990s, scientists estimated the total number of wild birds on the planet. They came up with 200 to 400 billion individual birds. (ア)That's roughly 30 to 60 live birds per person. To say that humans are more successful or advanced really depends on how you define those terms. After all, evolution isn't 10 about advancement; it's about survival. It's about learning to solve the problems of your environment, something birds have done surprisingly well for a long, long time. (イ)This, to my mind, makes it all the more surprising that many of us have found it hard to swallow the idea that birds may be bright in ways we can't imagine. 15

Birds learn. They solve new problems and invent novel solutions to old ones. They make and use tools. They count. They copy behaviors from one another. They remember where they put things. (ウ)Even when their mental powers don't quite match or mirror our own complex thinking, they often contain the seeds of it —insight, for instance, which has been defined as the sudden emergence of a 20 complete solution without trial-and-error learning.

From The Genius of Birds by Jennifer Ackerman, Dutton

130

次の英文を読み，下線部(ｱ)，(ｲ)，(ｳ)を和訳せよ。ただし，下線部(ｱ)の it と，下線部(ｲ)の this が，それぞれ何を意味するかを明らかにすること。

How can the capacity for solitude be cultivated? With attention and respectful conversation.

Children develop the capacity for solitude in the presence of an attentive other. Imagine a mother giving her two-year-old daughter a bath, allowing the girl to
5　daydream with her bath toys as she makes up stories and learns to be alone with her thoughts, all the while knowing her mother is present and available to her. Gradually, the bath, taken alone, becomes a time when the child is comfortable with her imagination. Attachment enables solitude.

One philosopher has a beautiful formulation: "Language ... has created the word
10　'loneliness' to express the pain of being alone. And it has created the word 'solitude' to express the glory of being alone." (ｱ)Loneliness is emotionally and even physically painful, born from a lack of warmth in early childhood, when we need it most. Solitude—the capacity to be contentedly and constructively alone—is built from successful human connection at just that time. But if we don't have
15　experience with solitude—and this is often the case today—we start to equate loneliness and solitude. This reflects the poverty of our experience. If we don't know the satisfaction of solitude, we only know the panic of loneliness.

Recently, while I was working on my computer during a train ride from Boston to New York, we passed through a magnificent snowy landscape. (ｲ)I wouldn't
20　have known this but for the fact that I happened to look outside on my way to get a coffee. Then I noticed that every other adult on the train was staring at a computer. (ｳ)We deny ourselves the benefits of solitude because we see the time it requires as a resource to use more profitably. These days, instead of using time alone to think (or not think), we hurry to fill it with some digital connection.

"Solitude" from *Reclaiming Conversation: The Power of Talk in a Digital Age* by Sherry Turkle, Penguin Press

131

次の英文を読み，下線部(ア), (イ), (ウ)を和訳せよ。

News reports from Afghanistan in the 1990s tended to portray little more than a ruined place, destroyed by extremist military groups. Such images were rarely balanced by insights into ordinary life. Countries at war are described by reporters who tend, especially in dangerous places, to stay together, reporting only on isolated events. (ア)In Kabul, visiting television crews invariably asked to be taken to the worst-hit parts of the city; one reporter even described Kabul as "ninety percent destroyed."

Wars complicate matters: there is a terrible fascination to war which tends to overshadow less dramatic news. Conflict is a notoriously difficult thing to convey accurately. Fighting comes and goes, and modern conflicts move with an unpredictable will of their own. Key battles are fought overnight and absorbed into the landscape. (イ)Even a so-called war zone is not necessarily a dangerous place: seldom is a war as comprehensive as the majority of reports suggest.

Yet there was a deeper obstacle to describing the place: Afghanistan was, to outsiders, a broken mirror, yielding an image as broad or narrow as the observer's gaze. (ウ)Even in peacetime Afghanistan had been open to outsiders for only a brief interval, a forgotten period from the 1960s until the 1970s. It had never been a single nation but a historically improbable mixture of races and cultures, each with its own treasures of customs, languages and visions of the world.

From *AN UNEXPECTED LIGHT : TRAVELS IN AFGHANISTAN* by Jason Elliot, St. Martin's Press

5

英文和訳

132

ナバホ語（Navajo）に関する次の英文を読み，下線部(ア)，(イ)，(ウ)を和訳せよ。

Eugene Crawford is a Navajo, a Native American ; he cannot forget the day he and his friends were recruited for the United States military. Upon arrival at Camp Elliott, they were led to a classroom, which reminded him of the ones he had entered in boarding schools as a child. Those memories were far from pleasant.

5 (ア)He could almost taste the harsh brown soap the teachers had forced him to use to wash his mouth out when he was caught speaking Navajo. His thoughts were interrupted when the door suddenly opened and an officer entered. The new recruits stood to attention. "At ease, gentlemen. Please be seated."

The first hour they spent in that building changed their lives forever, and the
10 shock of what occurred is still felt by them to this day. They could never have imagined the project the military had recruited them for. Some of them believed that, had they known beforehand, they might not have joined up so eagerly. Navajo had been chosen as a code for secret messages because unless you were a Navajo, you'd never understand a word of it. Navajo is a complex language and a
15 slight change in pronunciation can completely change the meaning of a message. The government's decision was wise—it turned out to be the only code the enemy never managed to break—but for the young Navajo soldiers, it was a nightmare. (イ)At no time under any circumstances were they to leave the building without permission or alone. They were forbidden to tell anyone about the project, even
20 their families, until it was finally made public in 1968.

Many of these men had been punished, sometimes brutally, for speaking Navajo in classrooms similar to this, classrooms in schools run by the same government. (ウ)Now this government that had punished them in the past for speaking their own language was asking them to use it to help win the war. White people were
25 stranger than the Navajos had imagined.

　　From *Navajo Weapon : The Navajo Code Talkers* by Sally McClain, Rio Nuevo Publishers

133

次の英文の下線部(1), (2), (3)を和訳せよ。ただし，下線部(1)については either approach が何を意味するかを明らかにすること。

If a welfare state is acting on behalf of the community at large, it can distribute resources on the same basis to every member of that community, or it may operate selectively, providing resources only to those who need or deserve help. (1)A case can be made on grounds of efficiency for either approach. If sufficient benefits and services are available on the same basis to everybody, then (2)all are 5 guaranteed the minimum level of help to secure their basic needs. Because everybody gets the same, no shame can be attached to receiving that help and nobody need be discouraged from seeking it. Those people who do not need the help they receive will, if the system is funded by progressive taxation, be able to pay back what they have received, as well as contribute to the help received by 10 other members of the community. If, on the other hand, benefits and services are made available only to those who need or deserve them, then those resources will be put to the most effective use; more generous levels of help may be given to those in the greatest need; and (3)those people who do not require help will not be made to feel unfairly treated by high levels of taxation. 15

From *Social Policy* by Hartley Dean, Polity Press

134

　次の英文の下線部(1)と(2)を和訳せよ。ただし，(1)については their current ones の内容がわかるように訳せ。また下線部(3)について，そこで使われているたとえは具体的に何を言おうとしているのか，その内容をわかりやすく 30～40 字で説明せよ。句読点も字数に含める。

　A general limitation of the human mind is its imperfect ability to reconstruct past states of knowledge or beliefs that have changed. Once you adopt a new view of the world (or of any part of it), you immediately lose much of your ability to recall what you used to believe before your mind changed.

5　Many psychologists have studied what happens when people change their minds. Choosing a topic on which people's minds are not completely made up— say, the death penalty — the experimenter carefully measures the subjects' attitudes. Next, the participants see or hear a persuasive message either for or against it. Then the experimenter measures their attitudes again ; those attitudes

10　usually are closer to the persuasive message that the subjects were exposed to. Finally, the participants report the opinion they held beforehand. This task turns out to be surprisingly difficult. (1)Asked to reconstruct their former beliefs, people repeat their current ones instead—an instance of substitution—and many cannot believe that they ever felt differently. (2)Your inability to reconstruct past beliefs

15　will inevitably cause you to underestimate the extent to which you were surprised by past events.

　Because of this "I-knew-it-all-along" effect, we are prone to blame decision-makers for good decisions that worked out badly and to give them too little credit for successful moves that appear obvious only after the fact. When the outcomes

20　are bad, people blame their decision-makers for not seeing the signs, forgetting that (3)they were written in invisible ink that became visible only afterward.

From *Thinking, Fast and Slow* by Daniel Kahneman, Farrar, Straus and Giroux

135

　次の英文は，ある作家が小説家 Kazuo Ishiguro（＝ Ish）にインタビューしたあ
とで書いた文章の一部である。下線部(1)，(2)，(3)を和訳せよ。ただし，下線部(2)につ
いては，it が何を指すか明らかにすること。

　It's perhaps not much known that Ish has a musical side. I was only vaguely
aware of it, if at all, when I interviewed him, though I'd known him by then for
several years ― (1)a good example of how he doesn't give much away. Ish plays the
piano and the guitar, both well. I'm not sure how many different guitars he now
actually possesses, but I wouldn't be surprised if it's in double figures. His wife, 5
Lorna, sings and plays ; so does his daughter. Evenings of musical entertainment
in the Ishiguro household can't be at all uncommon.

　One of the few regrets of my life is that I have no formal grounding in music. I
never had a musical education or came from the sort of 'musical home' that would
have made this possible or probable, and always rather readily assumed that 10
music was what those other, 'musical' people did. (2)I've never felt, on the other
hand, though a great many people who didn't grow up reading books have
perhaps felt it, that writing is what those other, 'writerly' people do.

　This contrast between writing and music is strange, however, since I
increasingly feel that a lot of my instincts about writing are in fact musical, and I 15
don't think that writing and music are fundamentally so far apart. The basic
elements of narrative ― timing, pacing, flow, tension and release, repetition of
themes ― are musical ones too. And (3)where would writing be without rhythm, the
large rhythms that shape a story, or the small ones that shape a paragraph ?

From *MAKING AN ELEPHANT : WRITING FROM WITHIN* by Graham Swift, Alfred
A. Knopf

136

次の英文の下線部(1), (2), (3)を和訳せよ。

(1)The processes of change in early twentieth-century life are most commonly presented in terms of technological inventions such as those in motorized transport, aviation, and radio, or sometimes by reference to new theoretical models such as Relativity and Psychoanalysis. But there were innovations in the
5 sphere of language as well. Although now scarcely remembered as an event of any cultural significance, the arrival of the crossword puzzle in 1924 may be seen as marking a new kind of relationship between the educated public and the vocabulary of the English language. It started as a newspaper trend, promoted by the offer of cash prizes, but it soon established itself as a national tradition,
10 confirmed by the introduction of the first daily crossword in *The Times*, a British newspaper, in 1930. By this time, crossword fans were beginning to appear in fiction, too. (2)Whether there is a connection between enthusiasm for the crossword and the 1930s boom in detective fiction, with its obvious puzzle-solving appeal, can only be guessed at. More certainly, the crossword encouraged a
15 widespread interest in words. (3)From their newspapers, readers were thus sent hurrying to dictionaries, which libraries complained they had repeatedly to replace because they were being roughly handled or even stolen by crossword lovers. The crossword, after all, relies strongly upon prior language regulation, including standard spellings, and the availability of widely respected dictionaries.

From *The Oxford English Literary History: Volume 10: The Modern Movement (1910-1940)* by Chris Baldick, Oxford University Press

137

次の英文の下線部(1), (2), (3)を和訳せよ。(2)については，They が何を指すか明らかになるように訳すこと。

Stars are made for profit. In terms of the market, stars are part of the way films are sold. (1)The star's presence in a film is a promise of what you will see if you go to see the film. In the same way, stars sell newspapers and magazines, and are used to sell food, fashions, cars and almost anything else.

This market function of stars is only one aspect of their economic importance. (2)They are also property on the strength of whose name money can be raised to make a film ; they are an asset to the stars themselves, to the studios and agents who control them; they are a major part of the cost of a film. Above all, they are part of the labour that produces films as commercial products that can be sold for profit on the market.

Stars are involved in making themselves into commercial products ; they are both labour and the thing that labour produces. They do not produce themselves alone. The person is a body, a psychology, a set of skills that have to be worked up into a star image. (3)This work of making the star out of the raw material of the person depends on how much the essential qualities of that material are respected ; make-up, hairstyle, clothing, dieting, and bodybuilding can make use of the original body features to a variety of degrees, skills can be learned, and even personality can be changed. The people who do this labour include the stars themselves as well as make-up artists, hairdressers, dress designers, dieticians, personal trainers, acting, dancing and other teachers, photographers, gossip columnists, and so on.

From *Heavenly Bodies: Film Stars and Society* by Richard Dyer, Routledge

5
英
文
和
訳

138

次の英文の下線部(1), (2), (3)を和訳せよ。

　　How she loved her mother! Still perfectly beautiful at eighty-six. (1)The only concession she'd made to her age was a pair of hearing aids. "My ears," she called them. Everything her mother touched she touched carefully, and left a little smoother, a little finer for her touch. Everything about her mother reminded her
5 of trees changing with the seasons, each garment some variety of leaf color : the light green of spring with a hint of yellow, the dark green of full summer, occasionally a detail of bright autumn—an orange scarf, a red ribbon in her hair. Wool in winter, cotton in summer ; never an artificial fiber next to her skin. What she didn't understand, she often said, was (2)the kind of laziness which, in the name
10 of convenience, in the end made more work and deprived one of the small but real joys. The smell of a warm iron against damp cloth, the comfort of something that was once alive against your body. She was a great believer in not removing yourself from the kind of labor she considered natural. She wouldn't own an electric food processor or have a credit card. She liked, she said, chopping
15 vegetables, and (3)when she paid for something, she wanted to feel, on the tips of her fingers, on the palms of her hands, the cost.

From *The Stories of Mary Gordon* by Mary Gordon, Pantheon Books

139

次の英文の下線部(1), (2), (3)を和訳せよ。

There is no arguing that we are currently undergoing a profound change in our approach to communication. The two most obvious symbols of that change are the mobile phone and e-mail. Looking at the impact of the emergence of these communication tools on our social landscape, the change occurring in telephonic communication may seem the greater of the two because it is so obvious, on the street, in the elevator, in the restaurant. But this is only a technological change. (1)A phone without wires, so small that it fits in a pocket, containing such miracles of technology that one can call home from the back seat of a London taxi without thinking twice, is still just a phone.

In contrast, (2)the shift in the nature of mail is by far the more profound, and its implications are nothing less than revolutionary. E-mail is, apparently, merely letter writing by a different means. Looking at it more closely, however, we find that this new medium of communication is bringing about significant changes in the nature of human contact as well as in our ability to process information. The apparent simplicity of its use may lead us to think that we know everything that we need to know about it, but in fact (3)e-mail has overtaken us without our really understanding what it is.

140

次の英文の下線部(1), (2), (3)を和訳せよ。(2)については，it が何を指すか明らかに
なるように訳すこと。

　　The nature and function of medicine has gradually changed over the past
century. (1)What was once a largely communicative activity aimed at looking after
the sick has become a technical enterprise able to treat them with increasing
success. While few would want to give up these technical advances and go back to
5　the past, medicine's traditional caring functions have been left behind as the
practices of curing have become more established, and (2)it is criticized now for
losing the human touch that made it so helpful to patients even before it knew how
to cure them.

　　The issue looks simple : human communication versus technique. However, we
10　all know that in medicine it is never easy to separate the two. Research on medical
practice shows that a patient's physical condition is often affected by the quality of
communication between the doctor and the patient. (3)Even such an elementary
form of consideration for the patient as explaining the likely effects of a treatment
can have an impact on the outcome. We are also aware that in the cases where
15　medicine still does not offer effective cures the need for old-style care is
particularly strong. Hence it is important to remember the communicative
dimension of modern medicine.

　　From *Alternative Modernity: The Technical Turn in Philosophy and Social Theory* by
Andrew Feenberg, University of California Press

141

次の英文の下線部(1), (2), (3)を和訳せよ。

Merely stating a proposal by no means requires listeners to accept it. (1)If you say, "We should spend money on highway construction," all you have done is to assert that such a step should be taken. From the audience's point of view, you have only raised the question, "Why should we ?" (2)No person in that audience has any reason to believe that the proposal is good simply because you have voiced it. If, however, you are able to say, "Because . . ." and list several reasons why each of your listeners should honestly make the same statement, you are likely to succeed in proving your point. (3)You have achieved your purpose when your audience would, if asked, lean towards agreement on the importance of highway spending.

From *The Debater's Guide, Fourth Edition* by Jon M. Ericson, James J. Murphy, and Raymond Bud Zeuschner, Southern Illinois University Press

142

次の英文の下線部(1), (2), (3)を和訳せよ。

The Scientific Revolution is the term traditionally used to describe the great intellectual triumphs of sixteenth- and seventeenth-century European astronomy and physical science. By around 1700 educated men conceived of the universe as a mechanical structure like a clock, and the earth was regarded as a planet moving
5　round the sun. The intellectual transformation associated with the Scientific Revolution led to a new confidence in the value of the investigation of nature and its control, a development which is fundamental to an understanding of the importance of science in modern society.

　　The seventeenth century was also characterized by a new optimism about the
10　potential for human advancement through technological improvement and an understanding of the natural world. (1)Hopes were expressed that the understanding and control of nature would improve techniques in industry and agriculture. There was, however, a large gap between intention and achievement in the application of scientific knowledge. While claims for the practical usefulness of
15　natural knowledge and its future significance for technological improvement were common, the cultivation of science had little effect on the relationship between man and his environment. Nevertheless, the cultural values associated with the pursuit of natural knowledge were a significant characteristic of seventeenth-century society. Science expressed the values of technological progress,
20　intellectual understanding and the celebration of God's wisdom in creating the world. (2)The hostile and mysterious environment of the natural world would, people believed, yield its secrets to human investigation. The belief in the human capacity to dominate nature was justified by the argument that the study of God's book of nature went hand in hand with the study of the Bible, the book of God's
25　word.

　　These important shifts in cultural outlook dramatically transformed the conception of the universe and of man's place in nature. (3)The belief that the universe is a machine and that it might contain other worlds like the earth

threatened traditional assumptions about the uniqueness of man, leading to a
denial of the doctrine that the universe had been created for the benefit of man. 30

From The Scientific Revolution by P. M. Harman, Routledge

143

次の英文の下線部(1), (2), (3)を和訳せよ。

Why is the *Mona Lisa* the best-known painting in the entire world ? (1)A simple glimpse at even some of her features—her silhouette, her eyes, perhaps just her hands　brings instant recognition even to those who have no taste or passion for painting. Its commercial use in advertising far exceeds that of any other work of
5　art.

There are works of art that appear to be universal, in the sense that they are still loved and enjoyed centuries after their production. They awake instant recognition in millions throughout the world. They speak not only to their own time—the relatively small audience for whom they were originally produced—
10　but to worlds beyond, to future generations, to (2)a mass society connected by international communications that their creators could not suspect would ever come into being.

It is precisely because such universal appeal cannot be separated from the system which makes them famous that one should question the idea that the
15　success of artistic works lies within the works themselves. The Western origin of so many masterpieces suggests that they need, for their global development, appropriate political, ideological and technological support.

Mozart was, we know, greatly appreciated in his lifetime, but only in Europe. (3)He would not be as widely known as he is today throughout the world without
20　the invention of recording equipment, film music, and plays and films about his life. Mozart would not be 'Mozart', the great universal artist, without adequate technical and marketing support.

From *Becoming Mona Lisa: The Making of a Global Icon* by Donald Sassoon, Mariner Books

144

次の英文の下線部(1), (2), (3)を和訳せよ。ただし, (1)の that, (3)の it については, その内容がわかるように訳すこと。

Some people will find the hand of God behind everything that happens. I visit a woman in the hospital whose car was run into by a drunken driver driving through a red light. Her vehicle was totally destroyed, but miraculously she escaped with only a broken ankle. She looks up at me from her hospital bed and says, 'Now I know there is a God. (1)If I could come out of that alive and in one 5 piece, it must be because He is watching over me up there.' I smile and keep quiet, (2)running the risk of letting her think that I agree with her—though I don't exactly. My mind goes back to a funeral I conducted two weeks earlier, for a young husband and father who died in a similar drunk-driver collision. The woman before me may believe that she is alive because God wanted her to 10 survive, and (3)I am not inclined to talk her out of it, but what would she or I say to that other family ?

From *When Bad Things Happen to Good People* by Harold S. Kushner, Schocken Books

145

次の英文の下線部(1), (2)を和訳せよ。

I was wondering how on earth I was going to get through the evening. Saturday. Saturday night and I was left alone with my grandmother.

　The others had gone—my mother and my sister, both dating. Of course, I would have gone, too, if I had been able to get away first. Then I would not have had to
5 think about the old woman, going through the routines that she would fill her evening with. I would have slipped away and left my mother and my sister to argue, not with each other but with my grandmother, each separately conducting a running battle as they prepared for the night out. One of them would lose and the loser would stay at home, angry and frustrated at being in on a Saturday night,
10 the one night of all the week for pleasure. Well, some chance of pleasure. (1)There was hardly ever any real fulfillment of hopes but at least the act of going out brought with it a possibility and that was something to fight for.

　"Where are you going?" my grandmother would demand of her daughter, forty-six and a widow for fifteen years.

15 　"I'm going out." My mother's reply would be calm and (2)she would look determined as I imagine she had done at sixteen, and always would do.

From *British Short Stories of Today* edited by Esmor Jones (Penguin Books 1987)
Copyright © Esmor Jones, 1987

146

次の英文の下線部(1), (2)を和訳せよ。(1)については，it が何を指すか明らかになるように訳すこと。

Indeed, in the year 1000 there was no concept of an antiseptic at all. If a piece of food fell off your plate, the advice of one contemporary document was to pick it up, make the sign of the cross over it, salt it well—and then eat it. The sign of the cross was, so to speak, the antiseptic of the year 1000. The person who dropped his food on the floor knew that he was taking some sort of risk when he picked it up 5 and put it in his mouth, but he trusted in his faith. Today we have faith in modern medicine, though (1)few of us can claim much personal knowledge of how it actually works. (2)We also know that the ability to combat quite major illnesses can be affected by what we call "a positive state of mind"—what the Middle Ages experienced as "faith". 10

From *The Year 1000 : What Life Was Like at the Turn of the First Millennium* by Robert Lacey, Little Brown

147

次の英文の下線部を和訳せよ。ただし，"it" の内容を明らかにすること。

Chance had been our ally too often. We had grown complacent, over-confident of its loyalty. And so <u>the moment when it first chose to betray us was also the moment when we were least likely to suspect that it might.</u>

From *CLOSED CIRCLE* by Robert Goddard, Pocket Books

148

次の英文の下線部を和訳せよ。

He had crossed the main road one morning and was descending a short street when Kate Caldwell came out of a narrow side street in front of him and walked toward school, her schoolbag bumping at her hip. He followed excitedly, meaning to overtake but lacking the courage. What could he say to her ? He imagined his
5 stammering voice saying dull, awkward things about lessons and the weather and could only imagine her saying conventional things in response. <u>Why didn't she turn and smile and call to him, saying, "Don't you like my company ?" If she did, he would smile faintly and approach with eyebrows questioningly raised.</u> But she did nothing. She made not even the merest gesture.

From *Lanark: A Life in Four Books* by Alasdair Gray, Canongate Books

149

次の英文の下線部を和訳せよ。

One of the biggest problems with modern computers is that they follow all commands mechanically. <u>Computers do what they are told to do, whether we meant it or not. Moreover, they cannot turn themselves on, nor can they ever begin something entirely new on their own</u>.

150

次の英文の下線部を和訳せよ。

Who ever reads a newspaper from cover to cover? Clearly almost nobody. There isn't time in a busy day, and not all the articles are equally interesting. <u>All readers have their own personal tastes and purposes for reading, which cause them to turn immediately to whichever sections interest them, and to ignore the rest</u>. Thus, most of the paper remains unread, yet you still have to buy all of it. 5

5

英文和訳

第6章　総合読解

151

以下の英文を読み，(A)～(D)の問いに答えよ。

Have you ever been eating in a restaurant — just an ordinary café or dining room, 　ア (1)　 by the rush of waitresses, the buzz of conversation, and the smell of meat cooking on a grill — and when you take up the salt to sprinkle it over your eggs, you're struck by the simple wonder of the shaker,
5　filled by unseen hands, ready and awaiting your pleasure?　For you, the shaker exists only for today.　But in reality it's there hour after hour, on the same table, refilled again and again.　The evidence is visible in the threads beneath the cap, worn down by 　ア (2)　 twisting — someone else's labor, perhaps the girl with the pen and pad waiting patiently for you to choose an
10　ice cream, the boy in an apron with dirty sneakers, perhaps someone you'll never in your life see.　This shaker is work, materially realized.　And there you are, undoing it.

Or you might have wandered through a department store, looking at neat stacks of buttoned shirts.　The size or color you prefer is at the bottom of the
15　stack, and though you're as gentle as can be lifting the shirts, extracting only the 　ア (3)　 one, the pile as you leave it is never quite as tidy, and it won't be again until the invisible person returns to set things right.

Cash in an ATM machine.　Hotel towels on the floor.　The world is full of (A) this kind of work, always waiting to be done and then undone, so it can
20　be done again.

This morning, I gathered up all the cans and bottles thrown about the apartment by my boyfriend and put them in a bag to carry down to the building's rubbish area. He hasn't slept here in a week, but I'd been staying late at the university library and only managed to lift myself out of bed in time to bathe and run to my secretary job in an office in downtown Kobe, where every day I perform my own round of boring tasks. I'm fairly good at it, though. I'm careful to put the labels on file folders so they are perfectly centered, perfectly straight, and I have a system of the colors of ink and sticky notes that keeps everything ア (4) . I never run out of pens or paper clips. When anyone needs an aspirin or a piece of gum or a cough drop, I'm the one who has it in her desk drawer. Always. Like magic.

Today is Sunday and both the office and the university library are closed. My boyfriend texted he'd arrive at one o'clock, so I have all morning to straighten up the apartment and shop. Around eleven last night I finished my final paper of the year, and there won't be another until classes begin again in a few weeks. It's a comfortable feeling.

Besides the cans and bottles, there are the containers of takeout yakisoba, with dried spring onion stuck on them, from our dinner together last weekend. The oily paper bags that once held pastries I pick up half-price from the bakery in *Sannomiya before it closes. I eat these on weeknights, alone, in bed. Sometimes in the morning, I discover bits of pastries or spots of cream on my pillow. My boyfriend would be ア (5) .

After throwing away the containers and bags into the overflowing rubbish box, I strip the bed sheets and leave them in a pile beside the bed. There are many other things to do, but the sky is threatening rain and I decide to do the shopping before it starts to pour.

To go out, I put on a salmon-pink raincoat and hat my boyfriend gave me on my birthday. He mentioned, modestly, that it came from a special shop in Tokyo. Not long after, I spotted the same set in an ordinary clothing store in *Umeda. (B)It's possible the Tokyo salesgirl took advantage of him; she probably convinces every customer what he purchased was one-of-a-kind. Then, after he left, she simply brought out another from the back.

　　I didn't tell my boyfriend about the second coat, or that the shade of
pink was exactly like the smocks worn by the small boys and girls in the
daycare down the road.　The first time I wore it, I found myself in a narrow
alley with the daycare attendants and a long line of small children, moving
like a grotesque pink worm.　The attendants grinned at me as I pressed my
back against the wall, trying to disappear, then hurried off the other way.

　　On a Sunday, though, the children should all be at home.

　　With my purse, shopping bag, and the collection of cans and bottles, I
leave the apartment and lock the heavy metal door behind me.　The
apartment is on the top floor, so there are three flights of stairs before I
reach the parking lot level.　I rarely meet anyone going up or down.　For
several years, this building has been 　ア (6)　 by foreigners: English
teachers from the neighborhood conversation schools, Korean preachers, now
and then a performer from an amusement park.　None of them stay very
long.　My apartment was the home of the former secretary in my office, and
when she left to get married she offered her lease to me.　That was five
years ago.　I am now the building's most 　イ　 tenant.

　　The rubbish area is in a sorry state.　Despite the clearly marked
containers for different types of glass and plastic, and the posted calendar of
pick-up days, the other tenants leave their waste where and whenever they
choose.　I place my cans and bottles in the proper boxes, and with my foot
attempt to move the other bundles toward their respective areas.　Some of
the tenants combine unlike items into a single bag, so even this small effort
on my part doesn't clear up the mess.　I feel sorry for the garbage collectors,
the people (C)＿＿＿＿ one by one.

　This Will Only Take a Moment, *New England Review ; Volume 41, No. 1* by
Elin Hawkinson, Middlebury college

注

Sannomiya（三宮）　神戸を代表する繁華街

Umeda（梅田）　大阪の二大繁華街の一つ

(A)　下線部 (A) の内容を説明せよ。

（解答欄：約 17 センチ × 3 行）

(B)　下線部 (B) の内容を具体的に説明せよ。

（解答欄：約 17 センチ × 3 行）

(C)　下に与えられた語を正しい順に並べ替え，下線部 (C) を埋めるのに最も適
切な表現を完成させよ。

　　is　　it　　pieces　　sort　　task　　the　　to　　whose

(D)　以下の問いに解答し，その答えとなる記号をマークシートにマークせよ。

(ア)　空所アの (1)〜(6) には単語が一つずつ入る。それぞれに文脈上最も適
切な語を次のうちから一つずつ選び，マークシートの (1)〜(6) にその記号
をマークせよ。ただし，同じ記号を複数回用いてはならない。

a)　chosen　　　　b)　encouraged　　c)　horrified　　d)　occupied

e)　organized　　f)　realized　　　g)　repeated　　　h)　surrounded

(イ)　空所　　イ　　に入れるのに最も適切な語を次のうちから一つ選び，
マークシートにその記号をマークせよ。

a)　boring　　　　　　b)　difficult　　　　　　c)　egocentric

d)　faithful　　　　　e)　popular

(ウ)　本文の内容と合致するものはどれか。最も適切なものを一つ選び，マーク
シートにその記号をマークせよ。

a)　The author does not like her boyfriend who has no taste in clothes.

6
総合読解

b) The author focuses on the necessary labor which is done unnoticed.

c) The author has a good friend in her office who always helps her like a magician.

d) The author has an ambition to reform the local community and public welfare.

e) The author is fed up with her domestic household routine and her job as a secretary.

152

以下の英文を読み，(A)～(D)の問いに答えよ。

"Let's make a bet," my father said, on my fifteenth birthday. I remember very clearly being fifteen ; or rather, I remember what fifteen feels like to a fifteen-year-old. The age is a diving board, a box half-opened.

We were sitting in stiff wooden chairs on the lawn, watching the evening settle over the neighborhood, all of that harmless fading light softening the world. 5

"I bet you'll leave here at eighteen and you'll never come back," he said. "Not once."

We lived two hours outside of Los Angeles, in a suburb attached to a string of other suburbs, where (A)the days rarely distinguished themselves unless you did it for them. 10

"You don't even think I'll come back and visit ?" I said.

"No," he said. "I don't." My father was a reasonable man. He did not generalize. He was not prone to big, dubious statements, and he rarely gambled. I felt hurt and excited by the suggestion.

"What about Mom ?" I asked. 15

"What about her ?"

I shrugged. It seemed she had little to do with his prediction.

"And James ?" I asked.

"Not sure about James," he said. "I can't bet on that one."

James was—and still is—my younger brother. I felt little responsibility for him. 20 At ten, he was ア(1) but anxious and very much my parents' problem. My mother adored him, though she thought (B)_____. Make no mistake : we were equally loved but not equally preferred. If parents don't have favorites, they do have allies.

Inside, my mother was cooking dinner while James followed her around the 25 kitchen, handing her bits of paper he'd folded into unusual shapes. Even then, he had a talent for geometry.

"Where will I go ?" I asked my father. My grades were merely ア(2) . I'd

planned—vaguely, at fifteen—to transfer somewhere after a few years at the local
30 junior college.

"It doesn't matter where," he said, waving away a fly circling his nose.

Next door, the quiet neighbor kid, Carl, walked his dog, also called Carl, back and
forth across his lawn. The weather was pleasant.

"What happens if I do come back ?" I asked.
35 "You'll lose if you come back," he said.

I hated to lose, and my father knew it.

"Will I see you again ?" I asked. I felt ⟨ イ ⟩ in a way that felt new, at fifteen, as
though the day had turned shadowy and distant, already a memory. I felt ⟨ イ ⟩
about my father and his partly bald head and his toothpaste breath, even as he sat
40 next to me, running his palms over his hairy knees.

"Of course," he said. "Your mother and I will visit."

My mother appeared at the front door with my brother, his fingers holding the
back pocket of her jeans. "Dinnertime," she said, and I kissed my father's cheek as
though I were standing on a train platform. I spent all of dinner feeling that way
45 too, staring at him from across the table, mouthing goodbye.

My eighteenth birthday arrived the summer after I'd graduated from high
school. To celebrate, I saw the musical *Wicked* at a theater in Los Angeles with
four of my friends. The seats were deep and velvety. My parents drove us, and my
father gave us each a glass of champagne in the parking lot before we entered the
50 theater. We used small plastic cups he must have bought especially for the
occasion. I pictured him walking around the supermarket, looking at all the cups,
deciding.

A week after my birthday, my father woke me up, quieter than usual. He
seemed ⟨ ア(3) ⟩. I still had my graduation cap tacked up on the wall. My mother
55 had taken the dress I'd worn that day to the dry cleaner, and it still lay on the floor
in its cover.

"Are you ready to go ?" he asked.

"Where are you taking me ?" I wanted to know.

"To the train station," he said slowly. "It's time for you to go."
60 My father had always liked the idea of traveling. Even just walking through an
airport gave him a thrill—it made him ⟨ ア(4) ⟩, seeing all those people hurrying

through the world on their way to somewhere else. He had a deep interest in history and the architecture of places he'd never seen in person. It was the great tragedy of his life that he could never manage to travel. As for my mother, it was the great tragedy of her life that her husband was ⎡ア(5)⎤ and didn't take any pains to hide it. I can see that now, even if I didn't see it then.

"Where's Mom?" I asked. "And where's James?"

"The supermarket," my father said. James loved the supermarket—the order of things, all ⎡ア(6)⎤ in their rows. "Don't cry," Dad said then, smoothing my pillowcase, still warm with sleep. He had a pained look on his face. "Don't cry," he said again. I hadn't noticed it had started. (C)My whole body felt emotional in those days, like I was an egg balanced on a spoon.

"You'll be good," he said. "You'll do good."

"But what about junior college?" I asked. "What about plans?" I'd already received a stack of shiny school pamphlets in the mail. True, I didn't know what to do with them yet, but I had them just the same.

"No time," my father said, and the urgency in his voice made me hurry.

From Suburbia !, *The Southern Review*, Volume 53, Number 2, Spring 2017, by Amy Silverberg, Louisiana State University Press

(A)　下線部(A)の内容を本文に即して日本語で説明せよ。

(解答欄：17.3 センチ×3 行)

(B)　下に与えられた語を正しい順に並べ替え，下線部(B)を埋めるのに最も適切な表現を完成させよ。

equal　　fooled　　into　　me　　she　　thinking　　we　　were

(C)　下線部(C)の内容をこの場面に即して具体的に日本語で説明せよ。

(解答欄：17.3 センチ×2 行)

(D)　以下の問いに解答し，その答えとなる記号をマークシートにマークせよ。

(ア)　空所(1)〜(6)には単語が一つずつ入る。それぞれに文脈上最も適切な語を次のうちから一つずつ選び，マークシートの(1)〜(6)にその記号をマークせよ。ただし，同じ記号を複数回用いてはならない。

a) average　　　　　b) cheerful　　　　　c) frightened

　　　d)　intelligent　　　　　e)　neat　　　　　　　　f)　solemn

　　　g)　tolerant　　　　　　h)　unhappy

(イ)　空所(イ)に入れるのに最も適切な単語を次のうちから一つ選び，マークシート
　　にその記号をマークせよ。

　　　a)　angry　　　　　　　b)　delighted　　　　　c)　excited

　　　d)　sentimental　　　　e)　unfair

(ウ)　本文の内容と合致するものはどれか。一つ選び，マークシートにその記号をマ
　　ークせよ。

　　　a)　The author finally decided to go to the local junior college.

　　　b)　The author had planned to leave home since she was fifteen.

　　　c)　The author had to leave home because there was conflict between her
　　　　　parents.

　　　d)　The author's father drove her away because he hated her.

　　　e)　The author's father predicted that she would not come back home
　　　　　although he and her mother would visit her.

153

以下の文章を読み, (A)~(D)の問いに答えよ。なお, 文章中の stratocumulus とい
う単語は「層積雲」を意味する。

Gavin Pretor-Pinney decided to take a break. It was the summer of 2003, and for
the last 10 years, in addition to his graphic-design business in London, he and a
friend had been running a magazine called *The Idler*. This title suggests
"literature for the lazy." It argues against busyness and careerism and for the
value of aimlessness, of letting the imagination quietly run free. Pretor-Pinney 5
anticipated all the jokes : that (A)he'd burned out running a magazine devoted to
doing nothing, and so on. But it was true. Getting the magazine out was tiring, and
after a decade, it seemed appropriate to stop for a while and live without a plan—
to be an idler himself in a positive sense and make space for fresh ideas. So he
exchanged his apartment in London for one in Rome, where everything would be 10
new and anything could happen.

Pretor-Pinney is 47, tall and warm, with a grey beard and pale blue eyes. His face
is often bright, as if he's being told a story and can feel some terrific surprise
coming. He stayed in Rome for seven months and loved it, especially all the
religious art. One thing he noticed : the paintings he encountered were crowded 15
with clouds. They were everywhere, he told me recently, "these soft clouds, like
the sofas of the saints." But outside, when Pretor-Pinney looked up, the real Roman
sky was usually cloudless. He wasn't accustomed to such endless, blue emptiness.
He was an Englishman ; he was accustomed to clouds. He remembered, as a child,
being charmed by them and deciding that people must climb long ladders to 20
harvest cotton from them. Now, in Rome, he couldn't stop thinking about clouds. "I
found myself ア(1) them," he told me.

Clouds. They were a strange obsession, perhaps even a silly one, but he didn't
resist it. He went with it, as he often does, despite not having a specific goal or even
a general direction in mind ; he likes to see where things go. When Pretor-Pinney 25
returned to London, he talked about clouds constantly. He walked around ア(2)
them, learned their scientific names, like "stratocumulus," and the weather

6

総
合
読
解

conditions that shape them and argued with friends who complained they were gloomy or dull. He was realizing, as he later put it, that "clouds are not something

30 to complain about. They are, in fact, the most dynamic and poetic aspect of nature."

Slowing down to appreciate clouds enriched his life and sharpened his ability to appreciate other pockets of beauty 　ア(3)　 in plain sight. At the same time, Pretor-Pinney couldn't help noting, (B)we were entering an era in which we were losing a

35 sense of wonder. New, supposedly amazing things bounced around the internet so quickly that, as he put it, we can now all walk around with an attitude like, "Well, I've just seen a panda doing something unusual online—what's going to amaze me now ?" His passion for clouds was teaching him that "it's much better for our souls to realize we can be amazed and delighted by what's around us."

40 At the end of 2004, a friend invited Pretor-Pinney to give a talk about clouds at a small literary festival in South West England. The previous year, there were more speakers than people in the audience, so Pretor-Pinney wanted an interesting title for his talk, to draw a crowd. "Wouldn't it be funny," he thought, "to have a society that defends clouds against the bad reputation they get — that stands up for

45 clouds ?" So he called it "The First Annual Lecture of the Cloud Appreciation Society." And it worked. Standing room only ! Afterward, people came up to him and asked for more information about the Cloud Appreciation Society. They wanted to join the society. "And I had to tell them, well, I haven't really got a society," Pretor-Pinney said. So he set about 　ア(4)　 one.

50 He created a simple website with a gallery for posting photographs of clouds, a membership form and a bold manifesto. ("We believe that clouds are unjustly insulted and that life would be infinitely poorer without them," it began.) He also decided to charge a membership fee and issue a certificate in the mail. He did these things because he recognized that joining an online Cloud Appreciation

55 Society that existed in name only might appear ridiculous, and he wanted to make sure that it did not seem (　イ　).

Within a couple of months, the society had 2,000 　ア(5)　 members. Pretor-Pinney was surprised and delighted. Then, Yahoo placed the Cloud Appreciation Society first on its 2005 list of Britain's "Wild and Wonderful Websites." People

60 kept clicking on that link, which wasn't necessarily surprising, but thousands of them also clicked through to Pretor-Pinney's own website, then paid for

memberships. Other news sites noticed. They did their own articles about the Cloud Appreciation Society, and people followed the links in those articles too. Previously, Pretor-Pinney had proposed writing a book about clouds and had been rejected by 28 editors. Now he was an internet sensation with a large online 65 following ; he got a deal to write a book about clouds.

　　The writing process was 　ア(6)　. On top of not actually having written a book before, he demanded perfection of himself, so the work went slowly. But *The Cloudspotter's Guide*, published in 2006, is full of joy and wonder. Pretor-Pinney surveys clouds in art history, poetry, and modern photography. In the middle of 70 the book, there's a cloud quiz. Question No. 5 asks of a particular photograph, "(C)—＿＿＿ stratocumulus ?" The answer Pretor-Pinney supplies is, "It is pleasing for whatever reason you find it to be."

　　The book became a bestseller.　　　　　　　　　　　Ⓒ The New York Times

(A)　下線部(A)に関して，"all the jokes" の例であることがわかるように，その内容を日本語で説明せよ。　　　　　　　　　　　　　　　（解答欄：17.3センチ×3行）

(B)　下線部(B)の内容を本文に即して日本語で説明せよ。

　　　　　　　　　　　　　　　　　　　　　　　　　（解答欄：17.3センチ×3行）

(C)　下に与えられた語を正しい順に並べ替え，下線部(C)を埋めるのに最も適切な表現を完成させよ。

　　　about　　　is　　　it　　　layer　　　of　　　pleasing　　　so　　　that's
　　　this　　　what

(D)　以下の問いに解答し，その答えとなる記号をマークシートにマークせよ。

　　(ア)　空所(1)～(6)には単語が一つずつ入る。それぞれに文脈上最も適切な語を次のうちから一つずつ選び，マークシートにその記号をマークせよ。ただし，同じ記号を複数回用いてはならない。

　　　a）admiring　　　　b）disturbing　　　　c）exhausting
　　　d）hating　　　　　e）hiding　　　　　　f）ignoring
　　　g）inventing　　　　h）missing　　　　　i）paying
　　　j）recovering

(イ)　空所(イ)に入れるのに最も適切な単語を次のうちから一つ選び，マークシートにその記号をマークせよ。

　a）cloudy　　　　　b）expensive　　　　　c）lazy

　d）pointless　　　　e）serious

(ウ)　本文の内容と<u>合致しない</u>ものはどれか。一つ選び，マークシートにその記号をマークせよ。

　a）It was not until he went to Rome that Pretor-Pinney found clouds attractive.

　b）Pretor-Pinney learned a lot about clouds after he came back to London, which helped him write *The Cloudspotter's Guide.*

　c）Pretor-Pinney's Cloud Appreciation Society drew people's attention quickly.

　d）Pretor-Pinney's talk about clouds at a small literary festival turned out to be exceptionally successful.

　e）Pretor-Pinney was busy both when co-editor of *The Idler* and when founder of the Cloud Appreciation Society.

154

次の文章を読み，問いに答えよ。なお，文章の中で使われている sign language という表現は「手話」を意味する。

"Janey, this is Mr. Clark. He's going to take a look at the room under the stairs." Her mother spoke too slowly and carefully, so that Janey could be sure to read each word. She had told her mother many times that she didn't have to do this, but her mother almost always did, even in front of people, to her embarrassment.

Mr. Clark kept looking at Janey intently. Maybe, because of the way her mother had spoken, he suspected she was deaf. (A)It would be like her mother not to have mentioned it. Perhaps he was waiting to see if she'd speak so that he could confirm his suspicion. She simply left her silence open to interpretation.

"Will you show him the room ?" her mother said.

She nodded again, and turned so that he would follow her. Directly ahead and beneath a portion of the stairs was a single bedroom. She opened the door and he walked past her into the room, turned, and looked at her. She grew uncomfortable under his gaze, though she didn't feel as if he were looking at her as a woman, the way she might once have wanted if it were the right man. She felt she'd gone past the age for romance. It was a passing she'd lamented, then gotten over.

"I like the room," he spelled out in sign language. " (B1) "

That was all. No conversation, no explanation about how he'd known for certain that she was deaf or how he'd learned to speak with his hands.

Janey came back to her mother and signed a question.

"He is a photographer," she said, again speaking too slowly. "Travels around the world taking pictures, he says."

" (B2) "

"Buildings."

*　　　　　　　*

Music was her entry into silence. She'd been only ten years old, sitting on the end of the porch above the steps, listening to the church choir. Then she began to feel dizzy, and suddenly fell backwards into the music.

She woke into silence nights later, there in her room, in her bed. She'd called out
from her confusion as any child would, and her mother was there instantly. But
30 something ⌐(C)⌐ wrong, or had not ⌐(C)⌐, except inside her where illness and
confusion grew. She hadn't heard herself, hadn't heard the call she'd made—
Mama. And though her mother was already gripping her tightly, she'd called out
again, but only into silence, which is where she lived now, had been living for so
many years that she didn't feel uncomfortable inside its invisibility. Sometimes she
35 thought it saved her, gave her a separate place to withdraw into as far as she
might need at any given moment—and (D)there were moments.

The floor had always carried her mother's anger. She'd learned this first as a
little girl when her mother and father argued. Their words might not have existed
as sound for her, but anger always caused its own vibration.

40 She hadn't been exactly sure why they argued all those years ago, but sensed,
the way a child will, that it was usually about her. One day her mother found her
playing in the woods behind their house, and when she wouldn't follow her mother
home, her mother grabbed her by the arm and dragged her through the trees. She
finally pulled back and shouted at her mother, not in words but in a scream that
45 expressed all she felt in one great vibration. Her mother slapped her hard across
her face. She saw her mother shaking and knew her mother loved her, but love
was sometimes like silence, beautiful but hard to bear. Her father told her, (E)"She
can't help herself."

*   *

50 Weeks later, Mr. Clark said to Janey, "You might be able to help me."

"If I can," she spelled with her fingers.

"I'll need to ⌐(F)⌐ tomorrow. Maybe you can tell me some history about them."

She nodded and felt glad to be needed, useful in some small way. Then Mr. Clark
asked her to accompany him to the old house at the top of Oakhill. "You might
55 enjoy that. Some time away from here."

She looked toward the kitchen door, not aware at first why she turned that way.
Perhaps she understood, on some unconscious level, what she hadn't a moment
before. Her mother was standing there. She'd been listening to him.

When Janey turned back to him, she read his lips. "Why don't you go with me
60 tomorrow?"

She felt the quick vibration of her mother's approach. She turned to her mother,

and saw her mother's anger and fear, the way she'd always seen them. Janey drew
in her breath and forced the two breath-filled words out in a harsh whisper that
might have ____(C)____, for all she knew, like a sick child or someone dying: she said,
"____(B3)____"   65

Her mother stared at her in surprise, and Janey wasn't sure if her mother was
more shocked that she had used what was left of her voice, or at what she'd said.

"You can't. You just can't," her mother said. "I need you to help me with some
things around the house tomorrow."

"No," she signed, then shook her head. "____(B4)____"   70

"You know good and well I do. There's cleaning to be done."

"It will ____(G)____," she said and walked out before her mother could reply.

From Into Silence, *The Sewanee Review Vol. 117, No. 3, Summer 2009* by Marlin Barton,
Johns Hopkins University Press

(A) 下線部(A)を，文末の it の内容がわかるように訳せ。

(B) 空所(B1)～(B4)を埋めるのに最も適切な表現を次のうちから選び，それぞれの
記号をマークシートにマークせよ。同じ記号を複数回用いてはならない。

a) I'll go.   b) I can't.   c) I won't.

d) Of what?   e) I'll take it.   f) You don't.

g) Don't you dare.

(C) 本文中に3か所ある空所(C)にはいずれも同じ単語が入る。最も適切な単語を次の
うちから一つ選び，その記号をマークシートにマークせよ。

a) ended   b) gone   c) seemed

d) sounded   e) went

(D) 下線部(D)の後にさらに言葉を続けるとしたら，以下のもののうちどれが最も適切
か。一つ選び，その記号をマークシートにマークせよ。

a) given her when needed

b) when she didn't feel uncomfortable

c) when her mother would not let her go

d) when she needed to retreat into silence

(E) 下線部(E)の内容を，She が誰を指すか，また，She のどのような行動を指して言
っているのかわかるように説明せよ。

(F) 下に与えられた語を正しい順に並べ替え，空所(F)を埋めるのに最も適切な表現を完成させよ。ただし，すべての語を用い，どこか1か所にコンマを入れること。

about　buildings　I　know　ones　photograph

something　the　the　will

(G) 空所(G)を埋めるのに最も適切な単語を次のうちから一つ選び，その記号をマークシートにマークせよ。

a ）　do 　　　　　b ）　not 　　　　　c ）　postpone

d ）　wait

155

次の文章を読み，(A)〜(D)の問いに答えよ。

When she died last year at the age of ninety-four, I'd known Doris* for fifty years. In all that time, I've never managed to figure out a (　1　) for her that properly and briefly describes her role in my life, let alone my role in hers. We have a handy set of words to describe our nearest relations : mother, father, daughter, son, uncle, aunt, cousin, although (A)that's as far as it goes usually in contemporary Western society.

Doris wasn't my mother. I didn't meet her until she opened the door of her house after I had knocked on it to be allowed in to live with her. What should I call her to others?　For several months I lived with Doris, worked in the office of a friend of hers and learned typing. Then, after some effort, she persuaded my father to allow me to go back to school. As a (　2　), he had turned down further schooling after I was expelled—for climbing out of the first-floor bathroom window to go to a party in the town—from the progressive, co-ed boarding school** that I had been sent to some years before when I was eleven. My father gave in and Doris sent me to my new school.

At the new school, teenagers constantly referred to and complained about their parents, using the regular words for them. Could I refer to Doris as my adoptive mother?　She hadn't adopted me, although she'd suggested it. My mother had had one of her screaming fits and threatened to sue Doris if she tried to adopt me. So that was quietly dropped. I sometimes said 'adoptive mother' anyway, as an easy though inexact solution. It mattered how I referred to her ; whenever I was called on to say 'Doris, my er... sort of, adoptive mother... my er... Doris...' to refer to my adult-in-charge, I was aware of giving the wrong impression.

For some reason, being precise, finding a simple possessive phrase that covered my circumstances, was very important. I didn't want to lie and I did want to find some way of summing up my (　3　) accurately to others. But I hadn't been an adopted child. Both my parents were still alive and (regrettably, in my view) in contact with me.

After I was expelled from my old school, I ran away from my father in Banbury
30　and went to stay with my mother in Hove, in her very small flat. That had lasted
only a few days before the wisest （　4　） seemed to be to roll up in a corner and
refuse to eat or talk. 'How can you do this to me？　Why can't you be decent, like
other children？' she screamed.

It was considered a good idea to keep me away from my parents, so after the
35　authorities had fed me, they put me into the Lady Chichester Hospital in Hove. It
was a small psychiatric unit in a large detached house. I became the official baby of
the place, and both staff and patients looked after me and tried to shield me from
the worst of the other people's problems. I was fascinated and felt quite at home
and well cared for at last.

40　I developed a secret （　5　） that I was mysteriously pregnant and the doctor
was waiting for me to come to terms with it. Apart from that, I wasn't mentally ill
at all and they weren't trying to treat me. I stayed there for four months, without
medication, spending long periods sitting on the beach in Hove, staring at the sea
—it was a winter of unprecedented ice and snow—while they tried to figure out
45　what to do with me.

Then, all of a sudden, I received a letter from Doris, saying that although I didn't
know her, she knew about me from her son, who had been in my class at school.
Much over-excited gossip, you can imagine, had been going on there about the
wicked Jennifer who'd got expelled and was now in a madhouse.

50　In his letter to Doris, her son Peter wondered, in all innocent generosity (since
we had by no means got on with each other at school), if, since I was 'quite
intelligent', they might not be able to help me somehow. Doris said in her letter to
me that she had just moved into her first house, that it had central heating (she
was particularly proud of that) and a spare room, so I might like to stay there, and
55　perhaps, in spite of my father's reluctance, go back to school to get my exams and
go to university. It wasn't clear in the letter how long I was invited to stay for, but
the notion of going to university suggested something long-term.

I read the letter many times. The first time (B)with a kind of shrug: 'Ah, I see.
That's what's going to happen to me next.' Unexpected things had happened to
60　me so frequently and increasingly during my childhood that they seemed normal.
I came to expect them with a detached passivity. Then I read the letter again with
astonishment that I had a guardian angel. Then fear. Then a certain amount of

disappointment, and some real thought about whether to accept or not. And finally all these responses were mixed, and I had no idea how to respond either to my own fears and expectations, or to this stranger for her invitation. 65

So Doris was not my mother. And aside from (C)awkward social moments, what she was to me was laid aside along with other questions best left unthought.

From *In Gratitude* by Jenny Diski, Bloomsbury Publishing

注 *Doris イギリスのノーベル賞作家ドリス・レッシング (1919〜2013) のこと
** co-ed boarding school 男女共学の全寮制の学校

(A) 下線部(A)を前後関係をふまえて次のように言い換える場合，空所に入る最も適切な単語1語を書きなさい。

　　that's（　　　）we usually use

(B) 下線部(B)で筆者はなぜこのような反応をしたのか，日本語で説明せよ。

(C) 下線部(C)の具体的な内容を日本語で説明せよ。

(D) 以下の問いに答え，解答の記号をマークシートにマークせよ。

　(ア) 空所(1)〜(5)には単語が一つずつ入る。それぞれに文脈上最も適切な語を次のうちから一つずつ選び，マークシートにその記号をマークせよ。同じ記号を複数回用いてはならない。

　　a）designation　　　b）disease　　　　c）fear

　　d）generosity　　　 e）move　　　　　f）participation

　　g）punishment　　　h）result　　　　　i）rush

　　j）situation

　(イ) 本文の内容と合致しないものはどれか。一つ選び，マークシートにその記号をマークせよ。

　　a）The author struggled to define her relationship with Doris.

　　b）The author's mother did not want her to be adopted by Doris.

　　c）A bad rumour about the author was spreading at her new school.

　　d）Doris's son wanted to help the author because she was very smart.

　　e）The author was staying at a hospital when she received a letter from Doris.

　(ウ) Doris と筆者の関係を表現するのに最も適切なものを一つ選び，マークシートにその記号をマークせよ。

　　a）disastrous　　　b）illegal　　　　c）passionate

　　d）unconventional　e）unstable

6
総合読解

156

次の文章を読み，(A)〜(D)の問いに答えよ。

Last year, there was great public protest against the use of "anti-homeless" spikes outside a London residential complex, not far from where I live. The spikes were sharp pieces of metal stuck in concrete to keep people from sitting or lying on the ground. Social media were filled with anger, a petition was signed, a sleep-in protest undertaken, and within a few days the spikes were removed. But the phenomenon of "defensive" or "hostile" architecture, as it is known, remains common.

From bus-shelter seats that lean forward, to water sprinklers, hard tube-like rests, and park benches with solid dividers, urban spaces are aggressively (　1　) soft, human bodies.

We see these measures all the time within our urban environments, whether in London or Tokyo, but we fail to grasp (A)their true intent. I hardly noticed them before I became homeless in 2009. An economic crisis, a death in the family, a sudden divorce and an even more sudden mental breakdown were all it took for me to go from a more than decent income to being homeless in the space of a year. It was only then, when I started looking around my surroundings with the distinct purpose of (　2　) shelter, that the city's cruelty became clear.

I learned to love London Underground's Circle Line back then. To others it was just a rather inefficient line on the subway network. To me—and many homeless people—it was a safe, dry, warm container, continually travelling sometimes above the surface, sometimes below, like a giant needle stitching London's center into place. Nobody bothered you or made you move. You were allowed to take your poverty on tour. But engineering work put a stop to that.

Next was a bench in a smallish park just off a main road. It was an old, wooden bench, made smooth by thousands of sitters, underneath a tree with leaves so thick that only the most persistent rain could penetrate it. Sheltered and warm, this was prime property. Then, one morning, it was gone. In its place stood an uncomfortable metal perch, with three solid armrests. I felt such loss that day. The

message was clear : I was not a member of the public, at least not of the public that
is welcome here. I had to find somewhere else to go.   30

There is a wider problem, too. These measures do not and cannot distinguish
the homeless from others considered more (3). When we make it impossible
for the poor to rest their weary bodies at a bus shelter, we also make it impossible
for the elderly, for the handicapped, for the pregnant woman who needs rest. By
making the city less (4) of the human body, we make it less welcoming to all 35
humans.

Hostile architecture is (5) on a number of levels, because it is not the
product of accident or thoughtlessness, but a thought process. It is a sort of
unkindness that is considered, designed, approved, funded and made real with the
explicit motive to threaten and exclude.   40

Recently, as I walked into my local bakery, a homeless man (whom I had seen a
few times before) asked whether I could get him something to eat. When I asked
Ruth—one of the young women who work behind the counter—to put a couple of
meat pies in a separate bag and (B)explained why, her remark was severe : "He
probably makes more money than you from begging, you know," she said, coldly. 45

He probably didn't. Half his face was covered with sores. A blackened, badly
injured toe stuck out of a hole in his ancient shoe. His left hand was covered in dry
blood from some recent accident or fight. I pointed this out. Ruth was unmoved by
my protest. "I don't care," she said. "They foul the green area. They're dangerous.
Animals."   50

It's precisely this viewpoint that hostile architecture upholds : that the homeless
are a different species altogether, inferior and responsible for their fall. Like
pigeons to be chased away, or urban foxes disturbing our sleep with their screams.
"You should be ashamed," jumped in Libby, the older lady who works at the
bakery. (C)"That is someone's son you're talking about."   55

Poverty exists as a parallel, but separate, reality. City planners work very hard
to keep it outside our field of vision. It is too miserable, too discouraging, too painful
to look at someone sleeping in a doorway and think of him as "someone's son." It is
easier to see him and only ask the question : (6)"How does his homelessness affect
me ?" So we cooperate with urban design and work very hard at not seeing, 60
because we do not want to see. We silently agree to this apartheid.

Defensive architecture keeps poverty unseen. It conceals any guilt about leading a comfortable life. It brutally reveals our attitude to poverty in general and homelessness in particular. It is the concrete, spiked expression of a collective lack

65　of generosity of spirit.

　　And, of course, it doesn't even achieve its basic goal of making us feel safer. (7)<u>There is no way of locking others out that doesn't also lock us in.</u> Making our urban environment hostile breeds hardness and isolation. It makes life a little uglier for all of us.　　　　　　　　　　　　Copyright Guardian News & Media Ltd

Spikes outside an office building in London

(A)　下線部(A)は具体的にどのような内容を表すか，日本語で述べよ。

(B)　下線部(B)で，語り手は具体的に何が何のためであったと説明したか，日本語で述べよ。

(C)　下線部(C)で言われていることを次のように言い換える場合，空所に入る最も適切な一語を本文中からそのまま形を変えずに選んで書きなさい。なお，空所(1)～(5)の選択肢を書いてはならない。

　　The man you're talking about is no less (　　　) than you are.

(D)　以下の問いに答え，解答の記号をマークシートにマークせよ。

　(ア)　空所(1)～(5)には単語が一つずつ入る。それぞれに文脈上最も適切な語を次のうちから一つずつ選び，マークシートの(1)～(5)にその記号をマークせよ。同じ記号を複数回用いてはならない。

　　　a）　accepting　　　　b）　depriving　　　　c）　deserving
　　　d）　finding　　　　　e）　forcing　　　　　f）　implying
　　　g）　raising　　　　　h）　rejecting　　　　　i）　revealing
　　　j）　satisfying

(イ)　下線部(6)はどのような考えを表しているか，最も適切なものを一つ選び，マークシートの(6)にその記号をマークせよ。

a)　Seeing this homeless person upsets me.

b)　His homelessness has an impact on everyone.

c)　I wonder how I can offer help to this homeless person.

d)　This homeless person has no right to sleep in the doorway.

e)　I wonder whether this homeless person has any relevance to my life at all.

(ウ)　下線部(7)はどのような考えを表しているか，最も適切なものを一つ選び，マークシートの(7)にその記号をマークせよ。

a)　Defensive architecture harms us all.

b)　Ignoring homelessness won't make it go away.

c)　Restrictions on the homeless are for their own good.

d)　Homeless people will always be visible whatever we do.

e)　For security, we have to keep homeless people out of sight.

157

次の文章を読み，問いに答えよ。

Rebecca was getting ready to start her bookstore, making a business plan, applying for loans. "A *bookstore*?" Harriet, her mother, said. "With your education you want to start a store, and one that doesn't even have a hope of making money? What is your life adding up to?"

5　Rebecca was hurt, furious. They had one of their old fights, made worse by the fact that Rebecca hadn't realized these old fights were still possible. The recent long peace since the beginning of Harriet's illness had given Rebecca a false sense of safety. She felt deceived.

Then Harriet sent Rebecca a check, for quite a lot of money. *To help with the*
10　*bookstore*, she wrote on the card.

"You can't （　1　） this," Rebecca said.

"It's what I want to do," Harriet said.

Then she got sick again.

Pneumonia*—not life-threatening, but it took a long time to get over. Rebecca
15　drove down and made Harriet chicken soup and vanilla custard, and lay across the foot of Harriet's bed.

So this has been going on for years and years. Harriet getting sick and recovering. Rebecca showing up and withdrawing. Living her life between interruptions.

20　Rebecca is tired. Harriet has been sick on and off for more than a decade. Rebecca has just driven four hours from Boston to get to the Connecticut nursing home where Harriet now lives. She is taking two days off from the small bookstore she （　2　）, paying her part-time assistant extra to cover for her. She's brought a shopping bag full of things Harriet likes. She has walked into the room, and Harriet
25　has barely looked away from the TV to say hello. Rebecca pulls over a chair and sits facing her mother. Harriet is in a wheelchair, paralyzed again — it has happened before ; she has some rare back disease, but this time the doctor says it

is permanent.

Rebecca feels guilty about not coming down to see her mother more often. Harriet is always mentioning something she needs — lavender bath powder, or socks, or a blanket to put over her legs when they wheel her outside. Rebecca mails what she can, sometimes （　3　） by but at other times annoyed by the many requests.

The last time Rebecca visited, on the day Harriet moved to the nursing home, the nurse put an enormous plastic napkin on Harriet's front before bringing in her dinner tray. Harriet allowed it, looking at Rebecca with a kind of stunned sadness ; of all the insults received on that day, this was the one that undid her. "She doesn't need that," Rebecca told the nurse.

"We do it for everybody."

"Right, but my mother doesn't need it."

(A)So that was one small battle that Rebecca was there to win for Harriet. Without Rebecca, Harriet could have won it just fine for herself. Both of them knew this — and yet, between them, love has always had to be proved. It is there ; and it gets proved, over and over. Some of their worst fights, confusingly, seem to both prove and disprove it : two people who didn't love each other couldn't fight like that — (B)certainly not repeatedly.

Nearly fifteen years ago, Harriet seemed to be dying. She had stage four colon cancer.** Rebecca believed that her mother was dying, and for the first time, she began to feel close to her. She sometimes lay in bed at night and cried, alone, or with Peter Bigelow, who taught architectural history at Harvard. He held her and listened while she talked about how hard it was to be （　4　） her mother and yet losing her at the same time.

Incredibly, Harriet didn't die. The operation was successful, and she kept having more surgeries. Rebecca kept driving down and spending time with her mother. But she couldn't keep it up : the attention, the sympathy, the friendship, the aimless joy of just hanging around with her mother, watching the TV news. She had burned herself out.

Harriet started feeling that Rebecca wasn't visiting often enough. It was true, she was coming down less often. But oh, that "enough." That tricky guilty-sounding word that doesn't even need to be spoken between a mother and

6

総合読解

daughter because both of them can see it lying there between them, injured and complaining, (5)a big violent-colored wound.

Peter asked Rebecca how she would feel about getting married. That was how he did it : not a proposal, but an introduction of a topic for discussion. She said she
65 wasn't sure. The truth was that when he said it, she got a cold, sick feeling in her stomach. This lovely, good, thoughtful man : what was the matter with her ? She was nervous, and also irritated that he seemed so calm about the whole thing, that he wasn't desperate for her, that he wasn't knocking her over with forceful demands that she belong to him. On the other hand, she wasn't knocking him over
70 either.

Then his book was finished and published. He brought over a copy one night, and she had a bottle of champagne waiting. "Peter, I'm so happy for you," and she kissed him. She turned the pages, and her own name jumped out at her : " ... and to Rebecca Hunt, who has given me so many pleasant hours."
75 It was understatement, wasn't it ? The kind of understatement that can exist between two people who understand each other ? What did she want, a dedication that said, "For Rebecca, whom I love with all my heart and would die for" ?

Here was something she suddenly saw and disliked in herself, something she might have inherited from Harriet : a raw belief that love had to be declared and
80 proved—intensely, loudly, explicitly.

"Chapter 2 : The News from Spain" from *The News from Spain : Seven Variations on a Love Story* by Joan Wickersham, Alfred A. Knopf

注 *pneumonia 肺炎 **colon cancer 結腸癌

(A) 下線部(A)を，指示代名詞 that の内容を明らかにして和訳せよ。

(B) 下線部(B)を，省略されている部分を補って和訳せよ。

(C) 以下の問いに答え，解答の記号をマークシートにマークせよ。

　問　空所(1)〜(4)には単語が一つずつ入る。それぞれに文脈上最も適切な語を次のうちから一つずつ選び，マークシートの(1)〜(4)にその記号をマークせよ。ただし，動詞の原形で示してあるので，空所に入れる際に形を変える必要があるものもある。また，同じ記号を複数回用いてはならない。

a)	afford	b)	anticipate	c)	complain
d)	find	e)	own	f)	participate
g)	prevent	h)	talk	i)	touch

j） walk

問　下線部(5)で，a big violent-colored wound と呼ばれているものは何か。最も
　適切なものを次のうちから一つ選び，マークシートの(5)にその記号をマークせよ。

a） Harriet's illness.

b） The nurse's insult.

c） Rebecca's tiredness.

d） The word "enough."

e） Peter's unenthusiastic proposal.

問　本文の最後で Rebecca はどのような認識に至ったか。正しいものを一つ選び，
　マークシートの(6)にその記号をマークせよ。

a） She is more like Peter than she thought.

b） She is more like Harriet than she thought.

c） She doesn't really like her mother, Harriet.

d） She doesn't really like her boyfriend, Peter.

e） She doesn't really have the capacity to love.

問　本文の内容と合致しないものはどれか。一つ選び，マークシートの(7)にその記
　号をマークせよ。

a） Harriet didn't want Rebecca to run a bookstore, which she thought
　would be unprofitable.

b） Rebecca was angry when she found that the nurse was treating her
　mother as if she were a baby.

c） Rebecca was so happy about the publication of Peter's book that she
　kissed him, grateful to him for mentioning her in it.

d） Relations between Rebecca and her mother improved when the latter
　was hospitalized for a serious illness about fifteen years ago.

e） Although Peter is a fine man that Rebecca should be happy to marry,
　she felt irritated when he didn't declare his love to her strongly enough.

158

次の文章はアフリカ系アメリカ人の著者が妻と息子とともにパリに滞在したときに
記したブログの記事である。これを読み，以下の問いに答えよ。

I went out this early July morning for a quick run along the Seine. That was fun.
There were very few people out, which made it easier. Paris is a city for strollers,
not runners.

Women pedal their bikes up the streets, without helmets, in long white dresses;
5　or they dash past in pink cut-off shorts and matching roller skates. Men wear
orange pants and white linen shirts. They chat *un petit peu* (a little) and then
disappear around corners. When I next see them they are driving Porsches slowly
up the Boulevard Saint-Germain, loving their lives. In this small section of the city,
(1)everyone seems to be offering a variation on the phrase "I wasn't even trying."
10　Couples sit next to each other in the cafés, watching the street. There are rows
of them assembled as though in fashion photographs from *Vogue* or like a stylish
display of mannequins. Everyone smokes. They know what awaits them —
horrible deaths, wild parties, (2)in no particular order.

I came home. I showered. I dressed. I walked across the way and bought some
15　bread and milk. My wife brewed coffee. We had breakfast. Then a powerful
fatigue came over me and I slept till noon. When I woke, my son was dressed. My
wife was wearing a Great Gatsby tee-shirt, sunglasses, earrings and jeans. Her
hair was pulled back and blown out into a big beautiful Afro. We walked out and
headed for a train to the suburbs. My son was bearing luggage. (3)This was the last
20　we'll see of him for six weeks.

It was on the train that I realized I'd gone mad. Back in Boston, I had started
studying French through a workbook and some old language tapes. I then moved
on to classes at a French language school. Next I hired a personal tutor. We would
meet at a café in my neighborhood. Sometimes my son would stop by. I noticed he
25　liked to linger around. One day he asked if he could be tutored in French. It struck
me as weird, but I went (　4　) it. In May, before coming to France, he did a two-
week class—eight hours a day. He woke up at six a.m. to get to class on time and

didn't get back until twelve hours later. He would eat dinner and then sleep like a construction worker. But he liked it. Now he and my wife and I had just come to Paris for the summer, and I was sending him off to an immersion sleep-away camp —*français tous les jours* (French every day). 30

It is insane. I am trying to display the discipline of my childhood home, the sense of constant, unending challenge, without the violence. (5)A lot of us who came up hard respect the lessons we learned, even if they were given by the belt or the boot. How do we pass those lessons on without subjecting our children to those 35 forces ? How do we toughen them for a world that will bring war to them, without subjecting them to abuse ? My only answer is to put them in strange and different places, where no one cares that someone somewhere once told them they were smart. My only answer is to try to copy the style of learning I have experienced as an adult and adapt it for childhood. 40

But I am afraid for my beautiful brown boy.

Three weeks ago, back in America, I was sitting with my dad telling him how I had to crack down on my own son for some misbehavior. I told my dad that the one thing I (6a) for about fatherhood was how much it hurt me to be the bad guy, how much I wanted to let him loose, how much I (6b) whenever I (6c 45). I felt it because I remembered when I was my son's age, and how much I had hated being twelve. I was shocked to see my dad nodding in agreement. My dad was a tough father. I didn't think he was joyous in his toughness, but it never occurred to me that he had to force himself to discipline us. He never let us see that part of him. His rule was "Love your mother. Fear your father." And so he 50 wore a mask. As it happens, I feared them both.

I told my son this story yesterday. I told him that I would never force him to take up something he wasn't interested in (like piano). But once he declared his interests, there was no other way to be, except to push him to do it to the very end. How very un-Parisian. But I told him that pain in this life is inevitable, and that he 55 could only choose whether it would be the pain of acting or the pain of being acted upon. *C'est tout* (That's all).

We signed in. He took a test. We saw his room and met his roommate. We told him we loved him. And then we left.

"When I e-mail you," he said, "be sure to e-mail back so that I know you're OK." 60 (7)So that he knows that we are OK.

When we left my wife began to cry. On the train we talked about the madness of this all, that we—insignificant and crazy—should be here right now. First you leave your block. Then you leave your neighborhood. Then you leave your high

65　school. Then your city, your college and, finally, your country. At every step you are leaving another world, and at every step you feel a warm gravity, a large love, pulling you back home. And you feel crazy for leaving. And you feel that it is ridiculous to do this to yourself. And you wonder who would (8)do this to a child.

From How Can We Toughen Our Children Without Frightening Them? by Ta-Nehisi Coates, *The Atlantic* on July 8, 2013

注：the Seine　セーヌ川

Porsches　ポルシェ（高級スポーツカー）

the Boulevard Saint-Germain　サン=ジェルマン大通り

Vogue　『ヴォーグ』（ファッション雑誌）

---

(1)　下線部(1)から筆者はパリの人びとのことをどのように考えていることがうかがえるか。その思いに最も近いものを次のうちから一つ選び，その記号を記せ。

ア　Aimless and self-destructive.

イ　Health-conscious and diligent.

ウ　Self-disciplined and free from vice.

エ　Escaping from reality and longing for the past.

オ　Devoted to effortless pleasure and ease of living.

(2)　下線部(2)の order の意味と最も近いものを次のうちから一つ選び，その記号を記せ。

ア　Her room is always kept in good order.

イ　The police failed to restore public order.

ウ　The words are listed in alphabetical order.

エ　He gave a strict order for the students to line up.

オ　I will place a quick order for fifty copies of this book.

(3)　下線部(3)を和訳せよ。

(4)　空所(4)を埋めるのに最も適切な単語を次のうちから一つ選び，その記号を記せ。

ア　against　　　　　　　イ　around　　　　　　　ウ　in

エ　through　　　　　　オ　with

(5)　下線部(5)が意味しているのはどのような人びとか。最も適切なものを次のうちから一つ選び，その記号を記せ。

ア　一所懸命に努力を重ねてきた人びと

イ　子どものときから病弱だった人びと

ウ　他人に対して冷たくしてきた人びと

エ　親から厳しいしつけを受けた人びと

オ　苦労して現在の地位を築いた人びと

(6)　空所 (6a)，(6b)，(6c) を埋めるのに最も適切な語句を次のうちから一つずつ
選び，その記号を記せ。ただし，同じ記号を複数回用いてはならない。

ア　disciplined him

イ　felt his pain

ウ　hated being a kid

エ　was looking

オ　wasn't prepared

カ　was thrilled

(7)　下線部(7)には息子に対する筆者のさまざまな思いが表されている。その思いとし
て最も可能性の低いものを次のうちから一つ選び，その記号を記せ。

ア　The author is astonished by his son's rudeness.

イ　The author is moved by his son's consideration.

ウ　The author is struck by his son taking a parent's role.

エ　The author is surprised by his son making the first move.

オ　The author is impressed to see how rapidly his son is maturing.

(8)　下線部(8)の do this が意味することは何か。日本語で説明せよ。

(9)　次のア〜キはそれぞれ問題文で語られている出来事について述べたものである。
これらを出来事の起きた順に並べたとき，2 番目と 6 番目にくる文の記号を記せ。

ア　The author ran along the Seine.

イ　The author's wife began to cry.

ウ　The author sat and talked with his father.

エ　The author's son took a two-week French course.

オ　The author told his son that pain in this life is inevitable.

カ　The author, his wife and his son took a train to the suburbs.

キ　The author and his wife met his son's roommate in the language-immersion
camp.

159

次の文章を読み，以下の問いに答えよ。

　When I was eleven, I took violin lessons once a week from (1)a Miss Katie McIntyre. She had a big sunny fourth-floor studio in a building in the city, which was occupied below by dentists, paper suppliers, and cheap photographers. It was approached by an old-fashioned lift that swayed dangerously as it rose to the
5 fourth floor, which she shared with the only (　2a　) occupant, Miss E. Sampson, a spiritualist who could communicate with the dead.

　I knew about Miss Sampson from gossip I had heard among my mother's friends. The daughter of a well-known doctor, she had gone to Clayfield College and been clever and popular. But then her gift appeared—that is how my mother's
10 friends put it, just declared itself out of the blue, without in (　2b　) way changing her cleverness or good humour.

　She came to speak in the voices of the dead : little girls who had been murdered in suburban parks, soldiers killed in one of the wars, lost sons and brothers. Sometimes, if I was early for my lesson, I would find myself riding up with her.
15 Holding my violin case tightly, I pushed myself hard against the wall of the lift to make room for (3)the presences she might have brought into the lift with her.

　It was odd to see her name listed so boldly—"E. Sampson, Spiritualist"—in the entrance hall beside the lift, among the dentists, photographers, and my own Miss McIntyre. It seemed appropriate, in those days, that music should be separated
20 from the everyday business that was being carried on below—the whizzing of dentists' drills and the making of passport photos for people going overseas. But I thought of Miss Sampson, for (　2c　) her sensible shoes and businesslike suits, as a kind of fake doctor, and was sorry that (4)Miss McIntyre and classical music should be associated with Miss Sampson and with the troops of sad-eyed women
25 (they were mostly women) who came all the way to her room and shared the last stages of the lift with us : women whose husbands might have been bank managers — wearing smart hats and gloves and tilting their chins a little in defiance of their having at last reached this point ; other women who worked in

hospital kitchens or offices, all decently gloved and hatted now, but (5)looking
scared of the company they were in and the heights to which the lift brought 30
them. They tried to hang apart, using their elbows in a ladylike way, but using
them, and saying politely "Pardon," or "I'm so sorry," when the crush brought
them too close.

On such occasions the lift, loaded to capacity, made heavy work of it. And it
wasn't, I thought, simply the weight of bodies (eight persons only, a notice 35
warned) that made the old mechanism grind in its shaft, but the weight of all that
sorrow, all that hopelessness and last hope, all that dignity in the privacy of grief.
We went up slowly.

Sometimes, in the way of idle curiosity (if she could have had such a thing),
Miss Sampson would let her eyes for a moment rest on me, and I wondered hotly 40
what she might be seeing beyond a small eleven-year-old. Like most boys of that
age I had much to conceal. But she appeared to be looking at me, not through me.
She would smile, I would respond, and, clearing my throat to find a voice, I would
say in a well-brought-up manner that I hoped might fool her and (6)leave me alone
with my secrets, "Good afternoon, Miss Sampson." Her own voice was as 45
unremarkable as an aunt's: "Good afternoon, dear."

It was therefore (7)all the more alarming, as I sat waiting on one of the chairs just
outside Miss McIntyre's studio, while Ben Steinberg, her star pupil, played the
Max Bruch, to hear the same voice, oddly changed, coming through the half-open
door of Miss Sampson's office. Though much above the breathing of all those 50
women, it had stepped down a tone—no, several—and sounded as if it were
coming from another continent. It was an Indian, speaking through her.

It was a being I could no longer think of as the woman in the lift, and I was
reminded of something I had once seen from the window of a railway carriage as
my train sat steaming on the line: three old men behind the glass of a waiting 55
room and the enclosed space shining with their breathing like a jar full of fireflies.
It was entirely real, but the way I saw them changed that reality, making me so
impressionably aware that (8)I could recall details I could not possibly have seen at
that distance or with the naked eye: the greenish-grey of one old man's eyes, and a
stain near a shirt collar. Looking through into Miss Sampson's room was like that. I 60
saw too much. I felt dizzy and began to sweat.

There is no story, no set of events that leads anywhere or proves anything—no middle, no end.　Just a glimpse through a half-open door.

From ANTIPODES by David Malouf, Chatto & Windus

⑴　下線部⑴にある不定冠詞の a の用法と同じものを次のうちから一つ選び，その記号を記せ。

　ア　The car in the driveway looked like <u>a</u> Ford.

　イ　All who knew him thought he was <u>an</u> Edison.

　ウ　<u>A</u> Johnson came to see you while you were out.

　エ　At that museum I saw <u>a</u> Picasso for the first time.

　オ　She was <u>an</u> Adams before she married John Smith.

⑵　空所（　2a　），（　2b　），（　2c　）を埋めるのに最も適切な単語を次のうちから一つずつ選び，その記号を記せ。

　ア　all　　　　イ　another　　　ウ　any　　　　エ　different

　オ　every　　　カ　no　　　　　キ　none　　　ク　other

　ケ　same　　　コ　some　　　　サ　that　　　シ　those

　ス　what　　　セ　which

⑶　下線部⑶と最も意味が近い，2語からなる別の表現を文中から抜き出して記せ。

⑷　下線部⑷の意味に最も近いものを次のうちから一つ選び，その記号を記せ。

　ア　Miss McIntyre and classical music should be involved in Miss Sampson's business

　イ　Miss McIntyre and classical music should be influenced by someone like Miss Sampson

　ウ　Miss McIntyre and classical music should be looked down on even more than Miss Sampson was

　エ　Miss McIntyre and classical music should be coupled with someone as unrespectable as Miss Sampson

　オ　Miss McIntyre and classical music should be considered to be as unprofessional as Miss Sampson

⑸　下線部⑸の意味に最も近いものを次のうちから一つ選び，その記号を記せ。

　ア　seeming frightened of the other women in the lift and of how high the lift was rising

　イ　looking fearfully at the other women in the lift, which went up to the fourth floor

　ウ　showing their fear of the unfamiliar women in the lift, which brought them to a high floor

エ　looking anxiously at the other passengers in the lift, frightened because the lift seemed to go up forever

オ　apparently feeling frightened of the company which employed them and the heights to which the unsteady lift rose

(6)　下線部(6)の意味として，最も適切なものを次のうちから一つ選び，その記号を記せ。

ア　hide my feeling of guilt

イ　let me enjoy being alone

ウ　assure her of my good manners

エ　keep her from reading my mind

オ　prevent her from telling others my secrets

(7)　下線部(7)の表現がここで用いられている理由として，最も適切なものを次のうちから一つ選び，その記号を記せ。

ア　Because Miss Sampson usually spoke in a mild voice.

イ　Because Ben Steinberg heard the same voice oddly changed.

ウ　Because more and more people were afraid of Miss Sampson's voice.

エ　Because the piano in Miss McIntyre's studio sounded as if it were far away.

オ　Because Miss Sampson could be heard more easily than all the other women.

(8)　下線部(8)を和訳せよ。

160

次の文章を読み，以下の問いに答えよ。

A sari for a month. It shouldn't have been a big deal but it was. After all, I had grown up around women wearing saris in India. My mother even slept in one.

In India, saris are adult clothes. After I turned eighteen, I occasionally wore a beautiful sari for weddings and holidays and to the temple. But wearing a silk sari
5　to an Indian party was one thing. Deciding to wear a sari every day while living in New York, especially after ten years in Western clothes, seemed (1)outrageous, even to me.

The sari is six yards of fabric folded into a graceful yet impractical garment. It is fragile and can fall apart at any moment. When worn right, it is supremely elegant
10　and feminine.

It requires (　2a　), however. No longer could I spring across the street just before the light changed. The sari forced me to shorten my strides. I had to throw my shoulders (　3a　) and pay attention to my posture. I couldn't squeeze (　3b
　) a crowded subway car for fear that someone would accidentally pull my sari. I
15　couldn't balance four bags from the supermarket in one hand and pull out my house keys from a convenient pocket (　3c　) the other. By the end of the first week, I was feeling frustrated and angry with myself. What was I trying to (　4a
　)？

The notion of wearing a sari every day was relatively new for me. During my
20　college years—the age when most girls in India begin wearing saris regularly—I was studying in America as an art student and I wore casual clothes just as other students did. After getting married, I became a housewife experimenting with more fashionable clothes. Over the years, in short, I tried to talk, walk, and act like an American.

25　Then I moved to New York and became a mother. I wanted to teach my three-year-old daughter Indian values and traditions because I knew she would be profoundly different from the children she would play with in religion (we are Hindus), eating habits (we are vegetarians), and the festivals we celebrated.

Wearing a sari every day was my way of showing her that she could melt into the pot while keeping her individual flavor.

It wasn't just for my daughter's sake that I decided to wear a sari. I was tired of trying to （　4b　）. No American singers had ever spoken to me as deeply as my favorite Indian singers. Nor could I sing popular American songs as easily as I could my favorite Indian tunes. Much as I enjoyed American food, I couldn't last four days without an Indian meal. It was time to show my ethnicity with a sari and a bright red bindi. I was going to be an （　5a　）, but on my own terms. It was America's turn to adjust to me.

Slowly, I eased into wearing the garment. I owned it and it owned me. Strangers stared at me as I walked proudly across a crowded bookstore. Some of them caught my eye and smiled. At first, I resented being an （　5b　）. Then I wondered : perhaps I reminded them of a wonderful holiday in India or a favorite Indian cookbook. Shop assistants pronounced their words clearly when they spoke to me. Everywhere, I was stopped with questions about India as if wearing a sari had made me an （　5c　）. One Japanese lady near Times Square asked to have her picture taken with me. (6)A tourist had thought that I was one, too, just steps from my home.

But there were unexpected （　2b　）. Indian taxi drivers raced across lanes and stopped in front of me just as I stepped into the street to hail a cab. When my daughter climbed high up the jungle gym in Central Park, I gathered my sari and prepared to follow, hoping it wouldn't balloon out like Marilyn Monroe's dress. One of the dads standing nearby saw that I was in trouble and volunteered to climb after her. (7)A knight in New York ? Was it me ? Or was it my sari ?

Best of all, my family approved. My husband praised me. My parents were proud of me. My daughter gave out a sigh of admiration when I pulled out my colorful saris. When I hugged her tenderly in my arms, scents from the small bag of sweet-smelling herbs that I used to freshen my sari at night escaped from the folds of cloth and calmed her to sleep. I felt part of a long line of Indian mothers who had rocked their babies this way.

Soon, the month was over. My self-imposed （　2c　） was coming to an end. Instead of feeling liberated, I felt a sharp pain of unease. I had started to （　4c　） my sari.

Saris were impractical for America, I told myself. I would continue to wear them

6

総
合
読
解

(8). It was time to go back to my sensible casual clothes.

From I Wonder : Was It Me Or Was It My Sari?, *Newsweek* on March 12, 2000 by Shoba Narayan

注 : bindi ヒンドゥー教徒の女性が額につける印

(1) 下線部(1)の言い換えとして最も適切なものを次のうちから選び，その記号を記せ。

 ア extreme   イ gorgeous   ウ hostile

 エ precious   オ serious

(2) 空所 (2a)〜(2c) を埋めるのに最も適切なものを次のうちから一つずつ選び，それぞれの記号を記せ。同じ記号を複数回使ってはならない。

 ア advantages   イ assistance   ウ attempts

 エ convenience   オ feelings   カ helplessness

 キ information   ク obligation   ケ opportunity

 コ sacrifices

(3) 空所 (3a)〜(3c) を埋めるのに最も適切なものを次のうちから一つずつ選び，それぞれの記号を記せ。同じ記号を複数回使ってはならない。

 ア above   イ at   ウ back

 エ beyond   オ for   カ from

 キ into   ク under   ケ with

(4) 空所 (4a)〜(4c) を埋めるのに最も適切なものを次のうちから一つずつ選び，それぞれの記号を記せ。同じ記号を複数回使ってはならない。

 ア avoid   イ enjoy   ウ fit in

 エ insist   オ prove   カ put on

(5) 空所 (5a)〜(5c) を埋めるのに最も適切な組み合わせを次のうちから選び，その記号を記せ。

 ア authority / exhibit / immigrant

 イ authority / immigrant / exhibit

 ウ exhibit / authority / immigrant

 エ exhibit / immigrant / authority

 オ immigrant / authority / exhibit

 カ immigrant / exhibit / authority

(6) 下線部(6)を和訳せよ。ただし，one が何を指すか明らかにすること。

(7) 下線部(7)の説明として最も適切なものを次のうちから一つ選び，その記号を記せ。

 ア She is amazed that a man would be kind enough to help a stranger in New York.

イ　She is surprised that a man of noble birth would act so bravely in New York.

ウ　She wonders if men have many opportunities to help beautiful women in New York.

エ　She is confused by a father putting her daughter before his own children in New York.

オ　She is shocked at a man's eagerness to get to know someone who looks so different in New York.

(8)　空所(8)を埋めるのに最も適切なものを次のうちから一つ選び，その記号を記せ。

ア　but not every day

イ　in order to feel liberated

ウ　no matter how inconvenient

エ　and enjoy their sweet herb smell

オ　only to show I am an Indian mother

(9)　本文の内容と一致するものを次のうちから一つ選び，その記号を記せ。

ア　The writer decided to wear saris because she wanted to express her Indian identity.

イ　The sari was so elegant and feminine that the writer naturally behaved gracefully.

ウ　Despite her initial reluctance to wear saris, the writer gradually became an expert on India.

エ　Shop assistants spoke to the writer very politely because they saw her in a sari and thought she should be treated with respect.

161

次の文章を読み，以下の問いに答えよ。

　　One morning there was a knock on the front door. The knocking continued, and someone called out: '(　(1) a　)' It was Mrs. Brodie, a neighbour who lived a few houses away. She first saw (2) a the unfortunate child whose name she could never remember. Then she saw her mother, and put her hand over (2) b her mouth: 'Oh,
5 my goodness!' She arranged an ambulance to take (2) c her to hospital. Meanwhile, Perdita was taken in by the Ramsays, Flora and Ted, who were both in their sixties and had their own grown-up children somewhere. They were sensitive and considerate people.

　　Perdita often wondered where her mother was and if she was eating and
10 recovering her strength, but it was almost a liberation; the Ramsays' understanding and easy concern (3)enabled her to breathe freely again. Both Flora and Ted took trouble to make Perdita feel at home. Less than a month after Perdita joined them, Flora Ramsay announced to her that she was to see a doctor. Perdita consented, but she was afraid of having her speech examined by a stranger. '(　(1)
15 b　)' said Flora, without offering any details. So Perdita arrived at a clinic building attached to the children's hospital.

　　Perdita decided that she must be brave. But although the nurse at the reception desk smiled at her as she asked her to spell her name, courage was not, after all, so easy to (4)come by. Once again, her attempt to spell her own name disclosed her
20 condition. So Flora, who was a sensible woman, did all the talking.

　　Here, in a small office behind the clinic in which Perdita felt so afraid, she met her doctor, Doctor Viktor Oblov. A native of Novosibirsk, in Russia, he had come to Australia on a merchant ship at the end of the First World War, in which he had served as a doctor, treating soldiers who had psychological problems. Although he
25 was introducing himself to Flora, Perdita also listened closely. He sounded like an exciting and interesting person. He had thinning grey hair, unfashionably long, and wore a pair of glasses with gold frames. The sleeves of his shirt were rolled, as if he were (　(5)　). Perdita was immediately charmed. When he spoke his voice

was soft and low, an excellent thing in a doctor.

'Very pleased to meet you,' he said, as if he meant it. His office was untidy and unmedical, his manner a pleasant surprise.

Doctor Oblov had glass objects—paperweights—resting on his desk, which he took up from time to time, turned in his delicate hands, and set down again. One of the objects was a solid, perfectly round piece of glass containing a strange flower of brilliant blue, a kind of flower that could not ((6)) exist in nature. There was a second one containing a tiny ship sailing through stormy waves, and a third that held a butterfly of bright yellow. As a child who had rarely been given gifts, who possessed a piece of pearl shell but little else that might be considered as treasure, Perdita found these objects delightfully attractive.

At this first meeting, there were a few questions, but very little else, and Perdita hardly believed that Doctor Oblov was a doctor at all. He saw her looking at the three glass objects as he played with them, and asked her if she would like to choose one to hold while he asked her some questions. It would make talking easier, he said. Perdita thought this was a silly suggestion, but agreed in order to please him, and because the invitation to hold one of the paperweights was what she had ((7)) for. She chose the one that contained the unnatural flower.

'When you speak to me,' said Doctor Oblov, 'imagine that your voice is projected beyond you, into the paperweight, and coming, like magic, out of the centre of the blue flower.'

Again Perdita thought this was a foolish suggestion—he was treating her as a little girl, she felt—but so beautiful was the object that (8)it somehow allowed her to overcome that feeling. She held the paperweight, which was cold and perfect, which was, she had to admit, one of the most beautiful things she had ever seen, and responded to (9)the doctor's simple questions, asked in a voice so low she could hardly hear him.

Yes, the problem started about two years ago, after she had witnessed her father's death. Yes, it was getting worse, she spoke less and less. Yes, there were occasions when she spoke without difficulty; she could recite whole verses of Shakespeare, which she had learned from her mother.

(10)At this Doctor Oblov leaned back in his chair, knitting his fingers.

'Shakespeare ?'

'((1)c)' Flora interrupted loudly.

6

総
合
読
解

Perdita looked up at her and smiled, and then resumed looking into the complex beauty of the glass paperweight.

65 '((1)d)' asked the doctor. 'Just a verse or two?'

It did not need effort; Perdita recited Hamlet's famous speech, which was her easiest piece. She heard the words flowing easily off her tongue with a sense of pride.

Doctor Oblov looked impressed. A happy smile spread across Flora's face, and 70 she held her handbag close like a girl thrilled to meet a famous actor.

'I see,' said the doctor.

He stretched out his open palm. She placed the paperweight carefully in his hand. It caught the light, and shone like a jewel.

'One day,' he said to her, 'when your words come easily again, you can take it 75 home.'

Perdita was thrilled for a moment, but then she began to doubt him. It was hardly a promise he would be required to keep. But Doctor Oblov smiled at her, and reached to shake her hand, as though he considered her not a child after all, but another adult. She took the doctor's hand earnestly, shook it like a grown-up, 80 and was pleased she had come.

From *Sorry* by Gail Jones, Europa Editions

(1) 空所 ((1)a)～((1)d) を埋めるのに最も適切な表現を次のうちから選び，それぞれの記号を記せ。同じ記号を複数回使ってはならない。

ア Who was it?

イ Just to check!

ウ Anyone there?

エ That's a pity…

オ Would you mind?

カ That's what she said!

(2) 下線部(2) a ～(2) c は誰を指すと考えられるか，それぞれの記号を記せ。同じ記号を複数回使ってはならない。

ア Perdita   イ Mrs. Brodie

ウ Flora's child   エ Flora Ramsay

オ Perdita's mother

(3) 下線部(3)の意味として最も適切なものを次のうちから一つ選び，その記号を記せ。

　　ア　She was able to get over her cold.

　　イ　She was able to express her opinion.

　　ウ　She was able to share her excitement.

　　エ　She was able to recover her peace of mind.

(4)　下線部(4)の意味として最も適切なものを次のうちから一つ選び，その記号を記せ。

　　ア　lose　　　　　　　　　　　　イ　obtain

　　ウ　require　　　　　　　　　　　エ　display

(5)　下に与えられた語を正しい順に並べ替え，空所（　(5)　）を埋めるのに最も適切
　　な表現を完成させよ。ただし，下の語群には，不要な語が二つ含まれている。

　　　about　　engage　　find　　in　　interested　　labour　　physical　　to

(6)　空所（　(6)　）を埋めるのに最も適切な単語を次のうちから一つ選び，その記号
　　を記せ。

　　ア　only　　　　　　　　　　　　イ　openly

　　ウ　possibly　　　　　　　　　　エ　completely

(7)　空所（　(7)　）を埋めるのに最も適切な単語を次のうちから一つ選び，その記号
　　を記せ。

　　ア　lived　　　　　　　　　　　　イ　asked

　　ウ　hoped　　　　　　　　　　　エ　prepared

(8)　下線部(8)を和訳せよ。ただし，it と that feeling が意味する内容を明らかにする
　　こと。

(9)　下線部(9)の質問内容と合致しないものを次のうちから一つ選び，その記号を記せ。

　　ア　Is it becoming more severe?

　　イ　Did the trouble start long ago?

　　ウ　Does holding the paperweight help?

　　エ　Are there any times when it doesn't happen?

(10)　下線部(10)の言い換えとして最も適切なものを次のうちから一つ選び，その記号を
　　記せ。

　　ア　Hearing what she said,

　　イ　Seeing how she said it,

　　ウ　Guessing what she said,

　　エ　Trying to repeat what she said,

162

次の文章は，William Porter という人物の伝記の一部である。これを読んで以下の問いに答えよ。

When William Porter left Houston, never to return, he left because he was ordered to come immediately to Austin and stand trial for stealing funds while working at the First National Bank of Austin.

Had he gone he would certainly have been declared innocent. "A ((1)) of
5 circumstances" is the judgment of the people in Austin who followed the trial most closely. Not one of them, so far as I could learn after many interviews, believed him guilty of doing anything wrong. It was well known that the bank, (2)long since closed, was terribly managed. Its customers, following an old practice, used to enter, go behind the counter, take out one hundred or two hundred dollars, and
10 say a week later: "Porter, I took out two hundred dollars last week. See if I left a note about it. (3)I meant to." It was impossible to keep track of the bank's money. The affairs of the bank were managed so loosely that Porter's predecessor was driven to retirement, his successor to attempted suicide.

There can be no doubt that Porter boarded the train at Houston with the
15 intention of going to Austin. I imagine that he even felt a certain sense of relief that the trial, which had hung as a heavy weight around his neck, was at last to take place, and his innocence publicly declared. His friends were confident of his innocence. (4)If even one of them had been with Porter, all would have been different. But when the train reached Hempstead, about a third of the way to
20 Austin, Porter had had time to imagine the scenes of the trial, to picture himself a prisoner, to look into the future and see himself marked with suspicion. (5)His imagination outran his reason, and when the night train passed Hempstead on the way to New Orleans, Porter was on it.

His mind seems to have been fully made up. He was not merely saving himself
25 and his family from a public shame, he was going to start life over again in a new place. His knowledge of Spanish and his ignorance of Honduras made the little Central American republic seem just the place to escape to. His letters to his wife

from Honduras show that he had determined to make Central America their home, and that a school had already been selected for the education of their daughter. 30

How long Porter remained in New Orleans, on his way to Honduras, is not known. It is probable that he merely passed through New Orleans on his way to Honduras and took the first available boat for the Honduran coast, arriving at Puerto Cortez or Trujillo. At any rate, he was in Trujillo and was standing at the dock when he saw a man in a worn dress suit step from a newly arrived boat. 35 "Why did you leave so hurriedly ?" asked Porter. "Perhaps for the same reason as yourself," replied the stranger. "What is your destination ?" inquired Porter. "I left America to keep away from (6)<u>my destination</u>" was the reply.

The stranger was Al Jennings, the leader of one of the worst gangs of train robbers that ever existed in the American Southwest. He and his brother Frank 40 had chartered a boat in Galveston, and the departure had been so ((7)) their dress suits and high hats for plainer clothing. Jennings and his brother had no thought of continuing their career of ((8)) in Latin America. They were merely putting distance between them and the detectives already on their trail. Porter joined them and together they circled the entire coast of South America. 45 This was Porter's longest voyage and certainly the strangest.

In these wanderings together Jennings probably saw deeper into one side of Porter's life than anyone else had ever seen. In a letter to a friend, he writes: "Porter was to most men a difficult character but when men have gone hungry together, eaten together, and looked death in the face and laughed, it may be said 50 they have ((9)) each other. Again, there is no period in a man's life that shows his unique characteristics so much as terrible hunger. I have known that with our friend and could find no fault. If the world could only know him as I knew him, the searchlight of investigation could be turned on his beautiful soul and find it as spotless as a beam of sunlight after the storm-cloud had passed." 55

Porter's letters to his wife came regularly after the first three weeks. The letters were enclosed in envelopes directed to Mr. Louis Kreisle, in Austin, who handed them to Porter's wife. "Mrs. Porter used to read me selections from her husband's letters," said Mrs. Kreisle. "They told of his plans to bring Mrs. Porter and Margaret to him as soon as he was settled. He had a hard time but his letters were 60 cheerful and hopeful and full of ((10) a) for his wife. Mrs. Porter's parents were, of course, willing to provide for her and Margaret but she did not want to be dependent. She said she did not know how long they would be separated, so she planned to do something to earn some money. She began taking a course in a

65 business college but (⑽ b) interfered. When Christmas came she made a lace handkerchief, sold it for twenty-five dollars, and sent her husband a box containing his overcoat, fine perfumes, and many other delicacies. I never saw such (⑽ c). The only day she remained in bed was the day she died."

Porter did not know till a month later that this box was packed by Mrs. Porter

70 when her temperature was 104°F (40℃). As soon as he learned it, he gave up all (⑽ d) of a Latin American home and started for Austin, determined to give himself up and to take whatever punishment fate or the courts had in store for him.　　　　From *O*. *Henry Biography* by Charles Alphonso Smith, Kessinger Publishing

(1) 空所 ((1)) を埋めるのに最も適切な単語を次のうちから一つ選び，その記号を記せ。

　ア　victim

　イ　nature

　ウ　creature

　エ　punishment

(2) 下線部(2)の言い換えとして最も適切な表現を次のうちから一つ選び，その記号を記せ。

　ア　as long as it was closed

　イ　which had been closed at long last

　ウ　which had been closed for a long time

　エ　because it had been closed a long time ago

(3) 下線部(3)の意味として最も適切なものを次のうちから一つ選び，その記号を記せ。

　ア　確かな記憶がある。

　イ　よく調べてもらいたい。

　ウ　そのつもりだったが，忘れたかもしれない。

　エ　そういう意味だったので，誤解しないでほしい。

(4) 下線部(4)を和訳せよ。ただし，them と all が意味する内容を明らかにすること。

(5) 下線部(5)に描かれている Porter の心理について，最もよく当てはまるものを一つ選び，その記号を記せ。

　ア　He was afraid of the trial even though he thought that he was likely to be declared innocent.

イ He was afraid of the trial because he had reason to believe that his guilt would be apparent.

ウ He was afraid of the trial even though he couldn't remember why he had stolen funds from the bank.

エ He was afraid of the trial because people wouldn't understand his reasons for stealing funds from the bank.

(6) 下線部(6)は具体的に何を指すと考えられるか。最も適切なものを次のうちから一つ選び，その記号を記せ。

ア prison

イ robbery

ウ the bank

エ his home

(7) 下に与えられた語を正しい順に並べ替え，空所（ (7) ）を埋めるのに最も適切な表現を完成させよ。ただし，下の語群には，不要な語が一つ含まれている。

exchange, had, had, not, sudden, they, time, to, with

(8) 空所（ (8) ）を埋めるのに最も適切な単語を次のうちから一つ選び，その記号を記せ。

ア crime

イ travel

ウ escape

エ finance

(9) 空所（ (9) ）を埋めるのに最も適切な表現を次のうちから一つ選び，その記号を記せ。

ア no use for

イ knowledge of

ウ despaired for

エ worried about

(10) 空所（ (10)a ）〜（ (10)d ）を埋めるのに最も適切な表現を次のうちから選び，それぞれの記号を記せ。同じ記号は一度しか使えない。

ア hope

イ affection

ウ ill health

エ willpower

6
総合読解

163

次の文章を読み，以下の問いに答えよ。

When people hear that I'm writing an article about the way human beings deceive each other, they're quick to tell me how to catch a liar. Liars always look to the left, several friends say ; liars always cover their mouths, says a man sitting next to me on a plane. Beliefs about (　1　) are numerous and often
5　contradictory. Liars can be detected because they move a lot, keep very still, cross their legs, cross their arms, look up, look down, make eye contact or fail to make eye contact. Freud thought anyone could spot people who are lying by paying close enough attention to the way they move their fingers. Nietzsche wrote that "the mouth may lie, but the face it makes nonetheless tells the truth."

10　Most people think they're good at spotting liars, but studies show otherwise. It is wrong to expect that professionally trained people will have the ability to detect liars with accuracy. In general, even professional lie-catchers, like judges and customs officials, perform, when tested, (　2　). In other words, even the experts would have been right almost as often if they had just tossed a coin.

15　Just as it is hard to decide who is lying and who is not, it is also much more difficult (　3　) tell what is a lie and what is not. "Everybody lies," Mark Twain wrote, "every day ; every hour ; awake ; asleep ; in his dreams ; in his joy ; in his grief."

First, there are the lies which consist of *not* saying something. You go out to
20　dinner with your sister and her handsome boyfriend, and you find him utterly unpleasant. When you and your sister discuss the evening later, isn't it a lie for you to talk about the restaurant and not about the boyfriend ? What if you talk about his good looks and not about his offensive personality ?

Then there are lies which consist of saying something you know to be false.
25　Many of these are harmless lies that allow us to get along with one another. When you receive a gift you can't use, or are invited to lunch with a co-worker you dislike, you're likely to say, "Thank you, it's perfect" or "I wish I could, but I have a dentist's appointment," rather than speak (4)the harsher truth. These are the lies

we teach our children to tell ; we call them manners. Even our automatic response of "Fine" to a neighbor's equally mechanical "How are you ?" is often, when you get right down to it, a lie.

More serious lies can have a range of motives and implications ; for example, lying about a rival's behavior in order to get him fired. But in other cases, not every lie is one that needs to be uncovered. We humans are active, creative animals who (5)can represent what exists as if it did not, and what doesn't exist as if it did. Concealment, indirectness, silence, outright lying—all contribute to the peace-keeping of the human community.

Learning to lie is an important part of growing up. What makes children able to start telling lies, usually at about age three or four, is that they have begun developing a theory of mind, the idea that what goes on in their heads is different from what goes on in other people's heads. With their first lie to their parents, the power balance shifts a little : they now know something their parents don't know. With each new lie (6)they gain a bit more power over the people who believe them. After a while, the ability to lie becomes just another part of their emotional landscape.

Lying is just so ordinary, so much a part of our everyday lives and everyday conversations, that we hardly notice it. The fact is that in many cases it would be more difficult, challenging and stressful for people to tell the truth than to lie. Can't we say that deceiving is, (7   ), one characteristic associated with the evolution of higher intelligence ?

At present, attempts are being made by the US Federal Government to develop an efficient machine for "credibility assessment," (8   ), a perfect lie detector, as a means to improve the nation's security level in its "war on terrorism." This quest to make the country safer, however, may have implications for our everyday lives in the most unexpected ways. How will the newly developed device be able to tell which are truly dangerous lies and which are lies that are harmless and kind-hearted, or (9)self-serving without being dangerous ? What happens if one day we find ourselves with instruments that can detect untruth not only in the struggle against terrorism but also in situations that have little to do with national security : job interviews, tax inspections, classrooms, bedrooms ?

A perfect lie-detection device would turn our lives upside down. Before long, we would stop speaking to each other, television would be abolished, politicians would

6

総
合
読
解

be arrested and civilization would come to a halt. It would be a mistake to bring such a device too rapidly to market, before considering what might happen not

65　only if it didn't work—(10)<u>which is the kind of risk we're accustomed to thinking about</u>—but also what might happen if it did. Worse than living in a world filled with uncertainty, in which we can never know for sure who is lying to whom, might be to live in a world filled with certainty about where the lies are, thus forcing us to tell one another nothing but the truth.

From Looking for the Lie by Robin Marantz Henig, *The New York Times* (2006/02/05)
© The New York Times

(1)　空所（　1　）を埋めるのに最も適切な表現を次のうちから一つ選び，その記号を記せ。

　ア　why people lie　　　　　　イ　the timing of lying

　ウ　what lying looks like　　　エ　the kinds of lies people tell

(2)　空所（　2　）を埋めるのに最も適切な表現を次のうちから一つ選び，その記号を記せ。

　ア　as accurately as expected

　イ　not much better than chance

　ウ　somewhat worse than average

　エ　far better than non-professionals

(3)　下に与えられた語を正しい順に並べ替え，空所（　3　）を埋めるのに最も適切な表現を完成させよ。ただし，下の語群には，不要な語が一つ含まれている。

　　　look　　tend　　than　　think　　to　　to　　we

(4)　下線部(4)の意味内容として最も近いものを次のうちから一つ選び，その記号を記せ。

　ア　how you really feel　　　イ　the lies children tell

　ウ　a visit to the dentist　　エ　why you don't like lunch

(5)　下線部(5)を和訳せよ。

(6)　下線部(6)の意味内容として最も近いものを次のうちから一つ選び，その記号を記せ。

　ア　They become less dependent on others.

　イ　They learn more clearly to tell right from wrong.

　ウ　They realize that their parents are just like other people.

　エ　They understand that they are being encouraged to learn how to lie.

(7) 空所 (7) を埋めるのに最も適切な表現を次のうちから一つ選び，その記号
を記せ。

ア in vain イ after all
ウ in no way エ by contrast

(8) 空所 (8) を埋めるのに最も適切な表現を次のうちから一つ選び，その記号
を記せ。

ア all the same イ by all means
ウ in other words エ on the other hand

(9) 下線部(9)で説明されている lies はこの文脈では何を意味するか。次のうちから
最も適切なものを一つ選び，その記号を記せ。

ア 自分にとっては安全で使いやすい嘘
イ 自動的に出てくる，たわいのない嘘
ウ 自己犠牲を必要とする割に無難な嘘
エ 利己的だが，国家にとって安全な嘘

(10) 下線部(10)で説明されている risk とは，この場合どのようなものか。15〜20 字の
日本語で具体的に説明せよ。

(11) 以下は筆者の見解をまとめたものである。空所 ((a))〜((d)) を埋める
に最も適切な語を下の語群から選び，必要に応じて適切な形にして記せ。同じ語は
一度しか使えない。

As human beings, we cannot ((a)) lying at times. Indeed, sometimes lying
((b)) people from unnecessary confrontation. In many cases, peace in human
society is ((c)) because not all the truth is ((d)).

avoid invite maintain protect reveal struggle

164

次の短編小説の一節を読み，以下の問いに答えよ。

Jackie leant idly against the window frame, staring out at the beach in front of the house. In the distance down the beach she could see the familiar figure in the blue dress slowly coming towards the house. She loved these moments when she could watch her daughter in secret. Toni was growing up fast. (1)It seemed no time
5 since she and the confused little seven-year-old had arrived here. How Toni had adored her father! When she was still only five or six years old, they would all make the long trip from the city to the beach every weekend, and Toni would go out with him into the wildest waves, bravely holding on to his back, screaming in pleasure as they played in the waves together. She had trusted him entirely. And
10 then he had left them. No message, no anything. Just like that.

　She could make (　2　) Toni's figure quite clearly now. She saw her put her shoes onto the rocks near the water's edge and walk into the wet sand, then just stand there, hand on hip, head on an angle, staring down. What was she thinking? Jackie felt a surge of love that was almost shocking in its intensity. "I'd do
15 anything for her," she found herself saying aloud, "anything."

　It was for Toni that she had moved from the city to this house eight years ago, wanting to put the (　3　). Surely, up here it would be simpler, safer, more pleasant to bring up a child. And indeed, it had been. Toni had been able to ride her bicycle to school, run in and out of her friends' homes, take a walk around the
20 beach, in safety. There had never been a lack of places for her to go after school while Jackie was at work. They had a comfortable relationship, and Toni had given her (　4　) whatsoever. So, only three years to go and then she, Jackie, planned to return to the city, move in with Tim, marry, maybe.

　She glanced up at the clock. Four o'clock. He'd be here at seven, just like every
25 Friday. Besides Toni, he was the person she loved best in the world. Every weekend he came and they lived together like a family. He never put pressure on her to go and live in the city with him. He understood that she wanted to (5)see Toni through school first. He said he was prepared to wait until she was ready.

Jackie loved the arrangement. Not seeing each other through the week had kept
their relationship fresh. They had so much to tell each other each Friday. Getting 30
ready—shampooing her hair, blow-drying it, putting on her favourite clothes,
looking pretty—was such fun. Jackie thanked God for Toni and Tim.

* * *

Toni pressed her feet further into the wet sand. She didn't want to go home yet
—she had too much to think about. At home Mum would be rushing about, 35
singing, cleaning, getting ready for Tim, all excited. Someone her Mum's age
behaving like that! Toni thought it was (6)a bit too much, really—it was almost a
bit pitiful. Although Tim was great—she had to admit that. One part of her was
really pleased for Mum, that she had a partner; the other part was embarrassed.
No, she wouldn't go home just yet. 40

(7)She looked up and down the beach. She was relieved it was empty. She'd hate
to be seen in this dress—it was so fancy and girlish. She had just applied for a
Saturday job and Mum had made her wear this. "It's lovely, darling, and you look
so pretty in it. It's important to make a good impression," she'd said. Well, she'd got
the job. Mum would be waiting now, wanting to hear the news, and she'd get all 45
excited as if she'd won a prize or something. She wished sometimes that Mum
didn't get so carried away with things. There was one good thing, though. She'd
have some money of her own for once, and would be able to buy some of the
clothes she wanted for a change.

One thing was for sure. She wasn't going to wear this dress tonight! She'd wear 50
it as she left the house to make sure Mum let her go, but then she'd change at
Chrissy's place. It had all been a bit complicated—she'd never had to do (8)this
before. Just getting Mum to give her permission to go to the dance had been hard
enough.

"Will there be supervision there?" "Will there be alcohol?" "What time does it 55
finish?" On and on—like a police investigation. Other kids' parents didn't go on like
Mum. But at least she'd been allowed to go. It was her first time to the beach club!

Chrissy had told her not to even ask. "Just get out of the window when your
Mum and her boyfriend have gone to bed," had been her advice. "Things don't get
started until late anyway." But Toni couldn't do that, not this first time. Anyway, 60
Mum had said okay after Toni had done some pretty fast talking; she'd had to tell
a few lies, but in the end Mum had swallowed them. "Chrissy's parents are taking

us. Five parents will be supervising. Alcohol's not allowed. I'll be home by eleven-thirty."

65　　　She was especially embarrassed by the last one. Eleven-thirty—no chance! Still, once she got out of the house, Mum wouldn't know. Toni twisted her feet deeper into the sand. She was just a tiny bit uneasy about all the lies. But, why should she worry? Everyone had to do it. She'd never go anywhere if she didn't. Look at Chrissy. (9)Look at what she had been getting away with for a year now.

From The Blue Dress by Libby Hathorn, Mammoth

(1)　下線部(1)の言い換えとして最も適切な表現を次のうちから一つ選び，その記号を記せ。

　　ア　It appeared to be so long ago that

　　イ　It seemed like only yesterday that

　　ウ　It had always been such a rush since

　　エ　It allowed her little time to think since

(2)　空所（　2　）を埋めるのに最も適切な一語を記せ。

(3)　下に与えられた語を適切な順に並べ替えて空所（　3　）を埋め，その2番目と5番目にくる単語を記せ。ただし，下の語群には，不要な語が一つ含まれている。

　　　again　　and　　behind　　child　　past　　start　　them

(4)　空所（　4　）を埋めるのに最も適切な表現を次のうちから一つ選び，その記号を記せ。

　　ア　no joy

　　イ　little joy

　　ウ　no trouble

　　エ　little trouble

(5)　下線部(5)とほぼ同じ意味の表現を次のうちから一つ選び，その記号を記せ。

　　ア　see Toni off to school

　　イ　help Toni come first in school

　　ウ　wait until Toni finished school

　　エ　enjoy watching Toni go to school

(6)　下線部(6)の a bit too much という Toni の思いは，母親のどのような態度に対するものか。20～30字の日本語で述べよ。

(7) (7)の段落に描かれている Toni の心理について当てはまるものを次のうちから一
つ選び，その記号を記せ。

ア She is looking forward to receiving the prize she has won.

イ She is looking forward to spending her wages on new clothes.

ウ She is looking forward to hearing her mother's news about the job.

エ She is looking forward to making a good impression on her employers.

(8) 下線部(8)の this が表す内容を次のうちから一つ選び，その記号を記せ。

ア buy a dress

イ stay with her friend

ウ be dishonest with her mother

エ leave the house through the window

(9) 下線部(9)を和訳せよ。ただし，she が誰を指すかを明らかにすること。

(10) この文章の前半で描かれている Toni の子供時代について，正しいものを一つ次
のうちから選び，その記号を記せ。

ア Toni's father moved to the city to live by himself when Toni was seven.

イ Toni and her parents lived in a house by the beach until she was seven.

ウ Toni and her mother moved to a house by the beach when Toni was seven.

エ Toni's father came to the beach to see her on the weekend until she was
seven.

(11) 以下は，この文章で表現されている Jackie と Toni の心情について述べたもの
である。空所（ a ）～（ d ）を埋めるのに最も適切な動詞を下の語群から選
び，その記号を記せ。語群の動詞は原形で記されている。同じ記号は一度しか使え
ない。

Jackie doesn't（ a ）that her daughter is quickly growing up, more
quickly, perhaps, than she would like. She（ b ）to see that Toni now has her
own thoughts and ideas. Toni still（ c ）her mother but feels a little
uncomfortable with the relationship and wants to（ d ）more independent.

ア become イ fail ウ live エ love

オ realize カ succeed キ wish

165

次の短編小説を読み，以下の問いに答えよ。

BACK HOME

Rebecca's mother was standing outside the bus station when the bus arrived. It was seven thirty-five on Sunday morning. She looked tired. "How was the ride ?" she asked.

"I didn't fall asleep until we got to Ohio," Rebecca replied. She had come by
5 overnight bus from New York City. The familiar smells of the early Michigan summer filled the air as they walked to her mother's car. "But I'm okay."

Rebecca looked out the window as her mother drove the dozen blocks back to the house. The town was nearly deserted. Along Main Street, a discount shoe store stood where the department store used to be, and the drugstore had become
10 a laundry. But on Lincoln Ave., the fast-food places—Bonus Burger, Pizza Delight, Taco Time—were (1), as were the houses on Willow, the street where Rebecca had grown up. Only the house two doors down from her mother's looked different.

"What happened to the Wilsons' house ?" Rebecca asked. "Did they paint it or
15 something ?"

"They moved to Kentucky," her mother replied.

There was a long pause. Rebecca realized that her mother had still not (2) her former cheerfulness.

"Somebody else moved in." Her mother parked the car in the driveway, and they
20 got out.

The house was empty when they entered. Henry, Rebecca's stepfather, was working the early shift at the chemical plant ; he wouldn't be home until midafternoon. As Rebecca carried her suitcase through the dining room, she tried not to look at the pictures of Tracy—her twin brother—on the wall.

25 "I have to go to church," her mother said. "I'll be back by noon, if you want to use the car later."

The bedroom where she had slept as a child was transformed. The bed was new, the carpet was gray instead of green, and hanging from the ceiling was Henry's collection of model airplanes. (3)Down the hall, the door of Tracy's old room was still shut, as it had been for years.

Rebecca left her suitcase next to the bed and went into the kitchen. She made herself a cup of coffee, switched on the television, and sat down to watch a quiz show.

* * *

That afternoon, Rebecca drove her mother's car to the shopping mall outside town. The mall had opened before Rebecca was born. When she was in high school, it had been the most exciting place in town, and she and her friends would hang out there in the evenings until it closed. Years of living in Brooklyn and working in Manhattan, though, had given Rebecca a new (4), and the mall looked plain and uninteresting. Even on a Sunday afternoon, the stores had few customers.

She bought some shampoo and conditioner—her mother didn't have the kind Rebecca used—and sat at a table in the food court and sipped on a soda. Some children were running around the tables as their mothers chatted nearby. She thought about the coffee shop in New York where she went almost every evening after work. It was on 35th Street, just east of Broadway, between a Swedish bakery and a shop that sold circus equipment. One of the servers, a boy of eighteen or nineteen, always remembered her order and gave her a big smile when she came in. She would sit at a corner table and watch the customers— every age, every nationality, every kind of clothing and hairstyle—come and go. (5)It gave her a thrill to feel she was one thread in such a rich cultural fabric.

Rebecca was getting up to leave when one of the mothers came over to her.

"Rebecca?" she said.

Rebecca hesitated for a moment. Then she cried, "Julia!" She stood, and they embraced each other. "I didn't (6) you at first!"

"It's been a long time."

Since Tracy's memorial service, Rebecca thought.

Julia sat down. "Are you still living in New York?"

"Yeah," Rebecca replied. "I'm just here for a couple of days. But I'm thinking of moving back to Michigan."

"(7 a) I thought you liked New York."

"Well, my roommate is getting married and moving out, so I have to either find a new roommate or move. Rent is really expensive there."

"(7 b)"

65 "My stepfather says he can get me an office job at the chemical plant. I have an interview there tomorrow."

"(7 c)" Julia paused. "Have you been dating anybody ?"

"Not really." Then Rebecca asked, "How's Jerry ?"

"(7 d) Still working for his father. He's gone fishing today, so I brought the
70 kids to the mall to let them run around."

Rebecca and Julia had been friends in high school. Julia had dated Tracy pretty seriously, but they broke up after high school. Julia was already married to Jerry when Tracy was killed in Afghanistan.

＊　＊　＊

75 At dinner that evening, Henry talked about an accident that had happened at the plant : "... and then the cracker overheated, and we had to deal with that, too, while we were flushing out the reflux lines ...." Even (8) a teenager, Rebecca was embarrassed not to understand what Henry said. Neither she nor her mother said much. Later, Rebecca helped Henry wash and put away the dishes. He had
80 married Rebecca's mother and moved in when Rebecca and Tracy were eleven. Their real father had left three years earlier. Rebecca hadn't seen him for twenty years.

"I told my boss that you'd come in to the office tomorrow at eleven," Henry said. "I'll take your mother to work, so you can drive her car."

85 "Thanks."

"He just wants to meet you before he hires you. I didn't ask about the pay, but it should be okay. The girl who had the job before you didn't (9)."

Fatigue from the bus trip hit Rebecca early in the evening, so she said goodnight to her mother and Henry and went to bed. She fell asleep quickly and slept
90 soundly. Around four in the morning, while it was still dim and silent outside, she woke up. She stayed in bed and gazed at the model airplanes hanging from the ceiling. She thought about Julia spending Sunday afternoon with her kids at the mall and about how she couldn't imagine doing that herself. She thought about the chemical plant where Henry worked, and the call center outside of town where

her mother spent her days talking to faraway voices about their credit card problems. She thought about New York City—the noisy streets, the crowded sidewalks, the tiny Korean restaurant near her apartment, the boy in the coffee shop on 35th Street.

Then she thought about Tracy, who would never grow older than twenty-three. She remembered how they had quarreled when they were small, when their mother had been a good-natured referee, and how they had stopped quarreling when their father left. Why had they stopped? And why had her mother become so silent towards her after Tracy's death? Rebecca felt a surge of helplessness wash over her.

It was not yet five o'clock, the house still silent, when she got out of bed and quietly packed her bag. What had made her decide? She wasn't sure. But she wrote a note to her mother and Henry: "I've decided to (10)go back home. I'm sorry."

She put the note on the kitchen table and slipped out the front door. She walked the twelve blocks downtown to catch the first bus to Detroit, from where she would take another bus back to New York.

(1) 空所（　1　）を埋めるのに最も適切な表現を次のうちから一つ選び，その記号を記せ。

ア　as she left 　　　　　　　　　イ　as her childhood
ウ　as she was a child 　　　　　エ　as she remembered

(2) 空所（　2　）を埋めるのに最も適切な単語を次のうちから一つ選び，その記号を記せ。

ア　recovered 　　イ　reformed 　　ウ　replaced 　　エ　revised

(3) 下線部(3)を和訳せよ。

(4) 空所（　4　）を埋めるのに最も適切な単語を次のうちから一つ選び，その記号を記せ。

ア　perspective 　　イ　sight 　　ウ　transformation 　　エ　way

(5) 下線部(5)は，主人公のどのような心情を表現しているか。最も適切なものを次のうちから一つ選び，その記号を記せ。

ア　大都会の多彩な文化に参加している喜び
イ　都市文化の中で地に足がつかない不安感
ウ　最新の都市文化を目の当たりにした興奮

エ 巨大な都市の文化に入り込めない無力感

(6) 空所 (6) を埋めるのに最も適切な単語を次のうちから一つ選び, その記号を記せ。

ア appreciate　　イ confirm　　　ウ foresee　　　エ recognize

(7) 空所 (7 a)～(7 d) を埋めるのに最も適切な文をそれぞれ次のうちから一つ選び, その記号を記せ。同じ記号は一度しか使えない。

ア Why not ?　　　　　　　イ He's okay.

ウ Here he is.　　　　　　エ How come ?

オ That's great.　　　　　カ That's what I hear.

(8) 下に与えられた語を適切な順に並べ替えて空所 (8) を埋め, その2番目と5番目にくる単語を記せ。ただし, 下の語群には, 不要な語が一つ含まれている。

as　　been　　had　　more　　she　　than　　would

(9) 文脈から考えて空所 (9) を埋めるのに最も適切な単語を次のうちから一つ選び, その記号を記せ。

ア claim　　　イ complain　　　ウ demand　　　エ insist

(10) 下線部(10)の go back home という表現から, 実家滞在中の Rebecca に大きな心境の変化があったことが読み取れる。その心境の変化とはどのようなものか。40～50字の日本語で説明せよ。

(11) 物語中の記述から, 主人公 Rebecca は現在何歳くらいだと考えられるか。最も適切なものを次のうちから一つ選び, その記号を記せ。

ア 22歳　　　　イ 24歳　　　　ウ 26歳　　　　エ 28歳

166

次の英文を読み，以下の問いに答えよ。

A few months ago, as I was walking down the street in New York, I saw, at a distance, a man I knew very well heading in my direction. The trouble was that I couldn't remember his name or where I had met him. This is one of those feelings you have especially when, in a foreign city, you run into someone you met back home or the other way around. A face out of (1 a) creates confusion. Still, that face was so familiar that, I felt, I should certainly stop, greet and talk to him ; perhaps he would immediately respond, "My dear Umberto, how are you ?" or even "Were you able to do that thing you were telling me about ?" And I would be at a total loss. It was too late to (2) him. He was still looking at the opposite side of the street, but now he was beginning to turn his eyes towards me. I might as well make the first move ; I would wave and then, from his voice, his first remarks, I would try to guess his identity.

We were now only a few feet from each other, I was just about to break into a big, broad smile, when suddenly I recognized him. It was Anthony Quinn, the famous film star. Naturally, I had never met him in my life, (3). In a thousandth of a second I was able to check myself, and I walked past him, my eyes staring into (1 b).

Afterwards, reflecting on this incident, I realized how totally (4) it was. Once before, in a restaurant, I had caught sight of Charlton Heston and had felt an impulse to say hello. These faces live in our memory ; watching the screen, we spend so many hours with them that they are as familiar to us as our relatives', even more (5) so. You can be a student of mass communication, discuss the effects of reality, or the confusion between the real and the imagined, and explain the way some people fall permanently into this confusion — but still you cannot escape the same confusion yourself.

My problems with film stars were all in my head, of course. (6) But there is worse.

I have been told stories by people who, appearing fairly frequently on TV, have been involved with the mass media over a certain period of time. I'm not talking

about the most famous media stars, but public figures, and experts who have
participated in talk shows often enough to become recognizable. All of them
complain of the same unpleasant experience. Now, (7), when we see
someone we don't know personally, we don't stare into his or her face at length, we
don't point out the person to the friend at our side, we don't speak of this person in
a loud voice when he or she can hear us. Such behavior would be impolite, even
offensive, (8). But the same people who would never point to a customer at a
counter and remark to a friend that the man is wearing a smart tie behave quite
differently with famous faces.

My own relatively famous friends insist that, at a newsstand, in a bookstore, as
they are getting on a train or entering a restaurant toilet, they run into others
who, among themselves, say aloud,

"Look, there's X."

"Are you sure?"

"Of course I'm sure. It's X, I tell you."

And they continue their conversation happily, (9)while X hears them, and they
don't care if he hears them: it's (10a)as if he didn't exist.

Such people are confused by the (1 c) that a character in the mass media's
imaginary world should unexpectedly enter real life, but at the same time they
behave in the presence of the real person as if he still belonged to the world of
images, as if he were on a screen, or in a weekly picture magazine. (10b)As if they
were speaking in his (10).

I might as well have taken hold of Anthony Quinn by the arm, dragged him to a
telephone box, and called a friend to say,

"Guess what! I'm with Anthony Quinn. And you know something? He seems
real!" (11)After which I would throw Quinn aside and go on about my business.

The mass media first convinced us that the (12 a) was (12 b), and now
they are convincing us that the (12 b) is (12 a); and the more reality the TV
screen shows us, the more movie-like our everyday world becomes — until, as
certain philosophers have insisted, we think that we are alone in the world, and
that everything else is the film that God or some evil spirit is projecting before our
eyes.

Excerpt from "How to React to Familiar Faces" from HOW TO TRAVEL WITH A
SALMON & OTHER ESSAYS by Umberto Eco, Mariner Books

(1) 空所 （ 1 a ）〜（ 1 c ）を埋めるのに最も適切な単語をそれぞれ次のうちから
一つ選び，その記号を記せ。

　ア　context　　イ　fact　　ウ　identity　　エ　sound　　オ　space

(2) 空所 （ 2 ）を埋めるのに最も適切な表現を次のうちから選び，その記号を記
せ。

　ア　catch up with　　　　　　　　イ　get away from

　ウ　take advantage of　　　　　　エ　make friends with

(3) 空所 （ 3 ）を埋めるのに最も適切な表現を次のうちから選び，その記号を記
せ。

　ア　nor he me　　　　　　　　　　イ　nor did he

　ウ　neither did I　　　　　　　　　エ　neither had I

(4) 空所 （ 4 ）を埋めるのに最も適切な単語を次のうちから選び，その記号を記
せ。

　ア　foreign　　　イ　lucky　　　ウ　normal　　　エ　useless

(5) 下線部(5)の "so" は何をさしているか。7 語の英語で答えよ。

(6) 下線部(6)で "worse" とされていることは何か。25〜35 字の日本語で述べよ。

(7) 空所 （ 7 ）を埋めるのに最も適切な表現を次のうちから選び，その記号を記
せ。

　ア　as a rule　　　　　　　　　　イ　for all that

　ウ　as is the case　　　　　　　　エ　for better or worse

(8) 空所 （ 8 ）を埋めるのに最も適切な表現を次のうちから選び，その記号を記
せ。

　ア　if carried too far　　　　　　　イ　if noticed too soon

　ウ　if taken too seriously　　　　　エ　if made too frequently

(9) 下線部(9)の場面で，X 氏はどのように感じていたと考えられるか。最も適切な
ものを次のうちから選び，その記号を記せ。

　ア　I wonder if they've taken me for somebody else.

　イ　I can't believe they're talking like that in front of me !

　ウ　I'm curious to know what they're going to say about me.

　エ　I can't remember their names or where I met them. What can I do ?

(10) 空所 （ 10 ）に一語を補うと，下線部 （ 10 a ）と （ 10 b ）はほぼ同じ意味
になる。その単語を記せ。

(11) 下線部(11)を和訳せよ。

6

総
合
読
解

⑿ 空所（ 12 a ），（ 12 b ）を埋めるのに，最も適切な単語の組み合わせを次のうちから選び，その記号を記せ。

ア (a) confusion　　(b) real

イ (a) real　　(b) confusion

ウ (a) imaginary　　(b) real

エ (a) real　　(b) imaginary

オ (a) confusion　　(b) imaginary

カ (a) imaginary　　(b) confusion

167

地図を参照しながら次の説明文（斜字体部分）と物語文を読み，以下の設問に答えよ。

The modern country of Bangladesh, with its capital in Dhaka, is the eastern half of the area traditionally known as Bengal; the western half, with its capital in Calcutta, is part of India. Although the people of the two halves of Bengal speak the same language, they are divided by religion, the majority of the population in the east being Muslim, and the majority in the west Hindu. When the whole of this part of the world was part of

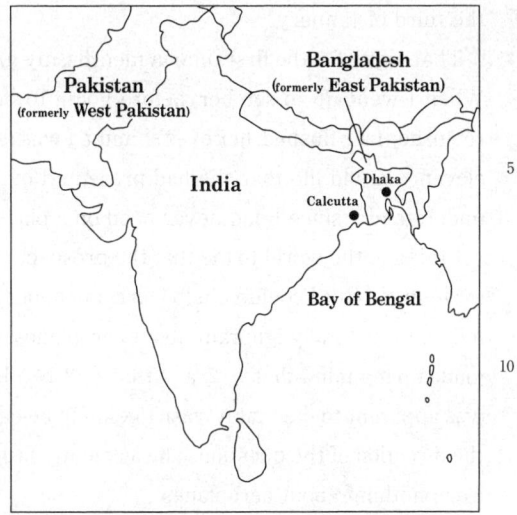

the British Empire, Bengal was a single province. In 1947, when the British left, 15
the British Empire in India was divided into two independent countries: India, with a largely Hindu population, and Pakistan, with a largely Muslim population. The latter consisted of West Pakistan (now Pakistan), and East Pakistan (previously the eastern half of Bengal, now Bangladesh). As a result of this division—known as Partition—many Muslims fled from India into one of the two parts of Pakistan, and 20
many Hindus fled from the two parts of Pakistan into India. This exchange of population was very violent; it has been estimated that about 500,000 people were killed. More than a million people moved from East Pakistan to the western half of Bengal in India; the grandmother in the passage below was one of those people. In 1971, East Pakistan gained its independence from Pakistan and became 25
Bangladesh.

6

総合読解

A few weeks later, at dinner, my father, grinning hugely, pushed an envelope across the table to my grandmother. 'That's for you,' he said.

'What is it?' she said suspiciously.

30 'Go on,' he said. 'Have a look.'

She picked it up, opened it and had a look inside. 'I can't tell,' she said. 'What is it?'

My father burst into laughter. 'It's your plane ticket,' he said. 'For Dhaka—for the third of January.'

35 That night, for the first time in months, my grandmother seemed really excited. When I went up to see her, before going to bed, I found her pacing around the room, her face flushed, her eyes shining. I was delighted. It was the first time in my eleven-year-old life that she had presented me with a response that I could fully understand—since I had never been on a plane myself, it seemed the most (1

40) thing in the world to me that the prospect of her first flight should fill her with excitement. But I couldn't help worrying about her too, for I also knew that, unlike me, she was totally ignorant about aeroplanes, and before I fell asleep that night I made up my mind that (2 a) that (2 b) before (2 c). But soon enough it was apparent to me that it wasn't going to be easy to educate her : I could tell from

45 the direction of the questions she asked my father that, (3)left to herself, she would learn nothing about aeroplanes.

For instance, one evening when we were sitting out in the garden she wanted to know whether she would be able to see the border between India and East Pakistan from the plane. When my father laughed and said, why, did she really

50 think the border was a long black line with green on one side and scarlet on the other, like it was in a schoolroom map, (4)she was not so much offended as puzzled.

'No, that wasn't what I meant,' she said. 'Of course not. But surely there's something—a fence perhaps, or soldiers, or guns pointing at each other, or even just strips of empty land. Don't they call it no-man's land?'

55 My father was already an experienced traveller. He burst out laughing and said, 'No, you won't be able to see anything except clouds and perhaps, if you're lucky, some green fields.'

His laughter irritated her. 'Be serious,' she said. 'Don't talk to me as though I were a secretary in your office.'

60 Now it was his (5) to be offended : it upset him when she spoke sharply to

him within my hearing.

'That's all I can tell you,' he said. 'That's all there is.'

My grandmother thought this over for a while, and then she said, 'But if there isn't a fence or anything, (6)<u>how are people to know</u>? I mean, where's the difference then? And if there's no difference, both sides will be the same; it'll be just like it used to be before, when we used to catch a train in Dhaka and get off in Calcutta the next day without anybody stopping us. (7)<u>What was it all for then</u>— Partition and all the killing and everything—if there isn't something in between?'

'I don't know what you expect, Ma,' my father said. 'It's not as though you're flying over the Himalayas into China. This is the modern world. The border isn't on the frontier: it's right inside the airport. You'll see. You'll cross it when you have to fill in all those official forms and things.'

My grandmother shifted nervously in her chair. 'What forms?' she said. 'What do they want to know about on those forms?'

My father scratched his forehead. 'Let me see,' he said. 'They want your nationality, your date of birth, place of birth, that kind of thing.'

(8)<u>My grandmother's eyes widened</u> and she sank back in her chair.

'What's the matter?' my father said in alarm.

With an effort she sat up straight again and smoothed back her hair. 'Nothing,' she said, shaking her head. 'Nothing at all.'

I could see then that she was going to (　9　) up in a hopeless mess, so I took it upon myself to ask my father for all the essential information about flying and aeroplanes that I thought she ought to have at her (　10　)—I was sure, for example, that she would roll the windows down in mid-air unless I warned her not to.

It was not till many years later that I realised it had suddenly occurred to her then that she would have to fill in 'Dhaka' as her place of birth on that form, and that the prospect of this had worried her because she liked things to be neat and in place—and at that moment she had not been able quite to understand how her place of birth had come to fit so uncomfortably with her nationality.

From *The shadow lines* by Amitav Ghosh, used by permission of The Wylie Agency (UK) Limited.

(1)　空所（　1　）を埋めるのに最も適切な単語を次のうちから選び，その記号を記せ。

ア　boring　　　イ　natural　　　ウ　unexpected　エ　unusual

(2) 空所 (2 a)〜(2 c) を埋めるのに最も適切な表現をそれぞれ次のうちから選び，その記号を記せ。

ア　she left
イ　I grew up
ウ　she is ready to go
エ　she should travel
オ　I would make sure
カ　she was properly prepared

(3) 下線部(3)を訳せ。

(4) 下線部(4)はどのような意味か。最も適切なものを次のうちから選び，その記号を記せ。

ア　彼女はいらだちよりもむしろ困惑の表情を浮かべた。

イ　彼女は怒りもしなければ困った顔一つ見せなかった。

ウ　彼女は当惑というよりはむしろ怒りの表情を見せた。

エ　彼女はどうしたらよいか分からずにムッとしていた。

(5) 空所 (5) を埋めるのに最も適切な単語を次のうちから選び，その記号を記せ。

ア　order
イ　reason
ウ　round
エ　turn

(6) 下線部(6)の後にさらに言葉を続けるとしたら，どのような表現を加えるのが最も適切か。次のうちから選び，その記号を記せ。

ア　where the border is
イ　how far they have come
ウ　which way they are going
エ　when to show their passport

(7) 下線部(7)を訳せ。ただし，it の内容がわかるように訳すこと。

(8) 下線部(8)には祖母のどのような気持ちが表現されているか。それを表す語として最も適切なものを次のうちから選び，その記号を記せ。

ア　angry
イ　excited
ウ　joyful
エ　troubled

(9) 空所 (9) を埋めるのに最も適切な単語を次のうちから選び，その記号を記せ。

ア　catch
イ　end
ウ　hang
エ　put

(10) 空所 (10) を埋めるのに最も適切な単語を次のうちから選び，その記号を記せ。

ア　command
イ　feet
ウ　side
エ　understanding

(11) 説明文と物語文の記述から推測される祖母の(a)出身都市 (city of birth)，(b)宗教 (religion)，(c)国籍 (nationality) を，それぞれ1語の英語で答えよ。

(12) 説明文と物語文の記述から，この物語の時代設定として可能な年はいつと考えられるか。次のうちから1つ選び，その記号を記せ。

ア　1946年
イ　1963年
ウ　1972年
エ　1989年

168

次の英文を読み，以下の設問に答えよ。

I am on a bus traveling through the desert between Kerman and Yazd when we pull over to a checkpoint. Checkpoints are common along Iranian highways and I've grown accustomed to stopping every hundred miles or so to watch the driver climb out, papers in hand. Sometimes a guard in dark green uniform enters the bus and walks up and down the aisle, eyes flicking from side to side, pistol gleaming in the shadowed interior light.

This is one of those times. The bus falls silent as a young guard enters, and we all determinedly stare straight ahead, as if by our pretending to ignore the guard, he will ignore us. We listen to his footfalls sound down the Persian carpet that lines the aisle, turn, and come back again. He reaches the front of the bus and makes a half-turn toward the door. But then, (1)just as we begin a collective deep breath, he surprises us by completing his turn and starting down the aisle again, this time to tap various passengers on the shoulder. They gather their belongings together and move slowly out of the bus and up the steps of a cement block building.

I sit frozen, hoping that the guard will not notice me and the blond hair sticking out of my *rusari*, or head scarf. I've seen guards pull passengers off buses before, and although it never seems to be anything serious—the passengers always return within five or ten minutes—(2)I'd just as soon remain in my seat.

The guard climbs out of the bus and I relax, wondering what, ((3)) anything, he is looking for. I've been told that these searches are usually about drugs and smuggling, but to me, they seem to be more about the ((4)) of power.

The guard is back, and instinctively, I know why. He points to me.

Me ? I gesture, still not completely convinced that he wants me. After two months in Iran, I've learned that—contrary to (5)what I had expected—foreigners are seldom bothered here.

You, he nods.

Copying my fellow passengers, I gather my belongings together and stand up.

Everyone is staring at me—as usual, I am the only foreigner on the bus.

30 I climb out, nearly falling over my long black raincoat—it or something ((6)
) women in public in Iran. My heart is knocking against my chest. The guard
and one of his colleagues are waiting for me on the steps of the guardhouse. At
their feet is my bag, which they've dragged out of the belly of the bus. It looks like
a fat green watermelon.

35 'Passport,' the young guard barks in Persian.

I hand him my crisp, dark blue document, suddenly feeling that *United States of
America* is printed across the front much too boldly. I remember someone back
home ((7)) entering Iran. Too late now.

'Visa ?'

40 I show him the appropriate page in my passport.

'Where are you coming from ?' His Persian has a strange accent that I haven't
heard before.

'Kerman,' I say.

'Where are you going to ?'

45 'Yazd.'

'Tourist ?'

I nod, thinking there's no need to complicate matters by telling him that I'm here
in Iran to write a *safarnameh*, the Persian word for travelogue or, literally, 'travel
letter.' But then immediately ((8)). My visa says *Journalist*.

50 Slowly, the young guard flips through the pages of my passport, examining the
immigration stamps and the rules and regulations listed in the back. He ((9))
my picture long and hard, and then passes my passport to his unsmiling colleague,
who asks me the same questions I've just been asked.

'Where are you coming from ?'

55 'Kerman.'

'Where are you going to ?'

'Yazd.'

'Tourist ?'

I nod again. I can't change my answer now.

60 The second guard hands my passport back to the first, who reluctantly hands it
back to me. I look at his smooth boyish face and wonder if he's old enough to shave.

'Is this your suitcase ?' he says, looking at my bag.

'Yes,' I say, and move to open it.

He shakes his head.

All of the other passengers are now back on the bus, and I wonder how much 65 longer the guards will keep me. What will happen, I worry, (　(10)　)?　We're out in the middle of the desert ; there are no other buildings (　(11)　). Hardened dust-white plains, broken only by thin grass, stretch in all directions. The sky is a pale metallic dome sucking the color and moisture out of the landscape.

Clearing his throat, the first guard stares at me intently. His eyes are an unusual 70 smoke blue, framed by long lashes. They're the same eyes I've noticed before on more than a few Iranians. He looks at his colleague and they whisper together. Sweat is slipping down their foreheads, and down mine.

(12)Then the first guard straightens his shoulders, takes a deep breath, and blushes. 'Thank you,' he says carefully in stiff, self-conscious English. 'Nice to meet 75 you.'

'Hello.' The second guard is now blushing as furiously as the first. 'How are you?' He falls back into Persian, only some of which I understand. 'We will never forget this day. You are the first American we have met. Welcome to the Islamic Republic of Iran. Go with Allah.' 80

From NEITHER EAST NOR WEST : One Woman's Journey Through the Islamic Republic of Iran by Christiane Bird, Atria Books

(1)　下線部(1)を訳せ。

(2)　下線部(2)はどのような意味か。最も適切なものを次のうちから選び，その記号を記せ。

　　ア　I hope I will be allowed to remain seated.

　　イ　In no time I take a seat and remain there.

　　ウ　I hope I will not be out of my seat for long.

　　エ　Quickly I make up my mind to remain seated.

(3)　空所(3)を埋めるのに最も適切な単語を次のうちから選び，その記号を記せ。

　　ア　by　　　　　　イ　for　　　　　　ウ　if　　　　　　エ　or

(4)　空所(4)を埋めるのに最も適切な単語を次のうちから選び，その記号を記せ。

　　ア　denial　　　　イ　display　　　　ウ　finding　　　　エ　lack

(5)　下線部(5)の内容を，10〜20字の日本語で説明せよ。

(6) 空所(6)に当てはまるように，次の語を並べかえよ。

(all　being　for　required　similar)

(7) 空所(7)を埋めるのに最も適切な表現を次のうちから選び，その記号を記せ。

　ア　warning me not to disobey the guards after

　イ　advising me to learn some basic Persian before

　ウ　warning me to put a cover on my passport before

　エ　advising me not to forget to carry my passport after

(8) 空所(8)を埋めるのに最も適切な表現を次のうちから選び，その記号を記せ。

　ア　I wish I were a journalist

　イ　I wonder if I've done the right thing

　ウ　I realize that I look too much like a tourist

　エ　I realize I should have said 'tourist' in English

(9) 空所(9)を埋めるのに最も適切な単語を次のうちから選び，その記号を記せ。

　ア　detects　　　　　　　　　　イ　gazes

　ウ　studies　　　　　　　　　　エ　watches

(10) 空所(10)を埋めるのに最も適切な表現を次のうちから選び，その記号を記せ。

　ア　if the bus leaves without me

　イ　if the weather suddenly changes

　ウ　if the bus runs out of gas or breaks down

　エ　if some other passengers are asked to get off the bus

(11) 空所(11)を埋めるのに最も適切な表現を次のうちから選び，その記号を記せ。

　ア　in sight　　　　　　　　　　イ　on vision

　ウ　in my eyes　　　　　　　　　エ　to the view

(12) 下線部(12)の理由として考えられるものは何か。次の英文を完成させて答えよ。

　It is the first time he _____.

169

次の英文を読み，以下の設問に答えよ。

"I shall never believe that God plays dice with the world," Einstein famously said. Whether or not he was right about the general theory of relativity and the universe, his statement is certainly not true of the games people play in their daily lives. Life is not chess but a game of backgammon, with a throw of the dice at every turn. As a result, it is hard to make ((1)). But in a world with any 5 regularity at ((2)), decisions informed by the past are better than decisions made at random. That has always been true, and we would expect animals, especially humans, to have developed sharp (3)<u>intuitions about probability</u>.

However, people often seem to make illogical judgments of probability. One notorious example is the "gambler's fallacy." "Fallacy" means a false idea widely 10 believed to be true, and you commit the gambler's fallacy if you expect that when a tossed coin has fallen on the same side, say, three times in a row, this increases the chance of it falling on the other side the next time, as if the coin had a memory and a desire to ((4)). I remember ((5)) an incident during a family vacation when I was a teenager. My father mentioned that we had suffered 15 through several days of rain ((6)). I corrected him, accusing him of the gambler's fallacy. But long-suffering Dad was right, and his know-it-all son was wrong. Cold fronts, which cause rain, aren't removed from the earth at day's end and replaced with new ones the next morning. A cloud must have some average size, speed, and direction, and it would not surprise me now if a week of clouds 20 really did predict that the edge of the clouds was near and the sun was about to appear again, just as the ((7)) railroad car on a passing train suggests more strongly than the fifth one that the last one will be passing soon.

Many events ((8)) like that. They have a characteristic life history, a changing probability of occurring over time. A clever observer *should* commit the 25 gambler's fallacy and try to predict the next occurrence of an event from its history ((9)) far. There is one exception : devices that are *designed* to make events occur independently of their history. What kind of device would do that ?

We call them gambling machines. Their reason for being is to beat an observer
30 who likes to turn ((10)   ). If our love of patterns were not sensible because
randomness is everywhere, gambling machines should be easy to build and
gamblers easy to beat. In fact, roulette wheels, slot machines, even dice must be
made with extreme care and precision to produce random results.

So, in any world but a casino, the gambler's fallacy is rarely a fallacy. Indeed,
35 (11)calling our intuitive predictions unreliable because they fail with gambling
devices is unreasonable. A gambling device is an artificially invented machine
which is, by definition, designed ((12)   ). It is like calling our hands badly
designed because their shape makes it hard to get out of handcuffs.

From *HOW THE MIND WORKS* by Steven Pinker, W. W. Norton & Company, Inc.

(1) 空所(1)を埋めるのに最も適切な表現を次のうちから選び，その記号を記せ。

ア progress   イ predictions
ウ random turns   エ probable moves

(2) 空所(2)を埋めるのに最も適切な表現を次のうちから選び，その記号を記せ。

ア all   イ large
ウ length   エ most

(3) 下線部(3)はどのような意味か。最も適切なものを次のうちから選び，その記号を
記せ。

ア 自然界の規則性に基づいて，いかなる場合にも的確な判断を下せる直感

イ 過去のできごとの経緯から，次に何が起きそうであるかを判断する直感

ウ 自然界で起きる諸事象から，常に真となるような法則を抽象化する直感

エ 過去のできごとに基づいて，物事の本質について確実に理解できる直感

(4) 空所(4)を埋めるのに最も適切な表現を次のうちから選び，その記号を記せ。

ア be fair   イ cheat us
ウ amuse us   エ be repetitive

(5) 空所(5)を埋めるのに最も適切な表現を次のうちから選び，その記号を記せ。

ア in pride   イ in despair
ウ to my shame   エ to my surprise

(6) 空所(6)を埋めるのに最も適切な表現を次のうちから選び，その記号を記せ。

ア but could only hope for a sunny day

イ and were likely to have good weather

ウ and the bad weather was likely to continue

エ but couldn't tell when it would stop raining

(7) 空所(7)を埋めるのに最も適切な語を次のうちから選び，その記号を記せ。

　　ア　first 　　　　　　　　　　イ　fourth

　　ウ　tenth 　　　　　　　　　　エ　final

(8) 空所(8)を埋めるのに最も適切な語を次のうちから選び，その記号を記せ。

　　ア　change 　　　　　　　　　イ　follow

　　ウ　look 　　　　　　　　　　エ　work

(9) 空所(9)を埋めるのに最も適切な1語を記せ。

(10) 空所(10)を埋めるのに最も適切な表現を次のうちから選び，その記号を記せ。

　　ア　patterns into predictions

　　イ　predictions into patterns

　　ウ　patterns into randomness

　　エ　randomness into predictions

(11) 下線部(11)を和訳せよ。

(12) 空所(12)を埋めるのに最も適切な表現を次のうちから選び，その記号を記せ。

　　ア　to follow the observed patterns

　　イ　to meet gamblers' requirements

　　ウ　to defeat our intuitive predictions

　　エ　to remind us of the regularity of nature

170

次の英文を読み，以下の設問に答えよ。

She said to him, 'On your birthday, McCreedy, what do you want to do?' She always called him McCreedy. You would have thought by now, after being his wife for so long, she should have started to call him John, but she never did. He called her Hilda; she called him McCreedy, as if he was a (　(1)　), as if he was a
5 footballer she had seen on the television.

'What would the kids like?' he said.

She lighted up a cigarette. (2)Her twentieth or thirtieth that Sunday, he had stopped counting.

'Never mind the kids, McCreedy,' she said. 'It's your birthday.'
10 'Go back to Ireland,' he said. 'That's what I'd like. Go back there for (　(3)　).'

She put out the cigarette. Typical, he thought. (4)She was always changing her mind about everything, minute to minute. 'When you've got a sensible answer,' she said, 'let me know what it is.'

He went out into the garden where his nine-year-old daughter, Katy, was
15 playing on her own. Katy and the garden had something in common : they were both small and it looked as if they would never be beautiful no matter how hard anyone tried, because Katy (　(5)　) her dad. More's the pity.

Now the two of them were in the neglected garden together, with the North London September sun quite warm on them, and McCreedy said to the daughter
20 he tried so hard to love, 'What'll we do on my birthday, then, Katy?'

She was playing with her showily stylish little dolls. She held them by their shapely legs and their golden hair waved around like flags. 'I don't know,' she said.

He sat on a plastic garden chair and she laid her nymphs side by side. 'Cindy and Barbie are getting stung,' she complained.
25 'Who's stinging them, darling?'

'Those plants, of course. Cut them down, can't you?'

'Oh no,' he said, looking at where they grew so fiercely, crowding out the roses Hilda planted years ago. (6)'Saving them, sweetheart.'

'Why ?'

'For soup. Nettle soup—to make you beautiful.' 30

She looked at him gravely. For nine years, she had believed everything he had said. (7)<u>Now she was on a cliff-edge, almost ready to fly off</u>.

'Will it ?'

'Sure it will. You wait and ((8)   ).'

Later in the day, when his son Michael came in. McCreedy stopped him before 35 he went up to his room. He was thirteen.

'Your mother was wondering what we might all do on my birthday. If you had any thoughts about it … ?'

Michael shrugged. It was as if he knew he was untouchable, unconquerable. He was the future. (9)<u>He didn't have to give the present any attention</u>. 'No,' he said. 40 'Not specially. How old are you anyway ?'

'Forty-five. Or it might be a year more. I don't remember.'

'Come on, Dad. Everyone remembers their age.'

'Well, I don't. ((10)   ) since I left Ireland. I used to know it then, but that's long ago.' 45

'Ask Mum, then. She'll know.'

Michael went on up the stairs, scuffing the carpet with the smelly shoes he wore. No thoughts. No ideas. Not specially.

And again McCreedy was alone.

The Stack by Rose Tremain reprinted by permission of Peters Fraser & Dunlop (www. petersfraserdunlop.com) on behalf of Rose Tremain

(1) 空所 （ (1) ） を埋めるのに最も適当な語を次のうちから選び，その記号を記せ。
   (ア) brother   (イ) father   (ウ) master   (エ) stranger

(2) 下線部(2)を和訳せよ。

(3) 空所 （ (3) ） を埋めるのに最も適当な語を次のうちから選び，その記号を記せ。
   (ア) all   (イ) dead   (ウ) good   (エ) granted

(4) 下線部(4)には誰のどのような気持ちが表われているか。最も適当なものを次のうちから選び，その記号を記せ。
   (ア) 妻の柔軟なものの考え方に対する夫の驚嘆が表われている。
   (イ) 妻の日頃の生活態度に対する夫のいらだちが表われている。
   (ウ) 夫の強い望郷の念に共感できない妻の不満が表われている。

(エ) 夫の非常識な発言を理解できない妻の困惑が表われている。

(5) 空所（ (5) ）を埋めるのに最も適当な語を次のうちから選び，その記号を記せ。

(ア) recognised　　　　　　　　　　(イ) represented

(ウ) resembled　　　　　　　　　　　(エ) respected

(6) 下線部(6)を，them が何を指すか明らかになるように和訳せよ。

(7) 下線部(7)は，彼女の中にどのような気持ちが芽生えたことを表わしているか。10字以内で記せ。

(8) 空所（ (8) ）を埋めるのに最も適当な英語1語を記せ。

(9) 下線部(9)を和訳せよ。

(10) 次のうちから空所（ (10) ）を埋めることができない語を1つ選び，その記号を記せ。

(ア) Especially　　(イ) Ever　　　(ウ) Lately　　(エ) Not

171

次の英文を読み，以下の設問に答えよ。

I came home from school one day to find a strange man in the kitchen. He was making something on the stove, peering intently into a saucepan.

'Who are you ? What are you doing here ?' I asked him. It was a week since my father died.

The man said, 'Shh. Not now. Just a minute.' He had a strong foreign accent. 5

I recognised that he was concentrating and said, 'What's that you're making ?'

This time he glanced at me. 'Polenta,' he said.

I went over to the stove and looked inside the saucepan. The stuff was yellowy, sticky, a thick semolina. 'That looks disgusting,' I told him, and then went in search of my mother. 10

I found her in the garden. 'Mum, there's a man in the kitchen. He's cooking. He says he's making polenta.'

'Yes, darling ? Polenta ?' said my mother. (1)I began to suspect she might not be much help. I wished my father were here. 'I'm not exactly sure what that is,' my mother said vaguely. 15

'Mum, I don't care about the polenta. Who is he ? What's he doing in our kitchen ?'

'Ah !' exclaimed my mother. She was wearing a thin flowery summer dress, and I noticed suddenly how thin she was. *My mother*, I thought. (2)Everything seemed to pile on top of me and I found myself unexpectedly crying. 'Don't cry, love,' said 20 my mother. 'It's all right. He's our new lodger.' She hugged me.

I wiped my eyes, sniffling. 'Lodger ?'

'With your father gone,' my mother explained, 'I'm afraid I'm having to (　(3)　) one of the spare rooms.' She turned and began to walk back towards the house. We could see the lodger in the kitchen, moving about. I put my hand on my mother's 25 arm to stop her going inside.

'Is he living here then ?' I asked. 'With us ? I mean, will he eat with us and (　(4)　) ?'

'This is his home now,' said my mother. 'We must make him feel at home.' She
30 added, as if it were an afterthought, 'His name's Konstantin. He's Russian.' Then
she went inside.

I paused to take ((5)) this information. A Russian. This sounded exotic and
interesting and made me inclined to forgive his rudeness. I watched my mother
enter the kitchen. Konstantin the Russian looked up and a smile lighted up his
35 face. 'Maria !' He opened his arms and she went up to him. They kissed on both
cheeks. My mother looked around and beckoned to me.

'This is my daughter,' she said. (6)There was a note in her voice that I couldn't
identify. She stretched out her hand to me.

'Ah ! You must be Anna,' the Russian said.

40 I was startled, not expecting him to have my name so readily on his lips. I looked
at my mother. (7)She was giving nothing away. The Russian held out his hands and
said, 'Konstantin. I am very pleased to meet you. I have heard so much about you.'

We shook hands. I wanted to know how he had heard so much about me, (8)but
couldn't think of a way of asking, at least not with my mother there.

45 The Russian turned back to his cooking. He seemed familiar with our kitchen.
He sprinkled salt and pepper over the top of the mass of semolina-like substance,
and then carried it through to the living room. For some reason, my mother and I
followed him. We all sat in armchairs and looked at one another. I thought I was
the only one who felt any sense of ((9)).

50 When I got home late next evening, Konstantin and my mother were deep in
conversation over dinner. There were candles on the table.

'What's going on ?' I asked.

'Are you hungry, darling ?' said my mother. 'We've left you some. It's in the
kitchen.'

55 I was starving. 'No thanks,' I said sullenly, 'I'm fine.'

Though it was early, I went upstairs to bed.

Later I heard my mother's footsteps on the stairs. She came into my room and
leant over me. I kept my eyes closed and breathed deeply. 'Anna ?' she said,
'Anna, are you awake ?'

60 I remained silent.

'I know you're awake,' she said.

There was a pause. (10)I was on the point of giving in when she spoke again. She

said, 'Your father never loved me. You should not have had to know this. He did
not love me.' She spoke each word with a terrible clarity, as if trying to burn it into
my brain. I squeezed my eyes tight. Rigid in my bed, I waited for my mother to 65
leave the room, wondering if I would get ((11)) all this with time.

From *New Writing : v. 7* by British Council, Vintage Books

(1) 下線部(1)の説明として最も適当なものはどれか。次のうちから 1 つ選び，その記
号を記せ。

(ア) 母親は料理の知識が不足しているという落胆を表している。

(イ) 母親は驚いていないのではないかという懸念を表している。

(ウ) 母親は自分の質問を理解できないという失望を表している。

(エ) 母親だけでは家の管理ができないという不安を表している。

(2) 下線部(2)に示される語り手の気持ちの説明として最も適当なものはどれか。次の
うちから 1 つ選び，その記号を記せ。

(ア) I was still in the depths of depression.

(イ) I suddenly realised how defenceless she was.

(ウ) My mother's arms felt heavy on my shoulders.

(エ) I suddenly felt that things were too much to bear.

(3) 空所(3)に入れるのに最も適当な語はどれか。次のうちから 1 つ選び，その記号を
記せ。

(ア) close   (イ) decorate   (ウ) keep   (エ) let

(4) 空所(4)に入れるのに最も適当な語はどれか。次のうちから 1 つ選び，その記号を
記せ。

(ア) anything   (イ) everything

(ウ) nothing   (エ) something

(5) 空所(5)に入れるのに最も適当な語はどれか。次のうちから 1 つ選び，その記号を
記せ。

(ア) down   (イ) in   (ウ) out   (エ) over

(6) 下線部(6)の意味に最も近いものはどれか。次のうちから 1 つ選び，その記号を記
せ。

(ア) I didn't know why she spoke so softly.

(イ) I couldn't tell how she had changed her voice.

(ウ) The melody of her voice made it difficult to understand.

(エ) There was something unfamiliar about the way she spoke.

6
総
合
読
解

(7) 下線部(7)の意味に最も近いものはどれか。次のうちから1つ選び，その記号を記せ。

(ア) She wasn't holding out her hands.

(イ) Nothing was missing from the house.

(ウ) I couldn't tell anything from her face.

(エ) The situation was completely under her control.

(8) 下線部(8)を和訳せよ。

(9) 空所(9)に入れるのに最も適当な語はどれか。次のうちから1つ選び，その記号を記せ。

(ア) direction　　　　　(イ) humour　　　　　(ウ) purpose

(エ) unease

(10) 下線部(10)の解釈として最もふさわしくないものはどれか。次のうちから1つ選び，その記号を記せ。

(ア) I was about to cry.

(イ) I was about to speak to her.

(ウ) I was about to open my eyes.

(エ) I was about to admit that I was awake.

(11) 空所(11)に入れるのに最も適当な語はどれか。次のうちから1つ選び，その記号を記せ。

(ア) at　　　　　(イ) in　　　　　(ウ) on　　　　　(エ) over

172

次の英文は，有害物質の流出事故による環境被害を論じた新聞記事の一節である。
これを読んで，下の設問に答えよ。（便宜上，段落ごとに番号を付してある。）

1. A spillage of poisonous waste in one of the most environmentally sensitive areas on earth is threatening the wildlife of two continents. The area affected is the Doñana National Park, which consists of marshlands stretching for about 100 kilometres southwards to the sea from the southern Spanish city of Seville.

2. The Doñana is an exceptionally important place for wildlife. Many species of birds which spend the summer in the north of Europe, especially in Scandinavia, come to these wetlands and stay from early autumn to early spring to escape the bitter cold of the northern winter. The park is also one of the last places where the rare Iberian imperial eagle can be found. In addition to this, the park and its surroundings form the main resting place for the many species of birds which pass through Spain as they migrate each year between southern Africa and countries in northern Europe such as Britain.

3. Disaster struck in the early hours of April 25 when the dam wall of a waste reservoir collapsed at a mining plant northwest of Seville. About 158,000 tons of waste, including heavy metals and other toxic material, were sent down the River Guadiamar towards the park.

4. But the event vanished from the front pages of newspapers within about a week, partly because the waste did not affect Seville itself (the Guadiamar flows some distance west of the city), and partly because the poisonous grey mud was, for the most part, blocked before reaching the heart of the Doñana. Only 3 per cent of the surface of the national park was covered. But the effects of the disaster are penetrating every aspect of life in southern Spain.

5. Some effects are relatively small. For example, pilgrims travelling in traditional covered wagons or on horseback from Seville for this month's annual midsummer festival at the town of El Rocio were warned not to take their usual route across the Guadiamar. Instead they had to take the main road to avoid the layer of toxic waste which still covers the banks of the river.

6 . This waste is currently being removed, and the official agency in charge of the clean-up estimates that, at the present rate of slightly under 10,000 cubic metres per day, it can remove the last waste from the surface by October 27.

7 . But Britain's Royal Society for the Protection of Birds estimates it could take as much as twenty-five years for the area to recover. A spokesman said: "We fear this will turn out to be the worst environmental disaster of its kind in Europe this century."

8 .

9 . Despite the huge scale of the disaster, however, some experts remain unalarmed. The park's director believes that "the chances of wide-spread dangerous effects are small, if everything continues as it has done so far." But he is now in a minority. Spain's notoriously divided environmental pressure groups have joined in a declaration that the situation, because of its unusual nature, is much worse than is claimed by the regional and national authorities; the disaster, they say, is full of the potential for delayed effects.

10.

11. The animals and birds and fish that died as the poisonous tide poured down the Guadiamar are therefore likely to be no more than a small part of the eventual total number of deaths caused by the disaster. For the poisons have only just started to pass upwards through the food chain. The birds—such as terns, grebes and cormorants—that come to the area to feed on its fish and shellfish are particularly at risk.

12.

13. In the meantime, the metals in the mud—zinc, lead, copper and silver—will be seeping into the soil, creating a hidden danger for humans. According to Spain's Young Farmers' Association, several hundred acres of land growing crops for human consumption have been dangerously affected : although they were not covered by the waste, they use water from wells which may have been polluted.

14. What would turn the disaster into a catastrophe would be if the heavy metals in the waste were to penetrate the aquifer under the park. Aquifer 27, as it is called, is up to 200 metres deep, and covers 5,200 square kilometres, and the

well-being of the whole area depends on this huge underground lake.

15. Initial tests suggest the poisons have not penetrated it. But nobody can be certain. As the head of Spain's Science Research Council remarked : "The fact that the first analyses indicate that the aquifer has not been polluted does not mean that one day it will not be."

(1) 上の英文には, 第8段落, 第10段落, 第12段落が抜けている。それぞれの空所を埋めるのに最もふさわしいと思われる文章を次のうちから1つ選び, その記号を記せ。

(ア) At the moment, the number of birds in the park is rather small. Many birds had just left southern Spain to spend the spring and summer in northern Europe when the spillage took place. But, starting probably with the grey heron, they will begin returning in August. And not even the authorities are expecting the mud to be removed by then.

(イ) "Heavy metals have a feature which is not noticeable at first," says a scientist who works with Spain's Association for the Defence of Nature. "They get into the body and slowly cause problems of many kinds. They affect growth, sexual development, the brain, and the immune system. They can also cause certain cancers."

(ウ) He pointed out that the weight of the toxic material which poured out of the damaged reservoir at the mine was almost four times as great as that released in the Exxon Valdez oil tanker disaster of 1989, an accident that is widely regarded as having been the world's worst single incident of this type.

(エ) The spokesman said that, in addition to its importance for wildlife, the area around Seville has a long history and rich cultural traditions ; the religious festival at nearby El Rocio is just one example of this. The effect of the disaster on such traditions, he said, is very regrettable.

(2) 本文中, "poisonous" と同じ意味で何度か用いられている形容詞を1つ抜き出して記せ。

(3) 第2段落は, ドニャーナ国立公園が野鳥にとって大事な場所である理由をいくつか挙げている。次のうち, 理由として挙げられていないものはどれか。1つ選び, その記号を記せ。

(ア) Birds come from Africa to pass the winter there.

(イ) Birds which are making long journeys rest there.

(ウ) Many Scandinavian birds spend the winter there.

(エ) A rare kind of bird lives there.

(4) 次の地図のうち，事故に関連する地域の位置関係を正しく記したものはどれか。
1つ選び，その記号を記せ。（地図は，上が北を指すものとする。）

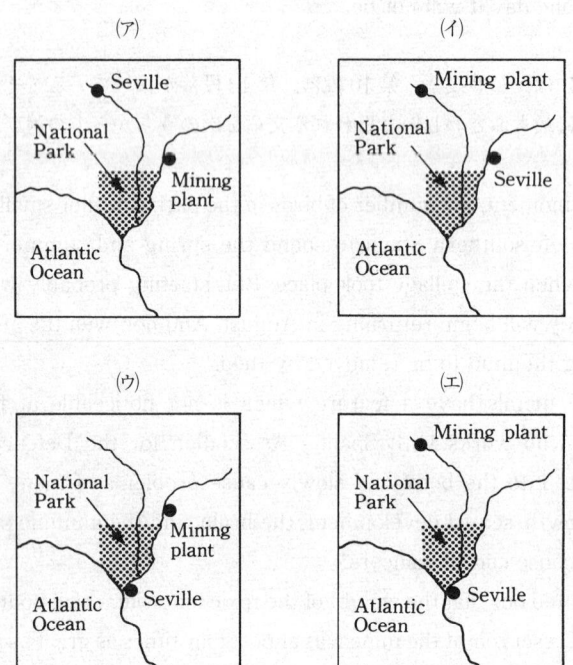

(ア)　　　　　　　　　　　　(イ)

(ウ)　　　　　　　　　　　　(エ)

(5) この災害が重大ニュースとして扱われたのは，どのくらいの間であったか。また，
それはどのような理由によるものか。次の(ア)〜(エ)の中から期間を1つ選び，その記
号を記せ。さらに，(オ)〜(ケ)の中から理由として正しいものを2つ選び，その記号を
記せ。

〔期　間〕

(ア) for only a day

(イ) for only a short time

(ウ) for about a month

(エ) for a long time

〔理　由〕

(オ) All the effects of the poisonous waste were relatively small.

(カ) Although the poisonous waste did not cover much of the park, its effects were serious.

(キ) The poisonous waste did not flow through the city of Seville.

(ク) The poisonous waste was prevented from reaching the centre of the national park.

(ケ) The poisonous waste is affecting every aspect of life in southern Spain.

(6) 第9段落によると，スペインの環境保護団体は互いにどのような関係にあるか。次のうちから1つ選び，その記号を記せ。

(ア) They usually agree with each other, and they agree about this disaster.

(イ) They usually agree with each other, but they don't agree about this disaster.

(ウ) They usually don't agree with each other, and they don't agree about this disaster.

(エ) They usually don't agree with each other, but they agree about this disaster.

(7) 第14，15段落の中で用いられている "aquifer" という単語は，そのいずれかの段落中において別の表現で言い換えられている。2語からなるその表現を抜き出して記せ。

(8) 次の人たちの中で，事故の被害を最も楽観視していたのは誰か。1つ選び，その記号を記せ。

(ア) the spokesman for the Royal Society for the Protection of Birds

(イ) the director of the Doñana National Park

(ウ) the members of Spain's environmental pressure groups

(エ) the members of the Spanish Young Farmers' Association

(9) 記事によると，次のうち，(a)最も軽い（あるいは，軽いと予測される）被害，そして(b)最も深刻な（あるいは，深刻であると予測される）被害はどれか。それぞれ1つ選び，その記号を記せ。

(ア) People were unable to take their traditional route to a festival.

(イ) Many creatures died when the poisonous waste came down the river.

(ウ) Some water which is used by farmers has probably been polluted.

(エ) The aquifer under the park may be polluted in the future.

6 総合読解

MEMO

MEMO

MEMO